EST

HAUTES PLAINES ET LE VOLCAN

Au coeur du cirque de Mafate.

CIRQUES

PENSE FUTÉ

Réunion

55°15E
OCEAN INDIEN
Cap Bernard
SAINT-DEN
La Montagne
Bellepierre
Pointe des Galets
LE PORT
La Possession
Bois de Nèfles
Le Brûlé
BAIE DE SAINT-PAUL
La Plaine
Dos d'Ane
PLAINE DES CHICOTS
SAINT-PAUL
Boucan Canot
21°S
Riv. des Galets
CIRQUE DE MAFATE
Grand Ilet
Saint-Gilles-les-Bains
Maïdo 1200
Saint-Gilles les Hauts
CIRQUE DE SALAZIE
L'Ermitage-les-Bains
La Nouvelle
La Saline les Bains
Les Trois Bassins
Marla
Piton des Nei
CIRQUE DE CILAOS
La Chaloupe Saint-Leu
Pointe des Châteaux
SAINT-LEU
Le Palmiste Rouge
LE DIMITILE
Les Makes
100 mètres
200 mètres
Le Petit Serré
COMMUNE D'ENTRE-DEUX
1000 mètres
Les Avirons
La Mare
21°15S
L'Etang Salé les Bains
SAINT-LOUIS
LE TAM
Pointe de la Rivière Saint-Etienne
SAINT-PIERRE
Grand Bois
SOUS LE VENT
Altitude (en mètres)
2000
1500
1000
500
200
Routes 4 voies
Routes principales
Routes secondaires
55°15E
55°30E

EDITION

Directeurs de collection et auteurs : Dominique AUZIAS et Jean-Paul LABOURDETTE

Auteurs : Thomas LEBON, Annalisa GUERIN, Jeanne DE BARROS, Florent BAUSSAY, Jean-Paul LABOURDETTE, Dominique AUZIAS et alter

Directeur Editorial : Stéphan SZEREMETA

Responsable Editorial Monde : Patrick MARINGE

Rédaction Monde : Caroline MICHELOT, Morgane VESLIN, Pierre-Yves SOUCHET, Leena BRISACQ, Muriel PARENT

Rédaction France : François TOURNIE, Jeff BUCHE, Perrine GALAZKA, Talatah FAVREAU, Maud VILLERET

FABRICATION

Responsable Studio : Sophie LECHERTIER assistée de Romain AUDREN

Maquette et Montage : Julie BORDES, Élodie CLAVIER, Sandrine MECKING, Delphine PAGANO, Laurie PILLOIS

Iconographie et Cartographie : Audrey LALOY

WEB ET NUMERIQUE

Directeur Web : Louis GENEAU de LAMARLIERE

Directeur technique : Lionel CAZAUMAYOU

Chef de projet et développeurs : Jean-Marc REYMUND, Cédric MAILLOUX, Florian FAZER et Anthony GUYOT

Community Manager : Cyprien de CANSON

DIRECTION COMMERCIALE

Responsable Régies locales : Michel GRANSEIGNE

Responsable recrutement Régies locales : Victor CORREIA

Relation Clientèle : Vimla MEETTOO et Sandra RUFFIEUX

REGIE NATIONALE

Chefs de Publicité : Caroline AUBRY, François BRIANCON-MARJOLLET, Perrine DE CARNE MARCEIN, Caroline GENTELET, Florian MEYBERGER, Caroline PREAU

REGIE INTERNATIONALE

Chefs de Publicité : Jean-Marc FARAGUET, Guillaume LABOUREUR, Elisa MORLAND

Régie La Réunion : Benjamin PICQ

DIFFUSION ET PROMOTION

Directrice des Ventes : Bénédicte MOULET assistée d'Aissatou DIOP, Alicia FILANKEMBO et Bénédicte PETIT

Responsable des ventes : Jean-Pierre GHEZ assisté de Nathalie GONCALVES

Relations Presse-Partenariats : Jean-Mary MARCHAL

ADMINISTRATION

Président : Jean-Paul LABOURDETTE

Directeur Administratif et Financier : Gérard BRODIN

Directrice des Ressources Humaines : Dina BOURDEAU assistée de Sandra MORAIS et de Naommi CHOQUET

Responsable informatique : Pascal LE GOFF

Responsable Comptabilité : Valérie DECOTTIGNIES assistée de Jeannine DEMIRDJIAN, Oumy DIOUF, Christelle MANEBARD

Recouvrement : Fabien BONNAN assisté de Sandra BRIJLALL

Standard : Jehanne AOUMEUR

PETIT FUTÉ LA RÉUNION

Petit Futé a été fondé par Dominique AUZIAS.
Il est édité par Les Nouvelles Editions de l'Université
18, rue des Volontaires - 75015 Paris.
✆ 01 53 69 70 00 - Fax 01 42 73 15 24
Internet : www.petitfute.com
SAS au capital de 1 000 000 € - RC PARIS B 309 769 966
Couverture : © Frog 974 - Fotolia
Impression : Imprimerie de Champagne – 52200 Langres
Dépôt légal : 09/11/2015
ISBN : 9782746992146

Pour nous contacter par email, indiquez le nom de famille en minuscule suivi de @petitfute.com
Pour le courrier des lecteurs : info@petitfute.com

Bienvenue à La Réunion !

Ile « intense », le mot reste faible pour résumer la quantité d'émotions que vous vivrez à La Réunion. Ses cirques, pitons et remparts, classés au patrimoine mondial de l'Unesco, vous donneront le vertige. Ses plages, ses lagons et son soleil brûlant vous séduiront au premier coup d'oeil. Et les Réunionnais vous feront découvrir l'âme de leur petit pays, empreint d'une histoire coloniale qui a, littéralement, forgé son identité. « Koman i lé », vous diront-ils pour vous accueillir chez eux, sur cette terre volcanique, patchwork du monde, aux influences en perpétuelle évolution. Le souffle coupé par la diversité de ses paysages, de ses climats, de son métissage, vous y répondrez naturellement « Lé là ! (ça va) », bien arrivé(e), sur ce caillou aux mille facettes, perdu dans l'océan Indien.
La Réunion unit une population qui pourrait à elle seule représenter le monde entier. Des peuples d'Asie, d'Afrique, d'Europe se côtoient tous les jours avec le plus grand respect pour les traditions des autres. Le clocher d'une église fera ainsi écho à l'appel du muezzin et les cuisines indiennes se marieront aux saveurs chinoises. Ici tout est prétexte au mélange. Il en va de même pour ses paysages : de ses canyons sauvages et torrentiels aux savanes africaines arides, vous passerez par les îlets, petits villages des hauteurs de l'île, qui renferment la mémoire des traditions réunionnaises et témoignent du façonnage tumultueux du relief de l'île par les cyclones et les éruptions volcaniques.
Le piton de la Fournaise, un des volcans les plus actifs au monde, sera le point d'orgue de votre voyage. Avec un peu de chance, vous le verrez justement en éruption, ou, à défaut, vous pourrez vous promener sur la plaine des Sables, contrée aux allures de conquête lunaire, et sur ses précédentes coulées qui vous conduiront jusqu'à l'océan. Longez ainsi les côtes à la recherche de baleines à bosse, venues mettre bas dans les eaux chaudes de l'hiver austral. Les lagons, préservés, vous promettent quant à eux des rencontres colorées et enivrantes.
Pour les plus courageux, nombre d'activités à sensations fortes s'offrent à vous pour découvrir La Réunion sous un angle original : trail, canyoning, saut en chute libre, parapente, kitesurf, plongée sous-marine et bien d'autres sports détaillés au fil de ce *Petit Futé*.
Gardez donc les yeux grands ouverts, suivez le guide. Et bien loin des préjugés et des agitations médiatiques autour de la « crise requins », goûtez au vivre ensemble réunionnais, dans cet écrin de paradis. Bienvenue à La Réunion !

L'équipe de rédaction

REMERCIEMENTS. *Merci à Benjamin, Patrick, Aurélie, Colette, Laury, Camille, Julia, Pierre, Valérie, Louis-Guillaume, Alex, Gil, Eric, Jacqueline, Marie-Louise, Jean-Pierre, Denise, Mikaël, Julien D. et tous les autres.*

PEFC
10-31-2009
Certifié PEFC
Ce produit est issu de forêts gérées durablement et de sources contrôlées.
pefc-france.org

IMPRIMÉ EN FRANCE

OFFERT
CE GUIDE VERSION NUMÉRIQUE
Retrouvez cette offre en page 99

Sommaire

INVITATION AU VOYAGE

DÉCOUVERTE

DOSSIER SPÉCIAL RANDONNÉE

SAINT-DENIS

OUEST

SUD

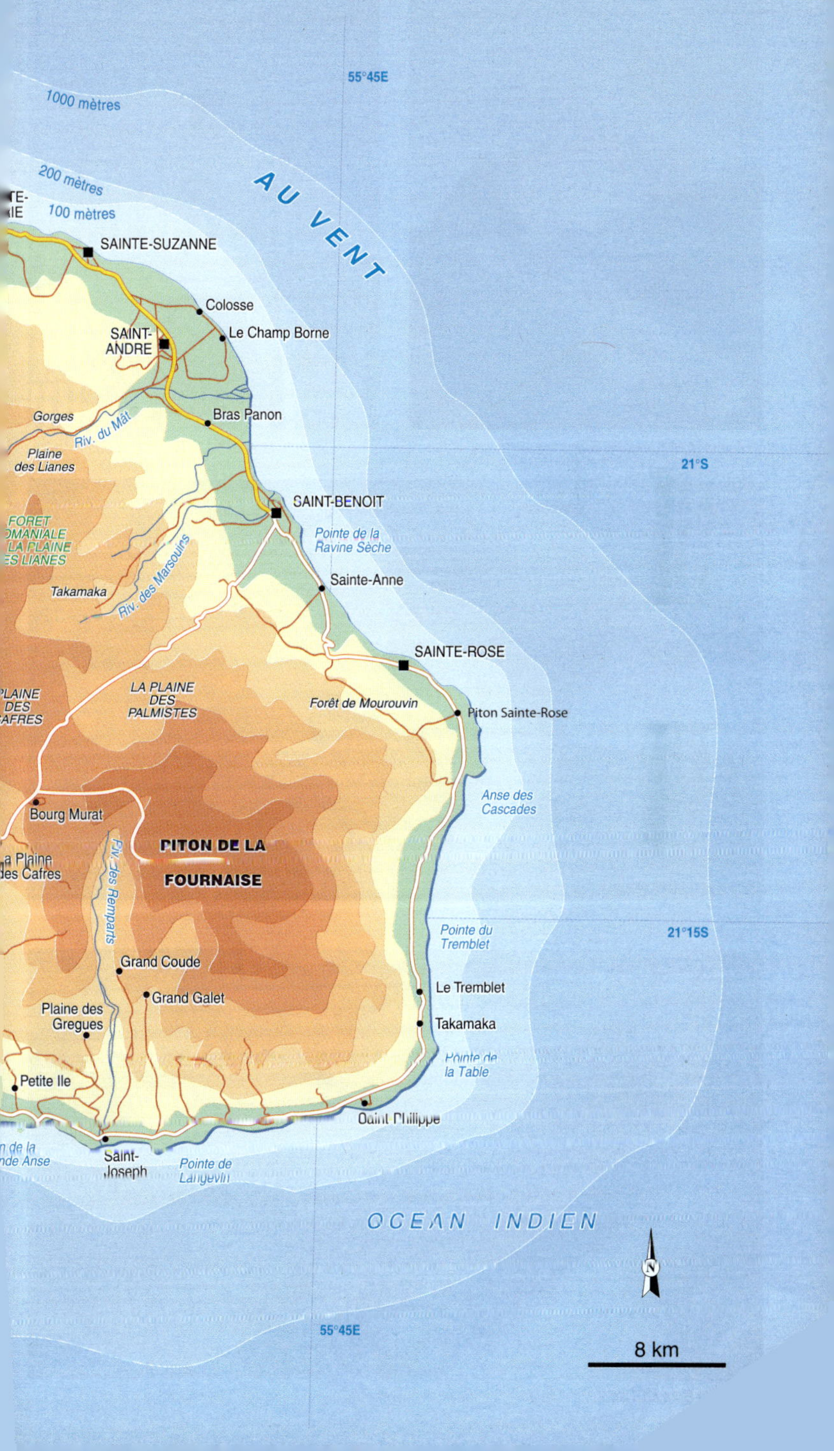
55°45E
1000 mètres
200 mètres
100 mètres
AU VENT
SAINTE-SUZANNE
Colosse
SAINT-ANDRE
Le Champ Borne
Gorges
Riv. du Mât
Bras Panon
Plaine des Lianes
21°S
SAINT-BENOIT
Pointe de la Ravine Sèche
Takamaka
Riv. des Marsouins
Sainte-Anne
SAINTE-ROSE
LA PLAINE DES PALMISTES
Forêt de Mourouvin
Piton Sainte-Rose
Bourg Murat
Anse des Cascades
PITON DE LA FOURNAISE
Riv. des Remparts
Pointe du Tremblet
21°15S
Grand Coude
Le Tremblet
Grand Galet
Plaine des Gregues
Takamaka
Pointe de la Table
Petite Ile
Saint-Joseph
Pointe de Langevin
OCEAN INDIEN
N
55°45E
8 km

Eruption du Piton de la Fournaise.

Temple tamoul du Petit Bazar à Saint-André.

Forêts primitives de l'île de la Réunion.

n-Canot.

Les plus de La Réunion

Une nature éclatante

29 °C dans l'air, autant dans l'eau, une végétation exubérante de tous côtés : véritable jardin d'Eden, on ne s'étonne pas que La Réunion et son climat tropical aient été le paradis des premiers explorateurs. Cocotiers et filaos ondulant sous les alizés, vergers goulus de mangues et de letchis, cascades de jacarandas et de frangipaniers embaumant l'atmosphère et colorant les tapis verts des vallées… C'est une véritable explosion de couleurs et de senteurs qui s'opère à chaque instant. Mais si le sable fin des plages de l'ouest et leurs fonds marins aux poissons et coraux multicolores en font une destination balnéaire idéale, « l'île intense » ne saurait se contenter de ce simple cadre tropical. Hormis la neige et les glaciers (quoique…), ces contrées australes rassemblent en effet presque tous les paysages et climats que la nature a pu créer. C'est à l'intérieur, dans le secret de ses terres, que La Réunion se dévoile dans toute sa splendeur : avec ses montagnes ardues, les plus hautes de l'océan Indien, ses forêts primaires, leurs faunes et flores endémiques ne comptant aucune espèce dangereuse, ses rivières de galets, ses profondes ravines, ses plaines lunaires…

Le paradis de la randonnée

La Réunion se savoure surtout à pied. C'est en crapahutant que l'on remonte le temps, que l'on se frotte aux traditions et que l'on découvre un art de vivre en relation constante avec la nature.

Trois cirques, Salazie, Cilaos et Mafate, sont enclavés au cœur de l'île. Avec leurs cascades nichées dans des reliefs accidentés, leurs remparts luxuriants, leurs villages montagnards et leurs kilomètres de sentiers de randonnée, ils sont classés au patrimoine mondial de l'Unesco depuis août 2010. De nombreux hameaux (dits *îlets*) n'y sont accessibles qu'à pied. Au centre des cirques, le piton des Neiges, le plus haut sommet de l'océan Indien, offre un point de vue à couper le souffle. Autour, la savane, les marais, les falaises, les pitons et les champs s'étendent à perte de vue, tandis qu'aux abords du piton de la Fournaise, les immensités sablonneuses et désertiques prennent le dessus.

Cirque de Cilaos.

Le volcan, l'un des plus actifs au monde, livre son feu d'artifice époustouflant, éruption incandescente des entrailles de la terre, environ une fois par an. Sillonné de sentiers plus ou moins longs et difficiles, l'ensemble de l'île est un magnifique terrain de jeu pour les marcheurs du dimanche comme les trekkeurs professionnels. Plus de 1 000 km de chemins entretenus par l'ONF s'étirent sous vos pieds : il serait dommage de ne pas en profiter.

Un peuple métissé

Déserte jusqu'en 1649, et peuplée d'à peine 76 personnes en 1671 (!), La Réunion a forgé son identité sur les flux migratoires qui ont ponctué son histoire. Ici vivent Cafres (descendants d'esclaves africains), Malbars, Tamouls et Zarabes (originaires d'Inde), Gros Blancs (descendants des colons blancs) et Petits Blancs (ou Yabs, descendants des nombreux Blancs ruinés par les aléas de l'Histoire), Zoreilles (venus de métropole), Chinois, Mauriciens, Comoriens, Mahorais et Malgaches. Née dans la douleur de l'esclavage, unie aujourd'hui par la créolité, la société réunionnaise, fraternelle et chaleureuse est un exemple de tolérance pour le monde entier.Plus métissée que mélangée, à la fois créole, laïque et religieuse, la population n'est soumise à la domination d'aucune ethnie, que ce soit numériquement, culturellement ou politiquement. Loin d'être déracinés, les Réunionnais cajolent leur identité commune tout en demeurant fidèles aux traditions propres à chaque communauté. Ici, les différences causent rarement des différends. Se sentant avant tout Réunionnais, les habitants de l'île composent une société plurielle et harmonieuse.

Une culture riche et vivante

D'innombrables temples hindous, bouddhistes et taoïstes, des églises chrétiennes, ou encore des mosquées parsèment l'île, perpétuant les rites de chacun. Ainsi, à Saint-Denis ou à Saint-Pierre, dans le centre-ville, il n'est pas rare d'entendre le muezzin, les cloches de l'église et les tambours malbars se télescoper ! Ne manquez pas les superbes demeures traditionnelles (cases créoles) des grandes plantations d'antan, les monuments historiques hérités de la Compagnie des Indes ou encore les distilleries de rhum. Profitez d'une gastronomie variée et d'une culture du terroir authentiquement créole, qui mêle allégrement *cari* (le plat de référence), *rougail*, gratin chouchous, tarte aux jujubes, et même fromages et vins locaux ! Les inspirations culinaires indiennes, européennes, chinoises, malgaches et américaines se retrouvent également dans la musique et la danse. Joignez-vous à un *kabar* (ces grandes fêtes conviviales), dansez-y le séga ou le maloya. La vie culturelle réunionnaise, en plus d'être traditionnellement riche et dynamique, est largement subventionnée par le département, la région et l'Etat. Ce qui garantit des musées de qualité, des monuments historiques entretenus, la promotion de la qualité en matière gastronomique et des spectacles variés.

Musée Léon-Dierx, Saint-Denis.

Fiche technique

Argent

Bien qu'elle se trouve à 9 000 km de la métropole, La Réunion est en France et fait donc partie de l'Union européenne. L'euro y est en vigueur depuis le 1er janvier 2002.

Idées de budget

- **Petit budget** : 60 € par jour et par personne : nuit en gîte ou en dortoir, utilisation des bus, repas dans les snacks.
- **Budget moyen :** 130 € par jour et par personne pour un voyage dans de bonnes conditions de confort, nuit en hôtel 2-étoiles ou en chambre d'hôtes de charme, location de voiture, petits restos classiques.
- **Gros budget** : 250 € par jour et par personne : beaux hôtels, tables de haut standing, location de voiture, activités quotidennes (vol en ULM, sortie en mer, plongée...).

Le drapeau réunionnais

Un drapeau régional a été imaginé en 1975 par le Sainte-Rosien Guy Pignolet, appelé « Lö Mahavéli ». Sur un fond bleu, un triangle rouge vient représenter le piton de la Fournaise, volcan toujours en activité. Cinq rayons de soleil se dégagent du sommet, représentant les différentes ethnies présentes à La Réunion. En 2015, le drapeau réunionnais flottait en haut des bâtiments municipaux de plusieurs communes, aux côtés des drapeaux français et européen.

La Réunion en bref

L'île

- **Superficie :** 2 512 km².
- **Langue officielle :** français.
- **Langues parlées :** français, créole, tamoul, gujarati (parlée par les indo-musulmans originaires du Gujarat), malgache, chinois, shimaoré (langue de Mayotte), comorien.
- **Religions :** catholicisme (environ 90 %), hindouisme (environ 25 %), islam (environ 6 %), bouddhisme, judaïsme, animisme... Total supérieur à 100 % car plusieurs religions sont souvent pratiquées à la fois.
- **Nature de l'Etat** : République française.
- **Chef de l'Etat :** François Hollande.
- **Nature du régime :** Département et Région d'Outre-mer. Nassimah Dindar (DVD) préside le Conseil Général depuis 2004, Didier Robert (UMP) le Conseil Régional depuis 2010. George Pau-Langevin (PS), d'origine guadeloupéenne, est ministre de l'Outre-mer depuis avril 2014.
- **Préfecture :** Saint-Denis. Dominique Sorain est le préfet depuis septembre 2014. Le chef-lieu compte environ 146 000 habitants ce qui en fait la ville la plus peuplée de l'outre-mer français.

La population

- **Population :** 845 000 habitants (1er janvier 2015).
- **Densité :** 336 hab./km² (métropole : 116).
- **Espérance de vie :** 77 ans (hommes) ; 83,5 ans (femmes).
- **Taux de natalité :** 16,9 ‰.
- **Taux de mortalité :** 4,8 ‰.
- **Taux de fécondité :** 2,36 enfants par femme (2,01 en métropole).
- **Illettrisme des 16/65 ans :** 22,6 % à La Réunion (9 % en métropole).

L'économie

- **PIB :** 17,9 milliards d'euros (2012).
- **PIB par habitant :** 17 090 € (contre 32 317 € en métropole).
- **Chômage :** 29 %, 144 000 chômeurs.
- **Personnes vivant au-dessous du seuil de pauvreté :** 42 % (contre 14,1 % en métropole).
- **Exportations :** 300 millions d'euros (2013).
- **Importations :** 4,4 milliards d'euros (2013)

Téléphone

- **Indicatif téléphonique :** le 262 est le code international de La Réunion.

Numéros d'urgence et adresses utiles

- **Pompiers** : 18
- **Police / Gendarmerie** : 17
- **SAMU** : 15
- **Peloton de Gendarmerie de haute-montagne** : 02 62 930 930
- **SNSM** : 196 (numéro national d'urgence), en mer canal VHF 16
- **Numéro d'urgence européen** : 112
- **Répondeur Météo France :** 08 92 68 08 08 (www.meteofrance.re)
- **Répondeur Point Cyclone :** 08 97 65 01 01 (www.meteofrance.re)
- **ONF :** 02 62 90 48 00 (www.onf.fr/la-reunion)
- **Parc National :** 02 62 90 11 35
- **Réserve naturelle marine :** 02 62 34 64 44
- **Randopitons :** www.randopitons.re (site non officiel des sentiers de La Réunion particulièrement bien documenté et régulièrement mis à jour : l'incontournable des randonneurs)

- **Les numéros réunionnais ont tous dix chiffres :** ils commencent par 02 62, sauf les portables qui commencent par 06 92 ou 06 93.
- **Téléphoner depuis et vers la métropole, La Réunion, un autre DOM ou Mayotte :** composer le numéro à 10 chiffres. Ex. : 02 62 12 34 56 (ou 06 92 12 34 56 pour un portable).
- **Téléphoner depuis La Réunion vers l'étranger :** 00 + code du pays + n° local. Ex : +262 262 12 34 56.
- **Compter entre 0,15 € et 0,45 €** la minute suivant les opérateurs. Ce n'est pas cher par rapport aux autres îles de la région, qui facturent autour de 1 à 1,50 € la minute. Des discussions sont en cours pour éliminer les frais de roaming entre les DOM et la métropole, comme cela a été acté pour l'Europe en 2017.
- **Côté Internet,** comme partout, il y a de moins en moins de cybercafés mais le wi-fi est présent dans la plupart des hébergements, un peu moins souvent dans les restaurants, bars et espaces publics.

Hell-Bourg, un des plus beaux villages de France (le seul des Dom-Tom) !

◗ **Enfin côté Internet mobile,** la 3G couvre également presque toute l'île, mais la 4G n'est pas encore arrivée. Nous vous conseillons fortement de désactiver la 3G si votre abonnement n'est pas local, pour ne pas voir votre facture exploser !

Décalage horaire

L'île Maurice et les Seychelles sont sur le même fuseau horaire que La Réunion. Il faut ajouter à l'heure de Paris 2h en été (métropolitain) et 3h en hiver. Lorsqu'il est midi à Paris, il est donc 14h à La Réunion en été et 15h en hiver.

Formalités

Toute personne de nationalité française peut entrer et sortir de La Réunion à sa guise, et y rester autant de temps qu'elle le souhaite, à condition de présenter sa carte d'identité. Les ressortissants de l'Union européenne doivent quant à eux présenter leur passeport et bénéficient d'un droit de séjour limité à trois mois, contrairement à la métropole. En effet, La Réunion a beau faire partie de l'Europe, elle n'est pas dans l'espace Schengen, qui permet à chaque Européen de circuler et résider librement dans le pays de son choix. Pour les étrangers hors UE, le séjour est également limité à 3 mois, même quand on est détenteur d'un titre de séjour en métropole. Les formalités d'entrée sont en revanche beaucoup plus compliquées suivant le pays de provenance. Des garanties financières, l'exigence d'un billet retour et un visa de l'ambassade peuvent être demandés.

Climat

La Réunion jouit d'un climat tropical adouci par les alizés, avec de fortes variations suivant les régions : il est chaud et sec dans l'ouest, chaud et humide dans l'est, montagnard au centre et tempéré à mi-altitude ! Les précipitations atteignent des records mondiaux dans

© ATAMU RAHI – ICONOTEC

Pêcheurs dans la marina de Saint-Gilles-les-Bains.

certaines zones, alors que la sécheresse en domine d'autres. Température moyenne sur la côte : 24 °C l'hiver, 29 °C l'été, 20 °C la nuit. Environ 15 °C à Cilaos, 5 °C la nuit en hiver. Record de 36,9 °C au Port (en 2004). Ensoleillement variant de 6h à 7h30 par jour, contre 5h à Paris.

Saisonnalité

Dans l'hémisphère Sud, les saisons sont inversées. Il fait chaud et humide pendant la saison pluvieuse de novembre à mars, plus doux et moins arrosé le reste de l'année.

◗ **La meilleure période** pour y aller : d'avril à octobre, mais le séjour est agréable toute l'année. La saison des cyclones s'étend de novembre à mars.

Saint Denis de la Réunion

Janvier	Février	Mars	Avril	Mai	Juin	Juillet	Août	Sept.	Octobre	Nov.	Déc.
23°/ 30°	23°/ 30°	23°/ 29°	21°/ 28°	20°/ 27°	18°/ 26°	17°/ 25°	17°/ 25°	17°/ 25°	10°/ 26°	20°/ 27°	22°/ 29°

Idées de séjour

Les immanquables de La Réunion

- **Le volcan** est l'étape incontournable de l'île. Qu'on en fasse le tour par le bas ou qu'on y accède par le haut, c'est une excursion im-man-qua-ble !
- **Visitez au moins l'un des trois cirques :** Salazie est le plus facile d'accès si le temps est compté, Cilaos peut se faire (avec un conducteur aguerri) en une journée, et il faut au moins deux jours pour Mafate (en y passant la nuit) ou bien en une journée mais en se levant aux aurores. Si le temps manque quand même, essayez au moins d'aller voir le panorama, depuis le Maïdo ou la Fenêtre des Makes.
- **Les plages,** histoire de bronzer, se détendre et faire du sport. Idéale pour le farniente, Boucan-Canot, plage de sable blanc aux jolies vagues, fief de La Réunion *hype* et *m'as-tu-vu*, l'est aussi pour sauter dans la houle, faire bronzette et casser une croûte dans un snack-bar. La plage des Roches-Noires à Saint-Gilles est plus sportive, avec ses cliques de surfeurs tout droit sortis du collège. Quant à l'Ermitage et Saint-Leu, elles sont protégées par une barrière de corail et jouissent d'une plus grande tranquillité. Ce sont les préférées des familles.
Une virée dans ces stations balnéaires de l'Ouest est aussi l'occasion de s'essayer au parapente, à la plongée ou au surf, et de sillonner les restaurants, bars, casinos, théâtres, discothèques de Saint-Gilles.
Quant aux plages du Sud, elles sont tout aussi variées et séduisent familles et surfeurs (l'Etang-Salé, avec son sable noir, ses vagues, son bassin protégé, est à la fois sportive et familiale : son tempérament houleux et ses immenses étendues en font l'une des plages préférées des Créoles), les pique-niqueurs (Grand'-Anse, Manapany) ou les pêcheurs (Terre-Sainte, Langevin).
- **Montez dans les Hauts bucoliques** et faites une baignade dans une cascade ou dînez à une table d'hôtes.
- **Parcourez le Sud sauvage en voiture** et remontez jusqu'à Sainte-Rose pour voir les anciennes coulées de lave et la côte aux falaises déchiquetées par la houle.
- **Le vendredi,** découvrez la baie du « meilleur ancrage » en visite guidée sur le front de mer et le marché de Saint-Paul.
- **Visitez le centre-ville de Saint-Denis avec un guide Péi.** Flânez dans les ruelles commerçantes, visitez les temples, une mosquée ou un musée, découvrez les belles cases créoles et coloniales du début du siècle.

Séjour court

- **Jour 1 :** arrivée à Saint-Denis. Transfert vers un hôtel sur les plages de l'Ouest. On pose sa serviette et on étale la crème solaire. Apéro soleil couchant.
- **Jour 2 :** journée détente dans la région des plages. Visite de la station balnéaire de Saint-Gilles. Déjeuner en terrasse avec une vue sur le port ou la plage. Sortie plongée, croisière catamaran, safari dauphin, sortie en mer ou visite de l'aquarium.
- **Jour 3 :** location de voiture et déjeuner sur le port de Saint-Pierre. Balade dans les rues de la ville puis en voiture dans le Sud sauvage, sur la route des épices. Baignade au bassin de Manapany. On peut pousser plus loin, voire faire le tour du volcan par la route des Plaines (si faire de la route ne vous effraie pas). Retour et nuit dans l'Ouest ou le Sud.
- **Jour 4 :** départ tôt le matin vers La Plaine-des-Cafres, puis sur la route du Volcan. Pause photo au cratère Commerson, puis au pas de Bellecombe. Enfin, descente au Formica Léo pour les raisonnables, ascension du volcan pour les sportifs. Retour à l'hôtel dans l'Ouest ou dans le Sud.
- **Jour 5 :** montez par les Hauts de Saint-Paul à la canalisation des Orangers, à Ilet des Orangers, Mafate s'ouvre à vous. Dîner et nuit dans un gîte de montagne. Descente par la rivière des Galets (navettes pour regagner le Port, puis Saint-Paul).
- **Jour 6 :** flânez avec un guide autour de la Mare à Poule d'Eau ou dans les ruelles du village de Hell-Bourg.
- **Jour 7 :** shopping et visite de la ville de Saint-Denis (se renseigner sur les visites guidées auprès de l'office de tourisme du Nord).

Bon à savoir...

- **La Réunion est parsemée de microclimats :** sachez que si le temps est mauvais dans le Nord, il peut être superbe dans l'Ouest. Si il fait trop chaud dans les Bas, montez dans les Hauts. N'hésitez pas à bouger.
- **Pour profiter pleinement de La Réunion, il faut se lever très tôt,** presque avec le chant du coq. Le matin le temps est généralement dégagé, mais le ciel a tendance à se couvrir au fil de la journée. Ceci est d'autant plus valable en été austral.
- **N'oubliez pas de réserver,** l'île connaît un problème de manque d'hébergement touristique en haute saison (novembre à janvier et juillet-août) d'autant plus que les locaux font aussi du tourisme sur leur île !
- **La période idéale pour la randonnée** est l'intersaison (mai/juin et septembre/octobre), les Hauts de l'île sont bien découverts, il pleut très peu et la climat est relativement doux.
- **Attention aux courants** et aux fortes houles, principalement entre avril et octobre (puissantes houles d'hiver). Ce conseil reste valable toute l'année.

Séjours longs

Le tour de l'île en deux semaines

- **Jour 1 :** Arrivée à Saint-Denis, transfert vers un hôtel de la côte ouest. Journée libre – bain de soleil, plage et détente. Apéro soleil couchant suivi d'un repas créole dans un restaurant pieds dans l'eau à l'Ermitage.
- **Jour 2 :** journée plage et activités sportives – plongée, ski nautique, pêche au gros, parapente à Saint-Leu, sortie baleines (en saison) ou dauphins (toute l'année), balade en catamaran, sortie en bateau-bulle... Le soir, dîner au bord de l'eau.
- **Jour 3 :** location de voiture et exploration de l'Ouest. Départ tôt le matin vers le point de vue du Maïdo. Petite baignade dans les bassins de Saint-Gilles. Visite du musée de Villèle, du Jardin d'Eden ou de l'Aquarium. Balade sur le port de Saint-Gilles en fin d'après-midi.
- **Jour 4 :** départ pour Saint-Pierre avec déjeuner sur le port de plaisance. Balade dans les rues de la ville, visite de temples, puis en voiture dans le Sud Sauvage, sur la route des épices. Baignade au bassin de Manapany. Traversée du Grand Brûlé. Nuit à Sainte-Rose ou dans le Sud.
- **Jour 5 :** départ tôt le matin vers la Plaine-des-Cafres, puis sur la route du volcan. Photos depuis le pas de Bellecombe pour les paresseux, descente au Formica Léo pour les raisonnables, ascension du volcan pour les sportifs. Nuit en chambre d'hôtes et repas en table d'hôtes dans la région des Plaines. Ou marche de Grand-Bassin et nuit en gîte dans le fond de la rivière.
- **Jour 6 :** journée nature et randonnée. Visite de la forêt de Bélouve et du Trou de Fer, puis descente en randonnée sur le village de Hell-Bourg ou de celui de Salazie. Visite du village et du cirque.
- **Jour 7 :** départ de Salazie pour Mafate par le col de Fourche. Trajet en bus jusqu'au col, puis descente à pied et nuit en pleine nature, à Marla (2h30 de marche) ou à la Nouvelle (3h de marche). Nuit en gîte de montagne.
- **Jour 8 :** départ de Mafate pour Cilaos par le col du Taïbit, 3h de marche. Transfert en bus jusqu'au village de Cilaos, visite du village et des artisans, achat de produits du pays. Nuit à Cilaos ou descente sur la côte. Les plus courageux s'attaqueront au piton des Neiges dans la foulée, et pendant la nuit.
- **Jour 9 :** journée à Cilaos, petite randonnée (Bras-Rouge, Trois-Sources) ou bien fortes sensations comme canyoning ou escalade. Le soir, table d'hôtes copieuse et roborative de type civet de canard aux lentilles pour se remettre de ses pérégrinations.
- **Jour 10 :** direction l'Est ou Salazie pour une journée « eaux vives ». Pique-nique/baignade à côté d'une cascade ou barbecue au bord d'un rempart.
Session de canyoning, rafting ou hydrospeed dans les rivières. Les intellectuels préféreront visiter le village de Hell-Bourg, l'un des plus beaux villages de France, l'écomusée et la maison Folio. Dîner dans un resto indien et nuit dans l'Est.
- **Jour 11 :** exploration de la région Est – visite d'un temple tamoul, fabrication de vanille, sucrerie. Retour sur l'Ouest ou le Nord.

Jour 12 : journée shopping et sorties, de préférence un week-end. Visites guidées du cimetière marin, du front de mer de Saint-Paul et du marché forain. Shopping aussi dans les marchés de Saint-Denis. Visite de la ville de Saint-Denis. Le soir, ambiance plus festive dans un bar à cocktails ou soirée théâtre, casino ou boîte. De préférence à Saint-Gilles.

Jour 13 : retour du côté des plages, afin de bien bronzer avant le retour. Promenade à cheval au bord du lagon, baignade, sports d'eau. Possibilité de survol de l'île en ULM ou en hélicoptère (si vous avez gagné au casino la veille), sans oublier l'appareil photo.

Jour 14 : retour vers la métropole.

Trois semaines : le combiné La Réunion – Océan Indien

En 2010, un concept a vu le jour pour renforcer l'attrait touristique de la zone océan Indien : « Les îles Vanille », la vanille étant un élément végétal commun à La Réunion, l'île Maurice, Madagascar, Mayotte, les Seychelles et les Comores. L'objectif est de renforcer les combinés inter-îles.
La compagnie régionale Air Austral a lancé en 2014 le « Pass Ile Vanille », proposant des tarifs spéciaux sur les vols au départ de Paris, comprenant minimum deux escales sur ces différentes îles. La compagnie a également repris sa ligne aérienne La Réunion-Seychelles en juin 2014.
L'île Maurice, Madagascar et Mayotte sont particulièrement bien desservies au départ de La Réunion.
Au-delà de deux semaines, nous vous proposons un combiné de deux îles : Maurice, l'île sœur, ou Mayotte, l'autre île française de l'océan Indien, en plus de La Réunion.Si vous partiez à Madagascar ou en Afrique, une telle durée ne serait pas suffisante, mais pour deux îles de cette taille, c'est tout à fait correct.

Jours 1 à 9 : arrivée à Saint-Denis de La Réunion. Même programme que précédemment, avec peut-être un peu moins de plages, car vous en trouverez de plus belles dans les autres îles. Puis départ pour Maurice en avion (de 159 à 300 € A/R) depuis Saint-Denis ou Saint-Pierre, ou encore depuis le Port en bateau (environ 200 €). Pour Mayotte, départ depuis Saint-Denis uniquement (environ 300 €).

Jour 10 à l'avant-dernier : séjour dans l'île de votre choix. Sachez qu'il existe un *Petit Futé Country Guide* sur toutes les destinations au départ de La Réunion (sauf les Comores).

Dernier jour : retour sur Saint-Denis. Shopping, visite de la ville. Nuit à Saint-Denis et départ le lendemain pour Paris.

Canyoning dans une cascade du cirque de Cilaos.

Séjours thématiques

Séjour sportif

Jour 1 : arrivée à Saint-Denis. Transfert à Saint-Leu. Parapente dans la station réputée de l'Ouest, ou au Dimitile.

Jour 2 : plongée sous-marine au tombant de la Pointe-au-Sel à Saint-Leu.

Jour 3 : marche pour rejoindre Mafate (depuis Rivière-des-Galets, Sans-Souci ou Dos-d'Âne). Camping et barbecue sous les étoiles.

Jour 4 : départ de Marla (dans Mafate) pour franchir le col du Taïbit et rejoindre le cirque de Cilaos. Repas dans la ville de Cilaos. Transfert pour le sentier qui mène au piton des Neiges. Nuit au gîte du piton des Neiges.

Jour 5 : réveil à 4h et montée au sommet du piton des Neiges pour le lever du soleil. Descente et nuit sur Salazie.

Jour 6 : descente sur Saint-Benoît pour une journée « eaux vives » – canyoning et raft dans la rivière des Marsouins. Retour et nuit dans l'Ouest.

Vrais et faux dangers de La Réunion

Les JT nationaux, connus pour leur tendance au sensationnel, présentent souvent La Réunion comme un lieu meurtri par ses dangers naturels et ses problèmes sociaux. Ce qui est très partial et nuit fortement à l'image de l'île et au secteur du tourisme. En effet, les drames médiatisés sont bien plus spectaculaires que statistiquement nombreux. C'est vrai qu'en métropole personne ne décède croqué par un requin ou en tombant dans la lave, mais ces cas restent rarissimes. Quels sont les fantasmes et les réels dangers ? Aucun ne doit vous empêcher d'aller à La Réunion, où vous serez autant en sécurité qu'en métropole !

- **Les cyclones** : ils causent des milliers de morts dans les pays pauvres, mais il y en a eu moins de 5 en 10 ans à La Réunion, dont aucun touriste. La plupart sont des imprudents ayant tenté de traverser un radier submergé. Les tempêtes et inondations en métropole font des dizaines de morts par an.

- **Les éruptions volcaniques :** un mort recensé en 375 ans, un touriste qui s'était malheureusement écarté du sentier balisé. Le volcan n'est pas dangereux, le principal risque étant de se fouler la cheville en l'escaladant.

- **Les requins :** en recrudescence depuis quelques années, ils ont tué 7 fois entre 2011 et 2015. Ces morts, extrêmement médiatisées, concernent principalement des surfeurs, mais aussi des baigneurs s'étant aventurés sur des plages interdites de baignade. Aucun risque pour les baigneurs à l'intérieur des lagons, ni pour les plongeurs. Depuis 2013, le surf est interdit dans toute l'île… mais encore pratiqué. La dernière attaque date de juillet 2015. A chacun de prendre les meilleures précautions.

- **Les noyades en mer :** une cause importante de décès, bien plus fréquente que les requins. Elles surviennent généralement sur certaines plages aux courants très puissants, comme l'Etang-Salé qui emporte des vies régulièrement, ou les plages interdites à la baignade, ou encore avec des promeneurs et pêcheurs en bord de mer happés par une vague plus forte que les autres. Rien à craindre à l'intérieur des lagons et aucun risque en dehors, tant qu'on respecte les drapeaux ! Attention aussi par gros temps en sortie pêche ou plongée.

- **Les noyades en rivière :** elles arrivent aussi fréquemment pour diverses raisons : emporté par les courants puissants d'une cascade (comme à la cascade Niagara), assommé en plongeant (comme dans les bassins de Saint-Gilles), ou surpris par la montée subite des eaux (en cas d'orage en amont). Les touristes, qui ne connaissent pas les dangers du coin, doivent redoubler de prudence.

- **Les maladies :** le chikungunya a fait 250 morts en 2006, ce qui est beaucoup, mais c'était en 2006. Aucun cas recensé depuis 2007 et il y a aussi des grippes en métropole. Vous êtes même mieux protégé du chikungunya à La Réunion qu'ailleurs puisque la majorité de la population a été contaminée et est donc désormais immunisée ! Le paludisme a été éradiqué dans les années 1960.

- **Les chutes de pierres :** causant aussi plus de morts que les requins, mais beaucoup moins médiatisées, elles tuent principalement sur la route du Littoral en raison du fort trafic, mais aussi ailleurs : sur les petites départementales ou même les sentiers de randonnée. En 2014, deux touristes décèdent sous un éboulis lors d'une sortie canyoning.

- **Les émeutes :** elles font parfois l'actualité et opposent, comme en métropole, manifestants et forces de l'ordre, mais sont plutôt moins violentes : aucun décès depuis 1991. Mais franchement, que viendrait faire un touriste sur un rond-point bloqué dans une cité sensible ?

- **La délinquance :** pas plus qu'ailleurs, plutôt moins. Si certains chiffres sont élevés, comme les homicides, il s'agit plus souvent de crimes passionnels que crapuleux avec beaucoup de femmes battues. Comme partout, évitez quartiers mal famés, sorties de discothèques et groupes d'hommes alcoolisés. Le touriste n'est pas spécialement visé.

- **La route :** avec une quarantaine de morts par an, dont quelques touristes, vous pourriez faire partie du lot, même si La Réunion est dans la moyenne française. Louez plutôt une voiture, moins d'une vingtaine d'automobilistes décèdent chaque année. Sur les voies rapides, évitez le vélo (bien qu'autorisé !), de traverser à pied (interdit) ainsi que le scooter à contresens avec alcool et médicaments, sans casque ni lumières…

- **Jour 7 :** sortie pêche au gros au large de Saint-Gilles. Repas du soir, de poisson forcément.
- **Jour 8 :** journée sans efforts – tour de l'île en ULM ou en hélico. Plage et baignade pour terminer.
- **Jour 9 :** retour sur Saint-Denis et départ pour la métropole.
- **Pour les fondus de randonnée.** Il est possible de faire 5 à 13 jours de trekking et de parcourir ainsi les trois cirques, le volcan, sans oublier le piton des Neiges. Pour plus d'informations sur les itinéraires possibles (certains sentiers sont régulièrement fermés en raison des intempéries), il est préférable de se renseigner directement auprès de la Maison de la montagne et de la mer.

Séjour culturel

- **Jour 1 :** arrivée à Saint-Denis. Transfert dans les Hauts de Sainte-Suzanne ou Saint-André. Visite des temples tamouls de Saint-André, de la sucrerie de Bois-Rouge et de la distillerie de Savanna. Essayez de voir une procession comme le *Dipavali* ou un mariage. Nuit en gîte ou chambre d'hôtes.
- **Jour 2 :** départ pour Hell-Bourg. Visite du Circuit des Cases Créoles dans le village de Hell-Bourg et de la maison Folio. L'après-midi, visite de l'usine de canne à sucre de Bois-Rouge. Nuit dans l'Est.
- **Jour 3 :** visite d'une coopérative de vanille de l'Est le matin puis départ pour Saint-Denis, circuit architectural autour des cases créoles, des monuments historiques de l'avenue de la Victoire et des musées de la rue de Paris, ou balade dans le jardin de Cendrillon. Dîner dans un restaurant classé. Nuit à Saint-Denis, La Montagne ou La Possession.
- **Jour 4 :** visite du musée de Villèle dans l'Ouest et départ pour Cilaos. Arrêt éventuel à l'Eperon ou l'Entre-Deux pour l'artisanat. Nuit à Cilaos.
- **Jour 5 :** remise en forme à la station thermale de Cilaos. Petites randonnées dans le cirque, visite du village, ses artisans, ses musées… Nuit à Cilaos.
- **Jour 6 :** descente sur Saint-Pierre, en passant par Saint-Louis pour une escale à la sucrerie du Gol. Visite historique de la ville puis du Sud sauvage suivant les conseils d'un guide PEI. Visite d'une plantation d'épices ou d'un jardin botanique. Repas en table d'hôte dans les Hauts. Nuit à Saint-Pierre.
- **Jour 7 :** virée jusqu'au volcan par le pas de Bellecombe. Arrêt photo près des points de vue et circuit dans les Hauts bucoliques du Tampon. Nuit sur Saint-Pierre ou dans l'Ouest.
- **Jour 8 :** visite du conservatoire botanique de Mascarin. Détente et baignade dans la région des plages.
- **Jour 9 :** transfert à Saint-Denis et départ pour Paris.

Séjour « gastronomie et fête »

- **Jour 1 :** arrivée sur Saint-Denis. Transfert sur Saint-Gilles. Jacuzzi dans la chambre, restaurant de poissons sur le port le soir. Cocktails et rencontres dans les bars de la rue du Général-de-Gaulle jusqu'au bout de la nuit.
- **Jour 2 :** beach-volley et baignade toute la journée. Dîner dans un restaurant de la plage de l'Ermitage et soirée en discothèque.
- **Jour 3 :** location de voiture et expédition dans les Hauts de l'Ouest. Pique-nique barbecue près des cascades ou au bord d'un gouffre. Retour sur Saint-Gilles. En soirée, concert séga-maloya au théâtre de plein air ou *kabar* sur la plage.
- **Jour 4 :** expédition à Cilaos, Salazie ou au volcan. Petite randonnée, pique-nique tardif et repos bien mérité dans un gîte en pleine nature.
- **Jour 5 :** journée tour de l'île en voiture – arrêt dans un restaurant indien ou créole de l'Est ou Saint-Denis, aux cascades de Takamaka et sur les laves de Sainte-Rose. Dîner à une table d'hôtes du Sud et nuit sur place.
- **Jour 6 :** Saint-Pierre. Balade dans la ville, shopping, flânerie notamment sur le port et aux terrasses de café du front de mer. La soirée se termine dans un des nombreux bars ou discothèques du Sud.
- **Jour 7 :** départ vers le Tévelave en voiture pour faire un petit tour aux jardins, découverte de quatre sites magnifiques, et après-midi quad ou canyoning dans les Hauts. Le soir, table d'hôtes copieuse avec gratin chouchous, cabri au feu de bois, boucané saucisses, rhum arrangé… Nuit dans l'Ouest.
- **Jour 8 :** retour sur Saint-Denis. Shopping puis repas gastronomique dans une bonne table du chef-lieu. Soirée à une terrasse du Barachois. Concert et/ou discothèque de la « capitale ». Départ pour Paris le lendemain.

Comment partir ?

PARTIR EN VOYAGE ORGANISÉ

Voyagistes

Spécialistes

Vous trouverez ici les tours opérateurs spécialisés dans votre destination. Ils produisent eux-mêmes leurs voyages et sont généralement de très bon conseil car ils connaissent la région sur le bout des doigts. À noter que leurs tarifs se révèlent souvent un peu plus élevés que ceux des généralistes.

■ **AEROMARINE VOYAGES**
22, Royer-Collard (5e)
Paris
✆ 01 43 29 30 22
www.aeromarine.fr
aeromarine@wanadoo.fr
Aéromarine, spécialiste de la plongée, propose un forfait 9 jours et 7 nuits avec 10 plongées dans un 2-étoiles, situé à 5 minutes de Saint-Gilles. Les sites de plongées sont distants de 15 à 60 minutes. Le plongeur observera épaves, grottes, tombants, canyons et jardins coralliens.

■ **ATALANTE**
36, Quai Arloing
Lyon
✆ 04 72 53 24 80
www.atalante.fr – lyon@atalante.fr
Ouvert du lundi au vendredi de 9h à 19h et le samedi de 10h à 13h et de 14h à 18h.
Atalante est une agence spécialisée dans les voyages à pied. Trekking de haut niveau ou simples promenades dans les campagnes, il y en a pour toutes les conditions physiques. Elle s'attache à faire découvrir à ses clients des régions du monde aux modes de vie préservés, riches de traditions et de cultures uniques. Plusieurs séjours sont proposés dans les majestueux cirques, pitons et remparts.

▶ **Autres adresses :** Bruxelles : Rue César Frank, 44A, 1050 ✆ +32 2 627 07 97. • Paris, 18 rue Séguier, 75006, fond de cour à gauche, 1er étage ✆ 01 55 42 01 00.

■ **ATC – ROUTES DU MONDE**
9, rue du Château-Landon (10e)
Paris
✆ 01 55 26 93 70
www.atc-routesdumonde.com
Pour tous vos loisirs, quel que soit le budget, le temps dont vous disposez et l'idée même que vous vous faites des vacances, l'éventail de programmes proposé par ATC est si grand que vous pouvez difficilement ne pas trouver votre bonheur. Gîte ou camping pour des vacances nature, circuits « tout compris » de l'accompagnateur en passant par l'hébergement et même les formalités, des départs groupes ou individuels, des vols aux meilleurs prix vers tous les pays, des séjours balnéaires… bref du cousu main. En famille, vous apprécierez particulièrement les résidences de vacances bénéficiant de tout le confort et idéalement situées dans des régions attrayantes. Un circuit « Balade créole » de 10 jours est programmé par ATC.

■ **CHAMINA VOYAGES**
Naussac – BP 5 F
Langogne
✆ 04 66 69 00 44
www.chamina-voyages.com
contact@chamina-voyages.com
Spécialiste des randonnées, Chamina Voyages propose deux itinéraires « randonnée liberté » pour découvrir La Réunion à pied : « La Grande Traversée » (niveau très soutenu) et « Escapade créole » (niveau modéré). Vous pouvez également opter pour l'une des randonnées accompagnées, de 13 et 15 jours.

■ **ESCURSIA**
2, rue Jean-Emile Laboureur
Nantes
✆ 02 53 35 40 29
www.escursia.fr – contact@escursia.fr
Escursia propose des séjours rares et authentiques, pour découvrir la nature et les hommes, en compagnie de personnes rares et passionnantes. Week-ends, courts séjours en France ou longs séjours à l'étranger, l'esprit commun à tous les voyages est l'immersion, hors sentiers battus, dans des sites naturels préservés, accompagnés de guides naturalistes passionnés. A La Réunion, Escursia vous invite à la découverte, au plus près des mammifères marins : grands dauphins, baleines à bosse, globicéphales et cachalots, un voyage accompagné par des experts qui étudient leur comportement.

Autre adresse : à Lille : 31 rue du Général de Gaulle, 59110 La Madeleine – Tél 03 62 27 51 12.

GRAND ANGLE
Le Village
Méaudre
✆ 04 76 95 23 00
www.grandangle.fr
info@grandangle.fr
Lundi-vendredi, 8h30-12h30 & 13h30-18h30 ; samedi, 9h-12h & 14h-17h.
Grand Angle est spécialiste du voyage à pied, du trekking, mais également les raids nordiques en ski de fond, la raquette à neige, le vélo et les chiens de traîneaux.... A La Réunion, cette agence propose deux randos guidées de niveau moyen « Traversée light » (10 jours) ou soutenu à soutenu+ « Grande traversée » (15 jours).

KALEÏ
59, rue Ramus (20e)
Paris
✆ 01 43 66 01 00
www.kalei.fr – contact@kalei.fr
Kaleï propose des programmes originaux et des voyages à thème insolites. Pour La Réunion, vous trouverez un voyage de 9 jours « Initiation à la Cuisine Créole » qui vous permettra d'apprendre les bases (caris, bouchons, rhums arrangés) tout en profitant des activités sportives que propose l'île et de ses célèbres plages ! Il vous sera également possible de personnaliser votre voyage.

MELTOUR
103, avenue du Bac
La Varenne-Saint-Hilaire
✆ 01 73 43 43 43
www.meltour.com
meltour@meltour.com
Ouvert du lundi au vendredi de 9h à 19h.
Ce tour-opérateur, véritable spécialiste du voyage sur-mesure depuis 1989, concocte tous les types de voyages vers une quarantaine de pays. Tous guidés, les circuits privatifs sur-mesure ou les circuits regroupés proposent de découvrir différentes facettes d'une destination. En famille, découverte de la civilisation, safari, chez l'habitant, etc... Les thèmes proposés par Meltour sont nombreux. À La Réunion, Meltour propose deux circuits en liberté pour découvrir l'île : « La Réunion essentielle » (10 jours) et « Le petit tour de l'île » (7 jours).

PASSION DES ÎLES
✆ 08 25 16 15 02
www.passiondesiles.com
Faites confiance au spécialiste des îles et des lagons depuis plus de 40 ans ! Vous trouverez chez ce tour-opérateur français tous les voyages sur-mesure et combinés inter-îles dans l'océan Indien. Définissez les dates de votre séjour et votre ville de départ, sélectionnez vos activités favorites (farniente, spa, découverte culturelle, aventure, plongée, golf...) et votre choix d'hébergement (établissements prestigieux, hébergements de charme et résidences), l'équipe de Passion des îles vous préparera votre séjour cousu-main à vivre en famille, entre amis ou en couple... le tout au plus juste prix. Autotours variés à la découverte de paysages grandioses et des traditions créoles et large sélection d'hébergements pour un voyage à la mesure de vos rêves sur l'île de La Réunion !

SENSATIONS DU MONDE
38, rue des Renouillères
Saint-Denis
✆ 01 40 10 50 00
www.sensationsdumonde.com
resa@sensationsdumonde.com
Sensations du monde crée ses propres voyages et les divise en 3 thèmes différents : les courts séjours, les destinations lointaines et les destinations soleil. A La Réunion, un autotour et un séjour balnéaire sont proposés. Possibilité également d'effectuer un voyage sur mesure.

SOLEA VACANCES
21, rue du Faubourg-Saint-Antoine (11e)
Paris
✆ 08 26 28 20 00
www.soleavacances.fr
Solea Vacances est un tour opérateur français spécialisé sur l'océan Indien. A La Réunion, plusieurs catégories d'hôtels (2 à 5 étoiles) sont proposées. Des autotours et des séjours plage sont proposés, avec ou sans excursions : escapade à la journée, survol de l'île en hélicoptère, mini-croisières ou encore randonnées pédestres. Possibilité de devis sur mesure. Brochures en ligne ou auprès des agences de voyages.

TERRES LOINTAINES
2, rue Maurice Hartmann
Issy-les-Moulineaux
✆ 01 84 19 44 45 / 09 72 45 35 86
www.terres-lointaines.com
contact@terres-lointaines.com
M° Porte de Versailles (M12 et T3) ou Corentin Celton (M12).
Possibilité de venir à l'agence sur rendez-vous uniquement.

Véritable créateur de voyages sur mesure, Terres Lointaines est un spécialiste reconnu du long-courrier sur plus de 30 destinations en Amérique, en Afrique, en Asie et en Australie-Nouvelle-Zélande. Grâce à une sélection rigoureuse de partenaires sur place et un large choix d'hébergements de petite capacité et de charme, Terres Lointaines offre des voyages de qualité et hors des sentiers battus. Les circuits itinérants sont déclinables à l'infini pour coller parfaitement à toutes les envies et à tous les budgets. En plus d'un contact privilégié avec un expert du pays, le site terres-lointaines.com, illustré par de nombreuses photos, cartes interactives et informations pratiques, commencera à vous faire voyager. A La Réunion, parmi les nombreuses possibilités de séjour, on pourra opter pour un circuit sur les routes créoles, depuis le cirque de Salazie jusqu'au Sud sauvage.

Autre adresse : 4, rue Esprit des Lois, 33000 Bordeaux ✆ 09 72 41 71 18

Généralistes

Vous trouverez ici les tour-opérateurs dits « généralistes ». Ils produisent des offres et revendent le plus souvent des produits packagés par d'autres sur un large panel de destinations. S'ils délivrent des conseils moins pointus que les spécialistes, ils proposent des tarifs généralement plus attractifs.

ALMA VOYAGES

573, route de Toulouse
Villenave-d'Ornon
✆ 05 56 87 58 46 / 0820 20 20 77
www.alma-voyages.com
Ouvert de 9h à 21h. Chez Alma Voyages, les conseillers connaissent vraiment les destinations. Ils ont la chance d'aller sur place plusieurs fois par an pour mettre à jour et bien conseiller. Chaque client est suivi par un agent attitré qui n'est pas payé en fonction de ses ventes... mais pour son métier de conseiller. Une large offre de voyages (séjour, circuit, croisière ou circuit individuel) avec l'émission de devis pour les voyages de noces ou sur mesure. Alma Voyages pratique les meilleurs prix du marché et travaille avec Fram, Kuoni, Club Med, Beachcombers, Jet Tour, Marmara, Look Voyages... Si vous trouvez moins cher ailleurs, l'agence s'alignera sur ce tarif et vous bénéficierez en plus, d'un bon d'achat de 30 € sur le prochain voyage. Surfez sur leur site !

NOUVELLES FRONTIÈRES

✆ 0 825 000 747
Nouvelles Frontières, un savoir-faire incomparable depuis plus de 50 ans. Des propositions de circuits, d'itinéraires à la carte, des séjours balnéaires et d'escapades imaginés et construits par des spécialistes de chaque destination.

OPODO

✆ 0 899 653 655
www.opodo.fr
Pour préparer votre voyage, Opodo vous permet de réserver au meilleur prix des vols de plus de 500 compagnies aériennes, des chambres d'hôtels parmi plus de 45 000 établissements et des locations de voitures partout dans le monde. Vous pouvez également y trouver des locations saisonnières ou des milliers de séjours tout prêts ou sur mesure ! Des conseillers voyages à votre écoute 7j/7 de 8h à 23h du lundi au vendredi, de 9h à 19h le samedi et de 11h à 19h le dimanche.

UCPA

12, rue des Halles (13e)
Paris
✆ 3260 / 08 25 88 08 00
www.ucpa.fr
M° : Châtelet ou Les Halles
Accueil téléphonique du lundi au vendredi de 9h à 20h sauf le jeudi de 9h à 22h. Le samedi de 9h à 19h.
Cette association unique en France propose depuis plus de 45 ans des vacances sportives à destination des adultes, mais aussi des enfants et des adolescents. La plongée bouteille est ouverte aux juniors de 13-17 ans en France, ainsi qu'aux jeunes adultes (monde) ; la plongée libre est réservée aux adultes (monde) et jeunes adultes (monde).

Réceptifs

RÉUNITOURS

27, avenue de Bourbon
SAINT-GILLES-LES-BAINS
✆ 02 62 33 11 11
www.reunitours.com
contact@reunitours.com
Cette nouvelle agence réceptive organisera tout type de séjour avec les meilleurs opérateurs locaux, pour individuels, groupes et voyages d'affaires : voyage de noces, séminaires, vacances en famille... Réunitours s'occupe de traiter avec les hébergeurs, activités, restaurants, transporteurs et excursionnistes, la plupart d'entre eux des professionnels renommés de leur secteur et établis de longue date. L'agence est d'ailleurs installée dans les locaux d'ITC Tropicar, un loueur de voitures opérant depuis plus de 30 ans.

Sites comparateurs et enchères

Plusieurs sites permettent de comparer les offres de voyages (packages, vols secs, etc.) et d'avoir ainsi un panel des possibilités et donc des prix. Ils renvoient ensuite l'internaute directement sur le site où est proposée l'offre sélectionnée.

■ BILLETSDISCOUNT
✆ 01 40 15 15 12
www.billetsdiscount.com
Le site Internet permet de comparer les tarifs de vol de nombreuses compagnies à destination de tous les continents. Outre la page principale avec la recherche générale, des onglets spécifiques (Antilles, océan Indien, Océanie, Afrique, Amérique du Nord et Asie) permettent de cibler davantage les recherches.

■ EASYVOYAGE
www.easyvoyage.com
contact@easyvoyage.fr
Le concept d'Easyvoyage.com peut se résumer en trois mots : s'informer, comparer et réserver. Des infos pratiques sur quelque 255 destinations en ligne (saisonnalité, visa, agenda...) vous permettent de penser plus efficacement votre voyage. Après avoir choisi votre destination de départ selon votre profil (famille, budget...), Easyvoyage.com vous offre la possibilité d'interroger plusieurs sites à la fois concernant les vols, les séjours ou les circuits. Enfin grâce à ce méta-moteur performant, vous pouvez réserver directement sur plusieurs bases de réservation (Lastminute, Go Voyages, Directours... et bien d'autres).

■ ILLICOTRAVEL
www.illicotravel.com
commercial@illicotravel.com
Illicotravel permet de trouver le meilleur prix pour organiser vos voyages autour du monde. Vous y comparerez les billets d'avion, hôtels, locations de voitures et séjours. Ce site très simple offre des fonctionnalités très utiles comme le baromètre des prix pour connaître les meilleurs prix sur les vols à plus ou moins 8 jours. Le site propose également des filtres permettant de trouver facilement le produit qui répond à tous vos souhaits (escales, aéroport de départ, circuit, voyagiste…).

■ JETCOST
www.jetcost.com
Jetcost compare les prix des billets d'avion et trouve le vol le moins cher parmi les offres et les promotions des compagnies aériennes régulières et low cost. Le site est également un comparateur d'hébergements, de loueurs d'automobiles et de séjours, circuits et croisières.

■ LILIGO
✆ 01 45 153 170
www.liligo.com
feedback@liligo.com
Liligo interroge agences de voyage, compagnies aériennes (régulières et low cost), trains (TGV, Eurostar…), loueurs de voiture mais aussi 250 000 hôtels à travers le monde pour vous proposer les offres les plus intéressantes du moment. Les prix sont donnés TTC et incluent donc les frais de dossier, d'agence… Le site comprend aussi deux thématiques : « week-end » et « ski ».

■ VOYAGER MOINS CHER
www.voyagermoinscher.com
contact@voyagermoinscher.com
Ce site référence les offres de près de 100 agences de voyages et tour-opérateurs parmi les plus réputés du marché et donne ainsi accès à un large choix de voyages, de vols, de forfaits « vol + hôtel », de locations, etc. Il est également possible d'affiner sa recherche grâce au classement par thèmes : thalasso, randonnée, plongée, All Inclusive, voyages en famille, voyages de rêve, golf ou encore départs de province.

PARTIR SEUL

En avion

Le prix moyen d'un vol aller-retour de la métropole à Saint-Denis variant entre 900 et 1 600 € en haute saison et 600 et 800 € en basse saison, La Réunion demeure une destination chère. Notez que le coût du voyage dépend certes, surtout de la période voyagée mais aussi du délai de réservation. Pour obtenir des tarifs intéressants, il est indispensable de vous y prendre très en avance. Pensez à acheter vos billets six mois avant le départ et, si possible, évitez les vacances scolaires (de métropole et de La Réunion), en particulier de début juillet à fin août et de mi-décembre à mi-janvier.

Principales compagnies desservant la destination

AIR AUSTRAL

✆ 0 825 013 012
www.air-austral.com

Air Austral, compagnie française leader sur l'océan Indien, propose 12 vols par semaine au départ de Paris Roissy Charles de Gaulle vers La Réunion Roland-Garros, en Boeing 777 (vol de nuit). Comptez entre 10h et 11h de vol. Air Austral dessert aussi les îles de l'océan Indien au départ de La Réunion : Mayotte, Maurice, Madagascar (Tananarive, Tamatave, Nosy-Be, Majunga), les Comores, les Seychelles, l'Afrique du Sud, la Thaïlande (via Madras) et Rodrigues (au départ de Saint-Pierre en vols saisonniers) depuis le 8 mai 2015. Des départs de 19 villes de province sont également proposés par la compagnie grâce à son partenariat SNCF-TGV Air, qui offre l'avantage d'un service unique et exclusif : départ et arrivée des trains dans le même terminal qu'Air Austral CDG2.

Sa flotte récente, le confort de ses cabines, la qualité de ses prestations à bord et l'accueil de son personnel navigant, sont les atouts majeurs de cette compagnie distinguée parmi les 10 meilleures compagnies aériennes régulières au monde (source Air Valid). Pour les voyageurs désireux de découvrir plusieurs îles, le « Pass Iles Vanille » leur est proposé : ce Pass permet aux passagers ayant acheté un billet long-courrier vers l'océan Indien de bénéficier de tarifs privilégiés sur les destinations de l'océan Indien desservies par la compagnie. Il est vendu uniquement en métropole et est inaccessible aux résidents de la zone océan Indien.

AIR FRANCE

✆ 3654 – www.airfrance.fr

Air France propose une à deux liaisons quotidiennes et directes de Paris à La Réunion. Comptez environ 11h de vol.

CORSAIR

✆ 39 17 – www.corsair.fr

La compagnie régulière Corsair dessert quotidiennement Saint-Denis au départ d'Orly Sud. Si vous habitez en province, vous pouvez acheter des billets combinés, comprenant un voyage en TGV (partenariat TGV Air au départ de 18 villes métropolitaines) et le billet Corsair.

Corsair propose à ses clients des cabines plus spacieuses et plus confortables à bord d'une flotte entièrement reconfigurée. Une montée en gamme offrant également de nouveaux sièges ergonomiques, avec un meilleur confort d'assise, des divertissements à bord plus nombreux, avec notamment la mise à disposition d'écrans individuels tactiles et interactifs, proposant une large gamme de films, de reportages, et de jeux.... Le site Internet facilite la recherche de tarifs, la possibilité de s'enregistrer 24 heures à l'avance, de choisir son siège, d'éditer sa carte d'embarquement. On peut aussi réserver « en ligne » les produits que l'on souhaite acheter en *duty free* à bord de l'avion avec des réductions pouvant atteindre les 40 %. Vous pouvez commander des repas « gourmets » (à partir de 10 €) de type marin, terroir, italien, gourmet...

Sur Corsair,
le cinéma
est bienvenu
à bord
Cinéma, jeux vidéos, musique, documentaires...
Plus de 300 heures de divertissements proposées sur chaque vol.
LA RÉUNION
Vol direct et quotidien
corsair.fr
POP CORN
CORSAIR
Ouvrons d'autres horizons

Ces changements interviennent sur la classe économique « Horizon » mais aussi en « Grand Large ». Les passagers de la classe Premium disposent d'un salon privatif dans les aéroports de Paris Orly et de Saint-Denis avec wi-fi gratuit, service de presse, buffet et boissons à volonté.
Un changement de cap qui tire la compagnie vers le haut (excellente nouvelle) tout en conservant les tarifs concurrentiels : la compagnie propose le meilleur rapport qualité-prix du marché.

■ XL AIRWAYS
Aéroport Napoléon-Bonaparte
Ajaccio
✆ 08 92 69 21 23
www.xl.com
info@xl.com
La compagnie aérienne française XL Airways propose toute l'année jusqu'à 3 vols par semaine vers La Réunion au départ de Paris Roissy, Marseille et Lyon. Axée sur un modèle de tarifs ultra compétitifs, l'offre comprend toujours un repas chaud, une collation, eau, thé et café pendant le service et un programme audio-vidéo fréquemment renouvelé. Une gamme de services additionnels est également proposée pour permettre à chacun de personnaliser son voyage.

Sites comparateurs

Certains sites vous aideront à trouver des billets d'avion au meilleur prix. Certains d'entre eux comparent les prix des compagnies régulières et *low cost*. Vous trouverez des vols secs (transport aérien vendu seul, sans autres prestations) au meilleur prix.

■ EASY VOLS
✆ 08 99 19 98 79
www.easyvols.fr
contact@easyvoyage.fr
Comparaison en temps réel des prix des billets d'avions chez plus de 500 compagnies aériennes.

■ MOMONDO
www.momondo.fr
Comparez les vols et les hôtels les moins chers avec Momondo, un comparateur de prix danois qui interroge plusieurs centaines de compagnies aériennes. Principal concurrent de Skyscanner, Momondo n'est pas une agence de voyages, mais un moteur de recherche de billets d'avion principalement : c'est un service gratuit, aucun billet n'est vendu sur le site.

Location de voitures

■ ALAMO – RENT A CAR
✆ 08 05 54 25 10
www.alamo.fr
Avec plus de 40 ans d'expérience, Alamo possède actuellement plus d'1 million de véhicules au service de 15 millions de voyageurs chaque année, répartis dans 1 248 agences implantées dans 43 pays. Des tarifs spécifiques sont proposés, comme Alamo Gold aux États-Unis et au Canada, le forfait de location de voiture tout compris incluant le GPS, les assurances, les taxes, les frais d'aéroport, un plein d'essence et les conducteurs supplémentaires. Alamo met tout en œuvre pour une location de voiture sans souci.

■ AUTO EUROPE
✆ 0 800 940 557
www.autoeurope.fr
reservations@autoeurope.fr
Auto Europe négocie toute l'année des tarifs privilégiés auprès des loueurs internationaux et locaux afin de proposer à ses clients des prix compétitifs. Les conditions Auto Europe : le kilométrage illimité, les assurances et taxes incluses dans de tout petits prix et des surclassements gratuits pour certaines destinations. Vous pouvez récupérer ou laisser votre véhicule à l'aéroport ou en ville.

■ BSP AUTO
✆ 01 43 46 20 74
www.bsp-auto.com
Ouvert du lundi au vendredi de 9h à 21h30 ; le week-end de 9h à 20h. Location de voitures sur votre mobile.
La plus importante sélection de grands loueurs dans les gares, aéroports et centres-villes. Les prix proposés sont parmi les plus compétitifs du marché. Les tarifs comprennent toujours le kilométrage illimité et les assurances. Les bonus BSP : réservez dès maintenant et payez seulement 5 jours avant la prise de votre véhicule, pas de frais de dossier ni d'annulation, la moins chère des options zéro franchise.

SÉJOURNER

Se loger

Le tourisme à La Réunion est fondamentalement différent de celui du reste de l'océan Indien. Il y a seulement une cinquantaine d'hôtels classés et le plus grand ne possède que 180 chambres, mais les petites structures familiales se comptent par milliers : chambres d'hôtes, gîtes ruraux, locations saisonnières, gîtes d'étape, gîtes de montagne, campings... La variété des modes d'hébergement est très importante, sans compter la diversité dans chaque catégorie : chambres d'hôtes rurales à la ferme, au contact des traditions réunionnaises, ou au contraire chambres d'hôtes de charme, luxueuses, ambiance spa-cocooning. Les locations vont du studio-kitchenette à la villa de luxe, sans compter toutes les locations entre particuliers, plus ou moins déclarées, plus ou moins régulières, que nous ne référençons pas mais dont l'offre explose sur Internet. Très peu de bungalows en végétal, décontractés, dans le style malgache, car les constructions sont anticycloniques et donc bâties en dur ; de plus la plupart des hébergements ne transigent pas avec le confort moderne, et proposent une décoration au goût du jour et tous les équipements technologiques actuels (clim, wi-fi, TV satellite, literie haut de gamme...). Exception confirmant la règle, les gîtes d'étape et de montagne accueillant les randonneurs sont souvent rudimentaires (dortoirs, eau froide...). à l'accueil, il vaut parfois le voyage à lui seul car il est bien souvent plus personnalisé qu'à l'hôtel. A contrario, il peut être totalement absent dans une location saisonnière, quand on reçoit les clés et qu'on se débrouille tout seul... mais cela dépendra de ce que vous cherchez.

LA RÉUNION VACANCES INTENSES

54 rue Antoine-de-Bertin
LA SALINE-LES-BAINS
www.reunionvacancesintenses.com

La Réunion Vacances intenses est un regroupement de structures indépendantes du tourisme qui vous propose d'organiser vous-même vos vacances à la carte en vous affranchissant des organismes publics et des agences de voyage. Ces professionnels se sont fédérés pour répondre à vos attentes et offrir des prestations de qualité, à des prix attractifs. N'hésitez pas à consulter leur site Internet, vous y trouverez des hébergements en meublé ou en hôtel, des locations de véhicule, des loisirs en mer, sur terre et dans les airs...

Hôtels

Une hôtellerie de loisirs classique s'est constituée, essentiellement concentrée sur les côtes Ouest et Sud ainsi que dans divers lieux touristiques comme Cilaos et Salazie, tandis que Saint-Denis compte plusieurs hôtels d'affaires. Les hôtels sont bien plus rares dans l'Est, les Hautes Plaines, dans les Hauts et inexistants à Mafate et au Volcan. Dans l'océan Indien, l'hôtellerie de luxe est bien plus développée à Maurice, aux Seychelles et aux Maldives, où les autorités locales mènent des politiques très volontaires vers une clientèle fortunée et internationale, recherchant des prestations de haut niveau. A La Réunion, le tourisme a toujours été familial, principalement en raison du lien avec la métropole. Les familles et les amis se rendant visite (tourisme affinitaire) sont en effet une source de touristes importante, même s'ils dépensent moins que ceux qui descendent à l'hôtel. Randonneurs, sportifs et autres voyageurs comme les retraités sont également nombreux, ils ont souvent des petits budgets et sont ainsi une clientèle aux exigences moindres. A La Réunion, 85 % des touristes sont des Français... et près de la moitié sont des Réunionnais ! Le service des hôtels réunionnais est donc beaucoup moins professionnel, polyglotte, polyvalent que dans les îles environnantes, mais où les salaires sont trois à six fois plus bas.

Néanmoins, depuis le début de la décennie, avec les subventions de la Région dès 2010 et la nouvelle classification nationale depuis 2012, le parc hôtelier est monté en gamme et l'on compte aujourd'hui deux hôtels 5 étoiles et une dizaine de 4 étoiles, mais aucun nouvel établissement ! Toutefois, fin 2015, plusieurs grands hôtels totalement nouveaux s'apprêtent à sortir de terre, ce qui permettra à La Réunion de retrouver sa capacité hôtelière existante avant la crise du chikungunya de 2006 qui avait ruiné le secteur et entraîné la fermeture d'un quart du parc hôtelier de l'île, et d'espérer ainsi peser de nouveau sur les marchés internationaux.

Côté tarifs, comptez de 45 à 75 € pour une nuit en chambre double dans un hôtel 2 étoiles, de 75 à 175 € en 3 étoiles, de 100 à 200 € en 4 étoiles, et jusqu'à 500 € pour les chambres les plus luxueuses des 5 étoiles... ce qui reste très loin des suites présidentielles pour émirs et PDG, à plusieurs milliers d'euros la nuit, que l'on trouve dans plusieurs palaces de l'océan Indien.

En marge de l'hôtellerie classée, on trouvera aussi des petits hôtels non classés, souvent très corrects mais au confort correspondant, au mieux, à celui d'un 2 étoiles. Egalement des résidences hôtelières, un concept financièrement intéressant : moins chères que les hôtels, elles pratiquent des tarifs dégressifs à la durée et, grâce à leur kitchenette incluse, permettent de se passer du restaurant tout en bénéficiant des services d'un hôtel (ménage quotidien, piscine...).

Chambres d'hôtes

Les chambres d'hôtes sont des chambres situées au domicile de l'habitant. On partage bien souvent le salon et la salle à manger, mais les sanitaires sont généralement privatifs, parfois en commun avec d'autres chambres, mais obligatoirement séparés de ceux du propriétaire. Une partie des chambres d'hôtes sont affiliées aux Gîtes de France, qui les classifient et leur attribuent de 1 à 4 épis. Certaines sont vraiment luxueuses, et, en général, le confort y est plutôt d'un bon niveau. Dans les chambres d'hôtes Gîtes de France, le propriétaire habite sur le même terrain et est obligatoirement agriculteur ou artisan, en théorie. C'est aussi pour ça que les chambres d'hôtes sont situées le plus souvent dans les Hauts, ruraux. La plupart font également table d'hôtes et vous accueillent à la table familiale ; c'est une occasion de rencontrer les gens, et de découvrir la gastronomie réunionnaise. Il faut compter environ de 40 € à 80 € la nuit, toujours avec le petit déjeuner, mais les plus confortables atteignent 150 € la nuit. Rajouter 16 € à 25 € pour un repas complet avec vins et rhum arrangé. Les réservations ou l'organisation d'un circuit complet peuvent se faire par l'Ile de La Réunion Tourisme, 4 rue Jules Thirel, Bâtiment B, 97460 St-Paul, au 08 10 16 00 00, ou bien en téléphonant directement aux chambres et tables d'hôtes. Pour réserver les gîtes ruraux, appelez directement le propriétaire, ou passez également par l'IRT ou les grands offices de tourisme.

Campings

Alors qu'il n'existait quasi rien jusqu'alors, plusieurs structures ont récemment rouvert et sont de bon niveau. Il existe aujourd'hui deux campings municipaux, entièrement neufs, gérés par les municipalités : celui de l'Ermitage, qui a rouvert en 2013 et se situe face au lagon, à un emplacement privilégié, tandis que celui de l'Etang-Salé a rouvert en 2012. L'IRT recense ensuite 13 structures (www.reunion.fr), privées celles-là, parfois combinant camping et hébergement plus classique, ou alors dans une ferme. Toutes sont dans les Hauts : La Rivière Saint-Louis, La Plaine-des-Palmistes, Hell-Bourg, Mafate, l'Entre-Deux... Parfois il s'agit d'emplacements plus ou moins informels, notamment à Mafate, où le camping ravira les amoureux de pleine nature. Attention au froid en altitude et aux lits des rivières ! Le bivouac est possible un peu partout, mais le week-end, les abris sont réservés dès le vendredi soir.
La création du camping de l'Ermitage s'est faite non sans difficulté politiques, notamment pour offrir une alternative au camping sauvage des familles, souvent modestes, qui plantaient leur tente sur un coin de plage entre Boucan et la Saline. L'hôtel est en effet le plus souvent inaccessible aux 42 % de Réunionnais vivant sous le seuil de pauvreté, et qui ont le droit de profiter de la plage comme tout le monde. Cela dit, beaucoup de Réunionnais et de touristes passent outre cette interdiction et les week-ends ou les vacances scolaires, les tentes, marmites et sonos envahissent le bord de mer, assurant aux plages de l'Ouest une ambiance unique... tout particulièrement pendant les fêtes de fin d'année !

Locations

Ce sont des logements indépendants permettant d'habiter à La Réunion comme un Réunionnais, avec toujours une cuisine pour économiser le restaurant. Sans conteste la meilleure solution pour voyager en famille ou en groupe, c'est aussi intéressant en couple. Studios, appartements, maisons ou villas de luxe, il y en a de toutes les tailles et pour tous les budgets. Le ménage quotidien n'étant pas assuré contrairement à l'hôtel, une location touristique doit être rendue propre, y compris la vaisselle et la salle de bains. Côté tarifs, comptez de 180 € à 500 € la semaine pour 2 personnes, de 300 € à 700 € pour 4 personnes. Il faut souvent rajouter un forfait ménage qui varie avec la taille du logement. Souvent des arrhes sont demandées, parfois un inventaire est fait.
Situées la plupart du temps sur le littoral, notamment dans les zones touristiques, les locations saisonnières sont généralement tenues par des investisseurs indépendants, qui ont souvent une autre activité. Ce peut être un appartement isolé dans un immeuble, dont vous recevrez les clés sans jamais voir le propriétaire. A l'inverse, ce peut être plusieurs logements (rarement plus de 5) groupés autour d'une piscine ou dans un jardin et dont le propriétaire

réside sur place et est à disposition. On trouve de tout, et parfois un accueil chaleureux avec punch et fruits de saison. Côté référencement, on trouve de tout aussi : la plupart sont déclarées en mairie, certaines bénéficient d'un classement en étoiles suivant leur confort, qu'on retrouvera sur les sites officiels des offices de tourisme. D'autres sont plus informelles, parfois disponibles seulement pour les vacances, et qui sont visibles sur les sites de petites annonces locaux (Clicanoo, Allons la Réunion) ou internationaux (AirBnB, Le Bon Coin, Abritel...).

SMART IMMO
✆ 02 62 30 98 07 / 06 93 40 89 82
www.smartimmo974.com
smartimmo974@gmail.com
La seule agence de l'île spécialisée dans la location saisonnière. Créée il y a quelques années, cette agence propose une dizaine de biens en location, principalement des villas de standing dans la région des plages (ouest).

Tourisme rural – Agritourisme

Il existe une vingtaine de fermes-auberges, ainsi que quelques campings à la ferme, fermes équestres et fermes pédagogiques à La Réunion. Ce sont des chambres d'hôtes ou des tables d'hôtes installées dans des fermes. Certaines peuvent préparer des repas pour 80 personnes ! On y déguste, bien sûr, les produits de l'exploitation. Renseignements ci-dessous (insistez, ils ne répondent pas souvent au téléphone !) :

ACCUEIL PAYSAN RÉUNION
✆ 02 62 33 59 10 / 06 92 91 22 92
www.accueil-paysan.com
nathalieleon@wanadoo.fr
Cette fédération nationale dispose d'une antenne à La Réunion qui référence sur son site Internet une vingtaine de structures d'hébergement en milieu rural : gîtes, chambres d'hôtes, camping. La plupart proposent les repas et les visites des fermes.

Autres hébergements

Gîtes ruraux. D'un concept très proche de la location touristique, dans le sens où c'est un logement où vivre en toute indépendance, avec une cuisine et un lave-linge, ils sont situés à la campagne, comme leur nom l'indique. Ce qui, à La Réunion, signifie le plus souvent loin des côtes et des centres urbains, dans les champs de cannes à sucre, les Hauts brumeux, les Cirques, les Hautes Plaines. Majoritairement, les gîtes ruraux sont sur le terrain d'agriculteurs ou d'artisans qui cumulent, en plus de leur activité agricole, celle de chambres et parfois tables d'hôtes. Beaucoup sont membres de la fédération nationale des Gîtes de France, et peuvent être réservés soit par ce biais, soit en direct. Les tarifs et le fonctionnement sont comparables à ceux des locations saisonnières..

Gîtes d'étape. Ils sont destinés aux randonneurs et aux groupes et disposent généralement d'équipements plus sommaires que les gîtes ruraux : lits superposés, sanitaires et cuisines communs. Ils se situent plutôt dans les zones de randonnées, particulièrement dans les cirques. Compter 15 € à 20 € la nuit. Quant aux gîtes pour « sac-à-dos » internationaux, il y en a un seul sur la côte, à Saint-Leu, et quelques pensions à Saint-Denis et Saint-Pierre pour les voyageurs à petits budgets.

Gîtes de montagne. Destinés aux randonneurs, ils sont situés dans des lieux stratégiques pour l'ascension de tel ou tel sommet (le volcan, le piton des Neiges...), de nombreux autres sont situés à Mafate. Ils sont souvent très rudimentaires et (car ?) gérés par le service public, en l'occurrence l'ONF puisque les terrains sont des zones forestières ou naturelles. Pas d'eau chaude dans les douches voire pas d'eau du tout, dortoirs aux matelas inconfortables, toilettes douteuses... mais on y dort surtout pour l'ambiance « randonneur » et aussi parce qu'il n'y a pas d'autre option. Pour se restaurer, on peut amener sa marmite et la réchauffer sur place avec un réchaud, ou bien payer environ 19 € pour un cari et un yaourt, ce qui est très cher, même pour des denrées livrées par hélicoptère. La nuit est facturée au même prix, ce qui reste raisonnable pour des dortoirs. Rajouter 5 à 7 € pour le petit déjeuner. La fréquentation étant très variable, il faut absolument réserver au moins 48 heures à l'avance, soit en direct, soit (c'est préférable) en contactant la Maison de la Montagne – Loisirs Accueil au 02 62 90 78 78.

Se déplacer

Avion

Bien que La Réunion comporte deux aéroports internationaux (pas mal pour une île de 70 km de longueur !) et plusieurs petites pistes, il n'existe pas de ligne aérienne effectuant des vols intra-Réunion : en effet, les compagnies d'ULM et les aéroclubs ne sont pas autorisés au transport de passagers. En revanche, les compagnies d'hélicoptères Hélilagon et Corail Hélicoptères peuvent d'assurer certains transferts.

Les transferts en hélicoptère sont généralement très coûteux (on ne vous apprend rien) et le plus souvent interdits (à cause de l'urbanisation et de l'absence d'aires d'atterrissage, ou bien de la réglementation), toutefois il existe certaines exceptions. Ainsi l'hôtel Palm, établissement de luxe du sud, dispose d'une piste permettant ainsi les transferts depuis Pierrefonds. Des transferts (aller-retour ou aller simple) peuvent également être effectués vers des endroits inaccessibles par la route (Mafate, Grand-Bassin, le volcan), ou simplement loin par la route comme Cilaos, idéal pour de superbes randonnées et pour éviter plusieurs heures de trajet. Enfin, beaucoup de touristes effectuent inopinément des survols suite à une blessure ou un malaise, le plus souvent depuis le volcan vers les hôpitaux de la côte... On ne vous le souhaite pas, mais il ne faut pas hésiter à appeler les secours plutôt que de forcer et risquer bien pire.
Loin d'être réservé aux riches touristes amateurs de sensations fortes (d'ailleurs ce n'est pas si cher), le transport par hélicoptère est à La Réunion un véritable outil social et d'aménagement intérieur. Les habitants de Mafate, qui montent plus souvent dans un hélico que dans une voiture, sont ainsi reliés au monde : les malades, les vieillards, les médecins, les professeurs peuvent être transférés, tout comme les dizaines de tonnes de denrées qui alimentent les gîtes, les meubles, les matériaux de construction...

▶ **Enfin, pour l'anecdote,** signalons qu'il est possible d'effectuer un vol Roland-Garros-Pierrefonds avec Air Austral, ce qui prend environ 30 minutes et permet d'admirer La Réunion d'assez loin, puisqu'on vole au large des côtes. Mais ce vol n'est possible que dans le cadre d'un trajet vers une destination hors de l'île, avec une correspondance à Roland-Garros. Depuis l'ouverture de la route des Tamarins, le trafic a baissé drastiquement sur cette liaison, avec une moyenne de 30 passagers par mois, remettant en cause sa pérennité.

Bateau

Les transports maritimes inter-îles sont peu utilisés par les touristes qui préfèrent l'avion. La Réunion est reliée par des lignes maritimes régulières vers Maurice (Port-Louis) par une compagnie en situation de monopole, aux tarifs peu attractifs. Cela dit, l'arrivée dans Port-Louis est fabuleuse...
Par ailleurs, il existe quelques skippers qui organisent des croisières dans l'océan Indien sur leur voilier, certains de manière officielle, d'autres informelle. Comptez au moins 100 € par jour et au moins 5 jours, tout compris, pour aller à Maurice, en faire le tour et revenir.

■ **SCOAM (MAURITIUS SHIPPING CORPORATION LTD)**
4 avenue du 14-Juillet-1789
Le Port
✆ 02 62 42 19 45
Trajets aller-retour vers Maurice à partir de 203,48 € en 2ème classe en basse saison et 229,48 € en haute saison. Repas en cafétéria inclus (restaurant pour les catégories supérieures).
Cette compagnie n'exploite plus qu'un navire mixte (cargo-croisière) d'une longueur d'environ 100 m : le *Trochetia*, au départ pour l'île Maurice. Si les avis de notre rédaction divergent sur l'intérêt de ce voyage, long et relativement coûteux, disons que cette traversée est une manière atypique d'arriver dans un pays, pour qui aime voyager lentement, sur un océan magnifique où vous aurez peut-être la chance de croiser des dauphins, des poissons-volants, voire même des baleines !
Mais les départs irréguliers n'incitent pas du tout à opter pour ce transport, et le confort à bord, en 2e classe, ne fait pas davantage envie : 4 couchettes par cabine avec un lavabo et les sanitaires dans le couloir... à un prix souvent plus cher qu'un billet d'avion ! De plus, impossible de réserver à distance, il faudra vous déplacer. Enfin, la SCOAM a récemment cessé ses liaisons vers Madagascar. Visiblement tout est fait pour inciter les voyageurs à prendre l'avion, contrôlé par des compagnies aux marchés captifs...

Bus

▶ **Le réseau des Cars jaunes**. Il dessert presque toute l'île, en tout cas tout son pourtour et la route des Plaines, à l'exception des cirques de Cialos et de Salazie, desservis par des réseaux locaux. Si vous voulez vous rendre en bus au volcan ou à Mafate par exemple, c'est alors un transporteur touristique qu'il vous faut. Bien que très confortables, ils sont lents (ils s'arrêtent tout le temps et doivent quitter à chaque fois la nationale pour rejoindre les arrêts, et donc traverser les centres-villes). En revanche, le prix du billet est très économique. Depuis décembre 2014, il n'y a plus qu'un tarif unique : 2 € par trajet. Le ticket à la journée à 6 € n'est intéressant que pour de courts trajets. Renseignez-vous directement aux gares des villes et à l'adresse : www.cg974.fr rubrique *Transports*.

Une ligne relie enfin l'aéroport de Roland-Garros à Saint-Denis : la ligne ZE dessert Saint-Denis et Saint-Benoît par l'aéroport. Et pour les voyageurs qui vont directement vers sur la côte ouest, la ligne T relie les aéroports de Roland-Garros de Pierrefonds en passant par les plages. Il fallait auparavant marcher plus de 300 m avant de rejoindre l'arrêt de bus à Roland-Garros : celui-ci se situe désormais aux portes de l'aéroport. Enfin, la ligne Z0 vous permet de rejoindre Saint-Pierre ou Saint-Denis passant par les voies rapides : il n'y a aucun arrêt entre les gares.

Comment prendre le bus ? Il y a une gare routière dans chaque commune d'importance moyenne, et des arrêts de cars jaunes un peu partout. Il suffit de s'y placer et d'attendre le bus, dont les horaires de départ sont plutôt bien respectés. Les horaires d'arrivée dépendent bien sûr de la circulation. Pour demander l'arrêt, il faut taper dans les mains (assez fort si vous êtes au fond du bus). N'oubliez pas ou vous raterez votre arrêt... On peut acheter les billets dans les gares routières ou directement auprès du chauffeur. Les petits malins, qui tenteraient de resquiller, peuvent se retrouver face aux contrôleurs (assez fréquents), et donc s'exposer à une amende de 33 €. Les contrôleurs sont assermentés, ce qui signifie que si vous faites le mort une fois rentré en métropole, on vous poursuivra plusieurs années et jusqu'au bout du monde. Face aux problèmes d'agression et à la fraude, tous les bus et gares routières ont été équipés d'un système de vidéo surveillance. On déplore seulement que côté signalétique ça n'ait pas évolué aussi vite : les plans sont obsolètes et dégradés, les sites Internet et services mobiles quasi inexistants, tout comme l'affichage dans les arrêts de bus, pas toujours abrités. Honnêtement, à la question de ce paragraphe « comment prendre le bus ? » on aurait plutôt envie de répondre : « prenez plutôt une voiture de location ! » Et on comprend aussi que confrontés à l'archaïsme des transports urbains, les Réunionnais restent attachés à leur voiture : un trajet qui prend une heure de voiture peut prendre quasiment une journée entière en bus.

Réseaux locaux. Une fois que vous êtes arrivé à destination, les gares routières font la connexion avec les bus urbains qui desservent les grandes villes. Pour monter dans les Hauts, il existe des réseaux comme les réseaux Carsud et Alternéo pour le sud, Citalis pour le Nord, Estival pour l'est, et enfin Kar Ouest pour l'ouest de l'île. Avec des petits bus (parfois des monospaces), ils vont jusque dans les villages les plus isolés, un bel exemple de service public, cette fois : très pratique et très social. Ils seront également pratiques pour ceux qui veulent accéder aux départs de randonnées. Les tarifs et les horaires sont beaucoup plus variables.

Bus urbains. En ville, seules Saint-Denis et Saint-Pierre disposent d'un réseau digne de ce nom. Une trentaine de lignes desservent le chef-lieu, sa banlieue et ses Hauts. Dans les communautés de communes de l'île, des réseaux intercommunaux et urbains ont été créés (les mêmes que les réseaux locaux), avec des bus souvent confortables. Il y a aujourd'hui de nombreux plans sur les sites Internet des mairies et des communautés de communes (la Cinor pour le nord, la Cirest pour l'est, la Casud et la Civis pour le sud et enfin le TCO pour l'ouest).

Bus de nuit. Il n'y a aucun bus passé 20h, qu'il s'agisse de bus urbains, interurbains, ou locaux. La seule exception est Vol Il Nuit, un service de navettes pour les sorties de discothèques dans la région des Plages, entièrement financé de manière privée. Mais rassurez-vous, les pouvoirs publics ont pensé aux fêtards qui voudraient rentrer alcoolisés : il y a des contrôles tous les week-ends...

Train

Le train, c'est une longue histoire à la Réunion. C'est d'abord l'histoire du « ti'train », un train de passagers et de marchandises ayant circulé sur une ligne de 126 kilomètres, de Saint-Benoît à Saint-Pierre, soit toute la côte urbanisée. Ouvert en 1882, elle a fonctionné presque un siècle. Progressivement après les années 1950, les lignes ont été fermées puis détruites, laissant place au règne de l'automobile jusqu'à la fermeture totale en 1976. Il subsiste aujourd'hui plusieurs gares, ponts et tunnels et une portion de 4,5 kilomètres entre La Possession et La Grande Chaloupe, qui ne demande qu'à être utilisée pour les parcours touristiques, et classée monument historique. Le train, c'est ensuite l'histoire du tram-train qui aurait dû exister. Imaginé depuis les années 1990, il aurait dû relier Sainte-Marie à Saint-Paul en une ligne de 40 km, tramway dans les villes, train entre elles. Ce projet ambitieux de 1,6 milliard d'euros, soutenu par 75 % de la population, devait également faire renouer la Réunion avec le ferroviaire et représenter le premier maillon d'un réseau parcourant toute la côte.

INVITATION AU VOYAGE

Votés en 2006 et déclarés d'utilité publique en 2008, les travaux auraient dû commencer en 2010 et s'achever en 2013, incluant la partie la plus complexe : la traversée entière du chef-lieu ainsi que le franchissement de la Montagne en un tunnel de 12 km. La politique en aura décidé autrement, le changement de pouvoir à la Région en 2010 choisissant d'investir les moyens dévolus au tram-train à la construction de la nouvelle route du Littoral, prévue pour 2020.
D'aucuns disent que ce dernier projet ne se fera pas, et que la Réunion aura un jour son transport ferré. Mais les travaux de la nouvelle route du Littoral sont déjà bien avancés et faire machine arrière semble aujourd'hui bien compliqué...

Voiture

La route est le moyen de transport unique à La Réunion, résultat d'une politique du « tout auto » identique à la métropole, mais ici poussée à l'extrême. Le train de voyageurs s'est arrêté en 1976 dans les Bas, et les autoroutes l'ont remplacé. Les travaux (permanents) sont pourtant insuffisants : avec plus de 20 000 nouvelles immatriculations par an (soit 20 kilomètres de 4 voies avec des voitures roulant pare-choc contre pare-choc… chaque année !), la région aura beau dérouler de l'asphalte, les embouteillages persisteront. En abandonnant définitivement le projet de tram-train, cher à Paul Vergès, le nouveau président de région, Didier Robert, élu en 2010, a privilégié la mise en circulation de 2 000 bus écologiques et la création d'une nouvelle route du Littoral. Le bus étant moins pratique et tout aussi coincé dans les embouteillages, louer une voiture est la seule solution réaliste pour visiter l'île. De même, inutile de penser aux taxis et aux transporteurs touristiques, beaucoup trop chers.

▶ **Réseau routier.** La Réunion dispose d'un réseau moderne, aux normes françaises, qui commence d'abord par la route ceignant l'île en 207 kilomètres. Fierté locale, elle franchit falaises, profondes ravines et paysages somptueux tout autour de l'île, en 4 voies de Saint-Benoît à Saint-Pierre en passant par Saint-Denis, en deux voies sur le reste du parcours. Défi permanent pour les ingénieurs des Ponts et Chaussées, le relief difficile a imposé, depuis des siècles déjà, des infrastructures gigantesques comme la route du Littoral actuelle et la future, la route des Tamarins, des ponts géants et des enrochements titanesques. Une seule route traverse l'île de part en part, c'est la tranquille route des Plaines, qui relie Saint-Pierre à Saint-Benoît en passant par un col à 1 600 m d'altitude. D'autres routes partent à l'assaut des Hauts, des Cirques et des Plaines, souvent sinueuses et étroites, jusqu'aux chemins forestiers les plus reculés. Aucune route ne sillonne Mafate ou le massif du Volcan, mais des routes y mènent. Enfin, vous aurez tout intérêt à vous habituer aux ronds-points et aux dos d'âne, la Réunion en est gavée, cela ressemble parfois à de l'acharnement !

▶ **Parc automobile.** Les touristes découvrant la Réunion sont souvent impressionnés par le nombre de voitures, mais aussi leur luxe : que de belles voitures dans une île où le taux de pauvreté dépasse les 50 % ! La taille du parc est réellement immense : au début des années 1990, il comptait près de 200 000 véhicules particuliers, soit 10 % du parc... de la Chine ! En 2014, plus de 400 000 véhicules s'entassaient sur les 2 500 kilomètres de routes de la Réunion, loin de la Chine certes, mais qui représentent quand même 8 fois le tour de l'île ! Le parc est également plus récent et plus ostentatoire qu'en métropole : la bagnole tient une place très chère dans le cœur des Réunionnais, un peu comme sur la Côte d'Azur. D'abord parce qu'elle est indispensable, c'est le premier objectif de la plupart les jeunes, pour étudier, travailler ou sortir. Ensuite, parce que la culture de la voiture en tant que marqueur statutaire est exacerbée ici, bien qu'elles coûtent en moyenne 20 à 40 % plus cher qu'en métropole. Malgré cela, le taux d'équipement reste plus faible qu'en métropole, car les différences de richesse y sont plus importantes. Les privilégiés côtoient les défavorisés et le montrent, tandis que les crédits à la consommation séduisent ceux qui n'en ont pas toujours les moyens...

Les embouteillages. Soyez prévenus, La Réunion est une île très embouteillée par endroits et surtout à certaines heures (notamment entre 6h30 et 9h et entre 16h et 18h30) car il n'y a pas assez de routes et beaucoup trop de voitures. Les bouchons les plus fréquents se forment surtout à la fin des quatre voies, formant des goulots d'étranglement, en particulier aux entrées ouest et est de Saint-Denis, à Cambaie (Saint-Paul), Saint-Benoît, Le Tampon, Saint-Pierre et Saint-Joseph. Autre facteur de bouchons : la météo. En effet les pluies, outre ralentir naturellement le trafic, réduisent la capacité de plusieurs itinéraires. La route du Littoral peut être basculée (rajouter 1/2h à 1h) ou fermée (rajouter 1h à 4h), tandis que de nombreux radiers submergés ne laissent possibles que les passages par des ponts (moins nombreux, forcément). Maintenant on vous laisse imaginer les heures de pointe en période de pluie !

Carburant et stations. On en trouve partout, le long des nationales et départementales, dans les Hauts comme dans les Bas, une seule à Salazie et à Cilaos, mais pas sur la route du Volcan (dernière station à Bourg-Murat). Diesel et sans plomb, mais pas de GPL, et les voitures électriques commencent tout juste à se faire une (petite) place. Principale différence avec la métropole : les prix sont fixés par décret, ils sont donc partout pareils et il est inutile de chercher la moins chère. Ils sont sensiblement identiques à ceux de la métropole, avec une prime au diesel : le sans plomb est environ 10 cts plus cher, le diesel 10 cts moins cher. Les pompistes vous servent, comme jadis en métropole : cela contribue à l'emploi et fait toujours plaisir. Les stations-service font office de supérettes, guère plus chères qu'en ville, et vendent de tout : fruits, légumes, alcools et cigarettes, des viennoiseries le matin et des sandwichs le midi. Seules certaines stations sont ouvertes 24h/24 (uniquement sur les grands axes), magasin fermé la nuit mais pas pour les articles délivrés par le caissier, y compris les croissants chauds du petit déjeuner. Les automates à carte bancaire sont en revanche inexistants : c'est plus humain, mais plus difficile de trouver une station ouverte la nuit.

Stationnement. Depuis quelques années, les horodateurs ont poussé dans les centres des grosses villes et sont régulièrement surveillés par les contractuelles. Hors des zones payantes, se garer est relativement facile à La Réunion, et pas ou peu de verbalisations si vous êtes mal garé, à moins de gêner vraiment. Dans les zones payantes (les centres-ville de Saint-Denis, Saint-Pierre, Saint-Gilles, Saint-Paul), en revanche, se garer devient plus compliqué : les minuscules places se négocient plus âprement et les contractuelles rôdent...

Contrôles et réglementation. L'île suit les mêmes règles que n'importe quel département français pour ce qui est du code de la route, des sanctions et de leur application.

Évitez les embouteillages

Vous ne devriez pas avoir trop de problèmes en tant que touriste puisque vous n'êtes pas obligé de circuler aux heures de pointe. Evitez donc de vous diriger vers Saint-Denis, le matin entre 6h30 et 9h, ainsi que de sortir de la plage à 16h30 un vendredi, samedi ou dimanche après-midi. Ça bloque souvent depuis Saint-Paul à l'entrée de la route du Littoral, et aux entrées ouest et est du chef-lieu. Idem le soir dans l'autre sens entre 15h30 et 18h mais moins difficile que le matin. Il faut néanmoins être vigilant dans quelques cas précis : si vous devez prendre un avion aux heures de pointe et si des intempéries (ou des blocages) viennent bloquer certains axes, en premier lieu la route du Littoral. Consultez alors la météo des routes la veille. Si vous êtes obligé de prendre la route aux heures de pointe, appréciez le paysage et restez zen : dans les bouchons, les Réunionnais sont plutôt philosophes et courtois... alors ne faites pas votre Parisien ! Vous pouvez vous amuser à écouter Freedom, qui fait des points route instantanés grâce aux appels généreux des auditeurs qui « veillent les bouchons ».

INVITATION AU VOYAGE

Pas de dérogation ou de régime spécial pour les DOM, à la différence des TOM. Le permis français est ce qu'il vous faudra si vous êtes Français, votre permis national si vous êtes Européen, et votre permis international si vous n'êtes pas Européen.

Les contrôles routiers sont de plus en plus fréquents à La Réunion, tout comme en métropole d'ailleurs. Depuis 2005, une quinzaine de radars fixes et mobiles ont été installés, la plupart flashant sur les 4 voies. Les contrôles en sortie de discothèque sont aussi très fréquents. Une fois rentré en métropole, inutile de faire le mort, vous serez de toute façon poursuivi, jusqu'au bout du monde s'il le faut, même pour 0,20 € manquant dans un parcmètre. Aucun doute sur la continuité territoriale dans ce domaine-là.

Location de voitures. Au final, pour le touriste qui veut explorer l'île (et pas seulement passer son temps à la plage), la voiture de location est un passage incontournable. Vous trouverez des loueurs presque partout dans les villes le long de la côte, et plus encore à Saint-Denis, Saint-Gilles-les-Bains et Saint-Pierre. Bonne nouvelle, grâce à une TVA plus faible qu'en métropole et une forte concurrence, les tarifs sont abordables.

ADA

39 rue Ruisseau-des-Noirs
SAINT-DENIS
✆ 02 62 215901 – www.ada-reunion.com
Ouvert du lundi au vendredi de 8h à 18h, le samedi de 9h à 12h. Réductions jusqu'à 40 % en payant sur le site internet. Possibilité de règlement en 3 fois sans frais.

Cette grande enseigne nationale est implantée sur l'île depuis plus de 20 ans, avec 6 agences : Saint-Denis, Sainte-Marie (une à La Mare, l'autre à l'aéroport), Saint-Pierre (une dans le centre, l'autre à l'aéroport) et Saint-Gilles-les-Bains. Tous les véhicules ont moins de 24 mois, dont une bonne part en diesel. La plus petite catégorie est une 3 portes essence publicitaire à 34 € la journée en kilométrage illimité, 18 € sur la base d'un mois, ou bien 9,90 € par jour + 0,25 €/km. Mais ces tarifs peuvent être divisés par deux en réservant sur le site, n'hésitez pas à consulter les promotions en cours ainsi que les offres avec kilométrage limité, intéressantes si vous roulez peu. Ada loue aussi des cabriolets, des monospaces, des 4x4, des utilitaires et des modèles hybrides ou électriques. Assistance 24h/24.

Autres adresses : 3 rue de la Croix-Rouge, ZAE La Mare, Sainte-Marie. ✆ 02 62 52 72 53 • Aéroport Roland Garros ✆ 02 62 48 81 83.

AU BAS PRIX

Aéroport Roland Garros
SAINTE-MARIE
✆ 02 62 48 81 89
www.aubasprix.fr
Un loueur peu cher au vu de la qualité de ses voitures, récentes et bien entretenues, son service et son expérience. Cet important loueur local opère depuis 1987 et dispose d'un grand choix de véhicules. La catégorie la moins chère, Clio, Twingo ou 107, est à 40 € par jour en kilométrage illimité, dégressif à partir du 4e jour ; 24 € sur la base d'un mois. Pour une version climatisée, compter 44 € par jour, 26 € sur la base d'un mois. Également

des modèles plus grands, des monospaces et des utilitaires. Sièges bébé en supplément. Réductions sur le site Internet.

Autre adresse : Une autre agence dans le centre-ville de Saint-Denis : 1 rue Ruisseau-des Noirs ✆ 0262 20 11 97.

AVIS

Aéroport Roland Garros
SAINTE-MARIE
✆ 02 62 48 81 85
www.avisreunion.com
Ouvert tous les jours de 6h30 à 21h à l'aéroport, du lundi au vendredi de 7h30 à 11h et de 14h à 17h à l'agence du Chaudron.

On ne présente plus Avis, un des principaux loueurs mondiaux. Il propose un choix immense de modèles neufs et un service de haut niveau. Tous les véhicules ont moins de 18 mois et 40 000 km, sont climatisés et très bien équipés. La plus petite citadine, par exemple une Twingo, commence à 39 € la journée en kilométrage illimité, 31 € sur la base d'une semaine, 29 € au-delà de 3 semaines. Promotions attractives sur le site. Egalement des modèles plus petits (Smart), plus grands (308, Scenic, Passat), des monospaces (Picasso), 4x4 (Chevrolet), véhicules de prestige (BMW), utilitaires (commerciales, fourgonnettes, camions...). Nombreuses options : sièges bébé, téléphone, GPS... Minimum 1 an de permis et 21 ans ou 23 ans pour certains véhicules. 5 agences sur l'île : aéroport, Saint-Denis (Le Chaudron), le Port, Saint-Gilles-les-Bains et Saint-Pierre.

Autre adresse : Concessionnaire Cotrans Automobiles, 17 boulevard du Chaudron

BUDGET

Aéroport Roland Garros
SAINTE-MARIE
✆ 02 62 28 01 95
www.budget-reunion.com
Ouvert tous les jours de 6h30 à 21h à l'aéroport, du lundi au vendredi de 7h30 à 12h et de 14h à 17h à l'agence du Chaudron.

Ce loueur d'envergure mondiale propose un choix important de modèles récents à des tarifs abordables avec un accueil et un service professionnel dans ses 4 agences : aéroport (Sainte-Marie), le Chaudron (Saint-Denis), le Port et Saint-Pierre. Tous les véhicules sont climatisés, bien équipés, majoritairement diesel et couverts par une garantie assistance 24/24. La plus petite catégorie, une Renault Twingo, commence à 31 € la journée en kilométrage illimité, 21 € sur la base d'un mois. Egalement des modèles plus grands (207, 3008, Scenic, Laguna), des monospaces (Picasso), et des minibus 9 places. Chacun trouvera ce qui lui convient pour rendre son séjour agréable avec de nombreuses options : sièges bébé, GPS... Minimum 1 an de permis et 21 ans ou 23 ans pour certains véhicules.

Autre adresse : Concession Peugeot, 1, rue Edouard Manès, Le Chaudron ✆ 02 62 28 92 00

Comment louer une voiture quand on n'y connaît rien ?

Beaucoup de touristes arrivant à la Réunion louent un véhicule pour la première fois, et ne savent pas comment choisir parmi les dizaines d'enseignes existantes. Quels sont les principaux points à surveiller ?

▶ **1er avertissement :** chaque année, des lecteurs nous écrivent pour signaler une panne de voiture chez tel ou tel loueur. Il s'avère que la plupart d'entre eux ont tenté au maximum de rogner sur les coûts… à vouloir gratter 1 €, on prend surtout le risque d'une voiture défaillante et de perdre des journées de vacances… si durement gagnées ! Mieux vaut mettre un peu plus et s'assurer d'une voiture et d'un service plus fiables ; une panne peut toujours arriver, mais le loueur sérieux vous amènera un véhicule de remplacement même au bout de la route du Volcan, 24h/24. D'autres vous diront d'appeler le garagiste le plus proche et de vous débrouiller.

▶ **2e avertissement :** à moins de souhaiter un séjour farniente, si vous explorez vraiment l'île, vous ferez bien 1 000 km par semaine. Supposez que vous logiez à Saint-Gilles et que vous visitiez les incontournables en rentrant chaque soir : Le Maïdo, le Volcan, Cilaos, plus un aller-retour à l'aéroport. Trois visites et vous avez déjà additionné 600 km, 12h de route et des milliers de virages ! Sans oublier dos d'âne, ronds-points et nids-de-poules. Comptez 3 fois plus de temps en bus ! Sans voiture, difficile de découvrir la Réunion.

▶ **Le tarif :** comptez 25 € à 45 € par jour, dégressif à la durée jusqu'entre 15 € et 35 € pour plus de 30 jours de location. Que comprend le prix ? La location, les assurances, l'assistance, mais jamais le carburant ni les crevaisons. La plupart du temps, elles sont louées avec kilométrage illimité. Les bonnes affaires à 5 € par jour sont le plus souvent hors taxes, avec un prix au kilomètre, et un minimum imposé : faites le calcul. Méfiez-vous aussi des offres alléchantes concernant des véhicules publicitaires trop rarement disponibles. Suivant vos moyens et votre envie d'engloutir les kilomètres, vous opterez entre une voiture récente chez un grand loueur (conseillée pour une longue période) ou une poubelle roulante, car il y en a, chez les nombreux petits loueurs. Et c'est généralement ce qu'on a pour moins de 20 € par jour. Les loueurs plus sérieux commencent à 25 € par jour, les grands loueurs montent bien au-delà mais

Bé-Mahot, un point de vue remarquable sur le cirque de Salazie.

© UNCLESAM - FOTOLIA

Case à Hell-Bourg.

avec des véhicules quasiment neufs et un service très pro. Certains hôtels proposent des formules « chambre + voiture » attractives. Enfin, attention aux coûts cachés, comme les surcharges pour un deuxième conducteur, voire pour les passagers ou le siège bébé. Chez d'autres, c'est gratuit.

La livraison : à l'aéroport de Gillot, elle fait l'objet d'un surcoût quand l'agence y possède un comptoir (environ 20 €), en revanche c'est gratuit à Pierrefonds. Les loueurs qui n'ont pas de comptoir viennent généralement vous chercher à l'aéroport, avec ou sans surcoût, on fait ensuite les papiers à l'agence. Sinon, la plupart livrent sans surcoût sur les hôtels de la côte.

La disponibilité : pour être certain d'avoir une voiture, mieux vaut l'avoir réservé bien à l'avance en haute saison. Les week-ends sont très demandés ainsi que novembre à janvier et juillet-août. Généralement, en période de pénurie, seuls les gros loueurs ont encore des véhicules, et encore, il ne reste que les plus chers…

La caution et les assurances : une franchise est demandée en cas d'accident responsable ou avec tiers non identifié, ou dégradation de toutes sortes. Assurez-vous d'avoir une carte de crédit car les chèques sont rarement acceptés. La somme, variant de 500 € à 1 200 € (voire 3 000 € pour les véhicules de luxe et les motos), est demandée sous forme d'autorisation à votre banque, mais elle n'est pas débitée. Elle peut être diminuée en souscrivant à une assurance payante. A ce propos, si vous réglez en carte Premier, certaines assurances sont déjà sur la carte, précisez-le et vous ferez de substantielles économies. Enfin, au cas où vous auriez eu un petit accrochage, ne rendez pas la voiture quelques heures avant de prendre l'avion, mais réglez le problème en vous laissant le plus de marge possible pour pouvoir récupérer une partie de votre caution.

Les conditions de location : généralement entre 21 et 23 ans, et 2 ans de permis, parfois moins, rarement plus, sauf pour les modèles de luxe et les motos. Certains loueurs commencent à 18 ans, mais réclament une surprime d'assurance.

Le véhicule : vous le choisirez selon votre usage. Si vous comptez rouler peu et surtout dans les Bas, un petit modèle pas cher peut faire l'affaire. Pour explorer véritablement l'île, si en plus vous êtes 4 avec des bagages, vous aurez compris qu'il vaudra mieux une bonne berline diesel récente qu'un pot de yaourt. La climatisation n'est pas indispensable une bonne partie de l'année, ni même en été : il suffit d'ouvrir les vitres. Par contre, si vous prévoyez de faire des embouteillages en ville, avec votre fille de 6 mois et votre grand-mère de 90 ans, ce ne sera pas du luxe. Enfin, lors de la prise du véhicule, faites toujours une vérification des défauts en faisant le tour, pour ne pas vous les voir reprochés au retour.

DISCOUNT LOCATION
27 avenue de Bourbon
SAINT-GILLES-LES-BAINS
✆ 02 62 24 01 01
www.discount-location.com
contact@discount-location.com
Des 107 et des Clio de plus de 24 mois à 14 € par jour en kilométrage illimité sur la base d'un mois et 23 € par jour dès 2 jours. Pour une Clio ou 206 de moins de 36 mois, comptez 32 € par jour dès 2 jours ou 23 € sur la base d'un mois, et des versions climatisées guère plus chères. Egalement des 307, des 407 et des monospaces. En cas de problème, le service dépannage 24h/24 est garanti avec remplacement du véhicule à l'endroit de la panne ou de l'accident, le prestataire est sérieux et implanté de longue date. Franchise 550 € en cas d'accident responsable, rachetable en totalité pour 10 € par jour. Conditions 23 ans et 2 ans de permis. Chèques vacances acceptés.

ENTERPRISE CITER
Rue Lislet Geoffroy
Le Chaudron
SAINTE-CLOTILDE
✆ 02 62 97 49 74 / 02 62 48 87 38
www.citer.re – citer.sd@foucque.fr
Avec plus de 400 véhicules et 4 agences, ce loueur est un des plus importants de l'île. Un service professionnel, des véhicules récents et des tarifs compétitifs. La gamme de véhicules, très étendue et principalement composée de Renault ou Citroën, commence à 24 € la journée en kilométrage illimité pour une C1 essence (ou similaire), 22 € par jour sur la base d'un mois. Minimum 23 ans et un an de permis, supplément pour les conducteurs de moins de 25 ans. Également des modèles climatisés, des motorisations diesel et même hybride, des boites manuelles ou automatiques, des minibus et 4x4. Assistance et dépannage 24/24 et nombreux services proposés ou offerts (GPS, nettoyage du véhicule, rachat de franchise). D'autres agences à l'aéroport, au Port, et à Saint-Pierre.

Autre adresse : Aéroport Roland Garros

GP LOCATION
34 rue de la Plantation
SAINTE-MARIE
✆ 06 92 37 03 80
www.gplocation.fr – infos@gplocation.fr
Un petit loueur qui propose des voitures neuves à des tarifs économiques. En catégorie A, pour une 107 ou une Chevrolet Spark de moins de 18 mois, comptez 28 € par jour en kilométrage illimité, 20 € sur la base d'un mois. Côté climatisées, des Chevrolet Spark sont proposées à 30 € par jour, 24 € sur la base d'un mois, il y a également des Renault Clio et Symbol et même des Dacia Duster à 50 € la journée. Minimum 23 ans et 2 ans de permis. Livraison et restitution possible à l'aéroport 7j/7. Caution 750 €. Conducteurs supplémentaires gratuits. Assistance 24h/24. Location de GPS, possibilité de siège bébé, rehausseurs.

ITC TROPICAR
27 avenue de Bourbon
SAINT-GILLES-LES-BAINS
✆ 02 62 24 01 01 – www.itctropicar.re
Ouvert tous les jours sauf le dimanche de 8h à 12h et de 14h à 18h.
Large choix de véhicules récents ou neufs, prix raisonnables et service professionnel : ce loueur

local, fiable et établi depuis 1984, propose plus de 450 véhicules de toutes marques, sans aucune publicité apparente. Essence, diesel ou hybride, avec ou sans climatisation, manuelle ou automatique, monospaces, utilitaires, véhicules de prestige… chaque conducteur y trouvera son bonheur ! La plus petite catégorie, une 206 ou Clio, commence à 30 € la journée en kilométrage illimité, 25 € sur la base d'un mois. Et jusqu'à 30 % de remise sont accordés pour une réservation en ligne avec paiement à l'avance. Plusieurs services en option : GPS, sièges bébé, livraison dans les hôtels de Saint-Denis à Saint-Joseph… Assistance 24/24. 21 ans minimum et 2 ans de permis. 4 agences dans l'île : celle-ci est la principale, les autres à Sainte-Marie (une à la Mare, une autre à l'aéroport) et Saint-Pierre (Grand Bois). En plus l'accueil est sympa, ils sont toujours disponibles.

■ **RENTILES**
SAINT-DENIS
www.rentiles.fr/reunion.html
Rentîles est le réseau des loueurs indépendants de voitures à la Réunion. Les prix sont souvent moins chers que les grandes enseignes et les options comme siège bébé, rehausseur ou conducteur additionnels sont dans certains cas offerts par l'agence. La prise en charge peut se faire à l'aéroport et au port de Saint-Denis, à l'aéroport de Saint-Pierre ou en livraison à votre hôtel, gîte ou résidence. Rentîles ne demande qu'un acompte de 100 € pour finaliser la réservation, le solde étant à payer sur place : c'est pratique lorsqu'on veut réserver ses vacances à l'avance sans devoir débourser la totalité de la somme requise. Préférez une réservation à l'avance : comme pour le vol, le prix de la location de la voiture dépend du stock de voitures encore disponibles.

Taxi

Les taxis sont plus chers qu'en métropole, et également plus rares. Il faut compter 3,45 € de prise en charge, puis 1,94 € le km en journée, et 2,91 € la nuit. Comptez jusqu'à 270 € pour faire Aéroport Roland Garros – Saint-Gilles, soit le prix de 10 jours de location de voiture ! Il existe des stations à Saint-Denis ; ailleurs, il faut les appeler, ou bien les trouver au petit bonheur la chance. Au vu des tarifs excessifs, et du manque de prestataires (surtout la nuit), nous vous déconseillons de trop compter sur ce mode de transport.

Deux-roues

La Réunion est un paradis pour motards. Dans les Hauts, ses petites routes de montagne enchanteront tous les amoureux des deux-roues. Le climat, idéal, permet de délaisser la combinaison de grand froid, mais il est toutefois préférable de rouler bien couvert et notamment de prévoir des vêtements de pluie.

Dans les Bas, la moto permet de se faufiler entre les voitures coincées dans les nombreux embouteillages de l'île et donc de gagner un temps précieux. Le casque et l'équipement sont toujours fournis par les loueurs ; attention cependant car les cautions peuvent être très élevées (une caution de 2 000 € n'est pas exclue). Vous trouverez des loueurs à Saint-Gilles-les-Bains, Saint-Denis et Saint-Leu.

Auto-stop

Le stop était encore facile il y a quelques années, mais avec la continuité des 4 voies sur toute la côte urbanisée, il est de moins en moins pratiqué. Il reste possible sur les axes secondaires ou pour monter dans les Hauts. Il faut alors prévoir une bonne marge, partir le matin et se garder toujours une solution de secours en comptant sur les cars. Enfin, l'auto-stop fonctionne assez bien et s'avère particulièrement utile au retour d'une randonnée, quand le sentier rejoint la route à des endroits où les cars réguliers sont rares ou inexistants : notamment pour redescendre du Maïdo, du Volcan, ou de Mafate. A condition de bien prévoir ses horaires, la nuit ce n'est pas la peine... Comme partout, l'auto-stop est sujet à certaines précautions, surtout la nuit. Les filles ne devraient pas voyager seules !

Téléphérique

Plusieurs projets de téléphériques sont évoqués, dont le plus long du monde devant relier Saint-Leu à Cilaos (voir Cilaos). Un autre devrait rejoindre le centre de Saint-Denis au quartier de la Montagne. Ayant le vent en poupe dans plusieurs pays, les téléphériques urbains sont une alternative économique et écologique à la construction incessante de routes. Rien n'était concrétisé encore en 2015.

Quelques consignes sur les routes réunionnaises

Les métropolitains qui débarquent à La Réunion s'apercevront que tout est vraiment comme en métropole : routes, signalisation, voitures, conduite. Mais il y a quelques spécificités à noter :

- **Les routes qui partent à l'assaut des Hauts** sont sinueuses, étroites et parfois de mauvaise qualité (bien que des kilomètres impressionnants d'entretien soient assurés chaque jour).
- **Lorsqu'on se croise,** cela peut être étroit : en cas de mauvaise visibilité, derrière un virage ou dans le brouillard, n'hésitez pas à jouer du klaxon. Ceux qui voyagent savent que c'est le premier instrument de sécurité à bord d'une voiture dans de nombreux pays.
- **Il faut faire très attention à l'adhérence des pneus** (la seule chose qui relie la voiture au sol) : à cause de la pluie, de la boue, du gravier, des cannes à sucre, des nids-de-poule…
- **Les routes qui montent vers les Hauts** sont souvent bordées d'un caniveau d'un mètre de profondeur : attention, une roue peut y déraper facilement.
- **Sur les routes de montagne très fréquentées,** le gazole se dépose, fond sous le soleil et s'incruste. Il resurgit dès la première pluie rendant certaines chaussées très glissantes, notamment sur la route des Plaines. Risque de verglas, enfin, sur la route du Volcan (2 450 m d'altitude) !
- **Attention aussi à la vitesse sur les routes de montagnes :** à n'importe quel moment peuvent surgir un cabri, un chien, des marmailles qui rentrent de l'école, un rocher au milieu de la voie, des gravillons en sortie de virage… Il n'y a pas de trottoirs et l'on croise des piétons en plein milieu de la nature, surtout au coucher du soleil, qui correspond à l'heure de l'apéro. 50 % des piétons décédés sont alcoolisés.
- **En cas de fortes pluies,** ne tentez pas de franchir un radier, ces passages en béton dans le lit d'une rivière qui peuvent être submergés. Il arrive que les routes se transforment en torrents pendant les pluies. Toutes ces précautions sont particulièrement valables pour les routes des cirques, très sinueuses, inondées et de mauvaise qualité.
- **Sur autoroute,** attention car déjà il ne s'agit pas d'une autoroute, mais d'une « nationale à quatre voies », et donc limitée à 110 km/h, 100 km/h par temps de pluie. Certains virages et voies d'accès sont plus serrés que sur une autoroute, et l'accès n'est pas restreint (sauf sur la route des Tamarins), on y croise des piétons, des vélos ! Les pistes cyclables sont souvent de simples lignes peintes en plein sur la chaussée. Il faut donc, là aussi, conduire avec prudence.

DÉCOUVERTE

La Réunion en 40 mots-clés

Accueil

Les Réunionnais sont plutôt réservés, peu expansifs au premier abord, mais une fois le contact établi, d'une grande fidélité en amitié. De plus, ils sont très altruistes et n'hésiteront pas à vous rendre service s'ils le peuvent. Il vous arrivera fréquemment d'avoir d'excellents contacts dans les maisons et tables d'hôtes, dans les villages des Hauts, les cirques ou à la supérette du coin. Si le sourire est plus timide que dans le reste de l'océan Indien, au moins, il n'est pas monnayé. En clair, on n'est pas regardé ici comme un riche Occidental. La couleur de votre peau ne fait pas forcément de vous un touriste, car les Zoreilles sont nombreux dans l'île.

Babouk

Avec ses longues pattes, cette araignée (*Heteropoda venatoria*) inoffensive et typique des îles de l'océan Indien, donne la chair de poule à ceux qui la croisent. Son corps mesure de 2,2 à 2,8 centimètres et ses pattes peuvent s'étendre jusqu'à 12 cm. Elle ne tisse pas sa toile, mais se glisse dans les moindres recoins des cases et surprend par ses grands bonds. Si elle fait peur aux touristes, les autochtones l'apprécient, car elle chasse les nuisibles. Certaines femelles portent un ventre rond qui abrite des millions d'œufs prêts à s'échapper si on l'écrase... Contrairement aux «bibes», araignées d'extérieur à l'abdomen jaune (*Nephila inaurata*) ou noir (*Nephila nigra*) qui tissent des toiles, les babouks peuvent, bien que très rarement, infliger de douloureuses morsures.

Botanique

L'île est un paradis pour les botanistes. Avec ses nombreux microclimats, la variété végétale s'exprime à travers différents écosystèmes. Forêts primaires, forêts d'altitude, désert de lave, savane humide… 30 % de la surface de l'île est de nature originelle, c'est-à-dire jamais transformée par l'homme. En comparaison, Maurice atteint seulement 1 % et la métropole quasiment zéro. Le nombre d'espèces endémiques, c'est-à-dire que l'on ne trouve qu'à La Réunion, est impressionnant. Une richesse mise en valeur par plusieurs musées et conservatoires, des sentiers de découverte et des panneaux explicatifs.

Bouchons

Vous en verrez des bouchons ! Nous parlons déjà de ces bouchées de viande enveloppées d'une pâte de riz, une spécialité d'importation chinoise. Cuits à la vapeur, ils sont dégustés en barquette ou en sandwich (pain bouchon) et font l'objet d'une très grande consommation : on les achète au détail au camion-bar ou par paquet de 100 au supermarché. Les Créoles raffolent de ces bouchons-là ! Mais La Réunion, c'est aussi ses bouchons… routiers. Les embouteillages sur les voies « rapides » de Saint-Denis n'ont rien à envier à ceux de son homonyme nord-parisien, sauf qu'ici, il fait beau et l'on a la vue sur la mer...

Canne à sucre

Cette plante aux mille vertus, cultivée depuis des millénaires, a façonné l'histoire, la géographie et la culture de l'île. Omniprésente dans le paysage (économique) réunionnais depuis le XIXe siècle, la canne à sucre est le premier produit d'exportation local : près de 95 % de la production sucrière est exportée, ce qui représente entre 40 et 50 % de l'exportation totale réunionnaise. Le tapis vert des champs de canne se déroule sur toutes les hauteurs de l'île, épousant les reliefs bigarrés de la Réunion. On s'y balade un peu comme dans un champ de maïs : les tiges sont hautes (de 2 à 3 m) et râpeuses. De début juillet à fin novembre, les ouvriers agricoles s'activent dans les champs pour y récolter la canne. S'en suit un ballet incessant de tracteurs et camions qui acheminent la canne à sucre dans les sucreries. La canne à sucre, en complément du charbon importé, permet de produire de l'électricité. En 1992, la mise en service d'une centrale thermique bagasse-charbon fut une première mondiale.

Cari

Ou aussi *carri, carry,* écrivez-le « comme ça se prononce » ! Plat de référence de la gastronomie locale, ce nom d'origine indienne désigne une spécialité composée d'une base de riz blanc, accompagné de viande, de poisson, de fruits de mer ou autres, mijotés avec des oignons, des tomates, de l'ail, du gingembre et du curcuma. Pour accompagner ce « ragoût » à la créole : des « grains », c'est-à-dire des légumes secs tels que pois du Cap, haricots blancs ou lentilles, et parfois aussi des « brèdes », autrement dit des feuilles de songe, de chouchou ou de chou de Chine, revenues avec des épices. Le tout est relevé d'une préparation pimentée appelée *« rougail »*, qui se conjugue à toutes les sauces (mangue, tomate, citron, aubergine, etc.).

Les variations autour du cari n'ont de limite que l'imagination du cuisinier : cari de poulet, cari de *zourite* (pieuvre), cari de *zeufs*, cari de tangue (sorte de hérisson), cari de crevettes, cari de langoustes (80 € le kilo), cari de *bichiques* (alevins de rivière, 50 € le kilo) et même du cari de guêpes (larve de guêpes dans l'essaim, 150 € le kilo).

Cases créoles

Au détour d'un chemin, au fond d'un jardin... Chacune est unique... Elles se jouent les unes des autres, s'amusent avec leurs couleurs, font des clins d'œil aux passants, rivalisent de fantaisie, inspirent la douceur de vivre, respirent à travers leur multitude de portes et fenêtres, toujours ouvertes. Les pas craquent sur leurs vieux parquets de bois qui se moquent des années... Elles sentent la vanille, le sucre et le jasmin. Les cases (maisons) créoles, leurs grandes varangues (terrasses couvertes), leurs toits ourlés de lambrequins (dentelles de bois ou de tôle) évoquent le passé tout en se frayant une place dans la modernité. Gardiennes d'une âme et d'une identité créoles, elles résistent fièrement au passage du temps, aux cyclones et aux bulldozers.

Cirques

En termes géologiques, le cirque est une cuvette formée par l'affaissement d'une montagne. Il y a trois cirques à La Réunion : Cilaos, Mafate et Salazie. Au cœur de l'île, protégés par des remparts de plus de 1 000 m de hauteur, ils ne sont reliés au monde extérieur que par une rivière (chacun), encaissée dans des gorges. Véritables mondes à part, ils vivent à un rythme encore différent de celui des Hauts et des Bas de l'île. Seuls Cilaos et Salazie sont accessibles en voiture, avec de vrais villages de montagne. Mafate, le cirque sauvage, n'a pas de route : il se gagne au prix de plusieurs heures de marche ou d'un tour en hélicoptère.

Combats de coqs

Traditionnels et très populaires, les combats de coqs, véritable institution, se font de plus en plus rares. Interdits en France, ils sont tolérés à La Réunion : quelques *batay* sont encore organisés, discrètement voire clandestinement, dans certains quartiers (Rivière des Galets, Rivière des Remparts...) ou dans certaines villes (Le Port, Saint-Benoît, Saint Denis...). Voir un combat de coqs, c'est s'imprégner de l'authentique ambiance réunionnaise.

Commérages

Les Réunionnais prennent un malin plaisir à railler, brailler, se taquiner les uns, se moquer des autres, bref, à *moucater*. Si ces acrobaties verbales sont généralement de bonne guerre, le moucatage n'épargne personne. L'île est petite et les rumeurs circulent à toute allure sur les ondes du *ladilafé* (les commérages). Heureusement, les Réunionnais adorent relever leurs persiflages de petites pointes d'humour, les épicer de calembours, les parfumer de réparties. De quoi pimenter les coups de pique – et, sans doute, anesthésier les plaies. Le passe-temps local : tout se sait !

Corail

Très attrayants, mais de faible étendue, les récifs coralliens de La Réunion s'esquissent sur une trentaine de kilomètres le long de la côte Ouest, ainsi que sur quelques portions du Sud, formant un lagon protégé des assauts de la houle, pour le plus grand bonheur des baigneurs... et des plongeurs ! Ils constituent les zones côtières les plus sensibles et les plus vulnérables de La Réunion. Piétinement, arrachage, retournement, quand il ne s'agit pas de pollution provoquée par la saturation de bouches d'égout : la vie corallienne est régulièrement mise à mal. Il faut savoir que les 10 % du récif corallien mondial sont irrémédiablement dégradés et 30 % très menacés. La Réunion possède des lagons merveilleux, relativement peu abîmés, mais qu'il faut absolument préserver. Il est donc fortement recommandé de ne pas en piller les richesses, et même, simplement, de faire attention aux coraux avec ses palmes.

DÉCOUVERTE

Créole

Désignant une langue, un peuple et une culture, le créole est l'identité même de l'île. Le parler créole constitue le premier dépaysement auquel le touriste « métro » est confronté. Mélange imprécis, si pronfondément enraciné dans les mœurs, la créolité réunionnaise ne s'exprime pas de la même manière que la seychelloise ou la haïtienne, s'enrichissant perpétuellement de l'histoire singulière de l'île et des spécificités des ethnies qui la peuplent.

Cyclones

Le *coup d'vent* réunionnais est un bel euphémisme. Episode cyclonique, il lui arrive d'arracher les toits en tôle, de déraciner les filaos, et même de briser des ponts, confiant aux pluies torrentielles qui lui succèdent (il tombe parfois un mètre d'eau en 24h) le soin d'emporter tout ce qui ne s'est pas envolé. Chaque année, sans forcément se retrouver sous l'œil du cyclone, La Réunion est touchée par une ou deux alertes (« Passera ? Passera pas ? ») pendant la saison des dépressions de l'océan Indien, qui s'étend de novembre à avril, avec un risque accru entre les mois de décembre et mars. Heureusement, lorsqu'un *coup d'vent* frappe l'île, l'infrastructure est bien préparée : depuis les années 1970, les pertes humaines sont quasiment nulles et les dégâts limités. Si l'on vous annonce l'arrivée d'un cyclone, pas de panique : faites le plein de provisions et restez au chaud, volets fermés et bougies sous la main, en attendant l'accalmie.

Dodo

Le dodo est un gros oiseau disparu depuis de nombreuses années. L'absence de prédateurs l'avait rendu gras et paresseux, et donc particulièrement vulnérable à la chasse, qui n'en fit qu'une bouchée. Il y en avait à Maurice, et peut-être aussi à La Réunion, bien que cela n'ait jamais été scientifiquement prouvé. En tout cas, c'est ce que la légende a toujours voulu, au point qu'aujourd'hui le dodo est l'un des emblèmes de l'île, et surtout de la bière locale, de la marque Bourbon. Sur les murs des bars, des épiceries (ou *boutik*, comme on dit ici), vous verrez s'étaler en grandes lettres colorées le slogan publicitaire de la boisson : « La Dodo lé la ». La Dodo fait partie du paysage culturel local. Les brasseries de Bourbon ont même conçu un service spécialement dédié à l'activité artistique qui s'est développée autour du produit. Ainsi, trois peintres sillonnent l'île pour proposer gratuitement aux propriétaires des épiceries de décorer à main levée leurs façades. Fort de ce succès, la marque Bourbon encourage aujourd'hui les artistes et créateurs de tout poil à s'exprimer autour de l'emblème. A cette fin, une plate-forme culturelle spécialement dédiée à l'art dodo a vu le jour début 2006. Signalons enfin que les bouteilles ne se jettent pas à la poubelle, elles sont consignées, et leur ramassage assure aux courageux un petit boulot. Pensez donc à les laisser en évidence au pied des poubelles.

DOM (DROM)

Département d'outre-mer depuis 1946, La Réunion, au même titre que la Creuse ou le Calvados, est un département français à part entière, tout à fait comme les autres. Enfin, à quelques kilomètres, degrés Celsius, cocotiers et bonbons piment près. Ici, au beau milieu de l'océan Indien, on est en Europe ; la Sécurité sociale, la police nationale, le code de la route sont les mêmes qu'en métropole. Mêmes euros, même drapeau. L'île n'a pas d'assemblée représentative ou de souveraineté locale : elle est administrée comme n'importe quel département de l'Hexagone. Ce statut la différencie notamment des collectivités d'outre-mer (COM), administrées de manière spécifique et parfois dotées de leur propre gouvernement, monnaie, drapeau, douane et même, dans certains cas, d'un système monarchique ! La seule différence entre les DOM et la métropole réside dans certains aménagements fiscaux ou dérogations législatives, comme la TVA, l'impôt sur le revenu, la vente de tabac, d'alcools et de carburants. Officiellement, la dénomination DOM n'existe plus depuis 2003, même si on continue à l'utiliser. Région « ultra-périphérique de l'Union européenne », La Réunion, tout comme la Guadeloupe, la Martinique, la Guyane (et Mayotte, depuis 2011) est désormais un DROM (Département et Région d'outre-mer).

Free Dom

Par un jeu de mot astucieux (*freedom* signifie liberté en anglais), Camille Sudre a lancé en 1981 une radio qui est très vite devenue incontournable. Grace à la libre antenne, les auditeurs n'hésitent pas à appeler pour signaler le vol d'une voiture ou un ralentissement sur la route, pour rencontrer l'âme sœur ou encore pour réagir à l'actualité. On dit d'ailleurs que la police écoute Free Dom 24h/24 afin de glaner des informations ! A écouter impérativement si l'on veut se plonger dans les potins de l'île ou comprendre pourquoi l'on est coincé dans un bouchon.

PASSION
OUTREMER
19
TNT
VIVEZ LES CULTURES D'OUTRE-MER
CHAQUE DIMANCHE A 20H45
Ô

Gouzou

Ouvrez l'œil et cherchez les gouzous ! Un petit personnage emblématique que vous pourrez croiser sur les routes de La Réunion. Sous forme de collage ou de graffiti, depuis 1992, des gouzous, toujours de couleur orange, apparaissent dans l'environnement urbain, sur le bord des routes, mais aussi le long des sentiers de randonnées. Créé par l'artiste local Jace, les gouzous détournent avec humour leurs supports, que ce soit une affiche publicitaire, une voiture abandonnée ou un pan de mur. Les mises en situation du personnage sont toutes plus cocasses les unes que les autres. Parfois le gouzou apparaît comme la victime du système, parfois comme un super-héros. Depuis ses premières apparitions à La Réunion il y a plus de vingt ans, le gouzou a voyagé jusqu'à Paris, New York, Barcelone, mais aussi au Havre.

Hauts

La Réunion ne saurait se concevoir sans ses « Hauts ». Désignant tout ce qui n'est pas sur le littoral, surpeuplé et embouteillé, ils sont les gardiens de la vie traditionnelle créole. Regroupés autour d'un clocher, d'une boutique chinoise et d'un snack, les villages des Hauts respirent le terroir, le savoir-vivre, La Réunion *lontan* (d'antan), et un accueil chaleureux qui fait parfois défaut dans les Bas. Les Hauts, qui se dépeuplaient avec l'exode rural, attirent aujourd'hui de nouveaux habitants, surtout dans l'Ouest et au-dessus des grandes villes, notamment grâce à la route des Tamarins. Les prix immobiliers y sont plus doux, de même que la température qui baisse de 8 °C tous les 1 000 m : c'est toujours ça de gagné face à la chaleur étouffante des Bas.

Îlet

Les îlets (prononcez « ilettes », ici, toutes les consonnes ont leur importance !) sont des petits villages isolés, composés de quelques cases seulement, le plus souvent nichés dans les cirques sur des plateaux cultivables.

Kabar

Le *kabar* est la fête réunionnaise par excellence. Le soir, on se réunit sur la plage pour faire de la musique et danser autour d'un feu. Guitare, *kayamb*, percussions ; les pas saccadés sur le sable s'accordent aux rythmes du séga et du maloya. La soirée s'improvise au gré des allées et venues ; les uns s'invitent à se trémousser, les autres à jouer de leur instrument.

Koman i lé ?

C'est le « comment allez-vous ? » local, auquel vous ne manquerez pas de répondre « Lé la ! » (ça va).

Letchi

Le fruit des fêtes de fin d'année que tout le monde attend avec impatience : le letchi, autrement appelé *litchi, li-tchi,* le « cerisier de Chine ». Sous sa carapace rêche se cache la délicieuse pulpe d'un arille mou. Une pulpe blanche, nacrée, juteuse et sucrée quand elle est bien mûre, acide autrement, d'une saveur aux accents de raisin blanc ou de rose. Présent dans le Sud et dans l'Est, cet arbre fruitier aux longues feuilles vert sombre, très grand, pousse dans les mi-hauteurs où il fait chaud et humide. Selon l'année, les récoltes de letchis peuvent être plus ou moins abondantes, plus ou moins réussies ; les cyclones et les fortes pluies faisant souvent pourrir le fruit

© ATAMU RAHI – ICONOTEC

Récolte de litchis.

sur l'arbre. Mais la tradition s'accroche à la branche coûte que coûte : à La Réunion, un Noël sans letchi est inimaginable...

Maloya

Classé au patrimoine immatériel de l'Humanité en octobre 2009, le maloya est à la fois une forme de musique et une danse. Véritable chant d'espoir, de résistance, et de douleur, cette complainte a permis aux esclaves de s'exprimer au plus profond du *fénoir* (la nuit), et par là même d'exister. Interdit jusqu'en 1982, le maloya, son rythme saccadé et ses instruments rudimentaires (kayamb, bobre, rouleur...) viennent de prendre une belle revanche sur l'histoire. Et la fête Kaf, célébrée chaque 20 décembre pour commémorer l'abolition de l'esclavage, n'est pas près de s'essouffler...

Métissage

Le métissage est l'un des traits de caractère fondamentaux de La Réunion. Noirs, Blancs et Asiatiques de tous horizons sociaux et religieux y cohabitent depuis des siècles. Si l'Histoire collective porte les cicatrices de l'esclavage et des inégalités de la culture sucrière, et si La Réunion d'aujourd'hui n'est bien entendu pas à l'abri de clivages, cette île, qui s'est construite sur la mixité, les mélanges et le respect des différences acquis au fil des siècles, est sans doute l'un des plus beaux et pacifiques exemples de *melting-pot* dans le monde actuel.

Paille-en-queue

Nommé ainsi à cause de sa longue queue, cet oiseau blanc des mers du sud, tacheté de traits noirs, est l'emblème de La Réunion, même s'il n'est curieusement pas une espèce endémique de l'île. On le retrouve dans tous les océans du monde. On peut observer son vol gracieux le long des falaises réunionnaises, ou près des ravines, entre deux parties de pêche où il part à l'assaut de petits poissons de mer. L'espèce se raréfie en raison de la réduction constante de son habitat naturel, envahi par l'homme, et parce que le paille-en-queue ne pond qu'un œuf d'octobre à décembre. Mais il n'est pas rare de l'apercevoir le long de la route du Littoral, et plus particulièrement dans le sud de l'île.

Parc national

Nouvel atout pour La Réunion, le label « parc national » a pour mission de mettre en valeur et de protéger « l'âme » de La Réunion. Le 8e parc national de France englobe les Hauts de l'île, dont le volcan, les forêts primaires et les îlets habités de Mafate et des Trois-Salazes ainsi que quelques exploitations enclavées. 105 000 hectares, soit 40 % de la surface de l'île, sont concernés. Une belle démarche de développement écologique.
Qui plus est, depuis août 2010, les cirques et remparts de l'île sont passés au patrimoine mondial de l'Unesco. Autrement dit, près de la moitié de la surface de La Réunion est désormais protégée et valorisée par ce label international de prestige, qui fait à juste titre la fierté des Créoles. Après la crise du chikungunya, c'est une nouvelle ère qui commence : l'économie réunionnaise reprend son souffle sous le signe de l'Unesco et du développement d'un tourisme davantage écologique ou *ecofriendly*.

Parfums

Le parfum des îles fait aussi leur charme. On découvre des senteurs, une atmosphère, des émotions. L'air, chargé d'embruns et imbibé de fragrances de fleurs tropicales, est en lui-même une invitation au voyage. A La Réunion, ce sont mille et une plantes à parfum qui diffusent leurs senteurs aux quatre coins de l'île : vanille, géranium, vétiver, ylang-ylang embaument la campagne. Sans oublier les odeurs épicées de massalé et de curcuma, qui s'échappent des marmites créoles...

Pique-nique

Les aires de pique-nique parsèment les clairières des Hauts et pullulent le long des rivières. Innombrables, elles ont tendance à s'insinuer dans les lieux les plus pittoresques de l'île, à se percher sur les belvédères ou à raser les côtes, à l'ombre des filaos. Avec leurs kiosques, leurs tables et leurs bancs, parfois même leurs murets faisant office de barbecue, ces hauts lieux de rassemblement dominical accueillent chaque week-end un spectacle rocambolesque. Tout le monde afflue en *auto* dès le matin, avec son bataillon de provisions, de glacières, de grilles, de charbon. Parents, marmailles, *gra'mounes* (les personnes âgées), amis, amis d'amis prennent les tables d'assaut. C'est parti pour un festival de grillades jusqu'à la tombée de la nuit. On mange, on joue, on discute, on fait trempette dans un bassin, on se glisse dans la forêt. Bref, inutile de préciser que si vous prévoyez un déjeuner paisible, évitez à tout prix le pique-nique du dimanche !

DÉCOUVERTE

Plages

Le tourisme balnéaire est loin d'être la motivation première des touristes à La Réunion, plus renommée pour ses cirques, son volcan et tant d'autres attraits, contrairement à sa voisine Maurice, avec ses plages paradisiaques et ses resorts pieds dans l'eau turquoise. La Réunion a pourtant 43 plages qui parsèment le littoral de Saint-Paul à Saint-Philippe. Ensemble, elles n'additionnent qu'une vingtaine de kilomètres sur un littoral de plus de 200 km le tour, le reste n'étant que falaises acérées et galets où s'écrase la houle océanique. Si les plages de l'île ne sont pas les plus belles du monde sur l'échelle du cliché paradisiaque, la région des Plages (de Boucan-Canot à la Saline-les-Bains) déploie tout de même de sublimes étendues de sable blanc et un lagon transparent protégé par sa barrière de corail… au goût de paradis ! Hormis dans cette région et quelques exceptions comme le lagon de Saint-Pierre, la baignade et autres activités nautiques (le surf notamment) sont interdites dans les zones non sécurisées : la faute à la crise requin qui dure depuis 2011 et qui s'est intensifiée ces dernières années. Veillez à bien respecter ces consignes et à surveiller les plus jeunes, le risque est bien réel ! Il reste la bronzette ou le pique-nique en admirant leur diversité : sable noir à l'Etang-Salé, décor volcanique de fin du monde au Tremblet, cadre sauvage et luxuriant à Grande-Anse…

Randonnées

Destination randonnée par excellence, La Réunion propose des centaines de kilomètres de sentiers balisés et répertoriés. Traversant les forêts primaires, offrant des panoramas à couper le souffle, sillonnant les arêtes et les remparts, s'ouvrant sur une cascade ou un bassin, les randonnées, de tous niveaux, se terminent souvent avec un repas créole copieux et des rencontres mémorables dans un gîte local.

Les sentiers sont très bien aménagés et entretenus par l'ONF. Les offices de tourisme sauront vous indiquer les itinéraires possibles et vous orienter vers les nombreux guides de montagne de l'île.

Rhum arrangé

On imagine mal l'outre-mer français sans le bon rhum des îles. Terre de canne à sucre, La Réunion n'y déroge pas en fournissant de bonnes productions. Mais surtout une spécialité locale : le rhum arrangé. Macéré plusieurs mois avec des herbes ou des fruits, et du sucre de canne, avant d'être consommé en digestif, voici un très bon produit local à ramener dans vos valises ! C'est doux et fruité, avec des arômes qui se renforcent selon la durée de macération. Le rhum arrangé est, selon la coutume, toujours offert en fin de repas. A consommer avec modération : « *lo rhum la pa bon mêm, mai y boi kan mêm !* »

Savates deux doigts

A quoi reconnaît-on un Réunionnais ? Sans doute à son impressionnante collection de savates (appellation locale des « tongs » ou « claquettes »), toutes plus extravagantes les unes que les autres. D'ailleurs, ici, on ne dit pas « traîner la patte » : on traîne « la savate ». Les fanatiques ne quittent leur seconde peau à fines lanières de caoutchouc, de cuir ou de tissu que pour les grandes occasions. Profitez donc des modèles originaux et colorés dont regorgent les vitrines de Saint-Gilles, Saint-Pierre et Saint-Denis pour vous laisser séduire par une paire inattendue.

Tantine et Boug

La sublimité de La Réunion n'appartient pas à sa seule nature. Le grand air, le soleil des tropiques et les métissages ont dessiné, au fil des siècles, un peuple magnifique, d'une beauté rare, variée, bigarrée. Beaucoup de métropolitains succombent aux charmes des tantines (filles), coquettes et pétillantes, de l'île. Mais inutile de jouer la carte du *French lover* pour tenter de les arracher à leurs bougs (garçons), cela ne risque pas de marcher ici : vous êtes en France !

Trail

Ce mot anglais désigne un sport quasi culturel à La Réunion pour ses sentiers de randonnées. Le trail est une course tout-terrain à travers les forêts, les montagnes ou les chemins de terre, un véritable défi pour chaque trailer qui se confronte aux reliefs de l'île. Des trails ont lieu toute l'année. Le plus célèbre, le Grand Raid, se déroule au mois d'octobre. Initié en 1989, ce parcours de plus de 160 km avec un dénivelé positif de près de 10 000 m, est aussi appelé la « Diagonale des Fous » pour sa distance et sa difficulté. Chaque année, amateurs de trail et coureurs professionnels du monde entier rêvent d'y participer.

Faire / Ne pas faire

Respecter les habitudes et les croyances religieuses des personnes que vous serez amené à rencontrer. Déchaussez-vous si l'on vous le demande et respectez les éventuelles prières avant un repas. Ne pénétrez dans aucune maison avant d'y avoir été invité. Utilisez le vouvoiement plutôt que le tutoiement si vous ne connaissez pas la personne. Ne buvez pas directement au goulot d'une bouteille si les autres ne le font pas. Ne draguez pas une Cafrine si vous êtes le seul Blanc dans une boîte, ou alors soyez discret. Evitez les gestes déplacés envers une jeune fille musulmane.

Ne pas dire « la France » pour parler de la métropole. A La Réunion, vous êtes en France. La Réunion est française depuis plus longtemps que la Savoie ou la Corse, et l'a toujours été.

Ne pas dire des Réunionnais qu'ils sont assistés. C'est un sujet douloureux et vous risquez d'éveiller les susceptibilités. Il va sans dire que les préjugés à l'égard des habitants des DOM-TOM (fonctionnaires ou chômeurs), et en général sur les gens qui vivent au soleil sont fréquentes chez les métros… et ont été entendues et rabâchées depuis si longtemps qu'elles sont fatigantes, stériles et souvent obsolètes. Ensuite, se faire donner des leçons par un Zoreille qui débarque (et beaucoup aiment en donner) n'est jamais agréable, et ce partout dans le monde. Enfin, ici, comme partout, le courage, l'assiduité, la paresse ou l'oisiveté sont autant de traits de caractère qui dépendent tout simplement des individus… Mais on ne choisit pas forcément le contexte économique dans lequel on évolue. Le chômage touche 30 % des Réunionnais et on ne compte plus ceux qui, diplômés ou non, ne trouvant pas de travail sur l'île, ont été contraints la quitter à contrecœur.

Parler créole ! Ne restez pas sans rien dire quand on vous lance un « Té le frèr koman i ló la ? ». Ça fait plaisir, lorsqu'un métro tente une réponse en créole. Mais n'en faites pas trop non plus, car vous risquez de vous ridiculiser. Ça ne s'apprend pas en deux jours et ce n'est pas non plus du petit-nègre.

Ne pas juger ou préjuger par l'apparence, qu'il s'agisse de la richesse, de l'éducation, des mœurs ou du groupe ethnique. La tolérance des Réunionnais est telle que des propos racistes relèvent ici plus de l'incongru, de l'inhabituel, que du choquant.

Ne pas se baigner n'importe où. Les plages désertes le sont le plus souvent parce qu'elles sont impraticables, à cause de la houle, des courants, de la pollution, des requins… Restez donc sur les plages des lagons, protégées par la barrière récifale. De même, en montagne, les torrents peuvent être puissants : ici, les sports d'eau ne s'improvisent pas.

Ne pas partir seul en montagne, ou en mer. Partez à plusieurs, prévenez la gendarmerie et emmenez au moins votre portable. Ne vous lancez pas sans matériel adéquat, en particulier des chaussures de montagne pour la randonnée. Ne jamais partir seul en plongée, apnée ou bouteilles. La nature est imprévisible, et d'autant plus à La Réunion, où le climat peut être extrêmement changeant. Plus rapidement encore que dans les Alpes, on peut se retrouver, après un grand soleil, en plein brouillard et dans le froid en quelques minutes. De même pour l'océan Indien : ses puissants courants et ses furieuses tempêtes n'ont rien à voir avec celles de la Méditerranée.

Rester prudent… Au volant (les radars automatiques ont débarqué ici aussi et les gendarmes sont régulièrement sur le front). En dehors des grandes nationales, beaucoup de routes, à cheval entre le ravin et le vide, sont très tortueuses et étroites. N'hésitez pas à jouer du klaxon dans les virages les plus serrés, pour prévenir ceux qui arrivent en face. Par ailleurs, attention aux animaux errant sur les voies rapides ; beaucoup de chiens s'aventurent sur les routes.

Dernière recommandation et pas des moindres ! Sortez couvert certaines maladies ne prennent pas de vacances, elles.

Volcan

Grande vedette de La Réunion, le piton de la Fournaise, qui culmine à 2 632 m d'altitude, est l'un des volcans les plus actifs du monde. Non qu'il soit dangereux : si le volcan entre en éruption régulièrement, son immense enclos protège l'île de ses accès de furie tonitruants. Seuls quelques villages de l'Est ne sont pas à l'abri d'un débordement de lave, en cas de coulée « hors enclos » (ce fut le cas, notamment, du village de Piton-Sainte-Rose en 1977, mais, heureusement, les habitants purent être évacués à temps). Si une éruption se produit pendant votre séjour, il serait vraiment dommage de rater le spectacle époustouflant des nappes de lave ardente se déversant en pleine nuit dans l'océan. Les journaux de métropole ont beau dire que l'île est « frappée » par des éruptions volcaniques : vu d'ici, il s'agit plus d'un événement fascinant que d'un réel danger. Et pour être incollable sur son histoire et son fonctionnement, nous vous conseillons la visite de la Maison du Volcan à la Plaine-des-Cafres.

Week-end

Il devient difficile, presque impossible, pour les Réunionnais de passer un petit week-end tranquille et isolé. Les Dionysiens désertent leur ville, les côtiers montent sur les Hauts. On circule beaucoup dans l'île. Evitez donc les sentiers battus le dimanche, ainsi que les aires de pique-nique et les plages, toujours bondées (attention surtout aux embouteillages dominicaux du retour des plages !). Les discothèques sont également prises d'assaut le vendredi et le samedi. Ainsi, pour les touristes de métropole, le week-end reste le moment idéal pour le farniente, la lecture ou les cartes postales à l'hôtel, ou bien pour les randonnées les moins connues, s'ils veulent être épargnés des foules !

X-treme

Paradis des amateurs de sensations fortes, La Réunion est un formidable terrain de jeux, propice à pratiquement tous les sports. Montagnes, rivières, lagons : la géographie et le climat permettent de se défouler dans toutes les disciplines, toute l'année. Les prestataires de l'île proposent une immense variété de sports extrêmes. Au-delà de la plongée, de l'escalade et de la randonnée, vous pourrez vous envoler en parapente, descendre des chutes d'eau vertigineuses en canyoning, dévaler des rivières en raft ou des montagnes en VTT. Les friands de parachutisme, d'hélicoptère, d'ULM, de kart, de 4X4 et même de rallye automobile y trouveront aussi leur bonheur. Ne reste que l'embarras du choix.

Zamal

Le *zamal* (le cannabis local) est une herbe très recherchée par les résidents. Un remède contre l'ennui... Le *zamal* pousse à l'ombre des regards indiscrets. Baudelaire, après un séjour dans l'île, relate ainsi ses effets : « Les sens deviennent d'une finesse et d'une acuité extraordinaire, les yeux percent l'infini, l'oreille perçoit les sons les plus insaisissables parmi les bruits les plus aigus... » Car le *zamal*, répandu en métropole depuis quelques décennies, est arrivé ici depuis plus de 150 ans, sans doute avec les immigrants indiens qui, eux, l'utilisent depuis des millénaires. Madame Visnelda, la célèbre guérisseuse décédée en 1991, expliquait que l'une des causes du succès du *zamal* provenait certainement du manque de distractions qui sévissait à La Réunion il y a une cinquantaine d'années. Le *zamal*, vous en entendrez certainement parler, autant vous prévenir : il est souvent consommé. Veillez à ne pas oublier qu'il est, bien sûr, interdit et que les peines encourues sont les mêmes qu'en métropole.

Zoreille

Zoreille (ou Zoreil) est le nom donné aux personnes originaires de la métropole française, qu'elles soient touristes ou résidentes de longue date. Ce terme aurait deux origines possibles : l'oreille tendue du métropolitain qui ne comprend pas le créole, ou bien la punition que les Français réservaient aux esclaves fugitifs (dits *marrons*), auxquels ils coupaient l'oreille. Aujourd'hui, le terme désigne un « étranger » Blanc venu de métropole, et non un Blanc de manière générale : à ne pas confondre, donc, avec les Gros Blancs et les Petits Blancs, installés sur l'île depuis des siècles, qui sont des « Créoles » et non des Zoreilles. Finalement devenu courant, ce sobriquet peut être péjoratif et il est parfois remplacé par le mot « métro », plus neutre. Il faut savoir que, bien que la part de Zoreilles dans la population réunionnaise a été décuplée ces vingt dernières années, elle ne dépasse pas les 10 %.

Survol de l'île

Née d'un mariage brutal entre la mer et le feu, il y a 3 millions d'années, l'île de La Réunion ne correspond pas au cliché du paradis tropical. On y trouve bien des plages, des cocotiers, des lagons et du soleil toute l'année, mais la force de son caractère réside surtout dans ses « Hauts », ses montagnes sauvages, ses pitons démesurés. Les « Hauts » désignent tout ce qui n'est pas sur le littoral, les « Bas ». Les créoles aiment y construire leurs cases, car il y fait toujours plus frais. L'hiver y est froid (il y gèle même parfois). Cette île, volcan planté dans l'océan, offre des centaines de kilomètres de randonnée : de la balade d'une heure le long d'une rivière, au trekking de plusieurs jours dans la forêt primaire. Tout un archipel de diversité s'exprime dans ce curieux département français, ancré à l'autre bout du monde. Certains disent même que ses paysages et ses peuples reflètent la terre entière. Lors de sa conquête il y a 350 ans, l'île était inhabitée. Depuis, elle s'est enrichie de populations africaines, indonésiennes, indiennes, chinoises, européennes, malgaches… Une multiplicité de visages et de couleurs qui lui confèrent un métissage riche et unique.Autant d'ethnies, autant de fêtes célébrées : les marches « sur le feu » (sur les braises) des Tamouls, la commémoration de l'abolition de l'esclavage le 20 décembre aussi appelée fête cafre, le nouvel an chinois et ses pétards, le ramadan aux saveurs indiennes et le 14 Juillet résonnant d'accordéons, de percussions ou de guitares... La Réunion est unique par sa diversité, et il faut savoir l'apprécier en évitant de la comparer avec sa voisine, l'île Maurice. Ici, on vous traitera comme un cousin de métropole venu en visite et pas comme un touriste. Vous êtes chez vous, dans votre pays. Vous passerez d'agréables soirées à taper le carton en créolo-français et en sirotant un rhum arrangé après la dégustation d'un cari. Vous vous prélasserez sous la varangue d'une case créole à regarder le ciel étoilé, respirant les multiples effluves qui embaument les nuits tropicales… L'intensité des paysages, des regards et des sensations ainsi que les saveurs d'une cuisine qui mêle une multitude de goûts et de parfums différents ne vous laisseront pas indifférent.Faire le tour de La Réunion par la route côtière, en vous offrant le luxe de prendre un bain au passage, ne vous prendra guère plus de 6h de voiture. Facile. Il faut en revanche des jours, voire des semaines, pour explorer les cirques et les canyons de l'île, franchir ses remparts vertigineux, plonger dans ses bassins d'eau fraîche arrosés de cascades, découvrir ses cases créoles traditionnelles. Ou encore explorer le volcan, que vous découvrirez avec un peu de chance en période éruptive. Le mariage de l'eau et du feu quand la lave rencontre l'océan est un spectacle inoubliable. L'île se parcourt « du battant des lames au sommet des montagnes », comme le veut une vieille expression, héritée de l'époque coloniale de la Compagnie des Indes. Belle et grandiose, La Réunion est une île dont l'âme se cache au flanc des sommets.

GÉOGRAPHIE

Situation. La Réunion, qui compose avec les îles Maurice et Rodrigues l'archipel des Mascareignes, est située au sud-ouest de l'océan Indien, à 200 km au nord du tropique du Capricorne. La France métropolitaine se trouve à quelque 9 000 km. A peu près ovale, l'île mesure environ 70 km de long sur 50 km de large, soit 217 km de circonférence et 2 512 km² de superficie.

Maurice se trouve à 220 km à l'est, Rodrigues à 800 km. Le territoire de La Réunion est le plus vaste des trois îles Mascareignes, mais compte seulement 840 974 habitants (contre 1 200 000 sur 1 865 km² à Maurice). Avec son littoral extrêmement dense, il s'agit néanmoins du DROM (département et région Outre-Mer) le plus peuplé. Et aussi de la contrée la plus montagneuse de son archipel : Maurice et Rodrigues, beaucoup plus plates, car plus anciennes que La Réunion, lui jalousent son relief sculpté de pitons vertigineux, dont le sommet le plus élevé culmine à plus de 3 000 mètres de hauteur (le Piton des Neiges). Le plus haut sommet mauricien n'atteint en effet que 800 m de hauteur ; quant à Rodrigues, il s'agit d'une petite île de seulement 106 km², avec 35 000 habitants et un sommet haut d'à peine 320 m.

L'archipel des Mascareignes est relativement isolé : à l'ouest, Madagascar se trouve à 800 km ; au nord, il faut parcourir 1 800 km pour atteindre les Seychelles ; à l'est, pratiquement aucune terre à l'horizon sur 8 000 km, jusqu'à l'Australie (!) ; tandis qu'à 1 800 km au sud se profilent timidement quelques possessions françaises méconnues, les îles Crozet, Kerguelen et Amsterdam, habitées uniquement par quelques scientifiques. Leur siège administratif est situé à Saint-Pierre de La Réunion.

Géologie. La Réunion est une île tropicale, montagneuse et volcanique. Son relief est surprenant, audacieux et d'une diversité phénoménale : émergée de l'océan il y a 3 millions d'années contre 5 pour Maurice, la plus jeune des Mascareignes a été très peu limée, polie, adoucie par l'érosion. L'île est née de la projection de magma de ses deux volcans : d'abord le piton des Neiges, endormi depuis 12 000 ans, puis le piton de la Fournaise, né il y a 500 000 ans et aujourd'hui l'un des volcans les plus actifs du monde. Si les étendues arides de lave séchée tapissent les pentes de la Fournaise, où ne pousse qu'une végétation chétive, la nature a repris ses droits sur le piton des Neiges, qui s'est affaissé au fil des millénaires, formant trois somptueux « cirques », ces monumentales crevasses accusées de gorges et de pitons.

Sol volcanique.

Dans quelques millions d'années, La Réunion ressemblera sans doute à Maurice, plate et entourée de lagons. Pour l'instant, le littoral n'a en effet eu le temps de former que quelques kilomètres de barrière corallienne à l'ouest de l'île, abritant de superbes lagons et de belles plages de sable blond. Encore quelques millions d'années pour avoir des plages plus belles encore, donc, et des montagnes moins hautes. Jusqu'à ce qu'un jour, peut-être, le jardin d'Eden finisse par s'en aller comme il est venu, disparaîssant à nouveau au fond de l'océan...

Relief. La Réunion est dominée par deux sommets, le piton des Neiges (3 070,5 m), point culminant de l'océan Indien, et le piton de la Fournaise (2 632 m). Le sommet de l'île, si le cône était parfait, dépasserait les 5 000 m d'altitude. Mais, il y a 500 000 ans, les chambres magmatiques du piton des Neiges se sont effondrées, pour former trois gigantesques cuvettes, les cirques de Cilaos, Mafate et Salazie. Formant un trèfle de 20 km de largeur et de 1 500 m de profondeur en moyenne, ces trois cirques monumentaux sont enclavés par des remparts abrupts, de près d'un kilomètre de hauteur. Si bien qu'au cœur de ces dépressions, on se sent comme dans un cratère : totalement isolé de l'agitation du littoral, hors de l'espace et du temps.

Le fond des cirques, au relief chaotique, acéré et très vertical, varie entre 500 m et 1 500 m d'altitude. De l'autre côté, les Hauts descendent au contraire en pente régulière de 8 % à 9 % jusqu'à la côte. Creusés par des milliers d'années de précipitations, les cirques sont tailladés de nervures dans lesquelles coulent des ravines. Leurs murs de roche basaltique sont creusés de cascades. Aujourd'hui comme hier, l'érosion suit son cours. En témoignent les éboulis qui, bien souvent, coupent la route de Cilaos, dont les quelque 400 virages ont été dessinés en 1935. Un effondrement aura particulièrement marqué l'histoire de l'île : en 1965 le village de Roche Plate à Saint-Joseph a été déserté suite à la chute de milliers de tonnes de roches. Il n'y a eu, miraculeusement, aucune victime. Dans chacun des trois cirques, une seule rivière assure l'écoulement des eaux récoltées sur plusieurs dizaines de kilomètres carrés : la rivière du Mât pour Salazie, le bras de Cilaos pour Cilaos, et la rivière des Galets pour Mafate. Au pied de ces trois rivières, des plaines littorales se sont formées avec les dépôts alluvionnaires : celles de Saint-

Louis, Le Port et Saint-André. Comparable à un torrent de montagne en hiver (austral), la rivière des Galets peut par exemple atteindre le débit du Rhône en période cyclonique ! Elle a d'ailleurs longtemps menacé la ville du Port, c'est pourquoi d'énormes travaux d'endiguement ont été réalisés dans les années 1990.Un quatrième cirque a été défini par certains géologues, et englobe La Plaine-des-Palmistes et les forêts de Bébour et Bélouve. Entièrement comblée par des éboulis millénaires, et ne possédant pas de remparts, cette ancienne dépression, désormais apparentée à un plateau, n'est pas considérée comme un cirque à part entière.

CLIMAT

Bien que La Réunion soit sous les tropiques, le climat n'y est pas forcément tropical. Tout dépend de quelle région on parle. Chaque zone possède son propre climat, sa propre végétation et ses particularités géographiques. La magie de l'île, c'est aussi cette quantité invraisemblable de microclimats : plusieurs centaines d'après les spécialistes ! Climat de montagne vers le Dimitile, climat tropical chaud et sec vers Saint-Gilles, climat tropical chaud et humide vers Saint-André, tempéré et frais dans les cirques. Ici, la végétation est desséchée par le soleil, tandis que là, les fleurs poussent abondamment sous la pluie. Les alizés d'est et de sud-est arrosent beaucoup plus la côte Est, dénommée « côte au vent », que la côte Ouest, dite « sous le vent ». Car celle-ci est bien protégée par les montagnes les plus hautes de l'océan Indien. Si hautes, qu'il neige même parfois sur le piton des Neiges (rarement, il est vrai), alors qu'au même moment, à Boucan-Canot, on se baigne dans une eau à 27 °C ! Les variations sont parfois encore plus localisées. L'est de Saint-Denis est par exemple bien plus humide que l'ouest : sa Bretagne et sa rivière des Pluies portent bien leur nom.

Les records de températures témoignent de ces contradictions climatiques : il a fait 36,9 °C au Port en mars 2004, alors qu'en septembre 1975, au pas de Bellecombe (2 500 m), le thermomètre est descendu à -5 °C.Le temps de La Réunion change en outre très vite, les nuages des Hauts venant souvent couvrir les Bas en fin de journée. En à peine un quart d'heure, il arrive même que les hauteurs passent du plein soleil au brouillard, avant de se retrouver sous un déluge d'eau. Il faut donc être prudent et vérifier les prévisions météo avant d'entreprendre une randonnée en montagne ou une sortie en mer.

Vous pourrez séjourner sur le littoral, chaud et humide, où vous jouirez d'un agréable 20 °C à 30 °C ventilé par les alizés, ou monter dans les Hauts pour plus de fraîcheur, la température baissant en gros de 8 °C tous les 1 000 m. Dès le XIXe siècle, les bourgeois possédaient d'ailleurs leur résidence secondaire en altitude (le fameux « changement d'air ») pour échapper aux miasmes et à la promiscuité étouffante des Bas.

Le climat de l'île, sain, a toujours été prisé pour ses bienfaits. Dès le XVIIe siècle, on en vantait les vertus : « L'air est si bon que depuis vingt ans que cette île est habitée, aucun de ses habitants n'y est mort, ni tombé malade », Jacques Ruelle, 1667. « L'air n'est nulle part ailleurs aussi tempéré et aussi sain que dans cette île. », Abbé Carré, 1667.

▶ **Quand venir à La Réunion ?** La meilleure période pour venir à La Réunion s'étend d'avril à novembre, la saison sèche. La température de l'air tourne alors autour de 27 °C sur le littoral, le beau temps règne, et le climat est idéal, agréable, ventilé par le souffle léger des alizés. Les soirées sont toutefois fraîches (prévoir une petite laine).

En saison humide, de décembre à mars, la température grimpe à 30 °C avec des pointes à 35 °C dans certaines régions comme au Port, la ville la plus chaude de l'île. Si ses chaleurs peuvent être pesantes, n'oubliez pas que l'été austral demeure toutefois le meilleur moment pour échapper au froid hivernal de la métropole ! Et puis, en cas de canicule, on peut toujours s'échapper dans les Hauts pour davantage de fraîcheur . Par contre, comme son nom l'indique, n'oubliez pas non plus que la saison humide se caractérise également par des pluies plus fréquentes, ce qui compromet parfois les randos et les sorties en montagne.

À noter : en période de vacances scolaires de La Réunion (qui correspondent souvent à celles de métropole), les vols et les hôtels sont remplis par les Réunionnais comme les Zoreilles, et donc plus chers ! Mieux vaut donc éviter de voyager de mi-décembre à fin janvier et de mi-juillet à mi-août.

Quelques cyclones ayant marqué l'île au XXe siècle

- **Mars 1904 et mai 1919 :** d'importants cyclones qui marquèrent les esprits, mais pas encore les statistiques, les dégâts n'ayant pas été recensés.
- **Février 1932, janvier 1948, février 1962, janvier 1966…** Autant de périodes noires marquées par quelques-uns des nombreux cyclones qui ont touché La Réunion au fil du siècle, dont certains meurtriers. Les vents peuvent aller jusqu'à 250 km/h, causant de nombreux dégâts. Les pluies sont elles aussi catastrophiques : pendant un *coup d'vent*, il tombe parfois jusqu'à 1 825 mm d'eau en 24h !
- **Janvier 1989 :** le cyclone Firinga marque fortement les esprits. Si la modernité sauve de nombreuses vies (« seules » quatre victimes sont emportées par les vents et les eaux), les dégâts matériels et naturels sont considérables. Des forêts entières sont abattues ; on compte plus d'un mètre d'eau dans certaines villes. Le hangar d'un aéroclub éclate, sept avions sont détruits.
- **De janvier 1993 à 2002 :** les cyclones Colina, Hollanda et Dina passent sur l'île, avec des vents à plus de 200 km/h. Ils laissent derrière eux deux morts et de lourds dégâts.
- **En février 2007, Gamède** cause à son tour des dégâts impressionnants. 80 000 foyers sont privés d'eau et d'électricité pendant quelques jours. Le pont qui relie Saint-Pierre et Saint-Louis s'effondre sous le coup des vents et de la crue de la rivière Saint-Etienne. Le littoral sud est coupé des Bas de l'ouest pendant plus de deux mois, le temps de construire un radier temporaire, puis un nouveau pont, ouvert en 2013.

Depuis, l'île a été secouée par quelques cyclones, qui n'ont toutefois pas occasionné de dégâts considérables, dont le dernier début 2014 : Bejisa.

- **Les cyclones.** La Réunion se trouve sur la trajectoire des grands cyclones de l'océan Indien. La saison des *coups d'vent* s'étend de novembre à mars : l'île est frappée par un épisode cyclonique par an en moyenne, parfois aucun, d'autres fois plusieurs. Depuis 1960, pour marquer le coup, chaque cyclone a droit à son petit nom : on se souvient notamment de Gisèle, Denise, Hermine, Hyacinthe, Clotilda, Firinga, Dina et Gamède, qui ont tout particulièrement fait des malheurs au cours des 25 dernières années. Le dernier en date, Bejisa, est passé sur la côte ouest de l'île le 2 janvier 2014. Bilan : un mort, le port de Saint-Gilles est dévasté et les cultures de canne à Piton-Saint-Leu sont partiellement détruites.

Plus ou moins violentes, les nombreuses tempêtes et dépressions qui harcèlent l'été austral, lourd et moite, saturé d'humidité, sont considérées comme des cyclones dès lors que la force de leurs vents dépasse les 117 km/h. On parle de « cyclone tropical intense » à partir de 166 km/h et de « cyclone tropical très intense » au-delà de 213 km/h. Autant de rafales foudroyantes qui, pouvant souffler à plus de 300 km/h, sont invariablement accompagnées de pluies diluviennes : il peut tomber jusqu'à 2 200 millimètres d'eau en 24h. Le baromètre chute, la houle se déchaîne, tout le monde s'enferme chez soi après avoir pris, dès la première alerte, les supermarchés d'assaut pour faire le plein de provisions. Si, grâce à la qualité des prévisions météo et des infrastructures actuelles, les *coups d'vent* font désormais très peu de victimes, ils occasionnent souvent des dégâts matériels et naturels considérables : coupures de courant, inondations, dégradation des routes, destruction de bâtiments, ponts et forêts...

Passera, passera pas ? Telle est la question, le sempiternel refrain de l'été (austral), bien connu des Réunionnais. Car la trajectoire d'un cyclone est prévisible mais seulement sur 24 ou 48 heures, avec de grandes marges d'erreur et est susceptible de changer, pour le meilleur ou pour le pire, jusqu'au dernier moment. Mais pas de panique : Météo France surveille de près et déclenche des alertes selon l'évolution de la perturbation. Le premier niveau est la préalerte cyclonique, signifiant la présence d'un phénomène dans la région. Puis l'alerte orange, plus sérieuse, avertit d'un risque dans les 24h : les écoles sont fermées mais les entreprises encore ouvertes ; tout le monde est cependant sur le pied de guerre pour élaguer, attacher, ranger, sécuriser... Puis l'alerte rouge est déclenchée, avec un préavis de 3h : chacun se calfeutre chez soi et toute sortie est alors prohibée et sanctionnée d'une amende de 135 €. Enfin, une fois le cyclone parti, c'est le passage en phase de sauvegarde... Ou le retour à l'alerte orange, car il peut revenir ! Certains cyclones ont ainsi tournicoté autour de l'île plus d'une semaine avant de se dissiper ou de s'éloigner. Après le cyclone, les dangers sont encore nombreux, routes coupées, ravines qui débordent, houle furieuse, etc. Enfin, toute l'année, d'autres alertes peuvent être décidées par la préfecture : avis de forte houle, vent fort, fortes pluies... Si vous voyagez en saison cyclonique (de novembre à février), pensez donc à bien vous tenir au courant des prévisions.

ENVIRONNEMENT – ÉCOLOGIE

Conscience écologique. Globalement, la politique écologique suit celle de la métropole, selon le même processus et les mêmes étapes, malgré des spécificités réunionnaises. La Réunion est passée de la génération coco à la génération Coca en une petite trentaine d'années. La charrette à bœufs a été remplacée par la voiture et les quatre-voies en un rien de temps, au cours d'une modernisation accélérée et parfois mal contrôlée. Et maintenant, il faut passer de la génération Coca à la génération bio et recyclage !

Comme en économie, La Réunion rattrape aujourd'hui son léger retard en écologie en se mettant, petit à petit, aux réglementations européennes, au tri des déchets...

Une préservation tant humaine qu'écologique : le Parc national de La Réunion

Le 9e parc national a été créé en 2007. Ses 1 054 km² englobent 42 % de l'île et une partie des 23 communes sur les 24 que compte l'île (seul le Port, seule commune à ne pas avoir de « Hauts », en est exclue). Il a été fondé pour assurer la préservation tant humaine qu'écologique du cœur de l'île, tout en dopant les diverses potentialités de cette zone. La faune et la flore, la forêt, le volcan, les cirques, les paysages, les traditions et les racines identitaires de La Réunion sont autant de richesses à protéger. Visité par des centaines de milliers de touristes chaque année, le parc national constitue un véritable laboratoire pour le développement durable. Répondant à la nécessité de s'adapter aux réalités réunionnaises (surpopulation du littoral, fragilité du patrimoine culturel des Hauts, diversité naturelle vulnérable, importance économique du tourisme...) il vise en effet à concilier la protection de la nature et un développement durable exemplaire. Avec un taux d'endémisme record, l'archipel des Mascareignes, et La Réunion en premier lieu, constitue un des 25 « points chauds » de la biodiversité mondiale. Des paysages volcaniques et érosifs de la Fournaise, un des volcans les plus actifs du monde, aux remparts vertigineux de ses trois cirques, dressés autour du piton des Neiges, en passant par les forêts primaires de Bébour et Bélouve : la diversité et la richesse naturelles de La Réunion représentent un patrimoine exceptionnel. Mais c'est aussi un paysage culturel qu'il faut préserver, celui des îlets (hameaux) de Mafate, Cilaos et Salazie, qui devrait lui aussi être protégé tant bien que mal, au moment où le tourisme devient omniprésent dans la vie locale. Le parc tente ainsi de répondre aux enjeux futurs de l'île, les buts sont tant écologiques que sociaux, il s'agit de gérer la fréquentation croissante des milieux naturels et d'assurer une éducation écologique pour préserver le patrimoine naturel Outre sa contribution à la préservation et à la valorisation de ces richesses réunionnaises, le parc national et son expertise pourraient aussi constituer un point d'appui reconnu dans l'océan Indien sur le plan scientifique et technique. En août 2010, trois ans après la création du parc, l'île reçut une de ses plus belles récompenses : son accession au rang de Patrimoine mondial de l'Humanité de l'Unesco.

Le Créole moyen se préoccupe, disons, autant de son cadre de vie que le Français moyen : cela dépend des gens. Ainsi, au bord des petites routes s'entassent malheureusement souvent canettes et bouteilles vides, la faute à quelques passants irrespectueux (Créoles et Zoreils confondus). Alors que d'autres Réunionnais, consciencieux, vont s'échiner à faire le tri, à nettoyer les aires de pique-nique utilisées ou les sentiers de randonnée dans les cirques, à garder précieusement leurs déchets dans leur sac à dos en attendant de les jeter dans une poubelle du littoral, la gestion des ordures étant très compliquée à Cilaos, Salazie et surtout à Mafate (suivez leur exemple !).
Les pouvoirs publics semblent quant à eux avoir pris conscience de l'importance de l'environnement depuis plusieurs années (du moins, tant que cela n'affecte pas le facteur économique, toujours dominant). La diversité végétale et animalière de l'île est répertoriée et mise en valeur dans des musées qui sauvegardent les espèces protégées. Une Réserve marine a été créée en 2007 pour protéger le lagon, la même année que le Parc national de La Réunion, englobant le volcan et les cirques, et préservant désormais le cœur de l'île soit 40 % du territoire. Qui plus est, avec l'inscription en 2010 au Patrimoine de l'Humanité par l'Unesco des « Pitons, Cirques et Remparts », un nouvel engouement politique et populaire semble avoir pris naissance autour du patrimoine naturel de l'île, désormais « officiellement » précieux.
Dans le quotidien des Réunionnais, l'environnement urbain est par ailleurs peu à peu mis au goût du jour : aménagement de zones piétonnes, espaces verts, transports en commun... Mais les voitures, toujours plus nombreuses, s'entassent sur les routes, tandis que le projet de tram-train a été abandonné, au profit d'une voie rapide (deux fois deux voies), en mer. Côté déchets, ça déborde carrément, en premier lieu les incivilités avec les dépôts sauvages et les déchets quotidiens jetés par tout un chacun, parfois avec une nonchalance déconcertante, voire de la fierté !
Mais il faut également souligner que les pouvoirs publics sont très en retard, en matière d'installation et de collecte de poubelles, d'entretien des plages, de tri des ordures, de station de traitements des eaux, de signalétique et... d'éducation du public. Les centres d'enfouissement de déchets arrivent quant à eux à saturation !
Si la conscience écologiste se développe, c'est aussi parce qu'elle a reçu le coup de pouce d'un important argument économique : le tourisme. Protéger la nature, la mettre en valeur, c'est aussi protéger un secteur fortement créateur d'emplois et de richesses. De nombreux investisseurs le savent. Très portée sur l'écotourisme, La Réunion a mieux compris ces enjeux-là que certaines de ses voisines de l'océan Indien : Maurice en premier lieu, dont le patrimoine architectural et le lagon sont profondément dégradés. *A contrario*, les Seychelles constituent un exemple en terme d'écologie.

Énergies renouvelables. Qui dit environnement, dit aussi énergies renouvelables. Pratiquement un tiers de l'électricité de l'île est produite par la canne à sucre. Une petite partie est aussi produite par des barrages, des centrales thermiques et les panneaux solaires, qui se sont bien développés ces dernières années sur les parkings de plusieurs supermarchés. Quelques éoliennes ont aussi fait leur apparition. La Réunion est également un des départements les mieux équipés en chauffe-eau solaires de France... Ce qui semble logique car il y a du soleil, mais finalement cela reste bien derrière l'Allemagne ! Bien que la Réunion produisît 100 % de son électricité par le renouvelable dans les années 1980, l'explosion de la consommation a fait que la part du pétrole et du charbon est revenue à la hausse. Néanmoins la Réunion reste une île ayant beaucoup recours au renouvelable, à tel point qu'elle projeta d'y revenir à 100 % dans le cadre d'un vaste projet politique intitulé GERRI. Cet acronyme, qui signifie Green Energy Revolution : Reunion Island, est un programme lancé par l'Etat, la Région et le Département, ayant pour but de faire de la Réunion un modèle écologique en matière de production et consommation d'énergie à l'horizon 2030. Dans ou hors de ce cadre, les projets ne manquent pas : capteurs solaires, énergies houlomotrices, centrales éoliennes à terre ou en mer, géothermie dans la plaine des Sables. Un beau rêve pour 2030, mais nombre de ces projets restent à l'état de projets, faute de financement ou d'engagement politique. Concrètement, la nouvelle centrale de 210 MW au fioul lourd du Port a été inaugurée en octobre 2013, tandis que GERRI a été dissous, la même année, après des révélations sur des salaires mirobolants et le manque d'actions concrètes.

Principaux enjeux. La Réunion doit faire face aux problématiques spécifiques de son insularité. Les déchets sont un enjeu important : il faut les exporter, les enfouir ou les brûler, ce qui revient très cher. Un problème qui est devenu crucial avec l'apparition du chikungunya, la présence de déchets favorisant la prolifération des moustiques et représentant donc un risque sanitaire majeur. Par ailleurs, la richesse et la diversité des paysages représentent un patrimoine inestimable à préserver du bétonnage. Mais s'il est hors de question de toucher à la surface cannière, une ressource économique d'importance pour l'île, les lois de protection du littoral, interdisant la construction au bord du rivage, peinent à être appliquées.

La surpopulation. Le principal enjeu écologique actuel est la croissance démographique. La population atteindra 1 million d'habitants en 2027 (d'après l'INSEE). Il y aura 500 000 voitures dès 2020, contre 400 000 aujourd'hui. Il faudra construire d'ici vingt ans 250 000 logements et créer 300 000 emplois, tout en préservant l'espace pour les cultures de canne à sucre, qui doivent augmenter leurs surfaces pour rester rentables, et fournir ainsi les emplois de demain. Il faudra par ailleurs préserver les paysages pour le tourisme, et éviter les erreurs d'urbanisme, tout en construisant des bâtiments de plus en plus hauts. On sait déjà que La Réunion est deux fois moins bétonnée… qu'elle ne le sera en 2030. Un véritable casse-tête. La « solution » à court terme, loin d'être idéale, reste l'émigration. Depuis longtemps les jeunes Réunionnais, bien formés, sont encouragés à partir travailler en métropole : près de 200 000 Réunionnais vivraient actuellement en métropole.

Le basculement des eaux. Ce chantier en cours de finalisation est méconnu des Réunionnais, et largement invisible. Son envergure est pourtant pharaonique. En effet, l'île étant beaucoup plus arrosée à l'est (côte au vent) qu'à l'ouest (la côte sous le vent, protégée des alizés par les montagnes), ce projet a pour but d'irriguer la côte occidentale pour faciliter le développement de la culture de la canne à sucre, en drainant une partie des eaux des rivières de l'est pour irriguer les champs de canne de l'ouest. Rien que cela. Le premier coup de pioche est donné en 1989, avec le creusement de gigantesques tunnels sous Mafate et Salazie. La durée des travaux est initialement estimée à 10 ans, avec un total de 30 kilomètres de galeries souterraines à creuser, mais le chantier est retardé par de nombreux imprévus : tunneliers engloutis, dégâts des eaux, sans oublier les polémiques écologiques sur l'impact environnemental du projet. Le chantier devrait finalement s'achever en 2016. Au total, un milliard d'euros ont été dépensés, soit le double du montant prévu, et proche du coût de la route des Tamarins. Financé en partie par l'Union européenne, le basculement des eaux devrait fournir à terme 6 000 litres d'eau par seconde pour irriguer 72 km² de cultures entre Le Port et Saint-Leu.

FAUNE ET FLORE

Malgré sa jeunesse géologique et son éloignement des continents, La Réunion présente une faune rare, mais surtout une flore très riche et diversifiée. Verte, verte, verte, la végétation exubérante de l'île est principalement due à son climat idéal, généreux en eau et ensoleillement. Vieille de trois petits millions d'années, La Réunion n'arrive pas à la cheville de l'Afrique ou de Madagascar en termes de faune terrestre : aucun grand mammifère n'y est présent naturellement. Par contre, la flore a bénéficié des apports de ses voisins (Madagascar et l'Afrique du Sud), dont les graines des végétaux se sont frayé un chemin jusqu'à La Réunion au fil des millénaires, grâce aux courants marins, aux vents, ou encore aux oiseaux ; certaines plantes ont même fait le voyage depuis l'Asie du Sud-Est, avec l'aide des alizés. Aussi réunionnaise que les Réunionnais, la nature de l'île réunit les apports de différents continents, et exprime sa diversité par celle de sa géographie : les différents climats de l'île forment ainsi des écosystèmes variés, dotés d'une faune et flore caractéristiques. Ils se déclinent d'abord suivant l'altitude, en commençant par l'océan et en finissant au sommet des montagnes, avant de se diviser en plusieurs sous-écosystèmes.

Évolution historique. A l'époque des pionniers, la nature réunionnaise n'avait rien à voir avec ce qu'elle est aujourd'hui. Il y a 350 ans, cette île déserte, vierge, avait pour principaux habitants des tortues de terre géantes, des anguilles de six pieds de long, dont les rivières grouillaient, et sans doute aussi des dodos (mais cela n'a jamais été prouvé).

Le littoral comme les montagnes étaient couverts de majestueuses forêts. Mais avec l'homme arrivèrent la déforestation, la chasse des tortues pour la nourriture et les carapaces, et l'extermination de nombreuses espèces, dont probablement le dodo. Mais ce n'est pas tant cette consommation destructrice qui perturbe l'équilibre naturel, que les apports d'éléments inconnus.

Ainsi les rats, arrivés par les navires des premiers explorateurs, causèrent d'immenses dégâts sur la faune et la flore. Alors que l'île n'était pas encore habitée, on avait aussi déjà lâché des cabris et des cochons sauvages, ce qui permit aux premiers colons de trouver des forêts giboyeuses dès leur arrivée.D'autres espèces furent alors rapidement importées ; vers 1700, les cailles, pintades, lièvres furent lâchés sur l'île, ainsi que le cerf de Java, que l'on chasse toujours de nos jours. Dans la foulée, des dizaines d'espèces d'oiseaux, de rongeurs et de reptiles furent introduites, dont certaines ont déjà disparu. Le canard de rivière, l'oie, la perruche s'acclimatèrent, et même les tortues marines. Les premières cultures de café, de bananes, de papayes, alors inconnues dans l'île, bouleversèrent le paysage.

Dès le XIXe siècle, alors que les tortues terrestres s'éteignaient, d'autres espèces furent introduites pour l'agriculture. Les champs de canne à sucre couvraient alors une grande partie des plaines littorales. Les forêts furent exploitées jusqu'à 1 500 m d'altitude, et remplacées par des champs de café. Le tangue, la grenouille et le caméléon firent leurs premiers pas sur l'île également. Pendant le même siècle, l'administrateur des Mascareignes Pierre Poivre, botaniste passionné, rapporta des centaines de fleurs, fruits, légumes, épices des quatre coins des colonies françaises, et ouvrit ce qui est aujourd'hui un des plus beaux jardins botaniques au monde… à Maurice.

Faune

Les forêts abritent quelques espèces de petits mammifères, comme le tangue. C'est une sorte de hérisson natif de Madagascar. Certains créoles le mangent en cari (il revient d'ailleurs à la mode à une vitesse folle), mais aucun restaurateur (ou presque) ne le sert. La chasse au tangue, légale et illégale, est devenue la plus répandue sur l'île. Braconniers et chasseurs s'arrachent ces petits animaux (les plus prolifiques au monde devant le rat, avec des portées de douze petits en moyenne !) qui valent une petite fortune : le paquet de 3 à 4 tangues se vendrait en effet à environ 50 euros. Les forêts abritent aussi en semi-liberté du gibier introduit dans l'île par les navigateurs : lièvres, lapins et cerfs de Java. Et des rats et des souris !

Parmi les autres mammifères présents sur l'île, tous sont domestiqués et ne présentent rien d'exotique : vaches, porcs, chevaux, chats, chiens. Ces derniers, qui vivent pour la plupart en semi-liberté, sont loin d'être retournés à l'état sauvage, mais connaissent plutôt des crises de délinquance ! Avant les années 1980, les chiens errants formaient souvent des meutes dangereuses dans les quartiers mal éclairés et agressaient les passants. Mais, après la mort d'un enfant qui choqua l'opinion publique, un système de fourrières et de contraception a été instauré pour réguler ce phénomène. On croise toujours néanmoins de nombreux chiens errants, souvent abandonnés et éclopés, qui courent les routes, éventrent les poubelles ou se réfugient dans les forêts.

Quelques règles à respecter

N'allez pas dans l'eau après de fortes pluies, lorsque la mer est trouble. C'est en effet le terrain de prédilection des requins en quête de nourriture.

Evitez de vous baigner à l'aube et à la tombée de la nuit, c'est le moment où les requins sortent chasser.

Ne restez pas dans l'eau si vous vous êtes blessé sur du corail et que vous saignez, même modérément.

Ne surfez jamais seul et informez toujours quelqu'un à terre de votre sortie.

Baigneurs, assurez-vous d'être dans une zone à baignade autorisée. Pratiquement tous les lagons le sont, les plages autorisées à la baignade hors lagon ont au moins un poste MNS (Boucan-Canot, Etang-Salé). Une plage déserte est le plus souvent une plage dangereuse. Veillez à respecter les arrêtés préfectoraux interdisant la baignade.

Requins : sécurité et recommandations

La Réunion compte, depuis le début de la crise requin en 2011, 7 attaques mortelles de requin. La dernière remonte au 12 avril 2015 dans une zone interdite du cap Homard (plage des Aigrettes) sur la côte ouest de l'île. Un jeune surfeur de 13 ans a ainsi tristement rejoint la longue liste de victimes d'attaques de squales (principalement des requins-bouledogues) dans les eaux réunionnaises. En tout, ce sont 18 attaques, mortelles et non mortelles, qui ont été recensées. Les activités touristiques liées à la mer ont vu leur fréquentation chuter depuis cette crise et le débat entre les protagonistes est souvent très houleux.

Suite à l'attaque d'une baigneuse dans la baie de Saint-Paul en juillet 2013, la préfecture a interdit « la pratique de la baignade et des activités de surf ou de bodyboard dans la bande des 300 mètres du littoral du département de La Réunion, sauf dans le lagon et, en dehors du lagon, dans les espaces aménagés et les zones surveillées ». Depuis le 13 février 2015 ont été ajoutées aux espaces autorisés les « zones d'expérimentation opérationnelle », soit des zones protégées par des drumlines (sortes d'appâts à requins), des filets ou encore des vigies et des dispositifs d'alerte. Il est donc fortement recommandé de se renseigner auprès des postes de maîtres-nageurs-sauveteurs sur les zones autorisées et interdites à la baignade. Si les attaques ont eu lieu « à toute heure de la journée, par tout type de temps et dans tout type de qualité d'eau (limpide ou turbide) », rappelle encore la préfecture, il faut éviter les moments propices à un face-à-face avec un squale. Les baignades à la tombée de la nuit, ou très tôt le matin, et dans des eaux troubles, notamment après de fortes pluies, sont à proscrire.

Où se baigner ? Pour les amoureux de la mer, de nombreux spots de baignade s'offrent à vous : les lagons de l'ouest et du sud sont sublimes, et les zones de baignade de l'Etang-Salé et de Boucan-Canot sont aujourd'hui aménagées par des dispositifs de sécurité en fonction de l'état de la mer. A noter : le bassin de Manapany à Saint-Joseph, aussi confidentiel que magique dans son cadre sauvage, est particulièrement apprécié des Réunionnais (mais la baignade n'y est pas surveillée). En règle générale, évitez toute zone de baignade déserte, même si la mer peut vous y sembler paradisiaque !

Pour les amateurs de plongée sous-marine, aucune attaque n'a été signalée sur les plongeurs. Vous pourrez découvrir les fonds marins de La Réunion en toute sécurité, encadré par des professionnels.

Le surf à La Réunion est interdit

Pour les surfeurs, la pratique de ce sport est, rappelons-le, toujours interdite ! Si un dispositif expérimental de vigies a été mis en place uniquement pour la ligue de surf de La Réunion, il n'existe plus de surveillance pour les surfeurs libres. Il n'y a donc, pour l'heure, aucune possibilité de surfer librement à La Réunion. Et l'adage « à vos risques et périls » est un euphémisme : outre le risque d'une amende de 38 €, les contrevenants à l'arrêté préfectoral s'exposent au danger réel et mortel de croiser un squale !

Et pour approfondir le sujet : le site info-requin (www.info-requin.re) de la préfecture qui rappelle les comportements à adopter, la règlementation et les connaissances scientifiques sur cette problématique.

Côté reptiles, le soir venu, vous trouverez dans vos chambres un petit lézard transparent, le margouillat de la famille des geckonidés. Il vous accompagnera dans votre sommeil avec son « clic clic clic » et mangera les moustiques. Dans les forêts des Hauts entre 300 et 1 000 m d'altitude, vous trouverez un superbe gecko aux couleurs vertes, emblème de La Réunion, marqué de taches rouges sur le dos et la tête. Le caméléon est ici appelé « l'endormi », et a été introduit de Madagascar au XIXe siècle. Il reste peu de ces magnifiques spécimens rouge et vert, regardez attentivement ! Vous les verrez plus facilement dans les jardins botaniques. C'est une espèce protégée.

DÉCOUVERTE

Les différents écosystèmes

Le milieu océanique : au large de l'île, au-dessus des profondeurs abyssales de l'océan (4 000 m), c'est le domaine des grands prédateurs et des mammifères marins. Marlins, espadons, voiliers, daurades, carangues, requins croissent et permettent aux pêcheurs de s'y donner à cœur joie. Les baleines sont présentes de juillet à octobre, tandis que les dauphins jouent autour des côtes réunionnaises toute l'année. Egalement des tortues, même si elles sont plus nombreuses du côté de Madagascar et des Comores.

Le milieu lagunaire : de faible étendue, le lagon est riche mais fragile. Formé par l'accumulation pendant des millions d'années du squelette d'un petit animal, le polype, le corail forme une barrière au large, protégeant un lagon calme à 27 °C où la vie est exubérante. Plusieurs sites de plongée de toute beauté n'ont rien à envier aux récifs coralliens les plus célèbres du monde. Les poissons tropicaux multicolores habitent les fonds lagunaires et sont nombreux près des passes et le long du tombant.

Les régions littorales : avec une température variant entre 23 °C et 35 °C tout au long de l'année, il se forme deux écosystèmes bien distincts suivant que l'on se trouve sur la côte sous le vent (Ouest) ou la côte au vent (Est). A l'ouest, sec car protégé des montagnes, la plage est couverte de filaos, bien plus présents que les cocotiers. Au sud, ce sont plutôt les vacoas qui investissent les côtes rocheuses. En montant, c'est le territoire des forêts de bois de couleur, mais les activités humaines se consacrent principalement à la culture de la canne à sucre et aux vergers de fruits tropicaux (mangues, bananes, papayes...). De nombreux oiseaux rares habitent ces forêts qui se réduisent de plus en plus. A l'est, elles atteignent 1 200 m d'altitude, à l'ouest environ 800 m.

Lave cordée, piton de la Fournaise.

Les régions de moyenne altitude : au-dessus de cette altitude, les forêts sont plus nombreuses et les cultures plus éparses et plus petites. Les forêts se parent de bois de couleur, de tamarins, de cryptomerias, de palmistes, puis de fougères arborescentes aux différentes teintes vertes, sur un fond de mousses parfois très denses et spongieuses. C'est aussi la région des plantes à parfums ; le géranium, le vétiver y sont cultivés puis distillés. Là encore, suivant l'exposition aux alizés et l'altitude, la forêt est plus ou moins touffue. Dans les hautes plaines, on y élève des vaches ; dans les cirques, les pêches, les poires et la vigne y poussent.

La haute montagne : au fur et à mesure que l'on grimpe, la végétation se fait plus chétive. A partir de 2 000 m, les forêts laissent place à des pelouses de montagne, quelques fougères, ajoncs, bruyères. Plus haut, l'univers devient carrément minéral, la roche est à nu... et pas de sapins enneigés à l'horizon.

Les terres volcaniques : le territoire du volcan est principalement encadré par les remparts de l'enclos Fouqué qui délimite la région, vaste d'une centaine de kilomètres carrés, où coulent les laves. Il faut plusieurs dizaines d'années avant que la végétation ne commence à conquérir les coulées desséchées. Ce sont d'abord des lichens qui croissent sur les jeunes laves, constituant ainsi peu à peu des réserves d'humus, qui seront le terreau d'une future forêt. L'eau, la terre et le végétal forment encore un mélange imprécis au début, mais le processus est le même partout, tout dépend ensuite des précipitations. Du côté de Sainte-Rose, le volcan est particulièrement arrosé, tandis que du côté de La Plaine-des-Sables, un paysage désertique domine.

Enfin, les insectes. Les moustiques ne véhiculent plus le paludisme depuis plusieurs décennies alors qu'ils ont constitué une forte cause de mortalité au début du XXe siècle. Cependant quelques cas isolés de dengue font épisodiquement leur apparition. Cette maladie virale, comparable à la grippe, donne de fortes fièvres et provoque des douleurs musculaires. Des symptômes proches du chikungunya, éradiqué en 2006, après avoir touché près d'un Réunionnais sur trois.

Par ailleurs, alors que vous trouverez dans les maisons des araignées noires appelées « babouk », lors de vos randonnées vous trouverez sur les chemins de grosses araignées appelées « bibes » et souvent colorées de jaune sur leur abdomen (*Nephila inaurata*). Ces dernières tissent de grandes toiles et ne sont pas dangereuses, vous pouvez vous en approcher pour les admirer ainsi que leur toile. Une fourmi, qui dépasse un centimètre, s'appelle « fourmi grand galop », endémique et en voie de disparition. Attention au scolopendre ou « cent pieds » qui ressemble à un mille-pattes. En effet, la morsure de cet arthropode est très douloureuse.

Le dodo était un gros dindon, très convoité sur l'île Maurice, qui ne pouvait voler et donc facile à chasser. Les hommes l'ont exterminé. Devenu l'emblème de Maurice, on le retrouve sur toutes les bières de la brasserie Bourbon, bien que son existence à La Réunion n'ait jamais été prouvée.

Autre espèce disparue : les aigrettes, oiseaux qui vivaient dans les bassins et dont la chair était bonne à manger. Une pointe et un bassin de l'île portent d'ailleurs aujourd'hui leur nom.

Le paille-en-queue (en créole « paille-en-cul ») vit à La Réunion et dans tout l'océan Indien. Il est protégé (la femelle ne pond qu'un seul œuf par an) et très aimé des pêcheurs car les espadons chassent dans les mêmes eaux qu'eux. Il existe 3 espèces de pailles-en-queue dans le monde, celle qui niche ici est la plus répandue. On la retrouve aussi à Maurice et Rodrigues. Il niche principalement dans les falaises, en bord de mer ou dans les défilés qui mènent aux cirques. Ils sont facilement visibles sur la route du Littoral.

Le papangue, un petit rapace endémique de l'île, domine les cieux, dans les forêts des Hauts en bordure des cirques, jusqu'à 2 850 m d'altitude. Disparu sur l'île Maurice, il resterait environ 200 couples à La Réunion.

Le tuit-tuit a une célèbre histoire à raconter, il annonce la venue de Granmèr Kalle. D'après cette légende, entendre le bruit du tuit-tuit (*Coracina newtoni* de son nom scientifique) porte malheur, mais cela ne risque pas d'arriver puisque l'espèce est en voie de disparition. Il ne reste que quelques couples de cet oiseau forestier endémique de La Réunion. Il ne survit que dans les plateaux du massif de la Roche Ecrite, dans les plaines des Chicots et d'Affouches.

Vous pourrez aussi croiser le pétrel de Barau ou taillevent, qui rase les flots, et la sterne, qui rôde autour des DCP et des pêcheurs. La poule d'eau, qui vit sur les étangs, est présente aussi dans le reste de l'océan Indien.

Le moutardier, oiseau endémique de Cilaos, en voie de disparition, est protégé.

Le tec-tec, que l'on rencontre le long des sentiers forestiers, l'oiseau-bélier (jaune), l'oiseau la vierge (bleu), le cardinal (rouge), le bec-rose, la veuve, le ti-coq… sont d'autres volatiles que l'on peut observer. Enfin, **la tourterelle-pays** est un mignon petit piaf gris et blanc tout frêle, mais on rencontre aussi en ville le pigeon urbain qui salit nos voitures (le même qu'en métropole).

Enfin, côté volatiles domestiques, signalons les poules, que de nombreux créoles élèvent au fond de leur cour. Dans les Hauts, elles courent encore dans les chemins. Il y a bien sûr des canards pour faire du magret et des oies pour le foie gras. Pour terminer, plusieurs élevages d'autruches sont installés dans l'île, et les restaurateurs de Saint-Gilles en proposent fréquemment sur leur carte.

Faune marine. Au large de La Réunion rôdent les grandes espèces prédatrices, qui font notamment le bonheur des amateurs de pêche au gros : marlins, thons, espadons, barracudas, daurades coryphènes… et aussi les requins !

La tortue marine, qui pond sur les plages, est de plus en plus rare. Originaire des côtes malgaches, elle a été importée au XIXe siècle. En voie de disparition à La Réunion, elle ne l'est pourtant pas dans le reste de la région (vous en verrez notamment beaucoup à Madagascar et aux Comores). Elle a tout simplement déserté les côtes de l'île. Explication : la tortue est un animal qui revient pondre sur la plage où elle est née, tout au long de sa vie. Et quand la plage devient éclairée et bruyante à cause des hommes, elle ne vient plus. Ce qui est le cas de la majorité des rares plages réunionnaises, où la tortue n'a plus sa place. Ou presque. On en croise malgré tout encore quelques-unes au-delà de la barrière de corail.

À l'intérieur du lagon, le principal animal présent est, bien entendu, le corail ! C'est le squelette du petit animal qui se tasse au fur et à mesure des années pour former les barrières de corail. Le lagon est habité par une foule multicolore de poissons tropicaux : mérous et bagnards, poissons-clowns et poissons-trompettes, balistes arc-en-ciel, et la liste est loin d'être exhaustive. Certains sont sournois, comme la méchante murène qu'il ne faut pas déranger, l'effrayant ptéroïs qui peut vous piquer, ou le poisson-pierre, qui joue de son mimétisme pour qu'on lui marche dessus ! Les pêcheurs y attraperont poulpes et langoustes qui se cachent dans les creux, mais c'est interdit, et les langoustes sont d'ailleurs de plus en plus rares. Le fond du lagon est également tapissé d'anémones et d'éponges.

Terminons par les animaux vivant en eau douce. Les camarons, crevettes d'eau douce, ainsi que les chevrettes, sont particulièrement appréciés des Réunionnais qui en font aujourd'hui de l'aquaculture. Signalons aussi les bichiques, ces petits alevins qui remontent les rivières et qui sont également attrapés et destinés à être mangés en caris. Enfin, des espèces importées ont été introduites en rivière pour le bonheur des pêcheurs : truites, carpes et plusieurs variétés de tilapia. Bref, en deux siècles à peine, l'écosystème réunionnais a été profondément transformé tout en préservant un espace originel qui atteint 30 % à La Réunion. Par comparaison, il en reste 1 % à l'île Maurice et presque rien en métropole.

Ce sont surtout les forêts d'altitude, les territoires volcaniques et toutes les zones trop pentues. Mais si ces paysages n'ont pas bougé depuis des millions d'années, la faune endémique, elle, est en passe de disparaître. Outre les espèces animales éteintes que nous citions plus haut, il ne reste aujourd'hui qu'une vingtaine d'espèces endémiques des Mascareignes, dont 17 d'oiseaux, deux de margouillat et deux de chauve-souris. Et encore, elles sont en voie de disparition.

Flore

La flore réunionnaise est beaucoup plus endémique que sa faune, somme toute assez limitée. Vivant en vase clos depuis des millions d'années, l'île a développé une flore unique, à laquelle s'est ajoutée toute la diversité d'une flore importée : fleurs, fruits, légumes, épices, plantes à parfum… du monde entier, au point que certaines régions sont de véritables jardins botaniques. La flore originelle compte environ 550 espèces de plantes à fleurs dont 160 endémiques. Partout, les couleurs explosent et les senteurs embaument l'air, notamment dans le Sud Sauvage et dans l'Est, où des cascades de fleurs multicolores dévalent les falaises. Les forêts de fougères des Hauts, parées de toutes les nuances de vert et noyées dans le brouillard, obligent au mysticisme. Tandis que l'abondance des vergers de fruits exotiques, de cocotiers, de filaos veillant sur les vaguelettes du lagon, incitent à la volupté…

Les filaos, ces épineux aux branches légères, sont présents tout autour du littoral, déposant toute l'année leurs douces brindilles en un tapis brun sur la plage. Ils forment surtout des forêts sur la côte Ouest et du côté de l'Etang-Salé. Le cocotier, symbole des îles tropicales et arbre sacré dans de nombreuses cultures, est en revanche peu répandu. Mais si le filao n'a pas autant de vertus que le cocotier, il sert au moins à fixer le sable et stopper le vent.

Le vacoa (palétuvier en français) est présent sur les côtes rocheuses du Sud Sauvage, du côté de Saint-Philippe. Il se reconnaît à ses racines aériennes et ses longues et épaisses feuilles vertes. Il a bien plus d'usages : les feuilles servent à la fabrication de paniers, chapeaux, sacs à dos (les fameux bertels). Les racines sont bues en tisane pour soigner les rhumatismes ; le pain se mange quant à lui en salade, tandis que le cœur (chou de vacoa) se déguste en cari.

L'arbre du voyageur, ou ravenale, se reconnaît facilement par ses grandes feuilles en éventail, très décoratives. Cet arbre endémique de Madagascar a été introduit en petit nombre à La Réunion. Le cryptomeria, que l'on retrouve au contraire en grand nombre dans toutes les forêts reboisées par l'ONF, est à l'origine un cèdre du Japon.

Bois de couleur et fougères arborescentes. Plus on monte dans les Hauts, plus on remonte le temps. La nature a développé à La Réunion au fil des millénaires des espèces extrêmement rares de bois de couleur et de fougères arborescentes. Dans la forêt de Bébour, de Bélouve et dans les cirques, ces forêts humides et brumeuses poussent au rythme incroyablement lent de la nature, et n'ont pas changé depuis l'arrivée de l'homme. Sachant qu'un arbre de bois rouge pousse durant plusieurs siècles, on s'imagine l'enchevêtrement indescriptible de lianes, de branches et de racines qu'il forme, le tout surmonté d'un couvert végétal opaque.

Cette jungle qui grandit au ralenti résiste mieux que les cryptomerias aux cyclones.

Le bois de fer est l'arbre le plus mythique. Atteignant 15 à 20 m, son bois était parfait pour bâtir les charpentes car il est extrêmement solide, d'où son nom. Il fallait le travailler quand il était vert, car, ensuite, il était impossible de le scier ou même d'y planter un clou. Sa graine pose un mystère aux scientifiques, et l'on ne peut le reproduire qu'en laboratoire.

Le bois de senteur, extrêmement rare lui aussi, était un arbre qui alimentait les superstitions. Le bois de senteur blanc, plus rare encore, faisait office de porte-bonheur quand on en avait un petit bout sur soi. Le bois de senteur bleu, lui, apportait le malheur. Ces croyances expliquent en partie pourquoi ils ont pratiquement disparu aujourd'hui.

Citons encore, dans le désordre, le bois de tamarin, le bois noir, le pomme jacquot, le ti-natte, le grand-natte, le benjoin, le tan rouge…

Entre les arbres, les fougères arborescentes, aux camaïeux de bleus et de jaunes, se détachent du vert franc de la forêt ; des espèces issues d'une autre époque d'après les botanistes, et qui recouvrent le haut des montagnes réunionnaises, mais qui sont extrêmement rares dans le reste du monde. Le fanjan est le plus répandu, et peut étendre ses feuilles à plus de 10 m. Sans oublier le sagoutier qui embellit les salles de réception lors des fêtes créoles.

Arbres à fleurs. Comme dans toutes les îles tropicales, les fleurs font partie du quotidien et embellissent les jardins et les places publiques. On ne présente plus les hibiscus, qui peuvent prendre plusieurs couleurs, les frangipaniers et leurs fleurs blanches et jaunes qui s'éparpillent sur le sol. Le flamboyant, que l'on voit sur beaucoup de cartes postales, fleurit au début de l'été et annonce joyeusement Noël avec des centaines de petites fleurs rouge vif. Il existe de nombreuses variétés d'orchidées, dont la vanille, mais que nous avons placée plus bas avec les plantes à parfum. Mentionnons également les bougainvillées, jacarandas, grevilleas…

Arbres fruitiers. Grâce aux transports internationaux, vous connaissez certainement les bananes, mangues et papayes… Mais connaissez-vous vraiment les bananiers, les manguiers et les papayers ? Déjà, pour avoir de l'ombre, mieux vaut aller sous un manguier qu'un papayer, et cela ne s'apprend pas au supermarché ! Quant au bananier, saviez-vous qu'on ne mange pas que ses bananes, mais aussi le bourgeon final, violet, appelé baba-figue ? Il y a aussi les zattes, les zevy, les jujubes, le fruit à pain, les caramboles, les letchis, les vavangues, les pêches qui poussent dans les cirques, le songe, les chouchous de Salazie, les lentilles de Cilaos, les tomates, les carottes. Sur cette terre bénie des dieux, tout pousse !

Le géranium est très présent dans les Hauts de Saint-Paul, sur la route du Maïdo. Il a été introduit d'Afrique du Sud vers 1870. Pour obtenir un kilo d'essence de géraniums, il faut distiller 300 kg de plantes. La Réunion était, en 1960, la première productrice mondiale d'essence de géranium. Mais le marché étant instable, la majorité des producteurs a fini par se tourner vers la canne à sucre.

Le vétiver pousse entre 300 m et 700 m d'altitude dans le Sud-Est de l'île. L'essence du vétiver est sécrétée par ses racines très chevelues qui s'enfoncent jusqu'à 40 cm sous terre. Sa plantation se fait à la même période que sa récolte, de juin à décembre.
Pour distiller 800 kg de racines, il faut 15 jours de récolte manuelle par deux ouvriers, mais les arracheurs de vétiver se font de plus en plus rares et la rentabilité est faible. Cultivé avant tout pour les essences de parfum, le vétiver est aussi utilisé pour les toits des cases ou pour le tissage des capelines et paniers. Les maisons en vétiver sont rares aujourd'hui, remplacées par la tôle d'abord, puis plus tard par le béton.

La vanille est une orchidée, dont l'arôme est connu et utilisé depuis le XIVe siècle. Le genre vanilla regroupe une centaine d'espèces, dont seulement trois sont cultivées pour leurs qualités aromatiques. Pour dégager le parfum de la gousse de vanille, il faut féconder la fleur. Or, ce n'est qu'en 1830 que l'on découvre un procédé extrêmement complexe pour la féconder de manière artificielle. C'est Edmond Albius, né esclave en 1829, qui découvre en 1841, à l'âge de 12 ans, le procédé simple de fécondation de la vanille sur la propriété de Féréol Bellier à Sainte-Suzanne. L'enfant avait su discerner dans la même fleur les organes mâles et femelles et les mettre convenablement en rapport. Il mourra pourtant dans la misère, en 1880, abandonné des planteurs vanillards et délaissé par la bonne société créole. La fabrication de la vanille naturelle est un processus long et complexe.

Citons enfin la cardamome, originaire d'Inde et de Ceylan, le camphre, qui vient de Chine et du Japon, l'eucalyptus introduit d'Australie et de Tasmanie, l'ylang-ylang, le giroflier… desquels on peut extraire des huiles essentielles.

Histoire

La Réunion n'a été peuplée par l'homme qu'à partir du XVIIe siècle. C'est le seul DOM-TOM qu'aucune population indigène n'occupait avant que la France en prenne possession : il s'agissait d'une île déserte, tout comme les autres îles de l'archipel des Mascareignes (La Réunion, Maurice, Rodrigues) et les Seychelles. Forte d'une histoire fondée sur le croisement de diverses cultures, l'appartenance légitime de la terre ne peut être revendiquée par aucune ethnie en particulier : La Réunion était destinée au métissage.

L'histoire de toutes ces îles édéniques, désertes à l'origine, commence un peu de la même manière : des suppositions de découverte par l'homme vers le début du premier millénaire, des traces écrites arabes vers le début du deuxième millénaire, puis l'arrivée de navigateurs européens, en quête de nouvelles routes d'accès aux Indes au XVIe siècle. Mais il faudra attendre le milieu du XVIIe siècle pour que la Réunion soit colonisée : par des Français, accompagnés d'esclaves déportés de Madagascar et d'Afrique de l'Est. C'est le début d'une longue histoire coloniale.

Découverte de Dina Morgabim par les Arabes

Les premiers textes évoquant les îles de cette région datent de 851, les Seychelles étant mentionnées sur des cartes de marchands arabes qui commerçaient avec les Comores et Madagascar, connues depuis longtemps. C'est vers l'an 1186 que le premier récit d'un géographe arabe, nommé Edressi, fait mention d'une île avec une intense activité volcanique : La Réunion, désignée sous le nom de Zanj. On sait maintenant que, vers le XVe siècle, les navires commerçants des Swahilis, descendants d'Arabes, connaissaient ces îles mieux que les Européens : ils les nommaient « Dina Morgabim » ou « Magrebim » (La Réunion), « Dina Arobi » (Maurice), et « Dina Moraze » (Rodrigues). Cependant, aucune preuve archéologique de leur passage n'a été trouvée à ce jour : on ignore s'ils y ont jeté l'ancre ou s'ils ont simplement navigué au large de ses côtes.

Redécouverte des Mascareignes par les Portugais

Au XVe siècle, le Portugal est l'une des plus grandes nations maritimes. En l'an 1488, le navigateur portugais Bartolomeo Dias découvre le passage au sud de l'Afrique qui ouvre la voie vers l'océan Indien : le cap de « Bonne-Espérance », porte d'entrée de la fameuse route des Indes. En l'an 1500, Diego Diaz, ancien compagnon de Vasco de Gama, surpris par une tempête, se perd dans l'océan Indien. Son errance le mène à la redécouverte de Maurice, de La Réunion et de Madagascar. Il est suivi, en 1516, du Portugais Dom Pedro de Mascarenhas qui, de retour des Indes et faisant route vers Madagascar, aperçoit l'archipel formé par La Réunion, Maurice et Rodrigues, qu'il baptise de son nom : Mascareignes. La Réunion est dès lors appelée Mascarin. Jusqu'en 1616, des Portugais repassent près de La Réunion, sans tenter de l'aborder. Dans les récits de voyages, l'île est pourtant décrite comme un paradis terrestre, riche en gibier, poissons de rivière ou d'étang, tortues de terre et de mer, et en eau douce.

L'arrivée des Français

C'est à cette époque, où ces îles ne constituent que des lieux de relâche pour les navires, de simples escales sur la longue route des Indes, que les Français entrent en scène. Louis XIII et son cardinal Richelieu montrent un intérêt particulier pour Madagascar et sa région, susceptible d'assurer le rayonnement de la France. Une flotte française, commandée par le *Saint-Alexis* (22 canons et 96 hommes d'équipage) accoste Mascarin au niveau de La Possession le 30 juin 1638 (date controversée) et prend possession de l'île. Afin d'officialiser la présence de la France, Jacques Pronis, gouverneur de Fort-Dauphin à Madagascar, s'empare une seconde fois de l'île en 1642 et y installe une plaque portant les armes du roi ; sept ans plus tard, elle deviendra officiellement l' « île Bourbon ».

Première colonisation

La première colonisation est une histoire assez singulière, qui commence à Madagscar. Et plus précisément avec Jacques Pronis, ce gouverneur de Fort-Dauphin, très contesté par les colons blancs autant que par les esclaves noirs. À tel point qu'en 1646, une révolte éclate, et les mutins décident d'enfermer le gouverneur dans un cachot. Il lui faudra attendre les envoyés du roi de France pour être libéré. En guise de punition, Pronis fait immédiatement déporter les douze mutins à

La Réunion. Ils y restent trois ans. Jusqu'à ce qu'Etienne de Flacourt, nouveau gouverneur de Fort-Dauphin, les fasse revenir. On croyait les retrouver morts, malades ou tout au moins épuisés par les affres de cet enfer sauvage ; à la place, les voilà bel et bien vivants et même en pleine forme. L'expérience jugée concluante, une première véritable colonisation est tentée par six Malgaches et sept Français, tous volontaires, menée par Antoine Taureau, aussi appelé Couillard. Ils débarquent sur l'île le 22 septembre 1654 avec des semences et des bêtes, et en font le tour complet en 11 jours. Malgré trois cyclones en moins de 4 ans, leur séjour se déroule sans réelles difficultés. Mais un beau jour, un forban anglais du nom de Gosselin, de passage sur l'île, leur raconte une histoire effrayante pour saboter la colonisation : tous les Blancs de Fort-Dauphin auraient été tués et les insurgés seraient en route vers Bourbon. Pris de panique, les colons déménagent sous d'autres cieux le 5 juin 1658, et l'île redevient déserte. Il faut attendre novembre 1663 pour qu'une nouvelle colonie, composée de deux Français dont Louis Payen, et de dix Noirs, dont trois femmes, débarque à Saint-Paul et s'y installe. Le 9 juillet 1665, vingt autres voyageurs, menés par Etienne Régnault, les rejoignent. La population croît lentement mais sûrement. En 1686, l'île compte 260 habitants.

La Compagnie des Indes

En 1664, Colbert fait de l'île Bourbon une escale stratégique pour sa toute nouvelle Compagnie des Indes orientales, société sous contrôle de l'Etat dotée d'un monopole commercial total au sein des terres françaises de l'océan Indien. Saint-Paul devient la capitale de Bourbon. Avec l'arrivée de femmes françaises, malgaches, indiennes et portugaises, amenées par les navires de la Compagnie, commencent les mariages mixtes et le métissage.Mais la France est alors engagée dans de nombreux conflits, et la jeune Compagnie des Indes se met vite à végéter. Les colons vivent d'abord de cueillette, de chasse et de pêche, d'un peu d'élevage et de quelques cultures. Bourbon connaît une série de gouverneurs véreux et de mauvaises aventures. Colbert se désintéresse peu à peu de la région, livrée à elle-même.

Figures historiques

- **Edmond Albius.** Il a découvert le procédé de fabrication de la vanille en 1841. Il avait à l'époque 12 ans. Jeune esclave, sa découverte a été longtemps contestée.
- **Evaryste de Parny (1753-1814).** Premier poète de la Réunion, populaire au début du XIXe siècle. De ses œuvres, on retiendra les *Poésie érotiques* publiées en 1778.
- **Hubert Delisle.** Député en 1848, puis membre du Comité des Colonies. Il sera par la suite le premier gouverneur créole de la Réunion en 1852.
- **Juliette Dodu.** Grande dame et quelle dame ! Née à la Réunion, elle s'installe en métropole vers 1864 après la mort de son père.
  Lors de la bataille de Baune-la-Rolande en 1870, elle sauvera la vie de milliers de soldats. Grâce à un poste télégraphique, elle intercepte et renvoie durant plusieurs nuits les messages ennemis. Une démarche qui aura permis de déjouer une embuscade. Elle devient alors une grande figure de la Résistance.
- **La Buse.** Célèbre pirate du XVIIe siècle. De son vrai nom Olivier Le Vasseur, le capitaine du vaisseau *Le Victory* parcourt l'Inde avant de se rapprocher de La Réunion vers 1720. Son trésor inestimable reste un mystère. Le jour de sa pendaison, la Buse aurait jeté à l'assistance un papier avec des indications pour trouver son fameux butin.
- **Sarda Garriga.** Mandaté par Victor Schoelcher, Joseph Napoléon Sébastien Sarda dit Sarda Garriga est chargé d'annoncer l'abolition de l'esclavage à La Réunion. Une bonne nouvelle annoncée le 20 décembre 1848. Nouveau gouverneur, il prendra deux ans afin de faire appliquer les droits des Noirs.
- **Sitarane :** Tout le monde à La Réunion connaît le nom de Sitarane et de sa sombre histoire. Dans les années 1900, une série de vols est constatée dans le sud de l'île, ainsi que des découvertes macabres. La légende rapporte que Sitarane buvait le sang de ses victimes. L'homme est guillotiné en 1911 et enterré à Saint-Pierre.

A tel point que les Bourbonnais décident d'envoyer une pétition au roi, signée le 18 novembre 1678 par 18 personnalités de l'île. Malgré plusieurs « relances », l'île ne reçoit aucune nouvelle de la métropole pendant onze longues années. Louis XIV, finalement, envoie Vauboulon comme nouveau gouverneur en 1689. Il s'avére intransigeant, tyrannique, sadique même, ses exactions le conduisant même au pénitencier en 1690. Plusieurs gouverneurs lui succèdent, sans grande réussite : à l'image de la noblesse métropolitaine, la colonie se laisse aller sur la pente du laxisme et de l'augmentation des impôts.

Pirates et corsaires

Carrefour de la route des Indes, l'île Bourbon attirait pirates et corsaires. Vers la fin du XVIe siècle, la piraterie commençait à se développer dangereusement. L'installation des pirates anglais et hollandais sur Bourbon était presque appréciée de la population, car ils apportaient des marchandises moins chères ou introuvables telles que miroirs, tissus, bijoux, armes…

Les plus célèbres de l'époque : Olivier Levasseur, dit « La Buse » et son ami anglais Taylor. Parmi les exploits de La Buse, citons un formidable tour de force réalisé sur le Barachois, à Saint-Denis : la prise d'assaut du navire portugais *La Vierge du Cap*, qui lui permet de ramasser un trésor fantastique, une énorme rançon payée en pièces d'or et en pierres précieuses. Capturé en 1730 à Madagascar, il ne révéla jamais, malgré les tortures, où il avait caché son trésor. Juste avant son exécution à La Réunion, il jeta un cryptogramme à la foule de Saint-Paul en criant « *Mon trésor à celui qui déchiffrera cela !* » Certains le cherchent encore...

Les débuts de l'esclavage à Bourbon

L'esclavage voit le jour sur l'île dès les débuts de la colonisation. Les marchands d'esclaves se contentent souvent d'embaucher quelques rabatteurs malgaches, chargés d'amener sur les plantations de canne et de café des hommes et des femmes en bonne santé, qui vivoteront à La Réunion dans des conditions déplorables. Si la Compagnie des Indes interdit officiellement la traite des esclaves en 1664, la réalité est, comme ailleurs, teintée de violences et de profondes injustices.

Une classification raciale s'affirme de manière de plus en plus féroce. En 1674, le gouverneur

Où sont les femmes ?

A l'époque des premières colonisations, les femmes étaient une denrée rare. Les trois femmes malgaches venues avec Louis Payen étaient l'objet de nombreuses bagarres. On tenta bien de faire venir quelques femmes françaises, mais ces dernières, des aventurières, se mariaient avant d'arriver, lors d'une des nombreuses escales d'un voyage qui pouvait prendre plus d'un an.En 1666, on fit venir une flotte avec 1 700 colons dont 32 femmes, ou plutôt des orphelines d'une quinzaine d'années, recueillies par des religieuses. A leur arrivée en 1667, il n'en restait plus que 5 ! Celles-ci, extrêmement convoitées, étaient sous l'emprise des mœurs religieuses de l'époque : pas d'amour avant le mariage… Et comble de malchance, ni le gouverneur ni le père de la colonie n'étaient considérés comme aptes à unir les couples ! Il fallut attendre dix mois pour enfin unir ces cinq couples, qui sont aujourd'hui les ancêtres d'une bonne partie de la population réunionnaise. Ils eurent les premiers enfants blancs officiellement nés et baptisés à Bourbon. En 1678, un Portugais des Indes, du nom de Manoel Teixeira da Mota, saisit l'opportunité du marché. Il fit venir des Indes une quinzaine d'Indiennes superbes qui n'eurent aucun mal à trouver preneur. Ce fut les premières Malbaraises de l'île. A une époque où les Blancs craignaient encore de devenir des Noirs à force de rester toujours au soleil (!), se marier avec une Noire constituait encore un interdit. Mais la tension était telle que, pour certains colons, il valait mieux se marier, ou du moins s'accoupler, avec une femme de couleur que de demeurer seul le restant de sa courte vie.

La société devint rapidement métissée, et, dès 1770, il y eut trop de femmes ! Des récits racontent même que des centaines de filles à marier finirent par vieillir seules, sans trouver parti.

Le café de Bourbon

L'introduction de quelques plants en provenance de Moka au Yémen par des Malouins, en 1715, donnera un premier essor à Bourbon. Connu depuis longtemps dans les pays arabes, le café devient très en vogue en Europe. On le déguste au Procope à Paris. On découvre aussi un caféier sauvage dans l'île. La Compagnie favorise sa culture en distribuant des concessions.Le besoin de main-d'œuvre entraîne l'explosion de la traite des esclaves en provenance de Madagascar et d'Afrique de l'Est. En 75 ans, la population est multipliée par 50. Les villes de Saint-Gilles, Saint-Leu, Saint-Louis et Saint-Pierre sont créées, devenant d'immenses greniers à café. Ce commerce florissant ouvre une ère de prospérité ; Bourbon devient rentable. En 1744, 1 222 tonnes de café sont récoltées.

de La Haye interdit pour la première fois par ordonnance les mariages mixtes. Le Code noir de 1685 vient quant à lui définir la place du Noir dans la société ; il est repris dans la pratique par la Compagnie des Indes. Enfin, en 1727, suite au boom de la culture du café, la traite est officialisée par décret royal (les lettres patentes de Louis XV), normalisant des comportements déjà courants.

Marrons et Zoreilles

La structure de la population reflète dès lors celle d'une société coloniale, basée sur un système de plantation esclavagiste. Les Blancs restent minoritaires : ils sont 20 % contre 80 % d'esclaves.

Les inégalités et les injustices sociales deviennent le symptôme le plus douloureux du fléau colonialiste, gangréné par la mono culture. Face à la violence de certains maîtres – Gabrielle Bellon, Pierre Parny ou Etienne Baillif avaient notamment une réputation de tortionnaires -, beaucoup d'esclaves s'enfuient dans les Hauts. Ce sont les fameux Marrons, du mot espagnol *cimarron* ou « rebelle ». Survivant dans des conditions difficiles, au cœur de régions enclavées, ils sont les premiers à découvrir les coins les plus isolés de l'île. Beaucoup de ces lieux portent d'ailleurs encore des noms qui leur rendent hommage : la Plaine-des-Cafres, Mafate, Cilaos et Salazie (trois noms malgaches). Face à cet essaim d'esclaves fugitifs, Jean-Baptiste de Villiers, gouverneur de l'île à partir de 1701, met en place des milices de chasseurs de Marrons. Virulents et tyranniques, ces derniers décident de couper l'oreille de chacun des esclaves tués, qu'ils gardent pour comptabiliser les victimes : d'où l'une des origines possibles – la plus péjorative – du mot « Zoreille » (qui désigne les métropolitains). Par ailleurs, à cette époque, les gros propriétaires écrasent peu à peu les petits, avalant leurs terres et les excluant du système despotique de la Compagnie des Indes. Ainsi se dessine une génération de Blancs pauvres, rapidement mis au ban de la société et bousculés, eux aussi, vers les Hauts, où ils tentent de survivre en faisant pousser des cultures vivrières, les Bas étant consacrés aux cultures spéculatives. On les appelle les Petits Blancs des Hauts ou *Yabs*.

Un Malouin d'envergure

Lorsque Mahé de Labourdonnais est élu gouverneur de Bourbon et de l'île de France (Maurice) en 1734, il remodèle l'aménagement des deux îles : Bourbon devient le grenier de l'archipel tandis que sa grande sœur endosse un rôle de carrefour maritime du commerce. Ce navigateur malouin a bien l'intention d'accroître le pouvoir de la France et s'y emploie en développant les infrastructures de Bourbon : des routes sont ouvertes, des entrepôts construits, des ports érigés. L'agriculture s'étend et se diversifie, avec la promotion de la canne à sucre et l'introduction de nouvelles espèces. Mais l'île sombre toujours un peu plus dans les cercles vicieux de la monoculture (esclavage, vulnérabilité du cours des matières premières, marginalisation des petits exploitants ruinés...), à l'ombre du rayonnement de sa voisine.En 1738, Saint-Denis remplace Saint-Paul comme capitale, avec des rues tracées au cordeau. Mais ni la nouvelle capitale ni aucun autre point du littoral inhospitalier de l'île n'offrent de rade susceptible d'abriter un grand port de commerce et de protéger la flotte des attaques des Anglais. Bourbon est délaissée au profit de l'Île de France, où Port-Louis offre les avantages d'une base maritime.

Mahé de La Bourdonnais (Saint-Malo, 1699 – Paris, 1753)

Bertrand-François Mahé, de La Bourdonnais, est sans doute le gouverneur qui a le plus compté dans l'histoire de l'île. Successeur d'une série d'incompétents, il réalise à partir de 1734 de grands projets. La Réunion et Maurice connaissent sous son autorité les plus grandes transformations économiques et politiques de leur histoire.
Engagé dès l'âge de 20 ans par la Compagnie des Indes, il se fait remarquer par des actions d'éclat, comme le sauvetage d'un navire en baie de Saint-Paul ou l'attaque victorieuse du comptoir de Mahé (même nom, mais par hasard) sur la côte Malabar en Inde. L'empreinte de Mahé de La Bourdonnais dans les structures réunionnaises est importante : mise en place d'une démocratie avec des élections de députés dans chaque quartier assemblés en un conseil de notables ; création d'une douane, des Ponts et Chaussées, de services de communications. Il forme des milices, surtout destinées à protéger les bourgeois des Marrons (esclaves fugitifs). Il introduit en outre le papier-monnaie, construit des hôpitaux pour les Noirs. Sa connaissance parfaite de Bourbon le conduit à prendre des décisions répondant exactement aux préoccupations des habitants : formation de charpentiers de marine, encouragement de la canne à sucre, introduction de nouvelles espèces, liberté de commerce avec les navires marchands...

La Révolution française

Les événements survenus en France vont entraîner des changements dans l'île, avec un certain décalage dû à la distance. En 1794, les premiers sans-culottes arrivent à La Réunion. Des communes sont créées, des députés élus partent représenter la colonie à l'Assemblée constituante à Paris. La Convention change le nom de l'île Bourbon, qui devient La Réunion le 19 mars 1793, en l'honneur des Marseillais et des Gardes nationaux qui donnèrent l'assaut des Tuileries le 10 août 1792. À cette époque, les Anglais, qui rôdent dans la région, effectuent des attaques fréquentes sur les Mascareignes et les Seychelles. La Réunion, qui menace de tomber dans le giron de l'Angleterre, subit les premières attaques ennemies en 1806 et 1807. Un camp pro-anglais se forme alors dans cette toute nouvelle démocratie, à l'heure où la France révolutionnaire oublie ses colonies. Désunie, menacée, frappée par d'importants cyclones en 1806 et 1807 qui détruisent de nombreuses plantations de café, La Réunion s'étiole, désemparée.

Sous les Anglais

En quelques années seulement, les trois Mascareignes et les Seychelles passent aux Anglais. Le 7 juillet 1810 à 4h du matin, ils débarquent à La Réunion, à Sainte-Marie et à la Rivière-des-Pluies, puis à la Grande-Chaloupe, avant de rejoindre Saint-Denis par un sentier aujourd'hui appelé « chemin des Anglais ». Certes, ça aurait été plus drôle que les Anglais débarquent au Tampon ou à l'Entre-Deux. Mais cette stratégie leur permet de prendre les fantassins français de cours, et de gagner la décisive bataille de La Redoute. L'armée du commandant Keating s'empare ainsi de l'île en deux jours. Sir Robert Farquhar, premier gouverneur anglais, la rebaptise Bourbon.L'Île de France (Maurice), cependant, jouit d'un dispositif militaire plus important au vu de sa position stratégique : les Anglais s'en emparent en novembre 1810 au prix de plusieurs mois de combats acharnés. Elle est rebaptisée Mauritius.

Retour à la France

En 1815, l'île redevient française (et reprend le nom de La Réunion) par l'article 8 du traité de Paris signé le 30 mai 1814, suite à la défaite de Napoléon à Waterloo. L'Angleterre conserve Maurice, Rodrigues et les Seychelles. La Réunion aura été britannique pendant cinq ans, durant lesquels le commerce fut libéralisé et l'importation de nouveaux esclaves (théoriquement) interdite.

La fièvre de la canne à sucre

Au début de la colonisation, la canne à sucre est une culture familiale. C'est en 1785 que la première sucrerie Bourbon est créée par

Pierre Poivre (Lyon, 1719 - Hyères, 1784)

Engagé par le gouverneur Bellecombe, Pierre Poivre arrive à l'île Maurice à l'âge de 48 ans en tant qu'administrateur des Finances et de l'Aménagement des Mascareignes. À Bourbon, il prend la suite de Mahé de La Bourdonnais : colonisation des Seychelles ; aboutissement d'importants travaux d'infrastructures ; apaisement des relations sociales entre Noirs et Blancs... Après une dure et sanglante répression des Noirs marrons, un armistice est proposé, et les Blancs des Hauts, unis dans la pauvreté avec les Noirs, commencent à apprendre la cohabitation. Il brise également le monopole des épices détenu par les Hollandais, introduit l'imprimerie et entreprend des travaux importants, en particulier dans le sud de l'île.Passionné de botanique, Pierre Poivre fait introduire des milliers d'espèces de fruits et d'épices aux Mascareignes et aux Seychelles. Il crée ainsi le formidable jardin de Pamplemousses à Maurice, un des plus grands jardins botaniques du monde, et le célèbre jardin du Roi, aux Seychelles.

Louis Lainé de Beaulieu. Elle fonctionne avec une roue horizontale, sur le modèle de Saint-Domingue, autre colonie sucrière de l'Empire français, et produit 20 tonnes de sucre par jour. A partir de 1815, l'île Bourbon va se consacrer à la culture de la canne à sucre pour une raison majeure : les cyclones de 1806 et 1807 ont ravagé les caféiers, or la canne à sucre est une culture plus résistante aux conditions climatiques de l'île. L'époque de la monoculture sucrière commence. Une véritable industrie se met en place, et le besoin de main-d'œuvre se fait immédiatement sentir. En 1815, le moulin à vent remplace les mulets. On assiste, entre 1828 et 1885, à une immigration indienne tamoule massive et, en 1844, à l'arrivée de travailleurs agricoles chinois. La population de l'île passe de 36 000, en 1778, à 110 000 habitants en 1848. En 1860, en pleine « révolution industrielle », débarquent des Indiens musulmans, qui œuvrent pour un salaire modique sur de grands domaines sucriers érigés au détriment des petites exploitations. L'histoire de l'île passe aussi par les noms de ces grands propriétaires terriens, comme la famille Panon-Desbassyns , l'agronome Joseph et son frère Charles, qui introduit le moulin à vapeur en 1840. La famille Kerveguen, qui a donné son nom au coteau qu'elle possédait, joue quant à elle un rôle primordial dans l'histoire du Sud et de l'Ouest de l'île. Au fil des années, les cultures vivrières sont abandonnées et la balance commerciale devient déficitaire, car La Réunion est contrainte d'importer le riz et le blé de Madagascar. Si, en 1830, les plantations de canne couvrent près de 23 442 hectares, avec 189 usines sucrières, il ne reste aujourd'hui que deux usines, le Gol et Bois Rouge.

La famille Panon-Desbassyns

Marie Anne-Thérèse Ombline Desbassyns naît en 1755 à Saint-Paul d'une riche famille bourgeoise. Orpheline et fille unique, elle hérite d'une vaste fortune qu'elle fait fructifier jusqu'à posséder l'un des plus importants empires sucriers de Bourbon. Elle épouse à l'âge de 15 ans Henri-Paulin Panon, avec qui elle aura huit enfants. Maîtresse des plus vastes domaines de l'île, avec 500 hectares et une population de près de 800 esclaves travaillant à la culture du café et de la canne à sucre, sa richesse et son influence font bientôt d'elle la personnalité incontournable de la société bourbonnaise de l'époque. Elle construit plusieurs somptueux domaines notamment au Guillaume à Saint-Paul, et à Villèle dans les Hauts de Saint-Gilles, une propriété que l'on visite encore aujourd'hui.

Elle mourut en 1846 à l'âge de 90 ans, deux ans avant l'abolition de l'esclavage. Elle est enterrée à la Chapelle-Pointue à côté du musée de Villèle. Ce n'est qu'après sa mort que sa réputation de tortionnaire se révéla au grand jour : elle faisait subir des mutilations inhumaines à ses esclaves.

La fin de l'esclavage et l'année 1848

En 1794, un décret révolutionnaire abolit l'esclavage dans les colonies, mais les colons refusent de l'appliquer. De plus, si l'Assemblée coloniale décide la suppression de la traite en 1801, elle est rétablie en 1802 par Napoléon, qui donne satisfaction aux colons. Depuis la période du marronnage, des voix s'élèvent en faveur de l'égalité des races, mais sont systématiquement étouffées par le poids de l'argument économique. L'affranchissement demeure généralement la meilleure récompense décernée à un esclave fidèle et dévoué à son maître . En 1831, la taxe sur l'affranchissement est enfin supprimée : imaginez une taxe sur la liberté !

Si la proportion de Noirs libres augmente significativement, passant de un Noir libre pour 5 esclaves en 1790 à 1 pour 2 en 1848, il faut attendre la proclamation de la IIe République pour que le gouvernement de Victor Schœlcher signe, le 27 avril 1848, l'abolition de l'esclavage dans toutes les colonies françaises, après de violentes révoltes aux Antilles. La nouvelle arrive un mois plus tard à La Réunion : Sarda Garriga, commissaire général de la République, annonce la fin effective du système esclavagiste le 20 décembre 1848, sur la place du Barachois à Saint-Denis. 58 308 esclaves sont libérés.

Après l'abolition

Après l'abolition, un double mouvement s'amorce : les esclaves marrons, libérés de la peur, redescendent des Hauts pour louer leurs services aux grands propriétaires exploitants, tandis que de nombreux petits exploitants blancs, ruinés, fuient vers les Hauts pour ne pas se retrouver au même rang que les anciens esclaves. Pour pallier cette défection, un autre phénomène découle naturellement de l'abolition : les planteurs font appel à une main-d'œuvre « engagée », recrutée en Afrique et surtout en Inde. Ces travailleurs, qui perçoivent un modeste salaire et vivent dans des conditions proches de l'esclavage, sont engagés pour cinq à dix ans. En réalité ils se retrouvent souvent bloqués sur l'île à la fin de leur contrat, contraints de poursuivre une existence marginale dans la misère. En 1860, La Réunion compte 74 472 travailleurs engagés. Parmi les citoyens « Libres », d'innombrables Noirs, mais aussi des Blancs, vivent dans des conditions déplorables, rongés par la pénurie et la maladie. Les inégalités sociales se creusent davantage encore. Paradoxalement, les années 1850 sont les plus prospères sur le plan commercial : sous le gouverneur créole Henri-Hubert Delisle, les sucriers doublent leur production, le trafic maritime s'intensifie, la bourgeoisie fait construire de somptueuses demeures dont certaines sont aujourd'hui classées aux Monuments historiques. Bref, la révolution industrielle bat son plein ; le capitalisme colonial enrichit les élites, aux dépens d'une masse métissée (Blancs, Noirs et Indiens) de plus en plus pauvre.

La crise sucrière

En 1863, une maladie, le borer, sévit sur les plantations : elle est due à une chenille qui creuse des galeries dans les tiges. Parallèlement, une épidémie de choléra s'abat sur les habitants de l'île. Pour ne rien arranger, le cours mondial du sucre baisse. Avec Napoléon III et son libéralisme économique, La Réunion perd son monopole et ses garanties, et la production chute de moitié par rapport à 1862. Victime de sa monoculture, l'île perd en plus son importance stratégique sur la route des Indes, révolue, après la construction du canal de Suez en 1869 et la conquête de Madagascar en 1885. Elle plonge dans la plus longue crise de son histoire.Pour y faire face, la diversification des cultures est amorcée avec la production de la vanille, du manioc, des essences de géranium, de vétiver et d'ylang-ylang. La vanille se révèle très lucrative dans un premier temps, car c'est à La Réunion qu'est découvert (par un jeune esclave orphelin qui ne sera jamais récompensé pour ses efforts) son processus de fécondation le plus efficace. Mais une fois le secret du procédé introduit à Madagascar, la concurrence sévit et affaiblit la production locale. Aujourd'hui encore, Madagascar assure plus de 80 % de la production mondiale de vanille naturelle, dont les trois-quarts sont achetés par Coca-Cola. Le géranium à essence est cultivé entre Le Tampon et La Plaine-des-Palmistes ; l'île devient rapidement le premier producteur mondial. Malgré la crise, la modernisation suit son cours. Deux grandes réalisations voient le jour : la construction du chemin de fer sur un réseau de 217 km et, en 1887, la création du port de la Pointe-des-Galets. Le train, qui allait de Saint-Pierre à Saint-Benoît en passant par Saint-Denis, s'est définitivement arrêté en 1976. Le Port, lui, a été agrandi depuis, pour atteindre aujourd'hui une envergure régionale significative.

Chronologie

-3 millions d'années > Emersion du piton des Neiges (fin d'activité : -12 000 ans).

-500 000 ans > Effondrement du vieux massif de La Réunion (le piton des Neiges), formation des cirques. Vers la même époque, naissance du piton de la Fournaise.

XIIe siècle > Première mention écrite de l'île dans des récits arabes.

1500 > Le Portugais Diego Diaz dérive à cause d'une tempête au cap de Bonne-Espérance et découvre dans l'océan Indien Maurice, La Réunion et Madagascar, mais n'y accoste pas.

1516 > Un autre Portugais, Dom Pédro de Mascarenhas, en approchant l'archipel formé par La Réunion, Maurice et Rodrigues, les fait appeler Mascareignas ou Mascareignes, mais n'y accoste toujours pas.

1638-1640 > Prise de possession par la France des deux îles sous le nom de Bourbon (La Réunion) et Isle de France (Maurice).

1646 > Première colonisation par des mutins déportés. Ils y restent trois ans.

1663 > Occupation définitive de Bourbon par les Français.

1665 > Etienne Regnault et 20 colons débarquent à l'île Bourbon.

1715 > Introduction de la culture du café par des Malouins.

1735 > Mahé de La Bourdonnais devient gouverneur général des îles jusqu'en 1746.

1738 > Saint-Denis devient la capitale de Bourbon. Début des guerres entre les Français et les Anglais dans l'Inde.

1767 > Rachat de l'île de France et de l'île Bourbon à la Compagnie des Indes. Rétrocession effective des îles le 14 juillet.

1789 > Révolution française.

1793 > La Convention change le nom de « Bourbon » en celui de « La Réunion ». Troubles et désunion dans l'île.

1810 > Conquête de l'île Bourbon par les Anglais (qui prend le nom de Bonaparte). Les Anglais prennent aussi Maurice, Rodrigues et les Seychelles.

1815 > L'île Bourbon est rendue à la France par le traité de Paris et reprend le nom de La Réunion. Les Anglais gardent tout le reste.

1848 > 20 décembre : abolition effective de l'esclavage.

1863 > Crise sucrière. La production chute de moitié.

1914-1918 > Première Guerre mondiale.

1919 > Grippe espagnole et cyclone.

1940 > Un gouvernement désigné par Vichy est mis en place.

1942 > Un commando de gaullistes déloge le gouvernement illégitime.

1946 > Départementalisation.

1959 > Création du PCR (Parti communiste réunionnais) par M. Paul Vergès (scission avec le Parti communiste français).

1975 > Le franc CFA est remplacé par le franc français.

1991 > Emeutes dans le quartier sensible du Chaudron : plusieurs morts.

1996 > Le SMIC est aligné sur celui de la métropole.

2002 > Le franc français laisse la place à l'euro. Le RMI est aligné sur celui de la métropole.

2005/2006 > Epidémie de chikungunya, qui touche un Réunionnais sur quatre en quelques mois et cause 250 morts.

2007 > Cyclone Gamède, le plus intense cyclone historiquement observé. Décembre : Miss Réunion est élue Miss France 2008.

2009 > Ouverture de la route des Tamarins

2010 > Après 12 ans à la tête de la région Réunion, Paul Vergès (PCR) cède sa place au candidat UMP, Didier Robert. En fin d'année, l'île est classée au patrimoine mondial de l'humanité par l'Unesco, et juste après éclatent en son cœur de gigantesques incendies dans les Hauts de l'Ouest.

2011-2012 > De nouveaux incendies dans les Hauts de l'Ouest et du Sud causent des dégâts encore plus étendus, tandis que les Bas font face à une recrudescence d'attaques de requins, tuant 5 personnes. En mai, les Réunionnais votent à 71 % pour François Hollande, presque le record de France.

2013 > La première pierre du chantier de la Nouvelle Route du Littoral est posée le 20 décembre à la Possession

2014 > Le 2 janvier, le cyclone Bejisa touche la côte ouest de l'île. L'état de catastrophe naturelle est déclaré. Municipales : quatre communes basculent à droite (Saint Paul, Saint-André, Saint-Louis et Le Tampon). Les bastions communistes historiques de La Réunion, tels que le Port et la Possession, sont détrônés.

2015 > Nassimah Dindar est réélue présidente du Conseil départemental de La Réunion, pour un quatrième mandat.

La Première Guerre mondiale

Le 2 août 1914, le clairon de Saint-Denis sonne la déclaration de la guerre. Plusieurs milliers de volontaires se présentent aussitôt pour défendre la Mère Patrie : 14 423 Réunionnais sont envoyés au front, catapultés dans la noirceur des tranchées du nord-est de la France. A 10 000 km, La Réunion reçoit elle aussi de plein fouet les secousses du conflit lorsque les Allemands instaurent le blocus des ports européens : l'île est plongée dans l'autarcie, la pénurie et la misère. Les Réunionnais se débrouillent avec les moyens du bord : on invente de nouveaux plats, on fabrique des vêtements à partir de sacs de toile, bref, on survit tant bien que mal... Sur les 14 000 soldats réunionnais engagés, 3 000 ne reviendront pas. Parmi eux, Roland Garros, le célèbre aviateur.

L'entre-deux-guerres

La Première Guerre mondiale est à peine finie qu'un nouveau fléau s'abat sur le monde : la grippe espagnole. Ce sont les militaires démobilisés qui l'apportent sur l'île, le 30 mars 1919 ; chaque jour, des centaines de morts sont emportés par la maladie. Pour ne rien arranger, l'île est balayée par un cyclone en mai 1919 : en tout 7 500 morts en un mois et demi !

Quelques bonnes nouvelles marqueront tout de même l'entre-deux-guerres. L'électricité est pour la première fois présentée lors d'une réception à l'hôtel de ville de Saint-Denis en 1919. La première émission radiophonique a par ailleurs lieu en 1927, tandis que Saint-Denis connaît ses premiers embouteillages ! Mais, après une légère amélioration économique vers les années 1920, avec la hausse des cours du sucre, et la première liaison aérienne avec la France en 1929, l'île retombe dans une phase très critique lors de la Seconde Guerre mondiale.

La Seconde Guerre mondiale

C'est le 17 juin 1940 que les Réunionnais apprennent avec stupeur la défaite de la France. Le lendemain, l'appel du général de Gaulle est entendu dans l'île, relayé par une radio mauricienne. Des milliers de volontaires affluent, comme en 1914, pour défendre la France. 1 000 seront jugés aptes à partir au front.

La population, ainsi que le président du conseil général, le gouverneur Aubert, réfutent la valeur de l'armistice signé par Pétain le 23 juin sous la contrainte. Pourtant, le gouverneur de Madagascar étant rallié au gouvernement vichyssois, le gouverneur Aubert décide de s'en tenir à la légalité en obéissant aux ordres de Vichy. Il est contraint de remplacer 23 des maires de l'île par des hommes désignés par les forces de Pétain.

Malgré la propagande, les discours et l'interdiction d'écouter des radios étrangères, le régime ne s'impose toutefois jamais réellement auprès des Réunionnais, happés avant tout par la pénurie et les épidémies, comme en 1914. En 1942, le régime est renversé par un commando de gaullistes à Saint-Denis. Deux jours plus tard, un nouveau gouverneur rallié à la France Libre est en place. La Libération est accueillie dans la liesse populaire.

L'après-guerre : de la départementalisation à l'ère moderne

Le 19 mars 1946, La Réunion devient département au même titre que la Guadeloupe, la Martinique et la Guyane. Elle est soumise au même régime administratif, fiscal, électoral et judiciaire que les départements de la métropole.Le docteur Raymond Vergès, père du célèbre avocat, et fondateur du PCR (Parti communiste réunionnais), est l'un des artisans de la départementalisation, dans l'espoir de libérer La Réunion de son traitement inégal et de son statut historique de colonie. Après les privations dues à la guerre et aux cyclones de 1944 et 1945, La Réunion espère un renouveau économique. Mais après le vote de la loi de 1946, les progrès tant attendus de la départementalisation se font attendre. Les mouvements autonomistes commencent à prendre de l'ampleur, et l'indépendantisme refait surface. Ce n'est que dans les années 1950 que les bienfaits économiques escomptés se font sentir : la production de sucre quadruple entre 1946 et 1961.

En 1963, Michel Debré, ancien Premier Ministre du général De Gaulle, devient député de La Réunion. Il est l'auteur d'une modernisation accélérée, dont les progrès pharaoniques transfigurent le jeune département : les premières émissions locales arrivent sur le petit écran en 1964, l'université de Saint-Denis ouvre ses portes en 1970, la route du littoral est inaugurée en 1976... Malgré le rôle prépondérant qu'il joue dans le développement économique de l'île, il reste toutefois un personnage controversé : sa politique nationa-

Roland Garros (Saint-Denis de La Réunion, 1888 – Vouziers, 1918)

Non, Roland Garros n'était pas un tennisman. Né dans une famille bourgeoise de Saint-Denis, il n'a que cinq ans lorsqu'il quitte La Réunion pour l'Indochine, puis pour Paris où il fait ses études au collège Stanislas puis au lycée Janson-de-Sailly. A cette époque, il est déjà fasciné par les évolutions fantastiques de l'aéronautique. A l'âge de 21 ans, il achète un modèle Demoiselle, minuscule appareil monoplace de 56 kg avec un moteur de 36 chevaux. Après avoir passé son brevet de pilote en 1910, il multiplie les succès. Figure légendaire de l'aviation, à la fois technicien et pilote, il bat à plusieurs reprises le record du monde d'altitude. En 1913, il est le premier à faire la traversée de la Méditerranée entre la France et l'Algérie en 7 heures. Le président Poincaré lui décerne la Légion d'honneur. Lors du début de la guerre de 1914, ses premiers exploits lui valent une citation de Foch. Deux semaines après, son avion est abattu par les Allemands et il reste enfermé pendant trois ans à Magdebourg. Après une évasion rocambolesque, il rejoint enfin sa base aérienne. Mais, le 5 octobre 1918, lors d'une mission à Vouziers, dans le nord des Ardennes, Roland Garros ne revient pas... Si son histoire réunionnaise aura été brève, il demeure un héros local : beaucoup de rues, ainsi que l'aéroport de Saint-Denis, portent son nom.

liste consiste à bafouer les racines métissées du peuple réunionnais, sa langue créole, sa musique engagée (le maloya, qu'il interdit sur les ondes et dans les maisons, allant jusqu'à saisir les instruments de musique), son héritage africain, malgache, indien, chinois, au profit d'une Réunion des « ancêtres les Gaulois ». Il fait même déporter quelque 1 600 enfants réunionnais entre 1963 et 1982, pour repeupler le département de la Creuse. L'Assemblée nationale s'est finalement penché sur la question en 2014. Debré quitte le pouvoir en 1988, six ans après que La Réunion soit passée au statut de Région. Avec Paul Vergès qui l'a longtemps combattu, ils sont les deux hommes politiques ayant le plus marqué l'île depuis les années 1960. Le dirigeant du PCR, fondé par son père Raymond Vergès, est député depuis 1955 et frère du célèbre avocat Jacques Vergès. Bien qu'interdit de radio et de télévision, puis pourchassé par la justice sous Debré, puis en cavale pendant 28 mois, il réussit à conquérir la ville du Port en 1971, puis la Région en 1998, qu'il tiendra jusqu'en 2010.

Les années 1990

L'année 1991 est marquée par les premières émeutes urbaines, dans le quartier du Chaudron, révélatrices de tensions sociales. Ce quartier défavorisé, près de l'université de Saint-Denis, s'enflamme suite à la saisie de l'émetteur clandestin de Télé Free Dom, interdite par le CSA. Lors de ces émeutes, huit pillards trouvent la mort dans un incendie causé par des cocktails Motolov. D'autres heurts ont lieu un peu plus tard, lors de la visite de Michel Rocard.

Un an plus tard, des manifestations dégénèrent à nouveau dans le quartier du Chaudron, suite à l'exclusion de Camille Sudre (ex-propriétaire de Télé Free Dom et animateur de Radio Free Dom) du conseil municipal de Saint-Denis. D'abord choquée par le nombre de morts et l'intensité des émeutes, la population réunionnaise découvre finalement les mêmes débordements qu'en métropole. Simultanés, ils sont dus aux mêmes causes : chômage, urbanisme dégradé, exclusion, trafics et délinquance... En 1996, après la campagne électorale de Jacques Chirac, promettant l'égalité sociale entre les DOM et la métropole, le SMIC ainsi que l'ensemble des prestations sociales et familiales sont alignés sur ceux de la métropole, à l'exception notable du RMI.

Les années 2000

En 2002, La Réunion passe à l'euro et le RMI s'aligne sur celui de la métropole, ultime étape de l'égalité avec la métropole. 2003 est marqué par d'importantes manifestations contre les réformes gouvernementales et les guerres américaines. En 2005 sont lancés les travaux de la route des Tamarins, inaugurée en juin 2009, mais imaginée depuis les années 80.

En 2006, la crise du chikungunya frappe l'océan Indien. A la réunion, un quart de la population contracte la maladie et l'on dénombre 250 morts, parfois foudroyés en quelques jours. La médiatisation du phénomène, dès avril 2006, fera immédiatement perdre au secteur du tourisme un tiers de sa clientèle. Il faudra attendre jusqu'à 2011 pour que le nombre de touristes revienne à son niveau d'avant la crise.
2007 est une année riche en événements naturels. Le cyclone Gamède cause de gros dégâts, provoquant notamment l'effondrement d'un pont autoroutier à Saint-Louis, reconstruit en 2013. Puis, sans lien avec le cyclone, c'est un pan entier de la falaise qui s'écroule sur la route du littoral, occasionnant 2 morts et une fermeture de plusieurs mois de cet axe vital. C'est également l'année d'une éruption exceptionnelle de la Fournaise, avec un volume de lave inégalé depuis des décennies, coupant là aussi la route plusieurs mois et bouleversant la morphologie du cratère Dolomieu.
Du côté écologique, la réserve marine (créée en 2008) et le parc national (lancé en 2009) sont inaugurés. Puis en 2010, 40 % du territoire de l'île sont inscrits au Patrimoine mondial de l'humanité de l'Unesco qui voit ses « pitons, cirques et remparts » ainsi protégés.
2010 est surtout l'année du changement politique. Le président de la Région, Paul Vergès (PCR), perd sa place après douze ans aux commandes de La Réunion, au profit de Didier Robert (UMP). Contre toute attente et par les mystères du système électoral, les Réunionnais étant traditionnellement à gauche, ainsi que toutes les régions de France sauf l'Alsace. Didier Robert abandonne alors, comme prévu, le projet de « tram-train » cher à Vergès pour le « Trans-Eco Express », un réseau de 2 000 bus écologiques dont la réalité est encore abstraite trois ans plus tard...
2010 et 2011 ont également été marqués par des incendies gigantesques dans les Hauts de l'Ouest, au cœur du parc national, entachés de polémiques sur les moyens mis en œuvre (trop tard) dont le Dash 8, un avion bombardier d'eau venu en renfort depuis la métropole.
Depuis 2009, avec la crise économique, le climat social est de plus en plus instable. Des mouvements sociaux éclatent, accompagnés d'émeutes urbaines, qui se matérialisent par des grèves et défilés, mais aussi des ronds-points bloqués, des caillassages et des voitures brûlées. En question : la vie chère, due notamment au prix des carburants, le chômage et les emplois aidés. Le scénario est systématiquement le même et dessine un schéma inquiétant : les demandes, pétitions, défilés, barrages filtrants et bloquants sont ignorés des autorités, qui ne réagissent qu'aux premiers actes de violence. À chaque fois ensuite, un système de réduction de prix sur une liste de produits de grande consommation est mis en place, ce qui permet de diminuer (de manière infime) le coût de la vie et est censé calmer la population, les syndicats et les militants. En 2009, une liste de 250 produits Cospar permettait ainsi de faire baisser le prix du chariot type de quelques euros. En 2011, une autre liste appelée « Produits solidaires » voit le jour. En 2013 enfin, c'est le ministre de l'Outre-mer, M. Lurel qui vient en personne élaborer une liste baptisée en son nom, choisissant lui-même tomates et sardines. Avec 160 000 chômeurs soit 33 % de la population, 60 % chez les jeunes, et parfois 80 % dans certaines villes, et un coût de la vie 30 % plus élevé qu'en métropole, on se demande si ces mesures seront suffisantes...
Depuis 2011, une recrudescence d'attaques de requins est survenue alors qu'elles étaient rares depuis des années, mettant la Réunion sous les feux de l'actualité. Avec 18 attaques dont 7 mortelles (5 surfeurs et 2 baigneuses), la dernière en juillet 2015, elles ont entraîné l'interdiction du surf dans toute l'île et la fermeture des écoles, ainsi que l'interdiction de baignade sur certaines des plus belles plages, entraînant ensuite la désertion des touristes. C'est la fameuse « crise requin » qui dure encore en 2015, entraînant autant de polémiques que de questions.
Côté politique, les Réunionnais ont voté en 2012 pour François Hollande à 71 %, presque le record de France. Les élections municipales de mars 2014 n'ont pas été sans surprise, avec le retour des ténors de la droite sur le devant de la scène, à Saint-Paul, Saint-André et au Tampon, et l'effondrement de bastions communistes comme au Port et à la Possession.
Aux européennes, l'abstention est de mise aussi à la Réunion. La vague bleue marine qui frappe la métropole n'arrive pas encore jusqu'ici. Le FN est 4e, derrière l'UMP et le PS. Aux élections départementales de 2015, Nassimah Dindar (UDI) est réélue pour la quatrième fois consécutive.

Politique et économie

Politique

Structure étatique

La Réunion, partie intégrante de la République française, a le statut de DOM (département d'outre-mer) ou bien DROM (avec « région ») pour les puristes du droit constitutionnel. Française quasiment sans interruption depuis sa prise de possession au XVIIe siècle, elle a été une colonie comme les autres DOM-TOM jusqu'en 1946, quand ce statut fut créé. Contrairement aux TOM qui ont leurs propres lois, assemblées, monnaies... (et même des rois !), les DOM ont un statut identique aux départements de métropole. La Réunion est le seul DOM à être à la fois département et région, d'où le terme de DROM. L'euro est utilisé, ainsi que la Sécurité sociale, le code de la route ou le Code du travail, etc. Les seules différences apparaissent au niveau fiscal, mais politiquement, le statut de La Réunion est identique à la métropole : elle est représentée par 7 députés à l'Assemblée nationale et 4 sénateurs au Sénat.
Il en va de même au niveau européen, où La Réunion, bien que partie intégrante de l'UE, ne fait pas partie de l'espace Schengen, ce qui implique certaines différences comme la fiscalité ou la circulation des étrangers. Au sein de l'UE, La Réunion a le statut de RUP (région ultrapériphérique) au même titre que les autres DOM, les Açores ou Madère ; elle reçoit ainsi des subsides pour la construction d'infrastructures qui s'illustrent par la présence de petits drapeaux européens sur tous les chantiers de l'île. La Réunion est représentée au Parlement européen par un député représentant également Mayotte, et sur les billets d'euros par un petit point dans une case sur la carte, à côté des autres RUP.

Partis

La Réunion est très ancrée à gauche, ayant voté à 71 % pour François Hollande au 2e tour de l'élection présidentielle de 2012. Et pourtant à la fois la Région et le Département sont tenus par la droite, avec à leurs têtes respectivement Didier Robert (UMP) et Nassimah Dindar (UDI). La Réunion n'en est pas à un paradoxe près, les clivages, les intérêts et les forces sociales qui gouvernent les électeurs réunionnais n'étant pas forcément les mêmes qu'en métropole. Tous les grands partis nationaux sont présents à la Réunion : PS, UMP, FN, EELV, Modem, mais dans des proportions bien différentes, car un grand parti local s'y ajoute : le PCR (Parti communiste réunionnais), dont la direction est indépendante du PCF. Fondé par Paul Vergès en 1958, ce parti a marqué l'histoire réunionnaise comme la dynastie Vergès l'a marqué depuis 1945. Increvable, le « Pharaon », comme il était surnommé du temps où il occupait la « pyramide inversée » (siège de la région), détient le record de France de longévité dans les fonctions publiques, avec sa réélection depuis 1955, soit un an avant un autre increvable : Jean-Marie Le Pen. Bien qu'ils n'aient aucun rapport l'un et l'autre, chacun espère que son rejeton prendra sa succession, en l'occurrence pour Paul Vergès son fils Pierre, dirigeant du PCR...
Mais si le PCR est encore aux commandes de quelques villes, il a perdu la région en 2010 et perd du terrain face aux partis nationaux. Le mythique maire communiste de la Possession, Roland Robert s'est même fait détrôner aux élections municipales de 2014. Côté PS, le parti a réuni 53 % des voix au 1er tour de la présidentielle de 2012, mais fait bien moins lors des dernières élections locales : seules Saint-Benoît et Saint-Denis sont restés socialistes et quatre communes sont passées à droite. Depuis la départementalisation, la droite est bien implantée ans l'île. Au total 16 communes sur 24 sont à droite. Michel Debré, autre personnage ayant marqué l'histoire locale, était un grand opposant de Paul Vergès dans les années 1960. Après avoir été Premier ministre du Général de Gaulle, il incarna une politique de développement opposée aux tentations autonomistes du PCR. L'UMP tient la région depuis 2010 et plusieurs villes comme Saint-Pierre, avec le sénateur-maire Michel Fontaine.

Le centre droit est représenté par l'UDI, aux commandes du département et de plusieurs villes comme le turbulent Thierry Robert, député-maire de Saint-Leu avec le LPA (La Politique Autrement). Le FN est peu présent localement. Au scrutin européen de 2014, l'île n'a pas connu la vague bleue marine. Le parti est arrivé 4e, derrière le PS, l'UMP et le parti DVG du député réélu, Younouss Omarjee. Puis vient une multitude de partis, groupusculaires ou dissidents de grands partis comme celui d'Hughette Bello, ex député-maire de Saint-Paul et ex-PCR.

Enjeux actuels

A la Réunion comme ailleurs, c'est l'économie qui focalise l'attention. Aux handicaps structurels de la Réunion, comme son isolement et sa forte démographie, s'ajoute la crise économique qui perdure en 2015. Passée d'un système colonial et agricole dans les années 1950 à une économie moderne aujourd'hui, ce sont d'abord les revendications d'égalité qui ont porté les avancées sociales et économiques durant toute cette période de « rattrapage ». Le franc CFA a disparu en 1976, le SMIC a été aligné sur la métropole en 1996, le RMI en 2002, ainsi que toutes les autres prestations sociales... Pendant ce temps, des centaines d'écoles, hôpitaux, routes ont été bâties afin d'amener la Réunion et ses charrettes à bœufs des années 1950 aux autoroutes numériques d'aujourd'hui.

Mais parallèlement au fulgurant développement économique sont apparues des inégalités sociales massives, accentuées par la crise actuelle, avec un chômage de 30 % en moyenne et de 60 % chez les jeunes de moins de 25 ans, en nombre grâce à une natalité vigoureuse. A cela s'ajoute ce qu'on appelle « la vie chère » qui n'a rien de conceptuel car presque tout est plus cher à la Réunion à part les mangues et les bananes. Les loyers sont parmi les plus élevés de France, les voitures coûtent 30 % plus cher (et il n'y a pas d'alternative pour se déplacer, donc travailler), l'alimentation entre 0 et 100 % de plus suivant les produits. Le *low cost* est quasiment absent, que ce soit en matière de téléphonie, d'internet, d'aérien, ou de supermarchés discount.

Plusieurs mouvements sociaux ont causé blocages et violences urbaines depuis 2009, les jeunes revendiquent des emplois aidés, les professionnels des baisses des charges, les transporteurs des aides pour les carburants, les associations des aides sociales, les lobbies du BTP la reprise des grands travaux... Sans que les choses ne bougent vraiment ni que l'on ne sache réellement ce que l'avenir réserve à la Réunion. Comme l'octroi de mer, hérité de l'époque coloniale et qui renchérit les prix, les subventions européennes sur le prix du sucre qui maintiennent la filière et ses emplois, la surrémunération des fonctionnaires, à 50 % originaires de métropole ou encore les niches de défiscalisation immobilière. Toujours est-il que les réponses apportées sur le terrain – comme les listes de produits à prix négocié dans les chariots types – semblent insuffisantes pour contenir la montée de la colère générale.

L'autre grand enjeu politique, qui dépasse les clivages traditionnels, est la question des transports. Une problématique éternelle de la Réunion, intimement liée au relief de l'île et à sa densité de population (équivalente à celle du Japon), qui a toujours nécessité des investissements faramineux en infrastructures. Dans les années 1990 et 2000, ce fut la route des Tamarins, dans l'Ouest, au coût total proche de 1 milliard d'euros, qui concentrait les débats et les ressources. Pendant les années 2000, c'est le tram-train, qui devait relier Sainte-Marie à Saint-Paul pour 1,6 milliard d'euros, dont les travaux devaient débuter en 2010 mais qui fut finalement avorté. Dans les années 2010, c'est la Nouvelle Route du Littoral qui doit être construite, en réutilisant le budget du tram-train. Le 20 décembre 2013, le premier accropode est symboliquement posé à la Possession, brique de base de la réalisation des digues. Cette nouvelle route de 12,5 km doit aboutir en 2018. Mais en 2015, le nombre de carrières exploitables pose toujours problème faisant de l'import de 250 000 tonnes d'andains de Madagascar une nécessité. Nul doute que le sujet est loin de s'épuiser !

Économie

La Réunion a une économie de pays riche, du niveau des pays occidentaux développés. Mais elle est cependant le 3e département français au PIB/habitant le plus bas, devant la Guyane et Mayotte. Îlot de richesse dans un océan de pauvreté comme les autres DOM-TOM, la Réunion doit faire face à des problématiques propres à sa géographie, comme son isolement et son relief, à sa démographie, très dynamique, et à son statut de pays riche, avec des coûts de production élevés alors qu'elle est entourée de pays à faible coût de main-d'œuvre.

Une économie en rattrapage. La Réunion suit globalement l'évolution économique de la métropole avec un certain retard, qu'elle « rattrape » en permanence depuis soixante ans. La Réunion a vécu une croissance de son PIB deux fois plus forte qu'en métropole, mais en partant de plus bas. Ce rattrapage est en grande partie dû à la France et à l'Europe, qui font intervenir solidarité nationale et internationale comme elles le font pour n'importe quel autre département ou région à la traîne. Certes, l'économie réunionnaise reste dépendante de la solidarité nationale et européenne – l'Etat contribue à hauteur de 30 % du PIB – mais c'est le cas de nombreuses autres régions. L'Etat intervient par divers aménagements fiscaux et réglementaires spécifiques au Dom-Tom, ainsi que par l'investissement en services publics et la commande publique. Tandis que l'Europe, dont la Réunion fait partie intégrante tout comme elle fait partie intégrante de la France, octroie diverses subventions au titre de son appartenance à une région ultra-périphérique ou « RUP ».

En 1975, le franc CFA est aboli au profit du franc français. En 1996, le SMIC est aligné sur celui de la métropole, en 2002 c'est le RMI et le passage à l'euro. La Réunion vit aujourd'hui à l'ère du wifi et des smartphones, avec encore un léger décalage par rapport à la métropole.

Une crise simultanée. Directement liée à la métropole, l'économie locale fluctue au gré des périodes de croissance et de crise de l'économie française et mondiale. Et la crise mondiale qui se prolonge depuis 2007 n'a pas épargné la Réunion, handicapée par les mêmes facteurs qu'en métropole… En pire, auxquels se rajoutent les spécificités de l'île. Ainsi la France se distingue par un niveau de dépenses publiques dépassant tous les records mondiaux, une fonction publique défaillante bien que pléthorique et une classe politique à la probité contestée. Or à la Réunion, la fonction publique est encore plus importante, la fiscalité encore plus lourde et complexe et le népotisme politique local exacerbé. Quant aux services publics, qu'il s'agisse de transports, d'entretien des voiries ou d'administration, ils sont insuffisants ou bien moins efficaces, malgré des salaires souvent bien supérieurs. Il faut parfois jusqu'à un an de plus pour obtenir un document aussi crucial qu'un avis d'imposition, un permis de construire, un passage au permis de conduire, un changement d'adresse…

Spécificités locales. Comme pour d'autres Dom-Tom, la transition démographique de l'île n'est pas achevée : la médecine moderne a bien diminué la mortalité au niveau de la métropole, mais la fécondité est encore légèrement supérieure et surtout sa baisse est récente. Résultat : la population active est jeune, en augmentation, et afflue sur le marché du travail où les nouveaux emplois sont insuffisants malgré une économie très dynamique. Ajoutez à cela le faible niveau de formation (22 % de la population est illettrée et un tiers n'a aucun diplôme), la pénurie de logements, les problèmes de transports… Voilà un cocktail infernal qui handicape l'ensemble de l'économie. Ainsi, on ne s'étonne plus de la croissance stagnante, de la faible rentabilité des entreprises, du taux de chômage galopant (29 %, soit trois fois plus qu'en métropole, et 55% dans certaines villes !) et des bas salaires (hors exceptions catégorielles).

La plupart des pans de l'économie réunionnaise sont à la peine, y compris ceux lourdement subventionnés ou tirés par la commande publique (comme la canne à sucre, le BTP ou le tourisme). Le secteur cannier attend avec inquiétude la reconduction des aides attribuées jusqu'en 2017, le BTP s'effondre comme en métropole et attend la relance de grands travaux publics, comme la Route du Littoral. Le tourisme subit des problématiques communes aux autres Dom-Tom. En conséquence de ces handicaps économiques (mais cela existe aussi quand la croissance est là), le travail au noir est très répandu ainsi que les activités agricoles non déclarées et la vente de *zamal* (cannabis), même si ces actes sont de plus en plus sévèrement punis. Les jeunes diplômés émigrent en masse vers des cieux plus cléments, principalement la métropole où ils bénéficient d'aides de la Région et depuis plus récemment vers Londres, le Canada ou l'Australie. L'exil est en effet accompagné et encouragé depuis les années 60 avec le programme BUMIDOM jusqu'aux dispositifs CNARM et de l'ANT aujourd'hui, afin d'y trouver emploi et expérience, mais le retour n'est pas toujours facile…

Différences de richesse. Les différences de richesse à la Réunion sont plus fortes qu'en métropole mais surtout plus flagrantes. Les riches sont aussi riches, mais les pauvres bien plus nombreux : 29 % de chômeurs, 16 % d'allocataires du RSA. Le taux de chômage des moins de 25 ans atteint même 60 %, sans compter les chômeurs n'ayant jamais travaillé, les fins de droits, les sans statut... La classe moyenne-supérieure, réduite mais privilégiée, est constituée en grande partie de fonctionnaires, ainsi que professions libérales, professions réglementées... dont les revenus sont définis par les pouvoirs publics. A des salaires légèrement inférieurs, commerçants et employés occupent la plus grande partie des emplois, suivis d'un bon nombre d'agriculteurs. Le niveau de revenu moyen correspond à celui de la France rurale, mais ce n'est qu'une moyenne ne reflétant pas les disparités : 42 % de la population vit sous le seuil de pauvreté, trois fois plus qu'en métropole.
La misère s'isole dans les Hauts, dans des cases en tôle au milieu de champs de canne où de vieux agriculteurs vivent chichement sans eau ni électricité. L'arrivée du RMI, devenu RSA, a été une bonne chose pour les petits paysans des Hauts. Une misère différente se loge dans certains quartiers urbains déshumanisés dits « sensibles » (Le Port, le Chaudron, Saint-Louis) et se manifeste par la violence, le désœuvrement et les trafics en tout genre. Elle a la même forme que dans nos cités métropolitaines : urbanisme inadapté et ségrégation sociale dans un mauvais contexte socio-économique. Toutefois si chômage et manque de perspectives sont plus importants qu'en métropole, la composante communautaire du problème est moins présente, même si le racisme existe ici aussi comme partout. De même pour l'urbanisme, plus dispersé et moins oppressant que les grands ensembles métropolitains. Cela n'empêche malheureusement pas les émeutes, qui éclatent sporadiquement avec poubelles brûlées et jets de pierres. Les revendications sociales, elles, sont plutôt portées par des intérêts catégoriels défendant leurs situations : fonctionnaires, dockers, transporteurs, gérants de stations-services organisent régulièrement des mouvements sociaux. A l'inverse, la richesse s'affiche, belles voitures et villas de luxe à l'appui, quand il s'agit de la côte ouest, sa frime et son strass : Boucan, L'Ermitage... Les familles de la grande bourgeoisie créole, disséminées dans toute l'île, préfèrent des demeures dans des propriétés plus discrètes, fermées par un « barreau » (grille d'entrée) dont la finesse de l'ornement est un indice de l'opulence du propriétaire... Entre les deux, la classe moyenne vit souvent en appartement et rêve d'une « case à terre » (maison de plain-pied) avec jardin, garage pour deux voitures et si possible, une piscine !

Principales ressources

Production agricole. La canne à sucre est l'une des principales ressources de l'île (près de 2 millions de tonnes par an, 12 000 emplois). Elle représente 50 % des exportations de La Réunion, soit 150 millions d'euros par an. L'île est le premier producteur européen. Mais bien plus que ça, avec 58 % des surfaces cultivées, la canne a façonné la personnalité de La Réunion, a modelé ses paysages et joué un rôle primordial dans l'histoire et la culture réunionnaises. Les quotas sucriers, des aides de l'Etat et l'Europe pour la production sucrière dans les DOM, pourraient être stoppés en 2017, une épée de Damoclès inquiétant toute la filière.

Le développement du marché agro-alimentaire intérieur est une des plus belles réussites économiques de l'île. La filière animale produit porcs, vaches, volailles, ce qui a permis de préserver des emplois dans les Hauts, qui font vivre quelque 4 000 familles. Les autres productions agricoles réduisent la dépendance aux importations : fruits, légumes, élevage et pêche assurent ainsi plus de 300 millions d'euros de revenus par an. Saviez-vous que l'on produit du vin, du fromage et même du foie gras sous les tropiques ? Résultat : La Réunion est autosuffisante en porc et œufs, produit 30 % du bœuf et 65 % des volailles qu'elle consomme.

La pêche est autant une source de nourriture, avec la pêche artisanale côtière, qu'une source de devises, avec les navires industriels de haute mer de toute la ZEE (Zone économique exclusive) française. En effet, celle-ci comprend l'espace maritime autour de La Réunion mais aussi les immenses zones de pêche des nombreuses possessions françaises de l'océan Indien (Juan de Nova, Tromelin...) et des TAAF (Kerguelen, Crozet...). Au total, une surface plus importante que la ZEE de la France métropolitaine ! L'outre-mer permet d'ailleurs à la France de détenir le 2e plus grand domaine maritime du monde après les Etats-Unis. Toutefois malgré ce potentiel, les licences sont attribuées à des équipages étrangers, La Réunion n'ayant pas de pêcherie industrielle.

Les plantes aromatiques, comme la vanille, le géranium, le vétiver, sont en déclin mais représentent encore 250 ha et 144 emplois. Répandues dans les Hauts de l'Ouest depuis près d'un siècle, les huiles essentielles produites sont reconnues parmi les plus fines du monde et exploitées par les plus grandes parfumeries. Certaines valent plusieurs dizaines de milliers d'euros au litre ! Dans les années 1960, La Réunion était le premier producteur mondial d'huile de géranium. Mais avec la concurrence internationale, la grande majorité des agriculteurs a fini par abandonner cette culture, trop spéculative, pour se tourner vers la canne à sucre, une valeur sûre.

Une activité industrielle faible. La Réunion est peu industrialisée : seuls 23 % des actifs sont dans le secteur secondaire, dont 75 % dans le BTP. Les groupes de construction ont le vent en poupe, au vu de la tension sur le marché immobilier et les grands travaux routiers : les bétonneurs ont de beaux jours devant eux, même si les dernières années sont difficiles. Côté industrie, hormis quelques activités de transformation destinées au marché local, pas grand-chose. Toutefois, avec leurs usines géantes et leurs énormes machines, les sucreries et distilleries qui transforment la production agricole de l'île (canne à sucre) en rhum et en sucre pourraient être qualifiées d'industrielles. L'histoire industrielle réunionnaise remonte alors au XIXe siècle, quand l'île comptait des centaines de sucreries. Aujourd'hui, seules 2 unités (géantes) subsistent.

Une économie de services. L'économie réunionnaise est dominée par le vaste secteur des services, à commencer par le fonctionnariat, principal pourvoyeur d'emplois, et encore plus pour ce qui est des apports à l'économie car les fonctionnaires bénéficient d'une surrémunération d'environ 53 %. L'économie locale en dépend, ces salaires étant dépensés en bonne partie sur le marché réunionnais, la moitié des fonctionnaires étant originaires de La Réunion. Mais le revers de la médaille est que le coût de la vie, plus élevé qu'en métropole, est défini en fonction de ces salaires, pourtant loin d'être représentatifs du revenu moyen par habitant.

Les autres grands secteurs pourvoyeurs d'emplois sont la grande distribution et l'automobile. Rien d'étonnant, sachant que La Réunion importe 5 milliards d'euros de biens par an, mais exporte pour seulement 300 millions. Les hypermarchés poussent comme des champignons, aidés par les municipalités qui multiplient les subventions pour les attirer. Parmi les autres secteurs d'activités : les services à la personne, les services de communication et le tourisme. En revanche, contrairement au public, les salaires moyens dans le privé sont plus faibles qu'en métropole, de nombreuses conventions collectives ne s'appliquant pas et la tension sur le marché de l'emploi étant défavorable aux salariés.

Place du tourisme

Des atouts formidables. L'île a pour attraits son climat tropical, la diversité de ses paysages et de ses habitants, et son appartenance à la France. La beauté de son patrimoine naturel et culturel et la variété d'activités auxquelles se prête La Réunion attirent tous types de touristes. Certains sont à la recherche de nouvelles expériences sportives, d'autres sont en quête d'exotisme, de tourisme vert ou thermal, ou encore de farniente balnéaire. Lagons, montagnes, volcan, cultures... Peu d'îles tropicales possèdent une telle variété d'atouts. Département français, La Réunion offre en outre aux métropolitains la possibilité de partir à l'autre bout du monde sans quitter leur pays, sécurité et niveau de vie inclus.

Une croissance en panne. La Réunion a accueilli 200 000 touristes en 1990, 394 000 en 2000, soit un chiffre qui a explosé en 10 ans. Mais depuis ce chiffre stagne et a subi une grave crise en 2006 lors de l'épidémie de Chikungunya, où il est tombé de 450 000 en 2005 à 290 000 l'année suivante. Depuis, les visiteurs sont revenus peu à peu, mais il a fallu attendre 2011 pour dépasser le niveau de 2005 avec 470 000 visiteurs. La Réunion a notamment profité d'une meilleure publicité, avec son inscription au patrimoine mondial de l'Unesco en 2010, mais également avec le report important des touristes français vers l'outre-mer en raison des révolutions arabes. L'embellie n'a été que de courte durée puisqu'en 2012, le nombre de touristes a chuté de 5,3 %, puis de 6,8 % en 2013, et de 2,5 % en 2014. La crise requin qui résonne à la Réunion depuis 2011 a eu son impact sur cette affluence touristique en berne, mais masque des problèmes structurels bien plus profonds. En 2014, le nombre de touristes s'élevait à 405 700.

Des handicaps structurels. Le développement touristique de l'île souffre de plusieurs handicaps : en premier lieu, son éloignement géographique et le coût des transports, en comparaison avec d'autres marchés comme les Antilles. Le prix des billets d'avion métropole-Réunion oscille entre 700 et 900 € en période creuse, mais atteint allègrement 1 600 € en haute saison. Dans ces conditions, la Réunion ne concurrence pas des destinations tropicales comme Saint-Domingue, par exemple, avec ses formules à 500 €, comprenant billet et hébergement.

Une insuffisante ouverture sur l'extérieur. Le tourisme est composé à 80 % de Français, rendant la Réunion essentiellement dépendante de ce marché. En effet, aucune compagnie européenne ne se pose à la Réunion, hormis les 4 compagnies françaises qui se partagent un marché captif où la concurrence n'est pas le maître mot. Inversement, la compagnie locale Air Austral ne dessert aucune destination en Europe, sauf la France. Il n'y a donc aucune liaison aérienne entre la Réunion et ses marchés touristiques, sauf la France. Les rares étrangers qui débarquent à la Réunion arrivent le plus souvent par hasard, après avoir sillonné une bonne partie de la planète, tandis que les Français viennent plutôt voir de la famille ou des amis. En effet, en métropole, tout le monde a entendu parler de la Réunion, alors que dans le reste du monde, pratiquement personne ! Les Réunionnais s'en rendent compte en partant à l'étranger...

Ainsi, la Réunion dispose d'une seule représentation touristique à Paris, près des Champs-Elysées, malheureusement très peu attractive, et aucune dans le reste du monde. En même temps, l'île compte bien une vingtaine d'offices de tourisme municipaux, intercommunaux, annexes incluses, souvent peu fréquentés. Il faut dire que le secteur du tourisme, qui pèse 840 millions d'euros, est alimenté en majorité par les Réunionnais eux-mêmes ! L'argent tourne donc en rond dans l'île et seuls 350 millions proviennent du tourisme extérieur.

De nombreux autres handicaps freinent l'ouverture de l'île, comme le faible niveau en anglais dans les hôtels, l'absence de bureau de change jusqu'en 2013 ou encore la conception même de la compagnie aérienne locale Air austral, qui fait voyager les Réunionnais sur plusieurs continents, alors qu'une compagnie comme Air Mauritius sert prioritairement à faire venir les touristes à Maurice... La communication à destination des marchés extérieurs fait l'objet de budgets minimes, notamment à l'étranger. Or, La Réunion manifeste un besoin primordial de vendre son image à l'extérieur.

La part des touristes étrangers augmente néanmoins, même si nos voisins de l'océan Indien en fournissent le plus grand nombre. Les étrangers provenant de l'UE représentent 5 % des touristes, venus principalement d'Allemagne, de Suisse, de Belgique et de Scandinavie. Les autres touristes étrangers (9 %) proviennent surtout de Maurice, de Madagascar et d'Afrique du Sud, et ont d'autres freins pour venir, comme les visas et les conditions requises par la PAF, bien plus pointilleuse qu'en métropole. Il n'est pas rare que des étrangers non européens se fassent refouler à leurs frais pour des détails administratifs, alors qu'ils étaient venus pour dépenser leur argent à la Réunion. Il est vrai qu'il est difficile de comprendre pour un étranger à qui on dit que la Réunion c'est la France et qui accède facilement à un visa pour la métropole, qu'il n'en est pas de même ici ; en effet, la Réunion fait partie de l'Europe, mais pas de l'espace Shengen. La grande crainte des autorités (parisiennes, puisque c'est là que cela se décide) étant que la Réunion devienne une tête de pont de l'immigration clandestine, ce qui est le cas d'autres régions d'outre mer. Or ces touristes, d'une part sont souvent très riches, d'autre part il n'y a aucune communauté pour les accueillir puisque les indiens et chinois représentent chacun 0,05 % de la population réunionnaise ! Au final après 22 ans de palabres les touristes sud-africains sont autorisés à visiter l'île depuis 2013 et les Indiens et Chinois depuis 2014. Il ne reste plus qu'à les attirer ici ! Si le nombre total de touristes chinois se limite aujourd'hui à seulement quelques dizaines, cela pourrait toutefois changer rapidement avec l'ouverture prévue à Saint-Philippe d'un hôtel de luxe financé à 100 % par des investisseurs chinois.

Un tourisme affinitaire. A La Réunion, le touriste est hébergé chez des parents ou des amis dans 50 % des cas. Ces touristes « affinitaires » restent en moyenne 3 semaines, contre 12 jours pour les autres, et, s'ils ne sont pas chez l'habitant, recherchent des hébergements peu chers. Les autres touristes logeant en hébergement dit « marchand » se répartissent, dans l'ordre, entre les hôtels

Plage de Grande-Anse.

(25 %), les locations saisonnières (15 %), et les chambres d'hôtes et divers gîtes (10 %). Les grosses structures sont peu nombreuses : il n'y a que 50 hôtels, dont seulement 4 de plus de 100 chambres. Soit un total de lits disponibles environ 4 à 10 fois moins élevé que des îles comme Maurice, la Guadeloupe ou Saint-Domingue. Le tourisme à la Réunion est ainsi très peu structuré et fourmille de milliers de petites structures de quelques chambres. Difficile, dans ce contexte, de s'associer afin de peser sur les marchés internationaux.

Actions et espoirs. Le tourisme, qui n'était pas vraiment la priorité du PCR, stagne depuis l'an 2000. Il a été mis en avant dans le programme de Didier Robert (UMP), devenu président de la Région en 2010, ce qui s'est traduit par des changements certains, mais pas de francs résultats. Ainsi, des têtes ont sauté, comme celle de Pierre Vergès qui dirigeait le Comité du Tourisme de la Réunion, rebaptisé IRT (Ile Réunion Tourisme). A sa présidence a été nommée en 2011 la chanteuse-auteur-compositeur-député-sénatrice Jacqueline Farreyrol, puis remplacée en 2014 par Patrick Serveaux, premier professionnel du tourisme à la tête de l'IRT depuis plus de 10 ans. En 2011 également, l'IRT déménage dans des locaux flambants neufs et augmente son budget, avec des salariés rémunérés en moyenne 4 000 € par mois. Malgré cela, le budget global reste 10 fois inférieur à celui de son homologue mauricien. Du côté d'Air Austral, en difficulté financière, le président fondateur Gérard Ethève, en place depuis 1974, a été débarqué en 2012 tandis que la plupart des lignes long-courriers ont été fermées et les projets de l'Airbus A380 abandonnés. Sauvée par une recapitalisation à base d'argent public, elle est tirée d'affaire en 2014 et relance la ligne Réunion-Seychelles.

Parmi les actions engagées, citons les subventions à la rénovation ou la montée en gamme de nombreux établissements, la multiplication des actions de promotion en province, la rénovation des principaux musées, l'agrandissement des deux aéroports internationaux, ou encore les palabres interminables pour faciliter les démarches douanières des touristes chinois, indiens ou encore sud-africains, qui ont enfin abouti en 2014. Citons aussi la création d'Iles Vanilles, réunissant dans un organisme officiel les acteurs touristiques de la Réunion, Maurice, Madagascar, Seychelles, Mayotte et des Comores (www.ilesvanille.com). Côté résultats, la baisse est marquée depuis 2011, mais elle est attribuée à la crise requins et à la crise économique en général. Toutefois la Réunion est très loin de ses objectifs et de ses capacités, puisque le comité du tourisme prévoyait 600 000 touristes à l'horizon 2005, objectif repoussé à 2015, puis encore repoussé, mais cette fois, on s'est bien gardé de fournir une date !

Population et langues

POPULATION

Démographie et évolution

La Réunion comptait 843 617 habitants au 1er janvier 2015, selon les dernières estimations de l'INSEE. C'est le plus peuplé des départements d'outre-mer et le 25e de France. Avec une densité de 334 habitants par km², soit 3 fois plus qu'en métropole et autant qu'au Japon, les zones résidentielles de La Réunion sont d'autant plus concentrées que 80 % de la population habite sur le littoral, où la densité atteint 1 000 habitants au km², soit autant que la région parisienne. L'intérieur de l'île est faiblement habité.

De 6 enfants par femme dans les années 1960, on est passé à 2,36 enfants par femme aujourd'hui, c'est-à-dire un taux presque idéal de renouvellement des générations, situant La Réunion en deuxième position des départements français en terme de fécondité, derrière la Guyane (3,5). Toutefois le taux de fécondité chez les mineures reste 7 fois plus important qu'en métropole.

Migrations Réunion – Métropole

78 500 habitants sont nés hors de La Réunion (dont 51 790 en métropole), un effectif qui s'accroît rapidement. A l'inverse, environ 200 000 personnes nées à La Réunion vivraient en métropole, un chiffre qui augmente assez rapidement lui aussi. Les mouvements de population sont nombreux et plutôt stables puisque l'INSEE recense autant de départs en métropole que d'arrivées de métropole entre 2001 et 2007, soit environ 35 000 personnes. Seul bémol, les arrivants dans le département sont en moyenne plus âgés que les sortants. Près d'un tiers (31 %) des sortants ont entre 18 et 24 ans, alors que plus de 60 % des arrivants ont entre 25 et 59 ans.

Problèmes en vue

Le taux de fécondité actuellement de 2,36 enfants par femme assure le renouvellement des générations, mais n'empêche pas la fin de la résorption de la forte natalité des années 1960 sur la pyramide des âges. C'est-à-dire que la population va continuer d'augmenter pendant cette décennie, pour se stabiliser vers 2030 avec un million d'habitants.

Chômage et surpopulation en perspective

Les prévisions démographiques prévoient plus d'un million d'habitants en 2020. Il faut donc construire d'ici là, 250 000 logements, créer 300 000 emplois, des kilomètres d'autoroutes et de transports en commun, et s'attendre à payer des retraites énormes, mais moins d'écoles : en 2020, la population réunionnaise commencera déjà à vieillir...

Et si La Réunion était trop peuplée, et certaines zones de France pas suffisamment ? Certains esprits sordides y ont pensé dans les années 1960. Michel Debré aurait ainsi fait « déporter » 1 630 enfants réunionnais entre 1963 et 1982, arrachés à leur famille ou orphelins afin de repeupler la Creuse. Appelés les « enfants de la Creuse », les victimes de cet exil forcé ont porté plainte contre l'Etat en 2005. En 2014, l'Assemblée nationale reconnaît la responsabilité morale de l'Etat dans cette migration forcée. Une résolution parlementaire à l'initiative de la députée réunionnaise Ericka Bareigts.

Répartition

La plus grande ville de La Réunion (et de l'outre-mer) est Saint-Denis, au nord de l'île. Avec près de 150 000 habitants, la préfecture de la Région est un véritable pôle d'attraction de l'océan Indien. Les zones les plus urbanisées de l'île sont situées entre Saint-Denis et Saint-Pierre pour la côte Ouest, et entre Saint-Denis et Saint-Benoît côte Est. Le pourtour de l'île est parcouru par une route nationale le long de laquelle villes et villages se développent. Les communes les plus peuplées après Saint-Denis sont Saint-Paul (103 000 habitants), Saint-Pierre (77 000 habitants), et Le Tampon (72 000 habitants). Mais cette répartition par commune ne reflète pas vraiment la taille des villes, car chaque territoire communal regroupe plusieurs villes et villages. Par exemple, Saint-Paul, une des plus grandes communes de France, englobe Saint-Paul centre, Saint-Gilles (l'Ermitage, les Hauts, les Bas), La Saline (les Hauts, les Bas) et des tas de petits villages plus ou moins enclavés dont il est difficile d'estimer la population. Saint-Pierre est secondée par Le Tampon, qui est presque sa banlieue résidentielle, et cumule en tout près de 150 000 habitants : on peut donc la considérer comme la deuxième agglomération la plus peuplée de l'île.

La majorité de la population gravite autour des deux grands pôles : au Nord, on s'entasse sur Saint-Denis, Sainte-Marie et Sainte-Clotilde, au Sud, sur Saint-Pierre et Le Tampon. L'Ouest, région touristique et ensoleillée, s'organise autour des agglomérations du Port, Saint-Paul, Saint-Gilles, Saint-Leu. L'Est, essentiellement agricole, gravite autour de Saint-André (52 000 habitants) et Saint-Benoît (35 000 habitants).

Tout ce qui n'est pas près du littoral est considéré comme les Hauts. Plus on gagne en altitude, plus la population est rurale. Impossible de donner des chiffres, puisque chaque village des Hauts dépend d'une ville des Bas. Les plus gros villages de Hauts sont presque des villes : Trois-Bassins, Saint-Gilles-les-Hauts, Les Avirons, Le Tampon disposent de véritables centres-villes urbanisés. Les plus petits villages, des groupes de quelques habitations, sont nommés « îlets ». Ils ne se composent parfois que de quelques habitations familliales, perchées au bord d'une falaise, ou nichées au fond d'une vallée, entre rempart et rivière. A l'intérieur de l'île, les trois cirques sont habités. Salazie est le plus peuplé avec ses 8 000 habitants et sa route qui relie le village de Salazie à la quatre-voies en 20 minutes. Ses habitants gravitent autour de trois villages importants, Salazie, Hell-Bourg et Grand-Ilet, et quelques autres îlets. Cilaos, plus isolé, se gagne depuis Saint-Louis en plus d'une heure par une route tortueuse, soit près de 2h30 de route depuis Saint-Denis. La ville de Cilaos est assez importante et regroupe presque toute la population du cirque (estimée à 6 000 habitants). Mafate, enfin, ne possède pas de route carossable : on ne s'y rend qu'à pied ou en hélicoptère. 800 habitants se répartissent dans plusieurs villages, le principal étant La Nouvelle. Les Hautes Plaines sont peuplées de quelques milliers d'habitants avec les villes de La Plaine-des-Cafres et de La Plaine-des-Palmistes. On trouve également plusieurs villes d'importance entre Saint-Pierre et Saint-Benoît en faisant le tour du volcan : Saint-Joseph (35 000 habitants), Saint-Philippe (5 100 habitants). Les zones désertiques de La Réunion sont bien sûr le volcan, la forêt de Bébour-Bélouve et, en gros, toutes les zones situées à plus de 1 500 m d'altitude.

Communauté

D'après la loi française, il est formellement interdit de recenser les ethnies. Cela serait de toute façon impossible à La Réunion, la population étant bien trop métissée pour être « catégorisée ». La diversité est si ancienne que l'on ne s'étonne plus de voir deux parents blancs mettre au monde un enfant noir ou inversement. Pour se donner un ordre d'idée, mais sans aucun préjugé racial, des estimations ont compté environ 45 % de Cafres (les Noirs), 25 % de Malbars (Indiens tamouls), 15 % de Créoles blancs, 10 % de Zoreilles (métropolitains), 3 % de Chinois, 3 % de Zarabes (Indiens musulmans). Quant aux religions, nous n'avons encore que des estimations. Si on leur demande à quelle religion ils adhèrent, les Réunionnais sont, dans l'ordre, essentiellement chrétiens, hindouistes et musulmans. On trouve une petite proportion de juifs, bouddhistes et autres.

La répartition géographique est plus facile à évaluer, mais jamais mono-ethnique. Pas plus de quartiers noirs que de quartiers blancs, mais une prépondérance localisée de certaines ethnies suivant les régions. Les Zoreilles sont très présents dans l'Ouest, les Malbars dans l'Est, les Yabs (Petits Blancs des Hauts) et Cafres dans les Hauts et les cirques. Les Chinois et les Zarabes vivent un peu partout.

Les métissages de La Réunion sont enracinés dans une histoire bigarrée et tumultueuse. Inhabitée jusqu'en 1646, l'île fut d'abord peuplée de colons blancs français et d'une population déportée d'Afrique de l'Est et de Madagascar, esclaves recrutés pour œuvrer dans les plantations (les « Cafres »).

DÉCOUVERTE

Cafres, Blancs et Créoles blancs. Les descendants des grands exploitants blancs sont nommés « Gros Blancs », par opposition aux « Petits Blancs » ou « Yabs des Hauts », petits propriétaires ruinés par les crises successives du XIXe siècle, partis chercher un meilleur avenir dans les Hauts. L'importation massive d'esclaves de Madagascar et d'Afrique de l'Est se prolonge jusqu'à l'arrivée des Anglais en 1810. Aujourd'hui, les Cafres et les Créoles blancs ou métissés constituent l'essentiel de la population réunionnaise, décrivant toute une gamme de « couleurs », du noir d'ébène au roux « gardien volcan ».

Malbars. Après l'abolition de l'esclavage en 1848, le métissage s'amplifie et se diversifie avec l'arrivée de travailleurs indiens « engagés », provenant de la côte Malabar (l'actuel Tamil Nadu) et recrutés, moyennant un salaire modique et selon un système proche de l'esclavage, pour travailler sur les plantations : c'est « l'engagisme ». Plus de 100 000 Malbars (terme familier désignant les Indiens hindous) débarquent sur l'île entre 1848 et 1882 (date de l'interdiction du recrutement des engagés), ainsi que des engagés venus de Bombay ou Calcutta.
Leur intégration à la population réunionnaise à la fin du XIXe siècle est une histoire longue et douloureuse, ponctuée de désertions et de révoltes. Nombre d'entre eux furent notamment contraints de se convertir à la religion catholique. Mais ils n'oublièrent pas pour autant leurs coutumes et la plupart sont encore à la fois hindous et chrétiens. Ils sont très implantés dans l'Est, où beaucoup de temples sont bâtis au bord des rivières, l'eau étant un élément sacré. Saint-André est leur fief, il y a même un lieu de culte au milieu de la quatre-voies en guise de bienvenue. Beaucoup de descendants d'« engagés » vivent également à Saint-Louis, ou se trouve un *ashram,* et Saint-Pierre.

Zarabes. Les musulmans d'Inde ont échoué sur l'île pour se lancer dans le commerce des textiles. Ils sont appelés « Zarabes », bien qu'ils ne soient pas du tout arabes, mais indo-musulmans ; des habitants de la région du Gujarat à l'extrême Ouest de l'Inde, une région côtière proche de l'actuel Pakistan. Ces Indiens musulmans sunnites viennent à la Réunion pour différentes raisons. D'abord pour des motifs économiques : à partir du XIXe siècle, ces agriculteurs d'origine s'installent dans le commerce du tissu. Ils se sont d'abord établis dans l'artère principale de la ville, actuellement la rue Maréchal-Leclerc, puis ils ont ouvert de petits magasins dans tous les quartiers de Saint-Denis. Il s'agit de l'une des communautés les plus riches de l'île, qui domine aujourd'hui des pans entiers des secteurs de la distribution, du textile et du tourisme. Alors qu'ils avaient la réputation de rester repliés sur leur communauté (tout comme les Zoreilles et les Chinois), ils s'ouvrent aujourd'hui de plus en plus au métissage. Ils gardent des contacts étroits avec l'Inde où ils se rendent souvent.

Chinois. Les Asiatiques, surtout des Chinois originaires de Canton, sont arrivés aussi pour le commerce au XIXe siècle. Ils représentent moins de 1 % de la population, nombre d'entre eux se sont également convertis au catholicisme sans pour autant cesser de fêter le Nouvel An chinois. Ils tiennent la traditionnelle boutique du village des Hauts, ou bien d'autres commerces en ville, surtout des restaurants et des épiceries. Quelques grandes familles sont également positionnées dans des secteurs clés de l'économie ou de l'administration. La diaspora chinoise est aussi bien implantée en métropole que dans beaucoup de DOM-TOM.

Zoreilles. Il y a encore quelques années, les zoreilles représentaient l'immigration la plus récente. Attirés par le fonctionnariat « surrémunéré », le soleil et la perpective d'une autre vie, les métros n'ont cessé d'affluer depuis 1950. L'île compterait 10 à 15 % de zoreils, certains présents depuis des décennies, d'autres de passage pour quelques années. Ils se concentrent dans la très cossue Région des Plages, surnommée « Zoreil-land », ainsi qu'à Saint-Denis. Ceux nés à la Réunion, ou bien les Créoles dont un des deux parents est zoreil, sont surnommés « zoréoles ».

Mahorais et Comoriens. L'immigration comorienne a commencé dès l'indépendance des Comores, en 1976, tandis que les Mahorais, restés français, sont arrivés en masse dans les années 1990 et 2000, notamment attirés par les prestations sociales avantageuses et chassés par le fort taux de chômage à Mayotte. Aujourd'hui, Mahorais et Comoriens représenteraient environ 5 % de la population et plus de 50 % des Mahorais de la Réunion seraient des mères célibataires. Encore victime de discriminations et de racisme, cette communauté, souvent appelée « les Komor », est la plus défavorisée de l'île, et ses membres souvent considérés de la même manière qu'ils soient de nationalité française ou comorienne. Et au sein même de cette communauté, Mahorais et Comoriens sont toujours divisés sur la question politique de Mayotte et ne s'entendent pas plus à la Réunion que dans l'archipel des Comores où ils forment des communautés souvent séparées.

Etrangers. Avec seulement 1,8 % d'étrangers, la Réunion est un des départements de France qui en compte le moins, bien que ce nombre ait doublé en 20 ans. Ils sont aux trois-quarts originaires de l'Océan Indien, principalement Malgaches, suivis des Mauriciens puis des Comoriens. Les autres étrangers sont si peu nombreux qu'ils en sont presque anecdotiques. Ainsi, Algériens, Marocains et Tunisiens ne totalisent que 400 personnes, autant que les Chinois et les Indiens, malgré leurs milliards d'habitants et les liens culturels. Enfin on compte quelques Belges et Suisses, ainsi qu'un contingent de kinésithérapeutes espagnols !

Patronymes

Payet (prononcez « payette »), Grondin ou Hoarau... Si vous cherchez quelqu'un portant un de ces trois noms, n'oubliez pas de préciser son prénom et sa commune. Non seulement ces noms de famille remplissent un nombre de pages record dans l'annuaire téléphonique de La Réunion, mais ils sont présents sur les plus grosses branches de l'arbre généalogique réunionnais. D'après le cercle généalogique de Bourbon, une des premières femmes à avoir foulé, vers 1663, le sol réunionnais, une Malgache de Fort-Dauphin du nom de Louise Sariane, serait l'ancêtre d'une bonne partie de la population de l'île.
Hypothèse difficile à avaler pour certains et qui fit quelques vagues... tout le monde n'acceptant pas d'avoir une arrière-arrière-arrière-grand-mère de couleur. Louise Sariane, épouse du premier Grondin, puis du premier Payet, aurait engendré 11 enfants, 117 petits-enfants et 652 arrière-petits-enfants ! Au début des années 2000, on retrouve les mêmes noms qu'aux débuts de la colonisation : Payet, Grondin, Hoareau, Boyer et Fontaine, ou encore Rivière, Hibon, Bernard, Técher, Maillot, et Dijoux.

LANGUE

Née à l'époque de la colonisation, comme seul moyen de communiquer entre les esclaves noirs et leurs maîtres blancs mais aussi entre esclaves eux-mêmes car ils venaient de pays différents, la langue créole emprunte l'immense majorité de son vocabulaire au français de l'époque et d'aujourd'hui, mais avec des syntaxes et des constructions verbales radicalement différentes, issues des langues d'Afrique de l'Est. D'autres créoles sont parlés dans le monde, notamment aux Antilles, à Haïti, aux Seychelles et à Maurice. Le créole est avant tout une façon de vivre et de voir les choses. Cette langue, sans cesse en mouvement, s'adapte aux circonstances et invente parfois des images cocasses (*Alon bat'caré :* « viens te promener », *Cari d'sous d'riz :* « faire quelque chose en douce », *Argent-braguette :* « allocations familiales »...).Parlée en privé, en famille ou dans le village, elle s'écarte du français, langue des situations formelles, de l'administration et de l'école. Car c'est avant tout une langue orale, une langue qui varie en intonations au gré des humeurs, de la personnalité et du lieu. On dit que les gens de Cilaos chantent en parlant. Un habitant de Saint-Benoît ne parle pas avec les mêmes expressions que celui de Saint-Pierre ou de Saint-Gilles. Un créole des Bas aura parfois du mal à comprendre les gens des Hauts. Et les *marmailles* ou *marmayes* (jeunes) comprennent de moins en moins bien les *gramounes* (personnes âgées). Longtemps oubliée dans l'éducation des enfants, au profit du français, langue de l'ascension sociale, elle reprend ses droits petit à petit, avec une renaissance culturelle actuelle et une promotion statutaire. Aujourd'hui, dans les écoles de Mafate, la première mission des professeurs est d'enseigner le français car nombreux sont les marmailles qui ne parlent que créole ! Quelques romans ont été publiés en créole, *Le Petit Prince* a même été traduit, mais ces ouvrages ont plutôt rencontré un succès d'estime, les lecteurs n'étant pas habitués à l'orthographe créole. En revanche, Tintin, traduit en 2008, a connu plus de succès. Le Centre dramatique de l'océan Indien (théâtre du Grand Marché à Saint-Denis), sous la direction d'Ahmed Madani, a adapté quelques grands classiques en créole, comme le *Médecin malgré lui* de Molière, devenu en 2003 *Dokter Kontroker !* On entend le créole en revanche sur toutes les radios, dans quelques émissions de télévison, et partout dans la rue.

Le créole sait aussi prendre une dimension poétique quand il s'allie au rythme du séga ou du maloya ou tout simplement dans les poèmes, qui sont une habitude courante. Langue orale et diverse, elle ne se codifie pas si facilement, mais on a vu apparaître récemment des dictionnaires français-créole. Depuis septembre 2002, une licence de créole menant à un CAPES est enseignée à la faculté, avec des disciplines telles que l'histoire, la lexicologie, l'anthropologie. Aux dernières élections régionales, on parlait déjà de suspendre ce concours... Au niveau de la syntaxe, le créole utilise des constructions de phrases d'origine africaine essentiellement. Pour ce qui est du vocabulaire, le français, en premier, fournit l'essentiel des mots. Pas seulement une version adaptée d'un français courant, mais beaucoup de mots du vieux français plus utilisés aujourd'hui ou alors dans un autre sens. Par exemple, *guetter* veut dire « regarder, observer », ou bien *rôder* signifie « chercher ». Une autre source importante est Madagascar : des mots comme *pouaké* dans *soley y pouak !* (« le soleil tape ! ») ou les bichiques, ces petits alevins de rivière, nous viennent de la Grande Ile, ainsi que de nombreux noms de lieux (Salazie, Mafate, Cilaos...). Enfin, quelques mots espagnols ont été intégrés : *virer* pour « tourner » ou tirer pour « prendre » et quelques-uns d'origine anglaise. Les créoles du monde sont tous différents, mais descendent tous du français, à part le jamaïcain et certains dialectes issus de l'espagnol. Ils sont tous issus de la cohabitation des premiers colons français des XVIIe et XVIIIe siècles, avec les esclaves africains. La Réunion, seule île des Mascareignes qui soit restée française, a développé un créole qui porte de nos jours beaucoup plus l'accent français que les autres créoles de l'océan Indien. Il est articulé et écrit avec le système phonétique francophone, et est donc beaucoup plus facile à comprendre par les métropolitains.Pour le voyageur, le fait de parler créole ne manquera pas d'ouvrir bien des portes. Une conversation commence souvent par « *koman i lé ?* », la réponse qui suit est simple : « *lé la* ». On peut épater son interlocuteur par « *lé la mêm* ». Ensuite, il faut se référer au lexique, mais il est bon de commencer ses phrases par un « *oté !* ». C'est l'interjection la plus courante... On rajoute assez souvent des « *mêm* » en fin de phrase, ainsi « c'est cela même » devient « *sa mêm mêm* ».Mais, même avec un bon vocabulaire, vous n'attraperez pas la langue créole comme ça. C'est une question de rythme, de feeling, de répartie, bref de naturel, que seuls les créoles ont. Autant dire que si vous parlez créole comme un Zoreille, on vous *mouquatera comme un gratel*.

Plage de Boucan-Canot.

Mode de vie

A part les embouteillages, La Réunion est une île très appréciée pour sa qualité de vie et attire toujours plus de métropolitains. En tant que DROM, elle permet de partir travailler à l'autre bout du monde sans avoir à s'expatrier, santé, sécurité, niveau de vie inclus. Malgré un taux de chômage catastrophique et le PNB le plus faible de France, la réalité réunionnaise est à nuancer : il existe de formidables opportunités, en particulier pour les investisseurs, dans le tourisme, l'agriculture et le bâtiment.

VIE SOCIALE

L'éducation. On comptait plus de 224 000 élèves scolarisés à La Réunion, à la rentrée 2014. Dans l'éducation comme dans l'économie et les transports, La Réunion a assisté à un phénomène important de rattrapage : alors qu'il y a aujourd'hui plus d'une centaine de collèges et de lycées publics, on n'en comptait qu'un seul en 1960 ! Un rajustement spectaculaire s'est effectué, alors qu'à l'époque 60 % de la population était analphabète. Maternelle, école primaire, collège, lycée, baccalauréat et études secondaires suivent le même programme que la métropole, et les diplômes sont identiques. L'histoire, la langue créole et la culture réunionnaises sont enfin enseignées. Au niveau universitaire, à la rentrée 2014, près de 14 500 étudiants sont répartis dans les deux campus réunionnais, et dans divers établissements d'enseignement. Plus de 10 000 étudiants sont au campus du Moufia, à Sainte-Clotilde dans la banlieue de Saint-Denis. Le campus du Tampon, non loin de Saint-Pierre, ne compte, quant à lui, que 1 000 étudiants, et assure principalement les formations sportives. L'extension de ce dernier s'est faite naturellement et continue à se développer, ce qui permet sensiblement de désengorger Saint-Denis. Divers établissements (BTS, DUT) proposent des formations moins générales que l'université, et plus directement liées au contexte réunionnais : pêche, tourisme, mais aussi informatique. La première école d'ingénieurs de La Réunion a ouvert ses portes, Sup'Info, spécialisée en informatique, tandis que le secteur de la santé est riche d'une école d'infirmières, de kiné et de médecine. La mobilité est de plus en plus encouragée, avec des programmes Erasmus similaires à la métropole, mais qui permettent à de nombreux Réunionnais de quitter pour la première fois leur île, et de visiter l'Europe. Les stages en métropole sont de toute façon un passage obligé pour beaucoup, qui caressent le plus souvent l'espoir de trouver un boulot sur l'île par la suite, après une expérience en métropole.Aujourd'hui, l'université de La Réunion est d'une importance régionale et internationale majeure. En effet, 20 % de ses inscrits seraient d'origine étrangère, Erasmus d'Europe et du monde entier, mais surtout Malgaches, Comoriens et Mauriciens.

Famille. Les créoles ont un goût inné pour la famille. Cependant, l'évolution des mœurs depuis les années 1960 et l'arrivée en force de la société de consommation ont un peu bousculé les structures traditionnelles. Dans les Hauts, les traditions restent très ancrées : la famille remonte aux petits cousins : « *Té, la famille, lé sacré !* ». Par ailleurs, La Réunion se prête parfaitement à un tourisme familial. Les structures d'hébergement sont petites et nombreuses, avec beaucoup de locations saisonnières.

Habitat. Le logement est un des gros problèmes auquel doit faire face l'île. La pénurie guette, et la croissance démographique est très dynamique. Le résultat de cette confrontation de l'offre et de la demande tire naturellement les prix vers le haut. Les pouvoirs publics ont engagé depuis plusieurs années une ambitieuse politique de construction de logements sociaux. 20 % des Réunionnais, soit la moitié de l'ensemble des locataires de l'île, habitent déjà en logement social, les communes usant de la préemption pour bâtir. Saint-Denis est la ville qui en compte le plus. Le parc immobilier actuel est malgré tout de bon niveau, si on le compare au reste de la zone. L'habitat insalubre qui subsiste a lui-même succédé aux cases traditionnelles en terre et rocaille, et aux toits en paille de vétiver.

Aujourd'hui, le béton les remplace de plus en plus, et si certaines erreurs d'urbanisme ont été faites, notamment du côté du Chaudron ou du Port, les nouveaux ensembles résidentiels sont plutôt habitables et intégrés au paysage.

Santé et retraite. Le système de santé réunionnais touche à l'excellence. La Réunion, en matière de santé, partait d'un gros handicap : celui de l'éloignement. Elle en a fait un atout, car cela l'a poussée à se doter de spécialités médicales devant éviter les rapatriements sur la métropole. Ainsi, en cinquante ans, l'espérance de vie a progressé de vingt-cinq ans, pour rattraper quasiment le niveau de la métropole. Aujourd'hui, l'île compte quatre groupes hospitaliers et douze cliniques privées, et pratique des spécialités aussi pointues que la neurochirurgie, la cardiochirurgie ou le traitement des grands brûlés.

La Réunion est même dotée d'un des cinq cyclotrons de France, un accélérateur de particules permettant de détecter les cancers. Quant aux systèmes de santé et de retraites, ce sont exactement les mêmes qu'en métropole.

MŒURS ET FAITS DE SOCIÉTÉ

Mariage. Non seulement la mariée porte une robe somptueuse, mais la voiture est aussi pimpante et ficelée avec recherche dans de superbes nœuds roses et blancs… Un mariage créole est bruyant, cérémonie, repas, fête… l'occasion de réunir tout le monde et de fêter ça comme il se doit ! Un dicton créole dit : *mariaz lé pas rougay tomat,* « le mariage n'est pas aussi facile qu'un rougail tomate ». Autrefois, le jeune homme n'avait que le droit de s'asseoir à côté de sa fiancée, sans la toucher, bien entendu. En attendant le mariage, le fiancé devait trouver une case, ou mieux, la construire. Lors de la cérémonie, le bal continuait après le départ des époux ; au matin, la pureté virginale de la mariée était vérifiée par deux femmes représentantes des deux parentés. Si le résultat était positif, un coup de fusil était tiré en l'air pour avertir l'assistance de l'heureux dénouement. Si les époux avaient consommé le mariage avant la cérémonie, on disait qu'ils avaient fêté Pâques avant de faire carême. Tout cela vous fait sourire, et vous vous dites que cela a beaucoup changé. Mais dans les communautés tamoules et musulmanes, très présentes à La Réunion, la tradition prévaut.

Place de la femme. Intégrée à la vie active et à la vie sociale, la place de la femme réunionnaise diffère peu de celle de la femme métropolitaine. Le salaire moyen d'une femme sur l'île est égal à 92 % de celui d'un homme, contre seulement 75 % en métropole. Mais cela ne signifie pas que ce soit dû à une recherche d'égalité plus prononcée, la plupart des salaires sont simplement au niveau du SMIC, identique pour hommes et femmes. Dans certains milieux ruraux ou religieux, la femme reste confinée à la maison. De nombreuses femmes dirigent des entreprises et jouent un rôle dans la vie économique, politique et culturelle de l'île.

RELIGION

Catholicisme. La religion catholique est la plus importante à La Réunion. On estime que 95 % des chrétiens sont de confession catholique. Les créoles manifestent leur piété au bord des ravines, dans le creux des falaises, sous forme de ti'bon Dieu, petites chapelles et oratoires surmontés d'une croix, avec une Vierge au parasol ou une Vierge noire. On vient y déposer des offrandes, allumer des bougies, accrocher des ex-voto. On collectionne aussi des personnages légendaires : La Buse, Sitarane, saint Expédit, dotés de pouvoirs magiques. Au cours de votre séjour, n'oubliez pas de visiter ces lieux très évocateurs que sont les cimetières…

De plus, s'il est un homme incontournable sur l'île, c'est bien monseigneur Aubry, l'évêque de La Réunion, régulièrement interviewé autour de sujets aussi variés que le chikungunya, l'aïd el kebir, les photos osées de Miss France, ou dernièrement pour un miracle qui a enflammé les esprits réunionnais : l'apparition du visage du Christ sur le fauteuil d'un prêtre de Cambuston !

Hindouisme. Religion plusieurs fois millénaire, l'hindouisme met l'accent sur

Les grands lieux de culte

La Réunion est une terre de croyances. En témoignent toutes les constructions catholiques, hindoues, musulmanes et taoïstes qui jalonnent les routes réunionnaises. En plein centre-ville, en bordure de route de montagne ou niché dans un îlet de Mafate, il y aura toujours un lieu de prière, à la simplicité monacale ou aux couleurs exubérantes. Des lieux à visiter, pour se recueillir ou tout simplement pour admirer leur beauté et leur originalité.

- **La Vierge Noire.** Chaque année, des milliers de Réunionnais viennent prier cette vierge miraculeuse. *La Rivière des Pluies à Sainte-Marie.*
- **L'église de Notre-Dame-de-la-Délivrance.** Erigée en 1897, l'église renferme la première statue de saint Expédit, ce personnage de culte controversé dont les oratoires rouges fleurissent au bord des routes de l'île. *Quartier de la Délivrance, à Saint-Denis.*
- **La grande mosquée Noor Al Islam.** Inaugurée en 1905, c'est la plus ancienne de France et la plus grande de La Réunion. *Centre-ville de Saint-Denis.*
- **Notre-Dame-de-la-Salette.** Chaque année, le pèlerinage en septembre rassemble de nombreux fidèles. *Centre-ville de Saint-Leu.*
- **La pagode Guan Di.** Erigée en 1920 et dédiée au dieu du commerce, elle est l'un des 4 grands temples chinois de l'île. *Rue Marius et Ary Leblond à Saint-Pierre.*
- **Les temples hindous de Ravine Blanche.** Le temple Narassingua–Perournal et le temple Karli sont les lieux de culte hindou les plus importants du sud. *Respectivement : allée Narassingua–Perournal et rue Mahatma Gandhi à Saint-Pierre.*
- **Le temple hindou du Colosse.** Il a été construit sur le site de l'ancien temple datant du XIXe siècle. *Chemin de Champ Borne à Saint-André.*
- **L'église Notre-Dame des Laves.** En 1977, une coulée de lave épargne miraculeusement l'église, la lave s'arrêtant à ses portes quand tout le village fut, lui, totalement détruit. A voir, même si l'église demanderait à être restaurée. *En bordure de la RN2, à Piton-Sainte-Rose.*
- **L'église de Sainte-Anne.** Classée Monument historique en 1982, elle a été construite entre 1921 et 1946. Le lieu a servi de décor au film de François Truffaut *La Sirène du Mississipi* en 1969. *En bordure de la RN2, à Sainte-Anne.*

la pureté, la non-violence et l'ascèse. Pour l'hindou, Dieu est un. En effet, les milliers de représentations divines différentes, que l'on peut rencontrer, ne sont qu'une approche humaine de ce Dieu unique. Brahmâ reste le Créateur, le Grand Ancêtre. Cependant, peu de temples lui sont consacrés, justement parce qu'il est le Créateur de ce monde fait de dualités. Les hommes s'adresseront plus facilement à Vishnou, le Conservateur du monde, ou à Shiva, le Destructeur (destruction de la multiplicité pour accéder à une nouvelle naissance), qui équivalent à l'Etre suprême et forment avec Brahmâ la Trinité hindoue. La déesse Kali, très populaire à La Réunion, intervient en tant que manifestation de ce temps construit et déconstruit par Shiva. La couleur bleue symbolise l'infini. Entre le Créateur et le Destructeur se trouve le Protecteur, Vishnou. Ce dernier ne porte pas la responsabilité de la chute de l'homme hors du paradis de l'unité, et il ne se charge pas non plus de détruire le monde dans la conscience duquel vit l'homme. Il protège et guide l'âme pendant son séjour sur terre.

On compte à La Réunion huit grands temples tamouls, qui ont opté pour le végétarisme, mais aussi des centaines de chapelles publiques ou privées, souvent placées près de rivières. On n'on trouve que dans les régions sucrières, là où travaillèrent les premiers Hindous, soit principalement dans le sud (Saint-Louis, Saint-Pierre) et l'est (Saint-André). Très peu sont situés dans les Hauts. Si vous avez l'occasion d'assister à une cérémonie malbar, ne vous en privez pas. Les portes sont souvent grandes ouvertes et les fidèles aiment parler de leur culte. Citons notamment les marches sur le feu début janvier, le Cavadee au mois de mai ou le Dipavali en octobre.

Islam. Autant que les autres religions implantées à La Réunion, l'islam a parfaitement trouvé sa place au sein d'une société cosmopolite et d'un brassage culturel exemplaire. La communauté musulmane est largement représentée. Les grandes familles se concentrent principalement dans la région Nord autour de Saint-Denis. Contrairement à la religion hindoue où les cérémonies sont fréquentes tout au long de l'année, seules quelques fêtes comme Aid el-Fitr sont suivies. La période du ramadan est aussi comme ailleurs l'un des événements les plus marquants du calendrier religieux musulman. Avis aux curieux : certaines mosquées très fréquentées sont ouvertes au public. C'est le cas de la mosquée Noor-e-Islam, autrement dit « La lumière de l'Islam », l'une des plus anciennes de France. Située dans la rue Maréchal-Leclerc en plein cœur de Saint-Denis, vous n'aurez aucun mal à la trouver.

Taoïsme, bouddhisme et confucianisme. On estime à quelque 15 000 personnes les Réunionnais d'origine chinoise. Parfaitement intégrés, ils ont même adopté la religion catholique pour certains.

Des Chinois ont sans doute foulé le sol de Bourbon au cours du XVIIIe siècle, mais c'est à partir de 1848 et l'abolition de l'esclavage qu'a commencé une immigration régulière qui a donné naissance à une véritable communauté. Les premiers Chinois arrivèrent comme « engagés » pour cinq ans. Ceci s'apparentait à l'esclavage, à une époque où l'industrie sucrière avait besoin de bras.Une grande partie des Chinois est retournée au pays. Ceux qui sont restés ont rapidement élaboré une activité commerciale à laquelle leur origine rurale ne les prédisposait pas. Les Chinois se sont spécialisés dans l'alimentation, que ce soit le petit boutiquier qui vend du vin, du charbon de bois et des produits de première nécessité ou bien le grossiste qui importe grains et riz en grosses quantités. Les Réunionnais d'origine chinoise ont adopté le catholicisme, mais perpétuent certains cultes populaires. On ne parle pas forcément de religion, mais plutôt de philosophie. Elles représentent Lao-Tseu (Taoïsme), Bouddha, Confucius ou encore Gwan Di.Là encore, vous aurez peut-être l'opportunité de pénétrer dans les beaux temples bouddhistes de l'île, notamment à l'occasion du Nouvel An chinois.

Croyances populaires. Il suffit de se rendre dans certains cimetières pour s'apercevoir que les créoles ont des rites peu catholiques.

Madagascar et ses esprits ne sont pas loin de cette petite île, où les rites africains sont mêlés à de vieilles superstitions. Il existe des tisaneurs qui préparent des breuvages, il y a aussi des guérisseurs-exorcistes, comme la célèbre Mme Visnelda, décédée en 1991.

Le jacot malbar est un être effrayant qui suivait les processions, le corps couvert de cendres et de chaux, portant un bonnet rouge et une longue queue. Il avait le rôle de fou du roi. Autour des cases, il existe des objets qui sont capables d'éloigner le mauvais œil ou de l'attirer pour l'éloigner des habitations (tête de poupée, pot de chambre renversé, petit tas de sel, couteau…).

Terre australe multiculturelle

Le métissage à la croisée de toutes les cultures du monde... Issus des quatre coins du globe et de croyances différentes, ils se mêlent, partagent et grandissent ensemble. Les fêtes religieuses se succèdent tout au long de l'année et c'est l'occasion pour chacun de s'intéresser et de s'approprier une part des traditions locales de l'ensemble des communautés : le Nouvel An chinois en février, le Nouvel An tamoul au mois d'avril et les autres grandes fêtes hindoues, l'Id-ul-Fitr, fête musulmane très suivie à la Réunion et qui marque la fin du Ramadan ou encore les nombreuses célébrations chrétiennes.

Il n'est donc pas rare de voir l'un en face de l'autre dans une même ville le clocher d'une église et le minaret d'une mosquée, un temple malbar ou une pagode chinoise. C'est toute la magie de cette Réunion interculturelle. Les édifices tantôt chargés, colorés, ostentatoires, tantôt sobres et discrets sont le reflet d'une diversité culturelle sans pareil. Ici tous les cultes sont librement pratiqués, une leçon universelle ou presque.

Autel en bord de route dédié à Saint-Expédit (particulièrement prié à la Réunion pour les causes desespérées).

Saint-Expédit. Vous verrez en bordure de route des petites chapelles rouges appelée aussi « *ti'chapelle bon Dieu* ». Il suffit de se promener et, à n'importe quel détour de ravine ou perdu au fond d'un cirque, et même jusque sur le volcan, vous trouverez l'une de ces centaines de lieux de dévotion à saint Expédit, décorés de bougies, de fleurs en plastique et d'une petite Vierge ou de saint Expedit lui-même, représenté par un soldat romain en cuirasse, à la cape rouge, tenant dans sa main une croix, où est écrit « *Hodie* » (aujourd'hui), et écrasant du pied un corbeau qui porte l'inscription « *Cras* » (demain).

Personne ne connaît son origine, mais beaucoup d'histoires circulent : une lecture de la caisse qui l'amenait de Rome, où « *expeditus* » était indiqué en gros caractères ; un martyr du 19 avril 303 à Mytilène, en Arménie, décapité à cause de sa foi chrétienne, mort lapidé ou dévoré par un aigle ; le corbeau regarde le saint et lui dit « *demain* », alors il l'écrase et lui dit « *non, aujourd'hui plutôt que demain* ». Ce saint que l'on retrouve aux Antilles, à Haïti et dans l'océan Indien en général est objet de vénération et de crainte. On croit savoir que c'est madame Châtel, vers 1918, qui aurait fait apporter sa première statue. Il est connu pour être celui qui exauce vite (*expedit*), mais c'est un saint ambigu, non reconnu par l'Eglise (retiré du calendrier liturgique). Il est souvent prié pour obtenir une vengeance, pour nuire à quelqu'un. C'est un saint jaloux. Une fois le vœu exaucé, il faut payer saint Expedit par un don, sinon, il punit. Il est considéré comme un saint malbar par beaucoup, à cause de sa couleur rouge, et de son côté vif, vengeur, pareil au feu. On l'apparente à Kali, la déesse indienne. Il arrive souvent que l'on retrouve la statuette décapitée lors d'un culte païen. Ce n'est pas un hasard. Pour certains, il s'agit de vœux qu'il n'a pas exaucés. Pour d'autres, c'est une pratique pour couper un sort.

Sitarane. L'un des plus puissants mythes réunionnais repose sur des faits réels. Simicoundza Simicourba, de son surnom Sitarane, était un ouvrier agricole modèle et sans histoire. En 1909, Sitarane se fait ami avec un créole du nom d'Emmanuel Fontaine et un métro du nom de Calendrin, une bande de trois copains qui allaient devenir de dangereux malfaiteurs.

Calendrin connaissait les pouvoirs de Datura stramonium, cette plante dont on extrait des médicaments barbituriques. Grâce à des manipulations simples, il put faire croire à ses amis qu'il avait des pouvoirs magiques. La poudre issue de cette plante permettait de fabriquer un puissant somnifère, avec lequel les trois compères endormaient leurs victimes avant de dévaliser leurs maisons. Pendant plusieurs mois, grâce à des trous percés dans les portes et les fenêtres, les cambriolages se multiplièrent, et les habitants prirent peur.

Tous se calfeutraient, dressaient des pièges pour les visiteurs nocturnes, sans qu'ils se fassent arrêter. Mais Calendrin était vraiment un psychopathe. Lui qui avait réussi à faire croire à la population et à ses complices à ses pouvoirs magiques affirmait que l'on pouvait devenir invisible en accomplissant sept crimes : tuer un enfant de sept ans, le septième enfant d'une famille, un homme marié depuis sept jours, une femme enceinte de sept mois, un vieillard âgé de 77 ans, et une mère et un père d'une famille de sept enfants. Alors les horribles crimes commencèrent à s'accomplir, durant l'année 1909. La légende naît à cette période et la population réunionnaise est alors véritablement effrayée. Tout le monde est persuadé que Sitarane est un sorcier capable d'invisibilité et d'ubiquité. Après l'un des meurtres, les malfaiteurs sont arrêtés en flagrant délit. Huit personnes sont en réalité impliquées dans l'affaire et elles sont toutes condamnées à mort. Mais, à la surprise générale, le verdict est cassé et rejugé en appel : seuls Sitarane, Fontaine et Calendrin seront condamnés à la peine capitale. Mais Calendrin obtint une grâce présidentielle : sans doute sa couleur de peau joua-t-elle en sa faveur. Le principal coupable de l'affaire s'effaça donc, et l'histoire retint Sitarane. Baptisé juste avant d'être exécuté, il est considéré comme lavé de tout péché, et bénéficie ainsi d'une certaine ferveur. On l'invoque pour une guérison, pour se protéger des dangers et repousser les ennemis. La tombe de Sitarane au cimetière de Saint-Pierre est devenue un lieu de dévotion, d'étranges messes noires s'y dérouleraient. On y trouve surtout des bouteilles d'alcool et des mégots de joints.

▶ **Grand-mère Kalle** (ou Granmèr Kal) est une des croyances réunionnaises les plus connues. Quand on entend ce bruit la nuit : « *Touououout ! Tououououot !* », cela annonce le malheur. Cette croyance répandue a été si déformée qu'il est aujourd'hui impossible de retrouver le sens original ; il y a de multiples versions.

Une première histoire raconte que Kalle était une nénène douce et gentille vivant chez des Blancs le long de la rivière D'Abord, à Saint-Pierre (la nénène était à l'époque une sorte de gouvernante-bonne chargée de tenir la maison et d'élever les enfants). Elle élevait un enfant noir malicieux, qui, lors d'une de ses péripéties, tomba dans la rivière. Kalle tenta de sauver l'enfant, mais tous deux furent emportés par les flots. La voix de l'âme de Kalle s'exprimerait par celle d'un oiseau, le tuit-tuit, qui ne vit justement que dans le coin.Une autre version raconte que Kalle était la fille d'un Noir marron, qui lors de sa fuite, n'avait pas eu le temps de récupérer sa fille. Kalle fut alors élevée par les Blancs, ce qui fit enrager le Noir marron. Ce dernier captura alors Kalle qui disparut pour toujours. L'oiseau serait le chant plaintif de la jeune fille.Une autre histoire raconte que Grand-mère Kalle, en haut d'une colline, veille sur le temps. On lui pose la question « *Granmèr Kalle kel heur i lé ?* », et, suivant l'heure qu'il est, soit elle donne l'heure, soit elle mange les enfants. Si vous vous intéressez au sujet, on vous parlera aussi de la dame blanche qui fait du stop et qui ne parle pas, de la gentille aubergiste qui égorge ses hôtes une fois endormis, ou encore de l'auto rouge, une croyance des années 1950, qui enlevait les enfants.

▶ **La double mort,** une âme errante, ne s'apaisera qu'une fois dépassé le terme qui avait été originellement fixé à sa vie, elle exigera en outre des cérémonies supplémentaires qui peuvent aller jusqu'à des sacrifices.

Les restes de certains services sont visibles sur la route où à certains endroits bien précis des plages. On retrouve des plumes, des têtes de coq, des bougies, des morceaux de noix de coco et souvent un morceau d'étoffe rouge. La plupart des trésors cachés sont protégés par un envoûtement, lui-même fondé sur la double mort. Qu'il s'agisse de trésors cachés par les pirates, par les Anglais ou par des riches, dans tous les cas, attention en trébuchant dessus, car ils ont sûrement été envoûtés. On dit que le butin était placé dans une jarre enterrée dans un trou creusé au pied d'un grand arbre. Du temps de l'esclavage, pour qu'il soit bien gardé, on tuait un esclave qu'on enterrait avec la jarre, ou un matelot pour les pirates. Si quelqu'un d'autre que le propriétaire venait le toucher, il tombait sur le gardien qui l'en empêchait. Cependant, si le gardien devait mourir de mort naturelle à 80 ans et s'il avait été sacrifié à 30 ans, son âme gardait le trésor pendant 50 ans, puis quand l'âme venait à être ramassée, le trésor se retrouvait sans gardien. Il arrive, au moment où elle va être ramassée, que le gardien se présente dans un rêve à des gens malheureux et qu'il leur indique le lieu du trésor. Il faut alors vite se rendre à l'endroit et creuser.

Arts et culture

ARCHITECTURE

Les cases créoles ont hérité de la tradition néoclassique du XVIIIe siècle à laquelle sont venues s'ajouter les influences architecturales des comptoirs des Indes et, au XIXe siècle, des éléments de construction victoriens. Les premières maisons, en général rectangulaires ou carrées, furent mises en chantier par les charpentiers venus de diverses régions de France. Bâties comme des navires, avec des charpentes en bois, leurs murs sont traditionnellement recouverts de bardeaux de tamarin. On y entre directement par la varangue, prolongement extérieur du salon central, qui donne accès à la salle à manger, puis à de petits salons ou bureaux et aux chambres distribuées de part et d'autre d'un couloir central. Superbe perspective qu'offre le jeu des innombrables portes à bascule, toujours ouvertes, qui ventilent merveilleusement bien la maison ! La salle de bains et la cuisine étaient séparées du reste pour éviter les risques d'incendie, la cuisine étant faite au feu de bois. La vie domestique se déroulait à l'arrière, à l'abri du regard des visiteurs.

Il semble étonnant d'appeler « cases » des demeures souvent cossues, et toujours coquettes et élégantes, mais c'est ainsi. De la modeste bicoque en tôle à la villa coloniale de luxe, elles sont des centaines dispersées dans l'île, colorées, pimpantes. Espace intermédiaire entre le social et l'intime, où l'on reçoit ses amis, la traditionnelle varangue (petit auvent, galerie ouverte, véranda, péristyle), fermée ou ouverte, leur donne un charme fou. De même que les lambrequins, ces délicates dentelles de bois ou de tôle, qui ourlent les toits ; ou les bardeaux qui couvrent les murs. On ne peut quitter La Réunion sans avoir pénétré dans la fraîcheur et la pénombre de l'une de ces cases, qu'elle soit musée, monument protégé, maison d'hôte ou domaine privé. Elles ont en commun la recherche de l'harmonie et un parfum d'Orient. La varangue, inspirée de demeures de Pondichéry, s'est prêtée à toutes les influences, tantôt péristyle, tantôt galerie ornée de colonnes, de pilastres, de corniches, tantôt petit auvent de tôle sans apparat pour les minuscules et pauvres cases des ravines. Un espace de dix pièces est petit pour une case créole traditionnelle. Les demeures des grands domaines en possèdent plutôt vingt.Face à la démolition sauvage de ce superbe patrimoine culturel, un mouvement de sauvegarde et de restauration a vu le jour en 1979 autour d'Yves Augeard, architecte des Bâtiments de France. Certaines habitations ont été classées par les Monuments historiques. Dans les villes, on impose dorénavant un type d'habitat qui se marie avec l'architecture créole. Dans certains bourgs typiques de l'île, l'organisme Villages Créoles coordonne des actions comme l'entretien et la protection du patrimoine, le fleurissement, les opérations coup de pinceau pour refaire les peintures… Pourvu que ça dure.

ARTISANAT

La production artisanale réunionnaise est relativement légère, surtout si on la compare à ses voisines africaines ou malgaches, et dans l'ensemble très chère.

Les matières premières qui s'offrent aux artisans sont essentiellement végétales : vacoa, bambou, latanier, choca, chèvrefeuille, cocotier…

Que rapporter de son voyage ?

Livres et BD

Beaux livres. Les librairies de La Réunion proposent un large choix de beaux livres d'images et de photos, sur tous les thèmes de La Réunion et l'océan Indien (histoire, cases créoles, volcans, cirques, cascades...). Vous retrouverez certains d'entre eux, ainsi que des essais et romans, dans les rubriques « Bibliographie » de chaque région. Les photographes les plus connus sont Jean-Luc Alègre, Paul-Edouard Gérente et Serge Gélabert, dont les produits sont dans toutes les bonnes librairies.

Livres de cuisine créole, indienne. De nombreux livres peuvent vous aider à devenir un cordon-bleu créole. On les trouve dans les librairies, les sites touristiques (Stella, Maison du Volcan...) et les grandes surfaces. Mais la bible dans ce domaine reste l'ouvrage de Brigitte Grondin, la « Maïté » locale : *Du bonheur dans votre assiette,* Editions Quatre-Epices.

La BD créole *Tiburce.* C'est la BD 100 % réunionnaise, en créole dans le texte. Elle raconte les aventures d'un petit créole aux prises avec les personnages de tous les jours : l'épicier chinois, le papa buveur de rhum, les jeunes cagnards... Nous sommes au XXIe siècle : toute La Réunion est entrée dans le monde moderne. Toute ? Non ! Un village, peuplé d'irréductibles créoles, résiste aux supermarchés et aux embouteillages, aux samoussas surgelés et au *zembrocal* sous vide. Cela sent bon les Hauts et illustre parfaitement l'ambiance créole. *Tiburce*, de Téhem, aux éditions Centre du monde.

Le Cri du Margouillat. Un magazine dans le même style, publié de 1986 à 2002, que l'on retrouve aujourd'hui en collector. Il comporte différentes histoires en bande dessinée et un supplément satirique sur la vie politique réunionnaise.

Fantômes blancs. Cette nouvelle BD locale a fait son apparition en 2005. D'Appollo et Li-An (tome 1 : *Maison Rouge,* tome 2 : *Bénédicte*), elle raconte l'histoire de François, un jeune créole de retour au pays et qui fait de bien curieuses rencontres...

La Dodo lé pa la, de Jef Wesh. Une enquête policière amusante sortie en 2007 (le 3e tome est paru en avril 2010), qui suit l'inspecteur Félicien Margouille dans son combat contre le gang des souris chaudes. Un mélange de français et de créole vraiment rigolo.

DVD

La Réunion n'a encore eu aucune grande production cinématographique à ce jour. Néanmoins, vous pourrez trouver de très nombreuses vidéos du volcan, ses grandes éruptions, dont celle du siècle en 2007. Celles du cinéaste Alain Gérente – www.alaingerente.com – sont les plus fameuses (*Apothéose, éruption magique*). Vous pourrez aussi acquérir des vidéos de survols en hélicoptère ou en ULM, de plongées sous-marines, de sauts en parachute... Elles peuvent être réalisées par des professionnels, ou bien par un prestataire, avec vous-même comme acteur principal !

Divers

Votre premier poste de budget souvenirs sera probablement un produit alimentaire, une bouteille de rhum ou de punch, des épices.

Des aquarelles. Quelques artistes ont soit photographié, soit peint des vieilles cases créoles. Grand choix dans les magasins de la rue de Paris à Saint-Denis et également au marché de Saint-Paul.

Des instruments de musique réunionnais. Le *kayamb*, par exemple, prend peu de place et est spécifique à l'île. C'est une plaque à double fond remplie de grains de riz que l'on secoue.

Un bertel, ce sac à dos créole tissé avec du vacoa (plante qui ressemble au palmier).

Des broderies de Cilaos. Appelées « jours de Cilaos », ces fines broderies constituent encore aujourd'hui l'occupation lucrative des femmes du cirque.

Piments, herbes et pilon (taillé dans un galet, il sert à piler les piments) pour faire le rougail.

Une grègue, cette belle cafetière créole fabriquée localement.

Un fauteuil créole. Tout en courbes douces, son style indo-anglais est adapté au climat tropical grâce à un cannage aéré, mais ira très bien dans un salon métropolitain.

- **Des cartes.** Compter environ 50 € pour cette carte de l'île en trois dimensions que vous verrez un peu partout. C'est une des seules cartes de ce genre où l'échelle de l'altitude n'est pas amplifiée, le relief de l'île se suffisant à lui-même.
- **Du café Bourbon Pointu,** le meilleur arabica de l'île. Il est difficile à trouver car sa production est faible.
- **Du miel de letchis,** médaillé d'or en 2008, un délice.
- **De la vanille Bourbon,** bien entendu, achetée sur la route, dans le Sud Sauvage, ou chez les producteurs de la côte Est.

T-shirts

Vous trouverez un grand choix de modèles et différentes marques, T-shirts souvenirs, ambiances : locale, tropicale, réunionnaise, surfeur, comique…

BAOBAB COMPANY

www.baobabcompany.com

Une marque au style décontracté et très graphique. Ses créations font la part belle aux couleurs vives et à l'esprit ethnique et tropical. Baobab Company est présent dans tout l'océan Indien (Maurice, La Réunion, Mayotte, Madagascar) et ses collections s'adaptent à chaque île en adoptant les thèmes locaux.

LE DODO SPORTIF

www.ledodosportif.net

Dernier-né des T-shirts péi, ce drôle d'oiseau se décline sous différents formes (débardeur ou T-Shirt) et différentes couleurs (beaucoup de tons pastel). On le trouve pour l'instant surtout sur les marchés (St-Pierre et St-Paul).

L'EFFET PÉI

www.leffetpei.re

Cette marque au style comique utilise le margouillat comme emblème. Celui-ci se retrouve dans toutes sortes de situations cocasses, sur la volcan, avec une bière Dodo à moins que ce ne soit en parodie de Matrix. On aime aussi les tarifs doux de la marque, pour des produits bien coupés, de qualité, et imprimés et conçus à 100 % à la Réunion. L'Effet Péi cartonne depuis sa création en 1999 et distribue dans 6 boutiques tout autour de l'île des T-shirts, chemises,… et une collection beachwear très colorée. Evidemment, ils sont déjà plagiés, mais seul l'Effet Péi est original ! Enfin, l'Effet Péi est très impliqué dans l'actualité sportive, artistique et culturelle, partenaire de nombreux événements comme le Sakifo, Leu Tempo... et a même lancé une collection avec l'artiste Jace !

PARDON !

www.pardon.net

contact@pardon.net

La marque Pardon ! que vous verrez partout, avec son petit diable qui salue de son chapeau, a été créée en 1984. Véritable success-story locale, Pardon ! s'est fait un nom avec son côté décalé et provocateur. A son crédit, un T-shirt contre le pape, la corruption dans l'île, ou encore George W. Bush. Certains T-shirts évoquent le zamal ou les photos osées de Miss France, ce qui a valu à Pardon ! des mises en garde des autorités, et d'être placé sous les projecteurs des médias nationaux quand on a appris que c'est le webmaster qui avait diffusé à *Entrevue* les photos de Valérie Bègue ! Dernière affaire en date, le sac arborant Carla Bruni-Sarkozy nue (qui a valu une amende de 40 000 € à Pardon !). Le sac est évidemment un collector aujourd'hui ! Pardon ! propose surtout des T-shirts et du beachwear dans ses nombreux magasins de toute l'île.

PARKSA

parksa.shop@yahoo.fr

Première marque de surfwear locale, Parksa a été créée il y a quelques années. Le nom vient de « A part qu'ça », une expression qui revient souvent à la Réunion pour demander quelles sont les nouvelles. Parksa possède deux boutiques, à Saint-Gilles-les-Bains, face au spot des Roches Noires, et à Saint-Pierre.

La pratique la plus ancienne est le tressage du vacoa pour les objets usuels (sac, chapeau). Mais malheureusement, de nombreuses pratiques sont en voie de disparition : la concurrence est rude et, la plupart du temps, les boutiques d'artisanat proposent de l'import, malgache ou indonésien. Nous avons recensé pour vous les quelques endroits de l'île relativement riches en produits artisanaux.

▶ **À Saint-Gilles-les-Hauts,** le village artisanal de l'Eperon regroupe plusieurs artisans et propose de nombreux souvenirs originaux : objets fabriqués à partir du cocotier, cuir, bijoux, poterie, vitraux, céramique…

▶ **À La Plaine-des-Palmistes,** le domaine des Tourelles accueille des métiers d'art qui travaillent les matériaux propres à leur région (cannes en goyavier, objets en résine, paniers en chèvrefeuille…). Chaque année, un Grand Prix des métiers d'art y est organisé par le département.

▶ **À Cilaos,** on peut trouver des broderies et des couvre-lits.

▶ **À l'Entre-Deux,** la ville aide ses artisans : femmes qui confectionnent des savates choca, tailleurs de pierre…

▶ **Les marchés** de Saint-Paul (le vendredi et le samedi), de Saint-Pierre (le samedi matin) et celui du Petit marché de Saint-Denis (quotidien), mais surtout le marché du chaudron à Saint-Denis (le plus typique de l'île !) sont l'occasion de rencontrer les artisans locaux.

CANNE, SUCRE ET RHUM

La canne à sucre

C'est autour de la culture de la canne à sucre que s'est forgée l'identité de l'île, qui, à l'époque des colonies, jouait le rôle de grenier des Mascareignes. Aujourd'hui encore, le sucre et les produits qui en dérivent représentent le premier export local. Les paysages réunionnais sont sans doute les témoins les plus fidèles de cette histoire longtemps vouée à la monoculture sucrière : cachalots (gros camions transportant la canne) rentrant brinquebalants des champs, vestiges d'usines, vieux moulins à sucre, imposantes demeures de planteurs, déboisement… Au-delà de l'économie et de l'industrie, la culture de la canne – par son système d'exploitation et son histoire lourdement marquée par l'esclavage – a joué un rôle important dans la structure sociale, les métissages et la culture réunionnaise, et notamment dans la naissance de sa langue (le créole) et de sa musique (le maloya). « Plante à tout faire », c'est au début du XIXe siècle que la canne à sucre supplante la culture du café, longtemps dominante à la Réunion : plus robuste, plus résistante aux cyclones, la canne prospère surtout grâce aux multiples usages qu'elle permet. Le sucre de canne sert en effet à l'alimentation tandis que la distillation du jus permet d'obtenir du rhum. Les feuilles de canne permettent quant à elles de nourrir les animaux, et la mélasse sert, par ailleurs, à la fabrication de rhums et de vins. Qui plus est, la bagasse, paille sèche blanche issue du déchiquetage des cannes après l'extraction du sucre, est une source précieuse d'énergie. Brûlée dans les centrales de l'île, la canne à sucre assure 20 % de la production électrique de La Réunion. Elle sert également à fabriquer de la pâte à papier, des matériaux de construction, de l'engrais. Au Brésil, elle constitue même la base de certains biocarburants (éthanol), utilisés pour faire rouler les voitures : mais à La Réunion, pour le moment, malgré la hausse du baril de pétrol, faire du sucre reste plus rentable que produire de l'éthanol. La canne à sucre est la plante qui fournit la plus grande masse de matière agricole au monde, devant le blé, bien que ce dernier occupe de plus grandes surfaces. A La Réunion, elle est cultivée sur une grande partie des terres : 270 km², soit 57 % des terres cultivables. Sa récolte s'effectue de juillet à décembre, période durant laquelle vous verrez de nombreux cachalots circuler dans l'île. Les champs réclament de grandes quantités d'eau, c'est pourquoi le projet de basculement des eaux a été lancé. L'expertise et le savoir-faire réunionnais en termes de technologie agricole est de haut niveau : les nouvelles variétés de canne élaborées sur l'île connaissent un grand succès à l'export, pour leur résistance aux maladies (sans OGM), et des contrats d'assistance technique ont été mis en place avec d'autres pays producteurs.

▶ **Histoire.** Cultivée en Indonésie depuis 6 000 ans, la canne à sucre a été répandue par les Arabes au VIIIe siècle, puis introduite dans les Amériques par Christophe Colomb en 1493. Ce serait Etienne Regnault, un des premiers gouverneurs, qui l'aurait introduite à La Réunion dès 1665. En 1785, la première sucrerie Bourbon est créée par Louis Lainé de Beaulieu. Elle fonctionne avec une roue horizontale, sur le modèle de Saint-Domingue, autre colonie sucrière de l'Empire français. En 1768, Bougainville introduit une canne venant de Tahiti, sous le nom de « canne d'Otahiti' », qui sera par la suite très largement diffusée dans le monde (Antilles, Louisiane, Brésil, îles Hawaii...) sous le nom de « canne Bourbon », devenant la variété de canne la plus cultivée dans le monde.

A partir de 1815, les champs de canne réunionnais sont cultivés par des producteurs indépendants, qui vendent leur production aux usines sucrières. En 1830, on dénombre déjà 189 usines sur le littoral ; pour le meilleur et pour le pire car, comme toute monoculture, La Réunion devient dangereusement vulnérable aux fluctuations du cours du sucre, et entièrement dépendante du système d'exportation colonial. A la hausse, elle enrichit la bourgeoisie créole et entretient son art de vivre légendaire, tout en permettant d'équiper l'île d'infrastructures essentielles comme le train ou le port, à la fin du XIXe siècle. A la baisse, concurrencée par le sucre de betterave (inventé au XIXe siècle), ravagée par les maladies végétales (comme le borer en 1863), fondée sur un système esclavagiste qui creuse les inégalités sociales et, par conséquent, économiquement bouleversée par la fin de l'esclavage en 1848, elle engendre des crises dévastatrices. Deux guerres mondiales plus tard, elle reste la première ressource économique des habitants de l'île, avant d'être dépassée par les aides de l'Etat et le tourisme à la fin du XXe siècle. Avec la concentration industrielle, il ne reste plus que 2 usines aujourd'hui, et environ 187 ruines, éparpillées sur le territoire.

► **Économie.** La canne à sucre représente toujours 90 % des exportations de La Réunion. Les deux usines de l'île produisent 2 millions de tonnes de sucre par an tandis que ses distilleries alignent 120 000 hectolitres de rhum. La filière dans son ensemble assure l'emploi de 12 000 travailleurs, dont 6 000 producteurs de canne.

Quelques dangers pèsent toutefois sur cette plante, vitale pour l'économie de l'île. Il y a d'abord sa fragilité aux parasites, notamment le ver blanc, dont la larve se nourrit des racines de la canne. Egalement l'urbanisation galopante, qui menace à terme la survie de la culture : l'île est petite, et les terres sont rares et chères. Chaque année 5 km² de plantations sont perdus. On estime qu'il faudrait 300 km² pour maintenir une filière rentable, contre 270 km² aujourd'hui. Heureusement, les subventions françaises et européennes maintiennent le prix d'achat du sucre dans les DOM au-dessus des cours mondiaux, ce que l'on appelle les « quotas sucriers ». Valables jusqu'en 2014, le ministère des Outre-Mer prévoit de les supprimer en 2017. Une décision qui inquiète beaucoup les agriculteurs de la filière canne si elle devient effective.

Le sucre

Pas indispensable dans l'alimentation humaine, c'est un produit de gourmandise et de désir. Les humains, bien avant de le nommer « sucre », consommaient le fructose des fruits et le miel. Ce n'est que très tard que les Européens firent la découverte du sucre, un produit rare venu d'Orient par la route des caravanes. Très cher, il était vendu par les apothicaires, et servait à conserver les aliments : Nostradamus, lui-même apothicaire, décrit le procédé en 1555 dans son *Traité des Fardemens et Confitures*. Mais sa consommation, très onéreuse, restait de l'ordre du luxe : le sucre décorait notamment les pâtisseries des fêtes du palais de Versailles. Ramené de contrées exotiques, il s'agissait surtout d'un produit de fascination, choyé par les élites et les bourgeois, au prix de la douleur de l'esclavage. Il fallut attendre la révolution industrielle et l'avènement des usines sucrières pour qu'il se démocratise, puis le marché globalisé du XXe siècle pour qu'il se mondialise.

Depuis quelques années, les usines de Bois-Rouge à Saint-André et du Gol à Saint-Louis ont ouvert leurs portes aux touristes. Leur visite constitue une expérience très instructive, véritable spectacle son et lumière. Cet engouement valorise par ailleurs le travail des ouvriers, toujours pénible malgré les avancées technologiques : ce métier bi-centenaire, première ressource industrielle de l'île, devient enfin une réelle source de fierté. A noter aussi l'ouverture de la Saga du rhum, le seul musée dédié aux rhums de l'île, à Saint-Pierre, installé au cœur de la plus ancienne distillerie familiale de l'île ; ainsi que le musée Stella Matutina, dédié à l'histoire de la canne à sucre.

Pour en savoir plus : www.sucre.re.

À lire : *Quartier français, une histoire réunionnaise de 1923 à aujourd'hui,* Félix Torrès, Océan Editions. Sur l'histoire de l'industrie sucrière à La Réunion.

Le rhum

Le rhum est fabriqué dans des distilleries, à partir du jus de canne (fangourin) ou de la mélasse issue du déchiquetage de la canne. Le jus de canne fermenté mais non distillé permettait déjà aux premiers habitants d'obtenir un alcool de canne. Ce n'est qu'au XVIIe siècle que sont apparues les premières distilleries capables de produire du rhum. D'abord réservé aux esclaves, aux boucaniers et utilisé pour ses vertus « thérapeutiques », puis servant de monnaie d'échange dans le troc d'esclaves, il se démocratisa vers le XVIIIe siècle en Europe et aux Amériques. Il est aujourd'hui le 3e spiritueux le plus vendu au monde, et peut être consommé pur, en cocktail, en rhum arrangé, ou encore utilisé en cuisine.

Trois grandes distilleries sont présentes sur l'île. Seule celle de Savanna à Saint-André peut être visitée ; la visite du musée La Saga du Rhum à Saint-Pierre vous instruira également sur les méthodes de distillation.

Les deux procédés de fabrication du rhum sont les suivants :

Rhum traditionnel. Il est fabriqué par des distilleries directement rattachées aux sucreries de canne. Les mélasses sont mises à fermenter avec des levures. Cette fermentation rapide donne un jus alcoolique qui titre de 5 % à 6 % volumiques. La suite du processus relève du travail classique du maître de chai, nécessitant une colonne à distiller en continu. C'est le type de rhum le plus produit à La Réunion.

Rhum agricole. Il provient de la distillation directe du jus de canne et de la transformation de son sucre en alcool. Le jus est obtenu en écrasant la canne et en la passant dans une presse. Il est ensuite filtré et placé dans des cuves à fermentation. Cela donne un vin appelé « grappe », dont le taux d'alcool varie entre 5 et 6 degrés. Ensuite, la distillation s'effectue dans des colonnes identiques à celles utilisées pour le rhum traditionnel. C'est le type de rhum le plus produit aux Antilles, et le plus célèbre. La Réunion en possède aussi de bonnes productions, méconnues en métropole.

Pour tout savoir sur le rhum de La Réunion : www.rhumreunion.com

À lire : *Les Rhums de l'île de La Réunion, tradition d'hier, légende de demain,* de Michel Hoarau et François-Louis d'Athénas.

Les différentes qualités de rhum

Rhum blanc. Il garde intact les arômes de la canne fraîchement coupée. Après une réduction du degré d'alcool, effectuée à l'eau distillée ou à l'eau de source, son taux varie entre 40° et 55°. Idéal pour les rhums arrangés ou les cocktails.

Rhum ambré. Une partie du rhum blanc produit en distillerie est placée en fûts de chêne, dans lesquels un goût plus corsé et une coloration ambrée s'obtiennent en 18 mois. Le rhum ambré peut également être élaboré à partir d'un mélange de rhums blancs et vieux. Il peut être bu en apéritif, *on the rocks* (avec des glaçons) ou pur. Le rhum « blond » ou « paille » est moins coloré, avec une maturation d'environ 12 mois.

Rhum vieux. Le rhum devient « vieux » au bout de trois ans, temps au cours duquel un tiers du volume total s'évapore : c'est ce qu'on appelle la « part des anges ». Les « trois ans d'âge » présentent un degré d'alcoolémie de 45° environ. On peut obtenir un vieillissement plus poussé en conservant certains rhums plus longtemps encore. Consommés en digestifs, les 5 à 15 ans d'âge rivalisent avec les plus grands spiritueux.

Rhum Grand Arôme. C'est un rhum traditionnel très aromatisé du fait de sa longue fermentation (de 8 à 10 jours) avec un mélange de mélasse et de vinasse, dans des cuves de bois. Sa consommation se restreint aux cocktails, à la cuisine et à la pâtisserie. Il peut atteindre 59°.

LITTÉRATURE

L'île aux poètes a connu sa grande époque au XIXe siècle. Instruits, romantiques, les grandes plumes réunionnaises ont su trouver les mots pour exprimer leur mélancolie et la volupté de leur île. Baudelaire, qui passait par là, a même signé un poème sur le zamal et les Malbaraises. Les Réunionnais, poètes dans l'âme, conservent cette tradition. Il est toujours très courant d'envoyer un poème à sa copine, ou de le lui dédier à la radio.

- **Auguste Lacaussade.** Né enfant illégitime, il démarre mal dans la vie. Brillant élève, son parcours scolaire est d'abord freiné par la discrimination : refusé au Collège royal à cause de sa couleur de peau, il émigre en métropole pour poursuivre ses études. A son retour à La Réunion en 1835, Auguste, révolté par l'esclavage, écrit ses premiers poèmes, amers et engagés, avant de retourner en métropole en 1839. A Paris, il rencontre Leconte de Lisle et publie quelques mois après son premier recueil : *Les Salaziennes*. Sa plume, d'inspiration insulaire, détonne et marque les esprits. Fort de son succès, il publie en 1852 *Poèmes et paysages* et en 1861 *Les Epaves*. Mort en 1897, il est enterré au cimetière du Montparnasse à Paris.

- **Charles Marie René Leconte de Lisle.** Né à Saint-Paul d'un père normand, ce poète réunionnais est sans doute le plus célèbre d'entre tous. Pourtant, il quitte l'île dès l'âge de 4 ans pour la Bretagne et n'y passera que peu de temps. Il revient en 1832 pour ses études et repart en métropole en 1835 pour se former au métier d'avocat. Pendant son séjour réunionnais, il tombe follement amoureux d'une créole de Bellemène, à qui il dédie ses premiers poèmes. Mais celle-ci épouse un rival et décède peu de temps après, un drame qui marquera l'adolescence de l'artiste en herbe. Il revient en 1843 à Saint-Paul mais ne retrouve pas ses marques, et repart, écœuré par l'esclavage. En 1845, il est engagé par un journal parisien *La Démocratie pacifiste*.

C'est en 1852, après avoir rencontré Auguste Lacaussade, qu'il sort son premier recueil de poèmes intitulé *Poèmes antiques*. Véritable succès, le prix de l'Académie lui est décerné. En 1855, *Poèmes et Poésies* confirme ses qualités de poète. En 1862, *Poèmes barbares* marque l'invention du Parnasse, un genre où se retrouveront Anatole France, Verlaine, Coppée, Mallarmé, le Réunionnais Léon Dierx… En 1886, il reçoit la consécration ultime en succédant à Victor Hugo à l'Académie de France. A La Réunion, il n'était pas apprécié de la bourgeoisie pour son refus de l'esclavage. Décédé en 1897, ses restes ont été rapatriés en 1977 pour être enterrés au cimetière marin de Saint-Paul.

- **Jean Albany.** Poète et peintre, né en 1917 à La Réunion, il partage sa vie entre la rue du Dragon à Paris et son île natale. Il fréquente les surréalistes et écrit *Bleu Mascarin*, premier recueil de littérature créole. On le connaît également pour avoir composé un recueil de poésie intitulé *Zamal*.

- **Axel Gauvin.** Sans doute le plus célèbre des romanciers réunionnais contemporains. Originaire de Bois-de-Nèfles, Axel Gauvin fut d'abord professeur de sciences. Grand défenseur de la langue et de la culture créoles, ses ouvrages sont publiés en métropole. *L'Aimé* (Le Seuil, 1990), son livre le plus célèbre, raconte les relations entre un enfant et sa grand-mère dans une Réunion rurale et pauvre.

- **Jean-François Samlong.** Le pilier du nouveau roman réunionnais, né à Sainte-Marie. Fondateur du mouvement Créolie, à travers lequel il aide les jeunes écrivains réunionnais à se faire publier, il est l'auteur de *L'Arbre de la violence* (Grasset, 1994), *Danse sur un volcan* (2001), *Le Nègre blanc de Bel-Air* (2002) ou encore *L'Empreinte française* (2005).

- **Monique Agénor.** Comédienne, réalisatrice et romancière, Monique Agénor vit entre Paris et son île natale. Elle a reçu en 1994 le prix des Mascareignes pour *L'aïeule de l'île Bourbon* (L'Harmattan, 1993). Dans *Bé Maho* (Le Serpent à plumes, 1997), elle raconte par ailleurs La Réunion de la Seconde Guerre mondiale. Elle écrit aussi des livres pour enfants.

- **Léon Dierx.** A 15 ans, il quitte l'île à cause d'un chagrin d'amour qui le poursuivra toute sa vie. A la mort de Mallarmé, il est sacré « prince des poètes ». Parmi ses chefs-d'œuvre : *Poèmes et poésies* (1864), *Les Amants* (1879)…

MÉDIAS

Quotidiens locaux. Ils sont deux : *Le Quotidien*, créé en 1976, est le plus lu et publie également un journal d'annonces hebdomadaires. Son site www.lequotidien.re propose ses articles, mais payants. Le *Journal de l'île de La Réunion* (ou JIR pour les intimes), créé en 1951, appartient au groupe Cadjee et est un des premiers de France à avoir ouvert sa version numérique – www.clicanoo.re – dès 1998, avec la plus grande partie des articles gratuits, d'autres payants. Et enfin la version mobile, gratuite mais incomplète. Un troisième quotidien, *Témoignages*, fondé par Raymond Vergès en 1944, était l'organe du Parti communiste réunionnais, mais a cessé sa version papier en 2013. Il susbiste sa version web : www.temoignages.re La plupart des autres titres de la presse métropolitaine sont également distribués sur l'île, mais arrivent avec le décalage de l'avion, un à quatre jours plus tard, et coûtent plus cher. Toutefois aujourd'hui, avec Internet, les Réunionnais sont aussi bien informés qu'en métropole et les grands titres comme *Le Monde* ou le *Canard Enchaîné* sont maintenant imprimés sur l'île.

Périodiques. Plusieurs mensuels thématiques couvrent à peu près tous les domaines. *L'Eco Austral* est le mensuel économique de l'océan Indien. Plus réunionnais et « domien », quasi historique (il a été créé en 1970), le magazine *Memento* traite également d'économie mais aussi d'actualité dans tous les domaines (culturel, social, politique...). Il existe aussi bon nombre d'hebdomadaires de programmes TV (*Visu, Star Top...*), deux hebdos féminins (*Femme Magazine*, supplément gratuit du *JIR* et *Belle*, supplément gratuit du *Quotidien*), un trimestriel consacré aux voyages dans la zone (*Océan Indien Magazine*), des mensuels spécialisés en commerce et distribution (*Leader*), en informatique (*Réunion Multimédia*), en jardinage (*Jardins et Varangues*) ou en automobile (*Moteurs*). A noter également, la présence de nombreux gratuits que l'on trouvera dans les offices de tourisme, les hôtels, les restaurants : *Cases créoles* et *Koté PEI* parlent de décoration et d'art de vivre, tandis que *L'Azenda* annonce la programmation culturelle. Depuis 2011, *Buz Buz*, journal bimestriel gratuit proche du format et de la formule d'*À nous Paris*, très *fashion* et *new generation*, publie des bons plans, des bonnes adresses (restos, bars, magasins, galeries, centres culturels...) et des articles sur tout ce que la vie culturelle réunionnaise peut offrir à la jeunesse branchée de l'île (expos, festivals, concerts...).
N'oublions pas non plus deux titres audacieux qui offrent un regard photographique de qualité sur l'île : *Graine d'Imaz* et *2512*, dont la périodicité manque parfois de rigueur, faute de moyens.

Radios. Il existe de nombreuses radios, soit locales, soit métropolitaines, ou qui fusionnent émissions réunionnaises et métro. A noter : lorsque vous êtes en voiture, les émetteurs, un peu faibles, ne permettent pas de rester sur la même fréquence pendant plus de 20 km). Largement n° 1 avec 40 % de part de marché, **Free Dom** est LA radio des Réunionnais, une institution, un véritable lien social. Radio « blabla » ou, comme on dit ici, « ladilafé », où tout le monde peut exprimer ses coups de cœur ou ses coups de gueule, retrouver sa voiture volée, un portefeuille égaré ou un ami de longue date perdu de vue, parler politique ou consommation, ou même trouver de la compagnie pour la nuit... Autant de potins insulaires entrecoupés de musique réunionnaise traditionnelle. Pour la petite histoire : créée en 1981, Free Dom connaît un tel succès dès ses débuts que son fondateur, Camille Sudre, décide de créer une chaîne de télévision... vite interdite par le CSA. Cette décision, perçue comme un musellement de la voix du peuple, déclenche à Saint-Denis en 1991 de violents affrontements entre jeunes et CRS : « les événements du Chaudron ». Sudre crée alors un mouvement politique appelé Free Dom et réussit à devenir président du Conseil régional en 1992. Mais l'élection fut annulée l'année suivante et il fut succédé par Margie Sudre, qui devint ensuite ministre sous Chirac. Depuis, de l'eau a coulé sous les ponts : Free Dom est revenu à sa vocation d'origine, la libre antenne, choyée par les Réunionnais. C'est d'ailleurs la seule radio qui permet à ses auditeurs de passer directement à l'antenne, sans passer par un standard. Une éruption, un tremblement de terre, une météorite ? 30 secondes plus tard, vous en parlez sur Free Dom !

Réunion Première émet l'info locale et internationale sur les ondes, 18h à 24h par jour. **France Inter** est retransmise en direct par satellite.

RTL Réunion, anciennement Radio Festival jusqu'en 2014, diffuse des émissions locales et des retransmissions de RTL. NRJ... Eh bien c'est l'esprit NRJ, mais à la sauce réunionnaise ! KOI, la radio de l'océan Indien basée au Port, diffuse quant à elles quelques bons programmes et, côté musique, propose un mélange de zouk, maloya et de musiques populaires françaises. Toutes les heures, journal de RFI (Radio France International). Sur **Exo FM**, vous entendrez beaucoup de maloya, de zouk, de reggae, de séga… C'est la radio des bus urbains de Saint-Denis.

Radio Est propose de son côté de la musique créole et de la variété de l'océan Indien. **Kréol FM** ne passe pas que de la musique créole, mais beaucoup de musique « soleil ». Quant à **Radio Pikan**, elle émet surtout sur le Sud de l'île et diffuse de la musique créole moins commerciale que ses concurrentes. Mention spéciale aussi pour **Velly Music** (www.velly-music.re), sans doute la meilleure radio R'n'B et hip-hop de l'île.

Enfin, les web radios réunionnaises connaissent un essor fulgurant (Reunionfm.com, Azot Radio...) : ouvrez bien vos oreilles sur le net ! (Vous trouverez une liste non-exhaustive sur www.jyannis.com.)

▶ **Télévision.** Quelques années après la métropole, La Réunion vit une mini révolution télévisuelle depuis l'arrivée de la TNT en novembre 2010. De quoi bousculer le PAF local, jusque-là accaparé par deux chaînes herziennes, Réunion 1ère et Antenne Réunion. La TNT locale a toutefois moins de chaînes que la version métropolitaine, mais la redcevance télévisuelle est aussi moins élevée...

Réunion 1ère du Réseau outre-mer 1ère (anciennement RFO) retransmet les actualités réunionnaises, propose des émissions locales et diffuse en différé des programmes de métropole. Le journal de 20h de la métropole peut être suivi sur la 2, à 22h ou 23h, selon la saison. Le journal local (qui diffuse aussi des infos nationales et internationales) s'est aligné sur l'horaire de son concurrent, c'est-à-dire 19h.

Antenne Réunion est aujourd'hui la première chaîne locale privée des DOM. Elle retransmet quelques programmes de TF1 et de M6.

Désormais, avec la TNT et le satellite (la plupart des bouquets satellites de métropole sont disponibles à La Réunion : TPS, Canal Satellite…), la concurrence devient de plus en plus rude pour ces chaînes « historiques ». **Canal +** est aussi présente ici avec une grille horaire adaptée à l'île. Eh oui, les Réunionnais ne sauraient eux non plus se passer des Guignols de l'info, bien que de pâles succédanés existent sur les chaînes locales.

▶ **Sites internet.** On ne les compte plus, les sites d'information sur La Réunion. Actualités, bonnes adresses, bons plans, agendas... Vitrines commerciales ou non, créées par des natifs de l'île, ou par de simples amoureux anonymes, tous respirent la même passion. Nous en avons dressé une petite liste, non-exhaustive bien entendu.

■ ALLONS LA RÉUNION.COM

www.allonslareunion.com
allonslareunion@yahoo.fr

Ce site référence les hébergements, locations de véhicules et loisirs disponibles à La Réunion. Vous y trouverez facilement des prestations correspondant à votre budget et vos envies !

■ CLICANOO

www.clicanoo.re

Ce journal en ligne généraliste, rattaché au *Journal de l'île de la Réunion*, l'un des deux grands quotidiens réunionnais, couvre les actualités régionales et internationales (culture, société, économie, politique...). De grande qualité, il est en outre fort réputé pour ses petites annonces, très nombreuses, surtout en immobilier, emploi et bonnes affaires. L'agenda, des plus complets, vous oriente aussi dans le choix de vos prochaines sorties à La Réunion. Hélas, l'accès à la majorité des archives datant de plus d'une semaine est payant, et depuis 2013, à la majorité des articles tout court. Ils restent gratuits sur la version mobile… quand elle ne plante pas !

■ CONSERVATOIRE BOTANIQUE NATIONAL ET CPIE DE MASCARIN

✆ 02 62 24 92 27
http://flore.cbnm.org

Un index de la flore locale, présentant des centaines d'espèces existant sur l'île.

■ CREOLE.ORG

www.creole.org
creole.org@gmail.com

Tout pour la location saisonnière à la Réunion.

Un autre site à vocation touristique, utile notamment pour la recherche d'appartements et maisons en location. Également des forums, des bons plans, et des blagues créoles pour vous mettre dans le bain ! Le site existe depuis 1997 ! Le design est d'époque…

FOURNAISE.INFO
www.fournaise.info
Toutes les infos relatives à l'activité du piton de la Fournaise et aux anciennes éruptions. Géologie, librairie, programmes scolaires, sentiers de randonnée, webcam, tout y est. Même les autres volcans du globe !

FREEDOM
www.freedom.fr
C'est le site de la radio du même nom. Elle émet sur Internet en Real G2 : idéal pour suivre les *ladilafé* (les commérages créoles) depuis la métropole !

LE GUIDE PRATIQUE DE LA RÉUNION
www.iledelareunion.net
Un site à vocation touristique, avec des propositions de circuits à La Réunion ou dans d'autres îles, des photos, des adresses, des petites annonces, et un annuaire avec des centaines de liens vers tout l'océan Indien… Très complet.

IMAZPRESS
www.ipreunion.com
ipr@ipreunion.com
Imaz Press Réunion est une agence de presse basée à Saint-Denis. Elle vend les photos des derniers développements de l'île, superbes et très rapidement mises à jour en cas d'éruption, de cyclones ou d'actualité chaude. Son équipe de photographes et de journalistes se déplace en outre sur tout le territoire pour en couvrir les événements, nourrissant le site d'articles d'actualité. L'agence propose des reportages vidéo (news).

INDES RÉUNIONNAISES
www.indereunion.net
« Indes réunionnaises » explore avec brio les relations entre l'Inde et La Réunion, à travers notamment les Zarabes, Tamouls et Malbars, leurs coutumes, leurs fêtes, leurs musiques... Vous pourrez y apprendre le tamoul, découvrir comment se porte le sari, ou écouter la bande-son d'une marche sur le feu ! Fourni et passionnant.

LA P'TITE GAZETTE
www.la-ptite-gazette.com
Un site d'informations et de revue de presse locale, avec approfondissement de certains thèmes, des annonces et de nombreux liens vers d'autres sites d'actualité.

LA RÉUNION
www.ile-de-la-reunion.info
Un blog très complet sur La Réunion, avec des reportages photo, des informations sur l'histoire, la géographie, la faune, la flore, etc., ainsi que quelques infos pratiques et bonnes adresses. Idéal pour un premier aperçu de l'île.

LA-VAGUE.NET
www.la-vague.net
info@la-vague.net
Un moteur de recherche très complet, qui couvre cette fois tout l'océan Indien. Il offre des liens vers à peu près tous les sites possibles et imaginables de la vie quotidienne ou touristique.

L'AZENDA
www.azenda.re
L'Azenda est le pendant numérique du magazine du même nom distribué gratuitement dans tous les lieux de vie nocturne de l'île. Il renseigne sur les sorties, spectacles, concerts et soirées et opère aussi la vente des billets. Sans doute le plus complet dans ce domaine.

LIVRANOO.COM
www.livranoo.com
info@livranoo.com
Les meilleurs livres de l'océan Indien ont enfin une librairie virtuelle. Vous pourrez y commander la plupart des ouvrages que nous citons dans ce guide. Livraisons assurées vers la métropole.

MÉTÉO RÉUNION
www.meteo-reunion.com
Ce site vous donne l'image satellite de Météo France et les prévisions pour La Réunion, Paris et Maurice. A noter, une carte où l'on peut cliquer pour voir les différentes webcams installées dans l'île : idéal pour suivre de près l'approche d'un cyclone.

PILS
www.pils.re
Pils (comprenez « par ici la sortie ») recense sur le net les bons plans culturels.

RANDO PITONS
www.randopitons.re
Jean-Paul Goursaud est un passionné, un vrai, et il partage sa passion pour la randonnée à La Réunion sur son site randopitons.re, particulièrement bien documenté et régulièrement mis à jour, qui recense les sentiers de l'île avec toutes leurs informations : difficultés, points d'intérêt, temps de parcours... Un incontournable pour le randonneur !

RESTO RE

http://resto-re.ekoal.org/

C'est le site le plus fourni en restaurants à la Réunion, pas tous testés, mais au moins identifiés. L'appli (gratuite sur iPhone) est d'autant plus pratique qu'elle donne les restaurants situés à proximité.

LA RÉUNION DÉCOUVERTE

www.lareuniondecouverte.com

Un site généraliste sur la Réunion, riche en informations : histoire, culture, géographie, hébergements, restaurants, activités ! Le site est bien présenté, l'auteur a des idées, et il gère également un site similaire sur Madagascar : www.madadecouverte.com

REUNION.FR

www.reunion.fr

L'excellent site officiel du tourisme de l'île de la Réunion. Tout ce qu'il faut savoir sur la destination : logements, randonnées, infos pratiques, activités, faune, flore, reliefs...

RÉUNIONNAIS DU MONDE

www.reunionnaisdumonde.com

Ce site, très intéressant, a pour objectif de mettre en réseau la diaspora insulaire de métropole mais aussi de tous les pays où les enfants de La Réunion ont posé leurs valises pour un jour ou pour toujours. Des infos et de la musique locales, des témoignages, des offres d'emploi, des forums…

RÉUNION PREMIÈRE

Le site de la 1ère (ex-RFO), du groupe public France Televisions, permet d'écouter la radio en live et de regarder le Journal télévisé de la Réunion diffusé la veille, ainsi que ceux des autres régions d'outre-mer.

RÉUNION VACANCES INTENSES

www.reunionvacancesintenses.com

Le portail touristique d'une association indépendante qui fédère plusieurs établissements. Vous y trouverez des hébergements en meublé ou en hôtel, des locations de véhicule, des loisirs en mer, sur terre et dans les airs…

RUNRAID

http://runraid.free.fr

Un site dédié à la randonnée, avec des topoguides, des infos sur l'hébergement ou la flore… Toutes les news (ou presque : pas toujours à jour !) sur les courses, les parcours de randonnées.

VACANCESPEI.RE

✆ 02 62 22 79 79 – www.vacancespei.re

Ce site spécialisé dans le déstockage de produits de tourisme et de loisirs vous fera profiter d'offres très intéressantes sur de nombreux de prestataires de l'île : hôtels, locations de voitures, activités sportives…

VISITANOO

www.visitanoo.re

contact@myvisit360.com

Un site de visites virtuelles d'établissements. Choisissez votre hébergement, restaurant, activité... et visitez-le comme si vous y étiez ! Les prises de vues réalisées en 360° permettent de naviguer dans la pièce et de zoomer jusqu'au moindre détail. Avec près de 400 commerces réunionnais déjà en ligne, Visitanoo.re offre un contenu important, dont de nombreuses boutiques, et une présentation pratique et agréable. Très utile pour voir les collections en cours ou l'état d'esprit d'un lieu avant de s'y déplacer ! En bonus, l'accès à de nombreuses offres promotionnelles.

VOYAGE EN IMAGE A L'ILE DE LA RÉUNION

www.liledelareunion.com

Un blog (réalisé par un Réunionnais) agréable à l'œil, façon diaporama, avec plusieurs rubriques nourries d'explications intéressantes pour qui veut se faire un premier aperçu des richesses naturelles et culturelles de La Réunion : faune et flore, volcan, randonnées…

ZINFOS 974

www.zinfos974.com

Un site qui propose un regard critique sur l'info locale et internationale. Le plus : les coups de gueule des lecteurs et *zot zinfos*.

MUSIQUE

La musique réunionnaise vit un rêve financé par le conseil général, les mairies, le département, qui, pour relancer la culture créole, ont créé des dizaines de collèges d'enseignement secondaire musicaux, subventionnent les salles, financent les tournées. Près de 30 % à 40 % des fonds destinés à la culture vont d'abord à la musique. Le Pôle régional des musiques actuelles (PRMA), créé en 1997, est devenu une plaque tournante vitale : les jeunes y ont appris les saveurs de la musique au contact de professionnels. Les résultats se sont vite fait sentir et l'on peut parler d'une nouvelle génération aux multiples inspirations : *métis-*

*maloya, séga-seggae, sagaï maloya, magasse, jaafma.*Le résultat ? La moitié des CD vendus sur l'île sont de la musique péi. La production discographique de La Réunion a quadruplé depuis 1998, et les artistes ont atteint un niveau de qualité sans précédent. Seule fausse note : l'export. Au contraire des Antilles, qui ont su déverser leur *zouk-love* sur les ondes métropolitaines et même réunionnaises, le maloya et son rythme ternaire se vendent mal. Cela n'empêche pas le milieu de la musique d'être très actif, et la vie culturelle intense. Pour preuve, la chaîne TéléKréol propose, en dehors des heures de diffusion des émissions quotidiennes, des clips de musique uniquement péi. On voit passer sur les scènes réunionnaises de grands artistes locaux, nationaux et internationaux : Johnny, Zazie, mais aussi Cesaria Evora, George Clinton, les Wailers, les Wampas, Asian Dub Foundation, Stromae... Quant aux artistes locaux qui s'exportent en métropole, citons Davy Sicard, Ziskakan, Oussanousava, Salem Tradition, Nathalie Natiembé et l'incontournable Danyel Waro. Enfin, le Sakifo, créé par Jérôme Galabert en 2003, est désormais LE festival incontournable de Saint-Pierre, voire de l'océan Indien, avec une programmation proche de ses grands frères de métropole. Il se déroule sur 4 jours, chaque année au mois de juin.

▶ **Séga.** Le séga se retrouve sur les îles voisines, il ressemble à la biguine des Antilles. Il tire ses origines de danses traditionnelles d'Europe comme le quadrille, la polka et la valse... tout en étant proche du saleg malgache. Autrefois invariablement rythmé par de généreux déhanchés, il s'est policé au fil du temps, réapproprié par l'industrie du tourisme, qui le déforme à tout va, et par la danse de Salon et ses « timides » déhanchements.

▶ **Maloya.** Né avec l'esclavage, son nom viendrait du malgache « parler », mais aussi des dialectes africains pour évoquer « la peine, la douleur ». C'est le chant des esclaves, celui qui permettait d'exister et de résister, au fond du *fénoir* (la nuit). Il exprime la mélancolie, la souffrance, mais aussi la joie de vivre. Son histoire est comparable à celle du « blues » des esclaves américains, mais musicalement, il en est très distant. Fondé sur un rythme ternaire, le maloya utilise les instruments classiques de la musique réunionnaise, rouleur, kayamb, bobre, et se décline suivant différents styles : notamment le maloya *piké*, populaire avec des chants créoles, ou le maloya *kabaré*, joué lors de rites religieux « servis kabaré » et nourri de chants malgaches et d'onomatopées. Ces fêtes ont donné naissance au « kabar », qui a fini par désigner, par extension, les fêtes où l'on joue et où l'on danse le séga et le maloya. Aujourd'hui, le moloya est plus vivant que jamais et se métisse avec les sonorités actuelles, *maloya rock, maloya reggae (« maloggae »), maloya électro, maloya rap*... Chant de résistance, il a parcouru un long chemin avant la reconnaissance. Condamné par les colons, il a été interdit jusqu'en 1982 ! Les autorités craignaient que ce terrain d'expression ne soit propice au développement d'une idée d'indépendance, et même du communisme, Paul Vergès se le réappropriant symboliquement à des fins politiques pendant les années 1960, au grand dam de Michel Debré. La police effectuait de violentes descentes dans les *kabars* et le simple fait de détenir un instrument de musique comme un kayamb était sévèrement réprimé. C'est en 1976 que le maloya, profondément *underground*, retourne sur le devant de la scène avec l'édition du premier vinyle de Firmin Viry. Puis, les grands noms que l'on écoute encore aujourd'hui sont apparus : Gramoun Lélé, Danyel Waro, Ziskakan, Baster... Avec le financement public de la culture et notamment le PRMA, le maloya a été mis à l'honneur après avoir longtemps été mis à l'index, jusqu'à la consécration ultime : le 1er octobre 2009, il est consacré patrimoine culturel immatériel de l'humanité par l'Unesco.

▶ **Reggae.** La mode du reggae a aussi touché les côtes réunionnaises et, depuis environ quinze ans, influence maloya et séga, pour donner le *maloggae* et le *seggae*... ce n'est pas mal ! La mode rasta s'est propagée, et il n'est pas rare de voir les couleurs de la Jamaïque, le rouge, le vert et le jaune, faire leur apparition lors des concerts. Le zamal, lui, était là bien avant.

Groupes et musiciens

Alain Peters. Grand poète et mélodiste réunionnais qui a influencé toute une génération de musiciens sur l'île. Cet artiste au talent unanimement reconnu, est décédé à 43 ans, après quinze ans d'errance dans la rue et l'alcool. Quinze ans plus tard, il est repris par de nombreux musiciens.

Granmoun Lélé. Un chanteur de maloya de La Réunion, décédé en novembre 2004, à l'âge de 74 ans. Granmoun Lélé était l'un des plus grands ambassadeurs du maloya, un genre musical socialement ancré dans la culture de La Réunion. Son succès, à travers plus de 200 chansons, a contribué à faire connaître le maloya à l'étranger. L'originalité de ce *gramoun* (« personne âgée » en créole) qui chantait avec ses enfants, c'était son dynamisme et son charisme sur scène. D'origine malgache et comorienne, il n'est pas rare de trouver dans ses textes des expressions issues de ces îles. Discographie : *Zelvoula* (2003).

Ti Fock. Un des groupes qui prit l'audacieuse initiative d'électrifier le maloya... Sa musique a provoqué une véritable petite révolution dans l'île, c'est un mélange de jazz-rock et de maloya. Ti Fock a tenté sa chance en métropole. Ses musiciens sont restés, ils ont formé Sabouk en 1989. Michel Fock, dit « Ti Fock », doit son patronyme à son père chinois cantonais. Après avoir étonné avec son maloya électrique, il qualifie aujourd'hui sa musique d'ethno-futuriste.

Danseurs de séga et maloya.

Ousanousava. Ousanousava (en créole dans le texte) a connu le succès en peu de temps. Ce groupe de Saint-Louis a déferlé sur l'île avec un superbe premier album qui a séduit les Réunionnais grâce à des textes lyriques et engagés illustrant les problèmes de la société réunionnaise.

Une de ses chansons les plus populaires, qui déculpabilise les zamaliens (consommateurs de zamal, le cannabis local), est très appréciée lors des concerts. Plus de 100 000 albums vendus à ce jour. Discographie : *Les Succès souvenirs* (1989), *Mon péi in tablo* (1999), *Tous les enfants* (2008), *Faut métisser* (2013).

Baster. Le voisin d'Ousa Nousava. Il s'est d'abord engagé pour le peuple réunionnais avant de devenir un peu mélo. Il reste tout de même un groupe de maloya, de séga et de reggae incontournable, ses qualités musicales n'étant plus à démontrer... Ses textes sont fredonnés par beaucoup de Réunionnais et il a souvent l'occasion de se faire inviter à l'extérieur. Discographie : *Black Out Tour, Mon Royom, Lorizon Kosé, Live 99, Kermès* (2003), *Lèv'* (2006), *Du passé au présent* (2007), *Wiyo* (2008).

Ziskakan. Le grand frère qui, en 1979, a montré le chemin. Il a mélangé les instruments traditionnels réunionnais à des instruments indiens pour ensuite intégrer ceux du monde entier lors de ces tournées. On entend, sur ses derniers albums, de longs solos de cuivres et de guitare électrique. Ziskakan a certainement sa place dans le label de Peter Gabriel, Real World.

Surnommé l'enfant terrible du maloya réunionnais, il a connu son apogée lors de ses tournées internationales de 1998 et 1999 avec une personnalité influente et charismatique du groupe, son chanteur Gilbert Pounia, grand ami de Richard Bohringer. Il tourne aujourd'hui, essentiellement à La Réunion avec une formation réduite de quatre musiciens. En 2004, Ziskakan s'est produit au casino de Paris (Gilbert Pounia a été reçu par Thierry Ardisson dans son émission *Tout le monde en parle*) et entame une tournée internationale à la fin de l'année. L'action de Gilbert Pounia

© ITZAK NEWMANN - ICONOTEC

est actuellement concentrée essentiellement sur le milieu associatif local. Discographie : *Batam Lanm, Soley glasé, Rimayer* (2001), *Live au Casino de Paris, Banjara* (2006). Sa fille, **Maya Kamaty**, reprend le flambeau et remporte en mai 2015 le prix Charles Cros, en catégorie coup de cœur.

▶ **Danyel Waro.** Sans conteste, il est le chef de file de la contestation par la chanson. Artiste indépendant, dans tous les sens du terme, la musique (et quelle musique !) est pour lui un moyen d'expression. Avec un timbre de voix impressionnant et unique, il est depuis trente ans l'artisan du combat pour le respect de l'identité culturelle réunionnaise. Défenseur du maloya traditionnel avec des textes très engagés, il revendique le statut de langue régionale pour le créole réunionnais. Il est d'ailleurs reconnu comme le conservateur du maloya acoustique. Dans sa jeunesse, Danyel a préféré faire deux ans de prison à un an de service militaire. Ses concerts sont envoûtants, émouvants… A découvrir absolument ! Discographie : *Batarsité* (1994), *Foutan Fonnker* (1999), *Gafourn* (2004), *Grin n Siel* (2006), *Aou Amwin* (2010), *Kabar* (2013).

▶ **Renésens**. Créé en 1997, ce groupe familial a choisi un pari étonnant, celui d'intégrer des instruments celtes sur des airs bien réunionnais : biniou, cornemuse et bombarde !

▶ **Firmin Viry,** qui a fêté ses cinquante ans de carrière en 2005, est celui qui a redonné vie au maloya. On l'appelle le Compay Segundo réunionnais ! Il fut le premier à défendre ce genre, dans sa plus pure tradition, à un moment où il ne faisait pas bon jouer ce son qui rappelle trop les racines africaines de la population réunionnaise. En 1976, il a enregistré le premier album vinyle de Maloya. Combattant culturel de toujours, Firmin Viry continue à partager son savoir avec beaucoup de musiciens réunionnais. C'est un pilier, un modèle pour beaucoup de groupes de maloya traditionnel. Discographie : *Maloya* (1999), *Memwar in pep* (2006).

▶ **Jacqueline Farreyrol.** On dit d'elle que c'est la Juliette Gréco de l'océan Indien. Elle est la seule artiste féminine à avoir percé dans le maloya. Son plus grand succès reste la chanson *Mon île*. Aujourd'hui, elle écrit des contes pour enfants. Discographie : *Couleur créole* (2001).

▶ **Davy Sicard.** Multi-instrumentaliste, il fut sacré meilleur artiste de l'année 2009 aux Trophées des Arts afro-caribéens. En fusionnant maloya et world music, Davy Sicard offre une musique très forte, axée autour du partage, et c'est particulièrement valable sur scène. A ne manquer sous aucun prétexte. Discographie : *Ker Maron* (2006), *Kabar* (2008).

▶ Enfin, citons **Nathalie Natiembé** et Christine Salem (**Salem Tradition**) grâce à qui le maloya n'est pas prêt de s'éteindre.

Festivités

Pour connaître les dates exactes, consulter le site Internet ou les brochures du comité du tourisme (www.reunion.fr).
N'hésitez pas non plus à vous procurer le très complet *Azenda,* distribué gratuitement dans les bars, boulangeries et autres commerces de l'île. Les rubriques Agenda du *JIR* et du *Quotidien* sont également assez exhaustives. Le *Buz Buz*, journal gratuit distribué dans certains bars et magasins, vous tiendra lui aussi au courant de bons plans et bonnes adresses. Enfin, un détour par www.pils.re vous donnera un panorama complet de ce qui se passe sur l'île.

Janvier

- **Le 1er janvier,** à l'Est, après un carême de vingt jours et de nombreuses marches sur le feu, la population indienne honore la promesse de Pandialé aux Déesses Kali et Mariamen, à Saint-André et à Saint-Benoît.
- **A la Plaine-des-Cafres**, on fête le miel vert.
- **A Cilaos,** c'est la période des vendanges, fête de la Saint Vincent.

CAVADEE

Cette cérémonie, durant laquelle les pénitents se transpercent les joues et le torse avec des aiguilles d'argent, a lieu fin janvier. A Bois-Rouge (Sainte-Marie), ce sont plus de 1 000 cabris qui sont sacrifiés pour offrir un gigantesque repas aux fidèles.

Février

- **Les Chinois fêtent leur nouvel an,** avec des spectacles de danse et des défilés colorés.
- **Le 5 :** fête de sainte Agathe, la patronne de la commune de la Plaine-des-Palmistes.

FESTIVAL MÊME PAS PEUR

Cinéma Henri Madoré
1 rue du stade
SAINT-PHILIPPE
✆ 06 93 97 03 34 / 06 92 66 62 99
www.festivalmemepaspeur.com
contact@festivalmemepaspeur.com
Entrée gratuite.
Depuis sa première édition en 2010, le festival international du Film fantastique de la Réunion connaît un succès grandissant chaque année. Durant 4 jours, le sud sauvage est le théatre d'une ville fantômatique : films fantastiques, thriller, animation, science fiction, suspense, horreur, surréalisme... La ville de Saint-Philippe vous propose de découvrir une vingtaine de courts métrages.

Avril

- **Les Tamouls fêtent le nouvel an :** spectacles de danses indiennes dans toute l'île.
- **Foire agricole de Bras-Panon** (à cheval sur avril et mai).

FÊTE DU KARMON

SAINT-LOUIS
Appelé aussi le carnaval Malbar, cette manifestation se perpétue principalement à Saint-Louis. On y retrouve des célébrations du mariage de la fille de Shiva, des défilés de chars fleuris.

Mai

- **Printemps des musées.**
- **Festival du Film d'aventures**, qui présente une dizaine de films à Saint-Denis et au Tampon (soirée d'ouverture sur écran géant sur l'une des plages de l'ouest.)
- **Marches sur le feu des Tamouls** à Sainte-Rose.
- **Foire agricole et fête foraine** à Bras-Panon.
- **Réunion d'aventures,** raid sport et nature (par équipes) à Saint-Paul.
- **1er mai,** l'incontournable kabar de Marla, à Mafate. Il a été plusieurs fois officialisé et annulé, mais il se tient de manière plus ou moins informelle chaque année.
- **Festival de Théâtre du Tampon** : sa première édition a eu lieu en 2011. On lui souhaite longue vie !
- **Festival « Danse Péi »** avec de la musique créole et moderne, à plusieurs endroits de la côte ouest.

CROSS DU PITON DES NEIGES

Premier week-end de mai : le cross part de Cilaos et mène au piton des Neiges, soit 1 906 m de dénivelé et 13,6 km de longueur. Il est effectué en 1h45 à peine pour les meilleurs !

■ **LES ELECTROPICALES**
SAINT-DENIS
www.electropicales.com
10 jours de festivités electro la première quinzaine de mai.
Depuis la première édition en 2008, la manifestation ne cesse de prendre de l'ampleur. De nombreux concerts electro sont proposés gratuitement durant 10 jours dans les endroits branchés du chef-lieu de la Réunion. Le festival s'achève par des têtes d'affiches incontournables de la scène electro.

■ **FESTISABLE**
LE TAMPON
Un festival dédié aux « beach » sports : beach soccer, beach tennis, beach basket, qui se déroule tout au long du mois de mai au stade Roger Bénard dans la commune du Tampon.

■ **FÊTE DE L'EAU**
SAINT-BENOÎT
Démonstrations de sports aquatiques, compétitions sur les rivières, foires et fête foraine.

■ **GRANDE FÊTE ANNUELLE DU TÉVELAVE**
LES AVIRONS
2e semaine de mai.
Depuis sa création en 2002, l'événement fait la part belle aux produits du terroir et à l'artisanat local aux Avirons. Une manifestation qui met aussi l'accent sur la protection de l'environnement.

Juin

- **Le 21 juin a lieu la fête de la musique.** C'est aussi la fête de la randonnée dans toute l'île.
- **Fête des produits du terroir** à Saint-Paul.
- **Fin mai et début juin :** carrefour des produits du terroir à Hell-Bourg. Une manifestation de présentation des produits gastronomiques locaux, en particulier le chouchou (plus connu en métropole sous le nom de « christophine »). Il n'y a rien à jeter dans le chouchou, ni ses feuilles que l'on déguste en brèdes, ni ses racines que l'on consomme en massalé, ni sa chair que l'on gratine.
- **Festival de l'image sous-marine :** des projections de photos et vidéos des richesses sous-marines de La Réunion, dans plusieurs endroits de la côte ouest. La dernière édition a eu lieu du 30 mai au 14 juin, pendant trois week-ends. Certaines images sont sélectionnées pour le festival mondial qui a lieu chaque année à Antibes.

■ **CLAMEUR DES BAMBOUS**
SAINT-BENOÎT
Grande manifestation musicale à Saint-Benoît.

■ **FÊTE DU CHOUCHOU**
SALAZIE
✆ 02 62 47 89 89
Concerts, animations durant 3 jours en juin.
Le chouchou est à l'honneur durant 3 jours de festivités dans le cirque de Salazie. L'occasion pour les producteurs et les artisans de montrer tous les avantages de ce légume emblématique du cirque.

■ **FÊTE DU GOYAVIER**
LA PLAINE DES PALMISTES
Musique, défilés, dégustations, concours de gastronomie.

■ **LE GRAND BOUCAN**
SAINT-GILLES-LES-BAINS
Carnaval de Saint-Gilles (l'avant-dernier dimanche de juin). Un carnaval créole haut en couleur qui met à l'honneur le roi Dodo. Au coucher du soleil, les participants brûlent l'effigie du héros sur la plage des Brisants ou des Roches Noires. Tout le monde fait la fête dans la rue de 14h jusque tard dans la nuit.

DÉCOUVERTE

Événement majeur

■ **SAKIFO**
SAINT-PIERRE
C'est l'événement musical de l'année. Ce festival ambitieux, fondé à Saint-Leu, a investi Saint-Pierre depuis 2008. Il se tenait traditionnellement au mois d'août ; depuis 2011, il a désormais lieu en juin. Chaque hiver, ce sont des dizaines d'artistes du monde entier qui affluent sur la capitale du Sud pour jouer en plein air, sur le site de la Ravine Blanche. Même si la pluie vient parfois retarder ou annuler une représentation, l'ambiance y est toujours garantie, avec des artistes d'envergure internationale. En 2015, Kadebostany, Benjamin Clementine et Julien Doré ont enflammé les cœurs des festivaliers.

■ **SEMAINE EUROPÉENNE DU DÉVELOPPEMENT DURABLE**
Depuis 13 ans, la Semaine du développement durable a lieu dans toute la France. L'objectif de cette opération est de sensibiliser les Français aux enjeux du développement durable et d'inciter chacun à adopter des comportements plus responsables. A La Réunion, la manifestation est particulièrement suivie. En 2015, des manifestations se sont déroulées aux quatre coins de l'île : « A la découverte de l'eau » dans l'est, animations au Jardin botanique de La Réunion dans l'ouest, dégustation de fleurs comestibles dans le sud. L'appellation a par ailleurs changé pour y intégrer une dimension européenne, ainsi que les dates : la manifestation a désormais lieu en juin.

Juillet

- **Le 14,** pétards et feux d'artifices, défilé militaire à Saint-Denis. Le salon Art et Tradition à Saint-Denis, dédié à l'artisanat.
- **Fête du choka** à l'Entre-Deux.
- **Foire aux agrumes** à Petite-Ile.
- **Jeux du cirque de Salazie,** trail course de montagne.
- **Juillet et août :** les semaines de l'art. Pendant un mois, le cirque de Cilaos accueille les œuvres de nombreux artistes réunionnais contemporains.

■ **BAPTÊME DES COUTEAUX**
SAINT-LOUIS
Les sabres à cannes, les charrettes, les bœufs, les camions, les tracteurs sont bénis par le curé afin que la campagne sucrière soit la plus profitable possible.

■ **CROSS DU GRAND-BÉNARE**
Une course de haute montagne attirant les meilleurs spécialistes de la discipline est organisée sur la côte Ouest de l'île, du côté de Trois-Bassins.

■ **FÊTE DE SAINT-PAUL**
SAINT-PAUL
Grande braderie commerciale et concert de qualité à prix mini.

Août

- **Le 15,** fête de la Vierge au parasol. Les pèlerins viennent en foule prier la statue à Piton-Sainte-Rose.
- **Fête de la plage** à l'Etang-Salé.
- **Fête du vacoa et du palmiste** à Saint-Philippe.
- **Fête du chai** de Cilaos.
- **Festival de la randonnée et des activités de pleine nature**, dans les Hauts de l'Ouest sur 3 week-ends d'août : randonnées guidées à pied, à cheval, en VTT...

■ **CIMASARUN**
Course mythique de 55 km en haute montagne, à travers les trois cirques avec des champions internationaux.

■ **EXPO BOIS ET PIERRE**
À la Rivière-Saint-Louis, un salon incontournable pour les amoureux d'artisanat.

■ **FÊTE DES PÊCHEURS**
SAINT-PAUL
Messe sur la plage (le 15 août).

Septembre

- **Le tour cycliste de l'île** (départ du Port)
- **Le Triathlon vert bleu** à Sainte-Rose
- **Le Salon des orchidées** au Tampon et Florchidées à Saint-André
- **La fête de la Salette** à Saint-Leu, le 19 septembre.
- **14 septembre :** fête du Calvaire à Petite-Ile.

■ **KALOOBANG**
Parc des expositions de Saint-Denis
1 rue du Karting, Sainte-Clotilde
SAINT-DENIS
www.kaloobang.re
En septembre.
La diversité est le point d'honneur de ce rendez-vous incontournable depuis 2010. Reggae, rap, maloya, electro/jazz... Les musiques traditionnelles locales se mêlent aux musiques du monde. Depuis la première édition, le public est au rendez-vous.

Octobre

- **Tous les deux ans à Saint-André, Florchydées,** un salon dédié aux fleurs.
- **À Saint-Gilles,** Grand-mère Kalle, le Halloween des créoles. Carnaval et farces en tous genres.
- **Championnat du monde de parapente** et un tournoi international de pelote basque à Saint-Leu.
- **Tous les 2 ans, fête de la canne** sur le site du moulin à Maïs à Saint-Louis.
- **À Petite-Ile,** c'est la fête de l'ail et d'autres produits du terroir.

EKWA

Le Festival international du Film de l'océan Indien présidé par Armand Dauphin, regroupe depuis 2008 le Festival de courts-métrages de Saint-Benoît, et le Festival du film de Saint-Denis.

FÊTE DES BICHIQUES

BRAS-PANON

Manifestation à vocation pédagogique qui tend à sensibiliser les pêcheurs sur la survie de l'espèce. C'est l'occasion de découvrir la vie des bichiques sous la forme de visites guidées, à pied ou en VTT.

FÊTE ET CROSS DES LENTILLES

CILAOS

Tous les restaurants de Cilaos doivent agrémenter leur cuisine de lentilles, puisque celles-ci font partie des spécialités culinaires locales.

FOULÉES DE SALAZIE

Course pédestre depuis Salazie jusqu'à Mare-à-Vieille-Place et fête de la montagne.

GRAND RAID – DIAGONALE DES FOUS

168, rue Général-de-Gaulle

SAINT-DENIS

✆ 02 62 20 32 00

www.grandraid-reunion.com

info@grandraid-reunion.com

De Saint-Pierre à Saint-Denis en passant par les trois cirques et le volcan, les 3 500 coureurs qui entreprennent chaque année cet exploit ne font pas tous les 170 km de parcours et les 10 000 m de dénivelé positif ! Le but de la plupart d'entre eux est déjà de finir le trajet, ce qui peut prendre trois jours. L'épreuve se court pour les leaders et selon le parcours en 17h ! Les premiers arrivés au stade de La Redoute, à Saint-Denis, sont accueillis en héros. Le succès de cette course oblige les organisateurs à tirer au sort les candidats à ce défi.

Novembre

- **Fête du Curcuma** à La Plaine-des-Grègues et Saint-Joseph.
- **Foire des Mascareignes** au Port.
- **Fête du bambou** à Saint-François.
- **Fête et course de l'ail** à Petite-Ile.
- **Marché aux fleurs** à la Plaine des Palmistes.
- **Fête de la pêche (le fruit)** à Hell-Bourg.

DIPAVALI

À Saint-André surtout et dans d'autres communes de l'île. Le Dipavali dure une semaine. Cette fête de la Lumière, organisée par les Tamouls, est une des plus belles fêtes de l'île.

MÉGAVALANCHE

La Mégavalanche, fin novembre, est une course de descente de VTT qui rassemble les meilleurs mondiaux sur une distance 30 km, entre le Maïdo et St-Paul. Les premiers la parcourent en moins d'une heure.

PARAPENTE ACROBATIQUE

Finale de coupe du monde, championnat national, trophée international, championnat de parapente acrobatique... La Réunion accueille chaque année au moins une compétition de haut niveau.

Décembre

- **Le réveillon** est l'occasion de grosses fiestas aussi, surtout dans la région des plages où beaucoup de gens s'y retrouvent pour organiser leurs propres soirées. C'est l'occasion de voir pendant toutes les soirées des lanternes qui viennent embellir le ciel en plus des étoiles.
- **Energie nature à Saint-Benoît :** découverte des activités de plein air organisées sur place.
- **Début décembre :** mégavalanche, descente en VTT du Tévelave à la Pointe-au-Sel (Saint Leu).
- **À l'Entre-Deux,** la course Trans Dimitile.

FÊTE DU PIMENT

L'ÉTANG-SALÉ

Brocante autant que fête agricole, c'est l'occasion de voir et d'acheter des produits péi et d'assister à diverses manifestations sportives et animations.

FÊTE DU TERROIR

www.fetesdeterroir.com

patju2@aol.com

2e week-end du mois. Au cours de cette manifestation, tous les produits du terroir de la commune de Trois-Bassins sont mis en vedette : géranium, miel, fruits, légumes, objets d'artisanat.

FET KAF

La commémoration de la fin de l'esclavage est célébrée le 20 décembre à La Réunion, date effective de la libération des esclaves dans cette île (en 1848). Appelée « Fet Kaf », cette énorme célébration a lieu dans toute l'île et dans tous les foyers, et marque l'entrée des fêtes de fin d'année.

DÉCOUVERTE

Cuisine locale

La Réunion a hérité d'un trait de caractère bien français qui ravira tous les gastronomes ! Une véritable culture du terroir s'est en effet installée ici, avec des productions « régionales » variées et inattendues sous ces latitudes : lentilles et vin de Cilaos, brie de Bébour, chèvre de Takamaka, vanille de Bras-Panon, chouchous de Salazie, foie gras de Saint-Benoît... C'est la France, on vous dit ! Autant de produits locaux qui, mêlés à des influences culinaires métropolitaines, créoles, indiennes, chinoises, garantissent un vaste choix en matière de gastronomie. La cuisine créole du terroir s'apprécie notamment dans les tables d'hôtes. Tous les produits utilisés proviennent en général du champ de l'agriculteur, qui vous concocte par exemple un civet de canard fumé au feu de bois de pêcher, accompagné d'un gratin de chouchou aux oignons rouges. Mmm... du 100 % maison garanti ! Comme dans tout l'océan Indien, la base de la cuisine réunionnaise est le riz. Le *cari*, plat de référence, constitue une expression puissante et concrète de l'identité réunionnaise, tout comme la langue créole. Ce nom d'origine indienne désigne tout ce qui accompagne le riz : viande, volaille ou poisson, cuisinés « en ragoût » avec une sauce bien relevée, et en particulier une préparation à base de tomates, d'oignons, d'ail, de gingembre, de thym, de curcuma, et autres épices. En accompagnement viennent impérativement les légumes secs ou « grains » : haricots rouges ou blancs, lentilles, fèves ou pois secs du Cap. Pour épicer le tout, on ajoute du *rougail*, une sauce épicée à base de fruits ou de légumes (tomates, mangues) cuits ou crus, finement hachés et pilés avec du sel, du piment et de l'oignon (parfois aussi du combava). Cari bichique, cari zourite (poulpe), porc, bœuf, langouste, poulet ou encore végétarien, les variations sont infinies. Mais il y aura toujours du riz !

La cuisinière créole a ses petites habitudes ancestrales pour préparer le *cari* quotidien. Il faut d'abord trier et laver le riz à l'eau claire, puis le cuire, le plus souvent dans un *rice-cooker*. Dans la marmite (chauffée au feu de bois de préférence, comme le veut la tradition : c'est meilleur), la viande doit revenir longtemps avec épices, tomates et oignons fondants, tandis que sont pilés dans un mortier (le *calou pilon*) ail, gingembre et sel. Les légumes secs, minutieusement triés en amont également (ou sortis d'une boîte de conserve !), sont simplement réchauffés à la casserole. Si vous tenez à éviter de passer pour un Zoreil ignorant, un conseil : procédez dans l'ordre (sacrosaint !) au moment de vous servir en *cari*. Commencez par napper l'assiette d'une importante couche de riz (le *gazon* de riz) que vous couvrirez d'abord de *grains*, puis du *cari* (la viande ou autre). Rajoutez ensuite un peu de *rougail* sur le bord de l'assiette, ainsi qu'une pointe (un microgramme) de piment. Le repas créole se compose seulement de ce plat principal, dont on peut se resservir si l'on a encore faim. Pas d'entrée ni de fromage, mais parfois, en dessert, un gâteau-patate, par exemple, au millet, à la banane ou à la noix de coco. Et bien sûr, l'apéro et la digestif !

À lire : *Du bonheur dans votre assiette*, Brigitte Grondin (la Maïté réunionnaise !), Editions Quatre-Epices.

Sur Internet : des centaines de recettes sur le www.goutanou-cuisine-reunionnaise.org ou des produits péi livrés en métropole sur www.colipays.com (excellent rougail saucisses !)

Hormis les *caris*, les Réunionnais préparent d'excellents civets et rôtis, à base de canard, de pieuvre appelée zourite, de lapin... Les bonnes grillades au barbecue sont aussi de mise lors du pique-nique dominical, que l'on accompagne de *zambrocal* (mélange en créole), à base de riz coloré au curcuma, de lardons fumés et de pois.

La cuisine réunionnaise est riche de ses métissages : plusieurs grandes cultures culinaires se sont rencontrées sur cette petite île de l'océan Indien. Notamment la cuisine française, indienne et chinoise. Le *cari*, plat métissé par excellence, reflète d'ailleurs ces différentes influences. Par ailleurs, le *cabri massalé*, grande spécialité locale cuisinée avec une poudre (le massalé, donc) à base de coriandre, de cumin, de piment sec, de *caloupilé*, et de pulpe de tamarin, est un savoureux plat d'inspiration indienne que vous trouverez sur les cartes de tous les restaurants. Vous tomberez par ailleurs un peu partout sur des *samoussas* indiens (chaussons triangulaires panés, farcis de viande ou de poisson et d'épices) et des bouchons (bouchées de porc, de poulet ou de crevette enrobées d'une pâte de farine) d'inspiration chinoise. La cuisine française a quant à elle transmis peu de plats typiques, si ce n'est l'entrecôte, la baguette ou les pâtisseries ; elle a surtout inspiré une riche production agricole (fromage, vin...) et a su faire apprécier ses produits importés, omniprésents dans les restaurants et les grandes surfaces.

PRODUITS CARACTÉRISTIQUES

On retrouve tous les produits de marque réunionnaise dans les grandes surfaces, mais on peut également les acheter directement chez les producteurs, ou encore se les faire livrer en métropole : plusieurs boîtes se sont lancées sur ce créneau avec succès.

Les marchés couverts ainsi que les marchés forains offrent aussi un choix varié de produits de fabrication artisanale.

- **Achards.** Condiment à base de légumes hachés assaisonnés. Goûtez le sandwich achard. Il faut faire attention, généralement il y a du piment…

Des colis à déguster

Depuis quelques années, plusieurs sociétés réunionnaises se sont lancées sur le créneau de l'exportation de produits locaux, le plus souvent des fruits de saison, expédiés vers la métropole en moins de 48h. Ceci grâce à des systèmes de transport postal par voie aérienne de style DHL ou Chronopost. Ils permettent de retrouver les goûts et les saveurs de l'île, à 10 000 km.

CA LÉ DOU RÉUNION
Marché forain de St Paul
SAINT-PAUL
© 02 62 91 40 12 – www.ca-le-dou.com
Ce fabricant spécialisé depuis 1996 dans les rhums et les rhums arrangés propose ses produits en vente en ligne avec livraison en métropole, à des tarifs économiques en envoi lent. De bons produits artisanaux au bon prix !

COLIPAYS
Zone aéroportuaire
SAINTE-MARIE
© 02 62 28 99 99 – www.colipays.com
sav@colipays.com
Ouvert du lundi au jeudi de 8h30 à 18h30, le vendredi de 8h30 à 18h et le samedi de 9h à 12h30. C'est le *showroom* de Colipays, pionnier du concept des produits pays expédiés sous 48h en métropole, de particulier à particulier. Une formule qui a désormais étendu son immense succès jusqu'aux Antilles et à Maurice, ainsi qu'à la métropole, puisque la société propose aujourd'hui aux Réunionnais des fruits frais en provenance d'Europe, notamment des cerises. En ce qui concerne les produits réunionnais, Colipays offre un choix de quelque 25 colis. Prévoyez 39 € minimum (et jusqu'à 129 € pour le ColiMaxi 974) pour vos envois d'ananas, de letchis, de goyaviers, de punchs, de samoussas, de plantes tropicales ou encore de chocolats, vers la métropole. C'est cher, mais de nombreux nostalgiques des îles vous diront que, en plein hiver hexagonal, la saveur d'un bon fruit frais de la Réunion n'a pas de prix.

PUNCH ET RHUM ISAUTIER
114, chemin Frédéline
SAINT-PIERRE
© 02 62 96 11 96 – www.isautier.com
Il est possible de passer commande auprès de la distillerie Isautier. Compter de 25 à 65 € les deux bouteilles livrées en métropole, suivant les bouteilles.

Ananas Victoria. Le roi des ananas ! Qualifié par certains comme le meilleur ananas du monde, c'est en tout cas un fruit délicieux, dont on fait une grande consommation à La Réunion. Et également une grande production ! Issu d'Amérique du Sud, introduit il y a 200 ans, cette variété d'ananas, de petite taille, et riche en arômes, est produite à raison de 8 000 tonnes par an sur l'île, dont 20 % sont exportés. On le trouve partout, toute l'année.

Baba-figue. C'est la fleur du bananier, qui pend au régime de bananes. On fait un cari baba-figue. La préparation du baba-figue consiste surtout à enlever le lait qui colle et qui est toxique, ensuite on le découpe comme un chou et on l'accompagne avec une viande préparée en cari ou en rougail. Le plus connu est le rougail boucané au baba-figue.

Bananes. De nombreuses variétés de bananes poussent toute l'année à La Réunion. Les meilleures sont les plus petites, qui fondent dans la bouche. Le saviez-vous ? Le bananier est une herbe. Après avoir donné un unique régime, il faut l'arracher.

Bichiques. Minuscules alevins de poissons pêchés à l'embouchure des rivières et très prisés par les Réunionnais, la vente de ces petits poissons encore traditionnelle sur le bord de la route est la cause bien souvent d'embouteillages improvisés. Ils sont capturés à l'aide d'une nasse en entonnoir appelée vouve. De 35 € à 50 € le kg.

Bonbon-piment. Petit beignet de farine et de piment (poids du cap).

Bonbon-miel. Petit beignet rond avec un trou au milieu.

Boucané. Poitrine de porc fumée.

Bouchon. Bouchée à la viande, enveloppée d'une pâte de riz, et cuite à la vapeur. On en trouve parfois en métropole, mais partout à La Réunion. Mangés en sauce ou en sandwich « pain bouchon », vous les trouverez dans tous les snacks ; les Réunionnais en font une grande consommation. Ils sont vendus chauds pour 0,30 € pièce. Les bouchons passent pour être une spécialité locale, alors que 90 % d'entre eux sont importés par trois sociétés : Asia Food, King Food et Taïlou. Mais les tables d'hôtes et quelques artisans locaux en fabriquent encore.

Brèdes. Feuilles vertes issues d'un légume (citrouille, chouchou, songe...).

Bringelle. Aubergine.

Café-vanille. Produit original, puisque c'est une innovation réunionnaise. On le trouve en paquets, dans les grandes surfaces, à 3 € les 250 g.

Caloupilé. Feuille d'une épice indienne, utilisée dans la préparation du massalé.

Camaron. Grosse crevette d'eau douce, excellente.

Cardamome. Cette épice aux vertus dynamisantes est utilisée dans la cuisine indienne.

Chocolats. Les chocolats Mascarin sont les plus connus. Dans la seule chocolaterie de La Réunion, au Port, et que l'on peut d'ailleurs visiter, quantité de chocolats fourrés aux produits réunionnais donnent une gamme de parfums très impressionnante : litchis, ananas, banane, miel au rhum, tamarin, blanc vanille, caramel au rhum, combava, café vanille, gingembre, noir dégustation... Sans oublier les boîtes de chocolats de dégustation et les produits de Pâques. Vous les retrouverez dans tous les supermarchés ainsi qu'à la chocolaterie, où il y a un magasin d'usine.

Chouchou. Légume originaire du Mexique qui a besoin de beaucoup d'eau, et dont on cuisine les feuilles et les tubercules. Il pousse logiquement à Salazie, dont la pluviométrie atteint des records mondiaux et qui produit 95 % des chouchous consommés dans l'île. On le trouve aux Antilles sous le nom de « christophine » et en France sous le nom de « chayote ». Le *chouchou* en gratin est un délice, mais on peut le préparer d'autres façons : en salade, en purée...

Chou de vacoa. Légume extrait du vacoa, arbre à feuilles larges et aux racines aériennes. On peut aussi manger ses feuilles en salade.

Coco. La chair de coco, tout comme le lait ou l'eau de coco restent très peu utilisés dans la cuisine réunionnaise. Elle est plus présente dans les cuisines malgache, mahoraise et comorienne.
Certains restaurants proposent du poulet coco mahorais ou encore du poisson cru au lait de coco à la tahitienne.

Combava. Variété de citron à la saveur acidulée très puissante et à la peau grumeleuse. Un seul combava (3 cm de diamètre) peut assaisonner un repas de 80 personnes. On utilise uniquement son zeste.

Confitures et gelées. Vous trouverez d'innombrables confitures et gelées aux fruits péi, de la carambole à la tomate arbuste en passant par la coronille, le chouchou et le goyavier. Celles-ci se trouvent en supermarché (produits industriels avec des marques comme Royal Bourbon Emilie, la P'tite Créole) ou dans les gîtes, restaurants, sur les marchés (produits artisanaux). La Maison des Délices innove avec des gelées au rhum, et des délices au sucre de canne, à base de sirop, de fruits et de crème fraîche… On les trouve dans certains hôtels et boutiques de musées.

▶ **Curcuma.** Le safran réunionnais, une poudre rousse orangée qui pourtant ne vient pas de la même plante que le véritable safran. Omniprésent dans la cuisine réunionnaise, il est produit principalement à La Plaine-des-Grègues, au-dessus de Saint-Joseph.

▶ **Dakatine.** Beurre de cacahuète mélangé à du piment, au goût assez prononcé.

▶ **Faham.** Orchidée dont les feuilles sont utilisées pour parfumer le rhum arrangé, le véritable.

▶ **Gingembre.** Très utilisé dans la plupart des plats chinois, le gingembre est originaire de Malaisie. Il est aussi utilisé en médecine naturelle et a de prétendues vertus aphrodisiaques.

▶ **Gousses de vanille.** Le prix de la vanille est assez élevé, mais c'est de la vanille de qualité. Celle que l'on vend dans les grandes surfaces ne vient pas toujours de La Réunion mais est au même prix. Vous trouverez de la vanille malgache au marché de Saint-Paul pour 1,50 € les 5 gousses, mais sa qualité est exécrable. Vous pourrez en trouver dans les grandes surfaces, et aussi à la Coopérative de vanille de Bras-Panon, à la vanilleraie du domaine du Grand Hazier à Sainte-Suzanne que l'on peut visiter, à la plantation Roulof à Saint-André ou à l'Escale Bleue à Saint Philippe.

▶ **Goyavier.** Ce n'est pas l'arbre qui donne des goyaves, mais un petit fruit rouge ou jaune originaire du Brésil. On en trouve surtout à Grand-Etang et à Grand-Bassin.

▶ **Graton.** Couenne de porc frite.

▶ **Fruit à pain.** Fruit rond, gros comme une pastèque, à la chair farineuse, qui se consomme cuit, sucré ou salé. Il pousse sur l'arbre à pain originaire de Polynésie.

▶ **Fruits et plantes.** Attention, les contrôles sanitaires sont stricts dans les avions, et, pour des raisons écologiques, le transport des fruits et des plantes est souvent interdit ou contrôlé. Voir la rubrique « Colis à expédier ».

▶ **Jujube.** Petit fruit ressemblant à une cerise marron clair et croquante, il est en voie d'extinction car ses arbres poussent très lentement.

▶ **Légumes secs.** Haricots rouges ou blancs, lentilles, fèves, appelés « grains ».
Les lentilles sont produites à Cilaos, et elles sont particulièrement bonnes.

▶ **Macatia.** Petit pain rond au lait, fourré parfois avec du chocolat. Excellent au petit déjeuner.

▶ **Mafane.** Brède utilisée pour le *romazav* (plat malgache).

▶ **Massalé.** Mélange d'épices indiennes. C'est aussi le nom d'un plat (cabri massalé).

▶ **Palmiste.** Le cœur d'une espèce de palmier à croissance lente, dont la chair ressemble un peu à celle de l'asperge. Très chère, la salade de cœur de palmiste est parfois appelée la « salade du millionnaire ».

▶ **Papayes.** Les papayes poussent toute l'année sur un arbre sans branches ou presque, qui peut porter des fruits énormes.

▶ **Petits pots de rougail.** Vous les trouverez dans toutes les grandes surfaces. C'est original, ça prend peu de place et c'est un souvenir culinaire, dont le goût reste longtemps dans la bouche. De même, les pots de piments sont un investissement durable : vous mettrez des années à avaler une dizaine de grammes.

▶ **Piment martin.** Du nom de l'oiseau, c'est le plus fort des piments réunionnais.

▶ **Rougail.** Sauce épicée à base de fruits ou de légumes (tomates, mangues) cuits ou crus, finement hachés et pilés avec du sel, du piment et de l'oignon.

▶ **Rougail saucisses.** C'est un cari avec des morceaux de saucisses rouges, et assaisonné de rougail tomate.

▶ **Romazav.** Plat malgache dont les brèdes pétillantes sont caractéristiques.

▶ **Samoussa.** Sorte de beignet triangulaire fourré au fromage, au poulet, au poisson, au piment. Comme les bouchons, ils sont produits et consommés en quantités industrielles. Ils sont vendus chauds ou froids à 0,30 € pièce dans tous les camions-bars.

▶ **Sarcives.** Travers de porc enduits de miel et grillés à la chinoise.

DÉCOUVERTE

- **Songe.** Plante aquatique dont on mange le tubercule et le cœur. Un goût étrangement doux et sucré, il se consomme en accompagnement du plat principal ou en dessert, confit ou encore en crème. A découvrir !
- **Tangue.** Ressemble à un hérisson mais fait partie de la famille du rat, et se mange de plus en plus rarement. Les restaurants n'en servent pas, mais certaines tables d'hôtes en servent encore, car les créoles en élèvent derrière chez eux.
- **Ti jacque.** Fruit du jacquier qui pousse toute l'année. On le mange en cari.
- **Z'ambrozatte.** Sorte de fruit orangé à la chair ressemblant à celle du letchi, et gros comme une cerise.
- **Zambrocal.** Signifie « mélange » en créole. Mélange des traditions françaises, indiennes, malgaches et chinoises. Riz safrané cuit avec des grains et de la viande fumée. Ancienne recette créole.
- **Zourite.** Petite pieuvre, que l'on mange souvent en civet.

Boissons

- **Eau et jus de fruits.** Pour commencer par le plus sain, l'eau ruisselle abondamment sur les montagnes de La Réunion, pure et légère. Elle s'écoule entre roches et lave, surgissant en sources fraîches, jaillissant en cascades grondantes, nous offrant ainsi des eaux minérales pures (Edena, Bagatelle, Australine), dont une naturellement gazeuse (Cilaos), chauffée et minéralisée par le feu intérieur de l'île. Edena existe aussi en version pétillante, mais artificiellement gazeuse cette fois. Avec l'eau, le climat généreux permet aussi de faire pousser tous les fruits nécessaires à la préparation de jus de fruits riches en vitamines : mangue, banane, ananas, letchis... Le coco est en revanche peu utilisé. On peut faire ses jus soi-même, mais on les trouve surtout dans le commerce en brique ou en bouteille, ainsi que toutes les autres boissons gazeuses vendues en métropole.
- **Bière.** La bière péi est la fameuse Dodo. Cette petite bouteille de 33 centilitres de blonde douce à 5° s'affiche partout sous le signe du dodo, l'animal mythique, sans doute exterminé par l'homme aux premières heures du peuplement de La Réunion, bien que sa présence sur l'île n'ait jamais été prouvée. Elle est produite par les brasseries de Bourbon, qui fabriquent aussi la Fischer, de style belge, et aussi le Coca-Cola et d'autres marques de sodas et de bières, ou des variations, comme la Dodo, blanche ou rousse. L'usine se visite, voyez à Saint-Denis. Les marques de bières nationales et internationales sont également présentes dans les rayons des supermarchés réunionnais, mais la fameuse Dodo, qui a fêté ses 50 ans en 2012, occupe 67 % du marché. Un symbole identitaire réunionnais, comme le sont la Phoenix à Maurice ou THB à Madagascar. Les boutiques peintes aux couleurs de la Dodo ou de Coca-Cola font partie du paysage de toute l'île. Plus d'infos sur www.ladodo.com

Conseil : si vous sirotez une Dodo ou une Fischer sur une plage ou un terrain de boules : ne jetez pas la bouteille vide, posez-la plutôt au pied d'une poubelle, elle sera aussitôt récupérée car une multitude de ramasseurs qui gagnent quelques centimes par bouteille. Cela ne marche que pour les petites bouteilles de ces deux seules marques.

Dernière-née sur le marché de la bière, la Picaro est produite depuis 2008 dans une micro-brasserie de Saint-Joseph. D'inspiration belge et locale, elle est disponible assez confidentiellement, surtout dans le Sud.

Vous en saurez plus sur www.brasseriepicaro.com

- **Côté vins,** apprenez que La Réunion dispose d'une production locale tout à fait honorable, récoltée exclusivement dans le cirque de Cilaos. Bien abrité des vents et disposant d'un bon ensoleillement, sans trop de chaleur grâce à l'altitude, le vignoble réunionnais est le plus austral de France. Arrivé depuis le XVIIIe siècle, il a gagné ses lettres de noblesse récemment. Le cépage isabelle est exploité aujourd'hui encore, bien qu'interdit depuis 1975. Rouge ou blanc, mais de toute manière très fruité et très sucré, il se déguste plus à l'apéritif, voire au dessert, que comme vin de table. Il a surtout été interdit par application de lois strictes pour protéger les viticulteurs. D'autres cépages plus nobles ont été sélectionnés, pinot noir, malbec, chenin, et 8 hectares ont été mis en culture depuis 1998, ainsi qu'un chai moderne mis en place. Les résultats sont bons, mais même à Cilaos, il est assez difficile de se procurer des bouteilles. On en trouve dans des caves spécialisées et chez certains restaurateurs, mais pas en supermarché, en raison du petit nombre de bouteilles. Vous en apprendrez dans la partie sur Cilaos, mais sachez que, le plus souvent, on consomme du vin importé par bateau à La Réunion. Les restaurants et les supermarchés vendent des

Quelles marques pour quels produits ?

Le rhum Charrette est le plus célèbre de La Réunion, et le plus vendu en France, à environ 7 € la bouteille de 1 litre de rhum blanc, titrant 49 degrés. C'est un rhum traditionnel issu des trois distilleries de l'île.On le trouve en bouteilles de 20 cl (à 40 degrés, la fameuse « pile plate », désormais interdite et donc devenue *collector*), 70 cl (à 40 degrés, spécialement pour punchs et cocktails), ou 1 l, 1,5 l, 2 l, 5 l et en cubi de 4,5 l (à 49 degrés, idéal pour le rhum arrangé). Egalement du rhum ambré, vieilli en fût de chêne pendant trois ans, en bouteille de 70 cl. Vous trouverez des recettes sur www.rhum-charrette.com

vins de France surtout, mais aussi d'Afrique du Sud, Chili… Les cavistes proposent un choix aussi vaste que ceux de métropole, à des prix légèrement plus élevés.

Rhum. Le rhum, enfin et surtout, est présent à La Réunion comme dans toutes les îles à sucre. Moins réputé que le rhum antillais, mais pourtant tout aussi bon, le rhum réunionnais a rattrapé son concurrent des Antilles depuis quelques années en termes de qualité. Certains créoles le boivent pur, à la bouteille, en versant parfois une goutte au sol pour les ancêtres, mais attention, à 49° ça ne pardonne pas ! Il vaut mieux l'apprécier en punch, préparé soi-même ou vendu dans le commerce, ou encore selon une spécialité bien réunionnaise : le rhum arrangé. Il s'agit de rhum dans lequel on a fait macérer plantes ou fruits pendant plusieurs mois, à l'abri de la lumière, et qui exprime des arômes subtils lors de sa dégustation. C'est doux et fruité, parfois sirupeux et d'autres fois très volatil, les arômes des fruits utilisés se dégagent puissamment d'autant plus que le goût d'alcool est adouci. Vanille, mangue, letchi, coco, carambole, goyavier… tout peut servir à arranger le rhum et en faire un produit maison. Fort et parfumé, il est plutôt pris en digestif qu'en apéritif.
À lire : *Rhums, rhums fruits et rhums arrangés*, Editions Orphie. Un recueil de recettes avec des présentations historiques.

Les sachets d'herbes pour rhum arrangé sont indispensables. Ils contiennent des étoiles d'anis, de l'écorce de cannelle, des peaux d'oranges, pour parfumer vos bouteilles dès votre retour. On trouve bien du rhum, du sucre de canne et des fruits en métropole, mais pas ces sachets, alors pensez-y !

Punchs. Mis à part le célèbre rhum arrangé servi traditionnellement en fin de repas, le rhum réunionnais se prête aussi à la fabrication de punchs, plus rapides à préparer. Ceux-ci sont plutôt servis en apéritif, avec tous les fruits de l'île : mangue, corossol, banane, ananas, litchi, etc… Il suffit de mélanger jus de fruits, sirop de sucre et rhum blanc pour obtenir un punch planteur excellent. Vous pouvez aussi faire un ti-punch à l'Antillaise, avec simplement rhum, sucre de canne, citron vert.
Attention ! Le taux d'alcoolémie maximum autorisé sur la route est de 0,5 g par litre, comme en métropole !
Vous trouverez la plupart des rhums réunionnais dans les supermarchés de l'île, ainsi que des rhums macérés artisanalement ou industriellement dans les boutiques et hôtels. Sachez qu'au musée La Saga du Rhum à Saint-Pierre et à la Distillerie de Savanna à Saint-André, des magasins au large choix et aux tarifs attractifs ont été ouverts, un très bon plan pour les cadeaux-souvenirs.

HABITUDES ALIMENTAIRES

La Réunion dans votre assiette, c'est un mélange de saveurs des quatre continents. Si le cari créole traditionnel reste le plat typique, manger réunionnais c'est aussi goûter à la cuisine du monde : d'Asie, d'Inde, d'Afrique et d'Europe, les recettes se mélangent. Il n'est donc pas rare de mêler cuisine chinoise avec quelques touches de cuisine créole. C'est surprenant mais c'est surtout délicieux. De manière générale, les Réunionnais mangent très épicé. Le piment accompagne tous les plats, notamment le fameux rougail tomates, une sorte de petite salade de tomates assaisonnée avec des oignons et pimentée. Le riz ! Jamais de cari sans son riz et ses grains (lentilles, haricots rouges, etc). C'est très copieux.

Parmi les recettes à ne pas manquer : le rougail saucisse, le cari camarons pour ne pas dire Gambas, et le rougail la Morue (un poisson très salé). Il y en a bien d'autres et vous aurez tout le plaisir de déguster sur place chez nos adresses !

Budget. Dans l'ensemble, la restauration est plus chère qu'en métropole ; sauf pour tout ce qui relève du snack et des caris à emporter. Pour un repas à 50 €, attendez-vous à une très bonne prestation, délices de langoustes ou escargots de Bourgogne compris. Avec cela vous aurez accès à une belle carte de vins de France ou d'Afrique du Sud le plus souvent, des serviettes propres, et un beau cadre. Un repas « de début de vacances » (quand le portefeuille est bien rempli) à 25 € ou 30 € est tout à fait honorable, dessert et vins compris. Pour 15 € à 20 €, un restaurant de cuisine créole ou métro fera l'affaire, avec un bon plat consistant et une boisson.
Mais c'est bien moins coûteux quand on quitte les endroits touristiques comme Saint-Gilles. Un repas à emporter dans un petit snack vous coûtera de 5 € à 8 €, rajoutez 1,50 € pour une boisson. Pour un repas gargantuesque, pas cher et authentique, montez dans les Hauts, et dînez à une table d'hôtes, ou dans une ferme-auberge : on s'en tire pour 15-25 € avec apéritif, entrée, plats, desserts, vins, rhum arrangé. On repart le ventre plein et, si l'on a un peu trop levé le coude, on peut le plus souvent dormir sur place.

Cuisines métro et créole. La Réunion possède de bons établissements, mais pas de haute gastronomie. Malgré tout, certains restaurants proposent une cuisine assez sophistiquée et qui ne manque pas d'imagination. Beaucoup de restaurateurs sont métropolitains et proposent une cuisine française adaptée aux produits locaux, avec poissons et crustacés de l'océan Indien et viandes importées ou locales, des grillades, salades et frites. Ils s'essayent à la gastronomie créole en proposant quelques caris, généralement les plus courants, mais le plus souvent il s'agit d'une cuisine d'inspiration française aux saveurs créoles.
Côté inspiration métropolitaine, le Sud-Ouest est généralement à l'honneur. Magret et confits de volailles, foies gras sont très convoités, ainsi que les spécialités de toutes nos régions. Les restaurants de cuisine créole authentiques proposent quant à eux des découvertes culinaires plus savoureuses, des fruits et des légumes dont vous n'aviez jamais entendu parler et des civets mijotés pendant des heures au feu de bois, dont vous nous direz des nouvelles ! Mais ces restaurants sont rares en ville, en tout cas peu nombreux à offrir un service professionnel.Pour plus d'authenticité, voyez les tables d'hôtes. Un bon point à noter dans la gastronomie locale : la relative absence de plats préparés industriels, malheureusement servis jusque dans les établissements parisiens les plus prestigieux.

Cuisine du monde. Avec sa multiplicité de visages et d'origines, La Réunion permet des découvertes culinaires pour le moins internationales. Les restaurants chinois, tenus par des Chinois, sont les plus nombreux, surtout à Saint-Denis et Saint-Pierre. A noter qu'il s'agit bien de Chinois et de cuisine chinoise, et non de Vietnamiens ou Cambodgiens. Originaires de la région de Canton, ils préparent une cuisine du sud de la Chine : chop suey, riz cantonnais, porc aux champignons, et le plus souvent leur carte est immense. On voit aussi quelques restos japonais s'implanter (sushi-bars, notamment). A égalité viennent les pizzerias, et autres restaurants italiens, parfois tenus par des Italiens, mais le plus souvent des métros et des créoles.
Viennent ensuite quelques établissements indiens, plutôt de bonne gamme, tenus par des Malbars ou des Zarabes. Hormis le cabri massalé qui est sur toutes les cartes, la cuisine indienne est assez peu représentée. Ce sera quand même l'occasion d'essayer brianis, thalis, naân, etc. Enfin, aucun restaurant n'est spécialisé dans une des cuisines des îles de l'océan Indien, mais plusieurs restaurants proposent les plats emblématiques de ces îles : *mines frites* mauriciennes, poulet coco mahorais et *roumazave* malgache.

Tables d'hôtes. Un concept très attrayant et très efficace de tourisme culinaire, écologique et culturel ! Les propriétaires de la table d'hôtes vous reçoivent chez eux pour déguster des plats locaux à base de produits de l'exploitation ou du potager. La cuisine, à l'ancienne, avec ses caris au feu de bois et ses gratins chouchous, est très savoureuse, préparée comme « au temps lontan », et toujours fort copieuse. Goûts authentiques et découvertes inattendues, les repas, souvent composés d'une formule unique, permettent une véritable découverte de la cuisine créole. Il faut compter environ 20 € le repas. Il y a de l'ambiance dans ces tables d'hôtes, qui sont parfois perdues dans la quiétude brumeuse des Hauts. Les Réunionnais, comme les touristes métropolitains, y viennent en

famille ou entre amis. Le repas, énorme, s'achève souvent sur un rhum arrangé. Si vous avez trop levé le coude pour prendre la route, sachez que la plupart tiennent aussi des chambres d'hôtes, et aussi des gîtes indépendants.
Comme les hébergements, elles sont organisées en labels, le premier étant les Gîtes de France. Fonctionnant selon les mêmes règles qu'en métropole, elles peuvent se réserver par la Maison de la montagne à Saint-Denis. Ou bien directement en téléphonant à la table d'hôtes. Une différence sur le plan départemental, puisqu'elles peuvent accueillir des touristes sans être obligées de les loger.
Les tables d'hôtes sont limitées à 25 personnes, qui partagent la table familiale. Au-delà, elles se constituent en auberges de campagne ou fermes-auberges. Dans ce cas, elles peuvent accueillir plus de 100 personnes à table, vous pourrez tomber sur un mariage, un baptême ou un banquet... De bonnes occasions de faire des connaissances.

▶ **Snack, fast-food et autres.** Terminons par la nourriture dite « de rue », qui paraîtra vite incontournable pour le touriste de passage. Habitué aux produits métropolitains très coûteux, ici, il se rendra vite compte que *snacker* dehors revient presque moins cher que de casser une croûte chez soi.
On peut déjeuner dans un des innombrables camions-bars de l'île, qui sont toujours là quand il faut, près de la plage, des bars ou le long des nationales. Le midi, ils vendent des *caris*, et à toute heure des bouchons (les fameuses bouchées de porc ou de poulet, enrobées d'une pâte de farine) à 0,40 € pièce, chauds et avec sauce piment, ketchup ou mayo. Ainsi que des sandwiches chauds et froids typiques de l'île : américain bouchon gratiné (de bouchons dans un pain avec des frites et du fromage fondu), sandwich thon-maïs, *achards*... Pour un en-cas, testez samoussas, sarcives, bonbons-piment, gateau patate, pâté créole, beignets de crevettes... que vous trouverez plutôt sur des stands de rue ou dans les petites boutik.
Enfin, les inconditionnels de la « junk food » trouveront leur bonheur avec une quinzaine de Mac Do et Quick aux quatre coins de l'île, mais à des tarifs bien plus élevés qu'en métropole... Du luxe, par rapport aux camions-bars !

DÉCOUVERTE

RECETTES

Rougail saucisses

▶ **Ingrédients.** 500 g de saucisses ordinaires ou fumées • 3 gros oignons rouges • 6 petites tomates bien mûres • 5 gousses d'ail • 4 à 10 piments selon votre gré • 1 branche de thym • 1 cuillerée à soupe d'huile • sel • poivre • riz • et bien sûr des grains (haricots rouges, pois du Cap, lentilles).

▶ **Préparation (environ 45 minutes).** Faites bouillir les saucisses pendant au moins un quart d'heure (deux fois si ce sont des saucisses fumées), que vous aurez percées afin d'éliminer la salaison et le gras, en démarrant à l'eau froide. Jetez l'eau. Pendant ce temps, hachez les oignons et les tomates, pilez les piments, l'ail, le poivre et le sel. Coupez les saucisses en 4 ou 5 morceaux. Faites revenir 3 minutes sans matière grasse. Ajoutez les oignons et mélangez l'ensemble. Ajoutez les tomates et les épices en mélangeant bien. Couvrez la marmite et baissez le feu. Laissez cuire 20 minutes en remuant de temps en temps. Servez chaud avec des grains, du riz et un rougail tomate, cet assaisonnement préparé avec deux ou trois petites tomates finement émincées, du piment, de l'huile, un petit d'oignon et du sel.

Fricassée de brèdes chouchou

▶ **Ingrédients.** Un paquet de brèdes chouchou • 4 à 5 gousses d'ail de La Réunion • un bon morceau de gingembre • 3 à 4 cuillerées à soupe d'huile • sel • piment à votre goût.

▶ **Préparation.** Triez les brèdes en ne gardant que les cœurs, les feuilles les plus tendres et les tiges qui « cassent » (enlevez la tige dès qu'elle plie et ne casse plus). Lavez les brèdes triées à l'eau claire, égouttez-les grossièrement et réservez. Dans une marmite, faites revenir l'ail et le gingembre dans trois ou quatre cuillerées d'huile. Dès qu'ils commencent à prendre une couleur dorée, jetez les brèdes dans la marmite et mélangez. Couvrez et laissez cuire à feu vif quelques minutes puis baissez le feu. Ajoutez le sel et le piment à votre convenance. Les brèdes se mangent légèrement croquantes ou bien cuites, avec du riz et en accompagnement d'un cari ou d'un rougail.

Jeux, loisirs et sports

La Réunion connaît une explosion formidable du sport nature. Son relief tourmenté et ses falaises abruptes se prêtent à toutes les initiations, entre air, eau et terre. L'île est devenue une étape incontournable des compétitions internationales et des raids aventures. Dans ce chapitre, nous nous consacrerons uniquement aux sports liés aux éléments naturels, les sports classiques (football, rugby, tennis et autres) faisant moins l'originalité de la Réunion et étant amplement couverts par les médias : vous n'aurez aucun mal à vous procurer des infos à leur propos.

ACTIVITÉS À FAIRE SUR PLACE

Sur terre

Randonnées

Activité phare de l'île, la randonnée permet de dévoiler les mystères de l'île. C'est en marchant qu'on perçoit l'intensité de la nature de La Réunion, sa beauté volcanique, le morcellement de ses trois cirques. Pour plus d'informations, consultez le dossier spécial consacré à cette activité.

La Réunion, terre de sensations fortes

Les sports extrêmes trouvent ici un terrain propice. La Réunion, île intense ! Sur la côte comme dans les hauts, dans les vagues comme à flanc de falaise, les amateurs de sensations fortes ne seront pas déçus. S'il y a des sports à sensations auxquels vous vouliez vous essayer depuis des lustres, c'est le moment de le faire. Que vous vous déplaciez à pied, à cheval, en VTT, en 4x4 ou en quad, il vous faudra bien plus d'une vie pour découvrir les milliers de kilomètres de sentiers de La Réunion.

- **Le Grand Raid ou la Diagonale des Fous** qui a lieu chaque année amène des milliers de coureurs des quatre coins du globe pour une traversée de l'île exceptionnelle. Plus de 170 km de trail de montagne, sur 10 000 m de dénivelé, en passant par l'intérieur des 3 cirques. Les premiers arrivés le font en près de 24 heures. Le trail de Cilaos et d'autres compétitions rassemblent chaque année des foules immenses.
- **L'île à grand spectacle,** c'est aussi comme cela qu'on l'appelle. « Du battant des lames au sommet des montagnes », canyoning et rafting sont autant d'activités qui vous plongent dans une nature préservée. De nombreux circuits sont organisés par des professionnels référencés dans notre guide.
- **Dans les airs,** le parapente et le paramoteur vous embarquent pour une virée inoubliable. Petit saut à 800 mètres d'altitudes ou 1 600 mètres pour les plus courageux. Les départs se font le plus souvent de la côte ouest, la baie de Saint-Leu plus précisément. Les structures sont nombreuses comme celle de Jimmy (www.parapentedesziles.com)
- **Sur l'eau**, entre les sorties baleines ou dauphins, le parachute ascensionnel, le jet-ski, mais aussi sous l'eau avec la plongée, voire sous terre en explorant les lavatubes, tout est possible !

Que l'aventure commence !

Équitation

Pas la peine d'être un cavalier expérimenté pour randonner sur le dos des mérens (des petits chevaux de montagne venus des Pyrénées). Les meilleurs endroits pour une belle balade sont les plaines. On trotte aussi sur la plage de l'Etang-Salé, sur les collines du cap la Houssaye, dans les champs de cannes ou à travers les forêts. Il existe sur l'île de nombreux centres équestres. Ils font généralement des excursions dans leur région mais ne permettent pas de s'aventurer dans les cirques ou dans l'enclos du volcan.

VTT

Des chemins de sable aux forêts de tamarins, des champs de canne à sucre aux lits des rivières, vous trouverez forcément votre bonheur. La plus belle des randonnées est certainement la descente du Maïdo. Elle comprend bien une dénivellation de 1 800 m, mais vous êtes libre d'aller à votre rythme et vous avez même le droit de freiner ! Le VTT connaît un développement fulgurant à La Réunion, et l'on compte déjà plus de 1 400 km de pistes balisées. Cette discipline est reconnue par la Fédération française de cyclisme, et La Réunion offre déjà 8 stations de VTT à la sécurité assurée et une signalétique normalisée. Plusieurs prestataires louent des VTT ou organisent des descentes depuis le Maïdo. Les autres sites courus sont les plaines, où, malgré leur nom, vous négocierez quelques raidillons, le volcan, le Dimitile ou la forêt de Bébour-Bélouve. Vous trouverez aussi différentes descentes dans l'Ouest et les Hautes Plaines.

- **VTT électrique.** Un nouveau prestataire, basé à Saint-Paul, propose des modèles innovants de VTT électriques, offrant les mêmes sensations sur des parcours en pleine nature, sans pédaler et en silence !

Calendrier

- **Mai :** le raid Réunion d'Aventure. Gérard Fusil, créateur du Raid Gauloises a mis pied à La Réunion pour organiser une course incroyable avec des épreuves plus folles les unes que les autres : VTT, course à pied, descente dans le cratère Commerson en rappel (200 m) puis remontée en escalade, canyoning, descente de la rivière du Mât en canoë, kayak jump, kayak de mer, apnée, roller. Renseignements et inscriptions sur le site : www.authentiqueaventure.com
- **Octobre : le Grand Raid ou « Diagonale des Fous ».** De Saint-Philippe à Saint-Denis en passant par les trois cirques et le volcan, les 3 500 coureurs qui entreprennent chaque année cet exploit ne font pas tous les 164 km de parcours et 10 000 m de dénivelé positif ! Le but de la plupart d'entre eux est déjà de finir le trajet, ce qui peut prendre trois jours. L'épreuve se court pour les leaders et selon le parcours en 17h ! Les premiers arrivés au stade de La Redoute, à Saint-Denis, sont accueillis en héros. Le succès de cette course oblige les organisateurs à tirer au sort les candidats, pour éviter un trop-plein de participants. La 22e édition a lieu du 22 au 25 octobre 2015. Renseignements sur le site : www.grandraid-reunion.com
- **Octobre encore :** c'est à cette période de l'année qu'ont lieu les rassemblements de fédérations de canyoning.
- **Octobre toujours :** Finale de Coupe du monde, championnat national, trophée international, championnat de parapente acrobatique... La Réunion accueille chaque année au moins une compétition de haut niveau de parapente !

Visites de productions agroculturelles

Quasiment toutes les productions agricoles et culinaires de la Réunion peuvent faire l'objet d'une visite ! De quoi ramener des souvenirs authentiques et enrichir son savoir.

▶ **Visites de vanilleraies :** plusieurs producteurs ouvrent leurs portes pour vous faire découvrir les différentes étapes de la fabrication : culture, échaudage, séchage, maturation... Vous en trouverez notamment à Sainte-Rose, Saint-Philippe, et une coopérative à Bras-Panon.

▶ **Visite de producteurs locaux :** découvrez la seule production locale de vin d'outre-mer au Chai de Cilaos ou chez les petits producteurs, la fabrication du curcuma ou safran péi à Saint-Joseph, la production du café Bourbon Pointu, un des plus chers du monde et la culture du thé à Grand Coude...

▶ **Visites de fermes pédagogiques :** tout sur la culture des variétés tropicales : canne à sucre, bananes, mangues... ces fermes raviront notamment les enfants. Vous en trouverez à Saint-Benoît, la Rivière Saint-Louis...

▶ **Visite de distillerie de rhum :** en 2015, une seule reste ouverte aux visites : la distillerie de Savanna à Saint-André. Rien à voir avec les Antilles, donc.

▶ **Visites de distilleries d'huiles essentielles :** la tradition de l'alambic est encore bien vivace à la Réunion, fruit d'une longue histoire, avec un secteur disséminé entre multiples producteurs. Vous trouverez des distilleries le long de la route du Maïdo, dans les Hauts de la Saline, ainsi qu'une coopérative au Tampon.

▶ **Visites d'usines :** usine de bière et boissons à Saint-Denis, sucreries à Saint-André et Saint-Louis...

Vélo

Le vélo pour la promenade est moins spectaculaire que le VTT de descente, mais aussi moins organisé. Malgré les atouts de La Réunion pour la pratique du vélo, celle-ci reste peu développée. En cause, un manque de pistes cyclables et surtout une circulation trop importante. Dans les Bas, les trajets autour de l'île sont possibles, mais très dangereux sur les 4 voies et pourtant souvent autorisés (comme la Route du Littoral) et incontournables si l'on veut faire le tour de l'île. Des pistes cyclables permettent toutefois d'aller du centre de Saint-Denis à Sainte-Suzanne, il y en a aussi à l'Etang-Salé et Saint-Pierre. Dans les Hauts, hors des grands axes et des agglomérations, le vélo est plus praticable... mais il faut de sacrés mollets ! Vous trouverez des loueurs de vélos à Saint-Gilles et dans les grandes villes ainsi que certains prestataires louant des vélos électriques, malheureusement souvent aussi chers qu'une location de voiture !

▶ **Vélo couché.** Ces drôles de modèles à trois roues et siège baquet, particulièrement stables, présentent une bonne alternative au vélo classique. Un prestataire de ce type est présent à la Plaine des Cafres, et organise des balades dans l'île.

Buggy

Ces machines sportives et estivales permettent de parcourir l'île cheveux au vent. Vous trouverez un loueur à la Saline-les-Bains.

Quad

Il existe plusieurs loueurs de quads, notamment à Saint-Gilles, qui peuvent s'utiliser sur toutes les routes de l'île, sauf certaines portions de 4 voies. Plusieurs prestataires organisent aussi des balades en quad, notamment à la Saline-les-Hauts et à Saint-André, sur des parcours étudiés offrant toutes sortes de sensations.

4x4

Embarquez sur un gros 4x4 pour les sentiers difficilement accessibles avec votre voiture de location. Deux prestataires, à l'Entre-Deux et Saint-Gilles-les-Bains, proposent des sorties à la journée, tout autour de l'île, avec repas et guide touristique. On peut ainsi explorer les cirques, le Dimitile, le volcan ou les forêts de Bébour et Bélouve. En revanche, il n'y a pas de loueurs de 4x4.

Accrobranche

Vous pourrez bondir d'arbre en arbre, sur des parcours avec des filets, des ponts en cordes, des lianes, des tyroliennes permettant d'effectuer plusieurs kilomètres dans les arbres sans jamais reposer le pied-à-terre. Parfaitement sécurisés, idéal pour petits et grands. Il existe trois forêts aménagées pour ce type d'activité, au Maïdo (Hauts de l'Ouest), aux Makes (Hauts de Saint-Louis) et à la Plaine-des-Palmistes (Région des Plaines).

Paintball

Vous pourrez faire la guerre avec des billes de peinture dans les forêts des hauts de l'île. Nous avons recensé un club à Takamaka (Est).

Golf

La Réunion dispose de trois terrains de golf : 9 trous à La Montagne (environs de Saint-Denis), 18 trous à Saint-Gilles les Hauts (ouest) et à l'Etang-Salé (sud), ainsi qu'un minigolf à l'Ermitage pour les marmailles.

Spéléologie volcanique

Une activité qui a récemment vu le jour à La Réunion : l'exploration des tunnels de lave, ces boyaux laissés par la lave après s'être retirés, est en plein essor. Quelques prestataires se sont mis à vous faire découvrir le volcan par en dessous, à la découverte d'un monde inconnu, fait de stalactite et de stalagmites aux couleurs improbables. Pas de condition particulière à avoir, juste s'équiper de bonnes chaussures, d'une lampe fiable et d'un casque. On marche le plus souvent debout, pas forcément besoin de ramper, ni de se mettre à quatre pattes. Vous retrouverez les prestataires au Grand Brûlé, à la fin de la partie sud... ou bien en cherchant vous-même l'entrée des tunnels !

Sports mécaniques

Les amateurs de grosses mécaniques pourront se retrouver à la Jamaïque, à Sainte-Clotilde, le seul circuit de compétition de l'île. Ceux qui aiment les plus petites mécaniques se retrouveront au karting de Saint-Louis. Des rallyes amateur sont aussi organisés régulièrement sur les routes sinueuses des Hauts, les week-ends de vacances. Les motards, qui ont toujours des amicales et des fédérations, organisent fréquemment des tours de l'île. Enfin, les « pousseurs » sont le nom local des amateurs de courses sauvages sur les 4 voies, à bord de bolides tunés et trafiqués, les soirs de week-end... mais ça, c'est parfaitement illégal !

Combats de coqs

Les *batay cok* sont une tradition importée d'Afrique par le biais des esclaves, et mettent en jeu, comme chacun le sait, deux coqs surentraînés pour un combat à mort. En France, les jeux impliquant la mise à mort d'animaux sont interdits car considérés comme trop cruels, à l'exception de ceux dont la pratique remonte à plus de cinquante ans. C'est le cas des *batay cok* à La Réunion, ainsi qu'en Martinique et en Polynésie française, comme c'est le cas des corridas dans le sud de la France. D'ailleurs, la victoire d'un coq est déclarée dès lors que son adversaire est assommé ou s'enfuit, et donc sans que se produise nécessairement la mise à mort. Si le « boxeur » est sérieusement blessé, un combat perdu annonce souvent une retraite avancée.
Car un coq de combat n'est pas choisi au hasard ! A l'image des sportifs de haut niveau, les coqs sont rigoureusement sélectionnés, durement entraînés depuis l'âge de huit mois et également... dopés ! On leur fait boire une décoction à base de feuilles de zamal (cannabis) afin de les rendre plus endurants et agressifs. La crête, les plumes, et tout ce qui dépasse, sont coupées afin de ne pas laisser de prise à l'adversaire. Les enjeux sont importants. En effet, les combats de coqs, s'ils se font de plus en plus rares, déchaînent encore les foules, et les mises sont élevées. Les coqs peuvent valoir plusieurs centaines d'euros, et les combats peuvent en rapporter plusieurs milliers.
Toutefois, si les *batay* sont tolérées par les autorités, les jeux d'argent illicites, eux, sont interdits. Il reste néanmoins des joueurs ; les mises se font dans l'illégalité, sous le manteau, et les paris par signe. Un système qui fonctionne : personne n'oserait tricher de peur d'être exclu pour toujours. Les combats se déroulent, eux, au grand jour, même s'ils sont organisés par le bouche-à-oreille. Des *gallodromes* ont même été construits : de véritables arènes à gradins pour accueillir les foules.

Visites en tous genres

La Réunion offre tous les jours une nouvelle visite, une nouvelle exposition ou une nouvelle animation. Vos premières visites pourront être les quartiers historiques des centres-villes, les monuments. Elles pourront se faire au fil de vos humeurs ou accompagné d'un guide touristique, les offices de tourisme proposant des circuits. Les musées sont aussi nombreux, qu'il s'agisse de grands complexes financés par la Région ou de modestes musées municipaux, voire privés, ils couvrent de nombreux thèmes : culturel, historique, scientifique, artistique... Les jardins botaniques parsèment l'île et couvrent une bonne partie du champ végétal : dédiés aux plantes à parfums, aux baobabs, aux plantes tropicales, aux palmiers… On compte aussi des parcs animaliers (tortues, crocodiles, insectes). Les visites d'exploitation agrotouristiques ont beaucoup de succès, tout comme le tourisme industriel (notamment visites de sucreries, distilleries de rhum et distilleries d'huiles essentielles) et les visites d'artisans (écaille de tortue, broderies de Cilaos, tressage du vacoa...). Enfin, des prestataires organisent des sorties avec visites en minibus. En résumé, pas de quoi s'ennuyer même s'il pleut toute la semaine !

Détente

Après toutes ces activités, l'île intense se transforme en île détente… Profitez des cadres sublimes de quelques hôtels de luxe ou chambres d'hôtes de charme, qui proposent spa, hammam, bains bouillonnants, massages… Faites-vous dorloter dans des ambiances zen, où tout est fait pour votre plaisir. Laissez-vous aller, les vacances, c'est aussi fait pour ça…

Dans l'eau

La Réunion est aussi très belle vue de la mer ! Même si La Réunion est une île plus tournée vers la terre que l'océan, les activités nautiques s'y développent vite. Il y en a de deux types : celles se déroulant en mer (plongée, sorties en bateau, en voilier, surf, planche à voile, kitesurf, pêche au gros, jet-ski…) et celles « d'eaux vives », c'est-à-dire en rivière (canyoning, rafting, balades aux cascades, kayak, randonnée aquatique…)

- **Nautisme.** Profitez d'être sur une île pour partir en bateau. Vous pourrez vous aventurer sur les premières vagues du large à bord de kayaks de mer ou d'Optimist, grâce aux diverses associations nautiques et prestataires présents dans les villes balnéaires (Saint-Gilles, Saint-Pierre). Pour de la navigation plus sérieuse, plusieurs voiliers organisent des promenades le long des côtes réunionnaises, voire jusqu'à l'île Maurice. Il est également possible de louer des voiliers sans posséder de permis bateau, ainsi que des bateaux à moteur, avec permis cette fois. La plupart des prestataires sont situés au port de plaisance de la ville du Port ou de Saint-Gilles-les-Bains.

Surf et attaques de requins

Impossible de parler du surf sans évoquer les requins, qui ont fait l'actualité avec une quinzaine d'attaques, causant la mort de 7 personnes depuis 2011.

Rappelons d'abord les consignes de sécurité élémentaires pour éviter de se faire croquer : éviter la tombée de la nuit, l'embouchure des ravines après de fortes pluies, les eaux troubles.

Ensuite, un point sur la situation en 2015. La polémique est vive notamment sur les causes de la recrudescence des requins (la pollution est invoquée, tout comme la Réserve marine mais aussi le réchauffement climatique fourre-tout) et sur les moyens de prévenir les attaques (pêche aux requins, installation de filets, mise en place de vigies requins, drapeau indiquant le risque, signalétique, marquage des requins avec des balises pour leur suivi scientifique…). Comme souvent, le sujet est repris politiquement et débouche sur de grands discours et peu de concret. Et aussi beaucoup d'argent dépensé on ne sait comment. La conséquence première des attaques est l'**interdiction totale** de ce sport sur l'ensemble de l'île depuis 2013. Seules certaines écoles de surf destinées à l'entraînement des champions bénéficie d'un dispositif de protection particulier. Les surfeurs libres, eux, n'ont aucune possibilité de pratiquer en toute légalité : outre une amende de 38 €, le danger est, rappelons-le, bien réel.

Sorties baleines : un spectacle inoubliable !

De juillet à octobre, les baleines croisent au large de la Réunion, lors de leur migration annuelle depuis les eaux froides de l'antarctique à celles plus douces des tropiques. C'est l'occasion d'aller à leur rencontre et de vivre des instants magiques avec ces géants de plusieurs dizaines de tonnes. Spectacle inoubliable que de les admirer soufflant par leur évent et montrant leur dos rond, l'œil au ras de l'eau à quelques mètres du bateau ! Ou encore de se jeter en l'air et projeter une énorme gerbe d'écume en retombant. Puis elles sondent d'un mouvement gracieux de nageoire caudale.
Les sorties baleines, un spectacle magique à ne pas manquer, sont une activité à succès depuis quelques années à la Réunion. Plusieurs professionnels, la plupart basés à Saint-Gilles-les-Bains ou au Port, proposent des sorties en saison : soit sur des bateaux à moteur, soit en voilier ou catamaran. Les premières baleines sont généralement aperçues vers mai, mais c'est surtout au cœur de l'hiver austral que les chances de les trouver sont les plus grandes. Les bateaux à moteur sont plus rapides pour les rejoindre, tandis que les bateaux à voile sont moins bruyants et laissent les baleines plus facilement approcher. Il est également possible de louer un bateau et de chercher les baleines soi-même : on les repère par les ronds d'eau sans vagues qu'elles laissent en sondant… ou bien en suivant d'autres bateaux !
Car vous pourrez être nombreux. En 2010 a été élaborée une charte d'approche des baleines, visant à les protéger (du stress notamment) tout en garantissant la sécurité des participants. Elle est globalement bien respectée des professionnels ; en voici les principaux points :

- **Il ne faut ni couper la route d'une baleine,** ni la poursuivre par l'arrière, ni séparer les groupes, ni bloquer la baleine entre le bateau et un récif.
- **A 500 mètres de la baleine,** les bateaux doivent ralentir l'allure, les hélicoptères ne peuvent descendre plus bas.
- **A 300 mètres de la baleine,** les bateaux doivent passer au ralenti et être 5 au maximum, groupés du même côté, les ULM et paramoteurs ne peuvent descendre plus bas.
- **A 100 mètres de la baleine,** tout bateau doit s'arrêter, avec le moteur tournant. Il est interdit de s'approcher de la baleine mais elle, peut s'approcher !
- **Nager est possible**, si 3 bateaux maximum sont présents, mais « fortement déconseillé » par les autorités et très rarement autorisé par les prestataires, pour des raisons évidentes d'assurance. Si vous souhaitez vraiment nager avec les baleines, un moment inoubliable, il faudra plutôt louer votre propre bateau, et rester à distance : jamais moins de 15 m. Et rester toujours du côté du bateau et pas plus de 10 nageurs. Par nature sauvage et imprévisible, la baleine reste un animal qui pourrait avoir une réaction violente et abréger tragiquement vos vacances. Prudence ! Enfin, cette pratique est désormais interdite depuis 2013 en l'absence d'un maître-nageur, suite aux attaques de requins. Ceci dit, aucune attaque n'a jamais été recensée au large et on voit mal ce qu'un maître-nageur pourrait y faire, mais ne cherchez pas à comprendre !

- **Sorties en mer.** Si vous n'organisez pas votre propre sortie en mer en louant un bateau alors plusieurs possibilités se présentent à vous, en passant par un prestataire. Des sorties en bateau à fond de verre ou en bateau semi-immergé sont proposées au départ de Saint-Gilles-les-Bains, pour admirer la vie sous-marine et les côtes de l'île. Au départ de ce même port, également des sorties dauphins, qui sont visibles toute l'année en baie de Saint-Paul. Mais ce qui a le plus de succès, ce sont les sorties baleines, qui migrent en passant au large de nos côtes de juillet à octobre. En saison, la plupart des prestataires ayant un bateau en proposent. Enfin, des sorties en voilier ou en catamaran sont possibles pour du cabotage autour de l'île. La Nature, elle, peut vous offrir le bonheur d'une rencontre impromptue quelque soit le type d'embarcation !

DÉCOUVERTE

Canyoning et escalade. Avec ses falaises abruptes desquelles dévalent des cascades, La Réunion est une terre de prédilection pour le canyoning ou la descente de cascades en rappel, sous l'aiguillon rafraîchissant des jets d'eau. Il suffit de faire confiance à la corde, au baudrier et au moniteur. Depuis 1989, date des premières ouvertures, près de 100 canyons ont été équipés. Non seulement la concentration de sites est exceptionnelle, mais beaucoup d'entre eux sont d'une ampleur inconnue en Europe (Takamaka, Trou-de-Fer, Ravine-Blanche, Bras-Magasin, rivière des Roches...). Aucune technique spéciale n'est exigée. Dès que commence la descente, à l'équerre, les pieds en opposition sur la paroi, on oublie tout. On prend au passage quelques petits paquets d'eau avant d'atterrir en bas, dans le bassin. Pour les débutants, l'initiation a lieu aux bassins de Saint-Gilles. Par la suite, on pratique à Cilaos, du haut de falaises d'une trentaine de mètres. Il existe un très bon livre sur le canyoning à La Réunion : Le Paradis du canyoning, de Pascal Colas, éditions de la Maison de la montagne. Chaque canyon de l'île a été visité et décrit. Le livre comporte de nombreux croquis et décrit les niveaux de difficulté. Une Bible ! Un topo-guide des 39 plus beaux canyons de l'île, Ricaric Pratique, est par ailleurs édité et réactualisé par le prestataire Ricaric après chaque saison des pluies (en vente sur le www.canyonreunion.com).

Le canyoning et l'escalade sont étroitement liés. Tout d'abord parce que leur pratique nécessite le même matériel et les mêmes techniques. Et puis parce qu'aujourd'hui la pratique du canyoning est encadrée par des professionnels brevetés d'Etat, soit d'escalade, soit de spéléo. Aucun brevet d'Etat n'est délivré pour le canyoning. C'est pourquoi, la plupart des prestataires que nous citons peuvent vous proposer des sorties canyon et escalade. Qui plus est, comme ce sont avant tout des sportifs de l'extrême et des amoureux de la nature, ils peuvent vous proposer tout type de sports nature. L'un d'entre eux, en nouveauté 2015, organise par exemple des sorties rando-tyroliennes dans les ravines de l'Ouest.

Pêche au gros. La Réunion permet de s'adonner à la pêche au gros. C'est un paradis pour les amateurs de gros poissons : le marlin, l'espadon, le thon et même le requin pour les plus courageux se débattent furieusement avant de finir dans vos assiettes en cari ou en brochettes. C'est un vrai sport. Une fois le poisson ferré, il faut s'attacher dans le siège de combat pour une bataille qui peut être longue, et pas toujours gagnée d'avance. Certains pêcheurs ont ainsi lutté pendant plus de trente heures pour arracher une belle prise, parfois trois fois plus lourde qu'eux. Si l'on peut déambuler sur n'importe quel port de l'île et demander aux pêcheurs de vous emmener, le mieux est de passer par des prestataires habitués aux touristes (et surtout habilités et assurés). Vous en trouverez plusieurs à Saint-Gilles-les-Bains et un à Saint-Pierre.

Windsurf et kitesurf. Si la planche à voile est pratiquée depuis les années 1970, elle est toutefois plus rare aujourd'hui, remplacée par les kitesurfeurs plus nombreux chaque année. Une dizaine de spots ont été ouverts depuis les débuts, la plupart dans l'ouest et le sud. Pendant les grosses houles d'hiver, on voit parfois quelques téméraires se lancer à l'assaut de « la gauche de Saint-Leu ». Un spectacle époustouflant ! Toutefois le niveau est élevé, il est quasiment impossible d'apprendre à La Réunion. N'imaginez donc pas louer votre planche et partir à l'assaut des vagues si vous débutez. La seule école de kitesurf de l'île, située à Saint-Leu, organise d'ailleurs ses stages d'apprentissage... à l'île Maurice, dans la baie de Tamarin où les conditions sont idéales. Si vous n'êtes plus novice, alors vous trouverez des loueurs de matériel dans les stations balnéaires. Pour ceux qui veulent juste admirer les artistes, vous les verrez surtout depuis la plage de Trou d'Eau, à la Saline-les-Bains, ou à la plage de la Ravine Blanche, à Saint-Pierre. Toutes les bonnes infos sur www.kitesurf-reunion.fr.

Plongée sous-marine. A ne pas négliger. Même si La Réunion ne rivalise pas avec les plus belles destinations mondiales, elle recèle de beaux spots et de bonnes conditions qui raviront plongeurs chevronnés comme débutants. Les sites y sont bien répertoriés et plusieurs présentent un grand intérêt, comme celui de la Pointe-au-Sel ou encore des épaves. La majorité des centres se situe aux ports de Saint-Gilles et de Saint-Leu, villes dont les plages sont longées par des barrières de corail. Ces centres ne plongent pas dans le lagon, mais derrière la barrière, sur le tombant ou sur des platiers. Pour explorer les lagons, un masque suffit : la profondeur dépasse rarement un mètre. Sur le reste de l'île, les sites sont beaucoup plus rares et réservés aux plongeurs confirmés. Et les centres encore plus : à Saint-Pierre, au Port, ainsi que quelques itinérants qui partent le plus souvent des ports de l'ouest. Il y a un autre centre à l'Etang-Salé les Bains qui plonge jusqu'à Saint-Leu, et un dernier à Sainte-Rose, le seul qui explore la zone de l'est régulièrement. Ils respectent les normes de sécurité européennes et effectuent le plus souvent les formations CMAS plutôt que PADI. Les débutants pourront s'essayer dans des conditions idéales – le baptême coûte entre 55 € et 65 €.L'eau oscille entre 23 °C l'hiver, et 29 °C l'été ; la meilleure période pour plonger étant d'octobre à mai. La visibilité est bonne, les courants faibles et les requins restent au large – de toute façon, ils ne s'attaquent jamais aux plongeurs (pas de cas recensé). La flore est peu développée ; néanmoins, de nombreuses espèces de coraux et d'anémones sont présentes. La faune (plus riche depuis quelques années grâce à la lutte contre la pollution) se compose de centaines de poissons multicolores, dont les mérous, barracudas, cochers, poissons-perroquets, poissons-papillons, poissons-pierres, poissons-clowns qui se trottent aux anémones, murènes effrayantes et raies malicieuses… et avec de la chance, une tortue. Les dauphins, comme les baleines, restent plus au large, il vaut mieux prendre le bateau : voir Sorties en mer. Les fonds se caractérisent par de nombreuses failles et tombants, comme celui de la Pointe-au-Sel, de 70 m de hauteur. Les failles proviennent des coulées de lave qui se sont refroidies et fissurées, puis ont été creusées par l'écoulement des ravines ; la flore et la faune s'y concentrent autour d'arches et de défilés, c'est splendide. Respectez le corail, on peut casser en un coup de palme ce que la nature a mis dix ans à créer…

Rafting, canoë, randonnée aquatique. Des activités moins spectaculaires que le canyoning, mais qui offrent aussi de bonnes sensations dans les paysages grandioses de l'île. Les rivières peuvent se descendre au moyen de multiples embarcations : kayak-jump, raft, canoë-kayak ou randonnée aquatique, qui consiste à sauter de cascade en cascade. Prévoyez une demi-journée à 45 € environ ou une journée complète à 65 € environ avec un pique-nique en bord de rivière. Vous trouverez des prestataires dans les régions concernées. Ils vous emmèneront sur l'ensemble des spots que compte l'île, le plus souvent dans l'est (Rivière des Marsoins, Rivière des Roches). La possibilité de l'activité et le choix du spot dépendent de votre niveau, de la météo, et surtout de la saison, sachant que les rivières sont surtout praticables en saison des pluies, soit de novembre à avril. Ou bien toute l'année si vous testez le tout nouveau stade en eaux vives de Sainte-Suzanne, inauguré en 2013 et unique dans l'océan Indien. Mais cette rivière artificielle de 250 m fait pâle figure à côté des magnifiques paysages à découvrir avec les rivières naturelles !

Balades en rivière. Sans nécessiter d'équipement particulier, de nombreuses rivières sont visitables, à l'ombre des ravines fraîches avec de belles cascades, des bassins et des coins de soleil où poser sa serviette et son pique-nique. Qu'on y accède par un sentier ou par la route, il faut savoir qu'ils sont pris d'assaut par les familles le week-end, surtout quand il fait chaud et qu'on veut se rafraîchir ! Bassins et rivières de l'Est, rivière Langevin, cascade Niagara… le spot le plus fréquenté étant les bassins de Saint-Gilles, pourtant interdits !

Jet-ski. Vous pourrez chevaucher un jet-ski depuis les ports de Saint-Gilles et du Port, où l'on trouve des loueurs. Attention, c'est interdit dans les lagons, de toute façon pas assez profonds.

Ski nautique. L'océan est trop agité pour la pratique de ce sport, qui nécessite un plan d'eau assez calme. Jusqu'en 2014, le seul endroit possible était l'étang de Saint-Paul, avec un prestataire aléatoire et onéreux, car consistant à être tracté par un bateau. Désormais il est possible de pratiquer sur un téléski nautique sur un plan d'eau artificiel au parc du Colosse à Saint-André. Ski nautique mais aussi wakeboard, kneeboard... Une activité à sensations, pas dangereuse, facile à apprendre et aux tarifs modérés... courez-y !

Parachute ascensionnel. Des sensations fortes sans danger, dans un parachute tiré par un bateau. Belle vue sur le lagon et la baie de Saint-Leu, où se trouve le seul prestataire proposant cette activité.

Surf et bodyboard. La pratique du surf est totalement interdite sur l'ensemble de l'île depuis 2013, en raison d'une décision préfectorale prise à la suite des attaques de requins. Pourtant La Réunion était une destination phare de ce sport, avec de nombreux spots de surf de très bon niveau, qui lui ont valu d'accueillir en 2005 une étape du championnat WCT, soit la plus prestigieuse des compétitions internationales. Les 44 meilleurs surfeurs mondiaux se sont affrontés sur la fameuse gauche de Saint-Leu, mondialement connue. De Ti Boucan à Saint-Pierre, via Saint-Gilles, Trois-Bassins et l'Etang-Salé, les vagues sont superbes et permettent de s'amuser toute l'année. Il reste possible de surfer, à vos « risques et périls » et avec la possibilité d'amendes (rarissimes), mais il faut avouer que le milieu du surf est totalement dévasté depuis 2013. Les écoles de surf, auparavant très nombreuses sur l'île, ont toutes mis la clé sous la porte, ou bien se sont converties à d'autres activites, tout comme la majorité des vendeurs de matériel. Les rares surfeurs, plus téméraires que par le passé, doivent désormais affronter en plus de la peur naturelle de la vague, la peur du requin, des amendes et de la mise au pilori médiatique. Les autres, dont plusieurs champions réunionnais, ont choisi de s'exiler sous des cieux plus cléments, comme l'Afrique du Sud ou l'Australie, où les requins attaquent aussi, mais pas les arrêtés préfectoraux...

Vague statique. Peur de tomber sur le corail, fatigué de nager jusqu'à la vague ? Ou simplement pour le fun, il faut venir essayer le simulateur de vague à l'Etang-Salé-les-Bains ! Cette machine extraordinaire, dont il n'existe que deux exemplaires en France, recrée une vague artificielle que l'on chevauche avec différentes planches : bodyboard, wakeboard, surf...

Parcs aquatiques. Les enfants adorent ça, les piscines et les toboggans. Les ados aussi, quand les toboggans sont à fortes sensations. Et les adultes aussi, car ils sont tranquilles pendant ce temps-là ! Il existe un grand parc de ce genre, avec plusieurs attractions, à l'Etang-Salé-les-Bains, un autre plus petit au centre de Saint-Denis, et un dernier, bien plus petit, à l'Ermitage.

Dans les airs

En s'élançant dans les airs, en planant sur les cirques, en frôlant les crêtes, ciel, que La Réunion est belle ! Il y a plusieurs façons de survoler l'île : en hélicoptère, en avion, en ULM, en parapente, en paramoteur et en gyrocoptère, chacun avec leurs zones de survol, leurs atouts et inconvénients. Si l'hélicoptère est le moyen le plus spectaculaire, il est aussi le plus cher. L'ULM offre des sensations fortes, le nez au vent sur une mobylette ailée, mais son instabilité peut faire peur. Pourtant c'est très sûr. Le parapente, silencieux et écolo, offre aussi de superbes point de vue sur l'île et les lagons de l'Ouest. Et pour un taux d'adrénaline concentré, on peut aussi sauter de 4 000 m d'altitude en parachute !

Certes, voler revient plus cher que nager ou marcher. Mais le spectacle du volcan en éruption qui vous réchauffe quand vous l'approchez, ou du sommet du piton des Neiges que vous croiriez pouvoir toucher... est tellement inoubliable qu'il serait dommage de rentrer en métropole sans avoir vécu de telles sensations, pour épargner quelques dizaines d'euros ! Et au-delà du coût relatif des activités aériennes, la Réunion et ses reliefs spectaculaires offrent un terrain idéal pour les survols, bien plus intéressants que sur des endroits plats ! Immanquable !

Mieux vaut réserver son activité aérienne le plus tôt possible dans votre séjour. En effet, il arrive fréquemment qu'un survol soit annulé pour cause de météo défavorable, deux, trois fois de suite. Les survols ont lieu surtout tôt le matin, quand les nuages ne sont pas encore levés.

Hélicoptère. L'hélicoptère est la manière la plus spectaculaire de survoler les reliefs incroyables de l'île. C'est aussi la plus chère, mais s'il faut un jour vivre l'expérience du vol, c'est bien à La Réunion, avec ses reliefs tranchants et ses paysages aux contrastes intenses : lagon, volcan, hautes montagnes, cascades vertigineuses...

La Réunion est le seul département de France où existent des circuits touristiques réguliers en hélicoptère, qui ont été étudiés pour vous en mettre plein la vue. C'est aussi le deuxième endroit le plus survolé au monde par les touristes après le Grand Canyon aux Etats-Unis. Les hélicoptères peuvent aussi être utilisés pour effectuer des transferts à la demande vers certaines pistes près des côtes, mais pas au-dessus de 500 m d'altitude (loi Montagne de 2005). Hors survols touristiques, l'hélicoptère est un véritable enjeu de développement pour plusieurs communautés de l'île (à Mafate, notamment). Pour les survols touristiques, il existe aujourd'hui deux compagnies, basées dans l'Ouest, qui survolent les trois Cirques, le Volcan et l'inoubliable, l'extraordinaire Trou de Fer, dans lequel seuls les hélicoptères se rendent – et que nous vous recommandons vivement. Un must mais une activité plutôt chère (de 85 € à 300 €).

Parapente. Le parapente bénéficie de conditions idéales à La Réunion, pour les pratiquants expérimentés comme pour un baptême. Les reliefs surprenants de l'île sont, grâce à cette voile magique inventée par un habitant de l'île (et oui !), quasiment à portée de main, approchables à basse vitesse et en silence. Le site fétiche des parapentistes est la région des Colimaçons, dans les Hauts de Saint-Leu, où l'on peut voler 300 jours par an, mais la meilleure saison est d'octobre à décembre. En arrivant par la nationale à l'entrée de Saint-Leu, on voit toujours une ou plusieurs voiles fluo descendre de la montagne. Encore une fois, le parapente dépend énormément de la météo : les vols se font d'ailleurs surtout le matin, jusqu'à 12h ou 13h. Il vous en coûtera environ 75 € à 85 € pour un baptême et jusqu'à 110 € suivant votre altitude de départ. Les vols partent de 800 m ou de 1 600 m, ce qui permet de survoler forêt primaire, côte et lagon. L'atterrissage a lieu sur la plage à côté de Kélonia. D'autres sites ont été arpentés par les fous volants : La Possession et Dos-d'Ane, le Maïdo (pour les plus expérimentés), la rivière des Remparts, Bellemène à Saint-Paul (pente-école pour les débutants), les Makes, le Dimitile, le piton des Neiges, le piton Balmal à Sainte-Rose (pour les performances). Le record de distance sur l'île est détenu par un parapentiste qui s'est envolé de Sainte-Rose et a atterri à La Possession, en passant par la côte (ce qui fait 56 km parcourus en 4h). Quant aux centres de parapente, ils sont tous situés à Saint-Leu. Depuis 2005, année où se sont déroulés les Championnats de France, les épreuves nationales et internationales y font escale chaque année. Finale de la Coupe du monde en 2006, World Cup Series en 2009, manche de pré-Coupe du monde en novembre 2010.

Paramoteur. Un paramoteur, pour simplifier, c'est une aile de type parapente, avec un moteur dans le dos. Permettant de décoller ou de se poser sur des espaces très courts, cet appareil permet des survols limités, mais sympathiques, au-dessus des lagons de l'Ouest. Avec un peu de chance, vous croiserez une baleine ou un banc de dauphins. Le seul prestataire est situé à la Saline-les-Bains.

ULM : la réglementation

Un arrêté ministériel du 4 mars 2004 interdit aux ULM les survols touristiques au-delà d'un rayon de 40 km depuis leur base de départ. La Réunion faisant 70 km de long, les prestataires ne peuvent donc pas, en théorie, proposer des survols de la totalité de l'île. Ce qui exclut ainsi les survols de l'ensemble du volcan depuis les bases de l'Ouest et du Nord, bien qu'on puisse quand même aller jusqu'au-dessus du Pas de Bellecombe et voir le piton de la Fournaise. Mais pour survoler l'Enclos Fouqué et le Dolomieu, il faut décoller de Pierrefonds. Les trois cirques restent accessibles depuis toutes les bases ULM de l'île. Cette réglementation est contestée par les professionnels car d'une part elle est prévue pour la métropole, continentale donc, et inadaptée à une île comme La Réunion, d'autre part pour des raisons de concurrence avec l'hélicoptère, non soumis à cette contrainte. De plus, cette réglementation est appliquée plus ou moins sévèrement par les autorités locales suivant les années, mais les contrôles ont été nettement renforcés en 2015 et ces derniers temps. Des survols complets de toute l'île depuis n'importe quelle base restent néanmoins possibles en les qualifiant autrement qu'un « survol touristique » : les touristes peuvent par exemple faire un « vol d'initiation », où ils se familiarisent à la pratique de ce sport plus accessible qu'on ne le croit (de 80 à 120 € l'heure). Ou encore pour des travaux de photographie aérienne. Le transport de passagers avec des liaisons d'un point A à un point B reste formellement interdit, mais autorisé avec votre propre machine.

ULM. C'est peut-être le meilleur moyen de découvrir La Réunion d'en haut. Moins cher que l'hélicoptère, l'ULM effectue quasiment les mêmes circuits, à l'exception notable du Trou de Fer, nécessitant de pouvoir faire un vol stationnaire. Aucune condition physique particulière n'est requise pour le survol touristique en ULM, et, tout comme pour l'hélicoptère, La Réunion est un endroit phare pour la pratique de ce sport et pour les survols touristiques. Oubliez l'image ancienne de l'aile en toile (type deltaplane) avec un ventilateur dans le dos, tous les centres disposent aujourd'hui de modèles carénés, qui ressemblent simplement à de petits avions à hélices. Deux places, dont une pour le pilote, l'une derrière l'autre, dans un cockpit vitré avec des ouvertures pour la photographie. La combinaison n'est pas nécessaire, mais une petite laine s'impose, on monte à 3 000 mètres. Seul un centre propose encore des appareils trois-axes, plus sportifs puisqu'on est effectivement suspendu dans le vide par un harnais, en combinaison, et accroché sous le pilote. Dans les deux cas, on porte un casque pour communiquer avec le pilote.

Il existe au moins six compagnies privées d'ULM rodées aux survols touristiques. Elles proposent des circuits au-dessus des cirques, du volcan, des lagons. Ceux-ci durent de 15 minutes pour un baptême (environ 40 €) à 1h30 pour un circuit complet autour de l'île (environ 180 €). Comme les hélicoptères, les ULM partent tôt le matin et sont fortement dépendants de la météo. Choisissez aussi votre base de départ en fonction des sites que vous souhaitez survoler en priorité et de votre budget : depuis le Sud, le volcan est moins cher et moins loin. Depuis le Nord ou l'Ouest, Mafate et Salazie sont les plus accessibles. Vous retrouverez des prestataires basés à Sainte-Marie (aéroport Roland-Garros), Saint-Paul (Cambaie), et Saint-Pierre (aéroport de Pierrefonds). Une autre piste est en prévision à Saint-André.

Gyrocoptère. Il existe plusieurs catégories d'ULM et le gyrocoptère ou autogire en est une. Mais cet appareil, dont il n'existe qu'un exemplaire sur l'île, est une activité toute nouvelle, alors nous lui avons consacré une catégorie. Ce fantastique engin à voilure tournante, cousin de l'hélicoptère, permet des survols de toute l'île dans des conditions incomparables. Stabilité, possibilité de vol stationnaire, pas de toit au-dessus et une vision à 360° : idéal pour la photographie. On peut même survoler le Trou de Fer, chose impossible avec un autre type d'ULM : absolument magique et unique ! Vous trouverez le prestataire à l'aéroclub de Gillot (Sainte-Marie, dans le Nord).

Chute libre. Un saut de 4 000 m, une chute libre de 50 secondes à 200 km/h, sensations fortes assurées. Le seul club décolle de l'héliport de l'Eperon, dans les hauts de Saint-Gilles.

Vol en ULM dans le cirque de Mafate.

Enfants du pays

Armand Apavou

Première fortune de l'île avec un patrimoine de 700 millions d'euros en 2014, dans l'immobilier (il loge 10 % des Réunionnais), le tourisme (un peu à La Réunion et surtout à Maurice) et la grande distribution. Il est la 85e plus grande fortune de France.

Monseigneur Gilbert Aubry

Depuis le temps des premières paroisses de l'île, au début du XVIIIe siècle, l'Eglise de la Réunion n'avait connu que des évêques envoyés de métropole, jusqu'à ce que Monseigneur Gilbert Aubry devienne, en 1976, le premier évêque réunionnais et le plus jeune évêque de France. C'est encore lui qui, aujourd'hui, orchestre le catholicisme sur l'île. Personnage public influent et respecté, également chanteur et poète, Mgr Aubry est régulièrement consulté par les médias et pas uniquement pour parler de religion.

Raymond Barre

L'ancien Premier ministre, décédé en août 2007 à Paris, était né à Saint-Denis en 1924. Ministre du Commerce extérieur puis Premier ministre d'août 1976 à mai 1981, l'homme politique se retire de la vie politique en 2002, sans jamais avoir été affilié à un quelconque parti politique, bien qu'apparenté à l'UDF.

Il naît et passe son enfance dans une superbe case créole de la rue de Paris, autrefois habitée par le poète Léon Dierx, la villa Déramond-Barre. Cette demeure coloniale peut être visitée dans le cadre du circuit Maisons créoles.

Valérie Bègue

Née le 26 septembre 1985 à Saint-Pierre, c'est avec l'écharpe réunionnaise que Valérie Bègue remporte le titre de Miss France 2008, parmi 36 prétendantes. 61e Miss France, elle est la troisième Réunionnaise à porter cette couronne tant convoitée. On ne s'étonne pas que, du haut de ses 1,74 m, cette sublime brune aux yeux ambrés, souriante, pétillante et intelligente, ait su gagner le cœur du jury. Malgré la diffusion de photos pour le moins sulfureuses de la Miss, et toute la polémique qui s'en est suivie (scandale médiatique, destitution du titre de Miss France...), Valérie Bègue reste la fierté de l'île de La Réunion. Mariée au nageur Camille Lacourt en 2013, elle est aujourd'hui actrice et animatrice de télévision.

Abdul Cadjee

Cet homme d'affaires d'origine indienne doit sa célébrité à sa légendaire (et bruyante) réussite commerciale dans tous les domaines ou presque, et en particulier dans le secteur automobile. Il fait notamment sensation en 1998 et 1999 en faisant venir le PSG en Concorde pour 3,5 millions de francs aller-retour ; opération de communication oblige. Cinq ans plus tard, il crée le premier hôtel 4-étoiles de Saint-Denis, le Concorde Bellepierre, inauguré en présence de son « ami » Zinédine Zidane en 2004. Cadjee a aussi bâti un grand centre d'affaires à Saint-Denis, où siège d'ailleurs le *Journal de l'île* qu'il a racheté en 2009 à Hersant.

Michel Debré

L'ancien Premier ministre du général De Gaulle s'est trouvé, pendant un quart de siècle, sur le devant de la scène politique locale. Député de La Réunion de 1963 à 1988, Michel Debré contribue activement au développement de l'île et à son ajustement au niveau de vie métropolitain. En contrepartie, il signe une des pages noires de La Réunion de cette fin de XXe siècle : il sera à l'origine de la déportation de plus de 1 600 enfants réunionnais dans la Creuse, dans le but de repeupler ce département français. Quarante ans plus tard, en 2005, l'association des Réunionnais de la Creuse assigne l'État français devant le tribunal administratif de Limoges, afin d'obtenir la reconnaissance juridique de cette « déportation » de masse.

Nassimah Dindar

Femme politique de premier plan, Nassimah Dindar est présidente du Conseil général pour un 4e mandat consécutif depuis 2004. Née dans une modeste famille « zarabe » de 12 enfants, elle devient enseignante de français, puis milite à partir des années 1980 pour la condition des femmes et gravit ensuite tous les échelons de la politique.

Jérémy Flores

Il glissera ses premières vagues à l'âge de 3 ans seulement sur la plage de Boucan-Canot. A 18 ans, Jérémy Florès est le plus jeune surfeur de l'histoire à se qualifier pour l'élite du surf mondial. En 2007, le Réunionnais prodige réalise l'un de ses rêves, il bat le champion Kelly Slater lors d'une compétition à Tahiti. Sur la voie du succès, trois ans plus tard, il remporte le prestigieux Pipeline Master à Hawaï.

En 2012, Jérémy Florès s'est positionné par rapport à la crise requin qui touche La Réunion, pour la survie de son sport dans l'île.

Thierry Gauliris

Compositeur et interprète du groupe Baster, fondé en 1983, Thierry Gauliris est une figure essentielle de la musique réunionnaise. Sur une base de maloya modernisé par la guitare électrique, il s'est d'abord fait connaître à une époque où ce genre musical aux accents politiques était sulfureux et réprimé par le pouvoir néo-colonial. Il connaît le succès en 1998 avec « Black Out », puis « Raskok » en 2001 et surtout « Kaf Gong Reggae » en 2002, enregistré dans les studios de Bob Marley en Jamaïque. Aujourd'hui, ses meilleurs morceaux passent encore en discothèque et à la radio, et ses paroles sont connues de tous les Réunionnais.

Guillaume Hoarau

Tout, chez Guillaume Hoarau, le distingue des autres footballeurs. Son gabarit, d'abord : du haut de ses 192 cm, cet avant-centre ne passe pas inaperçu. Son sens du collectif et le travail défensif qu'il effectue tranchent également avec l'individualisme de nombre de ses collègues. Enfin, son parcours ne reflète en rien la starification souvent prématurée des stars du ballon rond. Repéré par Le Havre alors qu'il porte les couleurs de la Jeunesse sportive Saint-Pierroise, le natif de Saint-Louis débarque en Métropole âgé de 20 ans. Loin de son île chérie, il met plusieurs saisons à trouver son rythme et explose finalement en 2008, à 24 ans, en devenant meilleur buteur de Ligue 2. Ce fan de Bob Marley, musicien occasionnel, a joué plusieurs années pour le Paris Saint-Germain avant d'officier dans le club chinois du Dalian Aerbin puis à Bordeaux et enfin chez les Young Boys de Berne. Il a obtenu sa première sélection en équipe de France en 2010.

Michel Houellebecq

Né à la Réunion en 1956, il est un des auteurs français les plus traduits dans le monde. Révélé dans les années 1990 par les romans *Extension du domaine de la lutte* et surtout *Les Particules élementaires,* il est consacré en 2010 avec l'obtention du Goncourt pour *La Carte et le Territoire.* Toutefois, Michel Houellebecq a très peu vécu sur l'île.

Jace

L'artiste de rue dont les Gouzous (personnages stylisés de son invention) ornent des murs aux quatre coins de La Réunion et maintenant dans le monde entier.

Thierry Jardinot

Un des plus grands et des plus anciens humoristes réunionnais. Avec plus de 20 ans de métier, Thierry Jardinot a à son crédit plusieurs centaines de sketchs en one-man-show et des émissions de radio où, comme marque de fabrique, il se moque principalement des politiques tout en caricaturant certains travers de la société réunionnaise.

Leïla Lejeune

Sacrée championne du monde de handball féminin en 2003, Leïla Lejeune est originaire du Port, ville du nord-ouest de l'île. Elle arrête sa carrière en 2013.

Noémie Lenoir

Mannequin et actrice (*Astérix et Cléopâtre*), la belle Noémie Lenoir est née d'une mère réunionnaise. L'ex-compagne du footballeur Claude Makelele revient régulièrement à La Réunion, pour le plus grand bonheur de ses admirateurs. En 2013, elle est l'invitée exceptionnelle du Crazy Horse pour 15 représentations dans le prestigieux cabaret parisien.

Gérald de Palmas

Révélé en 1995 aux Victoires de la musique grâce à son tube *Sur la route*, le célèbre chanteur et compositeur de variété française est né à La Réunion en 1967, d'un père breton et d'une mère créole.

Dimitri Payet

La carrière du footballeur Dimitri Payet commence par un faux-départ. Né en 1987, le natif de Saint-Pierre rejoint le centre de formation du Havre à l'âge de 12 ans, mais l'expérience n'est pas concluante et le joueur rentre au bercail en 2003. C'est finalement l'année suivante, à la faveur d'un partenariat entre l'AS Excelsior de Saint-Joseph et le FC Nantes, qu'il quitte le nid pour rejoindre celui des « Canaris ».

Révélé au cours de la saison 2006-2007, il ne peut malheureusement éviter la relégation du club. Saint-Étienne le recrute alors et, après plusieurs saisons en dents de scie, cet excellent technicien, capable de jouer ailier droit ou gauche, prend enfin son envol en 2010-2011. Avec 13 buts marqués en Ligue 1, il intègre même l'équipe de France de football. Recruté par Lille en 2011, il signe à l'Olympique de Marseille en 2013, avant de rejoindre West Ham pour une durée de 5 ans.

Manu Payet

Né en 1975, le célèbre humoriste, acteur, réalisateur mais également animateur de radio et de télévision à ses heures perdues, nous vient de Saint-Denis.

Jackson Richardson

Le « rasta » de l'équipe de France championne du monde de hand-ball en 1991 a marqué ses premiers buts dans le club de Saint-Pierre, sa ville natale. Il connaît d'autres heures de gloire dans le club de Pampelune, en Espagne ; pays qui le sacre meilleur joueur étranger en 2002. Il a pris sa retraite en 2008.

Didier Robert

Président de la Région depuis 2010 et sénateur depuis 2014, il est l'homme fort de la politique locale. Didier Robert a notamment donné le coup d'envoi des travaux de la Nouvelle Route du Littoral le 20 décembre 2013. Un projet pharaonique, à hauteur de 1,6 milliard d'euros.

Paul Vergès

Cet homme politique est bien connu des Réunionnais. Il a pris la suite de son père, Raymond Vergès, à la tête du journal *Témoignages* et du Parti communiste réunionnais (poste auquel il ne renoncera qu'en 2003). Il s'agit par ailleurs du frère jumeau de Jacques Vergès, l'avocat parisien (décédé en 2013). Paul Vergès a accédé à la présidence du conseil régional de La Réunion en 1998, succédant à Margie Sudre. Ce n'est qu'en mars 2010, à l'âge de 85 ans, qu'il s'incline devant les urnes, cédant sa place au candidat UMP, Didier Robert. Il est en revanche réélu au Sénat en 2011.

Danyèl Waro

Le maloya ne serait jamais monté sur la scène internationale sans Danyèl Waro... Ce musicien-chanteur-poète originaire du Tampon a fait connaître cette musique traditionnelle de La Réunion dans le monde entier. Ce militant anti-militariste écrira ses premiers textes en prison durant deux années, pour avoir refusé le service militaire, dans les années 1970. Au-delà du maloya, Danyèl Waro va diffuser la langue créole partout dans le monde. Il est très respecté des Réunionnais pour être un vecteur de leur culture. S'il se produit aujourd'hui dans les plus grands festivals, le poète continue de poser ses instruments sur l'île, au détour d'un marché, et d'offrir aux passants un véritable hommage à La Réunion.

DOSSIER SPÉCIAL RANDONNÉE

Habitations au cœur du cirque de Mafate.

ST-DENIS
La Grande Chaloupe
St-Bernard
ONF Providence
La Ravine à Malheur
Le Brûlé
LE PORT
LA POSSESSION
Cascade Maniquet
Bois des Nèfles
Mamode Camp
Rivière des Galets
Plaines d'Affouches
Sans Souci
Dos d'Âne
Bassin Vital
ST-PAUL
La Roche Ecrite 2277 m.
Piton des Fougères
Aurère
Ilet à Malheur
Grand Place
Grand-Ilet
Ilet des Orangers
CIRQUE DE MAFATE
Ilet à Bourse
CIRQUE DE SALAZIE
Camp Pierrot
La Nouvelle
Hell-Bourg
Le Mäido
Marla
Rivière des Trois Bassins
Piton de la Glacière
Gîte des Tamarins
Les Trois Cascades
Piton des Neiges 3071 m.
TROIS-BASSINS
Caverne de la Glacière
Col du Taïbit
CIRQUE DE CILAOS
Le Piton rouge
Bras Sec
Ilet à Cordes
Sentier des Tamarins
ST-LEU
Palmiste Rouge
La Fenêtre
Dimitile
Bois Bon Accueil
Forêt dom. des Makes
Pavillon
LES AVIRONS
ENTRE-DEUX
Bras de Pontho
Ravine des Citrons
ETANG-SALE
Rivière St-Etienne
LE TAMPON
ST-LOUIS
Rivière d'Abord
ST-PIERRE
Ville principale
Hébergement de randonnée (Chambre-Gîte-Refuge)
Points arrivée, départ et intermédiaire de randonnée
Sentier GR R1
Sentier GR R2
Sentier GR R3
Autre sentier de randonnée
Route départementale
Route nationale
A: 1h00 R: 1h30
Temps moyen Aller/Retour
Crête

Les sentiers de randonnées

Le paradis de la randonnée

Emergée des flots il y a près de 3 millions d'années, La Réunion est un véritable paradis pour les randonneurs. Sur une surface équivalant à un petit département français, l'île offre la diversité d'un continent. Forêts primaires, plaines désertiques, routes de lave... La Réunion séduit les amateurs de paysages intenses et purs, quels que soient leur niveau, leur motivation et leur temps de séjour. Chacun y trouve son bonheur : des sentiers « marmailles » (pour les enfants) courts et faciles, aux excursions pour randonneurs avérés.

Il existe trois sentiers de Grande Randonnée à La Réunion. Le GR R1 fait le tour du piton des Neiges en passant par les trois cirques (Salazie, Cilaos, Mafate). Le GR R2 entreprend une grande traversée de l'île, du nord au Sud Sauvage, en passant par Mafate et Cilaos, et le volcan du piton de la Fournaise. Le GR R3 fait le tour de Mafate. Sachez qu'il n'est pas obligatoire de parcourir tout l'itinéraire d'un sentier de Grande Randonnée. Découpés en étapes, ils peuvent être empruntés sur quelques kilomètres seulement, et dans le sens que l'on veut. Des bus relient même certaines étapes entre elles.

De nombreux autres sentiers, moins empruntés bien que balisés et répertoriés, valent aussi le détour. Munissez-vous alors des guides fournis par l'ONF et la Maison de la montagne. Dans ce cahier spécial, nous donnons un aperçu des plus belles randonnées de l'île. De la forêt primaire au volcan, des cirques aux vallées, du battant des lames au sommet des montagnes, la nature intense de La Réunion est à vos pieds.

SENTIER DE GRANDE RANDONNÉE R1

Inauguré en 1979, le GR R1 forme une boucle d'environ 60 km, ceinturant le piton des Neiges et traversant les trois cirques : Salazie, Cilaos et Mafate. Au départ d'Hell-Bourg (927 m), on longe la forêt de Bélouve/Bébour jusqu'au gîte de la Caverne Dufour, avant de monter au piton des Neiges, le lendemain aux aurores, pour admirer le lever du soleil à 3 070 m. La descente conduit à Cilaos (1 210 m), relié au cirque de Mafate par le col du Taïbit (2 082 m), que l'on franchit pour descendre sur Marla et La Nouvelle, avant de traverser la plaine des Tamarins et de regagner le cirque de Salazie par le col de Fourche (1 942 m).

Si cet itinéraire est davantage réservé aux randonneurs chevronnés, il offre néanmoins la possibilité aux marcheurs moyens d'aller au rythme qu'ils souhaitent, en décomposant leur parcours en 6 étapes relativement courtes (de 2 à 6h de marche par étape).

Étapes du GR R1

- **Etape 1 :** 6h Cilaos – Col du Taïbit – Marla.
- **Etape 2 :** 4h Marla – Trois-Roches – La Nouvelle.
- **Etape 3 :** 5h La Nouvelle – Le Bélier – Grand-Ilet.
- **Etape 4 :** 4h Grand-Ilet – Le Bélier – Hell-Bourg.
- **Etape 5 :** 6h Hell-Bourg – Bélouve – Gîte Caverne Dufour.
- **Etape 6 :** 6h Gîte Caverne Dufour – Piton des Neiges – Gîte Caverne Dufour – Cilaos.

Autres sentiers au départ du GR R1

- **Le plateau de Kerval** à partir de Marla.
- **Le piton d'Anchaing** à partir de Hell-Bourg.
- **Le point de vue sur le Trou de Fer** à partir du gîte de Bélouve.

Le piton des Neiges par Cilaos (Le Bloc)

Cette randonnée difficile (dans le cas d'un aller-retour sur une journée) permet de monter à l'assaut du plus haut sommet de l'île, et même de l'océan Indien.

La majorité des randonneurs prennent donc deux jours pour grimper au sommet, soit pour voir le soleil s'y coucher, soit pour voir le levant. Dans les deux cas, cela nécessite de passer la nuit au gîte de la Caverne Dufour.

Conseils pratiques aux randonneurs

Avant le départ, vérifier l'état des sentiers : le site Internet de l'ONF vous renseigne sur les sentiers et routes forestières fermés par arrêté préfectoral.

S'informer sur la météo avant de partir : l'île est soumise à un climat tropical marqué par une saison sèche et fraîche (de mai à octobre) pendant laquelle la température peut descendre en dessous de 0 °C dans les Hauts, et par une saison humide (de novembre à avril) marquée par des perturbations et des dépressions. Autre phénomène à prendre en compte : les brumes épaissent qui enveloppent très souvent les Hauts, surtout l'après-midi. Les conditions météorologiques changeant très rapidement, il est indispensable de se renseigner sur les prévisions avant une randonnée (bulletin de Météo France 08 92 68 08 08).

Microclimats : le relief tortueux et les différences d'altitude de La Réunion sont à l'origine d'un grand nombre de microclimats. Il peut par exemple faire très beau sur la côte (dans les Bas) ainsi que sur les hauts sommets de plus de 2 000 m, alors que le reste de l'île disparaît sous une chape de nuages, arrosée par une pluie fine (farine). L'un des spectacles les plus beaux et les plus gratifiants que La Réunion puisse offrir à ses randonneurs se produit justement au moment où, après des heures de marche dans le brouillard, on perce enfin les brumes au détour d'un pic ou en haut d'un belvédère, pour admirer un lit de nuage s'étendant à perte de vue, perforé ici et là par les lames des pitons.

Vêtements : prévoir un pull, un coupe-vent imperméable, un pantalon K-way et, bien sûr, de bonnes chaussures de marche, de l'eau (idéalement 2 litres par personne), une lampe frontale, une couverture de survie et de la crème solaire.

Provisions : quelques boutiques sur place (même dans certains îlets de Mafate) et tous les gîtes de montagne servent des repas (le soir). Si vous pensez à réserver votre hébergement, le sac de couchage n'est pas indispensable.

Cartes : les cartes IGN vous seront très utiles (la n° 512 au 1/100 000e couvre toute l'île) ; vous pourrez également acheter les topoguides de la Maison de la montagne, qui les reproduisent. Les cartes les plus détaillées sont les IGN Top 25 de 4401 à 4406.

Difficultés : la difficulté de votre parcours est mentionnée au début de chaque description ; elle est classée en plusieurs catégories et dépend de plusieurs critères (la longueur de l'itinéraire, le dénivelé – souvent important à La Réunion – et le parcours plus ou moins accidenté, flanc de rempart, échelles…).

Temps de marche : les temps indiqués ne sont donnés qu'à titre indicatif ; ils correspondent à ceux d'un marcheur moyen et ne tiennent pas compte des arrêts. Les distances indiquées sont très peu révélatrices du temps de marche, car le dénivelé joue un rôle très important (par exemple, seuls les sportifs confirmés mettront à peine 2h pour parcourir les 3 km séparant Grand-Ilet de la Roche-Ecrite…).

Partir tôt le matin : pour avoir le temps de rentrer au cas où le temps se gâte et pour profiter des paysages magnifiques avant l'arrivée des nuages sur les reliefs.

Voiture : ne pas laisser une voiture de location au départ des sentiers de randonnée sans parking surveillé, surtout la nuit…

Logements : réserver vos gîtes avant de partir, ils sont vite pleins, surtout le week-end et pendant les vacances.

NE JAMAIS PARTIR SEUL ! Si jamais cela vous arrive, prévenez votre entourage de votre itinéraire, de votre timing et emmenez votre téléphone portable, l'ensemble de l'île est couvert par les réseaux SFR et Orange.

Respectez l'environnement ! La faune et la flore réunionnaises sont un patrimoine précieux de l'humanité, veillez à ne pas les dégrader, notamment en y déposant des déchets ! Dans le cirque de Mafate, inaccessible aux voitures et où quelques rares hélicoptères font donc office de camion-poubelle, essayez même, dans la mesure du possible, de conserver vos déchets dans votre sac à dos jusqu'à votre retour dans les Bas.

- **Accès :** le point de départ officiel du GR R1 se trouve 3 km après le village de Cilaos, direction Mare à Joseph au lieu-dit Le Bloc. Possibilité d'y aller en bus.
- **Difficulté :** difficile.
- **Carte IGN** : 4405 RT.
- **Durée :** 7h aller-retour (2h jusqu'au gîte, puis 1h30 jusqu'au sommet).
- **Dénivelé :** 1 700 m.
- **Eau et alimentation :** point d'eau au lieu-dit Petit-Matarum, commerces à Cilaos.

SENTIER DE GRANDE RANDONNÉE R2

Beaucoup plus long et difficile que le R1, le R2 traverse l'île sur près de 8 000 m de dénivelé total. C'est le trajet qu'emprunte la célèbre course de La Diagonale des fous. Compter environ 150 km de marche, répartis sur 12 étapes au cœur de la nature réunionnaise. Nous n'en décrivons ici que quelques-unes. Plusieurs branches du sentier commencent notamment sur la route côtière, du côté de Saint-Philippe, au sud. On peut passer par la Vallée-Heureuse ou bien par le Nez-Coupé du Tremblet, les sentiers se rejoignent au niveau de Foc-Foc, au bord de l'enclos Fouqué qui encercle le volcan. Le GR longe alors le rebord de l'enclos jusqu'à la plaine des Sables et l'oratoire Sainte-Thérèse (2 400 m). Il traverse ensuite toute La Plaine-des Cafres, croise la nationale et remonte sur le cirque de Cilaos par le coteau Kerveguen. Puis, il redescend sur le village de Cilaos, où il retrouve le R1 et suit le même parcours pour entrer dans Mafate, jusqu'à La Nouvelle. De là, le R2 propose plusieurs variantes qui suivent globalement la rivière des Galets, en passant par différents îlets (Roche Plate, Grand-Place, Ilet à Bourse). Le sentier traverse enfin la rivière pour remonter le rempart nord de Mafate jusqu'à Dos-d'Ane (1 100 m), où l'on peut reprendre la route en voiture. Sinon, il remonte jusqu'à la plaine des Chicots, d'où l'on peut accéder à la Roche-Ecrite (2 200 m), ou redescendre sur Saint-Denis.

Sélection de spécialistes rando

Tous les sentiers de l'île peuvent se parcourir sans guides, mais recourir à leurs services permet de se décharger des tâches logistiques (réservation de gîtes, organisation de parcours, transferts...) tout en s'enrichissant d'informations sur l'île, sa flore, son histoire... Voici quelques prestataires :

ALPANES
14 rue Simone-Pinel
LA POSSESSION
✆ 06 92 77 75 30

AUSTRAL AVENTURE
16 rue Amiral Lacaze, HELL-BOURG
✆ 02 62 32 40 29

PASCAL COLAS
CILAOS
✆ 06 92 60 58 66

REUNION MER ET MONTAGNE
65, Résidence Marie-Galante
33 chemin de la Caverne
SAINT-GILLES-LES-BAINS
✆ 06 92 83 38 68

ROBY SORIANO
CILAOS
✆ 06 92 16 20 90

Fermeture des sentiers

De nombreux randonneurs se plaignent du mauvais entretien des sentiers, de leur fermeture, du délabrement des aires de pique-nique et de la prolifération des ordures. Il va falloir s'y faire, ou changer de destination, car cela résulte d'une volonté délibérée des autorités de diminuer au maximum la présence humaine dans le parc national.
Ce choix politique discutable et combattu consiste en effet à décourager la présence humaine, et donc de touristes ou d'habitants, par diverses entraves aux activités. Les habitants du cœur du Parc se sont vus ainsi interdire la coupe de bois pour le chauffage, l'élevage traditionnel de bœufs Moka, la culture de géranium, la pêche en rivière... Toutes sortes de règlements, parfois abscons ou absurdes, ont été imposés sans concertation dans le but de protéger l'écosystème du parc, bien qu'il n'ait plus grand-chose à voir avec ce qu'il était avant l'arrivée de l'homme au XVIIe siècle. Multipliant les recours, la création de collectifs de défense comme le C.Mac (Comité pour le maintien des activités au cœur du parc), les pétitions et manifestations, les habitants du parc national sont ainsi ses premiers opposants, en butte avec une administration bureaucratique dont le siège se trouve... dans es Bas, et accapare 70 % du budget. Un combat qui ne date pas d'hier car déjà dans les années 1950, l'ONF souhaitait déporter toute la population de Mafate pour l'exploitation forestière. Et si l'on remonte plus loin, le cœur de l'île était déjà le refuge des esclaves en fuite.
En ce qui concerne le touriste, les possibilités de randonnées se restreignent chaque année. Afin de concentrer les marcheurs sur les principaux sentiers, près de la moitié des sentiers de l'île ont été fermés, la Nature y reprenant ses droits petit à petit ! Ils peuvent être aussi fermés en raison des conditions climatiques, d'éboulis ou de travaux en cours, mais la préfecture a tendance à abuser des panneaux « fermé par arrêté préfectoral » pour se déresponsabiliser d'éventuels accidents. Pour encourager les randonneurs à ramener leurs déchets, l'ONF supprime aussi les poubelles de la plupart des aires de pique-nique, qui sont également privées d'entretien. Comme on pouvait logiquement s'y attendre, les décharges sauvages se sont multipliées et cela sert surtout à faire des économies d'argent public !
Même les sentiers dans les Bas, donc hors du Parc, sont fermés progressivement, par absence d'entretien, ou coupés par de nouvelles routes, barrières ou autres constructions. En ces temps d'obésité épidémique et de saturation routière, de crise écologique et financière, cela donne à réfléchir... ou pas ! Une association, Sentiers Lontan, tente de faire revivre ou de préserver les sentiers utilisés parfois depuis des siècles (http://sentierslontan.over-blog.com). Elle a évidemment beaucoup moins de moyens que l'Administration !
Il faut donc veiller à vérifier l'état d'un sentier avant de le parcourir, s'il ne fait pas partie des principaux (dont les GR), qui sillonnent malgré tout la plupart de l'île et ses sites les plus emblématiques. L'ONF met à disposition sur son site (www.onf.fr) une carte des sentiers ouverts et fermés. Il vaut mieux toutefois se faire confirmer par d'autres sources. Hors des sentiers battus (c'est le cas de le dire), renseignez-vous auprès des offices du tourisme, voire des habitants du coin. En cas d'entrée en zone interdite, vous risquez (rarement) une amende de 250 €, et c'est à vos risques et périls.

Inversement, on peut démarrer la randonnée à La Providence. Après les plantations de l'ONF, on traverse des forêts de tamarins. De l'aridité lunaire de la plaine des Sables à l'humidité des forêts du sud-est, le GR R2 offre un panel de paysages époustouflants. Pour tout parcourir, compter entre 7 et 12 jours de marche (le vainqueur du Grand Raid 2009 a bouclé ce parcours en 22h !). Libre aux randonneurs-vacanciers de choisir les étapes à parcourir en fonction de leur forme physique et du temps dont ils disposent !

Étapes du GR R2

- **Etape 1 :** de Saint-Denis à la plaine des Chicots 6h30.
- **Etape 2 :** de la plaine des Chicots à Dos-d'Ane 3h.
- **Etape 3 :** de Dos-d'Ane à Aurère 5h30.
- **Etape 4 :** d'Aurère à Grand-Place-les-Hauts 5h.
- **Etape 5 :** de Grand-Place à Roche-Plate 5h30.
- **Etape 6 :** de Roche-Plate à Marla 5h30.
- **Etape 7 :** de Marla à Cilaos 5h.
- **Etape 8 :** de Cilaos à Caverne Dufour 3h.

Cirque de Cilaos.

- **Etape 9 :** de Caverne Dufour à Bourg-Murat 5h.
- **Etape 10 :** de Bourg-Murat au gîte du volcan 5h30.
- **Etape 11 :** du gîte du volcan au gîte de Basse-Vallée 6h.
- **Etape 12** du gîte de Basse-Vallée à Basse-Vallée 2h.

Col du Taïbit : de Marla à Cilaos par la route d'Îlet-à-Cordes

Cette randonnée est l'une des étapes de la Grande Traversée de l'île par le GR R2 et également une étape du GR R1 qui ceinture le piton des Neiges en traversant les trois cirques.

- **L'îlet de Marla** s'étire paresseusement au pied du rempart que vous allez devoir grimper. La première partie du Taïbit est assez abrupte, mais la pente s'adoucit progressivement et la montée se fait à l'ombre d'une forêt d'acacias. Dans le dernier virage avant d'arriver au col, il faut quitter le sentier principal et, à gauche, rejoindre le promontoire qui permet de découvrir le cirque de Mafate et en particulier Marla.
- **Halte au col du Taïbit**, puis descente rapide pour rejoindre la route d'Ilet-à-Cordes en 1h30. Arrivée à la plaine des Fraises, couverte de joncs et de bois de fleurs jaunes (s'il est prévu de faire Marla – Route de Cilaos dans la journée, la plaine des Fraises est l'endroit idéal pour marquer une pause pique-nique). Après 10 min de descente, arrivée à la source Ti-Louis qui constitue le seul point d'eau du trajet. La descente régulière reprend dans une forêt de bois de couleur. Sur votre gauche, un panneau indique le cap Bouteille qui offre un superbe point de vue sur le massif du piton des Neiges, le Grand-Bénare et le cirque de Cilaos (distance de 2,8 km – 2h30 aller-retour).
- **Arrivée à l'îlet des Salazes**. Quitter le sentier principal et prendre, à gauche, la « trace » qui conduit à une plantation de filaos et marque l'entrée de l'îlet des Salazes, situé juste à l'aplomb des Trois-Salazes. Après cette petite escapade vers l'îlet, reprendre la descente dans une forêt de bois de couleur ; au bout de 10 min, on perçoit les bruits de la circulation sur la route de l'Ilet-à-Cordes que l'on atteint en 20 min (depuis l'îlet des Salazes). Le sentier débouche sur la route par quelques marches. Il est possible de continuer

L'îlet de Marla

L'îlet de Marla est le plus élevé du cirque de Mafate. Perché à 1 600 m d'altitude au pied du Grand Bénare et des Trois Salazes, il a longtemps été l'un des plus peuplés, avant que nombre de ses habitants rejoignent Cilaos, pour mener une vie moins isolée. Aujourd'hui, moins de dix familles vivent dans ce joli îlet, point de passage incontournable entre les cirques de Mafate et de Cilaos, et point de départ de nombreuses randonnées (plateau de Kerval, Trois-Roches, La Nouvelle, la plaine des Tamarins...).

la randonnée par le sentier qui reprend de l'autre côté de la route, derrière le petit muret (direction cascade de Bras-Rouge). Vous êtes alors à trois heures du centre de Cilaos. Une très belle randonnée, qui permettra aux puristes de fuir le bitume...
Pour les autres, ceux qui veulent regagner Cilaos par la route, il est possible de prendre un bus (de nombreux bus desservent Ilet-à-Cordes et s'arrêtent devant le début du sentier) ou de faire du stop (vous croiserez de nombreux randonneurs motorisés ou des canyoneurs rentrant à Cilaos – deux beaux canyons se trouvent non loin de là, Fleurs-Jaunes et Gobert).

- **Difficulté :** moyenne.
- **Carte** : IGN 4405 RT.
- **Durée :** 3h aller.
- **Dénivelé :** 500 m.
- **Point d'eau :** source Ti-Louis.

SENTIER DE GRANDE RANDONNÉE R3

Petit dernier de la randonnée réunionnaise, le GR R3, créé en 2005, propose 47,5 km autour de Mafate, le cirque le plus aride et le moins accessible de l'île. Incontestablement notre petit chouchou...
Plateau isolé, Mafate a gardé le charme d'antan, celui de la Réunion traditionnelle : en son cœur, l'authenticité *lontan* a (presque) été préservée. Pour y entrer ou en sortir, il n'existe que deux voies : la voie des airs et celle des sentiers de randonnée. En effet, son relief tourmenté et chaotique empêche la route carrossable de pénétrer au cœur de ce sanctuaire naturel.
Les randonneurs sont unanimement charmés par cet archipel isolé, entre canyons et forêts. Le R3 passe par la cascade des Trois-Roches, le captage des Orangers, Marla... Découpé en 5 étapes, il parcourt de nombreux paysages inoubliables.

Étapes du GR R3

- **1. Du parking surveillé du col des Bœufs à Marla 2h.**
- **2. De Marla à Roche-Plate 5h.**
- **3. De Roche-Plate à Cayenne 5h.**
- **4. De Cayenne à Ilet-à-Malheur 3h30.**
- **5. De Ilet-à-Malheur à Bord-Martin 3h.**

Roche-Plate – Trois-Roches – Marla

Cette magnifique randonnée est l'une des étapes de la Grande Traversée de l'île. Elle longe le lit de la rivière des Galets et permet d'admirer des paysages minéraux remarquables. C'est vraiment l'un de nos parcours préférés dans le cirque de Mafate.
Quitter Roche-Plate en passant devant l'école et en remontant sous les filaos jusqu'à une intersection : prendre le sentier montant à droite en laissant derrière vous le sentier rejoignant La Nouvelle par le Bronchard et Mafate. Endroit idéal pour le bivouac. La montée dans la rocaille et sans aucune ombre est assez éprouvante : mais au sommet de la colline, la pente s'adoucit et la difficulté s'atténue. Aucun point d'ombre depuis près d'une heure ! Ensuite, il faut longer le pied du rempart en traversant une succession de montées et de descentes, avant de plonger dans la rocaille, vers la ravine Chevaquine, où l'on mouille ses chaussures. Après cette ravine, comptez encore 30 min pour atteindre les filaos annonçant l'arrivée imminente au superbe site des Trois-Roches, idéal pour se rafraîchir dans la rivière des Galets. Si vous souhaitez bivouaquer, c'est incontestablement l'endroit parfait...

DOSSIER SPÉCIAL RANDONNÉE

La suite de la marche mène en 2h à Marla : traversez la rivière des Galets pour atteindre la rive droite et retrouver le sentier sous les filaos. Quelques minutes plus tard, à gauche, la bifurcation mène à La Nouvelle par la Plaine-aux-Sables : continuez donc tout droit sur la berge en direction de Marla. Le sentier suit ensuite le lit de la rivière, à traverser à gué, en sautant d'un bloc de basalte à un autre pour retrouver la rive gauche. S'entame alors une longue et rude montée dans un monde totalement minéral (cailloux, cônes d'éboulis…) : le sentier est mal tracé, et la plus grande prudence est de mise dans cette partie du circuit. Le lit de la ravine sert de sentier : en arrivant au sommet, le contraste est saisissant entre le plateau de l'îlet, avec une végétation encore pauvre, puis des cultures (maïs, haricots et lentilles) et les petits jardins des premières cases de Marla. En arrivant à la bifurcation : prendre à gauche pour une halte bien méritée dans un gîte de l'îlet. En continuant tout droit, c'est le col du Taïbit qui permet de sortir du cirque de Mafate.

- **Accès :** point de départ à l'îlet de Roche-Plate, par la descente du Maïdo, ou en venant de l'îlet des Orangers ou encore de Grand-Place.
- **Difficulté :** moyenne.
- **Carte IGN** 4402 RT.
- **Durée :** 6h.
- **Dénivelé :** + 900 m et – 350 m.
- **Points d'eau :** Roche-Plate, Marla et ravines.
- **Alimentation :** Roche-Plate et Marla.
- **Matériel :** randonnée classique et maillot.

Bord-Martin – Îlet-à-Malheur – Aurère par sentier Scout

Cette randonnée permet d'entrer rapidement dans le cirque de Mafate et d'avoir, après moins d'une heure de marche, une vue spectaculaire sur toute la partie Nord du cirque : les belvédères des Deux-Fesses (!) et du Grand-Rein (! !) offrent un panorama sur les îlets (Ilet-à-Bourse, Ilet-à-Malheur, Aurère), sommets et crêtes environnants. A condition toutefois de ne pas se tromper de chemin, car le début du sentier n'est pas toujours facile à trouver. Il est situé sur la route forestière 13, trois kilomètres avant le parking du Col des Bœufs, au lieu-dit Bord-Martin. Vous verrez sûrement quelques voitures stationnées devant l'entrée du sentier. Beaucoup déconseillent de les y laisser pour la nuit et privilégient le parking payant, plus haut. Quant à nous, nous vous recommandons d'y monter en bus, cela règle le problème du stationnement, et vous évite de revenir sur vos pas !
Quitter la route forestière (1 620 m), en empruntant le sentier Scout par une descente coiffée d'une végétation de rempart assez luxuriante : au bout de 30 min, franchir une petite ravine (le Bras-Bémale 1 460 m – bassin) pour remonter à flanc de falaise, avec un passage délicat en terrain caillouteux et glissant. Arrivée sur une arête vertigineuse, suspendue entre ciel et terre au-dessus de Mafate. Ce lieu très poétiquement baptisé les « Deux-Fesses » est sans doute le plus beau point de vue de cette randonnée. Arrivée ensuite sur un replat, le plateau de la Sale, couvert d'une petite mais très belle forêt de bois de couleur des Hauts : la bifurcation à droite ramène au Bord-Martin, ne pas la suivre. Après les Deux-Fesses, voici le Grand-Rein qui descend entre la Grande-Ravine et la ravine du Bras-Bémale : le sentier descend en lacets sur la pente Gardien. Cette descente ne présente pas de difficultés particulières, même si elle est très rocailleuse. Ne pas manquer, dans certains virages, les points de vue sur le piton Cabris et une bonne partie du nord du cirque de Mafate. Une fois arrivé au réservoir du captage Grimaud (point d'eau disponible) à une altitude de 1 100 m, suivre le balisage jaune-rouge (variante du GR R2) et poursuivre la descente sur un sentier pratiquement rectiligne, à l'ombre de grands filaos, en suivant la canalisation qui alimente les maisons à votre

L'Îlet-à-Malheur

L'îlet porte ce nom sinistre en mémoire des quelque quarante esclaves en fuite qui furent exterminés en 1829 par un détachement de Blancs commandé par Guichard... Aujourd'hui, ce charmant village qui symbolise encore la tragédie du marronnage offre à ses visiteurs le bonheur paisible de sa quiétude, molletonnée d'herbe soyeuse. Peu avant l'arrivée au village, les habitants ont aménagé un parcours de santé qui permet de rejoindre leur îlet en faisant une boucle.

gauche, et les îlets à atteindre... Après 2h de marche depuis le départ, on rejoint une intersection au lieu-dit La Plaque (900 m). Laisser à gauche le sentier menant à l'Ilet-à-Bourse et Grand-Place et prendre à droite en direction d'Ilet-à-Malheur (830 m).

AUTRES RANDONNÉES

Au départ de La Plaine-des-Cafres

Piton de la Fournaise et tour des cratères

Si depuis l'éruption de 2007, il est formellement interdit de faire le tour des cratères (13 km/ 5h), il est en revanche possible, depuis janvier 2010, d'accéder au sommet du Dolomieu (13 km/ 4h30). Une nouvelle qui ravira tous ceux qui, depuis, bravaient l'interdiction et prenaient le risque de se voir verbalisé (250 €) et surtout de s'exposer à de réels dangers.

Pour mettre de votre côté les meilleures chances de bonnes conditions météo, l'idéal est de passer la nuit au gîte et de prendre le sentier dès le lever du jour. Sinon, rendez-vous sur le parking du pas de Bellecombe au petit matin, situé au terminus de la route forestière du volcan, au pied du kiosque.

En quittant le gîte en direction du parking (où vous pouvez laisser votre voiture pour la journée), se trouve sur la gauche le point de départ du sentier qui monte sur quelques centaines de mètres et rejoint directement le pas de Bellecombe ; vous pourrez alors découvrir la « superbe grille » installée pour interdire tout accès à l'enclos en cas d'activité du volcan. Votre randonnée commence par la descente dans l'enclos Fouqué par le seul sentier existant : les marches sont nombreuses, mais vous arrivez rapidement (20 min) au pied du rempart. Dès le début de votre marche sur la lave, vous longez le petit cratère de scories rouges (Formica-Léo) que vous avez pu observer pendant la descente du rempart ; ce très ancien cratère (1753) résiste bien au piétinement incessant des promeneurs...

Vous devez ensuite suivre les marques blanches (sans jamais vous en éloigner surtout par temps de brouillard) et vous diriger tout droit vers le piton de la Fournaise qui vous fait face : vous sautez (prudemment) de plaque en plaque et marchez sur les plissements de la lave avant d'arriver en 20 min à la chapelle de Rosemont ; cette grotte est née de l'explosion d'une bulle de gaz lors d'une éruption très ancienne (en cas de très mauvais temps, elle pourra vous servir d'abri). Commence alors la montée vers le sommet, on franchit les coulées des années 2000 dans des gratons qui se dérobent un peu sous les pieds. Le sentier est plus friable, mais jamais dangereux. Trois heures après avoir commencé la rando, vous voilà à 2 632 m. Une ligne blanche marque la limite à ne pas franchir face au vide. Par vent fort, brouillard, et *a fortiori* de nuit, la plus grande prudence est recommandée face aux 300 m de vide du cratère Dolomieu.

Grand-Bassin

Voilà une randonnée que l'on aime particulièrement. Un petit Mafate, peu fréquenté et vraiment chouette.

Départ au belvédère de Bois-Court, à La Plaine-des-Cafres. 700 m plus bas se trouve l'îlet de Grand-Bassin. Une marche pas très dure, mais en pente (dénivelé de 670 m). En 1h30 on rejoint le joli petit village, fleuri et agréable. Le traverser pour accéder au bassin ; l'eau y est fraîche et le cadre somptueux. Au loin, après le bras de Sainte-Suzanne, se déploie la cascade du Voile de la Mariée. De nombreux gîtes vous attendent en bas pour le repas ou l'hébergement ; or peu de randonneurs passent la nuit dans le village, et c'est bien dommage car certaines adresses valent le détour (mention spéciale). La remontée est la partie la plus dure : compter 2h30.

Par La Plaine-des-Palmistes

Le sentier de la rivière des Marsouins. Une vue grandiose. Compter 1h30 depuis la plate-forme des hirondelles, à côté de laquelle vous pouvez vous garer. Le sentier coupe à travers cette forêt qualifiée de « bois de couleur des Hauts » où l'on recense une grande variété d'espèces : bois aigres, bois de pomme, mahots aux larges feuilles et tans rouges entre autres. Cette balade emprunte une partie du sentier qui descend le rempart abrupt dominant la rivière des Marsouins et continue, au delà de l'Ilet-à-Bananes, vers Saint-Benoît. Le belvédère qui marque le terme de la promenade offre un superbe point de vue sur le Cassé de Takamaka et le barrage EDF, au fond des gorges.

La forêt de « Bébour » est un nom d'origine malgache qui pourrait signifier « grand héritage ». Le nom de « rivière des Marsouins » proviendrait, lui, selon la légende, d'un mammifère échoué dans l'estuaire de la rivière.

De Saint-Joseph

Le cap Méchant. Une beauté farouche, haut lieu de la côte du Sud sauvage situé entre Saint-Philippe et Saint-Joseph, le cap Méchant dissuade toute tentative d'accostage. La côte est déchiquetée et les parois de couleur sombre plongent coriacement dans l'océan. Au rendez-vous de l'histoire, découvrez au passage le puits des Français, profond d'une dizaine de mètres, encombré de débris végétaux. De vétustes barreaux métalliques permettent d'y descendre, mais l'accès y est interdit. Cette côte fut longtemps le repaire des pirates qui y dissimulaient, dans des barils de rhum, leur butin. Une petite localité, le Baril, en tient son nom.

A hauteur du Puits des Anglais et du Souffleur d'Arbonne, s'engager dans le chemin de ceinture. Après avoir traversé des champs de cannes, on s'enfonce dans la forêt. L'ONF a planté à cet endroit, dans un virage, un panneau d'information. Peu après, il faut prendre à gauche une piste plus ou moins chaotique qui conduit à un kiosque, point de départ des boucles du sentier botanique. Un

Les plus beaux points de vue de l'île

Dans tous les cas, pour avoir une chance d'arriver aux belvédères avant que le rideau de nuages tombe sur le spectacle, il est vivement conseillé de vous rendre sur les lieux aux aurores.

Du cap Noir à Dos-d'Ane : se rendre en direction de La Possession, puis suivre la direction de Dos-D'Ane. La route offre de splendides vues sur Le Port et La Possession. Une fois arrivé à Dos-d'Ane, traverser le bourg jusqu'au cap Noir et sa table d'orientation. C'est l'un des points de vue sur Mafate les plus accessibles. Il permet d'apprécier pleinement le relief accidenté du cirque en 20 petites minutes de marche, depuis le parking. Vivement conseillé !

Fenêtre des Makes : le village des Makes se situe entre 900 et 1 200 m d'altitude, à environ 10 km dans les Hauts de Saint-Louis. Ce magnifique point de vue permet d'embrasser le cirque de Cilaos de l'Ilet-à-Cordes jusqu'au Pavillon. Impressionnant spectacle. On y voit même le piton des Neiges et le Grand-Bénare. En faisant quelques pas, une partie de la côte du Sud Sauvage se dévoile.

La Roche Merveilleuse : à Cilaos, point de vue facilement accessible (moins de 10 minutes d'ascension depuis le parking). Situé au cœur de la forêt de cryptomerias, ce promontoire rocheux offre une vue panoramique sur le cirque. D'un regard, l'ensemble du plateau se dévore des yeux : le Grand-Bénare, le piton des Neiges, l'Ilet-à-Cordes, sur la droite.

Trou de Fer : pour admirer ce point de vue, partir de la route forestière de Bébour, accessible par La Plaine-des-Palmistes. Aller au départ du sentier de l'Ecole Normale pour admirer la vue panoramique sur le Trou de Fer, impressionnant canyon. Une balade facile et familiale (6 km de sentier, 2h de marche) qui se corse par temps de pluie, les caillebotis étant détrempés et glissants.

Le Maïdo : incontournable point de vue sur le cirque de Mafate. Nous conseillons aux plus courageux de se lever très tôt et d'attendre le levor du soleil là-haut (1h de voiture de Saint-Paul, direction Le Guillaume).
Magnifique.

Roche Ecrite : Randonnée incontournable de l'île, l'ascension au point de vue de La Roche Ecrite peut être de difficulté variable. Il est possible d'y accéder par Le Brulé (les Hauts de St Denis), par le Cirque de Salazie, par Dos-d'Ane (les Hauts de La Possession) et la Plaine d'Affouche. L'arrivée à Roche Ecrite se fait après 5 à 10 heures de marche en fonction du point de départ. L'accès par Le Brulé étant le plus court. Nul doute que le spectacle qu'offre le point de vue final sur Mafate et Salazie vous surpendra.

Le sentier du Dimitile

minuscule parking permet d'y laisser son véhicule. Trois boucles ont été tracées par l'ONF dans cette forêt de bois de couleurs des bas constituant la réserve biologique naturelle de Mare Longue. **Les sentiers rouge (1h) et bleu (1h, moins de 1 km)** serpentent dans un massif âgé de plusieurs centaines d'années. **La boucle jaune (1h30)** traverse une parcelle régénérée en bois de couleurs.

Au départ de l'Entre-Deux

Le Dimitile. La randonnée la plus connue du Sud part de l'Entre-Deux. C'est un itinéraire que l'on aime notamment parce qu'il existe trois façons d'aborder cette montagne en lames de couteau. Cela signifie que contrairement à beaucoup de randonnées de l'île, vous ne faites pas un aller-retour mais une boucle.

Vous pouvez ainsi aller jusqu'au sommet par la Chapelle (3h), y passer la nuit (plusieurs gîtes sur place), et revenir par la Grande-Jument ou le sentier du Zèbre (3 à 4h).

Point de départ du **sentier de La Chapelle** : depuis le village de l'Entre-Deux, prendre la direction Ravine des Citrons, rue Jean-Lauret et continuer (environ 30 minutes) jusqu'à la piste forestière. Laisser son véhicule. Franchir une ravine ; le chemin part immédiatement sur la gauche.

Point de départ du **sentier du Zèbre :** à l'Entre-Deux, prendre la direction Ravine des Citrons. Tourner à gauche dans le chemin Pifarely et monter sur 1 km en prenant toujours à gauche. Laisser son véhicule en dessous d'un réservoir. Point de départ du **sentier de la Grande Jument** : dans le village, prendre la direction Ravine des Citrons. Tourner à gauche dans le chemin Trou de Terre. Et c'est parti !

Au départ de Cilaos

Cascade de Bras-Rouge. Compter 2h aller-retour, facile (possibilité de faire une boucle, appelée le « tour de Bras-Rouge » en revenant par le plateau des Chênes – 5h). Une balade idéale à faire en famille. Le chemin part de Cilaos, au niveau de la route des Thermes. Le sentier (ancien chemin des Porteurs) commence de manière très abrupte, jusqu'aux anciens thermes, pendant 15 min. Après avoir franchi un pont, on monte vers le haut de la cascade de Bras-Rouge. Pas de possibilité de baignade.

Plus loin, le sentier continue, plus difficile, et remonte vers la D241, qu'il coupe à environ 6 km de Cilaos, au niveau du départ vers le col du Taïbit. C'était, avant la construction de la route, le sentier que l'on prenait pour gagner Mafate.

La Roche-Merveilleuse. Compter 2h aller-retour, facile. Ce sentier mène à un belvédère d'où se déploie une vue fantastique sur l'ensemble du cirque.
On y accède au-dessus de l'église, sur la route de Bras-Sec, à droite de l'établissement thermal. Les 2 heures de balade relèvent plus de la promenade de santé que de la randonnée. Il y a d'ailleurs dans le coin plusieurs parcours faciles et des sentiers botaniques gérés par l'ONF, comme le plateau des Chênes, dont les chênes, donc, se retrouvent au milieu d'espèces tropicales. Départ des Thermes.

Le piton des Neiges. Compter 8h aller-retour, difficile (il est recommandé de faire cette randonnée sur deux jours, avec une halte au refuge de la Caverne Dufour 02 62 51 15 26). C'est l'accès le plus court au toit de l'océan Indien, le piton des Neiges, qui culmine à 3 070 m, point le plus élevé de La Réunion. Ce fut le premier volcan, bien avant celui de la Fournaise. Un dénivelé de plus de 1 700 m à franchir et 16 km aller-retour. Le gîte de la Caverne Dufour est situé à 2 478 m d'altitude. L'idéal est d'en repartir dans la nuit noire, vers 4h, pour arriver au lever du soleil au sommet. Aux aurores, le cadre est époustouflant : les trois cirques, Cilaos, Salazie et Mafate, s'offrent à vous dans une sérénité totale.
On voit même l'océan. Le premier jour, la montée est coriace mais courte (2 ou 3h jusqu'au gîte). Le deuxième jour est plus difficile, puisqu'il faut grimper au sommet, puis tout redescendre d'une traite (ou deux si vous avez dormi au gîte et que vous y prenez votre petit déjeuner avant de redescendre vers Cilaos). Cette rando n'est possible qu'avec une lampe frontale et des vêtements chauds. Il fait un froid glacial là-haut avant que le soleil se lève !
Le départ du sentier du Grand-Matarum se trouve à 3 km de Cilaos sur la route de Bras-Sec, d'où l'on peut prendre le bus. La montée requiert environ 3h de grimpette sur des marches parmi des forêts de bois de couleur, de goyaviers, d'olives noires et de cryptomerias du Japon. On découvre au passage la barbe, plante épiphyte qui s'accroche aux branches des arbres, les feuilles de faham, les bois de nèfle, le millepertuis et l'on entend le chant des bulbuls (espèce de petits merles). Il y a aussi le tamarin des Hauts, arbre caractéristique de La Réunion, qui ne pousse qu'à partir d'une certaine altitude, et bien d'autres variétés encore.
Le lendemain, compter 2h de montée à travers les rochers, cailloux et éboulis. La dernière tranche s'effectue dans un univers minéral de scories. A cette heure, le ciel austral étoilé permet d'apercevoir la constellation de Magellan, la ceinture d'Orion, le Taureau... Quand le soleil orangé se lève, le décor devient sublime. Une bonne partie de La Réunion est à vos pieds (ne pas trop s'approcher, la roche est friable et glissante).
Se dévoilent les formes noires et violettes du Grand-Bénare, du Gros-Morne, une partie du cirque de Mafate et, au nord-est, la côte vers Sainte-Suzanne. En montant à droite, on découvre, quand les nuages ne sont pas de la partie, le cirque de Salazie. Compter 2h de redescente jusqu'au gîte, puis 3h de marche pour la descente complète.
Depuis le gîte du piton des Neiges, on peut choisir de rejoindre directement Hell-Bourg dans le cirque de Salazie (5h de marche par le Cap Anglais) ou la forêt de Bélouve (5h de marche).

De Bras-Sec

Petit village de Cilaos, après la forêt de cryptomerias sur la route départementale 241.

Sentier Kerveguen. Compter 5h aller-retour, difficile. Ce sentier très abrupt grimpe sur le coteau Kerveguen, à partir de la forêt de cryptomerias. Le parcours est assez technique et comporte plusieurs échelles. Arrivé au sommet, on se retrouve sur une crête avec, d'un côté, Cilaos, de l'autre, la forêt de Bébour. De là, plusieurs possibilités. On peut accéder assez rapidement au gîte du piton des Neiges, en 1h30, ou bien descendre sur le col de Bébour ou le Dimitile.

Sentier des Calumets. Compter 2h30 aller, assez facile. Ce sentier part du village de Bras-Sec et rejoint le Palmiste-Rouge, îlet situé au sud-est du cirque. Il commence au bout et à gauche du village, au pied du Bonnet de Prêtre. La balade traverse plusieurs petites plaines et offre de beaux panoramas. Arrivé au Palmiste-Rouge, on peut revenir en bus sur Cilaos ou continuer vers Bras-Sec ; ce qui est beaucoup plus difficile car, dans ce sens, ça monte. Compter alors plus de 3h.

De Mafate

Le cirque de Mafate impose d'y passer au moins deux jours. Il est possible d'y descendre et d'en revenir en une journée mais, en plus d'être fatigant, cela ne laisse pas le temps d'en apprécier la quiétude. On peut descendre à Mafate par plusieurs chemins, en 2 à 3 heures (soit 5 à 6 heures de marche aller-retour dans la journée). Tous les départs de ces sentiers sont accessibles en voiture depuis six endroits : Salazie par le col des Bœufs, le col du Bélier ou Bord Martin ; Cilaos par la route de l'Ilet-à-Cordes ; le Maïdo ; la rivière des Galets ou Dos d'âne. Tous ces départs (sauf la rivière des Galets qui est un quartier du Port) sont situés à plus d'une heure de route de la côte, donc il faut compter 2 à 3 heures de route aller-retour en tout. C'est beaucoup pour envisager une rando sur une journée ; dans ce cas, il est préférable de dormir non loin du Maïdo, de la rivière des Galets, ou à Salazie ou Cilaos, au plus près des départs des sentiers. Car mieux vaut toujours se lever tôt avant que les nuages n'envahissent le paysage. Si vous voulez profiter d'une baignade ou d'un pique-nique qui s'éternise un peu, prévoyez-le dans votre planning.

Concrètement, les balades d'une journée les plus envisageables sont :

- **Marla.** Depuis la route de l'Ilet-à-Cordes à Cilaos pour aller à Marla : 3 heures de marche, assez rude. Les bons marcheurs pourront faire l'aller-retour dans la journée, et même pousser jusqu'à Trois-Roches. En revanche, il faut obligatoirement dormir à Cilaos.
- **Ilet-des-Lataniers–Ilet-des-Organers.** Compter 6 heures aller-retour. Après avoir laissé la voiture à Sans-Souci (Hauts de Saint-Paul), on emprunte le sentier de la canalisation des Orangers pour rejoindre l'un ou l'autre de ses îlets en 3 heures. La bifurcation se trouve au niveau du partage des Orangers. Le chemin qui suit la canalisation est plat et facile, mais long (12 km). Attention au vertige !

On peut partir tôt le matin pour profiter de la lumière. On suit la canalisation des Orangers, qui fuit par endroits. Ce sentier-canal fut ouvert pour permettre le captage des ravines des Orangers et Grand-Mère. Il a l'avantage d'être un des seuls sentiers de l'île sans dénivelé, il ne monte pas et ne descend pas. Il offre une vision grandiose de la partie sud-ouest de Mafate.

- **La Nouvelle**, par le col des Bœufs, assez facile et familiale. 4h AR.
- **Cayenne,** par la rivière des Galets, 4h AR. Facile, malgré un petit raidillon sur la fin.
- **Roche Plate**, par le Maïdo, 6h AR. Très difficile en raison du rempart qu'il faut descendre à l'aller, et remonter au retour !

Vue aérienne du cirque de Mafate.

Au départ du Maïdo

▶ **Le Grand Bénare.** Depuis le Maïdo, plusieurs randonnées sont possibles avec un départ à environ 2 200 mètres d'altitude, quelques kilomètres en contrebas du point de vue. On peut descendre à Mafate, 1 000 mètres plus bas, le seul accès depuis l'Ouest hormis la Canalisation des Orangers et la rivière des Galets : voir plus loin la rubrique Mafate depuis le Maïdo. Mais surtout on peut monter et explorer le massif des Bénares, qui s'étend de Saint-Paul à Saint-Louis, formant le bord ouest des cirques de Mafate et Cilaos. En somme, une immense falaise de 1 à 2 kilomètres de haut, que l'on parcourt sur sa crête pendant des kilomètres de panoramas époustouflants. A gauche, les cirques chaotiques, à droite l'Ouest en pente douce jusqu'aux lagons, 15 kilomètres plus loin. Un peu d'étymologie avant de partir ! Bénare viendrait de « froid » en malgache et puisqu'on monte en partant déjà de 2 200 mètres, il faut bien se couvrir. Le parcours culmine à 2 898 mètres d'altitude au Grand Bénare (grand froid, donc), point de jonction des cirques de Mafate et de Cilaos, avec un panorama à 360° à couper le souffle sur presque toute l'île. Cette randonnée de haute montagne peut être considérée comme la petite sœur de celle du Piton des Neiges. Elle gravit le deuxième sommet le plus haut de l'île, si l'on exclut le Gros Morne juste à côté du toit de l'océan Indien. Moins célèbre que sa petite sœur, plus facile aussi, elle évite en outre de devoir dormir en haut, car la route est moins longue. Toutefois, le sentier reste assez physique, caillouteux, dans un univers sec et minéral en permanence exposé au soleil… jusqu'à ce que les nuages pointent leur nez ! Ce qui arrive souvent plus tard dans la journée qu'au Piton des Neiges et permet d'admirer un magnifique tapis de nuages recouvrant le fond des cirques. Compter 7 heures aller-retour jusqu'au sommet. Après le Grand Bénare, la descente est possible en longeant Cilaos jusqu'au Petit Bénare (2 600 mètres), puis vers le Tévélave.

▶ **La Caverne de la Glacière**. Une variante intéressante est celle menant à la Caverne de la Glacière, ces puits creusés pour récolter la glace – on vous dit qu'il fait froid –, que les esclaves descendaient dans les Bas pour mettre des glaçons dans les cocktails des colons (voir la rubrique sur le Maïdo dans les Hauts de l'Ouest). Il faut prendre la direction du Grand Bénare, puis bifurquer en suivant les panneaux. On profite du panorama sur Mafate jusqu'à la bifurcation, puis le sentier suit le versant orienté vers la côte Ouest. Le sentier est toujours aussi caillouteux, mais présente moins de dénivelé. Comptez environ 4 heures aller-retour pour la caverne. De là, vous pouvez prolonger jusqu'au Petit Bénare ou descendre et rejoindre la route forestière des Tamarins, au niveau de Trois-Bassins.

Marches plus longues

Les trois cirques

C'est un grand classique, pas trop difficile, qui permet de voir l'essentiel. Départ le premier jour de Cilaos. Franchissement du col de Taïbit en 3h. Arrivée à Marla vers midi (2h de marche pour La Nouvelle, 3h si détour par les Trois-Roches). Nuit à La Nouvelle. Départ pour le col des Bœufs le lendemain (3h de marche). Descente en voiture depuis le col des Bœufs, à pied jusqu'à Hell-Bourg pour les plus courageux (7h de marche en tout).

Mafate depuis le Maïdo

Un circuit sportif, avec beaucoup de dénivelé (plus de 2 000 m). Le départ se fait du Maïdo, tôt le matin (un bus quitte la gare routière de Saint-Paul à 6h). A vos pieds : un rempart que vous allez descendre jusqu'à la Brèche. Ensuite, descente plus tranquille jusqu'à l'îlet des Orangers et celui des Lataniers, où l'on peut s'arrêter pour manger (snack-bar ou gîte). On poursuit la descente jusqu'à Grand-Place-les-Bas ou Grand-Place-Boutique, pour y dormir, après 5 à 7h de marche. Le lendemain, remontée jusqu'à Ilet-à-Bourse, La Plaque, idéal pour une pause déjeuner avant d'attaquer la montée jusqu'à Bord Martin, où l'on viendra vous chercher. A la descente comme à la montée, les panoramas sont superbes sur l'ensemble de la partie nord du cirque (piton Maïdo, Roche-Ecrite, crête de la Marianne).

Dans Mafate

▶ **Du col des Bœufs à La Nouvelle.** Compter 2h30 l'aller, facile. A quelques centaines de mètres au-dessus du parking, le chemin carrossable s'arrête au col, sur un terre-plein, à côté d'un conteneur rouillé. Un petit sentier discret qui longe la crête au-dessus du col mène en trois minutes à une clairière avec une chapelle. La vue sur Mafate et Salazie est grandiose, des deux côtés. Pendant 45 minutes, la descente pas franchement raide et accessible à tous, bien qu'elle puisse être glissante quand il pleut, mène à la plaine des Tamarins. Le plus dur est fait ! Après, c'est un chemin en pente à travers des forêts de tamarins, en 1h jusqu'à La Nouvelle. Cette randonnée convient aux enfants, pour avoir un premier aperçu de Mafate. Le retour est plus difficile, compter 30 min de plus (soit 4h30 à 5h).

Du col des Bœufs à Marla. Compter 2h30 l'aller, facile. A la fin de la descente du col des Bœufs, au lieu d'aller sur La Nouvelle, un sentier part sur la gauche. Il traverse la même plaine des Tamarins, mais en direction de Marla. A la fin du parcours, quelques lacets pour franchir une ravine, puis les sentiers se rejoignent au niveau de la Maison-Laclos. Le village n'est plus bien loin !

De La Nouvelle à Marla et Trois-Roches. Compter 3 ou 4h l'aller, facile. Depuis la Nouvelle, toujours à travers la plaine des Tamarins, sans remonter par le sentier du col des Bœufs, emprunter le chemin en direction de Marla.

On peut également prendre en direction du col des Bœufs et descendre ensuite sur Marla, mais c'est bien plus long. Le chemin principal traverse simplement la plaine vers Marla en 3h, et passe par le lieu-dit Maison-Laclos, où l'on retrouve le chemin partant vers le col des Bœufs. 15 min plus tard, Marla. Mais il y a une autre variante, intéressante, qui fait passer par Trois-Roches. Après 30 min de marche vers Marla, un sentier part sur la gauche et descend vers le fond de la ravine, et prend 1h. A l'intersection : à gauche Marla, à droite Roche-Plate. Marcher quelques minutes vers Roche-Plate et découvrir le superbe site de Trois-Roches. Revenir sur ses pas et poursuivre vers Marla.

De La Nouvelle à Roche-Plate. Compter 4 à 5h l'aller, assez difficile. Le sentier franchit la rivière des Galets, avec une descente, parfois raide de 2h, jusqu'à la Rivière où l'on peut faire une pause, car la suite est plus dure. Pendant 1h, l'ascension des falaises du Bronchard est éprouvante, et l'arrivée en haut est l'occasion d'une seconde pause. Compter encore 1h de plat ou de petite descente, au fur et à mesure que le soleil se couche derrière le piton du Maïdo. Arrivée à Roche-Plate, en contrebas du rempart du Maïdo. Une variante est possible, plus longue mais peut-être moins fatigante, et surtout magnifique, en passant par Trois-Roches. Compter 2h pour rejoindre Trois-Roches depuis La Nouvelle, puis 3h pour gagner ensuite Roche-Plate.

De Roche-Plate

Roche-Plate est un chouette îlet au sud-ouest du cirque de Mafate au pied du Maïdo.

De Roche-Plate à Marla. Compter 5h l'aller, assez difficile. Le sentier, longeant tout le rempart du Maïdo, commence par une montée assez éprouvante pendant plus d'une heure. On est récompensé par un beau panorama sur toute la partie sud du Cirque : le piton des Neiges, le Grand-Bénare. Puis, le chemin descend et l'on aperçoit le col du Taïbit. Après quelques passages plus plats, le sentier s'engage dans une ravine qui débouche sur la rivière des Galets. En 3h, on atteint le superbe site de Trois-Roches. Quelques minutes plus loin, au lieu de prendre le sentier de La Nouvelle qui part sur la gauche, continuer sur le sentier qui longe la ravine. Le chemin grimpe franchement ; on arrive, 2h plus tard, à Marla.

De Roche-Plate à Grand-Place, Cayenne. Compter 5h l'aller, assez difficile. Cette randonnée qui présente un fort dénivelé (de 1 100 m à 500 m) dure 6h dans l'autre sens. Il faut reprendre le sentier vers La Nouvelle, vers Cayenne et Grand Place.

De Roche-Plate aux îlets Orangers et des Lataniers (2h) et vers Le Maïdo (4h). Depuis Roche-Plate, prendre le sentier qui s'élance sur la crête des Orangers. Au bout de 45 minutes, on parvient à un belvédère nommé La Brèche, d'où l'on voit, d'un côté le cirque de Mafate, de l'autre un vallon heureux, discrètement caché de Mafate, à l'ombre des reliefs majestueux des crêtes qui l'entourent. A ce belvédère, 2 sentiers sont possibles. Un sentier très raide s'attaque au rempart du Maïdo. C'est un escalier de 1 km de hauteur qui mène hors de Mafate en 3h, au point de vue du Maïdo. C'est le moyen le plus difficile de sortir de Mafate. Pour rester dans Mafate, prendre le sentier sur la droite qui descend le long de la crête des Orangers jusqu'à l'Ilet-des-Orangers en 1h. Cette promenade entre filaos, jamroses, bibassiers et orangers est un parcours très agréable, avec beaucoup de montées et de descentes à travers le lit de la rivière. S'arrêter pour prendre un bain bouillonnant dans les cascades. C'est facile ; le dénivelé total n'excède pas 200 m.

De Grand Place à Aurère. Compter 5h l'aller. Difficulté moyenne. Cette balade commence par Grand-Place-les-Hauts et comprend des passages de rivières à gué, des montées et des descentes plus ou moins escarpées, jusqu'à l'Ilet-à-Bourse, que l'on atteint en 2h.

Il y a des bassins où l'on peut se baigner, prévoir le maillot de bain. Après une petite montée, on passe par un sentier taillé dans la roche dominant des à-pics de plusieurs centaines de mètres. Attention au vertige ! Encore quelques lacets et une passerelle, et on arrive à La Plaque. Sur la droite part un sentier vers le col du Bélier et Salazie. 30 min plus tard, on traverse le joli village d'Ilet-à-Malheur ; en 30 min de plus, arrivée à Aurère. Possibilité de sortir de Mafate par la rivière des Galets le lendemain (5h).

Au départ de Saint-Denis

▶ **Cascade Maniquet.** Compter 30 minutes aller-retour, facile. Plus une balade qu'une randonnée, la cascade Maniquet est très prisée des Dionysiens qui viennent y pique-niquer le week-end. Elle permet de découvrir la magnifique forêt du Grand-Brûlé (à ne pas confondre avec la région du même nom, à l'autre extrêmité de l'île, sur le flanc sud-est du volcan). A cette altitude, la nature retrouve toute son exubérance et rappelle sa puissance. Cryptomerias et goyaviers y poussent en abondance. La cascade tient son nom d'un professeur qui y possédait une propriété. Il se rendit célèbre en refusant de prêter serment aux Anglais, et quitta l'île en 1810. La cascade est fléchée à partir du village du Brûlé. On peut laisser sa voiture au début du sentier, et descendre en 10 minutes. Mieux vaut y aller en semaine, et surtout en saison des pluies lorsque la cascade est plus impressionnante car, en période d'hiver austral, elle est fréquemment sèche.

▶ **La Roche-Ecrite.** 18 km aller-retour, de 6 à 10h suivant le sentier. Assez facile. La montée à la Roche-Ecrite (2 277 m) est un classique de la randonnée à La Réunion, car une des plus faciles. Point culminant de la commune de Saint-Denis, la Roche-Ecrite tire son nom des multiples inscriptions peintes par des générations de marcheurs sur la rocaille de son sommet. Le panorama final embrasse les deux cirques de Salazie et Mafate, avec en toile de fond le piton des Neiges. On peut partir de plusieurs endroits de Saint-Denis ; les sentiers se rejoignent à la plaine des Chicots où se trouve le gîte de la Roche-Ecrite. Le GR R2 part de La Providence, que l'on rejoint facilement en bus. Compter 2h jusqu'au Brûlé, d'où commence la rando pour La Roche Ecrite. Les moins courageux peuvent aussi grimper en voiture jusqu'au Brûlé et suivre la route forestière jusqu'au parking. De là, compter 2h de marche pour rejoindre le gîte de la plaine des Chicots. Le GR R2 a une autre variante, partant de la sortie ouest de Saint-Denis, au niveau de la route de la Montagne, en remontant la rivière Saint-Denis. Sur cette variante aussi, on n'est pas obligé de faire tout le parcours, et l'on peut monter en voiture pour rejoindre le sentier en deux endroits : au niveau du golf du Colorado, facile à trouver, ou bien, beaucoup plus haut, au niveau de la plaine d'Affouches, que l'on rejoint par une route forestière, elle-même accessible par la D41 (route de la Montagne), peu après le lieu-dit Dix-Septième kilomètre. D'autres sentiers partent au-dessus de piton Patate, auquel on accède par Bois-de-Nèfles ou encore de Dos-d'Âne.

Tous se rejoignent, avec plus ou moins de dénivelé, à la plaine des Chicots : compter entre 2 et 5h pour rejoindre le gîte suivant le point de départ. Enfin, depuis le gîte jusqu'au sommet, compter 1h30. On traverse la plaine des Chicots, franchissant de colline en colline des fougères arborescentes et des bouquets d'azalées. En faisant des écarts sur la droite, on peut avoir de beaux points de vue sur Mafate, notamment à la mare aux Cerfs. Le dernier kilomètre est assez raide, et l'on est récompensé par un superbe panorama avec le cirque de Salazie sur la gauche, Mafate en face, le piton des Neiges et le rempart du Maïdo en toile de fond. Il vaut mieux passer la nuit au gîte et partir tôt le matin pour profiter de la lumière du lever de soleil. En revenant jusqu'à la caverne des Soldats, on peut aussi redescendre sur Grand Ilet, à Salazie, par un sentier très pentu : c'est le seul moyen de descendre dans les cirques par le nord.

Hell-Bourg

Au cœur du cirque de Salazie, et au pied du piton d'Anchaing, le joli village de Hell-Bourg est perché à plus de 900 m d'altitude sur un plateau verdoyant, protégé par les montagnes environnantes. 700 m plus haut, c'est la forêt de Bélouve. Baptisé en hommage à un gouverneur de Bourbon du XIXe siècle, Anne Chrétien Louis de Hell, et sans aucun rapport avec le mot anglais *Hell* qui signifie « l'enfer », le village possède encore de nombreuses cases créoles cossues et traditionnelles. Construites au début du siècle par de riches planteurs et des commerçants de la côte, elles se trouvent à proximité des thermes du village, très en vogue à cette époque, mais disparus au début du XXe siècle, suite à des éboulis. Arborant fièrement son label Plus beau village de France, Hell-Bourg est une adorable bourgade où il fait bon prendre le frais l'été (on l'appelait d'ailleurs « village changement d'air » quand sévissaient les épidémies !). Célèbre pour ses thermes, donc, dont la valeur thérapeutique et médicale fut vantée peu après leur découverte, Hell-Bourg attira les curieux dès 1842. L'établissement thermal, créé le 13 juillet 1852, connut sa période de gloire de 1875 jusqu'à l'entre-deux-guerres, puis ferma en 1948, ravagé par un cyclone. Depuis, Hell-Bourg est devenu un lieu enveloppé de mystères et de nostalgie, avec ses magnifiques thermes en ruine et ses vieilles cases, qui lui confèrent une atmosphère unique.

DOSSIER SPÉCIAL RANDONNÉE

Au départ de Salazie

Accessible depuis Saint-Denis, Salazie est le cirque le plus peuplé.

De Hell-Bourg au col de Fourche. Compter 5h30, difficulté moyenne. Départ du sentier au fond du village d'Ilet-à-Vidot, à quelques kilomètres de Poule-d'Eau-Bourg. Le chemin grimpe beaucoup, mais le panorama sur le cirque est magnifique. On traverse plusieurs fois le lit de la rivière et l'on peut faire une pause agréable face à la belle cascade de la ravine Blanche (à mi-parcours).

Du col des Bœufs à La Nouvelle. Le plus facile et le plus pratique, c'est LA randonnée familiale par excellence à Mafate. Garer sa voiture au parking du col du Bélier, à Salazie, à 1h de route de la côte. Pour ceux qui ne souhaitent pas faire un aller-retour et qui préfèrent sortir de Mafate par un autre accès, un bus dépose aussi les randonneurs au parking depuis Salazie. Quant au stop, il fonctionne plutôt bien : il n'y a qu'une route ! On peut descendre à La Nouvelle en moins de 2h, et revenir en un peu plus. C'est aussi l'îlet mafatais le plus visité.

De Bord-Martin à La Plaque. Compter 4h, aller retour. Avant d'arriver au col des Bœufs, un panneau indique le début du sentier sur la gauche. Descendre le long de la crête de Marianne, par le sentier Scout, jusqu'à La Plaque où il y a une bonne table d'hôte, et revenir dans la journée. Ne pousser ni trop loin vers Ilet-à-Malheur (à 30 min de La Plaque) ou Aurère (à 40 min d'Ilet-à-Malheur) ni sur le rhum arrangé, car il faut revenir et ça grimpe sérieusement (600 m de dénivelé). La solution la plus confortable est de sortir du cirque par la rivière des Galets (Deux-Bras), accessible en 4h de marche.

De Bord-Martin à Aurère. Compter 4h, aller simple. Une randonnée superbe sur la canalisation Augustave, mais difficile, qui vient de rouvrir après des années de travaux impressionnants. De Salazie à Mafate, vous aurez essentiellement de la descente (1 000 m de dénivelé).

Le piton d'Anchaing (1 352 m). Compter 5h30 aller-retour, difficile, peu fréquenté. Cette randonnée vous mène du village d'Hell-Bourg au sommet du piton d'Anchaing, qui domine un panorama couvrant l'ensemble du cirque. Le sentier longe la petite route départementale de l'Ilet-à-Vidot en direction du col de Fourche. Au bout de quelques centaines de mètres, partir vers la droite. Le sentier est raide, assez fatigant et mal entretenu, mais la récompense est là : Voile de la Mariée, Piton des Neiges, Roche-Ecrite se déploient tout autour.

De Hell-Bourg au piton des Neiges, par Cap Anglais. Compter 6h jusqu'au sommet. Très difficile.
Départ au niveau du stade d'Hell-Bourg, traversée de la forêt de Terre Plate, jusqu'à la caverne Mussard via Cap Anglais. Reste la montée finale (et pas des moindres) pour grimper au sommet de La Réunion. Possibilité de s'arrêter au Gite du Piton des Neiges (en ayant réservé avant !).

SAINT-DENIS

Les canons sur l'esplanade du Barachois.

Saint-Denis

Au visiteur fraîchement débarqué, Saint-Denis, avec ses 146 000 habitants, peut apparaître comme une ville quelconque. Elle offre peu de dépaysement tropical, ou si peu, avec son quadrillage d'artères commerçantes, sa grande rue piétonne, ses embouteillages et ses Zoreilles, qui s'installent prioritairement ici. C'est la « capitale » de l'île, mais également la première ville de l'outre-mer français. Administrations, sièges des entreprises, transports internationaux y sont réunis. C'est aussi la ville la plus active de l'île puisqu'elle ne compte « que » 25 % de chômeurs (contre environ 30 % sur l'île). Et toute La Réunion y est à portée de main : il ne faut jamais plus de 2 heures de route pour joindre n'importe quel lieu... hors embouteillages bien sûr.

Le touriste ne consacrera que quelques jours à Saint-Denis, à son arrivée ou à son départ pour l'aéroport. Si la ville est attractive pour y travailler, elle n'a que peu d'intérêt touristique. Et pourtant, juste avant la tombée du soir, lorsque la lumière s'adoucit, et que l'on prend le frais dans la rue Juliette-Dodu ou dans la rue de Paris, le regard croise de magnifiques demeures, vestiges de l'architecture créole qui ont du mal à se dissimuler derrière leurs hautes grilles. Le nez entre les barreaux du portail, on s'attarde devant la perspective offerte par une rangée de palmiers. Des images fusent : une varangue, une lampe qui s'allume… Retour sur une époque révolue, celle des riches planteurs de café et de canne à sucre, représentant l'art de vivre à la créole. Ces images, on les connaît, on les a vues dans les films, en Louisiane, aux Antilles. On aimerait s'arrêter, pousser la grille, traverser le jardin, et s'asseoir sous l'immense varangue, pour causer en buvant un rhum arrangé qui sent la cannelle…

En journée, Saint-Denis est une ville très active. Dès 4h, les plus courageux s'éveillent pour commencer le travail vers 5h du matin. Les bouchons, qui commencent vers 6h30, culminent avec l'ouverture des salles de classes à 8h. Tous les jours, des milliers de travailleurs, écoliers, étudiants, habitant l'Est, l'Ouest ou les Hauts de Saint-Denis viennent s'entasser sur les routes à la même heure, dans une routine qui n'a rien à envier à celle des banlieusards parisiens. Le soleil tape déjà fort et les carlingues s'alignent sur des kilomètres.

Puis les boutiques ouvrent, nombreuses dans le centre-ville, et les piétons se disputent le trottoir. On se croirait en métropole, si quelques vieilles cases, ici ou là, ne venaient pas nous rappeler que nous sommes bien sur l'île de La Réunion. La rue Maréchal-Leclerc a été transformée en « carré piéton » sur une bonne partie de sa longueur. Devant la place de la Poste, il y a quand même des palmiers et des vendeurs de fruits. Vers midi, les employés déjeunent dans le quartier, les magasins ferment.

La ville s'anime à nouveau franchement vers 16h : c'est la sortie des bureaux mais surtout des écoles. Les jeunes, et ils sont nombreux (30 % des Dionysiens ont moins de 20 ans), se retrouvent aux terrasses des brasseries, aux clubs de billard ou pour manger une glace. Jusqu'à 17h-18h, c'est à nouveau la litanie des

Les immanquables de Saint-Denis

- **Remonter l'avenue de La Victoire et la rue de Paris** et admirer les cases créoles.
- **Visiter les musées** (notamment **le muséum d'Histoire naturelle** du Jardin de l'Etat, **l'arthotèque** et **la maison Carrère**).
- **Se promener sur le Barachois** et faire du shopping dans la rue piétonne du Maréchal-Leclerc.
- **Explorer le Petit Marché**.
- **Visiter la mosquée**, première à avoir été construite en France.
- **Visiter le centre historique avec un guide Péi.**
- **Survoler** l'île en ULM ou en hélicoptère, au départ de Sainte-Marie ou de Saint-Paul.

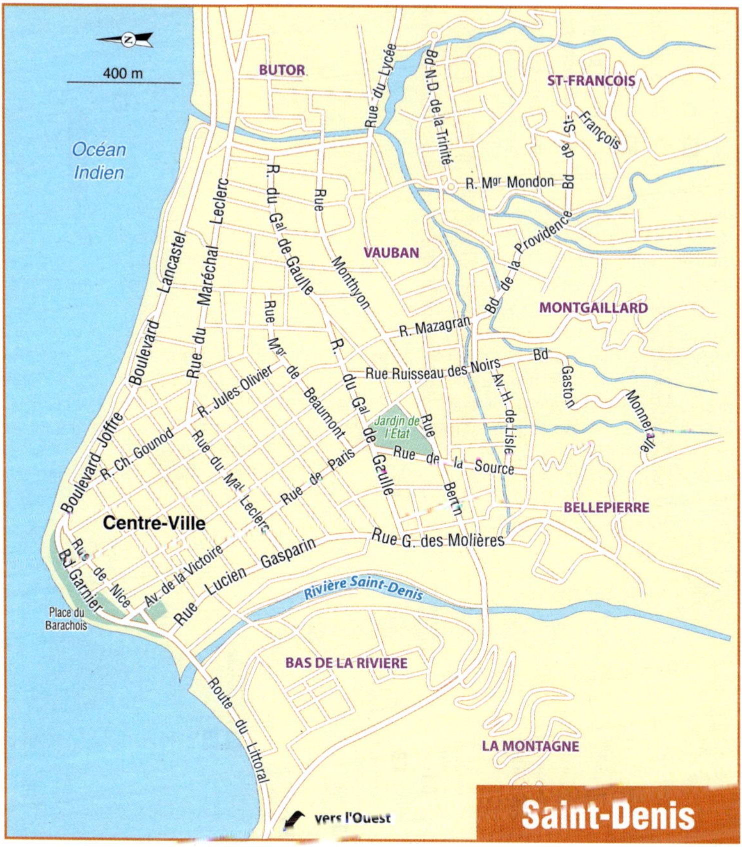

bouchons avec la fin de la journée de travail et la sortie de l'école des bambins. Toutefois, la ville n'est pas en reste, puisque les commerces sont ouverts jusqu'à 19h30 pour le bonheur des Dyonisiens et autres vacanciers.

Bien qu'elle fasse des progrès, Saint-Denis n'est pas encore une ville très dynamique le soir ; les terrasses des cafés désemplissent rapidement. Dès la nuit tombée (et sous les tropiques, elle tombe vite) le calme revient.

TRANSPORTS

Comment y accéder et en partir

GARE ROUTIÈRE

Boulevard de l'Océan
✆ 0810 123 974
www.cg974.fr
C'est la plus grande gare routière de l'île, le terminus de nombreuses lignes. Située à proximité du cœur commerçant et de l'avenue Maréchal-Leclerc, elle permet d'accéder à l'aéroport grâce à la navette directe, à presque toute l'île avec le réseau Cars Jaunes, à presque toute la ville avec le réseau urbain Citalis. Nous vous déconseillons d'y traîner passé une certaine heure...

CARS JAUNES

✆ 0810 123 974
La ligne ZE des cars jaunes fait la liaison entre Saint-Benoît et Saint-Denis en passant par l'aéroport. L'arrêt se trouve à une centaine de mètres de l'aérogare.

Le centre-ville de Saint-Denis
Curiosité
Office de Tourisme
Eglise
Route à quatre voies
Rue piétonne
Gare routière
200 m
OCEAN INDIEN
LE BARACHOIS
POINTE DES JARDINS
BAS DE LA RIVIERE
VAUBAN
le Barachois
Piscine
la Préfecture
Place Regnault
Cathédrale
Monument aux Morts
Grande Mosquée
Medersa
Poste
Maison Natale de Léon Dierx
Grand Marché
Secrétariat Général
Hôtel de Ville
Théâtre
Pagode Bouddhiste
Temple Tamoul
Marché, Théâtre
Artothèque Villa Mancini
Musée Léon Dierx
Eglise Assomption
Commissariat Central
Jardin de l'Etat
Musée d'Histoire Naturelle
Stade St-Michel
Cimetière de l'Est
Square du gouverneur André Capagory
Mosquée
Château Morange
Caserne Lambert
N. D. de la Délivrance
Stade de la Redoute
Rivière Saint-Denis
Canal du Butor
BOULEVARD SUD
Route de la Montagne (D41)
Vers St. Paul
Vers la montagne
Vers Ste Clotild

De l'aéroport à Saint-Denis

L'aéroport est situé dans la commune de Sainte-Marie, à 8 km à l'est de Saint-Denis. Il existe plusieurs moyens plus ou moins dispendieux et confortables de le quitter. Le plus pratique est de récupérer une voiture de location à l'aéroport. Mais vous pouvez aussi prendre le bus, le taxi ou une navette qui vous dépose à la gare routière, en plein centre-ville.

En avion

■ **AÉROPORT INTERNATIONAL ROLAND-GARROS**
SAINTE-MARIE
✆ 02 62 48 81 81 / 02 62 28 16 16
www.reunion.aeroport.fr
C'est l'aéroport le plus moderne de cette région de l'océan Indien. Particulièrement impressionnante, sa piste d'atterrissage longe le front de mer, accueillant les visiteurs au ras de l'océan et au pied des pitons verdoyants du nord de l'île, couverts de cascades d'immeubles blancs qui dévalent les pentes jusqu'au littoral. L'aéroport Roland-Garros (anciennement Gillot), le principal aéroport international de l'île (l'autre se trouve à Pierrefonds, dans le Sud, près de Saint-Pierre), assure des liaisons avec la France métropolitaine, Maurice, l'Afrique du Sud, les Seychelles, Madagascar, Mayotte, les Comores, l'Inde et la Thaïlande. Duty free.

■ **AIR AUSTRAL**
4 rue de Nice
✆ 0825 013 012
www.air-austral.com
reservation@air-austral.com
Ouvert tous les jours à l'aéroport de Sainte-Marie, de 6h à 19h30. Ouvert en agence du lundi au vendredi de 8h30 à 17h30 et le samedi de 8h30 à 11h45. C'est la compagnie régionale de l'océan Indien, qui assure au départ de Saint-Denis des liaisons vers Maurice, Mayotte, Madagascar (Tananarive, Nosy Be et Tamatave), les Comores, l'Afrique du Sud, les Seychelles, la Thaïlande (Bangkok), l'Inde (Chennai). Au départ de La Réunion, la compagnie propose jusqu'à 12 vols par semaine vers Paris. Les correspondances sont assurées tous les jours sur le réseau régional. Air Austral propose également des départs de 19 villes de province et de Bruxelles au départ de Roissy CDG, grâce à l'accord avec TGV Air, permettant ainsi d'acheter en une seule fois l'ensemble du voyage.
L'unique compagnie réunionnaise est une fierté locale. Elle dispose d'une flotte moderne et confortable, d'un service avenant et d'une cuisine goûteuse, qui lui ont permis d'être distinguée parmi les 10 meilleures compagnies aériennes régulières au monde (classement Air Valid). A l'origine à vocation régionale, elle dessert d'abord les principales destinations de la zone : Johannesburg en Afrique du Sud, l'île Maurice, les Seychelles, Mayotte, Moroni aux Comores et plusieurs villes de Madagascar. Aujourd'hui la compagnie dessert en plus Paris, Bangkok, Chennai et les destinations régionales. Toutefois la province est accessible par TGV en correspondance... Pour les voyageurs qui souhaitent découvrir plusieurs îles de la région, il existe un pass OI, valable deux mois avec au minimum 3 vols. Il existe également depuis le 1er avril 2014 le Pass Iles Vanille réservé uniquement aux passagers Air Austral ayant réservé un vol long-courrier et voyageant sur 2 îles Vanille. Cette formule permet aux clients ayant acheté un billet long-courrier vers l'océan Indien de bénéficier de tarifs privilégiés sur les destinations de la zone. Il est vendu uniquement en métropole et est inaccessible aux résidents de la zone océan Indien.

▶ **Autre adresse :** Aéroport Roland Garros de Sainte-Marie • Centre-ville de Saint-Pierre – saint-pierre@air-austral.com.

AIR FRANCE

7 avenue de la Victoire
✆ 02 62 40 38 38
www.airfrance.fr
Agence de Saint-Denis ouverte du lundi au vendredi de 8h30 à 17h et le samedi de 8h30 à 12h. Agence de Saint-Pierre ouverte du lundi au vendredi de 9h à 17h.

Depuis La Réunion, liaisons avec la métropole uniquement, à raison d'une dizaine de vols par semaine. La compagnie propose régulièrement des promotions, mais reste la plus chère.

▶ **Autres adresses :** A l'aéroport Roland Garros. • Agence de Saint-Pierre : 73 rue Luc Lorion.

AIR MADAGASCAR

31 rue Jules-Auber
✆ 0892 68 00 14
www.airmadagascar.com
accueil.reunion@airmadagascar.re
Agence de Saint-Denis ouverte du lundi au jeudi de 8h15 à 12h15 et de 13h30 à 17h, vendredi de 8h15 à 12h15 et de 13h30 à 16h. Agence de l'aéroport de Pierrefonds (Saint-Pierre) ouverte lundi, mercredi et vendredi de 9h30 à 12h30 et de 13h à 16h. Attention numéro surtaxé (0,31 € / min) !

Liaisons avec plusieurs villes de Madagascar au départ de Gillot. Puis, au départ de Madagascar, avec plusieurs pays dans le monde, mais vérifiez bien pour la France car certains avions ont été placés en liste noire en 2012.

▶ **Autres adresses :** A l'aéroport 02 62 48 83 05 • Agence de l'aéroport de Pierrefonds (Saint-Pierre) – email : zse@airmadagascar.re

AIR MAURITIUS

13 rue Charles-Gounod
✆ 02 62 94 83 83
www.airmauritius.com
mkreunion@airmauritius.com
Ouvert du lundi au vendredi de 9h à 17h pour toutes les agences.

Depuis la Réunion, au départ de Gillot ou de Pierrefonds, la compagnie nationale mauricienne peut seulement vous emmener à Maurice. Via Maurice, en revanche, le monde entier est à portée : plusieurs pays européens, Dubai, l'Inde, la Malaisie, l'Australie et le sud-ouest de l'Océan Indien ont une ligne directe vers l'île sœur, qui fait office de hub régional.

▶ **Autres adresses :** A l'aéroport de Pierrefonds (Saint-Pierre) ✆ 02 62 96 80 18. • A l'aéroport Roland Garros ✆ 02 62 48 80 18. • Agence de Saint-Pierre : 7 rue François de Mahy ✆ 02 62 96 06 00.

CORSAIRFLY

Aéroport Roland-Garros
SAINTE-MARIE
✆ 39 17 – www.corsairfly.com
Agences de Saint-Denis et de Saint-Pierre ouvertes du lundi au vendredi de 9h à 17h30. Agence de l'aéroport Roland Garros ouverte du lundi au samedi de 10h à 23h et le dimanche de 16h à 23h. Attention numéro surtaxé (0,34 € / min) !

Liaisons avec la métropole exclusivement : Paris, Lyon et Marseille par vol direct. Des billets combinés, comprenant un voyage en TGV (partenariat TGVair), assurent également la correspondance entre Paris Orly et 15 villes métropolitaines.

▶ **Autres adresses :** Agence de Saint-Denis : 2 bis rue Maréchal Leclerc. • Agence de Saint-Pierre : 1 rue Désiré Barquisseau.

TAXIS DE L'AÉROPORT

✆ 02 62 48 83 83
La course en taxi pour le centre-ville coûte entre 20 et 30 €.

Location de voitures

Si vous êtes plutôt voiture (à éviter pour les déplacements intra-muros, les places étant chères et les embouteillages nombreux en centre-ville), c'est sans doute à Saint-Denis que vous louerez votre véhicule. La plupart des grandes agences possèdent un bureau à

l'aéroport ; sinon, de nombreux petits loueurs ont une agence à Saint-Denis et font livrer le véhicule à Roland-Garros avec supplément ou non. En prenant votre voiture à l'aéroport, il faudra rajouter une taxe d'environ 22 €. Ci-dessous, une liste non exhaustive de loueurs présents dans les environs.

■ **ADA**
3 rue de la Croix-Rouge – ZAE La Mare
SAINTE-MARIE
✆ 02 62 21 59 01
www.ada-reunion.com
info@ada-reunion.com

▸ **Autre adresse :** 39 rue Ruisseau-des-Noirs, Saint-Denis • Aéroport Roland Garros – 0262 48 81 83.
Voir page 34.

■ **AU BAS PRIX**
Aéroport Roland Garros
SAINTE-MARIE
✆ 02 62 48 81 89
Voir page 34.

■ **AVIS**
Aéroport Roland Garros
SAINTE-MARIE
✆ 02 62 48 81 85
Voir page 35.

■ **BLUE RENT**
92 rue Léopold Rambaud
SAINTE-CLOTILDE
✆ 02 62 28 82 22
www.bluerent.fr
contact@bluerent.fr
Toyota Auris hybride à 50 € pour une journée, à 31 € par jour si plus de 30 jours de location.
Roulez écolo ! Ce loueur est le seul de l'île, à notre connaissance, à proposer des véhicules hybrides en location : des Toyota Auris toutes neuves. Les autres modèles sont des véhicules classiques, essence ou diesel, assez économiques : Twingo, 107, Megane… La plus petite catégorie, une 107 climatisée ou l'équivalent. A défaut d'être plus écolo que les autres, les tarifs sont attractifs pour des véhicules quasi neufs, et un service professionnel. Egalement des formules « voiture + hébergement » très intéressantes avec le Village, à Saint-Louis. Possibilité de dépôt à l'agence du Port et de livraison à l'aéroport.

■ **BUDGET**
Aéroport Roland Garros
SAINTE-MARIE
✆ 02 62 28 01 95
Voir page 35.

■ **DOUSSY LOC**
3 bis rue Jean-Baptiste Ponoma
SAINTE-CLOTILDE
✆ 02 62 40 57 57 / 06 92 40 57 57
www.doussyloc.fr
run@rundoussyloc.fr
Ouvert du lundi au samedi de 8h à 12h et de 14h à 18h.
Ce loueur propose des véhicules climatisés à partir de 22 € la journée en kilométrage illimité, sur la base d'une semaine. En nombre limité, ce sont des Nissan Pixo publicitaires. Le modèle de base est une Chevrolet Spark à 29 € par jour en kilométrage illimité, 21 € sur la base d'un mois. Egalement d'autres modèles climatisés, des véhicules diesel, des modèles avec boîte automatique, des véhicules utilitaires, des cabriolets New Beetle, des monospaces 7 places, des minibus 9 places et des scooters 50 à 125 cm³ à partir de 28 € / jour. En plus, tous les véhicules ont moins de 3 ans et la livraison est gratuite à l'aéroport à partir de 5 jours de location. Minimum 23 ans et 2 ans de permis. Siège bébé et rehausseur gratuits. Assistance 24h/24 en partenariat avec Mondial Assistance. Accueil très sympathique.

■ **ENTERPRISE CITER**
Rue Lislet Geoffroy
Le Chaudron
SAINTE-CLOTILDE
✆ 02 62 97 49 74
Voir page 38.

Petite Histoire de Saint-Denis

La commune doit son nom à un navire dépêché par la Compagnie des Indes, le *Saint-Denis*, qui jeta l'ancre dans la baie en 1665. Le lieu offrait un mouillage correct pour les bateaux et ouvrait la voie vers l'est, qualifié de « Beau Pays » pour ses terres fertiles et arrosées. En 1668, lorsqu'Etienne Régnault revint prendre possession de l'île au nom du roi de France avant d'en devenir le premier gouverneur, il décida de fonder sur ce site une ville qu'il baptisa Saint-Denis, en hommage à son amitié pour le commandeur du navire du même nom. Peuplée à partir de 1669, la commune ne se développa qu'au milieu du XVIIIe siècle, avec l'introduction du café sur l'île Bourbon. La ville s'organise. En 1733, l'ingénieur Paradis trace les rues du centre-ville à l'équerre. En 1738, le gouverneur Mahé de Labourdonnais y fait construire un port ; Saint-Denis remplace alors officiellement Saint-Paul comme chef-lieu. L'accroissement de la population conduit à de fréquents changements dans la construction de la ville, et l'on commence à planter des arbres le long des rues principales pour offrir de l'ombre aux habitants, de plus en plus urbains.

Au XIXe siècle, Saint-Denis est une ville-jardin qui surprend tous les voyageurs de passage. Vers 1810, l'ère de la canne à sucre succède à celle du café et des épices. La capitale prospère. Son train de vie voluptueux et raffiné se devine à travers le luxe des cases créoles de la rue de Paris. Symbole de cette richesse, l'ancien hôtel de ville, construit de 1852 à 1860, est l'un des plus beaux de l'outre-mer français. Le Jardin colonial (aujourd'hui jardin de l'Etat), le Barachois, la rue de Paris sont des lieux de promenade recherchés. Les courses hippiques attirent la haute société sur les champs de courses de La Redoute et le théâtre est très fréquenté. Bref, le Saint-Denis du XIXe siècle a tout l'air du petit Paris de l'océan Indien.

De 1860 à 1945, plusieurs crises économiques, le paludisme, les maladies de la canne à sucre, les guerres mondiales freinent le développement de la capitale, jusqu'à la départementalisation (en 1946). La cité coloniale, partiellement détruite par un incendie en 1914, se reconstruit et se transforme rapidement en une métropole attractive où se concentrent administrations, hôpitaux, enseignement, industries… De nouvelles cités sont construites aux abords de Saint-Denis, escaladant les Hauts et s'étirant considérablement vers l'ouest. Petit à petit, la banlieue dionysienne s'étend. Dans les années 1980, la zone franche ancre définitivement le rôle économique de la ville.

Au début des années 1990, les erreurs d'urbanisme amènent leurs premières conséquences avec l'explosion de certains quartiers ghettos. En 1991, des émeutes éclatent notamment au quartier du Chaudron ; neuf personnes trouvent la mort dans un incendie. Avec le passage de l'an 2000, la ville de Saint-Denis tourne véritablement une page de son histoire. Des quartiers rénovés, des nouvelles rues piétonnes, une revalorisation du centre-ville, un cinéma multiplexe, un transport en commun en site propre, une nouvelle gare routière.

En 2009, l'achèvement du boulevard Sud, après 30 ans de travaux, permet de désengorger, un tant soit peu, le centre-ville. Toutefois, la crise est passée par là, avec l'annulation ou le report de nombreux grands projets : salle de concert type Zénith, et la plage du Barachois. Les travaux de l'Espace Océan, visibles depuis la gare routière, ont enfin débuté. Il accueillera un hôtel, des logements, des commerces et des bureaux. En 2015, un Cœur Vert Familial a été inauguré. Véritable poumon vert du chef-lieu, il comprend un centre aquatique (Aquanor) et de nombreux équipements sportifs.

Monument aux morts et mairie de Saint-Denis.

■ **GANAPATI LOCATION**
83, avenue Stanilas Gimart
SAINTE-CLOTILDE
✆ 02 62 97 76 61 / 06 92 80 79 46
www.ganapatilocationdevoitures.re
ganapati.location@orange.fr
Ce petit loueur local, situé sur le boulevard Sud, à deux pas de la fac et à 10 minutes de l'aéroport, est placé sous le signe de Ganapati, la divinité indienne à la tête d'éléphant plus connue sous le nom de Ganesh. Autant dire que c'est un choix sage et prudent ! Il propose des Citroën C1 à 30 € la journée en kilométrage illimité pour 1 à 5 jours, 22 € sur la base d'un mois, et des Hyundai i10 à respectivement 36 € et 29 €. Tous les véhicules sont neufs, climatisés et équipés d'autoradios MP3. La livraison est gratuite de Saint-Denis à Saint-Gilles. En option : siège bébé, réhausseur, GPS.

■ **GARCIA**
92 rue Léopold Rambaud
SAINTE-CLOTILDE
✆ 0262 28 04 04
www.garcialocation.com
contact@garcialocation.com
Ce loueur important et implanté de longue date dispose d'un parc de 500 véhicules de toutes gammes, à des tarifs économiques. La plus petite catégorie, une Nissan Pixo publicitaire, est à 17 € par jour en kilométrage illimité sur la base d'une semaine, 16 € sur la base d'un mois, mais ces véhicules sont en nombre limité. Les autres modèles, comme une Peugeot 107 climatisée, commencent à 21 € la journée en kilométrage illimité sur la base d'une semaine, 16,70 € sur la base d'un mois, ce qui reste très compétitif. Egalement à des tarifs attractifs, des modèles essence ou diesel, des berlines plus grosses, voire sportives, des monospaces 7 places et des minibus de 8 et 9 places. Livraison à l'aéroport 7j/7, autre agence au Port. Enfin, des formules très intéressantes combinant voiture et hébergement en bungalow aux meublés Le Village, à Saint-Louis.

■ **ITC TROPICAR**
Aéroport Roland-Garros
SAINTE-MARIE
✆ 02 62 24 01 01
www.itctropicar.re
contact@itctropicar.com
Agence aéroport ouverte tous les jours de 6h30 à 20h en continu. Agence de la Mare ouverte tous les jours sauf le dimanche de 8h à 12h et de 14h à 18h.
Large choix de véhicules récents ou neufs, prix raisonnables et service professionnel : ce loueur local, fiable et établi depuis 1984, propose en plus petite catégorie, une 206 ou Clio, à 30 € la journée en kilométrage illimité, 25 € sur la base d'un mois. Et jusqu'à 30 % de remise sont accordés pour une réservation en ligne avec paiement à l'avance. En plus à l'aéroport, l'accueil est aux petits soins : serviette rafraîchissante, bouteille d'eau fraîche… D'autres agences à Saint-Pierre et Saint-Gilles-les-Bains.

▸ **Autre adresse** : Rue du Double-dix, ZA La Mare à Sainte-Marie (près de Groupama)

■ **GP LOCATION**
34 rue de la Plantation
SAINTE-MARIE
✆ 06 92 37 03 80
Voir page 38.

■ **MULTI AUTO**
67 rue Léopold-Rambaud
SAINTE-CLOTILDE
✆ 02 62 29 01 66 / 06 92 70 37 03
www.multiauto.fr – reunion@multiauto.fr
Cet important loueur local propose des voitures climatisées à un tarif très attractif : 19 € par jour en kilométrage illimité ! Ce sont des véhicules publicitaires en nombre limité, mieux vaut les réserver à l'avance. D'autres véhicules avec un grand choix (Citroën, Peugeot, Kia, Fiat, Hyundai, Chevrolet, Nissan, Toyota, Seat…), récents et bien entretenus sont à partir de 30 € la journée en kilométrage illimité, 23 € sur la base d'un mois. Les modèles climatisés commencent à 38 € par jour, 30 € sur la base d'un mois. Egalement des plus gros modèles, des utilitaires et minibus. Caution à partir de 990 €. Assistance 24/24. Les jeunes pilotes sont acceptés dès 18 ans, ce qui est assez rare pour être signalé ! Possibilité de transfert à l'aéroport pour 15 €. D'autres agences à Saint-Paul, Saint-André et sur l'île de Mayotte.

■ **TOP AUTOS**
45 bis route de la Rivière des Pluies
SAINTE-CLOTILDE
✆ 06 92 64 45 93 / 02 62 28 92 55 / 06 92 02 40 40
www.top-autos-location.com
topautolocation@gmail.com
Ouvert de 8h à 12h et de 14h à 18h.
Ce loueur installé à côté du pont métallique de la Rivière des Pluies, à 2 minutes de l'aéroport, propose un large choix de véhicules économiques et bien entretenus, âgés de quelques années. Des Hyundai Accent ou i10 et des Peugeot 206 + dès 26 € par jour en kilométrage illimité, 22 € sur la base d'un mois. Aussi des véhicules diesel, des modèles climatisés et des monospaces à des tarifs toujours abordables. Caution 760 €. Livraison gratuite à l'aéroport pendant les heures ouvrables. Top Autos vend aussi des véhicules d'occasion et loue des sièges bébé. D'autres agences du même groupe à Saint-Denis, Saint-Paul, Saint-André et à Mayotte.

Se déplacer

En ville, on se déplace en bus, en voiture, en scooter, à vélo... mais surtout à pied !
Si les taxis sont peu courants et très onéreux à La Réunion, le bus est au contraire non seulement le moyen le plus pratique de se déplacer dans Saint-Denis, mais aussi le plus économique.
La gare routière est située au niveau du boulevard Lancastel, tout au bout de la rue Pasteur. De là partent tous les bus du réseau Citalis de Saint-Denis, ainsi que les Cars jaunes à destination de toute l'île, y compris l'aéroport. Se procurer les indispensables plans, horaires et tickets dans les bureaux ouverts tous les jours, sauf le dimanche.

■ CITALIS
✆ 0800 65 56 55
www.citalis.re
Le réseau Citalis de Saint-Denis est exemplaire et dispose de voies réservées. Il y a des arrêts un peu partout en ville et le réseau est très étendu : regardez bien les directions. Les horaires sont à peu près respectés. Si vous avez l'intention de vous déplacer en bus, achetez des carnets de tickets (c'est moins cher) aux points de vente indiqués sur les bornes (dont un à la gare routière). Comptez 1 € le billet à l'unité sur le point de vente, 1,30 € dans le bus et 7,60 € le carnet de 10. Les bus sont désormais presque tous climatisés, et équipés de radios.

SAINT-DENIS

PRATIQUE

Tourisme – Culture

■ CHAMBRE D'AGRICULTURE
24 rue de la Source
✆ 02 62 94 25 94
www.reunion.chambagri.fr
Cette structure chargée du développement agricole de l'île gère, entre autres, les fermes touristiques réunionnaises (fermes auberges, équestres, pédagogiques, campings à la ferme). Elle organise, au sein de ces établissements, des activités agro-touristiques en partenariat avec le réseau Bienvenue à la ferme (renseignements : www.bienvenue-a-la-ferme.com).

■ OFFICE DE TOURISME INTERCOMMUNAL DU NORD
Maison Carrère
14 rue de Paris
✆ 02 62 41 83 00
www.lebeaupays.com
info@lebeaupays.com
Ouvert du lundi au samedi de 9h à 18h.

Taxis

Les taxis sont aussi chers et rares qu'en métropole. Plus rares mêmes. Ils demeurent un mode de transport peu usité à La Réunion. Prise en charge de 3,45 € environ, puis 1,94 € le km en journée, 2,91 € le km pour un trajet nocturne (tarifs 2015).

■ TAXI LEJOYEUX EMMANUEL
07, rue Monseigneur de Langavant
✆ 02 62 53 86 71 / 06 92 21 46 51
M. Lejoyeux assure vos déplacements en journée uniquement.

Stationnement

Les places sont chères à Saint-Denis. Toutes les rues (y compris les rares petits parkings à ciel ouvert) du centre-ville sont payantes. Mieux vaut se garer une fois pour toutes de bonne heure le matin dans une rue avoisinante et gratuite : par exemple rue Monseigneur-de-Beaumont, rue Roland-Garros, autour du jardin de l'Etat ou alors sur le front de mer, côté est (attention à bien fermer votre voiture et ne rien laisser en évidence).

Inaugurée en décembre 2009, la superbe Maison Carrère accueille désormais la sympathique équipe de l'Office Intercommunal du Nord, qui regroupe les activités, expositions et points d'intérêt des villes de Saint-Denis, Sainte-Marie et Sainte-Suzanne. Outre la visite de cette superbe villa créole (3 € la visite libre, 4 € avec audioguide et 5 € avec guide sur réservation), l'OTI propose une intéressante visite guidée du centre historique de Saint-Denis en vous menant à la découverte des plus belles cases créoles, du lundi au vendredi sur réservation. Egalement un atelier culinaire à Sainte-Suzanne, un atelier saveur asiatique à Sainte-Marie, des sorties nature et un atelier de tressage de vacoa. Enfin, un marché de nuit se tient sur le Barachois tous les premiers samedis du mois.

■ **ONF**
Domaine Forestier de La Providence
Boulevard de la Providence
✆ 02 62 90 48 00
www.onf.fr/la-reunion
dr.reunion@onf.fr
Pour connaître l'état des sentiers, rendez-vous sur le site Internet de l'ONF rubrique : « Loisirs en forêt > Nos conseils > Renseignez-vous sur les sentiers fermés », ou contactez les offices de tourisme.
En plus d'entretenir tous les sentiers de randonnée de l'île, L'Office National des Forêts gère au total 100 311 ha boisés, soit 40% de la superficie de La Réunion.

Argent

Nous présentons ici les principales banques de l'île ; ce sont presque les mêmes qu'en métropole, on ne se sent pas dépaysé (sauf quand les guichets automatiques de Banque de la Réunion se mettent à vous interpeller en créole : ici vous ne récupérez pas vos billets, vous « trape out l'argent » !). Aucune différence ni surcoût pour retirer de l'argent, dans les agences comme dans les distributeurs, que l'on appelle « gabiers » (pour GAB : Guichet Automatique de Billets) ou pour payer chez les commerçants. En revanche, selon une étude menée en 2011 par la Confédération de la consommation, du logement et du cadre de vie (C.L.C.V.) contre les abus des services bancaires, les tarifs seraient ici jusque 5 fois plus élevés qu'en métropole. Et les quatre banques les plus chères de France seraient réunionnaises.

■ **BFC (GROUPE SOCIÉTÉ GÉNÉRALE)**
58 rue Alexis-de-Villeneuve
✆ 02 62 40 55 55
www.bfcoi.com
reunion@bfcoi.com

■ **BR (BANQUE DE LA RÉUNION)**
27 rue Jean-Chatel
✆ 02 62 40 01 23
www.banquedelareunion.fr
Née en 1853, la plus ancienne entreprise de l'île fait partie, depuis 2002, de la Financière OCÉOR, qui regroupe les banques outre-mer du groupe Caisse d'Epargne. À noter : les distributeurs s'adressent aux clients en créole.

■ **BRED BANQUE POPULAIRE**
33 rue Victor Mac-Auliffe
✆ 02 62 90 15 88
www.bred.fr

■ **CAISSE D'ÉPARGNE**
57 rue de Paris
✆ 0821 01 00 32

■ **CRÉDIT AGRICOLE**
Parc de Jean-Cambiaire
✆ 02 62 28 28 28
www.ca-reunion.fr

■ **LA BANQUE POSTALE**
60 rue du Maréchal-Leclerc
✆ 02 62 97 95 15 / 36 31
C'est la banque la moins chère et avec le plus grand réseau : des agences partout, même à Cilaos.

■ **INTERNATIONAL CURRENCY EXCHANGE FRANCE**
74 avenue Roland Garros, SAINTE-MARIE
✆ 02 62 31 28 73 – www.icefrance.net
Ouvert le lundi de 7h à 18h, du mardi au samedi de 7h à 19h, le dimanche et les jours fériés de 10h à 18h30. Le bureau se trouve dans l'espace de location de voitures.
C'est le seul bureau de change de l'île. Il se trouve à l'aéroport. Possibilité de changer vos devises aux cours des marchés. Pour acheter des devises étrangères, il vaut mieux appeler quelques jours auparavant pour vérifier leur disponibilité.

Moyens de communication

■ **LA POSTE**
60 rue du Maréchal-Leclerc
✆ 36 31
C'est la poste centrale. Le bâtiment est inscrit aux Monuments historiques depuis 2011.

Santé – Urgences

■ **CENTRE HOSPITALIER UNIVERSITAIRE FELIX-GUYON**
Allée des Topazes, Quartier de Bellepierre
✆ 02 62 90 50 50
www.chu-reunion.fr
Itinéraire : suivre les indications, panneaux de signalisation, depuis le boulevard Sud en direction de Bellepierre.
Le plus grand hôpital de l'île.

Adresses utiles

■ **CONSEIL DÉPARTEMENTAL**
2, rue de la Source
✆ 02 62 90 30 30
www.cg974.fr

■ **CONSEIL RÉGIONAL**
Hôtel de Région Pierre Lagourgue
Avenue René-Cassin
Moufia
✆ 02 62 48 70 00
www.regionreunion.com
region.reunion@cr-reunion.fr
Impossible de rater ce bâtiment en forme de pyramide inversée.

■ **PRÉFECTURE**
Place du Barachois
2, rue des Messageries-Maritimes
✆ 02 62 40 77 77
www.reunion.pref.gouv.fr
courrier@reunion.pref.gouv.fr
Horaires d'ouverture au public (accueil général) : de 7h30 à 16h.

SAINT-DENIS

ORIENTATION

La ville est considérablement étendue d'est en ouest, le long du littoral et dans les hauteurs, et comprend de multiples banlieues, résidentielles dans les Hauts, industrielles et commerciales dans les Bas. Le centre historique et touristique est posé entre la rivière Saint-Denis, à l'ouest de la ville, et la ravine du Butor. Afin d'éviter les bouchons fréquents, il est préférable de passer par le boulevard Sud. Cet axe traverse Saint-Denis d'est en ouest, reliant les deux routes nationales qui irriguent les abords de la ville.

▶ **Le centre-ville** est délimité plus exactement par la rue de Paris, la rue Roland Garros, le boulevard de l'Océan et le front de mer. Il est constitué de rues en quadrillage, mais avec des artères étroites et le plus souvent en sens unique. Les rues Lucien-Gasparin, de Paris, Jean-Châtel, Juliette-Dodu, Jules-Auber descendent de la montagne vers la mer. Appelé le Barachois, le front de mer et sa belle promenade plantée permettent aux badauds de se promener entre fontaines, pelouses et snacks-bars, et aux joggeurs de s'entraîner le long de l'eau. Le centre diurne, assez vaste, gravite autour de la rue du Maréchal Leclerc. Tandis que l'activité nocturne, très limitée, se concentre vers l'avenue de la Victoire et la rue Pasteur. Sur la rue de Paris, qui prolonge l'avenue de la Victoire et s'achève sur le jardin de l'Etat, se situent la préfecture, la mairie, la cathédrale, les galeries d'art, et les anciennes cases créoles dont la Maison Carrère qui héberge l'office de tourisme. La gare routière se situe sur le boulevard Lancastel, en front de mer. Au-dessus du boulevard Maréchal-Leclerc se trouvent les quartiers Lataniers et Vauban.

▶ **En partant vers l'est** s'alignent successivement les quartiers de Champ-Fleuri, du Butor, de Sainte-Clotilde et du Chaudron, les centres commerciaux et le stade de l'Est, l'aéroport et Sainte-Marie.

En montant au niveau de la Source, derrière le jardin de l'Etat, on accède à Bellepierre et La Providence, puis une demi-heure plus haut, soit 12 km de route très sinueuse, au village bucolique du Brûlé, au départ des randonnées.

En montant au niveau du Butor, on rejoint les quartiers des Camélias, Saint-François, Montgaillard.

En montant au niveau de Sainte-Clotilde, on arrive au quartier du Moufia, à l'Hôtel de région et à l'université. On peut parcourir les Hauts résidentiels de Bois-de-Nèfles.

Au niveau du supermarché Carrefour, on débouche sur les villages de La Bretagne et La Rivière-des-Pluies, exposés, comme leur nom l'indique, aux averses.

Enfin, à l'ouest de la ville, dans le lit de la rivière Saint-Denis est nichée la zone du Bas de la Rivière, résidentielle près de la côte, industrielle au fond de la vallée. On y trouve le stade de La Redoute et la caserne Lambert, quartier général des forces françaises dans l'océan Indien. Et une route en lacets qui escalade la montagne de la Providence, pour rejoindre le village de La Montagne, bien nommé lui aussi. A 400 m d'altitude, cette banlieue huppée du chef-lieu bénéficie de plus de fraîcheur, et d'un golf de 18-trous. En continuant sur la route de La Montagne, ou bien en passant par la route du littoral, on accède à l'Ouest.

SE LOGER

Saint-Denis n'est pas vraiment touristique : les vacanciers lui consacrent rarement plus d'un ou deux jours de visite, ou bien y dorment juste la dernière nuit pour ne pas rater leur avion. Les hôtels dionysiens sont essentiellement fréquentés par des hommes d'affaires de passage, avec des chambres fonctionnelles et confortables, mais souvent petites et sans grand charme, hormis certaines exceptions sises dans d'anciennes demeures créoles. Il existe aussi quantité de pensions pour voyageurs à petits budgets et hôtels plus ou moins résidentiels, fréquentées par des travailleurs ou des migrants de l'océan Indien ou de métropole, en attente d'un logement à plus long terme. Pour plus d'espace, de charme et de fraîcheur, montez dans les Hauts ou en banlieue de Saint-Denis. La voiture est alors indispensable.

Locations

RÉSIDENCE LES MANGUIERS
9 rue des Manguiers
✆ 06 92 91 92 92
manguiers@wanadoo.fr
Compter de 59 à 79 € la nuit suivant l'appartement, 10 % de majoration en haute saison (avril, mai et septembre à décembre).

Retrouvez l'index général en fin de guide

A proximité du jardin de l'Etat, dans un quartier résidentiel calme, proche des commerces et à 10 mn à pied du centre-ville, cette résidence se compose de 20 appartements T2 pour 2 à 4 personnes. Adaptés à un séjour urbain ou une installation future à Saint-Denis, ils offrent de l'indépendance et des tarifs attractifs à la semaine et au mois. Bien agencés et agréablement décorés, ils se composent d'une chambre avec lit double, une salle de bains et un vaste séjour avec canapé convertible, cuisine équipée, TV satellite (Canal + et CanalSat), téléphone direct et wi-fi. Certains ont en outre une terrasse. Parking privé en sous-sol. Une adresse très pratique et d'un bon rapport qualité-prix, recommandée depuis plus de 15 ans et qui sera rénovée fin 2015, avec des tarifs augmentant légèrement : renseignez-vous.

Bien et pas cher

■ **HÔTEL SÉLECT****

1 bis rue des Lataniers

✆ 02 62 41 13 50

www.hotelselect.fr

hotelselect@wanadoo.fr

Chambre simple ou double 59 € la nuit, chambre privilège avec balcon 79 €, triple 89 €, quadruple 99 €, appartement F2 110 €, parking inclus. Petit déjeuner à volonté en buffet 8 € par personne.

Situé dans une rue calme à proximité du centre (à 15 minutes à pied) et à 10 minutes de voiture de l'aéroport, cet établissement, que nous recommandons depuis plus de 15 ans, a fait entièrement peau neuve en 2014, et offre des tarifs attractifs vu les prestations et l'emplacement. Les chambres sont impeccables, de style moderne avec quelques sympathiques touches vintage. Plutôt spacieuses et fonctionnelles, elles ont chacune une belle salle de bains, la climatisation, la TV (Canal + et CanalSat), le wi-fi et pour certaines une kitchenette. Autre atout, une piscine, certes enserrée entre les murs, mais salvatrice dans l'étouffant été dyonisien, et chauffée l'hiver ! Elle est équipée de jets massants et bordée d'un joli espace détente, où sont prévus un sauna et une salle de fitness. Appréciables aussi, les nombreux services : vrai petit déjeuner en buffet avec terrasse plein air, accueil 24h/24, parking privé en sous-sol, consigne à bagages, pressing, ascenseur, chambres accessibles aux handicapés, location de voitures, transferts, livraison de repas... Pratique et sans mauvaise surprise.

Confort ou charme

CENTRAL HÔTEL**

37 rue de la Compagnie
✆ 02 62 94 18 08 – www.centralhotel.re
Comptez de 58 € à 98 € la chambre simple, de 78 € à 110 € la double, de 98 € à 118 € la triple, suivant la chambre, petit déjeuner inclus. Lit supplémentaire 20 €. Etablissement non-fumeur.
Le Central Hôtel porte bien son nom. Tout à fait central, à deux pas de la rue de Paris, au pied des restaurants et des commerces, il est au cœur de l'animation et pourtant au calme, en retrait de la rue. Classé 2 étoiles, cet hôtel propose 57 chambres fonctionnelles, bien entretenues et ayant fait l'objet d'une rénovation en 2015. Les tarifs sont stables d'année en année. Toutes les chambres sont équipées d'une salle de bains, certaines avec douche à l'italienne, de la télévision, la climatisation, le téléphone et le wi-fi, elles ont en plus, suivant la catégorie, un balcon, un salon ou un mini-bar. Le petit déjeuner est servi en buffet sur la terrasse. Le parking est à disposition, fort utile dans l'hypercentre de la ville. Accueil souriant, service professionnel et rapport qualité-prix très correct.

HÔTEL AUSTRAL***

20 rue Charles Gounod
✆ 02 62 94 45 67 – www.hotel-austral.fr
Comptez 80 € en chambre standard simple, 94 € en double, 90 € en chambre supérieure simple, 104 € en double, 155 € en suite, 128 € pour 3 personnes en chambre triple. Lit supplémentaire 25 €, petit déjeuner 11 € adulte, 6 € enfant de moins de 12 ans. Établissement non-fumeur.
Dans une rue calme du centre-ville, l'hôtel Austral propose ses 50 chambres dont 2 pour handicapés, ainsi que des chambres familiales et des suites. Ouvert depuis des décennies et récemment rénové, c'est un hôtel bien tenu et économique pour un 3 étoiles. Outre sa situation et son rapport qualité-prix, il a pour atout des chambres très spacieuses, héritage d'une époque où le foncier était abordable. Confortables, avec parquet ou moquette, elles sont dotées de tout le confort attendu pour un hôtel de cette catégorie : climatisation, TV (chaînes TNT et CanalSat), wi-fi, mini-bar, salle de bain avec baignoire, une décoration soignée et un balcon pour certaines. On profite également d'une piscine, petite et enserrée entre les murs mais salvatrice pendant l'étouffant été austral… et chauffée en hiver ! Petit déjeuner en buffet continental, salles de séminaires de 30 et 60 places, service de blanchisserie, consigne à bagages, secrétariat, parking souterrain.

HOTEL LE JULIETTE DODU***

31 rue Juliette-Dodu
✆ 02 62 20 91 20
www.hotel-juliette-dodu.com
Chambre simple de 95 € à 195 € suivant la chambre, double de 129 à 220 €. Lit supplémentaire (chambres supérieures seulement) 40 €. Petit déjeuner 14 €. Demi-pension 32 €. Toutes les chambres sont non-fumeur.
Situé en plein centre, ce bel hôtel est installé la maison natale de Juliette Dodu, une ravissante case créole de la Compagnie des Indes au charme indéniable, avec ses couleurs pastel, ses parquets et carrelages à l'ancienne, son mobilier élégant. C'est un des plus anciens hôtels de luxe de la ville et un des plus charmants. Les 43 chambres et suites sont chaleureuses et bien équipées : climatisation, grande TV (chaînes satellite et Canal+), wi-fi, coffre-fort et mini-bar pour certaines, salle de bains avec baignoire ou douche. Le restaurant propose une cuisine surtout créole, midi et soir, avec petit déjeuner en buffet continental, et s'accompagne d'un bar et ses rhums arrangés. Côté détente, la piscine, les transats et le bain bouillonnant se révèlent indispensables dans l'étouffant été du chef-lieu, sans oublier la fraîcheur de la bibliothèque. Les services sont nombreux, notamment destinés à la clientèle d'affaires qui fréquente l'hôtel : business center, parking souterrain, room-service, blanchisserie, service bagages, transferts, chambres handicapés. Une valeur sûre depuis des décennies.

■ LE SAINT-DENIS – BEST WESTERN***
2 rue Doret
Place du Barachois
✆ 02 62 21 80 20
www.hotel-le-saint-denis.com
reservation@hotel-le-saint-denis.com
Situé à 2 minutes du centre-ville et du front de mer (Barachois).

Chambre standard à partir de 133 €, supérieure avec vue mer à partir de 154 €, suite à partir de 192 €. Petit déjeuner inclus. Tarifs préférentiels en fonction des périodes. Restaurant : menus de 16 € à 45 €. Seul bémol, il n'y a pas de parking.

Point de chute idéal pour visiter le chef-lieu, l'hôtel dispose de 123 chambres et suites climatisées et insonorisées. La rénovation de l'hôtel a débuté en 2014 et se poursuit toujours. Les chambres sont bien décorées et permettent de s'isoler de manière efficace du tumulte de la ville. Une piscine, un restaurant et un coiffeur (vous avez bien lu) sont proposés au clients. Le petit déjeuner « américain » (assez rare à La Réunion) est inclus dans le prix des chambres. Au cœur de Saint-Denis, vous pouvez tès facilement gagner les rues commerçantes du chef-lieu à pied, ou profiter du casino, voisin de l'hôtel.

Luxe

■ VILLA ANGÉLIQUE****
39 rue de Paris
✆ 02 62 48 41 48
www.villa-angelique.fr
villa-angelique@orange.fr

Suivant la saison, de 145 € à 185 € la nuit en chambre simple, de 175 € à 205 € en chambre double, de 180 € à 220 € en suite simple, de 210 € à 250 € en suite double, lit supplémentaire 35 € (en suite seulement). Demi-pension 40 €. Restaurant ouvert du mardi au samedi midi et soir.

Ce lieu exceptionnel est sans conteste l'hôtel le plus charmant de la ville. Dans une sublime case créole de la prestigieuse rue de Paris entièrement retapée, flanquée de bardeaux de tamarins et inscrite au Monuments Historiques, la Villa Angélique propose 4 chambres et 4 suites supérieures. Parquet en bois de tamarin, décor créole authentique ponctué de touches modernes, superbes antiquités... L'atmosphère de chaque chambre, extravagante et chic, est soigneusement travaillée, sans négliger la modernité : TV satellite, wifi, climatisation, salle de bains avec douche à l'italienne, machine nespresso, mini-bar... Le jardin est superbe, luxuriant, planté d'espèces et de fleurs endémiques, et nous transporte dans une autre époque. La cuisine, traditionnelle et inventive, est de style bistrot le midi, raffinée et gastronomique le soir, et s'apprécie en extérieur, le long d'un muret de verdure irrigué par une petite cascade. L'après-midi, la crème de la crème dionysienne se retrouvera dans le salon de thé, au fond de fauteuils ronflants en velours, style Louis XVI modernisé. Seul hôtel de luxe du centre historique, doté qui plus est d'une excellente table, la Villa Angélique a de beaux jours devant elle.

■ **HÔTEL BELLEPIERRE*****

91 bis allée des Topazes

✆ 02 62 51 51 51

www.hotel-bellepierre.com

Suivant la catégorie, chambre simple de 151 € à 229 €, double de 170 € à 247 €, petit déjeuner inclus. Suites de 323 € à 406 € pour 2 personnes. Demi-pension 30 €.

Cet imposant hôtel d'affaires 4 étoiles jouit d'un emplacement incomparable, perché sur les premières hauteurs de Bellepierre, à l'entrée ouest de Saint-Denis et à 5 minutes du centre-ville. Il se caractérise par son immense structure en forme de bateau : un profil elliptique, de grandes baies vitrées et des decks en bois surplombant une belle piscine à débordement sur un panorama époustouflant sur le nord de l'île, scintillant la nuit. Chacune des 85 chambres, tout confort et très lumineuses, est dotée d'une grande literie, TV (chaînes satellite), du wi-fi et une belle salle de bains avec baignoire. La surface et la vue varient selon les catégories. Les élégantes chambres *executive premium* sont bien plus spacieuses (et onéreuses) et disposent notamment d'une vaste terrasse avec une ouverture exceptionnelle sur le panorama. La suite Diamant et sa terrasse qui domine la ville fait tout de suite de vous l'homme le plus puissant de l'île. L'hôtel renferme par ailleurs un lounge-bar panoramique ainsi qu'un restaurant réputé, Le Concorde, où vous pourrez savourer une cuisine gastronomique tout en admirant la vue. Salles de business, de sports, de séminaires, bars, services variés (presse internationale, location de limousines, etc.). L'hôtel d'affaires de référence à La Réunion.

■ **HÔTEL MERCURE CREOLIA*****

14 rue du Stade – Montgaillard

✆ 02 62 94 26 26 – www.mercure.com

h1674@accor.com

Chambre double de 160 à 260 €, suite à 300 €. Tarifs préférentiels en fonction des périodes et sur le site Internet. Petit déjeuner continental à 17 € par personne.

Perché sur les pentes du quartier de Montgaillard, « L'hôtel des Miss » est un partenaire historique de l'élection de Miss Réunion. Ce surnom, que lui ont attribué les Réunionnais, s'explique par la présence, pendant deux semaines, des candidates à l'élection de beauté lors de leur formation. L'hôtel, dont la piscine avec vue panoramique sur le chef-lieu est sans doute le plus bel atout, accueille aussi bien les voyageurs d'affaires que les touristes. C'est un point de chute idéal à la sortie de l'avion, ou pour se rapprocher de l'aéroport avant son départ pour éviter les péripéties de la Route du Littoral. La structure compte 107 chambres dont 21 privilège et 4 suites. Un restaurant et un bar proposent des spécialités locales et françaises à un prix tout à fait correct, ainsi que 6 salles de conférence.

SE RESTAURER

C'est à Saint-Denis que vous trouverez le plus grand nombre de restaurants, parmi lesquels beaucoup de bonnes tables métro, dont certaines gastronomiques. C'est également ici que vous aurez droit au plus grand choix d'adresses : asiatiques, indiennes, marocaines, japonaises, italiennes... En revanche, pour ce qui est de la cuisine créole, les meilleurs établissements se trouvent plutôt dans les Hauts et les zones rurales.

Sur le pouce

■ **ARÔME CAFÉ**

40 bis rue de Nice

✆ 02 62 41 74 03 / 06 92 82 24 10

Ouvert tous les jours de 6h à 19h sauf le samedi de 6h30 à 14h30. Fermé le dimanche

Boulangers, pâtissiers et traiteurs, M. et Mme Resmini proposent, sur leur petite terrasse ventilée, de délicieuses salades, des sandwichs, des crêpes et autres grignotages alléchants. Le menu, entre 12 et 17 €, comprend le plat, la boisson et le dessert, sans oublier le café. Située dans une petite rue calme parallèle au bruyant Barachois, cette adresse est très fréquentée des Dionysiens friands du concept brasserie à la parisienne, avec croque-monsieur et tartine pour le repas du midi. Accès wi-fi.

■ **CHEZ KAI**

35 rue de Nice

✆ 02 62 21 90 98

Fermé le dimanche et le lundi.

Vous trouverez ici de quoi grignoter local : bonbons piment, bouchons vapeur, nems, *paws*, beignets, samoussas, etc. La fabrication est artisanale, c'est meilleur que dans les camions bars où tout est industriel, et il y a des originalités comme les beignets songe ou les samoussas sarcive.

L'IGLOO

67 rue Jean-Châtel
✆ 02 62 21 34 69 / 02 62 41 34 69
www.igloo.re
Ouvert tous les jours de 11h30 à minuit, sauf le dimanche de 15h à minuit.
Le glacier de Saint-Denis par excellence, composé de deux salles installées des deux côtés de la rue, incontournable et ouvert depuis 1988. D'un côté, glaces traditionnelles artisanales, vacherins, crêpes : choix étendu et varié (trop !). De l'autre, snack et restaurant avec plats du jour à moins de 12 € : bons croque-monsieur, tartines salées, salades gourmandes. On y fabrique aussi du fromage blanc et des yaourts. Bons cocktails. Réservation indispensable le midi.

LE MASSALÉ

30 rue Alexis-de-Villeneuve
✆ 02 62 21 75 06
Ouvert tous les jours de 10h jusqu'à 20h, sauf le vendredi matin ouverture à 14h30.
Incontestablement notre petite adresse préférée à Saint-Denis. Dans la mini-salle brassée par de larges ventilateurs fatigués, on déguste plein de spécialités du Goujrat, préparées tous les jours depuis 1977 par Aboubakar Motara. Boulettes végétariennes, samoussas, bonbons piments, catless de poulet, beignets bringelles, beef kababe... On voudrait avoir toujours faim, pour tout goûter !

Pause gourmande

BOULANGERIE CASTEL

23 boulevard Saint-François
✆ 02 62 30 48 28
✆ 02 62 41 38 85
www.lecastel.re
Du lundi au samedi de 5h45 à 19h, le dimanche de 5h45 jusqu'à 12h30.
Une délicieuse boulangerie artisanale qui jouit d'une très bonne réputation. Tourte au levain bio, pain frotté, chocolats, traiteur. Service restauration (cuisine métro) le midi et salon de thé en journée.

LE GLACIER MODERNE (LGM)

110 rue Jean Chatel
✆ 02 62 20 34 52
Ouvert tous les jours, sauf le lundi, de 13h à 22h.
Des glaces artisanales, originales et servies généreusement. Une adresse incontournable pour se rafraîchir lors des fortes températures du centre-ville.

Bien et pas cher

LE BAR A CAS

19 rue Pasteur
✆ 02 62 20 17 68
Ouvert de 6h30 à 0h30 du lundi au samedi.
A la fois bar et resto, cet établissement, fréquenté en majorité par des jeunes cadres dynamiques, des journalistes et des étudiants, propose une cuisine bistrot variée (salades, sandwichs, tartes salées, pâtes, viandes, poissons...). Les plats sont bons, copieux, servis rapidement, et l'ambiance très sympa, surtout à l'heure de l'apéro et jusque tard dans la soirée. Un bout de terrasse sur le trottoir, hélas trop bruyant et trop chaud en journée.

BRASSERIE ROLAND GARROS

2 place du 20-Décembre-1848
Barachois
✆ 02 62 41 44 37
Ouvert tous les jours jusqu'à 23h, sauf le vendredi et samedi jusqu'à minuit.
Ce bar-brasserie-glacier, face au front de mer, sur le Barachois, est aussi bruyant et animé qu'une brasserie parisienne. Rendez-vous des hommes d'affaires et véritable institution à Saint-Denis, il se compose d'une vaste terrasse sous un auvent vert et d'une salle heureusement climatisée, avec une décoration de bistrot parisien chic. Plats métro mais aussi cuisine créole au feu de bois. Choix varié de spécialités à la carte. Compter en moyenne 25 €.

MON SUSHI

Quartier de la cathédrale – à l'angle des ruelles Mazeau et Saint-Paul
✆ 02 62 20 11 00 / 02 62 20 10 00
www.mon-sushi.com
monsushi.ktdral@gmail.com
Ouvert lundi et mardi midi. Du mercredi au samedi midi et soir. Service rapide ou à la carte.
Situé dans une charmante rue piétonne du centre-ville, place de la Cathédrale, ce restaurant japonais propose un concept original : sur place ou à emporter, vous pouvez tout de suite choisir et déguster vos sushis ou plats chauds. Tout est prêt ! Autre possibilité, la carte gourmande : des recettes spécialement conçues par Mon Sushi mêlant saveurs asiatiques et créoles. L'une des spécialités : le thon mi-cuit au combava (un agrume, arôme intense qui rappelle la citronnelle, très utilisé dans la cuisine locale). À vos papilles, allez-y ! L'accueil est chaleureux et vous profiterez en plus d'un joli cadre en extérieur.

MAC EVAN'S PUB

89 rue Monthyon
✆ 02 62 21 30 60
Ouvert tous les jours midi et soir. Comptez un repas pour 18 € en moyenne (boisson et café compris).
Ce Pub, situé en plein centre de St Denis, ravira les nostalgiques des ambiances « Pub ». Le Mac Evan's propose vous propose une restauration de type métro qui saura satisfaire vos papilles, dans une ambiance forcément conviviale. Le Mac Evan's s'avère être un endroit idéal pour un after work entre amis sur la terrasse aérée, puisque le pub vous propose un éventail de bières plus qu'intéressant pour les personnes en mal de diversité.

CASA NOSTRA

163 rue Jules-Auber
✆ 02 62 20 09 44
De 8 € à 13 € la pizza. Fermé le lundi soir, le samedi midi et le dimanche.
Sans doute la meilleure pizzeria de Saint-Denis. Dans une arrière-cour à l'italienne, sur une petite terrasse arborée et intime, des pâtes fraîches, des raviolis maison, des lasagnes et de succulentes pizzas au feu de bois. Quelques antipasti, de bons poissons en sauce et des viandes grillées font d'ailleurs de la Casa Nostra bien plus qu'une simple pizzeria. Accueil sympathique, service professionnel et bon rapport qualité-prix.

FUJI YA-SUSHI

4 avenue de la Victoire
✆ 02 62 20 42 47 / 06 93 93 88 00
Ouvert le lundi soir et du mardi au samedi midi et soir. Comptez entre 15 € et 25 €.
Un des seuls restaurants japonais à Saint-Denis ! De vrais et frais sushis qui défilent sur un tapis roulant ! On peut s'asseoir autour du bar et piocher à sa guise parmi les *sashimis, makis, tempuras, yakitoris* et autres nems ou rouleaux de printemps (la maison propose aussi quelques plats chinois). Chaque couleur d'assiette correspond à un prix. Veillez toutefois à ne pas arriver trop tard : en fin de service, ne restent plus que quelques pauvres sushis desséchés, tournicotant tristement sur le bar... On peut aussi prendre place dans la salle à manger, assis à une vraie table, et se faire servir.

IL GIARDINO D'ITALIA

5 rue Amiral-Lacaze
✆ 02 62 94 15 15 / 02 62 41 17 53
www.giardino-ditalia.com
direction@giardino-ditalia.com
Ouvert tous les jours midi et soir sauf le dimanche. Comptez entre 8 € et 15 € pour les pizzas et les pâtes ; 20 € le plat de poisson ou de viande.
Un petit coin d'Italie en plein océan Indien. Ce restaurant truffé de charme, fort de sa jolie terrasse arborée et de sa salle chaleureuse, sert une cuisine transalpine réputée. En plus de ses délectables pizzas et plats de pâtes : de la joue de Légine, de l'osso bucco ou encore le *bocconcini dello chef* (du veau avec de la mozzarella et de la coppa arrosé d'une sauce au vin blanc). De quoi satisfaire des papilles gustatives en mal des saveurs de l'Italia !

LE SAINT-HUBERT

4 rue Victor-Mac-Auliffe
✆ 02 62 21 95 95
Ouvert tous les jours du matin au soir, sauf le dimanche.
Un bar-brasserie jeune et branché. Au menu, un grand choix de salades (7,50 €), poissons et viandes (excellent tartare de bœuf) entre 12 € et 15 €, des croque-monsieur variés et copieux (entre 10 et 12 €). Une terrasse extérieure avec de la verdure et un endroit stratégique pour les rendez-vous… et les matchs de foot très prisés. Soirées karaoké tous les vendredis soir. Ce restaurant n'est pas forcément le rendez-vous des amoureux, mais plutôt l'endroit pour d'excellents moments entre amis.

VA PIANO

10 place Sarda Garrigua
✆ 02 62 93 91 23
reunion1@vapiano.fr
Restaurant ouvert 7j/7. Du dimanche au jeudi : de 11h à 00h non stop. Vendredi et samedi : de 11h à 1h. L'espace caféteria est ouvert à partir de 8h tous les jours.
Situé à l'emplacement de l'ancienne maison de la Montagne. Ce restaurant d'un genre nouveau sur l'île séduira certainement par son cadre et son concept novateur. Dès votre arrivée, vous vous trouvez dans une grande cour intérieure où vous pouvez bien sûr vous installer. Aux quatre coins de la cour se trouvent différents espaces dédiés à chaque moment du repas (le bar, les plats, les desserts). Le tout dans un décor lounge qui ajoute au charme des lieux. Bien sûr, pour les plus frileux, il est aussi possible de s'installer dans différentes salles, permettant ainsi d'être à l'abri des possibles coups de vent hivernaux. Nul doute que ce lieu peut devenir un endroit incontournable de Saint-Denis.

Bonnes tables

LE BISTROT DE LA PORTE DES LILAS

38 bis rue Labourdonnais
✆ 02 62 41 40 69 / 06 92 10 00 01
www.bistrotdeslilas.fr
bistrotdeslilas@wanadoo.fr

Ouvert tous les jours midi et soir, sauf le dimanche. Comptez de 16 € à 29 € le plat. Formules midi : 18 € (plat + entrée ou dessert). Menu enfant : 12,50 €. Menu découverte (avec les grands classiques de la carte) : 42 €.

Ce restaurant aux allures de bouchon lyonnais ou de bistrot parisien propose une cuisine semi-gastronomique, avec de nombreux classiques métropolitains, ponctués de quelques saveurs locales : escargots, huîtres, gigot de sept heures, tête de veau sauce gribiche... Spécialité de la maison : les tartares de viande et poissons réalisés devant votre table, comme le flambage et la découpe de la sole. Le soir, service à la cloche. Le midi, des formules économiques. Pour finir, de bons desserts classiques ou originaux, plutôt rares sous ces latitudes : omelette norvégienne, soufflé vanille au Grand Marnier... et plateau de fromages AOC. Pour accompagner le tout, une large carte des vins, avec de nombreux bordeaux et un vaste éventail de prix. Côté cadre, on apprécie l'intérieur climatisé avec sa déco surannée, tout comme la terrasse ombragée, et même le parking gratuit ! Une excellente adresse, ouverte depuis quelques années, dont vous ne sortirez certainement pas déçus.

LE CLOS SAINT-JACQUES

5 ruelle Edouard
✆ 02 62 21 59 09

Fermé samedi midi, dimanche et lundi soir. Compter environ 20 € le plat.

Dans une charmante case créole, à l'ombre de la cathédrale, le Clos Saint-Jacques vous sert une cuisine gastronomique aux influences métro, et plus spécifiquement méditerranéennes. On peut dîner dans la cour qui précède l'entrée, ou dans l'une des deux petites salles, intimes et chaleureuses : couleurs chaudes, joli mobilier, toiles d'artistes, bibelots précieux. Une carte fournie, et une ardoise présentant les plats du marché : esprit salade de magret fumé ou tête de cerf sauce ravigote.

LE HAMMAM SARAH RESTAURANT

42 bis rue Alexis de Villeneuve
✆ 02 62 51 69 04 / 06 92 87 65 14
www.lehammam-sarah.com

Ouvert tous les jours midi et soir (sauf le lundi). Menu midi à 30 € entrée/plat/dessert. Le soir à la carte, compter en moyenne 22 € le plat.

Dans un cadre d'exception, ce restaurant marocain, décoré avec rafinement, vous embarque dans un beau voyage des papilles au pays des mille et une nuits. Coucous, tajines et autres délices de l'Orient attendent les fins gourmets. Le thé à la menthe et le café sont offerts.

LE KALOUPILE

Hôtel Mercure Créolia
14, rue du Stade, Montgaillard
✆ 02 62 94 26 26 – H1674@accor.com

Ouvert tous les jours. Plats de 17 à 26 €. Carte des vins de 19 à 68 €. Formule midi : 26 € (salade, dessert et café). Buffet à volonté le dimanche midi à 38 € (19 € pour les moins de 12 ans).

Une vue panoramique, un cadre somptueux et des tables disposées au bord d'une piscine. Ce restaurant de l'hôtel Mercure Créolia, perché sur les pentes du quartier de Montgaillard, vaut le déplacement. Vous pourrez découvrir aussi bien les spécialités locales de La Réunion que la cuisine métro. Les prix sont très corrects et les plats de qualité. La carte des vins est, elle aussi, complète et accessible. Le dimanche midi, c'est buffet à volonté et accès à la piscine inclus.

LA KT DRAL

5 ruelle Saint-Paul
✆ 06 92 95 92 00 / 02 62 51 12 82
Derrière la cathédrale, accès possible par la rue Jean-Chatel.

Ouvert du lundi au samedi de 11h à minuit. Réservez en amont pour avoir une chance d'obtenir une table en extérieur.

Ouverte en octobre 2009, à l'occasion des 25 ans de la fameuse marque de vêtements Pardon ! , la Kt DRAL a été adoptée par la jeunesse dionysienne branchée. Blotti dans une ruelle pavée qui n'est pas sans rappeler le centre historique de Bordeaux ou de Rennes (!), ce restaurant propose une carte appétissante et pas trop chère. Comptez environ 20 € le plat (tartares de poisson, pièces de viande...). Mais attention, les places en extérieur sont chères. Mieux vaut arriver tôt ou réserver. Concerts le week-end, soirées « tchatchez anglais ! » le lundi, expos et autres animations à l'occasion, menées avec la boutique voisine, Planète nature... Le créateur de la marque de fringues Pardon ! secoue encore une fois le cocotier, pour notre plus grand plaisir. Saint-Denis reprend des couleurs !

LE KABAR LIVE

20, rue de Nice
✆ 06 93 55 72 97
Ouvert tous les soirs jusqu'à 00h30 et le midi du lundi au samedi. Plats à partir de 12 €.
La rue de Nice voit fleurir de nombreux restaurants et bars à cocktails, mais celui-ci a la particularité d'accueillir toutes les semaines des artistes locaux. Tous les jeudis, un groupe vient y animer la soirée et une fois par mois un humoriste s'y produit en stand-up. Ajoutez un karaoké le mardi, des plats à la présentation impeccable et une ambiance lounge : il faut croire que, grâce à ce genre d'étalissement, Saint-Denis veut reprendre la main sur la vie nocturne de l'île !

L'ATELIER DE BEN

12 rue de la Compagnie
✆ 02 62 41 85 73 / 06 92 90 46 04
www.atelier-de-ben.com
atelierdeben974@yahoo.fr
Ouvert du mardi au samedi. Fermé le samedi midi. Formules du midi de 23 € à 27 €. Plats à la carte à partir de 24 €.
Benoît Vantaux ouvre son « atelier » aux gourmands qui aiment mélanger les cuisines du monde et leurs saveurs. Tout est revisité, et la carte change régulièrement. L'une des meilleures tables de Saint-Denis, où l'on retourne pour l'accueil, le cadre, le service et les délices... Papillotes de gambas, ballottine de volaille, mitonné de tendron de veau, omelette norvégienne, macarons, voilà pourquoi nous plébiscitons cette adresse ! Ben propose également des cours de cuisine, très demandés, à 65 € le samedi matin. Si vous êtes intéressé, pensez réserver bien, bien en amont !

LÉ GADIAMB

104 rue Roland-Garros
✆ 02 62 20 10 79
legadiamb.gtl@gmail.com
Ouvert midi et soir du lundi au samedi. Environ 16 € le plat, menu enfant 9 €.
En plein centre, près du Petit Marché, voici un authentique restaurant créole, fort bienvenu à Saint-Denis, peu pourvu en cuisine traditionnelle. Dans une case centenaire ornée d'objets *lontan*, Lé Gadiamb (vieille expression créole signifiant « c'est bon », « c'est agréable ») jouit d'une jolie terrasse fleurie, un havre de fraîcheur rare dans le centre. On peut prendre l'apéro dans le *guétali*, cet espace surélevé typique des demeures créoles qui permettait de voir les passants (« guette à li ») et ainsi colporter les *ladilafé* ! Au delà de la découverte linguistique et architecturale, on vient surtout pour une cuisine honorant les légumes *lontan* et les plats traditionnels : songe, papaye verte, zantak, pat'cochon, z'andouilles... et même parfois cari guêpes ! En dessert, sorbets aux fruits péi (tangor, ananas, goyavier...), crème brûlée aux fruits de saison et des créations comme le Piton du Gadiamb, à la mousse de framboise. Une bonne adresse, ouverte depuis plusieurs années.

L'ESTEREL

24 rue Victor-Mac-Auliffe
✆ 02 62 41 01 31 – toferesterel@yahoo.fr
Ouvert du mercredi au dimanche. Formules à 15 € et 20 € le midi en semaine ; menu à 35 € le week-end.
Nichée dans un cadre verdoyant, à l'abri des regards de la rue avoisinante, cette table est renommée pour sa cuisine métro du sud-ouest. Spécialisée dans les foies gras, les confits de canard maison et les terrines, la carte joue finement autour de ces éléments, regorgeant de recettes originales. Le midi, en semaine, des formules plus attractives avec un plat et une entrée ou un dessert. Le soir, optez pour le menu gourmand. Réservation conseillée.

LES OLIVADES

153 rue Juliette Dodu
✆ 02 62 47 11 04 / 06 92 31 70 43
lesolivades@gmx.fr
Ouvert le midi du lundi au vendredi. Ouvert le soir du jeudi au samedi. Plats à 16,50 €. Formule avec dessert à 22 €.
Installées dans le haut de la rue Juliette Dodu, la terrasse et la salle intérieure, bien que petites, invitent à la convivialité. Les plats de cuisine française sont très soignés et originaux. Le jambonneau de poulet farci au pesto et à la mozzarella y est excellent. Service rapide et soigné. Une bonne adresse pour un repas du midi après les visites des musées de la ville.

LE REFLET DES ILES

27 rue Issop-Ravate (anciennement rue de l'Est)
✆ 02 62 21 73 82 / 06 92 85 70 26
www.lerefletdesiles.com
Ouvert tous les jours midi et soir, sauf le dimanche. Comptez environ 16 € le plat.
Situé à l'angle des rues de l'Est (désormais Issop Ravate) et Pasteur, cette authentique table créole est réputée comme étant l'une des meilleures de Saint-Denis. Mais quelques mauvaises langues vous diront aussi que c'est un piège à touristes ! Qu'importe, puisqu'on y mange, au demeurant, très bien ; soit dans une grande salle assez chaleureuse mais très

bruyante, soit sous un kiosque en terrasse (menu grillades). La carte est l'une des plus fournies de l'île en cuisine créole. En entrée, vous trouverez plusieurs sortes de beignets (palmistes, bringelles...), des salades, des achards... En plat principal, une vingtaine de caris (servis dans des petites marmites individuelles) et autres spécialités créoles, avec bien sûr les grands classiques (cari poulet ou camarons, civet zourite ou cerf, rougail saucisses ou zandouille...) et des plats lontan, comme le cari patate et porc créole ou les brèdes songe à la morue... Pour finir, des desserts (flan coco, gâteau patate...) et une carte des vins assez étendue, avec quelques grands crus et des bouteilles de France ou d'Afrique du Sud.

■ **LE ZANZIBAR CAFÉ**
41 rue Pasteur
✆ 02 62 20 01 18
Ouvert du lundi au samedi midi et soir.
Le Zanzibar Café est un excellent restaurant, de même qu'un bar très sympathique, idéal pour l'apéro, à la fraîche, ou pour danser, plus tard dans la soirée. Le petit patio, intime, à l'abri des regards, est à coup sûr ce que nous préférons dans ce lieu sans prétention, où chaque client est traité en ami. Le déjeuner est simple et efficace : sur une ardoise, quelques entrées – des salades, des tartines –, quatre plats au choix et deux desserts. Le soir, une carte plus élaborée entre en scène, proposant une cuisine traditionnelle et copieuse. Le Zanzibar fait la part belle aux spécialites du Sud-Ouest, aux poissons et aux viandes grillées. La carte des vins et cocktails est elle aussi bien fournie.

Luxe

■ **LE CONCORDE**
Hôtel Bellepierre
91 bis allée des Topazes, Bellepierre
✆ 02 62 51 51 51 / 02 62 51 26 60
www.hotel-bellepierre.com
Ouvert tous les jours midi et soir. Comptez entre 19 et 35 € le plat ; 50 € le repas à la carte, avec boissons. Menu du jour 29 € : entrée, plat, dessert.
Le restaurant panoramique de l'Hôtel Bellepierre, fréquenté principalement par une clientèle d'affaires, est vanté pour sa vue imprenable sur Saint-Denis et, surtout, son excellente table. Très « nouvelle cuisine », avec son dressage sophistiqué et ses saveurs métissées, à la fois innovantes et raffinées, Le Concorde marie élégamment produits métro et locaux. Grands classiques revisités (tartares de poisson ou de bœuf, entrecôtes,...) et excentricités culinaires (comme, par exemple, un suprême de légine poêlé avec ses bonbons piments et son gratin de palmiste) se disputent invariablement la carte, renouvelée chaque trimestre. Des salades et des caris sont également au menu. Les desserts, concoctés sur place, sont somptueux. Pour accompagner le tout : une carte des vins généreuse et affriolante, particulièrement fournie en rouges. Service discret et efficace.

SORTIR

Saint-Denis a beau être la plus grande ville, la vie nocturne y est bien moins intense que dans l'Ouest ou dans le Sud. Elle passerait même pour une ville morte pour qui n'a pas repéré les quelques endroits animés après le coucher de soleil. Notamment le quartier de la cathédrale, le Barachois et les adresses que nous avons recensées, éparpillées contrairement aux autres villes où les endroits festifs sont réunis dans un même quartier. C'est devenu un problème tel que la municipalité a décidé de réagir : le Barachois, qui était le lieu de prédilection des fêtards dans les années 1990, a vocation à le redevenir avec l'implantation de bars, restaurants, discothèques... Un vaste projet qui sort à peine des cartons, tandis que cela bouge du côté des animations, avec plusieurs festivals : Kaloo Bang, Electropicales...

Cafés – Bars

■ **CAFE ÉDOUARD**
13 ruelle Edouard
✆ 02 62 28 45 02
Ouvert tous les jours de 11h à minuit, sauf le dimanche.
Situé dans la rue piétonne du quartier cathédrale, le Café Edouard fait partie des lieux branchés de Saint-Denis. C'est idéal pour manger de la cuisine rapide et maison le midi (salades, burgers, tartes...) et se rafraîchir aux heures où le soleil tape fort. Au fond du bar, une seconde terrasse a été agencée récemment pour pouvoir accueillir la foule du vendredi soir.
Des plateaux de tapas accompagnent ces soirées animées.

Clubs et discothèques

Le chef-lieu de l'île est connu pour la pauvreté de sa vie nocturne et les boîtes de nuit, fréquentables ou non, y sont très rares. Toutefois la mairie affiche l'intention de faire renaître la vie nocturne dyonisienne… Mais avec une certaine dose de schizophrénie ! En effet, les établissements ferment les uns après les autres par des décisions administratives souvent aussi opaques que disproportionnées. Ainsi les discothèques Fashion et Ginger, seuls établissements ouverts depuis des lustres, ont mis la clé sous la porte en 2012 pour de simples trafics. Puis en 2014, les Récréateurs, plus grand lieu de vie nocturne de la ville, un chouette café-concert culturel avec une ambiance du tonnerre, jette l'éponge sous la pression des fermetures administratives et des mises aux normes réglementaires… Néanmoins 2013 a vu l'ouverture des Bains de Minuit. Mais concrètement, on vous suggère fortement de prendre la voiture et de filer vers l'ouest ou le sud !

■ LES BAINS DE MINUIT

Le Barachois

Ouvert de 22h à 5h du mercredi au samedi.

Ce bar-discothèque situé à l'emplacement de l'ancienne piscine est l'établissement à la mode du front de mer. Ouvert depuis avril 2013, sa terrasse ouverte sur la mer et son restaurant ont déjà leurs adptes. Régulièrement les soirées sont gratuites pour les filles le jeudi soir. Les autres soirs, des soirées à thèmes sont organisées. Cette discothèque est devenue un lieu incontournable qui redonne vie au Barachois la nuit !

© ATAMU RAHI - ICONOTEC

Maison créole de Saint-Denis.

■ MAHE LA BOURDONNAIS

14 rue de l'Amiral-Lacaze

✆ 06 92 28 17 18 / 02 62 58 35 51

Ouvert du mardi au vendredi de 18h à 00h30. Le week-end de 18h à 6h.

Les nuits dyonisiennes ont un nouveau bar en centre-ville ! A la fois, restaurant, bar et discothèque, ce lieu devrait satisfaire tous les goûts et toutes les envies !

Spectacles

■ CINÉ LACAZE

Angle des rues Rontaunay et Amiral-Lacaze

✆ 02 62 41 20 00

www.cine-reunion.com

maurefilms@wanadoo.fr

Deux petites salles de 91 et 124 places en plein centre-ville, avec une programmation assez *mainstream*.

■ PALAXA (ESPACE JEUMON SAINT-DENIS)

23 rue Léopold-Rambaud

✆ 02 62 92 09 90

C'est un peu la patate chaude de la culture dionysienne, en plein quartier de... Patates à Durand. C'est dans cette salle de concert récemment renovée que la plupart des groupes connus, locaux et de passage, font une étape pour le bonheur du public.

■ LE RITZ

53 rue Juliette-Dodu

✆ 02 62 90 22 90 – www.cinepalmes.com

Deux salles en plein centre-ville, avec une majorité de superproductions à l'écran.

■ THÉÂTRE DE CHAMP-FLEURI

Avenue André-Malraux

✆ 02 62 41 93 25

www.theatreunion.re

Une structure rajeunie et créolisée avec l'arrivée, en 2009, du chorégraphe Pascal Montrouge à la tête des Théâtres départementaux de La Réunion (Teat de Champ Fleuri à Saint-Denis et Teat en plein air à Saint-Gilles). Soirées OQP (ouverture qualité pays), festival Totototal et les Déboussolés, teat changement d'air... Pour une fois, c'est la culture qui va au devant des Réunionnais. Pourvu que ça dure !

■ **THÉÂTRE DU GRAND MARCHÉ CENTRE DRAMATIQUE DE L'OCÉAN INDIEN**
2 rue du Maréchal-Leclerc
✆ 02 62 20 33 99
www.cdoi-reunion.com
location@cdoi-reunion.com
Situé au fond du Grand Marché. On peut y grignoter et boire un verre les soirs de spectacle.
Le concept : des auteurs contemporains traduits en créole ou des auteurs créoles traduits en français. La programmation : souvent jugée élitiste, malgré les efforts de la directrice Lolita Monga pour offrir une affiche éclectique. Salle toutefois très sympathique, en plein cœur du marché artisanal !

Activités entre amis

■ **BOWLING CITY**
9 boulevard Vauban
✆ 02 62 41 31 26 / 02 62 41 56 27
Fermé le lundi. Ouvert le mardi et le jeudi de 17h à minuit, le mercredi et le dimanche de 14h30 à minuit, le vendredi de 17h à 2h et le samedi de 14h30 à 2h. Tarifs : 7 € (4 € pour les moins de 12 ans) + 1,50 € de location de chaussures. Pensez à téléphoner auparavant pour vous assurer qu'il reste des pistes de libre !
12 pistes rutilantes vous attendent pour tenter le *strike* de votre vie. Pop et flashy, Bowling City propose des sandwichs et boissons aux joueurs. Ambiance garantie.

■ **CASINO DE SAINT-DENIS**
Place Sarda-Garriga
✆ 02 62 41 33 33
Machines à sous ouvertes du dimanche au jeudi de 10h à 2h, le vendredi et le samedi de 10h à 4h ; les salles de jeux ouvrent à partir de 20h.
Pour brûler vos derniers euros, vous pouvez rejoindre le seul et unique casino dionysien, près du Barachois. Les machines à sous sont accessibles librement aux personnes majeures. Pour les tables, il faut une carte d'identité et s'acquitter d'un droit d'entrée si vous n'avez pas dîné au restaurant.

À VOIR – À FAIRE

■ **ARTOTHÈQUE**
26 rue de Paris
✆ 02 62 41 75 50
www.cg974.fr/culture/artotheque
artotheque@cgc974.fr
Ouvert du mardi au samedi de 9h30 à 17h30 (sauf le vendredi jusqu'à midi). Entrée gratuite. Visites guidées sur réservation.
Située dans une superbe maison créole, cette artothèque a pour mission de valoriser l'art contemporain à La Réunion en encourageant les artistes locaux et régionaux. Il faut y aller, ne serait-ce que pour le lieu, qui accueille régulièrement des expositions temporaires (les vernissages sont souvent de grands moments festifs, avec musique, contes, etc.). La bibliothèque spécialisée dispose de 2 000 pièces, qu'elle prête aux amateurs d'art pour un minimum de 15 € par an.

■ **AVENUE DE LA VICTOIRE ET LA RUE DE PARIS**
En remontant l'axe Victoire-Paris, on passe devant l'ancien Hôtel de Ville de 1860, habillé d'ocre. Ses deux façades sont identiques parce que deux élus, qui ne s'appréciaient pas, refusaient d'y entrer par la même porte. L'intérieur a été décoré comme un petit Versailles.
A l'angle des deux rues, la cathédrale de l'Immaculée Conception, inaugurée en 1829, présente un style d'origine toscane. Le portique est orné des statues de la Vierge, de saint Jean et saint Joseph, et le chœur est surplombé d'une belle fresque rénovée.
La rue de Paris mérite d'être découverte à pied, à l'ombre de ses superbes demeures créoles. Patrimoine de la ville, certaines de ces cases traditionnelles sont encore habitées, d'autres sont devenues le siège d'entreprises. L'office de tourisme a d'ailleurs élu domicile entre les murs de la sublime Maison Carrère, case entièrement rénovée que l'on peut visiter. En poursuivant la montée vers le jardin de l'Etat, on croise la rue Sainte-Anne. Celle-ci fut, pendant plus de 50 ans, le fief des Chinois arrivés en 1844 pour s'engager comme laboureurs dans les grandes plantations de l'île.

■ **CATHÉDRALE**
Construite dans le style toscan, elle servait de tribunal lors des grands jugements, notamment durant la révolte des esclaves de Saint-Leu. Les arbres autour ont supporté de nombreuses pendaisons. La fontaine en fonte, replique miniature d'une fontaine de Nantes, évoque les grandes vocations de l'île : l'agriculture, la navigation, l'industrie et la justice. Les chemins de croix, à l'intérieur de la cathédrale, représentent quant à eux les différentes villes de La Réunion.

■ **LE CŒUR VERT FAMILIAL**

Champ-Fleuri

Un espace vert de 35 hectares, entre les quartiers des Camélias, de la Trinité, de Champ-Fleuri et le long de la ravine Patate-à-Durand. Fermé la nuit.

Un parcours de santé, un skatepark, un centre aquatique, quatre aires de jeux : Saint-Denis a inauguré en mai 2015 son Cœur Vert Familial. Un espace vert qui offre aux Dyonisiens une bouffée d'oxygène dans l'environnement très urbain du chef-lieu. Promenez-vous dans les jardins pour apercevoir des espèces endémiques : grand natte, bois de Judas, bois de nèfle et autre bois d'arnette. Les enfants apprécieront tout particulièrement les jeux d'équilibre, la tyrolienne et le pont mouvant, pendant que les parents se rafraîchiront sous les brumisateurs installés près de la médiathèque François Mitterrand.

■ **JARDIN DE L'ÉTAT**

En haut de la rue de Paris

www.cg974.fr

Jardin ouvert de 6h à 18h l'hiver et de 6h à 19h l'été. Visites guidées : du lundi au vendredi, à 9h30, 11h, 13h, 14h45 et 16h30. Jeux d'eau : mercredi, samedi et dimanche de 9h à 17h (tous les jours de 9h à 17h pendant les vacances scolaires).

Le Barachois, lieu de rendez-vous populaire

Le Barachois (qui signifie « petit abri » en malgache) englobe tout le front de mer du centre historique : une étape incontournable. Esplanade aménagée, plantée de jardins et d'arbres, il s'étend entre la pointe des Jardins et la rivière Saint-Denis. Traversé par la N1 qui longe le littoral, le Barachois accueille les déambulations des Dionysiens qui viennent s'y détendre, siroter une Dodo (la bière locale) fraîche au comptoir d'un camion-bar ou jouer à la pétanque sur son boulodrome, entre fontaines, bancs et pelouses. L'atmosphère, plus paisible encore le dimanche, jour où la circulation y est interdite, est à la flânerie. Au coucher du soleil, de nombreux sportifs viennent se défouler après leur journée de travail sur le parcours de santé, à vélo, à roller ou à pied. Des jetées du Barachois, dont la vocation initiale était portuaire, il ne reste plus rien, ou presque. Les cyclones ont eu raison des derniers vestiges de cette époque coloniale ; quant aux bassins, ils ont été comblés. Seuls les canons, qui défendaient autrefois le port, ont résisté aux assauts du temps. On les voit encore s'insurger, la gueule ouverte, contre on ne sait quel souvenir belliqueux englouti au fond de l'océan. Depuis plusieurs années, ce lieu est le rendez-vous de manifestations nocturnes organisées par la ville de Saint-Denis : une manière de redonner ses lettres de noblesse au chef-lieu qui s'est vu subtiliser le titre de meilleure ville nocturne par Saint-Pierre.

■ **BAZARACHOIS**

Tous les troisièmes samedis du mois, de 17h à minuit.

Une grande brocante, où la convivialité est au rendez-vous. Troquez, achetez, vendez !

■ **JAZZ O BARACHOIS**

En soirée, tous les seconds samedis du mois. Des pointures du jazz qui se donnent rendez-vous au Barachois, pour faire découvrir au public des talents locaux et internationaux. Une très belle idée de sortie avant de filer en discothèque !

■ **LE KABARACHOIS**

Tous les quatrièmes samedis du mois. Une fois par mois, conteurs, musiciens et humoristes réveillent la vie nocturne de Saint-Denis lors d'un vrai kabar créole, gratuit, pour s'amuser des histoires traditionnelles locales ou savourer les rythmes endiablés du séga et du maloya. Vous y percevrez un petit bout de l'âme créole.

■ **LE MARCHÉ DE NUIT**

A partir de 19h, tous les premiers samedis du mois.

Un marché thématique où vous trouverez de l'artisanat, des fleurs, et autres objets de bien-être et de loisirs. Créée en 2009, la manifestation est devenue incontournable dans la vie nocturne de Saint-Denis.

L'ancien jardin du Roy, qui s'étend sur 4 ha, fut créé à l'origine entre 1767 et 1773 dans le but d'acclimater des plantes exotiques vivrières et ornementales. Il est devenu depuis le plus grand jardin public de l'île. Certains de ses plus anciens habitants sont encore là : des arbres presque tricentenaires ! Élégant, son tracé a été redessiné pour les floralies de 1972, mais il abrite toujours un certain nombre d'essences botaniques rares. Vous ne manquerez pas sa très belle allée de palmiers et son gigantesque caoutchouc. Rénové en 2009, ce site classé Monument historique, idéal pour une visite pédagogique ou simplement pour un café en terrasse, offre de très beaux jeux d'eau aux enfants. Une escale incontournable !

LE-BAS-DE-LA-RIVIÈRE

Résidentielle du côté de l'embouchure, industrielle au fond de la vallée, cette partie de la ville, située entre la montagne de la Providence et le rempart de la Rivière mérite un détour, ne serait-ce que pour admirer les canaux des pêcheurs de bichiques, ou pour flâner dans les boutiques chinoises ancestrales.

Il règne au Bas-de-la-Rivière une atmosphère unique, empreinte de charme nostalgique. Pas étonnant que les habitants de la rue Gasparin se soient battus pour préserver leur case lorsque le projet du tram train menaçait le quartier de destruction.

MAISON DES BRASSERIES DE BOURBON

60 quai Ouest
✆ 02 62 90 22 04 / 02 62 90 22 00
www.ladodo.com
Sur le site des Brasseries de Bourbon, à la Rivière Saint-Denis.
Visites uniquement sur réservation, mardi, mercredi et jeudi à 10h et 14h (sauf jours fériés). Entrée 4 €, tarif réduit 3,50 €.

La Maison des Brasseries de Bourbon propose la visite des brasseries qui produisent toutes les Dodo de l'île et également d'autres bières et sodas. Ouverte depuis 1962, elle débite 30 000 bouteilles à l'heure, dont la fameuse Dodo dont on suit tout le processus de fabrication depuis la livraison des matières premières jusqu'au nettoyage, concassage, brassage et embouteillage, mais aussi du Coca-Cola et d'autres boissons produites par les Brasseries. Les commentaires devant les énormes machineries sont intéressants, on regrette juste que les spectaculaires machines d'embouteillage soient un peu lointaines. La visite est bien conçue dans son ensemble, ludique et attractive avec son mini-musée, ses infographies, une vidéo rétrospective et une dégustation au bar à la fin. Pour le prix d'une bière servie en terrasse, autant venir s'instruire ! La boutique vend de nombreux produits dérivés estampillés Dodo : stylos, casquettes, panier de pique-nique... A noter que les Brasseries de Bourbon mettent l'accent sur l'environnement, avec un recyclage des levures et des sous-produits du concassage pour l'alimentation animale, ainsi qu'un recyclage de 70 % des bouteilles, consignées.

MUSÉE DE LA VRAIE FRATERNITÉ

28 bd de la Providence
✆ 02 62 21 06 71
Ouvert le mercredi et le samedi ; visites sur réservation les autres jours. Entrée 2 €, enfant de moins de 12 ans 1 €.

Symbole de la fraternité entre les différentes communautés de l'île, ce musée, tenu par des sœurs, recèle les vestiges de la première imprimerie de l'île, l'évolution vestimentaire des religieuses sous les tropiques ou encore une reconstitution de case en torchis... Une initiative intéressante.

MUSÉE LÉON-DIERX

28 rue de Paris
✆ 02 62 20 24 82
www.cg974.fr
musee.dierx@cg974.fr
Ouvert du mardi au dimanche, de 9h30 à 17h30. Entrée 2 €, seniors 1 €. Gratuit pour les étudiants, les moins de 18 ans et tous les premiers dimanches du mois.

Réunissant une grande partie de la collection privée du marchand d'art Ambroise Vollard (plus de 2 000 pièces), il doit son existence à deux Réunionnais, Georges Athenas et Alexandre Merlot (un duo mieux connu sous le célèbre nom de plume de Marius et Ary Leblond), qui décidèrent en 1912 de réunir des œuvres et d'ouvrir un musée dans leur ville natale, en l'honneur de Léon Dierx, célèbre poète local décédé cette année-là. On peut voir au sein de cette superbe case créole quelques croquis de Gauguin, un Chagall, un autoportrait de Vollard, des toiles de Vuillard, Rouault, Caillebotte, Bourdelle, Carrière, Guillaumin…

MUSÉUM D'HISTOIRE NATURELLE

Jardin de l'État
1 rue Poivre
✆ 02 62 20 02 19
www.cg974.fr/culture/museum
museum@cg974.fr
Ouvert du mardi au dimanche de 9h30 à 17h30. Entrée 2 € (gratuit pour les moins de 18 ans et les étudiants). Seniors 1 €. Entrée gratuite le premier dimanche du mois.

Situé dans le jardin de l'État, ce muséum occupe les locaux de l'ancien palais législatif, monument historique de style colonial construit en 1834. Axé sur la biodiversité, il expose la flore et la faune des îles du Sud-Ouest de l'océan Indien, dont une très belle collection de lémuriens malgaches naturalisés, à l'étage. Le rez-de-chaussée est dédié aux oiseaux ; on peut notamment y voir le dodo, animal aujourd'hui disparu. L'attraction principale du musée reste sans doute le cœlacanthe, un poisson issu du canal de Mozambique. Depuis la découverte de cette espèce rare en 1938, seuls 70 spécimens ont été pêchés. Par ailleurs, le musée accueille régulièrement des expositions temporaires. Depuis janvier 2010, il abrite également une excellente bibliothèque pour enfants, riche de plus de 2 000 ouvrages.

PRÉFECTURE

Face au Barachois, cet édifice date de 1733, du temps de la Compagnie des Indes. On peut visiter le bâtiment lors des Journées du Patrimoine. Son architecture est typique de l'époque coloniale : colonnades, corps central doté de deux ailes, toit en bardeaux de tamarin, péristyle et varangue. A l'origine, c'était un entrepôt de café, puis les bâtiments ont été fortifiés. Sur la droite se trouvent les anciennes cuisines. Lustres, vaisselle et meubles sont d'époque.

Cette grande bâtisse, devenue préfecture sous Mahé de Labourdonnais, a accueilli 60 gouverneurs, sans compter les préfets. Le gouverneur de Brulys préféra se suicider, en se pendant dans le grenier, plutôt que de se rendre aux Anglais. Des histoires de fantôme circulent autour de cette âme errante.

Plus loin, la statue de Labourdonnais se dresse sur la place où fut fêtée, le 20 décembre 1848, la fin de l'esclavage à La Réunion. À côté, la ruelle Saint-Paul, dernière rue pavée à l'ancienne, mène à la cathédrale de Saint-Denis. Vous y verrez la statue de Leconte de Lisle... dépourvue de nez. L'histoire veut qu'un clochard l'ait mangé !

RUE DU MARÉCHAL-LECLERC

Vivante et animée, la rue du Maréchal-Leclerc donne le tempo de Saint-Denis. Populaire et commerçante, elle est la plus dépaysante, la plus représentative de la diversité des cultures de l'île. Tous les commerces y sont représentés : des magasins de tissus, d'électronique ou d'ameublement, tenus par les Zarabes aux boutiques chinoises truffées d'objets d'art, de statuettes en bois et de jade, en passant par des magasins de chaussures et de vêtements aux enseignes occidentales.

Dans cette rue qui traverse Saint-Denis d'est en ouest, chacun prie son dieu.

▸ **Il est possible de visiter sous les arcades, au n°32, la grande mosquée** d'obédience sunnite, dont le lourd portail en bois donne sur la rue. C'est l'une des 13 mosquées de l'île, qui accueillent les 20 000 Réunionnais musulmans restés fidèles à leur religion. Construite en 1905 (la première de France !), cette immense bâtisse de 1 200 m² fut transformée dans les années 1960 et 1970 à la suite d'un incendie. Il faut se déchausser avant d'y entrer et se couvrir pour les femmes.

▸ **Au n°99 de la rue Juliette-Dodu,** la medersa Tarlimoul dispense un enseignement islamique, selon le rite sunnite hanafite de l'école de Déoband (Inde). Rue des Lataniers se trouve une 2e mosquée, construite dans les années 1970. Le cimetière musulman (kabrastaane) se trouve quant à lui sur le bord de la route du Littoral, en face de l'allée Bonnier. Le prophète Mohammed a dit : « Visitez les tombes car cela diminue l'amour de ce monde et vous fait rappeler la vie future ! ». Il est en outre relaté dans un hadith que : « celui qui visite la tombe de ses parents tous les vendredis se verra accorder le pardon ».

▶ **A l'est de la rue Maréchal-Leclerc, vers le n°230,** non loin du marché aux fruits et légumes, ont lieu d'autres rites dans un très beau temple tamoul, coloré et décoré de divinités multiples. En 1917, il n'y avait qu'un petit temple nommé kôvil, en tôle. Il fut transformé en 1956, et agrandi dans les années 1980, pour former un ensemble architectural appelé Shri Kali Kampal Kôvil. Pour visiter les temples, enlevez vos chaussures et débarrassez-vous de vos objets en cuir. Les photographies sont parfois interdites, c'est écrit à l'entrée.

SPORTS – DÉTENTE – LOISIRS

HAMMAM SARAH

42 bis rue Alexis-de-Villeneuve
✆ 02 62 51 69 04
✆ 06 92 87 65 14
www.lehammam-sarah.com
Ouvert du lundi au samedi de 9h à 19h. Accès au spa à la journée 70 € par personne, 130 € par couple. Modelages à partir de 40 €.

Laissez-vous transporter en Orient... Dans un décor sobre et raffiné, le Hammam-Sarah offre un espace de détente au parfum des mille et une nuits. Ce spa oriental offre un service de qualité : des soins, des massages en passant par le sauna et les rituels du hammam marocain. Vous serez bercé dans un cadre d'exception.

SHOPPING

C'est à Saint-Denis que vous trouverez le plus grand choix de souvenirs et de cadeaux. Il y a plusieurs marchés, beaucoup de boutiques en centre-ville, et de grands supermarchés alentour.

L'EFFET PEI

54 avenue Maréchal-Leclerc
✆ 02 62 29 25 60
www.leffetpei.re
leffetpei974@gmail.com
Boutique ouverte le lundi de 12h30 à 18h et du mardi au samedi de 9h15 à 18h.

Une marque 100 % locale au signe distinctif : le margouillat, un lézard. T-shirts pour toutes les tailles et tous les goûts. Aussi des robes, des chemises, du beachwear, des accessoires... Avec sa collection entièrement pensée et imprimée à La Réunion, cette marque cartonne depuis une dizaine d'années et possède des boutiques aux quatre coins de l'île.

LE GRAND MARCHÉ

Rue du Maréchal-Leclerc
Fermé le dimanche.

Ce marché situé à l'extrême ouest de la rue du Maréchal-Leclerc est une halte dépaysante. Vous y trouverez des articles d'artisanat malgache, dont de belles nappes, des chaises, des paniers, des jeux de solitaire... La qualité laisse parfois à désirer et les prix sont plus élevés qu'au grand marché de Saint-Paul. Il est moins facile de marchander. On peut se restaurer dans les deux restaurants du marché, très bons. Ou assister, le soir, aux spectacles joués dans l'excellente salle du Grand Marché.

GALERIE ARTISANALE DE LA JAMAIQUE

Centre commercial Carrefour
Sainte-Clotilde
✆ 02 62 29 56 66
Ouvert du lundi au samedi de 8h30 à 20h30 sans interruption (ouverture à 12h30 le lundi), et le dimanche de 9h à 12h30.

Le plus grand espace de La Réunion dédié à l'artisanat et aux produits réunionnais. Incontournable dans la grande galerie commerciale de Carrefour, à l'entrée. Une surface de 269 m² où l'on trouve un peu de tout, à 90 % fabriqué à La Réunion. Objets en bois, en pierre de lave, en vacoa, huiles essentielles et senteurs, bijoux en écaille de tortue, bijoux textile, poterie, vanille, confitures, T-shirts, livres, CD, etc.

CHEZ JOCELYNE

76 allée des Saphirs
✆ 02 62 20 41 95
Ouvert du lundi au samedi de 9h à 12h et de 14h à 18h. Egalement sur rendez-vous.
Une adresse sympathique où vous pourrez découvrir de l'artisanat d'art.

LIBRAIRIE GÉRARD

5 ter rue de la Compagnie
✆ 02 62 20 08 15
Ouvert du lundi au samedi, de 9h à 19h.
Une librairie que l'on recommande chaleureusement, tant pour la variété de ses ouvrages (notamment locaux) que l'accueil et les conseils prodigués.
De nombreuses dédicaces y sont organisées tout au long de l'année.

MARCHÉ DES CAMELIAS

Le vendredi de 6h à 12h.
Au début des rampes de Saint-François, le long du boulevard de la Providence, un des marchés les plus fréquentés du Nord. Sur les étals, un peu de tout : brocante, alimentation, artisanat...

PARDON !

96 rue Jean-Châtel
✆ 02 62 41 15 62
www.pardon.net
pardon@pardon.net
Ouvert du lundi au samedi de 9h à 19h.
Un magasin au décor tropical, avec son bassin à poissons rouges encastré dans le sol : du Pardon ! tout craché ! Créée en 1984, l'extravagante marque au logo diabolique est devenue incontournable dans le paysage vestimentaire et culturel local. De la serviette au boardshort, en passant par la jupette ou le T-shirt, Pardon ! vous habille de la tête aux pieds, avec des articles de qualité. C'est cher, mais souvent drôle, toujours « cool » et invariablement original.

LE PETIT MARCHÉ

Rue du Maréchal-Leclerc
Ouvert du lundi au samedi de 6h à 18h, dimanche jusqu'à 12h.
A l'est de la même rue, le marché alimentaire propose fruits et légumes des Hauts (bringelles, chouchous, margozes, jujubes, zévis, tamarins...). On s'approvisionne en épices (safran péi, combava, calou-pilé, cardamome, massalé, gingembre...) et en artisanat (malgache, comorien et réunionnais). Incontestablement notre marché préféré sur l'île.

PLANÈTE NATURE

26 rue Jean-Chatel
✆ 02 62 88 67 49
Derrière la cathédrale.
Ouvert le lundi de 11h30 à 18h30, du mardi au samedi de 9h30 à 18h30.
Ahhh ! Enfin une enseigne Bio et Nature à Saint-Denis ! Une sorte de Nature et Découvertes, mais en mieux : Planète Nature est un vrai havre de paix de commerce équitable, tapissé de galets, de planches de bois et de belles dalles de pierre. Epicerie bio, jeux, artisanat, bijoux, accessoires de rando, fringues, télescopes... Il y a de tout dans cette boutique qui s'étend sur 450 m^2. On y trouve même un café, le Planet K'Fé (en mezzanine ou en terrasse), qui propose, en plus d'excellents déjeuners bio (salades, quiches, etc ; menus à 9 et 12 €), diverses animations : expos, conférences, bibliothèque.
On peut aussi y louer des vélos à 4 € de l'heure ou à 15 € la journée. Le sous-sol est investi par une expo permanente sur les baleines : rien d'étonnant, puisque le gérant lutte activement, avec l'association ABYSS, pour la protection des cétacés de l'océan Indien. Enfin, le wi-fi est ici gratuit : un lieu de détente idéal pour une connexion en toute tranquillité.

SERGE GELABERT

85 rue Juliette-Dodu
✆ 02 62 21 70 56 / 06 92 85 20 79
gelabert.serge@wanadoo.fr
Boutique ouverte du lundi au samedi de 8h30 à 12h et de 14h à 18h.
Serge Gélabert est aujourd'hui LE photographe de La Réunion. Son fils Franck, âgé d'une vingtaine d'années, marche actuellement sur ses traces. Avec trente ans de séjour dans l'île intense, ce photographe d'origine corse, fasciné notamment par le Piton de la Fournaise et la route des Tamarins, a su saisir toute la beauté de l'île et la rendre de toutes les manières possibles : livres, K7 et DVD, cartes postales, posters, cartes de vœux, agendas et repertoires, enveloppes, sets de table. Bref, tout se vend, surtout en période des fêtes lorsque l'artiste sort opinément des ouvrages inédits !
Vous trouverez ses articles dans son magasin, et également dans tous les points de vente de l'île, ainsi que sur son site Internet. La visite de la boutique vaut le coup d'œil, elle fait aussi les développements et tirages classiques.

Les environs de Saint-Denis

SAINTE-CLOTILDE

Cernée d'un côté par la mer et de l'autre par les montagnes, la commune de Saint-Denis s'est étirée considérablement vers l'est, ce dont on peut se rendre compte en venant de l'aéroport. Le centre-ville ne compte qu'une trentaine de milliers d'habitants mais la commune englobe nombre de quartiers et bourgades périphériques, jusqu'à la Rivière des Pluies.

Ce sont des zones d'habitation et des zones industrielles aux allures de banlieue, telle Sainte-Clotilde, où de nombreux bureaux et entreprises ont élu domicile, ou encore le Chaudron, quartier « sensible » de Sainte-Clotilde, une cité bien de chez nous, avec ses cages d'escalier taguées et ses jeunes en scooter, cependant sans commune mesure avec les grands ensembles de métropole. Les immeubles dépassent rarement 4 étages et les logements sociaux jouxtent résidences cossues, villas de fonctionnaires et zones commerçantes, on ne retrouve pas une séparation ethnique et sociale aussi marquée que dans les banlieues françaises ou ailleurs.

Au Chaudron se trouve aussi le campus universitaire, moderne et performant, qui forme plus de 12 000 étudiants. A côté, on pourra jeter un œil au siège du Conseil régional, en forme de pyramide inversée. Plus bas dans Sainte-Clotilde, la zone industrielle descend jusqu'à un hypermarché Carrefour et sa galerie commerciale, ainsi que le plus grand parc d'expositions de l'île, où se tiennent salons et manifestations. Des combats de coqs ont toujours lieu à Sainte-Clotilde, au lieu-dit Les Deux-Canons, à côté du garage Ford.

Mentionnons encore Champ-Fleuri, son excellent théâtre, son stade et le quartier des Camélias.

Montgaillard possède en outre une grande médiathèque, une belle église, la Trinité, ainsi que le parc urbain de la Trinité, le plus grand de Saint-Denis, avec un faux volcan que les marmailles peut descendre en toboggan, et un parc aquatique.

Après la Rivière des Pluies s'étalent des banlieues résidentielles situées à l'est de la ville et donc plus arrosées que le centre. Leurs noms sont d'ailleurs évocateurs : La Rivière-des-Pluies, La Bretagne. Toutefois, même si ces quartiers sont dans le prolongement urbanisé de Saint-Denis, on est déjà sur la commune de Sainte-Marie.

Au final, Sainte-Clotilde est un quartier urbain, mais aéré et tropical, pas vraiment un lieu de villégiature authentique pour une découverte touristique, mais d'un grand intérêt pratique, à mi-chemin entre l'aéroport et le centre-ville et constituant une bonne alternative à ce dernier, cher et embouteillé. On pourra quand même crapahuter dans les Hauts, à la cascade du Chaudron et de là, faire la randonnée jusqu'à la Roche écrite.

Se loger

Locations

■ **BUNGALOWS ET VILLA DU MONTAUBAN**

27 bis, chemin de Montauban

✆ 02 62 52 50 08

✆ 06 92 02 27 43

loc974@wanadoo.fr

Bungalow pour 4 personnes : à partir de 380 € par semaine.

Villa pour 6 personnes à partir de 700 € par semaine.

Perchés dans les hauteurs de La Bretagne, trois bungalows en préfabriqué identiques permettent d'accueillir chacun jusqu'à 4 personnes. Ils sont tous équipés d'une kitchenette et d'un accès wi-fi. Une grande terrasse commune donne accès au barbecue et à une machine à laver.

La villa est quant à elle entièrement privatisée. Vous y retrouverez également une terrasse avec barbecue. Le confort y est bien supérieur. Toutes les chambres sont climatisées. La salle de bain est originale, parée de rouge et noir. Cette villa « Fleur de Canne » a, par ailleurs, accueilli en 2014 le raideur japonais Yamamoto Kenichi venu participer à la Diagonale des Fous.

LA CASE D'AYMLINE

45 rue des Deux Canons
Sainte-Clotilde
✆ 06 92 71 78 03
www.lacasedaymline.com
lacasedaymline974@hotmail.fr
385 ou 420 € la semaine en studio, dégressif à la durée. Petit déjeuner 5 €. 65 € la nuit en chambre pour 2 personnes, petit déjeuner inclus.
A 200 m du boulevard du front de mer, son trafic et ses entrepôts, la Case d'Aymline est nichée dans un quartier calme, résidentiel et sans intérêt en soi. Mais poussez le portail et surprise ! Un vrai havre de paix, parfaitement incongru ici, avec un bassin zen, ses nénuphars et ses carpes koï, et une végétation luxuriante avec manguier, papayer, benjoin et même une treille à barbadine ! On se croirait dans les Hauts et c'est pourtant à moins de 10 mn de l'aéroport et du centre. Autour de ce charmant patio avec son bar sous paillotte, 2 studios et 1 chambre d'hôtes dans une case rouge pimpante. Meublés au goût du jour, spacieux, ils ont tout le confort moderne : climatisation, TV satellite, wifi, cuisine équipée (sauf la chambre)... Le grand studio et la chambre jouissent de belles salles de bains avec douches à l'italienne. Votre hôte est à disposition pour les petits-déjeuners, les transferts à l'aéroport et le ménage sur demande. Une bonne alternative à l'hôtel, bon rapport qualité-prix, accueil sympa. Parking possible.

PRATIK APPART

4 ter impasse Cressons
✆ 02 62 28 99 00
www.pratikappart.com
pratikappart@gmail.com
250 € la semaine pour deux personnes en chambre standard climatisée. Minimum 7 nuits, dégressif au-delà ; tarifs attractifs au mois.
Pratik Appart porte bien son nom : des studios meublés fonctionnels dans une résidence, en partie occupée par des étudiants, dans un endroit calme près du boulevard Sud. Certes, on n'y séjourne pas pour le cadre... le quartier se compose d'immeubles sans charme. Mais côté pratique, tout est là : chaque studio a sa salle de bains, un lit double ou deux simples, une kitchenette, des placards, la TV TNT et internet par câble. Côté décoration, c'est tout ou rien : les chambres standard sont vides de toute décoration, presque monacales, tandis que les chambres supérieures sont franchement élégantes et modernes : un vrai bon plan ! Plus spacieuses, elles ont une literie confortable, une cuisine américaine, et sont à peine plus chères mais bien plus recommandées ! La résidence, dont l'accès se fait par clé magnétique, est propre, bien entretenue, sécurisée et dotée d'un grand parking. Les résidents profitent également de services de bureau, de distributeurs de boissons et d'une buanderie. Bon rapport qualité-prix.

RÉSIDENCE LASHKMI

83 rue Stanislas Gimart
✆ 02 62 97 76 61 / 06 92 90 79 46 / 06 92 61 02 90
ganapati.location@orange.fr
50 € la nuit, 350 € la semaine.
Un logement en location touristique, juste à côté du Boulevard Sud, à deux pas de la fac et à 5 minutes de l'aéroport. De style ancien, il mériterait une rénovation mais il est relativement spacieux. Il est doté d'une cuisine avec plaques et micro-ondes, un lave-linge, une place de parking. wi-fi sur demande.

Confort ou charme

HÔTEL TULIP INN SAINTE-CLOTILDE***

31 avenue Leconte-De-Lisle
✆ 02 62 97 77 77
120 € la nuit en chambre double, petit déjeuner en sus. Réductions sur le site.
Ouvert en 2014, voici l'hôtel le plus récent de la ville et un des plus grands. Classé 3-étoiles, le Tulip Inn Sainte-Clotilde, du groupe international Louvre, sera le point de chute parfait pour le touriste ou l'homme d'affaires à la recherche d'un établissement fonctionnel et moderne. Situé dans un quartier de Sainte-Clotilde animé le jour, calme la nuit, à mi-chemin entre l'aéroport et le centre, soit 5 à 10 mn en voiture, il propose 60 chambres de même catégorie. De style contemporain, elles sont équipées selon le standing affiché : lit en 160 cm, belle salle de bains avec douche à l'italienne, TV avec chaînes satellites, wifi... Et bien sûr, tout est neuf. Chaque chambre profite d'une agréable terrasse avec vue sur la mer ou la montagne, assez spacieuse, avec mobilier et jardin décoratif. Côté services et prestations : petit déjeuner en buffet continental, restauration légère le midi et le soir, « lobby » avec bagagerie, bar et journaux internationaux, salle de fitness, parking souterrain... et surtout une belle piscine avec sa plage et son jardin tropical, idéale pour se délasser après une journée urbaine étouffante. Enfin sur le toit, un solarium permettant d'apprécier un superbe panorama sur l'ensemble de la ville, la montagne et l'océan.

Se restaurer

CAP ZEN

Centre d'affaire Cadjee
Le Chaudron
✆ 02 62 20 02 12 / 02 62 20 03 03
Ouvert le midi seulement, du lundi au vendredi. Formule à 20 € par personne.

Dans l'immeuble Cadjee, ce bâtiment de bureaux modernes en forme de voile, non loin du boulevard Sud. Cap Zen appartient au même groupe que le Cap Méchant, une chaîne de restaurants locale qui a commencé à Saint-Philippe avec une cuisine traditionnelle créole dans un cadre familial. Ici, c'est une formule buffet, très appréciée par les employés du quartier, où sont proposés des plats créoles typiques (gratin de palmistes, civet de canard…) dans un cadre, pour le coup, plutôt *corporate* qu'île tropicale… mais vous êtes à Sainte-Clotilde ! Une cuisine de qualité, avec des variations sur des thèmes dans la semaine : desserts, japonais…

À voir – À faire

ART FACTORY

1 rue de la Guadeloupe
✆ 02 62 28 38 04
www.galerieaustrale.com
contact@art-factory.fr
Ouvert du mardi au samedi de 14h30 à 19h. Visite également sur rendez-vous en dehors des horaires d'ouverture.

Une magnifique galerie d'art contemporain qui expose essentiellement des artistes issus de la Réunion ou d'Europe continentale. Ici, l'éclectisme est de mise ; les styles varient, se succèdent, s'entrechoquent d'expo en expo et de saison en saison. Une adresse dynamique à découvrir.

LA FABRIK

28 rue Léopold-Rambaud
✆ 02 62 48 40 50
www.lafabrik.biz
lafabrik@lafabrik.biz
Accueil ouvert du mardi au vendredi de 9h à 12h et de 13h à 17h.

La Réunion possède depuis 2006 son « Art factory », seule institution culturelle à être gérée par une compagnie, Cyclones Production. Lieu de création, d'expression et d'échanges, La Fabrik met en avant la transversalité, la culture populaire et l'interactivité avec les habitants d'un quartier en pleine mutation. Théâtre, musique, danse urbaine, cirque : les artistes en résidence proviennent de toutes les disciplines et invitent régulièrement le public à assister à des « chantiers », des répétitions ouvertes, des rencontres. À noter aussi Les dimanches à la Fabrik, avec au programme des contes populaires, du cirque ou du cinéma grand public. Un vrai lieu de ressource pour le monde du spectacle, qui a le mérite de hisser son spectateur en coulisses, pour mieux lui révéler les dessous du processus créatif.

Sports – Détente – Loisirs

AQUANOR

1, route Digue
✆ 02 62 20 10 10
www.aquanor.re
contact@aquanor.re
Accès au parc : 6 € pour les adultes, 4 € pour les enfants de 3 à 16 ans. Activités encadrées à partir de 10 € la séance. Ouvert en semaine de 7h à 21h et le week-end de 9h à 21h.

Des toboggans qui n'en finissent plus, plus de 1 000 m^2 de plan d'eau : le paradis quand il fait chaud à Saint-Denis. Ouvert en 2014, le parc aquatique s'adresse aussi bien aux nageurs confirmés qu'aux débutants souhaitant se rafraîchir et profiter d'activités amusantes. Plusieurs bassins pour pratiquer l'activité qui vous plaît : aquabiking, aquagym et natation. Un espace restauration vous permet de prendre un repas si vous y passez la journée ou de déguster des encas creoles pour vous remettre de vos émotions. A visiter absolument, surtout lors des fortes chaleurs d'été !

Shopping

MARCHÉ DU CHAUDRON

Le mercredi et le dimanche de 6h à 12h.

A côté du Jumbo Score, entre l'église et la poste, dans ce quartier de Sainte-Clotilde, un grand marché où l'on trouve de tout : alimentation, artisanat, etc. Sa multitude de parasols forment une mosaïque de couleurs à l'image du choix proposé par ce marché. Très populaire.

SRI GANESH

83, avenue Stanilas Gimart
✆ 02 62 97 76 61
Ouvert de 10h à 18h environ.

Une boutique d'artisanat indien, à des prix attractifs. Importateur exclusif, Sri Ganesh propose des pièces uniques : vêtements, bijoux, statues, épices, articles de cérémonie…

LA MONTAGNE

A 400 m d'altitude, le charmant village de La Montagne dégage un doux parfum de ruralité avec ses boutiques chinoises et ses vendeurs de samoussas, mais demeure surtout une banlieue cossue de la capitale, avec ses villas de charme perchées face à l'océan. On y accède en 5 minutes environ par une route sinueuse et raide offrant de beaux points de vue sur Saint-Denis. Les amoureux viennent y contempler le quadrillage de lumières de la ville, la nuit, assis sur ces vieux canons qui semblent restés figés, bouche bée, dans le souvenir éternel de l'invasion britannique de 1810.

A une quinzaine de minutes de Saint-Denis, se trouve aussi au-dessus du village de La Montagne le parc de loisirs du Colorado pris d'assaut par les familles le week-end (parcours de golf et de jogging, équitation, tennis, VTT, 4x4). A voir également : l'ancienne léproserie, transformée en petit centre commercial avec quelques artisans et restaurants. La route continue ensuite sur La Possession pour rejoindre la côte Ouest. Une alternative à La Route du Littoral quand celle-ci est fermée ou trop embouteillée. Comptez une heure en tout.

Se loger

■ CHEZ MOI

6 chemin Charles-Olivier-Manès
Ruisseau blanc
✆ 06 92 88 82 31
chezmoi@izi.re
300 € la semaine pour 2 personnes.
Dans le quartier de Ruisseau blanc, à environ 20 minutes du chef-lieu, une petite structure de deux meublés, au style très original et recherché, à la fois hétéroclite et harmonieux. Mêlant bois, pierre, et verre, ils sont aménagés de meubles et objets créoles, européens, asiatiques, rétro, design ou baroques, entièrement chinés par la propriétaire, qui roule en 2 CV. L'un d'eux a même son lit installé dans une roulotte rom ! Surprenante mais de bon goût, la décoration unique en son genre ne nuit à aucune exigence de confort actuel : cuisine équipée, lave-linge, salle de bains moderne avec douche à l'italienne, bibliothèque, wifi et TV dans un des deux logements. Chacun s'ouvre sur une paisible terrasse avec ses transats, accédant à un jardin en pente et sa vue sur la ravine : l'endroit est calme, et à deux pas des commerces de Ruisseau blanc. Franchement, on est sous le charme, et en plus le rapport qualité-prix est très correct ! Accueil chaleureux.

■ L'ORANGINE

48 chemin Técher
Saint-Bernard
✆ 06 92 04 33 30
✆ 02 62 29 34 88
www.orangine.fr
orangine.reunion@orange.fr
95 € la nuit les vendredis et samedis, 85 € en semaine, 80 € au-delà de 6 nuits. Minimum 2 nuits.
Coup de cœur pour cette petite structure d'un seul meublé, dans le jardin du propriétaire ! L'endroit, tout d'abord, est magnifique. A 20 minutes du chef-lieu et 400 mètres d'altitude, un petit coin de nature dans un calme absolu, avec une superbe vue plongeante sur l'océan et la Ravine à Jacques. Ouvert depuis 2013, l'Orangine propose un meublé chaleureux et cosy pour 2 personnes, avec un gros atout : une piscine réservée aux résidents ! Elle vous accueille avec ses bains de soleil et son élégant pourtour en caillebotis et galets.

Le meublé est doté d'une belle literie, une petite cuisine équipée, une salle de bains avec douche à l'italienne, la TV avec CanalSat, le wifi, et une agréable terrasse couverte pour les repas. Entrée et parking indépendants. L'ensemble, neuf et impeccable, mêle bois et pierre dans le souci du détail, pour le plaisir des yeux. Les commerces, et notamment ceux dans l'ancienne léproserie, sont à 10 minutes à pied. Accueil chaleureux.

Se restaurer

■ LE SAINT-BERNARD

146 chemin Père-Raimbault
✆ 02 62 23 62 90
✆ 06 92 86 02 33
restolestbernard@wanadoo.fr
Prendre à droite sur la route de la Montagne, quand on vient de Saint-Denis, au 15e km.
Ouvert du mardi au samedi (midi et soir) et le dimanche uniquement le midi. Plats de 14 à 30 €.
Le truculent Philippe Lauret a ouvert ce restaurant typiquement créole déjà bien connu des Dionysiens, notamment pour sa quantité impressionnante de rhums arrangés : plus de 300 sortes avec tous les fruits et plantes possibles ! La cuisine reste traditionnelle, avec différents caris sur la carte, pas trop chers.

À voir – À faire

■ LÉPROSERIE DE SAINT-BERNARD

Saint-Bernard

Cette ancienne léproserie, construite au milieu du XIXe siècle, est aujourd'hui un agréable petit centre commercial, qui tient lieu de centre du quartier de Saint-Bernard. C'est à une dizaine de minutes du début de la Montagne. On y trouvera un restaurant, des commerces de proximité, la bibliothèque de quartier, un coiffeur, un fleuriste et un centre médical, sis dans ces monuments historiques, disposés autour d'une cour gazonnée.

Sports – Détente – Loisirs

■ CENTRE ÉQUESTRE DE LA MONTAGNE

50 chemin Couilloux
Saint-Bernard
✆ 02 62 23 02 51 / 06 92 91 33 91 / 06 93 90 83 47
www.equimontagne.com
info@equimontagne.com
Ouvert du mardi au samedi, plutôt après les heures d'école.
Ecole d'équitation, poneys et chevaux encadrés par 3 moniteurs.

■ GOLF DU COLORADO

Parc de loisirs du Colorado
✆ 02 62 23 79 50
✆ 06 92 87 43 01
www.golfclubcolorado.fr
gcc4@sfr.fr
Ouvert du lundi après-midi au dimanche soir.
Avec une altitude moyenne de 600 m, le Golf Club du Colorado est le plus élevé de La Réunion. Truffé de dénivelés et de pentes, ses 9-trous raviront les amateurs de parcours corsés.

■ ZONE DE LOISIRS DU COLORADO

La zone de loisirs du Colorado, située à 30 minutes en voiture du chef-lieu, est un immense parc de plusieurs dizaines d'hectares. Parcours de santé, golf, pistes de descente en VTT, sentiers de jogging, aires de jeux (balançoires, toboggans, tourniquets, tunnels…). Il y a ici de tout pour qui souhaite s'adonner à une séance d'activités dans les environs de la capitale, tout en profitant de beaux points de vue sur la vallée de la rivière Saint-Denis.

LES HAUTS DE SAINT-DENIS

La ville a grignoté les Hauts et de nombreuses zones résidentielles ont vu le jour sur ses pentes autrefois rurales, voire sauvages. Autant d'îlots de verdure où la chaleur est moins forte, où l'on respire mieux, où la végétation reprend le dessus.

Les environs de Saint-Denis, mal desservis par le réseau de bus, nécessitent impérativement une voiture. Saint-François, Bellepierre, La Providence, La Bretagne et La Montagne sont devenus des endroits très recherchés, Hauts résidentiels où se nichent encore de petites cases en tôle devant lesquelles sont garées des voitures flambant neuves. Le prix du terrain est, lui aussi, en train de grimper. Verts et luxuriants, les Hauts de Saint-Denis valent le détour, car ils présentent une autre facette de la ville ainsi qu'un aperçu du relief morcelé et montagneux du nord et de son littoral. Ils constituent, en outre, un point de départ idéal pour certains sentiers de randonnée qui traversent La Réunion jusqu'à Saint-Pierre. Découvrir Saint-Denis et ses Hauts est bien plus agréable avec un guide Péi.

■ ÎLET QUINQUINA

3 ou 4h aller-retour, facile et familial. Depuis Saint-Denis, prendre la direction « Bretagne Domenjod » puis se diriger vers la Rivière des Pluies. Juste avant le pont, suivre le panneau indiquant Ilet Quinquina. On arrive dans un village de 200 habitants, où l'on peut bivouaquer et pique-niquer. On y cultive justement du quinquina, un arbre appelé aussi « l'arbre anti-fièvre » utilisé en pharmacie. Dépaysement garanti. Préférer la semaine au week-end pour la tranquillité. Attention, des travaux étaient en cours sur le sentier en 2014, renseignez-vous sur son ouverture.

■ PIC ADAM

Appelée aussi Piton Bois de Nèfles, cette randonnée offre un très beau point de vue sur la côte.Du nom du capitaine Pierre Adam, qui y installa ainsi qu'à Maurice, en 1881, des appareils de signaux optiques à pétrole, ce pic est accessible par la route de Bois-de-Nèfles. Le point de vue se mérite après 1 à 2h de marche sur environ 4 km.

LE BRÛLÉ

Ce village, logé au-dessus du rempart sud de la ville, à 800 m d'altitude, est accessible en une demi-heure par Saint-François et le CD42, comme par Bellepierre et le CD43. Point de départ de balades, aire de pique-nique et de barbecue, le plateau est prolongé par la Plaine des Chicots jusqu'au rempart de la Roche-Ecrite. Au fur et à mesure que l'on monte dans les Hauts (virages en épingle), c'est tout Saint-Denis et sa région qui se découvrent. Le village s'est développé lorsque la plage et les activités balnéaires n'étaient pas encore à la mode ; c'était un des passages obligés des marcheurs vers les cirques, via la Roche-Ecrite. S'il reste encore des planteurs d'azalées, Le Brûlé a été déserté par les jeunes qui descendent à Saint-Denis en quête d'emploi. Le village survit grâce à ceux qui ont fui la chaleur de la côte pour rénover les maisons laissées à l'abandon. Derrière des haies de bambous se cachent des cases créoles qui ont retrouvé un air de jeunesse, au prix parfois d'une réfection totale (le bois résistant mal à l'humidité). Boudées il y a encore quelque temps, elles se vendent désormais bien. La fête des Azalées, à la fin du mois d'octobre, redonne au village un peu de son animation d'antan.

A Mamode-Camp, après le cimetière, commence le chemin forestier au bout duquel débute le sentier de la Roche-Ecrite, qui permet une traversée de zones de bois de couleur.

■ L'AUBERGE DU VAL FLEURI**

91 route de la Roche-Écrite
✆ 0262 23 01 07 / 06 92 61 70 50
www.aubergevalfleuri.fr
aubergevalfleuri@orange.fr

Hébergement : 70 €/personne en demi-pension. Restaurant ouvert tous les jours sur réservation. Comptez environ 10 à 15 € le plat.

L'auberge du Val Fleuri, c'est une parenthèse enchantée dans les hauts, à une demi-heure de Saint-Denis. Blottie dans un parc naturel de 10 hectares situé en pleine forêt primaire, cette structure hôtelière propose le gîte, le couvert... et le soin, puisque hammam, sauna et Spa sont offerts aux clients ! Composée de 8 chalets de 25 m^2, tout équipés et pouvant héberger entre 2 et 4 personnes (2 adultes et 2 enfants), l'auberge, idéale pour un séjour en famille, propose en outre, dans son beau restaurant, une excellente cuisine du terroir issue de la ferme et du jardin bio de l'exploitation. Chinois, *métro* ou créole, tous les plats sont cuisinés au feu de bois. Le petit plus : un aménagement de jeux pour enfants. Une adresse que l'on recommande vivement.

GÎTE DE LA ROCHE ÉCRITE

Plaine-des-Chicots
✆ 02 62 43 99 84
Lit 16 €, petit déjeuner 6 €, dîner 18 €. Réservation auprès de la Maison de la Montagne à Saint-Denis ou des offices de tourisme.

En rénovation depuis 2014, le gîte a rouvert ses portes en août 2015, avec un mot d'ordre : améliorer le confort du visiteur. Il garde ses mêmes capacités d'accueil, mais il y a moins de monde par dortoir et il y a même trois chambres pour deux personnes. Les sanitaires sont neufs et chauffés, des varangues ont aussi été aménagées devant les chambres pour profiter du paysage après une journée de marche. C'est un gîte perdu au milieu de nulle part, dans un cadre bucolique, à mi-chemin entre le village de Dos-d'Ane et celui du Brûlé, mais si vous décidez de faire la Roche Ecrite sur 2 jours, une nuit ici s'impose !

SAINTE-MARIE

Ancienne circonscription administrative de Saint-Denis, Sainte-Marie n'est devenue commune indépendante qu'en 1789. Aujourd'hui, elle fait à nouveau quasiment partie du chef-lieu, tant ce dernier s'est étendu vers l'est : avec plus de 30 000 habitants, Sainte-Marie ne se trouve qu'à 8 km du centre de Saint-Denis. Elle présente de bien maigres attraits touristiques si ce n'est quelques ruines de bâtiments historiques (sucreries, habitations, écuries...).

Les champs de canne, les allées de cocotiers et les jolies cases créoles, grignotés par l'essor toujours plus glouton de constructions modernes, constituent le décor de la commune. Les Hauts, parcourus par plusieurs ravines, sont plus attrayants : on peut se promener au bord de quelques bassins (bassin Marie-Louise, bassin Z'Eclairs...), toutefois interdits à la baignade. Sainte-Marie reste une ville pratique et agréable pour ceux qui veulent découvrir Saint-Denis ou accéder facilement à l'Est. Le front de mer est aujourd'hui une voie piétonne. Auparavant, 50 000 voitures y passaient chaque jour. Le port de plaisance, tout en béton et rochers, offre un point de vue idéal sur l'aéroport et le ballet des avions qui décollent et se posent au bord de l'eau. C'est ici, à l'aéroport Roland Garros, que la première liaison aérienne est effectuée avec La Réunion en 1929, depuis Tamatave, à Madagascar, après un périple de 10 jours depuis la métropole. La piste rudimentaire tracée pour l'occasion suit encore la piste actuelle. Si la première liaison commerciale est inaugurée en 1938, l'aéroport demeure pendant longtemps un assemblage rudimentaire de cases en tôle, et le terrain d'un certain M. Gillot (dont l'aéroport est encore appelé ainsi) sert de piste d'atterrissage. Ce n'est qu'en 1963 qu'un vrai aéroport voit le jour, avec une piste pour long-courriers, obligeant à raser le village de Maperine. Il faudra attendre 1994 pour que la piste soit rallongée et permette enfin des vols directs depuis Paris. Modernisé depuis, il peut désormais accueillir les A380... Bien que pour l'instant seuls deux se soient posés : le premier pour un vol d'essai, le second, de la compagnie Emirates, dérouté de Maurice à cause de la météo ! D'autres travaux d'agrandissement sont en cours pour un budget de plusieurs centaines de millions d'euros, pour accueillir les touristes qui sont censés venir dans un futur proche... Malgré le tourisme qui s'effondre. Le complexe aéroportuaire compte enfin un aérodrome de loisirs avec aéroclub et survols en ULM, ainsi qu'un héliport.

Se loger

■ CHAMBRES D'HÔTES DE MME NICOLE MAILLOT

54 chemin Nono-Robert
La Confiance-les-Bas
✆ 02 62 53 81 64 / 06 92 05 39 14
chambre54nicolemaillot@hotmail.com
Compter 50 € la nuit pour 2 personnes, 74 € pour 3, avec petit déjeuner. Dans les Hauts de Sainte-Marie, à 4 km de la nationale, à 300 m d'altitude. Piscine d'eau salée. Lave-linge supplément de 5 €.
Deux chambres doubles, et une chambre triple, assez confortables, avec salles de bains individuelles, au rez-de-jardin de la maison des propriétaires, avec entrée indépendante. Attention, pas de repas proposé.

■ CHAMBRES ET TABLE D'HÔTES LES CITRONNELLES

440 Central Flacourt
Terrain Elisa
✆ 02 62 97 60 36 / 06 92 67 14 19
50 € la chambre double avec petit déjeuner, 70 € la triple. Repas sur réservation à partir de 15 €.
Au milieu des champs de canne, à 10 minutes de la nationale, une halte paisible et conviviale disposant de trois chambres douillettes et assez spacieuses, avec salle de bains individuelle. On prend les repas sous une grande varangue avec une magnifique vue sur la campagne et l'océan, et l'on se régale de plats traditionnels : cuisine créole à base de civets et cuisine indienne, à base de produits de la basse-cour.

■ LE MAGELLAN

Immeuble Le Magellan,
appartement n°16
2 rue Edith Piaf
✆ 06 92 25 13 38 / 06 93 40 58 00
modeso@yahoo.fr
55 € la nuit pour deux personnes, 65 € pour trois et 75 € pour quatre.
Dans une résidence sécurisée à la sortie Est de Sainte-Marie, au 2e avec ascenseur, un studio en location touristique. Décoré avec goût, il est meublé de teck et confortablement équipé : climatisation, cuisine complète et moderne, literie haut de gamme, salle de bains avec baignoire, agréable terrasse sans vis-à-vis, accès Internet et TV LCD. La résidence se situe à 300 mètres du sentier littoral nord et à 200 mètres d'un complexe sportif avec une grande piscine. Accès par digicode, parking à télécommande. Bon rapport qualité-prix.

■ LA VILLA DES CANNES

Lotissement Lisa Chiendent
17 Route du Paradis
✆ 02 62 37 32 13 / 06 92 06 45 22
www.lavilladescannes.com
contact@lavilladescannes.com
150 € la nuit avec petit déjeuner pour 2 personnes, dégressif à la durée. Chambres non-fumeur.
Sur les premières hauteurs, à 300 m d'altitude et 5 km de la 4 voies, soit moins de 10 minutes de l'aéroport, voici sans doute les meilleures chambres d'hôtes du nord de l'île, classées 4 Clévacances. Barbara et Antoine vous accueillent dans leur belle villa, construite en U dans un grand jardin. Elle abrite seulement deux chambres, chacune dans une aile de part et d'autre d'une belle piscine au sel, mais quelles chambres ! Très spacieuses, décorées avec beaucoup de goût et richement équipées, elles offrent le confort d'un hôtel de luxe, vos hôtes se chargeant d'y adjoindre des services de niveau hôtelier : ménage quotidien, produits d'accueil bio… Belles literies en 160 cm, wi-fi, cafetière expresso, mini-bar, réfrigérateur, coffre-fort, TV-DVD avec films à disposition… La Suite Cannelle, aux chaleureuses tonalités chocolat, est pourvue d'une superbe salle de bains avec baignoire d'angle et douche à l'italienne, tandis que la chambre Sarkara, tout aussi élégante avec ses tons gris souris et rose pastel, a sa salle de bains ouverte sur la chambre. Sur la propriété, les résidents profitent de la piscine, ses transats et son moelleux espace lounge. Barbara et Antoine vous conseilleront pour les balades aux alentours, et parlent aussi anglais, espagnol et italien. En résumé, beaucoup de charme et un accueil attentionné et chaleureux, une bonne alternative à un hôtel dans le centre embouteillé de Saint-Denis. A découvrir !

Sortir

■ CINE PALMES

51 rue Michel-Ange
✆ 02 62 90 22 90
www.cinepalmes.com
Situé tout près de l'aéroport, dans la zone commerciale de Duparc, un grand multiplexe avec dix salles spacieuses et tout confort, technologie numérique, service restauration, accès handicapés, etc.

À voir – À faire

CHATEL

ZAC de Gillot
✆ 02 62 97 99 10
www.groupechatel.com
contact@distilleriechatel.com
Ce grand fabricant de punchs a une gamme de saveurs qui s'étend chaque année un peu plus : vanille, ananas, letchis, planteur, trois citrons, mangue, citron vert, pêche, punch des îles (Fêt'Coco). Chatel commercialise aussi depuis 1907 une délicieuse liqueur à base de goyavier, le Goyavlet.

TEMPLE KALOU MARIAMMEN

Ce temple tamoul dédié à la déesse Mariammen ne se visite pas, mais on peut l'admirer de l'extérieur. Situé à La Mare, c'est un des plus beaux de l'île. On y honore aussi Ganesh, le dieu à la tête d'éléphant, ou encore Alvan, le gardien du feu.

LA VIERGE NOIRE

Rivière-des-Pluies
Accès : aller à Rivière-des-Pluies. C'est juste derrière l'église.
Chaque 1er mai, une foule venue de toute l'île se presse devant une petite grotte miraculée où, selon la légende, Mario, esclave en fuite, se serait caché à l'époque du marronnage. Un buisson de bougainvilliers aurait en effet poussé à l'entrée de la caverne, bloquant son accès, et épargnant le fugitif de la rapacité des chasseurs de marrons. Protectrice des opprimés, La Vierge Noire, dont la statue veille sur cette grotte insolite, est très respectée sur l'île.

Sports – Détente – Loisirs

Sports – Loisirs

AÉROCLUB ROLAND-GARROS

Zone aéroportuaire de Gillot
Route de Maperine
✆ 02 62 53 45 85
Ils ont leur propre terrain d'aviation.
Ouvert en 1933, c'est le troisième plus ancien aéroclub toujours en activité de France. Outre l'aéroclub, le bâtiment héberge aussi des centres d'ULM et un club d'hélicoptères.

BPP LOCATION

Port de Plaisance, La Mare
✆ 06 92 87 23 21
www.bpplocation.fr
bpp974@hotmail.fr
145 € la demi-journée en semaine, 160 € le week-end, 260 € la journée en semaine, 280 € le week-end, carburant non compris.
Sur le port de Sainte-Marie, un loueur de bateaux sans skipper. Ce sont des Olympio 700 de 7 m ou Ocqueteau 735 de 7,30 m avec moteurs de 175 CV, équipés pour la pêche notamment, mais utilisables aussi pour la balade (observation de baleines, sorties plongée…).

HÉLILAGON

Aéroport Roland-Garros
✆ 02 62 55 55 55
www.helilagon.com
helilagon@helilagon.com
En arrivant à l'aéroport, au lieu d'aller tout droit vers le terminal, prenez à droite puis jusqu'au fond, c'est indiqué.
Circuits de 95 € à 319 € selon la durée du trajet, l'itinéraire et l'âge du passager.
Hélilagon, avec plus de 25 ans d'expérience et de savoir-faire, est la compagnie d'hélicoptères phare de La Réunion. Elle propose des survols touristiques principalement au départ de son altiport de l'Eperon, près de Saint-Gilles-les-Bains mais aussi, sur réservation, depuis l'aéroport de Roland-Garros, uniquement pour le circuit « l'Incontournable » : 45 minutes de vol environ, tarif adulte 259 €. C'est aussi le plus demandé car on découvre l'essentiel de l'île : Mafate, Salazie, le Trou de Fer, le volcan, les Plaines, le Dimitile, Cilaos… absolument inoubliable !

PRANAVENTURE

213 rue Elisa
✆ 06 92 24 56 58
pranaventure.com
guide974@gmail.com
50 € pour un initiation au canyoning, 85 € pour les 3 Salazes. Groupes de 8 personnes maximum en canyoning et escalades, et de 2 à 6 personne en montagne en fonction de la course.
Julien Michel, guide de haute montagne vous fait découvrir l'île à travers des activités de montagne et d'eaux vives et s'adapte à vos attentes et votre niveau dans des conditions professionnelles et conviviales. Canyoning (Fleurs Jaune, Trou Blanc, Takamaka,…), escalade, (cours, stage, grande voie), randonnées pédestres, alpinisme tropical, traversée d'arêtes rocheuses, courses de montagne : Les 3 Salazes, Traversée « Piton des Neiges–Gros-Morne », Cimandef, Piton Calumet… Des photos et vidéos HD vous seront offertes à la fin de votre journée.

■ **PAPANGUE ULM**
Zone aéroportuaire de Gillot,
Route de Maperine
✆ 06 92 08 85 86
www.papangue-ulm.fr
Circuits de 80 € à 190 €.
Basé à l'aérogare Maperine (juste à côté de Roland-Garros), Papangue ULM propose des survols de l'île au départ de l'aéroport de Roland-Garros à Sainte-Marie. Le plus court vous emmène à Salazie, au Voile de la Mariée et au-dessus du Trou de Fer, le plus long vous fait faire le tour complet de l'île avec Salazie, le Trou de Fer, Grand-Etang, le volcan, le Dimitile, Cilaos, Mafate, les lagons et le port de Saint-Gilles, l'étang de Saint-Paul, retour par la route du Littoral… Différence avec les autres centres d'ULM, qui sont dans l'Ouest ou au Sud : on découvre l'Est à l'aller, et la route du Littoral au retour. Bon accueil.

■ **ZEN ALTITUDE ULM**
Zone aéroportuaire de Gillot
Route de Maperine
✆ 06 92 87 20 29
www.zenaltitude-ulm.com
johnny.vaulbert@wanadoo.fr
Vol découverte 40 €, un cirque (Salazie) 80 €, deux 110 €, trois 120 €, complet avec passage à la verticale du Piton des Neiges et Volcan jusqu'au pas de Bellecombe 210 €. En gyrocoptère : circuits similaires de 50 à 220 €. 10 % de réduction si réservation sur Internet (5 % pour le gyrocoptère).
En compagnie de Johnny Vaulbert, dont les maîtres mots sont sécurité et tranquillité, le survol de l'île est un vrai moment de bonheur ! A bord d'un FK9 Mark 4 Short Wing orange, confortable et largement sécurisé (et même équipé d'un parachute), on découvre lagons, cascades, volcan et cirques. Véritable passionné, Johnny a monté lui-même l'un de ses ULM ! Rien à craindre, il maîtrise l'art du zen : décollage en douceur, vol tranquille et atterrissage tout doux. Egalement des départs de Pierrefonds à Saint-Pierre. En exclusivité sur l'île, Zen altitude propose aussi des survols en gyrocoptère ! Une belle adresse pour une fabuleuse expérience !

Shopping

■ **CENTRE COMMERCIAL DUPARC**
www.duparc-sainte-marie.re
Ouvert le lundi de 12h30 à 20h, du mardi au samedi de 8h30 à 20h, le dimanche de 8h30 à 12h30.
Un immense complexe commercial bourré de petites et grandes enseignes. 65 boutiques, pour se vider les poches selon ses envies !

OUEST

Cascade du bassin des Aigrettes, dans les environs de Saint-Gilles-les-Bains.

L'Ouest

Curiosité
Sommet
Relief
OCEAN INDIEN
Cap Bernard
Pointe du Gouffre
Saint Denis
N1
Route du Littoral
La Montagne
Ruisseau Blanc
Pointe de la Ravine à Malheur
Pointe des Galets
St Bernard
D41
LE PORT
La Possession
La Ravine à Malheur
Le Brûlé
Cœur Saignant
Ste-Thérèse
Cascade Maniquet
Pointe de la Rivière des Galets
Plaine des Galets
Le Grand Pourpier
Pichette
Ilet Lautret
La Plaine
Sans Souci
Dos-d'Ane
Plaine d'Affouches
BAIE DE SAINT PAUL
Sauanna
L'Etang
Le Hangar
Mon Repos
Le Grand Coin 1466
Cap Noir
SAINT-PAUL
N1
Le Tour des Roches
Ilet à Déjeuner
Cap la Houssaye
La Grande Fontaine
D4
D3
Le Ruisseau
Ilet Flamand
Ilet Patates
Crête d'Aurère
Riv. des Galets
Aurère
Boucan -Canot
Bellemène
Les Trois Chemins
Fleurimont
Le Guillaume
Ilet à Malheur
Pointe des Aigrettes
Cap Homard
Pit Bernica
Petite-France
Ilet des Lataniers
Saint-Gilles-les-Bains
Bernica
Ilet à Bourse
Saint-Gilles-les-Hauts
Route du Maïdo (RF 8)
Ilet des Orangers
CIRQUE DE MAFATE
Villèle
D101
Le Maïdo 2190 m.
Roche Plate
Route forestière (RF 9)
L'Ermitage les Bains
La Saline
La Saline-les-Hauts
La Nouvelle
D3
La Saline-les-Bains
D9
D4
Les Trois Roches
N1
Les Trois Bassins
Marla
FORÊT DOMANIALE DES BENARES
Col du Taïbit 2082 m.
La Souris Chaude
Colimaçons les Hauts
Piton Rouge 2401 m.
Les Colimaçons
La Chaloupe Saint-Leu
Grand Bénare 2 896 m.
D12
Pointe des Châteaux
D13
Petit Bénare 2 756 m.
La Fontaine
Ferme Corail Elev. de Tortues
D3
Ilet du Bras de Saint-Paul
Chapelle N. D. de la Salette
SAINT-LEU
D22
l'Etang Saint-Leu
CIRQUE DE CILAOS
Le Cap Lelièvre
Piton Mare à Boue 1226 m.
La Fenêtre 1 600 m.
Stella Matutina
Pointe au Sel ou Pointe de Bretagne
Grand Fond les Hauts
FORÊT DU TEVELAVE
D13
Les Makes
D11
D3
Le Tévelave
N1
Le Plate
D16
OCEAN INDIEN
LES SOUFFLEURS
Piton St-Leu
Entre-Deux
Le Piton Rouge
D20
Les Avirons
D19
Ravine Sèche
D3
Pointe des Avirons
La Rivière
D20
L'Etang-Salé les-Bains
La Plaine
D11
Le Camp du Gol
N
2 km
Le Gouffre
Etang du Gol
SAINT-LOUIS
D5

Saint-Denis à Saint-Paul

Sèche, protégée des vents et de la pluie par les montagnes, la côte Ouest jouit d'un abri naturel contre les alizés du nord-est, par opposition à la côte Est et sa végétation exubérante. Incontournable, c'est la région la plus touristique de l'île, même si elle se décompose en plusieurs sous-régions très diverses.

Entre Saint-Denis et Saint-Paul, la succession de cités-dortoirs, de banlieues résidentielles, de centres commerciaux, d'usines et d'installations portuaires offre peu d'intérêt pour le touriste. La Possession et le Port sont des cités-dortoirs, même si cette dernière affiche un certain dynamisme culturel. Le vieux centre de Saint-Paul constitue une étape d'ordre historique intéressante, puisqu'il s'agit de la première cité à avoir été fondée sur l'île, ainsi que pour son marché forain, le plus grand de l'île, idéal pour les souvenirs. Les hauteurs ont quelques attraits, comme le village de Dos-d'Âne ou l'accès aisé à Mafate par la rivière des Galets.

La région la plus touristique est juste après Saint-Paul, au-delà du cap La Houssaye. Bordée de belles plages de sable blond sur une vingtaine de kilomètres, protégées par des barrières de corail formant un lagon, la région des plages est celle qui correspond le plus à l'image de carte postale du paradis tropical. Ses toponymes évoquant le farniente (L'Ermitage, La Saline-les-Bains) masquent toutefois le fait que cette région soit la plus urbanisée, investie par une architecture hôtelière sans grand charme. Toutefois ce n'est pas la Costa Brava, les bâtiments dépassant rarement la hauteur des arbres.

Sur les hauteurs au-dessus de la Région des plages, s'étagent suivant l'altitude d'autres univers toujours plus étonnants : d'abord des gros bourgs résidentiels à 300 m d'altitude, puis des villages champêtres à 800 m, puis en suivant la route du Maïdo, les cultivateurs de géranium et leurs alambics à 1 200 m, les forêts primaires à 1 600 m, puis l'univers de plus en plus minéral de la haute montagne. Elle culmine à 2 200 m d'altitude au panorama du Maïdo, un point de vue incontournable sur Mafate. Les plus courageux pourront grimper au sommet du Grand Bénare, à 2 898 m.

En restant sur la côte, après la région des Plages vient Saint-Leu, ville balnéaire elle aussi, mais se voulant le contre-exemple des dérives de la station balnéaire. Plus bobo-roots et moins bling-bling, elle est aussi la capitale du parapente et jouit d'un lagon ouvert à la baignade, mais assez étroit. Dans les Hauts, s'étagent de nouveau des villages accrochés aux pentes, ainsi que plusieurs musées et visites intéressantes. Après Saint-Leu se trouve le village des Avirons, puis c'est le Sud.

SAINT-DENIS À LA POSSESSION

A Saint-Denis, prendre la direction de Saint-Paul, à l'ouest de la ville. Impossible de se tromper, même s'il y a deux manières de se rendre à la Possession depuis Saint-Denis : par la D41, appelée aussi « route de la Montagne », qui traverse le village éponyme, serpente jusqu'à 600 m d'altitude sur 36 km et prend une heure. Ou par la Nationale 1, la Route du Littoral, sur 4 voies coincées entre océan et falaise verticale, sur 12 kilomètres en 8 petites minutes. Le choix est simple et c'est celui que font plus de 50 000 Réunionnais chaque jour pour joindre Saint-Denis, où sont les emplois, et l'ouest, où ils vivent. Autant dire qu'aux heures de pointe, les bouchons s'étendent sur des kilomètres...

C'est sans doute le moment pour vous arrêter au 8e km et profiter du paysage, là où la falaise s'ouvre en une profonde ravine, celle de la Grande-Chaloupe. Dans ce village étrange et un peu lugubre vivent une vingtaine de familles, viscéralement attachées à leur *ti quartier*. Il faut dire qu'il est chargé d'histoire. Pour se l'imaginer, il faut se représenter cette vallée enclavée et inaccessible… sans 4-voies devant ! L'endroit était idéal pour réceptionner et mettre en quarantaine les esclaves et travailleurs engagés, afin d'éviter les épidémies de lèpre.

À découvrir :

- **Les lazarets.** Ce sont ces drôles de bâtiments qui ont servi de sas de décontamination aux travailleurs engagés, essentiellement indiens, chinois, africains et malgaches, recrutés en masse après l'abolition de l'esclavage en 1848.

La gare de La Grande Chaloupe, classée Monument historique, vaut à elle seule le détour, car elle rappelle cette époque pas si lointaine où un *ti-train* parcourait l'île avec, à son bord, de la canne à sucre, des bestiaux et des voyageurs.

LA POSSESSION

A 14 km de Saint-Denis, la 4 voies continue de longer l'océan en passant à côté de La Possession, une ville-dortoir de 30 000 habitants. Ce fut la première possession du roi de France, en 1649, plaçant Mascarin sous sa souveraineté. Malgré son statut, les premiers colons la délaissèrent au profit de Saint-Paul et La Possession resta un éternel lieu de passage entre sous-préfecture et préfecture.

La conquête de l'île s'est d'abord faite par « décret du roy », puis par la pose d'une plaque sur un arbre, mais ce n'est que plusieurs années plus tard que les premiers colons s'installèrent, à quelques kilomètres de là, à Saint-Paul. La Possession ne se constitua d'ailleurs en commune qu'en 1890, après avoir longuement été rattachée à Saint-Paul. Elle était un important centre de production de café. Mais sa première activité fut le batelage : la traversée vers Saint-Denis était jugée moins épuisante que par le chemin Crémont, rude chaussée de pierre en haut de la falaise qui offre d'ailleurs une très belle promenade via La Grande Chaloupe. Aujourd'hui, La Possession est devenue une banlieue résidentielle, fortement urbanisée car c'est la première ville après Saint-Denis, où travaillent la majorité des Possessionnais.

Son principal intérêt est d'accueillir une partie du magnifique cirque de Mafate, et aussi le village de Dos-d'Ane, à 1 000 m d'altitude.

Transports

Première ville sur la côte Ouest après Saint-Denis, La Possession est à seulement 15 minutes de Saint-Denis par la route du Littoral, soit 12 km. On peut aussi y accéder par la route de la Montagne, très beau parcours de 36 km (soit 1 heure), utilisé quand la route principale est coupée.

A noter également que le réseau des cars jaunes fonctionne très bien sur cette partie de l'île. Les lignes 01 02, 03, 04, ZO et T sillonnent la côte Ouest de 5h à 20h environ.

Pratique

■ OFFICE DE TOURISME INTERCOMMUNAL DE L'OUEST

24 rue Evariste-de-Parny
✆ 0810 797 797
www.ouest-lareunion.com
accueil@ouest-lareunion.com
Derrière l'église.
Ouvert du lundi au vendredi de 9h à 17h, le samedi de 9h à 12h. Visites guidées avec Clovis : 9 € adulte, 6 € enfant de moins de 12 ans.

Outre les renseignements prodigués comme partout sur les hébergements, restaurants, activités, manifestations et services, l'équipe assure également les réservations des gîtes de montagne, la vente de places de spectacles, de tickets de bus Kar'Ouest (le réseau de transports public de l'Ouest) ou encore du Rosalie (petit train touristique). L'office propose également des découvertes culturelles avec Clovis, un « guide patrimoine » qui propose des circuits dans chacune des communes du territoire : par exemple, tous les 2e et 4e samedis du mois de 9h à 11h, visite du lazaret de la Grande Chaloupe, découverte de l'histoire chargée de ce lieu, son ancienne gare, son patrimoine religieux... Enfin, en nouveauté 2015, l'office propose ses « zarlor » (« trésor » en créole), des packs combinant plusieurs prestations pour offrir ou se faire plaisir : par exemple le « Zarlor Détente en Duo » combine un soin relaxant dans un hôtel de luxe et un apéritif romantique pour 60 €.

Se loger

■ MEUBLÉ GENCE

29 chemin Tamarin-Sarda
✆ 02 62 22 10 56 / 06 92 69 67 55
www.souslesoleil-delareunion.com
yolette.gence@wanadoo.fr
De 175 € la semaine à 336 € la semaine suivant le nombre de personnes, dégressif à la durée.

Sur les hauteurs de La Possession, un ensemble de meublés en location : studios, T1 et T3. Les studios sont dotés d'un coin cuisine et d'une salle de bains. Les T3 logent jusqu'à 5 personnes et comprennent la télévision, une terrasse avec barbecue et vue sur l'océan, la climatisation en option. En option également pour tous, l'accès à Internet et en commun une machine à laver. Le confort reste simple, l'ensemble étant pratique et d'un bon rapport qualité-prix.

La Route du Littoral

Entre Saint-Denis et La Possession court un massif montagneux bordé de falaises plongeant dans l'océan : le cap Bernard. La première route ouverte passe au-dessus, par La Montagne, tracée dès 1730 et pavée en 1770. En 1876 ouvre ensuite une route en corniche pour cavaliers, baptisée « chemin Laugier », dont le franchissement prend 2h. Jusqu'à 200 voyageurs y passent chaque jour, mais elle est vite délaissée au profit du rail, grâce au percement d'un tunnel de 11 km de long en 1882. Une véritable révolution à l'époque, mais avec l'augmentation du trafic automobile, le besoin d'une nouvelle voie se fait sentir dès les années 1950.

La première version de la Route du Littoral ou « route en corniche » est livrée en 1963. Quelques années après, il faut recommencer : le trafic s'est intensifié, la chaussée est abîmée et la route, trop près de la falaise, reçoit d'immenses éboulis fatals aux usagers. Elle justifie alors sa réputation de « route de la mort », chantée par Michel Admette : Moin la peur, mi di a ou, pass la route en corniss, « moi, j'ai peur, je vous dis, de prendre la route en corniche ».

Commence alors la construction, en 1973, de la route 4-voies « la plus chère du monde » (230 millions de Francs pour 12 km) selon les mauvaises langues. Ce ne fut pas une mince affaire que de construire cette infrastructure, entre la falaise et l'océan tempétueux ! 00 000 tétrapodes de 8 à 25 tonnes, ces blocs de béton qui brisent les vagues, protègent les remblais des houles cycloniques. Achevée en 1976, elle signe la mort du train, la fin de l'histoire ferroviaire de l'île, et la consécration de la civilisation automobile. Mais les roches tombent ! En ses endroits les plus friables, la falaise est recouverte de filets anti-sous-marins, issus des stocks de la Seconde Guerre mondiale, censés empêcher les pierres de tomber sur les voies. Environ 10 000 tonnes de roches tombent chaque année, en grande partie stoppés par ces filets et des pièges à cailloux, mais 180 tonnes échouent tout de même sur la route, moitié côté mer, moitié côté montagne.

Avec 60 000 passages quotidiens, la Route du Littoral est un axe vital pour l'île et fait l'objet d'une surveillance constante. Les véhicules d'entretien circulent en permanence pour enlever les pierres échouées sur la chaussée. Quand la pluviométrie dépasse 15 mm, la route « bascule » en mode 2+1 : 2 voies étroites dans un sens, 1 voie dans l'autre, dans l'espace normalement dévolu aux 2 voies côté mer. Mais quand la houle s'y met aussi, on passe en 1+1, voire en fermeture totale et là, seule la Route de la Montagne (D 41) permet de passer, ce qui peut prendre plusieurs heures ! Si plus de 93 personnes sont mortes sur cette route depuis son ouverture, au moins 23 le seraient à cause des pierres. Qu'il s'agisse d'un bloc de quelques kilos percuté à vive allure, ou de l'effondrement d'un pan entier de falaise, comme en 1980 et en 2006, engloutissant les 4 voies et plusieurs véhicules.

La problématique, qui dure depuis plusieurs siècles, pourrait être prochainement solutionnée. Suite au changement de majorité à la Région en 2010 et à la signature des accords de Matignon avec le gouvernement Fillon, le projet de tram-train a été enterré et ses budgets basculés sur un projet de Nouvelle Route du Littoral (NRL), aussi titanesque que coûteux. La Région s'oriente vers un tracé de 12 km entièrement en mer, à une cinquantaine de mètres de la falaise et de l'actuelle route. Sur 4 ou 6 voies de large, constituées à 20 % de digues et à 80 % de viaducs, la NRL doit être calibrée pour contenir des houles centennales, coûter 1,6 milliard d'euros et ouvrir vers 2020. Mais les détracteurs sont très nombreux, la population réunionnaise était en effet plutôt favorable au tram-train. Les arguments ne manquent pas, comme le coût plutôt calculé à 2,5 milliards (voire 3 ou 4), tous les grands travaux étant sous-estimés au départ. Le Huffington Post a même classé le projet n°1 d'un classement des principales gabegies de France en matière de grands travaux, plus cher que l'aéroport Notre-Dame-des-Landes ! Egalement l'absence de réflexion sur l'entrée de Saint-Denis, où l'on passe à 2x1 voies, l'endettement accru de la Région Réunion déjà surendettée, l'impact écologique avec la destruction de massifs coralliens et les nuisances aux cétacés, mais surtout cette course folle vers toujours plus de voitures, dans l'intérêt bien compris des entreprises du BTP, de l'automobile et du pétrole... Les travaux ont largement débuté avec des piliers qui sortent déjà de terre mais la question des besoins en matériaux fait rage en 2015. 18 millions de tonnes de roches sont nécessaires pour les digues, et il faut choisir entre des carrières immenses qui éventreront l'île et l'importation de roches de Madagascar. La route est encore très longue !

■ **VILLAGE NATURE LODGE ROCHE TAMARIN******
142 chemin Bœuf-Mort
✆ 02 62 44 66 88 / 06 92 44 54 86
www.lodgetamarin.com
infos@villagenature.com
Direction Dos d'Ane, juste avant l'Eglise et le dépôt d'autobus.
Compter entre 170 € et 330 € la nuit pour 2 personnes selon la saison, petit déjeuner 20 € par adulte. (Possibilité de demi-pension).
Dans les hauteurs de La Possession, à 10 minutes de la nationale, vingt superbes chalets, enfouis dans un domaine forestier de 15 000 m², où l'on chemine sur des passerelles en bois sur pilotis. Un air de parc national sud-africain... ce qui est logique puisque ce sont des bungalows utilisés dans les lodges d'Afrique du Sud. Ne manquent que lions et girafes ! Classé 4 étoiles depuis 2012, son confort correspond à sa catégorie : grande literie, salle de bains avec baignoire victorienne, brasseur d'air, TV satellite, wifi et minibar. La suite romantique dispose en plus d'un bain massant sur la terrasse. Beaucoup de charme et une vue panoramique sur le Port, certes industriel, mais avec l'océan et le coucher de soleil en toile de fond. Pour vous restaurer, profitez de la vue panoramique au restaurant Les Baies Roses. Le Spa Body Harmonie propose en supplément toute une gamme de soins : hammam aux pierres volcaniques, sauna, spa... dans un cadre tout aussi exotique et original.
Une adresse parfaite pour s'évader de la torpeur des plages !

Se restaurer

■ **LES BAIES ROSES**
Hotel Village Nature Lodge Roche Tamarin
142 chemin Boeuf-Mort
✆ 02 62 44 66 88
www.lodgetamarin.com
Ouvert tous les jours sauf le lundi midi. Menu à 49 € (entrée, plat, dessert).
Dans le cadre du Village Nature Lodge Roche Tamarin, tout de bois exotique, venez apprécier la vue panoramique sur la côte, et une cuisine métropolitaine essentiellement. Parfois quelques originalités sud-africaines dont, le week-end, un « boma » : repas autour d'un feu et grillades.

■ **JIN JIANG**
2 rue Raymond-Mondon
✆ 02 62 26 09 11
Comptez environ 8 € le plat.
Un restaurant chinois, le long de la quatre-voies. Les gérants parlent en chinois, et le décor, tout de rouge et or, donne l'ambiance. Les plats chinois habituels, multipliés par de nombreuses sauces, se mêlent à des spécialités moins fréquentes.

À voir – À faire

■ **LE CHEMIN DES ANGLAIS ET LE CHEMIN CRÉMONT**
Cette voie, constituée de deux parties et considérée comme la plus ancienne route de l'île, a été construite sous l'autorité de Mahé de La Bourdonnais en 1732 et pavée en 1775 à l'initiative du gouverneur Crémont. Mais c'est en 1810, lors de l'invasion de l'île par les Britanniques, qu'elle prend le nom de chemin des Anglais, car elle confère à la perfide Albion une position stratégique qui lui permet d'attaquer Saint-Denis par surprise. En effet, les Anglais, lorsqu'ils débarquent à la Grande-Chaloupe, empruntent ce chemin pour livrer bataille sur le plateau de La Redoute et reprendre l'île aux Français.
Quant à la partie Grande-Chaloupe-La Possession, elle se nomme « chemin Crémont ». On raconte que les passionnés d'histoire empruntent ce sentier quasi quotidiennement à la recherche de quelque objet ancien, perdu dans les broussailles ! Les habitants de la Grande-Chaloupe ont l'habitude, quant à eux, de le parcourir pour se rendre à La Possession ou à La Montagne. Facile, la balade vaut le détour car la vue sur l'océan et la rade du port est incomparable. Départ de Saint-Bernard (Hauts de Saint-Denis), au niveau du cimetière, étape à la Grande-Chaloupe, arrivée à La Possession. On peut bien sûr commencer la randonnée à la Grande-Chaloupe et ne faire que l'une ou l'autre des portions (chemin des Anglais ou chemin Crémont). Compter une heure de montée entre La Grande Chaloupe et Saint-Bernard et une heure et demie entre La Grande Chaloupe et La Possession.

Sports – Détente – Loisirs

■ **ALPANES**
14 rue Simone-Pinel
✆ 06 92 77 75 30
www.alpanes.com
contact@alpanes.com
Compter de 60 € à 75 € la journée complète.
Une jeune équipe spécialisée dans le canyoning et la randonnée pédestre. Hors des sentiers battus, ils vous initient sur des sites où les autres ne vont pas forcément, en particulier

Association Ti'train lontan

On aurait tendance à l'oublier, mais il n'y a pas toujours eu autant de voitures à La Réunion ! Il y a encore 40 ans, un train de voyageurs sillonnait la côte Ouest, jusqu'à ce que la Route du Littoral soit construite dans la liesse générale... Aujourd'hui, beaucoup regrettent l'abandon de ce moyen de transport ; un projet stérile de tram-train a d'ailleurs vu le jour dans les années 2000 avant d'être abandonné en 2010. A défaut, l'association Ti'train lontan, présidée par Gérard Chotard – 06 92 85 36 78 –, remet sur les rails une locomotive (classée par les Monuments historiques, ainsi que l'ensemble de la ligne entre Saint-Denis et La Possession) pour transporter quelques voyageurs sur l'ancienne voie ferrée, large d'un mètre, de la Grande-Chaloupe à La Possession, via un impressionnant tunnel. Ce trajet de 4,5 km permettra, pendant une grosse demi-heure, d'effectuer un magnifique voyage à travers le temps... Si les autorisations de circulation suivent, les rotations devraient débuter fin 2015.

dans l'Est, à Sainte-Suzanne (Bassin-Bœuf, Bras-Piton-Supérieur) et à Trou-Blanc pour l'initiation, à Salazie au Voile de la Mariée pour les autonomes, ou à Takamaka pour les confirmés (70 m de hauteur !). Une formule originale, le cari canyon, avec des tyroliennes, des toboggans, des rappels guidés le matin et un repas créole complet dans un restaurant, rassemble débutants et confirmés. A noter aussi la sortie kayak en mer, réalisée toute l'année entre Saint-Pierre et Saint-Leu, pour aller à la rencontre des dauphins ou des baleines (de juillet à septembre). Possibilité de kayak en eaux vives dans les rivières mythiques de l'île. Dernière chose : le prêt gratuit d'un appareil numérique étanche vous permet de prendre vos propres photos !

LE PORT

La grande plaine qui s'ouvre après La Possession se prêtait beaucoup mieux que Saint-Denis, coincée entre ses montagnes, à la construction de l'unique port industriel de l'île. Après sept ans de travaux, les premiers bassins sont inaugurés en 1886. La construction puis l'exploitation du port attirent des milliers d'ouvriers. C'est ainsi qu'en 1895 le village est baptisé, se détachant de Saint-Paul et devenant la plus petite commune de l'île, sur une langue de terre sans eau et poussiéreuse : la plaine des Galets. Au début du XXe siècle, la ville est mal famée et sans verdure, elle attire les dockers de Saint-Leu et de La Possession. Peuplé d'ouvriers et de marins, le Port est le berceau du syndicalisme réunionnais, c'est ici que naissent les premières revendications et les premières grèves. C'est aussi le fief du clan Vergès, qui règne sur la mairie de 1971 à 1994, implantant durablement le Parti communiste réunionnais dans le paysage politique réunionnais : le PCR a tenu la mairie jusqu'en 2013 et est resté à la tête de la région jusqu'en 2010. Il y construit de grandes avenues plantées de palmiers et des logements sociaux à l'architecture innovante, sans pour autant résoudre les problèmes sociaux : la ville est une des plus pauvres de l'île et affiche un taux de chômage de 50 %, voire 80 % chez les jeunes. La ville n'en est pas moins active avec ses zones industrielles, portuaires et son centre commerçant... mais les emplois, pas pour les Portois.

Souvent ignorée des touristes, la ville du Port est pourtant attachante pour celui qui prend le temps de s'y perdre, entre ronds-points et grands axes chargés de camions. Et ce notamment pour les nombreuses manifestations qui jalonnent l'année, à la Halle des Manifestations. Le Salon du bois, en mars. Flore et Halle, en août. La foire des Mascareignes, en septembre. L'excellent festival du film d'Afrique et des îles, en septembre. Ou encore la très éclectique biennale des Arts actuels en décembre. A noter enfin, la salle du Kabardock avec sa programmation de musiques actuelles, et sur les quais, le bâtiment D2 dédié aux danses urbaines, confortant ainsi Le Port dans son rôle de capitale du hip-hop.

Le Port est bordé par l'énorme rivière des Galets, qui porte bien son nom en période sèche, et qu'on franchit pour rejoindre Saint-Paul. Déversoir de l'ensemble du cirque de Mafate, son immense lit de cailloux peut s'emplir de bord à bord en saison des pluies, ou lors d'un cyclone, au point de menacer la ville. Pour canaliser l'eau, d'énormes blocs de béton ont été implantés sur la rive du côté du Port, achevés en 2000 après 8 ans de travaux et 800 millions de francs de budget de l'époque.

OUEST

Le reste de l'année, la rivière des Galets n'est qu'un simple torrent de montagne, que l'on peut remonter par une piste caillouteuse praticable uniquement en 4x4, pour accéder à Mafate. Pour cela, il faut se rendre au village de Rivière-des-Galets, appartenant à la commune du Port, mais de l'autre côté de la 4 voies. Ce village, à ne pas confondre avec la rivière elle-même, possède encore quelques boutiques traditionnelles et, sur l'ancienne nationale, un temple tamoul. Les 4x4 pour Mafate sont derrière l'église, mais uniquement les mois de l'année où la piste est praticable.

Le port maritime du Port enfin, présente peu d'intérêt hormis pour admirer le ballet des cargos et des grues porte-containers ; c'est d'ici qu'on embarque pour Maurice et Madagascar. Le port de plaisance a plus d'attrait ; c'est le plus grand de l'île mais il mériterait une meilleure mise en valeur. On y trouvera loueurs de bateaux, centre de plongée, excursions en bateau et quelques snacks.

Transports

AVIS

83 rue Jules-Verne
ZI n°2 97821
✆ 02 62 42 15 99
www.avisreunion.com
contact@avisreunion.com

Ouvert du lundi au vendredi de 7h30 à 12h et de 14h à 17h30.

On ne présente plus Avis, un des principaux loueurs mondiaux. Il propose un choix immense de modèles neufs et un service de haut niveau. Tous les véhicules ont moins de 18 mois et 40 000 km, sont climatisés et très bien équipés. La plus petite citadine, par exemple une Twingo, commence à 39 € la journée en kilométrage illimité, 31 € sur la base d'une semaine, 29 € au delà de 3 semaines. Promotions attractives sur le site.

BUDGET

Concession Peugeot, chemin des Anglais
ZAC des Mascareignes
✆ 02 62 44 87 16
www.budget-reunion.com
resa@budget-reunion.com

Ouvert du lundi au vendredi de 7h30 à 11h30 et 13h30 à 16h30

Ce loueur d'envergure mondiale propose un large choix important de modèles récents à des tarifs abordables avec un accueil et un service professionnel dans ses 4 agences : aéroport (Sainte-Marie), Sainte-Clotilde, le Port et Saint-Pierre. Tous les véhicules sont climatisés, bien équipés, majoriatairement diesel et couverts par une garantie assistance 24/24. La plus petite catégorie, une Renault Twingo, commence à 31 € la journée en kilométrage illimité, 21 € sur la base d'un mois.

ENTERPRISE CITER

33 rue Jacques Prévert
✆ 0262 974 974 / 02 62 48 87 01
www.citer.re
citer.lp@foucque.fr

Avec plus de 400 véhicules et 4 agences, ce loueur est un des plus importants de l'île. Un service professionnel, des véhicules récents et des tarifs compétitifs. La gamme de véhicules, très étendue et principalement composée de Renault ou Citroën, commence à 24 € la journée en kilométrage illimité pour une C1 essence (ou similaire), 22 € par jour sur la base d'un mois. D'autres agences à Saint-Denis (aéroport et Sainte-Clotilde) et Saint-Pierre.

GARCIA

12 avenue du 14 Juillet 1789
✆ 02 62 54 04 04 / 02 62 28 04 04
www.garcialocation.com
contact@garcialocation.com

Ce loueur important et implanté de longue date dispose d'un parc de 500 véhicules de toutes gammes, à des tarifs économiques. La plus petite catégorie, une Nissan Pixo publicitaire, est à 17 € par jour en kilométrage illimité sur la base d'une semaine, mais ces véhicules sont en nombre limité. Les autres modèles, comme une Peugeot 107 climatisée, commencent à 21 € la journée en kilométrage illimité sur la base d'une semaine, 16,70 € sur la base d'un mois. De nombreux autres modèles de toutes tailles. L'agence principale est à Sainte-Clotilde. Enfin, des formules très intéressantes combinent voiture et hébergement en bungalow aux meublés Le Village, à Saint-Louis.

GARE ROUTIÈRE

Rue de Cherbourg
✆ 02 62 55 03 11

La gare routière, située près de la médiathèque, accueille les lignes 03 et 04 des cars jaunes, vers Saint-Denis et Saint-Pierre.

Pratique

MAIRIE DU PORT

9 rue Renaudière-de-Vaux
✆ 02 62 42 87 00
www.ville-port.re
internet@ville-port.re

Des visites thématiques de la ville sont organisées à la demande. Elles concernent aussi bien l'environnement, l'histoire, l'économie et l'art que la culture ou le sport. Point d'Information touristique à l'hôtel de ville, au pôle service économique (✆ 02 62 42 86 62).

Orientation

La ville est plate, étendue et organisée concentriquement. Et pourtant, s'y repérer est un véritable casse-tête. Situé au bout de grandes voies traversant la plaine, au bord de l'eau mais sans front de mer, Le Port possède bien un centre, mais il est relativement limité par rapport à ses banlieues, dispersées et entre lesquelles on se repère grâce aux ronds-points. Si vous êtes perdu, il suffit de se diriger vers la montagne, vous finirez par retrouver la 4-voies.

Se restaurer

■ LA CAZ'

51 rue Evariste-de-Parny
✆ 02 62 43 45 75 / 06 92 27 24 67
restaurant.la.caz@gmail.com
Ouvert le midi du lundi au vendredi. Soir et week-end sur réservation uniquement (15 personnes minimum). De 14 à 40 € le plat (cari langoustes). Menu entrée + plat à 19,50 €.

Attention, lorsque vous voyez la pancarte indiquant le restaurant, garez-vous et empruntez le sentier sous l'enseigne, qui mène directement à cette jolie petite case créole située au fond d'un jardin. Ouverte depuis plus de 20 ans, la Caz » propose une cuisine créole authentique « à l'ancienne » avec des caris bichiques, baba-figues et même tangue, un mets que l'on ne trouve que rarement dans les tables d'hôtes et jamais en restaurant. La carte met aussi à l'honneur vindaye mauricien et roumazave malgache. En fin de repas, laissez-vous tenter par un café brûlé, le vrai café des créoles, servi dans des cafetières lontan.

Sortir

■ LE KABARDOCK

60 rue Labourdonnais
✆ 02 62 54 05 40
www.kabardock.fr
artistique@kabardock.com
Un peu partout dans la ville, des panneaux indiquent l'itinéraire à suivre.
Accueil ouvert du lundi au vendredi de 9h à 12h30 et de 14h à 17h30.
Labellisé Scène de Musique Actuelle en 2007, le Kabardock est devenu un lieu culturel incontournable de La Réunion.
En réussissant le pari d'une programmation audacieuse dans une ville bourgeonnante mais souvent boudée, à tort, par les noctambules et les touristes, cette structure accueille aussi des chorégraphes et compagnies de danse. A noter enfin que la variété des salles (café/cabaret, auditorium et salle de concert) permet de découvrir les artistes dans des atmosphères peu habituelles. Longue vie au Kabardock !

À voir – À faire

On peut assister à des « batailles coqs », le week-end en fin d'après-midi, dans une salle proche du Score (c'est fléché). Âmes sensibles s'abstenir...

■ CIMETIÈRE PAYSAGER

Rue Jesse-Owens
Inauguré en 1992, il esquisse symboliquement la forme d'un arbre, dont les allées de circulation sont les branches qui mènent aux zones de feuilles, destinées aux tombes. Pour bien en discerner les contours, encore faut-il grimper à bord d'un ULM (les compagnies le survolent). Véritable espace vert, il ne ressemble aucunement à son ancêtre, le misérable cimetière de la Peste qui était réservé aux victimes de l'épidémie.

■ INSECTARIUM

Pépinière communale – Rue Simon Pernic
✆ 02 62 43 14 15
www.insectarium-reunion.com
contact@insectarium-reunion.com
Visites guidées (environ 1h) uniquement le mercredi à 14h précises. 4,70 €/adulte et 3,65 €/enfant. Pour les groupes, sur rendez-vous uniquement en semaine.

Mafate en 4x4

C'est depuis le quartier de la Rivière-des-Galets, situé sur la commune du Port mais de l'autre côté de la 4 voies, que l'on peut accéder à Mafate en 4x4 par une piste de 12 kilomètres de long dans la rivière des Galets. Le parcours commence devant l'église et franchit la rivière par des gués à plusieurs reprises, pour aboutir au lieu-dit « les Deux Bras » en une vingtaine de minutes. Seuls les prestataires autorisés peuvent emprunter cette piste, qui est fermée en saison des pluies ; appelez directement l'un de ces taxis pour vous informer et réserver. Ils pratiquent tous le même tarif : 20 € pour 1 ou 2 personnes, 7 € au-delà de 3 personnes, tarif réduit pour les moins de 12 ans.

■ MAFATE TAXI

✆ 06 92 76 76 68
M. Timon.

■ TAXI MAFATE

✆ 06 92 85 12 18
M. Kondoki.

Unique dans l'océan Indien, cette structure est avant tout un centre de données et d'informations sur les insectes et les autres arthropodes, ainsi que sur les écosystèmes dans lesquels ils vivent. Outre la salle d'exposition permanente, on peut observer la vie secrète de ces petites bêtes grâce à des caméras grossissantes, ou découvrir le Jardin des papillons dans lequel un univers de plantes a été conçu pour recréer un écosystème adapté. Certains de ces papillons endémiques de La Réunion sont d'ailleurs en voie de disparition. Voilà une bonne raison, s'il en fallait une, de faire un tour à l'insectarium...

■ VIEILLES CASES CRÉOLES

Rue Lepervanche et rue Amiral Bosse
Face au chenal d'entrée du Port
On le sait peu, mais la ville du Port abrite elle aussi quelques belles cases créoles, qui logeaient autrefois les ingénieurs et cadres des compagnies de navigation. Avec ses larges galeries sur deux niveaux et ses toitures hautes et imposantes, cette architecture typique des anciennes colonies françaises et anglaises offre une belle occasion de porter un regard différent sur la ville du Port, trop souvent délaissée par les touristes.

Sports – Détente – Loisirs

■ LE DODO PALMÉ

Port de Plaisance
1, rue Berthier
✆ 06 92 77 60 71
www.dodopalme.com
contact@dodopalme.com
50 € le baptême, 37 € la plongée explo pour les autonomes équipée, 45 € pour les autres. 35 € exploration enfant. Croisière week-end à partir de 140 €.
La plongée autrement, c'est comme ça que le Dodo Palmé voit les choses, et il a bien raison. Plus intime que ses voisins de Saint-Gilles ou de Saint-Leu, cette structure emmène des équipes de 16 plongeurs au maximum, pour des sorties dans l'Ouest ou autour de l'île, au départ de la Pointe des Galets. Baptêmes, plongées itinérantes, à thème (de nuit, biologique, ou à la recherche des baleines...), explorations (épaves ou récifs)... Les sorties sont aussi variées que les fonds. Et c'est sans doute pour cela qu'on ne s'en lasse pas. Egalement des formations pour le permis bateau et un club-house avec une crêperie.

■ OBJECTIF MER

Port de plaisance
1 rue Paul Berthier
✆ 02 62 27 72 15 / 06 92 85 24 56
www.objectif-mer-location.com
Comptez 90 € la sortie en fin d'après-midi en semaine, 120 € la demi-journée (150 € le week-end), 200 € la journée (230 € le week-end). Skipper professionnel 50 € la demi-journée.
Ce prestataire est le seul dans l'île à proposer des voiliers en location sans permis, avec ou sans skipper. Les modèles loués sont des Surprise de 7,65 m, prévus pour la pêche et la promenade et aussi utilisés en compétition. Entièrement neufs, ils sont équipés d'un moteur électrique et d'un cockpit confortable avec une table, une glacière et une couchette double. Ils accueillent jusqu'à 5 personnes et possèdent tous les équipements de sécurité nécessaires. Partez pour une courte balade, une croisière ou une régate, à des tarifs très abordables ! Le local d'Objectif Mer est situé face au ponton où sont amarrés les voiliers. Bon accueil.

■ OCEAN DREAM CROISIÈRES

Port de plaisance
✆ 06 92 04 19 19 – www.odc.re
contact@odc.re
A partir de 50 € la demi-journée (minimum 7 personnes). Bateau privatisé pour 560 € la demi-journée et 960 € pour la journée. Possibilité de repas à 15 € par personne.
Spécialisé dans les promenades en catamarans, l'équipe aura le plaisir de vous emmener découvrir les eaux limpides de la réunion. Lors de votre détente, vous aurez la possibilité de mettre les masques et tuba pour flirter avec les poissons tropicaux, de bronzer sur les filets du bateau, de tester le Stand up paddle, sans oublier bien sûr la possibilité de croiser des baleines et autres dauphins.

■ RÉUNION FORMATION PLONGÉE

Rue Berthier
Darse de plaisance ouest
✆ 06 92 70 71 06
www.reunion-formation-plongee.fr
contact@reunion-formation-plongee.fr
40 € le baptême, exploration à partir de 33 € (pour autonomes équipés), niveau 1 à 240 €, forfait 5 plongées à partir de 150 €.
Cette structure propose des plongées sur la côte Nord-Ouest de l'île, comme le houlogramme du Port, le tombant de la Possession ou le pain de sucre de Boucan Canot. Des spots moins fréquentés et magnifiques.

OUEST

Shopping

■ **MARCHÉ COUVERT**

Ce marché du centre-ville propose beaucoup d'artisanats locaux et de produits importés de Madagascar. Un rendez-vous plus économique que son voisin de Saint-Paul, qui devrait gagner en ampleur dès sa réouverture !

■ **MARCHÉS FORAINS**

Le mercredi matin, place des Cheminots et le vendredi matin, quartier de l'Oasis.

L'occasion de voir deux petits marchés plus authentiques que celui de Saint-Paul, assailli par les cars de touristes dès le vendredi matin. Fruits, légumes, fleurs, artisanat... Assurément deux des marchés les moins chers de l'île.

DOS-D'ÂNE

Avant de poursuivre la Route du Littoral vers Saint-Paul, au niveau du Port (sortie Rivière-des-Galets) et de La Possession, un crochet par la D1 conduit vers les Hauts jusqu'à Dos-d'Ane, situé sur la commune de La Possession, à environ 1 000 m d'altitude et à 20 minutes de la 4 voies. Ce village est certainement l'endroit le plus facile d'accès pour observer le cirque de Mafate, et c'est également d'ici que part une randonnée très simple vers le cap Verre-Bouteille. Au-dessus du charmant village de Dos-d'Ane, où vous trouverez de quoi passer la nuit, la route continue jusqu'à un petit parking. A 10 minutes de marche, le cap Noir permet très facilement d'avoir un aperçu panoramique sur la grandeur de Mafate.

Se loger

Des gîtes en pleine nature, dans un cadre superbe. Idéal pour les familles qui veulent faire des randonnées tranquilles. Ou pour tous ceux qui veulent se mettre au vert.

■ **LES ACACIAS**

34 rue Germain-Elizabeth

✆ 02 62 32 01 47 / 06 92 86 54 68

Lit superposé 20 €, chambre double 48 €, petit déjeuner inclus. Repas 18 €.

Une maison très sympathique à Dos-d'Ane, chez M. et Mme Nativel. Suivre la D1 sur la gauche. Le gîte d'étape, chambres avec lits superposés, peut recevoir une vingtaine de personnes. Un supplément est demandé pour utiliser la cuisine. Deux chambres d'hôtes, avec salle de bains privée. Mieux vaut réserver pour la table d'hôtes, une cuisine au feu de bois fameuse et à base de produits de la ferme : lapin, caille...

À voir – À faire

Beaucoup de personnes montent à Dos-d'âne pour son très beau point de vue sur Le Port et sur Mafate, en seulement quelques minutes de marche. C'est aussi, et surtout, le début de deux magnifiques randonnées :

- **Le sentier Scout** qui permet de rejoindre Aurère, dans le cirque de Mafate, en 4h environ (attention, grosse descente, 800 m de dénivelé !).
- **La Roche Ecrite,** accessible en 4h (possibilité de dormir au gîte de la plaine des Chicots, à 1h de la Roche Ecrite pour éviter un retour dans la même journée, ou possibilité de redescendre directement sur Saint-Denis, via le Brûlé, pour ceux qui ne veulent pas faire un A/R sur Dos-d'âne).

■ **LA ROCHE VERT BOUTEILLE**

Randonnée. 3 km, 1h30. Très facile jusqu'au cap Noir, moins facile après.

Du parking commence un sentier en escalier qui rejoint 30 m plus loin une bifurcation. Prendre en direction du cap Noir, pour une dizaine de minutes de marche au bord d'une falaise de 1 000 m de hauteur. Sur le rempart en face, on distingue très bien le sentier de la canalisation des Orangers. On arrive vite au cap Noir (un petit kiosque et une table d'orientation), d'où l'on a un panorama grandiose sur Mafate, la rivière des Galets en bas, le piton des Neiges au fond. On peut deviner quelques cases dans la forêt grâce à la fumée qui s'en échappe. De là, soit on retourne sur ses pas vers le parking, soit on fait une boucle via la roche Verre-Bouteille. C'est une très jolie promenade, mais attention aux deux petites échelles qui risquent de refroidir certains marcheurs.

SAINT-PAUL

Après la rivière des Galets, on arrive dans la commune de Saint-Paul, la plus étendue de l'île.

Boucan-Canot, L'Ermitage, Saint-Gilles-les-Bains et les-Hauts... Le territoire communal de Saint-Paul, juste un peu plus grand que celui de Marseille, englobe toutes ces villes balnéaires, ainsi que de nombreux villages des Hauts et une partie du cirque de Mafate. Deuxième commune la plus peuplée de l'île, avec 103 000 habitants, l'agglomération de Saint-Paul elle-même n'est qu'une paisible petite bourgade abritant environ 13 000 habitants. La majorité de la popula-

Les immanquables de Saint-Paul

- **Découvrir l'artisanat local,** faire le plein d'épices et goûter à de délicieux fruits exotiques sur le marché forain qui se tient le vendredi et le samedi.
- **Pêcher la bonite sur le débarcadère.**
- **Faire le Tour des Roches**, au coucher du soleil, dans la superbe palmeraie qui abrite quelques bassins secrets (bassin Long ou bassin Vital).
- **Décoller pour un tour de l'île en ULM.**
- Assister à une **cérémonie tamoule** au temple malbar de la rue Saint-Louis.
- **Flâner** dans le cimetière marin.
- Se lancer dans une **partie de pétanque** sur le boulodrome.

tion réside soit dans les Hauts de l'immense territoire communal, soit dans la région des Plages. Des mondes à part, mais qui se relient aujourd'hui facilement : on s'envole désormais en quelques secondes dans les Hauts par la route des Tamarins, et l'on rejoint aisément la région des Plages par le cap la Houssaye, libéré des embouteillages. Résidentiel et commerçant, le vieux Saint-Paul est agréable à visiter, surtout les jours de marché forain, une visite incontournable de l'île le vendredi toute la journée et le samedi matin. Berceau du peuplement, Saint-Paul conserve quelques beaux monuments de pierre, comme la mairie et le mât de l'artillerie, et quelques belles bâtisses créoles, comme la villa Desvignes. De l'époque de la Compagnie des Indes ne subsistent guère que la mairie, l'hôtel de Laçay (actuelle caserne des pompiers) et les canons. Si la baignade est interdite en baie de Saint-Paul, on apprécie néanmoins son immense plage, ses matchs de foot et ses parties de pêche traditionnelles qui contribuent à préserver le charme créole de cette ville indolente. On murmure même que des projets seraient à l'étude pour inciter les tortues à venir pondre dans cette magnifique baie... On répète encore une fois qu'il est interdit de s'y baigner, une baigneuse est morte dévorée par un requin à quelques mètres du bord en juillet 2013. Les courants, la turbidité, le fond qui descend très vite, l'absence de postes MNS sont des indications qui de toute façon devraient vous en dissuader.

Parenthèse historique. Entre la pointe des Aigrettes et le cap de La Houssaye, le 29 juin 1642 débarquent les premiers arrivants sur cette île déserte, nommant la baie et le site par la même occasion du nom du saint du jour. La prise de possession officielle de l'île par le roi de France s'est faite à quelques kilomètres de là, à La Possession.

Il faut attendre 1663 pour voir la première installation permanente de colons sur l'île : deux Français de Madagascar et dix Malgaches. Ces douze proscrits établissent le premier campement sur l'île et sont suivis, l'année suivante, par Etienne Régnault, le premier gouverneur de Bourbon, et vingt autres colons, qui s'établissent près de Savannah.

L'île est généreuse en gibier, mais les colons se plaignent du manque d'approvisionnement par la Compagnie des Indes. Les premières concessions sont délivrées au début du XVIIIe siècle pour l'élevage et la culture. La commune reste le chef-lieu de l'île jusqu'en 1738. Commune en 1790, « capitale » de la partie sous le vent dès 1827, Saint-Paul sera aussi le chef-lieu judiciaire de l'île jusqu'en 1833, avant de laisser sa place administrative à Saint-Denis.

La culture du café et du coton apporte la prospérité à la ville, qui fait construire des chaussées pavées et de belles demeures et jouit longtemps du meilleur ancrage de l'île jusqu'à la construction du Port à la pointe des Galets.

Transports

GARE ROUTIÈRE
145 Chaussée-Royale
✆ 02 62 22 54 38
Saint-Paul est situé sur les lignes 02, 03, 04, S3, S4 et T des cars jaunes, directs vers Saint-Denis et Saint-Pierre. De 5h à 20h, vous pouvez sauter dans un des nombreux cars jaunes qui sillonnent l'île.

■ **KAR OUEST**
✆ 0810 45 65 20 – www.karouest.re
Un réseau de bus très fourni qui dessert la côte, de La Possession à Saint-Leu, reliant le littoral aux Hauts de l'Ouest.

■ **LIGNE INFO CAR JAUNE**
✆ 0810 123 974
Lignes 02, 03, 04, S3, S4 et T. Arrêt Gare de Saint-Paul.

■ **MULTI AUTO**
358 bis, rue Saint-Louis
✆ 02 62 34 34 35 / 06 92 40 55 54
www.multiauto.fr
multiautoouest@orange.fr
Cet important loueur local propose des voitures climatisées à un tarif très attractif : 19 € par jour en kilométrage illimité ! Ce sont des véhicules publicitaires en nombre limité, mieux vaut les réserver à l'avance. D'autres véhicules avec un grand choix (Citroën, Peugeot, Kia, Fiat, Hyundai, Chevrolet, Nissan, Toyota, Seat...), récents et bien entretenus, sont à partir de 30 € la journée en kilométrage illimité, 23 € sur la base d'un mois. Les modèles climatisés commencent à 38 € par jour, 30 € sur la base d'un mois. Egalement des plus gros modèles, des utilitaires et des minibus. Caution à partir de 990 €. Assistance 24h/24. Les jeunes pilotes sont acceptés dès 18 ans, ce qui est assez rare pour être signalé ! Possibilité de transfert à l'aéroport pour 15 €. D'autres agences à Sainte-Clotilde, Saint-André et sur l'île de Mayotte.

Pratique

Pas d'office de tourisme à Saint-Paul, mais vous trouverez à Saint-Gilles-les-Bains l'office de tourisme intercommunal. Il propose, outre tous les renseignements sur Saint-Paul, des visites guidées du vieux Saint-Paul avec un « guide patrimoine ».

■ **CENTRE HOSPITALIER GABRIEL MARTIN**
38 rue Labourdonnais
✆ 02 62 45 30 30
www.chgm.rc

■ **ILE DE LA RÉUNION TOURISME (IRT)**
Immeuble la Balance
4 rue Jules-Tirel
Bâtiment B
✆ 0810 16 00 00
www.reunion.fr
En plus de promouvoir les atouts touristiques de La Réunion en métropole et à l'étranger, l'IRT, créé par Paul Vergès en 2007, s'occupe de la régulation de l'industrie du tourisme sur l'île. Fusionné avec la Maison de la Montagne depuis 2009, cet organisme dirigé par la chanteuse et députée Jacqueline Farreyrol possède un excellent site Internet, véritable mine d'or de renseignements touristiques (hébergements, visites, offices de tourisme, activités...) et publie le guide *RUN*, un annuaire quasi exhaustif de tous les prestataires de l'île, de même que *24 Communes*, qui décrit les principaux sites touristiques de La Réunion. Bien structurée, l'île dispose d'un bureau d'accueil et d'information sur les différentes zones de l'île, ainsi que des offices intercommunaux.

Orientation

La ville de Saint-Paul, tout en longueur, est coincée entre la mer et la quatre-voies, appelée route-digue car elle sépare la ville des marais qui constituent une réserve naturelle. Elle est délimitée au nord par l'étang Saint-Paul et au sud par les premières falaises du cap La Houssaye, avec le cimetière marin au bout de la ville. Sa plaine littorale, une des plus larges de l'île, est aussi la seule restée sauvage. On fait le tour des marais par la route du Tour des Roches, une jolie balade en passant. Entre le centre de Saint-Paul et la Rivière des Galets se trouve Cambaie, une vaste zone commerciale, et éparpillés dans la plaine, plusieurs quartiers ruraux ou périurbains : l'Etang, au bord de l'étang éponyme, Savanna derrière Cambaie ou encore le Grand Pourpier et la Grande Fontaine. A l'étage supérieur, soit vers 300 m d'altitude, s'étalent les premières hauteurs de la plaine Saint-Pauloise (soit notre rubrique Hauts de l'Ouest) : La Plaine, Bois-de-Nèfles, Plateau-Caillou, Saint-Gilles-les-Hauts. On y accède par la D2 (sortie Grand Pourpier), la D4 (sortie Savanna), la D5 (Grande Fontaine) ou la D6 (centre-ville). En continuant par le littoral ou en la route des Tamarins, on rejoint la région des plages.

Se loger

■ **LES GÎTES DU VERGER**
142 hameau du Grand-Pourpier
✆ 06 92 69 83 80 / 02 62 45 11 05
lesgitesduverger.monsite-orange.fr
olivier.tuaillon@wanadoo.fr
De 350 à 695 € la semaine suivant le gîte, pour 2 à 7 personnes, dégressif à la durée. A 2 km de la quatre-voies (sortie Grand Pourpier, après le pont de la Rivière des Galets en venant de Saint-Denis, ou après le centre commercial depuis Saint-Paul).

Saint-Paul

Etang St-Paul
Ecole
Rue de la Croix
Boulevard du Front de mer
Edmond Albius
Rue Saint Louis
Stade
Chaussée Royale
ROUTE NATIONALE 1
vers Saint-Denis et Le Port
Ski Nautique club
Ecole
Cimetière
Rue Gidive
N
400 m
CES
Stade
TOUR DES ROCHES
Rue M & A Leblond
Rue St-Louis
Chaussée Royale
ROUTE NATIONALE 1
Marché
Piscine
Ravine Divon
Edifice religieux
Curiosité et divers
Poste
Marché
Etablissement scolaire
Piscine
Hôpital
Route 4 voies
Rue Potier
Le Vieux Plongeur
Rue de Paris
Cinéma
Chemin des Anglais
Leconte de Lisle
Ecole
Marché
Rue de la Buse
De Gaulle
Quai Gilbert
Gare routière
Rue Suffren
Mairie
Débarcadère
Rhin & Danube
OCEAN INDIEN
Poste
Rue Labourdonnais
Hôpital
Angoulême
Rue de la Caverne
Chaussée Royale
Eglise
Ravine du Bernica
Rue Surcouf
Grotte des Premiers Français
Rue de la Baie
Z.A.C Renaissance
vers Trois Bassins
Société nautique
Route des Premiers Français
CES
Cimetière Marin
vers Saint-Pierre
Lycée
Plateau Caillou
Ecole

Une adresse charmante, posée dans un verger créole de 2 hectares de la plaine Saint-Pauloise, très facilement accessible. Dans ce petit coin de paradis à la végétation luxuriante, calme et repos sont au rendez-vous. 6 gîtes tout en bois, de style créole, logent de 2 à 7 personnes autour d'une belle piscine bordée de caillebotis. Confortables et indépendants, ils sont dispersés sur la grande pelouse, en plus d'être eux-mêmes assez spacieux (de 55 à 120 m²). Tous jouissent d'une varangue, d'un séjour avec TV (Canal Sat), d'une cuisine moderne et complète, d'une salle de bains avec lave-linge (ou une buanderie), d'un espace barbecue et d'une à trois chambres climatisées suivant le gîte. Les propriétaires habitent sur place et assureront divers services comme les transferts. Bon rapport qualité-prix.

■ ÎLES AUX CACTÉES
3 lotissement Hubert-Delisle
✆ 02 62 22 56 48 / 06 92 86 13 85
franativ@wanadoo.fr
250 € la semaine en F1 pour 2 personnes, 280 € en F2 pour 2 personnes, 50 € par personne supplémentaire (maximum 4). Possibilité de location à la nuit de 35 à 40 € et pour le week-end de 75 à 80 €.
A la sortie de Saint-Paul en direction des plages de Boucan-Canot (à 5 m de voiture), à mi-chemin entre la grotte des Premiers Français et la place du marché forain, deux meublés de tourisme dans un cadre de verdure et de cactées. Le coin est calme, à une centaine de mètres de l'océan, et d'accès facile. L'équipement est complet : kitchenette, télévision, wi-fi, climatisation… pour des tarifs économiques. Chaque logement possède une entrée indépendante, un parking privé et fermé et un jardin privatif avec barbecue. Le F1 bénéficie d'une agréable véranda avec siège relax, tandis que le F2 dispose de deux chambres, chacune avec salle de bains, et deux cuisines dont une à l'extérieur. Pratique, pas cher, et accueil chaleureux.

■ KIA ORA
204 rue Saint-Louis
✆ 02 62 25 31 68
www.kiaorarun.com
reservation@kiaorarun.com
Chambre double 68 € à 88 € avec salle de bain privative, petit déjeuner inclus.
Mylène et Bruno vous accueillent à l'étage de leur superbe villa du centre-ville, où sont blotties 3 chambres spacieuses, lumineuses, climatisées et équipées d'une télévision. Agencées avec goût et dotées d'un charme sobre, épuré et élégant, deux d'entre elles se partagent une salle de bains commune ; l'autre, un peu plus onéreuse, possède sa salle de bain privative. Le petit déjeuner est servi à l'ombre de la varangue fringante et fleurie, près d'une piscine bordée de belles chaises longues. Une adresse intime et très confortable, vivement recommandée.

Se restaurer

A Saint-Paul, on trouvera plusieurs restaurants avec une clientèle d'habitués, la ville étant peu touristique. Ce sont surtout les camions-bars du front de mer qui attirent les vacanciers. Tous proposent plus ou moins la même carte pour moins de 6 € à emporter ou 10 € sur place : rougail saucisses, cari poisson, rougail morue, ti jaques boucané, etc.
A vous de faire votre choix, sachant que la Bergère jouit d'une superbe terrasse, que le Quai Gilbert arbore des tables colorées et propres et que Le Paille en Queue propose de délicieuses brochettes de poisson frais...

Sur le pouce

■ O MÉLI MÉLO
129 rue Marius-et-Ary-Leblond
✆ 02 62 45 09 95
Ouvert du lundi au samedi de 9h à 14h, et le soir du mercredi au samedi de 18h30 à 21h. Comptez 3 à 12 € le repas.
Un petit snack délicieux où l'on trouve de tout. Sandwichs, burgers, pâtes fraîches, salades sont concoctés sous vos yeux en portions généreuses, et peuvent être dégustés au comptoir, en terrasse ou bien dans la petite salle climatisée. Et si vous rêvez d'un pique-nique à l'ombre des filaos, vous pouvez aussi, bien entendu, prendre à emporter !

■ PALAIS DE L'EAU DE COCO
Ancienne route nationale
✆ 06 92 88 19 58
Ce snack qui ne paye pas de mine est ouvert depuis 1943 ! C'est un des derniers qui vend encore de l'eau de coco artisanale. Comptez 8 € la bouteille de 1,5 litre. C'est situé sur l'ancienne nationale en allant vers le cap la Houssaye, entre le viaduc et le cimetière, côté montagne.

■ PIZZA RICCI
158 rue Marius-et-Ary-Leblond
✆ 02 62 45 64 75
A 50 m du boulodrome du front de mer.

Ouvert tous les soirs jusqu'à 22h (22h30 les vendredi et samedi). Pizzas de 5,5 € à 13 €.
Incontestablement la meilleure pizza de Saint-Paul ! Nous recommandons chaudement cet établissement, tant pour son accueil que pour la qualité et la taille de ses pizzas (engloutir la grande est un véritable challenge !). A déguster sur place (en terrasse plein air, esprit snack) ou à emporter là où le vent vous mène. Pizzas classiques, à la crème, à la viande, au poisson, aux légumes... Les amateurs de pâtes « carbo » ou « bolo » ne seront pas déçus non plus...

Pause gourmande

■ LGM – LE GLACIER MODERNE

Rue du Port
✆ 02 62 33 02 68
Face à la Mairie.
Si vous voulez une bonne glace, rendez-vous les yeux fermés dans cette institution qui propose des dizaines de parfums alléchants.

Bien et pas cher

■ CHEZ SULLY

Angle des rues Rhin et Danube
et Evariste de Parny
✆ 02 62 45 26 09 / 06 92 77 86 82 / 06 92 95 11 41
www.restaurant-chez-sully.fr
secretariat.chezsully@gmail.com
Ouvert tous les jours de 11h à 14h et de 17h30 à 21h30, 22h le week-end, fermé le dimanche. Sandwicherie ouverte de 10h à 15h du lundi au samedi. Salades de 4,90 à 5,90 €, plats de 5,95 € à 9,50 €, formules de 6 € à 9,50 €, menu enfant 6,80 €. Formule sandwich + boisson 3,90 €.
Sully est connu pour avoir ouvert le premier camion-bar du marché forain il y a plus de 30 ans. Depuis, l'eau a coulé dans les ravines et Chez Sully c'est aujourd'hui un restaurant rapide, aux tarifs économiques, immanquable avec son beau bâtiment de bois. On y déplace son plateau comme dans un self et on consulte les menus sur des écrans comme dans un fast-food. Riz cantonnais, rougail saucisses, cabri massalé, coq au vin, couscous, cuisine chinoise, grillades ou paëlla (le samedi), tartes sucrées et salées... Au final une bonne affaire, car on y mange assis dans une belle salle aérée aux murs végétalisés, le choix est vaste, c'est d'une propreté immaculée... pour le prix d'un camion-bar ! Et question goût, cela vaut bien un restaurant. Egalement une sandwicherie adjacente avec des formules avec sandwiches, paninis, salades, et le poulet croustillant *Broaster Chicken* (distributeur exclusif sur l'Océan Indien).

■ LE JARDIN

456 rue Saint-Louis
✆ 02 62 45 05 82
restaurantpizzeria.lejardin@gmail.com
colin.lionel@wanadoo.fr
Fermé le mercredi et le dimanche. Compter de 13 € à 20 € le plat le midi, de 8 à 12 € buffet à volonté le soir.
Une jolie terrasse entourée de verdure, et une cuisine métropolitaine, plus imaginative et plus sophistiquée qu'ailleurs. Le midi, présentées à l'ardoise, quelques spécialités qui changent régulièrement : melon au jambon serrano en entrée, salade de tomates et de feta au basilic... En plat principal, des pizzas mais aussi blanquette de veau, andouillette de Troyes... Le soir, c'est plus sérieux : entrées froides (carpaccio de joues de légine, rillettes de thon et d'espadon) ou chaudes (cèpes et bolets en cassolette, crème de mascarpone en fine provençale). Ensuite, un choix de poissons et de viandes accommodés de produits locaux : pavé de dorade en viennoise de coco, fricassée de bolets et miel de letchis, magret de canard aux camarons... Si vous ne voulez pas y mettre le prix, il y a aussi une carte de grillades de 14 € à 18 €. Le tout est accompagné d'un grand choix des vins, élaboré en fonction du menu, chaque plat ayant sa suggestion. Bon accueil, service professionnel. Menu enfant avec un coin jeux.

L'ATELIER DES PÂTES
47 rue Rhin-et-Danube
✆ 02 62 45 00 59
En face de la poste.
Ouvert tous les midis (sauf le dimanche), le vendredi et samedi soir. A partir de 5 € à emporter et à partir de 11 € sur place à la carte.
Une adresse ouverte depuis 2010, aussi fraîche et alléchante que ses pâtes et raviolis maison, qui se déclinent sous de multiples formes et sauces. On aime le côté barquette à emporter, version pâtes ! Mais on peut aussi s'installer dans la petite salle ou en terrasse, agréables et modernes, pour s'initier à ces copieuses recettes artisanales.

TERRANGA
323 Chaussée-Royale
✆ 02 62 45 03 24
terranga97460@wanadoo.fr
Ouvert du mardi au samedi midi et soir. Comptez environ 30 € pour un repas complet.
La Terranga sert une cuisine « métissée et eurocéane » dans la fraîcheur de sa salle à manger ou dans sa vaste cour arborée, toute tropicale et meublée d'osier. Les convives se laisseront volontiers tenter par des plats originaux, mêlant subtilement terroir métropolitain et saveurs créoles. Ici, on prend le temps de savourer. Dommage que la route passe juste à côté !

Bonnes tables

LE BOUT' CHANDELLE
192 rue Marius Ary Leblond
✆ 02 62 27 47 18 / 06 92 76 19 83
Ouvert midi et soir du mardi au samedi. Comptez 25 € le repas.
Une bonne table sur Saint-Paul, un peu à l'écart du centre-ville. Tenue par un restaurateur exigeant, elle propose une cuisine du terroir d'inspiration créole et métropolitaine : vol-au-vent de ris de veau, camarons à la purée de patates douces. Inspirée et innovante, on l'apprécie sur une agréable terrasse ombragée. Le service est aux petits soins, tandis que les assiettes sont généreuses. A découvrir !

LE DÉBARCADÈRE
1 rue de la Baie
✆ 02 62 45 19 41
Sur le front de mer.
Ouvert le midi du lundi au samedi et le soir du mardi au samedi. Menus du midi à 12,50 € et 16 €. Comptez entre 12 € et 22 € le plat à la carte.
C'est l'une des meilleures adresses de la ville, avec une cuisine fine et originale, alternant saveurs métropolitaines et créoles. Tartare de poissons, tajine d'agneau au miel, cari crevettes...
A déguster sous une grande varangue conviviale.

LES DÉLICES DE SAVANNAH
29 route de Savannah
✆ 02 62 45 61 35 / 06 92 60 94 89
lesdelicesdesavannah@gmail.com
Ouvert tous les midis du lundi au samedi et le vendredi et samedi soir. De 16 à 34 € le plat. Menu enfant 9 €.
Dans la zone commerciale de Savannah, sur l'avenue principale menant à La Plaine, une bonne table plutôt inattendue dans le secteur, Les Délices de Savannah, qui propose une cuisine créative, uniquement composée de produits frais : salade de bonbons de brie crémeux, tatin de tomates, ravioles de volaille, magret de canard sauce fruits rouges... De belles assiettes, et même les desserts sont faits maison. Le restaurant bénéficie d'une élégante salle climatisée et d'une varangue ventilée pour les chaudes soirées d'été ! Service professionnel et efficace.

LÀ-BAS, TER LA
4 rue Eugène Dayot
✆ 02 62 57 10 51
Ouvert du mardi au vendredi (midi et soir), et le samedi uniquement.
Vous pourrez découvrir ici les cuisines du monde à tendance bio qui se veut gourmand et novateur, bien sûr. Kris et Manu vous accueilleront avec le savoir-faire qui les caractérise.

L'ARDOISE DES DÉLICES
66 rue Saint-Louis
✆ 02 62 57 79 24 / 06 92 08 89 60
Ouvert le midi du lundi au vendredi, ainsi que du mardi au samedi soir.
Une cuisine traditionnelle et savoureuse que vous dégusterez dans un cadre assez épuré. Toutefois, les couleurs ne manquent pas dans votre assiette, que vous aurez plaisir à faire découvrir à vos papilles !

Sortir

A part une toile au multiplexe Ciné Cambaie ou un spectacle au centre culturel Leconte De Lisle, la vie nocturne est assez limitée à Saint-Paul. Tout, ou presque, se passe sur le front de mer. Les camions-bars, les runs sauvages, les pique-niques, les concerts gratuits, les parties de pétanque... Saint-Paul séduit davantage les familles et laisse le soin à Saint-Gilles d'attirer les noctambules.

LA CERISE

1 rue Eugène-Dayot
✆ 02 62 96 21 69 / 06 92 73 32 84 / 06 92 64 65 26
www.lacerise.re
info@lacerise.re
Suivre les panneaux indiquant l'Espace Leconte de Lisle. C'est juste à côté.
Ouvert du mardi au samedi. Fermeture à 22h le mardi, à 19h le mercredi et à minuit du jeudi au samedi.
Hourrah ! Un café culturel a ouvert ses portes à Saint-Paul en 2010, et déjà sa réputation n'est plus à refaire. Lancée par deux jeunes femmes audacieuses, et soutenue par une poignée d'artistes survoltés, La Cerise accueille pêle-mêle spectacles d'impros, slam, jongleurs, DJ, acrobates, musiciens, peintres... Concerts le week-end. Parfois des événements croisés avec la programmation de l'Espace Leconte de Lisle, situé juste à côte. Bref, beaucoup de créativité, et une ambiance électrique dans un décor de choix : longue vie à La Cerise !

ESPACE LECONTE DE LISLE

5 rue Eugène-Dayot
✆ 02 62 59 39 66
www.lespas.re
info@lespas.re
Ouverture du lundi au jeudi de 9h à 12h et de 13h à 17h, le vendredi de 9h à 12h et de 13h à 16h. Lors des spectacles : 1h avant la représentation.
Voilà une bien bonne nouvelle pour Saint-Paul ! Après plusieurs années de sommeil, l'Espace Leconte de Lisle sort de sa léthargie et propose depuis 2010 une programmation alléchante. Cinéma, danse, théâtre, expositions, conférences, concerts... La petite salle favorise les soirées intimes et les rencontres surprenantes. On aime particulièrement la promiscuité des artistes (professionnels ou amateurs) avec leur public. Pourvu que ça dure !

MULTIPLEX CINÉ DE CAMBAIE

145 avenue du Stade
✆ 02 62 25 20 00 / 02 62 32 20 00
www.cine-reunion.com
Un multiplexe comme on en voit en métropole : 8 salles tout confort, 1 600 fauteuils, une programmation grand public de *blockbusters*, son numérique, multidiffusion, accès handicapés, café-confiserie, garderie à partir de 3 ans, immense parking, etc. Et puis, sur un malentendu, parfois quelques films d'art et d'essai...

À voir – À faire

Tournée sur sa magnifique baie, Saint-Paul vit essentiellement le long de son front de mer et autour des quatre ou cinq rues commerçantes qui attirent de très nombreux badauds, notamment pour la grande fête commerciale organisée chaque année en juillet.

BASSIN LONG

Une balade agréable et facile dans une ravine et un bassin, à 5 minutes du centre-ville. Comptez une heure aller-retour depuis le parking. Depuis Saint-Paul, prenez direction Grande Fontaine en passant sous la 4 voies, puis tournez à gauche après le pont et dépassez le village, en direction du Tour des Roches. Peu après, c'est indiqué sur la droite. On chemine dans un site bien entretenu, pour s'engouffrer progressivement dans la fraîcheur bucolique de la ravine, plantée de papyrus et de songes. Les falaises deviennent progressivement plus hautes, habitées de nombreux pailles-en-queue. Le chemin est large et pratiquement plat, accessible à tous et constitue une alternative sympathique aux bassins de Saint-Gilles, très fréquentés et également... interdits ! Mais plus grandioses... On arrive sur de petits bassins couverts de lentilles d'eau où la baignade n'est pas possible.

CIMETIÈRE MARIN

Cimetière ouvert tous les jours, de 6h à 18h. Entrée gratuite.
Vous le trouverez sur la route du Littoral à la sortie sud de Saint-Paul. Il justifie un arrêt, comme beaucoup de cimetières de l'île qui, contrairement à l'austérité et à la lourdeur des cimetières européens, respirent la sérénité et la poésie.
Face à l'océan, vous y découvrirez le repos éternel de personnages qui ont marqué l'histoire de l'île : le pirate La Buse, les poètes Leconte De Lisle et Eugène Dayot ou de malheureux matelots bretons, tragiquement naufragés en plein océan Indien. Le meilleur moment pour visiter ce lieu de recueillement reste incontestablement la fin d'après-midi, à l'heure où le soleil se couche sur la magnifique baie de Saint-Paul.

Les joies du Ti Train Lontan

Embarquez pour un voyage dans le temps à bord de la petite Rosalie.

■ TI TRAIN ROSALIE

SAINT-PAUL
✆ 06 92 60 39 55
www.rosalie.re – rosalie@tamarun.fr
Visites les mercredis, vendredis et week-ends hors vacances scolaires, tous les jours pendant les vacances. Départs depuis le débarcadère de Saint-Paul, la boutique Carpaye de l'Ermitage ou le port de Saint-Gilles. Tarif : 1 à 6 € suivant le circuit (à acheter chez les dépositaires).
Ce petit train touristique rouge vif vous fera découvrir Saint-Paul et la Région des Plages avec des sorties plusieurs fois par semaine. Du centre historique à la grotte des premiers Français, du Tour des Roches à l'ancienne usine sucrière de Savanna, la petite locomotive fredonne guillerette de vieilles rengaines créoles, interrompues de temps à autres par la voix de l'historien Daniel Vaxelaire, qui décèle pour vous les mystères enfouis dans les brumes du passé réunionnais. 3 circuits sont proposés : la région des plages (1h), le Tour des Roches (1h30), et Saint-Gilles lontan (1h30). À découvrir !

■ DÉBARCADÈRE

A quelques centaines de mètres du marché forain, le nouveau débarcadère a fière allure. On ne peut qu'applaudir le succès de cette infrastructure inaugurée en 2009, et aussitôt adoptée par les Saint-Paulois qui viennent y pêcher à toute heure, s'y promener, respirer les embruns, ou même prendre leurs photos de mariage ! Si le but initial, qui était d'accueillir les bateaux de plongée et de croisière, semble avoir capoté, ce débarcadère est devenu un lieu idéal de flânerie et de rencontres. Parfois, par grosse houle, lorsque l'on s'avance tout au bout du ponton, on se croirait en pleine mer...

■ ÉCOLE FRANCO-CHINOISE

233 Chaussée-Royale
✆ 02 62 45 43 71
On y accède par la Chaussée Royale, l'ancienne route qui reliait Saint-Paul à Saint-Denis et qui longe la 4-voies.
On ne peut pas manquer cette belle maison créole, entourée d'un grand jardin, qui a appartenu à la famille Desbassyns, de riches planteurs. Surnommée « la Grande Cour », elle a été la plus importante de toutes les demeures des Desbassyns. Après le décès de Mme Desbassyns, sa petite-fille en fit don à l'évêché en 1855, qui en fit une école. A la fin de l'année 1949, le père Saliens, arrivé de Chine, fut chargé d'évangéliser la population chinoise. L'école Hing Hwa constitua le lien entre l'Eglise et la communauté chinoise, jusqu'en 1957, date de sa fermeture. Des bâtisses, disséminées un peu partout, gardent encore à leur fronton des inscriptions qui sont autant de rappels d'une époque révolue et des échanges qui ont construit l'île. L'imposante école franco-chinoise, de style colonial (28 000 m² dont 400 m² au sol), fait partie de ces demeures.

■ ÉTANG SAINT-PAUL

Côté mer, au nord de Saint-Paul ; il suffit de suivre les pancartes. Cet étang, qui lézarde au soleil dans un agréable sous-bois, constitua une fantastique réserve de nourriture pour les colons, jusqu'à ce que les plantes aquatiques l'envahissent et le rendent insalubre. Aujourd'hui, il est pris d'assaut par les joncs, les papyrus, les jacinthes d'eau et les songes. On y aperçoit cependant encore, paraît-il (mais nous ne les avons jamais vus !), des poules d'eau, des hérons et des caméléons. A l'heure du pique-nique dominical, les familles réunionnaises s'emparent des berges verdoyantes. On peut aussi faire du ski nautique sur l'étang, ou bien se laisser tenter par un footing sur le très agréable parcours de santé aménagé le long de l'océan.

■ GROTTE DES PREMIERS FRANÇAIS

Grottes des Premiers Français
Juste en face du cimetière de Saint-Paul.
Cette grotte aurait servi de refuge aux Français lors de leurs premiers débarquements, mais des études historiques ont démontré que c'était une légende : à l'époque, cette large excavation était surtout habitée par... la mer ! C'est aujourd'hui un endroit populaire pour pique-niquer, même si depuis le cyclone Dina (2002) l'accès sous la falaise est interdit (pour

des raisons de sécurité en cas de chutes de pierres) et le parc environnant laissé à l'abandon. Un projet de réhabilitation (aux allures d'arlésienne) est en cours.

■ RAVINE BERNICA

A la sortie de Saint-Paul, à la fin de la quatre-voies, on aperçoit sur la gauche une profonde ravine qui conserve un charme sauvage d'antan. Au fond règne une atmosphère luxuriante et paisible ; le long d'un petit sentier, on admire des cascades bleutées et on respire l'air frais. L'endroit a inspiré Evariste de Parny, Roussin, Leconte de Lisle et même George Sand dans son premier roman *Indiana*, d'après les notes de son ami botaniste. La ravine n'est pas entretenue, et donc jonchée d'ordures par endroits, le répulsif contre les moustiques est de rigueur.

■ TOUR DES ROCHES

Voilà une balade à ne pas manquer, que vous soyez à pied, en roller, à vélo ou en voiture. Au niveau de la gare routière de Saint-Paul, passez sous le pont, vers le pittoresque quartier de Grande Fontaine, où vous verrez l'une des plus anciennes demeures de l'île, celle du premier gouverneur. En effet, le vieux Saint-Paul, de par la proximité de l'étang et la construction des canaux d'irrigation, était propice aux récoltes des premiers colons, qui avaient installé à cet endroit le siège du gouvernement Bourbon. Ils y développèrent une culture d'autarcie. Vous voilà donc dans un autre monde, vétuste et végétal, voire dans un autre pays. Les femmes en boubous se promènent nonchalamment le long de la route, les enfants jouent dans les bassins du vieux moulin à eau, tandis que les hommes travaillent la canne ou le coco. Il faut s'y rendre de préférence tôt le matin ou juste avant la tombée de la nuit pour profiter des subtils jeux de lumière et de l'atmosphère particulière, très africaine, de cet îlot de verdure niché au cœur d'une immense cocoteraie. Le Tour des Roches prend environ une heure à pied, la sortie est toutefois moins pittoresque puisque vous vous retrouvez au milieu d'un grand centre commercial, qui s'est égaré là comme par erreur. Vous pouvez néanmoins prendre un bus pour rentrer dans le centre de Saint-Paul (arrêt Savanna, de nombreux cars y passent), soit revenir sur vos pas.

Pascal Colas, guide professionnel, vous propose une balade accompagnée et commentée (Moulin à eau, Temple tamoul) de 3 heures pour 35 €, minimum 4 personnes (✆ 06 92 60 58 66).

Sports – Détente – Loisirs

Sports – Loisirs

C'est à Cambaie qu'est située la base ULM. Le site n'est pas facile à trouver. En venant du Port, passer le rond-point après le pont de la rivière des Galets et prendre la contre-allée, c'est ensuite la deuxième à droite (il y a un panneau). La base se trouve tout au bout du chemin, au bord de la mer.

■ **ALPHA ULM**
Base ULM de Cambaie
Rue Henry Cornue
✆ 06 92 67 46 71
alphaulm.fr
alphaulm@orange.fr
Baptême à 40 € par personne, circuit touristique de 80 à 190 €.
Didier Gouloumes, votre pilote, est un passionné et il vous transmettra, sans aucun doute, sa passion pour l'ULM et La Réunion. Au départ de Cambaie à Saint-Paul, vous découvrirez les plus beaux sites de l'île, confortablement installé dans des FK9 SW haut de gamme. Chez Alpha ULM, c'est la convivialité qui prime : accueil avec petit déjeuner et DVD du vol offert à partir des circuits touristiques. Alpha ULM, au label Qualité Tourisme, est un incontournable pour découvrir le ciel de La Réunion !

■ **AUSTRAL ULM**
Base ULM de Cambaie
✆ 06 92 01 44 33
www.austral-ulm.fr
austral.ulm@gmail.com
Survols 7j/7 sur réservation. Comptez 200 € pour le tour complet d'une heure, 105 € pour le tour du Piton des Neiges d'une demi-heure et à partir de 75 € le survol de Mafate en environ 20 minutes. Cours à 120 € de l'heure.
Ce petit centre ULM a ouvert en 2011, à côté des autres ; il est tenu par François, un pilote-instructeur ancien pilote de ligne qui vole depuis 1984. Il propose les circuits classiques à des tarifs économiques, sur des appareils de dernière génération, FK 9 SW ou Topaz KR 030, dotés de parachutes de sécurité. Egalement des cours de pilotage (affilié FFPLUM) et divers travaux aériens comme la photographie aérienne.

■ **EBIKE**
479 rue Saint-Louis
✆ 06 92 48 51 51
www.ebike.re
contact@ebike.re
En location : compter 40 € la demi-journée, kilométrage illimité. Caution environ 1 000 €.
Vous connaissez le vélo électrique ? Eh bien oubliez, ceci n'a rien à voir. Cyclo Rando Adventure vous propose un cycle de nouvelle génération complètement différent de son équivalent urbain. Etrange croisement entre un VTT et une moto, les modèles, de marque eTricks, ont le look d'un VTT avec une grosse batterie et la puissance d'un scooter ; leur utilisation dépend d'ailleurs des mêmes règles : avoir plus de 14 ans et le BSR (brevet de sécurité routière), ou bien juste plus de 18 ans. Vitesse maximum : 45 km/h, autonomie : 80 km. Mais leur finalité est fort différente, puisqu'il s'agit d'explorer l'île et non pas juste se déplacer ! Deux formules sont proposées, terre ou mer, avec plus de 50 balades au choix pour découvrir les Hauts ou la côte : plus de 1 000 km de pistes balisées ! On retrouve les mêmes sensations que le VTT de descente, sauf que là on peut monter, sans pédaler et en silence ! Le prestataire peut vous organiser les transferts avec prise en charge dans votre hôtel et la livraison est possible pour une location. Egalement des modèles à la vente.

■ **FELIX ULM RUN**
63 rue Marthe Bacquet
Base ULM de Cambaie
✆ 02 62 43 02 59 / 06 92 87 32 32
www.felixulm.com
felixulm@wanadoo.fr
Vols à partir de 40 €.
Félix ULM, ouvert depuis 1988, est le premier arrivé pour faire des survols de l'île. Plus de

25 ans d'expérience, une adresse recommandée depuis toujours ! Pour les petits budgets, Félix et Dorothée ont prévu des baptêmes à 40 € et des vols au-dessus de Mafate à 65 €, en entrant par la rivière des Galets tôt le matin, avant que les nuages se lèvent. L'incontournable tour complet de l'île est à 170 € avec les trois cirques et le massin du volcan, 200 € si l'on rajoute un survol du lagon. Et en exclusivité, un combiné inédit à 220 € comportant deux vols (et donc deux décollages et atterrissages) : le premier en appareil 3 axes avec le circuit trois cirques et massif du volcan, puis le survol du lagon en pendulaire, plus sportif. Sa devise : « Sérieux sans s'y prendre », l'ambiance est d'ailleurs fort sympathique, quant au sérieux, c'est le plus réputé parmi la profession. Après le vol, on peut se remettre de ses émotions en sirotant un soda au club-house, sur sa belle terrasse avec vue sur la baie de Saint-Paul. wi-fi gratuit.

■ LES PASSAGERS DU VENT

Base ULM de Cambaie
✆ 02 62 42 95 95 / 06 92 68 70 55
www.ulm-reunion.com
contact@ulm-reunion.com
De 45 € le vol découverte de 15 minutes à 190 € le vol complet.
Les Passagers du Vent proposent des survols depuis 1997, avec des tarifs et des prestations globalement similaires aux concurrents. Cours de pilotage également.

■ SKI NAUTIQUE CLUB DE SAINT-PAUL

1, rue de la Croix
Etang-Saint-Paul
✆ 02 62 45 42 07 / 06 92 85 14 96
skinautiqueclubdesaintpaul@hotmail.fr
A partir de 40 € le baptême de 10 minutes, 5 € le tour de Baby-ski (de 3 à 6 ans), 210 € l'heure. Location à la journée de ski : 180 € et wake : 200 €.
Le ski nautique peut être pratiqué sur le plan d'eau calme de l'étang de Saint-Paul. C'est un étang d'eau douce large de 150 m et long de 800 m environ, très sauvage, situé à l'entrée de la commune en venant du nord. Le club local propose toute la gamme des disciplines liées à l'activité : initiation, perfectionnement, bi, mono, figures, wake-board, tremplin, slalom, barefoot. Baby-ski School de 3 à 8 ans.

■ WULFYDIVING

7 impasse Cernot Sans Soucis
✆ 06 92 60 04 93
www.plongee-wulfy-reunion.com
stefaan_dewulf@hotmail.com
Baptême 55 €, plongée technique de remise à niveau : 50 €, exploration à partir de 40 €. Niveau 1 : 275 €, niveau 2 : 480 €, niveau 3 : 500 €, niveau 4 : consulter directement Wulfydiving.
Ce centre de plongée ouvert depuis quelques années est le seul en ville de Saint-Paul. Les départs se font du cap la Houssaye, mais le centre organise aussi des *dive-camp* à Sainte-Rose, pour des plongées à thématique photo ou biologie. On aime particulièrement ses tarifs doux, qui changent de ceux de Saint-Gilles. Wulfy reçoit principalement une clientèle de résidents.

Shopping

■ CA LÉ DOU RÉUNION

Marché forain de St Paul
✆ 02 62 91 40 12
www.ca-le-dou.com
Tous les vendredis et samedis de 8h à 18h.
Cette petite entreprise commercialise depuis 1996 des rhums arrangés ainsi que des préparations pour rhums arrangés, des épices locales, de la vanille Bourbon, ainsi que divers produits « péi ». Mention spéciale pour les préparations à base de concentré de fruits inventées par Ça lé dou et fabriquées à partir de fruits et plantes locales, sans arômes artificiels, ni colorants, ni conservateurs. Vous retrouverez leur stand tous les vendredis sur le marché forain de Saint-Paul (coté sud), les samedis matins sur celui de Saint-Pierre, ou enfin sur leur site internet, qui livre en métropole.

FERME SLITI

Bois de Nèfles
✆ 06 92 29 30 33
https://fermesliti.wordpress.com
Visite et dégustation sur réservation idéalement ! Durée moyenne 1h30. Le matin sur rendez-vous, lundi, mercredi et jeudi. Le dimanche à 10h.

Petit Futé en perdrait son langage... Seule production française certifiée bio, on frôle ici le divin : le domaine Sliti est situé à 1 000 mètres d'altitude et produit des cafés que s'arrachent les spécialistes du monde entier. Alors naturellement, les prix s'envolent. Si vous êtes en métropole, commandez en ligne depuis le site web ! Sinon, venez visiter la ferme : Martine et Mongi vous accueilleront pour faire une visite de leur culture de caféiers Laurina Pointu de Bourbon, de leurs plantes aromatiques et médicinales locales. Vous pouvez aussi partager un repas naturel avec les produits de la ferme. Avis aux woofeurs, de septembre à janvier, la maison recrute des cueilleurs, car ici tout est récolté à la main !

CHEZ GUYLÈNE

Marché couvert de Saint Paul
59 rue Marius et Ary Leblond
✆ 06 92 69 21 57
http://chauviere.sitego.fr
Ouvert du lundi au samedi de 8h à 18h. Fermeture à 16h le vendredi.

Cette adresse vous propose des produits artisanaux péi, vous découvrirez les senteurs, saveurs et richesses qui font que nous aimons l'île de la Réunion. En plus, vous serez accueilli chaleureusement, ce qui ne manque pas pour passer un bon moment !

MARCHÉ COUVERT DE SAINT-PAUL

59 rue Marius-et-Ary-Leblond
✆ 02 62 22 58 00
Ouvert tous les jours de la semaine (sauf le dimanche) dans le centre de Saint-Paul.

Mêmes produits que sur le marché, l'ambiance en moins, mais ici c'est ouvert tous les jours. Et c'est moins cher. La négociation y est plus facile lorsque l'on effectue des achats groupés... On peut aussi y manger de bons plats créoles ou malgaches.

MARCHÉ FORAIN DE SAINT-PAUL

Le vendredi toute la journée (de 6h à 17h) et le samedi matin. Situé en bord de mer, c'est le marché le plus fourni (et le plus fréquenté) de l'île. Certains Saint-Paulois disent même que c'est le plus beau du monde ! Artisans et agriculteurs viennent des quatre coins de l'île pour y vendre des produits locaux, des fruits, des légumes, des volailles, des samoussas, des gâteaux (patate, chouchou...), du poisson, etc. Vous trouverez également des vêtements (pantalons, chemises, paréos...), des paniers, des bijoux, des tas de bibelots parmi lesquels le kayamb (cet instrument de maloya), le bertel (le sac à dos créole), ou le van (ce plat creux en paille qui sert à trier le riz, les grains et les brèdes). De nombreux marchands d'artisanat malgache négocient chaises, jeux, pierres, statuettes, nappes. Le marché de Saint-Paul est une véritable caverne d'Ali Baba, qui profite toutefois de sa notoriété et de son succès auprès des touristes pour afficher des prix plus élevés que les autres marchés de l'île. On craint par ailleurs que son authenticité « Péi » soit peu à peu menacée par les produits d'Indonésie et de Madagascar, moins chers, qui envahissent de plus en plus ses stands.

MARCHÉ NOCTURNE

De 19h à 23h. Un marché artisanal de nuit, sur le front de mer, chaque 2e samedi du mois.

DE SAINT-PAUL À BOUCAN-CANOT

En quittant Saint-Paul, juste après le tunnel, retournez-vous et vous verrez un visage blanc taillé dans la roche : c'est le cap Marianne. Plus loin, le cap La Houssaye est l'endroit idéal pour s'essayer à l'escalade sans danger, au-dessus de l'océan qui nous tend les bras. Un endroit très prisé des locaux qui s'y laissent tomber de 13 m, sous les regards amusés des dauphins qui passent souvent par là... C'est toutefois interdit par arrêté préfectoral depuis 2010, mais sans réel danger, plutôt pour les habituelles raisons de déresponsabilisation en cas d'accident, potentiellement avec des amendes à la clé. L'endroit est idéal pour la baignade en palmes, masque, tuba, puisqu'un magnifique et riche haut-fond, souvent utilisé par les écoles de plongée, est à proximité. La baignade est elle aussi interdite depuis l'arrêté préfectoral de 2013. Dommage car les fonds, superbes, foisonnent de vie, mais la plongée avec bouteilles reste autorisée. La zone ne présente pas de danger tant qu'on respecte les précautions usuelles, notamment en cas de houle, mais le risque requin persiste pour les baigneurs sans bouteilles. Puis la route continue entre océan et falaise, enserrée dans des filets géants peu rassurants, au pied desquels s'étirent des plages désertes, à cause des courants et des requins. Là, ne vous risquez pas à vous y baigner, c'est bien trop dangereux ! Cela n'empêche toutefois pas les pêcheurs d'y traquer le zourite (poulpe).

Les environs de Saint-Paul

Région des plages

Dans l'Ouest, le tourisme s'est développé de manière fulgurante, les plages sont envahies tous les week-ends par les vacanciers et les résidents qui viennent pique-niquer, ou parfois camper (malgré l'interdiction municipale que tout le monde semble ignorer superbement !). Il fait presque toujours beau sur cette portion de l'île, et s'il pleut sur cette région, c'est qu'il pleut aussi partout ailleurs. L'idéal pour la bronzette d'autant que c'est la seule région où il y a de vraies plages. De longues et belles étendues de sable blond, bordées de filaos ondulant au gré des alizés.

La zone, longue de 27 km, est protégée par un lagon clairsemé (la barrière de corail est inexistante en de nombreux endroits) qui va du cap La Houssaye, entre Saint-Paul et Boucan-Canot, jusqu'au sud. Après le port de Saint-Gilles, la barrière est continue sur une quinzaine de kilomètres. Le littoral ouest est le bastion des métros, bronzés, le « Hossegor » de La Réunion… Boucan-Canot, Saint-Gilles, l'Ermitage, La Saline-les-Bains... Il règne ici une atmosphère de vacances, qui n'a rien de commun avec l'ambiance des Hauts, de Saint-Denis, des montagnes et même de la côte Est. En une décennie, la physionomie de cette zone s'est métamorphosée, tant par sa population que son architecture. Les nombreux petits pêcheurs qui vivaient dans leurs cases ont déménagé sur les pentes. Le béton des hôtels a remplacé le bois. Saint-Gilles était il y a 40 ans un petit village de pêcheurs sans prétention, où l'on ne pratiquait pas le bronzage intensif. L'arrivée des métropolitains, après la départementalisation, ainsi que celle des touristes, a transformé profondément la côte « lagon ». La route nationale, qui jusqu'aux années 1990 passait par les Hauts, a également modifié l'apparence de cette région, qui de zone enclavée devint le principal point de passage. A tel point que la circulation y était devenue absolument infernale, jusqu'à la libération de 2009, avec l'ouverture de la route des Tamarins. N'hésitez pas à visiter le littoral, vous trouverez de jolies plages moins touristiques.

Une réserve naturelle nationale marine protégée s'étend du cap La Houssaye jusqu'à la Roche-aux-Oiseaux (au-delà d'Etang-Salé-les-Bains), soit un périmètre de 40 km, comportant 20 km de barrière corallienne.

BOUCAN-CANOT

En venant de Saint-Denis, c'est la toute première plage. Le coin est plutôt agréable, la plage est belle, large, longue et très fréquentée le week-end, du moins en face de l'esplanade. Cette dernière est d'autant plus attrayante qu'elle a été fermée à la circulation depuis 2015, laissant les terrasses des restaurants s'étaler plus près du sable et des somptueux couchers de soleil. La plage n'est pas protégée par une barrière de corail, les courants sont assez forts et les vagues parfois hautes et violentes, faites attention à la couleur des drapeaux. Des filles en bikini, des joueurs de beach-volley musclés et bronzés, des surfeurs du dimanche au volant du 4x4 de papa… bienvenue sur une sorte de mini Côte d'Azur, très « zoreille », ambiance m'as-tu-vu et bling-bling avec voitures de luxe et villas de millionaires en front de mer (dont les prix du m² voisinent avec les tarifs azuréens), ou sur

Les immanquables de la région des plages

- **Se baigner dans le lagon.** Le masque, les palmes et le tuba sont incontournables pour observer la faune du lagon, mais, attention à respecter l'environnement naturel fragile ! Et bronzer, évidemment ! Le climat est beau et chaud toute l'année. Il pleut ici beaucoup moins qu'ailleurs.
- **Profiter de la vie nocturne** très intense.
- **Faire du sport :** plongée, parapente, pêche au gros, VTT…

Boucan-Canot

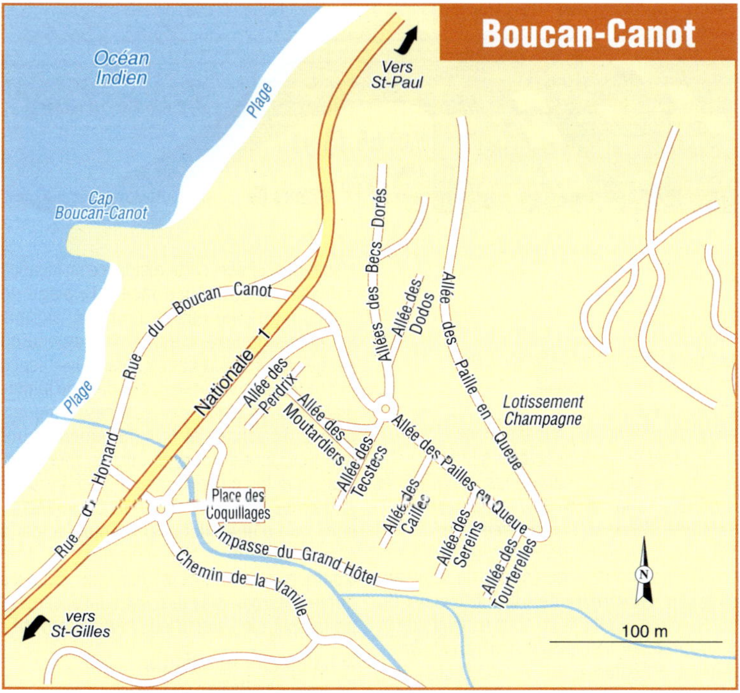

les hauteurs avec vue panoramique sur l'océan Indien. Elles cohabitent avec des immeubles résidentiels aux loyers élevés mais dont les abords, passablement délabrés, font plus penser à La Réunion qu'à Dubaï ou Miami. Trottoirs défoncés, panneaux publicitaires envahissants et tags émaillent ce quartier pourtant cossu et bourgeois.

Les solitaires préféreront la discrétion du Pain-de-Sucre, une petite plage située à l'entrée de Boucan et protégée par la barrière de corail. Méconnue des touristes et prisée des plongeurs, elle offre une plus grande quiétude. Cela dit, faites toujours attention aux plages désertes, signe de danger !

De l'autre côté, en direction de Saint-Gilles, les amateurs de bronzette tranquille trouveront plus aisément des étendues vierges pour étaler leur serviette, en direction de l'hôtel Saint Alexis ou, plus loin, à la discrète plage derrière le cap Homard, mais la baignade n'est pas possible. De Boucan-Canot, en continuant sur Saint-Gilles et l'Ermitage, plutôt que de reprendre la nationale, suivez la petite route entre plage et RN1, où se lovent, de part et d'autre, les superbes villas des résidents, ainsi que des plages moins fréquentées. Les cases sont enfouies sous d'innombrables arbres en fleurs, jacarandas, bougainvillées, lauriers, flamboyants, colorés et odorants, que ce soit sur la côte ou en montagne. En longeant la mer entre Boucan-Canot et la pointe des Aigrettes, on découvre de petites criques isolées et discrètes qui raviront plongeurs et baigneurs.

Orientation

Il n'y a qu'une entrée au nord de la ville, et deux au sud pour aller vers Saint-Gilles : la nationale, et une petite route (autrefois principale).

Le front de mer, avec bars et restaurants, a été refait et est traversé par une voie de circulation entre plots ; il faut se garer du côté de la nationale, le week-end, car c'est plein. Le front de mer est d'ailleurs assez réduit, la route continue entre villas de luxe et nationale avant d'arriver à Grand-Fond. De l'autre côté de la nationale, la place des Coquillages, pas franchement attrayante puisqu'il s'agit d'un parking entouré d'immeubles et vaguement arboré. Plus loin, un lotissement de luxe, privé, contrôlé et grillagé : la résidence Champagne. Il n'y a pas de route pour monter plus haut.

Se loger

Locations

■ **LES GÎTES DE BOUCAN-CANOT**
255 chemin de la Vanille
✆ 06 92 65 13 91
www.lesgitesdeboucancanot.com
lesgitesdeboucancanot@orange.fr
Bungalow pour 2 personnes à 500 € la semaine, pour 4 personnes à 900 € la semaine, dégressif après 2 semaines.
Sur les premières hauteurs de Boucan-Canot, à 3 minutes de voiture de la plage, s'étalent les vergers de fruits tropicaux de M. Foucque, agriculteur : zattes, fruits de la passion, cœur de bœuf, avocat, combava… Sur ses 5 hectares, il a installé 8 superbes gîtes de grand standing, Boucan-Canot oblige ! Posés sur une belle pelouse au milieu des champs, ils partagent deux agréables piscines avec la vue sur les collines et l'océan. Construits localement en pin sylvestre du Nord, élégamment meublés de palissandre de Madagascar et camphre ancien style Louis-Philippe, les gîtes offrent le luxe de l'espace et d'un équipement ultra-complet. Les plus grands atteignent 105 m² et comprennent deux chambres climatisées avec lit double, une mezzanine avec deux lits simples, un salon ventilé avec TV satellite et wi-fi, une belle salle de bains avec baignoire d'angle et une cuisine richement équipée. Franck est là pour régler les moindres détails, prêt de portable, réservation d'activités… Au final, beaucoup de charme et de caractère pour ces gîtes de grand confort et de bon rapport qualité prix.

■ **RÉSIDENCE LES BOUCANIERS**
29 route de Boucan-Canot
✆ 02 62 24 23 89
www.les-boucaniers.com
les-boucaniers@wanadoo.fr
Comptez 80 € la nuit ou 504 € la semaine en studio, de 106 à 116 € la nuit en appartement suivant le nombre de personnes, de 665 à 742 € la semaine.
Idéalement située, cette résidence en location saisonnière est située face à la plage de Boucan, au pied des restaurants. Hormis les hôtels de luxe, c'est la plus proche du rivage. Avec ses arcades, ses murs blancs et ses toitures végétales, elle dégage immédiatement un esprit de vacances. 9 studios pour 2 personnes et 6 appartements pour 4-5 personnes, tournés vers la mer, sont chacun dotés d'une varangue avec terrasse en rez-de-jardin, ou d'un balcon à l'étage, ainsi que d'une kitchenette équipée, de la climatisation, de la télévision et du wifi. L'un d'entre eux, dénommé le « kiosque » pour ses formes courbes et sa terrasse sur l'océan, est parfait pour les amoureux. Parking privatif.

■ **LA VILLA CHAMPAGNE**
56 allée des Pailles en Queue
Lot. Cap Champagne
✆ 0693 94 32 17
De 2 500 à 3 500 € la semaine suivant la saison, 4 200 € entre Noël et le Jour de l'An, dégressif à la durée.
Tout en haut du lotissement Cap Champagne, un des plus cossus de l'île, une magnifique villa en location avec vue imprenable sur Boucan et l'océan. Ancienne demeure familiale d'une grande fortune locale, cette élégante bâtisse de 300 m² sur 1500 m² de terrain avec piscine panoramique, magique la nuit quand Boucan scintille, logera luxueusement les familles et groupes d'amis jusqu'à 10 personnes. 5 chambres climatisées, dotées de lits de 140 cm à 200 cm de large pour la suite parentale, immense et splendide, et 4 belles salles de bains, avec baignoire, douche.. ou les deux ! Deux des chambres sont indépendantes dans la maison, comme des petits studios, avec une déco charmante. Les grands espaces communs sont la promesse de séjours réussis : vaste cuisine ultra-équipée (avec possibilité de mise à disposition d'une cuisinière), varangue fleurie de 100 m² avec salon et salle à manger, ainsi qu'un grand séjour avec cheminée et un jardin avec jeux d'extérieur et matériel de plage. L'ensemble

est décoré avec goût, meublé de teck et jouit de tous les équipements nécessaires : wifi, TV avec Canal Sat et choix de DVD, téléphone illimité, parking avec vidéophone, etc. Pisciniste et jardinier hebdomadaire, ménage 3 fois par semaine, avec possibilité de buanderie. Très belles prestations, une adresse recommandée.

Confort ou charme

■ GRAND HOTEL DES MASCAREIGNES

8 rue du Grand Hôtel
✆ 02 62 49 49 90
www.grand-hotel-des-mascareignes.com
Suivant la saison : de 80 € à 100 € la nuit en chambre standard pour deux personnes avec petit déjeuner, de 96 € à 120 € en chambre supérieure, de 120 € à 150 € en junior suite, de 160 € à 200 € en suite, personne supplémentaire de 20 € à 50 €. Demi-pension : 28 € adulte, 10 € par enfant de 3 à 12 ans. Snack ouvert de 7h à 22h, restaurant midi et soir du lundi au dimanche. Brunch du dimanche 20 € avec accès piscine.

Avec 155 chambres, cet hôtel est un des plus grands de l'île et bien connu des Réunionnais pour avoir été un des premiers complexes de la station balnéaire. Fermé pendant plusieurs années, il a rouvert en 2012 et bénéficié d'une rénovation progressive jusqu'à aujourd'hui. Ce grand bâtiment en arc de cercle, intégré au paysage, avec ses toits pentus et son parc planté de cocotiers, mêle élégamment bois, pierre et béton, et dégage une atmosphère de vacances familiales. Ses premiers atouts : une situation privilégiée à 150 m de la plage et de l'animation et une des plus vastes piscines de l'île (700 m² !). Egalement, héritage de l'architecture ambitieuse de l'époque, des chambres spacieuses (31 m² et 44 m² pour les supérieures), chacune avec son balcon tourné vers l'océan. Joliment meublées et décorées avec des tonalités pétillantes, elles présentent un bon confort : grande literie, climatisation, TV, wifi… correspondant à son classement 3-étoiles. Côté cuisine, le restaurant principal, logé dans une grande et belle salle à l'étage dominant la piscine, vous accueille pour le dîner tandis que le second sert petits-déjeuners, déjeuners et dîners et qu'un snack côté piscine comblera les plus petites faims. Au niveau des activités, on retrouve l'ambiance « club » qui fait défaut partout ailleurs : aquagym, aquabike, cours de danse, animations enfants, élections de miss, jeux apéro, water-polo, beach-volley, pétanque, badminton… Salles de séminaires, espace bien-être. A découvrir ou redécouvrir, les progrès continuent !

■ HÔTEL MARINA**

Lotissement Champagne
6 allée des Pailles-en-Queue
✆ 02 62 33 07 07
www.hotel-reunion.net
hotelmarina@wanadoo.fr
Chambre double à partir de 77 €, triple 89 €, quadruple 109 €. Petit déjeuner continental 8 €.

A 200 m de la plage, cet établissement se présente comme une résidence et un hôtel à la fois. Résidence, car on profite ici de beaux studios indépendants, avec kitchenette et jardinet privé, et d'un hôtel, car les lits sont faits tous les matins et le petit déjeuner est servi dans un agréable patio bordé d'une piscine petite, mais charmante. Les 10 studios sont vastes, joliment décorés, et bien équipés : grande télévision, climatisation, wifi. Ils sont orientés vers le jardin verdoyant, la mer ou la montagne. Ceux pour 4 personnes sont en duplex. Repris récemment, mais présent dans notre sélection depuis de nombreuses années, il conserve comme premiers atouts son emplacement calme et pratique, son atmosphère conviviale et un bon rapport qualité-prix.

Rue du Boucan-Canot.

OUEST

Luxe

■ HÔTEL BOUCAN CANOT****

32 rue de Boucan-Canot
✆ 02 62 33 44 44
www.boucancanot.com
hotel@boucancanot.com
Chambre simple à partir de 182 €, double à partir de 218 € petit déjeuner inclus, junior suite double de 305 €, petit déjeuner inclus. Demi-pension 48 €.
Situé sur le cap Boucan-Canot, en basalte brut, l'hôtel s'étale sur deux plages dont une avec un bassin pour les enfants. Le Boucan-Canot, établissement 4-étoiles, propose 50 chambres dont 8 suites, et une belle piscine en haricot sur la pelouse face à l'océan. Il tient son cachet unique de son emplacement, spectaculaire, plus que de son décor, qui parlera davantage à une clientèle d'affaire qu'à un couple à l'affût d'une adresse de charme. L'équipement des chambres correspond au confort attendu, avec TV (Canal +), minibar, climatisation, une belle salle de bains et un lit king size, encore plus grand pour les suites : 2 x 2 m ! Les chambres sont vastes et possèdent toutes un balcon donnant sur l'océan, face au soleil couchant. Côté culinaire, le Boucan Canot dispose d'un restaurant renommé, Le Cap (room-service assuré de 10h à 22h30), ainsi que d'un snack pour une restauration légère. Pour les voyages d'affaires, l'établissement propose des forfaits chambre+voiture.

■ LE SAINT ALEXIS HÔTEL & SPA****

44 rue de Boucan-Canot
✆ 02 62 24 42 04
www.hotelsaintalexis.com
reception@hotelsaintalexis.com
Pour 2 personnes en basse saison, comptez 160 € en chambre standard, 200 € en chambre supérieure, 230 € en chambre luxe, 280 € en junior suite, 390 € en suite. Supplément rez-de-piscine de 40 à 60 € suivant la chambre. Rajouter environ 25% au total en haute saison. Petit déjeuner 25 €, demi-pension 73 €. Offres spéciales intéressantes sur le site internet.
Bien connu des Réunionnais pour avoir été le premier hôtel de luxe de l'île et ainsi accueilli les stars et hommes politiques, cet hôtel 4-étoiles est notre coup de cœur depuis de nombreuses années ! Avec un emplacement privilégié face à l'océan, sur la plage, pratiquement déserte à cet endroit, c'est l'hôtel de luxe le plus élégant de La Réunion, avec son décor colonial, ses ombrages tamisés et son architecture audacieuse tout en marbre brut, en verre et en bois exotiques. Sur les murs du hall alternent toiles d'artistes réunionnais et fenêtres donnant sur le fond de la piscine, qui fait le tour de l'hôtel. Une idée fantastique qui permet à certaines chambres d'avoir les pieds dans l'eau ! En sortant du Jacuzzi privatif de sa salle de bains, quel délice de plonger dans la piscine sous les yeux ébahis des chambres du haut qui, elles, préfèrent la vue sur l'océan.
Autre atout de l'hôtel : le Spa, un vaste espace de 500 m² doté d'un bassin sensoriel, d'un hammam, d'une douche « aventure », et où plusieurs esthéticiennes dorlotent la clientèle. Côté cuisine, l'hôtel est doté d'une des meilleures tables de l'île. Le room-service est assuré jusqu'à 22h, une carte snack satisfait les petites faims en journée et le Saint-Alexis prévoit même vos paniers-repas si vous partez en excursion. Enfin, le bar, côté plage, est ouvert à la clientèle extérieure ; happy-hour le jeudi soir de 17h à 19h. Des soirées animées y sont organisées les vendredis et samedis soir.

Se restaurer

Bien et pas cher

■ LA BOUCANTINE

29 rue de Boucan-Canot
✆ 02 62 33 62 10
la-boucantine@wanadoo.fr
Ouvert tous les jours midi et soir, sauf le mercredi. Service continu le week-end. Environ 16 € le plat. Menu enfants 10 €.
Surplombant la plage de Boucan, bondée à cet endroit, la Boucantine propose une cuisine métropolitaine classique dans la fraîcheur de sa terrasse feuillue, située au premier étage. Grillades, tartares de poissons, salades, galettes... On peut aussi s'accouder au bar pour l'apéro au coucher de soleil. Le dimanche, il y a de la musique. Ambiance vacances au rendez-vous.

■ LE P'TIT BOUCAN

63, rue de Boucan-Canot
✆ 02 62 24 85 08
Comptez entre 15 € et 26 € le plat.
Situé face à la mer, le P'tit Boucan est le premier restaurant d'une longue série. Plus intimiste que les autres, il dispose d'une petite terrasse pour dîner. De la cuisine française revisitée à la sauce créole : des plats classiques, mais très appréciables !

LE SAINT ALEXIS
HOTEL & SPA
Un havre de paix
et de sérénité...
Le Saint Alexis Hôtel & Spa****
44, route de Boucan Canot 97434 Saint-Gilles-Les-Bains
Ile de la Réunion
Tél : 02 62 24 42 04 - Fax : 02 62 24 00 13
www.hotelsaintalexis.com

Bonnes tables

LE BAMBOU BAR

35 rue de Boucan-Canot
✆ 02 62 24 59 29
casebambou@orange.fr
Ouvert tous les jours midi et soir sauf le lundi midi. Bar et glacier ouverts aux heures de service et de 15h à 20h. Comptez de 14 à 24 € le plat. Menu enfant 9 €.

Ce beau restaurant-bar face à la plage de Boucan séduit d'abord par son superbe cadre tropical, avec bambous et palmiers, ruisseaux, fontaines et cascades en pierre de lave, à moins de préférer la terrasse panoramique à l'étage ou l'esplanade face à la plage. Au menu, une authentique cuisine créole au feu de bois, goûteuse et parfumée. Beaucoup de poissons frais également, en carpaccio, tartare ou bien grillés. Le choix est large, avec des salades bien garnies, des viandes rôties, braisées, en grillade ou en tartare, des pizzas, des tapas, des glaces, des crêpes, et même une carte des vins assez fournie, et une de cocktails de fruits frais. La qualité est au rendez-vous et ne nous a jamais déçus. Le service, enfin, est efficace et professionnel : que demander de plus ? Un apéritif est même offert avec le repas sur présentation de ce guide. C'est l'adresse la plus ancienne du front de mer, sûrement la plus régulière, à la décoration la plus chouette, et nous la recommandons depuis plus de 10 ans !

Luxe

LE BEAU RIVAGE

Cap Homard
58, rue de Boucan-Canot
✆ 02 62 43 69 43
www.lebeaurivage.re
lebeaurivage@orange.fr
Ouvert du mardi midi au samedi soir (fermé le samedi midi). Fermeture annuelle vers le mois de juillet. Comptez entre 27 et 48 € le plat à la carte. Menu dégustation à partir de 50 € hors boissons.

Idéalement situé entre le centre de Boucan-Canot et le cap Homard, le Beau Rivage surplombe une portion plus sauvage et très peu fréquentée de la plage. Les tables nappées de blanc sont disposées autour d'une grande piscine, au bord de laquelle vous pourrez voir le chef s'affairer dans sa vaste cuisine extérieure. Formé en métropole, celui-ci a bâti sa réputation dans les grands hôtels de l'île avant d'ouvrir son propre restaurant de cuisine métropolitaine gastronomique. Modifiées chaque semaine, les formules du midi sont particulièrement alléchantes. A la carte, beaucoup de poissons frais et de tartares. Mention spéciale aux médaillons de foie gras maison, et au pavé de légine ! A découvrir absolument.

LE BOUCAN CANOT

Hôtel Boucan-Canot
32 rue de Boucan-Canot
✆ 02 62 33 44 44
www.boucancanot.com
hotel@boucancanot.com
Ouvert tous jours midi et soir. A partir de 30 € le menu déjeuner, 65 € le menu dîner. À la carte, compter environ 30 € le plat.

Le restaurant de l'hôtel du même nom sur la plage du même nom, propose une cuisine gastronomique de très bonne réputation, le chef ayant obtenu la fourchette de bronze de l'île. On déjeune dans une grande salle charpentée, ouverte sur la mer ou sur une terrasse légèrement surélevée. Le midi, une formule déjeuner très prisée à 28 € comprend entrée, plat, café ou plat, dessert, café. Quant au soir, c'est le grand jeu : cuisine semi-gastronomique en musique, 3 fois par semaine. Piano bar le mardi, soirée créole le vendredi, et le samedi :

jazz. Mais surtout, chaque jour de la semaine, un repas orchestré par un service de grande qualité, dans un cadre des plus agréables. Une des meilleures tables de l'île.

LE SAINT-ALEXIS
Hôtel Saint-Alexis
44, rue de Boucan-Canot
✆ 02 62 24 42 04
www.hotelsaintalexis.com
reception@hotelsaintalexis.com
Compter de 15 à 31 € le plat (hors langoustes). Formule déjeuner à partir de 22 €, menu entrée + plat + dessert à 42 €, et 54 € avec eau + vin + café. Menu du soir entrée + plat ou plat + dessert à 35 €.
Installé sur 2 niveaux avec vue panoramique sur la plage, le restaurant de l'hôtel Saint Alexis propose une cuisine originale et variée de grande qualité, intégrant des produits nobles de la Réunion et d'ailleurs. La carte des vins, fort étendue, propose des grands crus français ainsi qu'une sélection de bouteilles étrangères. Idéal pour un dîner d'exception entre amoureux, le Saint Alexis dispose de balcons intimistes et d'un service personnalisé. Chaque semaine, Sébastien Mottin élabore un menu thématique « Instant Gourmand ». A noter aussi un exceptionnel menu dégustation, à 85 € par personne hors boissons. Enfin, les enfants ne sont pas oubliés, avec une carte qui leur est dédiée. Le midi, une carte plus légère est proposée, avec un choix de salades, de grillades et de tartares, et des snacks de 13h à 18h dont de fameux club sandwich aux queues de langoustes.

Sortir

Le soir, Boucan-Canot est plutôt calme ; vous trouverez plus d'ambiance du côté de Saint-Gilles et l'Ermitage. Les bars-restaurants sur le front de mer diffusent un peu de musique. L'hôtel Saint-Alexis met de l'animation à Boucan-Canot, du jeudi au samedi soir : soirée jazz, romantique, musicale avec la venue d'artistes locaux. Nous vous conseillons surtout le dimanche au coucher du soleil, avec des happenings et des expos.

À voir – À faire

RÉSERVE NATURELLE MARINE DE LA RÉUNION
✆ 06 92 89 18 68 / 02 62 34 64 44
www.reservemarinereunion.fr
info@reservemarinereunion.fr
Créée en 2007, elle couvre une surface d'environ 35 km² et s'étend le long de la côte sur 40 km, dont la moitié le long de la barrière corallienne : en gros, du cap La Houssaye (Boucan-Canot) à la Roche aux Oiseaux (L'Etang-Salé les Bains). Cette zone est le siège d'une biodiversité quasi unique en outre-mer, menacée par la pollution et la pêche excessive. La mise en place de balises jaunes en mer, et de panneaux d'information sur la côte, a débuté en 2009. Il existe dans cette zone trois types de règlementation :

- **générale,** plutôt tournée vers le comportement (interdiction d'abandonner des déchets sur la plage, aux chiens, de faire du feu, de marcher sur les coraux...)
- **protection renforcée** sur environ 45 % de la surface (pêche interdite ou règlementée)
- **protection intégrale** sur 5 % de la réserve (toutes formes d'activités, travaux, fréquentations, circulations, mouillages ou amarrages sont interdits).

Des gardes, agents de la Brigade de la nature et la Gendarmerie patrouillent dorénavant sur les plages. A l'heure actuelle, leur rôle est tourné vers le préventif et la sensibilisation (il est difficile de changer les comportements), mais d'ici peu, ils appliqueront les sanctions et verbaliseront (amendes encourues de 150 € à 22 500 €).
Faites donc attention aux panneaux et veillez à respecter les lieux.

Sports – Détente – Loisirs

SHAI ENA
38 chemin de La Vanille
✆ 06 92 88 70 00
www.shaiena.com
shaiena@me.com
Comptez 60 € par personne, environ 2h30 de balade, départs à 16h30, maximum 8 personnes.
Cette structure propose des balades à cheval dans la savane du Cap la Houssaye, un coin de nature vierge et encore peu exploré. Le départ se fait non loin de la route du Théâtre. Dans cet espace préservé, on évolue entre les falaises bordant l'océan, la savane sèche orangée et les viaducs de la route des Tamarins. Une ambiance particulière au coucher du soleil quand votre animateur contera sa longue histoire sur plusieurs continents, au coin du feu en buvant le verre de rosé bien frais. Une escapade nature à deux pas de la station balnéaire, recommandée par plusieurs lecteurs.

OUEST

Où se baigner à La Réunion ?

Interdite ou autorisée ? Sûre ou dangereuse ? Tous les cas de figure existent à La Réunion, qui s'illustre par la diversité des lieux de baignade : en mer, dans le lagon, en rivière, en bassin ou au large. Toutes sortes de règlements sont décrétés ou abrogés, respectés ou allègrement violés, sanctionnés ou non, signalés ou non, ce qui rend l'ensemble plutôt confus. Et d'autant plus quand des médias internationaux ou des agences de voyages méconnaissant La Réunion assènent de but en blanc que la baignade est interdite « sur toute l'île » !

La dernière règlementation, prise en 2013 suite à la recrudescence d'attaques de requins, prohibe la baignade dans la bande des 300 m du littoral, hormis les lagons et les zones surveillées. Autrement dit, elle est possible et sécurisée dans les lagons, comme à l'Ermitage ou Saint-Pierre, et devant les plages hors lagon dotées de postes MNS affichant un drapeau vert, comme Boucan-Canot et Etang-Salé. Les zones de baignade en mer pointillent les côtes ouest et sud entre Boucan-Canot et Manapany. Tout le reste du littoral est interdit et dangereux.

Plage des Roches-Noires à Saint-Gilles-les-Bains.

Cette règlementation se superpose à celle de la Réserve marine, aux interdits municipaux (en cas de pollution notamment), à la couleur des drapeaux, aux conditions météo et à l'appréciation du danger selon les aptitudes individuelles. Ainsi, la baignade est autorisée partout dans les lagons sauf dans les zones de protection intégrale de la Réserve marine (mais celles-ci sont minimes) et quand le drapeau des MNS est rouge (mais c'est plus rare qu'hors du lagon). Or, il n'y a pas de postes MNS partout et les sanctions des éco-gardes se portent plutôt sur les braconniers. Le surf est désormais interdit sur toute l'île et sanctionné d'une amende légère et le plus souvent théorique. Ce qui n'arrête ni les surfeurs, ni les attaques de requins, mais limite fortement leur nombre. Les plages désertes sont le plus souvent interdites (en raison des requins mais surtout de la houle et des courants) ; c'est rarement ou très mal signalé mais le danger est souvent évident… et l'interdiction était bien antérieure à la crise requin. La baignade au large est autorisée à condition de ne pas s'approcher à moins de 15 m des baleines, qui est à peu près le seul intérêt d'une baignade aussi loin des côtes. La plongée sous-marine ne souffre d'aucun interdit. Ce qui n'est pas le cas de la baignade en palmes-masques-tuba sur les hauts fonds proches des côtes, comme au cap La Houssaye, désormais interdite. Cela ne vous empêchera pas d'y aller par vos propres moyens, mais c'est désormais prohibé pour les prestataires.

Les bassins de Saint-Gilles sont l'exemple type de l'absurde : interdits depuis 2002, ils sont extrêmement fréquentés chaque week-end, ne présentent pas de danger particulier (à condition de ne pas faire n'importe quoi, comme plonger de plus de 10 m de haut…) et ne font l'objet d'aucune contravention par les forces de l'ordre. La baignade en rivière ou en bassin est généralement autorisée dans toute l'île, mais pas exempte de dangers : courants, montée subite des eaux, etc. Les rivières et cascades sont très nombreuses et chaque endroit a ses risques propres, divers, variés, mais rarement signalés. Les noyades font plus bien plus de morts chaque année que les attaques de requins… soyez prudent et optez plutôt pour une aventure encadrée par un prestataire de sports en eaux vives, équipé de kayaks, cordages, gilets de sauvetage et assurances !

SAINT-GILLES-LES-BAINS

Capitale touristique de l'île, Saint-Gilles-les-Bains ressemble à une station balnéaire de la Côte d'Azur. A part quelques jolies villas créoles dans le centre-ville, son architecture est sans charme, mais à taille humaine. Ceux qui préfèrent éviter son ambiance zoreille peuvent aller du côté de l'Ermitage, où les plages sont plus belles et plus familiales. Mais qu'on l'aime ou qu'on la déteste, Saint-Gilles reste un passage obligé pour tout touriste fraîchement débarqué.

D'abord, c'est ici que se trouvent la plupart des prestataires touristiques (plongée, pêche sportive, écoles de surf, organisateurs de randonnées, agences de voyage), l'excellent office de tourisme de Saint-Paul, et beaucoup d'hôtels familiaux. De plus, vous ne trouverez nulle part ailleurs une telle concentration d'activités : port de pêche et de plaisance, aquarium (une superbe réalisation comparable aux aquariums de La Rochelle ou de Monaco), des plages, restos, boîtes... Et aux alentours : plusieurs jardins botaniques, ou encore le domaine de Villèle, qui méritent largement un détour.

Bref, bien qu'embouteillée et chère, l'incontournable Saint-Gilles est une petite ville plutôt agréable. Mais attention, elle n'est pas représentative de la vie réunionnaise, et il serait vraiment dommage d'y passer tout son séjour. Elle s'organise autour de l'avenue du Général-de-Gaulle, animée de bars à la mode et de quelques discothèques (les autres sont plus loin, à l'Ermitage). A 200 m, la plage en arc des Roches Noires, fréquentée par les familles, bénéficie depuis 2014 d'une agréable promenade. Un peu à l'écart, la place du Marché vous invite à flâner autour des magasins de vêtements et d'artisanat et, après le pont, vous arrivez au port de plaisance, entièrement réaménagé. On s'y promène de brasserie en restaurant, bercé par le ballet incessant des bateaux.

Transports

Compter 30 minutes pour arriver à Saint-Gilles depuis Saint-Denis. La route des Tamarins a considérablement fluidifié le trafic dans la région des Plages, mais n'a hélas pas résolu les énormes bouchons depuis Saint-Paul en direction de Saint-Denis...

Comment y accéder et en partir

■ ADA

Avenue de Bourbon
✆ 02 62 21 59 01 – www.ada-reunion.com
info@ada-reunion.com
Ouvert du lundi au vendredi de 8h à 12h et de 14h à 17h.

Avec 6 agences sur l'île, cette grande enseigne nationale propose un grand choix de véhicules à partir de 9,90 € par jour et 0,25 € par km ou bien à 34 € la journée en kilométrage illimité, 18 € sur la base d'un mois, mais ces tarifs peuvent être divisés par deux en réservant sur le site Internet.

■ AVIS

Avenue de Bourbon
✆ 02 62 24 09 78
www.avisreunion.com
contact@avisreunion.com
Ouvert du lundi au vendredi de 9h30 à 12h et de 15h à 17h30 et le samedi de 8h à 10h.

On ne présente plus Avis, un des principaux loueurs mondiaux. Il propose un choix immense de modèles neufs et un service de haut niveau. Tous les véhicules ont moins de 18 mois et 40 000 km, sont climatisés et très bien équipés. La plus petite citadine, par exemple une Twingo, commence à 39 € la journée en kilométrage illimité, 31 € sur la base d'une semaine, 29 € au-delà de 3 semaines. Promotions attractives sur le site.

■ BUGGY'RUN

32 avenue de Bourbon
✆ 06 92 23 60 00 – www.buggy.re
contact@buggy.re
69 € par jour en semaine en kilométrage illimité, 169 € le week-end du samedi matin au lundi matin (forfait 300 km + 0,75 € par km supplémentaire). Minimum 23 ans et 3 ans de permis, caution 1 236 €.

Buggy'Run est le premier et seul loueur de Buggy de l'île. Venez retrouver des sensations de conduite dans un véritable véhicule de vacances et explorez la Réunion cheveux au vent, sans restriction ! Les modèles, des Lantana 2 places tout neufs, sont ouverts sur l'extérieur, dotés d'un arceau de sécurité, une capote contre une averse éventuelle et un petit coffre. Ils vous emmèneront sur toutes les routes, chemins, pistes carrossables de l'île mais aussi sur les 4-voies car ils atteignent 90 km/h. Plus confortable et sécurisant que la moto ou le quad, moins banal que la voiture de loc', le Buggy réunit tous ces avantages et est accessible avec un permis de conduire auto classique. N'hésitez pas à vous rendre directement à l'agence, et demandez Nany qui saura vous donner les bons conseils de conduite. En tant qu'importateur, il présente également d'autres modèles à la vente. Accueil sympa !

VOUS
VOULEZ
MANGER
ICI ?
VOUS
VOULEZ
PARTIR À
L'AVENTURE ?
VOUS
VOULEZ
VOUS
RESSOURCER
ICI ?
VOUS
VOULEZ
VOUS
DÉTENDRE ?

■ **DISCOUNT LOCATION**
27 avenue de Bourbon
✆ 02 62 24 01 01
Voir page 38.

■ **ITC TROPICAR**
27 avenue de Bourbon
✆ 02 62 24 01 01
Voir page 38.

■ **SUN AUTO**
200 RN1 l'Ermitage
✆ 02 62 33 98 01 / 06 92 01 98 41
location_sunauto@orange.fr
Un loueur établi de longue date, situé à l'Œil de Bœuf, entre l'Ermitage et la Saline-les-Bains. Il propose un large choix de véhicules assez récents (plus de 18 mois) et fait également réparation et vente de véhicules d'occasion, le tout à des tarifs très corrects. La plus petite catégorie est une Nissan Micra, à 24 € par jour en kilométrage illimité pour 1 à 4 jours, 16 € par jour au-delà de 10 jours de location. Egalement des véhicules climatisés à partir de 28 € par jour, 22 € sur la base d'un mois, et un grand choix de modèles : Peugeot, Citroen, Opel, Toyota, Chevrolet… et même une Mini cabriolet ! Minimum 23 ans et 2 ans de permis. Assistance 24/24, sièges bébé gratuits, 2e conducteur sans supplément, possibilité de transfert à l'aéroport et hôtels.

Se déplacer

Pensez aux deux roues, idéaux pour éviter les embouteillages de la côte : Saint-Gilles offre plusieurs possibilités de location de motos, scooters et vélos.

Se déplacer sans conduire

Se déplacer à pied ou à vélo entre plage, hôtel, restaurants et magasins, c'est possible dans la région des Plages ainsi qu'à Saint-Pierre… mais c'est tout ! Pour tout le reste, notamment aller et venir à l'aéroport et explorer l'île, il faudra prendre la route. Mais on ne peut pas ou bien on ne veut pas toujours conduire : pas le permis, plus de permis, pas envie de le perdre, pas envie de se perdre, peur d'affronter les lacets ou les intempéries ? La solution est un transporteur touristique… à condition d'être au moins 3 ou 4 passagers ou de se joindre à un groupe déjà constitué. Nous vous avons dégoté celui-ci, qui organise à la fois les transferts et les visites. Les autres solutions n'en sont pas : les taxis sont hors de prix et inadaptés pour les visites, et les transports en commun ont des horaires et des arrêts fort peu commodes.

■ **EXPÉRIENCE RÉUNION**
✆ 06 92 75 08 35
www.experience-reunion.re
contact@experience-reunion.re
Ce prestataire propose transferts et visites dans toute l'île, à bord d'un minibus neuf et climatisé accueillant jusqu'à 8 passagers et leurs bagages. Côté transferts, il faut compter 18 à 30 € par trajet et par personne (minimum 3) suivant le nombre de personnes (mois cher au-delà de 6) et bien sûr suivant la distance : aéroports, départs de sentiers de randonnée, hôtels. Côté excursions, plusieurs circuits sont proposés vers les incontournables de l'île : cirques, Sud sauvage, volcan… Votre chauffeur Héloïse, si elle n'est pas guide à proprement parler, n'en restera pas muette pour autant et commentera les lieux visités. Possibilité de privatiser le véhicule pour les transferts comme les excursions. Prestataire sérieux, agréé et assuré.

Saint-Gilles-les-Bains
OCEAN INDIEN
400 m
Curiosité
Théâtre
Vers Saint-Gilles Les-Hauts
Bassins Cormorans, l'Eperon, Golf du Bassin Bleu
L'Ermitage, Les Filaos et Trou-d'Eau
Vers Boucan-Canot
CARROSSE
PORT
PLAGE DES ROCHES NOIRES
DOMAINE D'ANJOU
GRAND FOND
LES CORMORANS
ARMAGNAC
RESIDENCE CHAMPAGNE
LES COQUILLAGES
CAP HOMARD
POINTE DES AIGRETTES
Poste
RN 1
CD 10
Route du Théâtre
Chemin Summer
Rue d'Anjou
Rue Sternes
Rue des Cormorans
R. des Tamarins
R. du Four à Chaux
Rue d'Armagnac
Rue des Aigrettes
Route du Boucan Canot
Rue du Général de Gaulle
Rue Leconte Lisle
Rue des Sables
R. des Sables
Rue E. Dayot
E. De Parny
Bd Roland Garros
La Plage
La Poste
Galerie Amandine
St Alexis
Anones
Ch. Bottard
De Villèle
Ch. Carrosse
Chemin Carrosse
R. des Langoses
R. des Arums
des Lys
Lantreine
Maryllis
R. du Gal De Gaulle
R. des Brisants
Rue des Bonites
Rue des Capucines
R. des Pêches Cavales
R. des Vivanneaux
Rue des Espadons
Carangue
Marlins
Dorade
R. des Barracudas
Tourterelles
Allée des Pailles en Queue
Serins
Cailles
Becs dorés
Allée des Tecs-Tecs
Allée des Moutardiers
Perdrix

Celui qui ne conduit pas, c'est celui qui prend Vol Il Nuit

Un service qui vous pose comme une fleur devant votre discothèque et revient vous cueillir à l'heure de la fermeture des boîtes. Elle est pas belle la vie, dans une station balnéaire ?

VOL II NUIT
SAINT-GILLES-LES-BAINS
Transports de nuit de 21h à 6h du matin. Carnet de 10 tickets (20 €).
Ce service original assure le transport de passagers résidant entre Boucan-Canot et Trou-d'Eau vers différents spots de la nuit saint-gilloise. Comment ça marche ? Il suffit tout d'abord de se procurer, dans l'un des établissements participant à l'opération, un carnet de 10 tickets. Ensuite, lorsque vous êtes prêt à quitter votre lieu de résidence, appelez l'un de ces établissements en indiquant un point de rendez-vous facile à repérer et le nombre de personnes. Un véhicule viendra vous chercher dans les minutes qui suivent. Et surtout, vous récupérer à l'heure de la sortie des boîtes !

RANDO REUNION PASSION
3, rue Général-de-Gaulle
✆ 02 62 24 26 19
www.vttreunion.com
Comptez de 55 à 150 € la randonnée.
Location, réparation, et conseils éclairés de Gildas, champion de La Réunion de cross-country 2000, 2001 et 2002.
Voici un autre moyen de découvrir la Réunion, venez dévaler les pentes réunionnaises avec une équipe d'encadrement qui s'occupera de vous !

Pratique

Tourisme – Culture

OFFICE DE TOURISME INTERCOMMUNAL DE L'OUEST
1 place Paul-Julius-Bénard
(près de la place du Marché)
✆ 0810 797 797
www.ouest-lareunion.com
accueil@ouest-lareunion.com
Ouvert tous les jours de 10h à 13h et de 14h à 18h. Visites guidées avec Clovis : 9 € adulte, 6 € enfant de moins de 12 ans.
En plein cœur de Saint-Gilles, cet office intercommunal couvre l'ensemble des communes de Saint-Paul, La Possession, Trois Bassins et Saint-Leu. Outre les renseignements prodigués comme partout sur les hébergements, restaurants, activités, manifestations et services, l'équipe assure également les réservations des gîtes de montagne, la vente de places de spectacles, de tickets de bus Kar'Ouest (le réseau de transports public de l'Ouest) ou encore du Rosalie (petit train touristique). L'office propose également des découvertes culturelles avec Clovis, un « guide patrimoine » qui propose des circuits dans chacune des communes du territoire : par exemple dans le vieux Saint-Paul tous les vendredis de 9h à 11h : visite du cimetière marin, de l'ancienne gare, des vieilles cases créoles... Enfin, en nouveauté 2015, l'office propose ses « zarlor » (« trésor » en créole), des packs combinant plusieurs prestations pour offrir ou se faire plaisir : par exemple le « Zarlor Détente Paddle » combine une sortie initiation au paddle de 2h et un apéro au coucher de soleil pour 50 €.

Orientation

Le centre de Saint-Gilles se traverse en à peine 5 minutes à pied. Traversé par l'avenue du Général-de-Gaulle, il s'étend du port à la route nationale, dont deux sorties vous permettent d'accéder à Saint-Gilles en venant du nord.
La première est celle de « Grand-Fond », qui débouche en outre sur la D10, route qui monte vers les Hauts, le théâtre de plein air, le village de l'Eperon, Saint-Gilles-les-Hauts... La seconde, qui descend vers la mer, rejoint l'ancienne route du Littoral : à droite, Boucan-Canot, à gauche Saint-Gilles centre, que l'on atteint en longeant les zones résidentielles de luxe « Les pieds dans l'eau ».
Le port se trouve au sud du centre-ville, sur la droite. La place du Marché est quant à elle située entre le port et la plage.
Au-dessus du centre de Saint-Gilles, les lotissements grignotent la montagne à toute allure. Carosse est un ancien quartier créole qui a su conserver une aura quelque peu typique (gallodrome, etc.) alors que, juste au-dessus, s'étendent les constructions du

Mont-Roquefeuil : un quartier cossu en pleine expansion, qui n'existait pas il y a encore quelques années. Bientôt il y aura des lotissements jusqu'à la route des Tamarins et l'on ne distinguera plus les Hauts de Saint-Gilles-les-Bains des Bas de Saint-Gilles-les-Hauts !

Se loger

Locations

■ LA CASE À YANN

28 rue du Capricorne
Mont Roquefeuil
✆ 06 92 61 26 36
caseayann@gmail.com
2 000 € la semaine en basse saison, 2 500 € en haute saison, caution 2 000 €, ménage complet 100 €.
Sur les premières hauteurs, dans le quartier moderne et cossu du Mont Roquefeuil, une belle location touristique de standing. Cette superbe villa de 120 m² déploie une vue panoramique sur Saint-Gilles, l'océan et le coucher de soleil depuis son immense varangue, presque aussi grande que la maison (100 m²) ou depuis sa grande piscine à débordement de 11 x 4 m, bordée de sa terrasse avec bar, salon en bambou, plancha, barbecue et transats. Conçue pour des vacances ensoleillées et confortables, elle loge 8 personnes dans ses 4 chambres climatisées dont 3 avec vue mer, et dispose de tous les équipements imaginables : deux salles de bains spacieuses, l'une avec douche, l'autre avec douche et baignoire d'angle, cuisine américaine ultra-complète, Internet par câble et wi-fi, TV, téléphone illimité, vidéophone, parking avec portail télécommandé… Le standing est à l'avenant, avec une décoration de bon goût, un linge de maison de qualité et le souci du détail qui caractérise les bonnes adresses. Le quartier, calme et résidentiel, dispose de commerces à proximité à pied, tandis que la plage est à 5 minutes de voiture, tout comme la 4 voies. Accueil attentionné et sympathique.

■ COCOTHIM & VELOU'THIM

165 bis rue du Général-de-Gaulle
✆ 02 62 24 23 24 / 06 92 85 46 44
www.thimloc.fr
thimappart@gmail.com
Suivant la saison et le logement, de 150 € à 450 € la semaine à CocoThim pour 2/4 personnes, de 290 € à 770 € à Velou'thim pour jusqu'à 6 personnes. Suppléments pour courts séjours, dégressif au-delà d'une semaine. 15 € par personne supplémentaire.
CocoThim et Velou'Thim sont deux sites distincts, l'un face au port de Saint-Gilles, l'autre dans le quartier cossu de Grand Fond, à 1 km du centre. Très central, face au port de plaisance et à 2 minutes à pied du centre, CocoThim propose dans un jardin planté de cocotiers 6 appartements avec chambre climatisée, TV, wi-fi et une petite terrasse avec cuisine extérieure, offrant intimité, verdure et ombrage. Fonctionnels, ils présentent un bon rapport qualité-prix. Le grand studio est sympa, plus spacieux et avec lit à baldaquin. L'entreprise familiale, établie depuis plus de 20 ans, fait aussi location de bateau et formation au permis bateau, il y a également une petite restauration sur place et beaucoup de choix dans le quartier, dont la boulangerie à quelques mètres. Velou'Thim offre un standing et un emplacement plus privilégiés : 3 logements dans le jardin des propriétaires, dont la maison fait face à la plage, dans les ruelles résidentielles de Grand Fond. La baignade est plus délicate car le massif corallien débute au ras des vagues, en revanche une grande et élégante piscine vous accueille avec ses transats. Chaque logement, meublé de teck, possède deux jolies chambres climatisées avec literie haut de gamme, une superbe salle de bains au sol en marbre et une cuisine extérieure sous la varangue. Aussi des chambres à louer dans une case indépendante. Enfin, un spa est en option et un centre de bien-être en prévision.

LES EMERAUDES

2 rue Eugène-Dayot
Grand-Fond
✆ 02 62 24 20 20
les-emeraudes@orange.fr

70 € la nuit pour 2 personnes, 10 € de plus pour 2 enfants, repas 25 € (réservation 3 jours à l'avance pour les extérieurs).

A l'entrée nord de Saint-Gilles, à 100 mètres de la plage et 5 minutes à pied du centre, 6 studios en location dans une petite résidence avec piscine. Spacieux et lumineux, rénovés en 2013, ils logent 2 adultes et sont équipés de la climatisation, d'une TV, du wi-fi, d'une salle de bains, d'une kitchenette et d'une terrasse. Deux studios sont familiaux et accueillent 2 enfants en plus. Ouvert depuis plus de 20 ans, c'est un bon compromis entre chambre d'hôtes et location saisonnière. L'accueil familial et chaleureux de M. et Mme Kessory en fait un bon point de chute pour « débarquer » à Saint-Gilles. N'hésitez pas à partager le repas le soir pour lier vos premières connaissances : très bonne cuisine créole traditionnelle. Un repas complet est offert pour une semaine de location.

LES JUMEAUX

48, chemin Summer
✆ 02 62 24 33 98 / 06 92 66 28 41
sully.endeler@mediaserv.net

50 € la nuit (2 nuits minimum), 280 € la semaine, dégressif au-delà, 10 € par enfant de moins de 7 ans (maximum 2).

Deux chalets jumeaux (d'où le nom) en contrebas de la maison des propriétaires, à 150 m du centre-ville et 300 m de la plage des Roches Noires. Tout en bois, ils sont disposés de part et d'autre d'une petite piscine et d'un jardin fleuri et accueillent 2 adultes dans la chambre et 2 enfants en mezzanine. Bien conçus et bien équipés, ils présentent un des meilleurs rapports qualité-prix du centre-ville : TV TNT avec lecteur DVD, wi-fi, séjour avec salon et cuisine équipée, climatisation, lave-linge, salle de bains avec douche hydro-massante, terrasse extérieure avec barbecue pour dîner sous les étoiles et des transats pour la bronzette. Seul bémol : la nationale un peu proche, mais le trafic est peu intense. Accueil sympathique.

LIBERTALIA

Grand Fond
8 rue des Sables
✆ 06 92 61 11 11
villa.libertalia@gmail.com

De 150 à 350 € la nuit suivant la saison, 5 nuits minimum. Forfait ménage 50 €.

Dans les ruelles sablonneuses du quartier calme et cossu de Grand-Fond, un élégant meublé à 100 mètres à pied de la plage, quasiment déserte à cet endroit, où l'on peut facilement se baigner. Un coup de cœur, car, outre une décoration de bon goût (d'inspiration britannique, ça change !) et un équipement de très bon niveau, c'est une des rares locations à disposer d'une piscine privative, dans un petit jardin à l'abri des regards. Trois chambres, dont deux avec lit double, fort belles et dotées de salles de bains, ainsi qu'une autre avec deux lits simples, logeront confortablement jusqu'à 6 personnes dans 90 m². Cuisine moderne et complète, TV satellite, wi-fi, climatisation, douche extérieure, barbecue… tout est là !

RÊVE TROPICAL

Résidence les Floralies
3 chemin de la Caverne
✆ 02 62 34 98 30 / 06 92 67 66 36
www.revetropical.fr
cardinal.run@wanadoo.fr

Comptez de 345 € à 415 € la semaine suivant le nombre de personnes, dégressif à la durée. 4 nuits minimum. Climatisation en supplément (15 € par semaine).

A 300 mètres du centre-ville et 700 mètres de la plage, un appartement pour 2 à 4 personnes en location touristique dans une résidence calme et arborée. Disposé en longueur, il se compose d'une chambre avec lit double, une kitchenette, une salle de bains avec baignoire et lave-linge, et un séjour avec clic-clac et une petite TV, qui se prolonge d'une terrasse meublée. L'ensemble est neuf, joliment décoré et « créolisé ».

Les bons plans Zarlor

Un Zarlor, c'est une jarre d'or en créole : une jarre où les pirates cachaient leur or. C'est aussi le nom du trésor de l'office de tourisme de l'Ouest : un panel d'activités culturelles, de plein air et gastronomiques, répertoriées dans un petit guide disponible dans les deux offices de tourisme de la côte Ouest (Saint-Leu et Saint-Gilles-les-bains). Au programme : randonnées suivies de déjeuner en tables d'hôtes, découverte de jardins agrémentée de goûters créoles et des bons plans pour les sensations fortes et les moments de bien-être. Demandez votre Zarlor !

SENTEUR VANILLE

Route du Théâtre
✆ 02 62 24 04 88 / 06 92 78 13 05
www.senteurvanille.com
senteurvanille@wanadoo.fr

Sur la base d'une semaine en basse saison, côté créole : 75 € la nuit en studio (2 personnes), 83 € en studio supérieur (2 personnes), 150 € en villa (4 personnes), 200 € en villa (6 personnes). Côté lodge, 133 € la nuit pour 2 personnes (basse saison uniquement), 150 € pour 4 personnes, 158 à 168 € pour 4 personnes en lodge supérieur. 3 nuits minimum. Tarifs dégressifs à la durée.

Une des meilleures locations touristiques de l'île ! A 3 minutes en voiture de Saint-Gilles et Boucan-Canot, Senteur Vanille est sur les premières hauteurs, dans un cadre luxuriant d'orchidées, arbres fruitiers, palmiers, plantes aromatiques et autres espèces endémiques. Sur ce terrain si vaste qu'on s'y déplace en voiturette de golf, deux concepts : côté créole et côté lodge. Côté créole, de superbes et authentiques cases avec lambrequins, élégantes boiseries et parquets, prolongées de varangues s'ouvrant sur le jardin tropical. A l'intérieur, une décoration sobre et travaillée, literies haut de gamme, climatisation, salle de bains avec douche à l'italienne, cuisine ultra complète, TV TNT. Spacieux, les studios logent 2 personnes dans 35 m² ou 50 m² (supérieurs) ; pour 4 ou 6 personnes optez pour l'une des trois magnifiques villas avec 2 ou 3 chambres doubles, jusqu'à 100 m² sans compter leurs superbes varangues, avec espaces barbecue et jardins privés. Côté lodge, des chalets de style sud-africain surplombent le verger en pente jusqu'à Saint-Gilles, offrant le coucher de soleil dans l'océan depuis le lit ou la terrasse. Un panorama de rêve avec le charme d'un chaleureux cocon tout en bois. Les lodges s'agencent sur 2 niveaux, chacun avec chambre double et salle de bains ; le niveau supérieur seul peut être réservé en basse saison, le reste du temps les deux. Les lodges supérieurs ont même une double terrasse, une par niveau, en nouveauté 2015, pour profiter au mieux de la vue. Avec leurs accès indépendants, ils logent confortablement 2 couples en toute intimité. wi-fi sous les manguiers, espace laverie. Accueil aux petits soins, logements parfaitement entretenus, souci du détail et du bon goût, excellent rapport qualité-prix pour ce standing... difficile de tarir de compliments pour cette adresse que nous recommandons depuis de nombreuses années ! Réservez longtemps à l'avance.

VILLA LE CORAIL BLEU

13 rue des Sables
Grand-Fond
✆ 06 92 86 60 50
http://corailbleu.monsite-orange.fr/

De 130 à 350 € la nuit suivant la saison, minimum 5 nuits.

Une villa face à l'océan, la plage et le lagon. Cela paraît simple, c'est pourtant la seule que nous ayons référencée dans l'île. Cette agréable villa en location est en effet posée en première rangée sur la plage de Grand Fond, avec un accès direct : la baignade ne demande que quelques pas dans le sable. Elle loge confortablement 8 personnes avec une chambre double climatisée et une chambre pour 4 avec 2 lits superposés et 2 autres gigognes, et dans une annexe de l'autre côté du jardin, une autre chambre double avec sa salle de bains. L'ensemble est élégamment meublé et très bien équipé : cuisine complète avec lave-vaisselle, salles de bains avec douche à l'italienne, séjour avec TV satellite, wi-fi... La terrasse qui prolonge la maison, face à l'océan, est particulièrement appréciée. On s'y voit déjà bronzer sur les transats, bercé par le bruit des palmiers, ou faire un barbecue dans le jardin...

Bien et pas cher

■ HÔTEL DE LA PLAGE

20 rue de la Poste
✆ 02 62 24 06 37 / 06 92 80 07 57
www.hoteldelaplage.re
hoteldelaplagereunion@hotmail.fr

Chambre simple avec douche et WC dans le couloir à partir de 30 € (double à 55 €). Chambre double confort à partir de 70 €, lit supplémentaire 15 €. Tarifs dégressifs à partir de la 4e nuit. Petit déjeuner 7 €.

En plein centre de Saint-Gilles, dans la rue qui mène à la plage des Roches-Noires, un joli petit hôtel de 8 chambres, plus ou moins lumineuses, avec salle de bains privée ou commune (les prix varient en fonction). Certaines sont dotées d'une terrasse ou d'un balcon ; toutes sont confortables, fonctionnelles, climatisées et équipées d'une télévision, d'un lavabo et d'un réfrigérateur. L'ensemble, très convivial et décontracté, est revêtu de fresques aux motifs exotiques, dans les tons fuchsia, vert anis et turquoise, exhalant un parfum frais de vacances. Le petit déjeuner est servi sur une grande terrasse ombragée et verdoyante, dominant la rue. Excellent accueil. Accès wi-fi.

■ HÔTEL DES PALMES

205 rue du Général-de-Gaulle
✆ 02 62 24 47 12
www.hoteldespalmes.fr
hoteldespalmes@orange.fr

Chambres double à 90 €, 15 € le lit supplémentaire. Petit déjeuner 7,50 €.

Près de 20 chambres nichées dans des bungalows confortables et climatisés, disséminés dans un jardin, entre l'avenue du Général-de-Gaulle et la nationale (assez bruyant, donc). Elles sont parfaitement propres, sobrement mais agréablement décorées, et équipées d'une télévision (Canal Sat') et d'une salle de bains privée. L'extérieur pâtit d'un manque de charme flagrant, malgré ses quelques filaos, sa pelouse et sa piscine. Mais le rapport qualité-prix reste très intéressant, étant donné que l'on est à moins de 10 minutes à pied de la plage des Roches-Noires et du centre-ville de Saint-Gilles. Pas de restauration, excepté le petit déjeuner, très copieux. Parking privé et accès wi-fi en journée, sur la terrasse. Accueil très sympathique.

Confort ou charme

HÔTEL LE KERVEGUEN**

84 avenue de la Croix-du-Sud
Mont Roquefeuil
✆ 02 62 33 00 50
www.lekerveguen.com
info@lekerveguen.com

Suivant la saison, de 85 à 95 € la nuit en chambre senior pour 1 ou 2 personnes, de 90 à 110 € en studio, de 120 à 145 € en suite (jusqu'à 4 personnes). Petit déjeuner : 10 € adulte, 5 € enfant.

A 5 minutes de voiture de la plage, entre le centre-ville et l'échangeur de la route des Tamarins, le Kervéguen est un élégant bâtiment de construction récente, comme tout le quartier Mont Roquefeuil, écart cossu de la capitale balnéaire. 14 studios et 4 chambres senior de standing, vastes et confortables, s'ouvrent vers un petit jardin avec vue sur Saint-Gilles et l'océan. Impeccables et fonctionnels, les logements sont décorés sans faute de goût et se composent d'une pièce avec lit double et une varangue ou une terrasse, les plus grands accueillent un enfant en plus. Tous disposent de la TV satellite et du wi-fi. Enfin la piscine, agrémentée de transats, est parfaite pour lézarder au soleil. Les petits déjeuners sont servis en buffet, tandis que le repas peut être pris avec des restaurants partenaires en ville, les transferts sont inclus. Parking privé souterrain à télécommande, laverie, service de pressing.

HÔTEL LES AIGRETTES**

30, chemin Bottard
✆ 02 62 33 05 05
www.hotel-les-aigrettes.com
reservation@hotel-les-aigrettes.com

Suivant la saison, de 74 à 95 € la nuit en chambre standard pour 2 personnes, de 93 à 114 € en chambre standard famille pour 4 personnes (dont 2 enfants de moins de 12 ans), de 112 à 124 € en double standard (4 adultes et deux enfants au maximum). Demi-pension : 18 € adulte, 10 € enfant. Restaurant ouvert tous les jours midi et soir.

Fermé pendant deux ans pour d'importants travaux de rénovation, l'hôtel Les Aigrettes a rouvert le 1er mai 2015. Tout est donc neuf, et les chambres à la décoration épurée sont toutes identiques et équipées de literies en 160 cm ou 200 cm, avec la climatisation, la TV (chaînes satellite) et un mini-frigo. Elles logent jusqu'à 4 personnes (dont 2 enfants) grâce à un canapé-lit dans la varangue, qui se ferme totalement, d'autres sont communicantes offrant ainsi jusqu'à 6 couchages. Les 97 chambres se répartissent dans 11 petits bâtiments à taille humaine. Spacieux, l'hôtel utilise très bien les 4 ha de son domaine, équipé d'une belle piscine et à la végétation luxuriante, perché dans une petite rue dominant la station balnéaire. Ce 2 étoiles doit principalement sa réputation à son emplacement idéal, à 2 minutes à pied du centre-ville, et a été fréquenté par plusieurs générations de touristes et de Réunionnais. Le restaurant Le Combava, accessible à la clientèle extérieure, propose salades et plats métro. Les 1er et 3e vendredis du mois, vous aurez droit à un afterwork avec DJ et pizzas à partir de 17h. wi-fi dans les espaces communs. Une adresse sympa à Saint-Gilles !

HOTEL YLANG-YLANG***

28a, rue Eugène-Dayot
Grand Fond
✆ 02 62 33 18 66
www.hotelylangylang.com
reservations@hotelylangylang.com

Chambre avec petit déjeuner à partir de 79 € la nuit pour 1 personne, 85 € pour 2 personnes, 90 € côté piscine, 130 € en chambre de luxe, lit supplémentaire 20 €.

Dans les ruelles sablonneuses du paisible quartier du Grand Fond, à 300 m de la plage et 8 minutes à pied du centre, voici un charmant petit hôtel 3 étoiles, pratique, économique et convivial. Ses 16 chambres sur 2 niveaux, aux tonalités boisées et anthracite, sont petites mais chaleureuses et bien équipées : literie haut de gamme, climatisation, réfrigérateur, TV, wi-fi et une petite terrasse, plus agréable côté piscine que côté parking à cause de la route. La chambre de luxe, idéale pour les amoureux, est plus spacieuse et dotée d'un lit à baldaquin, douche hydromassante et écran géant. Le buffet du petit déjeuner, sur la terrasse fleurie au bord de la piscine, est un vrai moment de plaisir. Une cuisine complète est à disposition ainsi qu'une bagagerie avec salle de bains pour les départs tardifs. Chambre avec accès handicapé. Côté services, tout est prévu pour vous faciliter la vie, l'hôtel étant aussi fréquenté par une clientèle d'affaires : transferts aéroport, laverie, location de voiture... Parking privé et fermé, trop petit pour tous, mais on se gare assez facilement dans le quartier.

RÉSIDENCE HÔTELIÈRE ARCHIPEL

9 rue de la Cheminée
Grand-Fond
✆ 02 62 24 05 34
www.archipel-residence.com
reservation@archipel-residence.com
Studio pour 1 à 2 personnes à partir de 99 € (109 € en haute saison), duplex pour 4 personnes 149 € (169 € en haute saison), 20 € le lit supplémentaire, gratuit pour un enfant de moins de 12 ans. Petit déjeuner 10 € (7 € pour les enfants).

Dans un jardin tropical de 1 hectare, cette résidence hôtelière est idéale pour les familles, avec sa piscine immense avec plage artificielle et cascade, assurément la plus belle de Saint-Gilles-les-Bains. Autour sont disposés 52 studios et 12 duplex, spacieux et confortables. Elégamment meublés, ils s'ouvrent sur une terrasse donnant sur le jardin ou la piscine, et disposent de tout le confort correspondant aux 3 étoiles de la résidence. Climatisés, ils sont équipés d'une salle de bains avec baignoire, d'une kitchenette, du téléphone et de la TV satellite. Le buffet du petit déjeuner est pris à côté de la piscine, tandis qu'une formule snack est proposée le midi. Le bar est ouvert toute la journée. Le centre-ville et la plage sont à moins de 15 minutes à pied, l'hôtel propose un service de navettes gratuites pour Boucan-Canot et les Roches-Noires. Enfin le quartier, récent et moderne, propose de nombreux commerces... wi-fi en sus, accès Internet gratuit dans le hall, billard, espace jeux, salle de sport avec vélos elliptiques, ping-pong.

LE SAINT-MICHEL**

196 chemin Summer
✆ 02 62 33 13 33
hotelsaintmichel.fr/
st-michel.hotel@wanadoo.fr
Chambre simple à partir de 73 €, double 90 €, familiale (2 adultes + 2 enfants de moins de 12 ans) 136 €, petit déjeuner inclus. 1/2 pension adulte : 23 €.

En haut d'une longue allée de cocotiers, ce beau petit hôtel familial (récemment repris par le fils !), à proximité de la route du Théâtre, surplombe les collines de Saint-Gilles et l'océan. Le quartier est très calme et à 2 minutes de voiture du centre-ville et de la plage. Les 15 chambres, confortables et élégantes, sont bien équipées (minibar, climatisation, télévision) et ont été rénovées en 2009. De nouveaux travaux de rénovation et d'aménagement ont été achevés fin 2013 pour accompagner la passation familiale de l'hôtel. Neuf chambres donnent sur la piscine, les autres sur le jardin, à l'arrière. Egalement une chambre familiale et une accessible aux handicapés. La vie de l'hôtel gravite beaucoup autour de la terrasse et de la piscine, depuis lesquelles on apprécie le cadre idéal et la vue panoramique tout en se dorant la pillule sur les transats, ou en dînant aux chandelles du restaurant. Tous les jours midi et soir (sauf le dimanche soir), les tables sont dressées autour de l'eau pour honorer une cuisine métro-créole que nous vous conseillons, même si vous n'êtes pas résident de l'hôtel. Accueil sympathique.

TAMA HÔTEL***

77 rue des Navigateurs
✆ 02 62 444 888 / 06 92 25 82 58
www.tama-hotel.com
reservation@tama-hotel.com
De 95 € à 115 € la nuit en studio pour 1 ou 2 personnes suivant la saison, de 75 € à 85 € en chambre junior, de 85 € à 95 € en chambre senior, de 165 € à 195 € en suite (jusqu'à 4 personnes). Lit supplémentaire : 20 €. Petit déjeuner : 12 € par adulte, 6 € par enfant. Tarifs dégressifs selon la durée.

De par sa situation, le Tama Hôtel offre une prestation quelque peu différente des autres hôtels de Saint-Gilles. En effet, il est situé sur les premières hauteurs, dans la savane, entre les quartiers de Carosse et Roquefeuil exactement. L'hôtel dispose de 29 studios, chambres et suites équipés, cosy, avec varangue, et un aménagement assez moderne : salles de bains à l'italienne, cuisine équipée avec plaques vitrocéramiques, volets électriques, TV (Canal +), Wifi, etc. Dans l'hôtel, on profite d'une piscine chauffée avec hydro-massage et bar, d'un babyfoot, d'un *business center* et d'un snack pour les repas légers, ainsi que de partenariats avec des restaurants qui viennent vous chercher à l'hôtel. Location de vélos électriques.

Se restaurer

Le choix ! Avec plus de 70 restaurants des cinq continents, Saint-Gilles offre une grande variété en matière culinaire. Mais pour ce qui est des bonnes tables, elle se révèle décevante, surtout en comparaison avec Saint-Denis. Peu de lieux typiquement créoles également.

A Saint-Gilles, les établissements ouvrent et ferment au gré des saisons : on est dans une station balnéaire, et la concurrence est rude. Aussi, ne vous étonnez pas si certaines adresses de cette liste ont changé d'ici à votre arrivée.

Sur le pouce

En plus des petits snacks éparpillés en ville, vous trouverez de nombreux camions-bars ou autres fourgonnettes à la musique lancinante en face de la plage des Roches-Noires : c'est le rendez-vous des baigneurs qui viennent y dévorer des barquettes de frites et des pains-bouchons, et des glaces évidemment.

■ LE 66 BURGER CLUB

38 B rue Roland-Garros
✆ 06 92 29 99 65 / 06 92 96 03 96
Ouvert du mercredi au dimanche, de 11h à 15h, et de 18h à 21h30. De 4,90 à 10,90 € le burger.
Une envie d'hamburger... ce petit snack est réputé et recommandé dans la station balnéaire. Situé à 2 pas de la plage des Roches-Noires. À emporter ou sur place à l'ombre d'une agréable petite terrasse. Bien servi, bien garni, très copieux, surtout délicieux ! Egalement des crêpes, milkshakes, etc. Ambiance sympa. Service rapide.
Attention pour manger sur place, il faut qu'il y ait de la place sur la terrasse, et ce n'est pas toujours le cas, le snack est victime de son succès !

■ LE BOUCHE À OREILLE

2 Rue de la Poste
✆ 02 62 27 00 57
sarl.alcage@gmail.com
Ouvert du mardi au dimanche de 10h à 22h (sauf le mardi et mercredi jusqu'à 18h uniquement), restauration en service continu de 12h à 17h. Environ 3,50 € la crêpe, 4,5 € le sandwich, 8 € la salade.
Changez des habituels camions-bars pour le Bouche-à-Oreille ! Impossible à manquer avec son architecture en pierre taillée, face à la petite placette de la Poste, à deux pas de la plage des Roches-Noires, ce snack amélioré propose des sandwiches chauds ou froids imaginatifs, des paninis, des burgers, des bruschettas, à peine plus chers que les pains bouchons usuels, mais tellement plus goûteux ! Egalement des salades, des crêpes, des desserts, des croque-monsieur et des suggestions du jour. N'hésitez pas à vous attabler à l'étage dans sa belle salle aérée et design pour apprécier la vue sur les surfeurs des Roches Noires. Bon accueil, et de la bonne musique pour des *after-beach* sympas !

■ CHEZ LOULOU

84 rue du Général-de-Gaulle
✆ 02 62 24 40 41
L'architecture, la couleur bleu azur, l'enseigne de sa boulangerie-pâtisserie, à l'angle de la rue de la poste et de la rue du Général-de-Gaulle, ont attiré les photographes, dont Christian Vaisse, et les peintres. C'est une institution d'un point de vue architectural et gourmand ! La case de Loulou date du début du siècle, c'est l'une des plus anciennes de Saint-Gilles. Elle n'est pas vraiment d'époque, puisqu'elle a brûlé il y a quelques années, mais elle a été reconstruite et rouverte en 1998, toute pimpante. Loulou vend des samoussas (espadon, requin, fromage, sarcives, boudin…), aussi bien que des chaussons aux pommes, des macatias variés (banane, coco, chocolat blanc…), des plats cuisinés à emporter (poulet grillé ou cari entre 5 € et 7 €), des gâteaux pays, des beignets aux fruits de mer, du pain… Accès Internet payant.

■ AU VIEUX QUIMPER

Place du Marché
✆ 02 62 24 53 48
Ouvert tous les jours de 11h30 à 23h, 23h30 le week-end, service non-stop. De 2,90 € à 14,5 € la crêpe.
Pas de doute possible, il s'agit-là d'une authentique crêperie bretonne, ouverte depuis plus de 20 ans. Le cuisinier, un Quimpérois pure souche, prépare toutes sortes de crêpes : au froment, au sarrasin, sucrées ou salées. Suivant votre appétit, optez pour la complète, la supercomplète ou la maxicomplète. Il y a aussi de très bonnes glaces artisanales à base de produits locaux : litchis, goyaviers… La plus impressionnante est la takamaka : 7 boules (!), morceaux de fruits frais, amandes grillées, coulis de framboises… Enfin, un choix de salades composées. Bon accueil.

Pause gourmande

■ LA CASE A PAINS

Enceinte portuaire, Local 27
Port de plaisance
✆ 02 62 33 27 89
Ouvert du mardi au dimanche de 6h30 à 19h30.
Installée dans la marina, La Case à Pains est la meilleure boulangerie et pâtisserie à l'ancienne de l'Ouest. On s'y régale de pains de tradition, de pains bio et de viennoiseries fondantes. Bon à savoir : elle possède un stand sur le marché de Saint-Gilles le mercredi, sur celui de Saint-Paul le vendredi et le samedi, ainsi qu'une autre boutique à l'Ermitage. En juin 2004, David Sausseau, le patron, a été intronisé disciple de la confrérie d'Escoffier, l'une des plus importantes associations gastronomiques internationales (fondée en 1966). Des chefs renommés tels que Sébastien Mottin du Saint-Alexis œuvrent à ses côtés.

■ **MARIE B. GLACIER**
13 rue de la Poste
✆ 0262 24 53 06
Ouvert du mardi au dimanche de 10h à 19h.
Après une après-midi sur la plage des Roches noires, c'est l'escale fraîcheur idéale ! Mangue, banane-coco, passion, ananas... Des sorbets maison pour tous les goûts et de toutes les couleurs ! Et pour les plus gourmands, vanille, tiramisu, stracciatella, etc. Une quinzaine de parfums de glaces sont proposés. Si vous voulez manger sur place, la terrasse derrière le comptoir est très agréable.

Bien et pas cher

■ **CHEZ MITE**
6 rue de la Plage
✆ 02 62 24 22 92
Ouvert tous les midis sauf le dimanche. Attention, venez tôt ! Les plats, tartes et salades partent très vite !
Ce petit restaurant sympathique attire tous les midis les employés du quartier : il offre un excellent rapport qualité-prix. Un choix de quelques caris classiques, des salades à composer soi-même, ou la tarte du jour, que l'on peut déguster attablé sur une terrasse ventilée, pour seulement 9 €.

■ **LE LAËTIZIA**
Place du marché
✆ 02 62 24 49 64
Ouvert midi et soir tous les jours sauf le lundi toute la journée et le mardi midi. Service jusqu'à 23h30 le week-end, dès 18h30 le dimanche. Pizzas de 8,50 à 12,80 €, demi-pizzas de 6,50 à 8,50 €, crêpes et galettes de 3 à 8 €, salades environ 10 €. Menu enfant 8,50 €. Menu midi à 12,90 € (demi-pizza + dessert + boisson).
Ouvert depuis plus de 20 ans, c'est le bon plan pizza de Saint-Gilles ! Pour moins cher qu'un camion pizza sur la rue principale, attablez-vous plutôt sous les stores du Laëtizia, et profitez de l'ombre et du calme de la place du Marché, où peuvent courir les enfants pendant le café. Un très grand choix de pizzas, et aussi des demi-pizzas pour les petites faims. Elles sont bonnes, les tarifs sont très raisonnables et le service est professionnel et efficace. Egalement des pâtes, salades, crêpes et galettes, glaces… wi-fi gratuit.

■ **LE PICCOLO**
99 rue du Général-de-Gaulle
✆ 02 62 24 51 51 / 06 92 60 51 76
www.restaurant-piccolo-st-paul.fr
attyasse.michel@wanadoo.fr
Ouvert tous les jours midi et soir, de 12h à 14h30 et de 19h à 22h30 (23h30 le week-end). Compter de 15 à 26 € le plat. Accès handicapé. wi-fi gratuit.
Sur la rue principale, c'est le plus ancien restaurant de Saint-Gilles tenu par le même patron, et un des plus anciens de l'île. Au-delà des modes ou des crises, c'est depuis 1983 que la gentillesse et le sens de l'accueil de Michel font du Piccolo une des adresses incontournables de la ville. Sur la terrasse ou dans l'une des deux salles coquettes, on s'y régale surtout de plats de viandes et de poissons, choisis avec le plus grand soin. Michel étant pêcheur, c'est évidemment pour les produits de la mer que son exigence est la plus forte. Un régal dans les assiettes et des tarifs doux qui contrastent avec les additions saint-gilloises ! Sur la carte, large et variée, une bonne cuisine métro, des spécialités créoles, des poissons à déguster de diverses façons, et aussi un choix de salades, de pizzas et de camemberts au four ! A l'ardoise, des suggestions souvent novatrices. Michel offre le rhum arrangé après le repas, tiré de sa belle réserve de bouteilles. Convivialité assurée. Recommandé.

Bonnes tables

■ **LE BISTROT DES PÊCHEURS**
Port de plaisance ✆ 02 62 33 21 02
Ouvert tous les jours midi et soir. Comptez entre 20 € et 30 € le plat. Amateurs d'huîtres, de langoustines et de poissons, n'hésitez pas à passer la porte de ce bistrot, dont la décoration rend à hommage à l'univers de la pêche et à quelques régions de France... La terrasse située sur le port donne le ton, pour une soirée

décontractée ou l'on mange bien. Quelques viandes sont aussi à la carte, mais si l'on y va, c'est vraiment pour les produits de la mer !

■ LE DCP
Place du Marché
✆ 02 62 33 02 06 / 06 92 70 58 93
Ouvert tous les jours midi et soir. Compter 10 € l'entrée, 18 € le plat.
Du nom des Dispositifs de Concentration de Poissons (DCP), situés au large pour attirer les poissons et faciliter la pêche, ce restaurant fort agréable cuisine les prises effectuées la veille par les bateaux de Réunion Pêche au Gros. Difficile de trouver plus frais ! Marlin, thon albacore ou banane, espadon voilier, dorade coryphène, etc., sont accompagnés de sauces, et de salades ou de pommes de terre. Vous trouverez aussi du carpaccio mariné au citron, du poisson fumé ; quant aux rillettes servies à l'apéro, elles sont tout simplement succulentes. Le DCP compte aussi un restaurant à Saint-Denis, à Saint-Pierre et un autre au Port.

■ O TI MARCHE
19 rue du Saint-Laurent
Place Paul-Julius-Bénard
✆ 02 62 24 54 94
Ouvert tous les jours, midi et soir (sauf le lundi).
Petits budgets ou gros apétits... Il y'en a pour tous les goûts ! Tartines, caris, salades, mais aussi poissons frais et viandes... La carte est copieuse (comme l'assiette !) et de qualité ! Le décor et la terrasse sont très agréables, parfait pour une soirée à deux ou entre amis.

■ LA PALMERAIE
29 rue de la Plage
✆ 02 62 24 42 84
Ouvert 7j/7 midi et soir, service jusqu'à 23h30 les vendredi et samedi, carte snack en journée continue. Plat du jour midi et soir. Compter de 12,50 à 25 € le plat. Menu enfant 9 €.
Un restaurant dans un très beau cadre juste en face de la plage des Roches-Noires. Ici, le service est professionnel et efficace ; vous êtes accueilli dès l'entrée, le patron y met un point d'honneur. La Palmeraie propose une cuisine goûteuse, copieuse et bien présentée qui ne nous a jamais déçus : c'est une des valeurs sûres de l'île, recommandée dans nos pages depuis plus de 10 ans. Interprétée avec qualité et constance, on la déguste sur une belle terrasse fleurie face à la mer. La carte, très large, est fournie en viandes et poissons frais. Les poissons se déclinent en cassolettes, grillés ou encore en tartare, un grand choix de viandes également ; les gourmands se lâcheront sur les fameuses parilladas de viandes ou poissons, spécialités de la maison... Et ce n'est pas tout ! Egalement un grand choix d'entrées et salades copieuses, une carte créole avec plusieurs caris, des spaghettis, des moules frites, de la paëlla les vendredis soir, des huîtres, des escargots... Enfin, à toute heure et surtout au coucher de soleil, une carte de snacks, cocktails et coupes glacées. Une bonne adresse, familiale et pour toutes les bourses.

■ LE P'TIT ZINC
68 rue du Général-de-Gaulle
✆ 02 62 24 07 50
Ouvert tous les soirs sauf le dimanche. Compter 30 € par personne à la carte. Menu à 22 € avec 3 caris au choix et plusieurs rougails.
A l'entrée de Saint-Gilles, le P'tit Zinc est un havre de paix, où l'accueil est agréable et douillet. Au 1er étage de la case, une petite terrasse et une salle autour de l'aquarium sont aménagées avec goût de meubles anciens. Les punchs pour commencer sont excellents et à base de fruits frais. La cuisine est créole, épicée et raffinée. Les plats sont copieux, et surtout très savoureux. Une adresse excellente où l'on conseille fortement de s'y régaler !

■ **LE RÏAD**
Avenue des Mascareignes
✆ 02 62 33 55 69 / 06 92 82 76 04
www.riadreunion.re
Ouvert le soir, du mardi au samedi. Couscous et tajines de 22 € à 25 €.
Un restaurant plein de charme : vous n'êtes plus à La Réunion, mais au beau milieu d'une oasis du Maroc ! Des tajines et des couscous bien préparés sont servis au bord d'une piscine très originale (il y a des tables fixées au fond de l'eau). Des animations de danse orientale le samedi soir. Le service y est rapide et très agréable. Une adresse que l'on recommande !

■ **TI'COQ**
79 bis rue du Général-de-Gaulle
✆ 02 62 24 31 69 / 02 62 33 22 98
Ouvert tous les jours midi et soir sauf le dimanche. De 12 à 30 € le plat, compter environ 40 € le repas avec les vins. Menus le midi autour de 15 €.
Dans une petite impasse près du forum, le Ti'Coq est une véritable oasis de fraîcheur grâce à sa verdure exubérante et sa jolie maison en bardeaux. La carte est large et attractive : on y trouve les classiques, comme le cari poulet, et des caris moins fréquents comme le ti'Jacque ou le baba-figue. On peut aussi choisir des plats plus élaborés : feuilleté de queues de crevettes et palmiste au beurre de crustacés et cognac, pavé d'autruche poêlé, émincé de foie gras sauce goyavier, joue de légine rôtie sur sa brandade de cresson et sa tapenade. Egalement des salades, boudins, samoussas… Et puis une carte originale de plats de l'océan Indien : poulet coco mahorais, roumazave malgache, poisson gingembre chinois… ! Hélas, les prix sont exorbitants et il est difficile de s'en sortir à moins de 40 €.

Sortir

Cafés – Bars

L'avenue du Général-de-Gaulle possède bien quelques bars, mais elle est encore loin de devenir une rue de la soif… Néanmoins ils mettent un peu d'ambiance, la musique et les cocktails y sont bons et variés. C'est là que tout le monde vient après le dîner, avant de poursuivre, peut-être, en discothèque ou bain de minuit !

■ **BAR DE LA MARINE**
Port de Saint-Gilles
✆ 02 62 24 03 03
Ouvert tous les jours de 7h à 2h du matin.
Un bar-restaurant avec une belle terrasse, sur le port. Petite carte de restauration style brasserie, avec quelques entrecôtes et tartares à partir de 10 €.
On y vient notamment les samedis soir pour le karaoké et les vendredis pour des concerts occasionnels ; mais c'est surtout lors des matches de foot ou de rugby, retransmis sur écrans géants, qu'il y a foule : l'ambiance *lé la* ! Sinon, on peut tout simplement profiter de la connexion wi-fi gratuite, ou jouer aux cartes en sirotant une Dodo.

■ **CHEZ NOUS**
122 rue du Général-de-Gaulle
✆ 02 62 24 08 08
www.cheznous974.com
Ouvert tous les soirs, restauration jusqu'à minuit, puis soirée dansante jusqu'à 2h du matin. Comptez entre 15 € et 30 € le plat.
Un restaurant tenu par des gens du Sud, de Marseille plus précisément, et qui mettent chaque soir la « grosse ambiance » ! La carte est assez variée et aussi assez chère ; elle propose une cuisine métro, à base de produits frais dont du poisson. Présentée à l'ardoise, elle change régulièrement. La musique, sortie des années 1980, ravit une clientèle métro âgée de 30 à 50 ans, et l'on danse sur le bar tous les week-ends ! L'ambiance est plus celle d'un bar (à musique forte !) que d'un restaurant intimiste.

■ **CUBANA CAFÉ**
122 rue du Général-de-Gaulle
✆ 02 62 33 24 91 / 06 92 66 40 84
cubanaevenement@orange.fr
Ouvert du mardi au samedi de 19h à 5h. A l'entrée de Saint-Gilles, côté port.
Un bar-discothèque à l'atmosphère *caliente* (soirée salsa le jeudi soir, ambiance club les vendredi et samedi soir). Musique variée : R&B, soul, disco, house… Le Cubana est le spécialiste des cocktails à base de rhums cubains et réunionnais, et en premier lieu du mojito.
Velours pourpres, luminaires rococos tamisés, tentures immaculées, fer forgé, bouddhas scintillants : le décor, très travaillé, donne le ton. Dans ce lieu branché et sélect, les savates deux doigts et les tenues négligées ne sont pas les bienvenues. De charmantes « physio », postées à l'entrée du bar, se chargent de refouler ceux qui n'auraient pas respecté le *dress-code*.

JUNGLE VILLAGE

131 avenue du Général-de-Gaulle
✆ 02 62 33 21 93
Ouvert du jeudi au dimanche de 22h à 5h du matin.
A l'entrée de Saint-Gilles côté port, impossible de rater son bâtiment de style indonésien, avec ses singes accrochés à la toiture. Une dizaine d'aquariums sont même venus s'incruster dans le plafond ! Le mobilier, indonésien et malgache, donne le ton : ambiance tropicale, soft jusqu'à 23h, plus sauvage après ! Côté musique : ambiance lounge à l'étage, davantage « d'jeunes » au rez-de-chaussée. Une trentaine de cocktails différents sont proposés à environ 10 €. Mais si vous avez très soif, commandez plutôt une « girafe » de bière de plusieurs litres ! Des DJ mixent ici régulièrement. De quoi bien débuter la nuit... ou passer une longue soirée sur la piste de danse !

L'ACACIA

1 rue de la Poste
✆ 02 62 27 36 43
Ouvert tous les jours.
Un restaurant bar avec un chouette cadre, en deux espaces. D'un côté le bar, avec une piscine et quelques tables, idéal pour prendre quelques tapas, surtout le dimanche soir où il y a parfois un DJ. De l'autre côté, en hauteur, une terrasse avec vue sur la mer, qui conviendra pour déjeuner. La cuisine est simple, mais l'ambiance est très sympa.

Clubs et discothèques

LA BOITE

1 avenue du Général-de-Gaulle
✆ 06 92 71 37 06
contact@laboite.re
Bar ouvert du vendredi au dimanche de 22h à 5h.
A l'entrée de la ville côté nord. Elle a changé plusieurs fois de nom mais est surtout connue comme l'ex-Privé. Cette boîte *glam, chic et fun* sur le modèle (vaguement) new-yorkais attire un public un brin VIP, essentiellement de plus de 25 ans. Le week-end comme en semaine, les soirées débutent dans une ambiance bar pour basculer vers le night-club, sur des airs de pop, disco, électro... En somme, un lieu branché, dynamique et éclectique, qui bouge, bouge, bouge !

ESKOBAR

131 rue du Général-de-Gaulle
✆ 02 62 33 19 33
Du lundi au samedi de 19h à 00h30.
Décoration design, bar central et tables hautes... Voilà un bar à tapas qui mêlent les cultures (Espagne, France, Réunion !). Au-delà de ce métissage, vous passerez un début de soirée dans une ambiance décontractée à déguster des tapas. Sans oublier quelques pas de danses, car vous n'échapperez pas à la musique. Pour une soirée intimiste, passez votre chemin !

TITTY TWISTER

14 rue des Brisants
(dans l'enceinte portuaire)
✆ 02 62 70 02 02 / 06 92 72 52 95
tittytwister974@hotmail.fr
Du jeudi au samedi soir de 23h à 5h du matin. Entrée gratuite. Comptez 9 € le verre, 110 € la bouteille.
La toute dernière boîte (ou *bar-clubbing*) ouverte sur Saint-Gilles, et la seule sur le port de plaisance, qui avait bien besoin d'un peu d'ambiance. Une programmation musicale variée. Une adresse à découvrir. Grosse affluence certains soirs. Tenue correcte exigée !

Spectacles

TÉAT PLEIN AIR

Route du Théâtre
✆ 02 62 41 93 25
www.theatreunion.re
Pour la programmation : consulter le site Internet, lire l'Azenda, feuilleter le JIR ou bien lever les yeux vers la falaise des hauts de Saint-Gilles où s'étale, en grosses lettres, le nom de l'artiste de la semaine !
Un concert au TPA est inoubliable : acoustique extraordinaire, ambiance exceptionnelle. Que du bonheur, sous les étoiles. Deux scènes : la première accueille 1 000 spectateurs ; la seconde est réservée aux concerts plus intimes.

À voir – À faire

AQUARIUM DE LA RÉUNION (CENTRE DE DÉCOUVERTE DU MILIEU MARIN RÉUNIONNAIS)

Port de Saint-Gilles
✆ 02 62 33 44 00
www.aquariumdelareunion.com
aquarium.reunion@orange.fr
Ouvert du mardi au dimanche de 10h à 18h. La billetterie ferme à 17h30. Tarif adulte 9,50 €, tarif réduit 6,50 € (enfant de 4 à 12 ans, étudiant, chômeur), gratuit pour les moins de 4 ans. Visite guidée sur réservation.

Une étape incontournable pour ceux qui veulent découvrir les merveilles sous-marines sans se mouiller, ou pour ceux qui désirent en apprendre plus sur ce qu'ils ont vu dans l'eau ! Comparable aux aquariums de La Rochelle ou de Monaco, l'aquarium de la Réunion, très apprécié des locaux et des touristes, est riche de plus de 500 poissons de 200 espèces différentes. Il reconstitue fidèlement 5 écosystèmes distincts : pentes rocheuses, jardins coralliens, profondeurs des récifs, grand large et patrimoine marin. Près de 600 m^3 d'eau de mer naturelle, une lumière solaire recomposée, des pierres volcaniques… c'est vraiment bien fait ! A ne pas manquer.

BASSINS DE LA RAVINE SAINT-GILLES

Sur la route qui monte à Saint-Gilles-les-Hauts (D10), 500 m après le théâtre de plein air, sur la droite, se garer après le camion bar, ou au niveau du chemin Vanille.

La ravine Saint-Gilles, qui coule de l'Éperon au Port de Saint-Gilles, alimente plusieurs bassins et cascades paradisiaques. Attention, l'accès de la plupart d'entre eux est interdit depuis 2002 par arrêté préfectoral, et, si tout le monde en fait fi et passe quand même, sachez que les chemins qui y mènent ne sont pas toujours faciles à pratiquer, notamment pour les personnes âgées et les jeunes enfants. Par cette mesure, la commune de Saint-Paul souhaite surtout limiter le flux de touristes qui viennent se baigner là. Officiellement, c'est à cause des risques d'éboulement, officieusement c'est parce que les bassins alimentent Saint-Gilles en eau, et que la collectivité craint qu'ils ne deviennent une décharge publique. Les visiteurs sont nombreux, et diversement respectueux de l'environnement. Comme pour toute ravine, il s'agit de surveiller la météo car le débit peut augmenter rapidement, mais en temps normal elle ne présente pas de réel danger. Insolite, le sentier (à l'aller, laissez les marches et empruntez le chemin qui part le plus à gauche, après la grille) suit d'abord une canalisation. Puis il descend à pic jusqu'au fond de la ravine, où l'on découvre entre les fougères et les lianes, le bassin des Cormorans et son ancienne usine électrique. Notre préféré est un peu plus loin sur le sentier, le bassin des Trois Roches ou des Aigrettes. La baignade y est idyllique et l'on peut lézarder en amoureux sur des rochers plats. Pour le bassin Malheur, situé plus en amont, il faut continuer sur la canalisation vers le haut, sans prendre le chemin. On a parfois de l'eau jusqu'aux genoux et on traverse des tunnels totalement obscurs. Quant à la légalité, bien que les amendes soient rarissimes, il existe deux autres bassins moins connus, mais parfaitement libres d'accès. Le bassin Maïs, en contrebas du théâtre, est accessible par 15 minutes de marche depuis le bout du chemin Bottard. Le Bassin Bleu enfin, le plus en amont, se rejoint depuis le village de l'Éperon. Il faut se garer au niveau de l'ancienne usine, puis descendre un vieil escalier au bout d'une piste. Mais n'espérez pas vous y baigner... L'eau y est verte !

OASIS LAGOON

150, rue du Général-de-Gaulle

Ouvert de 9h30 à 17h30 mercredi, samedi, dimanche et jours fériés. Ouvert tous les jours durant les vacances scolaires. Gratuit – de 3 ans, 6 € – de 8 ans, 8 € pour les autres, accès parc sans activité 2 € avec boisson. Cabines de change et toilettes.

Parc aquatique pour les enfants avec un plan d'eau de 400 m^2 et des jeux aquatiques ; dans 20 cm d'eau, ils peuvent jouer entre fontaines, pieuvre géante, otaries et poissons cracheurs d'eau. Un surveillant général veille au grain et au respect des règles de sécurité. Les parents peuvent accompagner leurs enfants dans l'eau ou tout simplement les observer du bord, confortablement installés sur les nombreux fauteuils. L'autre attraction phare du parc, ce sont ses deux toboggans pneumatiques, très sécurisant, aux sensations garanties.

Sports – Détente – Loisirs

DODO EXCURSIONS

25 avenue de la Mer

✆ 06 92 73 30 21

contact@dodoexcursions.com

50 € la demi-journée, 100 € la journée avec repas au restaurant.

Ce prestataire organise des excursions aux 4 coins de l'île avec son 4x4 climatisé : Le Volcan, l'Ouest, Cilaos... Les circuits sont étudiés et commentés, prestataire sérieux et assuré, véhicule en bon état.

Sports – Loisirs

ALBACORE FISHING CLUB

Port de Saint-Gilles

✆ 06 92 61 91 61 / 06 92 68 76 26

www.albacorefishingclub.com

jean-louis.baroche@wanadoo.fr

Départs à 7h et 13h30. Comptez 90 € la demi-journée (5h) de pêche, (50 € pour les accompagnateurs).
Sorties de pêche au gros sur l'Océana 2, un Faeton Moraga de 9,80 m équipé de 2 moteurs de 260 CV. Possibilité également de louer le bateau pour 390 € la demi-journée (maximum 6 personnes).

BATOLOC

Port de Saint-Gilles
✆ 02 62 33 48 67
✆ 06 92 07 30 27
www.rj73.com/batoloc
batolocs@wanadoo.fr
35 € pour 1h, 130 € la 1/2 journée, 220 € la journée. Carte de fidélité, 5 sorties = 1 sortie gratuite.
Location de bateaux à moteur avec permis, à la demi-heure, à la demi-journée ou la journée. Le bateau est un 7-places qui revient à 130 € la demi-journée, 220 € la journée. Le tarif comprend le bateau, le matériel de sécurité, l'assurance tous risques, le sondeur, le GPS, le portable, une canne à pêche, une glacière. Une caution de 1 100 € est demandée.

BLEU MARINE RÉUNION

Port de Saint-Gilles
✆ 02 62 24 22 00
✆ 06 92 85 80 83
bleu-marine-reunion.com
contact@bleu-marine-reunion.com
Compter 60 € le baptême. 50 € la plongée, 41 € avec votre équipement, 144 € et 117 € pour 3 plongées, 280 € et 226 € pour 6, 450 € et 360 € les 10.
A l'avant du port, à côté du restaurant le Saint-Gilles, Bleu Marine Réunion propose tous types de plongées, initiations et formations, avec des programmes à la carte. Quatre moniteurs à plein temps et tous les certificats et assurances, aucun problème pour la sécurité. Deux bateaux de 15 et 18 plongeurs, spécialement construits pour la plongée. Plongée de nuit tous les vendredis soir, ambiance assurée. Bleu Marine Réunion organise aussi des sorties snorkeling. Bref, un centre référence sur l'île, présent depuis de nombreuses années. Bon accueil, bonne ambiance.

CAPTAIN' MARMAILLE

Port de plaisance
✆ 06 92 60 37 70
captainmarmaille@wanadoo.fr
Ouvert mercredi, samedi, dimanche et jours fériés, ainsi que pendant les vacances scolaires. Tarif : 3,50 €.
Sur le port de Saint-Gilles, le port miniature invite les marmailles à bord d'embarquations miniatures telles que chalutier, ferry, remorqueur et autres engins adaptés à leur petite taille. La balade sur le port est ludique et sécurisée. Les marmailles deviennent de vrais capitaines sur un parcours balisé. Une chouette idée !

CATAMARAN CAT ANANAS

Port de Saint-Gilles
✆ 02 62 33 28 32
www.catananas.com
info@grandbleu.re
Sortie de 3h à 45 €, sortie de 4h à 60 €, moitié prix enfant de moins de 12 ans. Sorties tous les jours matin ou après-midi, possibilité de sortie à la journée. Renseignements au kiosque du Grand Bleu.
Embarquez à bord du Cat'Ananas, catamaran de 12 m spacieux et confortable, accueillant jusqu'à 12 passagers. Sous la houlette d'un skipper professionnel et d'un nageur sauveteur, vous hisserez les voiles pour la baie de Saint-Paul ou celle de Saint-Leu, pour un programme selon vos désirs. Farniente sur le *sundeck*, rencontre avec les dauphins, pêche à la traîne ou initiation à la voile. Pour la sortie à la demi-journée, un petit déjeuner est servi à bord et un apéritif est proposé à midi. Lors de la journée complète un barbecue à midi et un cocktail au coucher du soleil viennent compléter la prestation. Le repas est optionnel, il est possible d'apporter le sien. Boissons fraîches à disposition tout au long de la croisière.

OUEST

CATA PASSION

Port de Saint-Gilles
✆ 02 62 33 28 32 – www.grandbleu.re
info@grandbleu.re
Sortie de 3h à 67,50 €, sortie de 4h à 90 €, moitié prix enfant de moins de 12 ans. Sorties tous les jours matin ou après-midi, possibilité de sortie à la journée. Renseignements au kiosque du Grand Bleu.

Le catamaran *Cata Passion* de la flotte de Croisières et Découvertes est le plus grand et le plus luxueux de La Réunion. Avec ses 14,3 m de longueur pour 7,7 m de largeur, son équipement haut de gamme et ses 4 cabines doubles avec salle de bains privative, il embarque jusqu'à 12 passagers dans des conditions de confort incomparables. Sous la houlette d'un skipper professionnel, d'un maître-nageur sauveteur et d'un matelot, vous hisserez les voiles pour un programme à base de farniente, bronzette sur le filet avant, barbecue, promenade au coucher de soleil, recherche des dauphins...

LE CINQUIÈME ÉLÉMENT

✆ 06 92 86 29 48 – www.le5element.com
Baptême à 55 €, 45 € la plongée d'exploration, 35 € si vous avez votre propre matériel. 6 personne maximum. Plongée de nuit tous les vendredi, rendez-vous à 18h30. Possibilité également de partir en randonnée à partir de 2 personnes.

Plongée de Saint-Leu à la baie de Saint-Paul, tous les jours. Le bateau se trouve à Saint-Gilles et le matériel est neuf.

COCO BIKE

165 rue du Général de Gaulle
✆ 06 92 18 12 12 / 06 92 66 12 21
www.cocobike.fr – cocobike.vtt@hotmail.fr
Randonnées en VTT de 55 € à 90 € par personne.

Départ au petit matin (7h45) pour être acheminé en minibus avec le matériel au Maïdo (2 200 m), pour ensuite entamée une descente forte en sensations. Pour les amateurs de sport, un excellent moyen de découvrir l'île sous un autre angle.

CORAIL HÉLICOPTÈRES

Échangeur Villèle
Route des Tamarins
✆ 02 62 22 22 66
www.corail-helicopteres.com
info@corail-helicopteres.com
Ouvert tous les jours, réservation obligatoire, survols le matin le plus souvent, suivant conditions météo. Vols à partir de 95 €. Tarifs réduits pour les moins de 12 ans.

Ce prestataire propose des survols en hélicoptère au départ de l'aéroport de Pierrefonds et de l'héliport de l'Ermitage (juste à la sortie de la route des Tamarins), à bord de ses Ecureuils (mono et bimoteurs) accueillant six passagers (vue panoramique pour tous). Les survols du cirque de Cilaos, de Mafate et du volcan sont particulièrement économiques. Corail Hélicoptères propose également d'autres circuits classiques, comprenant le survol de deux ou trois cirques, jusqu'au tour complet « excellence ». Possibilité de vols à la demande par groupe de six avec dépose éventuelle à l'intérieur des terres.

CORAIL SAFARI

Port de Saint-Gilles
✆ 02 62 33 28 32
www.corailsafari.com
info@grandbleu.re
Sorties tous les jours à partir de 2 personnes de 8h à 13h et de 14h à 17h suivant la météo. Tarifs 12 € adulte, 7 € enfant de 4 à 12 ans, gratuit pour les moins de 4 ans. Vente des billets au kiosque du Grand Bleu.

Un véritable safari sous-marin de 40 min au cœur de la réserve sous-marine de Saint-Gilles-les-Bains. Assis sous le niveau de la mer, comme dans un petit sous-marin, le Corail Safari sillonne les failles volcaniques du récif corallien et sa grande bulle en plexiglas permet une observation panoramique des centaines de poissons multicolores qui vivent au milieu des coraux. Une excursion de qualité encadrée et commentée par de vrais passionnés officiellement reconnus accompa-

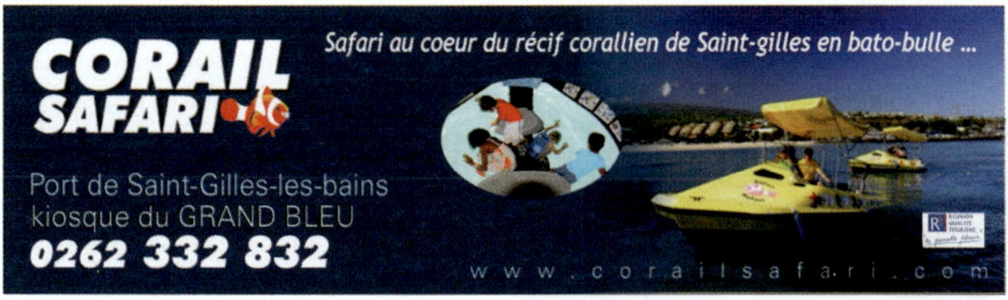

gnateurs touristiques. Idéal en couple ou en famille, le Corail Safari permet de superbes prises de vue sans se mouiller.

CORAIL PLONGÉE

Port de Saint-Gilles
✆ 02 62 24 37 25 / 06 92 70 61 16
www.corail-plongee.com
info@corail-plongee.com
Baptême à 60 € et exploration à 48 €. Sortics quotidiennes, jours fériés compris. Ouvert tous les jours de 7h30 à 19h, sauf dimanche après-midi.
Un club de plongée à l'ambiance sympathique, directement sur le port de Saint-Gilles, à côté du restaurant Chez Marie. Les bateaux mouillent juste devant. Beaucoup de résidents et d'étudiants viennent plonger ici. Formations FFESSM, SSI, CMAS. Scooter sous-marin, stages bio, station de gonflage, etc.

DAUPHIN SAFARI

Port de Saint-Gilles
✆ 02 62 33 28 32
www.dauphincafari.com
info@grandbleu.re
Sorties tous les jours. 30 € adulte, 18 € enfant de 2 à 11 ans, petit déjeuner inclus. Réservation conseillée, au kiosque du Grand Bleu.
A bord d'un catamaran à moteur, vous voilà embarqué pour la baie de Saint-Paul à la recherche de dauphins, visibles surtout le matin, s'ils ne sont par partis à la chasse ou tout simplement cachés. Il arrive souvent que les tursiops et longs-becs viennent faire quelques pirouettes et jouer avec la vague de l'étrave du catamaran : on les voit 9 fois sur 10 à la sortie du matin, mais en cas d'absence des cétacés, vous serez réinvité pour une sortie découverte sur le Grand Bleu. Pendant l'hiver austral, vous croiserez peut-être des baleines, plus distantes mais encore plus impressionnantes ! On découvre aussi les côtes de Saint-Gilles depuis la mer, dont le cap La Houssaye. Plusieurs formules sont proposées : safari dauphins et baleines (en saison) de 8h à 10h ou de 10h15 à 12h15. Excellentes excursions, vivement recommandées.

DESCENTE VTT – TÉLÉNAVETTE

3, rue Saint-Alexis
✆ 02 62 45 18 67 / 06 92 88 54 58
www.descente-vtt.com
Descente du Maido : 55 €. Rivière des Remparts : 150 € pour 4 personnes ou 120 € pour 5.
Ce sont les spécialistes des descentes en VTT (accompagnées par un moniteur) depuis le Maïdo. On vous amène tout en haut en navette, puis, vous choisissez votre parcours, d'une durée d'une demi-journée : le classique (55 € par personne) ou le mégavalanche (90 € par personne). Sensations garanties ! La descente est vertigineuse, variée et bucolique (forêts de tamarins, bois de couleurs, pâturages et champs de canne). Une activité que nous recommandons chaleureusement aux casse-cous. Le tarif comprend la location du vélo, le casque, les gants, le transport en navette, l'accompagnement par un moniteur. Les descendeurs confirmés peuvent aussi emprunter les pistes sans moniteur (et se faire amener sur le site via la navette). Télénavette loue également tout type de cycle, à partir de 10 € la journée.

© PROD NUMERIK

Le bassin des Aigrettes, à Saint-Gilles.

ESCAPADE PLONGÉE

Port de Saint-Gilles les Bains
✆ 06 92 76 17 47
www.escapadeplongee.com
escapade.plongee@gmail.com
Baptême 60 €, encadré 45 €, autonome 40 €. Compter 126 € les trois plongées encadrées, 240 € les 6, 380 € les 10, moins cher en autonome.
Ce centre de plongée s'est lancé avec la bonne idée de plonger ailleurs qu'à l'ouest, contrairement à la majorité des clubs de l'ouest. Didier vous emmène bien entendu aux principaux sites de l'ouest, mais aussi de temps en temps du côté de Sainte-Rose ou de l'anse des Cascades (rajouter 5 € par plongée). Formations tous niveaux, plongées nocturnes, etc. Egalement des sorties palmes-masque-tuba dans le lagon. L'accueil est très sympa !

FLY 974

Altiport de l'Eperon
✆ 06 92 02 53 76
www.fly974tandem.com
contact@fly974.com
400 € le saut, minimum 2 personnes. Rajouter 50 € pour des photos, 90 € pour une vidéo. Formule VIP à 695 € pour 1 personne, avec photos et vidéos de plusieurs angles et du sol, montage, CD et DVD.
C'est le seul prestataire commercial de l'île à proposer de la chute libre. Les sauts se font de l'atitude de 3 000 m, depuis un hélicoptère d'Hélilagon au départ de l'altiport de l'Eperon. Les sauts en tandem sont encadrés par des moniteurs qui ont plus de 10 ans d'expérience et 1 300 sauts à leur actif (chacun). Comptez 35 à 50 secondes de chute libre, puis 5 à 7 minutes pour planer jusqu'à l'aterrissage.

HÉLILAGON

Altiport de l'Éperon
✆ 02 62 55 55 55
www.helilagon.com
helilagon@helilagon.com
Accès à l'altiport par un chemin de terre fléché depuis l'Éperon ou Plateau-Caillou. Également un autre bureau d'accueil sur la route de l'Ermitage à 1 km du centre.
Circuits de 95 € à 319 € selon la durée du trajet, l'itinéraire et l'âge du passager.
Hélilagon, avec plus de 25 ans d'expérience et de savoir-faire, est la compagnie d'hélicoptères phare de la Réunion. D'abord pour le rôle qu'elle a joué pour la photo et le cinéma : elle a notamment travaillé avec le photographe Arthus Bertrand et la Géode de la Villette à Paris. Mais aussi pour les survols touristiques qu'elle assure au départ de son altiport à l'Eperon. La flotte d'appareils se compose de 9 Ecureuil Eurocopter de six places, dont deux à côté du pilote. Le circuit « l'Incontournable » (45 min de vol environ, tarif adulte 259 €) est le plus demandé : on découvre Mafate, Salazie, le Trou de Fer, le volcan, les Plaines, le Dimitile, Cilaos, avant de redescendre vers le lagon de Saint-Gilles. Absolument inoubliable ! D'autres circuits sont proposés : « le Coeur de l'île » (35 min environ), qui survole les trois cirques, le Trou de Fer et le littoral ou « le Magique » (25 min environ), qui propose la même chose, moins le cirque de Cilaos… Le circuit le plus court vous fait découvrir Mafate vu du ciel en 15 minutes pour 95 €, le plus long, « Le Must » dure 55 minutes pour 319 € (adulte) et correspond à « l'Incontournable » additionné de survols de rivières et cascades. Hélilagon assure également les transferts à la demande depuis et vers les grands hôtels sur la côte, ainsi que des départs (circuit « Incontournable » seulement) depuis les aéroports Roland Garros dans le Nord et Pierrefonds dans le Sud. Enfin, en exclusivité, Hélilagon organise des circuits avec activités (6 personnes minimum), qui combinent un survol et une autre activité, comme randonnée ou golf. Par exemple le circuit Héli-Rando à Mafate, qui comprend la remontée de la rivière des Galets en 4x4, une randonnée de 2 h jusqu'à Cayenne, un repas créole au gîte, puis l'hélicoptère viendra vous chercher sur place pour le survol de l'île. Hélilagon réalise aussi des vols privés à la demande : tout est possible.

la compagnie de référence de l'Océan Indien
HELILAGON
HELILAGON
HELILAGON
0262 55 55 55 - www.helilagon.com

LE GRAND BLEU

Port de Saint-Gilles
Derrière l'Aquarium
✆ 02 62 33 28 32
www.grandbleu.re
info@grandbleu.re

Tarif croisière découverte de 1h15 adulte : 19 €, enfant de 4 à 11 ans : 11 € ; coucher de soleil de 1h30 adulte : 25 €, enfant de 4 à 11 ans : 15 €, gratuit en dessous de 4 ans. Sorties tous les jours, sauf météo défavorable, à partir de 8h45 jusqu'au coucher du soleil. Réservation souhaitée.

Voilà une occasion unique de voir les côtes de La Réunion depuis la mer, et de découvrir le monde sous-marin sans se mouiller, grâce à une partie vitrée sous-marine de 10 m de longueur permettant l'observation des poissons et des coraux installés dans les failles volcaniques. Le Grand Bleu est le seul bateau capable d'explorer les réserves sous-marines du cap La Houssaye, de la passe de l'Ermitage ou de Trois-Bassins, tous trois étant les plus riches en coraux et poissons tropicaux. Deux circuits sont proposés selon la météo : au nord vers Saint-Paul ou au sud vers Saint-Leu. Avec un peu de chance, vous apercevrez les dauphins du côté du cimetière marin de Saint-Paul.

Au coucher du soleil, la croisière cocktail de 1h30 est agrémentée d'une dégustation de punchs maison et d'amuse-bouches locaux. A bord des deux bateaux (dont un dispose d'un pont supérieur), les visites commentées des capitaines évoquent aussi les techniques de navigation et la protection du lagon. Circuits bien étudiés, transferts possibles depuis les hôtels.

JSA (JETSKI ATTITUDE LOCATION)

port de Saint-Gilles
✆ 02 62 70 15 72 / 06 92 08 22 00
jetskiattitude@orange.fr

Ouvert de 8h30 à 17h tous les jours sauf le mardi, réservation conseillée, surtout en haute saison. Baptême dès 16 ans. 80 € la demi-heure, 130 € l'heure.

Ce prestataire propose essentiellement des scooters des mers en location, et aussi une initiation au jetski pour les détenteurs du permis bateau. La randonnée est encadrée par un moniteur diplômé, et les photos sont offertes !

LIGUE RÉUNIONNAISE DE SURF

2 bis rue des Brisants
✆ 02 62 33 25 20
www.surfingreunion.com
lrsreu@orange.fr

La plus haute instance du surf à la Réunion a également un site Internet bien fourni où l'on retrouve la liste des écoles et des clubs de surf, la météo des vagues et… les précautions pour ne pas se faire croquer par un squale ! Rappelons que le surf n'est plus pratiqué que par les écoles de surf et sous protection : ce qui exclut toute pratique libre du surf, conformément aux arrêtés préfectoraux !

MAEVASION
Port de Saint-Gilles
✆ 02 62 33 38 04 / 06 92 85 23 46
www.maevasion.com
maevasion@orange.fr
Le départ se fait à 7h ou 13h45 pour les demi-journées, et la pêche dure environ 5 heures. Comptez 100 € par pêcheur, 60 € par accompagnant, le tarif inclut boissons, pique-nique et une ambiance très conviviale. Pour la demi-journée, la sortie (6 pêcheurs au maximum) tourne autour de 420 €. La location du bateau à la journée (de 6 à 8 personnes au maximum) revient à 690 €. Transfert gratuit de Boucan à Saint-Leu.
Six passagers au maximum dont quatre pêcheurs seulement afin que chacun ait toutes ses chances. Ici, l'expérience des équipages leur permet de s'adapter à votre niveau, que vous soyez novice ou expert. La photo de votre capture vous sera envoyée par mail pour les Petits Futés. Au retour de la pêche, on « refait le match » autour de quelques punchs, et si le bateau rentre bredouille, les pecheurs sont réinvités gratuitement à une nouvelle sortie. Pour les curieux, ne pas rater la « débarque » des prises à la poissonnerie voisine. Enfin, un atelier de transformation vend des produits de la mer (terrines, patés, poissons fumés, etc.).

O'SEA BLEU
Port de Saint-Gilles
✆ 02 62 24 23 30 / 02 62 89 23 30
www.reunion-plongee.com
oseableu@reunion-plongee.com
Baptême à 60 € (enfants entre 8 et 14 ans : 50 €), et plongée libre à 35 €. Supplément de 10 € pour une plongée de nuit (lampe fournie). Départs tous les jours à 9h et 14h.
Le centre plonge dans une zone s'étendant de la baie de Saint-Paul à Trois-Bassins. Le club organise aussi régulièrement des plongées spéciales sur tous les sites de l'île, les épaves, les tombants, des plongées dérivantes... Plongée nocturne, formation tous niveaux. Deux sorties par jour, trois le dimanche.

RÉUNION FISHING CLUB
Port de Saint-Gilles les Bains
✆ 02 62 24 36 10 / 06 92 76 17 28
www.reunionfishingclub.com
reunion.fishing.club@wanadoo.fr
Sortie pêche au gros à 100 € par personne la demi-journée. Privatisation du bateau avec skipper : 420 € la demi-journée pour 6 personnes. Location de bateau, sans skipper, hors carburant, pour 10 personnes (permis obligatoire) : 120 € la demi-journée en semaine, 150 € le week-end et en saison des baleines, 280 € la journée.
Sur le port de Saint-Gilles, à côté du bar La Marine, Réunion Fishing Club est le centre de guides de pêche professionnels de référence, une institution ouverte depuis plus de 30 ans. Pour les touristes novices comme pour les passionnés, ce centre organise vos sorties voire vos séjours pêche au gros. Par sa réputation, Réunion Fishing Club attire les stars en vacances sur l'île et met un point d'honneur à vous faire pratiquer la vraie recherche du gros. Vous pratiquerez sur des bateaux bimoteurs spécialement construits pour la pêche au gros : Abaco, Are-Nui et Blue Marlin. Le bateau peut aussi être loué à la journée ou à la demi-journée, avec ou sans équipage, équipé de divers matériels possibles : de pêche bien sûr, mais aussi wake-board et bouées à tracter.
Enfin, le magasin propose un grand choix d'articles de pêche et de chasse sous-marine, à des prix abordables.

OUEST

RUN' AVENTURES
Port de Saint-Gilles
✆ 02 62 91 71 05 / 06 92 64 08 22
www.runaventures.com
runaventures@live.fr
Les sorties kayak se font au départ de Saint-Gilles, dans le lagon, aux brisants, au large du cap La Houssaye et comprennent l'encadrement et l'équipement. On peut même surfer avec les kayaks ! Côté descente de rivière, après avoir réservé il faut se rendre dans l'Est, à la base de la Rivière-des-Marsouins. En randonnée aquatique, la spécialité de la maison : un parcours de descente de torrents, avec des sauts de cascades de 4 à 10 m ! Le parcours d'une demi-journée (à partir de 35 €) offre de bonnes sensations dans des rivières qui sont comparables à celles des Pyrénées, une succession de rapides et de plats. La journée complète (à partir de 60 €) combine plusieurs activités entrecoupées. L'encadrement est professionnel, le matériel de qualité. La boutique offre un large choix de matériel sportif et permet de se renseigner et de réserver presque toutes les activités sportives de l'île. Egalement des bateaux à louer. Un prestataire sérieux et régulier, depuis plusieurs années dans notre sélection, et une équipe très sympathique et motivée !

THIM NAUTIQUE
165 rue du Général-de-Gaulle
✆ 02 62 24 23 24 / 06 92 85 46 44
www.thimloc.fr
thimloc@gmail.com
Comptez au minimum 100 € la journée, une caution de 1 200 € est demandée.
Ce prestataire établi de longue date propose des bateaux semi-rigides pour 20 passagers maximum, équipés de moteur 200 chevaux. Le permis est obligatoire et, si vous ne l'avez pas, Thim Nautique vous permet de le passer : permis mer côtier, hauturier, jet-ski... Thim loue aussi des bungalows et appartements.

VISIOBUL
Port de plaisance
✆ 02 62 24 37 04 / 06 92 85 23 46
visiobulreunion@wanadoo.fr
Sorties tous les jours suivant la météo. Tarif adulte 12 €, étudiant 10 €, enfant de 4 à 11 ans 7 € (gratuit enfants de moins de 4 ans). Transferts gratuits de Boucan à La Saline. Réservation conseillée.
Assis dans une bulle immergée, conçue spécialement pour l'observation sous-marine, le « bateau-bulle » accueille cinq passagers, avec un confort de vision qui permet de superbes prises de vue. On navigue au cœur du récif corallien et l'on survole de très près les failles volcaniques où la vie foisonne, à la sortie du port de Saint-Gilles. Les pilotes, qui sont d'officiels accompagnateurs touristiques et reconnus pour leur compétence pédagogique, vous commenteront le spectacle. Le circuit de 40 à 45 minutes est idéal pour les curieux qui veulent sonder les fonds sous-marins en short, sans se mouiller, appareil photo en main, à un mètre sous la surface tandis que le pilote reste émergé. Avec leurs dix années d'expérience au cœur du récif saint-gillois, ils vous garantissent une observation de qualité. Et vous ne payez qu'à la fin du circuit !

VTT RÉUNION
3 rue du Général de Gaulle
✆ 02 62 24 26 19 / 0692 885 458
www.vtt-reunion.com
vttreunion@gmail.com
A partir de 55 € par personne. VTT de descente ou de randonnée, cross-country.
Le Tévelave est un des spots principaux de VTT de descente, avec plusieurs dizaines de kilomètres de pistes balisées et de différentes difficultés. Bien sûr, on peut aussi en faire dans toute l'île. VTT Réunion vous organise votre journée VTT complète pour des excursions au Maïdo, à Cilaos, Saint-Philippe, au Volcan, à Salazie... Les sorties sont proposées sous forme de formule tout compris : vélo, équipement, transferts, assurances... Un casse-croûte est assuré pour une sortie d'une demi-journée, et un repas dans une table d'hôtes pour une sortie d'une journée. Le prestataire Antoine Six est sérieux, diplômé, assuré.

Shopping

Vous trouverez à Saint-Gilles tout un choix d'articles de plage, de prêt-à-porter estival, de surfwear... Côté artisanat, les bibelots pour touristes ne manquent pas dans les boutiques de souvenirs, qui proposent toutes grosso modo la même chose : mieux vaut monter au village artisanal de l'Eperon, à Saint-Gilles-les-Hauts pour un choix plus vaste, bien qu'il n'y ait, là non plus, pas grand chose de vraiment local. En centre-ville, vous pourrez faire un tour au Forum, la plus grande galerie commerçante de la ville, mais il y a plein d'autres boutiques, meilleures à notre avis, sur la rue du Général-de-Gaulle et dans les ruelles proches de la plage. Pour les courses : un LeaderPrice dans le centre et un Super U à Grand-Fond, sur la nationale.

- **Chaque 3e samedi du mois :** marché artisanal nocturne sur la place du Marché, de 18h à 23h.
- **Le mercredi matin :** marché forain, place du Marché.

BEDELAND

Centre Commercial Le Forum
Rue du Général-de-Gaulle
© 02 62 24 41 51 / 06 92 74 46 19
Ouvert 7/7 : le lundi de 14h à 19h, mardi, mercredi, jeudi et samedi de 8h30 à 19h, vendredi de 9h à 19h et le dimanche matin de 9h30 à 12h30.
Mangas, albums jeunesse, jeux video, figurines... Bédéland porte bien son nom et propose une collection très complète de bandes dessinées commerciales (également quelques romans). Très peu de choix par contre pour les amateurs de BD indépendante ou *underground*, qui viendront plutôt pour découvrir *Spirou* et *Lucky Luke* traduit en créole réunionnais (!), et des auteurs locaux comme Tehem (connu pour son *Tiburce*) ou Fabrice Urbatro.

BOUTIQUE DE LA NATURE

Port de Saint-Gilles
(bâtiment de l'Aquarium)
© 02 62 33 44 00
Ouvert tous les jours sauf le lundi de 10h à 12h30 et de 14h à 18h.
Située au premier étage de l'Aquarium de Saint-Gilles, sur l'îlot du port. Coutellerie, instruments d'astronomie, documentation our la nature réunionnaise, beaux livres, mini-alambics, fontaines d'intérieur, artisanat réunionnais, vêtements, DVD... Tout un univers de nature et de découverte.

COCO D'ILES

Centre commercial Le Forum
Rue du Général-de-Gaulle
© 02 62 24 38 77
Ouvert du lundi au samedi de 9h à 19h, le dimanche de 9h30 à 12h30.
Malgré son aspect attrape-touriste un brin effrayant, vous trouverez dans cette petite boutique une grande variété de produits artisanaux de l'océan Indien. Prix relativement élevés, mais si vous n'avez pas le temps de vous rendre sur le marché forain de Saint-Paul, vous pourrez acheter ici un ou deux souvenirs corrects.

L'EFFET PEI – COMPTOIR DU T-SHIRT

82 rue du Général-de-Gaulle
© 02 62 33 91 45
www.leffetpei.re
Ouvert du lundi au samedi de 9h à 19h, le dimanche de 9h30 à 12h30.
Un très grand choix de tee-shirts, de tops, de robes et de vêtements sportswear aux couleurs vives et acidulées, pour les petits et pour les grands. Le signe distinctif de L'effet péi, cette marque 100 % locale, est le margouillat, un lézard vert vif bien connu des Réunionnais. Du prêt-à-porter de bonne qualité que l'on retrouve aussi sur les marchés forains et dans les centres commerciaux de l'île.

LIBRAIRIE DES ROCHES NOIRES

45 rue du Général-de-Gaulle
© 02 62 24 43 20
Ouvert tous les jours sauf le dimanche de 8h30 à 12h30 et de 14h15 à 19h15 (19h en hiver).
En plein centre-ville, face à la pharmacie, cette belle librairie propose des publications sur l'océan Indien aussi bien que le dernier best-seller, des cartes postales ou de la papeterie. Elle fait aussi presse, tabac, loto...

PARDON !

57 rue du Général-de-Gaulle
© 02 62 24 49 58
www.pardon.net
Ouvert tous les jours de 9h30 à 19h, sauf le dimanche, de 9h à 13h.
Les célèbres vêtements Pardon ! De la minijupe au T-Shirt, en passant par la serviette de plage ou le board-short, vous trouverez ici des tas d'articles hauts en couleur. La boutique de Saint-Gilles, avec son parterre de sable et son petit pont en caillebotis, est la plus belle de l'île.

TAKAMAKA

4 rue de la Plage
© 02 62 24 47 47
Un magasin qui propose un grand choix d'articles : surfwear, beachwear, accessoires, T-shirts Réunion, savates deux doigts... Le tout à petits prix.

LA TEE-SHIRTERIE

Centre commercial Le Forum
Rue du Général-de-Gaulle
© 02 62 24 31 88
www.teeshirterie.com
Ouvert du lundi au samedi de 9h à 19h, le dimanche de 9h30 à 12h30.
Une grande sélection de T-shirts, shorts et maillots de bain, souvenirs et cadeaux originaux aux couleurs de l'océan Indien. Une adresse qui vaut le détour car elle regorge d'articles originaux, loin des classiques que l'on trouve sur les marchés.

OUEST

L'ERMITAGE-LES-BAINS

La plage de l'Ermitage, dans la continuité de la plage des Brisants à Saint-Gilles, offre une vision d'île paradisiaque, un rivage de rêve pour touristes. Sur ses quelques kilomètres de sable blanc ou blond, habitations et hôtels ont poussé, sans pour autant défigurer le paysage. On se promène, matelas de plage sous le bras, parmi les restaurants, les belles villas créoles et les discothèques, dans les ruelles sablonneuses, ombragées de cocotiers et de filaos, ou bien le long de la plage, entre hôtels de luxe et snacks au décor tropical. Au large, face à la caserne des MNS, une poignée de surfeurs téméraires forcent le respect tandis que, sur le sable doux, métros et locaux se prélassent. Le dimanche, les moindres recoins de la plage sont pris d'assaut par les familles réunionnaises pour le pique-nique hebdomadaire. Une ambiance conviviale à partager absolument !

Le lagon de l'Ermitage est idéal pour les enfants, pour barboter ou apprendre à nager : on n'y perd pas pied. Mais regardez bien où vous les posez... Des chaussures en plastique seront utiles pour éviter les coupures sur les coraux. Les oursins ne sont pas non plus exclus du paysage sous-marin...

Orientation

Le village de l'Ermitage est situé entre la fin de la quatre-voies de Saint-Gilles et la ravine de l'Ermitage, étirée entre la nationale et l'Océan. En venant de Saint-Gilles, on peut passer par l'avenue de Bourbon : on longe d'abord plusieurs résidences, avant de passer devant deux hôtels et d'arriver dans le quartier des discothèques. En tournant à droite à ce niveau, on arrive sur la plage de l'Ermitage, bordée par un chemin de terre, au niveau des discothèques et du camping. L'avenue de Bourbon traverse ensuite tout le quartier jusqu'à la Saline-les-Bains, en croisant l'avenue de la Mer. C'est par cette dernière avenue qu'il sera plus simple d'arriver, au bout de laquelle le rond-point de l'Ermitage rejoint Saint-Gilles et la route des Tamarins.

Se loger

L'Ermitage est un endroit plein de charme, idéal pour un séjour relaxant. Dans une ambiance plus tranquille qu'à Boucan-Canot ou à Saint-Gilles, les voyageurs apprécieront le calme qui règne dans les hôtels proches du lagon ou les locations dont regorge le quartier, tout en trouvant le soir venu, auprès des bars et clubs alentour, de quoi siroter un bon cocktail ou se déhancher sur une piste de danse.

Locations

■ COQUILLAGES ET COCOTIERS
30 avenue des Litchis
✆ 06 92 84 09 06
www.coquillagesetcocotiers.com
coquillagesetcocotiers@laposte.net
De 1 050 € à 1 260 € la semaine, suivant la saison.
Dans un quartier très calme et cossu de l'Ermitage, à 400 m de la plage, une belle villa en location pour 8 à 9 personnes, sur 650 m² de terrain arboré. Ouverte sur le jardin, avec sa décoration contemporaine et sa belle piscine de 8 x 4 m, elle dégage immédiatement un esprit « vacances » et loge confortablement une grande famille. On se voit déjà se prélasser sur les canapés de sa grande varangue ou sur les transats au bord de l'eau. Cette villa se compose de 3 chambres climatisées dotées de belles literies, une grande cuisine intégralement équipée, s'ouvrant sur la varangue, une grande salle de bains avec douche à l'italienne, un vaste salon avec wifi et TV. Dans le grand jardin, où l'on peut garer plusieurs voitures (portail télécommandé), se trouve naturellement un barbecue mais aussi un kayak pour les sorties sur le lagon, et une cabane en bois pour les enfants, avec un toboggan ! Ménage, jardinier et pisciniste hebdomadaires. Une belle adresse, bon accueil.

■ VILLA DU FOUR A CHAUX
31, rue Léon Dierx
✆ 02 62 24 63 69 / 06 92 61 13 25
contact@villasdufourachaux.com
Comptez de 1 600 à 2 000 € la semaine pour 8 personnes, suivant la saison.
Une villa de standing en location saisonnière, fort bien placée, à moins de 50 m de la plage avec accès direct par un petit chemin de sable, en deuxième rangée de maisons d'un quartier résidentiel aussi calme que cossu. Posée dans un grand jardin arboré jouxtant la ravine de l'Ermitage, elle est à deux pas de toutes les commodités : restaurants, commerce, casino... Construite en L, ses grandes varangues bordent une belle piscine totalement privée. Les intérieurs, spacieux (180 m² en tout) se composent de 3 chambres doubles, chacune avec salle de bains, plus une chambre avec 2 lits simples, un grand salon avec billard et une cuisine complète. Un cadre idéal pour de confortables vacances en famille, l'ensemble étant comme neuf, élégamment décoré et richement équipé : climatisation et wi-fi partout, TV Satellite, coffre-fort, barbecue, équipement enfant, livres et DVD...

L'Ermitage

Chemin de sable
Vers St-Gilles-les-Bains
Nationale 1
Plage de l'Ermitage
Avenue de Bourbon
Av. des Mascareignes
Tromelin
Allée de
R. des Iles Éparses
Allée de Crozet
Avenue de Bourbon
Mail de Rodrigues
Rue des Maldives
Rue des Seychelles
Vers la route des Tamarins
Avenue de la Mer
Allée des Cocotiers
Boulevard des Cocotiers
Avenue des Badamiers
Allée des Songes
Av. des Palmistes
Avenue des Letchis
Boulevard Leconte de Lisle
Allée des Letchis
Ch. du Père la Frite
Chemin de l'Ermitage
Ruelle
Ruelle des Bouganvilliers
des Ajoncs
Plage de l'Ermitage
Ravine de l'Ermitage
Vers la Saline-les-Bains
Rue de l'Ermitage
N
100 m

■ **RÉSIDENCE TROPIC APPART'HOTEL**
102 avenue de Bourbon
✆ 02 62 22 53 53
www.residencetropic.com
info@residencetropic.com
A partir de 75 € la nuit en studio et à partir de 115 € la nuit en duplex. Respectivement 5 et 10 € de plus par nuit le week-end. Tarifs dégressifs à partir de 12 nuits. Accès WIFI gratuit.Télévision satellite : bouquet de 20 chaines dont Canal+ HD.
A 100 m du lagon et deux pas des commerces, cette résidence récente propose 20 studios et 20 duplex confortables et fonctionnels. Aménagés en bois massif, ils sont climatisés et bien équipés : lits en 160 cm, grande TV satellite (Canal +), téléphone, wifi gratuit. Chacun comprend une salle de bains avec baignoire et une petite varangue avec une kitchenette moderne. Les duplex ont une vraie chambre indépendante à l'étage, également climatisée, avec télévision et terrasse. Moderne et impeccable, l'ensemble offre un très bon rapport qualité-prix surtout pour les duplex, parfaits pour les familles ; il y a aussi des chambres communicantes. Les facilités sont nombreuses : ménage hebdomadaire, parking fermé, lit bébé, et même une piscine et des transats pour se relaxer en fin de journée...
Pas de petit déjeuner sur place, en revanche il peut être pris au point restauration du club de sport attenant, ce dernier étant accessible gratuitement : cardio, fitness et cours collectifs. Les possibilités de restauration ne manquent pas dans le quartier, et la résidence est en partenariat avec de nombreux restaurants. Une adresse demandée, pratique, à l'accueil sympathique.

Bien et pas cher

■ **LE BADAMIER**
27 avenue des Badamiers
✆ 02 62 33 82 79 / 06 92 82 77 55
www.badamiers.com
info@badamiers.com
30 € la paillote pour 2 personnes pour une nuit, 39 € pour 3 personnes. Cuisine à disposition. 48 € le bungalow. Tarifs dégressifs à la semaine.
Une adresse que l'on aime pour la simplicité du lieu. En paillote ou en bungalow, à deux pas du lagon et au cœur d'un superbe jardin, Alex et ses parents reçoivent leurs hôtes avec chaleur. Vivement recommandé aux petits

budgets, aux noctambules, aux mains vertes, bref à ceux qui cherchent un peu d'authenticité et de calme à l'Ermitage.

■ CAMPING ERMITAGE LAGON

Plage de l'Ermitage
✆ 02 62 96 36 70 / 06 93 10 10 87
www.campingermitage.re
contact@campingermitage.re
A côté du secteur des discothèques.

Emplacement nu (6 personnes max.) : de 17,50 à 31 € par jour suivant la saison + 2,30 € par adulte, 1,15 € par enfant de plus de 2 ans, gratuit en deçà, eau et électricité en supplément à 2,50 € par jour. Location de tente pour 6 personnes : de 230 à 420 € la semaine suivant la saison, 105 € le week-end en basse saison, 40 € par jour en semaine en basse saison, 52 € en moyenne saison, eau et électricité incluses. Minimum une semaine en haute saison. Location de tente 2 places : 5 € par nuit. Accès handicapés. Un parking par emplacement, 2,50 € la place supplémentaire. Club enfants ouvert du lundi au vendredi, sans supplément.

Le plus grand camping de l'île, installé sur un site historiquement fréquenté par des générations de campeurs réunionnais. Ce vaste terrain ombragé de filaos est idéalement situé au bord de la plage de l'Ermitage, près des discothèques, ces dernières étant assez éloignées des tentes. Quel bonheur de dormir au son du clapotis du lagon et d'y plonger au petit matin ! Modernisé en 2012, il est en cours de classement 3 étoiles, ainsi tout est fonctionnel et aux normes, propre et intact : emplacements bornés avec surface en géotextile, tentes confortables (avec électricité, tables, lits, matelas, réchaud, réfrigérateur, vaisselle...), blocs sanitaires avec eau chaude solaire, parking fermé après 22h, laverie, boulodrome, espace wi-fi, snack, ping pong, jeux enfants... Choisissez bien parmi les 106 emplacements, sachant que l'endroit est pris d'assaut par les familles pendant les vacances. Egalement une scène avec quelques animations et « Ti Pirate », un club enfants 6-12 ans avec un animateur diplômé qui organise jeux, activités et ateliers multimédias, pour le plaisir des enfants et la tranquillité des parents !

■ COCO ISLAND

21 avenue de la Mer
✆ 06 92 37 71 12
www.cocoisland-reunion.com
doryflane@wanadoo.fr

Comptez de 49 € à 79 € la nuit pour deux personnes, suivant la chambre, et de 35 € à 60 € pour un séjour de plus de 5 nuits, 5 € par jour en sus avec cuisine privative. Petit déjeuner : 8 €.

Une grande maison, agréable et fleurie, dans un vaste jardin avec kiosque, une belle piscine avec plage et plusieurs dépendances, à 400 m de la plage et des commerces. Les 23 chambres, toutes différentes, sont coquettes, confortables, indépendantes. Joliment meublées, elles bénéficient de la clim, la TV (CanalSat) et un frigo, avec salle de bains privative ou commune ; certaines sont dotées de cuisines, celles en rez-de-jardin ont une terrasse privative. Le propriétaire vous réserve un accueil des plus sympathiques, et améliore chaque année l'établissement. A la piscine s'ajoutent un spa, des bassins décoratifs avec un petit pont de bois et un espace repas sous pergola. Les locataires recherchent ici le calme, la commodité et la détente, et ils les trouvent ! Nous recommandons cet établissement depuis presque 20 ans. Il faut réserver bien à l'avance ou avoir de la chance, car cet hôtel vaut bien un 2-étoiles. wi-fi en sus, petit parking fermé. Bon rapport qualité-prix.

LE VILLAGE DE CORAIL

80 avenue de Bourbon
✆ 02 62 24 29 39
www.villages-des-australes.com
contact@villages-des-australes.com
Studio 56 € la nuit pour 2 personnes le week-end ou veille de jour férié, 53 € pour un séjour de 3 nuits ou plus. Lit supplémentaire (maximum 1, ou 2 si moins de 12 ans) 14 € le week-end, 16 € pour un séjour de plus de 2 nuits. Petit déjeuner 8 € adulte, 6,50 € enfant.

Bien qu'il ait changé de nom en 2002, le Village des Australes reste le VVF pour beaucoup de Réunionnais : c'est une institution créée il y a plusieurs décennies. Idéalement placé dans un vaste parc de 5 ha au bord du lagon, à deux pas des commerces et discothèques, cet hôtel de vacances familiales compte 129 studios dans une soixantaine de bungalows. Toutes les chambres bénéficient de la climatisation et sont équipées de deux lits simples gigognes : le confort reste simple, et elles mériteraient une bonne rénovation. mais elles sont fonctionnelles et s'ouvrent directement sur le jardin par une varangue. Salle de bains avec WC séparés, kitchenette équipée, et possibilité pour les familles de disposer de deux, voire trois, bungalows communicants. Boulodrome, table de ping-pong, salle TV, bar et des réductions sur les activités hors du village, comme le tennis et le squash à proximité. Salles de conférences, location de vélos, borne Internet. Une institution, on vous dit...

Confort ou charme

BOIS D'ÉDEN

24 boulevard des Cocotiers
✆ 02 62 43 18 05 / 0693 92 76 96
boisdeden@gmail.com
85 € la nuit en chambre double avec petit déjeuner.

Deux chambres d'hôtes mitoyennes de la villa des propriétaires, posée dans un grand jardin de 1 300 m² à environ 150 m du rond-point de l'Ermitage et 600 m de la plage. C'est bien situé, calme, arboré et ombragé, veillé par un gros tamarinier de 80 ans. Les chambres sont dotées de salles de bains privatives, salle de bains avec baignoire, TV et wifi, et s'ouvrent sur une terrasse avec ses transats accédant directement au jardin. Les résidents partagent une cuisine commune, ouverte sur le jardin et profitent d'une agréable piscine au sel et surtout du jardin lui-même, où l'on prend le petit déjeuner, composé de pain maison, jus de fruits, fruits de saison... Il y a une troisième chambre au fond du jardin, plus spacieuse, plus confortable, et dotée d'une cuisine. Ménage quotidien, parking avec télécommande, laverie en supplément.

ERMITAGE BOUTIK HOTEL***

40 avenue de la mer
✆ 02 62 24 50 25
www.ermitage.re
reservation@ermitage.re
Suivant la saison, chambre standard simple de 79 € à 94 €, double de 93 € à 113 €, supérieure simple de 142 à 167 €, double de 154 à 179 €, petit déjeuner inclus. Suite junior de 160 € à 185 € pour 2 à 4 personnes, hors petit déjeuner (supplément 12 €). Repas 28 € adulte, 13 € enfant de moins de 12 ans.

Sur la grande avenue de l'Ermitage, à 200 m du lagon, l'Ermitage Boutik Hotel (ex-Hotel Blue Beach) est un établissement élégant et confortable, construit autour d'une belle piscine, chauffée en hiver et avec deux bassins enfants séparés. L'ambiance y est conviviale et familiale, c'est un bon hôtel de vacances. Les 42 chambres, rénovées progressivement en 2015, sont modernes, lumineuses et dotées de balcons ouverts sur la piscine ou le jardin. Meublées chacune différemment, elles sont équipées de climatisation, TV, wi-fi, coffre-fort et mini-bar. Les chambres supérieures, un peu plus grandes, disposent d'un lit en plus pour enfant ou ado. Les suites, deux fois plus vastes, logent confortablement 4 adultes avec un grand lit, un canapé-lit, deux salles de bains et sont dotées d'un coin-séjour avec kitchenette. La plus grande, 84 m² sur deux niveaux, accueille jusqu'à 6 adultes.
Le petit déjeuner est pris dans un kiosque surplombant la piscine. Appréciables aussi, les nombreux services et équipements : bain bouillonnant, bagagerie, blanchisserie, salle de fitness, espace lounge, espace détente avec massage (sur réservation), location de VTT, kayaks, paddles, prêt gratuit de serviettes de plage...

HÔTEL ALAMANDA**

81 avenue de Bourbon
✆ 02 62 33 10 10
www.alamanda.fr
alamanda.hotel@wanadoo.fr
Suivant la saison, de 79 € à 94 € la nuit pour une personne et de 93 € à 113 € la nuit pour deux personnes avec petit déjeuner.

Demi-pension 28 € adulte, 13 € enfant de moins de 12 ans.

A quelques mètres de la plage, des commerces, de l'arrêt de bus, du cinéma et des discothèques, l'hôtel Alamanda bénéficie d'un emplacement central, qui permet de se passer de voiture. Il s'organise autour d'une grande piscine, chauffée en hiver et bordée de belles pelouses plantées de cocotiers dans un parc de 5 800 m². Les 70 chambres sont assez petites mais ergonomiques, pensées comme une cabine de bateau, et bénéficient toutes d'une terrasse ou d'un balcon et d'un équipement complet et moderne : clim, grande TV satellite, téléphone, wifi, minibar, coffre-fort, salle de bains avec douche à l'italienne. Deux restaurants, le Vieux Tamarin et le Grain de Sable, viendront combler petites et grandes faims à l'ombre du tamarin ou au bord de la piscine, où est aussi servi le buffet du petit déjeuner et où se déroulent des animations les week-ends. Egalement un bar, ouvert à la clientèle extérieure. Ambiance familiale et conviviale. Plusieurs salles de conférences. Bon rapport qualité-prix-emplacement.

■ HÔTEL DU RÉCIF***

50 avenue de Bourbon

✆ 02 62 70 01 00

reservation@luxislandresorts.com

De 158 à 522 € la nuit en chambre double avec petit déjeuner, suivant la saison. Lit enfant 26 €.

Avec 146 chambres, cet établissement est un des plus grands de l'île. Membre du groupe mauricien Lux Resorts, comme son grand frère le Lux (le grand hôtel 5-étoiles de La Saline qui, lui, est le plus grand), il est situé dans une cocoteraie de 3 hectares au bord du lagon. 12 villas de type créole accueillent des chambres doubles, triples, quadruples et communicantes ainsi que quatre suites. Pour le déjeuner, on grignote sur le pouce au bar de la piscine principale, ou plus copieusement sur la plage, à la rondavelle L'Hippocampe. Le soir, le restaurant Maloya alterne service à l'assiette et buffet à thème. Avec salle de fitness, aquagym, ping-pong, activités nautiques, tennis, beach-volley, pétanque, prêt de masques et palmes, golf (transferts gratuits et réductions sur le 18 trous du Bassin Bleu), club pour enfants... les distractions ne manquent pas. Un excellent compromis entre farniente et activité. Quatre salles de conférences, business-center. Parking privé et fermé.

■ **HÔTEL LES BOUGAINVILLIERS****

27 ruelle des Bougainvilliers
✆ 02 62 33 82 48
www.bougainvillier.com
bougainvilliers@wanadoo.fr

Chambre double sans terrasse à 58 € la nuit, avec terrasse à 68 €, chambre pour 4 à 90 €, 10 € par lit supplémentaire. Dégressif dès la 3e nuit. Petit déjeuner à la boulangerie 4,20 €, à l'hôtel 10 €.

Rémi et sa fille Amélie vous accueillent dans ce charmant petit hôtel, sis dans une belle maison dissimulée dans une impasse calme et résidentielle de l'Ermitage, à 400 m de la plage. Les chambres, climatisées et dotées d'une salle de bains, s'ouvrent sur une terrasse orientée vers la piscine, avec accès direct pour celles du rez-de-jardin, d'autres disposent d'un patio. Elles sont propres, confortables et fort joliment décorées. Le cadre est verdoyant, foisonnant de palmiers et de fleurs, les transats au bord de la piscine incitent à la détente. l'ensemble de la structure est entretenue avec soin et l'accueil est sympathique. Une grande cuisine équipée permet de préparer les repas. Très bon rapport qualité-prix, régulier, recommandé depuis de nombreuses années. Prêt de palmes, masques, vélos, wi-fi gratuit.

■ **HÔTEL LES CRÉOLES*****

43 avenue de Bourbon
✆ 02 62 26 52 65
www.hotellescreoles.com
resa@hotellescreoles.com

Suivant la saison, 89 à 109 € la nuit en chambre pour 2 personnes, 99 à 119 € en studio pour 2 personnes, 179 à 199 € en duplex pour 4 personnes, lit supplémentaire adulte 30 €, enfant de moins de 12 ans 20 €. Petit déjeuner adulte 12 €, enfant 8 €.

Créé il y a plusieurs décennies, cet hôtel moderne et confortable jouit d'un excellent emplacement, à deux pas de tout : restaurants, commerces, discothèques, casino, le port de Saint-Gilles, et bien sûr la plage à 100 m par un chemin piéton. 32 studios et 10 chambres, disposés autour d'une grande piscine avec ses transats, tous dotés d'une agréable terrasse ou varangue privative. Les chambres peuvent se combiner avec les studios et former ainsi des duplex particulièrement spacieux (51 m²). De manière générale, l'espace ne manque pas et l'équipement est complet et entièrement neuf : literie haut de gamme en 160 cm, TV satellite, climatisation, kitchenette (sauf dans les chambres, qui ont toutefois un réfrigérateur), téléphone, accès Internet. Le petit déjeuner est assuré en formule continentale au bord de la piscine, et un snack ouvert midi et soir permettra de combler vos fringales de journée. De plus, l'hôtel est partenaire de plusieurs restaurants avec transferts gratuits. Egalement des services de conciergerie, réservations d'activités et locations, prêt de vélos, parking sécurisé, billard, ping-pong, cours d'aquagym, et un bar ouvert jusqu'à 21h. Au final, un bon compromis entre prix, emplacement et qualité.

■ **RELAIS DE L'HERMITAGE*****

123, boulevard Leconte de Lisle
Les Filaos
✆ 02 62 24 44 44
http://relais-hermitage-saintgilles.fr

Chambre pour 1 à 2 personnes de 105 à 250 € (les tarifs évoluent en fonction du remplissage de l'hôtel), petit déjeuner en buffet inclus. Chambre et petit déjeuner gratuits pour les enfants de moins de 16 ans partageant la chambre des parents. Demi-pension : 35 € adulte, 12 € enfant.

Le Relais de l'Hermitage, ex-Novotel, est le deuxième plus grand hôtel de l'île avec 173 chambres. Son atout : un superbe parc de 3 hectares en bordure du lagon au goût de paradis tropical. Equipées conformément aux 3 étoiles qu'affiche l'hôtel, elles sont toutes de la même catégorie, si ce n'est que certaines sont triples, quadruples ou communicantes, idéal pour les familles auquel l'hôtel prête beaucoup d'attention. Dans le parc, deux grandes piscines à débordement dont une chauffée en hiver. Un bar à cocktails, Le Tamarin, et deux restaurants : Le Papayer, ouvert pour les petits déjeuners et dîners, qui propose cuisine locale et internationale, et La Case Vanille, ouvert seulement le midi, avec une cuisine plus simple et traditionnelle, créole et métro. Le room service est assuré de 6h à 22h ainsi que des animations musicales au minimum 3 fois par semaine. Nombreuses activités sportives ou récréatives : tennis, ping-pong, tir à l'arc, boulodrome, zumba, club pour les enfants (gratuit pendant les vacances)… Accès Internet, parking, location de voitures, kiosque à excursions… comme dans tous les grands hôtels.

Se restaurer

Sur la plage, sous les filaos, quelques restaurants de cuisine créole et métro, dont le décor tropicalisant n'est pas pour déplaire : faites notamment un tour à la Bobine, véritable institution. Tous vont devoir un jour déménager 50 m plus en retrait, pour se conformer à la loi Littoral (mais ça fait 15 ans qu'on en parle).

Relais de
L'HERMITAGE
St GILLES

On peut y prendre un verre au coucher de soleil, sur le lagon, entouré d'une clientèle surtout métropolitaine. Le week-end, les restaurants sont débordés et le service pas toujours à la hauteur, mais qu'importe, on est à la plage. Et si vous voulez manger créole, nous vous conseillons la Marmite et ses caris au feu de bois à volonté : vous ne trouverez pas plus typique dans le coin.

Bien et pas cher

■ COCO BEACH

Plage de l'Ermitage
✆ 02 62 33 81 43
Ouvert tous les jours du matin au soir. Le bar ouvre à 9h. Service jusqu'à 15h le midi, minuit le soir.
C'est un peu le restaurant branché du coin. On y déjeune à l'ombre des parasols, des filaos et des cocotiers, sur une terrasse qui surplombe la plage. Au menu, diverses salades, viandes et poissons au feu de bois, à des tarifs abordables. Quelques originalités : brochettes de camarons, tapas créoles, fondue de camembert au feu de bois, crumble de dorade au chorizo et au piment d'Espelette... Egalement des cocktails et une cave à cigares. On se laisse aisément séduire par ce cadre exotique, agrémenté de plantes, de pierres et de cascades, avec son immense bar en forme de bateau. Sous le mât et la voile, le rhum coule à flots. Concerts pour l'apéro au coucher du soleil tous les vendredis et dimanches. Soirée salsa les 1er, 3e et 5e dimanches du mois. Accès wi-fi.

■ LA MARMITE

34 bd Leconte-de-Lisle
✆ 02 62 33 31 37 / 06 92 87 71 43
marmite@resclub.re
Ouvert tous les soirs sauf le dimanche. Buffet créole à volonté à partir de 20 € (plus de 10 caris : rougail saucisses, poulet coco, canard à la vanille, cabri massalé, caris morue, crabe, moules…).
Le resto créole incontournable de l'Ouest. Tellement incontournable, d'ailleurs, qu'il en perd un peu de son charme, entre les délais pour avoir une table (réservation indispensable) et le monde qui défile au buffet. Mais c'est aussi un gage de qualité, car il faut reconnaître que les quelque 10 caris proposés chaque soir sont gargantuesques et délicieux. Ici, la cuisine est préparée dans la plus pure tradition. On se sert à volonté dans les grosses marmites posées sur le feu. Régulièrement des soirées musicales à thème.

Bonnes tables

■ LA BOBINE

Plage de l'Ermitage
✆ 02 62 33 94 36
www.la-bobine.com
restaurant.labobine@orange.fr
Ouvert tous les jours midi et soir. Compter environ 20 € le plat, 35 € le repas sans les vins.
C'est le plus ancien restaurant de la plage. A la fin des années 1970, il s'agissait d'un simple camion-bar improvisé, derrière quelques planches de surf ; désormais, la Bobine est une institution. Dépaysant et tropical, le site surplombe légèrement la plage et l'on s'y prélasse sur des banquettes en arc de cercle, autour de grosses bobines transformées en tables, à ciel ouvert ou sous des chapiteaux de paille. Le décor inventif fait la part belle au bois et au thème marin. La cuisine, métro et créole, se démarque surtout du côté des produits de la mer : plusieurs tartares, carpaccios et assiettes de dégustation de poissons crus et, bien sûr, un large éventail de poissons grillés à la carte ou à l'ardoise. Egalement une grande variété de viandes et de caris au feu de bois, plus classiques. Service accueillant et efficace, cuisine copieuse et savoureuse, on se régale. Une valeur sûre que nous recommandons depuis plusieurs années.

■ GO BY LE CAP MÉCHANT

Plage de l'Ermitage
Derrière l'hôtel Novotel
✆ 02 62 33 11 90
Ouvert midi et soir du mardi au samedi et le dimanche midi. Buffet à partir de 20 € le midi, 25 € le soir et le week-end.
C'est à se demander quel restaurant résistera encore au Cap Méchant, ce petit restaurant de Saint-Philippe devenu un groupe de restauration majeur à La Réunion. Sa dernière acquisition en date : le restaurant Chez Go, fermé et à l'abandon depuis de nombreuses années, sur la plage de l'Ermitage, une vraie référence pour les Réunionnais qui adorent cette plage le week-end ! Entièrement rénové et agrémenté d'une grande terrasse, le restaurant propose, comme dans tous ceux du groupe, un buffet à volonté avec des plats réunionnais et chinois : gratin de palmiste, carri de poulet, etc. Une cuisine et un concept qui n'ont plus à faire leur preuve... Nous regrettons tout de même que le restaurant soit littéralement barricadé, alors qu'une ouverture complète sur la plage serait tellement plus agréable...

LE GRAIN DE SABLE

Hôtel Alamanda
81 avenue de Bourbon
✆ 02 62 33 10 03
Ouvert tous les jours midi et soir. Plats de 10 à 23 €. Le midi, menu à 19 € (plat, café gourmand et boisson). Midi et soir, menu brochettes à 19 €, menu gourmet à 38 € (entrée, plat et dessert au choix).
L'entrée au Grain de Sable donne le ton : qu'on arrive par sa belle porte indienne ou côté piscine, l'ambiance y est décontractée. On s'attable au bord du bassin ou sous le grand tamarin, pour des salades, tartares, sashimis, caris, viandes et poissons du jour, à la mode créole ou métro. Les chaises hautes et la musique cosy lui donnent une ambiance lounge, une oasis où l'on peut se rafraîchir sous les brumisateurs, et paresser ensuite sur les transats. La formule détente, à 30 € adulte, 15 € enfant de 6 à 17 ans, gratuit pour 2 enfants de moins de 6 ans, donne accès à la piscine et aux facilités de l'hôtel en incluant un crédit de ces sommes au restaurant et au bar.

AU K' BANON

Plage de l'Ermitage
✆ 02 62 33 84 94 / 06 92 76 05 34
cotes.ouest@wanadoo.fr
Ouvert tous les jours de 9h à 18h, et les lundi, mardi, vendredi et samedi soirs. Service jusqu'à 15h, snack jusqu'à 18h. Comptez de 12 € à 22 € le plat. Menu enfant 10 €.
Remarquable par ses couleurs vives, face au lagon de l'Ermitage, le K'Banon est le parfait restaurant de plage. Les pieds dans le sable, installé dans une chaise multicolore en terrasse ou sur un transat, venez y apprécier une cuisine exotique et estivale, qui ne transige pas sur la qualité ! Un large choix d'entrées, salades, tartares et grillades, très tourné vers l'océan et d'une fraîcheur irréprochable, ont fait la réputation de ce restaurant ouvert depuis plusieurs années. Une réputation qui ne cesse de grandir et lui a valu d'être décerné du prestigieux titre de Maître Restaurateur, détenu par seulement 10 restaurants dans l'île. Les salades, qui font un repas complet, sont vivement recommandées, ne serait-ce que pour leur dressage sophistiqué. Le soir, carte à l'ardoise, le chef laisse libre cours à son imagination. Mais il faut aussi s'arrêter au K'Banon… n'importe quand ! Entre deux bains de soleil, faites une pause gourmande, loin des produits industriels vendus le long de la plage… et savourez un véritable dessert maison, réalisé par un maître-pâtissier, chose quasi improbable ailleurs ! Et aussi de délicieuses glaces artisanales, des cocktails de fruits frais, des petits déjeuners, une sélection de thés Mariage Frères, une belle carte de vins… La qualité, jusque dans le service, toujours efficace et avenant. Et si l'envie vous reprend de vous jeter à l'eau, ils prêtent même les masques et les palmes ! Le soir enfin, plusieurs fois par mois, des concerts de jazz ou soirées pour des causes humanitaires. Très bon rapport qualité-prix. Accès wi-fi.

LE MANTA

18 bd Leconte-de-Lisle
✆ 02 62 33 82 44
Ouvert tous les jours midi et soir. Comptez environ 20 € le plat.
Sous une varangue en vétiver, dans un beau cadre arboré, un restaurant de cuisine créole et métro satisfaisante, à des prix abordables. Tout près de la plage et de la ravine de l'Ermitage, vous y trouverez moules gratinées, carpaccios, poissons grillés, entrecôtes, filet de kangourou au Roquefort, magret de canard... Et, bien sûr, l'incontournable farandole de desserts. C'est bon, parfois très bon. D'autres fois moins bon...

LE RAISIN DE MER

24 avenue de Bourbon
✆ 02 62 24 57 26 / 06 92 60 04 39
Ouvert du mardi au samedi, midi et soir. Le Bar à vin ouvre à partir de 18h. Comptez 25 € le repas.
En arrivant sur l'Ermitage, après la fin de la portion de 4-voies de Saint-Gilles, voici une bonne table connue des résidents du quartier. Le cadre est attirant, dans un jardin sous un grand raisin de mer, et la carte également : assez peu étoffée, elle se concentre sur quelques plats inventifs et élaborés. Cuisine métropolitaine à base de produits locaux. Les vins sont vendus quasiment à prix coûtant, ce qui permet de se faire plaisir avec une bonne bouteille. On peut y venir aussi juste pour le bar à vin. Egalement un espace pour les séminaires.

Sortir

C'est ici que l'on trouve les plus grandes discothèques de la région des plages, ainsi que quelques bars très fréquentés. La clientèle, plus créole qu'au centre-ville de Saint-Gilles, est souvent sur son 31 (ici on *« cass' l'armoir »*). A quelques exceptions près, les discothèques ne sont ouvertes qu'en fin de semaine. Le dimanche soir, tout n'est pas fermé, il y a des concerts et des soirées salsa au Coco Beach, à la Gueule de Bois, à l'Embuscade, au casino...

Clubs et discothèques

C'est à côté de la plage de l'Ermitage qu'est situé le secteur des discothèques. La clientèle, créole et métro, vient des quatre coins de l'île pour y danser. L'ambiance rappelle les vacances. La programmation musicale est éclectique : dance, ragga, reggae, un petit coup de zouk-love, du soukouss et quelques slows pour emballer le tout. Le week-end, le quartier est envahi de fêtards de tous âges, à partir de 18 ans officiellement, jusqu'à 50-60 ans et plus parfois, de tous horizons et de tous styles. Aucune ségrégation à l'entrée (qui vous coûtera environ 18 € avec une consommation, et 90 € la bouteille pour 4 personnes). En revanche, il faut être bien habillé, laisser les baskets et les savates deux doigts à la case. Pour la sortie de boîte, il existe un service de navettes qui effectue la tournée des discothèques de l'Ouest et vous ramène près de chez vous gratuitement (de Trou-d'Eau à Boucan-Canot) : Vol II Nuit. Attention, le quartier est réputé assez dangereux pour les jeunes filles seules à l'heure de la fermeture des boîtes...

■ LE KLUB LIVING-ROOM

Mail de Rodrigues
✆ 02 62 33 15 00 / 06 92 70 82 14
livingklub.skyrock.com
thelivingroom@hotmail.fr
Bar à vins et restaurant, dès 19h30, du mercredi au dimanche. Le jeudi, à partir de 19h30, l'after-work avec DJette Chriss. Le vendredi, à partir de 21h, le Before Club. Et club, vendredi et samedi à partir de 23h.

C'est l'une des adresses phares de la vie nocturne de l'Ouest. Une clientèle assez âgée, chic et tendance, déambule entre le dance floor, le bar à vins et sa terrasse, et le restaurant, à la carte alléchante. Variétés et hits internationaux, soirées à thème avec DJ locaux et métropolitains, il y en a pour tous les goûts.

■ LE LOFT

1, allée des Iles-Eparses
✆ 02 62 24 81 06 / 06 92 67 44 54
Ouvert tous les soirs, de 22h à 5h. Bar, karaoké, discothèque.

Face au Moulin du Tango, cette discothèque toute rose est devenue l'une des incontournables de l'Ouest. On s'y presse dès 23h pour danser sur la piste flambant neuve ou larguer une p'tite chanson au micro. Clientèle hétéroclite de 25 à 40 ans. Musique actuelle.

■ LE MOULIN DU TANGO

Avenue Bourbon
✆ 02 62 24 53 90
www.moulin-du-tango.fr
Ouvert tous les mercredi, vendredi et samedi soir et les veilles de jours fériés, de 22h à 5h. Entrée à partir de 10 €.

Si vous cherchez une femme ou un mari, Le Moulin du Tango est peut-être l'adresse qu'il vous faut. Le bal des célibataires du mercredi est très réputé. Les soirées rétro, plutôt marrantes – valse, tango, rock, slow, cha-cha-cha – favorisent les rencontres. On adore le « manège » : une piste tournante, idéale pour se déhancher. Ouvert depuis 1989, le Moulin du Tango est une véritable institution à La Réunion ; c'est l'une des plus anciennes discothèques de l'île. Le samedi soir, c'est la soirée des anniversaires (sur réservation), alors si c'est le vôtre, n'oubliez pas de sourire pour la photo. Attention à votre tenue, les jeans et les baskets sont refusés.

■ LE SAFARI

1 allée des Iles-Eparses
✆ 02 62 25 99 13
Ouvert les jeudi, vendredi et samedi à partir de 22h30.

Une grande et belle boîte, plus créole qu'ailleurs. Une clientèle métissée, âgée de 18 à 30 ans, s'y presse pour danser sur des tubes des années 1980-1990 et d'aujourd'hui. La musique soleil n'est pas oubliée. A la piste, un brin rétro avec ses boules à facettes, son estrade et ses miroirs, préférez la terrasse, ouverte sous les étoiles, où l'on peut mieux respirer. Les gourmands y trouveront également de quoi se restaurer. Décor safari et ambiance vacances, on accepte même les tongs, ce qui est rare dans le coin !

■ LA VILLA CLUB

71 avenue de Bourbon
✆ 02 62 42 40 03 / 06 92 60 19 00
www.lavilla-club.com
contact@lavilla-club.com
Ouvert tous les vendredis et samedis à partir de 23h. Entrée payante, consommations assez chères. Tenue correcte exigée.

La Villa est la plus grande discothèque de l'Ouest, avec ses 3 bars – dont deux sur la grande terrasse extérieure –, et son immense dance floor orné d'une gigantesque boule à facettes de 2 m de diamètre ! La Villa Club joue dans les superlatifs mais se veut aussi d'un certain standing : l'élégance (un peu bling-bling tout de même) du cadre et de la clientèle le rappellent, ainsi que les tarifs. Les DJ résidents diffusent les hits du moment, cédant leur place aux platines lors des soirées à thème animées par des DJ d'ici et d'ailleurs. Un lieu incontournable pour les friands de night-clubs.

Activités entre amis

■ CASINO DE SAINT-GILLES-LES-BAINS
7 avenue des Mascareignes
✆ 02 62 24 47 00
www.casinostgilles.fr
Ouvert tous les jours de 10h à 2h, les vendredi et samedi jusqu'à 4h. Roulettes, Black Jack, Texas Hold'em : ouverture à 21h.
90 machines à sous et ses 7 tables de jeux en libre accès. Roulettes anglaises et américaines, tables de black-jack, de stud-poker, de texas hold'em poker... Et pour couronner le tout, à l'occasion, des soirées en musique (cabaret, concert de jazz...).

À voir – À faire

■ JARDIN D'EDEN
155 route de l'Ermitage
✆ 02 62 33 83 16
jardindeden.re
jardin.eden0328@orange.fr
Ouvert tous les jours de 10h à 18h sauf le vendredi. Entrée adulte 8 €, enfant 4 €. Compter 1h à 3h de visite.
Situé en face du rond point de l'Ermitage, côté montagne, on y entre par un gigantesque fût de rhum mis en scène par Philippe Kaufmant, ingénieur botanique passionné, décédé un an après la réalisation de son rêve de toujours : un jardin extraordinaire. Ce jardin tropical de 2,5 ha concilie beauté, diversité (plus de 700 variétés, dont des plantes endémiques de La Réunion) et pédagogie. Outre des espèces végétales rares, on y trouve des cardinaux, des caméléons, des poules d'eau noires à bec rouge, des serins et une multitude de papillons tropicaux. Attention, si vous photographiez un endormi, ôtez le flash ! Egalement des ateliers peinture et dessin : renseignements sur place. Une promenade pour le moins féerique.

Sports – Détente – Loisirs

■ CLUB HIPPIQUE DE L'HERMITAGE
ZAC de l'Hermitage
Chemin de Ceinture
✆ 02 62 24 47 73 / 06 92 85 29 04 / 06 92 85 26 50
Non loin du Score de l'Ermitage et du Living Room, un club hippique qui propose des balades à cheval le long du lagon, des cours pour enfants, ados et adultes, ou encore des entraînements pour les compétitions.

■ MINIGOLF DU LAGON (RESTAURANT L'EPICURIEN)
Plage de l'Ermitage
3 allée des Iles-Eparses
✆ 06 92 86 49 47
Ouvert du lundi au vendredi de 9h à 15h, les samedi et dimanche de 9h à 16h30. Entrée 5 € (3,20 € pour les moins de 10 ans, 3 € 50 par personne pour les groupes de 20 ou plus).
Un parcours de minigolf avec 18 pistes, au bord du lagon. En cas de petit creux, le restaurant attenant propose des salades et des plats de poissons frais. Idéal pour une activité en famille.

■ SENTIER SOUS-MARIN
Plage de L'Ermitage
✆ 06 92 89 18 68 / 02 62 34 64 44
bruce.cauvin@reservemarinereunion.fr
Les enfants de moins de 16 ans doivent être accompagnés. Interdit aux enfants de moins de 8 ans. Visite gratuite, compter une heure de balade. Apporter ses propres palmes, masque et tuba. Pour les visites guidées, un stand d'accueil se trouve sur la plage, en face du restaurant le K'Banon.
Voilà une balade originale, ouverte à tous, même aux nageurs du dimanche ! Accompagné d'un guide expérimenté, vous partez à la découverte de la richesse du récif corallien de l'Ermitage. Quelques coups de palme, un peu de marche, trois ou quatre brasses et le tour est joué. De quoi rassurer les moins téméraires, qui ne devraient pas hésiter à profiter de cette belle aventure sous-marine, gratuite, sans danger et très instructive.

LA SALINE-LES-BAINS

En arrivant à La Saline-les-Bains, vous verrez quelques beaux tags sur les murs, qui pourraient laisser entendre qu'il règne ici un certain dynamisme urbain, jeune et créole, loin de l'ambiance *métro* de Saint-Gilles. Détrompez-vous. Vous êtes au contraire au cœur de cette région balnéaire de l'Ouest que l'on surnomme Zoreille-land. Porsche Cayenne, grosses lunettes de soleil et immenses villas sécurisées sont au rendez-vous. On ne vient certainement pas chercher ici l'âme créole, mais de superbes hôtels de luxe, les pieds dans le lagon.

OUEST

La Saline-les-Bains

Car la mer de La Saline-les-Bains est particulièrement belle et transparente, et mérite que l'on s'y plonge avec un masque et des palmes. Mais attention avec ces dernières ! On voit trop de coraux cassés par les plongeurs inexpérimentés ou irrespectueux. Plusieurs plages bordent le lagon. D'abord celle de l'Ermitage, qui termine ici sa course en longeant l'hôtel 5 étoiles (le plus grand de l'île), et des maisons créoles enfouies dans la verdure, où l'on aimerait habiter. Puis la belle plage du Trou-d'Eau, familiale le jour, festive la nuit, qui s'étend jusqu'à la pointe de Trois-Bassins. Après la ravine de Trois-Bassins, on entre sur la commune de Trois-Bassins. Mais comme le village se situe plus haut, à 800 m d'altitude, nous avons choisi de classer cette étroite bande littorale dans la partie La Saline-les-Bains. Nous voilà dans un quartier malicieusement nommé la Souris-Chaude, en référence à la plage de nudistes qui s'étend discrètement sur quelques criques. Totalement opposée à ces pratiques, la municipalité réactionnaire de Trois-Bassins se bat contre le comité du tourisme de La Réunion (qui a créé en 2005 une charte Gay Friendly) pour faire de ces criques des plages résolument familiales. Enfin, au niveau de la Souris-Blanche, la D6, sinueuse, permet de monter vers Bois-de-Nèfles, puis Trois-Bassins, en 20 minutes.

© AUTHOR'S IMAGE

Plage de La Saline-les-Bains.

Transports

LAGON LOCATION

643 rue des Argonautes
✆ 02 62 33 18 10 / 06 92 88 91 91
www.lagon-location-reunion.fr
lagonlocation@wanadoo.fr

Ce petit loueur, situé à proximité de la sortie sud de la déviation de La Saline, propose des voitures économiques à 15 € la journée sur la base de 16 jours, 20 € pour une location de moins de deux semaines pour des Clio ou Symbol de plus de 4 ans. Franchise à partir de 650 € et pas de minimum d'âge, ce qui est assez rare pour le signaler ! En catégorie B : des véhicules neufs et climatisés, et toujours très économiques : 34 € la journée ou 24 € sur la base d'un mois. Egalement des véhicules de 7 places. Possibilité de transfert à l'aéroport, mise à disposition de siège bébé, de téléphone mobile pour toute location. Accueil très sympathique, adresse recommandée depuis de nombreuses années.

Orientation

Pas très compliqué de s'orienter à La Saline-les-Bains. La ville s'étire le long de l'ancienne nationale, au bord du lagon et seulement un peu dans les hauteurs. Pour rejoindre le village, il faut emprunter la direction La Saline-Les-Bains au rond-point de l'Ermitage ou au suivant (en allant vers Saint-Leu), au lieu-dit Bruniquel. Le centre de La Saline est tout petit et se trouve à l'entrée nord de la ville.

OUEST

Se loger

Locations

■ **AQUA BEACH**
13 rue des Argonautes
✆ 02 62 33 88 00
✆ 06 92 66 18 80
www.aquabeach.net
aquabeach@wanadoo.fr
En studio pour 1 ou 2 personnes : 70 € la nuit, 385 € la semaine. En duplex pour 3 ou 4 personnes : 110 € la nuit, 560 € la semaine. Tarifs encore plus dégressifs après une semaine. Lit supplémentaire 15 €.
Un ensemble de studios et duplex ocre et bleu, à 200 m de la plage et des commerces, dans un coin calme. Présent depuis de nombreuses années dans nos pages, l'Aqua Beach est régulier, bien entretenu, impeccablement propre et d'un bon rapport qualité-prix. Tous les logements incluent une cuisine bien équipée, la climatisation, la télévision TNT et l'Internet par câble. Le wi-fi se capte au bord de la piscine.
Les studios, avec lits doubles, au rez-de-chaussée, donnent sur une petite terrasse ; au-dessus, les duplex, comptent en plus 2 lits simples et sont équipés de baies vitrées coulissantes. Enfin, un spa et une piscine sont à disposition pour se relaxer en fin de journée...

■ **LA BICHE DE MER**
4 route du Trou-d'Eau
✆ 02 62 24 15 87
✆ 06 93 01 89 98
www.bichedemer.com
contact@bichedemer.com
427 € la semaine pour 2 en studio, 616 € pour 4 en bungalow T2. 15 € par personne supplémentaire (maxi 1) par nuit, gratuit pour un enfant de moins de 12 ans. Promotions en périodes creuses.
En plein centre, à moins de 20 m des commerces, du bus et surtout à moins de 100 m de la plage, des bungalows aux couleurs tropicales dans un jardin luxuriant avec une vraie atmosphère de vacances. Les studios sont peu espacés, mais chacun a une agréable petite terrasse sans vis-à-vis, aménagée avec banquette et brasseur d'air. Une cuisine américaine, deux lits simples ou un lit double et un couchage en mezzanine. Plus spacieux, les bungalows en duplex jouissent d'un jardinet clôturé privatif, avec une varangue sous laquelle on dresse aisément la table. Un vaste séjour-cuisine en rez-de-jardin avec lit escamotable et une chambre climatisée à l'étage. Les intérieurs ont été rénovés en 2014, avec de bonnes literies et du mobilier neuf. Dans la propriété, fermée avec accès par digicode, le wifi est accessible partout et il y a même une petite piscine pour se rafraîchir sans aller jusqu'au lagon. On peut se garer juste devant son bungalow, mais mieux vaut réserver sa place. Petite salle de séminaires. Bonnes prestations, bon rapport qualité-prix, bon accueil : une adresse recommandée, présente depuis ses débuts dans nos pages !

■ **LA CASE DES LYS**
19 rue des Mouettes
✆ 02 62 33 31 44
✆ 06 92 04 96 63
www.lacasedeslys.com
contact@lacasedeslys.com
Comptez 354 € la semaine, dégressif au-delà.
A seulement 100 m du lagon, dans une rue sablonneuse qui donne sur les filaos puis la plage, voilà une adresse agréable, calme et bien située. 4 studios climatisés, avec lit double ou deux lits simples, une salle de bains, une kitchenette, une télévision, s'ouvrant sur une terrasse ombragée avec table et transats, posés dans un jardin verdoyant, à côté de la maison des propriétaires. L'ensemble a un réel charme, avec une décoration de bon goût, dont le style créole coloré fait la part belle au bois. C'est impeccable et parfaitement entretenu. Prêt gratuit de parasol, kayak de mer, fer à repasser... Bon rapport qualité-prix, bon accueil.

LA CLOSERIE DU LAGON

78 ter rue Lacaussade
✆ 02 62 24 12 56
✆ 06 92 86 32 47
www.closerie-du-lagon.fr
closeriedulagon@orange.fr
Comptez 110 € la nuit, avec éventuellement une nuit gratuite par semaine en saison creuse. Minimum 2 nuits.

Dans les ruelles sablonneuses de la Saline, une location touristique de standing dans une propriété close au bord du lagon. Le lieu est calme, la plage particulièrement belle et déserte à cet endroit. Alain et Charles vous accueillent dans leur petit paradis, un jardin de sable, corail et chocas, orné de statues océaniennes, où gambadent quelques tortues de Madagascar. Au premier étage d'un pavillon indépendant, ils proposent un très vaste studio (65 m²), de style élégant, moderne et épuré, composé d'un séjour aux volumes généreux avec un grand lit, un salon avec TV, wi-fi et ordinateur, une cuisine fonctionnelle et design, un dressing, une belle salle de bains et une varangue extérieure. Face au lagon, un superbe kiosque surélevé, surplombant la plage, vous attend pour le petit déjeuner ou les apéros au coucher de soleil. Parking privé et fermé, possibilité de recevoir une 3ᵉ personne sur un canapé-lit. Bref, le charme, le bon goût et le confort sont réunis à cette adresse que nous vous recommandons chaudement ! Pensez à réserver bien en amont.

COQUILLAGES ET COCOTIERS

12 ter rue Louis Ozoux
✆ 06 92 84 09 06
www.coquillagesetcocotiers.com
coquillagesetcocotiers@laposte.net
Comptez 550 € la semaine, tarifs dégressifs selon la durée.

Dans un quartier très calme et cossu de la Saline-les-Bains, à 250 mètres de la plage, une maisonnette en location saisonnière. Elle loge jusqu'à 4 personnes avec un lit double, un canapé-lit et un dernier lit en mezzanine, et se compose d'un séjour avec cuisine équipée, TV, internet par câble, une salle de bains avec baignoire, une terrasse sous une pergola pour dîner dehors, et un grand jardin, véritable plus de la structure. La décoration est un peu hétéroclite mais on s'y sent bien, tout est pensé pour des vacances agréables. Le jardin, bien entretenu, est ainsi planté d'arbres entre lesquels un hamac est tendu, doté d'un barbecue et équipé de transats, parasols et même d'un kayak pour les balades sur le lagon ! Lave-linge. Ménage hebdomadaire inclus. Prêt de lit bébé, ordinateur et même téléphone portable, comme ça, vous pouvez vraiment voyager léger ! Bon accueil.

LE JENJU

35 rue Paille en Queue
✆ 02 62 33 94 91
✆ 06 92 76 94 88
www.lejenju.com
lejenju@yahoo.fr
Suivant le bungalow, comptez 390 € à 450 € la semaine pour 2 à 4 personnes, dégressif à la durée. Minimum 3 nuits. Ménage de fin de séjour 35 €.

A 500 m du lagon et des commerces, trois bungalows nichés dans un cadre verdoyant. Pas de vue mais l'espace ouvert sur la verdure, les fleurs et le ciel est agréable. Chacun est agrémenté d'une courette fleurie dotée d'un élégant deck en bois et d'une varangue avec transats pour profiter du calme des lieux ou faire un barbecue. Cerise sur le gâteau, chacun est aussi doté d'un Spa privatif ! De construction récente, les bungalows ne sont pas immenses, mais chaleureux, décorés avec goût, avec un élégant mobilier laqué blanc, très fonctionnels et bien entretenus. Ils se composent d'une chambre et d'un séjour pouvant loger 2 adultes pour le plus petit, et un couple avec 2 enfants pour le plus grand. Climatisés, ils disposent de la TV TNT, d'une cuisine équipée et d'une salle de bain avec douche à l'italienne. Les propriétaires, qui résident sur place, vous réservent un accueil chaleureux ! Une adresse chaudement recommandée depuis plusieurs années.

■ L'ILÔT VERT

1 rue des Salines
✆ 02 62 33 92 11 / 06 92 87 78 01
www.a-l-ilot-vert.com
jean-pierre.fouque@wanadoo.fr
Compter de 60 € à 140 € la nuit suivant l'appartement et le nombre de personnes, dégressif au-delà du 8e jour, minimum 2 nuits si week-end.

6 appartements (dont un adapté aux handicapés) et 3 bungalows confortables situés sur la rue principale, à deux pas des commerces et à 300 m de la plage. La résidence, finement charpentée à la créole, s'articule autour d'une agréable piscine bordée de caillebotis et de chaises longues, dans un charmant écrin de verdure avec palmiers, cascade et petit pont de bois. Régulièrement rénovés, les logements sont fonctionnels et agréables et logent 2 à 6 personnes. Chacun dispose d'une cuisine équipée, la télévision TNT, la climatisation, le téléphone, le wifi et une terrasse individuelle. Parking privé et fermé, accès par télécommande.

Bref, tout le nécessaire pour un séjour en parfaite indépendance. Le rapport qualité-prix est correct, l'ensemble bien entretenu. Une bonne adresse, que nous recommandons depuis de nombreuses années.

■ RÉSIDENCE R'MARINE

72 rue Antoine-de-Bertin
✆ 06 92 87 69 75 / 02 62 24 18 94
www.r-marine.com
r.marine@wanadoo.fr
Entre le rond-point de l'Ermitage et le centre de La Saline-les-Bains, tourner à droite en direction du centre commercial Leader Price, puis tout de suite la première à gauche.
Pour 2 personnes 59 € la nuit, (357 € la semaine), pour 4 personnes de 79 € à 88 € (de 483 € à 546 € la semaine), pour 5 personnes de 91 € à 101 € (de 567 € à 630 € la semaine). Séjour minimum 2 nuits, tarifs dégressifs dès 7 nuits.

A 300 m du lagon et à deux pas des commerces, cette résidence propose des studios pour 2 et 4 personnes, et des appartements pour 4 et 5 personnes. Les studios s'ouvrent sur une terrasse donnant sur un jardinet, tandis que les appartements, à l'étage, sont plus spacieux, en duplex avec mezzanine pour les enfants et un balcon. Impeccables, climatisés et très fonctionnels, ils se composent d'une chambre, d'un séjour avec

TV TNT et vidéo, d'une salle de bains et d'une kitchenette bien équipée. Barbecue, piscine, parking privé et fermé, wi-fi en supplément. L'ensemble est propre et bien entretenu mais sans grand charme, car cela manque un peu de décoration. Ambiance conviviale, une adresse pratique et économique.

■ LE VELOUTIER
Résidence Le Veloutier
8 rue des Dodos
✆ 06 92 51 45 72 / 02 62 09 31 92
http://leveloutier.e-monsite.com
caroclef@icloud.com
De 315 € à 370 € la semaine suivant la saison, tarifs dégressifs à la durée.
En plein centre, un appartement F2 au 3e et dernier étage d'une petite résidence sécurisée, à 300 m de la plage et 100 m des commerces. Il comprend une petite chambre double, une salle de bains avec douche à l'italienne et un séjour s'ouvrant sur une terrasse fermée, vitrée, avec vue sur la montagne. Mansardé, il logera 2 adultes et 2 enfants sur le canapé-lit du séjour. En plus de l'emplacement privilégié, on apprécie surtout l'équipement complet et une décoration au goût du jour, entièrement refaite en 2014. Climatisation dans la chambre et le séjour, cuisine bien équipée sur la terrasse, TV avec de nombreuses chaînes, téléphone illimité, wifi, lave-linge, sèche-linge, parking fermé et attitré. Bon accueil.

■ VILLA LAURENT ET VIRGINIE
2 lotissement Les Charmilles
✆ 06 92 85 59 02
www.laurentetvirginie.sitew.com
laurent-et-virginie@orange.fr
1 400 € par mois.
Six personnes peuvent occuper cette villa de 95 m². Sans grand charme, elle est tout de même vaste et confortablement aménagée. Parking fermé et terrasse. A environ 400 m de la plage de Trou d'eau.

■ VILLA MANGO'S
0 rue des Nautiles
✆ 06 92 35 41 92 / 02 62 33 91 50
www.villamangos.com
villa.mangos@hotmail.fr
Suivant la saison et le nombre de personnes, comptez de 325 € la semaine (pour 2) à 1 500 € (pour 10). Climatisation en supplément. Repas créole 12 € adulte, 7 € enfant.
Dans un quartier calme à 50 m du lagon, plusieurs logements dans une grande maison blanche de construction ancienne, à l'architecture élégante avec ses hauts toits pentus, ses arcades et sa terrasse panoramique au premier étage. Composée de chambres et d'appartements pour 2 à 10 personnes, c'est une adresse idéale pour les familles. Les couples peuvent aussi louer un charmant bungalow indépendant situé dans le jardin, les groupes et familles plus nombreux peuvent louer pour 4, 8, 10 personnes ou carrément la maison entière ! Sur place, on profite d'une belle piscine de 6x12 m, rénovée en 2012, d'un salon d'été équipé pour les barbecues et d'un parking fermé. La plage et le spot de surf de Trois Bassins sont également tout proches. La Villa Mango's propose de nombreux services : elle s'est récemment doté d'un centre de bien-être avec spa et propose des prestations de modelage par une professionnelle formée en Thaïlande. L'accès au spa est offert aux longs séjours. Des « soirées zen » avec cocktail, massage, spa sont proposées. Les repas peuvent être livrés sur place, ainsi que les courses le jour de votre arrivée : pratique ! L'établissement pratique un excellent rapport qualité-prix et nous le recommandons depuis plusieurs années.

Bien et pas cher

■ L'AMARINA
30 rue des Ormeaux, lot. Bellevue
Littoral de trois Bassins
✆ 02 62 33 81 60 / 06 93 97 02 81
www.amarinareunion.fr
amarina974@gmail.com
Chambres à 37 €, 42 € et 45 € la nuit, studios à 60 €. Dégressif à la durée.
6 chambres et 2 studios dans une grande maison à la sortie sud de La Saline-les-Bains, dans un lotissement calme, à 400 m du lagon et du spot de surf de Trois-Bassins. Les chambres sont grandes, propres, ventilées, joliment décorées et dotées d'un lit en 160 cm de large et d'un balcon (sauf pour la moins chère). Elles partagent une salle de bains, un salon, une terrasse extérieure, une cuisine et un joli jardin avec son manguier et une cuisine extérieure parfaite pour les barbecues et les rencontres. Les studios sont dotés eux d'une kitchenette, de la télévision, d'un coin salle de bains et d'une belle terrasse indépendante. Parking, laverie, wi-fi partout et, cerise sur le gâteau, une piscine ! Attenante au logement des propriétaires, elle est utilisable jusque 19h. Très bon rapport qualité-prix, très bon accueil.

OUEST

■ LE GOÉLO

4bis RN1
La Souris-Chaude, Littoral de Trois-Bassins
✆ 02 62 33 95 42
www.legoelo-reunion.com
goelo2@wanadoo.fr

Chambre double et bungalow 2 personnes 45 €, appartement 4 personnes 120 €. Petit déjeuner 7 €. Demi-pension 35 €. Tarifs dégressifs dès la 3e nuit.

Le Goélo est situé en contrebas de la quatre-voies de la Souris-Chaude, peu après la sortie de La Saline-les-Bains. On a ici l'avantage de profiter de la plage de manière quasi privée, et le spot de surf est tout proche. La verdure dévale la pente jusqu'à la mer.

Dix chambres, avec une décoration créole aux couleurs vives. Propres et coquettes, elles disposent d'une salle de bains privative, et de toilettes communes ou privatives, mais n'ont pas de vue. Bon rapport qualité-prix dans l'ensemble. Côté table : une « nouvelle » cuisine créole et métro-créole savoureuse, à découvrir !

■ RÉSIDENCE HÔTELIÈRE LE VACOA

54 rue Antoine-de-Bertin
✆ 02 62 24 12 48
www.levacoa.com
levacoa@levacoa.com

Entre le rond-point de l'Ermitage et le centre de la Saline-les-Bains, tourner à droite vers le Leader Price puis la première à gauche, en passant devant les marchands de fruits. A partir de 59 € la nuit pour 2 personnes (minimum 2 nuits), 15 € le lit supplémentaire. Tarifs dégressifs dès la 3e nuit. Accueil 7j/7 en quatre langues !

A 400 m du lagon et autant des commerces, une charmante résidence hôtelière de vacances tenue par un couple belge fort sympathique. Une adresse que nous recommandons depuis bien longtemps, et qui s'améliore chaque année. Disposées autour d'un patio, 16 chambres climatisées, agréablement décorées, dotées d'une bonne literie, avec salle de bains, réfrigérateur et télévision, logent 2 à 3 personnes. Celles du bas donnent sur le patio tandis que celles du haut ont un balcon et une mezzanine. Dans le jardin fleuri, une vraie atmosphère tropicale, une belle piscine avec ses transats et des paillotes sous lesquelles on se rassemble le soir venu. Le ménage est fait dans les chambres. Point-phone et wi-fi, service blanchisserie, espace web.

Bonne adresse, accueil très souriant, avec fleurs et punch !

Confort ou charme

■ HÔTEL LE NAUTILE***

60 rue Lacaussade
✆ 02 62 33 88 88
www.hotel-nautile.com
nautile@runnet.com

Chambre double pour 2 personnes de 156 € à 248 € suivant la chambre et la saison, suite de 201 € à 346 €, petit déjeuner inclus. Supplément vue mer 20 €. Lit supplémentaire 70 €, gratuit pour un enfant de moins de 16 ans. Demi-pension : adulte 40 €, enfant 20 €. Restaurant ouvert à la clientèle extérieure.

Ce bel hôtel 3 étoiles de 43 chambres et suites jouit d'une situation privilégiée, au bord du lagon, dans la partie la plus calme et résidentielle de La Saline, où la plage est le plus souvent déserte. Installé dans deux grandes maisons créoles de part et d'autre d'une belle piscine, le Nautile vous charmera avec ses couleurs pastel, ses carrelages à l'ancienne et ses meubles élégants, lui conférant un air de vacances méditerranéennes chics. Les chambres, lumineuses et spacieuses, s'ouvrent sur une terrasse avec vue sur le lagon ou la piscine, et sont bien équipées : climatisation, internet par wi-fi et câble, grande TV TNT, mini-bar, salles de bains avec baignoires aux accessoires dorés à l'or

fin et serviettes siglées… comme dans les palaces, sans en faire trop. Le restaurant-bar, au bord de la piscine, présente une cuisine métro et créole midi et soir, et le petit déjeuner en buffet continental est à volonté. On y vient à toute heure siroter un cocktail ou pour les soirées animées, les mardis et samedis.
A disposition pour les loisirs : Jacuzzi, masque et palmes, ping-pong, kayak, salle de gym et un vaste salon-bibliothèque richement fourni. Parking, service de location de voitures, chambres pour handicapés. Une valeur sûre depuis des décennies.

LA MAISON DU LAGON

72 rue Lacaussade
✆ 02 62 24 30 14
www.lamaisondulagon.com
lamaisondulagon@wanadoo.fr
En chambre double avec petit déjeuner, comptez 98 € la nuit (standard) ou 133 € (vue mer). Appartements tout équipés (sans petit déjeuner) : suite pour 4 personnes à 194 €, pour 6 à 255 €, bungalow à 161 € et chalet à 114 €. Lit supplémentaire : 40 €. Petit déjeuner complet : 10 €. Tarifs dégressifs à partir de 3 nuits.
La Maison du Lagon est placée face à la plage et au lagon. Dix chambres et un appartement sont répartis dans une grande et belle maison avec piscine. Également deux bungalows dans le jardin. Le confort est digne du prix demandé : sol en marbre, mobilier élégant en palissandre de Madagascar, salle de bains avec douche ou baignoire, climatisation, réfrigérateur, télévision avec Canal Sat, wifi. Trois chambres familiales pour 3 personnes, et une superbe suite, avec deux chambres aux entrées indépendantes, lits à baldaquin et cuisine intégralement équipée. Le premier bungalow du jardin, posé au plus près de la plage, accueille quant à lui 4 personnes, deux adultes et deux enfants en mezzanine, et dispose d'une cuisine, d'une terrasse privative qui vaut à elle seule le séjour… Le second, un chalet tout en bois juste au bord de la piscine, est plus petit et idéal pour les amoureux. Enfin, un superbe et immense appartement accueille jusqu'à 6 personnes dans un grand confort, avec son lit à baldaquin, ses deux mezzanines, son vaste séjour et sa somptueuse terrasse, se déployant face au lagon. Une très bonne adresse.

LE SWALIBO***

9 rue des Salines
✆ 02 62 24 10 97
www.swalibo.com
info@swalibo.com
Chambre simple de 105 € à 130 €, double de 130 € à 170 €, selon la saison. Petit déjeuner inclus. En demi-pension, 30 € le menu adulte, 15 € le menu enfant.
Un petit hôtel de 30 chambres, intimiste et plein de charme, planté dans un jardin verdoyant à 300 m de la plage, parmi cocotiers et arbres du voyageur. Les chambres, spacieuses et lumineuses, arborent une terrasse donnant soit sur le petit parc, soit sur une piscine alléchante dont les transats baignent littéralement leurs pieds dans l'eau. Chaque chambre est dotée de climatisation, télévision, téléphone, réfrigérateur, salle de bains privée et, surtout, d'une belle fresque signée Malta, dont les aplats de couleurs et les courbes franches et généreuses vous évoqueront peut-être Fernand Léger ou Diego Rivera. Vous pourrez vous tremper dans un Jacuzzi pour 5 personnes, niché sous un kiosque et, dans la bibliothèque, vous trouverez un billard à votre disposition. L'ensemble est élégant, romantique et le service efficace et aimable. Les repas sont pris sur la terrasse qui borde la piscine. L'hôtel propose aussi une salle de massage. Pour les sports nautiques et le snack sur la plage, on utilise gratuitement ceux de Planch'Alizés : matelas, parasols, masques, tubas, canoës et planches à voile (débutant). Le Swalibo loue aussi des voitures. wi-fi payant.

Luxe

■ HÔTEL AKOYA

Trou d'Eau

Ouverture prévue fin 2015. A l'heure de l'édition de ce guide, ce n'est encore qu'un chantier, mais l'hôtel Akoya promet d'être un bel établissement de standing, jouissant d'un emplacement privilégié. Avec près de 100 chambres, c'est surtout le plus gros projet hôtelier de l'île depuis au moins 10 ans !

■ LE LUX*

28 rue du Lagon, Plage de l'Ermitage

✆ 02 62 70 00 00 – www.luxresorts.com

luxiledelareunion@luxresorts.com

Tourner au niveau du supermarché Leader Price, puis prendre au fond à gauche.

Chambre double à partir de 199 €.

Fleuron de l'hôtellerie de luxe réunionnaise, le Lux est le plus grand hôtel de l'île, s'étirant sur 7 ha plantés de filaos et de cocotiers le long de la plage de l'Ermitage à la Saline-les-Bains. Sur cet emplacement exceptionnel, probablement le meilleur de l'île, cet établissement est installé depuis des décennies, bien qu'ayant plusieurs fois changé de mains et de noms. Qui dit emplacement en or, dit hôtel de luxe, depuis toujours aussi : le Lux a obtenu le titre de « Meilleur hôtel de l'Île de la Réunion » aux World Travel Awards de Londres en 2009, décroché une cinquième étoile en 2010 et est affectioné des artistes de passage à la Réunion ; Jacques Chirac y a aussi pris ses vacances. Dans 23 villas créoles, 174 chambres dont 8 suites, toutes dotées d'une terrasse avec vue sur le lagon et équipées de climatisation, minibar, TV, Internet et le room-service à disposition. Les 6 suites junior ont en plus une baignoire-bains à remous et une chaîne hi-fi, une dernière suite offrant même 90 m^2 et deux salles de bains. C'est le seul véritable « resort » de l'île comprenant tout ce qu'il faut en activités, restaurations, animations pour les enfants... pour ne pas avoir besoin de sortir de l'établissement. Au bord de la piscine, une des plus grandes de l'île, quatre restaurants étalent leur terrasse pour déjeuner au soleil, ou dîner au son des clapotis.

Se restaurer

Sur le pouce

■ PLANCH'ALIZE

25 rue des Mouettes

✆ 02 62 24 62 61

www.planchalize.net

Ouvert tous les jours de 9h au coucher du soleil.

Situé sur la plage, Planch'Alizé, c'est l'adresse à ne pas manquer sur la côte ouest. Au restaurant, dans un cadre convivial, ce sera carte gourmande. Au snack, plutôt restauration rapide et sympa (sandwichs, salades, tartes, etc). Suggestion : la tartelette faite maison banane-chocolat. Un délice ! Un peu chère cependant mais c'est le prix à payer pour pouvoir profiter des transats et parasols. Une adresse que l'on apprécie beaucoup, néanmoins. Petit plus : location de canoës, kayaks, pédalos, palmes, masques, tubas et planches à voile…

■ SNACK CAMION 3 BASS

Pointe des Trois-Bassins

Burgers maison de 6 € à 8 €.

Spot de surf incontournable de la côte ouest, le camion-bar implanté au-dessus de la plage face à la mer depuis plus de 10 ans l'est tout autant ! Ambiance jeune et décontractée... C'est la halte idéale pour boire une bière fraîche et apprécier le coucher du soleil ou s'arrêter déguster les burgers du chef à midi. Attention, le week-end, il y a foule ! Car la terrasse se transforme en scène extérieure pour accueillir des groupes de musique...

Pour se tenir au courant sur les horaires (aléatoire !) concerts ou nouveautés du chef, rendez-vous sur leur page facebook !

Bien et pas cher

■ LA BONNE MARMITE

68 ter route du Trou-d'Eau

✆ 02 62 45 46 92 / 02 62 39 82 49

www.labonnemarmite.fr

Ouvert tous les soirs sauf le dimanche. Formule tout à volonté à 19 €.

Situé juste à côté de la plage de Trou d'Eau, à la sortie sud de La Saline, ce restaurant a pour principale formule une recette à succès : tout à volonté pour 19 €. Une bonne entrée en matière pour découvrir la cuisine locale. Ouvert il y a une dizaine d'années avec des caris créoles cuisinés au feu de bois, il propose depuis 2015 vingt plats chaque soir avec en plus cuisine chinoise, indienne, vietnamienne et des grillades de viande et de poisson.

En matière de cuisine créole, les grands classiques ont la part belle (cari poulet, rougail saucisses, etc.) mais avec un peu de chance, on peut tomber sur un cari bichique ou camarons. Côté indien et asiatique, les classiques sont aussi de mise (riz cantonnais, poulet briani...). La qualité est au rendez-vous et le goût authentique. La Bonne Marmite sert aussi des gratins, des assiettes créoles en apéritif. Bon accueil et en plus le cadre est agréable, tropical et fleuri, au son du clapotis du lagon.

■ COPACABANA
20 rue des Mouettes
✆ 02 62 24 16 31
www.copacabana-plage.com
Pas facile à trouver mais bien indiqué ; suivre les panneaux à partir du centre de la Saline les Bains.
Ouvert tous les jours à midi et le vendredi et samedi soir. De 12 à 21 € le plat. Menu enfant 10 €.
Dans les ruelles sablonneuses de la Saline, un des rares (pour ne pas dire le seul) restaurants de plage de l'île, où l'on peut manger les pieds dans le sable au bord du lagon. Une cuisine métro, ou plutôt zoréole, à base de produits locaux. Vu l'emplacement, on ne s'étonne pas que la carte soit tournée vers la mer, la simplicité et le plaisir, avec une touche provençale : tartares, carpaccios, poissons grillés, grosses salades... En journée, bar à cocktails et location de transats. Enfin, des concerts organisés de temps en temps. Bien que parfois le service laisse à désirer les jours de grande affluence, le Copacabana reste une adresse où il est bon de venir manger sous le soleil couchant.

■ LA KAZ À CRÊPES
13 route du Trou-d'Eau
✆ 02 62 55 53 26 / 06 93 40 25 58
Ouvert tous les jours matin, midi et soir. Compter entre 6 et 10 € la crêpe salée.
Un grand choix de crêpes salées et sucrées, à déguster sous une charmante varangue tout en ocre et fer forgé, ou dans la salle climatisée.
En plus de formules classiques, cette adresse inaugurée en 2010 propose un menu à 22 € comprenant 4 crêpes, pour les grandes faims !

■ LA PETITE VAGUE
70 route du Trou-d'Eau
✆ 02 62 59 79 73 / 06 92 08 16 76
www.restaurant-petite-vague.fr/
thierry.admete@gmail.com
Ouvert tous les midis. Le soir du mercredi au dimanche. Compter entre 14 et 20 € le plat. Menu à partir de 15 € le midi.
Un chouette endroit pour prendre une salade le midi les pieds dans le sable, ou déguster un copieux tartare le soir sous les étoiles. La carte, essentiellement *métro*, est courte mais variée. Et le service sympathique. Loin de l'ambiance survoltée de L'Ermitage, voici une adresse paisible et accueillante que l'on recommande vivement.

■ LA VARANGUE DU LAGON
Rue du Lagon, à côté du Lux
✆ 02 62 32 06 15 / 06 92 64 89 78
mourouguindenis@wanadoo.fr
Ouvert du mardi au jeudi de 12h à 18h. Le samedi de 12h à 14h30 et le dimanche jusqu'à 16h. Snack en continu du mardi au dimanche. Apéro-concert tous les dimanches !
Dans un cadre qui laisse forcément rêveur, vous découvrirez ici les spécialités du chef à base de poisson frais : tartare de thon, entre autres… Chaque jour, le chef vous proposera une suggestion différente. Mais aussi, une cuisine qui saura vous faire découvrir les spécialités locales.
Une adresse à découvrir.

Bonnes tables

LE CHOKA BLEU

2, route de Saint-Pierre
✆ 02 62 35 16 14
Ouvert tous les jours de 10h à minuit, sauf le mardi. Plats à la carte de 22 à 28 €, formules à partir de 42 €.
Le Choka Bleu, c'est LE restaurant que l'on s'attend à trouver sur sa route en arrivant à La Réunion. L'ancien établissement a été fermé pendant plusieurs années puis rasé pour renaître de ses cendres en 2015. Les recettes créoles, dignes d'un 4 étoiles, sont exquises, réalisées avec des ingrédients locaux et cuites au feu de bois s'il vous plaît ! Vous avez accès à volonté aux marmites selon la formule choisie ! A noter également une carte des vins très bien fournie, et un service vraiment impeccable. Mais le clou du spectacle, c'est sans aucun doute la terrasse avec vue panoramique sur l'océan et sur toute la côte de Saint-Gilles. N'oubliez pas de goûter aux cocktails, ils sont à tomber. Là, on dit « chapeau ! ».

LE SWALIBO

9 rue des Salines
✆ 02 62 24 10 97
www.swalibo.com
info@swalibo.com
Ouvert tous les jours midi et soir. Entrée entre 11 € et 16 €, plat entre 14 € et 21 €. Menu complet à 30 €.
Dans le cadre tropical et romantique de l'hôtel du même nom, sur quelques tables au bord de la piscine, le Swalibo accueille désormais la clientèle extérieure et propose, midi et soir, une cuisine métropolitaine à base de produits locaux. A noter, la possibilité d'utiliser piscine et Jaccuzi en journée ! Réservation conseillée.

Luxe

L'ORANGINE

Hôtel Lux
28 rue du Lagon
✆ 02 62 70 00 00
Ouvert de 19h30 à 21h30. Fermé mercredi et jeudi. Compter minimum 60 € à la carte.
Parmi les 4 restaurants du Lux, L'Orangine propose une cuisine raffinée digne du standing 5-étoiles de l'hôtel, à apprécier dans un cadre épuré, sobre et feutré, dominé par des tons gris minéraux : la terrasse est bordée d'un joli ruisseau tropical, lui-même entouré de verdure. Les lumières tamisées, l'éloignement des tables, la discrétion du service garantissent une intimité sans pareille. Recommandé aux amoureux !

Sports – Détente – Loisirs

Sports – Loisirs

AIR SPORTS RÉUNION

Base ULM du Trou d'Eau
✆ 06 92 61 53 61
www.airsports-reunion.com
contact@airsports-reunion.com
Vol en paraplane à partir de 65 € (18 minutes).
Mélange hybride d'ULM et de parapente, le paraplane permet des décollages sur de courtes distances et des survols de la région des plages et de la côte Ouest. Une bonne option pour ceux qui souhaitent, comme nous, survoler uniquement le lagon et contempler du ciel les petits points noirs qui surfent la superbe gauche de Saint-Leu, ou tout simplement apercevoir les tortues, raies, dauphins et autres habitants du lagon. Pendant la saison des baleines (à partir de mai), une sortie (safari) d'une heure permet de voir évoluer ces géants. A noter enfin que le paraplane, plus doux que le parapente grâce aux petites roues qui facilitent décollage et atterrissage, permet aux enfants de 4 ans, comme aux personnes de 80 ans, de voler !

AKRO-NAT

64, rue Lacaussade
✆ 06 92 32 11 99
www.akronat.com
reservations@akronat.com
55 € la demi-journée, 65 € la journée, 5 € de réduction pour les enfants. Prévoir baskets, pantalon, coupe-vent, bouteille d'eau, casse-croûte et crème solaire, l'équipe fournit baudrier, sacs, cordes, casque…
Une nouvelle activité à découvrir ! Ouvert depuis 2014 et unique dans l'île, Akro-Nat organise des rando-tyroliennes dans les ravines sèches de l'Ouest. Késako ? Les ravines en question sont Trois-Bassins et La Chaloupe Saint-Leu, ces profondes entailles dans la montagne visibles depuis la côte ou qu'on survole avec les impressionnants ponts de la route des Tamarins. Sèches, ces ravines de l'Ouest sont pourtant plus fraîches et humides que la savane environnante mais moins que les ravines de l'Est, lieu de prédilection des sports en eaux vives. Ici, l'écosystème est particulier, dans un décor géologique encaissé et érodé, ponctué de marmites basaltiques et dalles de laves creusées, et

peuplé de pailles-en-queue et papangues. Akro-Nat y organise des parcours combinant randonnée classique et tyroliennes mobiles, installées et démontées par l'équipe, qui permettent de s'envoler dans ces paysages grandioses sur des distances atteignant 70 m. Ils sont proposés à la demi-journée (700 mètres, 3 tyroliennes) ou à la journée (1 700 m, 4 tyroliennes), avec rendez-vous en bas des ravines et covoiturage pour limiter le temps d'accès. L'équipe est dynamique, issue de professionnels des travaux en hauteur, diplômée et assurée. En résumé une sortie sympa et originale, moins sportive que le canyoning mais procurant quand même de bonnes sensations. Egalement des sorties plus classiques : canyoning et tunnels de lave. Bon accueil.

■ LAGON RÉUNION

Plage de Trou d'Eau
✆ 06 92 30 74 74
www.lagon-reunion.fr
contact@lagon-reunion.fr

Ouvert tous les jours sur réservation, sauf le lundi hors vacances scolaires. Kayak transparent : à partir de 12 € la demi-heure en sortie libre, en balade organisée : 39 € adulte, 29 € enfant. Stand-up paddle à partir de 6 € la demi-heure (version classique), 8 € (vitré), balades au même prix que le kayak. Scooter : 10 € les 20 mn. GoPro : 8 €.

Vous les trouverez à la plage de Trou d'Eau, à la sortie de La Saline, ou bien à côté de l'hôtel Lux, qu'on atteint depuis le rond point du supermarché, ou encore à côté du Coco Beach à l'Ermitage. Ce prestataire, géré par une équipe jeune et dynamique, propose plusieurs activités originales, innovantes et uniques sur le lagon de l'ouest. Faites une balade en kayak transparent et explorez à travers sa surface totalement vitrée les fonds marins peu profonds, à la vie foisonnante et multicolore. Deux personnes et un enfant peuvent embarquer pour une balade autonome ou organisée, sans se mouiller mais rien n'empêche d'y plonger ! Lagon Réunion loue aussi des stand-up paddle, classiques ou équipés d'une vitre pour, là aussi, explorer le lagon tout en pagayant, librement ou en balade organisée. Autre moyen de découverte : le scooter sous-marin, un petit appareil révolutionnaire, électrique et bien sur agrémenté pour le lagon. Evidemment toutes ces aventures mériteront d'être enregistrées et partagées sur les réseaux ! L'équipe a pensé à tout : des GoPro sont proposées en location, les accessoires de fixation sont inclus. On récupère ensuite tranquillement ses fichiers en ligne. Accueil sympathique. N'oubliez pas chapeau, crème solaire et lunettes !

▶ **Autre adresse :** Lagon Réunion est aussi présent à côté de l'hôtel Lux* à La Saline et à côté du Coco Beach à l'Ermitage

Hauts de l'Ouest

Les Hauts bucoliques de l'Ouest, aux pentes plus douces que sur le reste de l'île, sont parsemés de villages plus ou moins étendus, au milieu des champs de canne, investis par ceux qui refusent la promiscuité du littoral. Plusieurs départementales sinueuses y grimpent, à quelques minutes des plages. Aujourd'hui, la route des Tamarins relie Saint-Paul à l'Etang-Salé en moins de 20 minutes, traversant tout l'Ouest à une altitude moyenne de 200 mètres. Inaugurée le 23 juin 2009, cette route spectaculaire (pas moins de 120 ouvrages d'art, dont 4 exceptionnels, parsèment les 33 km !) fait de la région un centre d'attraction majeur. De plus en plus prisés par les Réunionnais et les Zoreilles, les Hauts de l'Ouest font l'objet d'une spéculation immobilière intense et se développent à grande vitesse.

Cette région, où les habitants jouissent d'une vue imprenable sur l'océan au coucher de soleil, prête à villégiature, la nature environnante étant toujours l'occasion de belles balades, dans les ravines ou les forêts. Dans ces villages, groupés autour d'une pharmacie, d'une boutique chinoise et d'une église, le temps coule au ralenti. C'est le matin, avant que les nuages n'apparaissent, qu'ils sont les plus vivants. Les habitants des Hauts se lèvent très tôt, vers 5h, déjeunent dès 11h30. L'après-midi est chaud et court. Vers 17h, les Hauts revivent. Assis sur les parapets au bord des routes, les gens vous saluent d'un signe de la main. Employés au travail de la canne, les Tamouls ont gardé leurs traditions, notamment les marches sur le feu. Sur le bord de la route, on peut voir de nombreux autels dédiés à Saint-Expédit. A la nuit tombante, les cierges rendent l'atmosphère encore plus troublante. Plus on monte, plus l'ambiance change. A seulement quelques kilomètres de la station balnéaire, la population, l'écoulement du temps, les mentalités ne sont déjà plus les mêmes. Saint-Gilles-les-Hauts n'est pas Saint-Gilles-les-Bains. Et nous ne sommes qu'à 400 mètres d'altitude, pas loin de la route des Tamarins et des supermarchés. Les plus gros bourgs sont alignés sur la D4, à une altitude parfaite pour se passer tant du chauffage que de la climatisation.

Plus haut, vers 600-800 m d'altitude, c'est sur la route Hubert-Delisle (D3) que sont alignés des villages comme le Guillaume, la Saline-les-Hauts (à ne pas confondre avec la Saline ou avec la Saline-les-Bains !) et Trois-Bassins.

Plus haut encore, vers 1 500 m d'altitude, commencent les forêts des Hauts de l'Ouest. Malgré les incendies de 2010 et 2011, elles restent parmi les plus belles de l'île. La région est inhabitée et marque le début du parc national. Les points de vue sur la côte sont splendides, tout comme les couchers de soleil. Mais le plus beau n'est pas là.

Plus haut, on doit encore monter pour atteindre à 2 205 m d'altitude le fameux panorama du Maïdo : du haut d'une falaise de plus de 1 000 m, c'est le majestueux cirque de Mafate qui s'étend sous les pieds, avec en toile de fond le Piton des Neiges et une bonne partie

Minibus du réseau Pastel

Ils desservent les Hauts de Saint-Paul (canalisation des Orangers, Maïdo, l'Eperon, musée de Villèle, théâtre de plein air, etc.).

Renseignements à la gare routière de Saint-Paul (✆ 02 62 22 54 38) ou au bureau d'information du réseau Pastel (✆ 02 62 22 54 65). Selon la zone où l'on se rend, compter entre 1 € et 1,75 €.

▶ **A noter également, le réseau de bus Kar Ouest** qui relie le littoral, de La Possession à Saint-Leu, aux villes des Hauts de l'Ouest. Renseignements : www.karouest.re, ✆ 08 10 45 65 20.

Les immanquables des Hauts de l'Ouest

- **Visiter le musée de Villèle.**
- **Faire un tour au village artisanal de l'Éperon.**
- **Profiter du climat** plus frais que dans les Bas.
- **L'atmosphère créole** des petits villages.
- **Le point de vue du Maïdo.**
- **Les bassins propices à la baignade.**

de l'île. Pour beaucoup, l'arrivée au Maïdo sera la première occasion de découvrir l'intérieur de l'île, et non plus seulement les côtes, grâce à l'un des points de vue les plus beaux de la Réunion. Et probablement le plus beau de ceux accessibles en voiture ! Et figurant parmi les sites les plus visités des touristes car le panorama récompenset largement les 60 minutes de virages depuis la côte !
Plus haut, toujours plus haut, on peut toujours monter mais il faudra laisser la voiture. Le massif des Bénares, qui signifie « froid » en malgache, culmine à 2 898 mètres d'altitude et offre plusieurs possibilités de randonnées. L'univers est ici, comme son nom malgache le suggère, froid et minéral, et comme les sentiers sont caillouteux, la randonnée ne s'improvise pas. La récompense, qui se gagne à la force des mollets, est aussi au rendez-vous : le sommet du Grand Bénare est l'un des plus majestueux panoramas de l'île, surnommé « le petit frère » du Piton des Neiges. A 360°, il s'étend sur Mafate, Cilaos et toute la moitié Ouest de l'île. Consultez le cahier Randonnées pour plus de détails.
Cette rubrique couvre les Hauts de l'Ouest depuis Bois-de-Nèfles Saint-Paul jusqu'au village de Trois-Bassins, que nous vous proposons de parcourir en totalité ou en partie. Le parcours complet commence par la D4 au niveau de la sortie Savannah puis la direction de la Plaine. Sinon, l'accès à cette région se fait par plusieurs départementales depuis la côte ou depuis la route des Tamarins.
Plusieurs trajets sont possibles, suivant le nombre de virages que vous êtes préparé à négocier. Le trajet complet par la route Hubert-Delisle D4 vous prendra 1 heure 30, jusqu'à 3 heures si le vous prolongez après Trois-Bassins (voir Hauts de Saint-Leu), jusqu'aux Avirons. Les virages sont aussi nombreux que les points de vue, les ravines fraîches et les Saint-Expedit. La D3 traverse des quartiers plus urbanisés, mais offrira aussi plus d'activités, gîtes et restaurants. Elle sera également moins sinueuse et permettra une excursion moins lointaine depuis la côte. La RF8 ou Route du Maïdo vous mènera au Maïdo en 1 heure, donc la même durée pour en revenir, et surtout beaucoup de virages et de dénivelé. Enfin, la RF9, étroite et sinueuse, suit la côte à une altitude de 1 500 m, et sera l'occasion d'une balade en pleine forêt.

BOIS-DE-NÈFLES

Premier village du circuit des Hauts que nous vous proposons, Bois de Nèfles Saint-Paul a pour principal atout une vue incomparable sur la plaine saint-pauloise. C'est une vaste zone résidentielle, plus étendue que Saint-Paul elle-même, et dont la majorité des habitants travaillent à Saint-Denis ou au Port. Nous y avons inclus les villages de La Plaine, Bois de Nèfles, et Sans-Souci qui permet d'accéder facilement au cirque de Mafate.

Se loger

■ **LE BANGALODGE**
176 chemin combavas
✆ 06 92 66 26 03
steph.dalleau974@gmail.com
90 € la nuit pour 2 personnes (petit déjeuner inclus).
Cet écolodge de charme tient son nom au « Banga », une cabane mahoraise. Il devrait plaire aux plus écolos d'entre vous ! Le tout confort caché au fond d'une végétation luxuriante, avec une cuisine extérieure au feu de bois, des toilettes sèches et un chauffe-eau solaire dans une douche à l'italienne pour un dépaysement total. Ce petit chalet en bois est à la fois chaleureux, confortable et respectueux de l'environnemen. Vous découvrirez aussi l'univers de Stéphanie, la propriétaire, dessinatrice pour enfants et experte du monde des oiseaux. Amoureux de la faune et de la flore, foncez !

■ **LA CAZ DES ORANGERS**
24 impasse Cernot
Sans-Souci-les-Hauts
✆ 02 62 44 50 32 / 06 92 08 23 12
www.lacazdesorangers.com
cazdesorangers@wanadoo.fr
Chambre avec sanitaires communs 35,90 € pour 2 personnes, 16 € par personne supplémentaire (4 max). Avec sanitaires privés 49,90 € pour 2, 20 € par personne supplémentaire. Tarif dégressif au-delà de 3 jours. Studio à partir de 55 € la nuit pour 2. Petit déjeuner inclus. Demi-pension 10 à 13 €.
Au village de Sans-Souci-les-Hauts (accéder par le Grand-Pourpier ou Cambaie), une grande maison idéalement située pour accéder à Mafate par le sentier de la canalisation des Orangers, tout proche. On peut y laisser ses affaires pendant une randonnée ainsi que sa voiture (même si vous n'y dormez pas). Plusieurs chambres et un studio spacieux, avec ou sans salle de bains, et vue sur la mer ou la montagne. Également un joli petit studio avec cuisine, wifi, TV et vue sur la côte. On partage un salon avec réfrigérateur et TV. L'ensemble est propre, correctement équipé, pour des tarifs imbattables ! Très bon accueil. Parking gardé, gratuit pour les résidents, pour les autres : 10 € la nuit, 2 € la journée.

■ **LES GÉRANIUMS**
150, chemin des Barrières
Bel-Air
✆ 02 62 44 28 11 / 06 92 52 31 91
Chambre double à 40 €, petit déjeuner compris. Repas à partir de 23 €.
Quatre chambres doubles situées à l'étage de la ferme auberge de Mme Natacha Lauret, à 800 m d'altitude d'où vous pourrez admirer la magnifique vue sur Saint-Paul. Salle de bains privée, TV dans une salle commune.

■ **LE RUISSEAU**
220 chemin des barrières
✆ 06 93 90 20 29 / 0262 44 21 09
http://leruisseau974.re
sarl-le-ruisseau974@hotmail.fr
70 € la nuit. Possibilité d'accueillir jusqu'à 7 personnes.
Situées à quelques kilomètres du Maido et de Petite France, ces chambres d'hôtes sont l'endroit idéal pour prendre un bon bol d'air frais dans les Hauts (à 700 mètres d'altitude). Avec une vue magnifique sur le lagon, les trois chambres avec lit double sont propres et lumineuses, toutes situées à l'étage de la maison des propriétaires. Ces derniers vous accueilleront chaleureusement autour d'un verre, et peuvent mettre l'ambiance au son du séga la nuit tombée. A disposition gratuitement, des vélos pour se balader dans les petits chemins de Bois-de-Nèfles. Possibilité de faire table d'hôtes.

Se restaurer

■ **FERME DU BEL AIR**
209 chemin des barrières
✆ 02 62 33 72 66 / 06 92 29 78 88
fermedubelair.reunion.fr/
fermedubelair@gmail.com
Repas complet 30 € par personne.
De la ferme à l'assiette.... Les caris poulets, rillettes de canard et achards de légumes proviennent directement de la production agricole des propriétaires, Marie-Andrée et Pierre. Aucune transformation du produit, vous goûterez ici une véritable cuisine créole ! Sur place, n'hésitez pas à visiter la ferme et à repartir avec quelques confits de canards et autres plats cuisinés en bocaux.

À voir – À faire

■ **LA CANALISATION DES ORANGERS**
Randonnée, long (12 km), facile.
Voici une superbe porte d'entrée pour le cirque de Mafate. Relativement facile (parce que plate), mais néanmoins longue, la canalisation des Orangers au départ de Sans-Soucis dans les Hauts de Saint-Paul offre un magnifique panorama.

SAINT-GILLES-LES-HAUTS

L'histoire de ce grand village des Hauts est intimement liée à celle des Panon Desbassayns. Cette grande famille de planteurs du XIXe siècle possédait des terres qui s'étendaient de Saint-Gilles-les-Hauts à Saint-Gilles-les-Bains. Aujourd'hui, le domaine Desbassayns reste la principale attraction de cette localité, qui peut également constituer un lieu de séjour agréable. Le musée de Villèle qui s'y trouve raconte son histoire, on peut aussi jeter un œil à la chapelle Pointue. Saint-Gilles-les-Hauts possède également un des trois parcours de golf de l'île : le golf du Bassin Bleu. Le bourg est environné de villages quasiment éponymes de ceux des Bas et qui grossissent tellement vite qu'on se demande si, eux aussi, ne vont pas bientôt fusionner en une urbanisation continue. L'Ermitage et La Saline restent relativement ruraux. L'Eperon vaudra le détour pour son marché artisanal. Fleurimont, Plateau-Caillou et Bellemène sont en surplomb de la plaine saint-pauloise. Plus haut, on trouvera Le Bernica, Tan Rouge et Bras-Canot.

Se loger

Locations

L'OISEAU DE PARADIS

44 rue Joseph Hubert
✆ 02 62 42 92 40 / 06 92 02 52 26
loiseaudeparadis.re
loiseaudeparadis@hotmail.fr
Ouvert toute l'année. Tarifs : 480 € la semaine le meublé et 280 € le studio, tarif dégressif selon durée. Option ménage : 40 €. Piscine. Cuisine équipée. 1 chambre à l'étage (lit 2 places). Salle d'eau avec WC. Lave-linge. Accès internet gratuit. Terrasse. Barbecue. Linge de maison changé une fois par semaine.
Situé à 10 minutes de la plage et en plein cœur du village, L'oiseau de Paradis propose à la location un meublé ou un studio tout équipé. Le premier peut contenir jusqu'à 4 personnes réparties dans 2 chambres avec un lit 2 places chacun, et toutes commodités avec accès direct à la piscine. Le second pourra accueillir 4 personnes grâce au clic-clac dans le salon.

Bien et pas cher

LE CAILLOU BLANC

20, rue des Merles
Plateau-Caillou
✆ 02 62 55 71 55 / 06 92 87 51 02
www.cailloublanc.com
Chambre pour 1 ou 2 personnes à 36 € la nuit, pour 2 ou 3 personnes à 40 € la nuit. En appartements (3 nuits minimum) 42 € la nuit pour 2 ou 3 personnes, 45 € la nuit pour 4 ou 5 personnes en duplex. Tarifs dégressifs à la durée. Petit déjeuner 6 €. wi-fi gratuit pour les courts séjours, sinon 15 € par mois.
Dans une grande maison blanche avec vue plongeante sur le littoral, plusieurs chambres et appartements avec une ambiance de guesthouse. Malgré une décoration assez datée, l'ensemble est simple et propre. L'établissement a été repris en 2014 par un couple qui rénove progressivement. Les chambres partagent deux salles de bains communes, une cuisine bien équipée, une vaste terrasse avec barbecue et un beau salon en bambou avec TV. Les studios possèdent chacun leur salle de bains individuelle, une kitchenette, la télévision et, pour l'un d'entre eux, la climatisation. Chaque logement capte le wi-fi et s'ouvre sur une terrasse appréciable pour la fraîcheur du soir et les rencontres. Véritable petit déjeuner avec pain frais, jus de fruits, boissons chaudes à volonté, viennoiseries et confitures du pays. Parking, laverie, transferts possibles.

L'AUBERGE DU PAVÉ

164 ter chemin Pavé-Lougnon, Bellemène
✆ 02 62 71 92 98 / 06 92 00 62 72
www.aubergedupave.fr
laubergedupave@orange.fr
Comptez 280 € à 330 € la semaine en location meublée suivant l'appartement et le nombre de personnes (de 2 à 7). Chambre d'hôtes à 59 € la nuit pour 2 personnes, avec petit déjeuner, minimum 2 nuits, dégressif au-delà de 7 jours. Lit supplémentaire 25 €. Demi-pension 20 €, réservation 24h à l'avance.
A 240 m d'altitude, à Bellemène Saint-Paul, l'Auberge du Pavé déploie une magnifique vue panoramique sur la plaine Saint-Pauloise. Cet établissement tenu par la dynamique et disponible Marie-Claude propose des meublés et des chambres d'hôtes répartis dans plusieurs bâtiments ainsi que des repas à la clientèle résidente ou extérieure : cuisine créole à base de produits de la ferme, canard, lapin, poulet « la cour ». Les chambres d'hôtes disposent d'une salle de bains privative et d'un réfrigérateur. Côté meublés, deux T1 dans l'auberge et un T2 et un T3 dans une maison, ils possèdent une cuisine équipée, la télévision, le wi-fi, et partagent une petite piscine. Plusieurs balades alentour sont possibles par le sentier Chemin Pavé Lougnon : le Tour des Roches, le Bassin Vital... Accueil sympathique et authentique !

CHEZ PÉPETTE ET MARCEL GÎTE ET CHAMBRES D'HÔTES

12 chemin Levèque
✆ 02 62 33 51 34
www.creole.org/gite/peltier
pepette.marcel@wanadoo.fr
A la sortie du village de La Saline, direction Trois-Bassins, au bout du chemin face à la pharmacie.
Gîte pour 2 personnes 40 € et pour 4 personnes 60 €, 10 € par personne supplémentaire. Chambre d'hôtes 30 €, pas de petit déjeuner.
Dans une propriété familiale au jardin verdoyant, autour d'une grande piscine, M. Peltier et son épouse, deux mètres bons vivants, proposent trois chambres spacieuses (les deux de l'étage, blotties sous les toits, sont particulièrement douillettes), avec salle de bains individuelle. Fait rare, il y a une immense cuisine commune pour les convives, très bien équipée, puisque chaque chambre possède son propre réfrigérateur et sa cafetière. Lave-linge à disposition.

OUEST

Dans les annexes, des gîtes pour 2 et pour 4 personnes sont également à louer. Four, congélateur, lave-linge, micro-ondes, terrasse, barbecue, télévision, canapé en cuir : rien ne manque, c'est tout propre, on s'y sent comme chez soi. Les gîtes pour 2 personnes ont un salon-cuisine, une salle de bains et une chambre. Ceux pour 4 personnes disposent de 2 chambres avec salle de bains, un grand salon-salle à manger, et une vaste terrasse. Le propriétaire loue aussi des véhicules et organise des sorties de pêche au gros. Accès wi-fi dans la maison des hôtes.

Confort ou charme

CÔTÉ CANNELLE

63 route de Fatima
Le Bernica
✆ 06 92 54 42 32 / 02 62 19 98 00
www.cotecannelle.fr
cotecannelle@hotmail.com

89 € en chambre double avec petit déjeuner le week-end, 79 € en semaine (2 nuits minimum), 69 € sur la base d'une semaine. 179 € le forfait week-end avec accès au spa. Dîner avec apéritif, entrée, plat, dessert et rhum arrangé à 35 €. Location de bungalows de 420 € à 490 € la semaine pour 2 à 3 personnes suivant la saison, de 560 € à 630 € pour 2 à 6 personnes.

A 400 m d'altitude, proche du golf de Bassin bleu, des chambres d'hôtes de charme avec vue sur les champs de canne et la mer, et des locations à l'arrière. Patrick et Christine vous réservent un accueil chaleureux dans leur propriété et à leur table d'hôtes. 5 chambres neuves, charmantes et très confortables, dignes d'un hôtel : literie en 160 cm, mobilier élégant, salle de bains moderne avec douche à l'italienne. Le rapport qualité-prix est très bon, c'est une des meilleures options de la région. Réparties sur deux niveaux, chacune s'ouvre sur une terrasse, en enfilade à l'étage. Inclus, l'accès à l'espace détente qui, avec l'accueil, vaut presque le séjour à lui seul ! Ce bel espace semi-ouvert et fleuri mêle bois et pierres naturelles et comprend deux spas, dont un à l'air libre, jouxtant une piscine avec nage à contre-courant. En supplément, un espace hammam tout aussi élégant, où l'on se régénère enveloppé des fragrances d'huiles essentielles du Maïdo… Christine, qui est massothérapeute, propose des soins bien-être dès 40 € les 45 minutes dans un douillet espace dédié. Côté table, cuisine créole fusion personnalisée, dans une grande salle boisée (pas tous les soirs cependant, mais plusieurs restaurants sont à proximité). Enfin côté locations, bungalows et villas logent 2 à 8 personnes. Décoration tropicale et moderne toujours de bon goût, cuisine équipée, TV, wifi et une terrasse agréable couverte. L'espace détente n'est pas inclus, mais proposé en supplément.

Luxe

VILLA MAÏDO

18 rue l'Île-Rousse
Hameau Corbara, Plateau-Caillou
www.villa-maido.com
contact@villa-maido.com

175 € la nuit en chambre, 200 € en suite.

Notre coup de cœur ! Voici sans doute les meilleures chambres d'hôtes de l'Ouest, parmi les plus confortables de l'île. A 300 mètres d'altitude et 2 mn de la 4 voies, dans un lotissement cossu de Plateau-Caillou, cette belle villa embrasse un superbe panorama sur la plaine Saint-Pauloise et l'océan, sur une vaste propriété bordant la ravine Bernica. Devant ce spectacle magique renouvelé chaque soir, la Villa Maïdo déploie ses invitations au farniente : canapés moelleux sous ses élégantes varangues, piscine chauffée avec solarium panoramique, jacuzzi à débordement, coin détente avec vue sur la ravine et une pelouse taillée au millimètre dans un jardin verdoyant. L'endroit est magnifique et extrêmement calme. Maryse et Guillaume vous accueillent dans leur grande maison contemporaine, à l'architecture originale, décorée sur le thème de Picasso : le chic et le charme réunis. Les amateurs d'art apprécieront, cette belle villa étant d'ailleurs le cadre de tournage d'une série télé sur la Réunion. 4 chambres dont le standing à l'avenant est comparable aux meilleurs hôtels de l'île : lit en 180 cm, TV (Canal+), wifi, belles salles de bains avec douches à l'italienne. Une est à l'étage, trois en rez-de-jardin avec une terrasse intime et privée dont la suite, avec la plus belle vue et une salle de bains extérieure en plus. Les résidents profitent aussi d'une salle de fitness et des services de bien-être ou esthétique. En résumé, une très belle adresse à découvrir d'urgence !

Se restaurer

Profitez des hauteurs de la côte Ouest pour goûter aux spécialités locales. De nombreuses tables d'hôtes sont à découvrir dans la région. Également quelques restaurants.

Bien et pas cher

■ MACARONI

11 chemin des Roses
Villèle
✆ 02 62 59 64 32 / 06 93 00 45 62
Ouvert du lundi au samedi midi et soir. Comptez entre 12 € et 16 € le plat.

Voilà un petit endroit situé dans la fraîcheur des Hauts, très pratique pour dîner à l'extérieur une chaude soirée d'été. Plusieurs suggestions du chef sont proposées tous les soirs, certainement à privilégier face aux (trop ?) nombreux plats à la carte. Trilogie de thon, poisson grillé, tartare de bœuf... Il y a de tout et pour tous les goûts sans oublier les spécialités italiennes. Quant au décor, attendez-vous à un mélange des genres plutôt... original ! Enfin, pour les plus pressés, optez pour le Macaroni Express, le snack situé à l'entrée pour prendre à emporter.

■ WEST ART CAFÉ

36 rue Fond-Générèse
L'Éperon
✆ 02 62 55 84 43 / 06 92 37 93 44
lewestartcafe@sfr.fr
Ouvert le midi uniquement, du mardi au dimanche de 8h30 à 18h30. Les prix sont très abordables : entre 10 et 15 € et les desserts vont de 5 à 7 €.

Le West Art Café propose des salades composées, des tartes salées, des entrecôtes, du confit, des andouillettes, bref une carte brasserie classique, succincte et délicieuse. Côte boutique, des reproductions d'aquarelles, des paniers, des lampes, des bijoux, des jupes... Concert une fois par mois. Une adresse fort sympathique !

Bonnes tables

■ L'AUBERGE GOURMANDE

120, chemin Crescence
Tan Rouge
✆ 02 62 32 78 20 / 06 92 56 19 11
Ouvert du mercredi au samedi midi et soir et le dimanche midi. Compter de 13 à 25 € le plat. Plat enfant 8 €.

Une table des Hauts (bien haut !) de bonne réputation, tenue par un des rares Maîtres Restaurateurs de l'île. Ouverte depuis 1998, l'Auberge Gourmande a déménagé, puis fermé, avant de rouvrir en 2013 à son emplacement d'origine : un ensemble de plusieurs belles salles, terrasses couvertes, kiosques et tables en extérieur dans un beau jardin fleuri et verdoyant, avec vue panoramique sur la côte Ouest. Ici, le terroir et l'authenticité sont à l'honneur, avec une carte mêlant habilement cuisine créole au feu de bois et gastronomie métropolitaine aux accents sudistes. Où trouver ailleurs qu'ici une cassolette de lentilles de Cilaos au jarret de porc, un civet de sanglier à l'ancienne ou des cuisses de grenouilles en persillade ? A la carte ou en suggestion, de la terre ou de l'océan, tout est frais et travaillé par un vrai passionné de la bonne chère, y compris les desserts. A découvrir seul, à deux, à quinze ou pour un événement (baptême, mariage...).

■ CLUB HOUSE DU GOLF DE BASSIN BLEU

75 rue Mahatma-Gandhi
Villèle
✆ 02 62 70 03 00 – www.bassinbleu.fr
golf@bassinbleu.fr
Ouvert tous les midis.

L'élégant cadre du 18-trous : idéal pour un déjeuner raffiné et savoureux, avec vue panoramique sur le tout Saint-Gilles. Salades généreuses, grillades et quelques délectables concoctions exotiques entre 12 et 20 €. Des suggestions originales chaque semaine.

■ LA KRÊPE RIT

L'Eperon
✆ 0 62 44 35 98 / 06 92 86 31 72 /
02 62 44 35 98
Au bout de la place, vers le Bassin Bleu.
Du lundi au samedi de 11h à 14h30. Le vendredi et samedi soir de 19h à 22h

Une crêperie au village artisanal de l'Eperon ? Oui, et une plutôt bonne. Le cadre est très joli, la crêpe croustillante, et l'accueil chaleureux. A noter également des expos régulières, et un vernissage mensuel.

■ **TABLE PAYSANNE D'AGNI**
33 rue Romely
Route Hubert-Delisle
✆ 06 92 36 86 90
http://agni-fermepaysanne.wifeo.com/
fermeagni@live.fr
Organisation sur demande de repas à thème : communions, baptêmes, anniversaires.
Sur les hauts de la Saline, la Table Paysanne Agni propose des repas issus d'un métissage culinaire concoctés avec des produits frais et locaux. La Table Agni propose sa grande spécialité : le *bryani*. Tout cela dans une ambiance musicale (sono ou orchestre) et karaoké pour tous les goûts ! A un tarif compétitif de 28 € par personne (menu complet de l'apéritif au dessert en passant par les boissons). Les petits plus : wifi gratuit, accès handicapé et parking.

À voir – À faire

■ **MUSÉE DE VILLÈLE**
Domaine Panon-Desbassayns
Villèle
✆ 02 62 55 64 10
www.cg974.fr
musee.villele@cg974.fr
A Saint-Paul, prendre la direction Saint-Gilles-les-Hauts, CD6, (fléché en orange). En bus, prendre la ligne C de Saint-Paul.
Ouvert du mardi au dimanche, de 9h30 à 17h30 (fermé entre 12h30 et 13h30). Entrée 2 €, 1€ pour les seniors, gratuit pour les scolaires et les moins de 18 ans. Visites guidées de 45 minutes, toutes les demi-heures.
Il était une fois, au XIXe siècle, la famille Desbassayns… des planteurs qui faisaient travailler un peu plus de 400 esclaves. Cette famille illustre, qui construisit sur son domaine à Villèle une usine à sucre en 1827, contribua au développement économique de l'île, notamment sous la poigne d'une femme de grande envergure, Mme Desbassayns, qui mourut le 4 février 1846, à l'âge de 90 ans (un véritable record pour l'époque). A travers la présentation des trésors de cette sublime case créole, acquis grâce au travail harassant des esclaves, vous découvrirez surtout une période sombre de l'histoire des colonies en général et de La Réunion en particulier. L'esclavage et la traite négrière sont au cœur de cette visite passionnante, qui ne laisse pas le visiteur indifférent.

■ **VILLAGE ARTISANAL DE L'ÉPERON**
Le village artisanal de l'Éperon sera bien décevant pour ceux qui imaginent pouvoir regarder travailler de petits artisans et rafler des paquets de souvenirs pour une bouchée de pain. Peu d'artistes travaillent en effet sur place, et les produits sont très chers. Coût de la vie oblige ! L'Association pour la promotion du site de l'Éperon a toutefois le grand mérite d'avoir recréé un beau village sur cette ancienne friche industrielle, héritière d'une usine de canne à sucre abandonnée depuis 1935. Depuis 1980, une dizaine d'artisans y exposent leurs travaux (poteries, peintures sur tissu, confitures, sculptures, paréos…) ou vendent des produits importés.
La visite demeure tout de même digne d'intérêt pour l'originalité de certaines créations, et la variété du choix. Le village vaut en lui-même le détour, notamment pour les ruines de son usine, ses anciens *bains bœufs*, ses cases centenaires ou les vestiges de son ancienne discothèque qui accueillait il y a peu un cinéma drive-in (!). L'Association organise aussi chaque année un marché de Noël, une fête artisanale et une fête de la musique réunionnaise. Les boutiques sont fermées le dimanche et à l'heure du déjeuner.

Sports – Détente – Loisirs

Sports – Loisirs

■ **ADVENTURE QUAD**
La Saline-les-Hauts
✆ 06 92 60 55 60 / 0692 52 12 14
www.adventure-quad.re
adventurequad@orange.fr
A partir de 16 ans avec permis A1 ou 18 ans avec permis B. Sorties du lundi au samedi à 9h ou 14h sur réservation minimum 2 jours à l'avance. 90 € la randonnée de 2 heures comme pilote, 50 € comme passager (à partir de 8 ans). Respectivement 130 € et 60 € pour 3 heures, 150 € et 70 € pour 4 heures, avec repas en option à 25 €. Rando Péi : 200 € et 110 € pour 5 à 6 heures de parcours, repas inclus. Caution : 300 €. Prévoir pantalon et chaussures fermées.
Au départ de la Saline-les-Hauts, venez explorer les hauts de l'ouest en quad ! Avec ses paysages variés et son climat agréable toute l'année, La Réunion se prête particulièrement aux balades en quad. Ce prestataire vous emmènera à travers forêts et champs de cannes sur plusieurs parcours allant jusqu'à la route Hubert-Delisle (D3), encadré par des moniteurs diplômés. Bien étudiés, ils alternent points de vue splendides, sensations

fortes et paysages champêtres. La sortie à la journée (pour les groupes uniquement) inclut un repas à la ferme, habituellement un cari de sanglier au feu de bois. Adventure Quad organise aussi des sorties pour les enfants, vend des quads neufs et d'occasion et loue des motos. Accueil sympathique.

■ GOLF DU BASSIN BLEU

75 rue Mahatma-Gandhi
Villèle
✆ 02 62 70 03 00
www.bassinbleu.fr
golf@bassinbleu.fr
Ouvert tous les jours de 7h à 19h30. 35 € les 9 trous, 60 € les 18 trous. Juniors 30 €.
Situé à 400 m d'altitude, le golf du Bassin Bleu Country Club est un majestueux complexe de 56 hectares, qui dessine un beau trait d'union entre plage et montagne… Sa vue est sublime, son climat idéal, grâce à une protection naturelle de mi-altitude contre les alizés. Un parcours de 18-trous, assez technique et naturellement vallonné, dont les 9 premiers dominent l'océan Indien et les 9 derniers ponctuent une forêt d'eucalyptus. Practice de 18 postes dont 6 couverts, putting green, bunkers d'entraînement.

Shopping

■ AUX SOURCES DES DRAGONS

100, chemin Cryptomériac
Route Hubert Delisle
✆ 02 62 32 79 07 / 06 92 67 06 65
tsang.hen@voila.fr
Chambre d'hôtes, Aux Sources des dragons fait partie du réseau « La Route des caféiers ». Le sémillant Henry Yew-Shing, propriétaire des lieux, vous accueille en altitude, sur les terres où il cultive le Bourbon pointu. Pour s'y rendre, allez au Guillaume Saint-Paul. Une fois à la station-essence, empruntez la D3 en direction de Trois-Bassins. Continuez sur 6,7 km, puis prenez à gauche sur le chemin Cryptomérias, le numéro 100 est sur la droite après les serres.

LE GUILLAUME

A 800 mètres d'altitude, on arrive rapidement à ce gros village qui vit surtout de la culture de la canne mais dont les habitants pratiquent aussi bien d'autres métiers : distillateurs de jus de géranium, cultivateurs de tabac, ou bien, plus rarement, fabricants de bardeaux (ces tuiles de bois de tamarin qui recouvrent les murs des cases créoles traditionnelles). Du Guillaume aux pentes du Maïdo, les planteurs de géranium sont moins nombreux : leurs champs alternent avec les acacias, dont le bois sert à entretenir le foyer des alambics.

LA PETITE-FRANCE

La nouvelle route du géranium est celle du Maïdo, qui monte en lacets de plus en plus serrés au-dessus du Guillaume. Peu à peu, les champs cèdent la place à la forêt. On croise des vaches qui ruminent librement sur la chaussée ou quelques *gramounes* qui tuent le temps en regardant défiler les voitures, le chapeau vissé sur la tête. Avant d'arriver au belvédère du Maïdo, sur cette même RF8, vous traverserez le hameau de La Petite-France, qui évoque un village savoyard ou suisse. Il y a 100 ans, le climat y était, paraît-il, semblable à celui de la France : frais et humide. D'ailleurs, c'est souvent encore le cas ! Habité par de nombreux Mafatais ayant quitté leur cirque, c'est l'un des derniers bastions (il y en a aussi dans le Sud) du géranium rosat que l'on cultive à partir de 600 m et jusqu'à 1 400 m d'altitude.

Se loger

■ GITE DOMINIQUE ET ROSE MAGDELEINE

13 chemin de l'Ecole
✆ 02 62 32 53 50 / 06 92 75 15 39
dominique.magdeleine@only.fr
Compter 40 € la chambre double, petit déjeuner inclus.21 € le dîner en table d'hôtes. Le gîte pour 4 personnes, 336 € la semaine. Itinéraire : Saint-Paul, puis prendre direction Plateau Caillou/le Bernica/le Guillaume/Route du Maïdo.

OUEST

A 15 km du Maïdo, dans une grande case blanche très bien entretenue, 4 chambres doubles spacieuses avec salle de bains privée, à côté de la maison des propriétaires. On se prélasse volontiers dans le vaste salon commun, ou bien dans un siège blanc en rotin sous la belle varangue. Le gîte, installé dans une case totalement indépendante et tout aussi confortable, dispose de deux chambres, d'un lave-linge, d'une cuisine équipée et d'un joli salon agrémenté de fauteuils créoles en bois de tamarin. Sans oublier la table d'hôte de Dominique, le propriétaire, pour apprécier d'excellents caris !

Se restaurer

■ CHEZ BAZOU

304 route du Maïdo
✆ 06 92 81 32 83 / 06 92 41 08 92
Cuisine créole. Ouvert tous les midis – le soir sur réservation.
Monsieur et Madame Bazou vous accueillent chaleureusement dans leur restaurant créole aux couleurs locales. Ici, découverte des plats d'antan : caris traditionnels accompagnés de brèdes chouchou, de grains et de riz. Cuisine au feu de bois, même les gâteaux péi avec une petite spécialité : les beignets au géraniums. Le rougail saucisses est à ne pas manquer : c'est l'un des meilleurs de l'île !

■ CHEZ DOUDOU

394 route du Maïdo
✆ 02 62 32 55 87 / 06 92 70 00 39
Ouvert le midi uniquement. Fermé le lundi et le mercredi, et le mois de juin complet. Comptez environ 20 € la formule buffet avec entrée, plats à volonté et dessert.
Niché dans les hauts brumeux de l'Ouest, à une dizaine de minutes du Maïdo, ce restaurant créole mythique est tenu, depuis 1994, par le fameux Doudou, véritable virtuose de la gastronomie réunionnaise. Après avoir écumé les cuisines métropolitaines pendant de nombreuses années, où il s'est formé à l'art du fourneau, il a élu domicile à La Petite-France, où il élève coqs, pintades, lapins, cultive des légumes rares de La Réunion *lontan* (d'antan) et boucane lui-même ses viandes fumées. Rougail morue, cari pied de porc, canard massalé, chou de canne, baba-figue, calumet : autant de recettes et de produits traditionnels qui se bousculent pour venir mijoter au feu de bois dans les grandes marmites de Doudou. Passionné par son île, il se fera en outre un plaisir de vous transmettre les saveurs (en quantités très généreuses !) et les tréfonds de la cuisine locale, et regorge de conseils pour vous faire découvrir le coin. Une adresse succulente, au décor simple et rustique, aussi réputée auprès des Créoles que des touristes. Témoignage de la passion de Doudou pour l'art culinaire réunionnais, ce dernier vous propose des cours de cuisine tous les vendredis sur réservation. A découvrir absolument.

■ RELAIS DU MAÏDO

1500 route du Maïdo
✆ 02 62 32 40 32 / 06 92 86 51 65
www.lugereunion.fr
jm.delgard@wanadoo.fr
Cuisine créole traditionnelle. Ouvert tous les jours pendant les vacances scolaires, fermé le lundi et le mardi hors vacances scolaires. Plat du jour, entre 10 € et 13 €. Buffet le dimanche à 16 €.
Un restaurant traditionnel saveur péi, dans un cadre chaleureux en bois. À la carte, de nombreux plats traditionnels réunionnais ainsi que des plats à base de géranium : punch coco géranium, poulet sauce géranium, gâteau patate au géranium. Parmi les spécialités du chef : on vous recommande le porc à la vanille. Un délice ! Petit plus : le snack-bar est ouvert de 9h30 à 17h30.

À voir – À faire

■ DISTILLERIE DU MAÏDO ET MAISON DU RHUM ARRANGÉ

La Petite-France
700 La Petite Savoie – Route du Maïdo
✆ 02 62 32 56 97
www.ladistilleriedumaido.com
distilleriedumaido@wanadoo.fr
Ouvert du lundi au samedi de 8h à 18h.
A 1 600 m d'altitude, une boutique d'huiles essentielles avec un choix phénoménal : huiles essentielles de géranium rosat, eucalyptus, camphre, noix de muscade, vétiver, bois de rose, marjolaine... Des remèdes de toutes sortes, pour soulager les tendinites, lutter contre la dépression, et même pour arrêter de fumer !

■ LA MAISON DU GÉRANIUM

1400 route du Maïdo
✆ 06 92 82 15 00 / 06 92 61 23 01
maisongeranium@orange.fr
Ouvert tous les jours de 8h à 16h environ (horaires variables). Visite de la distillerie et dégustation : tous les jours à 10h et à 11h30, tarif adulte 4 €, enfant 2,50 €. Visite libre dans l'après-midi.

Une petite distillerie champêtre, tenue par un couple sympathique. Monsieur vous explique le procédé d'extraction de l'essence du géranium, du cryptomeria ou de l'eucalyptus... tout dépend du jour et de ce qui mijote sur le feu du grand alambic haletant, condamné à suer à grosses gouttes d'essences naturelles dans le fond du jardin. Car ici, vous avez droit à une véritable démonstration en temps réel, suivie, si vous le souhaitez, d'une petite collation (sandwichs, bouchons, salades, tartes et gâteaux péi) à l'ombre d'une paillotte. Pendant ce temps, Madame vous accueille dans la boutique de souvenirs, gorgée d'huiles et de sérums essentiels de toutes sortes, issus de l'exploitation. Une étape que l'on recommande chaudement.

Sports – Détente – Loisirs

LA FORÊT DE L'AVENTURE

Route du Maïdo
Forêt de cryptomerias
✆ 06 92 30 01 54 / 02 62 24 36 65
foretaventuremaido@yahoo.fr

Parcours ludique et familial avec 41 activités sur 8 sites. Ouvert tous les jours pendant les vacances de 9h à 17h30 ; hors vacances, sur réservation uniquement et fermé le lundi, mardi et le jeudi. Entrée 20 € adulte, 15 € enfant à partir de 5 ans (dégressif pour les groupes). Taille minimale requise : 1,40 m. Durée minimale : 2h. Itinéraire : Saint-Paul, puis le Guillaume et suivre la direction du Maïdo. Passer le village de Petite France, au panneau de fin de village prendre la première à gauche vers la forêt de cryptomérias. Le parcours acrobatique se trouve sur la gauche.

Située à 1 300 m d'altitude, la Forêt de l'Aventure permet de crapahuter d'arbre en arbre dans la forêt du Maïdo, grâce à des tyroliennes, cordes, lianes... On peut se déplacer sur plusieurs kilomètres sans poser le pied à terre. Environ 2h30 d'évasion garantie sur 3 ha et 8 sites. Pas vraiment de gros frisson, dommage ! Mais quelques bonnes sensations quand même, et un parcours marmailles sympa.

Depuis le passage du cyclone Gamède qui a ravagé le superbe parcours de la Plaine des Palmistes, il ne reste plus qu'une activité de ce type sur l'île.

LE RELAIS DU MAÏDO

Maïdo 1500 - Route du Maïdo
✆ 02 62 32 40 32
www.lugereunion.fr

Ouvert tous les jours sauf le lundi de 9h30 à 17h30 (7j/7 lors des vacances scolaires). Compter 3 € pour la luge, 5 € pour le tir à l'arc, à partir de 10 € le quad, 5 € le tour en poney, 2 € la séance de bateau téléguidé. Snack à partir de 10 € ; buffet à 17 € le dimanche.

A 1 500 m d'altitude, le relais du Maïdo offre une variété d'activités à bas prix : promenades à poney dans la forêt environnante, parcours de tir à l'arc, courses de bateaux téléguidés pour les marmailles au volant d'une grande console surplombant le bassin du parc, et même une piste de luge qui dévale 450 m à travers un jardin d'hortensias (peu importe l'âge, tout le monde en redemande) ! Egalement un snack-bar et une boutique.

Shopping

L'ALAMBIC

Chez M. Jean-Yves Bègue
Route du Maïdo
✆ 02 62 32 47 66

Ouvert tous les jours de 7h à 18h. Visite (de 30 à 45 min) gratuite.

Ici, où vous pourrez trouver des produits aux mille senteurs, les frères Bègue se feront un plaisir de vous expliquer le procédé de la distillation des géranium, camphre, eucalyptus et cryptomeria. A l'issue de cette démonstration riche d'enseignements, on déguste du café-vanille, spécialité locale, ou un rhum arrangé maison. Avant de repartir, faites vos provisions d'huiles essentielles à la boutique. Ces dernières ont joué un grand rôle dans l'histoire agricole et le développement économique de l'île. Facile à distiller, la culture du géranium (originaire d'Afrique du sud) s'est largement répandue dans les Hauts de l'Ouest au XIXe siècle. Hélas, la concurrence étrangère l'a fait péricliter. Néanmoins, l'huile essentielle de géranium de La Réunion est réputée pour être l'une des plus fines du monde. Les grands parfumeurs ne s'y trompent pas.

LE MAÏDO

La RF8, route très fréquentée par les touristes, mène au piton Maïdo (2 200 m d'altitude), situé à 300 m du parking et surplombant le cirque de Mafate de près de 1 500 m ! Un des premiers sites touristiques de l'île avec 300 000 visiteurs par an, le Maïdo mérite largement la montée en voiture, de très bon matin, vers 6h, pour avoir la chance de découvrir le cirque avant que les nuages ne l'enveloppent.

OUEST

La vue, panoramique, est époustouflante avec, au loin, le Gros-Morne (3 013 m) qui cache en partie le point le plus haut de l'île, le piton des Neiges (3 070 m).

C'est une très belle porte d'entrée sur Mafate, qu'on atteint au bout de 3 heures de descente à pic. Genoux sensibles s'abstenir. On peut aussi entreprendre de longues randonnées à travers la forêt domaniale des Bénares. Les sentiers qui longent la crête du rempart du Maïdo (le Grand-Bord) montent au Grand-Bénare, le deuxième point de vue de l'île (2 896 m). La forêt est traversée également par la route forestière des Hauts-sous-le-Vent (RF9), une balade qui plaira aux motards. On monte au Maïdo, et la route serpente en suivant la côte, à une altitude moyenne de 1 500 m. On peut ensuite redescendre au niveau des Colimaçons-les-Hauts, au-dessus de Saint-Leu, ou encore par la forêt du Tévelave, dans les Hauts des Avirons.

Au XVIIIe siècle, ce territoire, qui dominait des forêts bien plus épaisses qu'aujourd'hui, était celui des marrons. Les esclaves qui fuyaient les exploitations y trouvaient refuge. On raconte que l'un des plus célèbres d'entre eux, Phaonce, qui s'était installé dans une caverne du Grand-Bénare, s'était proclamé « roi des Marrons », et y vivait entouré d'une garde personnelle, siégeant sur un trône taillé dans le roc.

Au début du XIXe siècle, un certain Joseph Morénas eut la lumineuse idée de faire creuser des puits dans les hauteurs glacées du Grand-Bénare (bénare signifie « froid » en malgache). Là, de fines pellicules de glace parvenaient à se former pendant l'hiver austral, que l'on pouvait ensuite récolter. Exploitée d'abord par Morénas, puis par les esclaves de la richissime Mme Desbassayns, la glace était ramenée dans les Bas par pain de 25 kg, à dos d'esclaves, puis déposée dans des puits d'eau fraîche dans les villas des grands domaines. Pendant des dizaines d'années, ce fut la seule source de froid de l'île jusqu'à l'arrivée des congélateurs. Aujourd'hui, suite au réchauffement du climat, la glace n'est présente que ponctuellement, et surtout en hiver. On peut toujours voir ces puits lors de la randonnée vers le Grand-Bénare (c'est fléché, direction « La Glacière »).

TROIS-BASSINS

A 800 m d'altitude, le village de Trois-Bassins a gardé son authenticité créole et son mode de vie tranquille et nonchalant. Il doit son nom aux bassins qui se trouvaient au bas de la ravine du même nom, et qui ont aujourd'hui disparu. Longtemps dépendance de Saint-Paul, puis de Saint-Leu, il devint commune indépendante en 1897. Le territoire communal, en lanière, affiche un dénivelé de près de 3 000 m, du littoral jusqu'au Grand-Bénare.

Ainsi, les sites de la commune de Trois-Bassins que nous répertorions sont situés dans différentes parties de ce guide. En bas, le littoral et ses plages sont dans le prolongement de La Saline-les-Bains. En haut, les forêts traversées par la route des Hauts sont situées au Maïdo. Le village de Trois-Bassins lui-même, entouré de champs de cannes, n'a que peu d'intérêt en soi, mais c'est une belle halte si vous parcourez la route Hubert Delisle.

Transports

Les lignes du réseau Kar Ouest desservent Trois-Bassins et ses environs.

Pratique

Pas d'office de tourisme à Trois-Bassins, mais vous trouverez des renseignements sur la commune à l'office de tourisme intercommunal de l'ouest, qui dispose d'antennes à Saint-Gilles, Saint-Leu et La Possession. Il propose notamment une visite culturelle de Trois-Bassins avec un « guide patrimoine », les 1er et 3e mercredis du mois, de 9h à 11h : « Sur les traces de Célimène », un personnage historique du XIXe siècle, que l'on découvre à travers l'histoire du centre du village.

Se loger

■ **BELVÉDÈRE DE LA GOSPA**
24 chemin Desbassayns
✆ 02 62 24 89 51
www.belvederedelagospa.com
belvederedelagospa@gmail.com
Compter 60 € la chambre double, petit déjeuner inclus, 25 € le repas du midi ou du soir.

A 500 mètres d'altitude, en contrebas du village de Trois-Bassins, 4 chambres d'hôtes dans la maison des propriétaires. Repris en 2012, ses chambres ont été refaites et si elles ne donnent pas toutes sur la mer, on pourra profiter du panorama somptueux depuis la belle terrasse en bois, sa piscine (chauffée) et son jacuzzi. Cuisine créole traditionnelle au feu de bois. Wifi à disposition. Bon rapport qualité-prix.

Saint-Leu et sa région

SAINT-LEU

A 6 km de La Saline, coincée entre falaise et lagon, Saint-Leu est une bourgade sympathique aux nombreux attraits touristiques. La plage et le lagon y sont agréables, bien que beaucoup plus étroits qu'entre Boucan et La Saline. Avec une politique culturelle très dynamique (mention spéciale à Leu Tempo Festival en mai !), Saint-Leu est un peu la face bobo de Saint-Gilles, avec une nonchalance toutefois encore bien créole. Saint-Leu est également dotée de plusieurs musées qui valent le déplacement, dont la ferme aux tortues Kelonia, le conservatoire de Mascarin, et le Stella Matutina, le plus grand musée de l'île. Saint-Leu est aussi très dynamique sur le plan sportif. Le visiteur s'en rendra compte, dès l'arrivée en ville, par le ballet des voiles fluo survolant l'entrée nord de la ville presque tous les matins. C'est La Mecque du parapente, avec des conditions idéales presque toute l'année, et où se trouvent tous les centres. Le front de mer est propice à la balade (sol parfait pour le roller ou le vélo) et au pique-nique sous les filaos. Il commence depuis l'entrée de la ville, en face de la mythique vague de Saint-Leu. Une gauche parfaite, qui déroule, déroule, déroule... et séduit les meilleurs surfeurs, qui tiennent dur comme fer à préserver « leur » vague des touristes et des compétitions internationales. Le front de mer passe ensuite devant la mairie, puis se prolonge par un petit port de pêche d'où partent aussi les centres de plongée pour explorer les riches fonds marins saint-leusiens, dont le fameux tombant de la pointe au Sel. Il se termine par une plage, bordée de résidences neuves et de restaurants parfois les pieds dans le sable. Aujourd'hui, la ville et ses Hauts vivent de la canne à sucre et de la pêche ; cette dernière est encore pratiquée traditionnellement mais les vendeurs en bord de route se font de plus en plus rares.

Histoire. Le lieu-dit Boucan-Laleu tient son nom de M. Laleu (un ermite) qui fut le premier à construire un « boucan » (« cabane » en créole) sur cette portion de côte. La petite localité se transforma en commune en 1790 et fut alors baptisée Saint-Leu. La terre y était excellente pour la culture du café, autour de laquelle la ville se développa à vitesse grand V. Le bâtiment abritant la mairie est d'ailleurs un vestige de cette époque prospère (XVIIIe siècle). L'épisode le plus marquant de l'histoire de Saint-Leu est sans doute celui de la révolte des esclaves de 1811 : la seule, d'ailleurs, qu'a connue La Réunion coloniale. Une révolte qui eut lieu dans le contexte de l'invasion britannique, plus encline à l'assouplissement du système esclavagiste, mais qui fut malgré cela noyée dans le sang. Les habitants, effrayés par la révolte, s'enfuirent en grand nombre à Saint-Paul, commune à laquelle Saint-Leu fut rattachée en 1814. Elle redevient commune indépendante en 1817. Un autre épisode marquant est beaucoup plus récent : l'ouverture de la route des Tamarins en 2010. Elle a libéré les automobilistes et les riverains de l'enfer des 50 000 véhicules quotidiens et a permis ainsi à Saint-Leu de retrouver une qualité de vie longtemps mise entre parenthèses !

Les immanquables de Saint-Leu

- **Visiter le musée Stella Matutina,** le Conservatoire botanique de Mascarin et l'observatoire des tortues marines Kélonia.
- **Faire du parapente** ou de la plongée. Ou tout simplement prendre son masque et son tuba pour observer la vie rééifale du lagon.
- **Aller dans les Hauts** et, depuis une table d'hôtes, admirer la vue sur les Bas.
- **Profiter d'une vie culturelle dynamique.**
- **Déambuler sur le front de mer.**

Transports

974 MOTOLOC

3 bis rue Georges-Pompidou
La Pointe des Châteaux
✆ 06 92 69 48 42 / 06 92 52 12 14
www.974motoloc.com
reservation@974motoloc.com
Réservation au moins 48 h à l'avance.
Ce loueur installé à l'entrée Nord de Saint-Leu, juste à côté de Parapente Réunion et face au site d'atterrissage, propose des motos de différents modèles. Honda Africa ou Transalp, Suzuki, KTM, BMW sont proposés de 90 € à 110 € la journée, 60 à 80 € sur la base d'une semaine en kilométrage illimité, assurance RC, assistance 24h/24, casque, antivol... 25 ans et 2 années de permis A sont requis, ainsi qu'une caution de 2 000 ou 3 000 €. 974 Motoloc assure la livraison dans les hôtels de l'ouest pour 20 €, mais ne livre pas aux aéroports ; en revanche des transferts peuvent être organisés. Un bon professionnel en place depuis plusieurs années.

GARE ROUTIÈRE

Place de la Mairie
Saint-Leu est desservi par les lignes T, 02, S3 et S4 des Cars Jaunes qui relient directement Saint-Denis et Saint-Pierre. Située en face de la mairie, la gare routière est bien agréable et pleine de vie.

KAR OUEST

✆ 0810 45 65 20
www.karouest.re
Un réseau de bus qui dessert la côte, de La Possession à Saint-Leu, reliant la région des plages aux Hauts de l'Ouest.

Pratique

OFFICE DE TOURISME INTERCOMMUNAL DE L'OUEST

Bâtiment Espace-Laleu
1 rue Le-Barrelier
✆ 02 62 34 63 30 / 08 10 79 77 97
www.ouest-lareunion.com
accueil@ouest-lareunion.com
Ouvert lundi de 13h30 à 17h30, du mardi au vendredi de 9h à 12h et de 13h30 à 17h30, samedi de 9h à 12h et de 14h à 17h. Visites guidées avec Clovis : 9 € adulte, 6 € enfant de moins de 12 ans.
Le bâtiment, une superbe bâtisse de l'époque de la Compagnie des Indes, se trouve à l'entrée nord de Saint-Leu, à l'angle de la rue du Général-Lambert. Outre les renseignements

prodigués comme partout sur les hébergements, restaurants, activités, manifestations et services, l'équipe assure également les réservations des gîtes de montagne, la vente de places de spectacles, de tickets de bus Kar'Ouest (le réseau de transports public de l'Ouest) ou encore du Rosalie (petit train touristique). L'office propose également des découvertes culturelles avec Clovis, un « guide patrimoine » qui propose des circuits dans chacune des communes du territoire : par exemple dans le vieux Saint-Leu tous les 1er et 3e samedis du mois de 9h à 11h : visite de la batterie des Sans-Culottes, du port, de l'ancienne gare, des bâtiments de la Compagnie des Indes... Enfin, en nouveauté 2015, l'office propose ses « zarlor » (« trésor » en créole), des packs combinant plusieurs prestations pour offrir ou se faire plaisir : par exemple le « Zarlor Sensations Fortes » combine un baptême en parapente et un déjeuner pour 77 €.

■ **LA POSTE**
Rue de la Compagnie-des-Indes
Face au port
✆ 02 62 34 65 00
Vous passerez forcément devant en vous baladant sur le front de mer de Saint-Leu : le bureau de Poste de Saint-Leu est implanté, depuis 1986, dans l'ancienne gare ferroviaire de la ville. Preuve qu'un train circulait bel et bien entre Saint-Pierre et Saint-Denis ! Contrairement à l'Hôtel des Postes (Ancien Magasin du Roi, juste à côté de la mairie), le bâtiment de la Poste n'est pas classé aux Monuments historiques.

Orientation

Saint-Leu s'étire le long du littoral, coincée entre le lagon et la falaise, la plaine étant ici très étroite. On accède au centre-ville soit par la route côtière, soit par l'une des deux sorties de la route des Tamarins : Colimaçons ou Stella. Il s'organise suivant trois rues parallèles au lagon : le front de mer, la rue principale (rue du Général Lambert) et la rue Haute, qui contourne le centre et passe notamment à côté de Notre-Dame-de-la-Salette et de La Ravine, haut lieu de spectacles. Le territoire communal de Saint-Leu, immense comme la plupart des communes, s'étend « du battant des lames au sommet des montagnes ». Il comporte ainsi de multiples bourgades dans les Hauts. Depuis la route littorale ou le centre, plusieurs départementales grimpent sec vers les quartiers résidentiels proches : notamment la Pointe-des-Châteaux, à l'entrée nord, et la ZAC Four-à-Chaux, à l'entrée sud. Enfin, en direction du sud, le nouveau quartier du Portail, une zone commerciale en plein développement.

Se loger

Peu de possibilités dans le centre. Elles sont plus nombreuses dans les environs de la ville, légèrement dans les hauteurs. Pour des gîtes et chambres d'hôtes dans une ambiance plus créole et bucolique, voyez les Hauts de Saint-Leu.

Locations

■ **LE BANC DE SABLE**
3 impasse Jean-Albany
✆ 06 92 66 70 60
lebancdesable.re
rivasseaudavid@yahoo.fr
Un loft pour 2 à 350 € la semaine, une villa pour 6 à 980 € la semaine et un F3 pour 4 à 4 90 € la semaine. Forfait ménage obligatoire (comptez entre 40 € et 50 €). Minimum 5 nuits. Tarif dégressif à partir d'une semaine.
Le loft de 65 m² pour 2 personnes situé en rez-de-chaussée a été entièrement rénové par le propriétaire. Très lumineux, il est totalement équipé (electroménagers, linges de maison, machines à laver, clim, wifi...). A l'étage, la villa tout confort dispose des mêmes équipements, (avec piscine et jardinet en prime !) et peut accueillir jusqu'à 7 personnes maximum. Un avantage qui n'est pas négligeable non plus, la vue sur la Pointe au Sel ! Enfin, au-dessus de la villa, un F3 entièrement équipé peut recevoir jusqu'à 4 personnes et dispose d'un balcon vue mer très agréable.

OUEST

LE CARDINAL DES GRANDS BLEUS

ZAC Four-à-Chaux
6 rue Marcel-Pagnol
✆ 02 62 34 98 30 / 06 92 67 66 36
www.lecardinaldesgrandsbleus.fr
cardinal.run@wanadoo.fr

Comptez 345 € la semaine en T1, et de 490 € à 663 € la semaine en T2 ou T3, dégressif à la durée. Petit déjeuner : 6 €.

A la sortie sud de Saint-Leu, à 2 minutes de voiture du centre. Dix bungalows ventilés, avec terrasse privative, disposés autour d'une des plus grandes piscines de l'ouest (14 x 9 m !), bordée de caillebotis, d'où l'on apprécie tant le petit déjeuner que le coucher du soleil sur l'océan. Les T1 logent 1 à 3 personnes confortablement avec un lit double et un lit simple. Les T2 et T3, bien plus spacieux, logent 4 à 8 personnes suivant la disposition, avec une ou deux chambres, des lits gigognes ou en mezzanine. Tous sont orientés vers la piscine et la mer et partagent en commun laverie, barbecue, wi-fi. Enfin, une chambre indépendante, sans cuisine mais avec réfrigérateur, se loue à 49 € la nuit. N'hésitez pas à consulter le site, qui détaille chaque logement avec plans et photos. Bon accueil, bon rapport qualité-prix, une adresse que nous recommandons depuis plus de 10 ans.

CASES COULEURS

51 chemin de la Pépinière
Pointe au Sel les Hauts
✆ 02 62 55 75 55 / 06 92 66 82 96
www.casescouleurs.com
contact@casescouleurs.com
A 2 minutes de l'entrée sud de Saint-Leu, premier chemin à droite sur la D11 en allant vers Piton Saint-Leu.

Compter 95 € la nuit en studio, 155 € en T2, 220 € la villa, tarif dégressif au-delà de 7 jours. Petit déjeuner 10 €. Forfait ménage de 30 à 60 € suivant le logement.

Cases Couleurs, une des meilleures locations touristiques de l'île, est une adresse de charme qui peut constituer une bonne option à l'hôtel. Posées à une centaine de mètres d'altitude et à 400 m de la plage, dans un vaste jardin de 5 000 m², d'adorables cases créoles authentiques et pleines de charme, avec leurs toits colorés et leurs varangues, incitent au farniente. Quatre d'entre elles regroupent 11 studios pour 2 personnes auxquelles s'ajoutent un T2 pour 4 et une villa pour 6. Cases Couleurs, c'est d'abord de l'espace, un luxe dans cette île où le foncier est rare. Ainsi les studios offrent 40 m² de surface, 140 m² pour la villa, tandis que le jardin est assez spacieux pour préserver l'intimité de chacun. Mais le plus agréable est autour de la magnifique piscine, avec sa terrasse en bois, ses transats et plusieurs coins barbecue, d'où l'on jouit du panorama de la pointe au Sel à la pointe des Châteaux. D'un standing élevé au regard des tarifs pratiqués, les logements sont élégamment décorés et bien équipés : cuisine complète, climatisation, TV, wifi... chaque logement disposant de sa varangue privative, et chaque chambre de sa salle de bains. Organisation de sorties de pêche au gros et parapente, location de vélos, grand parking fermé. Recommandé depuis plus de 10 ans dans nos pages, un coup de cœur à cet établissement toujours très bien tenu, intérieurs comme jardin, du beau travail !

GÎTES CAP SOLEIL

157, chemin Dubuisson
✆ 02 62 34 83 11 / 06 92 64 53 21
capsoleil.re
cap-soleil@orange.fr

De 364 € à 700 € la semaine suivant l'appartement.

A 70 m d'altitude, un kilomètre du centre-ville et de la plage, cette résidence arborée propose un ensemble de meublés de toute taille, depuis le studio pour 2 personnes au grand T4 pour 6 personnes, organisé autour d'une piscine avec une belle vue sur Saint-Leu et la mer, dans un verger hétéroclite où poussent caramboles, jamblons, pamplemousses, goyaviers... Spacieux et bien équipés, les meublés, au nombre de 18, sont indépendants et ont chacun une terrasse ou une varangue, une cuisine bien équipée, la climatisation dans les chambres, la télévision, salle de bains avec douche et WC, et un parking. Le kiosque au coucher du soleil est propice aux rencontres, et permet aussi de se connecter gratuitement en wifi. Les propriétaires s'occupent des détails quotidiens : informations touristiques et météo, réservation de voitures avec SG Services Réunion, partenariat avec des activités sportives permettant des réductions. Machine à laver, point-phone. Bon rapport qualité-prix, bon accueil, recommandé depuis plus de 10 ans et en amélioration constante.

■ LEU PIED DANS L'EAU****

22 rue du Général-Lambert
✆ 06 92 69 58 95
leupieddansleau.fr
infos@leupieddansleau.fr
75 € la chambre par nuit (minimum 2 nuits). 360 € la semaine pour deux. 8 personnes maximum pour la villa à 550 € pour deux nuits.
Ce meublé de tourisme porte bien ses étoiles. Idéalement situé en bord de mer à l'entrée de Saint-Leu, les 3 villas neuves sont entièrement équipées (linges de maison, electroménagers, wifi, climatisation...) et peuvent accueillir jusqu'à 8 personnes chacune. Très indépendante les une des autres, elles sont aussi modulables pour recevoir 2,3 ou 4 personnes. Au total, Leu pied dans l'eau peut accueillir jusqu'à 24 personnes. Une grande piscine commune est à diposition des locataires. Un petit coin idéal pour passer des vacances au calme, au son des vagues. Madame Lauret, la propriétaire des lieux vous accueillera très chaleureusement. Très attentive à ses locataires, elle vous donnera tous les bons plans du coin si vous le souhaitez et propose même des soirées culinaires avec un chef gastro pour apprendre à manier les spécialités locales. Pour toute réservation, n'hésitez pas à passer un coup de téléphone, Madame Lauret apprécie les échanges de vive voix, et s'adaptera à vos besoins s'il le faut (elle peut par exemple prévoir des petits déjeuners, si vous le souhaitez...).

■ RÉSIDENCE LES ALIZÉS

Lotissement des Pêcheurs
48 bis, avenue des Alizés
✆ 02 62 38 28 73 / 06 92 74 35 75
residencelesalizes@hotmail.fr
De 385 à 595 € la semaine suivant le logement.
A un kilomètre du centre et 300 m du lagon, sur les toutes premières hauteurs, 4 logements en location touristique jouxtant la maison des propriétaires, qui ont repris et entièrement rénové la résidence en 2011. Elle a pour atout premier sa vue sur l'océan, si proche que le ressac nous berce. Cependant tous n'en profitent pas dans la même mesure. Deux studios jouissent d'une superbe terrasse panoramique sur mer et montagne avec solarium, et d'un confort de bon niveau : mobilier et décoration de bon goût, climatisation, cuisine moderne, TV TNT, internet par câble. Un troisième studio, plus petit, profite d'une vue assez étroite depuis sa terrasse, mais d'un aussi bon confort. Le dernier logement enfin, a une belle vue sur la mer malgré quelques toits, mais sa terrasse en bois y est très appréciable pour son intimité, conférée par la végétation environnante. Il se compose d'une chambre avec lit double, une autre avec deux lits simples et un séjour-cuisine, le tout en enfilade. En commun, une agréable petite piscine avec douche extérieure, une laverie, un barbecue, un point wi-fi et des vélos à disposition. Bon accueil.

■ CHEZ RICO

3 rue Georges Pompidou
Pointe des Châteaux
✆ 02 62 34 81 18 / 06 92 64 72 83
www.bungalows-chez-rico.fr
reservations@bungalows-chez-rico.fr
350 € la semaine pour jusqu'à 6 personnes, dégressif à la durée.
Deux chalets en location touristique à l'entrée nord de Saint-Leu. Très accessible, le lieu est situé en face du spot d'atterrissage des parapentes, sur le même terrain que Parapente Réunion et donc à une centaine de mètres de la mer et du centre Kelonia et à 1,8 km du centre-ville. Entièrement en bois, ces chalets de 70 m² comportent deux chambres climatisées à l'étage, une avec un lit double, l'autre deux lits simples, et en bas salle de bains, cuisine équipée, séjour avec TV et canapé-lit et une terrasse avec une petite vue sur la mer et un barbecue. Wifi en prévision, parking, laverie. Bon rapport qualité-prix-emplacement, surtout si vous êtes nombreux.

Bien et pas cher

■ LE DODO SPOT

67 rue du Général-Lambert
✆ 02 62 34 76 98 / 06 92 60 13 98
www.dodospot.com
dodospot@wanadoo.fr
Chambre double 29 € ; studios 44 € à 49 € pour 2 à 4 personnes, appartements 54 € pour 2 à 6 personnes. Tarifs dégressifs dès 7 jours. Petit déjeuner 5 €.

A l'entrée de Saint-Leu en venant du nord, une case tout en bois et en bardeaux située devant la nationale, mais surtout en face du fameux spot de surf : un bon point de chute pour faire dodo et se remettre de la vague locale. Les 5 chambres sont simples et petites, et se partagent deux salles de bains. Les 7 studios jouissent d'une cuisine équipée et d'une petite terrasse. Ventilateurs dans toutes les chambres. Parking assuré. Une adresse pratique bien qu'un peu chère. Mais la proximité avec LA vague, ça se paie !

■ PENSION TI'SOM (BACKPACKERS)
228 rue du Général-Lambert
✆ 06 92 24 18 12
veroreunion@yahoo.fr
Compter 17 € en dortoir, 35 € en chambre de 2 à 4 personnes. Tarifs dégressifs au-delà d'une semaine.
Baroudeurs... Ce lieu est fait pour vous, les autres passez votre chemin ! Cette pension, idéalement située au cœur de la ville, à 100 m de la plage et à 500 m du spot de surf, propose des tarifs imbattables. Au premier étage d'une maison avec terrasse : un dortoir de douze lits superposés, avec un coffre à cadenas pour vos petites affaires, ainsi que cinq petites chambres privatives. L'esprit est jeune et détendu, ambiance « sac à dos » ; la décoration, colorée et artisanale. Cuisine équipée, salon agréable, wi-fi et sanitaires en parties communes. L'ensemble est propre et ventilé, le confort simple. Accueil sympathique.

Confort ou charme

■ ILOHA SEAVIEW HOTEL***
Pointe-des-Châteaux
✆ 02 62 34 89 89
www.iloha.fr
hotel@iloha.fr
Prendre la direction des Colimaçons, en face de Kelonia, avant d'arriver à Saint-Leu (depuis Saint-Denis).
Suivant la saison, de 90 € à 100 € en chambre standard, de 140 € à 160 € en chambre Guétali, de 130 € à 150 € en bungalow kitchenette ou tropique, et de 165 € à 185 € en bungalow familial. Petit déjeuner buffet adulte : 14 €, enfant : 7 €. Dîner adulte : 32 €, enfant : 16 €.
Notre éternel coup de cœur, que nous recommandons chaudement depuis plus de 15 ans ! Un site qui surplombe la baie de Saint-Leu, avec vue panoramique sur l'océan et la Pointe-des-Châteaux, que même les baleines et les dauphins apprécient, sans oublier les parapentistes qui planent au-dessus. 50 bungalows et 30 chambres doubles, d'architecture coloniale faisant la part belle au bois, dans un cadre de vie verdoyant et avec un accueil personnalisé, chaleureux et prévenant, qui ont valu plusieurs prix à l'établissement. L'esprit Iloha, c'est un peu tout cela, une ambiance de vacances et un personnel aussi professionnel que convivial. Les chambres sont distribuées en deux bâtiments tandis que les bungalows sont disséminés sur la pelouse d'un grand jardin tropical de 3 ha avec 2 piscines panoramiques, 2 restaurants, un snack et un centre de bien-être. Les chambres standards, petites mais confortables, sont bien équipées, très chaleureuses et s'ouvrent sur une varangue privative. Les chambres Guétali, plus spacieuses, logent jusqu'à 2 adultes et 2 enfants et sont dotées d'une terrasse avec kitchenette, vue panoramique pour celles à l'étage, accès direct à la piscine pour celles du bas. Dans le parc enfin, les bungalows de plain-pied jouissent de plus d'espace et d'indépendance, et sont proposés en 3 versions : les « kitchenette » accueillent 2 adultes et 1 enfant, les « Tropique », de même capacité, mais plus confortables et sans kitchenette et enfin les « Famille », pour 4 adultes et 2 enfants. Tous les logements sont dans l'esprit Iloha : parfaitement entretenus, élégamment meublés et richement équipés : grande literie haut de gamme, climatisation, TV satellite, wifi... Au bord de la plus grande piscine se trouve le restaurant principal et ses soirées à thème renommées, tandis qu'une véritable *trattoria* italienne s'est installée à l'étage. Côté activités, la plage, le centre Kelonia et les clubs de parapente sont à quelques minutes à pied, tandis que l'hôtel dispense initiation à la plongée et aquagym (d'octobre à mai). Enfin, la Cas'Akea propose tout un choix de soins de détente et de bien-être avec une ligne de produits spécialement créée pour Akea Spa. Installé dans un espace dédié aux plaisirs des sens, il est accessible à la clientèle extérieure. A découvrir ou redécouvrir !

Luxe

■ LE BLUE MARGOUILLAT SEAVIEW HOTEL****
Impasse Jean-Albany
✆ 02 62 34 64 00
www.blue-margouillat.com
info@blue-margouillat.com
En basse saison, chambre simple ou double : 169 € la nuit, suite avec spa : 320 €. Rajouter de 10 à 25 % suivant la saison. Lit

supplémentaire : 60 €. Petit déjeuner : 22 €. Demi-pension (3 nuits minimum) : 70 €.
Unique sur l'île, cet hôtel de charme classé 4 étoiles avec seulement 12 chambres et 2 suites, se démarque par ses prestations luxueuses, son élégance et sa petite taille lui conférant une atmosphère intime et conviviale. Sur les premières hauteurs de Saint-Leu, à 400 m du lagon, une élégante bâtisse d'architecture créole fait face à une belle piscine se déployant devant un panorama grandiose de la pointe au Sel à la pointe des Châteaux. Frédéric vous reçoit avec un service de qualité personnalisé, il réside dans l'hôtel et est souvent présent. Véritable hôtel d'art, le Blue Margouillat tient une exposition permanente de sculptures et peintures contemporaines et organise parfois des *happenings* (se renseigner directement). Les chambres, pourvues de tout le confort correspondant au standing de l'hôtel, s'ouvrent sur un balcon donnant sur l'Océan. Rénovées en 2013, comme l'ensemble de l'hôtel, elles profitent de salles de bains avec douche à l'italienne et baignoire avec vue sur la chambre et l'Océan. Les suites, discrètement situées en contrebas de la piscine, sont très spacieuses et disposent, en outre, de salles de bains intérieure et extérieure, avec solarium et spa. Le petit déjeuner, à base de produits frais, est un vrai moment de plaisir. Quant au dîner autour de la piscine, il est vivement conseillé (et ouvert à la clientèle extérieure) : cuisine gastronomique réputée sur un fond musical jazz ainsi qu'un bar richement fourni : voir la rubrique Se restaurer. En journée, une restauration plus légère est proposée : tartares, omelettes (réservé aux résidents). Enfin, les moments zen du Blue Margouillat offrent un choix de massages, soins esthétiques et corporels, dans votre chambre ou au bord de la piscine. Le Blue Margouillat est une adresse assurément à part, que nous recommandons depuis son ouverture.

Se restaurer

Sur le pouce

■ AU BOUT LÀ-BAS
37 rue du Lagon
✆ 02 62 55 98 72
Ouvert lundi soir. Du mardi au vendredi midi et soir. Le samedi soir.
Un restaurant sympathique, avec des prix abordables et une cuisine légère qui donne envie. Ludo et Sandra proposent des plats à base de produits frais, et un accueil chaleureux. Une adresse à ne pas manquer !

■ L'ORANGE GIVRÉE
Rue Le Barrelier
✆ 02 62 54 74 63
Ouvert tous les jours de 8h à 17h sauf le dimanche. Le repas moyen est à environ 10 €.
Niché dans une ruelle derrière l'office de tourisme, ce petit snack bar à la façade bigarrée, plein de fraîcheur et de couleurs, sert une grande variété de tartes, de salades, de sandwichs et de desserts maison. Un espace ouvert, équipé de petites tables. On peut tranquillement y siroter un bon jus de fruits pressés ou un café frappé, en profitant de l'ombre et du calme de la rue.

Bien et pas cher

■ AUX BONNES CHOSES
73 rue du Lagon
✆ 02 62 34 76 26 / 06 92 70 05 33
Comptez environ 15 € le plat. Ouvert tous les midis, sauf le mercredi.
Ce restaurant discret à la sortie sud de Saint-Leu, en face de la plage, propose une cuisine nettement plus intéressante que les snacks d'en face. Dans une petite salle arborée et ombragée, la cuisine de M. Bernot se révèle savoureuse. Des plats métros et créoles sur une carte équilibrée et complète. Viandes métros et poissons locaux, caris poisson rouge ou langouste, et un civet de cerf très goûteux. Quelques originalités : assiettes exotiques, aile de raie au poivre vert, kangourou au gingembre. Petite carte des vins, rouges, blancs et rosés.
Pour les bourses légères et les petites faims, également un snack à la même adresse. Bon accueil.

■ L'AUBERGE DU RELAIS
127 rue du Général-Lambert
✆ 02 62 34 81 85 / 06 92 34 81 84
Ouvert tous les jours, sauf le samedi midi et le dimanche. Comptez environ 20 € le repas.
Derrière la façade datée de cette case créole, classée monument historique, se cache un restaurant intime et agréable, climatisé, au décor moderne, qui propose une bonne cuisine créole à prix honnêtes. La carte est jonchée d'alléchantes spécialités à base de viande : cabri massalé, civet de sanglier, cari zandouille… Et de produits de la mer selon arrivage : steak d'espadon, civet zourite, cari de camarons… On apprécie aussi les initiatives culturelles du propriétaire, qui expose en permanence les artistes du coin et organise à l'occasion des événements sous sa vaste varangue, à l'extérieur. Accueil sympathique.

OUEST

■ LEU TIKI

51 bis rue du Général-Lambert
✆ 02 62 19 48 02
leulagoon@gmail.com
Ouvert du lundi au samedi de 18h à minuit. Compter de 18 € à 22 € l'assiette d'assortiments, de 4 € à 6,50 € les tapas, environ 8 € le cocktail. Plats à partir de 16 €.

A l'entrée nord de la ville, prenez le chemin à gauche juste avant le pont à arches rouges. Ouvert en 2014, Leu Tiki est le premier et seul Tiki Bar de l'île. Ce concept venu d'outre-Atlantique et répandu chez les Anglo-Saxons, est librement inspiré de la culture polynésienne : grands tikis (statues), superbe décor en terrasse avec paillottes en bambou, cuisine et cocktails exotiques... Le caractère tropical et cosmopolite de la Réunion est le cadre parfait pour un tel lieu, d'autant que c'est à côté de la mythique vague de surf ! Le soir, cocktails par dizaines et nombreuses bouteilles rares, mais surtout restaurant avec des assiettes inventives et originales, mêlant tapas, sushis, amuse-gueules sur des thèmes changeant fréquemment : japonais, méditerranéen, espagnol... Le chef est créatif, les produits, de qualité et les assiettes, joliment dressées. Beaucoup d'énergie et d'innovation !

■ NAMASTE

2 rue Haute
À l'entrée Nord de Saint-Leu
✆ 06 93 01 93 44 / 02 62 34 99 62
Ouvert tous les jours midi et soir sauf le lundi, le dimanche midi et le mardi midi. Comptez environ 15 € le plat, à partir de 6 € à emporter. Grillades au feu de bois le dimanche soir et concerts.

Attenant au rond-point de l'entrée de Saint-Leu en venant du nord, ce restaurant propose des plats thaïs corrects (mais sans plus), concoctés à la vue de tous, sous le chapiteau d'une petite cuisine ouverte. Mais c'est surtout par la copieuse carte des vins, le large choix de tapas et la sélection généreuse de cocktails que l'on se laisse séduire, succombant au charme exotique et au cadre chaleureux qui règnent sous cette vaste varangue, tout en bois et en rotin. A deux pas du spot de surf, une adresse idéale pour un apéritif-dînatoire entre amis ou une soirée intime aux chandelles.

■ SOLUNA KAFÉ

Front de mer
✆ 02 62 91 37 21
Ouvert tous les jours de 7h à 1h du matin.

Bar-restaurant, le Soluna Kafé, situé face à la mer, se trouve dans l'ancien hôtel Apolonia. Décoration design, ambiance décontractée et branchée à la fois. Pour boire un verre ou pour manger, confortablement installé ou debout sur des tables hautes, le restaurant est complètement ouvert sur l'extérieur. Midi et soir, coktails et tapas du monde, cuisine raffinée attendent vos papilles ! Un savoureux mélange de saveurs asiatiques, créoles et espagnoles. Petit plus : Le coin lounge avec banquettes et une estrade pour les concerts car, ici, de nombreux groupes locaux viennent fouler la scène le samedi soir !

■ LE ZAT

14 rue de la Compagnie-des-Indes
✆ 02 62 42 20 92
Ouvert vendredi, samedi et dimanche midi et soir (jusqu'à 17h uniquement de juin à octobre). Compter 20 €.

Cette adresse de bord de mer, dont le cœur bat au rythme de la pêche du jour, est une véritable institution locale. Situé entre la plage surveillée et le port de Saint-Leu, le ZAT travaille en étroite collaboration avec les pêcheurs du coin. On y déjeune en extérieur, les pieds dans le sable, à l'ombre d'une paillote ou au soleil. A l'ardoise, donc, des poissons frais variés aussi bien crus (tartare de thon, poisson à la tahitienne) que cuits (steak d'espadon, rokin, dorade...) ; mais également une ou deux suggestions à base de viande pour les carnivores, de grosses salades composées, des sandwiches, des desserts maison et des glaces. Quelques concerts, à l'occasion, notamment le samedi soir. Se renseigner sur l'agenda.

Bonnes tables

■ RESTAURANTS DE L'HÔTEL ILOHA

Iloha Seaview Hotel
Pointe des Châteaux
✆ 02 62 34 89 89
www.iloha.fr
Restaurant principal ouvert tous les jours le midi et soir, de même pour la trattoria, en journée continue de 12h à 21h45, avec la possibilité de prendre à emporter. Comptez de 13 à 28 € le plat.

Dans le superbe cadre de l'hôtel Iloha, deux restaurants sont ouverts à la clientèle extérieure. Le principal, le « kotémer » sous les paillotes de vétiver au bord de la piscine, propose une cuisine métropolitaine et créole, inventive et variée, qui fait la part belle aux produits de la mer. Ses soirées à thème sont fameuses : le mardi, buffet asiatique, et surtout le vendredi soir, un dîner spectacle avec folklore créole et spécialités culinaires en buffet. Le second, « la Trattoria » est le seul restaurant italien de l'ouest (nous ne parlons pas de simples pizzerias). Situé à l'étage avec une vue panoramique sur la scintillante baie de Saint-Leu, pizzas et pâtes fraîches sont évidemment au rendez-vous mais aussi de très bonnes *bruschettas*, des *antipasti* et des desserts italiens : *tiramisu, panna cotta* et *tutti quanti* !

■ **SARAH BEACH**
44 rue du Général-Lambert
✆ 02 62 10 23 37
smicoulaz@hotmail.fr
Ouvert tous les jours midi et soir, sauf le mardi et le mercredi. Comptez entre 14 € et 29 € le plat.
Un restaurant insolite, truffé de charme, les pieds dans l'eau. Bon, il est vrai que le décor de la salle, tiraillé entre ses rouges criards et ses motifs zébrés, n'était, lui non plus, pas gagné d'avance. Mais étonnamment, cela fonctionne, l'équilibre naît de la dissonance, et on se laisse séduire par l'élégance des lieux. Dominant l'océan du haut de ses pilotis, la grande terrasse en caillebotis, intimiste, est particulièrement agréable, notamment au coucher du soleil.
Après quelques tapas, place à une cuisine métropolitaine copieuse : pierrade royale, filet de rouget rossini avec sa crème de lard, filet de bœuf et son beurre de foie gras... Idéal pour un dîner (consistant !) aux chandelles, au bord de l'eau.

■ **LA VARANGUE**
52 rue du Lagon
✆ 02 62 34 79 26
Fermé le dimanche soir et le lundi.
Dans un premier temps, laissez-vous séduire par le cadre plus qu'agréable qu'offre ce restaurant, qui porte très bien son nom... Une fois installé, vous pourrez déguster une cuisine métropolitaine et créole, dont les spécialités sont à n'en pas douter les fruits de mer, les poissons et autres crustacés.
Quoi de mieux que de vous régaler dans un cadre aussi agréable que celui-ci !

■ **VILLA VANILLE**
69 rue du Lagon
✆ 02 62 34 03 15 / 06 92 39 55 39
www.restaurant-lavillavanille.fr
lavillavanille@orange.fr
Ouvert tous les jours, midi et soir, sauf le mardi hors saison. Compter de 15 à 20 € le plat.
Situé en face de la plage des Filaos, à la sortie sud de la ville, ce restaurant décontracté tenu par un Breton propose de bonnes spécialités de poissons frais, des salades, et plein de suggestions à l'ardoise en portions généreuses. Mention spéciale au tartare de thon ! A apprécier en terrasse ou dans la salle climatisée.

Luxe

■ **LE RESTAURANT DU BLUE MARGOUILLAT**
Impasse Jean Albany
Blue Margouillat Seaview Hotel
✆ 02 62 34 64 00
www.blue-margouillat.com
info@blue-margouillat.com
Compter environ 20 € l'entrée, 30 € le plat, 10 € le dessert. Ouvert tous les soirs et le dimanche midi, carte légère en journée. Menus du soir : « Saveur », 4 plats pour 69 € ou 107 € avec les vins choisis par le sommelier et « Dégustation », 6 plats pour respectivement 89 ou 142 €. Réservation obligatoire.
Aussi réputé que l'hôtel, voire plus encore, le restaurant du Blue Margouillat propose une cuisine métropolitaine gastronomique aux produits péi, à savourer dans un cadre intimiste en surplomb de la piscine, au son du ressac de l'Océan et d'un jazz discret. La carte est courte et équilibrée, 5 entrées, 5 plats, 2 fromages et 5 desserts variant régulièrement. L'assiette, l'accueil, le service étaient parfaits à chacune de nos visites. La carte des vins est très large, internationale et compte plusieurs grands crus prestigieux. Chacun y trouvera une nouvelle expérience gustative : carte de cocktails avec ou sans alcool, carte de champagnes, carte de whiskies (irlandais, écossais, bourbons, japonais), carte de digestifs (cognacs et armagnacs), carte de thés et de cafés et cave à cigares... Une excellente adresse et une des meilleures tables de l'île.

Sortir

A mi-chemin entre l'ouest et le sud, Saint-Leu est un repaire culturel et musical en plein essor. Entre les multiples rondavelles du front de mer et les quelques cafés concerts du centre-ville, vous trouverez là de quoi vous mettre en jambe avant de vous aventurer sur les pistes de danse de Saint-Gilles ou de Saint-Pierre...

LE K (COMPAGNIE KOMELA)

209 rue du Général-Lambert
✆ 02 62 34 31 38
Billetterie ouverte du lundi au vendredi de 9h à 13h et de 14h à 17h (le mardi ouverture à 11h).
Une scène à ciel ouvert très dynamique, appartenant à l'association du Séchoir. Le K accueille des apéros-danse, des concerts, des projections... Un espace que l'on aime vraiment.

LA RAVINE

A l'entrée de Saint-Leu en venant du nord, prendre à gauche sur le rond-point, devant le gymnase. Monter tout droit sur environ 200 m.
Salle de concert à ciel ouvert, ce site, grandiose, est un amphithéâtre naturel formé par la ravine Saint-Leu. L'acoustique y est formidable et l'ambiance terrible, notamment lors des concerts de reggae qui attirent des familles entières.

RONDAVELLE LES FILAOS « CHEZ JEAN-PAUL »

11 rue de la Compagnie des Indes
Ouvert tous les jours de 7h30 à 21h30.
Cette rondavelle, située sur le front de mer à côté du port, est connue pour ses concerts gratuits en plein air tous les dimanches soir, et de temps en temps le vendredi. Ambiance bon enfant et musique branchée !

LE ZINC

228 rue du Général-Lambert
✆ 02 62 33 55 36
Ouvert tous les jours de 10h à minuit. Le dimanche ouverture à partir de 17h.
Anciennement le Nez Rouge, le lieu a été racheté en janvier 2014 pour donner un nouvel élan à ce bar décontracté du centre de Saint-Leu, tout en gardant son âme musicale. Concerts pop-rock, soirées électros, « écoutez pas n'importe quoi avec n'importe qui », voilà leur fil rouge. Sans oublier les indispensables d'un bar : billard, flipper et fléchettes !

À voir – À faire

Au centre : un petit hôtel de ville charmant, en pierre de lave noirâtre et un port de pêche. Le long de la route, des vendeurs de zourites, de poissons bleus ou de poissons-perroquets : debout, un poisson dans chaque main, ils sollicitent le passant ou l'automobiliste.
Au flanc de la falaise qui domine la ville a été édifiée une chapelle aux murs blancs, placée sous la protection de Notre-Dame-de-la-Salette. On y grimpe à pied, le chemin de croix est agréable et la vue sur l'océan sublime.
La montée des Colimaçons est un autre parcours privilégié pour découvrir Saint-Leu et la Pointe des Châteaux. Un escalier coupe la route et traverse des bosquets aux arômes multiples. Le point de vue de l'église des Colimaçons est imprenable, pensez à prendre votre appareil panoramique, ou un grand-angle.
Petit conseil : pour admirer la ville et son lagon, à la sortie de Saint-Leu en direction de Saint-Gilles, vous pouvez également prendre la route en lacets (serrés !) qui part à droite vers le lieu-dit La Fontaine. Au cinquième virage, vous pouvez vous garer sur le bas-côté et contempler la vue magnifique qui s'offre à vous. Un endroit formidable.

KÉLONIA – L'OBSERVATOIRE DES TORTUES MARINES

RN1 Pointe-des-Châteaux
✆ 02 62 34 81 10
www.kelonia.org
Sur la route du Littoral, juste avant Saint-Leu en venant du nord.
Ouvert tous les jours de 9h à 18h (fermeture des caisses à 17h). Tarif plein 7 €, réduit 5 €. Visites guidées organisées 5 fois par jour.
Quelques années après la métamorphose de l'ancienne « ferme corail », Kélonia a réussi à s'imposer comme LE spécialiste de la tortue dans l'océan Indien. Construit en partie dehors, devant la jolie vague fort justement appelée La tortue par les surfeurs, cet aquarium à ciel ouvert a investi un très bel espace (notamment un superbe four à chaux) et propose une visite ludique et intéressante dans le monde mystérieux et vulnérable de ces attachants reptiles. De la façon dont les colons britanniques dégustaient l'animal aux amusants proverbes dans toutes les langues de l'océan Indien, en passant par la rencontre avec Blanche, la gentille tortue Albinos qui se laisse facilement caresser... On ne s'ennuie pas une seconde dans cet observatoire qui projette également pour les enfants un dessin animé très percutant sur les menaces qui pèsent sur ces reptiles, à travers l'amitié d'une tortue et d'un enfant.
A noter, enfin, quelques initiatives originales qui ponctuent l'année comme l'opération menée en avril 2010, « 100 arbres pour les

Leu Tempo Festival

LEU TEMPO FESTIVAL

www.lesechoir.com
lesechoir@lesechoir.com
Généralement en mai de chaque année.
Depuis ses débuts en 1998, Leu Tempo est devenu LE festival de spectacle vivant de l'océan Indien. Appelé aussi le festival des « spectacles pas pareils », cette manifestation, organisée chaque année en mai par l'association Le Séchoir, affole littéralement Saint-Leu pendant 5 jours. La petite ville tranquille se transforme en scène survoltée, accueillant des marionnettistes, des comédiens, des graffeurs, des danseurs, des chanteurs, des troupes de cirque, bref des artistes qui n'ont en commun que leur créativité. De plus en plus ambitieux d'année en année, Leu Tempo regorge d'énergie, bousculant les frontières entre les arts, prenant d'assaut les salles de spectacles comme les rues, attirant les familles en journée et les foules de noctambules en fin de soirée, pour faire durer les festivaleries déjantées jusqu'au petit matin.

tortues », qui a permis à 100 volontaires de planter les espèces susceptibles d'attirer les tortues en ponte.

LA MAISON DU COCO

Domaine de la Pointe des Châteaux
134 rue Georges-Pompidou
✆ 06 92 70 63 73 / 02 62 38 15 44
www.domainepointedeschateaux.com
domaine.pointechateau@yahoo.fr
Ouvert du mardi au dimanche de 9h30 à 16h30, visites guidées à 10h et 14h. Tarif visite libre : 5 €, guidée : 8 €. Compter 1h30 de visite. A 500 m de la sortie Colimaçons, sur la gauche en descendant vers Saint-Leu.
Un lieu dédié au coco, au sein du Domaine de la Pointe des Châteaux, qui est une ferme pédagogique. Le cocotier, véritable « arbre de vie », n'a pas la place qu'il mérite à la Réunion. Peu utilisé localement, cet arbre aux usages innombrables est pourtant quasiment sacré dans plusieurs cultures d'Asie et d'Océanie. La Maison du Coco lui rend honneur en dévoilant tous ses secrets, de la plantation (2 ha de cocoteraie, sur les 8 de l'exploitation), à la transformation et l'exploitation de ses produits : bois, fibres, chou-coco, bourre, eau, lait et huile de coco, artisanat de la coque… Un mini-musée a même été installé ainsi qu'un atelier d'extraction d'huile. Les commentaires, aussi passionnés que passionnants, joignent le geste à la parole : débourrage du coco, tressage, râpe… Possibilité de repas au coco pour les groupes. Une jolie boutique vend de l'artisanat en noix de coco, local et importé, ainsi que de l'huile vierge aux nombreuses vertus, extraite sur place. Côté ferme pédagogique enfin, la visite continue avec un verger créole, un potager de légumes lontan, un petit sentier botanique et un jardin d'aromates. Les enfants préféreront les animaux de la basse-cour, ou s'égayer sur la vaste pelouse du domaine, fort agréable au demeurant, avec ses paillottes et sa vue plongeante sur l'océan. Un snack pour les petites faims. Visite bien conçue, recommandé.

MUSÉE DU SEL

25 Pointe au Sel les Bas
✆ 02 62 34 67 00
Ouvert du mardi au dimanche de 9h à 12h et de 13h30 à 17h. Entrée gratuite.
Voilà un petit musée ludique et agréable dédié à l'histoire du sel de la Réunion, que les Bretons furent les premiers à extraire. Perché sur le site magnifique de la pointe au Sel (qui, à lui seul, vaut le détour), cet établissement propose une balade ludique et pédagogique à travers des questions-réponses amusantes : pourquoi le salaire vient-il du mot « sel » ? Pourquoi l'eau de mer est-elle salée ?
Léger bémol, les espaces ludiques mériteraient d'être « rénovés » car trop peu fonctionnent encore et c'est bien dommage. En revanche, un excellent film d'une vingtaine de minutes vous sera diffusé à votre arrivée et vous retracera l'histoire tellement intéressante de ces lieux. En cadeau, à la sortie, vous aurez le droit à un petit sachet de gros sel local : et ça, c'est sympa !

OUEST

NOTRE-DAME-DE-LA-SALETTE

Ce sanctuaire qui surplombe majestueusement la baie de Saint-Leu et les petites marchandes de fleurs réunies, quotidiennement, au pied de son Chemin de Croix, est le théâtre d'un pèlerinage annuel tenu à la mi-septembre, très populaire auprès des fidèles des quatre coins de l'île. Erigée par les habitants de la ville au moment où le choléra frappe la Réunion en 1859, emportant plus de 2 200 victimes, la chapelle jouit depuis son inauguration d'une réputation de lieu miraculé et miraculeux : car c'est elle qui, à l'époque de la pandémie, aurait protégé les paroissiens du fléau, aucun Saint-Leusien n'ayant succombé à la vague épidémique. Elle conserve à ce jour cette aura mystique ; on attribue d'ailleurs au pèlerinage d'innombrables bienfaits.

LES SOUFFLEURS

A la sortie de Saint-Leu par la route du Littoral, juste après la Pointe-au-Sel, un parking offre un point de vue sur un puissant « souffleur » (il y en a d'autres le long de l'ancienne route entre L'Etang-Salé et Saint-Pierre), un curieux phénomène géologique de la côte. La vague entre dans une cavité rocheuse, aspirée par la dentelle de falaises basaltiques. Quelques secondes après le ressac, l'eau qui est restée contenue dans le trou est violemment expulsée en gerbe, à plusieurs mètres de hauteur. C'est le grand geyser océanique, le feu d'artifice. Un spectacle fascinant, surtout quand l'océan est agité.

Sports – Détente – Loisirs

Que vous portiez le regard vers l'horizon ou que vous leviez les yeux vers le ciel, vous vous rendrez très vite compte que Saint-Leu est le paradis des parapentistes. Quelques sites font également le bonheur des plongeurs. Un conseil, toutefois, si vous préférez les bons vieux masque et tuba : au niveau du restaurant de plage La Varangue, vous pourrez admirer une vie récifale riche à seulement quelques brasses du rivage.

Sports – Loisirs

ABYSS PLONGEE

17, boulevard Bonnier
✆ 02 62 34 79 79
www.abyss-plongee.com
abyss-plongee@wanadoo.fr
Baptême 62 €, exploration encadrée et non-équipée 47 €, autonome 35 €. Tarifs double plongée (dans deux sites différents) attractifs. Plongée nocturne 55 €.

Créé en 1997 et repris en 2012, le centre Abyss Plongée est situé en ville, à côté du port. Outre les plongées classiques, le club propose des stages d'initiation à la plongée, en une journée, et des stages enfants pour les moins de 12 ans. Pour les plus grands, formations ANMP/CEDIP du niveau I au niveau IV ; formations PADI, plongée au nitrox, plongées nocturnes. Enfin, des randonnées palmées, plus familiales, sont organisées pendant la saison des baleines.

AIR LAGON PARAPENTE

67 rue Jean-Baptiste-de-Villèle
✆ 06 92 87 52 87
www.airlagon-parapente.fr
airlagon@wanadoo.fr
Vol en biplace à partir de 75 €.

Le Souffleur entre Saint-Leu et Saint-Louis.

Un des principaux centres de Saint-Leu, ouvert depuis de nombreuses années. Air Lagon Parapente dispose de sa piste d'envol privée, à 1 600 m d'altitude, pour le vol « Panoramique ». Egalement des départs depuis 800 m, avec un minimum 40 minutes de vol, et quelques évolutions acrobatiques au-dessus du lagon, ou des décollages depuis le Maïdo, le piton Textor, Grand-Coude… Enfin, des formations sont proposées, stages découverte, initiation et perfectionnement.

■ **AQUABULLE PLONGÉE**
30 rue des Cocotiers
✆ 02 62 34 88 58 / 06 92 18 04 22
www.aquabulle-plongee.com
Forfaits plongées, plongées de nuit et à thème. Baptême 65 € (dégressif selon le nombre de plongeurs), exploration 50 € (réduction de 5 € sur présentation du guide). Exploration niveau 1 : 45 €. Réductions à partir de 6 plongées. Deux sorties par jour tous les jours.
Un club bien installé non loin des autres, à gauche après le collège sur la route des Colimaçons. Un bateau en alu de 15 places au port, avec un toit, ce qui évite de brûler au soleil. Plongées au nitrox (mélange gazeux particulier permettant d'accroître la sécurité et le confort de la plongée en diminuant la fatigue inhérente à l'immersion), au recycleur (le seul de l'île !), de nuit et profondes. Formations du niveau I au niveau IV, délivrance des brevets FFESSM, ANMP, PADI. Une fois par semaine, sortie en mer à la journée avec 2 plongées et repas (sur réservation). Ben vous accueille dans la bonne humeur et avec professionalisme. Si vous devez faire un baptême de plongée : n'hésitez pas c'est ici qu'ils sont les plus beaux ! Une petite terrasse couverte permet de déguster un punch offert à la fin de la plongée. Super ambiance, notre préféré ! Très bon rapport qualité-prix !

■ **AZURTECH PARAPENTE**
3 impasse des Plongeurs
Pointe-des-Châteaux
✆ 02 62 34 91 89 / 06 92 85 04 00 / 06 92 85 37 85
www.azurtech.com – contact@azurtech.com
Vol en biplace à partir de 75 € (de 20 à 25 minutes).
Jérôme, Henri, Vincent, Eric et Jibé, tous moniteurs diplômés d'Etat, vous feront voir La Réunion sous tous les angles. La spécialité de Azurtech, qui vole depuis 1991, est le vol dont le prix est facturé à la durée, plutôt qu'au circuit parcouru. En utilisant les courants ascendants on peut rester plus longtemps en vol. Azurtech fait aussi de la formation et de l'encadrement, et dispose d'une pente-école. Possibilité de photos numériques.
A noter, le stage découverte qui propose pour 250 € 2 séances en pente-école à Bellemène dans les Hauts de St-Paul. Un terrain de 8 ha tout en herbe sur un dénivelé de 110 m pour progresser en toute sécurité. Et deux grands vols solo à St-Leu ou biplace pédagogique, selon le niveau atteint en pente école. Objectif : réaliser un vol solo.

■ **BLACK AIR PARAPENTE**
57 Impasse de la Falaise
✆ 06 92 24 30 75
www.blackairparapente.com
blackairparapente@gmail.com
Vols à 75 € les 15 à 25 minutes ou 80 € jusqu'à 45 minutes avec départ de 800 m, 105 € au départ de 1500 m, 65 € enfants de moins de 12 ans. Ouvert tous les jours.
Un club sympa, ouvert depuis 2006 et tenu par Guillaume, qui vole depuis 15 ans. Il assure les vols depuis le baptême jusqu'au formation, et les photos en vol sont offertes. Le minibus de Black Air Parapente est situé en bas des Colimaçons, sur le parking de la zone d'atterrissage. Il vous emmènera dans les hauts de Saint-Leu, mais aussi, pour 2 personnes minimum, à Dos-d'Âne, aux Makes, au Maïdo, et, en rajoutant le prix de la sueur, sur le piton des Neiges pour 3 070 m de descente !

■ **BOURBON PARAPENTE**
4 Rue Haute
✆ 06 92 87 58 74
www.bourbonparapente.com
master@bourbonparapente.com
Au rond-point nord de Saint-Leu
Vol en biplace à partir de 80 €. Vol Bourbon, – de 12 ans, 65 €. 10% de remise sur les réservations en ligne. Un pass a été mis en place avec 6 autres prestataires sportifs afin de profiter de remises successives.
Un club tenu par une équipe de diplômés d'Etat avec dix ans d'expérience, qui a obtenu le label Ecole française de vol libre 2010 et le label biplace 2010. Baptêmes en biplace : survol du lagon de Saint-Leu avec un dénivelé de 800 m (de 75 € à 85 €). Grand survol de la forêt primaire et de la baie de Saint-Leu avec un dénivelé de 1 500 m (105 €). Photos, vidéo en vol et à l'atterrissage (compter 15 €, photos gratuites pour les enfants). En attendant ses photos, on se remet de ses émotions avec les moniteurs au snack-bar Bourbon.

OUEST

EXCELSUS

ZA Pointe-des-Châteaux
1 impasse des Plongeurs
✆ 02 62 34 73 65
www.excelsus-plongee.com
contact@excelsus-plongee.com
Baptême : 62 €, explo : 52 €, 470 € les 10. Snorkeling : 20 €. Réductions pour autonomes et plongeurs équipés.

Ouvert depuis 1989, le centre de plongée Excelsus est une référence sur l'île. Il est situé Pointe des Châteaux, montez au niveau de Kelonia, c'est un peu au-dessus de l'hôtel Iloha. Animé par une équipe jeune, professionnelle et dynamique, on apprécie ce centre tant pour son haut niveau de sécurité (le matériel est très récent, centre Scubapro SEA, deux bateaux modernes avec tous les équipements imaginables) que pour sa convivialité : le club house est vraiment très sympa, avec sa terrasse, son bar et sa belle vue sur l'océan qui donnent envie d'apprécier l'après-plongée, tandis que d'autres n'ont qu'un camion à proposer... On aime aussi la maîtrise technique, avec des formations tous niveaux, de la production photo vidéo, de la plongée au nitrox et ceci, au même prix que l'air. Un des deux bateaux, un catamaran à faible tirant d'eau, a même été conçu spécialement pour la baie de Saint-Leu. Une adresse où vous pouvez vous rendre les yeux fermés.

FLY BOARD RÉUNION

Glacier Snack « le Délice Laleu »
3 rue du Trésor
✆ 06 93 92 74 27
www.flyboard-reunion.fr
80 € par personne pour 20 minutes, 100 € les 30 minutes. A partir de 4 personnes, 72 € les 20 minutes.

Vous avez toujours rêvé de vous prendre pour un dauphin ? Essayez-vous au flyboard. Cet engin vous propulsera aussi bien dans les airs que sous l'eau. Mais attention, il faut compter entre 2 et 20 minutes pour s'arracher de l'océan !

FUNKY JET

4 rue Haute ou au Port
✆ 06 93 91 81 29
www.funky-jet.com
Jet ski : 80 € les 30 minutes, 130 € l'heure. Parachute ascensionnel : 55 € en solo, 100 € à deux. Départ du port de Saint-Leu.

En mode décontracté, en amoureux, en mode sport, vous trouverez ici tous moyens de faire une balade en jet-ski en fonction de vos envies. Egalement des sorties en speed boat, en bouée tractée et en parachute ascencionnel.

PARAPENTE DÉ Z'ÎLES

34 rue du Général-de-Gaulle
(Au nord de Saint-Leu, près de Kélonia)
✆ 02 62 24 08 23 / 06 92 33 20 25
www.parapentedesziles.com
jimmy@parapentedesziles.com
Baptêmes de l'air en biplace, à partir de 70 €.

Depuis 1996, le sympathique Saint-Leusien Jimmy, diplômé d'Etat, vous invite à survoler l'Ouest et le Sud avec les pailles en queue, à 800 m ou 1 600 m d'altitude. Jimmy et son équipe sont impossibles à manquer car l'accueil est situé sur le parking de l'aire d'atterrissage. Il fait également buvette pour se remettre de ses émotions ou simplement pour venir regarder ceux qui atterrissent.

PARAPENTE RÉUNION

103 rue Georges-Pompidou
Montée des Colimaçons
✆ 02 62 24 87 84 / 06 92 82 92 92
www.parapente-reunion.fr
info@parapente-reunion.fr
L'accueil est situé en face du site d'atterrissage, à l'entrée de Saint-Leu, le centre et l'école de Parapente Réunion sont plus hauts, à 3 km. Baptême à partir de 65 €.

Ouvert depuis 1990, Parapente Réunion fera découvrir les plus beaux paysages de l'île en toute sérénité. Avec 12 moniteurs brevet d'Etat, c'est le plus important centre de l'île. De nombreuses formules baptêmes de l'air, en survolant le lagon et les forêts, formations variées et organisation de voyages à thème sont proposées. Une sortie « Saint-Leu vue du coucher du soleil » est organisée pour 85 € (de 16h à 18h).

PLANETE PARAPENTE

343 chemin Pivetau
✆ 06 92 71 97 49
www.planet-parapente.com
emmanuel.saget@free.fr
Vols tous les jours sur rendez-vous. Entre 75 et 95 € pour les vols adultes, 50 € pour les vols « marmailles » (enfants de plus de 10 kg). + 25 € pour repartir avec des photos.

Un très beau site pour le vol en parapente que cette baie de Saint-Leu. Grâce à plusieurs formules de vol, du baptème découverte au « vol adrénaline » en passant par le plus technique « vol performance », chacun découvrira à sa manière les sensations pures de se laisser porter par les courants aériens et les ascendances thermiques. Survol des champs de canne à sucre, du jardin botanique, des eaux du lagon et de la baie... avant un atterrissage en douceur sur la plage. Manu Saget vous fera profiter de ses dix années d'expérience et pourra aussi organiser, avec d'autres moniteurs, des vols en couple ou en groupe.

RIC À RIC

15 chemin Fossy
✆ 06 92 86 54 85
www.canyonreunion.com
ricaric@canyonreunion.com
Compter 75 € la journée.
Cette sympathique équipe, composée de moniteurs professionnels diplômés d'Etat, propose des séances de canyoning (initiation, perfectionnement ou formation) programmées en fonction du niveau des participants et des conditions climatiques. Les balades se font à la demi-journée, à la journée, au week-end ou même sur plusieurs jours. Le matériel de progression est inclus dans le prix, mais pas le déplacement, ni la nourriture. Ric à Ric met l'accent sur l'équipement, gage de confort et de sécurité (combinaisons épaisses avec cagoule et chaussons en hiver, surcombinaisons spéléo...). L'encadrement est assuré par des moniteurs brevetés d'Etat en spéléo et en escalade, experts en matière de canyons puisqu'ils s'investissent toute l'année dans l'entretien des parcours de l'île. Ils ont par exemple ouvert une nouvelle voie sur le Trou-de-Fer par le bras de Mazerin. Ric à Ric offre également la possibilité d'explorer les tunnels de lave du Grand-Brûlé avec un spéléologue de l'équipe : le parcours Découverte dure 1h30, le « Plein tube », qui vous amène au plus profond du tunnel, prend 3h30. Un spectacle époustouflant !

TROPIC PARAPENTE

14 venelle Girimbelles
✆ 06 93 01 28 28
www.tropicparapente.com
info@tropicparapente.com
Baptême : 75 € (de 15 à 25 minutes), 80 € (30 minutes) ou 110 € (1h).
Cette école de parapente propose des baptêmes de l'air, pour découvrir la Réunion en vol, et survoler le lagon de Saint-Leu.

Shopping

BOUTIK LA KOUR

234 rue du Général-Lambert
✆ 06 92 65 68 13 / 06 92 03 81 93 / 06 92 01 82 22
mylene@boutik-la-kour.fr
Ouvert tous les jours de 9h30 à 12h30 et de 14h30 à 18h30, sauf le dimanche et le lundi matin.
Vous trouverez dans cette charmante boutique, tenue par quatre créateurs, des productions artisanales de qualité à prix raisonnables. Bijoux en verre de toutes les couleurs, boîtes en vacoa tressé, élégants luminaires confectionnés à partir de bois flotté et de galets basaltiques, mobilier de cuisine « végétalisé » : ici, la variété et la fantaisie des objets d'art n'ont d'égales que leur finesse et leur originalité. Une adresse de choix.

MARCHÉ COUVERT DE SAINT-LEU

Rue du Général Lambert
Ouverture du mardi au samedi de 9h30 à 18h30 et le dimanche de 9h à 13h.
Il était temps que ce marché couvert, fermé depuis les années 1980, ouvre à nouveau ses portes. Entièrement rénové et inauguré en décembre 2014, il accueille sept cabanes dédiées à la vente de produits locaux (réellement fabriqués à La Réunion) et de qualité. Vous y trouverez à coup sûr un petit souvenir « Made by Reunion », ce label créé par la Chambre des métiers pour valoriser l'artisanat local.

MARCHÉ FORAIN DE SAINT-LEU

Rue de la Compagnie-des-Indes
Tous les samedis matin, sur le front de mer, derrière la mairie.
Un petit marché convivial, posté sur le front de mer, qui propose principalement des fruits et légumes, mais aussi quelques stands de prêt-à-porter et un peu d'artisanat.

MELTING POT

74 rue du Général-Lambert
✆ 02 62 34 81 30
Ouvert du lundi au samedi de 9h15 à 18h30.
Une boutique d'artisanat réunionnais : objets en bois, en pierre, en vacoa, en coco. Grand choix.

AU PLONGEUR TRANQUILLE

375 rue du Général Lambert
A la sortie sud de Saint-Leu
✆ 02 62 34 41 50
plongeurtranquille@wanadoo.fr
Ouvert tous les jours de 8h30 à 12h et de 14h à 18h (sauf le dimanche : uniquement location de matériel, le matin).
Vente, location, entretien de matériel de plongée en bouteilles, snorkeling, chasse sous-marine. On y trouve aussi des petites chaussures en plastique bien pratiques pour marcher sur la plage et aller dans l'eau sans se blesser sur le corail. Egalement un espace librairie spécialisée. Excellents conseils sur les clubs de plongée de Saint-Leu.

■ **LE TABOU – NICOL PAYET**
Pointe-des-Châteaux
1 avenue des Artisans
Saint-Leu
✆ 02 62 34 82 59 / 06 92 82 82 66
flore.payet@orange.fr
Ouvert du lundi au samedi de 9h à 12h et de 14h à 18h, démonstration uniquement sur rendez-vous.
On peut rendre visite à cet artisan qui travaille l'écaille (provenant de tortues d'élevage uniquement : comme les autres membres de la Coopérative des métiers d'Art de Bourbon, il puise sa matière première en toute légalité dans une réserve constituée avant la signature de la Convention de Washington en 1984 qui interdit l'exploitation artisanale de l'écaille de tortues) et les matières de l'océan Indien (pigments naturels, nacre, rostres d'espadon, etc...). On trouve notamment chez cet artisan passionné des pierres semi-précieuses, des coffrets, des miroirs, des luminaires et des bijoux.

LES HAUTS DE SAINT-LEU

Saint-Leu, son centre animé, sa plage et son lagon. Mais il suffit de quelques virages pour changer radicalement d'ambiance. Grimpez par exemple vers la Fontaine Saint-Leu, à l'entrée de la ville, pour y admirer après seulement quelques tournants un panorama époustouflant sur la baie de Saint-Leu, de la pointe au Sel à la pointe des Châteaux. C'est un des endroits de l'île où la pente du cône volcanique est la plus forte, les routes s'agrippent aux reliefs en d'interminables lacets, si raides que l'on monte en première sur tout le long. Mais aujourd'hui, tout a changé. Depuis l'ouverture en 2009 de la route des Tamarins, les bourgs des Hauts de Saint-Leu se rejoignent plus vite depuis Saint-Paul ou l'Etang-Salé... que depuis Saint-Leu ! Et en cinquième vitesse, s'il vous plaît !
Les premières maisons, véritables belvédères posés sur la pente, jouissent chaque soir d'un coucher de soleil imprenable car en face, c'est l'Ouest. Premier bourg au-dessus de la 4 voies : Piton Saint-Leu est si étendu – largement plus que le centre de Saint-Leu – qu'il pourrait devenir commune à part entière. On y accède directement par la sortie Stella, ou par la D11 en 3 minutes depuis la ville. Mais il faut monter encore, bien plus haut que la route des Tamarins, pour atteindre la Fontaine Saint-Leu, la Chaloupe Saint-Leu, les Colimaçons... Depuis ces bourgs, outre le panorama époustouflant sur une bonne partie de l'île, dont on profite moins cependant à mesure que l'altitude s'élève et que les nuages s'accumulent dans la journée, la vue porte aussi sur la route des Tamarins, dans sa partie la plus spectaculaire. Les ouvrages d'art colossaux franchissant les ravines encaissées de Saint-Leu font désormais partie du paysage.
Nous avons choisi de placer dans Saint-Leu les premières hauteurs, situées sous la route des Tamarins, qui traverse la commune à 200 mètres d'altitude, et dans les Hauts de Saint-Leu, tout ce qui est au-dessus. Hormis Piton Saint-Leu, les premiers villages au-dessus de la 4-voies sont situés vers les 400 m d'altitude, température idéale pour se passer aussi bien du chauffage que de la climatisation, et pour séjourner près des grands axes. Mais les bourgs les plus importants, ayant gardé atmosphère et charme des Hauts, s'alignent le long de l'historique route Hubert Delisle (D3), entre 600 et 800 m d'altitude. Construite au XIXe siècle, elle serpente de Saint-Paul aux Avirons en franchissant d'innombrables ravines par moult ponts et radiers. C'était, jusqu'à l'ouverture de la route des Tamarins, le seul passage possible hormis la route côtière. Outil d'aménagement du territoire, cette voie a permis le développement des cultures de géranium et de canne à sucre ainsi que l'exploitation forestière. Aujourd'hui, c'est une belle balade à faire en voiture, pour s'arrêter au gré des panoramas, des reflets de lumière sur les champs de canne et l'océan, et prendre la fraîcheur au bord d'une ravine ou y faire une nuit. Gîtes et tables d'hôtes de qualité y sont nombreux.

Se loger

Locations

■ **LE BAOBAB 974**
Chemin Barret
Piton Saint-Leu
✆ 02 62 59 34 26 / 06 92 72 93 32
lebaobab974@gmail.com

Compter 290 € la semaine pour 2 personnes. Ajouter 10 € pour 1 personne supplémentaire par jour.
Loin de l'agitation touristique de la côté, c'est le parfait petit nid douillet pour passer une semaine en amoureux. Ce chalet récemment rénové possède une chambre séparée, une salle de bains et un salon. Il est entièrement équipé (TV, machine à laver, vaisselle, linges de maison). Possibilité d'accueillir 4 personnes en transformant le canapé du salon en lit. La terrasse avec vue sur les champs de canne et le lagon de Saint-Leu vous offrira de magnifiques couchés de soleil. Pour satisfaire votre curiosité de la nature verte qui entoure ce cocon, Isabelle, la propriétaire, sera ravie de vous raconter l'histoire de ses arbres. Ce chalet est très prisé, il faut donc réservez quelques mois à l'avance pour être sûrs d'y séjourner. Tarifs dégressifs.

■ CASE ROUGE PIMENT
Le plateau
10 allée des Lataniers
✆ 06 92 78 13 32 / 02 62 34 86 70
fycuenot@wanadoo.fr
45 € la nuit pour 2 personnes. 250 € la semaine.
Voilà une petite case en bois qui possède tout le charme et l'esprit créole des Hauts ! Sols en béton vernis rouge et meubles en bois... La Case Rouge Piment est un véritable havre de couleurs chaudes et donne envie de voyager jusqu'à Madagascar. Vous profiterez de l'agréable terrasse en bois sous la varangue, donnant sur le jardin verdoyant des sympathiques propriétaires. Entièrement équipé, ce petit cocon au style malgache est le coin idéal pour passer des vacances paisibles et dépaysantes. La case peut accueillir jusqu'à 4 personnes (grâce à un canapé-lit).

■ LES GÎTES DE GLADYS
Le Vétyver
135 rue Adrien-Lagourgue
Piton-Saint-Leu
✆ 02 62 34 30 81 / 06 92 87 91 24 / 06 92 60 37 31
www.gitesdegladys.com
gites.de.gladys@wanadoo.fr
Le gîte (2/3 personnes) à partir de 372 €/semaine, le chalet à partir de 485 €/semaine pour 4, et la villa à partir de 544 €/semaine pour 4.
Peu après le centre de Piton-Saint-Leu, sur la départementale, un ensemble de gîtes ruraux réunis dans un jardin tropical, sublime et exubérant, chez Gladys Leveneur. Un gîte pour 2/3 personnes situé dans la maison des propriétaires, et trois pour 5 personnes nichés dans des bungalows indépendants, avec une grande varangue ourlée de lambrequins : tous sont spacieux, mais le confort reste simple et l'établissement mériterait une rénovation. Plus agréable, la villa Citronnelle est située dans le haut de la propriété. Cette maison de 165 m², classée 4 épis, offre un meilleur confort et un équipement plus complet : cuisine équipée, TV, téléphone, 3 chambres, garage fermé avec lave-linge... Le domaine de Gladys, qui a reçu un prix pour son accueil et un autre pour son patrimoine végétal, recèle un véritable jardin d'Eden avec vue plongeante sur l'océan : letchis, longanis, goyaviers, avocats, papayes, pamplemousses, cocos, girembelles, cœurs de bœuf, ti'jacques, jujube, café, etc. En collaboration avec les Villages Créoles, possibilité de découvrir toutes ces espèces plus ou moins rares de la propriété, de déguster les fruits du verger, de visiter un atelier artisanal travaillant le vacoa, la canne et le vétiver. La journée s'achève alors sur un goûter créole. Accès Internet.

■ GÎTES LES BANCOULS
73 rue Roland-Garros
La Fontaine-Saint-Leu
✆ 0262 54 82 60
lesbancouls@gmail.com
A partir de 250 € la semaine pour 2 personnes, gîtes de 455 à 756 € pour 4 personnes et 880 € pour celui avec piscine pour 8 personnes. Tarifs variables suivant le nombre de personnes et la saison.
A 500 mètres d'altitude, Les Bancouls a pour premier atout sa vue panoramique, et même féérique de nuit. Le domaine s'étant dans un cadre spacieux et paisible, où sont disposées plusieurs maisons d'architecture créole sur deux niveaux avec une longue varangue permettant d'admirer le panorama exceptionnel sur l'Océan Indien et le lagon. 2 locations meublés ainsi que 3 gîtes, dont un classé 4 épis, accueillent de 2 à 6 personnes avec tout le confort nécessaire : climatisation, TV satellite, cuisine équipée, wifi. Le plus petit bénéficie du même équipement pour un tarif très accessible, avec quand même 32 m² et un jardin, tandis que le plus vaste comprend deux niveaux (que l'on peut louer séparément), 3 chambres avec lits en 160 cm, un grand séjour, une cuisine très complète et une piscine chauffée privée. Le jardin est clos et doté de jeux pour les enfants et d'un barbecue. Accueil chaleureux, bon rapport qualité-prix.

OUEST

■ **KREOL'INNS**
550 chemin de la Surprise
Fontaine-Saint-Leu
✆ 06 92 65 84 26 / 02 62 54 78 68 /
06 92 77 88 79
www.kreolinns.fr – contact@kreolinns.fr
Pour 2 personnes : de 339 € à 420 € la semaine suivant le logement et la saison. Pour 4 personnes : de 499 € à 525 €. Rajouter de 64 € à 93 € par semaine par personne supplémentaire, de 42 € à 84 € pour un enfant de – de 12 ans. 2 nuits minimum. Tarifs dégressifs selon la durée.
Une sympathique location de chalets F2, F3 et F4 pour 2 à 6 personnes, à 360 m d'altitude, avec une belle vue sur l'océan. Idéal pour un séjour en famille à l'écart du tohu-bohu du littoral, et pourtant à seulement 10 minutes en voiture du centre-ville et de la plage (attention aux lacets serrés du chemin... Surprise !). Les meublés ont été récemment refaits à neuf et disposent d'une cuisine équipée, de la TV satellite, du wi-fi et d'une agréable terrasse privative avec vue sur la mer. Ils sont disposés autour d'une jolie piscine chauffée avec vue panoramique. L'endroit est très apprécié des familles car, outre la piscine – sécurisée cela va de soi –, les enfants profitent du jardin avec une superbe aire de jeux avec toboggans, jouets, trampoline... Tandis que les parents apprécient le côté pratique : prêts d'accessoires bébé (lits, chaises, rehausseurs...), buanderie, bibliothèque, prêt de palmes, masques et tuba, parking, épicerie à deux pas, réductions chez les prestataires... Laëtitia et Jimmy, qui vous réservent un accueil chaleureux et personnalisé, sont à disposition pour tout détail, ils résident sur place. Une adresse pratique et aux multiples atouts.

■ **LES LATANIERS**
136 ter rue Adrien Lagourgue
Piton Saint-Leu
✆ 06 92 25 13 38 / 02 62 34 74 45 /
06 93 40 58 00
http://leslataniers.free.fr
modeso@yahoo.fr
De 65 € à 120 € la nuit suivant le nombre de personnes et la durée.
Au village de Piton Saint-Leu, à 270 m d'altitude et à 2 minutes de la 4 voies, une des meilleures structures de l'Ouest. 8 logements en location de standing, dont 4 neufs en 2015, dans une vaste propriété de 3 000 m², à la végétation luxuriante et ornée de statues océaniennes, souvenirs de voyages des propriétaires. Chacun loge confortablement 2 à 6 personnes avec des literies en 160 cm, une cuisine moderne et très bien équipée, un séjour avec TV et Internet par wi-fi et câble, et une varangue pour ceux à l'étage, ou un jardin privatif avec mobilier et barbecue. Spacieux, de conception récente, leur décoration est soignée, de bon goût et soucieuse du détail. Autre atout : une superbe piscine à débordement et sa vue panoramique spectaculaire sur l'océan et la côte jusqu'à l'Etang-Salé. Elle jouxte, dans un espace de 400 m², un petit bain avec pataugeoire, un solarium et ses transats, un kiosque et un spa, dans lequel on lézarde volontiers au coucher de soleil ! Il y a ici de quoi remplir ses vacances : salle de billard, boulodrome, ping-pong, prêt de palmes et masques, massages bien-être par une professionnelle, kiosque avec barbecue pour les repas... La propriétaire, grande marcheuse, a fait 5 fois le Grand Raid. Impliquée dans le tissu associatif, elle vous conseillera balades et randonnées. Parking, service bagages, anglais parlé. Une adresse recommandée pour tous ses atouts : accueil, équipement, rapport qualité-prix, services...

■ **MEUBLÉ BAPTISTO**
5 bis CD 25, Grand Fond
✆ 02 62 34 21 70 / 06 92 08 64 73
www.meublebaptisto.com
wilfried.baptisto@orange.fr
De 350 à 500 € la semaine suivant le nombre de personnes. Forfait ménage en option à 40 €.
A 3 minutes de la 4 voies sortie Stella, à environ 300 m d'altitude, un meublé confor-

table avec vue sur l'océan, sur le terrain agricole du propriétaire. L'endroit est très calme, la maison est neuve et accueille 4 occupants confortablement, avec une décoration élégante et un équipement moderne : deux chambres climatisées avec literie en 160 cm, salle de bains avec douche à l'italienne, cuisine bien équipée, terrasse en enfilade avec vue sur l'océan, salon avec TV TNT et wi-fi, grand parking privatif, barbecue… Le propriétaire M. Baptisto, agriculteur en cannes à sucre de son état, vous accueillera chaleureusement et vous proposera de « bat karé » (partir en balade) sur la propriété et les environs : découvrir l'exploitation et les machines pendant la campagne sucrière ou toute l'année visiter le coin, les forêts de bambous, les petits bars des Hauts… Une visite (gratuite) proposée à tous et qui apparemment a un certain succès ! Un 2e logement est en prévision, renseignez-vous.

Bien et pas cher

■ CAZ' OCÉANE

28 chemin de Mutel
La Chaloupe Saint-Leu
✆ 02 62 54 89 40 / 06 92 74 63 94
www.lacazoceane.com
lacazoceane@gmail.com

En chambre, 45 € la nuit avec petit déjeuner pour 1 personne, 65 € pour 2, accès au spa inclus. En appartement (3 nuits minimum), 70 € la nuit pour 2 avec petit déjeuner, 20 € par personne supplémentaire, accès au spa inclus également, ou bien location indépendante sans prestations. Logement familial pour 6 personnes à 25 € par personne, sans prestations. Petit déjeuner 9 €, accès au spa 5 €, repas tout compris 23 € adulte, 13 € enfant. Panier repas 10 €.

A 800 m d'altitude, soit 15 minutes de la route des Tamarins, la Caz'Océane déploie un panorama magique sur la côte de Piton Saint-Leu à Saint-Gilles. On en profite assez peu depuis les logements ; en revanche on l'apprécie pleinement depuis l'espace détente, en lézardant dans le spa : on voit même décoller les parapentes de la base de départ toute proche. Le confort des logements est simple, correct pour les tarifs pratiqués : chauffage, salles de bains, wi-fi. 2 chambres doubles et 1 triple, 1 appartement avec cuisine pour 4 personnes dont 2 sur un canapé-lit, et un autre pour 6 avec lits superposés. Mais le vrai plaisir, c'est d'apprécier les somptueux levers et couchers de soleil depuis la belle terrasse en compagnie de Marie-Ange et Pascal, toujours sur le pont pour vous offrir le meilleur séjour possible. La Caz'Océane sera parfaite pour vadrouiller en journée, dans les Bas et les Hauts (le Maïdo est à seulement 40 minutes), et se retrouver pour les repas, partagés avec vos hôtes. Le petit déjeuner avec pain frais maison, fruits, miel, yaourts, fromages… est servi dès 3h du matin. Les repas, d'inspiration locale, métropole ou internationale, s'adaptent à la demande. Marie-Ange et Pascal préparent même les paniers-repas pour vos excursions et organisent des pique-niques sur la plage (à partir de 30 personnes).

Ils ont tout prévu : prêt de palmes et masques, bâtons de marche, lits bébé, service de pressing… et parlent même anglais et allemand couramment ! Bon accueil, à découvrir.

■ LES CYPRES

5 bis, rue de l'église
Piton Saint-Leu
✆ 06 92 04 63 31
http://location-chambre-reunion.com
boyer.sylvio@orange.fr

60 € la nuit pour 2 en chambre, petit déjeuner compris, dégressif dès la 4e nuit. En gîte, comptez 360 € la semaine pour 2 personnes dans le gîte Vanille, 480 € pour 3, 540 € la semaine pour 4 dans le gîte Orchidée, petits déjeuners non compris. Repas du soir 25 € adulte, 10 € enfants de moins de 15 ans.

Tout près de l'église de Piton Saint-Leu, à quelques minutes de la 4 voies, les Cyprès proposent une chambre double et 2 gîtes dans un cadre coloré, bordé d'une agréable piscine chauffée, avec son solarium en surplomb et sa vue panoramique sur l'océan. Les gîtes disposent de chambres climatisées aux couleurs vives, de cuisines équipées et chacun d'une terrasse privée orientée vers l'océan et avec vue sur la piscine en contrebas, particulièrement grande pour celle du gîte Vanille : parfait pour l'apéro ou une soirée grillade. La chambre, chaleureusement décorée, dispose d'un réfrigérateur, d'une terrasse privative plus discrète et d'une salle de bain accessible aux handicapés. Tous les logements sont dotés de la climatisation, du wi-fi et de la TV TNT. Parking privé et fermé. Bonnes prestations, lieu calme et reposant, bon accueil : une adresse recommandée.

Confort ou charme

■ BARDZOUR

22 ter chemin Georges-Thénor
Grand-Fond, Piton-Saint-Leu
✆ 02 62 34 13 97 / 06 92 69 94 91
www.bardzour.com

Chambre d'hôtes 50 € avec petit déjeuner, 10 € le lit supplémentaire, en gîte de 525 à 630 € la semaine pour 4 personnes.

A 200 m d'altitude, juste à côté de la ravine du Cap, les gîtes et tables d'hôtes de Marie-Claire et Christian Vion s'étendent sur un immense domaine parsemé de cocotiers et de plantes tropicales. 4 chambres d'hôtes, propres et très confortables, avec salle de bains privative, disposent d'une terrasse et partagent une salle commune dans un jardin indépendant. Plus haut (il faut prendre la voiture tellement le terrain est grand), 2 gîtes à côté d'une belle piscine avec vue sur Saint-Leu. Très grands, ils se composent de deux chambres identiques avec lits doubles et un canapé dans le salon, d'une cuisine très complète et d'une terrasse avec barbecue. Deux autres gîtes de même standing sont situés plus loin sur une grande pelouse. L'ensemble est bien aménagé et convivial. L'établissement, très convoité et souvent complet, est une valeur sûre. Accueil très sympathique. Accès Internet.

■ CHEZ FRANÇOIS ET MICHÈLE HUET

Les Colimaçons
202 chemin Potier
Bras-Mouton
✆ 02 62 54 76 70 / 06 92 67 62 54
www.balcon-creole.fr
contact@balcon-creole.fr

Compter 50 € la nuit pour 2 personnes en chambres d'hôtes (60 € avec vue sur mer), petit déjeuner compris. Gîte de 420 à 500 € la semaine de 2 à 4 personnes. Table d'hôtes sur réservation, repas à partir de 23 €.

A 600 m d'altitude, François et Michèle vous accueillent dans un cadre créole authentique, truffé de charme. Depuis leur terrain de 6 hectares, planté de canne à sucre, d'arbres fruitiers et de plantes maraîchères, la vue s'étend de La Saline-les-Bains à la Pointe-au-Sel. Dans une case indépendante rénovée en 2009, le gîte (deux chambres doubles avec salle de bains privée), de haut standing, dispose d'une cuisine complète, d'une télévision et d'une grande varangue intérieure avec vue imprenable sur le littoral. Les quatre chambres d'hôtes, avec salle de bains privée et grandes baies vitrées, coquettes et minutieusement décorées, donnent elles aussi plus ou moins directement sur le panorama, et partagent une belle terrasse dentelée de lambrequins, où l'on prend les repas. L'ensemble mêle élégamment tradition créole et éléments modernes. La table d'hôtes, très réputée, fait la part belle aux poissons et autres produits de la mer. C'est copieux et excellent, l'accueil est chaleureux. Une très bonne adresse.

■ LA KAZ TI PIMENT

20, rue Edouard Carpy
✆ 02 62 25 29 52 / 06 92 21 11 12
contact@tipiment.re

75 € la chambre double. Chambre d'appoint enfant à 20 € par nuit. Petit déjeuner inclus. Repas en table d'hôtes à 30 €.

Cette grand maison, en pleine zone résidentielle, est une vraie surprise. La Kaz Ti Piment, tenue par Marie-Lourdes Moron, vous réserve un accueil haut de gamme avec ses chambres toutes neuves et à la décoration raffinée. Les 3 chambres doubles disposent chacune d'une salle de bain et de sanitaires privés, complétées d'une chambre d'appoint pour deux enfants. Il y règne une véritable ambiance de convivialité et la grande terrasse agrémentée d'une belle piscine en ravira plus d'un. Un coup de cœur !

■ LEU BLEU AUSTRAL

15 Chemin des Perdrix
Etang-Saint-Leu
✆ 06 92 14 64 65 / 02 62 59 66 58
www.leubleuaustral.fr
info@leubleuaustral.fr

75 € la nuit pour 2 personnes avec petit déjeuner, 110 € pour 4, 10 € de plus par nuit

en octobre et novembre. Minimum 2 nuits, sauf le week-end (85 € la nuit dans ce cas). Dégressif à partir de 8 nuits.
A 400 m d'altitude, voici une adresse aux multiples atouts. Cette belle maison d'hôtes jouit d'un panorama splendide, de la Pointe au Sel à l'Ermitage, promesse de somptueux couchers de soleil. Cinq chambres fort bien tenues, parfaitement agencées, au standing digne d'un grand hôtel : entièrement meublées sur mesure de teck balinais, literies haut de gamme en 160 ou 180 cm, élégantes salles de bains avec douches à l'italienne, wifi, TV-DVD et même coffre-fort ! Il n'y a pas de secret : vos hôtes, un couple de Belges chaleureux, ont fait carrière dans l'hôtellerie de luxe et veillent au moindre détail. Les chambres ont toutes aussi une kitchenette et une terrasse ouverte sur le jardin. L'une d'elles loge 4 personnes dans 2 pièces séparées. Le petit déjeuner est un moment agréable, sur la terrasse panoramique : confiture et yaourt faits maison, viennoiseries, fruits frais, fromage et miel *péi*... l'occasion pour vos hôtes de vous renseigner sur les meilleures activités de la région. Au retour, vous vous délasserez dans la belle piscine chauffée, ses transats et sa balnéo. Bon accueil et bon rapport qualité-prix.

VILLA MASCARINE
396 rue Georges-Pompidou
Les Colimaçons
✆ 02 62 55 73 17 / 06 92 93 46 49 / 06 92 93 75 72
www.villamascarine.fr
contact@villamascarine.fr
94 € la nuit en chambre d'hôtes pour 1 ou 2 personnes avec petit déjeuner, minimum 2 nuits, dégressif dès la 3e nuit. De 469 € à 574 € la semaine en studio suivant la saison, de 630 € à 728 € en suite. Petit déjeuner à 12 €, repas à 31 €.
Un coup de cœur depuis de nombreuses années ! A deux pas du conservatoire de Mascarin et 5 mn de la route des Tamarins, au milieu des champs de cannes, cette grande bâtisse blanche et bleue sur 4 niveaux fait face à un panorama grandiose sur Saint-Leu et la côte. Cyrille et Isabelle vous accueillent dans leur villa d'un excellent standing, dotée d'une belle piscine chauffée toute l'année, d'un spa et d'un salon home cinéma. Deux vastes chambres d'hôtes mansardées, avec lit en 180 cm, belle salle de bains, grande TV et wifi. En contrebas, proche de la piscine, 2 studios et une suite, aussi confortables et équipés avec en plus kitchenette et terrasse. Le petit déjeuner pris devant le panorama est un grand moment de plaisir, ainsi que la table d'hôtes (quelques fois par mois) devant la baie scintillante. Une cuisine innovante et audacieuse, élégant métissage de saveurs locales et lyonnaises, que nos hôtes qualifient de « Réulyonnaise » ! Parking privé, services de massages par une professionnelle. Très chic, très bon accueil et en prime le label « la clef verte » qui reflète la sensibilité écologique de l'établissement à travers des actions au quotidien. Adresse recommandée.

Se restaurer

LE SWANN
96 chemin Darty-Milo
Piton Saint-Leu
✆ 02 62 45 27 83
Ouvert le soir, du mardi au samedi. Les plats vont de 18 € à 25 €.
Caché dans les hauts de Saint-Leu, le Swann vaut qu'on cherche un peu pour se mettre à tablo ! Dans un cadre très chaleureux et cosy, style balinais, peu de plats à la carte, mais que des bons plats. Une présentation à l'assiette alléchante et en quantité suffisante. Une seule personne derrière les fourneux vous propose des classiques de la cuisine française détournés avec des produits locaux. Magret de canard sauce miel et hibiscus, rognon de veau au vieux rhum, mais aussi quelques poissons... L'ambiance est détendue et vous ne partirez pas sans avoir bu un petit digestif offert par le patron. Réservez à l'avance, car le restaurant a ses habitués et une trentaine de places seulement.

OUEST

■ **LA TANA DEL LUPO**
13, rue Adrien Lagourgue
Piton Saint-Leu
✆ 02 62 44 47 61
Ouvert midi et soir du mardi au samedi.
Ouvert depuis 1998, ce restaurant propose plusieurs spécialités italiennes dont des pizzas réputées, mais aussi des viandes et des poissons. Belle terrasse dans un jardin arboré.

Sortir

■ **LE SÉCHOIR**
28 rue Adrien-Lagourgue
Piton-Saint-Leu
✆ 02 62 34 31 38
www.lesechoir.com
lesechoir@lesechoir.com
Bureaux situés au 209, rue du Général-Lambert (rue principale du centre ville), ouverts du lundi au vendredi de 9h à 13h et de 14h à 17h (le mardi ouverture à 11h).
Après avoir été tour à tour cantine scolaire, salle de mariage et séchoir à tabac, cette salle de Piton-Saint-Leu accueille à présent des spectacles. Le Séchoir, « scène andemik de La Réunion », est une association multiculturelle et transversale (que l'on affectionne tout particulièrement) qui organise des concerts, des séances de cinéma (dont certaines en plein air), des conférences, des spectacles de danse ou de théâtre, et propose des cours. C'est aussi ici qu'est mise en place toute la logistique de l'incontournable LEU Tempo Festival d'arts vivants. En résumé une formidable initiative…

À voir – À faire

■ **LE JARDIN NATUREL**
Route des Colimaçons
264 rue Georges Pompidou
✆ 02 62 24 71 30 / 06 92 43 59 60
www.baobabs.com
Sortir à l'échangeur Colimaçons de la route des Tamarins, monter environ 1,2km jusqu'au panneau noir Le Jardin Naturel.
5 € par adulte, 3 € pour les moins de 12 ans. Pas d'horaires précis, téléphoner avant.
Parcours botanique et pépinière privée où se concentrent près de 700 espèces telles que baobabs de Madagascar, roses du désert, pachypodiums... La visite suit un parcours guidé avec document à l'appui et fléchage à la découverte du milieu naturel et de l'adaptation des espèces, c'est l'occasion de remonter le temps et de comprendre l'impact de l'Homme sur l'île. Cette collection privée est époustouflante, largement recommandée aux passionnés ! Dommage que le parcours soit fermé à l'heure où nous bouclons cette édition. Quant à la pépinière, elle propose les graines des plantes rencontrées sur le parcours et plus encore. Mais attention, il n'y a pas de vente sur place. Passez commande sur le net, et venez récupérer vos graines sur place ou faites-vous livrer les graines partout dans le monde !

■ **MASCARIN, LE JARDIN BOTANIQUE DE LA RÉUNION**
2 rue du Père-Georges, RD12
Route des Colimaçons
✆ 02 62 24 92 27
www.cg974.fr
Ouvert du mardi au dimanche de 9h à 17h. Entrée adulte 7 €, réduit 5 € (enfant de moins de 12 ans, étudiant, senior, sans emploi et groupes), gratuit pour les moins de 5 ans. Visites guidées (sans réservation) du mardi au dimanche à 11h, 14h et 15h (le samedi seulement à 14h et 15h).
Quelques kilomètres au-dessus de l'échangeur des Colimaçons, suivre les panneaux. Jouissant d'un point de vue exceptionnel sur la mer, le lagon et Saint-Leu, l'ancienne propriété de la famille de Châteauvieux et ses dépendances du XIXe siècle sont tout simplement magnifiques. En 1857, le domaine s'étendait sur 660 ha de la mer jusqu'à la montagne. Son activité agricole était basée sur la canne à sucre, le géranium mais aussi des cultures vivrières, du thé, du coton... On y produisait aussi de la bière, du cidre et de l'huile. Aujourd'hui, il s'étend sur 13 ha et a pour vocation première la connaissance, la sauvegarde et la sensibilisation au patrimoine végétal indigène et endémique de l'île. 8 univers botaniques à découvrir : plantes lontan, verger créole, succulentes, palmiers... Comptez environ 45 minutes de visite (attention, ça grimpe un peu !). On aime autant découvrir la richesse des collections botaniques qu'admirer l'architecture de l'ancien conservatoire scientifique, tout en arpentant un domaine extrêmement propre et bien entretenu avec des vues magnifiques. Recommandé !

■ **MUSEUM AGRICOLE ET INDUSTRIEL STELLA MATUTINA**
6 allée des Flamboyants
Piton Saint-Leu
✆ 02 62 34 59 60 / 06 92 33 32 03
www.museesreunion.re

A la sortie de Saint-Leu, après la gendarmerie, prendre la D11 à gauche, en direction de Stella, situé à deux kilomètres. Depuis la route des Tamarins, sortir à Stella en venant du sud, ou continuer jusqu'au Portail et revenir, en venant du nord.

Ouvert tous les jours de 9h30 à 17h30 (la billetterie ferme à 16h45), sauf le lundi de 13h à 17h30. Fermé le 1er janvier, le 1er mai et le 25 décembre. Entrée à 9 € (6 € pour les étudiants et personnes à mobilité réduite). Cinéma 4D : 2 €.

Il y a au moins un musée qui doit être visité lors de votre passage à La Réunion : Stella Matutina. Niché dans le quartier de Piton Saint-Leu, avec une vue panoramique sur la côte Ouest, le musée raconte, avec beaucoup d'originalité, l'histoire de l'île. Une histoire marquée, hier, par le travail harassant des esclaves et des engagés dans la transformation de la canne en sucre, et aujourd'hui par le destin des ouvriers qui ont vécu au rythme de cette usine, fermée dans les années 1970. Ce vaste établissement, qui employait quelque 250 travailleurs indiens et malgaches à la fin du XIXe siècle, fut racheté par le conseil régional en 1986 et converti en musée, le principal de l'île. Mais devenu vétuste par manque d'entretien et d'investissement, il a fermé en 2011 pour d'importants travaux de remise à niveau et d'agrandissement. Si sa réouverture en juin 2015 était très attendue, le musée a réussi son pari de reconquérir le cœur des Réunionnais avec un tout nouveau visage et une muséographie très complète. Le nouveau musée Stella présente ainsi un parcours à travers l'histoire de La Réunion depuis son peuplement, sans pour autant abandonner sa vocation industrielle et donc l'évolution des techniques sucrières sur deux siècles. Les impressionnantes machines qui n'ont pas bougé sont présentées de manière plus didactique et ludique, tandis que des reconstitutions de « boutik sinoi » et de « car courant d'air » (un vrai car qui a sillonné les routes de La Réunion) sont prévues. Le contenu y est réellement interactif et à la pointe de la technologie avec des hologrammes amusants et très réussis qui vous expliquent, par exemple, le processus de cristalisation du sucre. Une visite incontournable !

DE SAINT-LEU À L'ÉTANG-SALÉ

Sur le littoral entre Saint-Leu et l'Etang-Salé, c'est enfin la campagne. L'herbe est sèche, les Bas ressemblent à une savane peuplée de rochers noirs éparpillés chaotiquement. Porte d'entrée du Sud, la région est une villégiature agréable, à 15 minutes des plages de l'Ouest et de celles de Saint-Pierre.

Sur cette côte déchiquetée, la mer n'est pas propice à la baignade, comme en témoignent les nombreux « souffleurs » entre Saint-Leu et Etang-Salé. N'hésitez pas à vous arrêter pour découvrir ces cavités impressionnantes où la mer s'engouffre pour ressortir en gerbes rugissantes.

Mais pour le moment, quittons la côte et ses mers déchaînées pour nous aventurer vers les Hauts de cette région. Là où le vert prend le dessus et où le temps s'écoule tranquillement, distillé par la douceur de vivre créole.

LES AVIRONS

Au sud de Saint-Leu, au lieu de suivre la nationale qui longe la mer et file vers Saint-Pierre en 20 minutes, bifurquez sur la gauche et laissez-vous couler sur la magnifique D11 qui serpente à travers champs de canne, savane, forêts sèches et marais humides. L'ancienne route passe devant le musée Stella, l'un des plus intéressants de l'île, puis traverse Piton Saint-Leu.

Ce village, doté d'un immense temple tamoul, s'est fortement urbanisé et l'on y trouve absolument toutes sortes de services et commerces. Après plusieurs ravines, la D11 franchit ensuite successivement Les Avirons, l'Etang-Salé-les-Hauts et Saint-Louis. Mais arrêtons-nous aux Avirons. Cette paisible bourgade de 7 000 habitants fondée en 1894 tire son nom des avirons pour les pirogues que l'on fabriquait à l'époque avec les bois des ravines littorales. Commune paisible, elle se trouve entre l'Ouest et le Sud, sous l'influence de deux grandes villes, Saint-Leu et Saint-Louis. Sans être pour autant un carrefour, car elle se trouve bien à l'écart de la nationale. Elle est même plutôt délaissée des touristes, malgré ses beaux attraits, dont en particulier la forêt du Tévelave et la superbe route forestière qui rejoint Le Maïdo. De manière générale, cette région entre Ouest et Sud est celle des forêts : les paysages sont superbes, on entre dans le monde du vert.

Transports

▶ **Bus.** La ligne S4 des Cars Jaunes assure la liaison entre La Chaloupe-Saint-Leu et Les Avirons. Les Avirons et le Tévelave sont également desservis par 5 lignes du réseau Alternéo (www.alterneo.re).

Se loger

De belles possibilités en gîte rural aux Avirons, mais poussez un peu plus loin vers le Tévelave… plus vous montez et vous enfoncez dans la forêt, plus la vue est splendide.

■ CASA COSI

4, impasse Emmanuel
✆ 06 92 33 38 87 / 06 93 60 07 09 / 06 92 04 01 01
www.casacosibnb.com
casacosibnb@gmail.com
150 € la nuit pour deux personnes, petit déjeuner inclus. Minimum 2 nuits, dégressif dès la 3ème nuit.
Une nouvelle chambre d'hôtes de charme, classée 4 Clévacances, quelques virages sous les Avirons et à 3 minutes de la plage de l'Etang-Salé. Fabrice et Fabien vous accueillent dans un cadre cosy, contemporain et raffiné, en surplomb des champs de cannes, avec une belle vue sur l'océan. Deux superbes chambres, à la décoration travaillée, sont installées dans une belle maison neuve aux espaces communs partagés avec vos hôtes : le salon sous la varangue, le jardin à la pelouse moelleuse et sa collection de palmiers, la petite piscine avec nage à contre-courant ou encore le spa sont autant d'invitations à la zénitude. Les chambres sont dotées de confortables literies en 160 cm, avec leurs magnifiques têtes de lit conçues par Fabrice, rétroéclairées par des LED aux couleurs variant par télécommande ! L'équipement est à l'avenant et généreux en petites attentions : climatisation, balcon privatif, grande TV avec Canal+/CanalSat, cafetière Nespresso, bouilloire et thés Mariage Frères. Les salles de bains ne sont pas en reste, avec leurs tonalités élégantes, de belles douches à l'italienne et des produits d'accueil fabriqués localement. Vous partagerez vos émotions de la journée au moment de l'apéro avec vos hôtes, toujours à l'écoute de vos envies particulières ; le petit déjeuner est une vraie tranche de bonheur, avec viennoiseries, pain et fruits frais, œufs brouillés et confitures de l'île. Enfin, Casa Cosi vous fera bénéficier de réductions chez ses partenaires : le golf de Bourbon tout proche et plusieurs restaurants. Très bon accueil, à découvrir rapidement !

■ LE GRAND PAVOIS

277 route des Vacoas
✆ 02 62 57 26 20 / 06 92 64 58 76
www.legrandpavois.fr
grandpavois@wanadoo.fr
Chambre double 70 € la nuit, petit déjeuner inclus. Location de meublé entièrement équipé avec 2 chambres doubles 100 € la nuit, 400 € la semaine. Atelier cuisine 45 € par personne (repas complet).
Située sur la route menant au Télélave, cette grande maison offre à ses hôtes plusieurs possibilités : chambre ou appartements entièrement équipés. Au cœur d'un très grand jardin, elle est également entourée d'une belle véranda avec une vue imprenable sur l'océan. Elourda, propriétaire des lieux, vous accueille avec un immense sourire. Ici on se sent comme chez soi ! Cuisine traditionnelle au feu de bois et découverte des spécialités locales, avec en prime un atelier d'initiation pour connaître les secrets bien gardés des marmites créoles. Vous y découvrirez tout le charme créole !

■ LE BAMBOU

22 bis chemin Boyer
✆ 06 92 24 09 69
lebambou.e-monsite.com
samuelboyer@yahoo.fr
Situé à 5 minutes de la forêt du Tevelave (accès route de la forêt des Tamarins et du Maïdo) et à 15 minutes des plages et de la route des Tamarins.
Meublé de tourisme à 224 € la semaine pour 2 personnes. Lit supplémentaire à 5 € par personne et par nuit.
Sur la route du Tévelave, aux Avirons, vous pourrez louer ce charmant F2 mitoyen à la maison des propriétaires. Indépendant, il peut accueillir de 1 à 4 personnes sur 50 m² + jardin. Meublé, il est tout équipé : cuisine, TV sat, BBQ, micro-onde, lave-linge, linge de maison, grande salle de bain et armoire dans la chambre. Superbe coucher de soleil en prime.

■ CHEZ MAMIE

371 route des Vacoas
✆ 02 62 38 00 39 / 06 92 82 55 27
www.chambres.chezmamie.name
jmayboyer@yahoo.fr
Chambre double de 50 € à 60 € la nuit (48 € personne seule) ; de 320 € à 400 € la semaine en fonction du nombre de personnes. Table d'hôtes pour les résidents : 25 €.
Chez Mamie, l'adresse incontournable si vous êtes à la recherche d'une chambre d'hôtes

dans les parages. Labellisé Gîtes de France, il est situé à seulement 5 km des Avirons sur la route menant au village du Tévelave un peu plus haut. Vous serez accueilli par France-May, propriétaire des lieux. Sa charmante maison typiquement créole offre tout le confort nécessaire : salle commune avec TV, cuisine équipée et lave-linge. 3 chambres, agréablement décorées avec salle de bains privée dont une avec terasse surplombant une jolie vue sur l'océan. Aux petits soins pour ses convives, France-May vous prépare ses bons petits plats au feu de bois, et si vous souhaitez vous initier à la cuisine locale, c'est l'occasion !

Sports – Détente – Loisirs

■ FERME-AUBERGE ÉQUESTRE DU PONT-NEUF

59 ter CD11
Pont Neuf
✆ 02 62 38 09 40 / 06 92 09 59 85
ferme.pontneuf@yahoo.fr

Sorties sur réservation uniquement. Minimum 2 personnes, ou rejoindre un groupe déjà constitué. A partir de 12 ans.

Pour faire des balades à cheval dans les environs, et particulièrement traverser la forêt de l'Etang-Salé et rejoindre la plage au coucher du soleil, voici la bonne adresse. Egalement des cours et des stages d'initiation. La ferme se trouve sur la départementale au-dessus de la forêt, plus proche de l'Etang-Salé-les-Hauts que du village des Avirons. Elle est installée dans une immense propriété au charme bucolique. La ferme fait auberge pour les événements comme les mariages, mais des repas « à la bonne franquette » peuvent être organisés pour des plus petits groupes, et elle comprend également quelques chambres. Bon accueil, ambiance conviviale et familiale.

LE TÉVELAVE

Autour de sa petite église, le village est connu depuis longtemps pour offrir aux visiteurs un changement d'air, au travers de ses nombreuses balades en forêt et points de vue sur la région. Ce qui a permis au coin de s'ouvrir au tourisme et de proposer des gîtes, fermes-auberges et tables d'hôtes authentiques, Le Tévelave étant bien à l'écart des circuits habituels. Peuplé par les Petits Blancs sans le sou après l'abolition de l'esclavage, le lieu fut longtemps voué à l'agriculture.

Aujourd'hui, beaucoup d'actifs travaillant dans le Sud en ont fait leur résidence principale. La RF6 se prolonge jusqu'au camp du Tévelave puis vers la superbe RF9 (qui va jusqu'au Guillaume), la route forestière des Tamarins qui flirte avec les 1 800 m d'altitude.

De là, plusieurs sentiers sont proposés, le sentier de Bellème, celui de la ravine du Gol, ou encore les randonnées qui mènent au piton Rouge (2 401 m) ou aux Petit et Grand-Bénare (2 896 m, point culminant de la côte Sous-le-Vent). En revanche, le cirque de Cilaos, en contrebas, n'est pas accessible.

Se restaurer

■ FERME AUBERGE L'ÉCORCE BLANC

46 rue Francis-Rivière
✆ 02 62 38 31 52 / 06 92 02 16 30
www.lecorce-blanc.com
corneille.blondel@wanadoo.fr

25 € le repas. Dormir sur place, c'est possible. Chambres doubles à 65 €, suite à 90 € la nuit (petit déjeuner inclus). Pour s'y rendre ce n'est pas très compliqué : suivre les indications mais attention ! Le chemin pour y parvenir est particulièrement sinueux et pentu.

A la recherche d'authenticité... ici vous ne serez pas décu. Située à environ 1 000 m près de la forêt du Tévelave, cette auberge familialle tenue par monsieur Blondel offre un cadre typique dans les hauts de La Réunion. Ici, en plus d'un accueil chaleureux, la cuisine traditionnelle créole est préparée tous les jours et respecte la coutume d'un plat différent chaque jour. Vous êtes plongé dans la douceur de vivre à la campagne. Voyage des papilles à la découverte des saveurs locales. Les produits frais sont issus de la ferme : volaille « la cour » et légumes du potager. La tradition : la cuisine au feu de bois ! Et on vous y réserve quelques surprises, des recettes qui ont fait la renommée de cette bonne adresse : le poulet au cœur de banane ou encore le porc aux cacahuètes. Un délice... Point étape également pour les randonneurs, vous pouvez y passer la nuit.

■ TABLE D'HÔTES LE KAKI

1 ruelle des Canas
✆ 02 62 55 37 91 / 02 62 38 20 81 / 06 92 31 06 75
claude.payet@hotmail.fr

Sur réservation uniquement. 29 € par personne. Capacité : 25 personnes.

Situé au Tévelave, dans la commune des Avirons, le Kaki dispose d'une table d'hôtes labellisée Gîtes de France. Claude Payet vous accueille et vous propose des recettes pays, cuisine traditionnelle créole au feu de bois.

OUEST

Sur les traces de la Liberté

Point de départ de plusieurs randonnées, le Tévelave offre une alternative vraiment intéressante à son voisin très fréquenté du Maïdo. Tout du moins pour ceux qui ont le courage de marcher 2 heures minimum, car contrairement au Maïdo, la vue ici se mérite !

A mi-chemin exactement entre le Maïdo et le Tévelave, au niveau de la ravine Bras-Sec, un sentier aménagé, riche en histoire de marronnage, conduit au début de plusieurs randonnées. Tout au long des premières marches, l'ONF a installé des panneaux qui reviennent sur la légende du roi Phaonce, cet esclave qui s'était enfui et avait reconstitué d'une main de fer une petite société d'esclaves, à 2 400 m d'altitude, au-dessus des nuages. Piton-Rouge est un cône volcanique rouge, situé entre la Glacière et le Petit-Bénare, et duquel, par beau temps, il est possible de voir tout le littoral Ouest, jusqu'au Cap La Houssaye ! Un excellent poste d'observation pour les marrons qui guettaient la venue des chasseurs coupeurs de mains et d'oreilles, de plus en plus téméraires. Au terme d'un parcours sans grande difficulté physique, vous découvrirez, au pied du cône de scories, des pierres disposées en forme de rectangle, sous lesquelles sont enterrés des ancêtres qui sont morts libres. Une croix apportée bien plus tard en marque l'emplacement. Un peu plus loin subsiste une trace de champs cultivés avec des pommes de terre minuscules, nourriture supposée des marrons.

Enfin, à Piton-Rouge, au détour des arbres calcinés par un récent incendie, vous tomberez peut-être sur les étonnantes statues de Gilbert Clain.

À voir – À faire

■ ÉCOMUSÉE

✆ 06 92 30 81 17

Au centre du village.

Ouvert du mardi au dimanche de 10h à 15h. Entrée gratuite.

Inauguré symboliquement le 20 décembre 2010, date d'anniversaire de l'abolition de l'esclavage, l'Écomusée du Tévelave abrite de nombreux ustensiles de La Réunion *lontan* (d'antan) réunis par le collectionneur passionné Dany Lepinay. Outils de menuisiers, fers à repasser de l'époque coloniale, mini alambic, fioles de parfums ou ustensiles de toilette... Chaque objet est soigneusement mis en valeur et éclairé pas des explications historiques.

SUD

Plage de Grande-Anse

De l'Étang-Salé à Saint-Pierre

Lorsque l'on franchit la porte du Sud à l'Etang-Salé, la côte prend une autre saveur. Les couleurs éclatent, les côtes s'imbibent du noir du sable et des roches basaltiques, la végétation se fait plus folle, la nature plus généreuse. Encore sèche du côté de l'Etang-Salé, l'herbe verdit à mesure que l'on approche de Saint-Louis, par la large plaine littorale du Gol. Cette vaste ville créole à l'intérieur des terres présente peu d'intérêt, hormis ses Hauts qui offrent plusieurs excursions bucoliques. Mais on file vite vers Saint-Pierre, la capitale du Sud, bien plus attractive. Ville commerçante bordant une plage protégée par un lagon, Saint-Pierre, moins active que Saint-Denis le jour, l'est beaucoup plus la nuit. C'est la capitale des sorties nocturnes, ayant ravi ce titre à Saint-Gilles depuis plusieurs années. Dans les Hauts, à 10 kilomètres de la côte mais à seulement 5 minutes par la voie rapide, Le Tampon, vaste commune résidentielle, étage ses lotissements fleuris sur les fraîcheurs des premiers contreforts du volcan. Plus loin vers le sud, la nature gagne encore en luxuriance. Cette portion de côte appelée Sud sauvage est sans conteste beaucoup plus intense, belle et enchanteresse que la côte Ouest, même si la mer qui se fracasse contre les falaises déchiquetées n'offre que peu de possibilités de baignade. Sa générosité réside dans ses paysages touffus et verdoyants, ses forêts brumeuses des Hauts, ses minuscules anses, et, bien sûr, la présence somnolente du volcan, tout proche. Saint-Joseph, Petite-Ile, Saint-Philippe : autant de communes où l'on vivrait une existence paisible entre champs de cannes et bananiers, bercé par le rugissement de l'océan et déridé par les couleurs intrépides de cette région volcanique. Plus loin, c'est le territoire du volcan : le Grand Brûlé, aux frontières délimitées par l'Enclos, ainsi nommé comme s'il était domestiqué. Personne n'habite dans cette zone striée de coulées de lave, dont on explore surfaces et tunnels au fil de la route des Laves. Au-delà, c'est l'Est.

Incontournable, sublime, le Sud séduit ses visiteurs au gré de ses sentiers botaniques, ses forêts survolées de pailles-en-queue, ses côtes ardues, ses tables d'hôtes aux mille saveurs, ses précieuses traditions toujours imprégnées dans la vie rurale. C'est aussi une base idéale pour rayonner vers les autres attractions majeures de l'île : les Hautes Plaines, le piton de la Fournaise, Cilaos... Les possibilités d'hébergement sont nombreuses et variées dans cette partie de l'île qui est la plus touristique après la région des Plages, tout en étant meilleur marché.

L'ÉTANG-SALÉ

L'Etang-Salé, avec près de 15 000 habitants, est une des communes dont la population augmente le plus vite. Il faut dire qu'elle n'est plus qu'à 20 minutes de Saint-Paul depuis l'ouverture de la route des Tamarins ! L'engouement pour la petite commune du Sud vient de ses multiples atouts : sa belle plage de sable noir, la plus longue de l'île avec 1,5 km et pour certains la plus belle, la forêt domaniale de L'Etang-Salé et ses Hauts ruraux. La commune comporte deux agglomérations distantes de 3 km environ : L'Etang-Salé-les-Bains, une ville calme et résidentielle qui s'ouvre doucement au tourisme et L'Etang-Salé-les-Hauts qui reste le centre du bourg. Entre elles, la forêt domaniale de L'Etang-Salé s'étend sur 900 ha, couvrant la superficie des dunes. Destination familiale par excellence, L'Etang-Salé bénéficie du calme et de la sécurité d'une ville avec très peu de circulation et de délinquance, et offre des activités qui raviront les bambins, avec son parc aquatique, sa ferme aux crocodiles. L'endroit est idéal pour faire des balades, à cheval, à pied ou à VTT, faire un parcours de golf, ou encore faire du surf. Et notamment apprendre le surf grâce à deux « simulateurs ». Le premier est une vague en bord de plage, si régulière, sûre et facile, qu'elle a été surnommée ainsi. Le second est un vrai simulateur (ou une fausse vague, comme vous voulez) : inauguré en 2012, cet appareil unique dans l'océan Indien, et quasiment unique en France, est situé dans le parc aquatique et permettra de s'entraîner sans risque. Sinon, plus au large, la vague des Brisants ravira les surfeurs plus aguerris, elle est souvent qualifiée de « petite sœur de la gauche de

Saint-Leu ». Au bourg, quelques artisans fabriquent encore des sièges traditionnels (les chaises du Gol), quelques femmes tressent les célèbres capelines, chapeaux créoles en fibre de latanier.

Histoire. La ville doit son nom à un vaste étang que la mer formait jadis sur le rivage et dont l'eau saumâtre était renouvelée par les grandes marées de la saison cyclonique. Les sables basaltiques, poussés du sud vers le nord par le vent, formaient un vaste champ de dunes. En 1874, l'étang fut presque entièrement comblé (une portion subsiste du côté de la ZAC Roche Carangue), et un million de filaos furent plantés pour fixer les dunes, à l'origine de la vaste forêt aujourd'hui gérée par l'ONF et de la magnifique plage. En 1882, l'ouverture d'une ligne de chemin de fer contribue au développement des Bas, développement vite accentué par la mode des bains de mer. Les premiers habitants installés dans la région dépendront de Saint-Louis jusqu'à la création de la commune en 1894.

Pratique

OFFICE DE TOURISME DESTINATION SUD REUNION
74 rue Octave-Bernard
Etang-Salé-les-Bains
✆ 0820 20 32 20
www.sud.reunion.fr
accueil.otetangsale@gmail.com
A 50 mètres de l'hôtel Floralys.
Ouvert du lundi au samedi de 9h à 12h et de 13h à 16h30.

Orientation

La commune de l'Etang-Salé englobe deux villages distants de 3,5 km, l'Étang-Salé-les-Bains et l'Étang-Salé-les-Hauts, séparés par la forêt de l'Etang-Salé, elle-même traversée par la 4 voies, qui reste l'accès le plus aisé, avec une même sortie vers les deux villages. On peut aussi utiliser l'ancienne nationale qui traverse l'Etang-Salé-les-Bains, ou encore la départementale qui traverse l'Etang-Salé-les-Hauts. De cette dernière, on peut encore monter et explorer les Canots, le Lambert, la Ravine Sèche…

Se loger

L'Étang-Salé-les-Bains est une ville essentiellement résidentielle, avec un seul hôtel et un camping. Vous pourrez néanmoins trouver des alternatives entre les locations saisonnières et les nombreux gîtes, en ville près de la plage ou perchés dans les Hauts avec des vues panoramiques sur l'océan.

Locations

LA BUDDHA CASE
62 chemin Bois de Nèfles
Etang-Salé-les-Hauts
✆ 06 92 61 47 36
labuddhacase@gmail.com
A partir de 350 € la semaine, 250 € de plus avec la chambre supplémentaire. Séjour minimum 5 jours.
Dans une belle maison d'architecte, à quelques minutes de la rue principale de l'Etang-Salé-les-Hauts, un appartement indépendant de 32 m², pour 2 personnes, avec sa terrasse et un jardin privatif assez spacieux. C'est calme, facilement accessible et confortablement équipé : cuisine équipée, douche à l'italienne, TV, climatisation, wifi et une décoration élégante et au goût du jour. Votre hôte vous accueillera pour l'apéritif et permet l'accès à l'agréable piscine bordée de caillebotis, qui est un plus indéniable. Enfin, une chambre supplémentaire est proposée à l'étage, en extension de l'appartement uniquement. Si elle ne dispose pas de cuisine, elle offre toutefois un confort digne d'un hôtel et une jolie terrasse avec vue sur la mer. Parking, prêt de VTT. Bon rapport qualité-prix, bon accueil.

Les immanquables du Sud

- **Saint-Pierre by night...** et by day aussi, sa plage, ses rues commerçantes...
- Se promener sur le port de **Terre-Sainte** et arpenter le dédale de ses ruelles.
- Le point de vue de **la Fenêtre des Makes.**
- **La plage de sable noir de l'Etang-Salé,** ses vagues et ses souffleurs.
- **Le Sud sauvage**, ses sublimes côtes déchiquetées, noires de lave, ses rivières, ses anses, ses bassins et ses marines.
- Marcher sur les coulées de lave (ou dessous) au **Grand Brûlé.**

SUD

■ **GÎTES RURAUX « SAB-KARANBOL »**
73 Les Sables
✆ 02 62 26 47 14 / 06 92 64 94 19
http://sabkaranbol.saiso.fr
nativel.bernard@orange.fr
55 € la nuit, 120 € le week-end, 380 € la semaine.
A 3 kilomètres du centre-ville de l'Etang-Salé-les-Bains, près de la 4-voies allant vers Saint-Louis, deux bungalows d'architecture créole, aux couleurs vives, dans un grand jardin orné d'allées de cocotiers. Le premier, de 54 m², loge 4 adultes dans deux grandes chambres, dont une climatisée et accessible aux handicapés ; le second, à peine moins grand, est prévu pour 2 adultes et 2 enfants. Chacun dispose d'une terrasse, d'une cuisine tout équipée, de la TV TNT et d'une salle de bains. Une belle piscine permet de se relaxer en fin de journée tandis que le propriétaire vous offrira les fruits de saison. Les balades autour sont faciles à vélo, grâce à la piste cyclable : la plage est à quelques minutes, ainsi que le Gouffre, le golf et la forêt de l'Etang-Salé.

■ **LES ROSEAUX DES SABLES**
2 avenue de l'Océan
✆ 02 62 91 79 79
www.roseaux-des-sables.re
reservation@floralys.re
Suivant la saison, studio de 90 € à 115 € (2 à 3 personnes), appartement de 110 à 130 € (4 personnes), chalet de 120 à 140 € (4 personnes), bungalow de 160 à 180 € (6 personnes). 2 nuits minimum, dégressif à partir de 7 nuits.
Un point de chute agréable, entre filaos et cocotiers, à environ 300 m de la plage. Les logements, aux allures de chalets douillets ourlés de lambrequins, sont tout confort (cuisine équipée, TV, wi-fi, climatisation...), et bénéficient d'intimité et d'indépendance, avec de l'espace entre chaque logement et chacun a sa place de parking. On bénéficie des avantages d'une location touristique, mais pas seulement : les Roseaux des Sables jouxtent l'hôtel Floralys et ont le même propriétaire. L'accès est donc possible par l'hôtel, et on profite aussi de ses restaurants et de leurs animations. La structure jouxte également le parc Akoatys, plus grand parc aquatique de l'île, auquel on accède au tarif préférentiel de 18 € par jour et par chambre. Sur place, une belle piscine est dédiée aux résidents, moins grande mais aussi moins fréquentée. Une adresse pratique pour des vacances familiales.

■ **LE Z'OISEAU VERT**
9 sentier des Abeilles
✆ 02 62 45 70 96
www.zoiseauvert.re
contact@zoiseauvert.re
Tarifs : location de 350 € à 623 € la semaine selon l'hébergement choisi. Location possible pour un week-end de 120 € à 255 €. Kit linge : 10 € par personne. Location kit bébé, lit parapluie, chaise haute et baignoire : 25 € le séjour. Ventilateur plafonnier, télé, accès internet gratuit. Coin cuisine équipé avec frigo, four micro-ondes, plaque gaz et lave-linge privé selon la location. Terrasse Barbecue. 1 location est adaptée à des personnes à mobilité réduite.
Situé dans un jardin tropical, Le Z'oiseau vert propose à la location un bungalow-studio de 20 m² pour 2 personnes, 1 appartement de 40 m² pour 2 à 4 personnes, 1 chalet de 35 m² pour 2 à 3 personnes ainsi qu'une villa de 80 m² pour 4 à 5 personnes. En journée, vous profiterez de la plage à 7 minutes ainsi que des excursions à faire sur place.

Bien et pas cher

■ **CAMPING DE L'ÉTANG-SALÉ**
Rue Guy-Hoarau
✆ 02 62 91 75 86 / 06 92 64 37 16
camping-reunion.com
delongprez@orange.fr
Bureau ouvert tous les jours de 8h à 18h. 20 € l'emplacement (8 personnes maximum) + 2 € la tente de 2 places, 4 € celle de 4 places, et ainsi de suite jusqu'à 8 places.
Situé à deux pas de la plage, des pistes cyclables et des circuits de randonnées, ce camping de 70 emplacements sur 2 ha offre une alternative intéressante aux hôtels et chambres d'hôtes... Il dispose de nombreuses zones ombragées par les filaos, d'une aire de jeux aménagée pour les enfants, de 3 blocs sanitaires, de 8 coins feux, d'un parking de 50 places et d'un accès spécifique pour les personnes handicapées.

■ **LE COCO BLEU – CHAMBRES D'HÔTES DE M. JEAN-NOËL SAVIGNY**
Chemin de ligne Ravine-Sheunon
3 sentier des Prunes
L'Étang-Salé-les-Hauts
✆ 02 62 26 31 09 / 02 62 26 50 35 / 06 92 00 91 46
nathalie.savigny@wanadoo.fr
36 € la chambre pour 2 personnes la nuit, petit déjeuner inclus.

La maison (labellisée Gîtes de France) se trouve sur la route du Lambert, à 130 m d'altitude. Trois chambres doubles, au décor simple mais soigné, avec salle de bains privée et climatisation ; dommage que leurs petites fenêtres en limitent la luminosité. Cuisine commune dont l'utilisation coûte 5 € (sauf pour le micro-ondes, dont on peut profiter gratuitement). Service de lessive au-delà d'une semaine. Jardin agréable et bien entretenu, avec vue plongeante sur le littoral – la nuit, quand les Bas s'illuminent, on se croirait un peu en haut de la Tour Eiffel, plaisante la maîtresse de maison. Derrière la case se trouve aussi un gîte trois épis, le Coco bleu, de 1 à 6 personnes.

Confort ou charme

■ HOTEL LE FLORALYS***
2 avenue de l'Océan
✆ 02 62 91 79 79
www.hotel-floralys.com
Suivant la saison, chambre standard simple de 97 à 127 €, double de 109 à 139 €, supérieure simple de 107 à 137 €, double de 119 à 149 €, suite familiale simple de 117 à 147 €, double de 129 à 159 €, petit déjeuner inclus. Demi-pension : 28 € adulte, 13 € enfant.
Posé à 100 m de la plage, le Floralys est le seul hôtel de la ville. Au cœur d'un beau parc tropical d'un hectare, il abrite une superbe piscine et 47 chambres, dont 24 suites pour 4 personnes, dans des bungalows de plain-pied avec terrasses disséminées dans un jardin tropical. Un véritable hôtel de vacances, convivial et idéal pour les familles, qui laissent sereinement leurs bambins gambader aussi bien dedans que dehors. A l'intérieur, ils profiteront de la piscine chauffée et d'une structure gonflable géante de 100 m², tandis qu'à côté se trouve le plus grand parc aquatique de l'île Akoatys et dont l'entrée est au tarif préférentiel de 18 € par chambre et par jour. Côté chambres, elles offrent un confort à la hauteur des 3 étoiles affichées : téléphone, clim, TV, wi-fi... et pour certaines mini-bar et coffre-fort. Côté restauration, le restaurant l'Oasys permet d'apprécier le petit déjeuner au bord de la piscine, et propose des dîners thématiques et des animations tous les week-ends, tandis que l'Ilot propose une restauration plus légère. Enfin, à partir de novembre 2015, l'hôtel Floralys intégrera le réseau Framissima, avec encore plus d'animations en journée et en soirée (à thème, spectacle...), un aquagym, un mini-club... Boulodrome, badmington, ping-pong, salle de séminaires.

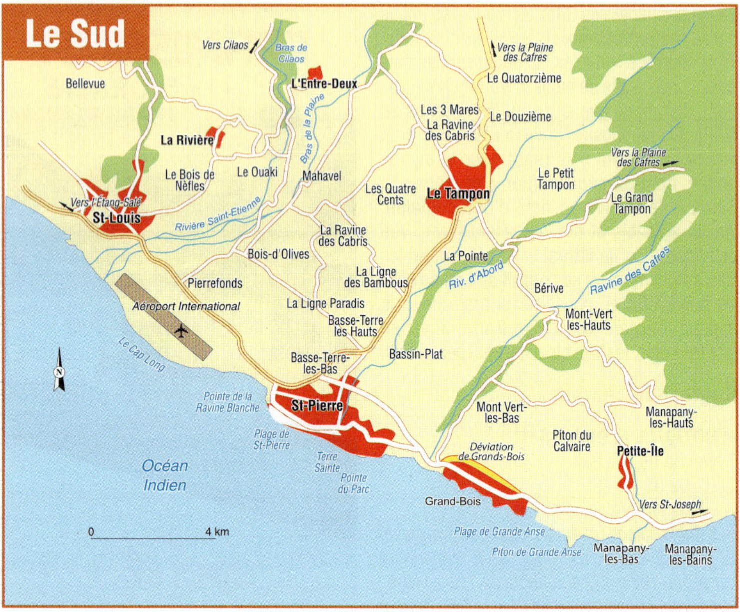

Se restaurer

Nombreuses possibilités : snacks en bord de plage, restaurants sur la rue principale de l'Étang-Salé-les-Bains ou tables d'hôtes dans les Hauts.

Sur le pouce

■ L'ILOT
Hôtel Le Floralys
2 avenue de l'Océan
✆ 02 62 91 79 79
Ouvert tous les jours, midi et soir pour les repas, en journée continue pour les glaces et les cocktails. Plats à la carte à partir de 20 €, menu à partir de 29 €.
Dans les jardins de l'hôtel, sous les palmiers, voici un endroit calme et aéré pour déjeuner ou dîner. La carte, légère, propose tartares et tapas. En journée, glaces et cocktails de fruits frais.

Bien et pas cher

■ LE BAMBOU
56 rue Octave-Bénart
✆ 02 62 91 70 28
Ouvert tous les jours sauf le mercredi, en service continu de 11h30 à 22h, 22h30 les vendredis et samedis. Menu du jour 11 €. Compter entre 10 et 20 € le plat à la carte. Suggestions du jour le vendredi.
Ce restaurant-pizzeria familial séduit par sa carte géante, régulièrement renouvelée, et son ambiance plutôt sympathique. Dans la salle ou en terrasse, sur l'avenue principale de la ville : un menu du jour économique avec un plat chaud, un dessert et le café. Large choix de salades, pizzas, pâtes, viandes, poissons grillés, crêpes, plats créoles ! Moules le mardi et le jeudi. Les pizzas sont savoureuses et le service efficace et professionnel. Les enfants se lècheront les babines devant les nombreuses propositions de la carte *marmailles.*

■ LA CARANGUE
1 rue Roger-Payet
✆ 02 62 91 70 87
Compter 10 € le plat. Buffet à volonté à 15 € (23 € le week-end) Ouvert tous les jours, sauf le jeudi.
Petit restaurant situé en face de l'hôtel Floralys, à deux pas de la plage, la Carangue propose une cuisine créole et chinoise classique pas trop chère, ainsi que des pizzas. La carte est plus inspirante que le décor (un brin insipide) : sautés de crevettes, caris poissons rouges, camarons sauce d'huître, poulet à l'indienne… Poulet rôti le dimanche : sur place, ou à emporter pour un pique-nique sous les filaos !

L'ÉTÉ INDIEN

1 rue des Salines
✆ 02 62 26 67 33
www.restaurant-ete-indien.fr

Fermé le lundi. Ouverture non stop de 12 à 22h du mardi au dimanche. Compter entre 10 € et 20 € le plat. Réservation fortement conseillée.

Sous cette vaste varangue, souvent bondée d'habitués, on mange de tout (en trop ?) grandes quantités, et c'est toujours bon ! Des grillades, des tartares, de la cuisine créole au feu de bois, de la « fusion » (crevettes poêlées à la crème de vanille, tagliatelles « Mme Desbassyns » à l'autruche, crêpe « Gran'mèr Kal »...) ainsi que des pâtes, des pizzas, des salades, des gratins chouchous, des crêpes et des coupes glacées. Bref, une carte inventive et des plats très copieux à découvrir. Mais il y a du monde, beaucoup de monde qui vient goûter à ces plats, et l'attente peut être longue.

L'OASYS

Hôtel le Floralys
2 avenue de l'Océan
✆ 02 62 91 79 79
www.hotel-floralys.com

Ouvert tous les soirs.

Profitez du cadre privilégié de l'hôtel, en terrasse au bord de la piscine, ou dans la salle climatisée. Un buffet permanent est proposé, avec des grillades, des spécialités réunionnaises, des saveurs méditerranéennes... Soirées animées chaque semaine, karakoké le vendredi, soirée créole le samedi avec danseuses. La formule détente, à 35 € adulte, 20 € enfant de 6 à 17 ans, gratuit pour 2 enfants de moins de 6 ans, donne accès à la piscine et aux facilités de l'hôtel en incluant un crédit de ces sommes au restaurant et au bar.

LE PLAY OFF

Golf Club de Bourbon
✆ 02 62 26 43 49

Ouvert uniquement le midi. Fermé le lundi.

Le restaurant du golf est ouvert à tous pour le « 19 trous ». On peut s'y arrêter pour profiter de son cadre verdoyant et de son ambiance, sportive mais décontractée. A la carte, des plats de type bistrot (salades, etc.). C'est bon, l'accueil est sympathique et une terrasse extérieure donne sur le *green fee* d'un côté, sur la piscine de l'autre.

TABLE D'HÔTES LES MILLE FLEURS

231 route du Maniron
✆ 02 62 26 41 07 / 06 92 02 27 55
hoa.lesmillefleurs@live.fr

De 22 à 28 € le repas pour un adulte, 10 € pour un enfant de moins de 13 ans. Ouvert uniquement sur réservation. Chambre d'hôtes avec petit déjeuner à 40 €.

Cette table d'hôtes, labellisée Gîtes de France, propose une cuisine traditionnelle au feu de bois, avec comme spécialités le cari de poulet à la bière, la salade exotique et le roulé de viande à la banane verte.

À voir – À faire

LES CHAISES DU GOL

Ces chaises en bois de filaos sont originaires de la forêt de L'Etang-Salé. Leur cannage est réalisé à partir de roseaux coupés sur les bords de l'étang du Gol. Rustiques, solides mais confortables, elles font partie du mobilier authentique créole. Quelques artisans locaux perpétuent la tradition : notamment Bernard Lépinay (02 62 26 47 51) et Pierre Lallemand (06 92 86 14 58).

CROC PARC

1 route Forestière
Étang-Salé-les-Hauts
✆ 02 62 91 40 41
✆ 06 92 05 33 55
www.crocparc.re
orizon.reunion@wanadoo.fr

Ouvert tous les jours de 10h à 17h. 9 € adultes, 7 € enfants de 3 à 12 ans, 3,50 € scolaires et groupes de plus de 20 personnes. Mini-golf 5 € adulte, 3 € enfant.

Depuis la quatre-voies, prendre la sortie vers l'Etang-Salé-les-Hauts et suivre les panneaux. En pleine forêt, ce parc de 5 ha qui héberge des dizaines de crocodiles du Nil sera l'occasion d'une sympathique sortie familiale. Il se compose de grandes aires de jeux dont une pour les enfants de 3 à 6 ans avec piscine à balles, de structures aquatiques avec 100 m² de jeux d'eau, toboggans, bassins, aqua-glisse, on y trouve aussi des jeux électroniques, un snack-bar, un espace zen et un mini-golf 9 trous (en supplément), le tout dans un jardin verdoyant aux espèces variées. Vous pourrez assister au repas des crocodiles le mercredi et le dimanche à 16h. En hiver (austral), c'est-à-dire pendant les grandes vacances de juillet-août, c'est la « fête des enfants », avec de nombreuses animations supplémentaires. Pique-nique autorisé dans le parc, entrée et sortie illimitées dans la même journée. Visites guidées sur demande. Une bonne adresse ouverte depuis plus de 15 ans.

SUD

FORÊT DE L'ÉTANG-SALÉ

Sur la route de l'Étang-Salé-les-Hauts.

Les premiers concessionnaires de ces terres s'installent à L'Etang-Salé vers 1722. A l'époque, les Bas sont envahis par un grand marais salé, dont le sable est un véritable fléau pour les cultures. Les plantations de café poussent dans les Hauts, tandis que les Bas du village n'abritent que de modestes cultures de pastèques. En 1873, en guise de solution, un certain Robert propose d'utiliser les filaos pour fixer le sable des dunes. Plus d'un million de filaos sont plantés, et les propriétaires chassés ; les brindilles des filaos sont utilisées pour le feu et le fourrage. Puis, en 1929, arrive la construction de la saline. Bientôt réputé, le sel de L'Étang-Salé est expédié, en ce début de XXe siècle, par chemin de fer.

Aujourd'hui, certains vestiges de cette époque subsistent. Depuis 1951, les organismes ont pris le soin de séparer la forêt en plusieurs sections : une première qui sert toujours à stabiliser les dunes du littoral, une deuxième de conservation biologique, une troisième de production de bois pour le feu, et une quatrième destinée au public, avec 10 km de pistes. La forêt est devenue un paradis des loisirs : vélo, footing, parcours de santé ou simple balade, chacun y trouve son bonheur. Sans mentionner le Croc Parc, cette grande ferme de crocodiles plantée dans les bois !

PLAGE DE L'ÉTANG-SALÉ

Plus sauvage que les plages de l'ouest, et vierge d'urbanisme sur sa plus grande partie, la plage de l'Etang-Salé est en sable noir basaltique, la plus longue de l'île avec 1,5 km et pour beaucoup la plus belle de l'île ! Elle attire surfeurs, baigneurs, plagistes et fêtards, mais n'est pas exempte de dangers. Très prisée des surfeurs, la vague des Brisants, au large, était souvent qualifiée de « petite sœur de Saint-Leu », tandis qu'au bord, les débutants faisaient leurs armes sur une vague tellement facile qu'elle a été baptisée « le simulateur ». Mais la crise requin est aussi passée par l'Etang-Salé : le surf y est ici aussi interdit et il vaut mieux respecter cette interdiction : vous risquez votre vie ! Les baigneurs y apprécieront la baignade dans la zone protégée de filets. Toute baignade hors de cette zone est également strictement interdite : les courants sont puissants et les noyades surviennent fréquemment. Restez donc bien dans les zones surveillées par le poste MNS. Quant aux plagistes, ils risquent surtout des brûlures (au premier degré) du sable noir en plein soleil ! Les parents doivent donc bien surveiller leurs marmailles et se poser à l'ombre. Au rond-point de la mairie, prendre la première à droite et continuer sur une centaine de mètres. Là, sur la gauche, on verra un parking sous les filaos, avec quelques camions-bars. C'est là que les plagistes se posent et se restaurent, mais le coin est plus sauvage plus loin, en suivant la plage jusqu'au rond-point cul-de-sac. Là, on peut se garer (ou pas... les week-ends le parking va jusque-là !) et ensuite marcher le long de la plage, voire faire le tour par l'ancienne nationale... C'est aussi ici que les fêtards s'installent, loin des habitations et de la commune qui n'offre d'ailleurs aucune possibilité de sortie nocturne. Et ils viennent équipés ! Groupes électrogène, sono, lumière, glacière, chapiteau...

Sports – Détente – Loisirs

Sports – Loisirs

AKOATYS

84 rue Octave-Bénard
✆ 02 62 91 49 14
www.akoatys.com
contact@akoatys.com

Ouvert tous les jours d'octobre à fin mars de 10h à 18h. Entrée 20 € par adulte et enfant de plus de 1,40 m, 15 € pour les enfants de 1,11 m à 1,40 m, 5 € pour les enfants de 0,90 à 1,10 m et les seniors, gratuit en dessous de 0,90 m. Pas bête, le tarif réduit en fin de journée à partir de 16h ! Pas bête non plus, la réservation sur Internet qui évite la queue et vous fait bénéficier de 10 % de réduction sur la restauration.

Akoatys, c'est le plus grand parc aquatique de l'île (et de loin), l'activité idéale d'une chaude journée d'été pour les petits et grands, et même les tout-petits et les plus âgés ! Sur 3 ha de jardin tropical est réunie toute la gamme d'attractions que l'on peut trouver dans les grands parcs des pays européens... mais en plein air ! Les enfants s'élanceront dans les toboggans géants aux courbes folles (jusqu'à 87 m de glisse), vingt ou cinquante fois s'ils veulent, tandis que les ados s'offriront des sensations fortes sur les toboggans à grande vitesse avec leurs pentes quasiment verticales. Ados et plus grands s'essayeront à « la vague statique », cette incroyable machine, unique dans l'océan Indien, qui produit une vague artificielle que l'on peut chevaucher en body-board, par sessions de

5 minutes. Pour en profiter plus longuement et avec d'autres planches, il faut réserver et s'y prendre plus sérieusement : c'est un vrai sport (voir Stream Réunion). Les marmailles barboteront dans un grand bassin peu profond ou des pataugeoires, tandis que les plus grands nageront dans la grande piscine ou se relaxeront dans les bains à remous. Et les adultes dans tout ça ? Ils peuvent s'octroyer une sieste dans un transat, tranquille, tandis que les maîtres-nageurs veillent au grain : tout est parfaitement propre, sécurisé et aux normes. Akoatys organise même les anniversaires (dès 6 enfants) ! Pour les petites faims, un snack propose un grand choix de salades, sandwiches, crêpes, glaces, bières... tandis qu'un vrai restaurant prépare grillades, viandes et poissons, avec une formule à seulement 12 €. En résumé, un parc agréable et convivial, qui change des piscines sous verrière des pays froids...

LES ÉCURIES D'ELDORADO

22 chemin Band' Colons
Allée Montaignac
✆ 06 92 87 74 48
www.eldorado.re
ecuries.eldorado@gmail.com

Fermé le lundi. A partir de 27 € l'heure, 48 € 2h et 110 € la journée. Réservation indispensable.

Promenades à cheval dans la forêt, sur la plage ou dans les Hauts de l'Etang-Salé. Bivouacs de plusieurs jours, balades en attelage, promenades au coucher du soleil... renseignez-vous, il y a plusieurs manières de monter à cheval !

ELLIPTIGO RÉUNION

8 impasse Ylang Ylang
✆ 06 92 00 35 24
www.elliptigo-reunion.re

Sur réservation, le mercredi et le samedi toute la journée, et le dimanche matin. Location d'une heure : 20 €, location pour un parcours de 2h : 30 €.

Un vélo ? Pas vraiment. Du ski de fond ? Vous brûlez. L'elliptigo, c'est un mélange de ski de fond sur deux roues. Il faut oublier ses habitudes de cycliste et consacrer 10 bonnes minutes pour amadouer cet engin inventé en Californie. Tous les muscles du corps travaillent et la position debout permet de mieux apprécier le paysage : les côtes sud de l'océan Indien, à L'Etang-Salé, prennent un nouveau visage, et vous découvrez de manière originale la forêt de L'Etang-Salé. A essayer !

GOLF CLUB DE BOURBON

140 Les Sables
✆ 02 62 26 33 39
www.golf-bourbon.com
contact@golf-bourbon.com

Ouvert tous les jours de 7h30 à 18h30 en été, 8h à 18h en hiver. Fermé le lundi matin jusqu'à midi. Pensez à réserver vos départs au moins 72h à l'avance. Parcours 18 trous à partir de 48 €.

Ce parcours de 18 trous, le plus ancien de l'île, est situé dans la forêt de l'Etang-Salé et s'étend sur plus de 70 ha, fleuris et verdoyants. Egalement des aires d'entraînement, un practice, une piscine et trois courts de tennis.

PLONGÉE SALÉE

13, rue d'Escaldes-Engordany
Roche-Carangue, Etang-Salé-les-Bains
✆ 02 62 91 71 23
www.plongeesalee.com
daniel.chere@wanadoo.fr

Ouvert tous les jours en semaine. Une plongée à 8h30 et une à 13h30. 63 € le baptême d'une demi-heure et 55 € la plongée d'exploration.

Le seul club de plongée du Sud. Il vous emmène au Tombant de la Pointe-au-Sel et à d'autres sites, à des tarifs particulièrement intéressants.

QBR (QUAD BIKE RUNNERS)

Forêt de l'Etang-Salé
✆ 06 92 02 22 19 / 02 62 26 14 04
www.qbr.ro
qbr@orange.fr

Par personne, de 20 € la balade d'une heure à 99 € la journée complète avec repas. Taille minimum 1,40 m. Prévoir tenue de sport, baskets et coupe-vent.

Plus stable qu'un VTT et plus écologique qu'un quad, voici le Quad Bike, une activité forte en sensations et accessible à tous. Il s'agit ni plus ni moins d'un vélo tout terrain à 4 roues motrices : un peu comme un 4x4, sauf que le moteur, c'est vous ! Idéal pour une balade en bord de mer, dans les champs de canne, ou une descente contre la montre dans la forêt de l'Etang-Salé, en toute sécurité. Les balades d'une heure ont lieu l'après-midi seulement et vous mènent au Gouffre et jusqu'au Musée MADOI à Saint Louis. Celles à la demi-journée et *a fortiori* à la journée commencent le matin et combinent un repas en table d'hôtes, un parcours accrobranche à Makes Aventures ou encore un après-midi piscine au Diana Dea Lodge, dans l'Est.

SUD

■ ROMAIN LAZARRE
152 chemin de Ligne-Ravine-Sèche
✆ 06 92 82 82 57
alberic.lemercier@yahoo.fr
Initiation à partir de 45 € par personne la demi-journée, à partir de 65 € la journée.
Le seul prestataire de l'Etang-Salé à proposer canyoning et escalade. Pensez à apporter votre sandwich pour une expédition à la journée.

■ STREAM RÉUNION
Parc Akoatys, avenue de l'Océan
✆ 06 93 00 00 35 – www.stream.re
contact@stream.re
Ouvert de septembre à mai sur réservation. Minimum 7 ans et 1,40 m, parfaite condition physique exigée. Comptez 15 € la session d'environ 20 minutes avec 3 ou 4 participants en rotation.
Venez découvrir la première « vague statique » de l'île et une des premières de France ! Cette machine incroyable recrée les conditions d'une vague parfaite déferlant sous votre planche à 40 km/h, en propulsant jusqu'à 4 000 litres d'eau à la seconde ! Voilà de quoi s'entraîner par tous les temps, tous les jours et même la nuit, sans risques, sans rochers, sans nager et... sans requins ! Les débutants pourront venir librement s'élancer sur des body-boards quand le parc Akoatys est ouvert (c'est inclus dans l'entrée). Le reste du temps, il faut réserver pour des sessions de 15 minutes où 3 ou 4 participants en rotation s'exercent en body-board ou en stand-up, encadrés par un moniteur. Des stages d'initiation, comprenant théorie et exercices pratiques, sont également possibles : comptez 90 € l'heure ou 50 € sur la base de 2. Le débit de la vague s'adapte au niveau de l'élève ! A découvrir tant pour les novices, qui pourront apprendre en toute sécurité, que pour les *riders* expérimentés, qui se rendront vite compte que cette activité est un sport unique en soi, sans comparaison avec le surf ou d'autres types de glisse. Ou à découvrir juste pour le fun, ou simplement pour venir admirer les artistes : Stream Réunion organise régulièrement des événements, compétitions, soirées « wave & fun » avec DJ locaux et bar à tapas…

Shopping

■ LA BANANE MAGIQUE
Zone Industrielle Les Sables
✆ 06 93 44 80 81
Ouvert tous les jours de 7h30 à 18h30.
Ce petit marché de fruits et légumes porte un nom bien étrange. Mais c'est pour son eau de coco que l'établissement s'est fait une solide réputation. Ici vous pourrez déguster, selon l'approvisionnement, de l'eau de coco très fraîche : de plus en plus rare à La Réunion. Profitez-en aussi pour déguster une spécialité bien locale : le fameux pâté créole. Et les jus de fruit frais et les jus de canne y sont excellents !

SAINT-LOUIS

En quittant la forêt de L'Etang-Salé, le panorama sur le Sud s'ouvre subitement et dévoile l'immense plaine formée entre les flancs des deux volcans. Avec ses 51 000 habitants, Saint-Louis est la première grande ville du Sud en venant de l'Ouest, et s'étend sur un vaste territoire. C'est en fin d'après-midi qu'elle est la plus belle, lorsque les derniers rayons du soleil rasant les champs de cannes se mélangent aux volutes de fumée qui sortent de l'usine du Gol, la plus grande usine sucrière de La Réunion, et même d'Europe. Historiquement tournée vers la canne à sucre, Saint-Louis sera l'occasion de respirer une atmosphère gorgée de douceur de vivre créole... La visite, à travers le dédale de rues à sens unique du centre-ville, permet de voir l'église, classée aux Monuments historiques, un temple indien, une mosquée. Mais malgré sa taille, le centre-ville ne présente que peu d'intérêt pour le touriste et Saint-Louis est surtout une ville de passage vers Saint-Pierre et Cilaos, tandis que les environs de Saint-Louis ont, eux, de nombreux attraits ! Le centre-ville, qui n'est pas sur le littoral mais à 2 km de l'océan, est posé au bord de la rivière Saint-Etienne et son nouveau pont désormais achevé, venu remplacer celui détruit en 2007 par le cyclone Gamède. Entre Saint-Louis et la mer se situent la plaine du Gol, traversée par la 4 voies, avec la sucrerie, qui se visite, et l'étang du même nom, agréable lieu de promenade. Dans les Hauts se trouve d'abord Rivière Saint-Louis, à environ 3 km. Moins dense mais plus étendu que le centre-ville, ce gros village resplendissant de couleurs et de fraîcheur a failli devenir 25e commune de l'île, après l'échec d'un référendum en 2009 pour le séparer de Saint-Louis. C'est le passage obligé pour monter à Cilaos, par la route aux 400 virages. Il est environné par des petits bourgs dont Gol-les-Hauts et Bois-de-Nèfles Cocos. Bien plus haut encore, après une demi-heure de route, on atteint le village des Makes, à 1 000 mètres d'altitude : l'occasion d'une belle excursion bucolique, et les tables d'hôtes et gîtes y sont nombreux.

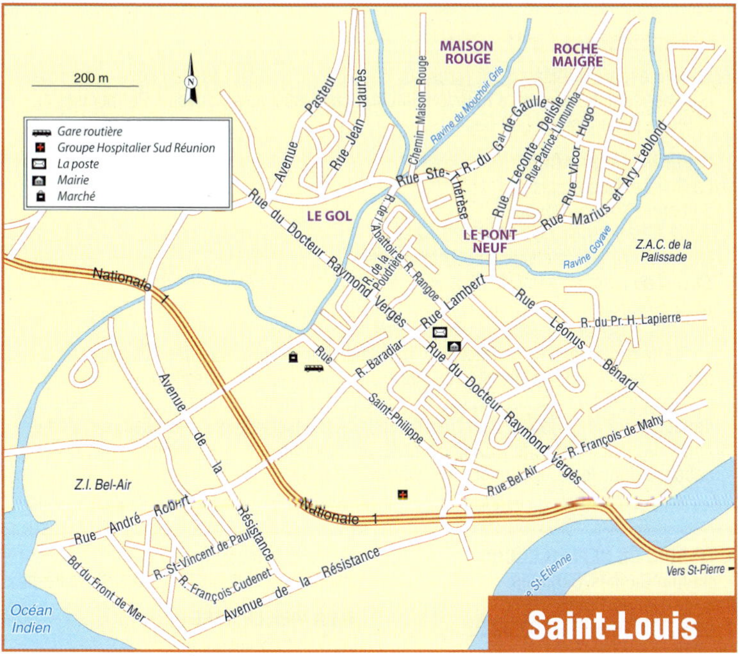

Enfin, grimpez encore une demi-heure pour atteindre la Fenêtre (1 500 m), un superbe point de vue sur Cilaos, une sorte de petit Maïdo.

Transports

■ GARE ROUTIÈRE
12 rue Saint-Philippe
✆ 02 62 26 82 05
Derrière l'église (la plus grande de l'île), près du lycée professionnel. Saint-Louis est situé sur les lignes T, S3, S4, S5, O1 et O2 des Cars Jaunes, directs vers Saint-Denis et Saint-Pierre.
Il règne dans cette gare une éternelle effervescence... Attention, l'endroit peut être dangereux le soir, surtout pour les femmes seules.

Orientation

Saint-Louis se trouve sur la 4-voies et l'accès y est facile... mais se déplacer dans le centre est une vraie galère. Du nord, l'accès est possible par la sortie de l'Usine du Gol, le centre-ville ou l'ancienne nationale. Depuis Saint-Pierre, il faut traverser la rivière Saint-Etienne, soit par l'ancien pont ou le nouveau, qui sont côte-à-côte, soit par le radier du Ouaki. Ce dernier permet d'éviter le centre et d'aller de Pierrefonds à la Rivière-Saint-Louis en passant par le lit de la rivière mais il est régulièrement submergé en cas de fortes pluies... voire emporté (presque chaque année) et dans ce cas il faut patienter plusieurs mois pour sa reconstruction ! Depuis le Ouaki, on peut aussi rejoindre l'Entre-Deux et Bois d'Olives à Saint-Pierre.

Se loger

Locations

■ LES HIBISCUS
15 chemin des Ambrevattes
✆ 02 62 38 62 68
www.studiohibiscus.com
studios.hibiscus@gmail.com
Location entre 210 et 220 € la semaine, suivant la saison. Tarif dégressif suivant le temps de location. Option ménage : 60 €
Située dans un parc de 2 000 m², vous disposez d'un joli studio de 20 m² avec cuisine équipée, douche, etc. A proximité des tous les services et magasins dont vous aurez besoin, tout le confort nécessaire pour passer un excellent séjour.

Campings à la ferme

Ils sont encore suffisamment rares sur l'île pour être cités. Les campings à la ferme commencent à éclore à La Réunion, et c'est une très bonne nouvelle. Parmi ceux-ci, la ferme pédagogique Lou Cachet...

■ FERME LOU CACHET

La Rivière Saint-Louis
3 chemin Source-Songe
✆ 02 62 38 09 81 / 06 92 87 20 52
loucachet.re – ferme.loucachet@gmail.com

Ouvert du lundi au jeudi de 9h à 14h. Vendredi, samedi, dimanche de 9h à 12. Visite de la ferme : 6 €. Camping : 12 € par personne, 3 € la location de matelas, location de tente possible. Cabane dans les arbres : 50 € la nuit.

La ferme pédagogique Lou Cachet, à la Rivière-Saint-Louis, offre une délicieuse étape aux amoureux de la nature. A la fois parc animalier, camping chez l'habitant et ferme pédagogique, Lou Cachet dispose d'un espace de plantes aromatiques, d'un sentier pédagogique, d'un four à pain traditionnel, d'un observatoire pour oiseaux et d'une miellerie. Pour en profiter tranquillement, un camping est à disposition et même des cabanes dans les arbres pour un dépaysement total !

■ TI' BOIS DE NÈFLES COCOS

1, chemin Cannes-Bonbons
Bois-de-Nèfles-Cocos
✆ 02 62 91 36 59 / 06 92 02 92 40
www.tibncocos.com
contact@tibncocos.com

A partir 290 € la semaine pour 2 personnes, 360 € pour 4 personnes, 450 € pour 6 personnes, 520 € pour 8 personnes. Possibilité de location pour le week-end seulement, de 130 € à 300 € suivant le nombre de personnes.

Dans une villa de plain-pied, deux appartements mitoyens pour 2 à 8 personnes, disposés dans un beau jardin fleuri et arboré d'espèces endémiques (filaos, palmiers, ylangs-ylangs). Le cadre est agréable, les habitations sont charmantes et les propriétaires accueillants et souriants. Dans le quartier de la balance Cocos, tout près des champs de canne, le quartier est calme et à seulement 4 km de Saint-Louis. Les appartements, ouverts par une terrasse sur le jardin, se composent d'une chambre pour les parents, une autre pour les enfants, un séjour-salle à manger avec TV et canapé convertible, une belle cuisine complètement équipée (gazinière quatre feux, four classique et micro-ondes, congélateur, vaisselle...), une salle de bains avec WC séparés. Toutes les pièces sont ventilées. Deux des appartements sont communicants et modulables, idéal pour les grandes familles, tandis que l'un d'entre eux est accessible aux handicapés. Dans un petit local à part, une machine à laver et un point-phone sont à disposition. Parking. Bon rapport qualité-prix.

■ LA VIEILLE CASE

La Rivière Saint-Louis
✆ 02 62 39 37 36 / 06 92 05 00 92
joelben@hotmail.fr

330 € à 390 € la semaine suivant le nombre de personnes, de 2 à 6. Minimum 4 jours.

Une très belle case créole entièrement restaurée, dans le centre de la Rivière-Saint-Louis, au sein d'un jardin clos. Cette maison blanche et pimpante, indépendante et entièrement équipée, fait 95 m² avec ses 3 chambres dont une à l'étage. Elle allie avec brio le charme de l'ancien et le confort moderne, salle de bains neuve et cuisine complète.

■ LE VILLAGE

17-19 chemin Guichard
✆ 02 62 28 04 04
www.reunion-levillage.com
contact@reunion-levillage.com

Entre 365 € et 415 € la semaine en studio ou en bungalow pour 2 personnes. De 515 € à 695 € la semaine en bungalow ou villa pour 4 à 6 personnes. Remises sur les réservations par Internet.

A l'entrée de la Rivière Saint-Louis (4 km de Saint-Louis), dans un quartier résidentiel calme, voici un vrai petit coin de paradis ! Plusieurs bungalows pour 4 ou 6 personnes, un studio pour 2 et une villa pour 6, dans un vaste jardin verdoyant avec sa jolie piscine, ses transats et la vue sur les montagnes.

Agréablement décorés, faisant la part belle au bois et de style résolument contemporain pour le plus récent, ils offrent beaucoup d'espace, tant à l'intérieur qu'à l'extérieur. Chacun s'oriente sur un jardin semi-ouvert ou sur une varangue s'ouvrant sur le jardin, assez grande pour y dîner. Les bungalows ont une chambre à l'étage et un canapé convertible en bas, et une deuxième chambre en bas pour ceux pour 6 personnes. La villa, sur deux niveaux, possède 3 chambres et un vaste séjour. Chacun est doté de séjour avec TV, wifi, cuisine équipée et salle de bains moderne. En commun : barbecues, boulodrome, laverie et parking. Enfin, une formule originale « Bed & Car » est proposée à des tarifs exceptionnels : en association avec le loueur GarciaLocation.com, la semaine pour 2 personnes avec hébergement et location de voiture est à partir de 484 € seulement. Bonnes prestations, bon accueil, très bon rapport qualité-prix.

Confort ou charme

■ LA CASE TATAVE

55 rue Hubert-de-Lisle
Rivière Saint-Louis
✆ 06 92 76 21 26 / 0262 88 53 90
lacasetatave.vefblog.net
lacasetatave974@gmail.com
50 € par jour. 300 € la semaine (petit-déjeuner inclus). Cette maison créole, vieille de 100 ans, a été restaurée à l'identique pour garder l'authenticité du lieu ! Elle peut accueillir jusqu'à 10 personnes, grâce à ses 4 chambres doubles et le bungalow situé à l'extérieur. Entièrement équipée (cuisine, machine à laver, linges...), la maison dispose également d'une piscine, située au sein d'une végétation luxuriante ! Le charme à la créole !

Se restaurer

■ LA CASE PITEY

105 rue du Docteur Schweitzer
✆ 02 62 34 26 72 / 06 92 34 31 95
www.lacasepitey.e-monsite.com
lacasepitey@yahoo.fr
Ouvert midi et soir du jeudi au samedi et le dimanche midi. A la carte, entre 25 et 40 € le plat.
Samuel Tetard, le chef de ce restaurant, vous propose une cuisine de type gastronomique, dont on ne saurait se priver. Les plats aussi délicieux qu'inventifs, foie gras, homard, magret d'oie... vous mettront les papilles en extase. De plus, nous aimons particulièrement la carte des vins qui est, à l'image de la cuisine proposée, diversifiée et alléchante. Une adresse qu'il ne faut pas louper, à n'en pas douter parmi les meilleurs restaurants de l'île.

■ NOMÉOLVIDÈS

20 rue de la Poudrière
✆ 06 92 93 02 45 / 02 62 26 23 70
www.nomeolvides.fr
Ouvert du mardi au samedi midi et soir. Comptez 10 € à 15 € le plat. Plat ou salade du jour 9,90 € sauf samedi et vacances scolaires.
Un charmant petit restaurant, bar et café, jeune et dynamique, installé dans le jardin fleuri d'une case créole, véritable petite oasis de fraîcheur au milieu de l'étouffante et frénétique ville de Saint-Louis. Noméolvidès propose une cuisine de brasserie revisitée, plutôt créative : salades, tartares, lasagnes, grillades, desserts, cocktails, tapas (à partir de 19h)... Une carte assez large mais bien interprétée, un service efficace et convivial, à déguster sous la pergola, les palmiers ou les brumisateurs, à moins d'être accoudé au bar lors d'une soirée-concert. Quelques soirées sont parfois organisées, ce qui est d'autant plus notable quand on connaît Saint-Louis by night. Bref, Noméolvidès est une bonne petite adresse que nous n'oublierons pas de sitôt !

Sortir

■ CINÉMA LE PLAZA

68 rue Saint-Louis
✆ 02 62 42 62 90 / 02 62 91 70 21
http://cine-reunion.com
maurefilms@wanadoo.fr
Avec ses 630 places, son écran polichinelle de 110 m² et ses 22 haut-parleurs, Le Plaza abrite la salle la plus vaste de l'île.

À voir – À faire

■ BALANCE COCO

Une ancienne balance manuelle, où les coupeurs de canne venaient décharger leur charrette à bœufs jusqu'en juillet 2009. Alors qu'en 2000, la balance coco recevait près de 10 000 tonnes de cannes à sucre, en 2008 seules 3 800 tonnes ont été recensées. Voilà pourquoi aujourd'hui, il ne reste qu'un portique métallique... Pour sauver ce patrimoine, l'Amicale des planteurs de la balance coco a vu le jour, dans le but de proposer des circuits touristiques qui seraient assurés par des charretiers.En attendant, quelques manifestations culturelles y sont organisées, comme le grand kabar 2009 qui a célébré le classement du maloya au patrimoine immatériel de l'Unesco.

CHAPELLE NOTRE-DAME-DU-ROSAIRE

Bâtie en 1732 au cœur du vieux Saint-Louis, non loin des berges de la rivière Saint-Etienne, c'est le plus ancien édifice chrétien connu de l'île. Classée Monument historique depuis 1988, cette chapelle est parfaitement conservée grâce aux nombreuses restaurations dont elle a bénéficié.

ÉBÉNISTES ET ARTISANS

La Rivière-Saint-Louis est le berceau de l'artisanat du bois depuis la fin du XIXe siècle, avec l'arrivée du père Delaporte. Celui-ci forma les hommes à l'ébénisterie, à la menuiserie et à la sculpture du basalte, comme en témoigne le mobilier liturgique d'inspiration néogothique de l'église Notre-Dame du Rosaire (qui a notamment valu à cette église d'être classée Monument historique en 2000). Les éléments du chœur, la chaire, la nef et la tribune y sont particulièrement remarquables.

Chaque année, le village de La Rivière St-Louis organise deux manifestations majeures, Expobois et Fait main. La première accueille pendant dix jours, en juillet ou en août, tous les amoureux du bois. Tandis que la seconde, en décembre, réunit divers artisans (ferblantier, tailleur de pierre, couturière, etc...) pendant trois jours.

Église de Saint-Louis.

ÉGLISE DE SAINT-LOUIS

Symbole de la prospérité des premières années du Second Empire, cette belle église, située face à la mairie, est le plus grand et le plus vaste édifice religieux de La Réunion. Construite au milieu du XIXe siècle, elle culmine à 25 m de hauteur, au centre d'une ancienne place d'armes. En 1982, elle est inscrite aux Monuments historiques.

L'ÉTANG DU GOL

Cet étang de la plaine du Gol, en bordure de littoral, est, à l'image de celui de Saint-Paul, étroit et tout en longueur. D'une superficie de 16 ha, il offre ses berges plantées de filaos, de badamiers, d'aloès, d'encens et de bois noir aux pique-niqueurs du dimanche (attention aux foules !). Du moins côté mer, où sa rive est accueillante avec ses pelouses en pente douce ; car la partie côté plaine est en revanche couverte de marécages. Réserve naturelle et ornithologique, le site est placé sous la protection du Conservatoire national du littoral et des rivages lacustres. C'est l'un des rares endroits où vous apercevrez peut-être l'aigrette de Bourbon, oiseau endémique en voie de disparition.

MAISON DE L'INDE

2 rue Pierre-Mendès-France

✆ 02 62 26 74 97

Ouvert tous les jours. A 500 m du rond-point du Gol, direction Saint-Louis, prendre la route qui monte sur la gauche. Un itinéraire (vaguement) fléché, grimpant sur 2 km derrière l'usine, vous mène à la maison de l'Inde.

La Maison de l'Inde est un *ashram*, lieu de culte, de recueillement et de fraternité, au sein duquel résident les élèves du *guru* hindou Amma. Situé à deux pas du temple Pandialée, dans une grande bâtisse, il jouit d'ailleurs du prestige historique unique d'avoir été le premier *ashram* érigé en dehors de l'Inde. Aujourd'hui, les hôtes invitent les visiteurs de tous horizons à venir découvrir ce lieu sacré, les guidant avec respect, pudeur et délicatesse à travers ses préceptes, son histoire et ses œuvres d'art. Dans la grande salle de méditation, des instruments de musique et quelques impressionnantes sculptures religieuses provenant d'Inde sont notamment à découvrir, ainsi qu'une belle bibliothèque alimentée d'ouvrages philosophiques et ésotériques et de grands tableaux réalisés par une peintre réunionnaise, reprenant l'iconographie, les couleurs vives et le sens du détail de l'art figuratif hindouiste. Une marche sur le feu a lieu en février.

MOSQUÉE MOUBARAK

Magnifique symbole de la foi des musulmans, avec son élégant minaret qui culmine à 33 m au-dessus du centre-ville, cette mosquée fut construite en 1975 et inaugurée en octobre 2002. Située sur l'emplacement-même du premier lieu de culte musulman de la ville datant de 1936, elle rappelle les charmes de l'Orient par son architecture indo-pakistannaise. Son nom « Mubarak » signifie « qui est bénie ».

MUSÉE DES ARTS DÉCORATIFS DE L'OCÉAN INDIEN

17 A chemin Maison-Rouge
✆ 02 62 91 24 30
www.madoi.re
contact@madoi.re
Ouvert du mardi au dimanche de 9h à 18h. Le lundi de 10h30 à 18h. La billetterie ferme à 17h. Tarif : 4 € (2 € pour les étudiants, visiteurs handicapés, et groupes de plus de 10 personnes).
Ce domaine du XVIIIe siècle, classé aux Monuments historiques, respire l'histoire de la culture du café à Bourbon. Il se compose d'une maison de maître agrémentée d'une immense cour d'apparat, de plusieurs bâtiments destinés à l'exploitation et de quelques autres dépendances. L'ensemble est plus ou moins bien entretenu. Il y a souvent des expositions temporaires.

MUSÉE DES ARTS DÉCORATIFS DE L'OCÉAN INDIEN (MADOI).

17 A chemin Maison-Rouge
✆ 02 62 91 24 30
www.madoi.re
contact@madoi.re
Ouvert du mardi au dimanche de 9h à 18h. Le lundi de 10h30 à 18h. Entrée : 4 € adulte, 2 € réduit (scolaires, étudiants, groupes). Accès handicapés.
Ce musée dédié aux meubles, aux textiles, aux porcelaines et autres objets d'art de La Réunion et de l'océan Indien, ouvert en décembre 2008, organise de longues expositions temporaires de qualité, à vocation pédagogique et interactive.

SUCRERIE DU GOL

✆ 02 62 91 05 47
www.tereos-oceanindien.com
visitesucrerie@tereos.com
Visites pendant la campagne sucrière (de juillet à décembre) du mardi au samedi à 8h30, 10h30, 13h, 14h, 15h et 16h et en nocturne à 18h30 ou 19h. Réservation obligatoire, groupes de 16 personnes au maximum. Entrée 8 € pour les adultes, 5 € pour les enfants de moins de 11 ans. Compter 1h30 pour la visite. Age minimum 7 ans. Tenue confortable conseillée.
La sucrerie du Gol est cette grosse usine aux volutes de fumée blanche au milieu de la campagne saint-louisienne. Mais de fumée propre ! Elle ne crache quasiment que de la vapeur d'eau et est en avance sur les normes européennes de pollution. La première unité de production de sucre de canne d'Europe produit plus de la moitié du sucre réunionnais, soit 110 000 tonnes par an ou encore 40 tonnes de sucre à l'heure, ce qui correspond à un semi-remorque chargé de sucre qui sort toutes les demi-heures, alors qu'un camion débordant de canne à sucre entre toutes les quatre minutes dans l'usine ! En fait, la vapeur d'eau ne vient pas de la sucrerie elle-même mais de l'usine de production d'électricité attenante. Cette dernière utilise la bagasse que lui fournit la sucrerie pour produire de l'énergie. C'est à la sucrerie du Gol que sont traitées les cannes récoltées sur toute la côte Sous-le-vent. La visite se révèle passionnante, car elle permet de découvrir tous les secrets de la fabrication du sucre de canne grandeur nature, à travers un parcours de l'usine qui émoustille vos cinq sens. Jets de vapeur, bouffées de chaleur sucrée, concassage assourdissant… Le casque est de rigueur, et l'expérience brutale, vivante. Déchiquetage de la canne à sucre, pressage, epuration, filtrage, rechauffage, clarification, évaporation, cuisson et cristallisation. Pour bien comprendre les étapes, un film de 6 minutes présente les procédés utilisés. Au cours de la visite, on déguste différents sucres et sirops et l'on apprend les nombreux usages de la canne à sucre et du sucre… A la fin de la visite, profitez du choix et des tarifs intéressants dans la boutique de l'usine.

TEMPLE PANDIALÉE

Tout près de la maison de l'Inde.
Le plus vieux temple hindou de l'île. En 1852, M. de Kervéguen en construit 5 pour permettre à ses ouvriers indiens d'exercer leur culte. Le temple Pandialée est le dernier à subsister. Ses fresques sont magnifiques et racontent les aventures du Mahâbhârata, réalisées en 1873 avec des peintures végétales. On peut l'admirer de l'extérieur ; toutefois, l'intérieur n'est malheureusement pas ouvert aux visites.

SUD

Sports – Détente – Loisirs

■ GIGA KART

Le Gol
Ancienne Route Nationale
✆ 06 92 86 50 47
Une piste de karting de 450 m de long, pour les enfants et les parents, éclairée pour les sessions nocturnes.

Visites guidées

■ RÉUNION VOLCAN EVASION

65 C, chemin Papaye
Rivière Saint-Louis
✆ 02 62 77 70 04 / 06 92 02 54 44
www.reve.re
110 € par personne tout compris.
Ce prestataire organise des visites de l'île en 4x4 climatisé. Départ de votre hébergement, visite du belvédère de Bois-Court, la route du Volcan, divers points d'intérêt dans l'Est avec un repas, puis la route des Laves et retour. Jean-Paul commente avec passion les lieux traversés, sans avoir pour objectif de visiter le maximum de sites au pas de course : il fait plus cela pour le plaisir que l'argent.

LES MAKES

A 25 minutes de route de Saint-Louis, et 1 000 m d'altitude, le village des Makes, autrefois lieu important de la culture du géranium, est devenu dès les années 1960 une région de vacances d'été pour les Réunionnais, puis un lieu de résidence permanent pour les travailleurs de Saint-Louis. Ce village tranquille et bucolique, relativement hors des sentiers battus, peut être l'objet d'une escapade rafraîchissante. Vous y trouverez d'ailleurs de superbes aires de pique-nique, perchées sur les pentes qui mènent à la Fenêtre, ce belvédère doté d'une vue époustouflante sur Cilaos. C'est aussi aux Makes que se trouve l'observatoire astronomique, ainsi qu'un parcours d'accrobranche.

Pratique

■ À LA BELLE ÉTOILE – L'ESCALIER

Rue Voltaire
Ouvert tous les jours en continu, sauf le dimanche. Fermeture vers 20h (pas d'horaires fixes). Internet : 2 € l'heure, 1,50 € l'heure en wi-fi avec son propre ordinateur. Snack : compter entre 3 € et 6 € le repas.
Vous trouverez facilement cette grande case en tôle turquoise, aux volets rose fuchsia, postée sur la rue principale. Cybercafé, point-presse, tabac, snack... On fait ici un peu de tout. Les propriétaires, qui exposent en permanence un artiste du cru, vous accueillent dans une ambiance conviviale pour vous connecter à Internet depuis leur PC ou depuis votre ordinateur portable. Vous pourrez également grignoter un sandwich en terrasse ou vous régaler d'un cari en portions généreuses en salle, le tout à des prix imbattables.

Se loger

De belles chambres et tables d'hôtes. La plupart offrent une vue superbe sur la côte, les ravines et les cirques.

■ LES BUNGALOWS DES MAKES

5 rue Raisins-Marrons
✆ 02 62 37 80 10 / 06 92 77 28 38
www.bungalowsrun.com
lesbungalowsdesmakes@gmail.com
A partir de 60 € la nuit, 120 € le week-end pour 2 (180 € pour 4) et 295 € la semaine. Sauna (infrarouges) à partir de 25 € la séance de 30 minutes pour 2 personnes.
Un charmant ensemble de bungalows en rondins de bois, dans un agréable jardin de 2 500 m², avec la vue dégagée sur le paysage des Makes. Les chalets sont confortables et fonctionnels : une chambre avec lit double et télévision satellite avec lecteur DVD, un salon, une cuisine complète et une salle de bains avec douche et WC séparés. Les enfants dorment dans un lit gigogne dans le salon. Les 4 chalets partagent un barbecue et un petit kiosque. La dynamique équipe a doté le site d'un espace Spa aux multiples prestations : sauna, hammam, Jacuzzi, aromathérapie, chromothérapie, musicothérapie... idéal pour se détendre au retour de randonnée. Côté loisirs : ping-pong, baby-foot, terrain de pétanque, consoles de jeux à disposition. L'épicerie à proximité permet de se ravitailler, tandis que les balades aux alentours foisonnent. Bon accueil, bon rapport qualité-prix.

■ CASE MÉTISSE

70 rue Aristide-Briand
✆ 02 62 37 84 20 / 06 92 88 77 55
www.casemetisse.net
casemetisse@hotmail.fr
Compter 70 € la nuit pour 2 personnes, 30 € par adulte supplémentaire, 14 € enfant de moins de 14 ans, gratuit moins de 6 ans. Tarifs dégressifs dès la 2e nuit. 295 € la semaine, 990 € le mois.
Dans un délicieux jardin tropical, perché sur le bras du Mouchoir-Gris, 3 bungalows à l'architecture authentique et aux couleurs vives.

Vue sur la montagne d'un côté, et magnifique panorama sur Saint-Louis et l'océan de l'autre : la propriété est un véritable havre de paix fleuri, au charme fou, planté sur une colline (sacrée pente en arrivant en voiture) au bord de la ravine. Les bungalows, pimpants, comme neufs, peuvent loger jusqu'à 4 personnes, mais on y est nettement mieux à deux, car il n'y a qu'une chambre et un canapé-lit dans le salon. Ils sont entièrement équipés (cuisine, télévision satellite, wi-fi, jardin privé, barbecue...). On se sent ici comme chez soi, à se promener près du vieil alambic qui distille paisiblement ses souvenirs au fond du jardin, ou en se prélassant au bord du petit bassin, aux côtés de Bouddha qui veille sagement sur le dandinement des poissons. Bon accueil, recommandé.

LE VIEIL ALAMBIC

55 rue Montplaisir
✆ 02 62 37 82 77 / 06 92 61 57 28
www.levieilalambic.com

Chambre double 55 € petit déjeuner inclus, en demi-pension 105 €, 20 € par personne supplémentaire. Table d'hôtes à partir de 26 €.

En pleine campagne, à 1 000 m d'altitude, sur la route de la Fenêtre. Dans une case en bois douillette, dotée d'une vaste varangue, 4 chambres d'hôtes propres et confortables avec salle de bains et toilettes privées. M. et Mme d'Eurveilher vous réservent un accueil chaleureux autour d'une table d'hôtes traditionnelle et savoureuse. Le tout sous le galbe bienveillant du vieil alambic familial, dressé devant la propriété.

Se restaurer

FERME-AUBERGE LE CHANT DU COQ

66 rue Léonien Fontaine
✆ 06 92 14 12 39

Repas sur réservation à partir de 10 personnes. Menus à 12 € pour les enfants et 24 € pour les adultes.

Oubliez l'auberge, mais savourez la cuisine traditionnelle créole du nouveau propriétaire, Alexandre Nativel. Produits du terroir et spécialités gastronomiques de saison au menu de cet univers agricole. Le Chant du Coq est ouvert tous les jours, mais il faut réserver à l'avance.

À voir – À faire

FENÊTRE DES MAKES

A 11 km des Makes, au sommet d'une forêt de cryptomérias, elle offre un point de vue vertigineux et absolument incontournable sur le cirque de Cilaos et le piton des Neiges, exposant les plissures nerveuses et le relief escarpé des tréfonds de l'île. Du moins, lorsque le temps s'y prête : mieux vaut y grimper aux aurores pour avoir une chance d'échapper aux brumes épaisses des Hauts. Comptez 1h de route, scabreuse mais jolie, depuis les Bas. La tortueuse D20 est fléchée à partir de Saint-Louis ; elle serpente les hauteurs jusqu'à la plaine des Makes, longeant la profonde ravine du bras du Mouchoir-Gris et perçant cet océan vert, haut et ondulant, de cannes à sucre, qui s'épanche à travers la région de Saint-Louis. De juin à décembre, on y croise des remorques débordant de canne fraîchement coupée, tirées par des tracteurs ou, plus rarement, par des bœufs moka, en partance pour l'usine du Gol. Evitez de les suivre de trop près, le renversement n'étant pas exclu !

OBSERVATOIRE DES MAKES

18, rue Georges-Bizet
✆ 02 62 37 86 83
www.ilereunion.com/observatoire-makes

Adulte : 4 € le jour, 10 €, le soir ; enfant de moins de 12 ans : 2,50 € le jour, 5 € le soir. Visites guidées à 9h30, 10h30, 14h30 et 15h30 (durée 1h30) et soirées d'observation de 21h à 24h. Se renseigner sur le site Internet pour connaître le planning des soirées. Adhérent Villages Créoles.

C'est le seul observatoire de l'océan Indien et des DOM-TOM. A 1 000 m d'altitude, au-dessus de Saint-Louis. Il est préférable d'y aller tôt pour être sûr d'avoir le soleil et il vaut mieux réserver. Le lieu comporte plusieurs salles dont un planétarium, un espace d'exposition, une salle regroupant tous les instruments traditionnels de l'observation des étoiles, etc. Renseignez-vous pour savoir les dates des soirées d'observation, car on voit bien mieux les étoiles quand il fait nuit ! Réservez au moins deux jours à l'avance pour les soirées, quatre jours pour le week-end et prévoir un gilet même en été car il peut faire très froid.

SENTIER BOTANIQUE

Plaine des Makes, Bon-Accueil
Rivière-Saint-Louis

Ce vaste parc appartenait autrefois à l'un des plus grands propriétaires terriens de Saint-Louis. Parmi les 72 espèces recensées, il compte un grand nombre d'arbres endémiques aux noms évocateurs : bois de pomme, joli cœur, affouche étrangleur, corse blanc, bois de corail... Un sentier classé Marmaille par l'ONF. Comptez 1h30 de promenade.

Sports – Détente – Loisirs

CENTRE ÉQUESTRE DE LA FENÊTRE

31, route de Mont Plaisir
✆ 02 62 37 88 74 / 06 92 03 52 51
ceflafenetre@hotmail.fr
Ouvert tous les jours. Compter 16 € l'heure, 45 € la demi-journée, 100 € la journée repas compris.
Ce centre équestre vous emmène, à dos de Mérens, découvrir les panoramas d'exception des environs. Le centre est fermé aux touristes jusqu'à 16h en période de vacances scolaires.

MAKES AVENTURES

Route Forestière des Makes
Camp Montplaisir
✆ 06 92 30 29 29
info@makesaventures.com
Ouvert du mercredi au dimanche toute l'année, tous les jours pendant les vacances scolaires, de 9h à 17h, dernière entrée à 14h. Entrée 21 € adulte, 15 € enfant de moins de 12 ans, 10 % de réduction pour les familles de plus de 4 personnes et les groupes. A partir de 5 ans. Réservation en ligne directement sur le site.
Depuis le village, prendre la direction de la Fenêtre. Ouverte depuis 2012, voici une des deux structures d'accrobranche de l'île. 7 parcours de difficultés variées, ponctués de 110 jeux, vous feront évoluer dans les cryptomerias de la forêt des Makes, sur des ponts tibétains, tyroliennes, plateaux suspendus, etc. Deux d'entre eux bénéficient d'un système unique de ligne de vie continue, qui permet d'effectuer l'ensemble du parcours sans se détacher, offrant ainsi une sécurité optimale et l'accès aux plus jeunes. Les autres parcours, parfois à 10 mètres du sol, assureront plus de frissons mais tout autant de sécurité grâce à l'encadrement professionnel du parc et aux systèmes de mousquetons intelligents. De quoi bien remplir une excursion au village des Makes, où les loisirs restent peu nombreux. Possibilité de se restaurer à la buvette (sur réservation).

Dans les environs

A partir des Makes, plusieurs possibilités de promenades pédestres. Entre autres, un parcours facile d'environ 2h30, le chemin de la plaine du Bois-de-Nèfles, avec ses hortensias et ses agapanthes, qui mène à un beau point de vue sur Cilaos. Un autre sentier, en pente douce lui aussi, sillonne quant à lui une végétation dense, jonchée de langoses et de bégonias, jusqu'à la vallée de Bras-Patate (comptez 1h30 aller-retour). Des randonnées plus ou moins ardues mènent également au Tapage, au Tévelave ou encore au Petit-Bénare (se renseigner auprès de l'ONF). Vous croiserez par ailleurs, en voiture, de nombreuses aires de pique-nique sur la route de la Fenêtre : idéales pour respirer le grand air et profiter du spectacle grandiose des Hauts, sans (trop) se fatiguer !

L'ENTRE-DEUX

Entre le bras de Cilaos et le bras de La Plaine, la ville de L'Entre-Deux (400 m) mérite le détour. Formant un minicirque, elle surplombe la large embouchure de la rivière Saint-Etienne et la grande plaine sudiste. Ce village de 6 000 habitants a gardé une douceur de vivre à la mode créole. La devise de la localité est « deux bras, un cœur ». La ville est à la jonction de deux Réunion, celle des Hauts et celle des Bas, celle de la forêt apaisante et celle de la côte trépidante.
Le bourg abrite un ensemble remarquable de vieilles cases, peut-être la concentration la plus forte de l'île. Avec ses gorges et ravins et ses montagnes taillées au scalpel, L'Entre-Deux était au premier temps de la colonisation un haut lieu du marronnage.
Les premiers habitants s'installent vers 1724, et la commune est créée en 1882. Le café fait la gloire de cette charmante commune jusqu'en 1900, date de la destruction de tous les caféiers par la maladie Hemileia vastatrix. Jusqu'en 1946, la ville se spécialise dans le géranium et la canne à sucre, qui supplantent la plupart des autres cultures.
Depuis 1965, de nombreuses adductions d'eau ont transformé aujourd'hui L'Entre-Deux en un immense verger de manguiers, pêchers, avocatiers…
La spécialité artisanale est la savate de choca, et l'on peut voir encore quelques femmes gratter la feuille pour en obtenir les fibres. Les jolies savates font un beau souvenir. Elles demandent énormément de travail, et c'est un savoir-faire qui se perd. Le village vit encore beaucoup de l'artisanat et a su faire revivre mille et un métiers oubliés. Il reste des tailleurs de pierre, qui taillent des pilons ou des dalles de jardin ; les meubles et la réfection des bardeaux des maisons sont faits main avec les bois de tamarin et de cryptomeria de la forêt environnante. Artisans aussi, les fabricants de produits Péi variés sont ici très nombreux (confitures, sirops, achards, pâtés…).

Le village est un bon point de départ pour faire des balades et des randonnées dans les alentours, notamment au Dimitile, une montagne qui porte le nom d'un chef marron. Dans les années 1950, plus de 250 familles y vivaient encore. Une piste de l'ONF permet de monter en 4x4 jusqu'au « balcon » en forêt, puis, tout au bout du chemin, au lieu dit « le mal au ventre » (mais avec une autorisation pour le véhicule). Impossible d'aller plus loin, l'Entre-Deux est un cul-de-sac même si, dans les années 1930, le tracé de la route de Cilaos avait été envisagé via un tunnel sous le Dimitile.

Aujourd'hui, la commune se repeuple rapidement, de nombreux habitants du Sud qui travaillent à Saint-Pierre y élisant domicile.

Transports

Situé entre deux bras, d'où son nom, L'Entre-Deux est accessible par deux ponts franchissant le Bras de la Plaine. Le premier, étroit et ancien, est au niveau du confluent avec le bras de Cilaos, près de Saint-Louis ; l'autre, une arche moderne s'élançant à 100 mètres au dessus de la rivière, est quelques kilomètres en amont, au-dessus de la Ravine des Cabris.

Sur la N2, entre Saint-Louis et Saint-Pierre, sortir à Pierrefonds. Suivre la D26 qui longe la Rivière Saint-Etienne, prendre la route qui passe à la gauche des trois anciennes cheminées d'usine. Elle franchit alors le bras de La Plaine par l'ancien pont et monte jusqu'à L'Entre-Deux. On peut aussi arriver au même endroit par La Rivière-Saint-Louis et descendre au Ouaki, dans le lit de la rivière Saint-Etienne (en hiver austral seulement). Pour arriver par le nouveau pont, depuis la N3, au dessus de Saint-Pierre, sortir à la Ligne des Bambous et traverser toute la plaine par la D28.

Ou simplement laisser faire le chauffeur de bus :

- **La ligne Car'Sud STA,** qui part du quartier de Trois-Mares au Tampon, mène à la mairie de L'Entre-Deux en 45 minutes.
- **La ligne Car Jaunes S5** dessert L'Entre-Deux (jusqu'à l'église) depuis Saint-Pierre ou Saint-Louis. Renseignements au 0810 12 39 74.
- **Enfin, on peut arriver à pied** à L'Entre-Deux depuis le Dimitile en venant de la Plaine-des-Cafres. Mais il faut compter une douzaine d'heures et de sacrés mollets ! Aucun accès depuis Cilaos.

Pratique

■ OFFICE DE TOURISME
9 rue Fortuné-Hoarau
✆ 02 62 39 69 80 – www.ot-entredeux.com
ot.entredeux@wanadoo.fr
Ouvert du lundi au samedi de 8h à 12h et de 13h à 17h. Situé à l'entrée du village, il fourmille de bonnes idées. L'office donne aux randonneurs une fiche détaillant les 3 sentiers du Dimitile. Il anime sur réservation des visites autour du café, organise des randos au Dimitile, vous invite à un atelier de tressage de choca le mardi matin à 8h avec les artisans du cru et cale des visites guidées avec Etienne Bénard, tous les jours, pour un parcours entre lambrequin et patrimoine. Rien que cela ! À ne pas manquer non plus : un atelier de création de parfums, les mercredi et jeudi matin de 9h30 à 11h30, sur réservation (32 € par personne).

Se loger

Locations

■ L'ARBRE DU VOYAGEUR
99 C.D. 26
✆ 06 92 61 79 81
www.arbreduvoyageur.re
arbre.du.voyageur@orange.fr
De 900 à 2 500 € la semaine suivant le nombre de personnes et la saison, tarif dégressif à la durée, promotions sur le site. Forfait ménage de départ en option à 100 €.
Avant l'entrée du village soit à 15 minutes de la 4 voies, une belle villa en location avec piscine et jacuzzi et classée 4 étoiles Clévacances. Ou plutôt 3 villas, 2 autres étant en construction lors de notre passage. En tout cas, celle qui existe propose un cadre idéal pour des vacances en famille, dans le confort et en toute indépendance. Posée dans un beau jardin fleuri et arboré, elle se compose, sur 2 niveaux et 130 m², de 4 chambres doubles avec grandes literies, un salon spacieux et design avec TV, téléphone, chaîne hi-fi, une grande cuisine intégrale, un espace bureau en mezzanine, un studio indépendant avec cuisine et bien sûr une belle piscine avec son jacuzzi attenant, barbecue, garage. Standing oblige, l'ensemble est climatisé, couvert de wifi, décoré avec goût et quasiment suréquipé ! Prévues pour bénéficier de prestations identiques, les 2 autres villas auront seulement une orientation différente, un jardin un peu moins grand et pas de studio attenant, mais chacune aura sa piscine et son jacuzzi. L'ensemble jouxte un verger avec avocatiers, longanis, bananiers… dont les résidents peuvent profiter à volonté. Sans doute possible, la location la plus confortable du village.

Bien et pas cher

■ ENTRE 2 SONGES
9 Chemin Macaire, Bras-Long
✆ 06 92 82 57 75 – entre2songes@orange.fr
12 € par personne et par nuit si équipé, location de tente à partir de 5 €. 25 € dans l'espace lits (capacité de 6 personnes), petit déjeuner 5 €.
A 5 mn du centre-ville, un camping dans un jardin créole… ou plutôt un jardin créole où ont été aménagés plusieurs emplacements, qui profitent d'intimité et d'ombrage. Car Entre 2 Songes a commencé ainsi, un jardin exubérant avec des visites guidées. Et quel jardin ! Dans ce garde-manger naturel de 5 000 m², sillonné de petites rivières et de sentiers, vous serez en communion avec la nature. Tout y pousse, fruits, légumes, épices… On dort bercé par le vent dans les palmes, le clapotis des cours d'eau et les chants des oiseaux. S'il vous faut un vrai lit, un bungalow dispose de 6 couchages, dont 4 en mezzanine et regroupe aussi sanitaires, laverie, cuisine équipée, coffre à bagages et un petit salon TV. On capte le wifi partout sur la propriété. Le petit déjeuner est un vrai moment de plaisir avec évidemment fruits, confitures et jus de fruits du jardin mais aussi, luxe ultime, du café Bourbon Pointu torréfié maison !

■ LES DURENTAS
35 bis, rue Défaud
La Ravine-des-Citrons
✆ 02 62 39 64 03 / 06 92 68 68 82 / 06 92 96 95 19 – www.lesdurentas.com
Chambre simple 30 €, double 42 €, petit déjeuner inclus. Repas du soir 20 €.
A 500 m de la maison de la propriétaire, Nicolle Vienne, 2 chambres d'hôtes pour 2 personnes dans un jardin clos, où vous pourrez barboter dans une jolie piscine.

■ MIREST
1 chemin Source-Raisin
✆ 02 62 39 65 43 / 06 92 63 56 78
www.ot-entredeux.com/mirest.html
Chambre double 60 €, petit déjeuner inclus. Repas 25 €. A 450 m d'altitude, 3 bungalows types chambres d'hôtes, chez Mme Lucienne Clain, pour 2 personnes avec salle de bains privée, reliées entre elles par des coursives ouvertes. Côté table d'hôtes, cuisine traditionnelle au feu de bois.

Confort ou charme

■ ENTRE DEUX RÊVES

8 impasse du Margouillat
✆ 02 62 11 57 31 / 06 92 70 37 43
www.entre-deux-reves.com
De 85 à 125 € la nuit pour deux, suivant la chambre et la période. 7e nuit consécutive offerte.
Encore une adresse de charme dans ce village qui n'en manque pas (de charme, ni d'adresses de charme !). L'Entre Deux Rêves est bien nommé et propose 5 chambres d'hôtes et un T2 en location, dans une jolie résidence créole avec une belle piscine, ses transats et la vue sur le Dimitile. Laurent veille au confort de ses hôtes et vous accueille à sa table (résidents seulement), où les plats créoles traditionnels côtoient des spécialités antillaises. Les chambres, chacune avec son identité propre, sont élégamment meublées et décorées, fort bien tenues et d'un confort conforme au standing affiché : belle salle de bains avec douche à l'italienne, réfrigérateur, grande TV. Elles s'ouvrent par une baie vitrée sur une terrasse couverte surplombant la piscine et partagent un espace pour cuisiner et se détendre. Le T2, doté d'une cuisine, est doté d'un jardin privatif. Cerise sur le gâteau, un spa de l'autre côté de la maison, avec une belle vue sur Saint-Louis et les gorges du bras de Cilaos. Le charme, l'accueil, le souci du détail, une adresse vivement recommandée, à découvrir.

■ LES FRANGIPANIERS

165 A rue Jean Lauret
✆ 02 62 39 51 08 / 06 92 23 89 19
frangipaniers.fr – frangipaniers@orange.fr
Chambre pour 2 personnes (petit déjeuner et bain hydromassant de 30 minutes inclus) : 90 €.
Une station de bien-être très cocooning, nichée dans les hauteurs du Sud, à 20 minutes de Saint-Pierre, idéale pour se relaxer après la randonnée ! Pour bien profiter de cet espace de détente au calme, les propriétaires, très accueillants, disposent de deux chambres tout confort avec une salle de fitness à disposition. Et pour une relaxation en profondeur, vous pouvez opter pour le hammam, le sauna, avec massage énergétique thaï en supplément.

■ L'ÉCHAPPÉE BELLE

13 impasse du Palmier
✆ 02 62 22 91 31 / 06 92 55 55 37
www.lechappee-belle.com
Comptez 105 € la nuit pour 2 avec petit déjeuner, 120 € pour 3, dégressif à partir de la 3e nuit.
Dans le centre du village, au fond d'une impasse, un grand portail. En le poussant, c'est avec surprise qu'on découvre l'immense jardin de l'Echappée Belle, qui porte bien son nom. Quatre chambres d'hôtes de haut standing sont posées sur ses 4 000 m² de pelouse, ornée de grands cocotiers, cactus, jasmin de nuit, café-fleur, manguiers, letchis… La maison des propriétaires, Audrey et Sebastien, dispose d'une belle terrasse où l'on apprécie le petit déjeuner, avec gâteaux et fruits frais. Les chambres, élégamment meublées et décorées, offrent tout le confort attendu pour les tarifs pratiqués, le charme en plus. Lit en 160 cm de large, salle de bains moderne, wi-fi… Dans le jardin, on profite également d'une piscine au design soigné, d'une cuisine extérieure avec feu de bois ou classique, d'une bibliothèque, d'un salon extérieur zen avec TV, où il fait bon se prélasser. Parking fermé, matériel bébé, vélos à disposition. Enfin, vos hôtes vous proposeront des randonnées à l'Entre-Deux ainsi que des transferts en 4x4 vers les sentiers du Dimitile. Accueil chaleureux, beaucoup de charme, une adresse à découvrir.

Luxe

■ DIMITILE EXCLUSIVE HOTEL ISLAND & RESORT****

30 rue du Bras-Long
✆ 02 62 39 20 00 / 06 92 91 09 09
www.dimitile.eu – reservation@dimitile.eu
Chambre double deluxe 1er 205 €, avec lit supplémentaire à 255 €, petit déjeuner inclus.
Seul hôtel de l'Entre-Deux, cet établissement de charme, classé 4-étoiles, est blotti dans le cadre grandiose du Dimitile. Les 18 chambres en matériaux nobles, pierre et iroko, disposées autour d'une authentique case du XVIIIe siècle entièrement rénovée, s'ouvrent sur une grande piscine au milieu des pelouses d'un jardin luxuriant. Les chambres sont équipées de tout le confort attendu : grand lit, salle de bains avec baignoire, minibar, télévision satellite, téléphone, accès Internet. Accès handicapé. Pour les repas, attablez-vous à l'Entre Nous, le restaurant de l'hôtel, le meilleur de l'Entre-Deux, et à vrai dire le seul véritable restaurant de la ville. Ouvert à la clientèle extérieure, il propose une cuisine métropolitaine de bon niveau. La cave fait une belle place aux vins d'Alsace (d'où sont originaires les propriétaires), et recèle aussi quelques grands crus. Côté prestations et activités, un bar, un terrain de half-court, un autre de pétanque et une table de ping-pong, mais le meilleur terrain d'activité est bien entendu le Dimitile lui-même ! Les pistes de 4x4, de VTT et de randonnée sont tout proches, ainsi que le centre du village.

Se restaurer

À l'Entre-Deux, c'est l'occasion de goûter au choka (le nom créole de l'aloès) ! Attention, les restaurants sont ouverts le midi, mais le soir il faut réserver.

Pause gourmande

L'ENTREDEUSIENNE
Résidence Pierrette
1 D rue de l'Eglise
✆ 02 62 88 14 70 – www.l-entredeusienne.fr
Ouvert tous les jours de 5h30 à 19h, jusqu'à 12h30 les dimanches et jours fériés.
Ouverte depuis 2011 près de l'église, cette boulangerie est devenue rapidement un arrêt incontournable à l'Entre-Deux. D'abord parce que c'est la meilleure boulangerie-pâtisserie de la ville, et l'une des meilleures de l'île. Aussi parce qu'avec sa plage horaire extrêmement étendue, c'est souvent le seul endroit où manger, notamment le matin avant de partir en excursion. Mais surtout, il faut venir à l'Entredeusienne pour sa qualité et son large choix. De fabrication 100 % artisanale et essentiellement issus de la production locale, les produits respirent la qualité et l'authenticité, depuis la farine labellisée issue de l'agriculture raisonnée au sel des baguettes provenant des salines de Saint-Leu. Outre les classiques de la boulangerie, cet artisan propose des pains spéciaux, au levain, au choka ou aux brèdes chouchou, et fait également chocolatier (toujours artisanal) ainsi que traiteur et point chaud à toute heure. A emporter ou à déguster sur place, sur l'agréable terrasse face au paysage (wi-fi gratuit). Une bonne adresse.

Bien et pas cher

L'ARBRE À PALABRES
9 rue Césaire
✆ 02 62 44 47 23 / 06 92 92 75 26
Ouvert tous les midis du mardi au dimanche. De 10 à 15 € le plat. Réservation conseillée.
Créole, africaine et asiatique... Les cuisines du monde entier se donnent ici rendez-vous dans votre assiette. Une bonne idée, une jolie case, une chouette ambiance.

Bonnes tables

ENTRE NOUS
30 rue Bras long
✆ 0262 39 20 00 – www.dimitile.eu
Ouvert le soir uniquement sur réservation.
Ce restaurant de l'hôtel de Le Dimitile offre une cuisine gastronomique et métissée. La terrasse est située sous un letchis bi-centenaire... Idéal pour un dîner aux chandelles ! Restaurant labellisé Réunion Qualité Tourisme.

À voir – À faire

ARBORETUM
A l'entrée du village. Entrée libre.
Un beau jardin de 7 000 m², riche de quelque trente espèces de plantes endémiques. La visite est libre, mais aucune explication n'est fournie sur les spécimens présentés...

Visites guidées

LE CIRCUIT CAFÉ
Office de tourisme
✆ 02 62 39 69 80
8 € de 1 à 4 personnes. 6 € de 5 à 12 personnes.
L'office de tourisme de l'Entre-Deux vous propose un parcours découverte, un voyage à travers le temps et les saveurs de La Réunion. L'histoire du café, prisé à l'époque de la route des épices, celle de l'époque coloniale et du temps de la compagnie des Indes orientales. Une visite guidée à la rencontre des différentes espèces et des étapes de la préparation du « café pei », au feu de bois !

CIRCUIT ENTRE LAMBREQUIN ET PATRIMOINE
✆ 06 92 36 89 25 – benardetienne@hotmail.fr
Visites tous les jours, réservation obligatoire. 10 € par adulte.
Etienne Benard propose des visites découverte de l'histoire du peuplement, de l'esclavage au marronnage. Partagez une tranche de vie de L'Entre-Deux avec ce guide enthousiaste. D'une durée de 1h30 environ, le circuit « Cases et jardins », en collaboration avec l'office de tourisme, va de jardin en jardin et passe devant les plus belles cases, comme son nom l'indique ! Le guide vous explique les secrets et codes des différents types d'architectures et de jardins, pour mieux vous plonger au cœur de l'histoire réunionnaise.

Shopping

Le village abrite plusieurs artisans, dont le travail consiste essentiellement à tresser le choca, cette plante grasse qui fut introduite sur l'île au début du XIXe siècle pour la production de fibres. Chaque mardi matin, de 8h à 11h30, vous pouvez rencontrer ces femmes derrière l'office de tourisme. Elles vous présenteront leurs créations : boucles d'oreilles, colliers, porte-clés, sacs, porte-lettres et les indétrônables « Savates Choca ».

■ **BABOUK CREATION**
58 chemin de l'Equerre
✆ 02 62 39 81 10 / 06 92 09 73 58
http://babouk.kreation.free.fr
babouk.kreation@wanadoo.fr
Attention, difficile à trouver ! Suivre le chemin de la Serre. Prenez le temps d'imprimer l'itinéraire sur le site Internet si vous souhaitez passer à l'atelier.
Appelez pour visiter l'atelier et voir les produits.
Divers produits fabriqués à partir de matériaux Péi : luminaires en bambou ou en bois de camphrier, bougeoir en fer forgé, tringle à rideau, table basse, panneau de magasin, etc. Il y a même une création Petit Futé !

■ **FRANÇOISE PAYET**
19 rue Corneille
✆ 02 62 39 52 28
Ouvert tous les jours de 7h30 à 18h. Savates à partir de 40 € et broderies à partir de 10 €.
Artisanat : savates chocas (deux jours de travail) et autres broderies.

LE DIMITILE

Le Dimitile est un massif montagneux en lame de couteau (1 837 m) qui sépare L'Entre-Deux de Cilaos et offre, à son sommet, des panoramas magnifiques sur Cilaos et le sud de l'île. Il abrite une grande forêt parcourue de nombreux sentiers de randonnées et pistes de 4x4.

Transports

On peut arriver au Dimitile par la route ou à pied depuis L'Entre-Deux, ou par le col de Bébour à pied.

▶ **En 4x4.** Demander une autorisation à l'office de tourisme. Arrivé à L'Entre-Deux, il faut traverser le village de la Mare, et l'îlet de la Ravine-des-Citrons par la D26. La route, de mauvaise qualité, grimpe jusqu'au point de vue du Dimitile, à 1 837 m d'altitude, d'où la vue embrasse tout Cilaos. La route redescend ensuite dans la forêt vers de petits îlets (villages), mais est sans issue.

▶ **A pied.** Plusieurs sentiers partent vers le Dimitile : celui de la Grande-Jument part de L'Entre-Deux, d'autres partent de la D26 avant et après l'îlet de la Ravine-des-Citrons. Depuis le col de Bébour, une longue randonnée mène au sommet de L'Entre-Deux, et longe les Calumets, la crête qui mène jusqu'au Dimitile.

À voir – À faire

▶ **Les sentiers vers le Dimitile.** Départ du centre-ville en passant par le Zèbre, ou départ de l'église en passant par la Grande-Jument. Possibilité de rejoindre Grand-Bassin via la rivière, le long des canalisations. Ce sont 8h de marche assez difficiles, mais récompensées par la découverte des îlets perdus dans la montagne et par une belle solitude. Possibilité, enfin, de rejoindre le coteau Kerveguen et le piton des Neiges (6h) ou la plaine des Cafres (5h). Renseignez-vous auprès de Météo France sur le temps qu'il fait dans les Hauts. La Transdimitile, une course de 35 km en montagne, a lieu en décembre.

Visites guidées

■ **KREOLIE 4X4**
63 Grand-Fond-Intérieur
✆ 02 62 39 50 87 / 06 92 86 52 26
www.kreolie4x4.com
kreolie4x4@wanadoo.fr
Circuit « Volcan sud », Cilaos et Maïdo, de 7h à 18h : piton de la Fournaise, plaine des Palmistes, Sainte-Rose, Basse Vallée : 110 €. Circuit Salazie, de 7h à 17h30 : montée sur Salazie, Grand Ilet, Hell-Bourg, retour par le marché de Saint-Paul, 110 €. Dimitile : 100 €.

Excursions en 4x4 sur le volcan, le Dimitile ou Salazie. Pour une sortie au Dimitile, compter 100 € la journée par personne, repas compris. Au minimum 2 personnes. En collaboration avec Villages Créoles, un circuit « Sur les traces du marronnage » a été conçu, avec repas au feu de bois : à la découverte des premiers peuplements marrons.

SAINT-PIERRE

Capitale du Sud avec près de 80 000 habitants, Saint-Pierre est une ville où il fait bon vivre, loin de l'atmosphère urbaine de Saint-Denis. Une ville active le jour, notamment dans la rue commerçante des Bons-Enfants, et survoltée le soir, au rythme des nombreux cafés et discothèques du front de mer. Intégré à la vie de la cité, le port de plaisance séduit autant les amateurs de tuning (qui viennent y pétarader le soir) que les promeneurs. Le port des pêcheurs, lui, se situe à la sortie de la ville, sur la route de Saint-Joseph, à Terre-Sainte, un charmant petit village dont le dédale des rues rappelle certaines îles méditerranéennes. Et puis il y a la plage, aussi, en plein centre-ville, surveillée et bordée de jardins qui attirent les familles pour les traditionnels pique-niques, tandis que les enfants s'en donnent à cœur joie dans les jeux d'eau installés là. La ville en damier fait partie des domaines qui, à l'époque coloniale, furent concédés en 40 parcelles. Elle s'étend vers le nord, à flanc de coteau, en remontant vers Le Tampon. Ses rues, très commerçantes, montent et descendent assez sec. Il y règne une bonne ambiance, conviviale et dynamique, ponctuée par les appels à la prière du muezzin, ou par les tambours tamouls. Les vieilles maisons, parfois un peu délabrées, en bois ou en pierre de lave, sommeillent rue Archambaud et rue Marius-et-Ary-Leblond. Place de la Mairie, en surplomb du front de mer, l'hôtel de ville (de 1767) à la façade blanche, plutôt beau, ancien dépôt de blé puis de café, nous renvoie à la Compagnie des Indes. Dans le jardin de la place de la Mairie, on peut voir notamment le poilu De Boucher et le buste de François de Mahy, homme politique né en 1830, député et plusieurs fois ministre.

Transports

Comment y accéder et en partir

Ville active et touristique, Saint-Pierre bénéficie d'un réseau de bus fourni et efficace. Elle abrite aussi de nombreux loueurs de voitures. Si aucun ne possède une agence à l'aéroport, la plupart des loueurs livrent votre véhicule à Pierrefonds, sans frais ni taxe supplémentaire (contrairement à l'aéroport Roland Garros).

■ ADA
14 rue François-de-Mahy
✆ 02 62 21 59 01
www.ada-reunion.com
Ouvert du lundi au vendredi de 8h à 18h, le samedi de 9h à 12h. Avec 6 agences sur l'île, cette grande enseigne nationale propose un grand choix de véhicules à partir de 9,90 € par jour et 0,25 € par km ou bien à 34 € la journée en kilométrage illimité, 18 € sur la base d'un mois, mais ces tarifs peuvent être divisés par deux en réservant sur le site Internet.

▶ **Autre adresse :** Aéroport de Pierrefonds

■ ADM LOCATION
25 rue Pierre Raymond Hoareau
✆ 02 62 24 14 00 / 06 92 24 14 00
www.admlocation.fr
contact@admlocation.fr
Ce petit loueur est installé plein centre-ville, sur la place de la mairie. Il propose principalement des Nissan Pixo climatisée, récentes, 5 portes avec radio CD MP3, à 30 € par jour en kilométrage illimité, 26 € par jour au-delà de 15 jours. Rajouter 4 € par jour en haute saison. Egalement des Ford Fiesta à 35 € par jour, des minibus 9 places et des utilitaires de 3 à 14 m^3 dès 40 € par jour. Enfin, des véhicules publicitaires en petit nombre à partir de 19 € par jour. Assistance et dépannage 24h/24. Accueil sympa ! Une autre agence au Tampon.

■ AÉROPORT INTERNATIONAL DE PIERREFONDS
✆ 02 62 96 77 66
www.pierrefonds.aeroport.fr
info@pierrefonds.aeroport.fr
Inauguré en 1999, l'aéroport du sud de l'île permet des liaisons directes avec Maurice (plusieurs fois par jour en périodes de vacances) et l'aéroport Roland-Garros, où vous pourrez ensuite poursuivre votre chemin vers d'autres destinations. Faire le trajet Saint-Denis à Saint-Pierre en avion prend environ 30 minutes et on en profite pour admirer l'île !

Plus précisément la côte Ouest, donc il faut être du bon côté de l'avion... Prochainement des liaisons en direct avec l'océan Indien et la métropole. La piste a été allongée en 2006, et il est prévu de la porter jusqu'à 2 800 m. Dans ce cadre, des travaux d'agrandissement ont été prévus mais suspendus à des décisions politiques, car le trafic a fortement baissé depuis l'ouverture de la route des Tamarins. Un magasin hors taxes, service de location de voitures via une borne téléphonique, sans surtaxe contrairement à Roland Garros, de même pour le parking qui est gratuit. Navettes vers Saint-Pierre.

Pour se rendre à Saint-Pierre depuis l'aéroport, compter 15 € à 20 € en taxi. La ligne de bus T du réseau Cars Jaunes vous amène à Saint-Pierre ou à Roland Garros (la ligne dessert toute la côte ouest). Renseignements au © 0 810 123 974.

■ **AIR AUSTRAL**
6 boulevard Hubert de Lisle
© 0825 01 30 12 – www.air-austral.com
saintpierre@air-austral.com
Du lundi au vendredi de 8h30 à 17h30. Le samedi de 8h30 à 11h45.
Depuis l'aéroport de Pierrefonds, plusieurs vols par semaine vers l'île Maurice. Rodrigues est desservie pendant les vacances scolaires.

Autre adresse : A l'aéroport.

■ **AIR MAURITIUS**
7 rue François-de-Mahy
© 02 62 96 06 00 – www.airmauritius.com
ariofrance@wanadoo.fr
4 à 10 vols hebdomadaires de Pierrefonds vers Maurice.

Autre adresse : À l'aéroport © 0262 96 80 18.

■ **ALTERNÉO**
© 0800 35 53 54 – www.alterneo.re
Anciennement dénommés « bus fleuris », ces bus roses assurent le transport dans Saint-Pierre et ses villes limitrophes. Renseignements à la gare routière. A partir de 1,10 € le ticket (valable 1 heure avec 1 correspondance). Le site Internet répertorie sur une carte l'ensemble des lignes et les horaires. Il y a même un guide à destination des touristes avec quelques points d'intérêt et les lignes pour s'y rendre. Vous y trouverez la distance qui sépare le lieu choisi de l'arrêt le plus proche, qui va de quelques mètres à... 6 km : à lire avec attention si on choisit de se déplacer en bus ! Enfin, il n'existe plus de navette pour l'aéroport de Pierrefonds.

■ **AVIS**
Rond-point Ravine Blanche, ZI 1
© 02 62 35 00 90 – www.avisreunion.com
contact@avisreunion.com
Ouvert du lundi au vendredi de 7h15 à 11h15 et de 14h à 17h.
On ne présente plus Avis, un des principaux loueurs mondiaux. Il propose un choix immense de modèles neufs et un service de haut niveau. Tous les véhicules ont moins de 18 mois et 40 000 km, sont climatisés et très bien équipés. La plus petite citadine, par exemple une Twingo, commence à 39 € la journée en kilométrage illimité, 31 € sur la base d'une semaine, 29 € au-delà de 3 semaines. Promotions attractives sur le site.

■ **BUDGET**
Concession Peugeot, rue des Olivines
ZAC Canabady
© 02 62 91 12 75 – www.budget-reunion.com
resa@budget-reunion.com
Ouvert du lundi au vendredi de 8h à 12h et de 14h à 17h
Ce loueur d'envergure mondiale propose un large choix important de modèles récents à des tarifs abordables avec un accueil et un service professionnel dans ses 4 agences : aéroport (Sainte-Marie), Sainte-Clotilde, le Port et Saint-Pierre. Tous les véhicules sont climatisés, bien équipés, majoriatairement diesel et couverts par une garantie assistance 24/24. La plus petite catégorie, une Renault Twingo, commence à 31 € la journée en kilométrage illimité, 21 € sur la base d'un mois.

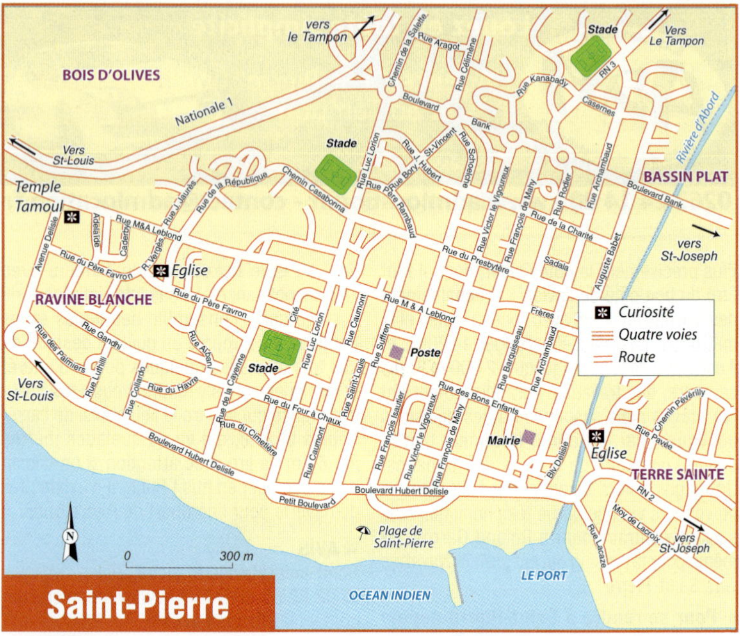

■ ENTERPRISE CITER

133 avenue Luc Donat – BP 168
✆ 0262 974 974 / 0262 48 87 00
www.citer.re – citer.sp@foucque.fr

Avec plus de 400 véhicules et 4 agences, ce loueur est un des plus importants de l'île. Un service professionnel, des véhicules récents et des tarifs compétitifs. La gamme de véhicules, très étendue et principalement composée de Renault ou Citroën, commence à 24 € la journée en kilométrage illimité pour une C1 essence (ou similaire), 22 € par jour sur la base d'un mois. D'autres agences à Saint-Denis (aéroport et Sainte-Clotilde) au Port.

■ GARE ROUTIÈRE

1 rue du Presbytère
✆ 02 62 35 67 28

Un peu en contrebas du boulevard Banks, que l'on rejoint par la sortie du Mac Do sur la 4-voies, la gare routière relie Saint-Pierre aux quatre coins de l'île : lignes directes vers Saint-Denis, Saint-Benoît (par les plaines ou en faisant le tour du volcan), L'Entre-Deux et toute la région Sud.

En centre-ville, à l'angle des rues François Isautier et du Four-à-Chaux, la gare routière urbaine permet quant à elle d'emprunter les bus de villes (au niveau du marché couvert).

■ ITC TROPICAR

126 rue du Général-de-Gaulle
Grand-Bois
✆ 02 62 24 01 01
www.itctropicar.re
contact@itctropicar.com

Ouvert tous les jours sauf le dimanche de 8h à 12h et de 14h à 18h.

Large choix de véhicules récents ou neufs, prix raisonnables et service professionnel : ce loueur local, fiable et établi depuis 1984, propose en plus petite catégorie, une 206 ou Clio, à 30 € la journée en kilométrage illimité, 25 € sur la base d'un mois. Et jusqu'à 30 % de remise sont accordés pour une réservation en ligne avec paiement à l'avance. D'autres agences à Sainte-Marie (une à la Mare, une autre à l'aéroport) et Saint-Gilles-les-Bains.

■ LIGNE INFO CAR JAUNE

✆ 0810 123 974

On peut se rendre dans le Nord et dans l'Ouest via les lignes 01, 02, S04 et T dans le Sud via les lignes S1, S2 et S3, à l'Est via la ligne S2 (par les plaines). Les Hauts sont desservis par les réseaux intercommunaux. La ligne Z0 permet de rejoindre Saint-Denis en une heure, via la route des Tamarins.

Le centre-ville de Saint-Pierre

Les immanquables de Saint-Pierre

- **Le charme créole** du vieux Saint-Pierre.
- Les étonnantes ruelles du **village de pêcheurs de Terre-Sainte**.
- **La campagne** alentour.
- **La vie nocturne** et le grand choix de bons restaurants.
- **La proximité du volcan** et du Sud Sauvage.
- **Le marché** du samedi matin.

■ **MÉHARI DE BOURBON**
91 rue François de Mahy
✆ 06 92 93 97 03
Location de Méhari à partir de 39 € la demi-journée. La balade une journée (de 8h à 20h) : 69 €. Chèque de caution : 1 500 €.
Pour découvrir la Réunion, louez donc l'un de ces véhicules mythiques des années 1970. Totalement restaurés, assurés et proposés avec un kilométrage illimité, ils sont un bon moyen de visiter l'île différemment, à un autre rythme.

Pratique

■ **CENTRE HOSPITALIER UNIVERSITAIRE SUD-RÉUNION (C.H.U.S.R.)**
Avenue du Président-Mitterrand
Terre-Sainte
✆ 02 62 35 90 00
www.chu-reunion.fr

■ **OFFICE DE TOURISME DESTINATION SUD REUNION**
Terre-Sainte
Place Napoléon Hoareau –
Capitainerie du Port
✆ 0820 20 32 20
www.sud.reunion.fr
accueil.otsaintpierre@gmail.com
Ouvert du lundi au samedi de 8h à 18h et le dimanche de 8h à 12h.
Cette structure rayonne sur les secteurs de Saint-Pierre, l'Étang-Salé et Cilaos. Réservation de gîtes de montagnes et de locations Clévacances, organisation de visites culturelles guidées (à la découverte du village de pêcheurs de Terre-Sainte ou bien du patrimoine culturel du vieux Saint-Pierre ; 4 €, réservation en amont), beaucoup d'idées d'activités (randonnées, plongée, ULM, vols en hélicoptère...). L'OTI fourmille de bons plans. De précieux conseils de sorties, également, sur l'excellent site Internet.

Orientation

Saint-Pierre s'étend le long de la mer, à 10 km de Saint-Louis par la N1, et à la même distance du Tampon par la N2. L'arrivée en ville, par l'ouest, débouche sur une zone industrielle et commerciale, le grand centre commercial Jumbo Score « Grand Large ». À deux pas, le front de mer permet d'accéder facilement au centre-ville, délimité à l'est par la rue Auguste-Babet et à l'ouest par la rue Suffren, qui longe le cimetière. A l'est coule la rivière d'Abord, qui forme à son embouchure un havre naturel où a été construit le port de Saint-Pierre. En traversant la rivière, on arrive à Terre-Sainte, village de pêcheurs devenu une banlieue de Saint-Pierre.
Il est plus facile de s'orienter avec la quatre-voies, qui arrive à l'ouest de la ville, la longe et monte ensuite vers Le Tampon. En venant de L'Etang-Salé, la première sortie mène au centre-ville, comme indiqué, en passant par le front de mer. La deuxième aussi, en passant par La Ravine-Blanche. La troisième permet d'emprunter le boulevard Bank et de partir vers Saint-Joseph. La quatrième va quant à elle vers la zone industrielle et Basse-Terre. Aux environs de Saint-Pierre, il y a Pierrefonds, l'ancienne usine sucrière et l'aéroport international. Dans les Hauts, les bourgs de Bassin Plat, La Ligne Paradis, La Ravine-des-Cabris, Bois d'Olive, s'étagent dans les champs de canne, jusqu'au Tampon. A l'est, en direction de Saint-Joseph, surgissent les villages de Terre-Rouge, La Ravine-des-Cafres, Montvert-les-Bas et Montvert-les-Hauts.

Se loger

Saint-Pierre offre de nombreux types d'hébergements, de l'hôtel de luxe à la pension bon marché de centre-ville en passant par le charmant meublé de tourisme blotti dans les champs de cannes. Attention, tout est souvent complet le week-end.

Locations

■ LE BASSIN BLEU

Terre-Sainte
71 rue Amiral Lacaze
✆ 02 62 32 22 37 / 06 92 33 73 29
www.lebassinbleu.fr – jfbostrale@hotmail.fr
Studio à partir de 55 € (2 ou 3 personnes).
C'est une location que l'on aime, essentiellement pour la vue qu'elle offre sur la jetée de Terre-Sainte, depuis la petite terrasse individuelle qui prolonge chaque studio. Entièrement équipés, ces 2 petits apparts, très propres, offrent un confort simple : 1 lit 2 places + 1 canapé orthopédique (2 places) ; kitchenette équipée et salle de bains, TV, clim et Adsl.

■ L'INSTANT AZUR

11 bis rue Amiral-Lacaze
Terre Sainte
✆ 02 62 42 17 23 / 06 92 19 27 87
www.instantazur.com – d_mathis@live.fr
De 40 € à 62 € la nuit pour 2 à 4 personnes, minimum 5 nuits. Etablissement non-fumeur.
Une nouvelle adresse à Terre-Sainte, avec comme premier atout un emplacement en or ! Central, en face la rivière d'Abord et l'office de tourisme, à 50 m du front de mer au niveau des poissonniers, 200 m du port et à égale distance des plages de Terre-Sainte et Saint-Pierre, soit 500 mètres. Depuis cette résidence familiale de 7 appartements, tout peut se faire à pied, mais si vous avez quand même un véhicule, chaque logement possède son stationnement, chose rare dans le secteur. Autre atout majeur : l'ensemble est totalement neuf de 2014, de style actuel et à des tarifs très corrects. Chaque logement dispose d'une cuisine équipée, salle de bains avec douche à l'italienne, TV, wi-fi, climatisation, lave-linge et accès extérieur : une terrasse plus ou moins vaste, orientée vers la mer ou l'arrière, ou encore sur un jardinet pour ceux du bas. Bien conçue et intégrée au quartier, la résidence jouxte la maison des propriétaires, à disposition pour tout détail. Une adresse pratique et au rapport qualité prix emplacement très attractif.

SUD

Petite histoire de Saint-Pierre

La commune est créée en 1735 à la suite de l'extension de la culture du café, puis du coton, auxquelles succède, plus tard, le blé. Mais ce n'est qu'en 1826, lorsque le gouvernement décide d'irriguer la ville par un canal, que la capitale du Sud connaît sa première ère de prospérité. Un port est construit pour accueillir les bateaux de gros tonnages et Saint-Pierre, désormais au cœur de la vie marchande de la colonie, devient le grenier de Bourbon. Un essor qui touche vite à sa fin : le point d'ancrage, rudement concurrencé par le port de la Pointe-des-Galets en 1889, est rapidement ensablé et la ville sombre dans l'insignifiance. Dans les années 1980, le petit port de Saint-Pierre, reconstruit en 1952 peu après la départementalisation, reprend vie avec le développement de la plaisance. Mais la ville, endormie, loin de Saint-Denis et pourtant dans son ombre, végète. Il faut attendre le début du XXIe siècle pour que la capitale du Sud sorte de sa léthargie une fois pour toutes, avec plusieurs réalisations de grande ampleur : notamment la construction, en 2000, de l'aéroport International de Pierrefonds, qui la relie directement aux grands aéroports de Maurice et de Saint-Denis, et projette d'ouvrir prochainement des lignes directes vers la métropole. De nombreux travaux de rénovation ont en outre fait du Saint-Pierre des années 2000 un lieu agréable, entre calme rural et dynamisme urbain.

LE JARDIN CLOS

20 rue Frère-Denis, Terre-Sainte
✆ 06 92 50 65 74
claudine.lemaire@gmail.com
350 € la semaine, tarif dégressif à la durée.
Une charmante petite location de Terre-Sainte, idéalement située, à 2 minutes à pied de la petite plage et 1 km du centre-ville, deux logements dans un vaste jardin exubérant, au calme et bercé par le ressac de l'océan. Chacun loge 2 à 3 personnes confortablement avec une chambre double climatisée, un séjour avec TV (Canal +) et wi-fi, cuisine équipée avec lave-linge. Spacieux et bien équipés, élégamment décorés, ils sont toutefois de styles très différents ! Le premier, tenu par la mère qui réside dans la maison sur la propriété, offre un cadre créole, agréablement meublé de bois et doté d'une terrasse et d'un kiosque avec barbecue, lové dans une petite jungle. Le second, tenu par le fils qui habite au-dessus, est très contemporain et jouit d'une terrasse avec des canapés modernes donnant sur un jardinet avec pelouse taillée au millimètre. Deux atmosphères, entre lesquelles se baladent indifféremment une tortue et le chien Gouzou... Bon accueil.

LA JETÉE

69 rue Amiral-Lacaze, Terre-Sainte
✆ 06 92 73 81 22 / 06 93 30 18 54
www.terresainte-lajetee.com
4 appartements de tourisme pour 6 nuits minimum à partir de 65 € la nuit pour 2 personnes et 80 € la nuit pour 4/5 personnes. Tarifs dégressifs à partir du 11e jour.
Face à la jetée de Terre-Sainte, ces 4 superbes appartements ont vue sur l'océan et offrent des prestations haut de gamme à tarif doux, avec en toile de fond un décor à la fois arty et vintage, dans le style de leurs propriétaires, photographes de mode, et gérants du magasin Hip Island attenant. Le Hublot, un duplex pour 2 à 4 personnes : notre coup de cœur, pour sa terrasse privative avec vue sur mer ! Le Phare (dont la construction a été achevé en 2013), un mini-loft teinté de nuances de blanc pour 2 personnes, avec une magnifique terrasse priavitive. La Marine : tout aussi confortable, cette ancienne case de pécheur rénovée, pour 2 à 4 personnes, se trouve au rez-de-jardin. Et enfin, La Plage : un appartement planté devant la petite baie de Terre-Sainte dans une jolie case retapée, avec un jardin face au lagon. Une adresse exceptionnelle, pleine de charme, moderne et épurée, à découvrir au plus vite...

L'OASIS DE TERRE ROUGE

41 chemin Mézino, Terre-Rouge
✆ 06 92 31 28 80
www.oasisdeterrerouge.com
Suivant la saison, 490 à 630 € la semaine pour 1 ou 2 personnes en studio, 560 à 700 € en F2, 945 à 1 155 en F3 ou F4, 56 € par personne supplémentaire, 4 nuits minimum. Tarifs dégressifs à la durée. Ménage 15 € l'heure.
S'il est un meublé de tourisme de luxe à Saint-Pierre, il s'agit bien de cette oasis unique, nichée dans le calme verdoyant de Terre Rouge, à 5 mn de voiture du centre. Dans un jardin planté de fleurs tropicales et de palmiers, 4 villas et 4 appartements de très haut standing s'ouvrent sur un panorama sur les champs de canne, la ville et l'océan. Au cœur du domaine, une belle piscine bordée de chaises longues se déploie sur 15 mètres par 6 : probablement une des plus grandes de la ville ! Les intérieurs, spacieux, ont été aménagés avec goût et raffinement, leurs parquets, leurs murs patinés et le bois précieux de leurs antiquités indiennes côtoyant les lignes épurées d'un mobilier contemporain. Les F2, avec une chambre double et un grand canapé-lit, peuvent loger 4 personnes, le studio 2 personnes. Les villas F4 comprennent 3 chambres doubles, une vaste varangue avec ses meubles en teck, et un jardin privé. Les villas F3 sont jumelées et partagent un patio commun, idéal pour les familles. L'équipement est à la hauteur du standing affiché (4 étoiles et 4 Clévacances) : climatisation, superbes salles de bains avec douche à l'italienne, cuisine moderne et ultra-équipée (lave-vaisselle, blender...), wifi et un grand séjour avec TV et DVD. Parking sécurisé. Une adresse de charme, très demandée.

My Saint-Pierre

En mai 2015, la ville de Saint-Pierre a lancé son application gratuite « My Saint-Pierre » (disponible sur App Store, Google Play et Windows Phone). Une première à La Réunion : l'application permet d'accéder gratuitement à un agenda culturel et d'avoir toutes les coordonnées des équipements de la municipalité en poche. Si l'outil peut s'adresser aux touristes, il est avant tout destiné aux riverains pour signaler un incident sur la voie publique ou connaître les travaux en cours dans la ville.

■ **RÉSIDENCE LE BLASON**
13 bis rue François-Isautier
✆ 06 92 61 87 33
www.residence-leblason.com
leblason-lareunion@hotmail.fr
Comptez 60 € la nuit pour 2 personnes, 80 € pour 3/4 personnes (minimum 3 nuits), dégressif au-delà d'une semaine. Électricité en sus.
Cette charmante petite résidence, située juste à côté de la gare routière urbaine et à 300 m de la plage, propose 5 studios en location saisonnière. Bien placée, elle se situe dans un quartier animé le jour, et calme la nuit. Chaque studio loge confortablement 2 personnes dans ses 32 m², et 1 ou 2 de plus dans un lit-canapé pour certains. Deux d'entre eux donnent sur un très beau patio, ombragé, verdoyant, spacieux et agrémenté de tables, chaises et hamacs. Les trois autres sont à l'étage et disposent d'une belle terrasse couverte, paisible et fleurie. Fonctionnels, joliment décorés et bien entretenus, tous les logements sont dotés d'une salle de bains avec baignoire, d'une kitchenette très bien équipée (avec un grand réfrigérateur), de la climatisation, de la télévision TNT, d'un accès wifi et d'un coffre-fort. En commun, un espace laverie et un barbecue. Accueil sympathique, une très bonne adresse !

■ **TROPICA LOC**
3 rue Amiral Lacaze, Terre Sainte
✆ 02 62 25 78 32 / 06 92 69 35 41
www.tropicaloc.com – tropica.loc@wanadoo.fr
280 € la semaine en studio pour 2 personnes, 350 € en T2 pour 2 ou 3 personnes, 10 € de plus par nuit pour une 4e personne. Tarifs dégressifs à la durée.
Tropica Loc a pour premier atout un emplacement privilégié, à 150 mètres du front de mer au niveau des poissonniers, à 300 mètres du port et à égale distance des plages de Terre-Sainte et Saint-Pierre, soit à 600 mètres. Ouverte depuis plus de 25 ans, c'est une des plus anciennes adresses de la ville, sans le laisser paraître car elle a été rénovée en 2014. Cette maison sur deux niveaux, à l'élégant bardage en bois, propose 5 appartements aux tarifs attractifs, chacun avec une terrasse meublée ou un balcon s'ouvrant sur un agréable jardinet, correctement équipés : cuisine fonctionnelle, salle de bains avec douche, lave-linge, climatisation, TV, wi-fi. Literies en 140 cm, sauf pour l'un d'eux qui profite d'un lit en 160 cm. 3 places de parking sont à partager mais d'ici on peut tout faire à pied. La propriétaire, disponible, réside juste en face et vous réserve un accueil chaleureux.

Bien et pas cher

■ **CAP SUD HOTEL**
6 rue Caumont
✆ 02 62 25 75 64
www.hotel-capsud-reunion.com
hotel-capsud@orange.fr
45 € ou 50 € la nuit en chambre double, lit supplémentaire 10 €. Chambre triple à 70 €. Petit déjeuner 6 €. Appartement à 500 € la semaine, dégressif à la durée. Etablissement non-fumeur.
Situé dans un quartier calme, à 50 m du front de mer et 150 m de la plage, cet hôtel propose 16 chambres assez vastes, certaines très hautes de plafond, fort bien équipées : salle de bains privée avec douche à l'italienne, climatisation, télévision, wifi, téléphone, un balcon pour certaines et un élégant mobilier balinais en teck. Une chambre est adaptée aux handicapés. Sophie et David mettent tout en œuvre pour vous accueillir et vous rendre service : petit déjeuner copieux, prêt de lit bébé, transferts à l'aéroport de Pierrefonds ou à la gare routière... Le rapport qualité-prix est très correct et l'ensemble est impeccablement tenu, c'est une des meilleures options de la ville dans cette catégorie de prix. Enfin, un appartement en location saisonnière est situé au sommet de l'immeuble. Il loge 4 personnes dans un espace mansardé mais spacieux et très ouvert ; deux chambres climatisées, une cuisine complète et moderne et une agréable terrasse avec vue panoramique sur l'Océan et la montagne. Recommandé depuis de nombreuses années dans nos pages.

■ CHEZ PAPA DAYA

27 rue du Four-à-Chaux
✆ 02 62 25 64 87 / 06 92 12 20 12
www.chezpapadaya.com
chez.papa.daya@orange.fr
Compter 25 € la nuit en chambre simple avec salle de bains commune, 30 € en chambre double, 30 € en chambre simple avec douche privée, 35 € en chambre double avec balcon ou terrasse, 40 € avec douche ou baignoire. Chambre triple 55 €, quadruple 65 €.
Bienvenue chez Papa Daya, une pension impeccable, aux prestations très correctes et à l'ambiance sympathique. Ouverte depuis 1989, sa réputation n'est plus à faire... c'est une des meilleures options d'hébergement de la ville. Idéalement placé à 100 m du front de mer et 200 m de la plage, Papa Daya propose 20 chambres spacieuses, carrelées et d'une propreté irréprochable, à la décoration soignée, meublées en merisier et toutes climatisées, équipées d'un réfrigérateur et du wi-fi gratuit. Une grande cuisine américaine intégralement équipée est à disposition des résidents. De plus, ici, les espaces détente, plantes et fresques murales ne manquent pas ! On déjeune soit dans un adorable jardinet exotique, soit dans la cour intérieure paisible, soit en terrasse à l'étage en regardant la mer. Egalement un salon TV, un lavoir à main, un coin repassage, un point phone et un parking privé. Bref, une bonne adresse que nous recommandons depuis plus de 15 ans !

■ HÔTEL LE NATHANIA

12 rue François-de-Mahy
✆ 02 62 25 04 57 / 06 92 70 87 60
www.hotelnathania.com
hotel.le.nathania@wanadoo.fr
20 € la nuit en chambre simple et 30 € en double avec salle de bains commune, 35 € en double climatisée avec salle de bains privée avec douche, 45 € avec baignoire, 55 € en triple, 65 € en quadruple.
A 50 m du front de mer, Le Nathania est un hôtel économique et confortable de 14 chambres : un des meilleurs rapports qualité-prix de la ville. Carrelées, vastes, lumineuses, les chambres sont confortables et plutôt coquettes. Presque toutes sont climatisées, sinon dotées d'un ventilateur, et la plupart ont une salle de bains privée, parfois un balcon. Les moins chères sont correctes, mais moins lumineuses et plus petites. Préférez les chambres du côté nord qui sont moins exposées au bruit des discothèques voisines. Toutes sont équipées du wi-fi et d'un réfrigérateur. Une cuisine commune équipée permet de préparer le petit déjeuner, mais pas

de cuisiner (pas de plaques). Egalement des distributeurs de boissons chaudes et froides, un salon TV, un petit parking privé fermé et un lavoir avec coin repassage, dans une cour arborée agréable et calme. L'ensemble est propre ; Zaky veille au bien-être de ses convives, et arrange des prix dégressifs sur la durée. Une adresse pratique que nous recommandons depuis plusieurs années.

L'ESCALE TOURISTIQUE

14 rue Désiré-Barquisseau
✆ 02 62 35 20 95 / 0692 60 58 58
www.escaletouristique.com
gaellebon-betemps@zeop.re
Chambre simple climatisée 25 € avec salle de bains commune ; chambre double avec salle de bains commune 25 €, climatisée à 30 €, avec salle de bains privée 35 € ; triple climatisée 35 € avec salle de bains commune, 45 € avec salle de bains privée ; quadruple climatisée 55 €.

L'Escale Touristique propose un hébergement confortable, à des tarifs compétitifs, à 100 m du front de mer et à 300 m de la plage, dans une rue calme du centre-ville. Au sein d'une maison bleue et jaune, 14 chambres sur 2 niveaux, équipées d'un réfrigérateur. Agréablement et fraîchement décorées, lumineuses, elles offrent un bon rapport qualité-prix : climatisées ou ventilées, avec ou sans sanitaires privés. Dans la cour, une cuisine équipée avec machine à café et une agréable terrasse fleurie ; pas de gaz mais un micro-ondes. Egalement un lavoir à main avec coin repassage, un parking privé et fermé, et l'accès wi-fi dans tout l'hôtel : c'est pratique. Bon accueil.

Confort ou charme

HOTEL ALIZÉ PLAGE

Plage de Saint-Pierre
Boulevard Hubert-Delisle
✆ 02 62 35 22 21
www.hotel-restaurant-alize-plage.re
alizeplage@ilereunion.com
Chambre double : 95 €. Chambre avec vue sur la mer et triple : 110 €. Petit déjeuner : 10 €.

L'hôtel Alizé Plage jouit d'une situation idéale : pieds dans l'eau, sur la plage de Saint-Pierre, en centre-ville, à côté des Jardins de la Plage. Ce tout petit établissement compte seulement 7 chambres, avec une décoration au charme créole et une belle terrasse sur la mer pour certaines d'entre elles. Ouvert depuis des décennies, il est correctement entretenu d'année en année. L'équipement correspond au standing de l'hôtel : climatisation, salle de bains avec douche, télévision, wi-fi gratuit. Le soir, laissez-vous tenter par le restaurant et son cadre chic au bord de l'eau. Personnel sympathique et à l'écoute.

HÔTEL LINDSEY***

21 bis rue François-Isautier
✆ 0262 24 60 11
www.lindsey-hotel-reunion.fr
De 98 € à 120 € la nuit en chambre double, suivant la chambre. Petit déjeuner : 10 € par adulte, 6 € par enfant.

Ouvert en 2013, l'hôtel est construit comme une élégante maison créole blanche et bleue, pimpante et fleurie. Il jouit d'une situation privilégiée : dans une impasse au calme, à côté du marché couvert et de la gare routière urbaine et surtout à 300 mètres de la plage ! L'hôtel Lindsey propose ses 17 chambres, neuves et d'une propreté immaculée comme tout le bâtiment, équipées aux normes 3-étoiles : belle literie, climatisation et ventilation, salle de bains moderne avec douche à l'italienne, tv et wifi. Spacieuses et de style contemporain, elles s'étagent sur 3 niveaux avec ascenseur et sont dotées de balcons ou de petites terrasses. Accès handicapés. Une petite piscine à remous permet de barboter en fin de journée, tandis qu'une salle de sport est à disposition des clients. Le petit déjeuner en buffet continental est servi en salle ou en chambre et le bar propose des boissons, mais pas de repas ; les restaurants sont nombreux à proximité. Plusieurs services : blanchisserie, chambre de courtoisie, bibliothèque, organisation de baby-sitting et soins esthétiques. Petit parking fermé et sécurisé. Accueil agréable et courtois.

■ **HOTEL LE BATTANT DES LAMES*****
117, boulevard Hubert Delisle
✆ 02 62 61 61 61 / 06 92 01 55 77
reservation@lebattantdeslames.com
Suivant la saison, de 95 à 125 € la nuit pour deux personnes en chambre standard hors petits déjeuners, de 125 à 145 € en chambre supérieure, de 140 à 160 € en chambre Deluxe, de 290 à 350 € en Junior suite. Supplément vue mer 15 €, supplément 3ᵉ personne 15 €, gratuit pour 1 enfant. Petit déjeuner : 14 € adulte, 7 € enfant. Demi-pension : 34 € adulte, 16 € enfant. Ouverture en octobre 2015.

Fort attendu, voici le tout dernier hôtel de Saint-Pierre, encore en travaux à l'heure de l'écriture de ce guide. Il jouit d'un bel emplacement : c'est le seul grand hôtel du Sud qui soit les pieds dans l'eau, sur la plage, face au lagon avec accès direct. Avec 60 chambres, il devient aussi le plus grand de la ville. Dans le quartier de la Ravine Blanche, en plein développement, le Battant des Lames est à environ 7 minuted à pied du centre, sur le même boulevard. La plage y est un peu plus étroite que dans le centre, mais moins fréquentée.

Le lagon, plus étroit aussi, est moins protégé en cas de forte houle, mais le déferlement sur la barrière de corail est alors spectaculaire et justifie le nom de l'hôtel ! La baignade est possible presque toute l'année et sans risque de requins, à moins de préférer la superbe piscine panoramique à débordement se fondant dans l'horizon... Les chambres, que l'on préférera côté mer, sont totalement neuves et dotées des équipements attendus dans cette catégorie : mini-bar, wi-fi, TV connectée, climatisation, coffre-fort… Les chambres supérieures et Deluxe bénéficient d'une terrasse, certaines sont communicantes. Les Juniors suite seront probablement les plus belles de la ville, avec grande terrasse panoramique et Jacuzzi en chambre ! Côté restauration, un bar à salades pour une cuisine simple et légère et un restaurant à la carte plus élaborée, métro et créole, avec une vue panoramique sur le lagon. Côté activités, du matériel est à disposition pour le snorkeling, le paddle, le kayak, ainsi qu'une salle de fitness avec vue mer ; des terrains de beach-volley jouxtent l'hôtel. Et pour se détendre, un spa avec douche sensorielle, hammam et Jacuzzi. Business corner, salles de séminaires, réception ouverte 24h/24, parking privé et fermé.

Luxe

■ VILLA BELLE

45 rue Rodier
✆ 06 92 65 89 99
✆ 06 92 87 40 80
www.villabelle.net
villabelle@wanadoo.fr

De 195 à 370 € la nuit pour 2 personnes, suivant la chambre ou suite. Petit déjeuner continental 20 €, brunch 45 €. Repas du soir 65 € par personne pour les résidents, ou en soirée privée (minimum 10 personnes, maximum 24). Tarifs dégressifs dès la 3e nuit.

Attention, excellente adresse, sans conteste les meilleures chambres d'hôtes de l'île ! Sur les toutes premières hauteurs, à 5 minutes à pied du centre et 10 minutes du front de mer, sur un ancien domaine créole centenaire de 3 000 m², Erik et Antonio ont créé un lieu unique sur l'île. Héritage familial vieux de 350 ans, ce magnifique domaine abrite 6 chambres d'hôtes de charme de très grand luxe, comparables à celles des palaces seychellois ou mauriciens. Chacune jouit de volumes généreux et d'un équipement à la pointe, mais la Villa Belle se distingue surtout par son raffinement, son extrême souci du détail et l'accueil incomparable d'Erik et Antonio. Les chambres, spacieuses, chaleureuses, ont chacune leur identité. Les têtes des lits, faites de pâtes de sables de différentes teintes, scintillent par des incrustations de verres, tandis que des huiles originales du père d'Erik ornent les murs. Les salles de bains sont magnifiques, mais peut-on encore simplement parler de salles de bains ? Les trois premières chambres, dans la bâtisse historique aux épais murs blancs enduits à la chaux, ont des douches à l'italienne de 2 m de large en béton ciré et galets. Celles-ci ont aussi une cuisine équipée. Deux autres superbes suites, posées façon « bungalow sur pilotis » sur un bassin avec nénuphars et carpes koï, ont des salles de bains intérieures et extérieures. Enfin, la suite « spa » dispose carrément de son propre spa intérieur, sa cascade, son hammam et sa salle de relaxation avec table de massage.

Dans la propriété, une élégante piscine et ses transats vous attendent pour une détente totale. Le petit déjeuner, servi sous l'ombrage végétal, comprend produits frais et locaux, le brunch y ajoute charcuteries et fromages fins, eggs & bacon. Le soir, repas dans le jardin ou sous la varangue, cuisine métropolitaine gastronomique personnalisée. Erik et Antonio sont à l'écoute pour chaque détail, laverie, prêt de DVD, transferts...

SUD

■ **VILLA DELISLE HOTEL & SPA******

42 boulevard Hubert-Delisle

✆ 02 62 707 708 – www.hotel-villadelisle.com

reception@hotel-villadelisle.com

Suivant la saison, de 190 € à 230 € la nuit en chambre standard double, de 210 € à 250 € en chambre supérieure double, de 300 € à 340 € en suite junior double, petit déjeuner inclus. Enfants de moins de 12 ans : 316 € dans la suite des parents, 116 € dans une chambre communicante standard ou supérieure, petit déjeuner en sus à 8 €. Demi-pension adulte à 38 €, enfant à 18 €.

Inauguré en 2014, voici le seul hôtel de luxe du centre-ville et aussi le plus central de la ville : sur le front de mer, face à la plage et ses jardins, au cœur de l'animation. La Villa Delisle (ex-Sterne) est en réalité l'hôtel historique de Saint-Pierre, bâti depuis des décennies sur cet emplacement privilégié et qui a fait l'objet d'une rénovation complète et d'une montée en gamme. Son blanc immaculé à l'extérieur contraste avec les couleurs chaudes et généreuses qui habillent ses intérieurs et ses chambres, à l'ambiance créole tendance West Indies, plutôt originale et novatrice. 41 chambres standard, supérieures ou suite junior, offrent tout le confort actuel et conforme au standing de l'établissement : lit en 160 cm (180 cm en suite), salle de bains avec douche à l'italienne, TV satellite, wifi, mini-bar… Les chambres supérieures ont en plus un balcon et les suites, deux fois plus spacieuses et logeant 2 enfants en plus, un balcon avec vue sur la mer et le jardin. Côté restauration, on s'attablera à La Voile Blanche, en bord de piscine, pour le petit déjeuner et le déjeuner, cuisine simple et décontractée ou le soir pour les demi-pensionnaires uniquement. Tandis que le bistrot chic Le Pierre vous accueillera midi et soir pour une cuisine aux accents plus gastronomiques. Egalement un bar et un spa agréable et moderne avec ses professionnelles diplômées, ses 3 salles de massages et son grand bain à remous ; ces prestations sont également accessibles à la clientèle extérieure. Le parking étant petit, mieux vaut réserver sa place à l'avance.

■ **VILLA MORGANE**

334 rue Amiral-Lacaze, Terre-Sainte

✆ 02 62 25 82 77 / 06 92 82 91 84

www.villamorgane.re

demeuresdecharme@villamorgane.re

Chambre double à partir de 90 €, suite Pompéi à 195 € (basse saison), 220 € (haute saison).

La Villa Morgane, qui est un véritable hôtel de charme, est assurément une adresse à part, notre coup de cœur ! Après avoir géré une troupe de cabaret pendant 30 ans, le propriétaire, véritable esthète, s'est installé dans ce quartier très calme de Terre-Sainte pour y bâtir cette résidence de prestige hors du commun. Chaque pièce est pensée comme une œuvre d'art, avec une richesse dans les thèmes abordés aussi bien que dans le soin apporté à leur réalisation, le choix des matières, le souci du détail, et la générosité des prestations... Lits géants, écrans plats et wi-fi, Jacuzzi dans les suites prestige. Le jardin et surtout la superbe piscine offrent des moments de détente privilégiés, fontaines et Jacuzzi surveillés par un Bouddha bienveillant. Pour la clientèle de l'hôtel, des massages sont possibles au bord du magnifique cadre qu'offre la piscine de l'hôtel.

Se restaurer

Du grignotage à la restauration gastronomique, Saint-Pierre regorge de bonnes adresses pour le plus grand plaisir de vos papilles gustatives. La variété est au rendez-vous, entre les snacks du front de mer et les bonnes tables du côté du port, rue Babet ou rue Marius-et-Ary-Leblond. Il y en a pour tous les goûts : poissons frais, cuisine du sud-ouest, fast-food américains ou grecs, bar à pâtes ou à sushis, thaïlandais, indien, chinois, créole...

Sur le pouce

LE 16

16 rue Rodier

✆ 02 62 10 57 43

Compter environ 5 € le bagel. Ouvert le midi.

Des produits de restauration rapide comme on les aime : rapides donc, frais (très frais même, puisque les pains sont faits « maison » par Willy le matin même), et surtout avec des ingrédients simples et sains. Ramené des Etats-Unis, le bagel de Willy vous séduira à coup sûr : ambiance US garantie et service très convivial. Foncez !

LE COCOTIER CHEZ MARIE

Boulevard Hubert-Delisle

✆ 06 92 660 593

Ouvert tous les jours midis et soirs (sauf le lundi soir.) 10 € le plat.

Burger de poisson frais et tartare de thon, le cocotier n'est pas un snack comme les autres. Alliance de la restauration rapide et des bons produits locaux, la terrasse située à l'arrière est particulièrement agréable. Elle borde la ravine et offre la vue sur le quartier maritime de Terre Sainte. Une pause déjeuner qui ravira les gros apétits comme les fines bouches !

HOUSE PIZZA

4 rue du Port

✆ 02 62 35 28 92 / 06 92 33 38 40

Ouvert tous les jours sauf le mardi et le dimanche midi. Comptez de 9 à 12 € la pizza. Livraison à domicile.

Face au port, cette case créole toute pimpante et colorée propose de bonnes pizzas, les meilleures de la ville d'après nous ! Et aussi des salades, des pâtes, des tartes – même des sushis, quoiqu'un peu décevants. A emporter ou à déguster sur place : soit à l'intérieur, au bar, soit sur la grande terrasse qui donne sur le front de mer. Espace jeux pour les enfants et wi-fi gratuit.

LA TERRASSE

Rue Amiral Lacaze

✆ 06 92 25 17 28

Ouvert tous les midis sauf le dimanche. Accès wifi gratuit. Formules dès 7 €.

Sur le front de mer de Terre-Sainte, au niveau des arbres et face au spot de surf, ce snack est idéal pour un premier contact avec le quartier. Sur cette terrasse colorée, des tartes salées, croque-monsieur, desserts du jour, jus de fruits frais que l'on apprécie simplement. Bon accueil, ambiance sympathique.

Pause gourmande

PÂTISSERIE LUCIEN MANCIET

64, rue Victor Le-Vigoureux

✆ 02 62 25 06 73

www.manciet-lucien-saint-pierre.fr

Lucien Manciet, artisan boulanger-pâtissier au Label rouge Bagatelle, est une référence à Saint-Pierre. Pour ses pains tout d'abord, mais surtout pour ses pâtisseries : mousses aux fruits locaux, desserts français revisités à la créole, vous dévorerez de vos yeux les différents produits exposés en vitrine. Egalement chocolatier, la boutique est pleine à craquer en période de fêtes et à Pâques.

Bien et pas cher

LA BAIE DES ANGES

28 avenue François-Mitterrand, Terre-Sainte

✆ 02 62 35 18 40 – www.labaiedesanges.re

info@labaiedesanges.re

Ouvert tous les jours sauf le jeudi soir, le samedi midi et le dimanche. Compter entre 20 € et 45 € le repas.

Très moderne et branchée, avec son bar à vins et son espace lounge zen, la Baie des Anges accueille ses clients dans un décor élégant, soit dans sa salle aux gris sobres et chics, soit sous sa grande varangue verdoyante. Une cuisine aux influences métropolitaines et italiennes : un vaste choix de viandes et de poissons côtoie de grandes salades, des tapas, des assiettes de charcuterie, des verrines tahitiennes (mmm !), des carpaccios, de copieux plats de pâtes et une généreuse sélection de gambas, moules ou noix de St-Jacques (mmm !). Une bonne adresse !

LA BODEGA

2 rue Auguste-Babet

✆ 02 62 25 94 68 / 06 92 76 13 08

la.bodega@orange.fr

Compter de 3 à 6 € le tapas, de 12 à 20 € le plat. Ouvert tous les jours sauf le lundi, de 18h à 2h.

Ex-Auberge Espagnole, la Bodega reste connue des habitués pour être le seul restaurant d'inspiration ibérique de l'île : décoration méditerranéenne, cuisine métro épicée de quelques touches espagnoles – dont la paëlla le vendredi soir – et du Sud-Ouest de la France, et un choix de tapas goûteux et pas trop chers. La Bodega est aussi le restaurant qui sert le plus tardivement de toute la Réunion ! Préalable aux noctambules, on y vient aussi pour converser au son de la musique espagnole et s'échauffer pour le reste de la soirée. Petite terrasse fumeurs. Bon rapport qualité-prix.

LES BONS ENFANTS

124 rue des Bons-Enfants

✆ 02 62 25 08 27

Ouvert tous les jours midi et soir. Spécialités chinoises et créoles. Compter 10 €.

Une ambiance de cantine règne dans cet établissement du centre-ville, très fréquenté des employés du coin pour ses prix imbattables : menus à partir de 7 € sur place (et 5,50 € à emporter). Les plats, chinois et créoles, disposés en vitrine derrière un comptoir, sont bons et peu chers. Vous y trouverez les grands classiques : shop sueys, porc à la sauce d'huitre, poulet sauté à la sauce soja, nems, rouleaux de printemps, bouchons... On s'attable dans une salle à la décoration désuète, c'est populaire, économique, et ouvert depuis plus de 30 ans : au point que le restaurant de quartier est devenu une chaîne locale avec une centrale de préparation et de nombreux restaurants dans le sud !

BRIZ MARINE

48 rue Amiral Lacaze

Terre-Sainte

✆ 02 62 02 02 60

Ouvert tous les jours midi et soir. Plat du jour 10 à 15 €.

Ouvert depuis 2013, ce restaurant bar a trouvé probablement le meilleur emplacement de la ville ! Situé en bord de mer, il déploie sa vue panoramique sur la petite plage de Terre-Sainte qu'il surplombe, la jetée du port, la montagne et l'Océan. Côté cuisine, des plats créoles traditionnels chaque jour à la carte. Mais on y vient surtout pour apprécier la vue à tout moment, pour prendre l'apéro au coucher du soleil, ou une glace en journée, et profiter de ses canapés sous les paillotes et de ses espaces intimes. Un vrai cadre tropical ! Wifi gratuit.

LE CAP MÉCHANT D'ABORD

Boulevard Hubert-Delisle

✆ 02 62 91 71 99 / 06 92 85 39 28

capmechant@gmail.com

Ouvert tous les jours sauf le lundi. Plats de 10 à 20 € (sauf bichiques, langoustes et palmistes).

Situé face au port et le long de la rivière d'Abord, séparant la ville du quartier de Terre-Sainte, c'est un des petits frères du fameux restaurant Le Cap Méchant, situé à Saint-Philippe. Petit frère malgré ses grandes salles sur deux niveaux, très appréciées des familles créoles nombreuses. Aux spécialités de palmistes directement livrées depuis Saint-Philippe, se sont ajoutées des formules buffet à volonté qui remportent un grand succès (buffet de desserts, buffets de sushis), ainsi que le jus de goyavier servi toute l'année. On s'attable volontiers sous sa belle varangue aérée face au port, ou bien à l'étage, climatisé, pour une vue plus dégagée. La plupart des plats sont également à emporter.

LE CLUB GASCON

17 rue Amiral-Lacaze

✆ 02 62 25 87 50 / 06 92 76 13 08

ludovic.gachet@wanadoo.fr

Ouvert tous les jours midi et soir sauf le dimanche et le lundi. Menus de 20 à 30 €. De 10,35 à 20 € le plat à la carte.

Un bon restaurant de cuisine du Sud-Ouest, ouvert depuis plusieurs années. C'est dans une salle climatisée, en face de l'office du tourisme, sur la Rivière d'Abord qui sépare Saint-Pierre de Terre-Sainte, que vous dégusterez ses magrets de canard, planchas de canard, cuisses de grenouille persillées... Une carte large avec également du camembert rôti, des tartares de viande et poisson et des salades. On apprécie les tarifs doux et le service rapide et professionnel. Bon accueil.

LA CRÊPERIE SAINT-MALO

1 rue du Port ✆ 02 62 25 75 25

www.le-saint-malo.re

saintmalocreperie@gmail.com

Ouvert tous les jours en service continu, sauf dimanche et lundi. De 4 € à 15 € la galette salée.

Le roi de la crêpe ! Véritable institution, cet édifice aux poutres apparentes, de style breton, est un repère immanquable sur le front de mer, face au port. Tenu par le même propriétaire depuis les années 1980 (un Breton, forcément), on y mange d'excellentes galettes bretonnes ; plus de 70 variantes à la carte ! Simples, composées, complètes, au fromage, au poisson, à la ratatouille, à l'andouille, aux légumes... Il y en a pour tous les goûts et toutes les faims. Egalement des salades, des coupes glacées et des assiettes de fruits frais. Le week-end, s'abstenir sans réservation... La foule des habitués est au rendez-vous...

LE DCP

36 bis boulevard Hubert-Delisle

✆ 02 62 32 21 71 / 06 92 77 76 76

Ouvert midi et soir 7j/7. Compter 10 € l'entrée, entre 15 et 20 € le plat.

Du nom des Dispositifs de Concentration de Poissons (DCP), situés au large pour attirer les poissons et faciliter la pêche, ce restaurant fort agréable cuisine les prises effectuées la veille par les bateaux de Réunion Pêche au Gros. Marlin, thon albacore ou banane, espadon voilier, dorade coryphène, etc., sont accompagnés de salades ou de pommes de terre. Vous trouverez aussi du carpaccio mariné au citron, du poisson fumé, ou encore des sushis en portions généreuses, bien qu'un peu secs. Quant aux rillettes servies à l'apéro, elles sont tout simplement succulentes. Coin traiteur, également, idéal pour le barbecue. Le DCP compte aussi un restaurant à Saint-Gilles et un autre au Port. Mais si la carte reste la même, l'ambiance du DCP de Saint-Pierre, conviviale et « pêchue », est unique !

LA DÉTENTE

Rue François-Isautier
Sur le parking, en contrebas de la gare routière urbaine
✆ 02 62 25 66 77 / 02 62 24 65 25
Ouvert 7/7, midi et soir. Compter 8 à 16 € le plat.
Ce restaurant, véritable institution autrement connue sous le nom de « Chez Gros Louis », existe depuis fort longtemps. Ne vous fiez pas à ses allures de snack : sous sa grande varangue ombragée, il sert une cuisine créole traditionnelle et authentique, à des tarifs doux. Et il n'y a pas que les omniprésents rougail saucisses et cari poulet, mais toutes sortes de caris de volailles, viandes et fruits de mer, du civet de zourite, des bichiques, du ti jaque boucané, etc. Savoureux et économique !

HOTEL ALIZÉ PLAGE

Plage de Saint-Pierre
Boulevard Hubert-Delisle
✆ 02 62 35 22 21
www.hotel-restaurant-alize-plage.re
alizeplage@ilereunion.com
Ouvert tous les jours. Plats de 18 € à 24 €.
Le restaurant de l'hôtel du même nom jouit d'une assez bonne réputation. Une cuisine de brasserie tournée vers les produits locaux, à apprécier sur une terrasse dominant la mer : entrecôtes, pavés de poissons et tartares de thon y sont à l'honneur. Également un bon choix de salades et des caris créoles plus classiques.

LE KALOU

1 rue du Lycée, Terre-Rouge
✆ 0262 35 18 80
Ouvert du lundi au jeudi, de 11h à 15h et de 19h à 22h. Le vendredi jusqu'à 1h du matin. Réservation de préférence pour les grandes tables. Buffet à volonté pour 20 €.
Ce restaurant vaut le coup d'œil un vendredi soir pour passer une soirée typiquement créole. Dans ce cadre chaleureux, un buffet à volonté avec rougail saucisse ou ti'Jacques boucané régaleront vos papilles, sans oublier le punch maison. Un orchestre plein air met l'ambiance en terrasse au son du maloya. Vous ne pourrez échapper au rhum arrangé, offert par Gérard, le patron du Kalou. Disposant d'une grande terrasse et de nombreuses tables, c'est l'occasion idéale de passer une soirée festive entre amis. Pour une question de niveau sonore, le Kalou est déconseillé pour une soirée romantique un vendredi soir, mais le reste de la semaine pourquoi pas. Seul bémol : l'emplacement. Le restaurant se situe sur le bord de la route, face à l'hôpital.

L'ART I SHOW

107 rue Suffren
✆ 02 62 13 78 05
Ouvert du mardi au samedi, de 11h30 à 14h30, et de 18h à 22h30 (sauf le mercredi). Exceptionnellement le samedi soir pour des vernissages ou des soirées privées.
Adresse jeune et décalée, l'Art I Show (calembour créole oblige) connaît un vrai succès depuis son inauguration en 2009. Voilà un établissement géré par une équipe dynamique et agréable qui prend des risques en matière culinaire ! Si les saveurs sont à dominante métropolitaine, la cuisine se caractérise surtout par sa variété et son originalité, et des menus spéciaux sont concoctés chaque soir pour un prix oscillant entre 20 et 35 €. La carte réserve toujours quelques surprises aux papilles gustatives, comme le poisson à la vanille ou le camaron au cidre et au gingembre. Les expositions et les soirées thématiques du vendredi soir (théâtre d' impro, concerts...) valent aussi le détour. Pensez à réserver : avec 40 couverts seulement, les places sont chères.

LE LAVOIR

46 rue du Lavoir
✆ 06 92 91 33 17
Ouvert du lundi au vendredi midi. Le jeudi et vendredi soir. Menu à 12 €. Une quinzaine d'euros le plat. Carris à emporter.
Niché au détour d'une ruelle, le Lavoir a trouvé l'emplacement idéal, à la fois loin des voitures et à quelques kilomètres du centre-ville seulement. Le restaurant possède une petite terrasse ombragée très intimiste et agréable pour déguster les plats du jour. Car oui, les plats changent tous les jours, ou presque ! Carris Zourites, rougail saucisses, confit de canard ou poisson grillé... Un savant mélange de cuisine métropolitaine et créole. Sans oublier, le rhum arrangé offert par Laetitia, la patronne, au demeurant très sympathique ! On y mange bien, à un prix raisonnable ; que demander de mieux ?

LE PALACE

109, boulevard Hubert Delisle
✆ 02 62 02 43 87
Ouvert midi et soir, tous les jours sauf le mardi. Compter environ 10 € pour un plat chinois et 12 € pour un menu japonais.
Les sushis sont à la mode, même à La Réunion. Si l'île ne compte pas encore autant de restaurants japonais qu'à Paris, cet art culinaire s'installe progressivement dans les habitudes locales. Au Palace, les sushis sont préparés devant vous, à côté d'une piscine qui n'est malheureusement pas à disposition des clients. Le restaurant propose également une cuisine chinoise traditionnelle avec soupes et plats variés à la volaille, au porc et au bœuf, dans une grande salle décorée de fleurs en plastique et de mobilier au style asiatique. Par forte houle, installé juste à côté de la baie vitrée qui donne sur l'océan, vous aurez quelques frissons à la vue des vagues qui viennent s'écraser à vos pieds.

LE PITTORESQUE

33 rue Archambaud
✆ 02 62 35 17 77 – lepitto@gmail.com
Ouvert tous les jours midi et soir sauf le dimanche. Salades de 8 € à 14 €, plats de 9 € à 22 €, dès 6,50 € à emporter, desserts de 4 € à 7 €. Formule midi plat + dessert à 10 €, 15 € avec entrée. Menus à 20 € et 26 €.
Un bon petit restaurant familial, à deux patés de maisons au-dessus de la place de la Mairie. Au Pittoresque, l'accueil est chaleureux et convivial, et la cuisine métropolitaine et créole, simple et variée, copieuse et moins onéreuse que sur le front de mer. Viandes et poissons, grosses salades, gratins et carris créoles, et aussi de bons tartares de bœuf et de poisson, préparés devant vous, des fondues bourguignonnes et savoyardes, du fois gras maison et un choix de desserts et de vins, toujours à des prix doux. Ce n'est pas grand, mais y sont casés quelques tables dans une salle climatisée ainsi qu'un bar, de nombreuses photos et toiles et d'autres tables sur une terrasse mignonne et fleurie. Malgré sa petite taille, le service y est rapide et professionnel. Un bon plan !

SAL'GOSSES

38 boulevard Hubert-Delisle
✆ 02 62 96 70 36
Ouvert tous les jours midi et soir, sauf le dimanche. Compter de 15 € à 20 € le plat.
Une bonne adresse pour manger à l'extérieur en terrasse, ou se faire des petits concerts gratuits (le mercredi soir). Les jeunes patrons vous serviront l'apéro (ou le digestif) dans une ambiance conviviale. Une cuisine originale et pleine de saveurs inattendues et variées, quel que soit le plat. La carte change tous les deux mois, regorgeant d'inventivité. Nems à l'escargot, filet de kangourou sauce forestière ou encore perroquet façon meunière sont notamment déjà passés sur l'ardoise : un régal ! A l'étage, une salle de 100 m² accueille souvent des expositions d'artistes locaux.

LA VOILE BLANCHE

Hôtel La Villa Delisle
Boulevard Hubert Delisle
✆ 02 62 70 77 08
Ouvert tous les matins pour le petit déjeuner et le déjeuner, et les samedis, dimanches et lundis soir.
La Voile Blanche est un peu le choix évident auquel on ne pense pas forcément. Ce restaurant jouit d'un cadre et d'un emplacement exceptionnels, en plein centre-ville, face aux jardins de la plage, au bord d'une élégante piscine, celle de l'hôtel Villa Delisle. Ici s'associent un cadre balnéaire, un service professionnel, une carte simple, variée et correctement interprétée, dans un endroit on ne peut plus central, à quelques dizaines de mètres du lagon. Alors, pourquoi ne pas y penser ? Simplement parce que le lieu est peu visible depuis le trottoir du front de mer, pas forcément bien signalé, caché au-dessus du casino et qu'il faut rentrer par l'hôtel. N'hésitez pas à venir profiter de ses petits déjeuners, ses suggestions à l'ardoise et ses cocktails au coucher du soleil, dans un cadre plus sophistiqué qu'ailleurs mais aux tarifs abordables…

Bonnes tables

L'ANCRE TERRE ET MER

31 rue Amiral Lacaze, Terre Sainte
✆ 02 62 27 97 52 / 06 92 60 92 87
Service midi et soir. Ouvert tous les jours sauf dimanche et mardi. Comptez une vingtaine d'euros le plat.
Situé dans le quartier des pêcheurs, c'est l'emplacement idéal pour proposer une carte alliant produits de la terre et de la mer. Une cuisine raffinée en bouche et dans l'assiette. Un choix de plats limités, avec tout de même les spécialités du chef à ne pas manquer. En entrée, le tartare de thon mangé à différentes sauces au choix (pesto, basilic, saté ou encore wasabi...). En plat, l'Ancre Terre et Mer propose une multitude de risottos (camarons, morilles,

truffes...). Pour les plus gourmands, il y a aussi de copieux burgers maison. Le restaurant dispose d'une petite terrasse avec une quinzaine de places et de quelques tables en intérieur pour les frileux. Une bonne adresse pour les papilles et les soirées tranquilles.

LA COUR GRENAD'INN

38 rue Marius-et-Ary-Leblond
✆ 02 62 24 75 36 / 06 92 25 48 03
lacourgrenadeinn@gmail.com
Ouvert midi et soir du mardi au samedi. Comptez environ 25 € en moyenne le plat à la carte. Menu surprise à 17 € le midi, et 45 € le soir.
La Cour Grenad'Inn propose une cuisine de haute volée dans un beau jardin paisible, orné de palmiers, de bananiers et de grenadiers, en plein centre-ville. Une cuisine originale et imaginative, d'inspiration principalement métropolitaine, agrémentée de saveurs créoles ou épicée de touches étrangères audacieuses. Côte de veau en croûte de palmistes, cocktail de crevettes au rhum, tajine de cabri, nems d'escargots, un choix de plats au foie gras (en terrine, épicé, en crumble, en salade) ainsi que des poissons frais, dont l'ombrine de Saint-Paul ou la fameuse légine... L'expérience, copieuse et délicieuse, est complétée par un service parfait. Pour finir, un grand choix de desserts maison. Une adresse que nous recommandons chaudement, notamment pour le menu surprise.

LE FLAGRANT DÉLICE

115 rue François-de-Mahy
✆ 06 92 87 28 03 – f.chazal@ool.fr
Ouvert tous les jours sauf le samedi midi, le dimanche et le lundi. Prix à la carte : de 12 à 29 €. Formule du midi : 15 ou 20 €.
La sérénité d'une belle case créole au milieu d'un jardin arboré nous assure un moment de détente entre deux rendez-vous, à un repas d'affaire ou entre amis. Le soir le cadre y est romantique à souhait. On peut y manger en terrasse couverte près d'une piscine d'ornement ou en salle climatisée l'été. Le restaurant propose une cuisine française, traditionnelle et originale, et une carte changée régulièrement pour le plaisir des papilles. Le service y est chaleureux et professionnel. Il est conseillé de réserver... L'entrée se situe quelques mètres plus haut rue de la Charité.

LE JARDIN RÉUNIONNAIS

9 petit boulevard de la plage
✆ 02 62 91 15 28 / 06 92 05 51 05 / 02 62 22 68 86
Ouvert tous les jours midi et soir. Compter de 12 à 25 € le plat.
Le Jardin Réunionnais se trouve à une centaine de mètres de la plage, face au parc du front de mer. Ce restaurant chaleureux et coloré mérite le détour, notamment pour sa carte qui mêle subtilement plats typiquement métropolitains (comme le filet d'autruche au vin rouge) et plats typiquement créoles, comme le canard fumé au palmiste ! La présentation est soignée, les assiettes sont accompagnées des brèdes du jour, de gratin chouchou ou d'achards de légumes, et les portions sont copieuses ; c'est délicieux. On mange dans l'une des deux salles climatisées, ou sur la terrasse à l'air libre. Outre une cuisine de bon niveau, le lieu expose des artistes locaux ; vous pourrez y apprécier une ambiance musicale et locale, et vous attabler à son bar le Cherry's pour y faire des rencontres.

LA KAZ À LÉA

34 rue François-Isautier
✆ 02 62 25 04 25
Ouvert du lundi au samedi midi et soir. Comptez 15 à 20 € le plat. Menu du midi à 15 €.
Ce restaurant a ouvert ses portes en 2011 au sein d'une belle case créole rénovée, au décor moderne, frais, et assez chic ; une sorte d'ovni « tropicalo-baroque ». Tiré à quatre épingles, le personnel vous accueille sur la terrasse ombragée, arborée et tapissée de caillebotis, au beau milieu de laquelle ont échoué une fontaine néo-classique et une cage à perroquets (!). Vous pourrez également vous installer dans la salle lambrissée, plus intimiste, au décor lui aussi épicé de quelques extravagances. Au menu : des viandes, des poissons, des grillades, ainsi que des plats créoles raffinés, dont un cari espadon au combava et un cari poulet au palmiste frais. La Kaz à Léa sert aussi des crêpes et de copieuses coupes glacées. À découvrir.

Ô BAYA

7 rue Auguste Babet
✆ 02 62 59 66 94 / 06 93 13 25 50
o.bayarestaurant@gmail.com
Ouvert midi et soir du mardi au samedi.
Dans un cadre lounge, design, vous pourrez aussi bien venir déguster les spécialités, à l'image de son appétissant et troublant magret de canard « carambarisé » ou de sa ribambelle de tartare de thon, que venir passer une bonne soirée entre amis pour boire un verre simplement. Et n'oubliez pas de lever les yeux : le restaurant est une maison créole rénovée à la charpente apparente : splendide.

SUD

O'FLAMBOYANT

11 rue Désiré Barquisseau
✆ 06 92 62 48 35
mickael.thl@hotmail.com
Ouvert tous les jours sauf le mardi soir, le mercredi midi et soir et le dimanche midi. De 12,90 à 19,90 € le plat.

A 50 m du front de mer, à l'angle des rues Désiré Barquisseau et Four-à-Chaux, attablez-vous à l'ombre de ce beau flamboyant, un des plus anciens de Saint-Pierre, pour une cuisine tout en finesse, heureux métissage de saveurs métropolitaines et créoles. La carte, courte et claire, propose caris du jour, viandes et poissons frais, aux touches originales comme ce burger de canard au foie gras, additionnés de suggestions à l'ardoise. Le chef Mickaël Thiong-Ly a fait ses premières armes en métropole auprès de grands chefs comme Frédéric Anton (Le Pré Catelan), avant de revenir sur son île natale parfaire son art aux tables des grands hôtels de luxe, puis d'ouvrir enfin son propre restaurant. Sous l'ombrage délicat du flamboyant ou dans son élégante salle climatisée, voici l'endroit où profiter des saveurs locales : poisson frais de Terre-Sainte, épices de Saint-Philippe… tous les plats sont faits à la minute, même les desserts sont artisanaux. A découvrir !

LE PIERRE BISTROT CHIC

Hôtel La Villa Delisle
Boulevard Hubert Delisle
✆ 02 62 70 77 08
Ouvert du mardi au samedi, midi et soir. Entrées de 13 à 29 €. Plats de 18 € à 38 € hors suggestions. Desserts 12 €. Menus à 28 €, 43 € et 70 €, menus enfants de 14 à 16 €.

Bistrot, pourquoi pas. Chic sûrement. Mais le décor du restaurant n'autorise aucun doute : le bistrot chic Le Pierre est à l'image de son hôtel La Villa Delisle : très raffiné et à la tenue correcte exigée. Les plats de cuisine française sont originaux et mêlent parfois des ingrédients locaux comme ce cromesquis de pied de cochon péi et foie gras à déguster accompagné d'une purée de pomme de terre au curcuma façon Robuchon. Viandes, poissons, crustacés et mêmes des menus végétariens et des desserts maison. Une adresse intéressante.

LA PLANCHA

57 rue du Four-à-Chaux
✆ 02 62 27 82 78
restolaplancha974@orange.fr
Ouvert le midi du lundi au vendredi et le soir du mercredi au samedi. Comptez 20 à 30 € le plat.

Un restaurant basque au cadre élégant et sophistiqué, qui respire la passion du chef pour la gastronomie de sa région d'origine. Chipirons au jambon serrano et poivrons, bison rossini au jus de Jerez, joue de légine et ses piquilles à l'ail : la carte est inventive, la cuisine raffinée. Ouverte en 2011, La Plancha jouit déjà d'une très bonne réputation sur Saint-Pierre. À découvrir.

LE RÉTRO

34 boulevard Hubert-Delisle
✆ 02 62 25 33 06
www.restaurant-retro-reunion.fr
Ouvert tous les jours midi et soir. Compter 30 € le repas.

Ce fut la première brasserie à s'installer face au port, en 1983. Le Rétro est tenu par les mêmes propriétaires depuis ses débuts, et son succès légendaire ne se dément pas. La carte, étudiée et remaniée régulièrement, propose des grands classiques autant que des recettes fantaisistes, fusionnant cuisine *métro* et créole. Salades, huîtres, terrine de foie gras, gratin de brèdes aux gésiers, en entrée. Puis on passe à un large choix de poissons selon arrivage, de l'océan Indien ou d'ailleurs, la spécialité de la maison. Côté viandes, magret de canard aux airelles, pavé de cerf, pièces de bœuf au miel des Hauts. Le Rétro sert aussi des caris et de bons vins. Accueil et rapport qualité-prix irréprochables. Une adresse qui mérite sa bonne réputation.

SHOGUN

57 rue Suffren
✆ 02 62 96 73 09 / 06 93 90 73 09
Comptez environ 40 € le repas.

Le premier restaurant japonais de la ville, c'est également sans aucun doute le meilleur de l'île. Parmi le peu de tables nippones présentes à La Réunion, le Shogun est en effet la seule qui soit tenue par un Japonais. C'est très bon, et aussi très cher ! La carte offre une variété plus importante que la plupart des bars à sushis classiques : *maki, sashimi, yakitori,* plats *au teriyaki, tempura…*

UTOPIA

8, rue Marius-et-Ary-Leblond
✆ 02 62 35 15 83
Ouvert tous les jours, sauf le jeudi soir et le dimanche. De 15 € à 35 € le plat, formule à 18 €, menu enfant 15 €.

Dans une case créole du XIXe siècle entièrement rénovée ou sur sa varangue luxuriante, une cuisine audacieuse qui, au-delà du choix d'entrecôtes, de magrets, de légine ou d'espadon, est surtout le spécialiste de l'autruche, du bison et de l'antilope ou encore du crocodile : en filet, en tartare, en tournedos... Pour aller plus loin, consultez la carte Aventure, où se trouvent le bison, en filet au beurre d'oignons, ou encore l'exceptionnel « entre terre et mer » (un pavé de bison piqué de camarons, avec une rouelle de foie gras parsemé de jambon serrano croquant...) et d'autres plats créatifs, comme le foie gras poêlé au géranium. La carte des desserts n'est pas en reste grâce au talent d'un maître pâtissier qui fait autant preuve d'originalité que pour le reste du repas : glace au caramel avec une pointe de fleur de sel, crémeux de chocolat au piment, mousse à la poire... Une adresse à ne surtout pas rater !!!

Sortir

Saint-Pierre offre une vie nocturne très active. Même si les créoles rentrent souvent chez eux dès la nuit tombée (18h en hiver, 19h en été), Saint-Pierre est une des rares villes de l'île, avec Saint-Gilles, où l'on ne s'ennuie pas le soir. Le front de mer et le port, propices à la promenade, sont investis la nuit par les bars et les restaurants musicaux. Malheureusement, le front de mer devient dangereux passé une certaine heure, on compte déjà plusieurs fêtards morts et blessés lors d'agressions. Que fait la police ? Elle procède à des contrôles routiers aux entrées de la ville, bien sûr. Enfin les plus grosses discothèques, qui réunissent des milliers de créoles tous les week-ends, sont situées aux environs de la ville : Ravine des Cabris et Montvert-les-Bas notamment.

Cafés – Bars

■ CAFÉ BORJA

50 rue de François de Mahy
✆ 02 62 24 92 06 / 06 92 78 70 10
Ouvert du lundi au samedi de 8h à 18h, fermé le mercredi matin. Dans une ambiance de café-philo, vous pourrez y déguster un savoureux café, un *mocha* glacé, le tout en mangeant un délicieux cheese-cake moelleux. Pour les gourmands, tartines et salades à petits prix !

■ EL PUEBLO

8 boulevard Hubert-Delisle
✆ 02 62 38 56 40
Ouvert du lundi au samedi de 9h à 0h30. Le dimanche soir à partir de 17h. Compter environ 6 € les tapas.
Ce restaurant-bar à tapas ressemble un peu à une bodega, étirée en longueur, avec sa peinture écaillée, ses tables en bois et son bric-à-brac décoratif qui dégringole du plafond. Parfois des concerts de musique live de tous les styles, le mardi. A l'arrière, un patio aéré offre une ambiance plus calme. Un petit bistrot connu des habitués, souvent bien *roots*.

■ LE KASS DALL

11 rue Babet ✆ 02 62 35 82 03
www.lekassdall.re
contact@lekassdall.re
Comptez de 4 à 10 € le plat. Ouvert tous les midis du mardi au vendredi et de 19h à 23h30 du jeudi au samedi.
Marre des éternels pains-bouchons ? Voici du nouveau sur Saint-Pierre ! Ce bar-restaurant, situé un peu plus haut que les autres sur la rue Babet, propose des repas simples, équilibrés, économiques et imaginatifs. Plusieurs variétés de pâtes, salades, un choix d'omelettes et d'œufs brouillés, et des sandwiches qui sortent de l'ordinaire. La cuisine centrale permet d'assister à la préparation des repas, d'autant que la déco du Kass Dall est assez design. Egalement une terrasse avec quelques animations.

■ LONG BOARD CAFÉ

18 Petit-Boulevard de la plage
✆ 02 62 39 17 99 / 06 92 82 09 95
Ouvert tous les jours de 9h à 2h, fermeture à 19h le lundi.
Ce petit bar musical, situé face à l'océan, quasiment les pieds dans l'eau, est l'une des nos adresses préférées à Saint-Pierre. On peut venir y manger des tapas ou des salades le midi ou prendre l'apéro face au coucher du soleil. La nuit, l'ambiance y est plus dynamique, concert le vendredi ; karaoké le dimanche et le mardi ; soirées à thème le samedi. La petite piste de danse et le bar central sont vite remplis quand il y a du monde. Une ambiance sympathique et bon enfant, mais malgré le nom, pas de surfeurs à l'horizon ! Bon accueil.

■ O'BROTHER'S

99 rue Archambaud
✆ 06 92 26 80 97 / 0692 71 99 06
Ouvert de 8h à 19h30 du lundi au samedi. Plat du jour environ 10 €.
Ce petit restaurant bar de quartier est situé sur les premières hauteurs, un peu en dessous du boulevard Banks. Vous le repérerez facilement à sa décoration noire et rouge. Tartes salées et sucrées, sandwichs, plats du jour, dans une ambiance sympathique. Terrain de boules, petits concerts de temps en temps et connexion wifi gratuite.

SUD

O PUB A TAPAS

53 rue du Four-à-Chaux
✆ 02 62 34 61 94
Ouvert du mardi au samedi midi et soir.
Voilà sans doute notre rendez-vous préféré de Saint-Pierre, notamment pour ses concerts du vendredi et du samedi, à 22h. Avec un thème différent tous les soirs, l'affiche musicale réserve toujours de très belles suprises. On peut également y manger (15 à 24 € le plat) ou simplement y grignoter quelques tapas autour d'un verre. Bonne ambiance, bonne humeur : une adresse à la fois intime et débordante d'énergie que l'on recommande vivement !

LE TOIT

16 rue Auguste-Babet
✆ 02 62 35 55 53
Ouvert du mardi au samedi, à partir de 18h jusqu'à minuit et demi.
Un restaurant-bar que l'on aime, dans la rue Babet, notamment pour ses grosses tartines (provençale, basque, mexicaine...), servies avec de la salade. Egalement des quiches du jour, des omelettes, des desserts, etc. Des toiles et photos d'artistes locaux y sont exposées ainsi qu'un milliard d'objets insolites agrémentés de jeux de mots capillotractés. Une adresse très fréquentée par des zoreils et comptant beaucoup d'habitués ; ambiance détendue et enjouée au bar, surtout le soir, avec parfois des groupes. Chaque année, le Toit organise les fêtes de Bayonne sauce locale : on ferme la rue, chacun s'habille avec chemises blanches et foulards rouges, et voici une mini feria avec charcuteries basques, paquito géants et un taureau mécanique en guise de vachettes ! Fort de son succès, le Toit a déménagé en 2014 vers un plus grand espace, à quelques mètres seulement, mais de l'autre côté de la rue et avec une terrasse s'ouvrant sur la Rivière d'Abord. Et c'est top !

Clubs et discothèques

BLUE CAT

33 bd Hubert Delisle
✆ 02 62 96 70 06
✆ 06 92 07 27 92
Sur le front de mer, à l'entrée de St-Pierre.
Ouvert du mardi au dimanche, à partir de 23h (22h30 le week-end), jusqu'à l'aube.
Une institution, ce bar-discothèque, vissé sur le front de mer depuis des années ! On aime particulièrement sa grande terrasse, et les soirées qui deviennent souvent folles ! C'est aussi le seul endroit qui bouge en semaine, tout au long de l'année.

LE DUPLEX

36 boulevard Hubert-Delisle
✆ 02 62 38 96 74
www.duplex.re
contact@duplex.re
Ouvert tous les vendredis et samedis soir ; soirées spéciales les mercredis et jeudis soir, à l'occasion. Consommations assez chères. Interdit aux moins de 20 ans.
Ouvert en juillet 2010, c'est le dernier phare des nuits saint-pierroises. Sur trois niveaux, avec un espace terrasse et plusieurs ambiances, il s'agit d'ores et déjà de la plus grande discothèque du front de mer. Une cabine de DJ à mi-hauteur, plusieurs bars, et un jeu d'éclairages impressionnant, permettent de divertir les quelque 1 000 noctambules qui peuvent s'y regrouper. Et encore, le Duplex prévoit de s'agrandir ; c'est blindé tous les week-ends. Les propriétaires sont les mêmes que ceux de la Villa Club à Saint-Gilles, qui a réveillé les nuits de l'ouest en 2009.

LE FIVE

8 rue françois de Mahy
✆ 0692 97 02 22
www.five.re
karyn@five.re
Le Five est la toute dernière boîte de nuit ouverte sur Saint-Pierre. Jouant la carte du haut de gamme, il a mis les moyens pour attirer : restaurant, bar, piste de dance, bar à tapas, bar en glace, le feu sur le comptoir, dans une déco très bling-bling, à 50 mètres du front de mer. Après avoir eu du mal à trouver son public, il décolle enfin et est devenu le nouveau phare de la nuit saint-pierroise, du moins auprès des plus de 25 ans. Avec ou sans ambiance, c'est un bon endroit pour prendre un verre et un premier contact avec la nuit.

LE SHAMROCK'S

Rond-point des Casernes
✆ 06 92 26 16 35
http://shamrocks.canalblog.com
Ouvert du lundi au jeudi de 22h à 4h ; le vendredi et le samedi de 23h à 5h.
Un bar dansant où règne une ambiance survoltée ! Cette drôle de bâtisse orange, située près d'un rond-point très fréquenté, attire des foules de mélomanes, heureux de pouvoir se dandiner toute la nuit sur de la pop et du rock. Ça change du séga et du hit-parade, et ça fait du bien !

Spectacles

Saint-Pierre, qui passait pour une ville inculte à peine dix ans en arrière, est en pleine expansion culturelle. Non contente d'avoir pris à Saint-Leu depuis 2009 l'organisation du Sakifo, le plus important festival musical de l'île, elle est aussi en pleine renaissance culturelle. Le Bato Fou, qui animait la scène saint-pierroise depuis plus de 15 ans, laisse sa place au Kerveguen, un vaste espace culturel inauguré courant 2011, en plein centre-ville. Côté cinémas, les vieillissantes salles sont en train de fermer, tandis qu'un projet de multiplexe moderne est sur le point de démarrer, même si une intense polémique se fait au sujet de son emplacement, face aux Jardins de la Plage, sur le front de mer déjà saturé de voitures. Front de mer qui est d'ailleurs fréquemment fermé à la circulation automobile, à l'occasion de toutes les fêtes nationales, religieuses ou culturelles, que la municipalité gère ou organise avec enthousiasme : Dipavali, défilé et feu d'artifices du 14 juillet, réveillons, Sakifo, festival de la mer...

■ CINÉMA REX

Rue Auguste-Babet
✆ 02 62 90 22 90 / 02 62 25 01 01
www.cinepalmes.com
Deux petites salles où cohabitent cinéma d'auteur et superproductions. Pourvu que l'équilibre soit maintenu !

■ LE KERVEGUEN (CENTRE LUCET LANGENIER)

15 rue de la République
✆ 02 62 25 73 60 / 02 62 96 24 50 / 06 92 95 42 16
le-kerveguen@mairie-saintpierre.fr
Saint-Pierre a perdu le Bato Fou, association musicale foisonnante qui existait depuis plus de 15 ans, mais elle a gagné le Kerveguen. Installée sur les rives de la Rivière d'Abord, face au port de Saint-Pierre et à côté du siège des TAAF, cette salle d'une capacité de 800 places accueillera concerts, spectacles et évènements culturels : mais les travaux ne sont toujours pas terminés et la date d'inauguration est toujours repoussée...

Activités entre amis

■ BILLARD PALACE

2 Rue Auguste-Babet
✆ 02 62 01 70 70 / 06 92 12 12 12
Comptez 8 € l'heure.
La salle de billard de la ville, derrière la mairie, en face des TAAF en allant vers le radier de la Rivière d'Abord. Une dizaine de tables, un bar avec des sandwiches et parfois des compétitions.

■ CASINO DU SUD

47 boulevard Hubert-Delisle
✆ 02 62 25 26 96
www.casinodusud.com
adm@casinodusud.com
Sur le front de mer.
Ouvert tous les jours de 9h30 à 2h ; jusqu'à 3h le vendredi et le samedi. Tables de jeux ouvertes à partir de 19h30.
Le casino du Sud, un des trois que compte l'île, dispose de 105 machines à sous et d'une dizaine de tables de jeux. Vous y trouverez également un bon restaurant style brasserie (du mardi au samedi midi et soir).

À voir – À faire

A l'office de tourisme, vous pourrez vous procurer un plan proposant une visite libre de St-Pierre en 19 étapes : temples, monuments, jardins... Cette brochure, très bien faite, s'appelle *Laissez-vous conter Saint-Pierre.* Sachez aussi que des visites guidées sont proposées tous les mois, renseignements à l'office.

■ ATELIER DE PEINTURE CHARLY LESQUELIN

Les-Comptoirs-du-Sud
Port de Saint-Pierre
✆ 02 62 37 11 25
✆ 06 92 00 10 55
contact@charlylesquelin.com
Ouvert du mardi au samedi de 9h à 16h30 (horaires quelque peu variables).
Artiste prolifique, Charly Lesquelin chante (leader du groupe de musique Gondwana) et peint son île sous vos yeux, dans son atelier du port de Saint-Pierre qu'il sera ravi de vous faire visiter (avant 2009, pour le voir, il fallait monter dans les Hauts jusqu'à son domicile, aux Lianes – ses admirateurs sont donc enchantés de ce déménagement !). Il s'exprime le plus souvent en jouant entre couleurs chaudes et froides, de manière très figurative, parfois sur des canevas, d'autres fois sur ces vieux journaux qui tapissent les tôles centenaires des vieilles cases. Paysages, scènes de la vie quotidienne, portraits...
L'art de Lesquelin est imprégné des formes et des regards de son île ; il est devenu un peintre réunionnais majeur et expose régulièrement en France et dans le reste du monde.

LE BOULEVARD HUBERT-DELISLE

C'est le front de mer de Saint-Pierre. Il passe devant la plage, le port, l'ancienne gare, et file vers Terre-Sainte. La plage est de sable blanc et clair, mais elle est peu régulière, et parfois assez étroite. Le lagon longe le boulevard jusqu'au port de plaisance. Peu profond et peu large, on ne peut pas y pratiquer la plongée, mais une paire de palmes et beaucoup d'audace permettent d'aller voir les petits poissons – attention aux courants ! Sur la terre ferme, les balades du front de mer attirent beaucoup les pique-niqueurs depuis leur rénovation. Jeux d'eau pour les enfants, piste entre des arbres centenaires, snack-bar et samoussas, de quoi passer un moment agréable au bord de l'eau. Le port, renové en 2002, après dix ans de travaux, est aujourd'hui plus moderne et plus grand (400 places à quai). On pourra notamment jeter un œil à la pagode Guan Yin. Un peu plus haut, dans la rue Désiré-Barquisseau, une case créole, de style colonial, construite dans les années 1950, vaut le détour : la Maison Orré est la résidence officielle du préfet des TAAF. Elle a été rénovée en 2007. En remontant la rue, au numéro 69, la chapelle Sainte-Thérèse présente un je-ne-sais-quoi de Louisiane, avec sa toiture en tôle qui retient les rayons du soleil l'après-midi.

CIMETIÈRE

Ouvert de 9h à 18h. Au coin de la rue Luc-Lorion et du front de mer, à l'ouest de la ville, ce cimetière est surtout visité pour la tombe du célèbre Sitarane qui fascine les curieux. Mais on peut aussi aller jeter un œil aux tombes chinoises, somptueuses, ou encore aux riches mausolées de grandes familles réunionnaises. Les musulmans sont enterrés dans un petit cimetière plus sobre, à l'ombre des frangipaniers, de l'autre côté de la rue Lorion. Voilà une promenade qui en dit long sur la relation qu'entretient chacune de ces religions avec la mort, et sur la fidélité des Réunionnais envers leurs défunts, dont ils visitent régulièrement les tombes, souvent très fleuries et bien entretenues. Vous verrez peut-être notamment sur certaines stèles du corail, du sable, et un peu d'eau de mer, qui ont été déposés là par les proches d'un pêcheur défunt, pour ne pas qu'il regrette sa vie terrestre.

ÉGLISE DE SAINT-PIERRE

Dans la rue Auguste-Babet, ce bâtiment construit à l'époque de la Compagnie des Indes est l'un des plus anciens édifices de l'île. Terminée en 1765, on a rajouté à l'église deux nefs latérales, deux tourelles et un péristyle en 1835.

LA GROTTE DE LOURDES

Rue Gabriel-Dejean

Présent probablement dès la fin du XIXe siècle, cet oratoire doit sa popularité à un « miracle ». Le 27 mai 1940, une vieille dame y aurait en effet vu bouger la statue de la Vierge. Toujours fleurie, cette grotte témoigne de l'attachement que portent beaucoup de Réunionnais au culte de la Vierge-Marie. Saint-Expédit, légionnaire romain devenu martyr chrétien, y est également célébré.

LA MAISON MOTAIS DE NARBONNE

18 rue Marius-et-Ary-Leblond

C'est l'un des chefs-d'œuvre architecturaux réunionnais inspiré du néoclassisme. Bâtie en 1820 par Laurent Philippe Robin, pharmacien puis propriétaire d'une sucrerie à la Ravine Blanche, cette maison doit son nom à la famille Motais de Narbonne, propriétaire du site de 1911 à 1980, année de son rachat par le département qui y installe les bureaux de la sous-préfecture.

MOSQUÉE

Visites de 9h à 12h et de 14h à 16h. Facile à repérer avec sa porte en bois travaillée façon Zanzibar, elle est située sur la rue commerçante des Bons-Enfants. L'autre entrée se situe rue François de Mahy.

C'est l'une des plus grandes de l'océan Indien, elle peut accueillir jusqu'à 1 800 fidèles. Inaugurée en 1975, on y pratique un islam sunnite de rite hanafite. Vous y admirerez notamment la wouzou khana, le lieu de la purification : on s'y lave les mains, le visage, les bras, les pieds jusqu'aux chevilles. Des blouses blanches attendent au premier étage les étourdis qui n'auraient pas caché leurs genoux et leurs épaules. Ici, le vert domine le sol, la couleur du paradis, tandis que les bois riches des murs confèrent à ce bel édifice une atmosphère de recueillement solennel.

LA RUE DES BONS-ENFANTS

C'est la grande rue commerçante, qui traverse Saint-Pierre d'est en ouest. Les Chinois s'y sont spécialisés dans l'alimentation, les Zarabes dans les tissus. Les maisons traditionnelles en tôle, encore nombreuses, possèdent un balcon en fer forgé qui surplombe la rue et donne un peu d'ombre aux passants. Le temple indien, non loin du marché du samedi matin, vous attend pour une leçon de spiritualité. Vous verrez également, coincée entre deux magasins, une des entrées de la mosquée de la ville, avec sa porte travaillée à la façon de Zanzibar.

LA SAGA DU RHUM

Chemin Frédéline
✆ 02 62 35 81 90 – www.sagadurhum.fr
contact@sagadurhum.fr

Ouvert tous les jours de 10h à 18h. Dernière entrée à 17h. Fermé les 3 dernières semaines de juin et les 1/1, 1/5, 14/7, 1/11 et 25/12. Tarifs 2015 : entrée à 9 € par adulte, 6,50 € par enfant entre 6 et 16 ans, chômeurs, étudiants, séniors, handicapés et groupe de plus de 10 personnes. Formules « familles ». Compter 1 h de visite. Accès à la boutique gratuit. A 5 mn de Saint-Pierre, accès par le chemin Badamier ou la ligne Paradis. Seul musée de l'île labellisé « Tourisme et handicap », entièrement accessible aux porteurs des 4 types d'handicap. Visites guidées en français à 10h, 11h, 14h, 15h, et 16h, et sur réservation en anglais et en langue des signes (LSF). Audioguide (français, allemand, anglais et chinois) : 2 €, boucle magnétique gratuite pour les malentendants.

Ouvert depuis 2008, c'est le premier musée consacré au rhum. Fruit de la collaboration des trois distilleries de l'île, il permet de plonger dans l'univers du rhum à travers la visite de la célèbre distillerie Isautier, créée en 1845. A la différence des autres visites de distilleries (des parcours organisés dans les sites de production), la Saga du Rhum a été conçue en tant que musée. Les différentes étapes de la fabrication du rhum sont parcourues sur des passerelles surélevées permettant d'observer les machines, les alambics et les colonnes de distillation, et ponctuées de films instructifs sur l'histoire du rhum ou la culture de la canne, sur des écrans individuels ou sur grand écran. Les rouages complexes des machines s'exposent ici en sons et lumières. La visite se termine par Le Dépôt de Rhum, un ensemble de boutiques qui présente autant d'intérêt que le musée lui-même. Organisé comme un petit village créole, on trouve l'ensemble de la gamme réunionnaise de rhums, punchs et liqueurs, issu des trois distilleries, ainsi que des fruits et herbes, nécessaires pour les rhums arrangés et punchs, des verres, des tonneaux, des T-shirts... Le site lui-même est intéressant, pour l'aspect extérieur de l'usine, et la superbe case créole verte et blanche qui héberge les bureaux. Enfin, la Saga du Rhum organise des nocturnes sur réservation (minimum 20 personnes), avec visite privée, buffet, et parfois un atelier de fabrication de cocktail avec un barman (qu'on vous recommande). Des espaces expo présentent des thèmes tournants, et des animations (projection-débat, rencontres…), renseignez-vous.

LA RUE MARIUS-ET-ARY-LEBLOND

D'abord, au numéro 4, se dresse cette belle case créole, à la toiture en bardeaux de tamarin. Puis, au 28, un collège privé occupe une belle demeure traditionnelle à 2 étages. C'est l'école Saint-Charles, ouverte depuis le XVIIIe siècle. Plus loin, au numéro 32, une autre jolie case créole : vous l'aurez compris, elles sont nombreuses dans cette rue, dans les hauteurs fraîches de la ville. C'est en effet là que les riches planteurs s'installaient. Au numéro 46, un temple chinois, aux murs jaunes et rouges, est dédié à Gwan Di, le dieu guerrier chinois, symbole de fidélité. A l'occasion de l'hommage rendu aux ancêtres lors du Nouvel An chinois et de la fête de Gwan Di, le temple devient non seulement un lieu de culte, mais aussi de rencontre. C'est un des rares endroits de la ville propice à la méditation dans la quiétude ombragée des arbres. Le quartier regorge de boutiques, de cafés et de petits restaurants. A 17h30, le *muezzin* appelle les musulmans à la prière. Dans la rue se trouve aussi, à l'angle de la rue Barquisseau, la Maison Adam de Villiers, la plus ancienne de la ville (1760), inscrite au Monuments historiques depuis 1988.

TEMPLE TAMOUL NARASSINGA-PEROUMAL

Ouvert de 6h à 18h.

Situé au lieu-dit La Ravine-Blanche, vers la sortie ouest de la ville, sa visite s'impose pour les nostalgiques de l'Inde du Sud (mais pas en short !). Construit en 1972, il se trouve à côté de l'ashram et de la maison du prêtre. Les marches sur le feu ont lieu en décembre et janvier le plus souvent, mais il faut se renseigner d'après le calendrier lunaire tamoul pour plus de précision. On peut assister à ces cérémonies, toujours impressionnantes, mais si l'on veut prendre des images il faut le faire avec discrétion. La récente rénovation de cet immense temple a donné lieu, en mai 2010, à une semaine de liesse dans St-Pierre.

Non loin de là, le temple Karli, aux couleurs vives et aux formes arrondies, est dédié à une divinité féminine, Shri Maha Bada Karli.

Sports – Détente – Loisirs

ADRÉNAL'ÎLE

Marché de Saint-Pierre
www.adrenalile.com
adrenalile.re@gmail.com
Compter 55 € la demi-journée canyoning, 70 € la journée, variable suivant la technicité. Randonnée 50 € la journée. 10 % de réduction pour les groupes à partir de 5 personnes.

Ce prestataire organise des sorties canyoning, escalade et randonnée dans toute l'île, avec comme spécialité la photographie. Cyril et Véro, respectivement BE escalade et canyoning et accompagnatrice en montagne, ont formé depuis 2014 une équipe jeune et dynamique qui vous emmène sur leurs terrains de jeu favoris pour des sorties à la demi-journée ou à la journée, voire pour des séjours complets sur plusieurs jours, 100 % canyoning par exemple. En randonnée, Véro commentera vos découvertes notamment sur l'histoire naturelle, la géologie et l'écologie. Les parcours sont possibles dans toute l'île et même le bivouac au sommet du piton des Neiges ! Les sorties canyoning ont lieu dans l'Est, le Sud, Cilaos et les sites et niveaux de difficulté sont bien détaillés sur le site web.

L'escalade se pratique surtout du côté du Ouaki (Saint-Louis), Saint-Leu et les Avirons. Enfin, côté photo, des stages rando-photo sont proposés suivant le niveau de difficulté ou une thématique définie. Véronique vous conseillera de manière pratique et théorique aussi bien sur la photographie elle-même que le traitement en post-production. De quoi combiner à la fois sport, découverte et création artistique !

AQUAVERTIGE

7 rue de la Goélette
✆ 06 92 70 87 34
www.aquavertige.fr
greg.sobczak@wanadoo.fr
A partir de 55 € la sortie.

Greg Sobczak, diplômé BE escalade, fait découvrir des sites grandioses et encore peu fréquentés où l'on a de grandes chances d'être seul. Professionnel pur et dur, il a ouvert de nombreuses voies d'escalade dans le monde entier. Bien sûr, si vous le désirez, il peut également vous encadrer sur les canyons stars de La Réunion (Fleurs jaunes, Trou blanc), splendides mais embouteillés le week-end. Le matériel fourni est de qualité et la sécurité strictement respectée. Rassurant et calme, Greg prend le temps qu'il faut pour expliquer comment procéder et répondre à toutes les angoisses. A l'heure de la pause, n'hésitez pas à le questionner sur son parcours, ses voyages et sa passion du cinéma ! Constitués de deux personnes au minimum, les groupes n'excèdent jamais sept canyoneurs, sauf groupe déjà constitués.

■ CANOE-KAYAK SUD

7 rue Gabriel-Dejean
✆ 02 62 25 57 00 / 06 92 70 62 59
canoekayaksud974@gmail.com
Séance découverte jeune et adulte : 18 € le mercredi après-midi et le samedi matin.
Kayak de mer et de rivière, kayak polo... Tout ce qui glisse sur l'eau se tente dans ce club dynamique et ambitieux.

■ PÊCHE SUD EVASION

Port de Saint-Pierre
✆ 02 62 56 05 52 / 06 92 70 05 18
www.pechesudevasion.com
pechesudevasion@hotmail.com
Comptez 100 € par pêcheur, 50 € par accompagnant, minimum 4 personnes, tarif dégressif au-delà, 10 maximum. Réservation conseillée bien à l'avance.
Venez tâter le thon, l'espadon ou le marlin au départ du port de Saint-Pierre ! M. Burel, pêcheur depuis 1984, accompagne depuis quelques années les touristes pour des sorties pêche au gros. Il vous accueillera à bord du *Prestige*, un bateau de pêche de 10 mètres tout équipé, agréé, sécurisé, assuré. Tout l'équipement ainsi que les rafraîchissements sont compris dans la prestation. N'hésitez pas à vous laisser guider sur les meilleurs jours, emplacements et conditions météo pour maximiser vos chances de pêcher du gros. C'est aussi l'occasion d'admirer les côtes sauvages du Sud lors de balades en mer ou encore de sorties baleines, en saison.

Shopping

■ BAOBAB COMPANY

43 F, Galerie les Francolins
52 rue du Four-à-Chaux
✆ 02 62 71 90 21 – www.baobabcompany.com
reunion@baobabcompany.com
Créée en 1995, la boutique éthique, une des premières à faire du commerce équitable, continue de se développer et fête ses 20 ans en 2015.
Située entre le boulevard de la Plage et le marché couvert, elle distribue de l'artisanat réunionnais : bijoux, huiles essentielles, paréos, épices de la Réunion, vanille… feront de bons souvenirs pour vos proches. Vous y trouverez aussi les collections de la marque Baobab Company : T-shirts, *beachwear*, casquettes… aux couleurs de l'océan Indien et au style décontracté et très graphique. Il y en a pour les hommes et femmes, pour les petits comme pour les grands. Et en plus le coton utilisé est entièrement bio, labellisé Greenlife Ecocert.

■ L'EFFET PÉI

Carrefour ZAC Canabady
✆ 02 62 33 47 58
www.leffetpei.re
Ouvert du lundi au jeudi de 8h30 à 19h. Le vendredi et le samedi jusqu'à 20h30.
Une tee-shirterie originale aux couleurs locales. Le signe distinctif de L'effet péi, cette marque 100 % locale, est le margouillat, un joli lézard vert vif bien connu des Réunionnais. Idéal pour ramener des souvenirs à porter. Robes, pulls, tee-shirts... pour toutes les tailles et tous les goûts.

▸ **Autre adresse :** Jumbo Score Front de Mer

■ L'ACCENT DU SUD

21 boulevard Amiral Lacaze
www.laccentdusud.fr
tvreboulleau@orange.fr
Ouvert du lundi au samedi de 8h30 à 17h.
Dans cette librairie, située à deux pas de la mer, vous pourrez bien sûr choisir des livres, en dégustant un café sur la petite terrasse.

LIBRAIRIE LES MOTS BLEUS

3 rue du Marché
✆ 02 62 35 30 26
Ouvert le lundi de 14h à 18h et du mardi au samedi de 9h à 12h et de 14h à 18h.
Une agréable petite librairie d'occasions, où l'on peut trouver le Petit Futé et des guides du pays, ainsi que des romans, essais et beaux-livres. Didier propose un choix de superbes cartes postales. Rien que pour ça, la librairie vaut le détour !

LOLAK10

90 rue Marius-et-Ary-Leblond
✆ 02 62 49 64 02
lolak10.blogspot.com
Ouvert du mardi au samedi de 10h à 13h30 et de 14h30 à 18h.
Une boutique (enfin, ici on parle plutôt de *concept store*) *fashion*, éclectique et inventive. Originale, toujours surprenante, et pleine à craquer avec des expositions d'art contemporain. On y trouve des fringues, de la déco, des bijoux, des accessoires, des ustensiles de cuisine... Bref, on y vient sans savoir vraiment ce que l'on cherche... mais on finit toujours par y trouver la perle rare. Au détriment de son portefeuille, car c'est assez cher ! Egalement un magasin à Saint-Gilles.

MARCHÉ AUX FLEURS

Tous les mercredis de 5h à 12h.
Juste à côté du marché couvert de Saint-Pierre, à la place de l'ancienne gare routière, vous n'aurez aucun mal à trouver le marché aux fleurs hebdomadaire. Toutes les plantes tropicales que vous recherchez sont là, mais ne comptez pas les ramener en avion : les contrôles phytosanitaires sont stricts, et il vaut mieux passer par un professionnel spécialisé en transport de végétaux.

MARCHÉ COUVERT

Entre la rue Victor-le-Vigoureux
et la ruelle du Vieux Gouvernement.
Du lundi au samedi de 7h à 18h en hiver et de 6h à 19h en été (austral). Le dimanche de 6h à 12h.
Ce marché quotidien se tient sous un imposant chapiteau de fonte, bâti en 1856 et situé non loin de la gare routière. Bien approvisionné, il est plus cher que le marché forain. Vous pourrez y faire le plein de vanille, glaner quelques recettes alléchantes, vous familiariser avec les différents piments de l'île ou acheter éventuellement des feuilles de faham, introuvables en France, pour les faire mariner dans du rhum arrangé. Mais pour le rhum Charrette lui-même, un conseil : achetez-le en grande surface ou à l'aéroport, vous ferez des économies.
Hélas, comme son grand frère de Saint-Denis, ce marché est en passe de perdre son charme authentique et de devenir un bazar-usine de souvenirs malgaches de qualité inégale. D'autant que l'accueil des commerçants n'est guère attrayant. Si vous n'avez pas eu l'occasion de faire le marché forain, vous pourrez donc vous rabattre sur son vaste choix de nappes brodées, de paniers de vacoa ou de jeux de société en bois, provenant de Madagascar.

MARCHÉ FORAIN

Le samedi matin.
Ce marché, l'un des moins chers et des plus agréables de l'île, s'étire le long du front de mer de Saint-Pierre. Vous y trouverez de tout : fruits exotiques, légumes, brèdes, épices, confitures, miel, fleurs, mais aussi des poules et coqs bien en chair, des canards, ou encore des fromages *péi* au lait entier. Beaucoup de variétés également côté artisanat : des aquarelles, des tissus indonésiens revendus sous forme de paréos et de vêtements par des globe-trotters métros, des bijoux originaux. Et surtout des créations malgaches de qualité : belles nappes brodées, soubiques (paniers) en osier, idéales pour le marché, ustensiles de cuisine, articles en bois finement travaillé...

PARDON !

Centre commercial Jumbo-Score
Allée Petit-Paris
✆ 02 62 35 00 63 – www.pardon.net
direction@pardon.net
Ouvert du lundi au jeudi de 8h30 à 19h30. Le vendredi et le samedi de 8h30 à 20h30.
La célèbre marque de vêtements décalée, aux accents subversifs, vous accueille à Saint-Pierre dans son beau magasin climatisé. De quoi vous soumettre en bonne et due forme à la tentation du fameux diablotin de Pardon !, ce logo fétiche que vous croiserez un peu partout sur l'île...

RICHARD ARTISANAT

78 rue du Four-à-Chaux
✆ 02 62 35 34 04
richardartisanat.net
richardartisanat@hotmail.fr
Ouvert tous les jours de 8h à 18h30, sauf le dimanche 8h30 à 12h15.
Richard Artisanat est une boutique qui vend des souvenirs, cadeaux et autres productions artisanales de l'océan Indien.

SABRINA ARTISANAT
38 Rue Eugène-Dayot
✆ 02 62 35 02 82 / 06 92 38 78 07
sabrina.artisanat@voila.fr
Ouvert du mardi au samedi de 9h à 18h, le dimanche de 14h à 18h.
Notre coup de cœur ! Situé dans le quartier de Basse-Terre, au dessus du rond-point des Casernes, Sabrina Artisanat est spécialisé dans l'artisanat réunionnais et malgache et sa réputation n'est plus à faire sur l'ile. Le bon plan quand vient le moment de remplir sa valise de souvenirs et de cadeaux, avec un choix très vaste et des petits prix : de la vannerie, des bijoux, des objets en bois en passant par des épices et du thé... Vous y retrouverez tout ce que l'on peut voir dans les marchés de l'île, mais toute la semaine, et même à toute heure, et souvent à des tarifs plus attractifs. Un endroit à découvrir rapidement !

ZÉZÈR
10 bis rue Marius-et-Ary-Leblond
contact.zezer@gmail.com
Du mardi au samedi 9h30 à 12h30 et de 14h30 à 18h.
Une boutique unique ou l'on trouve vêtements, accessoires et babioles en tout genre. Fringues *vintage*, carte postale des années 1950 et petits bijous... Amateurs de mode et de style, vous allez adorer ce magasin !

LES ENVIRONS DE SAINT-PIERRE

PIERREFONDS

Situé entre Saint-Pierre et la Rivière Saint-Etienne, le quartier de Pierrefonds, d'habitat populaire, s'est formé autour de l'usine éponyme, désaffectée depuis des lustres et ne valant pas franchement le détour, mais qui mériterait bien une mise en valeur. On retiendra de Pierrefonds qu'il permet l'accès à L'Entre-Deux et au Ouaki par la D26 et surtout que s'y trouve l'aéroport international, ouvert depuis 1998, depuis lequel partent aussi les survols touristiques de l'île en ULM et hélicoptère.

Se loger

DOMAINE DES PIERRES
60 CD, 26 route de L'Entre-Deux
✆ 02 62 55 43 85
www.domainedespierres.com
domainedespierres@wanadoo.fr
Avant d'arriver à Saint-Pierre, prendre la sortie L'Entre-Deux – Pierrefonds puis la direction de L'Entre-Deux.
Chambre simple de 107,80 € à 167,20 €, double de 141,90 € à 180,40 €, suite double à 191,40 €, suite triple à 247,50 €, suite quad adulte à 330 €. Demi-pension à partir de 32 €, enfant 16 €.
Cet hôtel 3-étoiles est blotti au cœur du parc Exotica, auquel les clients peuvent accéder directement et gratuitement. C'est dans ce magnifique jardin tropical que sont répartis 13 chalets, comprenant chacun 1 à 3 chambres (41 en tout) de trois catégories différentes : standard, luxe et suites. Revêtues de marbre et de bois, elles sont spacieuses, confortables, élégantes et équipées conformément à leur catégorie. Toutes disposent bien sûr de la télévision et de la climatisation. Une vaste piscine ombragée de cocotiers permet aux hôtes de se rafraîchir en toute quiétude au retour d'une randonnée à Cilaos ou au volcan. Le lieu fait en effet la part belle au calme et à la nature. Un site de charme qui vaut le détour.

À voir – À faire

ANCIENNE USINE DE PIERREFONDS
Malgré (ou à cause de) son délabrement, cette ancienne usine de cannes mérite le déplacement. Pour s'y rendre, sortir à Pierrefonds, entre Saint-Louis et Saint-Pierre, et suivre la D26. Les murs éventrés permettent d'apercevoir les énormes machines servant autrefois à broyer, déchiqueter, hacher et clarifier la canne et son jus. Ambiance mystérieuse, fantomatique quand la lumière troue le plafond pour éclairer des moments, poétiques ou sinistres, d'un autre temps. On imagine l'usine fonctionner, les hommes se démener dans la chaleur et le bruit. Aujourd'hui, seuls les petits producteurs viennent encore à l'usine, mais uniquement pour le pesage et l'échantillonnage de leur chargement, pendant la période de la coupe (de juillet à octobre).
Aucune visite de l'usine n'est prévue, aucune sécurité n'est assurée, il peut être dangereux de se promener à l'intérieur du bâtiment, en raison de la chute de tuyaux ou d'objets. En revanche, si vous souhaitez voir une usine en activité, visitez l'usine du Gol à Saint-Louis.

■ **DOMAINE DU CAFÉ GRILLÉ**
10 allée des Cèdres
Pierrefonds
✆ 02 62 24 15 40 / 06 92 52 24 32
www.domaine-cafe-grille-st-pierre.com
infos@domaineducafegrille.fr
Ouvert du mardi au dimanche de 9h30 à 17h. Entrée : 7 € par adulte, 3,50 € pour les moins de 12 ans. Visites guidées à 10h30 et 14h30 (15 h le dimanche). Compter 1h30 de visite. Accès handicapé.
A la sortie Pierrefonds, direction l'océan sur 500 mètres. Contrairement à ce que son nom suggère, ce parc botanique de 4 hectares n'est pas entièrement dédié au café. Vous y découvrirez l'histoire de la Réunion par sa flore, avec un parcours organisé par thèmes chronologiques de 1715 à nos jours. Canne à sucre, vanille, vétiver, plantes à parfums, ornementales, de rocaille, lianes, orchidées, bambouseraie, reconstitution de forêt endémique... Plus de 900 variétés sont ainsi regroupées dans un petit paradis au service de vos cinq sens. Chaque espèce, dûment répertoriée par un panonceau, vous sera remise en contexte par les guides, aussi passionnés que bavards. Et le café dans tout ça ? 1 hectare y est consacré, dont la star : le Bourbon pointu ! Mais pour voir les cultures ou en acheter, il a fallu attendre 2015, les cyclones successifs Dumile (2013) et Bejisa (2014) ayant laminé les récoltes. Vous pourrez néanmoins en déguster au bar à café, la tasse est proposée à 3,50 € (Pointu ou Rond), d'autres cafés du monde à 2 €. Il est situé dans la vaste boutique artisanale, très fournie et aux prix attractifs : artisanat, textile, pâtisseries maison, bijoux, huiles essentielles.... Visite intéressante, un des plus beaux jardins du sud.

Sports – Détente – Loisirs

Sports – Loisirs

■ **AIR AVENTURES**
Aéroport de Pierrefonds
✆ 06 92 22 28 28 / 06 92 32 98 02
www.air-aventures.fr
contact@air-aventures.fr
Découvrez les reliefs à couper le souffle de la Réunion en ULM avec cette équipe de professionnels sérieux et chevronnés, anciens navigants de l'armée de l'Air. Trois appareils de dernière génération, des FK 9 équipés de parachutes, vous emmènent en toute sécurité à la découverte des pitons, remparts et cascades de l'île. Les parcours classiques sont proposés avec notamment le survol découverte au-dessus de Saint-Pierre pour 35 €, les lagons de l'Ouest pour 70 €, le Volcan, tout proche, pour 110 €, 10 € de plus pour inclure Cilaos et 200 € le tour complet avec les 3 cirques, le volcan et les lagons. Air Aventures est aussi école de pilotage, labellisée FFPLUM, comptez 125 € l'heure de vol en instruction, et 20 à 30 heures pour obtenir son brevet. Bon accueil.

■ **CORAIL HÉLICOPTÈRES**
Aéroport de Pierrefonds
✆ 02 62 22 22 66
www.corail-helicopteres.com
info@corail-helicopteres.com
Ouvert tous les jours, réservation obligatoire, survols le matin le plus souvent, suivant conditions météo. Vols à partir de 85 €. Tarifs réduits pour les moins de 12 ans.
Ce prestataire propose des survols en hélicoptère au départ de l'aéroport de Pierrefonds et de l'héliport de l'Ermitage, à bord de ses Ecureuils (mono et bimoteurs) accueillant six passagers (vue panoramique pour tous). Les survols du cirque de Cilaos (95 € par personne), de Mafate (95 € également) et du volcan (180 € par personne) sont particulièrement économiques. Corail Hélicoptères propose également d'autres circuits classiques, comprenant le survol de deux ou trois cirques, jusqu'au tour « excellence » à 320 €. Possibilité de vols à la demande par groupe de six avec dépose éventuelle à l'intérieur des terres.

■ **HÉLILAGON**
Aéroport de Pierrefonds
✆ 02 62 555 555
www.helilagon.com
helilagon@helilagon.com
Circuits de 95 € à 319 € selon la durée du trajet, l'itinéraire et l'âge du passager.
Hélilagon, avec plus de 25 ans d'expérience et de savoir-faire, est la compagnie d'hélicoptères phare de La Réunion. Elle propose des survols touristiques principalement au départ de son altiport de l'Eperon, près de Saint-Gilles-les-Bains mais aussi, sur réservation, depuis l'aéroport de Pierrefonds, uniquement pour le circuit « l'Incontournable » : 45 minutes de vol environ, tarif adulte 259 €. C'est aussi le plus demandé car on découvre l'essentiel de l'île : Mafate, Salazie, le Trou de Fer, le volcan, les Plaines, le Dimitile, Cilaos... absolument inoubliable !

PARACLUB DE BOURBON

CEP de La Réunion
E route de l'aéroport
✆ 02 62 25 54 41
www.para-bourbon.com
parabourbon@runnet.com
Ouvert le matin, à partir de 7h, du mercredi au jeudi et du vendredi au dimanche toute la journée. Compter 260 € pour un baptême de chute libre en tandem. Fermeture annuelle de trois semaines en septembre.

Vous sautez à 4 000 m d'altitude. Sous vos pieds, l'océan Indien et La Réunion. Et c'est parti pour 50 secondes de pure chute libre. Puis le parachute s'ouvre à 1 500 m pour vous laisser quelques minutes en admiration devant le paysage, exceptionnel, qui s'offre à vous. Sensations garanties pour ce saut en tandem proposé par ce Centre-école de parachutisme !

L'équipe de passionnés vous fera vivre un moment inoubliable. Attention : un certificat médical établi par un médecin généraliste est obligatoire pour le saut en tandem, et il ne faut pas avoir pratiqué la plongée sous-marine 24h avant le saut.

ZEN ALTITUDE ULM

Aéroport de Pierrefonds
✆ 06 92 87 20 29
www.zenaltitude-ulm.com
johnny.vaulbert@wanadoo.fr
Vol découverte 40 €, un cirque (Cilaos) 80 €, deux 110 €, trois 120 €, complet avec passage à la verticale du piton des Neiges et du piton de la Fournaise 210 €. En gyrocoptère : circuits similaires de 50 à 220 €. 10 % de réduction si réservation sur Internet (5 % pour le gyrocoptère).

En compagnie de Johnny Vaulbert, dont les maîtres mots sont sécurité et tranquillité, le survol de l'île est un vrai moment de bonheur ! A bord d'un FK9 Mark 4 Short Wing orange, confortable et largement sécurisé (et même équipé d'un parachute), on découvre lagons, cascades, volcan et cirques. Véritable passionné, Johnny a monté lui-même l'un de ses ULM ! Rien à craindre, il maîtrise l'art du zen : décollage en douceur, vol tranquille et atterrissage tout doux. En exclusivité sur l'île, Zen Altitude propose des survols en gyrocoptère ! Cette fantastique machine à voilure tournante, un cousin de l'hélicoptère aussi appelé autogire, est capable de vols quasi stationnaires ! Elle permet ainsi d'approcher au plus près des reliefs et surtout d'explorer le fameux Trou de Fer, extraordinaire gouffre accessible – jusqu'à présent – aux seuls hélicoptères. Sans toit ni vitre, c'est aussi l'appareil idéal pour la prise de vues. Après test et approbation, nous vous le recommandons chaudement (habillez-vous chaudement aussi, du coup) ! Il y a aussi un modèle caréné. Egalement des départs de l'aéroport de Gillot, à Sainte-Marie, mais l'avantage d'un départ de Pierrefonds est de permettre un survol complet du massif du volcan. Une belle adresse pour une fabuleuse expérience !

LA RAVINE-DES-CABRIS

Autrefois le plus grand centre de production de café de l'île, La Ravine-des-Cabris est aujourd'hui un petit bourg fleuri, habité de petites cases charmantes et d'un ancien moulin à café, dont la cheminée pointe toujours vers le ciel. La Ravine-des-Cabris est environnée d'autres bourgs et écarts plus ou moins contigüs ; nous les avons regroupés dans cette rubrique qui englobe toute la partie à gauche de la N2 en montant, entre Saint-Pierre et le Tampon : Bois d'Olives (que l'on peut rejoindre par la D26 ou la D38), Ligne Paradis (D38), Ligne des Bambous (D28), et les Quatre-Cents et Condé (D400, dernière sortie avant Le Tampon).

Cette région, bien située près des grandes villes et des accès au volcan et à Cilaos, se prête à la villégiature : le climat y est agréable et le panorama sur les pentes cannières porte souvent de l'océan au piton des Neiges.

Se loger

Locations

■ LA CASE PARADIS

La Ligne Paradis
194 bis, impasse Poudroux
✆ 02 62 25 49 28 / 06 92 65 06 86
www.caseparadis.com
contact@caseparadis.com

Compter de 196 € la semaine en studio pour 2 (3 personnes maxi), 224 € en duplex pour 2 (4 maxi), 329 € en appartement pour 4 (6 maxi), 15 € par personne supplémentaire par semaine. Tarifs dégressifs au-delà de 3 semaines.

La Case Paradis est située dans un quartier calme de la Ligne Paradis, à 150 m d'altitude et 6 km du centre de Saint-Pierre, tout près des commerces et de l'arrêt de bus. Trois logements fonctionnels aux tarifs économiques, dans un grand jardin de 2 000 m² planté d'arbres fruitiers et équipé de tables et barbecue. Un premier studio loge 2 à 3 personnes en rez-de-jardin, où l'on dresse la table sous le parasol. Le second possède un lit double en mezzanine, un canapé-lit dans le séjour et un balcon pour prendre les repas, tandis que le troisième dispose d'une chambre double supplémentaire. Enfin, tous sont équipés d'une cuisine, de la télévision et du wi-fi. Parking fermé automatique, laverie. Bon rapport qualité-prix.

■ GITE MON REPOS

5 allée Mon-Repos
Chemin Badamier
✆ 02 62 35 23 33 / 06 92 30 21 22
cecile.von-pine@wanadoo.fr

A partir de 413 € la semaine et 180 € le week-end.

A 2,5 km de Saint-Pierre, dans une grande exploitation de trois hectares de canne à sucre et plus d'un hectare de verger, deux gîtes pour quatre personnes entièrement équipés chez Mme Cécile Von Pine. Ces bungalows tout en bois, assez vastes (65 m²), comprennent deux chambres avec un lit double et deux lits simples, une salle de bains avec douche à l'italienne, un salon avec télévision et wifi, une cuisine équipée avec lave-linge, et une décoration élégante. L'ensemble est ventilé et s'ouvre sur une terrasse ombragée. Le lieu est calme et au milieu des champs de canne, et pourtant à peine à 5 min de la ville. Un beau jardin paysager rend le lieu encore plus agréable. Vous pourrez installer le barbecue et profiter de la piscine, ici tout est bien pensé pour passer un agréable séjour. L'accueil est irréprochable, adresse recommandée depuis de nombreuses années.

■ LE VAÏANI

626 allée des Béliers
✆ 02 62 25 11 49
www.le-vaiani.com
contact@le-vaiani.com

Pour 2 personnes en basse saison, à partir de 50 € la nuit (2 nuits minimum), à partir de 350 € la semaine. Petit déjeuner 7 €. Ménage fin de séjour 20 €

A 10 minutes de voiture de Saint-Pierre, la résidence le Vaïani propose 3 bungalows en bois, ainsi que 3 studios et 1 F2 dans un jardin exquis avec une belle piscine offrant une vue panoramique sur l'Océan. Une case cuisine tout équipée est en libre accès, les repas peuvent être pris sous le kiosque dans le jardin. Pour les séjours d'une semaine et plus, le premier petit déjeuner est offert. Les logements, tous climatisés et pourvus de la TV, du wifi, d'un réfrigérateur, de lits en 160 cm (sauf pour l'un d'entre eux), bénéficient d'une terrasse et d'une certaine indépendance. Les bungalows en bois sont charmants, surtout les deux posés au bord de la piscine. Le Vaïani met gratuitement à disposition draps de plage, parasols, jeux de société. Laverie, parking privé. L'accueil est sympathique et le séjour convivial. Bon accueil, bonne petite adresse, vivement recommandée.

■ AUX Z'ARUMS CRÉOLES

14 ter chemin Condé
✆ 06 92 60 25 33
arumscreoles@hotmail.fr

250 € la semaine en F2 pour 2 personnes, 350 à 370 € en F3 pour 4 personnes suivant la saison, 550 à 570 € en F4 pour 6 personnes. 3 nuits minimum. Tarifs dégressifs à la durée.

A 2 minutes de la 4 voies et à 300 m d'altitude, proche des commerces et à 5 minutes de Saint-Pierre, un meublé pratique avec 3 logements pour 2, 4 et 6 personnes. Construits en préfabriqué, ils sont assez spacieux, fonctionnels et avec une décoration agréable bien qu'un peu disparate. Chacun est doté d'une cuisine équipée, une salle de bains neuve et un jardinet extérieur ou une grande varangue pour prendre les repas, ainsi que TV et wi-fi, les plus grands jouissent aussi d'un vaste salon climatisé. Les chambres ne sont pas climatisées mais l'altitude rend la climatisation superflue. Parking privé. La propriété est arborée, propre et fleurie. Ce n'est pas un meublé « de charme » mais avec une charmante cerise sur le gâteau : une adorable petite piscine dans un espace détente pour barboter en fin de journée. Bon accueil, prêt de palmes, équipement bébé… Bon rapport qualité-prix.

RÉSIDENCE TICAZDODO
84-86 chemin Petit-Frère
Ligne des 400
✆ 02 62 96 08 68 / 06 92 76 39 00
www.ticazdodo.com
contact@ticazdodo.com
394 € la semaine en studio, 474 € en T1, 564 € en T2.
La Résidence Ticazdodo est un ensemble de plusieurs cases créoles modernes situées dans le bourg de la Ligne de 400, à 400 m d'altitude, comme son nom l'indique. Avec vue sur la mer et la montagne, on est ici au calme, à un quart d'heure de Saint-Pierre, dans un beau jardin de 4 000 m² planté d'arbres fruitiers et de plantes aromatiques, agrémenté d'une mare avec des poissons et un petit pont. Les cases, de différentes tailles, peuvent accueillir de 2 adultes et 1 enfant pour les studios à 4 adultes et 1 enfant pour les T2. Elles sont très bien équipées : cuisine américaine ultra-complète, TV câblée, wi-fi, chaîne hi-fi, belle salle de bains avec douche hydromassante, agréable varangue, décor élégant. L'ensemble a été intelligemment pensé par le propriétaire, avec le souci du détail et un entretien rigoureux qui donne une impression de neuf. Laverie, barbecue, kiosque à pique-nique, éclairages automatiques, parking privé… Le tout pour un excellent rapport qualité-prix. Une adresse à réserver les yeux fermés !

RÉSIDENCE LA PALMERAIE
247 chemin Condé-Concession
Ligne des 400
✆ 02 62 27 93 62 / 06 92 60 55 25 / 06 92 14 58 81
www.residencelapalmeraie.com
la.palmeraie@wanadoo.fr
À 2 minutes de la sortie Condé Concession sur la 4-voies.
A partir de 55 € la nuit en T1, 300 € la semaine. 90 € la nuit en T2, 420 € la semaine. Dégressif au-delà d'une semaine.
A 400 m d'altitude, en dessous du Tampon, la Résidence la Palmeraie est à 2 minutes des commerces et à 10 minutes de la plage. C'est un ensemble de 12 bungalows de style créole, avec bardeaux et lambrequins, blotti dans une résidence sécurisée de 6 000 m², plantée de palmiers et de bananiers.
Le jardin est doté d'une piscine et de kiosques, parfaits pour pique-niquer ou faire des barbecues. Des T1 de 35 m² (pour 2 personnes) et des T2 de 45 m² (pour 4) sont proposés, avec cuisine équipée, climatisation, TV satellite, wi-fi. L'ensemble est récent, bien entretenu et spacieux. Idéal pour un séjour en toute indépendance, bon rapport qualité-prix. Un bungalow nuptial pour les amoureux est proposé à 90 € la nuit : il dispose d'une immense chambre, coquette, avec un Jacuzzi… ni plus ni moins au pied du lit ! Sur place, petite restauration (glaces, petits déjeuners, sandwiches…), laverie.

Bien et pas cher

RÉSIDENCE LE PHOENIX
88 bis condé 400
Ravine des Cabris
✆ 02 62 27 32 10
www.residence-phoenix.com
residencephoenix@wanadoo.fr
Chambre double à 53 €, 58 € avec un balcon. Studios à partir de 62 € (location à partir d'une semaine). 8 € pour le petit déjeuner.
Les chambres sont climatisées, le studio comporte en plus un coin cuisine. La résidence est logée à 400 m d'altitude, environ 10 minutes de voiture de Saint-Pierre, ce qui permet d'éviter facilement les embouteillages et offre un bon point de départ pour des excursions dans l'île.

Confort ou charme

■ **TIPALAIS**
Ligne Paradis
80 allée Nelson Mandela
✆ 02 62 44 10 45 / 06 92 92 94 95
www.tipalais.com
tipalais@sfr.fr
100 € la nuit en chambre pour 2 personnes, petit déjeuner inclus. 120 € la nuit en studio (45 m²) ou duplex 65 m²), lit supplémentaire 20 €, petit déjeuner en supplément à 8 € par jour. Minimum 2 nuits, dégressif dès la 3ème nuit.
A l'entrée de la Ligne Paradis, soit à 7 minutes du front de mer de Saint-Pierre, Tipalais est niché au bout d'un chemin caillouteux menant à la limite de l'urbanisation. Depuis cet écrin verdoyant bien caché s'ouvre un panorama sur les champs de cannes qui dévalent les pentes jusqu'à l'océan. Votre hôte Franck réside sur place et a bâti dans ce beau jardin, outre sa maison, 3 chambres d'hôtes et 2 meublés de standing autour d'une grande et élégante piscine de 10 m par 5. Installés dans plusieurs bâtiments sur deux niveaux, les logements profitent de la vue seulement à l'étage, mais se distinguent surtout par leur taille, leur équipement et leur décoration contemporaine. Chambres climatisées avec literies en 160 cm de large, jolies salles de bains, terrasses spacieuses, wi-fi, les meublés bénéficient de cuisines équipées et de TV, au contraire des chambres qui ont tout de même réfrigérateur, micro-ondes et bouilloire. Bon accueil, bonnes prestations, endroit très calme.

Sortir

■ **APOLLO NIGHT**
12, rue du Père-Maître
La Ravine-des-Cabris
✆ 02 62 49 55 01 / 0693 50 10 14
Ouvert de 22h à 5h, les vendredis, samedis et veilles de jours fériés. Entrée de 10 à 12 € (tarifs majorés pour soirées spéciales). Gratuit pour les femmes de 22h à 23h le vendredi.
Une discothèque immense, dans les Hauts pas très loin de Saint-Pierre, 100 % locale. Pour s'y rendre, suivre la direction de La Ravine-des-Cabris, c'est juste après le Refuge. Trois clubs, trois ambiances, trois générations musicales. Dance, ragga et nouveautés dans la plus grande salle ; disco dans la suivante, et une troisième, rétro, plutôt pour les plus de 35 ans. On peut s'aérer et manger des pizzas et des grillades dans le jardin exotique. Deux grands parkings gardés.

GRANDS-BOIS

A environ 3 km en direction de Saint-Joseph, le charmant village de Grands-Bois semble injustement délaissé. Synonyme d'enfer routier jusqu'en 2010, Grands-Bois a retrouvé sa sérénité avec la livraison d'une déviation qui évite à quelque 50 000 véhicules de le traverser quotidiennement. Mais du même coup, il est devenu oublié par les touristes qui filent vers le Sud Sauvage. Pourtant cette bourgade offre le calme allié à la proximité de Saint-Pierre, facilement accessible via l'ancienne route passant par Terre-Sainte. Grands-Bois possède une plage longue et accueillante, bien qu'on s'y baigne difficilement : peu d'infrastructures, le lagon est étroit, l'eau peu profonde et pleine d'oursins. Il existe néanmoins des bassins sympas à proximité, comme Bassin 18 ou Bassin La Source. On peut aussi rejoindre la plage de Grande-Anse en longeant la mer. Compter trois bons quarts d'heure, dont 20 minutes d'escalade dans les rochers. On jettera un œil à la nouvelle médiathèque, inaugurée en 2013 dans les bâtiments grandioses de l'usine sucrière, fermée en 1991. Niveau festivités, vous tomberez sur les Journées du manioc sur la place du marché si vous voyagez en décembre.

Se loger

Locations

■ **GÎTE SALEM**
35 chemin Parc Cabris
✆ 06 92 64 37 85 / 02 62 31 06 19
400 € la semaine ou 57 € la nuit, pour 4 personnes. Sur les toutes premières hauteurs de Grand Bois, une case typiquement créole avec ses murs blancs, son toit rouge, sa varangue, son jardin et sa vue panoramique sur la plage. Tranquillité et authenticité sont les maîtres mots du Gîte Salem qui ne dépare pas aux traditions. L'intérieur, entièrement lambrissé, comporte deux chambres doubles climatisées, un séjour avec télévision et cuisine équipée, tandis qu'on profite dans le jardin d'assez d'espace pour le barbecue et garer les voitures. Il y a même un kiosque avec des lambrequins. Le rêve créole à prix modérés, et tout près de la ville !

Confort ou charme

■ **HOTEL LE VICTORIA*****
8-10 allée des Lataniers
✆ 02 62 50 95 67 – www.levictoria.re
Suivant la saison, pour 2 personnes comptez de 124 à 144 € la nuit en chambre standard, 134 à 154 € en chambre supérieure, 144 à

164 € en chambre de luxe, 194 à 214 € en suite, petit déjeuner inclus. 2 nuits minimum. Repas 28 € adulte, 14 € enfant de moins de 12 ans.
Au fond d'une allée, le Victoria est posé au bord d'une falaise surplombant l'océan. 30 chambres distribuées autour d'une très belle piscine dans un parc arboré de 3 500 m², où l'on se sent bien, proche du ressac de l'océan. Cet hôtel, que nous connaissons depuis plusieurs décennies, a de nombreuses fois changé de mains, avec des fortunes diverses mais depuis quelques années avec succès. Entièrement rénové, il propose des chambres au confort correspondant aux 3 étoiles de l'hôtel : grande literie, salle de bains avec douche à l'italienne, climatisation, grande TV TNT, wi fi. Chacune s'ouvre sur une agréable terrasse meublée, donnant sur la mer, la piscine ou le jardin. Une belle et grande suite face à l'océan, avec lit king size, peut loger jusqu'à 4 personnes. Le restaurant le Victoria vous accueillera pour le dîner, et c'est heureux car Grands-Bois est plutôt pauvre en restaurants. En plus, ils assurent le room service, en toute intimité sur la terrasse de votre chambre (rajouter 4 €). Prêt gratuit de serviettes de piscine, jeux de société, bibliothèque, organisation d'excursions, cours d'aquabike gratuits les mardis et jeudis, boulodrome, blanchisserie, salle de séminaires. Avec supplément, possibilité de transfert à l'aéroport et prestations bien-être. Accueil familial et chaleureux.

Se restaurer

CAFE GREGUE
4 chemin du Terrain-d'Aviation
✆ 06 92 33 39 09
Ouvert tous les jours sauf le dimanche soir. Compter de 15 à 29 € le plat, formule à 12 € (menu midi entrée + plat), une autre à 18 €. Repas enfant 12 €.
Face à la nationale, une bonne table de cuisine métropolitaine à base de produits locaux. Un choix de viandes et de poissons : magret de canard aux pleurotes, andouillette de Troyes, croustillant de saint-jacques aux crevettes et aux brèdes… Le cadre est agréable et le service professionnel.

DOMAINE DES MILLE COCOS
Hauts de Grands-Bois.
✆ 02 62 23 47 96 / 06 92 61 99 71
www.domainedesmillecocos.fr
De 44 à 54 € par personne avec visite. 10 personnes minimum, sur réservation.
Au départ, le projet un peu fou d'un amoureux des palmiers, qui a cultivé pendant 20 ans toutes sortes de variétés venues des 2 coins du monde. Puis les palmiers ont poussé ! Aujourd'hui, c'est un magnifique domaine qui s'étend à perte de vue. Une telle étendue est rare de nos jours, et il est vrai que le paysage grandiose dévale jusqu'à l'océan, le relief masquant même la 4-voies. On y entre par une allée bordée de grands cocotiers, qui rappelle l'époque des demeures de maître des domaines sucriers, et on se sent vite dépaysé… à quelques kilomètres de Saint-Pierre ! M. et Mme Soumira vous accueillent dans ce cadre idyllique pour une table d'hôtes qui s'ensuit d'une visite de la propriété, commentée et idéale pour la digestion ! Cuisine créole traditionnelle, et du côté de la balade, pas seulement des palmiers, mais aussi de très belles fleurs exotiques.

LE VICTORIA
Hôtel Le Victoria
8-10 allée des lataniers
✆ 02 62 50 95 67
Ouvert tous les soirs et le dimanche midi. Réservation conseillée. Dans le cadre agréable de l'hôtel Victoria, face à la piscine, une cuisine créole et métropolitaine de bonne qualité. La meilleure option de Grands-Bois.

SUD

LE ZINZIN

3 bis rue Régis-Fontaine, Front de Mer
✆ 02 62 31 10 53
Ouvert du mardi au dimanche midi et soir. Environ 15 € le repas.
Ici, il résonne du Ziskakan, même sur les murs. Normal, Gilbert Pounia, le leader du groupe est originaire de Grands-Bois et sa mère est propriétaire du restaurant.

MONTVERT-LES-BAS ET BASSIN-PLAT

A la sortie de Saint-Pierre en allant vers le Sud sauvage, après le pont de la rivière d'Abord et le rétrécissement du boulevard à deux voies, les deux premières sorties nous mènent, en montant sur quelques virages, respectivement vers Bassin-Plat et Bassin-Martin. Sur les premières hauteurs de Saint-Pierre, si proches de la ville et déjà dans les champs de cannes, voici plusieurs « écarts » de plus en plus prisés, qui se développent tant pour la proximité de la ville que le panorama qui porte jusqu'au piton des Neiges et à L'Etang-Salé. En arrivant à Bassin-Plat, on laisse sur la gauche la route qui rejoint le supermarché Hyper U et la 4 voies du Tampon ; puis la route quitte l'urbanisation et devient chemin bétonné à travers champs, grimpe jusqu'à Bassin-Martin et rejoint enfin Le Tampon, dans la fraîcheur des Hauts. Sur le chemin, plusieurs agréables gîtes se sont installés. En montant par Montvert-les-Bas, c'est moins rural. Ce village s'est beaucoup étendu et abrite une des plus grandes discothèques de l'île ; on peut ensuite rejoindre les bourgs de Anse-les-Hauts et Ravine du Pont sur la commune de Petite-Ile, ou bien grimper jusqu'à Montvert-les-Hauts où l'on rejoint la D3.

Se loger

Locations

LES GÎTES DE BASSIN PLAT

Serre Boisvilliers
31 A chemin Bassin Martin
BASSIN-PLAT
✆ 06 92 86 32 32
www.reunion-gites.com
A partir de 350 € la semaine. A mi-chemin entre Bassin-Plat et Bassin-Martin, au milieu des champs de canne, deux gîtes posés dans un grand jardin avec vue panoramique sur mer et montagne. Le cadre est charmant et l'emplacement idéal pour rayonner dans la région. Deux logements sont proposés : un studio en duplex ainsi qu'un F3 avec deux chambres avec salle de bains. Elégamment meublés de teck, ils possèdent tout l'équipement nécessaire ainsi qu'une terrasse donnant directement sur le jardin, planté de cactus, palmistes et agrémenté d'un kiosque.

LES GÎTES PASTELS

29 Chemin Bassin-Martin
BASSIN-PLAT
✆ 02 62 35 09 01 / 06 92 70 33 37
www.lesgitespastels.com
lesgitespastels@gmail.com
De 420 à 470 € la semaine suivant la saison, dégressif à la durée. Minimum 2 jours.
Les gites Pastels sont 3 maisons indépendantes dans une résidence privée, fort bien située, à 2 mn de voiture de la 4-voies et des commerces et 5 mn du centre de Saint-Pierre. D'architecture créole et aux couleurs pimpantes, ils logent 6 personnes chacun grâce à leurs 3 chambres doubles climatisées et bénéficient d'une grande varangue avec une belle vue sur les champs de canne, Saint-Pierre, l'océan et ses couchers de soleil. Ils se composent d'un séjour avec canapés en rotin, TV (Canal Sat), accès internet (câble ou wifi) avec ligne téléphonique, cuisine équipée et d'une grande salle de bains, tandis qu'à l'extérieur on profite d'un barbecue et d'un terrain de pétanque. L'ensemble est fort bien tenu, élégamment meublé et assez spacieux. Une bonne adresse pour un séjour confortable en famille, bon rapport qualité-prix.

LES OISEAUX DU PARADIS

38 chemin Bassin-Martin
BASSIN-PLAT
✆ 02 62 25 85 44 / 06 92 66 08 25
www.hebergement-oiseauxduparadis.com
gite.paradis@wanadoo.fr
Compter 49 € pour 2 personnes et 59 € pour 4 personnes. De 150 à 190 € le week-end pour 2 à 4 personnes.
Dans les champs de cannes sur les premières hauteurs de Saint-Pierre, entre Bassin-Plat et Bassin-Martin, deux villas de deux étages avec 2 chambres entièrement indépendantes, récentes et peintes en bleu. Elles sont identiques et accueillent 4 personnes confortablement : 2 chambres doubles à l'étage avec une salle de bains, une cuisine entièrement équipée, un séjour avec télévision et wi-fi, une terrasse avec vue sur la mer. L'ensemble est carrelé et joliment décoré, on s'y sent bien et les commerces sont à cinq minutes. Bon rapport qualité-prix.

Bien et pas cher

P'TI COIN LETCHIS

40 chemin Bassin-Martin
BASSIN-PLAT
✆ 02 62 25 33 79 / 06 92 30 21 39
www.pticoinletchis.re
contact@pticoinletchis.re

40 € la nuit en gîte, 30 à 35 € la nuit en chambre. Climatisation en supplément. Accès internet gratuit.

A 250 m d'altitude, le P'ti Coin Letchis est idéalement placé, à 2 min de voiture de la 4-voies et 5 du centre-ville, dans une exploitation de 6 hectares de manguiers, longanis, manioc... Cette belle propriété familiale fait face au superbe panorama sur les champs de canne, jusqu'à Saint-Louis et le piton des Neiges. Trois F2 sont proposés, chacun avec chambre double, salle de bains, cuisine, séjour avec TV, ventilation ou climatisation et une petite terrasse. Les 5 chambres offrent un très bon confort pour le tarif pratiqué : spacieuses, joliment meublées et décorées, avec salle de bains moderne avec douche hydromassante ; celles avec une grande terrasse s'ouvrent sur le panorama, les autres sur le grand jardin avec ses tables, dont une de ping-pong. Elles partagent une cuisine commune bien organisée avec chacun son réfrigérateur. Les balades dans ou hors de la propriété sont nombreuses et les fruits de saison sont à portée. Au final, un accueil sympa, la nature et la ville à portée de main, et un rapport qualité-prix exceptionnel, que demander de plus ?

Confort ou charme

LA BULLE VERTE

91 chemin Piton Filaos
Mont-Vert-les-Hauts
✆ 02 62 33 58 80 / 06 92 87 94 90
labulleverte.re
contact@labulleverte.re

75 € la nuit en chambre double. Possibilité de faire un tarif dégressif. Repas du soir, sauf le mercredi et le dimanche, à 30 €.

Un véritable coup de cœur ! Après quelques kilomètres à travers les champs de canne, niché dans les hauteurs de Saint-Pierre, la Bulle verte ne pouvait s'appeler autrement. Trois chambres entièrement meublées en bois sur pilotis avec chacune un univers bien à elle. Ce véritable petit coin de paradis, comme perdu, au milieu des champs est une perle rare, qui mérite qu'on y passe une nuit. L'esprit écolo du lieu intègre tout naturellement la végétation luxuriante qui l'entoure et donne l'impression d'être en harmonie avec la flore réunionnaise. Trampoline et filets de volley occupent les espaces verts. Possibilité de dîner sur place le soir (réservez deux jours à l'avance).

HÔTEL LE SOLEIL COUCHANT

2 chemin de l'Araucaria
Montvert-les-Bas
✆ 02 62 31 10 10
hotel.hda@orange.fr

A partir de 75 € la chambre double. 9 € le petit déjeuner. Possibilité de demi-pension sur réservation (29 €).

Sur les hauteurs, à 10 minutes du centre-ville de Saint-Pierre, cet hôtel a été inauguré fin 2009. Vue imprenable sur l'océan et les sommets escarpés de l'île, dont on profite au bord de la grande piscine, depuis le balcon des chambres ou encore depuis cette vaste terrasse où sont régulièrement données des soirées jazz. Sur les 7 chambres, 4 donnent sur la montagne et 3 sur la mer. Parfaitement équipées, confortables, neuves et construites avec des matériaux de qualité, on regrette simplement leur manque d'originalité et une insuffisante ouverture sur le panorama. Une bonne adresse néanmoins. Accès wi-fi.

Sortir

LE CHAPITEAU

77 CD 29, Ravine-des-Cafres
Montvert-les-Bas
✆ 02 62 31 00 81
www.lechapiteau.re
contact@lechapiteau.re
A 5 minutes de Saint-Pierre, direction Saint-Joseph, prendre la sortie Montvert-les-Bas.
Vous croiserez le Chapiteau sur votre gauche, en montant la route principale.

Comptez entre 10 et 15 € l'entrée suivant les consommations et le jour. Gratuit pour les filles le vendredi (soirée « femmes libérées »). Ouvert le vendredi et le samedi de 19h à 5h, le dimanche de 14h à 2h. Strip-club à 30 €.

Une des plus grandes discothèques de l'île enflamme le Sud chaque week-end depuis les *seventies* : une véritable institution ! D'ailleurs, chaque année, la boîte fête son anniversaire en juillet. Ça déménage... Sur près de 5 000 m², 3 salles accueillent des fas d'ambiances différentes (hits et nouveautés, disco, reggae, musique rétro, des concerts en live...) et un public essentiellement créole, de tous âges.

SUD

Le Chapiteau accueille régulièrement 1 500 personnes ! Autour de la boîte, dans le « street boulevard », vous trouverez par ailleurs un karaoké, des snacks et un restaurant, le Villa Cuba. Un espace strip-club a ouvert en avril 2014 où des danseuses, venues tout spécialement de métropole, font le show le week-end. Parkings surveillés, sécurité assurée.

LE TAMPON

La voiture s'impose pour parcourir cette vaste commune résidentielle qui s'étage de 400 à 2 000 m sur les pentes qui mènent de Saint-Pierre à La Plaine-des-Cafres. Avec ses maisons à flanc de montagne, elle a des allures de belvédère. Son nom, plus poétique qu'à première vue, viendrait du malgache tampona, signifiant « lieu où l'on voit loin ». Le Tampon s'étend en pente douce sur la plaine entre les deux volcans et la mer et le panorama s'étend sur l'ensemble du Sud, quand les nuages ne l'obstruent pas. Le cadre est reposant et les fleurs, variées, y poussent en abondance. François Truffaut y trouva le décor de son film, *La Sirène du Mississippi*, dans la maison de Bel-Air. La verdure et la douceur du climat en font un lieu de villégiature privilégié pour les habitants qui travaillent à Saint-Pierre. Il y fait en moyenne 6 °C de moins que sur la côte. Pourtant, grâce à la 4-voies, Saint-Pierre n'est qu'à 5 minutes. Derrière ces allures de ville-dortoir, le Tampon abrite pourtant aussi la grande cité universitaire du sud de l'île, et un campus dynamique, bien que dix fois plus petit que celui du Moufia, à Saint-Denis. Avec 74 000 habitants, presque autant que Saint-Pierre, Le Tampon est loin de ravir à cette dernière sa position de capitale du Sud. Avec un petit centre-ville et très peu d'activités nocturnes, le Tampon se conçoit surtout comme une vaste zone résidentielle. Elle est peu pourvue en sites touristiques, du moins si l'on exclut le reste de son vaste territoire communal, qui porte jusqu'à la route du Volcan. En revanche, le Tampon est un excellent lieu de villégiature pour le touriste, avec une situation idéale pour rayonner, des tarifs moindres que sur la côte et un climat moins étouffant en été austral (mais qui peut paraître trop frais à d'autres en hiver). Voilà une ville qui n'a pas volé son slogan de « commune où il fait bon vivre », et où l'art floral ne se limite pas à l'embellissement des maisons. Le parc Jean-de-Cambiaire, à côté de l'église du centre-ville, est représentatif de la culture florale de cette commune qui accueille chaque année les Florilèges, un salon-exposition des meilleures créations florales. Le Jardin des Palmiers, qui rassemble des milliers de palmiers, pousse à toute allure et devrait bientôt devenir une des stars botaniques de l'île. Il faut aussi visiter la CAHEB, qui distille des plantes depuis 1963.

Transports

Pour se rendre au Tampon depuis Saint-Pierre, il suffit de suivre les 10 km de N3, assez raides, qui font peiner les moteurs. Un trajet qui peut être dangereux entre ceux qui roulent à 60 km/h et les autres à 110 km/h voire plus, les accrochages sont fréquents. Les 4-voies sont larges mais insuffisantes pour les Tamponnais dans leur transhumance quotidienne vers Saint-Pierre, qui empruntent alors des trajets alternatifs à travers écarts et champs de canne. De même pour traverser la ville et joindre la route des Plaines, le centre étant souvent bouché. Un projet de contournante est à l'étude depuis longtemps, mais régulièrement reporté.

■ ADM LOCATION

10 rue Antoine Fontaine
✆ 02 62 24 14 00 / 06 92 24 14 00
www.admlocation.fr
contact@admlocation.fr

Ce petit loueur est installé en plein centre-ville, tout près de la mairie. Il propose principalement des Nissan Pixo climatisée, récentes, 5 portes avec radio CD MP3, à 30 € par jour en kilométrage illimité, 26 € par jour au-delà de 15 jours. Rajouter 4 € par jour en haute saison. Egalement des Ford Fiesta à 35 € par jour, des minibus 9 places et des utilitaires de 3 à 14 m^3 dès 40 € par jour. Enfin, des véhicules publicitaires en petit nombre à partir de 19 € par jour. Assistance et dépannage 24h/24. Accueil sympa ! Une autre agence à Saint-Pierre.

Pratique

■ MÉDIATHÈQUE

20 rue Victor-le-Vigoureux
✆ 02 62 55 02 19
www.mediatheque-tampon.fr

Fermée le lundi et les jours fériés. Ouvert du mardi au samedi de 13h à 18h. Le mercredi de 8h30 à 12h et de 13h à 18h, et le dimanche de 15 à 18h.

Expositions, projections, ateliers, jeux... et bien sûr une bibliothèque très bien achalandée ! Cette vaste structure, ouverte en

2007, témoigne du dynamisme de la commune du Tampon. Accès Internet sur inscription à la médiathèque.

Orientation

De Saint-Pierre, on rejoint le Tampon par la N3, qui grimpe ensuite vers La Plaine-des-Cafres. On laisse une première sortie (sans entrée) vers la ligne des 400, puis on arrive au rond-point des Azalées, repérable par la grande tour HLM qui le domine. Un peu plus haut, vous reconnaîtrez facilement le rond-point des Chandelles, planté d'un immense arbre : à gauche, la rue Hubert-Delisle et le centre-ville. A droite, Bérive, la Pointe, le Petit Tampon et la D3 qui va jusqu'à Saint-Joseph. En haut, la nationale commence à serpenter et franchit successivement les villages du Onzième, Douzième, Quatorzième, Dix-Septième... jusqu'aux Plaines. Les alentours comptent de nombreux bourgs et villages, le territoire communal du Tampon étant très vaste. On y accède par des routes suivant les lignes de niveaux. En traversant la rue Hubert-Delisle (D3) d'ouest en est, on atteint les Trois-Mares et le Bras-de-Pontho. En sortant au niveau du Quatorzième (D27), on rejoint Pont-d'Yves.

Se loger

Locations

CASCATELLE

10 rue des Abeilles
✆ 02 62 38 25 13 / 06 92 30 09 26
cascatelle.lmtm@wanadoo.fr

315 € ou 420 € la semaine suivant l'appartement, dégressif à la durée.

A 5 minutes à pied du centre-ville, 2 appartements au-dessus de la maison de la propriétaire, dans un joli jardin très soigné tout comme l'ensemble de la structure. Perfectionniste, la propriétaire a le souci du détail et tout y est agréable à l'œil, fonctionnel et pratique. Le premier se compose d'un séjour avec cuisine bien équipée, chambre double avec salle de bains et baignoire, et un parking fermé. Le second est plus grand mais moins spacieux car avec deux chambres, salle de bains avec douche à l'italienne, et parking à l'extérieur. Confortables et plutôt charmants, chacun jouit d'une terrasse avec vue sur la mer et les montagnes, d'une TV et du wi-fi. Cerise sur le gâteau, une agréable piscine ainsi qu'un kiosque avec barbecue vous assureront un séjour en toute détente ! Bon accueil.

LES JASMINS

21 rue Dachery, 11e kilomètre
✆ 02 62 27 09 73 / 06 92 66 66 31
alain.schildt@wanadoo.fr

Studio à 195 € la semaine pour 2 personnes, 600 € par mois. F2 à 300 € la semaine pour 2 à 3 personnes, F3 à 350 € la semaine pour 4 personnes.

Au fond d'une petite allée dans le centre-ville, un studio, un F2 et un F3 en location touristique dans de jolies petites villas créoles dans un jardin tropical planté de manguiers et litchis dont on peut profiter en saison. Récentes, elles ont tout l'équipement nécessaire, cuisine complète, TV TNT, lave-linge, aspirateur... le tout pour un tarif très abordable. Le F2 et le F3 profitent d'une agréable varangue donnant sur le jardin doté d'un barbecue. L'atmosphère est reposante. Le studio, plus petit, est dans le jardin de propriétaires, avec une entrée indépendante, le wi-fi compris et un tarif imbattable. Ces derniers ont d'autres locations à l'Ermitage et à Saint-Pierre et vous offriront la bouteille de punch à l'arrivée !

LA KAZ À MÉLINA

119 rue Georges Pompidou
13e kilomètre
✆ 02 62 57 28 19 / 06 92 00 43 32
www.bonplanreunion.com
la-kaz-a-melina@wanadoo.fr

Pour 1 ou 2 personnes, 60 € la nuit, 244 € la semaine. Pour 3 ou 4 personnes, 100 € la nuit, 312 € la semaine. 3 nuits minimum.

A environ 3 km du centre, au fond d'une impasse calme, deux logements dans une maison au fronton créole, un pour 2 personnes, l'autre pour 4, dans un jardin agréablement fleuri et soigneusement taillé. L'ensemble, dont le mobilier et la décoration sont un tantinet désuets, est toutefois impeccablement tenu et paraît comme neuf, tandis que les équipements et les prestations sont fort complets : chaque logement, spacieux et lumineux, dispose d'une ou deux chambres, une entrée indépendante, une salle de bains avec baignoire, WC séparés, un séjour avec TV et wi-fi, une cuisine bien fournie avec lave-linge. A l'extérieur, chacun profite d'une agréable terrasse couverte s'ouvrant sur un jardinet privatif, clos et doté d'un barbecue – le plus grand jouissant même de transats – et d'un parking privé. L'arrière donne sur la collection de bonsaïs de Monsieur, à regarder avec les yeux, mais qui donne une idée de la minutie apportée aux logements ! L'accueil est chaleureux, en conclusion : un excellent rapport qualité-prix !

SUD

■ **CHEZ MARY-LU**
116 rue Charles-Baudelaire
Trois-Mares
✆ 02 62 27 64 13 / 06 92 87 55 22
meublemary-lu@wanadoo.fr
Compter 300 € la semaine pour 2 personnes, 500 € la semaine pour 4 personnes. Tarif dégressif à la durée.
À proximité du parc des Palmiers, cette case créole familiale perchée au bord de la route dispose de deux chambres doubles (l'une *twin*, l'autre avec lit double), d'une place de parking, d'une salle de bains avec baignoire et d'un vaste salon, illuminé par de grandes baies vitrées. À l'extérieur : un petit coin barbecue pour se faire des grillades ou s'essayer à un cari au feu de bois. Car dans ce décor tout en lambrequins et en vieux bardeaux, il règne comme une ambiance de Réunion *lontan* ; entre ces murs patinés par le temps flotte l'âme de cette vie créole des années 1950 ou 1960, tiraillée entre son tempérament rural et une urbanisation galopante. Une adresse pratique pour les familles, située à deux minutes en voiture des commerces du Tampon et à une dizaine de minutes de Saint-Pierre.

Bien et pas cher

■ **CHAMBRES D'HOTES DE M. JEAN-MARIE PAYET LE ROSIER**
52, chemin Ortaire-Lorion, Pont-d'Yves
✆ 02 62 57 19 64 / 06 92 69 24 26
42 € pour 2 personnes. 55 € pour 3 personnes. Repas sur place possible à partir de 17 €.
A 800 m d'altitude et 5 km du Tampon, deux chambres pour deux personnes, confortables,

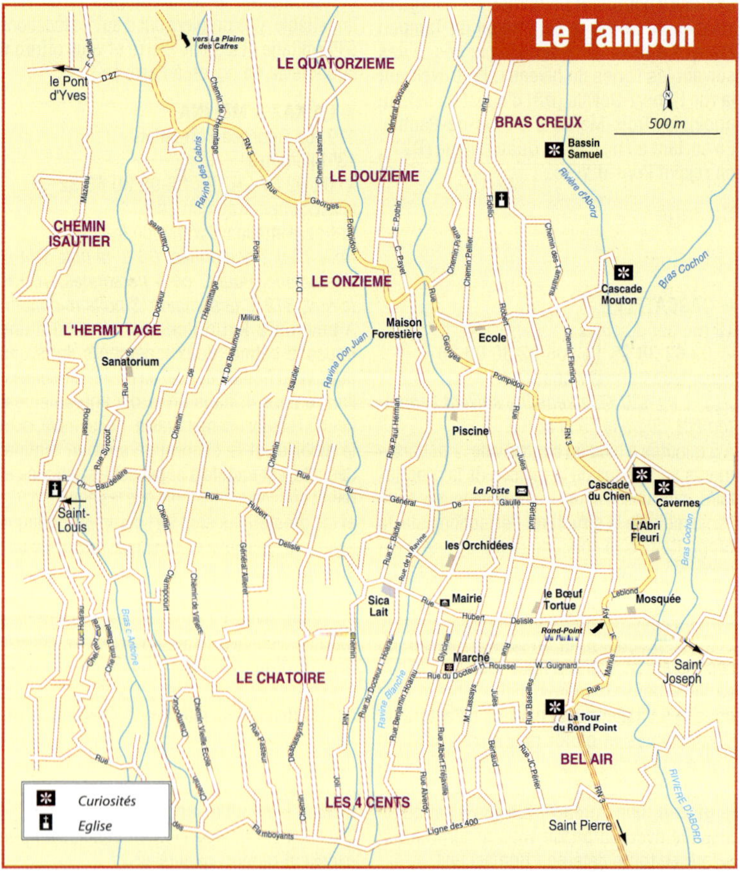

avec salle de bains individuelle, et un joli jardin, dans le prolongement de la maison du propriétaire, qui vous accueillera chaleureusement. Le cadre est très fleuri et la case typiquement créole.

AUX DEUX ORANGERS
30 chemin de la Citerne
Bras de Pontho
✆ 02 62 38 41 80 / 06 92 00 35 56
stephan.pavageau@orange.fr
50 € la chambre double avec petit déjeuner. 320 € la semaine. Repas du soir à 20 € sur réservation.
Situées face au Dimitile, avec une vue sur l'océan, ces deux chambre d'hôtes sont idéales pour se retrouver au calme, loin de l'animation de la côte. Entièrement équipées, elles disposent de deux lits double. N'hésitez pas a diner là-bas, au menu caris créoles, partage et convivialité avec les propriétaires !

DOMAINE DU TULIPIER
11 rue Molais-de-Narbonne
✆ 02 62 57 09 41
www.domainedutulipier.com
contact@domainedutulipier.com
68 € la chambre double avec petit déjeuner ou 408 € la semaine. Studio : 490 € la semaine. Combiné studio et chambre : 854 € la semaine. Accès Spa gratuit.
Situé dans un superbe jardin, le domaine du tulipier propose une chambre en rez-de-chaussée, simple et propre, et un studio tout équipé pour deux à l'étage. Superbe vue, bon accueil. Accès wi-fi.

GITE RURAL DE MME FRANÇOISE DELCAMBRE, YAPASSONDEUX
12, impasse des Toulites
✆ 02 62 59 81 96 / 06 92 25 56 55
monsite.wanadoo.fr/delcambre
jp.delcambre@wanadoo.fr
Compter 322 € la semaine. Un gîte confortable, dans une vieille maison créole entièrement restaurée, au toit de tôle et aux murs couverts de bardeaux. A 400 m d'altitude et 5 km du Tampon, il propose deux chambres, une cuisine équipée, un jardin avec barbecue, la télévision, le téléphone et un lave-linge.

Confort ou charme

SUD HOTEL
106 rue Marius-et-Ary-Leblond
✆ 02 62 27 07 90
www.sudhotel.re
A partir de 58 € la chambre double avec petit déjeuner, 71 € la chambre supérieure, 76 € la chambre « bien-être » avec douche hydromassante, 130 € la suite nuptiale avec lit à baldaquin. Restaurant ouvert tous les jours midi et soir, plats de 8 à 25 €, menu entrée-plat-dessert à 14 €.
Un grand hôtel sur la route nationale, à deux pas du centre et à 7 minutes de Saint-Pierre par la 4 voies. Dans ce bâtiment à étages, une soixantaine de chambres s'orientent autour d'une grande piscine. Bien connu des Réunionnais qui y séjournaient déjà il y a 40 ans, l'établissement est ancien, mais en rénovation depuis 2012, ce qui implique de faire cohabiter le neuf et l'ancien. Ainsi sont proposées des chambres à la décoration dépassée et des nouvelles au style sobre et chic, avec des salles de bains modernes, dont une belle suite nuptiale. Certains espaces communs un peu décrépits, voire en travaux lors de notre passage en 2015, jouxtent par exemple le nouveau bar à tapas aux tonalités lounge… qui ne déparerait pas sur le front de mer de Saint-Pierre ! Au final, c'est un bon plan : les chambres sont vastes et bien équipées, avec TV (CanalSat), wi-fi (dans les nouvelles chambres) et on profite de nombreuses prestations, à commencer par la grande piscine, mais aussi spa, hammam (en prévision), billard… Enfin, un restaurant de cuisine créole et métro, au bord de l'eau, ouvert à la clientèle extérieure, propose plats de viandes et poissons, plats créoles, pizzas, salades, snacks, tapas, desserts… tandis que de l'autre côté de la rue se trouve une bonne boulangerie-pâtisserie.

Se restaurer

■ LE BAR À 4

Angle des rues Jules Bertaut
et Hubert Delisle
Ouvert tous les jours, sauf le vendredi, de 12h à 14h et de 17h à 20h. Pendant le ramadan, fermé tous les soirs et le week-end. Plats sur place ou à emporter à partir de 8 €.
En plein centre-ville du Tampon, ce petit restaurant propose une cuisine indienne traditionnelle de qualité. La décoration, typique des boutiques créoles « lontan » (d'antan), vous fera voyager au cœur de la culture musulmane. Les plats y sont préparés avec soin par un couple charmant : poulet tandoori, poulet en sauce ou encore des pâtisseries indiennes très sucrées : tout est « fait maison ». Vous y reviendrez !

■ L'AMBÉRIC

13 chemin Raoul-Hoarau
Trois-Mares
✆ 02 62 57 77 68 / 06 92 43 22 23
amberic@hotmail.fr
Ouvert tous les jours midi et soir sauf le dimanche soir et le lundi. Plats à partir de 17 €.
Armande Marie Hoarau, maître restaurateur, vous accueille dans un agréable cadre fleuri. Au menu, une cuisine créole traditionnelle au feu de bois : rougail zandouilles, cari patte cochon, cari volaille... Du « riz-cari-grains » jusqu'au dessert (mousse de cambar, gâteau-patate...), ici, tout est trié, coupé, mijoté maison. Une adresse cramponnée à ses produits frais et à la mise en valeur de la gastronomie réunionnaise qui jouit, à juste titre, d'une bonne réputation auprès des locaux.

Sortir

■ EL LATINO

Près de la Zac La Chatoire
337 rue Hubert-Delisle
✆ 02 62 59 68 58 / 06 93 33 90 76
Ouvert tous les jours de 10h à 15h et de 17h à 0h. Fermé le lundi soir. Comptez 10 € à 18 € le plat à la carte. Cuisine métropolitaine, tapas et pâtisseries maison. Concerts le vendredi soir.
Un bar-restaurant convivial et très fréquenté, que vous repérerez facilement grâce aux fresques colorées, très *street art*, que revête sa façade. Mis à part un choix affriolant de tapas, vous y trouverez une cuisine bien plus métro que latino... avec tartares, entrecôte charolaise, salades... Sans oublier les burgers, pour les grosses faims. A l'intérieur ou en terrasse, l'ambiance est décontractée, et la musique de mise.

■ THÉÂTRE LUC DONAT

20 rue Victor-le-Vigoureux
✆ 02 62 27 24 36
www.theatrelucdonat.re
billetterie@tld.re
La billetterie est ouverte du lundi au vendredi de 9h à 12h et de 14h à 17h45.
Un établissement culturel dynamique, qui offre à la ville du Tampon une programmation de qualité tout au long de l'année. Théâtre, danse, musique, humour, projections, conférences... L'affiche est variée et souvent affriolante. Pour obtenir des renseignements sur la prog', reportez-vous à la rubrique agenda du *Quotidien* ou du *Journal de l'île*, à l'*Azenda* ou encore au site Internet, régulièrement actualisé, du Théâtre.

À voir – À faire

Avec plus de 60 000 habitants et une population étudiante en hausse chaque année, la ville du Tampon se développe à vitesse grand V. Elle offre tout le confort d'une grande ville, tout en gardant la nonchalance d'un village des Hauts.

■ CAHEB – COOPÉRATIVE AGRICOLE DES HUILES ESSENTIELLES DE BOURBON

83 rue de Kervéguen
✆ 02 62 27 02 27
www.geranium-bourbon.com
caheb@geranium-bourbon.com
Ouvert du lundi au samedi de 9h à 12 h et de 14h à 17 h. Visites guidées du lundi au vendredi à 15h : 3 € par personne.
La Réunion fut un temps 1er producteur mondial de géranium, et perpétue encore cette tradition de distillation, un patrimoine que la CAHEB contribue à défendre. La coopérative, ouverte depuis 1963, travaille avec les agriculteurs réunionnais pour les grands noms de la parfumerie française comme pour la production locale. Vous y découvrirez dans des cultures de démonstration, les différentes variétés de géraniums, de vétivers et de baies roses. La boutique distribue des huiles essentielles de l'océan Indien, des huiles alimentaires (extraites de plantes locales), des huiles de massage, des fragrances tendances aux univers gourmands, épicés et sensuels ainsi que des flacons de collection. Des ateliers de découvertes olfactives et gustatives sont proposés pour savoir reconnaître les senteurs

et les saveurs réunionnaises. Sur rendez-vous, il est enfin possible de créer une huile de massage à votre image à l'aide d'un panel d'huile végétale originale et des notes d'exceptions, un must !

LE PARC DES PALMIERS

Chemin de Dassy
Trois-Mares
A l'angle de la rue Baudelaire
Gratuit. Ouvert de 6h à 19h du 1er novembre au 30 avril et de 6h30 à 18h30 du 1er mai au 31 octobre.

Inauguré en 2010, cet immense parc réunit déjà des milliers de palmiers. Une nouvelle tranche de travaux a été réalisée en 2015, allongeant encore les kilomètres de sentiers qui le parcourent. Lieu idéal pour se retrouver en famille le week-end, pour un footing en fin de journée, ou tout simplement pour flâner et admirer des palmiers certes jeunes, mais déjà immenses. L'entretien du parc est irréprochable, et les équipements sont originaux : amusez-vous à trouver le banc en forme de feuille de... palmier ! Le seul bémol : il n'y a aucune indication sur le nom des plantes que l'on croise, ce qui est regrettable pour un parc justement dédié à la botanique. A signaler également, le manque d'indication pour accéder au parc depuis le centre-ville du Tampon : il faut prendre la direction de Trois-Mares, traverser le quartier par la route principale et tourner à gauche sur le chemin Dassy.

Shopping

MARCHÉ COUVERT

Rue Albert-Fréjaville
Ouvert du lundi au vendredi de 5h à 19h, le samedi de 4h à 19h et le dimanche de 5h à 12h.

Un petit marché permanent de fruits et légumes, confitures, vins... Également un peu d'artisanat.

SAINT-PIERRE – SAINT-JOSEPH PAR LES BAS

Au sud-ouest de l'île, la nationale 1, devenue N2 à partir de Saint-Pierre, part à l'assaut du Sud Sauvage. Le paysage et la végétation changent rapidement, de façon étonnante. La route, qui file d'abord comme une autoroute, s'accroche ensuite à la corniche, surplombe la mer, la contemple, s'en éloigne, ondule dans les champs de canne et les plantations d'arbres fruitiers. Les couleurs fusent. Le vert et le bleu dominent, rehaussés par le noir des rochers et des falaises de basalte qui soulignent les côtes escarpées. Les cases créoles en bois, charmantes et coquettes, osent des couleurs guillerettes (rose, vert, bleu, jaune). Les jours de grand soleil, des parapluies éclatants servent d'ombrelles aux femmes que l'on croise sur les routes ; bien que cette tendance soit plus répandue à l'Est. C'est un paysage à la fois hospitalier et sauvage. N'hésitez pas à quitter la nationale dès qu'une petite route s'offre sur la droite pour descendre à pic vers la mer.

Pour s'y rendre en bus : Ligne S1 des Cars jaunes (de Saint-Pierre à Saint-Benoît).

GRANDE-ANSE

En venant de Saint-Pierre, dans la montée après Grand-Bois, au niveau du rond-point, descendez vers la mer, direction Grande-Anse. On tombe sur une adorable crique de sable blanc, véritable décor d'aquarelle. Un havre de paix, du moins en semaine... Le courant y est fort et la baignade strictement interdite ! Un bassin sécurisé permettait de faire des longueurs ou de barboter, mais depuis 2014, il est également interdit, par crainte de chute de l'enrochement qui le sécurise. C'est le week-end, surtout pendant l'été austral, que ce coin apprécié des locaux s'anime et prend toutes ses couleurs et ses odeurs. Les Réunionnais viennent y pique-niquer, et réchauffer leur cari sur des barbecues aménagés devant l'océan, sous les vacoas et les cocotiers. On peut aussi s'y restaurer dans les rondavelles en bordure de plage, et même venir y pique-niquer la nuit, sous de rares lampadaires. Le camping sauvage y est interdit depuis peu. Le lieu est également équipé de douches et de toilettes. En remontant, n'hésitez pas à vous arrêter sur le parking sur la droite. Les plus courageux grimperont sur le piton de Grande-Anse, en quelques minutes, pour y apprécier le panorama. Les autres auront juste à faire quelques pas jusqu'à la barrière, pour profiter d'un point de vue sur la côte Sud, moins panoramique mais ouvert sur l'îlot rocheux qui a donné son nom à Petite-Île.

Se loger

Une belle région pour séjourner, même si ce n'est pas juste à côté de la plage de Grande-Anse, restée sauvage et préservée, mais à quelques minutes de voiture au-dessus. Chambres d'hôtes de charme et hôtel de luxe voisinent le long de la petite départementale 30, en contrebas de la nationale et du village de Petite-Ile, offrant un panorama magnifique sur la côte sauvage, fleurie, escarpée, qui tombe à pic dans l'océan.

ANSE DES COCOS
9, route de Grande-Anse
✆ 02 62 28 53 75 / 06 92 16 67 42
www.ansedescocos.com
ansedescocos@gmail.com

Comptez 40 € la nuit par personne en chambre double avec petit déjeuner, 20 € pour les enfants de moins de 10 ans, dégressif à partir de la 2e nuit. 420 € la semaine. Restaurant ouvert le midi du mardi au dimanches et le soir du jeudi au samedi. Formules repas à partir de 20 €.

Sur les hauteurs de Grande Anse, à une minute de voiture de la nationale et deux de la plage, les bungalows et le restaurant Anse des Cocos jouxtent le célèbre hôtel Palm. Cette structure, ouverte depuis 2011, propose 5 cases créoles neuves aux couleurs pastels pimpantes, sur une grande pelouse avec une belle vue sur l'océan, quoiqu'un peu gâchée par le grillage. Chacun des bungalows se compose de deux ou trois chambres climatisées, une salle de bains, un séjour et une terrasse meublée. L'ensemble est neuf, impeccable et présente un bon rapport qualité-prix. Du côté du restaurant, ouvert à tous, la dynamique Vanessa propose chaque jour une cuisine créole traditionnelle avec 4 ou 5 menus différents, à petits prix. Il faut y venir le dimanche pour le cabri massalé et, parfois, du poulet palmiste. wi-fi dans certains bungalows ou en terrasse, grand parking. Anse des Cocos fait également salle de réception, pour mariages, baptêmes...

LA BOHÈME

36 chemin Sylvain Vitry
✆ 02 62 30 98 12 / 06 93 40 89 82
www.laboheme.re
laboheme.lareunion@gmail.com
Suivant la saison, de 98 à 127 € la nuit en chambre double avec petit déjeuner, de 550 à 660 € la semaine en appartement, pour 2 adultes et 2 enfants, petits déjeuner en supplément.

Entre le cap de Petite-Île et la plage de Grande Anse, voici un établissement coup de cœur, dans ce coin à la fois charmant et bien pourvu en adresses de charme ! Deux chambres d'hôtes et un meublé de standing, dans la maison des propriétaires, surplombant une belle piscine, bordée d'une élégante terrasse avec vue panoramique sur l'océan. Confort moderne et décoration contemporaine vous accueillent pour un séjour entre montagne et océan. Les logements, impeccablement tenus, sont dotés de belles literies en 160 cm de large, TV satellite (Canal +), clim, wifi, réfrigérateur, salles de bains modernes, entrées indépendantes et terrasses privatives. Les chambres partagent une cuisine commune extérieure (en prévision lors de notre passage), tandis que l'appartement est doté de sa propre cuisine complète. Pour le petit déjeuner, beurre, confiture, boissons, boiilloires et cafetière Nespresso sont fournis directement en chambre tandis que le pain et les viennoiseries sont livrés par le boulanger chaque matin sur la terrasse. Vos hôtes Fanny et Anthony sont à disposition pour partager vos aventures et proposent plusieurs services : soins relaxants devant la vue sur l'océan, réservation de voitures…

PALM HOTEL & SPA*****

Rue des Mascarins
✆ 02 62 56 30 30
www.palm.re
hotel@palm.re
Suivant la saison et la catégorie, pour 1 ou 2 personnes, chambres à partir de 240 €, suites à partir de 360 €, lodges à partir de 510 €, petit déjeuner inclus. Demi-pension 48 €. adulte, 22 € enfant.

Premier hôtel de luxe à avoir ouvert dans le Sud, le Palm Hôtel & Spa a décroché sa 5e étoile en 2012 et plusieurs prix internationaux. Il attire les stars de passage sur l'île, comme l'équipe de France de football ou Nicolas Sarkozy, et a été rénové et amélioré en 2014 : autant de raisons de le découvrir ou redécouvrir ! Inspiré de l'hôtel Iloha (mêmes propriétaires), il offre la même convivialité que son grand frère de Saint-Leu, le luxe en plus ! Un luxe traduit d'abord par un emplacement privilégié et le sentiment d'espace : perché en surplomb de la plage de Grande-Anse, à 2 minutes avec la navette gratuite, le Palm embrasse un immense panorama sur la mer et les reliefs du Sud sauvage. Disséminées dans un vaste parc tropical de 3,5 ha, 48 chambres et 14 suites sont distribuées dans des villas de plain-pied au confort irréprochable, avec lits en 180 cm, terrasse ou varangue, et beaucoup d'espace. Naturellement, climatisation, wi-fi, mini-bar, machine Nespresso, et TV miroir IP sont présents.

Les suites atteignent 55 m² et profitent d'une varangue avec solarium, espace zen et bain à remous, ouverte sur la nature. Les suites familiales ont en plus une chambre pour deux enfants avec TV et console de jeu. Enfin, 3 lodges exclusifs, nichés dans la forêt, sur pilotis en bord de falaise, offrent probablement ce qui se fait de mieux à La Réunion : 100 m² de surface, un deck au panorama grandiose sur la baie de Grande-Anse, lit en 200 cm et tous les équipements imaginables... Tout aussi panoramiques, les deux piscines (dont une chauffée) inviteront au farniente, tandis qu'un tout nouvel espace détente sur pilotis, en surplomb de la baie, vous accueille avec son hammam et son bain à remous, bercé par les palmiers et cocotiers. Pour une relaxation complète, le spa Akea vous convie dans son espace bien-être, le plus important de l'île et le seul à avoir créé sa propre ligne de produits. Côté restaurants, le Deck propose une cuisine créole et internationale variée sur sa terrasse panoramique, tandis que le Makassar est plus gastronomique et intimiste. Enfin, le Kah Beach, inauguré en 2014, propose une cuisine plus décontractée, les pieds dans le sable, dans une ambiance lounge. Room-service 24h/24, soirées à thème les week-ends. Pour les plus audacieux, une piste d'atterrissage pour hélicoptère a été aménagée : vous pouvez arriver à l'hôtel depuis l'aéroport de Pierrefonds. Lors de l'éruption de mai 2015, l'hôtel a ainsi proposé des survols du piton de la Fournaise à ses clients, depuis la porte de leur chambre !

VÈRÉMER
40 chemin Sylvain-Vitry
✆ 02 62 31 65 10
www.chambre-gite-veremer.com
veremer@yahoo.fr
Chambres doubles à partir de 50 €, petit déjeuner inclus. En gîte, 400 € la semaine pour 2 personnes (durée minimale), hors électricité. Tarifs dégressifs sur la durée. Adhérent Villages Créoles.
Sur le littoral, en contrebas de la ville de Petite-Ile. A 160 m d'altitude, M. Razack Omarjee vous accueille dans son jardin verdoyant et ses 3 chambres d'hôtes de charme (3 épis), doubles, avec salle de bains privative et salon commun (TV et kitchenette avec micro-ondes). Deux d'entre elles sont situées dans une belle maison créole, l'autre dans une annexe, tout aussi coquette. Ne reste plus qu'à choisir entre la vue plongeante sur l'océan et la fenêtre sur cour, dont le spectacle bucolique regorge de bananiers et de fleurs. Une grande piscine surplombe le panorama, superbe. Quant au gîte, 4 épis, dans une maison indépendante blanche et bleue, il est très confortable et parfaitement équipé. Climatisé, il loge 2 personnes dans 50 m², et dispose d'une cuisine complète, de la télévision et d'un jardin clos et privatif. Pas de restauration. Accès wi-fi. Une adresse que l'on recommande vivement.

Se restaurer

LE DECK
Palm Hotel & Spa
✆ 02 62 56 30 30
Ouvert tous les jours midi et soir, en journée continue de 12h à 18h pendant l'hiver austral. Formules à 35 € et 48 €, de 19 à 72 € le plat.
Avec sa vue magnifique sur l'océan et la baie de Grande-Anse, le principal restaurant du Palm tient là son premier atout. Brasserie de luxe à la cuisine variée et créative, créole et internationale à base de produits locaux, et même très locaux puisqu'il existe un menu « locavore ». Des formules repas + spa sont proposées et le dimanche un brunch est organisé avec notamment une formule brunch détente avec massage inclus.

KAH BEACH
Palm Hotel
✆ 02 62 56 30 30
Ouvert tous les jours du déjeuner au coucher du soleil, mais le restaurant est fermé pendant l'hiver austral ; on peut toutefois profiter de la plage et des installations. Salades, plats rapides et sandwiches à partir de 15 €.
Surplombant la plage de Grand Anse, le Kah Beach est le restaurant du Palm Hôtel & Spa, inauguré en 2014, posé sur une magnifique plage-terrasse panoramique de 1 200 m² en bord de falaise. Un esprit lounge décontracté, à apprécier les pieds dans le sable, à l'ombre d'une grande pergola ou en lézardant sur les transats, poufs et lits à baldaquins pendant que le regard se perd dans la ligne d'horizon et la côte sauvage au coucher du soleil. On y savoure une cuisine plaisir et gourmande de qualité : bar à salades, sandwiches originaux, grillades à la plancha, pâtisseries, glaces, smoothies, tout en profitant des équipements : hammam, bains à remous, solarium... Un concept unique à découvrir rapidement !

LE MAKASSAR
Palm Hotel & Spa
✆ 02 62 56 30 30 – www.palm.re
info@palm.re
Ouvert tous les soirs, réservation obligatoire, tenue correcte exigée. Menu à 3 temps (entrée, poisson ou viande, dessert) 65 €, à 4 temps (avec poisson et viande) 78 €, à 5 temps (avec le fromage en plus) 89 €. Pour les vins accordés aux mets, rajouter respectivement 39 €, 49 € et 59 €.
C'est la table gastronomique du Palm, un cadre intimiste et une carte sophistiquée impliquant des produits nobles et d'origine la plus locale possible : pigeon des Avirons, foie gras de la Plaine des Palmistes... Réputé mais onéreux, le Makassar est une des meilleures tables du Sud.

Sports – Détente – Loisirs

AKEA SPA
Palm Hotel & Spa
✆ 02 62 56 44 82
www.palm.re
info@palm.re
Ouvert tous les jours de 9h à 20h. Soins à partir de 50 €. Formule avec repas à partir de 105 €.
L'espace bien-être du Palm, avec ses 430 m² et ses 6 salles de soins, est le principal de l'île et le seul a avoir créé sa propre ligne de produits : Bio Akea Visage, dont les produits sont disponibles à la boutique. Hammam, bassin à remous, cascade d'eau fraîche, jardin tropical, espace duo, boutique... Tout ici est dédié à la relaxation. Un autre espace Akea à l'hôtel Iloha à Saint-Leu.

PETITE-ÎLE

Une charmante bourgade agricole, à quelques minutes de la nationale qui file vers Saint-Joseph.

Dominée par le piton du Calvaire, Petite-Ile affiche 11 500 habitants vivant essentiellement de la culture des légumes et agrumes sur ses pentes ensoleillées. Le village tire tout simplement son nom de la petite île située à 100 m de la côte, le seul lopin de terre détaché de La Réunion.

Ne rêvez pas : il ne s'agit pas d'un îlot de sable blanc ombragé de cocotiers, mais d'un rocher inhospitalier de 150 m de longueur, agressé par l'océan, et habité par des oiseaux rares, défendus avec ferveur par les écologistes.

Quant aux eaux qui l'entourent, ce ne sont pas des lagons turquoise mais des fonds au bleu dur, grouillant de requins !

Cette petite île que l'on admire donc de loin se trouve à 2 km du village du même nom. À hauteur de Manapany-les-Bas, on accède par la D30 à un joli point de vue sur l'îlot échevelé, au village de Chemin-Neuf. Une balade à pied permet d'observer l'océan en furie et les milliers d'oiseaux qui peuplent cette colline plantée dans l'océan. Elle est aussi visible depuis le parking du Piton de Grande Anse, en descendant vers la plage.

Du piton du Calvaire, près du centre-ville, un beau panorama s'ouvre également sur les pentes du Sud Sauvage, ses champs de canne et la mer. Haut lieu de pèlerinage depuis le XIXe siècle, chaque 14 septembre s'y rassemblent des milliers de croyants, pour honorer une légende selon laquelle une croix aurait été découverte dans une grotte où l'homme n'avait pourtant jamais mis les pieds.

La route se poursuit ensuite à travers une végétation luxuriante et qui le sera de plus en plus à partir de Saint-Joseph. Filaos, bananiers, manguiers, avocatiers, bougainvilliers et pieds de letchis abondent. Un vrai régal en été, à partir du mois de novembre, quand mangues et letchis rivalisent de douceur, avant d'être remplacés par les longanis, au mois de mars.

L'économie de la région repose principalement sur la canne à sucre, les cultures vivrières et les fruits, ainsi que le miel et l'élevage dans les Hauts. L'ail y est fêté allègrement en octobre ou novembre, chaque année, pendant 3 jours !

Se loger

Locations

■ LILÉLA

3 impasse des Macouas

✆ 02 62 23 02 58 / 06 92 27 86 53

lilela.dodoreunion@gmail.com

Comptez 130 € le week-end, 330 € la semaine pour 2 personnes, 2 nuits minimum, dégressif à la durée.

A la fois caché et accessible, ce meublé situé sur la commune de Petite-Ile est perdu dans les champs de cannes, à 300 mètres d'altitude, au calme et tourné vers l'Océan. Mais aussi à seulement 5 minutes de voiture du rond-point de Grande-Anse et proche du village, de la plage et de Saint-Pierre. Ce jeune couple propose un charmant appartement de 35 m² sur sa propriété, dans un joli jardin panoramique avec piscine et trampoline, gardé par un Bouddha. L'atmosphère est égayée par une décoration aux couleurs vives et côté pratique, tout est là : chambre avec lit double et salle de bains, séjour avec cuisine équipée et wifi, petite terrasse et parking. Les espaces communs sont partagés avec vos hôtes, ainsi que parfois le repas dans un patio séparant les deux logements. Bon rapport qualité-prix.

■ L'ORKY-MEL

3 chemin Zaïre

✆ 06 92 69 56 97

www.orkymel.fr

contact@orkymel.fr

Chambre 2 personnes : 70 € la nuit, 3 personnes : 100 € la nuit. Meublé pour 4 personnes à 552 € par semaine ou 120 € par nuit (minimum de 2 nuits). Repas à 25 € adulte et 16 € enfant.

A 400 mètres d'altitude, et quelques kilomètres du village de Petite-Île, une belle villa créole perchée sur une exploitation cannière et maraîchère. Gîte 4 épis, il accueille 6 personnes (et un bébé), avec ses trois chambres doubles, vastes et confortables, ses deux salles de bains (dont une accessible aux handicapés, l'autre avec baignoire d'angle), son immense cuisine, élégante et complète, son séjour avec télévision, ses beaux fauteuils créoles, ses nombreuses varangues et son jardin équipé d'un barbecue. Ouverte en 2008, meublée de teck et de palissandre, cette villa offre une belle vue sur le Sud Sauvage et l'océan. Quant à l'accueil des propriétaires, un couple d'agriculteurs créoles, il est à l'image de cette étape : plein de charme...

■ **LES MIMOSAS**
427 bis rue Mahé-de-Labourdonnais
✆ 02 62 35 30 63
www.miklocation.com
reunionlocation@gmail.com
Bungalow de 1 à 5 personnes 280 € la semaine. Minimum 2 nuits.
Quelques centaines de mètres au-dessus de l'Eglise, un ensemble de 5 bungalows de type Case Tomi, simplement décorés et aux tarifs économiques. Ils se composent d'un séjour avec kitchenette, de 2 petites chambres, l'une double, l'autre avec 3 lits simples dont 2 superposés, d'une salle d'eau et d'une terrasse pour manger dehors. Simple mais charmant, le jardin est agréable et doté d'une petite piscine bordée de caillebotis. Et c'est économique, mais très fonctionnel : cuisine entièrement équipée, télévision, wi-fi, parking individuel, portail télécommandé, coin laverie et repassage, coin barbecue... Au final, un bon rapport qualité-prix, surtout à 5, et d'autant plus si vous profitez de formules avec location de voiture avec MIK location.

■ **LE VAL'RIE**
73 rue François-Hoarau
✆ 02 62 56 76 25
✆ 06 92 68 99 95
lauret.jeanfred@yahoo.fr
Compter 360 € la semaine pour 6 personnes.
Chez M. Jean-Fred Lauret, une confortable maison avec 3 chambres, dont deux avec un lit double, et une avec deux lits simples, une cuisine bien équipée (four, lave-vaisselle, lave-linge), un séjour avec télévision, et une terrasse avec une belle vue sur la mer. Spacieux (près de 100 m²) et commode.

Bien et pas cher

■ **CHE MAOUL**
6 rue du Piton
✆ 02 62 56 82 26
www.chemaoul.re
contact@chemaoul.re
Chambre double 60 €, triple 80 €, chambre 4 personnes : 100 € petit déjeuner inclus. Repas du soir adulte 15 €, enfant 10 €.
A 300 m d'altitude, dans une belle maison créole moderne en bois, chez M. Yves Hoareau, quatre chambres de caractère (3 épis, classés Gîtes de France) avec télévision et salle de bains individuelle. Au rez-de-chaussée, deux chambres pour deux personnes, qui partagent une véranda et un réfrigérateur. La chambre Do Myel a la particularité d'avoir un pan de mur couvert de feuilles de journaux datant de la construction de la maison en 2000 : une touche de décoration originale qui vous ramène à l'époque des maisons en bois sous tôle d'antan. Au premier étage, 2 chambres pour 3 personnes donnant sur une belle terrasse commune ainsi qu'un salon charmant et une salle à manger. L'ensemble est spacieux, soigné, boisé et *zen*. Belle petite piscine dans le jardin fleuri.
Accès wi-fi. Côté table d'hôtes, vous apprécierez une cuisine authentique à base de produits fermiers. Menu complet, sans oublier, bien entendu, le bon rhum arrangé maison.

Confort ou charme

■ **FERME-AUBERGE DY-NA**
3 rue des Tangors
✆ 06 92 065 939
✆ 02 62 538 158
www.dy-na.re
contact@dy-na.re
90 € la nuit en chalet pour 2 personnes. 25 € la nuit en gîte (11 places) repas à 20 €. Petit déjeuner à 7 €. Uniquement le repas : 25 €. Pour la visite de la ferme, comptez de 3 € à 7 € (offerte si hébergement).
C'est le lieu idéal pour un véritable dépaysement. Didier, le propriétaire des lieux, a façonné son gîte en bois de tamarins et de cryptoméria, presque à lui tout seul ! En haut, une grande salle à manger pour le petit déjeuner ou le cari offre une vue plongante à la fois sur la mer et le sud sauvage, mais aussi sur la montagne. Au rez-de-chaussée se trouve un véritable chalet de montagne, à la fois chaleureux et confortable, l'endroit idéal pour une nuit en amoureux. La nature s'invite même jusque dans la chambre... Ce lieu spacieux dispose d'une cuisine équipée et d'une terrasse.
A côté, le gîte, entièrement en bois également, est tout aussi charmant et parfait pour une grande famille ou un week-end entre amis. Il peut accueillir jusqu'à 11 personnes et contient 4 chambres avec lit double, une grande salle à manger et une cuisine extérieure. A proximité, découvrez les animaux de la ferme et appréciez les caris de Didier cuisinés directement avec les produits de son terroir. Vous avez aussi la possibilité de dîner à l'auberge uniquement. Une adresse sauvage originale et chaleureuse dans la fraîcheur des Hauts du sud !

Se restaurer

LE CHÉRY-NARCISSE

10, rue du Casino
✆ 06 92 03 53 30
Ouvert le midi du mardi au dimanche, et le soir du mardi au samedi sauf le mercredi. Plats à emporter entre 3,50 € et 7 €. A la carte à partir de 7 €.
Une grande faim à Petite-Ile ? Courez au Chéry-Narcisse. Si le restaurant est moins visible qu'auparavant (il était sur l'artère principale de la ville), il est toujours renommé chez les locaux qui viennent s'attabler ou prendre un repas à emporter. Les assiettes et les barquettes sont particulièrement copieuses et les plats sont très bien préparés, pour un prix très abordable. Vous y trouverez des spécialités créoles et asiatiques. Conseil futé : si vous optez pour le repas à emporter, choisissez une petite barquette par personne ; la grande est à réserver aux très grandes faims ! Pour y accéder, prenez la direction de la caserne des pompiers et tournez à la deuxième à droite, le restaurant se trouve dans l'angle.

À voir – À faire

En collaboration avec les Villages Créoles, on peut visiter les ateliers des artistes de Petite-Ile. Plutôt que d'énumérer ces artisans (dont le *turn-over* est très important), nous vous conseillons de vous rendre devant la mairie et d'y consulter le plan de la route des Artisans. Vous y trouverez les noms et adresses des ateliers.

LA MAISON DE L'ABEILLE

68 chemin Laguerre
✆ 02 62 56 95 03
Tarif adultes, 3 €. Enfants de moins de 12 ans, 2,50 €. Adhérent Villages Créoles. Ouvert du mercredi au samedi de 9h30 à 12h et de 13h30 à 17h, le dimanche de 9h30 à 12h. Visites sur réservation.
Visite d'environ 30 minutes dans la miellerie de Gérard Ethève, le long de grandes ruches vitrées, où la vie de l'apiculteur et sa production de miel fruité sont expliquées. Autour de la maison, un parcours présente les légumes « lontan » (d'antan).

MANAPANY-LES-BAINS

En continuant la N2, on arrive sur Manapany et, en contrebas à droite, sur le golfe de Manapany-les-Bains. En malgache, manapany signifie « là où il y a beaucoup de chauves-souris ». Qualifié de « p'tit coin charmant » par le poète réunionnais Luc Donat, ce site luxuriant et champêtre mérite, sans aucun doute, bien plus qu'un simple arrêt. Notamment pour une baignade entre les rochers noirs déchiquetés, dans un bassin (attention aux oursins !), face aux vagues impressionnantes. Manapany est le village de l'île qui compte le plus de déclinaisons : il y a Manapany, sur la nationale, Manapany-les-Bains, en contrebas, Manapany-les-Bas, sur la D30 en contrebas de Petite-Ile, et enfin Manapany-les-Hauts, à 900 m d'altitude sur La Ravine-Manapany. Dans ce dernier bourg, on pourra se promener sur le domaine du Relais, un espace naturel apprécié des Créoles le week-end. Balades et parcours de santé, terrain de bicross, kiosques aménagés avec des barbecues pour les pique-niques... le tout à deux pas des forêts primaires.

Se loger

Une escale s'impose à Manapany pour avoir le temps d'explorer la très belle baie (et ses vagues qui font sa renommée), son bassin et les forêts alentour. Gîtes et chambres d'hôtes vous font respirer les douces saveurs du Sud, bercé par le grondement de l'océan.

GANDALF SAFARI CAMP

87, boulevard de l'Océan
✆ 02 62 58 45 59
✆ 06 92 40 78 39
www.gandalfsafaricamp.de
info@gandalfsafaricamp.de
Chambre simple 55 €, double 65 €, petit déjeuner inclus. Tarifs dégressifs dès la 2ème nuitée. Excursions ou randonnées organisées à partir de 60 € par personne. Location de voiture à partir de 22 €/jour (minimum 3 jours) et transfert aéroport Saint-Denis 40 € par personne (minimum 2 personnes).
Claus Moreno, sa femme Christina (et leurs chiens Gandalf et Eowyn !), tous deux de nationalité allemande, vous accueillent dans leurs 5 chambres d'hôtes tout confort avec toilettes, douches, accès wi-fi. Dans cette grande villa à la façade ocre, chaque chambre est soigneusement décorée et colorée selon les motifs d'une région du monde : créole, indienne, chinoise, malgache, maghrébine… A l'extérieur, jardin, terrasses, barbecue et coin cuisine commune. Langues allemande, française et anglaise parlées. Un lieu de charme convivial, idéal pour découvrir le Sud Sauvage. Vue sur la baie de Manapany. Excursions en 4x4. Et service de soins esthétiques !

GÎTE DES CORMORANS

12 bis allée des Cormorans
✆ 02 62 30 51 13 / 06 92 44 82 15
www.gite-des-cormorans-manapany.com
duflotfamily@orange.fr
60 € la nuit en studio pour deux personnes, 100 € l'appartement à l'étage pour 4 personnes par nuit.
Dans une ruelle parfaitement calme à 500 m du bassin naturel et tout près des commerces et restaurants, deux studios et un appartement en location saisonnière, partagent une piscine qui leur fait face. Les studios se composent d'une grande pièce avec lit double, salon TV, cuisine équipée, d'une salle de bains avec douche à l'italienne et ils s'ouvrent sur une varangue orientée vers la piscine, idéale pour dîner à la fraîcheur du soir. L'appartement à l'étage, mansardé, peut loger jusqu'à 4 personnes avec une chambre et un salon, et s'ouvre, cette fois, sur une terrasse avec une belle vue sur l'océan. L'ensemble est bien conçu, agréable à vivre et bien équipé : climatisation, wifi, laverie, parking.

L'EAU-FORTE

137 bis bd de l'Océan
✆ 02 62 56 32 84 / 06 92 79 08 72
www.eau-forte.fr – eau-forte@wanadoo.fr
Compter 48 € la chambre double pour 1 nuit (2 nuits minimum), 100 € le week-end de vendredi à dimanche et 300 € la semaine. Tarifs dégressifs sur la durée.
Perché sur un rocher juste au-dessus du ravissant bassin de Manapany, un meublé pour 2 personnes en location saisonnière. La chambre, douillette, est nichée à l'étage sous un petit toit pointu. Ventilation, clim, wi-fi ; salon TV et cuisine équipée au rez-de-chaussée.
Une adresse romanesque (très demandée, pensez réserver bien en amont), idéale pour s'échouer dans le Sud Sauvage entre amoureux, avec le vrombissement tonitruant des vagues en fond sonore...

LE TAMPON – SAINT-JOSEPH PAR LES HAUTS

Compter 28 km par la D3. Une vraie petite route en balcon, bordée de fleurs et de champs de canne, sillonne à travers les villages des Hauts. Superbe, elle surplombe la côte sauvage du Sud, au milieu d'une campagne bucolique. Si, à l'aller, vous avez emprunté la route côtière de Saint-Pierre à Saint-Philippe, prenez donc la D3 au retour, par Goyave, Les Lianes, Montvert-les-Hauts. Vous y trouverez en outre quelques possibilités de logement. A 9 km de Saint-Joseph, entre les villages des Lianes et de Montvert-les-Hauts (bifurcation à prendre sur la droite), le village de Bel-Air abrite en effet des maisons et tables d'hôtes, perchées à 650 m d'altitude dans le parfum du géranium et du vétiver. Enfin, au bout du parcours, avant d'arriver aux lacets qui descendent sur Saint-Joseph, bifurquez et montez vers La Plaine-des-Grègues ; ce village isolé a su faire revivre la tradition du curcuma, le safran péi. C'est aussi un important centre de production laitier, renommé également pour ses magrets de canard et ses foies gras.

Le curcuma ou « safran péi »

Cette épice très prisée de la cuisine réunionnaise parfume de nombreux plats créoles. Il faut savoir que la plante réunionnaise n'a en fait rien à voir avec celle qui est cultivée en Inde pour ses fleurs et dont est extraite la précieuse poudre de safran. En revanche, toute la saveur du curcuma provient de ses racines qui, une fois broyées et séchées, donnent un produit proche du safran.
La récolte se fait 2 à 3 ans après la plantation, et une année supplémentaire est encore nécessaire avant d'obtenir la poudre. Après de longues journées d'exposition au soleil, sur les toits en terrasse de La Plaine-des-Grègues, 5 kg de racines donneront un kilo de produit sec, vendu environ 8 €. Vous trouverez par ailleurs dans cette bourgade la charmante Maison du Curcuma, où vous pourrez en apprendre davantage sur la racine, la poudre et leurs bienfaits, et déguster sirops, confitures ainsi que rhums arrangés péi.

Le vétiver

Le vétiver pousse jusqu'à 700 m d'altitude et peut atteindre 2 m de hauteur. L'essence du vétiver est sécrétée par ses racines très chevelues qui s'enfoncent jusqu'à 40 cm sous terre. Sa plantation se fait à la même période que sa récolte, de juin à décembre. Pour distiller 800 kg de racines, il faut 15 jours de récolte manuelle par deux ouvriers, mais les arracheurs de vétiver se font de plus en plus rares, et la rentabilité est faible. Cultivé avant tout pour les essences de parfum, le vétiver est aussi utilisé pour les toits des cases ou pour le tissage des capelines et paniers. Les maisons en vétiver sont rares aujourd'hui, remplacées par les cases en tôle et en béton.

LA PLAINE DES GRÈGUES

La Plaine-des-Grègues est un petit village situé à 800 mètres d'altitude, à seulement 35 minutes de Saint-Pierre, et 20 minutes de Grande Anse et Manapany-les-Bains. A l'écart des routes touristiques, sa situation dans une cuvette lui donne des allures de mini-cirque, et il sera une villégiature agréable pour les amateurs de tranquillité et de pleine nature. Une randonnée de 5h, la boucle des Margousiers, en fait le tour avec des points de vue sur la rivière des Remparts. On peut aussi pique-niquer du côté du Rond de la Plaine des Grègues, au fond de la vallée. Les remparts qui dominent le village servent aussi de décollage de parapente pour certains centres et sont l'occasion de balades par les centres équestres.

Mais la star de la plaine des Grègues, c'est d'abord le curcuma, ce rhizome cultivé pour produire le safran péi, un vrai produit du terroir. Il est fêté chaque année en novembre : la fête du Curcuma.

■ LA CASE BEL AIR

140 rue de Bel-Air
✆ 06 92 68 54 99
www.casebelair.com
casebelair@orange.fr
De 301 € à 399 € la semaine suivant le nombre de personnes (maximum 8).

Au cœur du village, à proximité des commerces, une maison pour 6 personnes avec 3 chambres dont une avec lit double, une autre avec 2 lits simples et une dernière avec lits superposés et possibilité de lits supplémentaires. Entièrement équipée, elle marie ancien et moderne avec un certain succès, parquets anciens et toiles modernes, mobilier créole et couleurs actuelles. La Case Bel Air est dotée d'une salle de bains, un vaste séjour, une cuisine équipée, un garage et s'ouvre d'un côté sur une courette fleurie avec vue sur les montagnes, de l'autre sur un joli jardin avec barbecue, idéal pour planter la table. La propriétaire habite à côté et sera présente pour vous accueillir avec un punch maison et tous les conseils nécessaires pour les balades alentours.

■ CHAMBRES D'HÔTES DE MME NATHALIE HOAREAU

205 rue Edmond-Albius
Bézaves, Saint-Joseph
✆ 02 62 37 61 92 / 06 92 69 78 73
gitenath.sud@wanadoo.fr
Chambre double standard 55 € (50 € à partir de 3 nuits), triple 70 €, quadruple 85 €, avec petit déjeuner.

Deux chambres d'hôtes confortables, spacieuses et ventilées, avec petite varangue, salle de bains privée et entrée indépendante, dans le très beau jardin des propriétaires, planté de jacquiers, de cocotiers et de vétivers. Possibilité d'utiliser une cuisine commune, pour les grillades et les caris. La maison comprend également un gîte sous forme de studio totalement indépendant, doté d'une cuisine équipée, d'un lave-linge, d'un petit salon en teck, d'une belle salle de bains avec douche italienne et d'un lit king size des plus douillets. Nathalie et Didier organisent aussi, en collaboration avec les Villages Créoles, du mardi au vendredi de 10h à 14h, des balades d'environ 1h30 dans leur plantation : « Les Chemins de la Canne et du Sucre », à la découverte de la culture de la canne, du vétiver et du café, mais aussi de plantes rares, endémiques ou indigènes, tels le bois de Demoiselle, le bois de Judas ou encore la sapote. A partir de 2 personnes, réservation au moins 48 heures à l'avance, tarifs : 7 € adulte, 3 € enfant (gratuit pour les résidents). Une étape paisible et verdoyante que l'on recommande vivement.

■ **LA MAISON DU CURCUMA**
14 chemin du Rond
✆ 02 62 37 54 66 / 06 92 65 04 68
www.maisonducurcuma.fr
memeriviere@orange.fr
Ouvert tous les jours de 9h à 12h et de 13h30 à 17h. Entrée gratuite.
Mis à part un petit film de 5 à 6 minutes qui retrace le processus de transformation de la racine du curcuma (que les Réunionnais dénomment plutôt « safran »), la Maison du Curcuma est avant tout une boutique tenue par une famille de la Plaine des Grègues, où l'on peut goûter, selon la saison, divers produits issus de l'exploitation : marmelade de goyavier, sirop de cannelle, poudre de gingembre ou de combava et, *last but not least*, un punch unique au curcuma. La dégustation est complétée par les explications passionnantes et passionnées de la maîtresse de maison, le tout dans la joie et la bonne humeur. Bref, une étape aussi haute en couleur qu'en saveur !

SAINT-JOSEPH

A 18 km de Saint-Pierre, Saint-Joseph s'étire à flanc de montagne, le long de la nationale. Cette ville de 35 000 habitants a un petit air de western, avec ses cases de couleurs vives et leurs balcons en fer forgé. Cependant, c'est surtout au charme de son ambiance de village, de ses petites places ensoleillées (et de ses filles que l'on dit être les plus belles de l'île) que l'on succombe... Dommage que les bouchons de fin de journée viennent invariablement pourrir l'atmosphère générale. Une nouvelle voie avec un nouveau pont sur la Rivière des Remparts devrait rendre le centre plus vivable, et le Sud Sauvage plus accessible.
Capitale du Sud Sauvage, Saint-Joseph est un centre agricole historique. Le site est découvert en 1784. Jusqu'alors inexploité, enclavé entre les laves du volcan et la mer inhospitalière, il est très vite valorisé par la plantation d'espèces à forte valeur ajoutée, transportables à dos d'homme. Giroflier et muscadier sont introduits, plus tard « Saint-Jo » se développe avec le café, la canne à sucre, la vanille et le vétiver. Mais la ville, qui compte 7 000 habitants en 1860, reste longtemps isolée, le train s'arrêtant à Saint-Pierre. La route difficilement praticable et l'électricité et l'eau courante ne sont installées qu'en 1948. Le lieu devient alors bientôt une bourgade rurale d'importance, sous l'influence de Saint-Pierre. Le tourisme y est peu développé, mais Saint-Joseph sera un bon lieu de villégiature pour profiter des paysages du Sud Sauvage et partir à la découverte des plantes à parfum ainsi que rayonner vers le pays du volcan, tout proche. Les environs immédiats offrent de belles possibilités de balades, comme Grand-Coude, la Rivière Langevin... Par contre la nuit, c'est le désert total !

Transports

■ **GARE ROUTIÈRE**
2 rue du Général-de-Gaulle
✆ 02 62 56 03 90
Saint-Joseph est situé sur la ligne S1, qui relie Saint-Benoît à Saint-Pierre. Les lignes Car'Sud desservent en outre les environs immédiats de la commune (Manapany, Vincendo, Carosse, Grand-Coude, etc.) et les communes voisines.

Pratique

■ **MAISON DU TOURISME DU SUD SAUVAGE**
15, allée du Four à Chaux
Manapany-les-Bains
✆ 02 62 37 37 11
Ouvert du lundi au vendredi de 9h à 17h et le samedi de 10h à 17h.
L'équipe est aux petits soins pour les visiteurs, dans un bâtiment perché sur les falaises de Manapany-les-Bains. Des objets d'artisanat et des souvenirs sont proposés à la vente.

Se loger

Pas de possibilité dans le centre-ville de Saint-Joseph à notre connaissance, quelques adresses à proximité, mais surtout de nombreuses adresses (gîtes, meublés et chambres d'hôtes) dès que l'on quitte le village.

Locations

■ **LE BENGALI 1 ET 2**
17 rue Raphaël-Babet
✆ 02 62 56 54 01 / 06 92 76 52 52
bengali.kerebel@wanadoo.fr
Studio 45 € la nuit, 250 € la semaine. Villa d'une capacité de 8 personnes : 15 € la nuit par personne (4 personnes minimum), 290 € la semaine (70 € par personne supplémentaire).

A 5 min du centre-ville de Saint-Joseph, en direction de la baie de Manapany, un studio de 45 m² avec terrasse, confortable, dans un parc boisé avec piscine. Terrain de pétanque et garage. Aussi une villa pour 8 personnes, avec 4 chambres et 2 salles de bains, 1 séjour, 1 cuisine, 1 terrasse sur un terrain avec un grand jardin où l'on peut faire des barbecues.

■ **BUBBLE DÔME VILLAGE**
18 chemin Ligne des quatre cent vingt
✆ 02 62 09 05 65 / 06 92 69 95 09
www.bubbledomevillage.com
bubbledomevillage@gmail.com
60 € pour 2 personnes, 10 € par personne supplémentaire. Supplément linge de maison pour une nuit : 10 €. Week-end : 2 nuits minimum.

Voilà une idée plus qu'originale pour un hébergement touristique. Vous dormez sous un dôme géodésique : une grande structure tubulaire recouverte de toile qui vous fera dormir au plus près de la nature, comme dans une tente, le confort d'un grand lit en plus.
Les dômes sont tous munis d'ouvertures avec moustiquaires pour l'été et sont chauffés en hiver. Nous vous conseillons le dôme panoramique, avec sa vue imprenable sur la montagne et l'océan. A côté de chaque dôme vous trouverez une cuisine équipée et des sanitaires privés. Notre seul bémol : les draps et les serviettes sont en supplément si vous ne restez qu'une nuit. Mais l'idée est tellement séduisante et l'accueil tellement chaleureux...

LA CASE

2 rue Jean-Bart
✆ 02 62 56 07 50 / 06 92 88 59 53
www.case.fr
contact@case.fr
Chambre double 37 € la nuit, 222 € la semaine (+ 10 € pour une personne supplémentaire), studio 50 € la nuit et 300 € la semaine. Appartement 5 personnes 70 € la nuit et 420 € la semaine ; 6 personnes 75 € la nuit, 450 € la semaine. Demi-pension 15 €. Service de location de voiture.

A quelques minutes du centre-ville en partant vers Saint-Philippe. Dans un jardin fleuri, un ensemble de 4 studios (dont un adapté aux handicapés) et 2 appartements avec vue sur la mer, donnant sur une terrasse avec petite piscine, transats et barbecue. 3 chambres doubles ou triples dans la maison des propriétaires. Tous les logements sont climatisés, bien entretenus et fonctionnels, équipés de la TV et d'un séjour-cuisine (sauf pour les chambres). Les chambres ont leur salle de bains privée, attenante ou non, et partagent un salon télé. Pour les repas, La Case propose une formule unique le soir et des repas à emporter pour les balades en journée. Parking fermé, buanderie, vente de plantes, artisanat, produits culinaires. Bon accueil, bon rapport qualité-prix.

LE REPOS D'OR

6 impasse des Pluies d'Or
✆ 02 62 56 65 92 / 06 92 69 00 73
fmezino@free.fr
De 280 € à 480 € la semaine suivant l'appartement et la saison.

A la sortie de Saint-Joseph en allant vers le Sud Sauvage, à 3 minutes du centre, deux appartements en location saisonnière dans la villa des propriétaires. Coquette et fleurie, presque kitsch à l'extérieur, cette villa créole rouge trône sur une pelouse coupée au millimètre. Dans les logements à l'étage, un F1 pour 2 et un F2 pour 4 personnes, la décoration et l'équipement sont en revanche parfaitement contemporains : cuisine complète, climatisation, salle de bains avec douche à hydromassage, TV, wifi. L'ensemble est de bon goût et chacun profite d'une terrasse avec vue sur la mer. Les plus du Repos d'Or : sa belle et grande piscine sans vis-à-vis, chauffée en hiver, et sa belle plage avec transats et barbecue. Un autre est l'accueil des propriétaires, avec punch et fruits à l'arrivée. Parking à disposition.

LES LODGES LES VANILLIERS

10 chemin Potier
✆ 02 62 19 83 62
www.lodgeslesvanilliers.com
leslodgesvanilliers@gmail.com
Bungalows de 62 € à 108 € la nuit, suivant le bungalow et le nombre de personnes (jusqu'à 5 personnes). Petit déjeuner inclus. Dîner à partir de 17,50 €, demi-pension à partir de 23,50 €.

Aux portes du sud de l'île de La Réunion, dans un village typiquement créole, Les Lodges Les Vanilliers sont idéalement situés. A proximité de toutes commodités et à 10 minutes de la plage de Grande-Anse, ce complexe vous permettra de savourer tous les plaisirs de l'île. Les 10 bungalows dont certains ont une vue sur l'Océan sont équipés d'une terrasse privative, kitchenette et ustensiles de cuisine en option, TV, et wifi disponible au restaurant. Les plus : piscine et parking sécurisés, table d'hôtes avec grande terrasse et vue sur la mer.

Confort ou charme

AU LAPIN D'OR

55 bis chemin Concession
✆ 02 62 56 66 48 / 06 92 70 09 18
rolande.sadehe@hotmail.fr
A Saint-Joseph, suivre Jean-Petit, Grand-Coude.Rouler environ 15 à 20 mn. Après le panneau Stade J.B. Duchemanne, prendre le Chemin Chérimond (2e à gauche). Continuer tout droit en suivant la flèche Au Lapin d'Or.
3 chambres doubles, 3 épis. 62 € la nuit, petit déjeuner inclus.

A 10 km de Saint-Joseph et à quelques minutes des points de vue de Grand-Coude, une famille d'éleveurs vous accueille dans sa maison d'hôtes, enfouie dans la douce fraîcheur des Hauts. Situées à l'étage, les 3 chambres, doubles et spacieuses (possibilité de dormir à trois), sont soigneusement décorées selon un thème : la mer, la montagne, le volcan. Au rez-de chaussée, un salon commun tapissé de briques, avec une grande télévision et un billard. Connexion Internet (un brin capricieuse). Table d'hôtes le soir : cuisine créole composée de purs produits fermiers (et pas seulement du lapin comme son nom ne l'indique pas !). Pour redescendre sur Saint-Jo, la très sympathique maîtresse de maison vous indiquera un raccourci, le chemin Morel.

LA PLANTATION

124 route de Jean-Petit
✆ 02 62 56 08 86 / 06 93 92 53 01
info@laplantation.net
90 € la nuit en chambre avec vue sur le jardin, 100 € avec vue sur la mer, 115 € en suite. Repas (sur réservation, 3 soirs par semaine, minimum 4 personnes) : 28 € adulte, 15 € enfant.
A 4 km du centre-ville, la Plantation, est une adresse que nous recommandons vivement pour le cadre magnifique dans lequel sont blotties ses trois chambres lumineuses et sa suite sertie de bois laqué. Côté face, on se rafraîchit en admirant les Hauts et les champs de canne ; côté pile, vue plongeante sur Saint-Joseph et l'océan. Au premier plan, la belle piscine à débordement, crée une illusion d'apesanteur au dessus du panorama. Parmi les autres charmes du lieu, citons ce beau caillebotis autour de la piscine, ce Jacuzzi couvert, ce charmant salon de lecture, ces belles roches aux pieds des douches... Reprise récemment, la Plantation a été entièrement rénovée en 2013 et l'accueil y est toujours aussi chaleureux.

VILLA SOUS LES TROPIQUES

32 rue des Coccinelles
✆ 06 92 90 29 94
villasouslestropiques@gmail.com
85 € la nuit pour 1 ou 2 personnes avec petit déjeuner, 128 € pour 3, 170 € pour 4. Repas tout compris à 28 € par personne.
A 3 minutes du centre de Saint-Joseph et à environ 250 m d'altitude, dans un quartier résidentiel et parfaitement calme, voici une sympathique adresse pleine de charme, ouverte depuis 2013. Dans la villa des propriétaires, 3 chambres d'hôtes de styles différents, confortables et bien équipées : salles de bains avec douches à l'italienne, climatisation, wi-fi, décoration soignée… Outre l'accueil sympathique de vos hôtes, on apprécie tout spécialement l'espace piscine, vaste, agréable, verdoyant… bref, conforme à son esprit « tropical ». Cette belle piscine s'entoure comme il se doit de plusieurs transats, d'une douche extérieure, d'un bar avec ses rhums arrangés et de l'espace repas où sont servis petits déjeuners et dîners, avec son barbecue et sa plancha. Le matin est un doux moment de plaisir, avec ses viennoiseries, jus de fruits et confitures maison, avant d'aller lézarder dans l'eau. Le soir, une cuisine créole authentique est proposée dans une formule complète, avec apéritif, entrée, plat, dessert, vin et café. Accueil chaleureux.

Se restaurer

LA GONDOLE

36 rue Raphaël-Babet
✆ 02 62 56 16 12
Ouvert tous les jours, midi et soir, sauf le dimanche midi.
Une pizzeria qui vaut le détour. Parce qu'on y mange bien, et parce que son patron, Dominique, expose les artistes du cru.

Sortir

CINÉMA CASINO ROYAL

8 rue Amiral-Lacaze
www.saintjoseph.re/Le-Cinema-Royal
Tarif plein à 6 €.
Repris par la mairie, le petit cinéma de Saint-Joseph projette un film le mardi, le mercredi, le vendredi et le samedi.

À voir – À faire

LE JARDIN DE VANDAS

16 rue Léon-Dehaulme
✆ 06 92 07 74 95
jardin-orchidees.com
Ouvert mercredi et samedi de 9h à 17h. Entrée à 4 €.
Ce jardin nommé Vanda, la célèbre orchidée tropicale qui pousse à la Réunion, devrait plaire aux férus d'orchidées ! C'est l'endroit idéal pour connaître la fleur dans ses moindres détails. De la plantation à l'entretien aux différentes espèces du monde entier (près de 400 sont à découvrir ici !), Michel, le propriétaire, a voué 500 m² à sa passion pour vous partager sa connaissance de l'orchidée tropicale. Visite guidée, photographies, vous pourrez déambuler librement à travers les magnifiques couleurs que ces fleurs développent, après cinq années de patience parfois ! Et si l'une d'elle vous séduit, Michel a mis en place une petite pépinière à la sortie du jardin.

PARC BIOLOGIQUE JOSEPH HUBERT

2 chemin Isautier
✆ 0692 98 34 73
Ouvert tous les jours de 9h à 12h et de 14h à 18h. Fermé le vendredi sauf réservation.
Les tisanes du Sud Sauvage : sur plus d'un hectare, le parc botanique est dédié aux plantes aromatiques et médicinales. Parcours guidé à travers les serres pédagogiques, atelier de découverte et d'initiation, animations et dégustations.

SUD

Shopping

LA MAISON DU LAURINA
24, chemin de la Croizure – Grand-Coude
✆ 02 62 56 39 48 / 06 92 68 78 72 / 06 92 03 54 78 – www.lamaisondulaurina.fr
lamaisondulaurina@gmail.com
Chez Marie-Claude Grondin et Jacques Lepinay, vous pourrez déguster une large palette de produits locaux ! La maison fait également partie du réseau Gîtes de France, idéal pour séjourner non loin de la caféière. Mieux, leur table d'hôtes vous propose un menu axé autour du café et de ses produits dérivés... De quoi faire le plein de surprises ! Pour vous y rendre depuis Saint-Joseph ville, emprunter la D33, traverser Jean-Petit et poursuivre jusqu'à Grand-Coude ; à l'entrée du village à droite, suivre les panneaux Table d'hôtes L'Eucayptus.

HAUTS DE SAINT-JOSEPH

Les Hauts de Saint-Joseph ou le charme incomparable du Sud Sauvage, avec ses prés, ses forêts, ses champs de canne à sucre épousant les collines… Ce paysage en pente douce est déchiré par la Rivière des Remparts et la rivière Langevin, formant, suite à des millénaires d'érosion, deux splendides vallées à la végétation luxuriante, et quasi désertes. En les remontant (plus de 20 km), on aboutit au pays du volcan, sur la route forestière 5 qui mène au piton de la Fournaise. Globalement parallèles, ces deux rivières ont creusé de profondes cicatrices à travers les plateaux poussant les villages et les champs à s'arrêter net devant les failles recouvertes de forêt. Au lieu-dit du Petit-Serré, le plateau ne fait qu'une cinquantaine de mètres de largeur : c'est l'endroit où les deux rivières sont les plus proches, et l'on peut admirer les points de vue des vallées à quelques mètres de distance. Pour mieux se représenter l'endroit, il faut regarder sur une carte en relief ou encore faire un survol en ULM. Les Hauts de Saint-Joseph ne se parcourent pas comme ceux de l'Ouest, dont la route tortueuse épouse le littoral à quelques centaines de mètres d'altitude. En effet, ces profondes rivières ne se franchissent que par la nationale qui suit le littoral. À vous de saisir un des chemins qui s'enfuient vers l'intérieur des terres pour partir à l'assaut des Hauts.

LA RIVIÈRE DES REMPARTS

La rivière des Remparts, qui traverse le centre de Saint-Joseph, est l'une des plus longues de l'île. Elle perce une trouée de 20 km à travers la pente de la montagne au-dessus de Saint-Joseph. Bordée de falaises (les fameux « remparts »), la vallée est née de l'effondrement d'une ancienne caldeira du piton de la Fournaise il y a près de 300 000 ans. Elle s'est progressivement formée sous l'effet d'une érosion intense, facilitée par une pluviométrie abondante (4 à 6 m d'eau par an), d'écroulements de falaises et de déversements de boue. Une coulée de lave fluide, en provenance du cratère Commerson, a recouvert, il y a 2 000 ans, tout le fond de la vallée. Ses habitants furent chassés une première fois en 1848 par un grand débordement de la rivière qui tua onze personnes. Mais l'endroit étant fertile, les gens revinrent par la suite s'y installer. Jusqu'à ce qu'en mai 1965, plusieurs millions de mètres cubes de roches se détachent et obstruent la vallée, qui se vida alors à nouveau de ses habitants...

Très peu fréquentée des touristes, et pourtant relativement facile d'accès, la rivière réserve une suprise de taille à qui prend la peine de la remonter sur une quinzaine de kilomètres, à pied ou en 4x4 : le minuscule et splendide îlet de Roche-Plate (à ne pas confondre avec l'îlet du même nom, beaucoup plus connu, à Mafate) !

Au bout du monde, plus encore qu'à Mafate ou à Grand-Bassin où il y a un minimum de passage, ce village vit au rythme de la nature, et des caprices de la rivière. Seuls quelques habitants y vivent, et nombre de cases ne sont habitées, ponctuellement, qu'au gré du passage des touristes ou de la météo.

Le village de Notre-Dame-de-la Paix, perché 2 km plus loin et 1 000 m plus haut sur la D36, offre un beau point de vue splendide sur la vallée. On pourra y voir l'éboulis Mahavel, qui, en 1965, fit croire aux habitants de Saint-Joseph que le volcan avait sonné la fin du monde.

Enfin, encore plus haut, vous trouverez le Nez-de-Bœuf, qui permet de regagner la route du Volcan. Mais attention, cet itinéraire est réservé aux randonneurs chevronnés puisqu'il faut compter 4 heures pour grimper 1 600 m de dénivelé !

ROCHE-PLATE

Très peu connu des touristes, et même des Réunionnais, ce village (à ne pas confondre avec l'îlet de Roche-Plate à Mafate, bien plus connu !) est pourtant une petite merveille. Accessible à pied ou en 4x4 (compter 150 € AR, que vous soyez 1 ou 10 dans le véhicule), il offre aux visiteurs l'étrange impression d'arriver au bout du monde. Plus encore qu'à Mafate, car ici il n'y a rien qu'un village, pour ne pas dire un seul habitant. Pourtant, il s'en est fallu de peu pour que l'îlet disparaisse en 1965, englouti par un gigantesque éboulis qui menaça même Saint-Joseph ! Les habitants de la vallée furent réveillés en pleine nuit et perdirent leurs maisons, englouties par un barrage formé naturellement par l'immense entassement de roches. L'îlet fut abandonné jusqu'en 1980, quand une famille s'y installa de nouveau pour accueillir les touristes. Et c'est une très bonne chose, car une fois à Roche-Plate, vous n'avez qu'une envie, c'est d'y rester ! Et de vous plonger dans ces beaux bassins glacés, bien connus des pêcheurs de truites.

Pour y accéder depuis Saint-Joseph, juste avant le pont, prendre à gauche et grimper jusqu'au dépôt de la zone de concassage. Le sentier commence là, dans le lit de la rivière. Compter 3 ou 4 heures de marche pour atteindre l'îlet, ou 1h30 de 4x4. Mais attention, de décembre à mars, les pluies peuvent compromettre cette promenade. Lorsque la rivière est chahutée par les eaux, même les 4x4 peinent à circuler... Renseignez-vous donc bien avant de partir.

Une fois à l'îlet, le sentier qui longe la rivière des Remparts remonte ensuite jusqu'à la route du Volcan. Une randonnée très éprouvante : il faut quatre bonnes heures pour atteindre les 2 100 m d'altitude de la route forestière n° 5, au Nez-de-Bœuf.

■ GITE DE ROCHE-PLATE

Rivière-des-Remparts

✆ 06 92 68 35 32 / 02 62 56 25 52

Compter 40 € par personne pour le repas, la nuit et le petit déjeuner). 30 €/enfants.

Voilà une adresse que l'on quitte à regret. Et pourtant, les lits fabriqués par l'ONF sont minuscules et les bungalows pas beaucoup plus grands (chambres pour 2 en lits superposés ou dortoirs pour 8). Mais il règne chez Jacqueline Morel quelque chose que l'on aime. La cuisine, d'abord. Les chips de fruits à pain à l'apéro, le jus de fruits frais, les brèdes chouchous, les crêpes fraîches au petit déjeuner... Un régal. Et puis l'accueil, ensuite. Car Jacqueline et son mari ont un bonheur communicatif. Sans oublier cette délicieuse rumeur de cascade, au loin, qui vous empêche de fermer la porte du bungalow en vous couchant, et ce malgré les moustiques...

■ AGGM – GÎTE DE ROCHE-PLATE

Chez Vivette Thiburce

✆ 02 62 71 24 01

Réservation auprès de l'IRT. A partir de 16 € la nuit, 18 € le dîner, 6 € le petit déjeuner.

20 lits (dortoir et une chambre double) chez Mme Vivette Thiburce. Cuisine à disposition des randonneurs. Sinon, on prend les repas dans la case des propriétaires, située à 500 m (prévoir une lampe de poche). C'est le premier gîte à avoir ouvert dans l'îlet, il y a plus de 30 ans !

GRAND-COUDE

La montée, en voiture, sur l'arête qui sépare la rivière des Remparts de la rivière Langevin conduit jusqu'à Grand-Coude, bourgade perchée à 1 100 m d'altitude, au terme de la D33. Après Jean-Petit (référence à l'un des premiers concessionnaires de cette bande de terre), la route devient dangereuse et parfois fermée en cas de fortes pluies, à cause des forts risques d'éboulis. Elle est même interdite la nuit. Le morne Langevin domine les lieux du haut de ses 2 315 m. Vous saurez peut-être reconnaître quelques plantations de thé, les dernières de l'île. Arrêtez-vous (de très bon matin pour être sûr d'avoir beau temps) aux deux points de vue du Petit-Serré, ce passage étroit de quelques dizaines de mètres. On surplombe, à gauche, la rivière des Remparts, à droite, la rivière Langevin et le village de Grand-Galet. A Grand-Coude, il ne reste qu'une quinzaine d'agriculteurs. Les géraniums embaument encore, bien qu'en 1959, on leur préféra la culture du thé. Encore à l'écart du tourisme, Grand-Coude reste un village rural et traditionnel, entouré de paysages magnifiques.

Se loger

■ CHAMBRE D'HÔTES DE JEAN-PIERRE

151, route de Grand-Coude

✆ 02 62 56 14 44 / 06 92 00 12 45

www.gite-css.com

Compter 45 € la nuit par personne, avec le petit déjeuner et le repas (dans les petites chambres pour 2).

Jean-Pierre aime à faire goûter au visiteur le poulet péi de sa cour. Cuisine au feu de bois, traditionnelle et chinoise.

SUD

■ **LE DOMAINE DE MALMANY**
Chemin des Géraniums
✆ 02 62 31 41 92 / 06 92 20 48 49
Compter 42 € par personne (repas 22 €, nuit 15 € et petit déjeuner 5 €), 27 €/enfant.
Un gîte pour randonneurs présentant une capacité de 36 places (chambrettes de 2, 6, 8 ou 10 lits), ainsi qu'une table d'hôtes savoureuse. Crêpes au brède choucou en entrée, par exemple, suivies, toujours, d'un cari poulet et d'un second choix de cari (boucané brèdes songe, rougail saucisses...). Le tout complété par un bon dessert et un rhum arrangé, histoire d'avoir la peau du ventre bien tendue !

À voir – À faire

■ **LE LABYRINTHE EN CHAMP THÉ**
18 rue Emile-Mussard
✆ 02 62 56 41 40 / 06 92 60 18 88
www.enchampthe.com
info@enchampthe.com
Ouvert tous les jours de 9h à 12h et de 13h à 17h. Visite libre 5,5 € adulte 4,5 € enfant de 6 à 12 ans, gratuit en deçà. Visites guidées à 10h et 14h, 8,5 € adulte, 4,5 € enfant. Compter 1h30 de visite.
Tracé dans une forêt de thés abandonnée depuis 30 ans, au pied des montagnes, ce labyrinthe végétal serpente sur près de 700 m, sans compter ses impasses et nombreux chemins de traverse. Vous pourrez y découvrir toutes les étapes de la fabrication du thé, sur la seule plantation de France ! D'après Jojo Guichard, propriétaire du site, il est capable d'épanouir les cinq sens comme les pétales de la fleur de thé. Pour la vue, le site exceptionnel de Grand-Coude ; pour l'ouïe, les chants d'oiseaux endémiques (zoiseau blanc, zoiseau lunettes, zoiseau la Vierge, tec-tec…) ; pour le toucher, le velouté des fougères arborescentes et la diversité de textures de troncs d'arbres ; pour l'odorat, le parfum suave de la fleur de thé, du géranium, du galabert, ou encore les fraîches exhalaisons d'humus. Quant au goût, c'est après la visite, sous le toit de palmes de la buvette, qu'il sera satisfait par une agréable tasse de thé ! Thé vert, blanc, nature ou parfumé aux essences locales. Sensuelle et bucolique, la balade est agrémentée de lieux de halte : petit salon en rondins de bois au cœur du parcours, coin lecture avec bureaux d'écoliers sous un bouquet de bambous, jeux de pistes à thèmes organisés par l'Association des Théiers de Grand-Coude…

■ **LA MAISON DU LAURINA**
24, chemin de la Croisade
✆ 06 92 68 78 72 / 06 92 03 54 78
www.lamaisondulaurina.fr
Visites uniquement week-ends et jours fériés sur réservation 48 heures à l'avance. Compter 12 € par personne.
La Maison du Laurina propose la découverte du café Bourbon pointu à travers des dégustations et l'histoire unique du café à Bourbon. Visite de deux caféières, dégustation de café et des produits à base de Bourbon pointu, avec possibilité de pique-nique. Comptez 3 heures pour la visite, dont 1 heure de film.

Sports – Détente – Loisirs

■ **CABRIOLANE**
Grand-Coude
✆ 06 92 58 76 32
http://cabriolane.canalblog.com
Ouvert tous les jours, à partir de 15 € pour une balade d'une heure par enfant. Sur réservation, minimum de 2 enfants par balade.
Balades à dos d'âne pour les enfants dans les environs de Grand-Coude. Isabelle, diplômée d'Etat, vous accueille à sa ferme pour des promenades sur le dos d'un de ses 4 ânes, dont l'un peut être bâté pour transporter le pique-nique. Une activité originale et pour tout dire, unique à La Réunion.

SAINT-JOSEPH AU GRAND-BRÛLÉ

LANGEVIN

Voilà l'endroit idéal pour oublier les embouteillages épuisants de Saint-Joseph ! Une très belle promenade le long de la rivière Langevin jusqu'au village de Grand-Galet (juste après le pont de la rivière, en arrivant de Saint-Joseph, sur la gauche). A noter qu'une partie de la pub pour le fromage Tartare a été tournée à la cascade Langevin, allez y, vous reconnaitrez ! On peut s'y baigner, en se laissant masser vigoureusement par le courant frais. Ou suivre le lit de la rivière, à pied ou en voiture, en passant par une série de bassins : bassin Bleu, bassin Jules, bassin des Hirondelles, bassin de Lucie, jusqu'aux très belles cascades du Trou-Noir et de la Grande-Ravine, à l'ombre des avocatiers et des arbres à litchis. En 1959,

la route a été ouverte, après la construction de l'usine hydroélectrique. En revanche, il n'y a pas de sentier, c'est donc sans doute plus pratique de vous y rendre en voiture, quitte à vous promener plus haut, dans les champs d'ananas, au niveau de la cascade de Grand-Galet.
Celle-ci surgit des roches moussues, superbe, surtout à la saison des pluies : une des plus belles de l'île. Le village, au bout du chemin et du monde, s'est trouvé isolé en 1989, pendant plusieurs mois, après le passage du cyclone Firinga, la route ayant été emportée par la rivière. Pour y accéder, la route grimpe sec, avec des virages en épingle à cheveux. Au bout de la bourgade, coincée entre des remparts, elle s'arrête net, laissant place à un sentier pédestre qui mène au volcan par la plaine des Sables (4h, assez difficile).
A son embouchure, la rivière Langevin se jette en une dernière cascade dans la mer, à la pointe de Langevin : une marine à l'aspect surprenant. Après le pont, continuez jusqu'au rond-point et tournez à droite. Vous n'avez plus qu'à descendre jusqu'au petit port. Vous allez découvrir un hameau de pêcheurs, comme vissé sur un champ de basalte. Etonnante vision, surtout la nuit... La commune a installé un treuil pour remonter les barques. Jusque-là, les pêcheurs s'entraidaient pour haler les bateaux. A partir du port, vous pouvez remonter la rivière Langevin pour accéder à la cascade jacqueline... mais le sentier n'est pas défriché. En revanche, débute un joli sentier qui longe la mer, très bien entretenu, qui vous fera faire une agréable boucle (comptez 1/2 h) le long des coulées basaltiques et des souffleurs, en revenant par le stade.

L'EPIDENDRUM

31 rue Gabriel-Macé
✆ 02 62 56 62 44 / 06 92 41 80 54
www.lepidendrum.com
contact@lepidendrum.com
Compter 300 € la semaine pour 1 à 2 personnes. Week-end : 200 €. Tarif dégressif sur la durée. 6 nuits minimum.
Au cœur d'un beau jardin luxuriant, aux couleurs fortes du Sud Sauvage, cette case créole pour 4 personnes est située près du port de pêche de Langevin et de l'embouchure de la rivière. Climatisée, elle dispose d'une chambre avec lit double et d'une autre avec deux lits simples, d'un séjour cuisine (équipée) avec télévision, d'un lave-linge, d'une varangue avec grande table en teck et d'un barbecue. Si, à l'intérieur, le décor fait forcément pâle figure à côté du cadre naturel envoûtant, l'ensemble reste parfaitement confortable et les places se font chères : pensez à réserver tôt, c'est souvent complet.

LES PIEDS DANS L'EAU

34, rue Passerelle
✆ 02 62 37 13 64 / 06 92 25 01 38
Plats à partir de 9 €. Repas sur place et à emporter. Ouvert le midi, sauf le lundi.
Une cuisine créole et chinoise de qualité, au bord de la rivière Langevin. Les plats sont copieux et variés.

RANDONNÉE DE GRAND-GALET À LA PLAINE DES SABLES

Compter 11 km, 4h. Assez difficile.
On part du haut du village de Grand-Galet, pour partir à l'assaut de la montagne. Le chemin coupe d'abord à travers des plantations d'ananas et de bananes. Le terrain est assez plat sur quelques kilomètres, jusqu'à la chapelle de Cap-Blanc, où l'on peut bivouaquer et prendre de l'eau. Car il va falloir des forces pour cette montée qui s'annonce raide jusqu'à Grand-Pays : à 1 200 m d'altitude ! Quelques personnes vivent là, au milieu de nulle part, comme coupées du monde. Le sentier grimpe franchement jusqu'aux premiers remparts du volcan, le long du ruisseau Langevin. Derrière la montagne, la plaine des Sables apparaît soudainement dans toute sa splendeur : une récompense spectaculaire pour tous vos efforts.

ROSE DU SUD

4 rue Gabriel Macé
✆ 02 62 68 85 56 / 06 92 74 97 75
www.larosedusud.com
Chambre 2 adultes et 2 enfants : 70 € la nuit (2 nuits minimum). Bungalows 2 adultes et 2 enfants : 85 € la nuit (2 nuits minimum). Supplément adulte : 15 €. Tarifs dégressifs selon la durée.
Eric et Nathalie vous accueilleront afin de vous faire découvrir leur belle demeure, agrémentée d'une très belle piscine. Les chambres et bungalows sont tout équipés et décorés avec goût. De quoi passer un excellent séjour.

VINCENDO

Après Langevin, en poursuivant les 17 km de route sublime qui relient Saint-Joseph et Saint Philippe, allez faire un tour à la marine de Vincendo. Sous des rampes de vacoas, vous atterrissez sur une belle plage arrondie, enserrée par une falaise de basalte.

SUD

La baignade y est possible, bien qu'un peu dangereuse. Dans les Hauts, vous trouverez plusieurs villages à l'écart des sentiers touristiques habituels, accessibles par de petites routes sinueuses (D34, D37) : le Parc-Mouton, la Crète, et Jacques-Payet. C'est de ce dernier village, qui porte sans doute le nom du premier concessionnaire du domaine, que part le sentier de GR2 qui mène au volcan, sur le rempart de l'enclos Fouqué. Il longe la Vallée-Heureuse, et offre plusieurs itinéraires qui coupent à travers les Hauts du Sud-Est.

■ FERME-AUBERGE DESPRAIRIES

44 route de Matouta
✆ 02 62 37 20 27 / 06 92 64 61 70
www.ferme-auberge-desprairies.com
matouta@wanadoo.fr
Chambre double 40 €, petit déjeuner inclus, lit supplémentaire : 15 €. Menu adulte 22 €, demi-tarif pour les enfants. Entre Vincendo et Saint-Philippe, prendre la route Matouta.

Dans un décor champêtre et tropical, sur les versants boisés du volcan et à 300 m d'altitude, voici une ferme familiale que l'on n'oubliera pas.

Un accueil charmant et une très bonne table (roulé de palmiste, canard aux petits légumes, fricassée de brèdes chouchous et saucisses maison, mousse de manioc au coulis de goyavier…).

■ LES GRANDS MONTS

2A, impasse Sabine
✆ 02 62 23 60 16 / 06 92 17 53 42
Chambre double à partir de 125 €, petit déjeuner inclus.

Une chambre double avec salle de bain ouverte, une grande terrase en pierre basaltique, une piscine dans un jardin de 300 m^2 : cette ancienne écurie de manque pas de charme. Les propriétaires accordent un soin tout particulier à la décoration avec un parquet en bois massif et le mobilier typiquement créole. Une très belle adresse, d'autant que les repas y sont réputés. Une adresse surprenante !

■ LE TAGINE – LA MEDINA DU SUD

23 chemin de la Marine
✆ 02 62 37 32 51 / 06 92 88 59 24
lamedina-loc.com
bouali1@hotmail.com
A partir de 65 € la nuit, 380 € la semaine et 145 € le week-end pour 4 personnes. A partir de 45 € la nuit en chambre pour deux personnes. Tarifs dégressifs sur la durée. Restaurant ouvert midi et soir, sauf le mercredi midi et le dimanche toute la journée. A partir de 10 € le plat.

A quelques centaines de mètres de l'océan, en contrebas de la route nationale, il souffle sur cette adresse tenue par un couple franco-marocain comme un vent de Méditerranée du Sud, inattendu dans cette partie de l'île, globalement très créolo-créole. Blottis dans une case indépendante, les 4 appartements, dont quelques touches de décor évoquent le Maghreb, disposent de 2 chambres (1 double et 1 twin), avec salon, cuisine équipée, télévision wi-fi par clé 3G, et une belle salle de bains. Les chambres, meublées de teck, sont charmantes et agréables. On profite d'une jolie piscine à l'extérieur, avec ses transats, et d'un charmant coin barbecue. A côté, le restaurant Le Tagine accueille près de 100 couverts dans sa vaste salle ; cuisine créole, métro et bien entendu marocaine (couscous, tagines, pastillas, etc.).

■ LE VILLAGE SAUVAGE

28 rue Marcel-Pagnol
✆ 02 62 56 80 28 / 06 92 31 09 38
villagesauvage.sitew.fr
levillagesauvage@orange.fr
95 € la nuit pour le bungalow de 4 personnes. 160 € le week-end et 445 € la semaine le bungalow 2 places. Minimum 2 nuits. 7 € le petit déjeuner.

Le majestueux cap Jaune

Quittez la nationale en prenant la direction de La Marine, passez le collège et le lycée (réputé et au cadre exceptionnel) et descendez jusqu'à la mer. Longez à pied la côte sur la droite et empruntez le sentier balisé, mais guère indiqué, qui mène au cap Jaune, cette falaise majestueuse qui se perd dans le fracas des vagues de la Côte-au-vent. Curiosité géologique, ce témoin d'une rencontre brutale entre la lave et la mer attire de nombreux visiteurs. Il faut compter 1 heure et demie pour faire l'aller-retour.

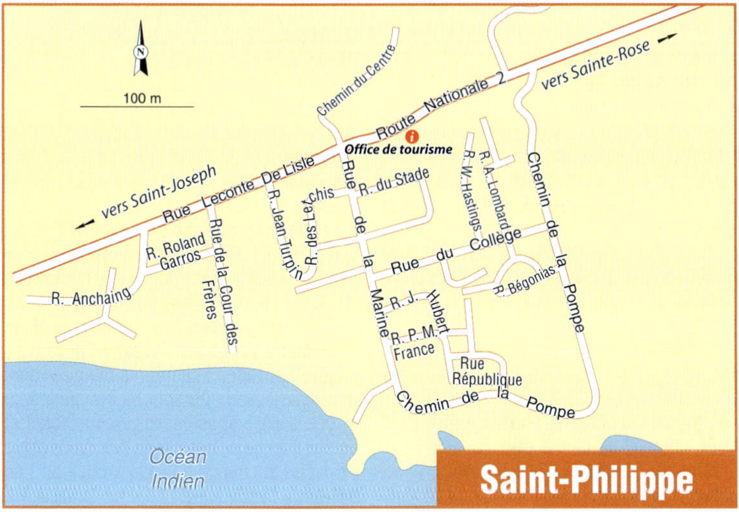

Entourés d'une belle végétation, ces bungalows en bois très chaleureux sont pratiques pour une halte dans le sud sauvage, loin des embouteillages de Saint-Joseph. Situés sur un terrain de 1 000 m², ils peuvent accueillir de 2 à 4 personnes pour les chalets de 20 m² et jusqu'à 8 personnes pour les plus grands. Chaque location est entièrement équipée (cuisine, linges de maison, Internet..) et abrite une terrasse ombragée. Pour les chaudes journées d'été, la grande piscine centrale est très agréable. Les propriétaires des lieux, très accueillants, proposent aussi des soirées de visionnage de vos photos de voyage sur grand écran. Une idée originale pour plus de convivialité !

SAINT-PHILIPPE

Avant d'arriver au village de Saint-Philippe, une adorable marine, secrète, sauvage, environnée d'une dense végétation, est une halte indispensable. On n'a qu'une envie : s'y faire construire une ti'case créole. On peut assister au retour des quelques pêcheurs attendant la vague propice qui les mènera le plus près de la cale. Cela peut durer longtemps, mais pas au-delà de la patience de 6 ou 7 hommes du village, forts en bras, qui joignent leurs efforts pour hisser la barque hors de l'eau. On arrive dans la commune de Saint-Philippe à partir de la ravine de la Basse-Vallée. Le site est superbe. La ville vaut bien que l'on y passe une nuit ; elle offre des balades sympathiques et tout le charme du Sud Sauvage. Ensuite, en quittant la N2, on reprendra la route qui descend sur 1 km vers le cap Méchant. Un nom bien significatif pour cette étrave de basalte prismé, promontoire agressif à l'assaut d'une mer d'un bleu dur, et traversé par une grotte. C'est le pays du vacoa, le nom réunionnais du palétuvier ou pandanus. Avec ses racines hors du sol, son tronc court et sa tête ébouriffée, il présente parfois des formes étranges, évocatrices, humaines même. Le vacoa s'épanouit parfaitement à l'air marin salé, chaud et humide. Les habitants de Saint-Philippe utilisent leurs feuilles pour tresser paniers, berceaux, couffins et chapeaux que l'on retrouve sur tous les marchés de l'île. Les choux ou cœurs de vacoa, à la jointure des feuilles, sont utilisés en cuisine ainsi que les pinpins, des inflorescences. Enveloppée par cette courte forêt de vacoas tapissée d'une pelouse naturelle fine et moussue, d'où émergent des rochers noirs, l'atmosphère du cap Méchant est mystique et embrumée par les vagues qui se fracassent violemment. Tout comme cette portion de côte qui offre de belles promenades, à pied, tandis que plus loin d'autres arrêts, en voiture cette fois, ponctuent la route jusqu'au Grand-Brûlé : le Puits arabe, la pointe de la Table, la plage du Tremblet. Autant de lieux sauvages où il faut bifurquer vers la mer, et qu'on rate d'autant plus facilement qu'on est pressé d'atteindre la route des Laves et qu'ils sont mal signalés. Côté montagne, signalons la forêt de Mare-Longue et quelques plantations de vanille.

Pratique

■ MAISON DU TOURISME DU SUD SAUVAGE

62 rue Leconte-Delisle
✆ 02 62 37 10 43 – www.sudsauvage.com
info@sudsauvage.com
Ouvert du lundi au vendredi, de 9h à 12h et de 13h à 17h, le samedi de 10h à 12h et de 13h à 17h.
L'équipe fort sympathique de cette antenne de l'OTI du Sud Sauvage prodigue d'excellents conseils de visites dans la région.

Se loger

Extrême sud de l'île, Saint-Philippe offre des possibilités de séjours agréables, notamment en chambre d'hôtes et en gîte, entre lave, forêt, champs de canne et océan. Un hôtel 5-étoiles de 80 villas, le Superbe, avec piscine, est en prévision pour les prochaines années. Il a la particularité d'être à 100 % financé par des investisseurs chinois, le seul établissement de l'île dans ce cas. Ils souhaitent non seulement faire venir des touristes, mais aussi faire connaître la Réunion en Chine. Vaste programme !

Bien et pas cher

■ LE PINPIN D'AMOUR

56 A chemin Paul-Hoarau
Le-Baril-les-Hauts
✆ 02 62 37 14 86 / 06 92 67 91 37
www.pinpindamour.com
damour-marieclaude@wanadoo.fr
Chambre double 65 €, petit déjeuner inclus. Tarifs dégressifs sur la durée. Repas adulte 30 €, moins de 12 ans 12 €.
Dans sa belle case enfouie dans les champs de cannes, à une centaine de mètres d'altitude, M. Claude Damour vous accueille dans 6 chambres doubles ventilées avec salle de bains privée et téléphone direct. Dans le grand salon au décor artisanal, il diffuse chaque soir un documentaire sur la Réunion. Les chambres aux tons pastel, confortables, coquettes et lambrissées, sont illuminées par de grandes baies vitrées, agrémentées d'accessoires en vacoa, et surplombées d'une moustiquaire. Depuis la belle varangue commune, au mobilier en bois brut d'Asie, on se laisse séduire par un jardin luxuriant derrière lequel se dessine l'océan. Enfin, il faut absolument s'asseoir à l'excellente table d'hôtes qui prépare une cuisine originale à base de produits de la ferme. Internet par câble.

■ LE ROND DE BASSE VALLÉE

Route forestière de Basse-Vallée
Basse-Vallée-les-Hauts
✆ 06 92 85 40 37 / 06 92 69 65 51
lerond.basse-vallee@orange.fr
40 € la chambre double, 50 € la triple, petit déjeuner inclus. Table d'hôtes le soir sur réservation, 23 € pour les adultes et 11,50 € pour les enfants.
A 5,5 km de la nationale et à 400 m d'altitude, plantée parmi bananiers et palmistes, au bord de la route forestière défraîchie qui grimpe en lacets serrés à travers la forêt touffue de Basse Vallée, la jolie case en bois de M. et Mme Métro donne sur l'océan et la verdure du Sud Sauvage. 3 chambres doubles (dont une adaptée aux personnes handicapées) et une triple : spacieuses, confortables et dotées d'un beau mobilier en bois (vous aurez peut-être la chance de vous affaler sur l'un des deux beaux lits en bois de tamarinier), elles disposent toutes d'une salle de bains privative avec grande douche, deux lavabos et WC séparés. Une bonne adresse pour goûter aux saveurs et plonger dans l'ambiance des Hauts du Sud Sauvage, chez ce couple d'agriculteurs chaleureux.

Confort ou charme

■ CHAMBRES D'HÔTES DU CAP MÉCHANT

31 rue Labourdonnais
Basse-Vallée
✆ 02 62 28 57 50 / 06 92 36 26 16
huet.jacky@hotmail.fr
En face du parking de L'Étoile de Mer.
65 € la chambre double, petit déjeuner inclus. Table d'hôtes 25 €.
Ouvert en 2010 par un couple inventif et fort sympathique, ce gîte de France, situé à 200 m de l'océan, dispose de 5 chambres (dont une adaptée aux personnes handicapées), avec salle de bains individuelle et terrasse privée, réparties autour d'une piscine dans de coquets bungalows. Lui, charpentier, a tout bâti de ses propres mains, en bois de sapelli : du caillebotis aux maisonnettes, en passant par les beaux lits vernis et le kiosque, avec sa vue sur le cap Méchant, où l'on se prélasse le soir autour de la table d'hôtes. Elle, fine décoratrice, a peint, harmonisé, peaufiné l'ensemble avec goût. Le résultat est véritablement charmant et de très bon standing. Les chambres, climatisées, illuminées par de grandes baies vitrées et équipées de TV et de wi-fi, sont subtilement ornées selon un

thème distinct (vanille, combava, palmiste...), jouant entre les tons sobres et les aplats de couleurs vives. Et puis, au cadre reposant s'ajoute l'accueil chaleureux des propriétaires, qui se plient en quatre pour vous recevoir en bonne et due forme. Une adresse vivement recommandée !

■ **LE CRABE SOUS LA VARANGUE**
1 RN2
Le Tremblet
✆ 02 62 98 91 85 / 06 92 92 13 56
lacazboyer@laposte.net
Chambre double à partir de 75 €, petit déjeuner inclus.
Pour découvrir les anciennes éruptions volcaniques qui ont marqué la région, rien de mieux que de passer la nuit dans cette grande maison décorée avec beaucoup de goût et d'originalité. Vous y trouverez deux chambres au rez-de-chaussée et un bungalow juste en face de l'habitation principale. Modernes, les chambres ont toutes une ambiance différente et vous offrent tout le confort nécessaire pour vous reposer avant ou après une randonnée. Les propriétaires, charmants, vous proposeront à leur table des spécialités locales. Et Juanito, guide de montagne, vous fera découvrir les méandres des tunnels de lave.

■ **HÔTEL-RESTAURANT LE BARIL**
RN2
Le Baril
✆ 02 62 37 01 04 / 06 93 90 57 57 / 06 92 85 70 16
lebaril@wanadoo.fr
Chambre double à partir de 50 € côté jardin et 55 € côté mer. Quadruple à partir de 70 € côté jardin et 75 € côté mer. Petit déjeuner 7 €.
Ancien mythe du Sud, cet établissement bénéficie avant tout d'une situation privilégiée dans un cadre magnifique, face à l'océan. Une rénovation (très lente) est en cours, chambre par chambre, et devrait tenter de redonner ses lettres de noblesse à cet hôtel qui n 'est plus que l'ombre de lui-même. Pour le moment, les chambres, nichées dans de petits bungalows, avec télévision, terrasse et salles de bains individuelles, climatisées pour certaines et ventilées pour d'autres, sont sombres et un brin décaties. Heureusement que le jardin labyrinthique, avec sa piscine en escaliers, ses cocotiers, ses murets en roche basaltique et, surtout, sa vue imprenable compense l'ensemble. Si le restaurant est immense, et donc un peu froid, on y mange néanmoins bien. Enfin, on l'aura compris, l'océan omniprésent mettra tout le monde d'accord : Le Baril jouit d'un potentiel exceptionnel !

Se restaurer

De très bonnes tables d'hôtes dans le coin, avec une vue sublime. Il faudra toutefois faire abstraction de la capacité immense de certaines salles, habituées à recevoir des centaines de couverts !

Bien et pas cher

■ **ETOILE DE MER**
Cap Méchant
13, rue de l'École
Basse-Vallée
✆ 02 62 37 04 60
Ouvert tous les jours (sauf le dimanche soir). Le soir sur réservation uniquement. Compter environ 20 €.
Un excellent restaurant de cuisine créole classique au feu de bois, avec des spécialités de palmistes et de fruits de mer. Très beau cadre ; la terrasse donne sur le cap.

■ **CHEZ MOUSTACHE**
9 RN2
Le Tremblet
✆ 06 92 33 27 03 / 06 92 09 94 18
Ouvert tous les midis, sauf le mardi. Comptez 10 à 12 € le plat, environ 2 € le dessert.
Ce petit restaurant revêtu de bardeaux et de volets rouges doit son nom à l'extravagance pileuse de son propriétaire, réputé pour sa bonne humeur et ce sourire, légendaire, constamment entortillé dans les boucles d'une moustache démesurée. Les tables sont dressées dans une cour charmante et rustique, pavée de caillebotis, à l'ombre d'un kiosque tout en bois de goyavier et feuilles de vacoa. On y déguste la bonne cuisine créole de Madame, qui s'affaire au fourneau sous les yeux de ses convives, éveillant les appétits au rythme du doux tambourinement des marmites. Chaque jour, trois ou quatre caris sont proposés à l'ardoise, selon les envies du chef et les arrivages (beaucoup de poissons et de fruits de mer, côte au vent oblige). En dessert, des fruits à profusion ; un gâteau à l'occasion. Les portions sont généreuses, l'accueil chaleureux. Les hôtes vous prodigueront d'ailleurs d'excellents conseils pour peaufiner vos visites de la région. En bref, une adresse vivement recommandée, à deux minutes de la coulée 2007.

Bonnes tables

LE CAP MÉCHANT

19 rue Labourdonnais
Basse-Vallée
✆ 02 62 37 00 61
Ouvert tous les jours sauf le lundi. Le midi uniquement. Compter de 11 à 22 € le plat (39 € si vous optez pour la langouste !).
Face au cap Méchant, un incontournable restaurant de cuisine créole locale, devenu absolument mythique depuis son ouverture dans les années 1980. Cuisine typique du Sud sauvage : salades et gratins de palmistes, caris camarons, bichiques, queues de langoustes, cari de porc aux palmistes, etc. Une réputation qui n'est plus à faire, une cuisine de qualité, une vue superbe. Et par conséquent, du monde ! Pensez donc à réserver, surtout le week-end.

LA MARMITE DU PÊCHEUR

18 RN2
Ravine-Ango
✆ 02 62 37 01 01 / 06 92 85 24 84
la.marmite.du.pecheur@wanadoo.fr
Ouvert tous les midis sauf le mercredi. Formule à partir de 15 €.
Tenue par un pêcheur, cette table fait, bien sûr, la part belle aux produits de la mer, et propose un plat typique, la marmite du pêcheur, composée de 4 caris servis dans une feuille de bananier : poisson, zourite, poulet et palmiste. Une adresse fortement recommandée !

LE PINPIN D'AMOUR

56 A chemin Paul-Hoarau
Le-Baril-les-Hauts
✆ 02 62 37 14 86 / 06 92 67 91 37
www.pinpindamour.com
damour-marieclaude@wanadoo.fr
Ouvert le soir uniquement sur réservation.
Vacoa, palmiste et pinpin sous toutes leurs formes et toutes leurs coutures sont les trois ingrédients fétiches de cette excellente table d'hôtes, généreuse et accueillante, qui propose aussi des produits de la mer, des caris baba-figues, du ti'jacque boucané, etc., selon les jours et les envies.

LE VIEUX PORT

112 A RN2
Le Tremblet
Plats à partir de 11 €. Ouvert tous les jours, uniquement le midi.
Ce restaurant est LA référence de la cuisine créole au palmiste. Cari de poulet au palmiste, porc au plamiste, et bien sûr la fameuse salade de palmiste : tous les plats sont préparés au moment où vous commandez, fraîcheur garantie ! Pour les caris de poulet et de porc, toujours au rendez-vous le week-end, il faut les commander à l'avance au téléphone en semaine. Les propriétaires, les Dalleau, vous accueilleront avec le sourire pour un vrai moment de partage créole. Une adresse incontournable.

À voir – À faire

LE CAP MÉCHANT

Basse-Vallée
A environ 1 km de la nationale, descendre en suivant les panneaux.
Ce promontoire basaltique en forme d'étrave, agressé en permanence par la houle et percé d'une grotte, est une halte spectaculaire, surtout par gros temps. L'impact des vagues frappe la roche si violemment que la falaise en tremble. Outre le coup d'œil sur cette curiosité naturelle, l'endroit est agréable et sauvage, bordé d'une forêt de vacoas, et tapissée d'une

Une superbe balade familiale

Ce n'est pas vraiment une randonnée, disons plutôt une promenade le long du sentier littoral qui relie le port du Tremblet à la marine de Saint-Philippe en 4 petites heures. Le site est propre, bien balisé, plat et sans difficulté particulière. Nous vous conseillons vivement d'emprunter ce sentier d'un bout à l'autre, vous passerez alors par le puits arabe (à mi-chemin) et sur la coulée de lave de 1986 ayant formé la Pointe de la Table, le principal cap au sud-est de l'île.
Si l'on ne vient pas vous récupérer en voiture à l'arrivée, sachez que vous pouvez prendre un bus au retour (ligne I du car jaune), et que le stop fonctionne aussi plutôt bien sur cette portion de nationale.
Si cette promenade vous semble trop longue, plusieurs petits itinéraires sont également possibles le long du sentier (boucle de la pointe de la table, 1h30, par exemple). Renseignez-vous à l'office de tourisme.

douce mousse naturelle plus confortable qu'un tapis. Avec la vue sur l'océan et la montagne, c'est un bel endroit pour pique-niquer et laisser courir les enfants, à condition qu'ils ne franchissent pas la barrière ! L'ONF veille à la qualité des sites du sud en aménageant des aires de pique-nique, de petits kiosques aux toits de bardeaux de tamarin qui s'harmonisent plutôt bien avec le paysage. On peut également s'attabler dans les vastes salles de plusieurs restaurants, accueillant les créoles par centaines le week-end, depuis des décennies. En août, sur le site du cap Méchant, a lieu la fête du vacoa et du palmiste. Enfin vous rencontrerez sûrement sur le site une dame, bien connue des Réunionnais et un peu dérangée, qui passe son temps à haranguer les passants pour les remettre sur le droit chemin et les détourner du diable !

ESCALE BLEUE

7 Le Tremblet, RN2
✆ 02 62 37 03 99
www.escale-bleue.fr
contact@escale-bleue.fr
300 mètres après la route de la Pointe de la Table, entre le Puits Arabe et l'entrée de l'Enclos.
Ouvert du lundi au samedi de 9h30 à 17h30. Visite de 30 minutes environ : 5 € adulte, 3 € enfant.

Ouvert depuis 1986, ce producteur-transformateur de vanille est le plus ancien ouvert dans l'île, et recommandé depuis plus de 15 ans. Vous pourrez y découvrir l'ensemble du processus de plantation, transformation, conditionnement d'une des meilleures vanilles du monde ! Non seulement la vanille de La Réunion est une référence de qualité chez les grands chefs, mais celle de l'Escale Bleue a également reçu de nombreuses distinctions nationales et internationales, notamment la « Vanille Bleue », révolutionnaire, développée avec la spécificité de se conserver des années et dont les arômes murissent à la manière d'un bon vin ! Cette vanille d'exception, en réalité d'origine classique, reçoit ses propriétés extraordinaires lors de sa transformation, un processus secret, unique et breveté. L'Escale Bleue a même obtenu le label étatique EPV (Entreprise du Patrimoine Vivant), distinguant l'excellence et le caractère unique de savoir-faire français, la seule de l'île sur un millier d'entreprises labellisées en France. Dans la boutique, la vanille (bleue ou non) est disponible en gousses à l'unité ou en sachet, en poudre, en extrait liquide, ou entrant dans la composition de produits artisanaux : confitures, produits de bien-être, épices…

FORÊT DE MARE-LONGUE

Appartenant en grande partie à l'Office national des forêts, elle offre des promenades au cœur de la végétation du Sud Sauvage, qui a pris possession des plus récentes coulées de la Fournaise. Ici, la forêt prend sa revanche sur l'indifférence, grâce à des initiatives publiques et privées qui la préservent et la mettent en valeur : création de zones protégées, de chemins botaniques, de jardins exotiques... La déforestation sauvage n'est plus d'actualité, l'ampleur des dégâts du passé ayant alerté l'opinion.

En 1952, Rivals découvrait un lambeau de forêt primaire du côté de Mare-Longue où abondaient les bois de couleur. Six ans plus tard, sur l'initiative des Eaux et Forêts, une réserve naturelle était créée sur une vingtaine d'hectares ; elle s'étend à présent sur 68 ha. On y trouve 100 espèces d'arbres, ainsi que cette plante merveilleusement parfumée qu'est la cardamome. Pour accéder aux sentiers botaniques, indiqués à gauche de la N2, deux itinéraires sont possibles. Le premier, signalé à la sortie du Baril, suit un chemin qui rejoint la route forestière 4, laquelle amène au départ du premier sentier botanique (kiosque et panneau d'information). Le second emprunte directement la RF4, qui circule au milieu des reboisements en bois de couleurs, et conduit, après de nombreux virages, au départ de la promenade.

La balade permet de découvrir les superbes bois de couleur du Sud (signalés par des panonceaux), baptisés ainsi en raison de leurs teintes différentes. Le petit natte, le grand natte, le benjoin, l'arbre à cannelle, le bois de pomme dont le tronc se couvre, en saison, de fruits rouge vif, les bois maigres, le bois de rempart à l'écorce rouge, et les arbres-chandelles, tuteurs de la vanille, sont quelques-unes des perles rares de cette forêt. En redescendant, vous remarquerez sans doute que trois zones de végétation dominent cette région sauvage : en haut, les palmistes rouges, entre 700 m et 300 m d'altitude ; à moyenne altitude, les bois de couleur ; et sur le littoral, les vacoas. En montant plus haut encore, on peut rejoindre une variante du sentier GR R2 qui rejoint la Vallée-Heureuse (où se trouve le gîte de Basse-Vallée), plantée de cryptomérias. De là, on peut aussi remonter jusqu'à la source Repiquet.

JARDIN DES PARFUMS ET DES EPICES

7 chemin forestier
Mare-Longue
✆ 02 62 37 06 06 / 06 92 66 09 01 / 02 62 37 10 43
www.jardin-parfums-epices.com
fontainepatrick@orange.fr
Entrée 6,10 € (adultes), 3,05 € (-de 12 ans), gratuit pour les moins de 6 ans. Ouvert tous les jours sur réservation Départs des visites à 10h30 et 14h30.

Dans le Sud Sauvage au beau milieu de la forêt de Mare-Longue, un lieu d'évasion tropicale, sympathique et vivant. Il se visite (de préférence sur réservation ou dans la limite des places disponibles) avec un guide ou avec le créateur du jardin, Patrick Fontaine. En 1989, celui-ci a eu l'idée, avec son père, d'aménager l'espace, à la fois verger et forêt tropicale, qui entourait sa maison, ouvrant ainsi le premier jardin visitable de l'île. Aujourd'hui, 1 500 espèces peuplent le site, dont des spécimens centenaires.

Cependant, les origines de ce jardin remonte à une époque bien plus lointaine. C'est en effet en 1783 que Joseph Hubert propose au gouverneur Joseph Baron de Souville de coloniser cette contrée où la culture des épices semble très prometteuse : climat chaud et humide, sol d'origine volcanique placé sur une coulée de seulement 800 ans sur laquelle une flore indigène, appelée bois de couleur, a laissé des empreintes figées dans la lave. Excellents pédagogues, les Fontaine et leurs guides connaissent leur sujet sur le bout des doigts. On plonge avec eux dans l'univers passionnant du sous-bois, un monde mystérieux où les vanilliers s'emmêlent dans leurs lianes et où poussent allègrement les plants de cardamome, de ravinsara et de curcuma. On y trouve aussi des plantes florales endémiques d'une grande rareté. Un passage obligé, pour mieux comprendre l'époque de la route des Épices.

PLAGE DU TREMBLET

800 mètres avant l'entrée de l'enclos, prendre la route forestière qui descend vers la mer, il n'y a aucune indication. C'est la toute dernière-née des plages réunionnaises. Formée en 2007 à la suite de l'éruption du siècle, cette bande de sable noir de 300 mètres est trop dangereuse pour la baignade, mais vaut le déplacement pour le spectacle de bout du monde de cette plage encore méconnue. Rares sont ceux qui viennent y faire bronzette et encore moins trempette, si l'on excepte le plus connu d'entre eux : l'éléphant de mer Alan ! Un mastodonte placide et solitaire, plutôt habitué aux mers froides, qui a choisi cette plage sûrement pour sa tranquillité. Si vous avez la chance de l'apercevoir, ne le dérangez pas... et prenez des photos !

POINTE DE LA TABLE

Lorsque l'on rase la côte de Saint-Philippe d'ouest en est, une présence de plus en plus bouleversante se devine : celle du volcan. Le littoral, modelé depuis des millénaires au gré du crachat des laves, se hérisse de caps et de récifs couleur charbon. Au fil des virages, on accède à la Pointe de la Table en prenant la direction du jardin volcanique. Cette coulée de 1986, spectacle apocalyptique, est restée imprimée dans les mémoires. Cette année-là, les laves du piton de la Fournaise sont sorties de leur enclos pour entrouvrir la terre, l'entailler, l'avaler, avant de se glisser dans la mer. Tout commence le 18 mars, lorsqu'une première éruption surgit à 1 780 m d'altitude, descendant sur 600 m avant de se stabiliser, au lieu-dit des Trois-Frères. Deux jours plus tard, une nouvelle éruption hors enclos, au-dessus du piton de Takamaka, éclate à seulement 1 000 m d'altitude. Une coulée traverse la route nationale dans l'après-midi, et une autre emporte 8 maisons sur son passage, encerclant une école. Personne ne se trouve à l'intérieur, bien sûr (aucune éruption de la Fournaise n'a été meurtrière) : les coulées sont lentes (de 5 à 6 km/h), et les occupants ont eu le temps d'être évacués.

Mais trois jours plus tard, l'émotion est à son comble : la nationale se fissure, des fumées s'en échappent. Une coulée de lave se fraye un chemin par dessous, et jaillit par une bouche éruptive entre route et mer. On n'avait jamais vu une éruption à si faible altitude. Journalistes et scientifiques se pressent sur les lieux pour capturer des images incroyables de ces monticules de lave (2 millions de m^3) qui se déversent dans la mer bouillante pendant 8 jours, modifiant le profil de la côte entre la pointe Delcy et la pointe de la Table.
Sur le site, de vastes panneaux expliquent les origines de la coulée et l'activité du volcan, montrant bien la forme en fer à cheval de la zone volcanique, et invitant les visiteurs à marcher sur les 30 hectares qui ont agrandi la pointe de la Table. Un spectacle d'autant plus impressionnant que la nature n'a pas perdu de temps pour reprendre ses droits : la surface est déjà couverte de vacoas de plusieurs mètres de hauteur ! Du parking du Puits-des-Anglais, on peut marcher sur la plateforme de lave qui s'est jetée dans la mer et rejoindre la RN2. Compter 2h de marche.

■ LE PUITS-ARABE

A 4 km au nord de Saint-Philippe, sur la droite.
Vestige d'une époque révolue, ce puits architecturalement similaire à ceux que l'on creusait autrefois en Arabie a longtemps accrédité la thèse selon laquelle les Arabes auraient connu et conquis l'île de La Réunion dès le VIIIe ou le IXe siècle ; thèse avancée par un égyptologue mal renseigné. Des études plus récentes ont prouvé qu'il s'avère que, en réalité, le puits fut commandé par l'administration coloniale au XIXe siècle. Beaucoup de bruit pour une simple excavation carrée, dont les 42 marches sculptées dans la lave descendent jusqu'à la nappe phréatique (10 m de profondeur d'eau). La source fut tarie en 1986, suite à une éruption.

■ VANILLE DE SAINT-PHILIPPE, 100% REUNION

48 route nationale
Le Baril
✆ 02 62 37 12 45 / 06 92 68 38 27
nathalie-leichnig@wanadoo.fr
Du lundi au vendredi de 10h à 17h.
N'hésitez pas à vous arrêter ici, face à l'école du Baril, après la supérette et l'église de Basse-Vallée, pour acheter de la vanille locale, dans ce petit kiosque authentique et accueillant.

Sports – Détente – Loisirs

■ RANDONNÉE À LA COULÉE DE TAKAMAKA

10 km, 5h aller-retour. Assez difficile.
Le sentier commence au lieu-dit de Takamaka, peu avant Le Tremblet. C'est une randonnée sur des gratons de lave, il faut prévoir des chaussures solides, et de l'eau. On traverse toute la coulée par la ravine de Takamaka, jusqu'au piton de Takamaka à environ 1 000 m d'altitude, et l'on redescend par la ravine des Citrons-Galets. On peut aussi continuer plus haut, mais là, il faut emporter plus d'équipement : blouson épais, nourriture, couverture de survie, et pourquoi pas votre tente. Comptez alors 8 à 10h pour rejoindre la route à la plaine des Sables ou au pas de Bellecombe, et surtout un dénivelé de 2 400 m ! Ce parcours du GR R2 était aussi le premier tronçon de la « Diagonale des Fous » ou Grand Raid, cette course annuelle qui part aujourd'hui de Saint-Pierre et se termine… au stade de La Redoute à Saint-Denis. La première étape s'effectue à 1 811 m d'altitude, au nez du Tremblet, d'où le panorama sur le piton de la Fournaise est superbe. Mieux vaut y arriver aux premières lueurs du jour, et l'apprécier en se disant que le plus dur est fait. Le sentier grimpe ensuite moins raide et, environ 6 km plus loin, à 2 300 m d'altitude, sur la gauche, une variante du GR R2 permet de redescendre sur la Vallée-Heureuse, puis sur Basse-Vallée. Il fait froid, le soleil se lève peu à peu pendant qu'on longe la crête de l'enclos Fouqué, en tournant autour du volcan. On arrive enfin sur la plaine des Sables, superbe au petit matin, et plus loin au pas de Bellecombe.

LE GRAND-BRÛLÉ

Après le rempart du Tremblet, le paysage change radicalement : on entre dans le pays du Grand-Brûlé. Ce rempart, au sud, ainsi que celui de Bois-Blanc, au nord, délimitent cette région, qui fait partie de l'enclos Fouqué, la zone de déjection des laves du piton de la Fournaise. C'est une terre de lave ou pousse une vegetation etrange, constamment battue par la pluie : nous sommes à la porte d'entrée de cet Est « au vent » qui prend de plein fouet les alizés. Personne n'habite au Grand-Brûlé, où il n'existe aucune construction. Cette forêt vierge, entrecoupée de coulées de laves plus ou moins anciennes, dégage une ambiance de fin du monde.

Exploration des tunnels de lave

Cette activité qui fait l'objet d'un engouement assez récent, consiste à découvrir les tunnels de lave, ces couloirs naturels formés par lors de l'écoulement de la lave en fusion. Un univers mystérieux, sombre et parfois humide, mais fantastique de formes improbables et de couleurs éblouissantes une fois illuminé. Des banquettes, des colonnes, des animaux, des stalactites et des stalagmites apparaissent au cours de la progression dans les entrailles de la Terre.
Les teintes varient du jaune brillant au rouge vermillon en passant par le gris métallique et le noir le plus profond. Ces boyaux peuvent courir sur des kilomètres, s'ouvrant sur l'extérieur une ou plusieurs fois, ils peuvent avoir quelques années comme plusieurs siècles, s'ouvrir sur des salles ou se rétrécir au point de devoir passer à quatre pattes.
Il y a deux façons d'explorer les tunnels de lave : l'indépendante et l'officielle. L'indépendante est envisageable avec un minimum de prudence, comme dans tout milieu naturel : pensez à vous équiper de chaussures fermées, de vêtements couvrants (l'eau suinte dans les tunnels), de gants, d'un casque, de l'eau et surtout (le plus important), d'une lampe fiable avec des piles de rechange ou mêmes des bougies de secours. Ne partez jamais seul et prévenez quelqu'un en surface de votre départ, car là-dessous, personne ne vous entendra crier et il n'y a pas de réseau ! Une fois ces précautions essentielles respectées, l'expédition reste faisable et du reste, parfaitement autorisée (ou plutôt, pas encore interdite...). Nul besoin de ramper ou d'escalader, c'est accessible à tous et pour ceux qui se poseraient la question, aucun risque de tomber sur une coulée de lave chaude !
Comment trouver les tunnels ? Difficile de vous indiquer précisément, d'autant qu'il y en a dans l'Enclos tout comme dehors. Les indications des uns et des autres peuvent vous aider à trouver, tout comme cet excellent site qui en recense de nombreuses : http://randopitons.free.fr
La façon officielle vous délestera de quelques deniers mais s'avèrera nettement plus pratique. Trois prestataires, dont le célèbre Roby, qui a lancé les circuits, et Ludovic, qui l'a suivi peu après, organisent tout pour vous. Rendez-vous pris à Saint-Philippe avec vos chaussures et vêtements couvrants, les prestataires s'occupent du matériel, et surtout connaissent par cœur les tunnels les plus intéressants... et leurs entrées !

Coulée de Takamaka.

JUANITO BOYER
1 RN 2
Le Tremblet
SAINT-PHILIPPE
✆ 02 62 98 91 85
✆ 06 92 92 14 34
Visite des tunnels à 45 € par personne pour une durée de 3 heures.
Juanito Boyer est un « marmaille la cours », entendez un enfant du pays, qui connaît Saint-Philippe et ses tunnels de lave comme sa poche. Guide de montagne, il arpente ces tunnels depuis plusieurs années et vous fera découvrir des sites exceptionnels. Prévoyez des vêtements longs (idéalement un jean), des chaussures fermées et de l'eau. Les

Coulée de Takamaka.

équipements de sécurité sont fournis (gants, casque, frontale, genouillères). N'oubliez pas votre appareil-photo !

■ REUNION MER ET MONTAGNE
65, Résidence Marie-Galante
33 chemin de la Caverne
SAINT-GILLES-LES-BAINS
✆ 06 92 83 38 68
www.reunionmeretmontagne.com
ludo.concept@orange.fr
Comptez 50 € par personne la demi-journée.
Ludovic Marconnot, accompagnateur en montagne et diplômé de spéléologie, vous propose des randonnées extraordinaires sur terre comme en dessous ! Venez découvrir l'intérieur de l'île littéralement en parcourant ses entrailles par les tunnels de lave, ces couloirs naturels que laisse la lave en s'écoulant et dont l'exploration fait l'objet d'un engouement assez récent. Ludovic et son équipe y organisent des sorties, accessibles à tous, du côté de Saint-Philippe, en petits groupes de 4 à 6 personnes. Emportez des vêtements couvrants et des chaussures fermées, les gants, la lampe et le casque sont fournis. Réunion Mer et Montagne organise aussi vos randonnées à la journée, notamment Mafate par la rivière des Galets, avec retour à pied ou en hélicoptère avec Helilagon (6 personnes minimum). Ludovic vous donnera les clés de l'intérieur de l'île grâce à ses connaissances historiques, botaniques, géologiques… et peut gérer la logistique de randonnées de plusieurs jours (itinéraires, hébergement, restauration…). Un professionnel reconnu sur l'île.

■ VINGT MILLE LIEUES SOUS LES LAVES
✆ 06 92 16 20 90
www.tunnelsdelave.re
Compter 50 € par personne. Bloquer une demi-journée pour le périple. Minimum 4 personnes. Rendez-vous de départ : Saint-Philippe.
Cette randonnée insolite organisée par Roby Soriano, célèbre guide dans le cirque de Cilaos, mène dans les entrailles du piton de la Fournaise. En entrant dans les cavernes et les tubes de lave formées par les éruptions récentes, refroidies, on parcourt près de 2 km sous la lave, on repassant plusieurs fois à l'air libre. Le périple commence ou s'achève par une visite des bas du volcan, et peut même parfois se poursuivre autour d'un bon repas créole dans un restaurant avec Roby. 20 000 lieues sous les laves est même passé au JT national. A découvrir absolument !

C'est justement après le rempart du Tremblet qu'on en prend le plus conscience. Le mieux est alors de garer sa voiture, même si c'est assez malaisé. Car d'une part, c'est d'ici qu'on a le meilleur panorama sur l'ensemble du Grand-Brûlé, avec les Grandes Pentes du volcan jusqu'à son sommet, s'il est dégagé. D'autre part, c'est de là qu'on admire la coulée la plus intéressante : celle de 2007, la plus récente, la dernière à avoir atteint la mer, et surtout la plus massive depuis des lustres.

Coulée de 2007. Il faut reprendre la voiture quelques centaines de mètres (ou marcher) pour s'arrêter, cette fois, directement sur la coulée. Liée à « l'éruption du siècle », cette coulée a englouti en 2007 la route sur plus d'un kilomètre de longueur et 50 mètres d'épaisseur. Encore « vivante », les couches de cette lave refroidie s'affaissent, déformant ainsi la chaussée.
Attention à la marche sur les gratons, ils sont très coupants, il faut éviter de marcher dessus avec de mauvaises chaussures et surveiller les enfants. De manière générale, il n'y a rien à faire à s'aventurer sur les laves depuis la Route des Laves et aucun sentier ne parcourt le Grand-Brûlé.

Autres coulées. Après la coulée de 2007, la forêt se fait très dense. On en ressort uniquement en arrivant sur la coulée suivante. Les autres coulées sont nettement moins impressionnantes : moins massives, mais surtout plus anciennes donc froides et reconquises par la végétation. Chaque coulée est marquée d'une borne indiquant son année, et la route monte dessus comme un gros dos d'âne. Certaines ont donné lieu à la formation de lavatubes, ces tunnels formés par les laves en se refroidissant ; il est possible d'explorer ces tunnels, seul ou avec un prestataire, une véritable aventure spéologique volcanique !
En 1852, Henri Hubert-Delisle fait mettre une borne commémorative marquant la frontière entre la commune de Saint-Philippe et celle de Sainte-Rose au milieu du Grand-Brûlé ; elle sépare aussi la partie « au vent » de la partie « sous le vent » de l'île. Mais la borne fut engloutie par la lave en mars 2001. Seule, un peu plus loin, sur le bord de la route, la Vierge au parasol veille sur les humains et semble les garder des accès de colère du volcan. C'est un planteur qui la fit venir de Saint-Denis en char à bœufs, afin qu'elle protège ses plantations de vanille des coulées de lave. Un parasol abrite la madone bleue des intempéries, d'où son nom. On lui apporte d'innombrables fleurs, on accroche des ex-voto à son socle. Elle fut engloutie en 1961 (pas de miracle !) par la lave, puis reconstruite un peu plus loin vers Bois-Blanc. En 2002 et 2005, la lave emporta tout le site. Heureusement, la statue de la Vierge put être déboulonnée à temps, à chaque fois ! Chaque 15 août, des pèlerins s'y retrouvent. Mais en 2015, la statue a, à nouveau, été la cible de malveillance. Elle a été retirée pour être restaurée, et à l'heure où nous écrivons ces lignes, elle n'a toujours pas retrouvé son socle.

EST

Cascade Niagara, une halte rafraîchissante à Sainte-Suzanne.

Est

Appelée « côte au vent » car elle n'est pas protégée par les remparts montagneux, la belle côte Est s'offre de plein fouet aux alizés. Il y pleut davantage qu'ailleurs, d'où une végétation humide et épanouie, surtout de Sainte-Rose à Sainte-Anne. Le littoral, constitué de falaises de basalte peu propices à la construction, a été complètement préservé des assauts du modernisme. Pas de lagon, donc pas de plage ! La côte Est offre un habitat de cases noyées dans la verdure, souvent minuscules, colorées, avec un auvent ourlé de lambrequins, mais aussi, vers Saint-Benoît, d'anciens domaines créoles au bout d'immenses allées de cocotiers. Cette région, battue par la houle et les tempêtes, est bardée de falaises inhospitalières, tandis que le sol y est fertile : c'est, pour les premiers explorateurs qui la découvrent en arrivant de Saint-Denis, « le Beau Pays ». Les villes de Saint-Paul et Saint-Denis ont été choisies pour leur mouillage aisé ; le Beau Pays, quant à lui, offre de vastes plaines idéales pour la culture de la canne à sucre. La région reçut tout d'abord les immigrants indiens engagés venus travailler dans les champs. Aujourd'hui encore, une grande partie de la communauté tamoule habite dans l'Est. Saint-André, capitale de cette « indianité », possède plusieurs temples intéressants à visiter. L'Est sent aussi la vanille. C'est ici que fut découvert en 1841 le procédé de fécondation utilisé encore partout dans le monde pour la fabrication de la vanille naturelle. Il faut visiter la coopérative de vanille de Bras-Panon pour voir les artisans la préparer selon les méthodes originelles. Là-bas, la côte est sauvage, belle et exubérante. Sur les pentes du volcan, la vivacité des teintes des fleurs et des cases en tôle contraste avec la noirceur des pitons basaltiques à peine recouverts par la végétation. Quand ce n'est pas le contraire ! Le volcan a déjà, plusieurs fois dans l'histoire, versé ses coulées de lave en fusion sur les villages qui avaient le malheur de se trouver sur son chemin, comme à Piton-Sainte-Rose. Il est conseillé de passer une ou deux nuits dans l'Est, voire plus longtemps ! Il ne faut pas penser que votre séjour sera forcément gâché par la pluie, ce qui décourage parfois le tourisme, assez peu développé dans l'Est. Car, s'il est vrai que l'Est bat des records mondiaux de pluviométrie, la région est divisée entre de nombreux micro-climats, comme partout à la Réunion,. Ainsi les Hauts de Sainte-Rose atteignent, certes, des records, mais loin s'en faut des autres villes, d'autant que la pluviométrie est toujours plus élevée sur les hauteurs que dans les bas. Enfin une forte pluviométrie signifie souvent des pluies plus intenses mais brèves. L'Est est aussi délaissé pour son absence de plages, mais regorge de bassins pour la baignade, souvent aussi sauvages que spectaculaires (la Mer, la Paix), de cascades (Niagara, Biberon…) et de rivières (des Roches, des Marsouins) que l'on peut dévaler en kayak, raft, randonnée aquatique. Côté balades, l'Est offre des paysages sauvages et presque vierges, comme Grand Etang ou Takamaka. De l'Est, vous gagnerez les plaines et Salazie en un clin d'œil, par de belles routes tout en virages, dans un environnement vert et ruisselant. L'Est regorge de chambres, gîtes et tables d'hôtes bon marché, authentiques et souvent spacieux, dans une pleine nature exubérante, en bref l'antithèse de Saint-Gilles, tout comme pour la vie nocturne… le calme plat ! Les jeunes bougent à Saint-Denis voire jusqu'à Saint-Pierre. Un passage dans cette région plus agricole que touristique permettra ainsi une découverte culturelle de l'île, entre Saint-Benoît et Saint-André, complétée ensuite par les paysages éclatants et spectaculaires que l'on peut admirer entre Sainte-Rose et Saint-Benoît.

GRAND-BRÛLÉ À SAINTE-ROSE

En venant du Grand Brûlé, on arrive dans la commune de Sainte-Rose, assez étendue puisqu'elle couvre une bonne partie du volcan. Cette région dépend surtout de la grande ville de l'Est, Saint-Benoît. Entre Saint-Philippe et Sainte-Rose, les paysages se succèdent rapidement. Après la traversée spectaculaire du Grand-Brûlé, les coulées de lave forment des trouées dans la végétation et égrènent leurs rochers noirs, gris ou marrons, au milieu des forêts, ponctuées de quelques maisons, qui risquent à tout moment d'être emportées par la lave : en effet, des éruptions « hors enclos » se sont déjà produites, dont la plus mémorable, à Piton-Sainte-Rose en 1977. Sur la montagne, à la hauteur du site de la Vierge au parasol (retirée début 2015 suite à des actes de vandalisme), le rempart de Bois-Blanc marque la fin de l'enclos du volcan.

BOIS-BLANC

C'est le premier hameau que la N2 traverse après les terres hostiles du Pays-Brûlé. On vit ici proche du volcan, qui ne sommeille jamais très profondément. Il a d'ailleurs failli brûler le charmant village de Bois-Blanc en 2002 ! La forêt de bois de couleur de ce bourg pousse sur les anciennes coulées de lave. Mais en 1952, l'exploitation de ce bois (blanc) rare aboutit à sa quasi-extinction. Aujourd'hui, la forêt est sauvegardée. On peut la visiter avec un guide (GIE réunion Vert Bleu). De Bois-Blanc, on peut aussi prendre la D57, et explorer les Hauts de Sainte-Rose : la forêt Mourouvin, le Brûlé-Mourouval, entrecoupés de coulées de lave plus ou moins anciennes.

ANSE DES CASCADES

Deux kilomètres après le village de Bois-Blanc, la route de l'anse des Cascades est indiquée sur la droite. Elle descend sur 2 km vers un petit port de pêche au pied d'une falaise parcourue de chutes d'eau. Agréablement aménagé autour de plusieurs kiosques et d'un restaurant ouvert depuis plus de 50 ans, ce charmant site est envahi, chaque week-end, par les Réunionnais qui viennent y pique-niquer. Prisée pour la fraîcheur de ses cascades, l'anse des Cascades est aussi un adorable petit port planté de palmistes, où l'on rencontre des pêcheurs qui vendent le fruit de leurs sorties en mer : macabit, thon, poisson rouge, zomar... De l'anse des Cascades, il y a un chouette sentier qui rejoint Piton-Sainte-Rose, en deux bonnes heures. Le chemin débute au milieu des fougères, sous les filaos et les vacoas, puis longe la côte. Par endroits, le sol est recouvert de lave solidifiée. On peut aussi monter dans les Hauts de Sainte-Rose, par la D57, réputé comme étant l'un des villages les plus pluvieux du monde, avec plus de 12 m d'eau par an, et des déluges en période cyclonique... La forêt de Mourouvin, toute proche, est par ailleurs un bel exemple de forêt tropicale. La route des Hauts grimpe à 500 m d'altitude et longe la ligne de niveau pour redescendre peu après Piton-Sainte-Rose.

■ **RESTAURANT L'ANSE DES CASCADES**
6, chemin des Cascades
✆ 02 62 47 20 42 / 06 92 15 14 55
Ouvert tous les midis, sauf le vendredi. Buffet à volonté à 12 € en semaine. Le week-end et jours fériés : plats à la carte de 12 € à 38 €.
Un joli restaurant qui fait la part belle au palmiste, planté au cœur de la palmeraie du site, et donc idéal pour profiter du superbe cadre de l'Anse des Cascades tout en savourant les spécialités du coin. Une bonne cuisine créole traditionnelle, plusieurs fois primée, ainsi que des plats chinois et des grillades. Ouvert depuis 1963, c'est une histoire familiale, il est très fréquenté par les locaux en balade dominicale, surtout depuis sa réfection en 2013. On s'attable dans la grande salle avec vue sur la mer ou en terrasse, avec vue sur la palmeraie, au son des cascades et de la mer.

PITON SAINTE-ROSE

A Piton-Sainte-Rose, tout le monde vous racontera que l'église orange et grise de Notre-Dame-de-la-Lave, visible sur le bord de la RN2, a été la seule rescapée de la coulée qui, en 1977, la cerna, sans pénétrer à l'intérieur, alors qu'elle avait envahi le hameau tout entier. Les vitraux ont volé en éclats sous l'effet de la forte température et les bancs se sont consumés. La coulée, issue d'une éruption hors enclos (la première depuis 1800), descendit à vive allure le 8 avril, et les autorités décidèrent d'évacuer les 2 500 habitants. Une première vague de lave, large de 500 m, engloutit une douzaine de maisons ainsi que la gendarmerie (qui dut déménager ses archives au pas de course), et termina sa descente dans la mer, cuisant quelques centaines de poissons au passage... Deux jours plus tard, une autre coulée dévala à 80 km/h vers Piton-Sainte-Rose, traversa le village et, miracle ou hasard, s'arrêta net devant la porte de l'église ! C'est dire la dévotion dont elle fait maintenant l'objet... Restauré en 1982, le lieu de culte a été rebaptisé Notre-Dame-des-Laves en hommage à cette incroyable aventure. En 2004, l'érosion a fait son œuvre et la route a été reconstruite, mais on distingue nettement les rubans de pierre que la coulée a laissés de part et d'autre de l'église. Des marches taillées dans la lave permettent d'accéder au portail. Avant d'entrer, vous verrez peut-être sur le bord de route (avec un peu de chance, car elle est souvent déplacée) la fameuse statue de la Vierge au parasol, veillant paisiblement sur ses fidèles.

ÉGLISE NOTRE-DAME-DES-LAVES

RN2

Visite de l'église en journée.

Mythique à La Réunion, l'église de Notre-Dame-des-Laves porte bien son nom puisqu'une coulée de lave s'arrêta à ses pieds en avril 1977. Le village entier porte encore les traces de cette colère du volcan. Un site que l'on ne peut rater en sillonnant la RN2, mais dont la présentation historique demande à être refaite.

SAINTE-ROSE

La marine de Sainte-Rose, protégée par de grosses pierres noires, n'est pas propice à la baignade, mais aux pique-niques du dimanche. A droite de l'obélisque, un chemin vous y mène en sillonnant le bord du littoral. Le petit port aménagé est l'aboutissement d'un désir vieux de plus de 150 ans. Il ne faut pas oublier que la commune vit surtout de la mer, et notamment de la pêche, toujours miraculeuse sur cette portion de côte. La spécialité culinaire de Sainte-Rose est d'ailleurs le cari de poissons rouges. Délimitée par le Grand-Brûlé et la rivière de l'Est, la ville est habitée depuis 1727, appartenant dans un premier temps au quartier de Sainte-Suzanne (qui englobait presque tout l'Est) puis à celui de Saint-Benoît. Elle devient commune en 1790 et se développe comme lieu stratégique de défense contre les Anglais. Ces derniers, ayant installé une base à Rodrigues, font au début du XIXe siècle des reconnaissances du côté de Sainte-Rose, afin de maintenir un blocus sur La Réunion et Maurice. La ville, qui résiste une fois victorieusement contre les Britanniques en 1809, est le théâtre d'une des batailles les plus fameuses de la conquête anglaise.

L'agriculture de la ville se développe vite, mais Sainte-Rose reste isolée du Beau Pays (le Nord) et de Saint-Benoît par la rivière de l'Est, jusqu'à la construction de son magnifique pont suspendu, en 1895, sur lequel vous pourrez vous promener. Sainte-Rose est surtout réputée pour ses poissons, thons, vivaneaux, rouges… que l'on peut déguster en cari, ou bien admirer en plongée sous-marine. C'est en effet un des rares sites de plongée (réservés aux plongeurs aguerris) situés hors de la barrière corallienne de la côte Ouest.

Transports

GARE ROUTIÈRE DE SAINTE-ROSE

Il n'y a plus de gare à proprement parler. Deux lignes du réseau Estival (48 et 49) desservent Saint-Rose et ses environs immédiats (Saint-Benoît, Pont-Suspendu, Petit-Brûlé). Pour les grandes villes, cars jaunes : ligne S1 (par Saint-Philippe).

Se loger

FERME AUBERGE LA CAYENNE

317 RN2

Ravine-Glissante

✆ 02 62 47 23 46

www.ferme-auberge-lacayenne.fr

6 chambres doubles avec terrasse et vue sur la mer : 45 €. Petit déjeuner 5 €. Repas : 25 € par personne, midi et soir pour les hôtes.

Située en face de la balance à canne à sucre de Sainte-Rose, à 1,5 km du village, une des meilleures fermes-auberges de La Réunion. Au cœur d'une végétation luxuriante, sur une terrasse avec vue sur l'océan, on y déguste des spécialités créoles, composées des produits de la ferme : gratins de ti'jacque, de papayes, de brèdes, cabri massalé, pintade au combava, canard aux bananes vertes, poulet palmiste… Jus de fruits maison. Dans le jardin s'ébattent poneys et moutons. Les Narayanin ont également 6 coquettes chambres d'hôtes dans un bâtiment annexe. Très renommé, le lieu a reçu Margie Sudre mais aussi le spationaute Jean-Loup Chrétien, une miss Monde, le maire de Mâcon, et on en passe !

GÎTES CANA SUC

219 RN2 Les Bambous

✆ 02 62 47 23 52 / 06 92 77 81 96

www.canasuc.re

noulela@canasuc.re

Chambre pour 2 personnes à 80 € petit déjeuner inclus. Gîtes Vert Natte ou Bleu Teck à 250 € par week-end (2 nuits) et 490 € par semaine (7 nuits). Petit déjeuner à 10 € par personne et par jour.

Le domaine de 2 hectares vous surprendra. Bien qu'au bord de la RN2, vous serez pourtant coupé du monde en entrant dans ce lieu unique. Grand domaine de la famille De Villiers, le jardin offre un cadre paisible et luxuriant pour se reposer quelques jours et découvrir les charmes de la côte Est. Deux gîtes vous permettent de vous sentir comme chez vous. Ils ont chacun une kitchenette, un salon avec TV et deux chambres. Le gîte Vert Natte, notre coup de cœur, vous séduira par ses meubles en bois de natte et en tamarins des Hauts. La chambre Violet Champac semble être réservée aux couples, avec son grand lit à baldaquin et son esprit cocooning.

OCEAN INDIEN
OCEAN INDIEN
2 km
Curiosité
Sommet
Relief
SAINTE-SUZANNE
Les Trois Frères Marine
Cascade Niagara
N2
Bois Rouge
La Vigne
D51
Quartier-Français
L'Etang
agatelle
Colosse
Commune Ango
Cambuston
Pointe du Champ Borne
Bassin Bœuf Cascade
Deux-Rives
SAINT-ANDRE
Le Champ Borne
Bras des Chevrettes
La Cressionière
Dioré
Rivière du-Mât
Riv. du Mât
Pointe de la Rivière du Mât
D48
L'Escalier
N2
Bras-Panon
Gorges
Plateau de Belouve
ALAZIE
Voile de la Mariée
La Rivière des Roches
Trou de Fer
Beauvallon
Pointe du Bourbier
Cascade du Chien
Bassin de Paix
Bourbier
FORET DOMANIALE DE LA PLAINE DES LIANES
Abondance
Bethléem
SAINT-BENOIT
l'Oasis
Bras Canot
D53
Riv. des Marsouins
Beaufonds
Confiance
N2
Takamaka
Chemin de Ceinture
Sainte-Anne
Ilet Bananes
Cascade
N3
Etang
Cascade Biberon
Cambourg
Pointe de Bonne Espérance
La Plaine des Palmistes
Pont Suspendu de la Rivière de l'Est
SAINTE-ROSE
1er Village
La Petite Plaine
N2
Les Bambous
N3
LA PLAINE DES PALMISTES
Forêt de Mourouvin
Piton Ste-Rose
N. D. des Laves
Bras des Calumets
Rivière de l'Est
D57
Col de Bellevue 1606 m.
Le Piton de l'Eau
Sculptures
vers Bourg-Murat
Hauts de Ste Rose
Piton Textor
RF 5
Bellecombe 2311 m.
Anse des Cascades
Cratère Commerson
Nez de Bœuf
Plaine des Osmondes
Forêt de Bois Blanc
N2
Vierge au Parasol
Pointe Crac
Morne de Langevin
Route du Volcan
Formica Léo
Cratère Brûlant ou Dolomieu
Piton de la Fournaise 2632 m.
Roche Plate
Plaine des Sables
Cratère Bory
Coulée de Lave 2005
Rivière des Remparts
Grand Coude
ENCLOS FOUQUE
Le Grand Brûlé
re-Dame la Paix
N2
Pointe du Tremblet
Grand Galet
Riv. Langevin
Nez Coupé du Tremblet
Saint Philippe
D33

Les immanquables de l'Est

- **Les couleurs éclatantes du paysage,** du vert tendre de la canne au rouge sombre de la terre en passant par le bleu intense de l'océan et les teintes joyeuses des cases.
- **Descendre les rivières,** se baigner dans les nombreux bassins et cascades.
- **Visiter les temples tamouls.**
- **Se perdre dans les champs de canne à sucre.**
- **Visiter la coopérative de vanille**.
- **Apprécier le miracle** de l'église Notre-Dame-des-Laves de Piton-Sainte-Rose.
- **Se détendre** à l'Anse des cascades.
- **Découvrir le magnifique pont suspendu** de Sainte-Rose.
- **Admirer** la façade de l'église Sainte-Anne.

■ HOTEL-RESTAURANT LA FOURNAISE

154 RN2
✆ 02 62 47 03 40 – www.hotellafournaise.fr
hotellafournaise2@wanadoo.fr
Chambre standard 69 €, familiale 94 €. Petit déjeuner 10 €. Demi-pension 30 €. Restaurant ouvert tous les soirs de 19h à 20h30.

Cette imposante bâtisse blanche du XVIIIe siècle, imprégnée d'un souffle de nostalgie, d'un air de grandeur déliquescente, abrite le seul hôtel de Sainte-Rose, et donc la seule véritable alternative pour ceux qui ne souhaitent loger ni en chambre d'hôtes ni en gîte ou en meublés de tourisme. On ne s'étonne donc pas trop si La Fournaise se permet un léger laisser-aller au niveau de son entretien et de son style (un peu daté). Avec ses 23 chambres spacieuses, confortables, climatisées, télévisées et dotées d'une salle de bains privée – sans mentionner ses belles pelouses, sa splendide vue sur la mer (on en oublie presque le bruit des voitures qui sillonnent la nationale en contrebas), sa grande piscine et son impressionnante varangue aux arcades grandioses – cette adresse garde un bon rapport qualité-prix, au cadre unique et charmant. Grand parking privé et wi-fi dans la bibliothèque.

■ MATILONA

84 chemin du Petit-Brûlé
✆ 06 92 85 86 86
matilona.monsite-orange.fr
Chambre double 60 €, petit déjeuner inclus. 60 € le studio pour 2. Tarifs dégressifs sur la durée. Table d'hôtes sur réservation, 30 € le repas pour adulte.

Ne vous fiez pas à la façade un brin négligée de cette propriété familiale, située à deux pas du centre-ville de Sainte-Rose : elle abrite en réalité l'une des meilleures adresses de la ville. Deux chambres doubles sont situées dans la case des hôtes. Lumineuses, lambrissées, meublées de beau bois, et finement décorées tout en couleurs pastel, elles sont dotées d'une salle de bains privative, d'une télévision à écran plat et d'une moustiquaire. Elles se partagent aussi une cuisine américaine spacieuse et un vaste salon, avec bibliothèque, billard, et un coin TV molletonné de grands canapés blancs. Tous les convives sont invités à se prélasser dans le jardin fleuri, sur une chaise longue, au fond d'un hamac ou sous le kiosque à pique-nique, ou bien à barboter au bord des deux bassins de la belle piscine arrondie. L'ensemble, très confortable, jouit d'un excellent rapport qualité-prix. Sans mentionner l'accueil chaleureux et la table d'hôtes savoureuse. Accès wi-fi.

À voir – À faire

■ PONT SUSPENDU DE LA RIVIÈRE DE L'EST

Voici une halte traditionnelle à ne pas rater sur la route de l'Est. Ce pont suspendu de 150 m de long était à son époque un des plus longs du monde. Commencé en 1867, il ne fut achevé qu'en 1894 et fut une avancée considérable évitant le passage périlleux par des passerelles sur les bras changeants de la Rivière de l'Est. Il est classé monument historique depuis 2014. On peut aujourd'hui le franchir à pied, en admirant au passage le vertigineux point de vue sur la rivière et l'océan, ou le photographier depuis le nouveau pont, une arche de béton ouverte en 1979.

Visites guidées

PLANTATION VANILLA-BOURBON
Petit Brûlé
✆ 06 92 15 76 37
www.vanille-reunion.fr
plantationvanillabourbon@yahoo.com
Dans les hauteurs, à 300 mètres d'altitude au niveau du faubourg du Petit-Brûlé, à l'entrée de Sainte-Rose en venant de Saint-Benoît. Mais mieux vaut se faire préciser le chemin exact.
Comptez 2h de visite, 7 € par adulte, 5 € enfant de moins de 12 ans. Réservation obligatoire. Chaussures de marche conseillées. Visites à 9h et 13h du lundi au samedi.
Visitez cette exploitation de vanille en pleine nature, sur les pentes du volcan ! Ici, Maryse Mounier vous présentera sa forêt primaire, aux nombreuses espèces endémiques, sur lesquelles elle a fait grimper plus de 5 000 lianes de vanille sur 4 hectares. Pas un bâtiment ou une machine sur les lieux, ici tout est naturel et artisanal, dans un espace classé. La visite se fait le long d'un circuit balisé, ponctué d'explications instructives et de panonceaux, parfois sous l'œil observateur d'un tec-tec, oiseau endémique de la Réunion : plantation, fécondation, transformation et les principales variétés de vanilliers. La vanille est ensuite traitée et conditionnée ailleurs, mais la production est proposée à la vente. La visite s'achève sur une présentation d'autres espèces locales, comme le café, le combava, ainsi que quelques centaines de papayers.
Un coin pique-nique est à disposition. Une visite appréciée notamment pour le côté nature et les explications de Maryse, véritable passionnée.

SAINTE-ROSE À SAINTE-SUZANNE

Entre Sainte-Rose et Sainte-Anne, la route est somptueuse. Dans un décor sauvage et vertigineux, deux ponts enjambent la rivière de l'Est : le nouveau pont, situé en amont, et le pont suspendu, vieux de plus d'un siècle. Jusqu'en 1842, le passage d'une rive à l'autre se faisait à gué, par un sentier à flanc de ravine. On construisit ensuite un premier pont suspendu, qui ne survécut ni aux caprices de la rivière de l'Est ni à une incroyable crue qui engloutit tout sur son passage. On le remplaça 42 ans plus tard en 1884 par un pont suspendu imposant, tout en basalte, en bois et en acier, à 42 m au-dessus du lit de la rivière. Longue de 106 m, cette ambitieuse réalisation a fonctionné jusqu'en 1979, date de l'ouverture du nouveau pont. Aujourd'hui, des parkings ont été aménagés des deux côtés du pont pour permettre aux visiteurs de se promener le long de cette immense passerelle et d'en admirer la vue, étonnante.

SAINTE-ANNE

A 10 km au nord de Sainte-Rose, à la fin des derniers lacets pour redescendre du pont de la rivière de l'Est, le village de Sainte-Anne possède une église inattendue à La Réunion. La luxuriance de la nature trouve ici sa réplique dans la décoration florale, exubérante de son clocher et de sa magnifique façade baroque : angelots, guirlandes fleuries et grappes de vigne, choux frisés, tourelles et soleils moulés dans le ciment.
Elle est le fruit du travail d'enfants et de paroissiens, sous la houlette d'un maître d'œuvre alsacien, le père Daubenberger, fils d'architecte, arrivé au début du siècle à Sainte-Anne.
Dans son atelier de décoration, les enfants déployèrent leur créativité spontanée pour orner l'intérieur de la nouvelle chapelle, dédiée à sainte Thérèse. La fantaisie des fleurs et des feuillages, des angelots roses, bleus, verts et jaunes, contraste avec la sobriété de la nef principale et son toit de tôle. Construite de 1921 à 1946 et en cours de restauration, elle est classée aux Monuments historiques. Elle servit de décor pour le tournage du film *La Sirène du Mississippi*, de François Truffaut, avec Catherine Deneuve et Jean-Paul Belmondo. Au coucher du soleil, sa façade se teinte de rose pastel.
Le village connaît une histoire similaire à ses voisines de la région : il fut d'abord un grand centre de production de plantes à épices et à parfums, la vanille, la muscade, le girofle. Mais ces cultures variées ont été rapidement supplantées par la canne à sucre, comme partout. Aujourd'hui, c'est une bourgade paisible de 6 000 habitants, qui appartient à la commune de Saint-Benoît, et où il fait bon plonger dans l'eau glacée du superbe bassin bleu.

Pratique

■ OFFICE DE TOURISME DE SAINTE-ANNE / SAINT-BENOÎT

Place de l'Eglise
✆ 02 62 47 05 09 / 06 92 60 37 68
info@oti-est.re
Ouvert du lundi au samedi de 9h à 12h30 et de 13h30 à 17h.
Très dynamique et accueillant, cet office regorge d'idées et de suggestions pour vous faire découvrir Saint-Benoît et ses environs.

Se loger

■ LA CASE BASSIN BLEU

6, chemin Moreau
✆ 06 92 70 26 04
lacase.bassinbleu@gmail.com
Location de vacances à partir de 297 €, chambre d'hôtes à 69 € par nuit pour deux personnes avec petit déjeuner inclus.
Une vraie maison créole, en bois sous tôle, pour votre location de vacances. Le couple de propriétaires vous accueille dans cette maison traditionnelle (attention, le plafond est bas) pour un séjour convivial. La maison peut accueillir jusqu'à 6 personnes et dispose d'un salon avec TV, d'une cuisine équipée et de trois chambres. Pour un couple qui reste moins d'une semaine, la chambre d'hôtes intégrée au domicile familial (donc une vraie chambre d'hôtes) est la solution idéale, dans une villa toute neuve avec tout le confort moderne.

■ DIANA DEA LODGE****

94 chemin Helvetia – Cambourg
✆ 02 62 20 02 02
www.diana-dea-lodge.re
resa@diana-dea-lodge.re
Le chemin est bien indiqué depuis le centre-ville de Sainte-Anne. Compter environ 20 minutes pour arriver au portail.
Chambre double classique à partir de 198 € la nuit, petit déjeuner compris, chambre privilège à partir de 257 €. Suite nuptiale à partir de 396 €.
Enfin un hôtel de luxe dans l'Est. Et quel hôtel ! Ouvert depuis 2010, le Diana Dea Lodge, quatre étoiles, est situé sur les hauteurs de Sainte-Anne, au cœur d'un immense parc de cerfs. Au bout d'un interminable chemin rocailleux, long de 1 km (vous pouvez garer votre petite voiture de location au départ du sentier, les propriétaires viendront vous chercher en 4x4) où vous vous émerveillerez de croiser des cerfs et des biches en liberté, une vaste structure de bois se dresse en haut de la colline, son galbe en demi-lune épousant la forme de la montagne. En poussant la porte, on pénètre dans un immense salon aux matières minérales, brutes, nobles ; un lieu étonnant dont l'architecture Le Corbusiesque dessine des angles improbables, s'engageant dans des diagonales inattendues. Au cœur de tout cela, de grosses poutres en métal, un mobilier cossu des Vosges, de l'art abstrait et des tapis en peau de zèbre trouvent étrangement un terrain d'entente, reposant, quelque part entre le Relais Château et le lodge sud africain. Dehors, une magnifique piscine à débordement, entourée de chaises longues et d'imposantes vasques, se jette dans la ligne d'horizon, là où mer et ciel se noient dans un entre-deux incertain. Les chambres, nichées dans un bâtiment en contre-bas, donnent toutes sur l'océan. Celles de l'étage possèdent un balcon, celle du rez-de-chaussée, un jardinet privé. On y retrouve les mêmes pierres brossées, ces mêmes bois riches, cette même modernité épurée aux accents de safari. L'intimité et l'esprit lodge sont à l'honneur, la baignoire n'étant séparée de la chambre que par un mince rideau. Côté restaurant : une cuisine expérimentale et gastronomique. Côté détente : un sublime spa et une salle de billard. En somme, un lieu et une expérience uniques, à partager en couple plutôt qu'en famille, bien que l'hôtel soit aussi fréquenté par une clientèle d'affaire.

■ FACINIE

339 Belle-Rive
✆ 02 62 51 19 23 / 06 92 18 51 44
http://facinie.cabanova.com
facinie@hotmail.fr
En venant de Sainte-Anne par la nationale, direction Sainte-Rose, le gîte se trouve sur la gauche peu après la zone à trois voies, juste avant la montée qui mène au pont de la rivière de l'Est.
Chambre double 61 €, petit déjeuner inclus. Repas 25 €.
Au cœur d'un ravissant jardin créole, en contrebas du pont de la rivière de l'Est, se cachent deux petites chambres douillettes nichées dans une case indépendante. Si le confort, simple et propre, n'a rien d'exceptionnel, on se laisse immédiatement séduire par le cadre verdoyant, l'hospitalité des hôtes et les arômes épicés qui émanent de la cuisine. Voilà une petite adresse pas comme les autres, idéale pour plonger au cœur de cet Est débordant de parfums et de vie.

Une exploitation agricole pas comme les autres

A.V.P.P.H.S.M.
106 chemin Lamandière
SAINTE-ANNE
✆ 06 92 67 23 50 / 06 92 61 56 02
Du chemin de Ceinture, suivre la direction Sainte-Marguerite sur 1,5 km. Arrivé à une boîte aux lettres rouge, empruntez le chemin qui coupe à travers les champs de canne jusque chez M. Morel.
Compter environ 5 € la visite guidée, 25 € le repas. Uniquement le week-end sur réservation.
Fruit de l'association de trois agriculteurs, portés par la même volonté de transmettre leur savoir-faire et leur passion, l'A.V.P.P.H.S.M. (pas facile-facile à prononcer mais vous vous y ferez !) est une formidable initiative, à vocation pédagogique. Visite de plantations, dégustation de produits de l'exploitation...
La diversification agricole se vit ici comme un art. De la visite au repas, convivial et traditionnel, en passant par le doux réveil matinal au chant du coq, c'est toute une expérience qui vous plonge dans la vie bucolique de l'Est. Ne reste plus qu'à vous laisser porter par le plaisir contagieux que prennent vos hôtes à vous faire partager quelques instants de leur quotidien.

Se restaurer

IL ETAIT UNE FOIS DANS L'EST
133 RN2
✆ 06 92 64 60 11
Plats à emporter : 5 €, sur place : 10 €.
En venant du sud, juste après l'église de Saint-Anne sur la nationale, ce petit snack ressemble, au premier abord, à tous les autres. Mais c'est en s'attablant sur la terrasse, à l'arrière, que l'on découvre tout le charme de ce petit établissement. Une vue imprenable sur l'océan, des photos de la vie « lontan » accrochées au mur, et une collection d'objets d'un autre temps : radio, vieux téléphone, moulins à café et à maïs, rangés dans un meuble en bois de tamarin. Une décoration typiquement créole, un accueil très chaleureux et une cuisine traditionnelle : tous les ingrédients d'un bon repas sont réunis.

À voir – À faire

LE BASSIN BLEU
Un splendide bassin d'eau douce, niché au creux des rochers, où l'on peut se baigner toute l'année. Sa source jaillit à quelques centaines de mètres de la mer, s'épenchant dans l'océan. Son eau (très) fraîche, d'une transparence exceptionnelle, en fait l'un des meilleurs coins de baignade de l'Est. On y accède par une route située juste après l'église sur la gauche, en direction de Sainte-Rose, au niveau du radier. Alentour, sur le vieux chemin du littoral, on pourra admirer de très jolies cases et grignoter quelque rejouissance aux camions-bars. Une étape incontournable de la côte au vent.

LE DOMAINE DE COCO
Angle chemin du Cap et impasse Marco
✆ 06 92 27 75 19 / 02 62 50 03 89 / 06 92 65 55 70
www.domaine-coco.com
contact@domaine-coco.com
Visites tous les jours à 10h et 14h, réservation conseillée. Comptez 7 € par adulte, 4 € par enfant de moins de 12 ans, 1h30 pour la visite. Option dégustation à 5 € (sur réservation). Ateliers et jeux de pistes à partir de 5 €.
Venez découvrir le monde rural réunionnais en visitant cette exploitation agricole. Au Domaine de Coco, il n'y a pas de cocotier ! C'est le nom du grand-père à l'origine de l'exploitation familiale. En revanche, il y a de la canne à sucre, des oignons, de la vanille, de la sapote, du corossol, des letchis, papayes, longanis, ananas, des ruches, et toute une variété de fruits tropicaux connus ou non. Sur ces 11 hectares, vous pourrez explorer et vous informer sur la culture et l'utilisation culinaire de tous les produits de l'exploitation, et même y goûter en saison. Pensez à emmener des bottes, c'est la campagne ! Ludovic ne tarit pas d'explications sur chacune des plantes et répondra à toutes vos questions.

EST

Sports – Détente – Loisirs

COMPLEXE FÉLIX GUICHARD
400, chemin Robespierre – Les Orangers
✆ 02 62 31 23 31 / 06 92 78 11 82
www.complexefelixguichard.re
cfg.felix.guichard@gmail.com
Circuit de karting ouvert samedi et dimanche de 14h à 19h, et mercredi et vendredi en période de vacances. Sessions de karting à partir de 15 € pour 10 minutes, Challenge 30 minutes à 60 €. Baptême Easydrift à 39 € et initiation à 89 €. Coaching de pilotage sur Clio RS à 89 € pour 10 tours.

Le complexe Félix Guichard (du nom de son propriétaire, passionné de sports mécaniques) est le paradis de la vitesse. Vous pourrez y pratiquer du karting en petites sessions ou défier vos amis lors de challenges de plusieurs heures.

Le circuit, également ouvert aux véhicules « de tourisme », est un endroit idéal pour se former à la conduite sportive à bord d'une Clio RS ou d'une Mégane pour s'initier à l'easydrift. A essayer d'urgence, car on a qu'une envie à la fin des sessions, c'est de recommencer !

SAINT-BENOÎT

Une agglomération de 34 000 habitants depuis laquelle on accède à La Plaine-des-Palmistes, à 20 km par la route des Plaines, la Nationale 3. Le centre-ville en lui-même ne présente que peu d'intérêt, c'est un gros bourg commerçant qui a perdu le charme créole qu'il devait avoir auparavant. C'était pourtant un lieu d'importance dans l'économie réunionnaise, suffisamment peuplé dès 1717 pour qu'on y construise une paroisse. C'est alors que la ville, avec l'agriculture, se développe et devient prospère : muscadiers, girofliers, et cannes à sucre se succèdent dans les champs. Elle connaît un important essor dans les années 1850, avec ses cinq usines de cannes à sucre. Avec 20 000 habitants, Saint-Benoît devient la deuxième ville du pays, mais elle est longtemps handicapée par les communications difficiles avec Saint-Denis, les ponts construits sur la rivière du Mât et le bras de Sainte-Suzanne étant régulièrement emportés par les flots. En 1887, l'arrivée du chemin de fer, qui fixe son terminus à Saint-Benoît, est vécue comme un grand événement. En 1950, la ville est à moitié détruite par un incendie.

Le territoire de Saint-Benoît fut plusieurs fois amputé pour former ultérieurement les communes de Sainte-Rose, de Bras-Panon et de La Plaine-des-Palmistes, mais reste encore la deuxième commune de l'île par sa superficie (22 960 ha). Saint-Benoît est aujourd'hui une grosse cité productrice d'agrumes et de bananes, elle a conservé sa vocation agricole. L'endroit est aussi renommé pour la pêche aux bichiques. La ville a un centre commerçant actif, au niveau du carrefour des Plaines. Le front de mer, aménagé en promenade plantée de vacoas, est équipé d'une base nautique : on peut y apprendre la voile, le canoë-kayak et la planche à voile. La marine du Butor accueille quelques pêcheurs et une poignée de surfeurs audacieux qui ignorent superbement l'interdiction municipale. Une attaque de requins en mars 2010 a toutefois rappelé la dangerosité du site.
La très forte pluviosité (6 m par an !) a permis l'implantation d'une usine hydroélectrique souterraine à Takamaka, qui est l'occasion d'une belle balade, en voiture, jusqu'au point de vue, ou en canoë-kayak. On peut passer un après-midi autour des eaux fraîches de Grand-Etang, le plus grand plan d'eau intérieur de l'île et le seul lac d'altitude d'origine volcanique. La côte est si arrosée qu'il y en a beaucoup d'autres : cascades et bassins sont nombreux dans la région et les sports d'eaux vives y abondent (rafting, rando aquatiques...).

Transports

AUTO PLUS LOCATION
42 rue Amiral-Bouvet
✆ 02 62 28 14 00 / 06 92 28 14 00
www.admlocation.com
contact@admlocation.com
Ce petit loueur est installé à proximité du centre-ville, sur la place de la mairie. Il propose principalement des Nissan Pixo climatisée, récentes, 5 portes avec radio CD MP3, à 30 € par jour en kilométrage illimité, 20 € au-delà de 15 jours. Rajouter 4 € par jour en haute saison. Egalement des Ford Fiesta à 35 € par jour, ainsi que d'autres voitures de plus de 5 ans à 26 € par jour. Assistance et dépannage 24h/24. Accueil sympa ! Une autre agence à Saint-Pierre (ADM Location).

GARE ROUTIÈRE
Chemin Beaulieu
✆ 02 62 50 10 69
Au départ de Saint-Benoît, les lignes E1, E2, et ZE des cars jaunes desservent Saint-Denis. Les lignes S1 et S2 des cars jaunes rejoignent Saint-Pierre. La ligne S2 part vers Saint-Pierre en passant par les Plaines en 2h, la ligne S1 suit la même route, mais en faisant le tour du volcan et fait le trajet en 2h30.
10 lignes du réseau Alizé desservent Saint-Benoît et ses environs immédiats (La Confiance, Bras-Madeleine, Bourbier, Chemin de Ceinture, etc.).

RÉSEAU DE BUS ALIZÉ – RÉGIE DES TRANSPORTS DE L'EST
✆ 02 62 92 53 40
Ce résau dessert toute la région de Saint-Benoît : Bras-Panon, Salazie, La Plaine-des-Palmistes, Sainte-Rose...

Pratique

GROUPE HOSPITALIER EST RÉUNION
30 RN3
✆ 02 62 98 80 00
www.gher-reunion.fr
direction@gher.fr

Se loger

NATURA
Chemin Grand-Etang
Pont-Payet
✆ 02 62 50 97 60 / 06 92 01 18 87
http://gite-natura.monsite-orange.fr
gite-natura@hotmail.fr
50 € la nuit en chambre d'hôte, 55 € la nuit en gîte rural avec cuisine, 150 € le week-end, 360 € la semaine.
Un gîte en pleine nature, dans un cadre exceptionnellement verdoyant, parfaitement équipé, pouvant être séparé en deux appartements indépendants. Une adresse que nous recommandons chaleureusement.

L'ORANGERAIE
Chemin Grand-Etang
Pont Payet
✆ 02 62 50 97 60 / 06 92 01 18 87
http://monsite.orange.fr/orangeraie
orangeraie@hotmail.fr
Chambre double 45 € par nuit, petit déjeuner 6 €. Chambre avec mezzanine pour 3 personnes : 68 €, pour 4 personnes : 78 €. Chambre quadruple : 78 €
Deux chambres d'hotes et une chambre indépendante avec cuisine dans un jardin sublime. Les propriétaires possèdent également le gîte Natura dans la même rue. Deux excellentes adresses pour vous couper du monde au cœur de l'Est luxuriant !

EST

LE SAINT-ALEXANDRE

14 Pont-Payet
✆ 02 62 50 90 45 / 06 92 64 17 92 / 06 92 60 80 25
www.saintalexandre974.com
38 m2, comptez 60 € la nuit pour 2 personnes, 370 € la semaine ; 63 m2, comptez 110 € la nuit, 470 € la semaine pour 4 à 5 personnes. Minimum 3 nuits, tarifs dégressifs sur la durée. 10 à 15 € par adulte supplémentaire.

Au sein d'une immense propriété jonchée de fleurs et de palmistes, dont les 5 hectares débouchent sur Grand Etang, ces 6 bungalows aux couleurs vives offrent un confort de haut standing. Classés 3 épis, ils disposent tous d'un mobilier de qualité, d'une varangue, d'un salon avec télévision, d'une cuisine équipée, d'un lave-linge et du wi-fi. Les plus petits, construits en 2008, sont munis d'une chambre double et d'un canapé-lit ; les grands, qui datent de 2010, abritent quant à eux deux chambres doubles, ainsi que des couchages supplémentaires. Chaque appartement a été soigneusement décoré selon un thème *péi*, par la sympathique maîtresse des lieux. Résultat : un style moderne et épuré, épicé de touches fantaisistes avec, pour relever le tout, de beaux aplats de couleur disséminés ici et là. Pour un séjour en toute indépendance, un portail d'entrée est mis à la disposition exclusive des convives. Bref, une excellente adresse, imprégnée de la fraîche luxuriance de l'Est.

Se restaurer

LE BEAUVALLON

Route du Stade-Raymond-Arnoux
Rivière-des-Roches
✆ 02 62 50 42 92 / 06 92 68 35 62
Ouvert tous les midis. Sur réservation le soir.

On se rend moins à ce restaurant pour sa cuisine créole, chinoise et métro, sans grandes surprises, que pour sa localisation idéale, à l'embouchure de la rivière des Roches. En quittant la coopérative de vanille en direction de Saint-Benoît, après le pont, tournez à gauche. Si vous venez entre les mois de juillet et de mars et si la lune est à son premier quartier ou que c'est la nouvelle lune, vous pourrez assister à la pêche traditionnelle des bichiques. Plats à partir de 10 € ; caris bichiques et autres produits de la rivière proposés à la carte.

LE KIOSQUE DES MANDARINES

747 route de Takamaka (RD53)
✆ 06 92 84 91 92 / 06 92 64 75 08
kiosque.desmandarines@wanadoo.fr
Comptez environ 20 minutes depuis Saint-Benoît. Suivre Takamaka.
Ouvert tous les midis. Le soir sur réservation (bien en amont) uniquement. Comptez 12 € le plat (davantage pour les caris bichiques, langoustes et autres extravagances gastronomiques).

D'abord, il y a cette route spectaculaire qui perce impudemment à travers champs de canne et bambouseraies dans son ascension fulgurante vers les sommets de l'île. Puis surviennent les points de vue, grandioses, sur l'océan, révélés au détour d'un virage. Et enfin, le doux parfum d'épices que l'on respire à l'arrivée, ultime étape de cette délicieuse mise en bouche. Il n'y a plus qu'à s'abandonner aux prouesses culinaires du très pittoresque Kiosque des Mandarines. Chaque matin aux aurores, Jacquie Boyer prépare son menu du midi dans la plus pure tradition créole. Fidèle au poste depuis 1993, il concocte trois ou quatre plats par jour : en plus du cari poulet quotidien, indétrônable, pourquoi pas un cari canard ou ti-jacque boucané, un civet lapin aux champignons, ou encore, son grand classique, le cari boucané papaye. Si vous brûlez d'une autre envie culinaire, il suffit de commander votre cari auprès de Jacquie bien en avance : ici, tout est possible (ou presque) ! Ne manquez pas non plus les délicieux punch et rhum arrangé maison. Le maître des lieux, ravi de s'entretenir avec ses convives, vous réserve un accueil chaleureux. Une exquise immersion dans l'Est.

LES LETCHIS

42 Ilet-Danclas, Bras-Canot
✆ 02 62 50 39 77 / 06 92 66 55 36 / 06 92 39 79 39
www.restaurant-les-letchis.com
En venant de Saint-Benoît, traversez Bras-Canot puis tournez au bout à droite, direction Ilet-Coco.
Ouvert du mardi au dimanche, sur réservation. Repas à partir de 32 €.

A 5 minutes de Saint-Benoît, ce que les locaux surnomment la « savane » est cette forêt sauvage et dense entremêlée de lianes et de feuillages exubérants, où l'on ne s'attend vraiment pas à tomber sur un restaurant chic et branché, style brasserie-lounge urbaine ou café contemporain. Et pourtant, Les Letchis en ont tout l'air, à quelques belles touches tropicales près : végétation généreuse, petit pont en bois à l'entrée, menu épicé... Et ces imposantes bouteilles de rhum arrangé qui jouent les piliers de comptoir. L'intérieur, spacieux, sobre et moderne, s'ouvre sur une immense varangue tapissée de caillebotis. Perchée sur la rivière des Marsouins, elle s'étend le long des berges comme le balcon d'une péniche, chevauchant quelques arbres qui trempent leurs branches béantes dans l'eau, se courbant comme pour s'apprêter à plonger. On y savoure des caris raffinés, qui varient de jour en jour selon les arrivages (beaucoup de poissons et de fruits de mer). La note monte vite, mais le cadre idyllique, aux chandelles le soir ou à l'ombre châtoyante le midi, se paye.

Sortir

Si les nuits de Saint-Benoît sont loin d'être les plus folles de l'île, rendons tout de même hommage au théâtre des Bambous qui a littéralement dynamité la vie culturelle de l'Est.

CINÉMA CRISTAL

15 rue Montfleury
© 02 62 50 48 51 / 02 62 50 77 08
www.villedesaintbenoit.com
Séances les mercredi, vendredi et samedi uniquement (également le jeudi pendant les vacances scolaires).
Une petite salle de centre-ville, dont la programmation (grand public) est gérée par le service culturel de la mairie de Saint-Benoît.

PAINTBALL LOISIRS TAKAMAKA

Route de Takamaka (RD53)
© 06 92 60 71 25
Ouvert tous les jours de 8h30 à 17h. Comptez 30 € la 1/2 journée avec 200 billes, 45 € la journée avec 400 billes, 5 € les 100 billes supplémentaires.
Un terrain de 1 ha pour jouer à se balancer de la peinture les uns sur les autres (aïe).

THÉÂTRE LES BAMBOUS

2 rue Jean Moulin
© 02 62 50 38 63 – www.lesbambous.com
Incontestablement l'endroit qui bouge à Saint-Benoît. Une salle très sympa, avec une programmation variée et audacieuse. Coup de chapeau à la Clameur des Bambous, grâce à qui de nombreux inconnus ont fait éclater leur talent. Longue vie aux Bambous !

À voir – À faire

BARRAGE DE TAKAMAKA

Il faut suivre Bourbier, la première sortie de la 4-voies en quittant Saint-Benoît par le nord. On longe ensuite la rivière des Marsouins sur 15 km, en empruntant la très belle D53. Elle mène à cette plate-forme construite à 522 m au-dessus de la rivière et d'une usine souterraine, accessible par un puits. Le paysage environnant, sublime, est intense et humide. Des filets d'eau ruissellent le long des parois verdoyantes, imitant les rares cascades qui caressent le flanc de la gorge.Prenez les sentiers pédestres qui descendent au fond du canyon (comptez environ une heure pour remonter) et qui conduisent soit au barrage, soit aux cascades de l'Arc-en-Ciel et de la caverne Bardeau. Un des sentiers rejoint la RF2. Le barrage de Takamaka, qui ne nuit aucunement à la beauté du site, est une réalisation grandiose. Construit en 1969, il alimentait alors La Réunion à 100 % en énergie renouvelable, et fournit aujourd'hui encore 30 % de l'électricité de l'île !

GRAND-ÉTANG

Suivre la RN3 vers Saint-Pierre sur une dizaine de kilomètres, et, à proximité du pont Payet, bifurquer sur la route de Grand-Etang. Une petite randonnée d'une demi-heure mène à ce beau plan d'eau de 1 km de longueur sur environ 500 m de largeur. On peut ensuite faire le tour à pied ou à cheval (il y a une ferme équestre à proximité) en 1h environ. On traverse un territoire sauvage, spectaculaire et humide. En faisant quelques écarts, on découvre de somptueuses cascades oubliées. A l'ouest de l'étang, on peut grimper sur le rempart pour profiter d'un panorama sur le Grand-Etang d'un côté et Takamaka de l'autre.

ILET BETHLEEM

De la D53, suivre la route de Bourbier-les-Hauts, reliant Takamaka à Saint-Benoît. Du parking, un sentier descend jusqu'à la rivière des Marsouins. Au milieu des bambous, vous trouverez un gîte et une chapelle rustique. On peut se baigner dans la rivière, et même jouer à Tarzan sur la corde installée par les marmailles ! Un endroit chouette, à éviter le week-end pour mieux apprécier sa quiétude. Construit à l'époque d'Hubert Delisle, l'îlet devait servir de refuge aux familles en cas d'attaque de pirates. Le gouverneur y fit bâtir une chapelle et un ouvroir pour jeunes filles démunies.

PLANTATION MELISSA

28, chemin Cratère
© 02 62 21 12 12 / 06 92 00 66 99
www.melissa.fr – contact@melissa.fr
Entrée adulte 6 €, 4€ pour les moins de 12 ans et gratuit pour les moins de 3 ans. Compter 1h30 de visite. Visites guidées de la plantation sur réservation uniquement.
Un jardin avec de nombreuses variétés de fleurs, fruits tropicaux et d'épices. La boutique, l'atelier Floral de Mélissa, est ouvert le lundi et le mardi, de 8h à 17h, le mercredi de 8h à 12h, le jeudi et vendredi de 8h à 15h, et sur rdv en dehors de ces horaires. On peut y acheter des fleurs et y suivre un atelier floral.

Pêcheurs de bichiques

Les bichiques sont de petits alevins très appréciés dans le cari du même nom. A raison de 40 € le kilo, cette spécialité est un vrai plat de fête, rare et recherché ! Ces petits alevins naissent en mer et, à l'arrivée de la saison chaude (novembre et décembre), remontent les cours d'eau d'où leur mère était descendue, afin de procréer en rivière. C'est à ce moment-là que les pêcheurs les attrapent, notamment à l'embouchure de la rivière des Roches. Ils fabriquent des chenaux avec des galets à l'embouchure des rivières, dans lesquels les bichiques sont obligés de passer et les pêchent avec une nasse de fabrication locale, appelée « vouve », en forme de cornet tressé.

Pas surprenant, dès lors, que les bichiques soient en voie de disparition... Les pêcheurs ont accepté eux-mêmes de limiter leur pêche, mais les petits poissons se font tout de même de plus en plus rares. Chaque année en octobre a lieu la fête des bichiques, une manifestation joyeuse qui tend à sensibiliser la population sur la survie de l'espèce.

Sports – Détente – Loisirs

Même s'ils ne sont pas tous domiciliés dans l'Est, les différents centres d'activités en eaux-vives de l'île vous donnent rendez-vous directement sur les sites : généralement la rivière des Marsouins (deux prestataires y ont une base, côte à côte). Pour s'y rendre, en arrivant à Saint-Benoît depuis Saint-Denis, tourner à droite au premier rond-point et suivre la direction Bras-Canot et la rivière des Roches ou la rivière du Mât.

■ FERME ÉQUESTRE DU GRAND-ÉTANG

RN3, Pont-Payet
✆ 02 62 50 90 03 / 06 92 86 88 25
Compter 15 € pour 1h, 45 € la demi-journée et la journée avec le repas 110 €. Située dans les Hauts de Saint-Benoît, cette ferme équestre créée par Rico Nourry, véritable amoureux des chevaux, bénéficie d'un environnement naturel exceptionnel. Le Grand-Etang et ses cascades offrent de nombreuses possibilités de randonnées au travers des bois de couleur.

■ LES LETCHIS – RIVER SPA

42 Ilet Danclas, Bras Canot
✆ 06 92 22 36 39
www.river-spa-reunion.com
Du mercredi au dimanche de 9h30 à 17h30. Sur réservation. Situé au bord de la Rivière des Marsouins, dans une végétation luxuriante propre à l'île de la Réunion, c'est LA pause détente idéale entre deux randonnées ! Le spa tout en bois surplombe la rivière pour un moment de bien-être original. Massages, soins relaxant, luxoponcture... Mais surtout un circuit d'eau pour ceux qui veulent y passer l'après-midi. Vous alternez le chaud du sauna et le jacuzzi naturel de la rivière des Marsouins, et terminez en douceur par un massage en terrasse : un véritable coup de cœur !

■ OASIS EAUX VIVES

115 chemin de la Muscadière
Ilet-Coco, Bras-Canot
✆ 06 92 00 16 23
www.oasisev.com
rvpiaut@wanadoo.fr
A partir de 35 € par adulte pour une session découverte (rafting, cano-raft, airboat) ; 50 € pour l'aquatique randonnée et le kayak-jump. Ce prestataire jeune et dynamique organise toute l'année des sorties rafting, cano-raft, air-boat, kayak-jump et randonnée aquatique dans un cadre exceptionnel, sur les rivières des Marsouins et des Roches. Les participants sont équipés au club puis acheminés en 4x4 jusqu'au point de départ ; pour la randonnée aquatique et le kayak-jump, rendez-vous directement au Bassin la Paix. Il faut impérativement appeler auparavant pour réserver. L'accueil est sympathique, l'encadrement très professionnel... et les moustiques malheureusement voraces !

■ RUN' AVENTURES

Bras-Canot, Ilet Coco
✆ 02 62 91 71 05 / 06 92 64 08 22
www.runaventures.com
runaventures@live.fr
A partir de 35 € la demi-journée (3h). Descente de rivière dans l'Est à bord de plusieurs types d'embarcations : cano raft (une sorte de canoë gonflable biplace), rafting, kayak-jump (kayak gonflable monoplace), voire... à pied et à la nage, en rando aquatique ! Un prestataire sérieux et régulier depuis plusieurs années dans notre guide, avec une équipe très sympathique ! Pas d'accueil sur place, il faut appeler auparavant, ou bien se rendre dans leur boutique sur le port de Saint-Gilles. On peut aussi y faire du kayak de mer.

Shopping

■ MARCHÉ COUVERT

Place du marché couvert
En plein centre-ville, derrière l'hôpital.
Ouvert du mardi au samedi, de 6h30 à 18h, et le dimanche de 6h30 à 12h.
Tout juste sorti de terre, ce marché couvert propose des fruits et légumes, des produits du terroir, une charcuterie halal, ainsi que de l'artisanat local. A noter également la présence d'une antenne de l'office du tourisme, ainsi que quelques snacks.

BRAS-PANON

Bras-Panon est une commune rurale d'environ 11 000 habitants. Aux alentours, on pourra grimper dans les Hauts pour jouir des cascades claires et des bassins transparents si caractéristiques de l'Est : la cascade du Chien, la rivière des Roches...

Histoire. Le nom de la ville vient d'Augustin Panon, quatrième mari de Françoise Châtelain de Clercy, la grand-mère des créoles, qui chuta dans un « bras » de la rivière des Roches, situé sur son domaine. Fief des grandes propriétés terriennes, on y cultive la canne à sucre et la vanille. La richissime famille Panon Desbassayns y possédait une grande partie du territoire actuel de la commune, et la concession portait déjà le nom de Bras-Panon en 1725. Une visite est possible, celle de la coopérative de vanille. L'activité de Bras-Panon tourne en effet essentiellement autour de la vanille, puisque la plus grosse coopérative de l'île s'y trouve. La ville doit sa renommée à cette orchidée, et à une foire agricole annuelle. Tout autour, les chemins champêtres se perdent au milieu des champs de cannes.
Longtemps rattachée à Saint-Benoît, la ville ne devient indépendante qu'en 1882. Elle s'est alors déjà bien développée depuis la découverte du procédé de fécondation de la vanille en 1841. Les plantations de vanille, qui sont dispersées tout autour de la ville entre les champs de cannes, sont menacées par une période de crise après une longue prospérité. La concurrence des Comores et de Madagascar se fait plus intense, grâce à une main-d'œuvre moins chère. Les producteurs locaux décident de se regrouper en coopérative en 1957. Mais La Réunion devenant de plus en plus chère et Madagascar de plus en plus misérable, les prix sont tirés vers le bas, et les exploitants prennent le parti de produire une vanille de qualité, grâce à la mise en place d'un label. La réputation de la Vanille Bourbon est excellente, mais la récolte est faible : l'activité est assez délaissée. De 200 tonnes en 1898, la production tombe à trois tonnes en 1993. Grâce aux efforts de la coopérative, la production remonte à huit tonnes en 2003, mais celle de 2009 est de 1 tonne annuelle, essentiellement vendue directement au consommateur. La vanille ne pousse plus à Bras-Panon, l'essentiel de la culture se faisant à Sainte-Rose et Saint-Philippe. Aujourd'hui, il s'agit du lieu de préparation et d'affinage de la vanille, qui toutefois demandent au moins autant de travail et de temps que sa culture.

Transports

■ KAJIVA RUN

1 allée des roses de porcelaine
✆ 06 92 73 84 17
www.kajivarunlocation.com
Sur la rue principale de Bras-Panon, quelques centaines de mètres après la mairie, voici un petit loueur accueillant et facile d'accès. Les véhicules proposés ont pour la plupart moins de 18 mois et commencent à 26 € par jour en kilométrage illimité sur la base d'une journée pour une 107 essence, 16 € par jour sur la base d'un mois. Egalement des Twingo, 206, C4, des véhicules diesel, d'autres climatisés. Franchise de 800 € en cas d'accident responsable. Assistance et dépannage 24/24. Sièges bébés et conducteur additionnel gratuits. Livraison à l'aéroport et dans l'Est.

Se loger

■ FLEURS DES ILES

69 rue Lamartine
✆ 06 92 95 56 92
fleurdesiles.re – alapt974@live.fr
60 € la nuit (petit déjeuner compris). Tarif dégressif : 306 € la semaine. Minimum 1 nuit.
Idéalement situés à proximité du front de mer de Bras-Panon, ces deux bungalows en bois tout confort peuvent accueillir 4 personnes chacun. Tous les matins, Patrick, le sympathique propriétaire offre le petit-déjeuner sous un charmant kiosque en bois, à côté duquel vous pourrez faire trempette dans la (petite !) piscine creusée mise à disposition des locataires. Les 2 bungalows sont entièrement équipés (linge de maison, TV...) Vous pourrez également utiliser la cuisine extérieure, sous le kisoque. En 5 minutes, vous accédez au Bassin la Paix. Et en moins de 2 minutes, vous êtes en centre-ville de Bras-Panon et de ses commodités. Une adresse idéale pour une escale à l'Est !

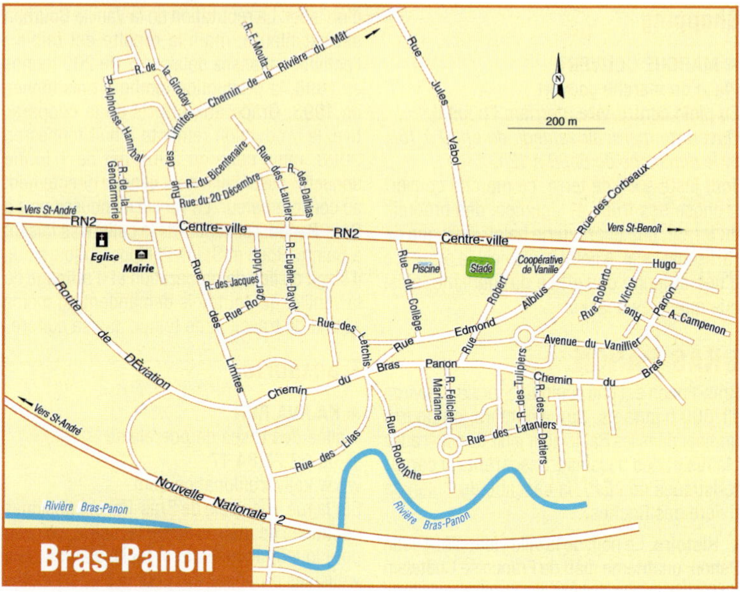

■ **LA PASSIFLORE**
31 rue des Baies-Roses
✆ 02 62 51 74 68 / 06 92 61 63 09
www.lapassiflore.re
casolari.christian@yahoo.fr
Chambre double 55 ou 60 € suivant la saison, petit déjeuner compris. Lit supplémentaire 20 €.
Trois chambres ventilées au charme chic et sobre, avec petite salle de bains privée, nichées dans une annexe de la propriété principale. En cas d'affluence, une quatrième chambre, avec sanitaires séparés, est disponible dans la belle villa des hôtes. Maryse et Christian, retraités, vous accueilleront chaleureusement et vous proposeront un cocktail de bienvenue. Les convives se partagent une jolie piscine, un superbe jardin, soigné et verdoyant, une varangue intime avec son beau mobilier de bois brut et une cuisine d'été (micro-ondes et frigo). Climatisation en supplément pour 5 € / nuit. Accès wifi.

Se restaurer

Bonnes tables

■ **LE TI PIMENT**
1 bis rue Roberto
✆ 02 62 23 46 79
Ouvert du mardi au dimanche, midi et soir. Comptez une vingtaine d'euros le plat.
C'est l'escale gourmande idéale de Bras-Panon. Ouvert en 2013, le Ti Piment a réussi à trouver sa place entre cuisine métropilitaine et spécialités créoles. La salade de palmistes est une bonne entrée en matière pour apprécier ensuite un cari bichique (le caviar réunionnais !). Les aficionados de cuisine française s'y retrouvent également avec des classiques, comme le magret de canard. La terrasse chaleureuse et ombragée par les cocotiers est particulièrement agréable.

À voir – À faire

■ **BASSIN LA MER – BASSIN LA PAIX**
Deux bassins indiqués depuis la sortie de Saint-Benoît, pour une après-midi de pique-nique et de baignade. Au niveau de Rivière des Roches, prendre à gauche avant le pont. Le bassin la Paix, très bien fléché jusqu'au parking, se trouve au bas d'une volée de marches et l'on peut s'y baigner. Il y a une belle cascade, mais n'hésitez pas à marcher encore un peu, jusqu'au bassin la Mer, plus sauvage, où se jettent deux superbes chutes d'eau.

■ **CASCADE DU CHIEN**
Une chute d'eau impressionnante pendant la saison des pluies. On y accède par la D59 entre Saint-André et Bras-Panon, c'est indiqué. Au bout de la route forestière, on

peut aussi monter à l'Eden, un beau point de vue sur la côte Est. L'ONF a balisé plusieurs sentiers, dont l'un redescend sur la Caroline, un faubourg de Bras-Panon, et l'autre grimpe vers la forêt de Bébour en passant par La Plaine-des-Lianes. Ce dernier, assez difficile, offre de beaux points de vue sur le Trou de Fer.

■ CHEMIN FORESTIER DU LIBERIA

Route forestière des Lianes

Une promenade de 2h à travers la forêt des Lianes. Attention, sentier pentu et peu entretenu !

Ce chemin vous permet de découvrir trois formations végétales différentes : une ancienne plantation de thé, la forêt primaire et une zone dégradée envahie par les pestes végétales. Très belles vues sur Bras-Panon et Saint-André.

■ COOPÉRATIVE DE VANILLE DE BRAS-PANON PRO VANILLE

21 Route Nationale 2

✆ 02 62 51 71 02 – www.provanille.fr

Ouvert du lundi au dimanche de 8h30 à 12h et de 13h30 à 17h. Visite guidée (à partir de 9h) : 5 € par adulte, 4 € pour les groupes de + de 10 personnes, gratuit pour les moins de 10 ans. Comptez 45 minutes de visite. Guides bilingues.

Créée en 1968, la seule et unique coopérative de vanille de l'île regroupe en son sein 140 producteurs. Elle achète, collecte et transforme la vanille verte de ses adhérents dans la plus pure tradition réunionnaise, cultivée dans les régions est et sud-est de l'île (de Sainte-Rose à Saint-Philippe), là où s'étendent les plus belles forêts. Elle encadre et forme également les acteurs de la filière. Les visites de la coopérative permettent de découvrir, au travers de ses jardins et ses ateliers, les différentes étapes de la maturation de ce fameux « or noir » : de la plantation à la transformation en passant par la pollinisation. Les guides, passionnés, ont parfois plusieurs décennies de métier derrière eux, et racontent l'histoire de la vanille, depuis la découverte du procédé de fécondation artificielle par Edmond Albius, un jeune esclave réunionnais de 12 ans, jusqu'aux méthodes actuelles. Ce sera l'occasion également de se laisser emporter par le parfum suave de la vanille en dégustant un « bon p'ti café » ! La boutique propose évidemment à la vente des gousses de vanille transformées, de qualité normale à très haut de gamme, mais également de nombreux produits alimentaires et cosmétiques à base de vanille, ainsi que d'autres produits locaux. L'accès à la boutique est gratuit.

■ RIVIÈRE DES ROCHES

Si la rivière du Mât, un peu remuante, est destinée au rafting, la rivière des Roches est propice au kayak (Club nautique de l'Est). Les touristes peuvent se joindre aux sorties du club nautique organisées le week-end. On peut ainsi descendre la rivière des Roches en pagayant à partir du bassin la Paix ou avec les prestataires d'activités en eaux-vives.
A l'embouchure de la rivière, vous pourrez peut-être voir les pêcheurs de bichiques, ces petits poissons frétillants revendus à prix d'or.

SAINT-ANDRÉ

Saint-André, capitale de l'Est avec ses 53 000 habitants, est surtout connue pour être la capitale de l'indianité réunionnaise. L'entrée de la ville en arrivant par la nationale depuis Saint-Denis donne déjà la couleur : un temple tamoul se dresse... au milieu de la quatre-voies !
La canne à sucre, omniprésente, est l'une des raisons de l'importance de la communauté tamoule. Originaires du sud de l'Inde, de la côte de Malabar et de Madras, les Indiens de Saint-André sont arrivés avant l'abolition de l'esclavage, en 1848, puis massivement après, comme engagés, avec des contrats de travail à durée déterminée.
La culture de la canne, alors en plein essor, nécessitait une main-d'œuvre importante. Témoignages de leur présence et de leurs rites religieux, de très beaux temples malabars, dont le Colosse, le plus important d'entre eux, sur la route qui longe la côte (la D47) par Cambuston. Qui dit canne à sucre dit sucre de canne, l'usine de Bois-Rouge est à deux pas, au bord de la mer, ainsi que la distillerie de rhum de Savannah, juste à côté. Visiter de telles machineries fumantes est un véritable spectacle en soi. Pourquoi ne pas aller jeter également un coup d'œil rapide sur ce centre-ville un peu étonnant où voisinent un cimetière immense, une église non moins imposante, un hôtel de ville, une rue avec des vieilles baraques à étages et des balcons de fer forgé ? Cherchez et admirez aussi les nombreuses vieilles demeures coloniales qui jalonnent la commune, ainsi que les vestiges d'usines sucrières et de distilleries, héritages de la vocation agricole de Saint-André. On pourra aussi se promener dans l'immense parc du Colosse, non loin du temple éponyme, vaste zone de loisirs où les enfants pourront se défouler entre piscine et jeux d'eau, mais dont les nombreux projets liés (comme la piste ULM, le requinarium, le téléski nautique) restent pour l'instant encore en suspens...

Transports

■ AZUR LOCATION

44 Lotissement Les Feuillantines
✆ 06 92 65 16 25
www.azurlocationvoitures.com
azurlocationvoitures@gmail.com
Ce petit loueur dispose d'une douzaine de véhicules datant de 2011, à des tarifs économiques : à partir de 30 € par jour en kilométrage illimité sur la base d'une journée, 20 € sur la base d'un mois pour une Chevrolet Spark essence. Pour quelques euros de plus par jour, une Chevrolet Avéo essence ou une 206+ diesel, toutes les voitures ont 5 portes et la climatisation. Egalement des formules avec kilométrage limité dès 15 € par jour. Conditions : minimum 23 ans et 2 ans de permis, dépôt de garantie de 800 €. Assistance 24h/24. Sièges bébé et réhausseurs gratuits. Livraison possible dans l'Est et à l'aéroport Roland-Garros, sans supplément, avec règlement par CB sur place.

■ GARE ROUTIÈRE

✆ 02 62 46 80 00
La ville de Saint-André est desservie par le réseau Cars Jaunes (ZE, E1, E2, E3 et E4). Les lignes du réseau Estival desservent les environs et le cirque de Salazie.

■ MULTI AUTO

46 rue Victor Hugo
✆ 02 62 50 05 05 / 06 92 32 03 03
www.multiauto.fr
multiautoest@hotmail.fr
Cet important loueur local propose des voitures climatisées à un tarif très attractif : 19 € par jour en kilométrage illimité ! Ce sont des véhicules publicitaires en nombre limité, mieux vaut les réserver à l'avance. D'autres véhicules avec un large choix (Citroën, Peugeot, Kia, Fiat, Hyundai, Chevrolet, Nissan, Toyota, Seat...), récents et bien entretenus, à partir de 30 € la journée en kilométrage illimité, 23 € sur la base d'un mois. Les modèles climatisés commencent à 38 € par jour, 30 € sur la base d'un mois. Egalement des plus gros modèles, des utilitaires et minibus. Caution à partir de 990 €. Assistance 24h/24. Les jeunes pilotes sont acceptés dès 18 ans, ce qui est assez rare pour être signalé ! D'autres agences à Saint-Paul, Saint-Denis et sur l'île de Mayotte.

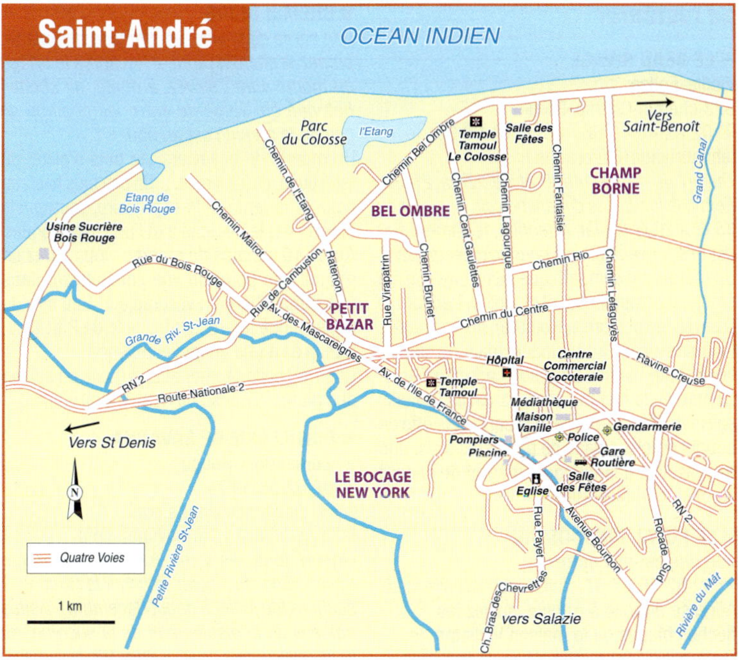

Pratique

■ **OFFICE MUNICIPAL DE TOURISME**

Maison Martin Valliamé
1590 chemin du Centre
✆ 02 62 46 91 63 – omt.standre@wanadoo.fr

Bonne nouvelle pour ceux qui se perdent systématiquement à St-André ! La maison Martin-Valliamé est fléchée partout. Suivez les panneaux bleus.

Ouvert du lundi au samedi de 9h à 17h. A l'angle du chemin du centre et du chemin Lagourgue, une superbe villa créole bâtie en 1925, restaurée et classée, qui abrite l'office du tourisme. La Maison Martin-Valliamé se visite : 3 € adulte et 1,50 € enfant de moins de 12 ans. Le guide, Véronique, propose une balade passionnante, architecturale, historique et artistique (expos temporaires), et fourmille de conseils et de bonnes idées pour vous faire aimer Saint-André ! Une adresse qui vaut vraiment le détour.

Se loger

■ **AUBERGE SAVRIAMA**

1084 chemin 80, Rivière-du-Mât-les-Bas
✆ 02 62 46 69 84 / 06 92 87 52 03
auberge-savriama@wanadoo.fr

Chambre double 50 €, triple 70 € (respectivement 45 € et 60 € à partir de la 3e nuit), petit déjeuner inclus. Appartement F2 à 300 € la semaine, F3 à 400 €, F4 à 500 €. Tarifs dégressifs à la durée. Repas 20 € par personne (sur réservation).

A 6 km de Saint-André, un endroit sympathique et calme proche du Colosse et du bord de mer. Calme, sauf le midi en week-end, lorsque des tablées interminables dégustent le cari de la maîtresse de maison, avec l'ambiance festive, extravertie et familiale du nord-est ! Outre son authentique cuisine créole, cette auberge offre plusieurs possibilités. Les 4 chambres, classées 2 épis, ont l'essentiel avec une salle de bains privée, le calme et la propreté. Le F2, de 40 m² environ, est bon marché pour les prestations fournies. Mais les plus confortables sont les maisons F3 et F4 : neuves de 2013, elles s'alignent dans une résidence impeccable, sur un autre terrain tout proche. Spacieuses et d'un standing plus élevé, elles ont tout le confort moderne (jardin avec pelouse, garage, cuisine complète, climatisation, grande TV, wifi...) et logeront aisément les familles en toute indépendance, pour un rapport qualité-prix très intéressant. Enfin, location de voitures et transferts aéroport.

Se restaurer

LE BEAU RIVAGE

Vieille-Eglise
873 chemin Champ-Borne
✆ 02 62 46 08 66 / 06 92 61 09 30
lebeaurivage16@orange.fr
Ouvert de 12h à 14h30 et de 17h à 21h30. Fermé le lundi et le dimanche soir. Compter de 15 € à 20 € le plat. Attention, le samedi soir est très souvent réservé pour un dîner dansant.
Un restaurant sympathique, avec une cuisine créole, métropolitaine et chinoise. Pendant le Dipavali (en octobre-novembre), les spécialités indiennes sont à l'honneur, mais on peut y venir toute l'année pour son cadre agréable, au bord de la mer et dans le jardin de la vieille église de Champ-Borne. A la carte, assiette de boudin créole, salade de palmistes frais, duo de poissons à la mangue, magret de canard au miel, cari bichiques.

LE ROYAL HINDOUSTAN

700 chemin du centre
✆ 02 62 56 57 57 – hindoustan@orange.fr
Adresse difficile à trouver, suivez les flèches bleues de la maison Valliamé, le resto est à 500 m de l'office de tourisme.
Ouvert du mardi au dimanche midi, sur réservation uniquement. Menu du jour 10 € le midi, 19 € le soir. Menu Royal Hindoustan 29 €, boissons incluses. Possibilité de louer une chambre double pour 48 € la nuit.
Plus qu'un repas, c'est un voyage que vous proposent Linda Sellom et Easwar Pandeeswaran. Du mobilier à la décoration, en passant par le chef, tout vient d'Inde ! Faites-lui confiance, il n'y a pas de carte, mais un menu qui se décline en une dizaine de plats, tous aussi succulents les uns que les autres. L'auberge propose aussi 5 chambres (48 € avec petit déjeuner pour 2 personnes).

À voir – À faire

BORD DE MER DE CHAMP-BORNE

Récemment aménagé, le front de mer qui s'étend de Beau-Rivage à Champ-Borne est une aire de promenade agréable, avec quelques restaurants, et l'occasion d'un rapide coup d'œil à l'ancienne église. Les plus courageux pousseront la balade jusqu'à Bras-Panon, à travers de beaux champs de canne, et prendront un bus pour retrouver leur véhicule à Saint-André.
Compter 2h de marche tranquille entre Saint-André et Bras-Panon.

CHEMIN DIORE

A la sortie de la ville, en direction de Salazie, prenez le chemin Dioré, 2 km après le village du même nom ; suivez, à droite, un chemin bétonné qui serpente entre les champs de canne, le parking est au bout.
Un monde de goyaviers, de bois d'olive, de tan-rouge, de jamerosa… Un peu plus haut, au cœur de la véritable forêt primaire, poussent le bois de fer, le takamaka et l'arbre-perroquet. Après 45 minutes de marche, vous aurez un magnifique point de vue sur Salazie, dans une atmosphère en vert majeur. Une aire de pique-nique intéressante, celle de P'tit Trou, tout près d'une chapelle indienne.
Une très belle promenade, difficile en saison des pluies, à cause du sentier détrempé !

DISTILLERIE DE SAVANNA

2 chemin Bois-Rouge
✆ 02 62 58 59 74
www.distilleriesavanna.com
tafia_galabe@rhum-savanna.com
Ouvert tous les jours sauf le dimanche. Réservation obligatoire. Pendant la campagne sucrière (de juillet à début décembre), visites guidées de la distillerie et de la sucrerie, du lundi au vendredi de 9h à 20h, 19h le samedi : 10 € le jour, 12 € en nocturne (2h de visite). Derniers départs à 18h et 18h30, 16h le samedi. Hors campagne (de décembre à fin juin), visite uniquement de la distillerie et de son chai de vieillissement du lundi au samedi de 9h à 16h : 7 € (1h30 de visite). Tarif réduit pour les enfants à partir de 7 ans et pour les étudiants (carte exigée). Interdit aux moins de 7 ans, déconseillé aux personnes sujettes aux vertiges et aux asthmatiques. Baskets ou chaussures de randonnée obligatoires, ainsi que pantalon ou short. Les effets personnels (bijoux, montres, sac à dos...) doivent rester à l'extérieur.
Ce monstre d'acier fumant, au milieu des champs de canne de Saint-André et tout proche de la mer, est l'une des deux dernières sucreries que compte l'île. Elle jouxte la distillerie de Savanna et permet ainsi de combiner sucrerie et distillerie dans la même visite. L'ensemble industriel transforme chaque année en sucre et en rhum 900 000 tonnes de cannes à sucre de toute la région Est de l'île. La visite commence sur le site des balances, où des énormes grues transfèrent la canne des semi-remorques aux broyeurs. Les machines sont énormes, le bruit assourdissant. Tout au long du parcours de la canne, à travers le déchiquetage, l'extraction du jus, la fabrication

du sirop, son épuration, sa cristallisation... L'atmosphère bascule de volutes de fumées sucrées à bouffées de chaleur sirupeuse, odeurs âcres de cannes broyées... Un véritable spectacle en sons, lumières et odeurs, encore plus impressionnant la nuit, car l'usine tourne en permanence : c'est un site industriel de premier plan, qui produit même sa propre électricité grâce à la bagasse et alimente aussi le réseau public.
En sortant, on a l'impression d'avoir vécu une aventure dans un dédale de cuves et de tuyaux. La rhumerie se visite dans la foulée. Le circuit présente toutes les phases de la fabrication des rhums depuis la fermentation de la mélasse au produit fini. La visite se termine par une incontournable dégustation de rhums, aux affinages variés, ce qui permet d'identifier par le goût les procédés découverts. Enfin, la boutique Tafia & Galabé vous proposera à la vente une large gamme de rhums réunionnais et de produits artisanaux locaux : sucres, sirops, confitures. Les deux visites sont aussi intéressantes qu'animées, et vivement recommandées !

GALLODROME DE BEL-AIR

Difficile de recenser les gallodromes (arènes accueillant des combats de coqs) à Saint-André. Ils ouvrent, ferment et changent d'organisateurs très souvent...

LE JARDIN DES 1001 SAVEURS

1321 chemin Grand-Canal
© 06 92 76 49 85 / 02 62 28 87 86
jardindesmillesetunesaveurs.com
jardindes1001saveurs@gmail.com
Visites guidées d'1h30 tous les jours sauf le mercredi. 6 € par adulte et 3 € par enfant. Tarif de groupe à partir de 10 personnes.
Voilà un jardin de 40 000 m² qui porte bien son nom ! Agriculteur de père en fils, Martin Aniel et sa femme ont transformé cette propriété familiale en véritable ode à la plante. Des épices aux fleurs en passant par les différentes variétés de bananes à l'histoire de la coco ou de la vanille... Chaussez vos baskets, pendant près d'1h30, monsieur Aniel vous conte les origines des arbres et des fruits emblématiques de la Réunion, à travers son jardin enchanté ! Ce parcours « agrotouristique » s'achève par une dégustation. Pour les plus conquis, monsieur Aniel a mis en place une petite pépinière et propose quelques plantes à la vente. Des petits kiosques sont également à disposition dans le jardin pour pique-niquer.

La vanille Bourbon

La vanille Bourbon, protégée par un label mondial, est l'une des plus réputées au monde. C'est Edmond Albius, un esclave de l'île Bourbon, qui fut le premier à féconder manuellement l'orchidée venue d'Amérique du Sud et à créer cette saveur incomparable en 1841. Jusqu'alors, il fallait attendre qu'une petite abeille mexicaine, en butinant, vienne mettre en contact les organes reproducteurs, sinon la plante demeurait stérile et ne dégageait aucune odeur. Une fleur sur cent se transformait en gousse ! Cultivées dans les champs de l'Est et du Sud de l'île, les gousses vertes sont récoltées, puis, selon la technique réunionnaise, plongées quelques minutes dans une eau à 65 °C.

On les dispose ensuite dans une malle dont l'intérieur est tapissé d'une couverture en laine. C'est à ce moment qu'elles prennent leur couleur noire. Après 24 heures, on les extrait pour les sécher au soleil et au four. Après cette étape, les gousses sont à nouveau enfermées dans des caisses en bois étanches où elles vont rester huit mois. C'est l'affinage, étape pendant laquelle l'arôme se développe véritablement. A l'issue de cette dernière phase, les gousses sont triées par qualité et vendues. Après avoir été largement exploitée par les colons, la vanille Bourbon de La Réunion (car l'île n'a pas le monopole de l'appellation) est, hélas, aujourd'hui concurrencée par celle de Madagascar et d'Indonésie où la main-d'œuvre est moins chère. La Réunion exportait 100 tonnes à la fin du XIXe siècle. Aujourd'hui, il reste seulement 80 producteurs à la Réunion...

■ MAISON MARTIN VALLIAME

1590 Chemin du centre
✆ 0262 46 91 63
Visite de 45 minutes, du lundi au vendredi : 9h30, 10h45, 13h45 et 15h. Tarifs : 8,5 € pour les adultes et 4,50 € pour les moins de 12 ans.

Monument historique, cette maison typiquement créole a été entièrement construite en bois en 1925. Elle appartenait au docteur Léopold Martin qui rêvait d'un lieu exceptionnel. La villa est constituée de 24 pièces et de différentes entrées en fonction de la classe sociale des invités. A sa mort, la maison a été vendue à la famille Valliamé. D'origine indienne, elle offre à cette maison une nouvelle âme avec une décoration hindoue et des cérémonies tamoules. Elle est aujourd'hui le siège de l'office du tourisme de Saint-André.

■ MUSEE DAN'TAN LONTAN

2208, chemin du Centre
✆ 02 62 58 47 89 / 06 92 82 87 79
Ouvert du mardi au dimanche de 9h à 17h (mais il est préférable d'appeler auparavant). Entrée adulte 4 €, moins de 12 ans 2 € et gratuit pour les moins de 7 ans.

Ce petit musée retrace à travers des objets de la vie quotidienne, la vie créole d'antan, de l'esclavage jusqu'à nos jours.

■ PARC DU COLOSSE

Parc du Colosse
Entrée gratuite, ouvert tous les jours 24/24.

Ouvert depuis quelques années, ce grand parc où les familles créoles viennent pique-niquer ou y faire gambader leurs marmailles, est un beau succès. Avec ses grandes pelouses, ses fontaines, ses quelques boutiques artisanales, ses snacks, ses marchands de glaces et son plan d'eau, il est le lieu de détente idéal pour les après-midis d'été. Les réalisations architecturales et paysagères s'intègrent parfaitement dans l'environnement. Le projet est d'en faire un véritable centre d'attraction régional avec hôtel, restaurants, échoppes, animations diverses : piste d'ULM, requinarium, jardin botanique... Bon nombre de ces entreprises restent encore à l'état de projets, mais depuis 2014, une grande nouveauté a tout de même vu le jour : le téléski nautique !

■ LA PLANTATION DE VANILLE ROULOF

470 rue Deschanets
✆ 0692 10 87 15
www.lavanilledelareunion.com
plantationvanille@orange.fr

Très difficile à trouver ! En venant de Saint-Denis sortir à Saint-André centre, puis tourner à droite, jusqu'au grand temple indien du petit bazar. La rue Deschanets se trouve 300 m à gauche après ce temple.

Visites guidées du lundi au samedi à 11h, 14h, 15h et 16h. 4 € par personne.
C'est l'histoire d'une famille qui cultive la vanille depuis 4 générations. En trois-quarts d'heure, vous pourrez découvrir toutes les étapes, du pied d'orchidée à la vente de la gousse. Vous pourrez également visiter l'atelier où sont mises en malle les gousses de vanille.

TEMPLE TAMOUL – LE COLOSSE

Dans le village de Champ-Borne, prendre à droite en arrivant, le temple se trouve sur la droite de la route. A 3 km de la quatre-voies.
Les murs du temple sont ornés de personnages mythologiques. A droite, Mourouga, représentée par un faon, incarne la beauté, la jeunesse et la force. A sa gauche, on peut voir son frère Ganesh, dieu de l'intelligence et du savoir, avec une tête d'éléphant et un corps d'enfant. Toutes les cérémonies tamoules débutent par un hommage à ce dieu. Le temple est dédié à Pandiale, la déesse du feu.
Le petit temple, situé derrière, est dédié à Kali ; là ont lieu les sacrifices d'animaux. La pierre noire, que l'on peut y voir, vient d'Inde, elle est la gardienne du temple. Kali, qui représente la force, le mal et le bien, est toujours accompagnée d'un lion gardien du temple. Détail important : vous devez ôter vos chaussures au seuil des temples, ainsi que tous vos objets en cuir, car ils sont considérés impurs.

Sports – Détente – Loisirs

COLOSSE WAKE PARK

205/215, parc nautique du Colosse
✆ 06 92 16 25 25
www.wakoboard reunion.fr
colossewakepark@gmail.com
Ouvert tous les jours, sauf le mardi, de 9h à 18h30. Compter 19 € pour une heure (16 € pour les moins de 16 ans). Tarifs de groupe possibles.
Au cœur du parc du Colosse, le club de wakeboard et de ski nautique est une attraction phare ! Trouvez votre équilibre sur la planche fixée à vos pieds et en avant les sensations, accroché à un câble qui vous fait faire le tour du plan d'eau. Pour les plus doués, ridez sur les installations du site et enchaînez les figures ! Pour les novices, agrippez-vous à votre câble et laissez-vous porter sur le plan d'eau grâce à votre kneeboard. Tout le matériel est fourni : gilets, casques, kneeboard, wakeskate et wakeboard. A découvrir !

SAINTE-SUZANNE

Cette ville de l'Est est encore une contrée très rurale de 22 000 habitants, bien qu'à moins de 15 km de la capitale. Elle a un riche passé historique, mais son charme est toutefois terni par la quatre-voies qui coupe à travers d'immenses étendues de champs de canne. On y trouvera néanmoins des vestiges intéressants de la grande époque sucrière, notamment ses anciennes usines du côté de Quartier-Français. Signalons aussi le joli phare de Bel-Air, seul de l'île, qui a traversé les cyclones depuis 1845. Classé aux Monuments historiques, il signalait un écueil à fleur d'eau particulièrement fourbe et a cessé de fonctionner en 1984. Il se visite depuis peu.
Le centre du village s'organise autour d'une église, de sa fontaine et de sa mairie ombragée de flamboyants. Mais on rayonnera surtout aux alentours, où les bassins et cascades sont nombreux, dont la majestueuse cascade Niagara. On errera sur les chemins de canne, dont on ne sait jamais s'ils finiront en cul-de-sac, et l'on admirera quelques belles cases créoles. Les demeures coloniales de maîtres sont plus nombreuses qu'ailleurs, érigées pendant l'âge d'or de Sainte-Suzanne : celui de la canne à sucre. Il est prévu d'aménager le front de mer en marina et de créer un ensemble complet de loisirs sur le site du Bocage. La première installation sur ce site date de juillet 2013, il s'agit du stade en Eaux Vives Intercommunal du Bocage, une rivière artificielle dédiée au canoë kayak.

Histoire. Première localité à avoir été habitée, dès 1646, Sainte-Suzanne accueillit il y a 368 ans les premiers Français, des mutins déportés de Madagascar. Ils s'installèrent près de la rivière Saint-Jean et y restèrent trois ans du côté de Quartier-Français, justement nommé. Rapidement colonisée – les premières concessions sont attribuées dès 1690 –, elle devient commune en 1704. Sainte-Suzanne fut longtemps la capitale de la vanille, ou tout du moins son lieu de naissance. C'est ici qu'est né, en 1829, Edmond Albius, esclave, qui découvrit à 12 ans le procédé de fécondation de la vanille de ses propres mains. Il vécut et mourut pourtant dans la misère, à l'hospice de Sainte-Suzanne. En 1981, la municipalité de Sainte-Suzanne a érigé une stèle à sa mémoire. Davantage encore que la vanille, le sucre, la vigne, le riz et le tabac rendirent Sainte-Suzanne prospère.

Se loger

■ GITES ANGO

140 commune Ango
✆ 02 62 52 19 00
www.gites-ango.com
contact@gites-ango.com
Depuis la nationale en venant de Saint-Denis, prendre la sortie Quartier-Français – Cambuston puis suivre les flèches. Compter pour 4 personnes 539 € la semaine, pour 8 à 10 personnes 945 € la semaine.

Les 3 km de route à travers la végétation luxuriante nous enchantent déjà. Dans un cadre idyllique, un grand jardin-verger avec une belle piscine. Mme Delort propose trois villas de style créole, classées 4 et 5 épis, avec chacune leur jardin privatif d'environ 500 m². Les deux premières, identiques, ont deux chambres doubles pour 4 personnes dans 90 m². La troisième, pour huit personnes, se compose de 4 chambres sur deux étages, d'une grande terrasse avec vue sur la nature, d'un garage individuel. Et rien ne manque : chambres climatisées, cuisine complète, lave-linge et lave-vaisselle individuels, fer à repasser, barbecue, salon de jardin, transats, téléphone à carte…

Dans la propriété, sauna, hammam, Jacuzzi sans supplément et espace feng shui pour votre relaxation. Des revues et des livres sur la culture créole sont à disposition et les adorables propriétaires qui habitent sur place vous proposeront certainement de partager leur table. On est à l'aise et ils font tout pour. Une bonne adresse.

■ GITES DE LA RENAISSANCE

47 chemin la Renaissance
✆ 02 62 52 24 82 / 06 92 77 73 93 / 06 92 14 48 11
www.renesens.fr
renesens@wanadoo.fr
Compter 280 € la semaine en gîte rural, et de 10 à 14 € par personne en gîte de groupe. Studio 2 personnes (+ 2 places en clic-clac) 230 € la semaine.

A 15 minutes en voiture de Saint-Denis et 20 minutes de Salazie, mention spéciale pour ces gîtes pas comme les autres, pour un séjour à la rencontre de la culture créolo-celtique, chez la famille Aupiais. En effet, c'est le quartier général du groupe Renésens, que vous entendrez peut-être à la radio. Dans un petit paradis avec vue sur l'océan, au milieu des champs de canne, plusieurs bâtiments sont dispersés dans une cocoteraie avec letchis, mangues, papayes et bananes. La cascade Niagara est toute proche, on l'entend gronder en saison des pluies. Deux bungalows de 70 m² ventilés, avec deux chambres, cuisine équipée et télévision permettent d'accueillir cinq personnes chacun. Également un studio pouvant loger jusqu'à 4 personnes. Enfin, un grand gîte de groupe permet d'accueillir jusqu'à 15 personnes dans des chambres avec lits superposés, partageant des cuisines et une grande salle aérée pour des repas festifs.

■ PHAREST*

22 rue Blanchet
✆ 02 62 98 91 10
www.pharest-reunion.com
pharest-reunion@wanadoo.fr
A partir de 34 € la nuit en chambre simple, 44 à 61 € en bungalow double, petit déjeuner inclus. Climatisation en supplément à 4,5 € à par jour. Bungalow pour 8 à 160 € la nuit. Côté restaurant, menu du soir du mardi au jeudi 15 €, menu enfant 10 €, menus sur commande de 22 à 35 €.

Seul hôtel de la ville, le Pharest est installé à quelques mètres du phare et à 5 minutes à pied du centre-ville. C'est un petit établissement agréable, classé 1 étoile, composé de charmants bungalows en bois, d'un restaurant et d'une piscine. Très bien entretenu, fleuri et propre, on s'y sent vite à l'aise, en vacances, à faire des rencontres dans le kiosque dans le jardin à la pelouse impeccable. Les bungalows, de 10 m² à 51 m², accueillent de 2 à 8 personnes et disposent d'une salle de bains, de la télévision TNT, du wi-fi, et parfois d'une terrasse meublée. Le bois verni leur donne une atmosphère chaleureuse et les tarifs sont très corrects. Le restaurant, ouvert à la clientèle extérieure, propose une cuisine originale et variée. En semaine, sans réservation, un menu du soir est proposé avec une cuisine métro et créole classique. Mais sur réservation, le choix est plus vaste : cuisine créole plus élaborée et cuisine du monde avec des menus indonésien, africain, espagnol…

■ LA ROND'DADA

13 chemin Rita Ah-Teng
✆ 06 92 87 39 33
www.larondada.com
mariannecarpin@orange.fr
Près du chemin Commune-Carron.
60 € la nuit pour 2 personnes. Minimum 2 nuits. 420 € la semaine. Tarif dégressif à partir de 14 jours.

Idéalement situé à 5 minutes de la ville de Sainte-Suzanne et à 10 minutes de l'aéroport Roland-Garros, voilà un petit coin idéal pour un séjour en amoureux. Madame Carpin vous accueillera chaleureusement, dans ce bungalow de 40 m² implanté dans son jardin, avec un rhum arrangé ou un jus de fruits frais. Tous les matins, elle prépare un petit déjeuner avec des spécialités locales. Si vous montrez un peu d'intérêt pour la cuisine réunionnaise, elle sera ravie de préparer le cari avec ses locataires. Vous apprécierez les soirées rafraîchissantes dans les hauteurs de l'Est et les matins ensoleillés avec une vue plongante sur l'océan Indien. Pour les plus chaudes journées d'été, un accès descend à la Rivière Saint-Jean depuis le bungalow. La location est totalement équipée (linges fournis, electroménager, accès à internet...), vous disposez même d'un barbecue. Le bungalow accueille 3 personnes maximum.

Sortir

■ DISCOTHÈQUE LE DISCOPOLY'S

Quartier-Français
9 rue du Commerce
✆ 02 62 58 41 70 / 02 62 46 70 95
narval@wanadoo.fr
Sur la quatre-voies en direction de Saint-André, prendre la sortie Quartier-Français, au rond-point à droite : c'est la première à droite en montant sur 100 m.
Entrée 20 € (hommes) et 15 € (femmes) avec consommation. Ouvert les vendredi et samedi soir.
Deux salles, l'une rétro, le Sixty's, et l'autre plus jeune et plus branchée, le Zoïd Système. Un samedi par mois, le Zoïd reçoit un artiste pour un concert live. Ecoutez les spots radio pour connaître la programmation de cette discothèque pas comme les autres !

À voir – À faire

En ville pas grand chose à faire à part le mardi matin de 6h à 12h, le marché de Sainte-Suzanne, sur le front de mer : artisanat, fruits et légumes. On pourra jeter un œil au cimetière, un des plus vieux de l'île, inauguré en 1667. Il y a même des tombes de soldats anglais de 1810. Derrière la mairie, on peut faire un tour à l'ancienne gare du ti'train, fermée depuis 40 ans, et non loin du phare, sous la pointe Bel-Air, apercevoir un tunnel de la voie ferrée, long d'une cinquantaine de mètres.

■ BASSIN ROND

Sur le lit de la rivière Sainte-Suzanne, encore un bassin accessible par le village de Bagatelle, situé entre le bassin Nicole et la cascade Niagara. Au niveau du terrain de foot, prenez la direction de La Grande-Ravine. Il n'y a plus qu'à suivre les panneaux !

■ BASSINS BŒUF, NICOLE ET GRONDIN

Un site idéal pour l'initiation au canyoning : sauts, tyroliennes, descente rappel... Plus haut sur la rivière Sainte-Suzanne, une autre cascade au bassin Bœuf. Mais c'est sur l'autre rive, il faut passer par le lotissement Bagatelle pour y accéder. En partant du centre, franchir la quatre-voies et monter la D51, après Bagatelle, suivre Pointe-Canal, c'est indiqué. Garer la voiture au bout du chemin puis prendre le sentier qui va jusqu'à la rivière Sainte-Suzanne.

Il faut aller à droite et remonter la rivière pour accéder au bassin Bœuf, le plus grand, idéal pour un pique-nique ; en continuant plus haut on arrive sur le bassin Grondin. En prenant à droite et en descendant la rivière, on trouve le bassin Nicole, plus isolé. N'oubliez pas de fermer vos véhicules, et de ne rien laisser en évidence...

■ CASCADE DÉLICES

Mmm… un nom pareil laisse autrement rêveur que « bassin Bœuf » ! Cette cascade pas très haute est en effet délicieusement ombragée et se déverse dans un bassin accueillant. Elle se mérite au prix d'une promenade facile à travers une forêt de bambou, au rythme du chant des oiseaux. Sortir au niveau de Quartier-Français puis suivre Bras-des-Chevrettes. L'itinéraire est indiqué à partir de l'église.

■ CASCADE NIAGARA

A 2 km du centre-ville.
Une halte spectaculaire et rafraîchissante dans l'Est. Les cascades de la côte au vent sont bien plus arrosées que celles de l'Ouest, et si Niagara fait évidemment pâle figure à côté de son homonyme américain, elle domine tout de même la rivière Sainte-Suzanne et ses berges ébouriffées à une cinquantaine de mètres de hauteur, leur imposant son grondement tonitruant, surtout en été pendant la saison des pluies. Pour y accéder, sortir de la 4 voies à La Marine, direction Renaissance. Après 1km de route parmi les champs de canne, prendre le chemin fléché à droite. Bien que les locaux continuent de le faire, il est fortement déconseillé de se baigner autour de la cascade.

En 2010, plusieurs arrêtés municipaux interdisaient même radicalement l'accès à l'eau, en raison d'une prolifération de leptospirose. Dans tous les cas, ne vous aventurez surtout pas sous la chute, très puissante, et ne vous baignez sous aucun prétexte par temps de pluie ou juste après des intempéries : les courants deviennent violents, l'eau boueuse. Possibilités, en revanche, de faire de l'escalade. Attention à l'affluence du week-end.

DOMAINE DU GRAND HAZIER – LA VANILLERAIE

7 chemin du Grand-Hazier
✆ 02 62 23 07 26
www.li-sandbox.com
Ouvert du lundi au samedi, de 8h30 à 12h et de 13h30 à 17h. Visite sur réservation. Entrée adulte 5 €. Compter 1h de visite.
Le domaine du Grand-Hazier (qui signifie « bosquet » ou « bois » en ancien français), vieux de trois siècles, ouvre les portes de son jardin de deux hectares et de la belle demeure créole qui y trône. Appartenant à la famille Chassagne, il est représentatif des grands domaines sucriers de la fin du XVIIIe siècle de la côte Est. Dans le grand verger, on trouve tous les fruits connus, mais aussi ceux plus rares comme les anones, la sapote, l'évi, le bilimbi, le mambolo, la cerise du Brésil, le quatre-épices, l'ayapana, le rima, le kapokier… Mais l'attrait principal du domaine, c'est bien sa vanille, d'ailleurs récompensée en 2011 par la médaille d'or du Salon de l'Agriculture de Paris.
Six visites guidées par jour vous permettront de tout savoir sur la vanille : de la découverte de sa fécondation par le célèbre Edmond Albius au XIXe siècle, à la production de l'excellente vanille givrée d'aujourd'hui. En un peu moins d'une heure, vous découvrirez toutes les étapes de la production de cette épice locale à la réputation internationale.

LE PHARE DE SAINTE-SUZANNE

Rue du Phare
Visite (sommet du phare) le deuxième samedi et le dernier mardi du mois à 2 €. Visite guidée le deuxième samedi du mois à 15h et 16h : tarif 5 €. Organisation d'expositions dans le phare. Renseignez-vous auprès de l'OTI Nord, toute proche : 0262 52 13 54.
Le seul phare de l'île date de l'époque de la fin de l'esclavage au milieu du XIXe siècle, et est investi par l'office de tourisme. Doté d'un escalier en colimaçons de 73 marches, il surplombe majestueusement l'océan Indien. Le sommet du phare se visite depuis peu et un musée de la mer y est en prévision.

Sports – Détente – Loisirs

NIAGARA VERTICAL

✆ 06 92 48 55 54
Mercredi, samedi et dimanche de 9h à 15h30. Réservé aux personnes de 16 à 60 ans. Adulte 25 € (60 € avec une séance de canyoning), couple 40 €. Tyrolienne seule 10 €. Possibilité de grignoter sur place.
Voici une nouvelle activité, au nom évocateur... Une sorte de via ferrata ou « randonnée du vertige », aménagée tout autour de la cascade Niagara, dans une paroi rocheuse. Suspendu à sa ligne de vie, le « randonneur vertical » s'aventure à flanc de falaise sur des échelles, des marches, des barreaux, un pont népalais perché à 60 m au-dessus du bassin, et une tyrolienne de 70 m de long !
Pour l'avoir testée, nous recommandons vivement cette activité aux amateurs qui veulent découvrir les sensations de l'alpinisme (vide, verticalité, environnement minéral sauvage), au cœur d'une région magnifique, trop souvent délaissée par les touristes. Si le randonneur évolue seul au fil du parcours, il reste encadré en permanence, d'en bas, par une équipe bien sympathique (Brevet d'Etat d'escalade et guide de haute montagne). Encore une excellente raison, s'il en fallait une, de s'aventurer dans l'Est...

STADE EN EAUX VIVES INTERCOMMUNAL

2 rue du Stade
✆ 0262 56 66 12
www.sevi.re
Ouvert du mardi au dimanche sur réservation. 4 € l'heure, matériel compris.
Inauguré en 2013, voici le tout premier stade en eaux vives artificiel de l'île et de l'océan Indien ! Cette rivière artificielle d'environ 250 m de long peut s'emplir et se vider à loisir grâce à d'énormes pompes débitant jusqu'à 12 mètres cubes par seconde, permettant de pratiquer plusieurs sports d'eaux vives toute l'année. Elle est alimentée par la rivière Sainte-Suzanne, toute proche, sur le pôle touristique et sportif du Bocage. Vous pourrez pratiquer kayak, canoraft et rafting en toute sécurité et à des tarifs économiques, mais il faut bien réserver, car l'installation est fréquentée par les scolaires. C'est accessible à tous, novices comme confirmés, il faut juste savoir nager 25 mètres et porter des chaussures fermées.

HAUTES PLAINES ET LE VOLCAN

Survol de La Plaine-des-Palmistes.

Hautes plaines

Les Hautes plaines forment un long couloir tranquille entre deux volcans. A Saint-Pierre, le soleil brille. 10 km plus haut, par la N3, Le Tampon s'étire, plus fraîchement, dominant la baie lumineuse. Ville résidentielle, elle étage ses lotissements vers 600 m d'altitude. Après avoir grimpé les échelons du Tampon, la route serpente à travers des petits villages aux noms bizarres : Quatorzième, Dix-Septième, Dix-Neuvième... Ils renvoient en fait, tout bêtement, au nombre de kilomètres parcourus depuis Saint-Pierre par l'ancienne route ! Vers le Vingt-Troisième, on arrive à La Plaine-des-Cafres, et au Vingt-Septième, à Bourg-Murat, dernier village avant la route du volcan.

Sur ces 20 km de lacets de la N3 qui n'en finit plus de grimper, une bruine humide couvre peu à peu la nature de plus en plus variée, des brumes enserrent un paysage étonnant d'ajoncs et de genêts, dont la belle couleur jaune éclate d'août à novembre, se découpant dans le ciel bleu du matin. Plus on monte, plus la vue se rétrécit. On atteint un vaste plateau où les vaches laitières broutent une herbe verte. Il est délimité par le bras de La Plaine, à l'ouest, et par la rivière des Remparts, à l'est, et se prolonge jusqu'à la Grande-Montée, une barrière montagneuse que la route franchit en lacets serrés au niveau du col de Bellevue. Sur ce plateau de La Plaine-des-Cafres se trouve Bourg-Murat, avec la Maison du volcan et l'accès au pas de Bellecombe, le site d'où l'on observe le piton de la Fournaise. Depuis La Plaine-des-Cafres, on accède aussi à plusieurs points de vue et départs de randonnées, notamment pour l'adorable îlet de Grand Bassin, sur le bras de La Plaine.

Après le col de Bellevue (1 606 m), qui porte bien son nom, on poursuit dans la fraîcheur de La Plaine-des-Palmistes, où les forêts de Bélouve et Bébour vous offrent leurs routes et sentiers. En redescendant, le regard porte au loin, parmi les fougères arborescentes, jusqu'à la mer et Saint-Benoît, sur la côte au vent. On vient de parcourir le cœur de La Réunion par l'unique route coupant l'île d'ouest en est, soit une cinquantaine de kilomètres. Dans cette partie, nous traitons des villes traversées par la, N3 depuis La Plaine-des-Cafres à La Plaine-des-Palmistes, ainsi que le piton de la Fournaise.

Pour y accéder en voiture, il faut suivre la N3, donc, qui part de Saint-Pierre, par une quatre voies à la déclivité assez forte. Après Le Tampon, la route repasse à deux voies et l'on arrive à La Plaine-des-Cafres et à Bourg-Murat assez rapidement. Elle est bonne et très fréquentée. Cette nationale, la fameuse « route des Plaines » est un axe majeur, qui relie les villes de Saint-Pierre et Saint-Benoît plus rapidement qu'en faisant le tour du volcan. Compter 1h pour le trajet complet.

En bus, la ligne S2 effectue la liaison Saint-Pierre et Saint-Benoît par les plaines en 1h50 environ. Pour le point de départ vers le volcan, il faut descendre à l'arrêt « Maison du volcan », à Bourg-Murat. Aucun car jaune ne mène au pas de Bellecombe, il vous faut un transporteur touristique. A cet endroit, le stop fonctionne aussi plutôt bien.

LA PLAINE DES CAFRES

La Plaine-des-Cafres est une bonne base pour poser ses valises et graviter sur les nombreux circuits alentour. Du village de Bois-Court, on part en randonnée sur Grand-Bassin ; en voiture, de beaux points de vue sur les rivières sont à portée de roue, et la route du Volcan est toute proche.

Gîtes et chambres d'hôtes sont nombreux dans les alentours, offrant une vue majestueuse sur la côte Sud... tant que les nuages ne l'entravent pas. Vers 12h, le temps peut être déjà couvert.

Le vaste plateau de La Plaine-des-Cafres est délimité par deux vallées : le Bras-de-La-Plaine au nord-ouest et la Rivière-des-Remparts à l'est. Il culmine à 1 600 m, au col de Bellevue.

A l'instar du cirque Mafate, La Plaine-des-Cafres, comme son nom le suggère, fut le refuge des esclaves (les Noirs marrons) qui refusaient de se laisser asservir. Longtemps inhabitée, La Plaine s'est peuplée dès 1830, lorsque le comte Gabriel de Kerveguen se mit à acheter des parcelles de terre par centaines (un coteau dans le cirque de Cilaos porte son nom). Cet homme d'affaires poussa l'audace jusqu'à payer son personnel en pièces d'argent allemandes démonétisées !

On y pratiquait d'abord l'élevage, jusqu'au moment où la culture du géranium eut le vent en poupe. Après de nombreuses crises, les cultures se diversifièrent et l'élevage des bovins reprit. Les pâturages s'étendirent. En 1962, la Sica Lait fut créée pour la collecte du lait.

Chaque année en janvier à La Plaine-des-Cafres a lieu la Fête du miel vert, une foire artisanale et agricole. Ce miel, réputé parmi les plus fins et les plus délicats au monde, aurait même des vertus aphrodisiaques. A bon entendeur...

Transports

- **Voiture.** Compter de 20 à 30 minutes pour atteindre La Plaine-des-Cafres depuis Saint-Pierre, de 30 à 45 minutes depuis Saint-Benoît.
- **Bus.** La ligne Cars Jaunes S2 dessert La-Plaine-des-Cafres depuis Saint-Pierre ou Saint-Benoît.

Se loger

Locations

CHALETS AURORE
292 rue Raphaël Douyère
✆ 02 62 44 53 91 / 06 92 76 03 72 / 06 92 68 60 93
jp-chris@wanadoo.fr
Comptez 70 € la nuit en chambre double ou triple, 80 € en quadruple. En bungalow, 80 € la nuit pour 2 personnes + 20 € par enfant de moins de 12 ans, 2 nuits minimum, dégressif à la durée. Petit déjeuner 6 €.
A mi-chemin du village et du belvédère de Bois-Court, il règne sur les Chalets Aurore comme un parfum d'exotisme. En passant devant, on ne peut manquer ce vaste chalet en bois et pierre sur deux niveaux, aux airs de lodge sud-africain. Posé dans un jardin de 2 300 m² très soigné, avec ses espèces endémiques et sa superbe pelouse que ne renierait pas un Britannique, il plante un décor chaleureux et authentique. Cette belle bâtisse comprend, outre le logement des propriétaires, 4 chambres d'hôtes confortables et élégantes, généreusement boisées et equipées du chauffage, du wi-fi et de la TV satellite ou TNT. Chacune s'ouvre sur une terrasse où le petit déjeuner est servi généralement, sinon à l'intérieur quand la météo ne le permet pas. Les deux chambres à l'étage partagent une salle de bains commune, tandis que celles du bas sont privatives. A l'arrière du jardin, deux chalets indépendants, également de conception sud-africaine, logent un couple et éventuellement deux enfants en mezzanine. Ils comprennent une cuisine complète, une salle de bains avec baignoire d'angle, une terrasse, un barbecue... et surtout beaucoup de charme et un calme royal ! Bon accueil.

LES LYS
11 impasse des Lys
Bois-Court
✆ 06 92 81 84 19
www.gitelys.com
b.bernard@ool.fr
Près de la D70.
Maison 750 € le week-end ou pour trois nuits et 1 300 € la semaine. Pour 12 à 20 personnes.
A 1 400 m d'altitude, près du panorama de Bois-Court et du départ des sentiers de randonnées (notamment Grand-Bassin), cette maison d'hôtes est idéalement située. Il y a une boulangerie et des commerces à proximité. Elle se compose d'une maison, avec 6 chambres doubles, deux salles de bains, une cuisine équipée, un salon avec télévision satellite et lave-linge. L'ensemble, pas très neuf, un peu brinquebalant, ne fera pas rêver les esthètes ; mais le fonctionnel est au rendez-vous et le beau cadre naturel domine. D'autre part, un joli bungalow en cryptomeria, également équipé, avec terrasse, parquet et lambris, accueille jusqu'à 4 personnes dans une chambre double en bas et une seconde, plus petite, en mezzanine. Le tout est situé dans un jardin spacieux avec vue sur le Dimitile. Un bon rapport qualité-prix, idéal pour les groupes de randonneurs et les familles (très) nombreuses.

Les immanquables des Hautes Plaines

- **Voir le volcan** bien sûr ! Le piton de la Fournaise est le lieu le plus visité de La Réunion.
- **Explorer les grandes forêts** de Bébour et Bélouve.
- **Déguster des spécialités locales** dans l'une des tables d'hôtes du coin.
- **Profiter du climat frais** de la région.
- **Découvrir le petit village de Grand-Bassin.**

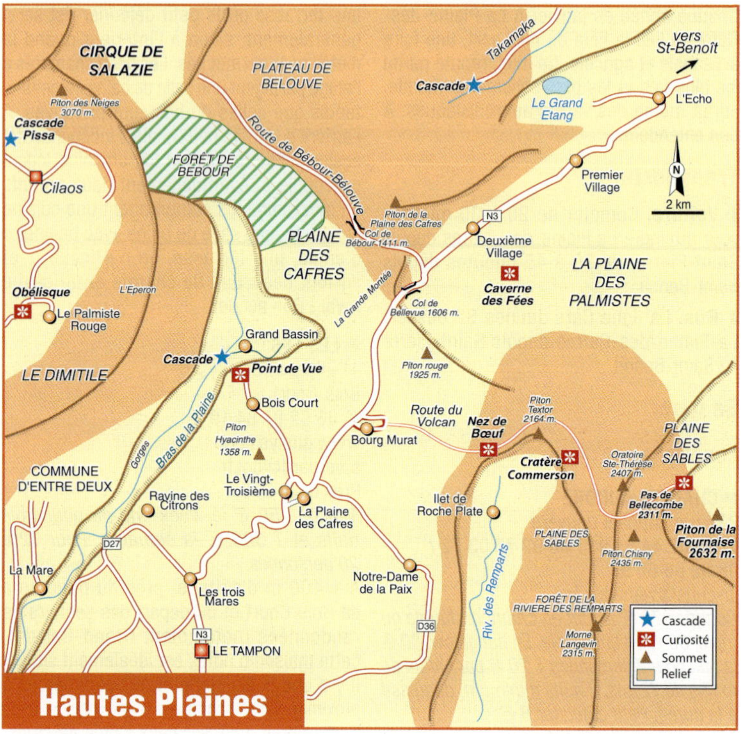

Bien et pas cher

■ AUBERGE DE LA FERMETTE

40 rue Raphael-Douyère – 23e km
Sur la D70
✆ 02 62 27 50 08
auberge-la-fermette@wanadoo.fr
Chambre double 40 €, 50 € avec une troisième personne, petit déjeuner 5 €. Menu à partir de 16 € ; restaurant fermé le mercredi. Fermeture annuelle en juin.

Un petit établissement tout en longueur, avec dix chambres confortables et propres, dotées de leur salle de bains privée, d'un radiateur et d'une télévision. Le bâtiment surplombe un vaste jardin gazonné. Côté restaurant, une très bonne cuisine créole et métro, servie le midi plutôt que le soir dans une belle salle avec poutres apparentes et sols carrelés en damiers.

■ CHEZ MME THÉRÈSE MUSSARD

CD36
180 chemin Notre-Dame-de-la-Paix
✆ 02 62 27 57 59
Chambre double à partir de 35 €, petit déjeuner inclus. Repas sur réservation 14 € (apéritif, entrée, plat, dessert, vin)

Une excellente adresse à 7 km de La Plaine-des-Cafres. Jolie vue du piton des Neiges à Saint-Pierre, endroit charmant et accueil très sympathique. Dans la maison créole de ce couple d'agriculteurs, 2 chambres au confort simple, avec salle de bains commune. La table d'hôtes, peu chère, a pour spécialité le poulet à la vanille.

■ LES GRÉVILLÉAS

7 ter RN3
✆ 0262 59 17 97 / 0692 69 26 14
info@grevilaire.com
Chambre simple 50 €, chambre double 53 €, triple 70 €, quadruple 85 €, petit déjeuner inclus. Repas 42 € sur réservation, 12 € pour les enfants.

Marie-Laure et Edmond Vilcourt proposent 5 chambres d'hôtes confortables. Elles ont toutes une salle de bains privative et partagent un salon commun avec une télévision. Côté gîte, un grand chalet vert pastel abrite 3 chambres avec 2 salles de bains, une cuisine équipée, et une terrasse avec vue sur le piton des Neiges et Saint-Pierre. Chiens acceptés. Accueil sympathique.

■ **LE PÊCHER GOURMAND**
RN3, km 25
© 02 62 59 29 79 / 06 92 66 12 48
pecher-gourmand@orange.fr
Chambres d'hôtes à 65 € pour 2 personnes. Cases créoles à 204 € par nuit pour 7 personnes. Petit déjeuner inclus. Table d'hôtes à partir de 25 €, boissons comprises.
Blottie dans un vaste écrin de verdure avec vue imprenable sur le piton des Neiges et les remparts du Dimitile, la ferme auberge de Hélène et Dany Angama offre un havre de paix exceptionnel à quelques minutes de Bourg-Murat. Dans une annexe, les 5 chambres, calmes, au confort simple, sont munies d'une salle de bains et d'une terrasse privées, ainsi que de grandes baies vitrées donnant sur le panorama. Niché dans un coin intime de l'immense domaine, le petit chalet *cosy*, idéal pour les familles, est doté quant à lui d'une chambre avec un lit double et deux lits superposés, d'une salle de bains avec baignoire en angle et d'une table à l'extérieur pour les repas en plein air. Enfin, dans une autre maison indépendante, le gîte, de haut standing, pouvant accueillir jusqu'à 7 personnes, comprend 2 chambres doubles avec salle de bains privée et couchages en mezzanine, ainsi qu'un salon cossu avec canapés en cuir et TV écran plat. Dans le jardin, que l'on partage avec les animaux de la ferme, balançoire et toboggan pour les marmailles, ping-pong, badminton, babyfoot pour tout le monde. Une salle commune avec cheminée et bibliothèque. La cuisine, à base de produits fermiers, est délicieuse. On peut aussi acheter les produits de la ferme, préparés façon sud-ouest : canard, magret fumé, foie gras, galantine, confitures… et visiter toute la structure. Ambiance très conviviale.

■ **RELAIS DU VOLCAN**
20 chemin Mathias
© 02 62 59 30 84 / 06 92 74 89 33
http://lapetiteferme.skyblog.com
sylvie.arquier@laposte.net
200 € le week-end, 440 € la semaine (6 nuits) pour 7 personnes. Formule chambre d'hôtes (double) à 44 € par nuit avec petit déjeuner inclus.
Un accueil chaleureux et dynamique de la part de Sylvie. A l'intérieur, une décoration rustique. La maison dispose de 2 chambres doubles, d'une chambre triple, de 3 salles de bains chauffées, de 2 cuisines équipées et d'une pièce à vivre avec cheminée.

■ **LES ZAKACIAS**
89 Petite-Ferme
CD 36
© 02 62 59 20 59 / 06 92 87 36 60
madeleine.run@wanadoo.fr
Adhérent Villages Créoles. Chambre double 60 €, petit déjeuner inclus. Lit supplémentaire, 20 €. Maison indépendante à 25 € la nuit par personne. Minimum 2 nuits.
Madeleine Robert vous accueille dans sa maison d'hôtes conviviale, perchée à 1 500 m d'altitude dans un charmant jardin anglais, soigneusement ébouriffé. Ici, une vue imprenable sur le piton des Neiges, le Grand-Bénard et l'océan déchaîné de l'Etang-Salé vous attend.
A quelques minutes du village du 23e kilomètre, dans une ambiance de chalet, la demeure abrite deux chambres doubles lambrissées avec salle de bains privée, douillettes et confortables. Décor coquet, un brin kitsch. L'une d'entre elles possède une petite varangue. Un peu plus bas, vous trouverez une grande maison de 90 m_2 pour 4 personnes, complètement indépendante, avec cuisine équipée, lave-linge et belle véranda fleurie. Etablissement entièrement non-fumeur.

Confort ou charme

■ **LES GÉRANIUMS****
RN3, 24e km
© 02 62 59 11 06 / 06 92 59 21 63
hotelgeranium@wanadoo.fr
Chambre simple : 69 €, chambre double 86 € (petit déjeuner inclus), chambre familiale 134 €. Lit supplémentaire 18 €. Menu du soir 26 €.
Non loin de la Cité du Volcan, un hôtel 2-étoiles assez confortable de 30 chambres, qui jouit d'un potentiel immense. Vous apercevrez depuis la nationale sa longue structure en bois, agrémentée de lambrequins et d'un porche coiffé de chaume. Chauffées, pavées de bois de palissandre et équipées d'une salle de bains privée avec baignoire, d'une télévision et d'un téléphone, les chambres sont illuminées par de grandes baies vitrées. Celles du rez-de-chaussée bénéficient déjà d'une terrasse privée. La salle à manger, panoramique, donne quant à elle sur un grand jardin, dont les pelouses tutoient les crêtes verdoyantes de l'île : une vue époustouflante.

Sentiers marmailles

La région regorge de sentiers accessibles aux familles. On les appelle les sentiers marmailles. Renseignez-vous auprès de l'office de tourisme de La Plaine des Cafres, notamment pour vous assurer de l'ouverture et de la bonne praticabilité du chemin. En voici quelques-uns :

- **Piton de l'Eau (2 heures, 8 km AR).** Sur la route du volcan, 500 m après le Piton Textor, engagez-vous sur la piste forestière du piton de l'Eau sur environ 5 km. Arrivé à la barrière, laissez votre véhicule sur le parking et continuez à pied sur la piste (une première barrière peut être franchie pour accéder à la seconde, plus près du chemin). Cette balade permet de faire le tour d'un ancien cratère volcanique, occupé par un bassin naturel. L'abondance d'arums en pleine floraison y est magique en juillet et août.
- **Morne Langevin (boucle de 3h).** Se garer avant la descente en lacets vers la plaine des Sables. La randonnée débute sur la droite de la route, et propose deux itinéraires. Prendre le sentier de gauche qui longe le rempart jusqu'au sommet du Morne (2 403 m). Sur la gauche, un petit sentier mène à un belvédère (point de vue incomparable sur Grand-Galet). Arrivé à la caverne de Cotte, qui porte le nom d'un ancien esclave marron (fugitif), remontez vers la plaine des Sables pour retrouver votre véhicule.

Se restaurer

■ LE TINTO

11 bis RN3, 23e km.
✆ 02 62 59 13 03 / 06 93 30 39 46
Ouvert tous les jours sauf le lundi et le mardi. Service non stop le dimanche. Sur place ou à emporter. Compter 4 à 20 € le plat.
Un vrai restaurant montagnard comme on rêve d'en trouver dans cette région où il fait frais – voire froid pendant l'hiver austral. Sous son petit chapiteau chaleureux, Le Tinto sert raclettes, fondues et gratins savoyards. Les portions sont énormes ! Rien de tel pour se requinquer après une randonnée au volcan, à Grand-Bassin ou au piton des Neiges (randonnée rude réservée aux sportifs).

Sortir

■ LA MAISON DES FILAOS

4, impasse des Campanules
✆ 06 92 16 53 45
www.lamaisondesfilaos.com
Entrée gratuite pour les femmes seules, couples de 35 à 40 € et 35 à 50 € pour les hommes seuls. Ouvert le mardi de 14h à 22h, le mercredi de 18h à 00h30, le vendredi et le samedi de 19h à 2h et le dimanche de 14 à 22h.
Ouvert en novembre 2014, la structure commence déjà à se faire une certaine réputation. Situé dans les Hauteurs de l'île, où il y fait froid à l'extérieur, l'établissement propose différentes soirées à thèmes. Le cadre est agréable, avec plusieurs chambres à disposition, des espaces de projection et un bain hydromassant. Il est possible de boire un verre, mais pas de s'y restaurer. Un établissement qui s'adresse surtout, mais pas uniquement, aux couples. Pour les couples qui souhaitent y passer la nuit avant de prendre la route, il y a deux chambres (payantes) au rez-de-chaussée, avec sanitaires privés.

■ PAINT BALL COLORS DISTRIBUTION

Centre de vacances de Bois-Court
✆ 06 92 68 74 86
www.paintballcolorsdistribution.com
Formule liberté : 100 billes (1h30 environ) pour 28 €. Compter 35 € la demi-journée pour 200 billes, 60 € la journée pour 500 billes et un repas (cari).
Des terrains naturels, l'idéal pour jouer à se balancer de la peinture ! On se prend vite au jeu dans la végétation de La Plaine-des-Cafres sur un terrain de 4 500 m^2. L'équipement de sécurité est fourni, casque, gilet, et vous êtes paré pour vous courir après dans les bois.

À voir – À faire

■ CABARET PAT' JAUNE

39 rue du Père-Favron
✆ 06 92 85 81 14 / 02 62 22 36 96
www.patjaune.com – patjaune@wanadoo.fr
Sur réservation bien en amont uniquement (et selon la programmation de la salle). Compter 53 € la soirée concert + dîner, hors boissons. De 19h30 à 0h30 environ.
La compagnie Pat' Jaune, troupe de comédiens et de musiciens célèbre pour sa musique « Yab » (de petits Blancs des Hauts) dont les airs badins

décrivent avec tendresse et humour le quotidien des Hauts de La Réunion, accueille son public dans un espace étonnant (50 places), au beau milieu de la Plaine des Cafres. Le concept ? Organiser, de temps à autre, des soirées d'échanges, de spectacles, de musique, au cours desquelles l'on s'attable dans une magnifique salle lumineuse et boisée (deux plats créoles), avant d'être invité à s'asseoir sur des gradins, dans une salle intimiste et chaleureuse, pour assister à un concert pas comme les autres. Car une soirée chez Pat' Jaune, c'est un tout. Le but n'est pas de divertir le public, mais de partager un moment, d'aller au plus près du spectacle vivant, d'interagir et d'improviser sans relâche, de 19h30 (il faut arriver à l'heure : les retardataires se font fustiguer tout au long de la soirée !) à 0h30. Pensez à réserver bien à l'avance si vous voulez goûter au rare plaisir de cette formidable initiative. Longue vie au Cabaret Pat' Jaune !

PANORAMA DE BOIS-COURT

Un simple détour sur la route des Plaines vous permet de découvrir ce panorama grandiose, souvent oublié des touristes ; une sorte d'improbable petit Maïdo. Au niveau du Vingt-Troisième, il suffit de prendre la D70 vers Bois-Court sur 4,5 km. Tout au bout, le belvédère, vertigineux, offre une vue plongeante sur l'îlet de Grand-Bassin, situé 600 m plus bas, au fin fond des gorges du bras de La Plaine. On aperçoit aussi la cascade Niagara (pas celle de Sainte-Suzanne) et le Voile de la Mariée (pas celui de Salazie), avec, en toile de fond, les nervures ardues du Dimitile. À condition, bien sûr, que le sempiternel rideau de brume des Hauts n'entrave pas le spectacle : pour l'éviter, mieux vaut monter de bonne heure. Un sentier escarpé permet par ailleurs de descendre à Grand-Bassin (pour se faire une idée du dénivelé, il suffit d'observer l'impressionnant monte-charge dévaler le rempart à pic, pour approvisionner le village). Vous trouverez sur le site des kiosques à pique-nique, très fréquentés le week-end, ainsi qu'un camion-bar et des kiosques avec marchands de fruits, artisanat, bouchons et samoussas. Une horloge à eau quasi unique au monde dominait les lieux mais, en 2013, elle a été détruite par le cyclone Dumile. Vu les lenteurs administratives, il faut probablement compter quelques mandatures avant que la ruine ne soit réparée ou remplacée. Heureusement le belvédère sur le panorama a tenu et reste une raison largement valable pour faire le détour jusqu'à Bois-Court !

SENTIER BOTANIQUE DE NOTRE-DAME-DE-LA-PAIX

A La Plaine des Cafres, suivre Notre-Dame-de-la-Paix. L'accès est fléché depuis le village.

Au bord du panorama grandiose de la rivière des Remparts un ravissant sous-bois, truffé de tamarins, de calumets et d'arums, s'étend en pente douce. Le sentier coupe à travers cette forêt de bois de couleur, riche en espèces endémiques de Bourbon, et grimpe vers les coteaux qui dominent les gorges profondes de la rivière. La vue est sublime. Un belvédère permet de découvrir l'îlet enclavé de Roche-Plate, quelque 800 m plus bas.

Sports – Détente – Loisirs

ATMOSPHÈRE PÉI

396b chemin Henri Cabeu, Bois-Court

✆ 06 92 44 47 17 – www.atmospherepei.com

Demi-journée adulte à partir de 49 €, de 11 à 15 ans 37 €, moins de 11 ans (de 1,10 m à 1,35 m) 27 €. Remorque porte-enfant 10 €. Minimum 2 personnes. Réservation obligatoire, rendez-vous sur le site de départ.

Un loisir de plein air à découvrir : le vélo couché (ou *trike*) ! Ces engins à 3 roues offrent une stabilité optimale et le confort d'un siège sans le mal aux fesses du vélo ! Adaptés à tous les âges et gabarits de 1,10 m à 90 kg, ils embarquent les bébés sur un porte-bébé et les plus grands dans une remorque. Atmosphère Péi, c'est une équipe de passionnés qui vous emmène dans toute l'île, pour la découvrir autrement qu'en voiture de location ! Idéal en famille, les parcours, étudiés pour profiter au maximum de la nature tout en évitant la circulation, sont classés par difficulté : « Découverte » (pour tous), « Sensations » (pour tous aussi, mais plus sportif, en forêt, sur des machines haut de gamme) et « Aventures » (pour initiés). L'équipe trouvera le parcours le plus adapté à la météo, au physique et aux envies de chacun : dans les Hauts, les Bas, les champs et les forêts, certains parcours ne comportant presque que des descentes. Navettes depuis le point de rendez-vous, possibilité de repas lors des sorties à la journée, sorties de groupes avec challenges, chasse au trésor ou à la carte, et, en nouveauté 2015, des sorties nocturnes, par exemple La Plaine-des-Sables à la pleine lune, de 18h à 23h, avec un cari dans une feuille de bananier comme repas. En tant que spécialiste de l'activité, Atmosphère Péi assure aussi la vente et l'entretien de ces engins, mais également pour les vélos classiques.

■ **CENTRE ÉQUESTRE ALTIMERENS**
PK 26
120 rue Maurice-Kraft
✆ 02 62 49 04 29 / 06 92 31 47 92
www.alti-merens-reunion.com
Ouvert tous les jours sur réservation. Comptez au minimum 30 € la balade de 1h. Pour une balade d'une journée avec repas : 150 € par personne.
« Merens » est le nom de la monture la plus utilisée en randonnée à La Réunion. Il s'agit d'un cheval originaire des Pyrénées ariégeoises, réputé pour son bon caractère, sa franchise, la sûreté et l'agilité de son pied. Il s'est parfaitement adapté aux reliefs escarpés de l'île et à ses climats.
Le centre équestre organise des excursions aux quatre coins de la Réunion, à l'heure, à la demi-journée ou à la journée, pour cavaliers aguerris ou pour novices : tout est possible, il suffit de demander. Chaque mois, une balade de 2 ou 3 jours est en outre proposée, avec nuitées en camping sauvage. N'oubliez pas vos petites laines et votre crème solaire !

■ **ÉCURIE NOTRE-DAME**
41 chemin de la Chapelle
✆ 06 92 61 46 79
http://end97418.skyrock.com
antoine-patrick.lauret@wanadoo.fr
Balades à cheval de 1h30 à partir de 35 €, randonnée à la journée 120 € (repas inclus).
Accès : au village Notre-Dame-de-la-Paix, prendre à droite au chemin de la Chapelle, le site se trouve 2 km plus loin.

GRAND-BASSIN

Grand-Bassin est un mini-cirque reculé, coupé de tout, ceinturé à l'est par le piton Bleu, au nord par le Dimitile et à l'ouest par la vallée du Bras-de-la-Plaine
Ce site appelé la « Vallée perdue » est accessible uniquement par un sentier qui débute à partir d'une petite route (à droite en sortant de l'aire de pique-nique) bordant un lotissement. Hormis le bruit de l'eau, il règne à Grand-Bassin un calme extraordinaire, un peu comme à Mafate.
Les habitants de l'îlet (moins de 50) n'ont comme moyen de communication avec le Haut que le sentier et un monte-charge. Dans leur paradis isolé, ils vivent au milieu d'une merveilleuse surabondance de bananiers, de litchis, de bibasses, de pamplemousses et de papayes.
Habité depuis 1789, Grand-Bassin, qui a prospéré grâce à la culture du café et des géraniums, accueillait autrefois jusqu'à 250 familles. Hélas, les terrains, sans engrais, finirent par se stériliser. En 1975, avec l'ouverture du sentier dit « la trace », nombreux furent ceux qui désertèrent le site pour aller s'installer dans des endroits plus civilisés. Aujourd'hui, l'îlet se résume à 2 ou 3 ruelles rocailleuses et à de coquettes maisons en tôle qui se nichent sous les fleurs et derrière des haies de pierre. La plupart d'entre elles sont des gîtes et tables d'hôtes.

Transports

Comment y accéder et en partir

▶ **En voiture.** En venant du Tampon, sur la N3, prendre à gauche au niveau du Vingt-Troisième, en direction de Bois-Court (D70 ; 4,5 km). Au bout de la route, un belvédère (1 345 m d'altitude) offre une vue magnifique sur toute la vallée. Le sentier pédestre, qui débute à gauche un peu avant le belvédère (en face du sentier, possibilité de faire garder sa voiture), descend jusqu'à l'Ilet de Grand-Bassin et sa cascade, dans une des gorges les plus impressionnantes de La Réunion ; la dépression est formée par la rencontre du bras Sec, du bras de Sainte-Suzanne et du bras des Roches-Noires qui forment le bras de La Plaine.

▶ **À pied.** La descente (4 km), impressionnante mais facile, prend environ 1h30, la remontée 2h. Vous trouverez de l'eau potable à mi-parcours. L'idéal est de passer la nuit en bas et de remonter le lendemain. On descend à pic par un chemin en lacets (pierreux), à travers un sous-bois. Au fur et à mesure, une vue plongeante s'ouvre sur le gouffre et dévoile sa vallée panoramique : crête du Dimitile, contrefort du piton des Neiges, La Plaine-des-Cafres… Le tout cerné de falaises luxuriantes, envahies de songes et de fougères.
Pour aller jusqu'au (grand) bassin, il faut compter 30 minutes de marche supplémentaires, le temps de traverser le village et sa rivière. La cascade, appelée le Voile de la Mariée, est grandiose, son grondement assourdissant. Pas de mauvaise surprise en saison sèche : son débit est incessant, quoique diminué. Pensez au maillot de bain, car le bassin recèle toutes sortes de bains à remous naturels qui sauront apaiser vos guiboles ankylosées.

Se loger

Les nombreux gîtes de ce petit hameau sont très appréciés des touristes, et des locaux le week-end. Pensez à réserver, car même s'il existe de nombreuses structures, elles affichent souvent complet !
Pour les plus courageux, il est possible de tenter l'aller-retour en une journée, et de prendre le repas du midi dans l'un des gîtes (sur réservation).

Bien et pas cher

L'OASIS
Madame Nativel
✆ 02 62 27 51 91 / 06 92 65 38 89
Repas, nuit et petit déjeuner : 40 € (25 € pour les moins de 10 ans). Repas seul : 25 € sur réservation. 15 € pour les moins de 10 ans. Itinéraire : Depuis les Plaines, suivre la RN3 jusqu'au 23ᵉ km. A l'intersection tourner en direction de Bois-Court/Grand Bassin sur votre droite. Rouler environ 4 km puis tourner à gauche dans la rue « Thomas Payet ». Le départ du sentier se trouve à droite.
Passer la passerelle, descendre vers la cascade, 50 mètres après la vieille Tonnelle. 48 couchages.

LE PAILLE EN QUEUE
Madame Rivière Josie
✆ 02 62 59 03 66 / 02 62 59 20 08 / 06 92 24 31 73
Du vendredi au dimanche soir. 45 € pour le repas, la nuit et le petit déjeuner. 35 € tarif enfants. 20 € le repas du midi, sur réservation.
Après la passerelle, sur la droite. Au niveau de l'intersection. Au menu : cari poulet, baba figue, et autres régals du coin. Accueil sympathique avec rhum arrangé et beignets en apéritif.

LE RANDONNEUR
Monsieur Nativel
✆ 06 92 78 04 50 / 02 62 44 98 60
www.gitelerandonneur.net
jefnativel@laposte.net
40 € par personne en dortoir. 45 € par personne en chambre double : repas, nuit, petit déjeuner. Repas seul, 20 € sur réservation. Snack-bar ouvert selon disponibilité de Jean-François. Réductions pour les moins de 10 ans.
Après la passerelle, monter jusqu'à la vieille tonnelle et redescendre vers la cascade. Vue sur la montagne. Accueil sympa. Trois chambres de 4 places, et 12 lits en dortoir. La structure est relativement récente, avec un cadre moderne et une touche traditionnelle, la cuisine au feu de bois.

LA VIEILLE TONNELLE
Monsieur Picard
✆ 02 62 59 20 27 / 02 62 27 51 02
www.gite-reunion-vieille-tonnelle.fr
Juste en haut de la passerelle,
dans l'angle à gauche.
Chambre double 40 € par personne, 40 € la nuit en dortoir pour les plus de 10 ans (le repas et le petit déjeuner sont inclus.) Sur réservation.
40 couchages dont 2 chambres doubles. Délicieuse cuisine au feu de bois !

Confort ou charme

LES MIMOSAS
Grand-Bassin
✆ 06 92 16 09 90
www.majo.re
charme@mimosas.re
Deux chambres doubles disponibles sur réservation. 168 € pour deux personnes en demi-pension (repas du soir et petit déjeuner).
Situés à l'orée du village, Les Mimosas proposent deux chambres de 2 personnes. De cet établissement, vous pourrez partir en excursion découvrir la faune et la flore des alentours.

BOURG-MURAT

Au plus haut point de la route des Plaines, le village de Bourg-Murat, perché à 1 600 m d'altitude, est souvent dans le brouillard. C'est par ici que l'on accède au piton de la Fournaise, en passant devant la Cité du volcan.
Quelques balades sont possibles autour de Bourg-Murat, où les chemins entre les champs que l'on parcourt à bicyclette ressemblent tantôt à la Bretagne, tantôt à la Normandie, tantôt aux Alpes : on croise des vaches, on se perd dans les forêts avoisinantes. La plus belle promenade est celle qui mène au volcan. Le village se trouve à 3 km de La Plaine-des-Cafres, et s'est considérablement développé vu sa situation. Des chapiteaux pour un marché couvert dédié à l'artisanat local accueillent des manifestations régulières.
Bourg-Murat est aussi à 3 km du départ des sentiers de randonnée, le GR2 coupant la nationale entre le village et le col de Bellevue. Y séjourner permet aux randonneurs d'être présents tôt sur les lieux, quand la lumière est la plus belle.

Pratique

OFFICE DE TOURISME DU TAMPON/ PLAINE DES CAFRES
RN3, à côté de la pompe à essence
160 rue Maurice-Kraft ✆ 02 62 27 40 00
www.tampontourisme.re
Ouvert tous les jours de 9h à 12h30 et de 13h30 à 17h.
Un accueil charmant, des informations pertinentes sur les sentiers et le volcan, une visite incontournable si vous passez par la Plaine des Cafres et le Tampon.

Se loger

Bien et pas cher

ALICALAPA-TENON
154 chemin Champ-de-Foire
✆ 02 62 59 10 41 / 06 92 08 80 09
Chambre simple 40 €, double 50 €, petit déjeuner inclus. Repas à 20 € sur réservation.
A 1 620 m d'altitude, 6 jolies chambres d'hôtes (3 épis) lambrissées et coquettes, avec salle de bains privée et tableaux fleuris aux murs, sur la route du Volcan. Accueil sympathique et familial.

AUBERGE DES CRATÈRES
137 route forestière du Volcan
✆ 02 62 33 48 36 / 06 92 15 06 69
dieseauberge@gmail.com
Dortoir de 18 places à 25 € par personne (sur réservation), demi-tarif pour les enfants de moins de 12 ans. Petit déjeuner 5 €. Chambre à 30 € par personne. Pension complète à 55 € et demi-pension à 42 €.
A la sortie du village de Bourg-Murat en allant vers le volcan, cet établissement composé de 12 chambres (2 doubles et 10 de 6 personnes maximum) fréquenté des randonneurs propose un séjour nature. Au départ des sentiers de randonnée, vous pourrez y explorer facilement les grandes étendues des Hautes Plaines. Mieux vaut réserver à l'avance, car l'auberge accueille surtout des groupes.

AUBERGE DU VOLCAN
194 rue Maurice-Kraft
RN3 ✆ 02 62 27 50 91
aubvolcan@wanadoo.fr
Chambre double à partir de 42 €, triple 52 €, quadruple 62 €, petit déjeuner 5 €. Restaurant ouvert tous les jours sauf le lundi, menus à partir de 18 €. Fermeture annuelle en juin.
A 200 m de la Maison du volcan, 15 chambres spacieuses avec chauffage, télévision, téléphone, petit coin terrasse intérieur et parking privé. Malgré un décor un peu froid et un brin fade, l'ensemble reste confortable, agréable, et la localisation très pratique. C'est le plus ancien du village, ouvert depuis plus de 40 ans. En face, l'auberge, champêtre et chaleureuse, prépare une cuisine créole et métro à savourer après une longue marche au volcan.

LE GRILLANOO
9 lot Depeindray
✆ 02 62 59 10 10 / 06 92 22 47 11
www.grillanoo.fr
Nuit en dortoir : 20 €, chambre simple 50 €, chambre double 60 €, chambre triple : 85 €, chambre quadruple : 110 €. Petit déjeuner inclus. Restaurant ouvert du mardi au dimanche, midi et soir.
Hôtel-restaurant, cuisine créole et métropolitaine. Le cadre est agréable : le restaurant est décoré avec goût, une grande salle avec cheminée vous invite à déguster un digestif après une longue journée de marche. Vous pourrez à proximité faire de la randonnée, des balades à cheval, découvrir la Cité du volcan, et pourquoi pas vous lancer sur le GRR2 ?

LE PITON DES FORGES
25 rue du domaine de Bellevue
✆ 02 62 44 03 84 / 06 92 75 74 21 / 06 93 39 71 10
pitondesforges974@hotmail.fr
15 € par personne et par nuit. Petit déjeuner 5 €. Pension complète (3 repas) 50 € par jour.
Une structure de grande capacité pour randonneurs et groupes. Le Piton des Forges est au bout du chemin à gauche au niveau des écuries de Bellevue, un endroit royalement calme à 2 minutes de voiture du centre. Ce vaste bâtiment propose 10 chambres de 2 ou 3 lits, doubles ou superposés, avec salles de bains privées, et des dortoirs étaient en prévision lors de notre passage. Lambrissées, au confort modeste, elles sont conformes aux tarifs très bas pratiqués. A l'extérieur, elles s'ouvrent sur un beau panorama, différent suivant les chambres. A l'intérieur, elles donnent vers une grande salle de restauration de 200 couverts, où sont servis les repas des résidents (cuisine métro et créole) ainsi que banquets et repas de mariage. Repris en 2015 mais existant depuis des lustres, il dispose de facilités existantes et d'autres en prévision, notamment le wi-fi, accessible dans la salle principale, qui le sera prochainement dans les chambres. Il y a un terrain de tennis, tandis qu'une salle de jeux et une autre de cinéma sont prévues.

Confort ou charme

■ **HÔTEL L'ECRIN****

RN3, 27e km ✆ 02 62 59 02 02
www.hotel-ecrin.re
reception@hotel-ecrin.re

Par nuit, petit déjeuner inclus : chambre simple 60 €, double 84 €, triple 107 €, quadruple 121 €, appartement T2 105 € pour 2 personnes, 180 € pour 5. Tarifs dégressifs à la durée. A l'entrée de Bourg-Murat, sur la gauche en venant de Saint-Pierre, à 150 m de la Cité du Volcan.

Cet établissement 2-étoiles, le seul hôtel de la région, propose 21 chambres de bon confort, installées dans des petites maisons dispersées dans un grand jardin. Vastes et chaleureuses, elles sont équipées de TV satellite, téléphone, salle de bains avec baignoire ou douche et petite terrasse individuelle. Certaines logent 3 personnes, voire 4 pour celles dotées d'une mezzanine. Le T2 est équipé d'une kitchenette. Wifi à disposition dans l'hôtel. L'ensemble est chauffé toute l'année, comme il se doit dans les Hautes Plaines et propose de nombreux activités de détente et loisirs : spa, sauna, hammam, parcours de minigolf, table de ping pong, billard, toboggan pour les enfants et bar... pour les adultes. Côté restauration, la table du Panoramic vous accueille au sein de l'hôtel, mais tenue par d'autres gérants ; cuisine métro et créole. En revanche, plusieurs restaurants sont accessibles à quelques minutes à pied dans le village. Accueil familial et convivial.

Se restaurer

■ **LE GRILL DE VIRGINIE**

RN3, 27e km
✆ 0262 59 29 57

Fermé le soir et le jeudi. Menu du jour à partir de 12 €, menu à emporter à partir de 5,50 €.

Un snack et une bonne table de cuisine créole agrémentée d'un service impeccable. Gentillesse, qualité et efficacité, tel semble être le leitmotiv de la maison.

■ **Ô QG**

60 bis rue Alfred Picart
✆ 02 62 38 28 55 / 06 92 48 22 80

Ouvert tous les jours de 7h à 22h. Plats à partir de 15 €.

Dans un cadre chaleureux, une belle salle avec une cheminée où des charcuteries sont en fumage et une cuisine créole traditionnelle au feu de bois. Les spécialités maison : des plats sénégalais tout à fait improbables dans ces hauteurs de La Réunion. Goûtez au poulet yassa : c'est un vrai régal. Vous y trouverez un accueil sympathique et ambiance conviviale. Bon appétit !

■ **LE RELAIS COMMERSON**

2 route du Volcan
✆ 02 62 27 52 87 / 06 92 60 05 44
lerelaiscommerson@orange.fr

Ouvert tous les jours sauf le mercredi, le soir uniquement sur réservation. Menu et plats à la carte à partir de 15 €, menu enfant 10 €.

Un restaurant authentique dans la fraîcheur de Bourg Murat. Cuisine du terroir réunionnais et plats métropolitains, labellisée Maître Restaurateur, dans une salle à l'ambiance chaleureuse, ses pierres grises et murs blancs, et bien sûr sa cheminée. Le Relais Commerson fait aussi salon de thé, idéal pour se réchauffer au retour d'une balade sur le volcan.

À voir – À faire

■ **CITE DU VOLCAN**

100 rue Maurice et Katia Kraft
✆ 02 62 59 00 26
www.museesreunion.re

Plein tarif : 9 €. Tarif réduit : 6 €. Entrée du cinéma 4D : 2 €.

La Fournaise méritait bien que lui soit consacré un temple de basalte en forme de volcan. Magnifique réalisation pyramidale, ce musée est une escale indispensable sur la route du Volcan... Ouvert en 1992, il a été fermé en 2011 pour des travaux d'agrandissement. Sa réouverture s'est effectuée en juillet 2014.

Cette réhabilitation a permis la création d'un nouvel espace de découverte, moderne, familial et ludique. La nouvelle Cité du Volcan a pour ambition d'accueillir 200 000 visiteurs par an. A l'intérieur, la science n'est pas rébarbative. Maquettes, bornes interactives, écrans vidéo, etc., toutes ces animations lèvent le voile sur la formation géologique de l'île et démythifient « le monstre ». Les nombreuses technologies permettent de vous faire vivre l'âme du volcan ! Reproduction d'un tunnel de lave, salle de projection panoramique, cinéma 4D dynamique, bathyscaphe, dispositifs holographiques vous feront vivre une expérience multisensorielle digne de la Fournaise elle-même ! Ceux qui ont connu la Maison du Volcan risquent fort de ne plus la reconnaître, d'autant qu'elle a été rebaptisée Cité du Volcan.

■ GALERIE D'ART EVENTS

4A, rue des Grands Kiosques
✆ 06 92 92 38 33 / 06 92 72 11 73
Entrée gratuite. Ouvert le samedi et le dimanche de 10h à 12h et de 13h à 17h, ou sur rendez-vous en semaine.
Le lieu d'expositions et d'ateliers a été réhabilité par des artistes locaux. Vous y trouverez les réalisations des nouveaux artistes réunionnais mais aussi des pointures régionales. Un lieu de rencontre qui monte !

Sports – Détente – Loisirs

■ LES ÉCURIES DU VOLCAN

9 bis domaine de Bellevue
✆ 06 92 66 62 90
ecuriesduvolcan@orange.fr
Baptême de poney à 5 €. Balades à partir de 15 € et randonnées à partir de 120 €.
Les écuries organisent des randonnées équestres courtes dans la région de Bourg-Murat, aussi bien que des excursions plus longues, sur une demi-journée ou sur plusieurs jours (nuitées en bivouac prises en charge par les propriétaires) dans différents coins de l'île. La ronde des trois pitons, le piton de l'Eau, le volcan... Autant de sites que vous pourrez découvrir à cheval dans une ambiance conviviale, selon votre niveau, vos envies et votre budget. Débutants acceptés. Des promenades en poney sont également organisées pour les plus petits.

Shopping

■ MARCHÉ FORAIN

Site de Miel vert
Le dimanche matin. Tout petit marché, essentiellement de fruits et légumes.

■ LE PALAIS DU FROMAGE

Rue Alfred Picard
✆ 02 62 59 27 15
Sur la route forestière du volcan
Ouvert de 9h à 17h du jeudi au dimanche (horaires variables, fermeture vers 15h le samedi).
Une quinzaine de fromages dont la spécialité de la maison, « le fromage de Sylvie » (fromage au miel enrobé de caramel). Vente de lait de vache, fromages nature ou aromatisés, frais, secs ou crémeux. Vous trouverez aussi des gâteaux maison, des gaufres, des crêpes, du jus de fruits maison, du café, du thé, du miel, etc.

LA PLAINE-DES-PALMISTES

Après Bourg-Murat, la route traverse La Plaine et entame une série de lacets après le col de Bellevue. On peut s'arrêter à une des tables de pique-nique qui parsèment le chemin. Arrosés par les alizés de l'Est, les paysages sont plus verts, luxuriants et généreux. Les lacets de la Grande Montée, en l'occurrence une descente en venant de Bourg-Murat, sont particulièrement glissants, soyez prudent. La Nationale arrive en centre-ville de La Plaine-des-Palmistes (1 100 m), après avoir dépassé le sublime domaine des Tourelles. Sur la grande place de la Mairie trône l'hôtel de ville en pierre, étrange, très savoyard, environné de reliefs doux qui s'élèvent en forêts touffues. On se croirait dans une station des Alpes.

Artisans des Hauts

De nombreux artisans ou artistes travaillent différents matériaux locaux à la Plaine-des-Cafres. Si vous souhaitez découvrir des bijoux assemblés à partir de graines locales ou d'écailles, des bougies parfumées ou des porcelaines, rendez-vous à l'office de tourisme. On vous mettra en contact avec l'artiste concerné.
Vous aurez aussi peut-être la chance de tomber sur leurs créations sur le marché du Tampon, ou lors de manifestations ponctuelles.

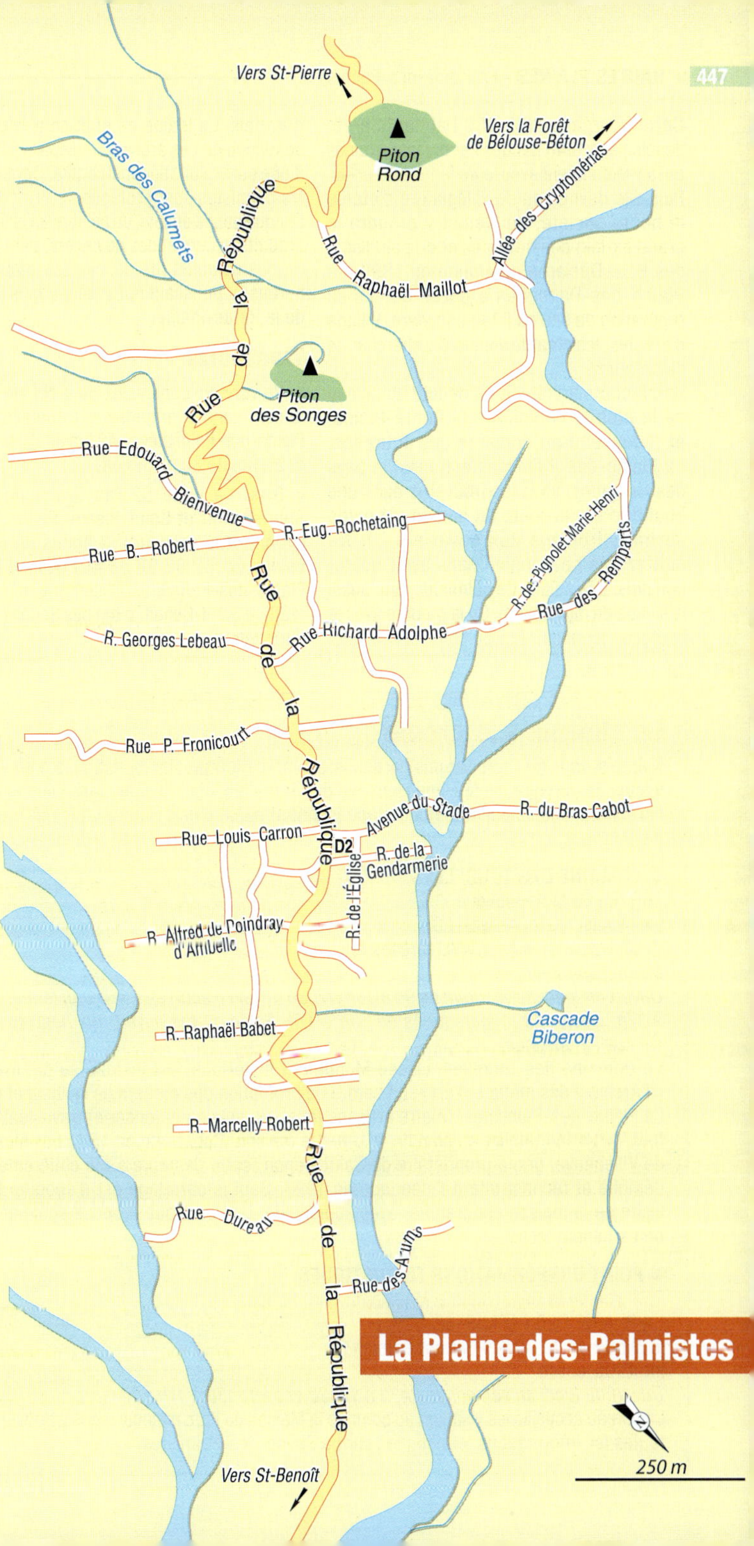

La Plaine-des-Palmistes

Cette bourgade de 5 000 habitants a été peuplée dès 1848 par des Petits Blancs ruinés qui s'y installèrent avec leurs femmes créoles. Puis elle devint lieu de villégiature d'été de la haute société, qui venait y prendre le grand air loin des miasmes et du paludisme des Bas. Déclarée commune en 1899, La Plaine-des-Palmistes a gardé depuis sa réputation de lieu où il fait bon vivre. Village d'artistes, les créatifs viennent y chercher de l'inspiration.
Un parcours architectural débute au niveau de la mairie, chemin de la Petite-Plaine, et redescend au domaine des Tourelles. La Plaine-des-Palmistes est aussi le pays des fromages, vous les trouverez dans une boutique sur la route du Volcan (fromage au miel, fromage aux goyaviers…). Ne quittez pas La Réunion sans avoir goûté, non plus, une salade de palmistes, dite aussi la salade du millionnaire. On la prépare avec le bourgeon terminal, chou ou cœur de palmiste. Autrefois, La Plaine en était couverte, mais beaucoup de ces arbres ont disparu à la suite d'une surexploitation mercantile. Dorénavant, les palmistes sont protégés.
Chaque année en juin, on célèbre ici la fête des produits laitiers et des goyaviers, petits fruits rouges acidulés (de délicieuses mauvaises herbes !), poussant notamment dans la forêt de la Petite-Plaine.

Transports

- **Voiture.** En continuant sur la N3, on atteint la commune champêtre et tranquille de La Plaine-des-Palmistes, à 40 km de Saint-Pierre et 20 km de Saint-Benoît.
- **Bus.** La ligne S2 fait la liaison entre Saint-Benoît et Saint-Pierre. Divers arrêts jalonnent le parcours. 3 lignes du réseau Estival (✆ 02 62 92 53 40) desservent La Plaine-des-Palmistes et ses environs (gare routière Saint-Benoît, piton des Songes, Bras-Piton, etc.).

Le charme à la créole

Même si vous ne cherchez pas particulièrement d'informations touristiques pour vos visites de la région, le sublime Domaine des Tourelles, haut lieu du patrimoine et de l'artisanat locaux, constitue une étape incontournable d'un séjour à La Plaine-des-Palmistes.

DOMAINE DES TOURELLES
260 rue de la République
LA PLAINE DES PALMISTES
✆ 02 62 51 47 59 – www.tourelles.re
contact@tourelles.re
Ouvert du lundi au vendredi de 9h à 18h (17h30 de juin à août) sauf le mardi fermeture à 17h, week-end et jours fériés de 10h à 17h. Salon de thé ouvert aux horaires de l'accueil touristique.
Le Domaine des Tourelles, classé Monument historique, est installé au cœur de « l'Archipel des métiers d'art », un centre de promotion des métiers de l'artisanat de La Plaine-des-Palmistes. Quatre artisans (miel, porcelaine et fonderie) travaillent et font visiter leur atelier au pied de la superbe maison. Construite en 1927 par Alexis de Villeneuve, grand propriétaire de Saint-Benoît, cette demeure a été entièrement démolie et reconstruite à l'identique en 1993. Seul le carrelage est d'époque. La visite de la maison est gratuite, avec audioguide. Une boutique propose également de l'artisanat local.

POINT D'INFORMATIONS TOURISTIQUES
258, rue de la République – Maison du Parc national
LA PLAINE DES PALMISTES
✆ 02 62 41 17 70 – www.est.reunion.fr
info@oti-est.re
Ouvert du lundi au samedi de 8h30 à 12h30 et de 13h30 à 17h.
Le bureau accueille les visiteurs au cœur de la Maison du Parc national. Vous y trouverez toutes les informations touristiques sur La Plaine-des-Palmistes.

Pratique

GUIDE PEI LUCO SAUTRON
✆ 02 62 51 48 88 / 06 92 28 87 19
Pour des groupes de moins de 4 personnes entre 20 et 30 € pour les adultes, tarifs dégressifs pour les groupes de plus de 5 personnes.
Luco saura vous expliquer l'histoire de sa plaine et de la forêt de Bélouve. Sorties en demi-journée et journée, en pleine forêt ou en sillonnant les rues du village pour y découvrir les charmes de la vie créole.

Orientation

La N3, qui parcourt la ville, est traversée de multiples transversales qui finissent en cul-de-sac ou reviennent sur leur pas. L'une d'entre elles, la D55, rejoint la nationale sur les premiers lacets de la Grande Montée, en passant par le lieu-dit la Petite-Plaine. A 1 km de la nationale, en prenant cette départementale, on peut accéder à la route de la forêt de Bébour.

Se loger

Locations

L'ORÉE DES BOIS
11, rue Marc-Henri Pinot
✆ 02 62 51 31 88 / 06 92 62 09 04
loreedesbois@izi.re
Location au week-end à partir de 220 €, à la semaine à partir de 329 €.
Une villa au style créole, avec tout le confort : cheminée, machine à laver, cuisine équipée, barbecue, et un grand jardin fleuri et bien entretenu. La maison, avec ses poutres apparentes, permet d'accueillir jusqu'à 6 personnes.

Bien et pas cher

LES CAPUCINES
2 impasse des Pâquerettes
✆ 02 62 88 03 27 / 06 92 66 61 91
www.camping-des-capucines.fr
info@camping-des-capucines.fr
Bungalow à partir de 50 € la nuit, 120 € le week-end et 220 € la semaine. Petit déjeuner 5,50 €.
Mauvaise nouvelle pour les campeurs : il n'y a plus d'espace de camping ! Il vous reste tout de même l'option bungalows : confort ou basique (4 personnes, cuisine équipée, lit double et clic-clac). Attention, les draps ne sont pas fournis !

LE PIC DES SABLES
2 allée des Filaos Petite-Plaine
Rue Henri-Pignolet
✆ 02 62 51 37 33 / 06 92 64 54 97
jistamarieclaude@hotmail.com
A 4 km du village, sur la route de Petite Plaine, sur la gauche.
Dortoir : compter 25 € par personne et par nuit, 15 € pour les moins de 12 ans, tarifs de groupes. Petit déjeuner inclus. Chambre double : 75 € avec petit déjeuner inclus.
Un gîte d'étape pour randonneurs, chez M. Elian Pierre Jista, comprenant une chambre pour 4 personnes et une autre pour 11. Les balades sont nombreuses alentour, et le propriétaire loue des VTT. En partageant le repas (délicieux) avec ses hôtes, Elian se plaît à parler des canyons et des randonnées qu'il connaît comme sa poche. Une adresse conviviale, le dortoir reste sommaire, mais les chambres doubles, construites en décembre 2014 dans un châlet en retrait, sont de très bon goût avec douche à l'italienne, TV et réfrigérateur.

Confort ou charme

LES AUBÉPINES
10, ruelle Arthur Deurveiller
✆ 02 62 51 22 61 / 06 92 45 08 50
lesaubepines974.fr
lebeauginette@hotmail.com
55 € la chambre double, 85 € la chambre triple. Menu à 20 € pour les adultes et 12 € pour les enfants.
A la fraîcheur des Hauts, environ à 1 000 m d'altitude, Les Aubépines mettent à disposition des chambres d'hôtes décorées de fort belle manière. Un cadre et un accueil agréables vont permettront de passer un excellent séjour. Un bain hydromassant est à disposition.

LE CONFLOR DU PITON
91 rue Dureau
✆ 06 92 67 62 33 / 06 93 60 43 06
leconfloredupiton@gmail.com
Compter 80 € la nuit pour 2 personnes avec petit déjeuner. Repas 24 € en table d'hôtes.
La demeure des Igoufe a à peine plus de dix ans, mais on jurerait qu'elle en a 100 de plus et qu'elle vient d'être rénovée, tant son style reproduit à merveille le charme de la case créole traditionnelle, avec sa belle varangue surmontée de colonnes à moulures, ses lambrequins finement travaillés, son ameublement blanc cassé au bois brossé, sa façade pimpante, toute verte, et ses petits volets jaune vif.

Les deux chambres d'hôtes (3 épis), très confortables et coquettes, avec salle de bains privée et grande fenêtre, disposent d'un lit spacieux et du wi-fi. Télévision dans la salle commune. Accueil très chaleureux. On se croirait coupé du monde dans ce lieu calme et champêtre, sorte de petite maison dans la prairie cernée de verdure et de pitons ; et pourtant la route nationale n'est qu'à 2 minutes. Une excellente adresse pour profiter du cadre exceptionnel de la Plaine.

L'ÉCHELLE

16 allée des Agapanthes
✆ 02 62 51 48 55 / 06 92 08 99 38
www.ilereunion.com/echelle
echelle@ilereunion.com
Chambre double : 60 €, petit déjeuner inclus. Fermeture annuelle de juin à août.
Dans sa belle grande case créole rose pastel, moderne avec un cachet traditionnel, et posée dans un agréable jardin fleuri et parsemé de fontaines, Nicole Plantec, Bretonne d'origine, vous accueille dans ses 5 chambres d'hôtes. Spacieuses, confortables, avec lit en 160 cm, wifi et TV, très soignées et joliment décorées, 3 d'entre elles disposent d'une salle de bains privée. Les 2 autres, idéales pour une famille de 4, se partagent WC et douche. La table d'hôtes se dresse sous la belle varangue lambrissée, à l'affût d'un point de vue sur la cascade Biberon. Cuisine créole traditionnelle, suivie bien entendu, d'une dégustation de rhums arrangés. Bon accueil, ambiance conviviale.

Trou de Fer, un immense puits au milieu de la forêt.

LA FERME DU POMMEAU**

10 allée des Pois-de-Senteurs
✆ 02 62 51 40 70 – www.pommeau.fr
Chambre double à partir de 78 €, petit déjeuner 8,50 €. Restaurant de 70 couverts, ouvert midi et soir sauf le dimanche. L'établissement ferme 3 semaines en août et 2 semaines en janvier pour congés annuels.
Cet hôtel a reçu plusieurs prix et décorations. Chambres de bon confort avec salle de bains et chauffage mais dont la décoration demande à être rafraîchie. Demandez celles qui ont vue sur la montagne. Piscine chauffée et semi-couverte.

Se restaurer

L'ESCALE DES CALUMETS

679, rue de la République
✆ 06 92 64 77 46 / 02 62 51 44 21
Plats sur place à partir de 9 €, à emporter à partir de 5 €. Ouvert tous les midis sauf le mardi. Un restaurant qui propose des plats créoles et asiatiques, une bonne adresse après un long trajet en voiture pour rejoindre La Plaine-des-Palmistes.

RESTAURANT LES PLATANES CHEZ JEAN-PAUL

Rue de la République
✆ 02 62 51 31 69 / 06 92 60 17 11
Ouvert du mardi au dimanche pour le déjeuner seulement. Compter 10 à 20 € le plat. Buffet à 22 € le dimanche, hors boissons (11 plats !) mais à réserver à l'avance (parfois une semaine).
Dans le premier village, une bonne cuisine créole (quelques plats chinois et *métros* également), très appréciée des locaux, servie dans une grande salle au cadre convivial. Buffet gargantuesque le dimanche, ambiance garantie !

TABLE D'HOTES DE M. KLEBERT CADET – GITE DES REMPARTS

Route de la Petite-Plaine
14, rue des Remparts
✆ 02 62 51 37 15 / 06 92 64 48 00
Repas adulte : 20 €, enfant (jusqu'à 11 ans) : 10 €. Tous les jours, sur réservation.
Au menu, canard, poulet et lapin fumés, cuisine traditionnelle créole.

À voir – À faire

- **Marché** le dimanche matin.
- **Fête de la paroisse**, le 6 février, pour la Sainte-Agathe (manèges, brocante, bal...).
- **Fête des goyaviers**, au mois de juin (la date varie beaucoup).

Sports – Détente – Loisirs

■ **ACROPLAINE**
✆ 06 93 77 22 12
www.acroplaine.com
info@acroplaine.com
Réservation obligatoire. A partir de 3 ans.
Inauguré en juillet 2015, voici le tout dernier parc accrobranche de l'île, à la lisière de la forêt de Bébour. Plus de 100 jeux répartis sur 6 parcours, chacun d'entre eux étant équipé d'une ligne de vie continue offrant ainsi une sécurité optimale pour petits et grands. Aussi la plus longue tyrolienne de La Réunion pour voler sur plus de 140 m !

FORÊTS DE BÉBOUR ET BÉLOUVE

Elles figurent indubitablement parmi les plus belles forêts de France. Toutes deux séparent le cirque de Salazie de La Plaine-des-Palmistes. Verte, la forêt de Bélouve est d'une richesse incroyable. C'est une forêt primaire, c'est-à-dire jamais transformée par l'homme, et son ambiance mystique – mêlant lianes, fougères arborescentes, brumes humides, chant des tecs-tecs et des cardinaux, etc. – fait penser à l'origine du monde. Elle se trouve au croisement de nombreux sentiers de randonnée, qui viennent de Cilaos, Salazie, La Plaine-des-Lianes ou La Plaine-des-Palmistes. C'est par là qu'il faut passer pour gagner le Trou de Fer. Ce gouffre géant, dont le nom vient de « l'Enfer », abrite une des chutes d'eau les plus majestueuses au monde : la plus haute cascade de La Réunion, de France, et 21e au rang mondial, avec 725 mètres de chute en plusieurs sauts. L'étape peut se faire en une journée (pour la forêt) ou en deux jours, après une nuit passée au gîte de Bélouve. La randonnée du Trou de Fer est à faire tôt le matin, avant que les nuages n'enveloppent le cirque. Depuis le gîte de Bélouve, compter 1h30 jusqu'au Trou. Le site est grandiose, et le chemin bien balisé. Impossible de descendre en bas, seuls quelques canyonistes expérimentés s'y rendent. C'est aussi le site de prédilection pour les hélicoptères, seuls appareils capables de s'engouffrer dans cet entonnoir géant.

Transports

Les deux forêts sont situées entre le cirque de Salazie, celui de Cilaos et la route des Plaines. On peut donc y accéder depuis ces trois endroits.

Comment y accéder et en partir

▸ **Voiture.** En venant de Saint-Pierre, après le col de Bellevue et les lacets de la Grande Montée (une descente dans ce sens), prendre la D55 à gauche. En venant de Saint-Benoît, on rejoint la D55 à partir de La Plaine-des-Palmistes. Des deux côtés, il faut aller jusqu'à la Petite-Plaine, d'où part la RF2 (route forestière), pas toujours entretenue. La route franchit le col de Bébour, la forêt de Bébour et arrive à la forêt de Bélouve. A la fin de la route, une belle vue sur Salazie. Mais attention, à 3 km de la fin de la route menant au gîte de Bélouve, celle-ci est généralement fermée le week-end (renseignez-vous auprès du gîteur en amont), il faut alors se garer sur le parking et continuer à pied (20 min).

▸ **À pied. Depuis la route des Plaines.** Un sentier part de la nationale, au niveau d'un kiosque entre Bourg-Murat et le col de Bellevue. Un autre part du centre de La Plaine-des-Palmistes. Tous deux rejoignent le col de Bébour.

▸ **Depuis Cilaos.** Sur le coteau de Kerveguen, le GR1 part vers la forêt de Bélouve, un autre sentier rejoint le col de Bébour. Compter au moins 5h.

▸ **Depuis Salazie.** Le GR1 part de Hell-Bourg et mène à la forêt de Bélouve en 3h.

Se loger

■ **GÎTE DE BELOUVE**
Forêt de Bélouve
✆ 02 62 41 21 23 / 06 92 85 93 07
gite.belouve@wanadoo.fr
30 places en dortoir et 2 chambres doubles. Dortoirs à partir de 16 € (10 € pour les moins de 10 ans). Chambre double à partir de 42 €. Petit déjeuner 6 €. Menu 19 € adulte, 12 € enfant. Sur réservation. Ouvert tous les jours sauf le mercredi midi.
Pour dormir dans la forêt de Bélouve, vous n'aurez d'autre choix que ce joli gîte situé au rebord du plateau dominant le cirque de Salazie. La vue est sublime. Les jeunes gardiens du gîte sont charmants et l'on y dîne très bien. Les campeurs peuvent aussi planter la tente dehors (une seule nuit tolérée !) et prendre leur repas avec tout le monde. Les spécialités sont le poulet faham à la vanille et le boucané baba-figue. Evitez d'arriver de nuit, la barrière (fermée aux véhicules de particuliers) et le parking sont à 400 m du gîte.

La cueillette des goyaviers

Ce petit fruit rouge acidulé (dont l'arbre est classé comme peste végétale) est à l'honneur une fois par an à La Plaine-des-Palmistes. En juin, il a même droit à une fête municipale ! En jus, en mousse et en gelée, il fait un malheur sur les tables réunionnaises. Si vous en trouvez sur le bord des routes un peu partout dans l'île, c'est dans la forêt de la Petite Plaine, sur la route de la forêt de Bélouve, que vous en trouverez le plus. Du mois de mai au mois de juillet, M. Bègue vous invite à la cueillette sur son domaine, pour 1,50 € le kilo. Les seaux sont fournis. Vous ne payez que ce que vous pesez : la dégustation sur place est possible, mais attention à l'indigestion ! Le fruit étant très capricieux, il vaut mieux appeler avant de faire le déplacement pour le cueillir (06 92 55 90 14). Pendant cette visite gourmande, vous pourrez admirer des arbres endémiques et indigènes comme le Bois maigre, le Change-écorce ou le Bois de rempart.

À voir – À faire

▸ **Juste après le col de Bellevue, au lieu-dit la Petite-Plaine, prendre sur la gauche la RF2,** bien indiquée et bitumée. La route, qui monte sur 18 km, passe par le col de Bébour (1 411 m) et à proximité du gîte de Bélouve, traversant une végétation superbe : les classiques cryptomerias, les tamarins des Hauts, une explosion de fougères arborescentes, ainsi que d'innombrables arums sur les bords de la route. Vous pourrez suivre un itinéraire pédestre parallèle à cette voie, ou emprunter les petits sentiers forestiers indiqués. Beaucoup de promenades sont faisables par ici, assez faciles et courtes (3h aller-retour au maximum). Pour plus d'informations, reportez-vous au guide des sentiers marmailles de l'ONF qui répertorie les balades possibles avec enfants, la plus célèbre étant la randonnée du Trou de Fer. La route forestière aboutit à un portail, fermé du vendredi 12h au lundi 7h. En semaine, elle va jusqu'au gîte de Bélouve, 2 km plus loin. Il y a un parking où l'on peut laisser sa voiture.

▸ **Le sentier de la Vierge** commence après cette grille. Son point culminant offre une vue superbe sur tout le massif forestier de Bélouve. Un panorama exceptionnel se découvre à partir du pylône de télécommunication.

▸ **Pour accéder au Trou de Fer** (3h de randonnée aller-retour), il faut continuer à marcher sur la route, en direction du gîte. Juste avant d'y arriver, le sentier balisé débute sur la droite. On s'enfonce dans une végétation superbe de tamarins et de fougères arborescentes, puis de cryptomerias, pour arriver jusqu'au belvédère offrant la vue sur le Trou de Fer, sorte de puits infernal de 960 m de dénivelé. A l'arrivée au kiosque, ne soyez pas déçu : de là, on ne voit en effet que le départ de la cascade. Impossible d'apercevoir le fond du trou tant celui-ci est vertigineux. Au retour, plutôt que de faire le chemin en sens inverse, on emprunte la variante du sentier de l'Ecole Normale, qui mène à quelques mètres du parking. Pour mieux contempler le Trou de Fer, sachez qu'on peut le survoler en ULM et y descendre en hélicoptère (attention cela a un coût, mais cela vaut vraiment le coup !!) ; quelle ivresse de plonger dans cet abîme ! Les vrais pros du canyoning (accompagnés de moniteurs expérimentés) ont également la possibilité d'y descendre, en rappel. Généralement, le circuit se déroule sur deux jours : et oui, il faut bien remonter !

Le volcan

PITON DE LA FOURNAISE

C'est du piton de la Fournaise (2 632 m), le lieu le plus visité de La Réunion, que vient ce surnom d' « île intense ». Une visite du volcan est passionnante pour bien des raisons : le cadre, totalement inhabituel, témoigne de la formation géologique de l'île. On marche sur des roches vieilles de 500 000 ans comme sur des roches âgées de quelques mois ! Ceux qui ont la chance d'assister à une éruption ne trouvent pas de mots pour raconter le spectacle, les photographes rampent au plus près des laves pour voler un cliché. Même sans éruption, la beauté du lieu, au lever ou au coucher de soleil, est époustouflante. Les teintes du sol, brunes, orangées, roses, violettes, parfois chatoyantes comme une nappe de pétrole, se confondent avec celles du ciel.

L'accès au piton de la Fournaise se fait à partir de Bourg-Murat. Les possibilités d'hébergement y sont nombreuses, tandis que tout près du volcan, il n'y a qu'un seul gîte, agréable, où l'on retrouve une véritable ambiance de randonneurs. Avant ou après la balade au volcan, n'hésitez pas à faire une halte à la Maison du volcan, le musée dédié à la Fournaise, que vous reconnaîtrez grâce à son architecture pyramidale en arrivant à Bourg-Murat.

Puis il faut prendre la route du Volcan. Longue de 24 km, elle traverse des paysages superbes, variés, aux faux airs de planète Mars (où certaines scènes de films y ont été tournées : vous comprendrez !), et finit au pas de Bellecombe (2 311 m), où on laisse sa voiture pour admirer le magnifique panorama sur l'enclos Fouqué et le volcan. Il faudra ensuite continuer le périple volcanique à pied.

Attention : le temps est souvent couvert au volcan, prenez-le en compte si vous ne voulez pas faire le déplacement pour rien. Mieux vaut arriver tôt le matin (avant 10h) et tenter le déplacement pendant l'hiver austral, c'est la meilleure période.

Transports

Comment y accéder et en partir

En voiture. A Bourg-Murat, prendre à droite, devant la Maison du volcan, en direction du volcan, jusqu'au pas de Bellecombe (à 24 km de Bourg-Murat). Compter un peu plus de 1h de trajet depuis Saint-Pierre. La route (RF5) est excellente, jusqu'à la plaine des Sables où elle devient poussiéreuse et rocailleuse jusqu'au parking du pas de Bellecombe.

On a l'impression de traverser plusieurs régions, tant le climat, le paysage et la végétation se métamorphosent. La route commence dans les champs d'herbe grasse où broutent les vaches (on se croit dans les Alpes), puis serpente une forêt de cryptomerias où la bruine et la grisaille font souvent partie du décor, dans une dense végétation de landes, de genêts et de branles.

La route, quand les nuages le permettent, découvre le col du Nez-de-Bœuf, à 2 136 m. On peut s'y arrêter pour la vue superbe sur la rivière des Remparts, avec, au fond, les quelques habitations composant l'îlet de Roche-Plate. Un autre beau panorama 1 km plus loin, sur toute La Plaine-des-Cafres. A environ 3 km en longeant toujours le bord de la rivière des Remparts, le cratère Commerson, le seul qui soit explosif et non effusif, éteint depuis des milliers d'années. On peut s'arrêter et se pencher au-dessus de son impressionnant à-pic de 160 m, depuis le belvédère. On aperçoit aussi le piton Textor.

Entre les deux, une route part sur la gauche en direction du piton de l'Eau (1 887 m). Ce chemin en terre mène après 9 km à pied (4 h A/R) à un incroyable petit étang de montagne où certains bergers font paître leurs troupeaux. Inactif depuis 60 000 ans, c'est le seul lac volcanique de l'île.

La route traverse alors La Plaine-des-Remparts. On passe par le point culminant de la route, à 2 400 m. Un panneau prévient des risques de verglas… L'air est léger, le brouillard flotte sur la route, la végétation se fait de plus en plus sèche et rare.

Au détour d'un virage, le choc… La plaine des Sables s'étend, irréelle, dans une immensité grandiose. On se croirait dans le Colorado. C'est sans conteste l'un des spectacles les plus fascinants de La Réunion : l'ancienne caldeira du volcan. Elle forme un premier enclos en arc, érodé, au fond duquel la route descend par des rampes escarpées. En bas, le ciment fait place au sable, et la piste file en ligne droite à travers le désert de quelques kilomètres carrés seulement... mais époustouflant !

Quelques reliefs encore pour atteindre le pas de Bellecombe et le parking. Il y a des panneaux didactiques sur le volcan, un snack et des toilettes. Depuis la barrière, deuxième choc : le piton de la Fournaise, dans l'immense enclos Fouqué, la caldeira principale du volcan.
La lave refroidie recouvre le fond de la caldeira. Sur les flancs du volcan, en blocs de lave noire, ocre ou orangée, dans la plaine des Osmondes, les pentes descendent vers les nuages. Juste en bas de la barrière, le Formica-Léo, un jeune cratère né il y a quelques siècles seulement, est un des nombreux petits pitons ou cratères formés par les éruptions contemporaines.

À pied. Le seul moyen de descendre dans l'enclos du volcan est le pas de Bellecombe. Plusieurs sentiers y mènent ou terminent sur la route du volcan.

Depuis Bourg-Murat, le GR R2 suit approximativement la route jusqu'au pas de Bellecombe.

Depuis le côté sud-est du volcan, des sentiers partent de Basse-Vallée et Mare-Longue, près de Saint-Philippe, et de Peinture et du puits du Tremblet, entre Saint-Philippe et Sainte-Rose. Ils rejoignent le GR R2 qui suit le rempart de l'enclos Fouqué jusqu'au pas de Bellecombe.

Depuis Grand-Galet, sur la rivière Langevin (au sud), on peut rejoindre la plaine des Sables.

Pratique

FOURNAISE.INFO
www.fournaise.info
Toutes les infos relatives à l'activité du piton de la Fournaise et aux randonnées possibles. A consulter !

OBSERVATOIRE VOLCANOLOGIQUE
14 RN3, PK 27
Plaine-des-Cafres
✆ 02 62 27 52 92
www.ipgp.fr
L'OVPF a deux missions principales : la recherche sur le fonctionnement et l'évolution des volcans d'une part et la surveillance de l'activité du Piton de la Fournaise d'autre part, avec le suivi 24h/24 des éruptions et des coulées de laves.

VOLCAN RÉUNION
volcan.reunion.fr
Toutes les infos et les nouveautés du volcan sur le site de l'IRT.

La plaine des Sables est l'ancienne caldeira du volcan.

La Fournaise en éruption

Le piton de la Fournaise est le 2e volcan le plus actif au monde, avec en moyenne une éruption tous les 9 mois ! Il n'estpas dangereux, car il est de type effusif (ou hawaïen) et non explosif, comme le MaunaLea à Hawaï, (le plus actif, avecune éruption constante depuis 1983 !) A la Fournaise, pas de nuées ardentes ou de gaz brûlants, mais des éruptions de lave fluide, coulant parfois jusqu'à l'océan (et coupant ainsi la route nationale) à la vitesse de quelques km/h, voire quelques mètres à l'heure, en traversant les zones inhabitées du Grand-Brûlé. En somme, ce volcan est plutôt une formidable attraction touristique qu'une menace pour la sécurité publique. Après avoir été privés d'éruption de 2010 à 2014, les Réunionnais assistent à plusieurs éruptions par an, deja 4 en 2015 ! Pour un touriste, voir une éruption est une opportunité qui mérite de changer son programme !

Jusqu'à la construction de la route dans les années 1960, seuls quelques aventuriers se rendaient au volcan. C'est lors de l'éruption de 1977, qui ravagea le village de Piton-Sainte-Rose, que l'on commença à s'y intéresser. Un observatoire volcanologique est alors mis en place. Les éruptions sont signalées dès les premiers signes, prévisibles quelques jours à l'avance avec l'augmentation des microséismes. La lave jaillit soit dans la zone sommitale (le cratère Dolomieu), soit ailleurs dans l'Enclos Fouqué, et s'écoule ensuite suivant la pente, vers l'intérieur de l'Enclos ou vers l'océan.

Lors d'une éruption, tout est organisé. « Volcan la pété ! » : la nouvelle se répand et chacun prend ses dispositions, pour se rendre sur place, photographier et filmer, fermer l'accès à l'Enclos par une barrière métallique, organiser des survols, etc. Ecoutez la radio et renseignez-vous pour savoir quand et comment accéder au meilleur point de vue (depuis le Pas-de-Bellecombe ou ses environs) et si la coulée descend jusqu'au littoral. Le clou du spectacle reste le cratère d'éjection des laves, le grondement sourd et les coulées qui dévalent les pentes. Mais depuis un accident mortel survenu en 2003, le seul recensé en 375 ans, ce spectacle est réservé aux seuls journalistes, scientifiques et privilégiés dûment accrédités (acoquinés ?) par la préfecture. Le citoyen de base ne peut voir le spectacle que de loin, depuis le haut du rempart… ou regarder les vidéos. La grille fermant l'accès, haute et surveillée, ne peut même pas être franchie « discrètement », contrairement aux autres endroits interdits de l'île.

Même de loin, le spectacle des fontaines de lave et du ciel rougeoyant reste magnifique, surtout la nuit. Mais armez-vous aussi de patience. L'affluence est grande lors d'une éruption et les pouvoirs publics ne font pratiquement rien pour organiser l'accès. Les parkings sont pleins à craquer et l'unique route menant au Pas-de-Bellecombe est alors saturée. Depuis les Bas, impossible de grimper, à moins de longer l'Enclos Fouqué jusqu'au Nez Coupé du Tremblet, une randonnée très longue et très difficile. Pour être sûr de voir quelque chose, le mieux est un survol en ULM ou en hélicoptère, mais là, les prix augmentent ! Seule exception puisqu'on ne peut aller aux coulées : attendre qu'elles viennent à vous, quand elles atteignent l'océan au niveau du Grand-Brûlé (Saint-Philippe). La rencontre de l'eau et de la lave est un incroyable spectacle, fumant, bouillonnant, accessible au public, mais très rare : la dernière fois en 2007.

Hors éruption, quand l'enclos est ouvert, des chemins ont été balisés avec des pointillés de peinture blanche, pour éviter les zones fragiles du sol, qui sont souvent le plafond de tube de lave, ces tunnels qui se forment après le passage des coulées. Ne vous écartez pas, cela pourrait s'effondrer sous vos pieds. En effet, la lave peut prendre des années à refroidir et à quelques mètres de profondeur, il peut faire encore plusieurs centaines de degrés, plusieurs années après la fin de l'éruption. Des fumerolles se forment parfois, résultat de l'infiltration de l'eau de pluie dans ces failles brûlantes. Enfin, le temps change très vite et vous pourriez rapidement être désorienté par le brouillard et la pluie, très fréquents. Prudence !

Les principales éruptions depuis 1977

Ce ne sont pas les seules éruptions qui ont eu lieu depuis 1977, mais en tout cas les plus exceptionnelles. Il y a eu 26 phases d'activité différentes pendant les années 1970, 24 pendant les années 1980, 6 dans les années 1990, décennie qui vécut à la fois le plus faible nombre d'éruptions, avec une période d'inactivité de 6 ans, et également la plus intense d'entre elles, avec une éruption ininterrompue pendant 7 mois. Il y a déjà eu plus de 20 phases d'activité depuis l'an 2000.

Eruption de 1977. En avril, pour la première fois depuis longtemps, une éruption a lieu hors enclos. Elle traverse le village de Piton-Sainte-Rose (évacué à temps), détruisant des maisons et une station-service. Une coulée finit dans la mer, tandis qu'une autre s'arrête net devant l'église, ce qui est immédiatement apparenté à un miracle. Le lieu saint a ensuite été rebaptisé « Notre-Dame-des-Laves ».

Eruption de 1986. Le 20 mars, une fissure de 700 m de longueur s'ouvre au-dessus du village de Takamaka, que l'on doit évacuer. La coulée détruira 8 maisons et finira sa course dans la mer agrandissant l'île de quelques hectares au niveau de la pointe de la Table.

© BEBOY

Eruption de 1998. C'est surtout l'éruption de mars qui a mobilisé les foules. Après un sommeil de plus de 6 ans, la Fournaise se réveille et donne naissance au piton Kapor. Plus de 30 000 spectateurs viennent de toute de l'île, avec pique-nique et famille, pour assister au spectacle nocturne. On se serre pour la voir sur des kilomètres de large. La gendarmerie se mobilise en masse pour interdire l'accès à l'enclos… et gérer les embouteillages qui sont aussi mémorables que l'éruption ! Qualifiée d'éruption du siècle, elle se prolonge durant 7 mois !

Eruptions de 2000 à 2003. Le volcan se réveille plusieurs fois par an, pour un spectacle toujours plus incroyable. En 2000, 3 éruptions, dont deux de plus d'un mois, forment les pitons Célimène, Parvédi et Morgabim. En 2001, deux éruptions créent les pitons Tourkal et Madoré. En 2002, 2 nouvelles coulées atteignent la mer, pour la première fois depuis 1986 ! L'une d'elles coupe la nationale au niveau de la Vierge au parasol, une statue installée au début du siècle dernier pour protéger les terres du volcan… et qui est déboulonnée à temps. En 2003, 4 éruptions courtes : l'une d'elles dure à peine 3h, mais c'est la première fois que le volcan emporte une vie. Un étudiant est tombé dans une crevasse formée par l'effondrement d'une voûte de lave, et depuis cette date, l'enclos est systématiquement fermé en période éruptive et pré-éruptive. Alors que tout un chacun pouvait s'approcher au plus près des rivières de lave, désormais seuls les journalistes, photographes et scientifiques « accrédités » par la Préfecture (voire acoquinés) sont autorisés à se rendre dans l'enclos.

Eruptions de 2004. Un cru exceptionnel, avec 3 coulées, dont une dure près d'un mois dont près d'une semaine à couler dans la mer. Le spectacle, mémorable, réunit encore des dizaines de milliers de personnes et, malgré le service de navettes, les embouteillages sont une fois de plus ingérables. Une plate-forme de 9 ha se forme sur la mer, agrandissant encore La Réunion. Le spectacle bat son

plein, quand pour la première fois un cratère s'ouvre au niveau de la mer, phénomène qui n'arrive habituellement qu'en altitude. Des fontaines de lave cordée jaillissent à plusieurs dizaines de mètres de hauteur, tandis que les spectateurs sont évacués de la zone.

Eruptions de 2005. La première éruption de l'année commence le 17 février de manière banale. Mais le 25, le volcan prend tout le monde par surprise en laissant dévaler ses laves à grande vitesse vers la mer et vers la Vierge au parasol, côté Bois-Blanc. A 16h, alors qu'aucune coulée n'est visible, la forêt commence à brûler. A 19h, la lave traverse déjà la RN2 et à 23h15 elle rejoint la mer ! On craint une évacuation du village comme en 1977. A minuit, les gendarmes prennent l'initiative de déboulonner la Vierge au parasol pour la sauver une fois de plus. Le village n'est finalement pas évacué et l'éruption se termine le 8 mars.

Eruption de 2006. Le 30 août, une éruption inattendue surgit sous les yeux ébahis des randonneurs. Le piton crache du feu et la lave se répand tout autour. L'éruption reprend de plus belle dans le cratère du Dolomieu et forme un petit lac de lave qui se vide peu à peu.

2007 : l'éruption du siècle. Le 6 avril, le volcan de la Fournaise se réveille pour le plaisir des visiteurs et des curieux. Le cratère Dolomieu s'effondre de 350 m, suite à un très fort séisme de magnitude 3,5. Le sentier faisant le tour du cratère est depuis interdit aux randonneurs, car trop dangereux. Les coulées exceptionnellement abondantes coupent la RN2, pour se jeter dans la mer. On y relèvera plus de 50 m d'épaisseur de lave et il fallut attendre presque un an pour la réouverture de la route.

De petites éruptions se sont succédé régulièrement ensuite : trois en 2008, trois en 2009, puis une seule en 2010.

Après 4 années d'inactivité, la Fournaise s'est réveillée en juin 2014 : une éruption « éclair » qui dura moins de 24h. En 2015, le volcan a déjà connu 4 éruptions : la première, en février, aura duré 12 jours. La seconde, entre le 17 et le 31 mai, aura joué avec les nerfs des visiteurs venus admirer le spectacle par une météo très capricieuse. La troisième, du 31 juillet au 2 août, a été bien plus spectaculaire : des fontaines de lave de plusieurs dizaines de mètres de hauteur, visibles du Pas de Bellecombe, par une nuit de pleine lune. Ce qui n'a pas manqué d'attirer la foule, en plein week-end de vacances. Beaucoup ont dû rebrousser chemin face aux embouteillages, tandis que d'autres sont quasiment tombés en hypothermie en attendant les navettes mises en place à la va vite. En revanche, les premiers arrivés en ont pris plein les yeux ! Rebelote le 26 août avec une dernière éruption, la plus longue depuis longtemps puisque après 3 semaines d'activité, elle était toujours en cours au moment du bouclage de ce guide ! Après une forte affluence en début d'éruption, la fréquentation a diminué avec la fin des vacances, permettant de s'y rendre sans crainte de rester bloqué. Les panaches orangés sont même visibles des côtes Sud et Est !

Le volcan en images

Les vidéos les plus célèbres de la Fournaise en éruption sont sans doute celles du cinéaste Alain Gérente – www.alaingerente.com. De l'« Apothéose » à l'« Eruption magique », en passant par des explosions magmato-phréatiques et des séquences sous-marines : de quoi vous mettre l'eau à la bouche avant de monter au volcan.

Se loger

■ **GÎTE DU VOLCAN**
✆ 06 92 85 20 91
www.legiteduvolcan.com
Chambre double à 60 € avec petit déjeuner inclus. A partir de 16 € en dortoir, 12 € par enfant. Dîner complet avec punch 19 € (vin en sus), 12 € par enfant. Petit déjeuner 7 €. Réservation par téléphone, au gîte, pour les repas 48h à l'avance.
A 600 m du volcan, l'endroit est stratégique pour partir tôt escalader le cratère. Le gîte se compose de plusieurs pavillons, d'un grand restaurant où il faut le dire la cuisine est excellente, d'une cuisine, d'un jardin avec des haies taillées. Le lieu est plaisant. Les dortoirs ont des lits superposés, les draps et couvertures sont fournis (pas les oreillers ni les serviettes). Pour une douche, le chauffe-eau solaire dépend de la météo, et l'eau est ravitaillée, soyez compréhensif ! Le refuge, qui date de 1948, est tenu depuis des générations par la famille Picard.

Sports – Détente – Loisirs

La route des Cratères est interdite aux randonneurs ! On ne le répètera jamais assez. Depuis l'éruption de 2007, le cratère de Dolomieu s'efffrite et vous risquez de grands dangers. Trop de randonneurs passent outre cet arrêté préfectoral en prenant de gros risques ! Mais attention, la gendarmerie veille et vous risquez 250 € d'amende. Vous voilà informé.
En revanche un nouvel itinéraire (le sentier du sommet) a ouvert en décembre 2009.

▶ **Ne sortir en aucun cas des sentiers balisés** en pointillés blancs : perdre son chemin peut être fatal, des accidents ont souvent lieu.

▶ **L'environnement du volcan est plus rude qu'il n'y paraît et plus imprévisible.** En moins d'une minute, le temps peut changer radicalement.
Prendre de l'eau et de la nourriture, coupe-vent, pull et crème solaire (le soleil est traître en altitude) ! Trop de touristes partent inconscients, sans s'être informé des conditions météo, ni de l'activité du volcan, en short et même en tong ! Pour marcher sur la lave, il faut de vraies chaussures de randonnées, les baskets sont bonnes pour la poubelle au bout de 2 ou 3h de marche, avec des risques réels d'entorse. Les gratons sont tranchants, il faut un pantalon !

▶ **Pour profiter au mieux du spectacle :** descendre aux lueurs de l'aube dans l'enclos Fouqué, et au moins avant 10h.

▶ **Depuis la fermeture du tour des cratères**, l'ONF a balisé 5 sentiers au départ de l'enclos Fouquet : le sentier du Piton Kapor (sur la gauche face à la montée), 6 km, 3h aller-retour. La Chapelle de Rosemont au centre, 3h aller-retour. Le cratère Rivals à droite du piton de la Fournaise, 8 km, 4h30 aller-retour. Vue sur le chateau fort à droite du piton de la Fournaise, 9 km, 5h30 aller-retour. Le sentier du sommet, qui débute au Pas de Bellecombe et arrive à une plate-forme d'observation au bord du Dolomieu, soit 11 km pour 500 m de dénivelé.
Pour entrer dans l'enclos, il faut emprunter l'escalier qui descend du Pas de Bellecombe, en 20 minutes. En bas, les sentiers sont balisés et indiqués. Le Formica-Léo, à 10 minutes de marche, est un petit cratère né en 1753, qui doit son nom à sa ressemblance avec les trous des fourmis-lions. On peut crapahuter sur les gratons de lave et remonter.

▶ **Si vous souhaitez aller au-delà du balisage,** entrer dans le vif du volcan, en comprendre les méandres, les effondrements, les évolutions, le découvrir hors des sentiers de l'enclos, il est préférable d'utiliser les services d'un guide, renseignements auprès de l'office de tourisme de la Plaine-des-Cafres (✆ 02 62 27 40 00).

CIRQUES

Survol du cirque de Mafate.

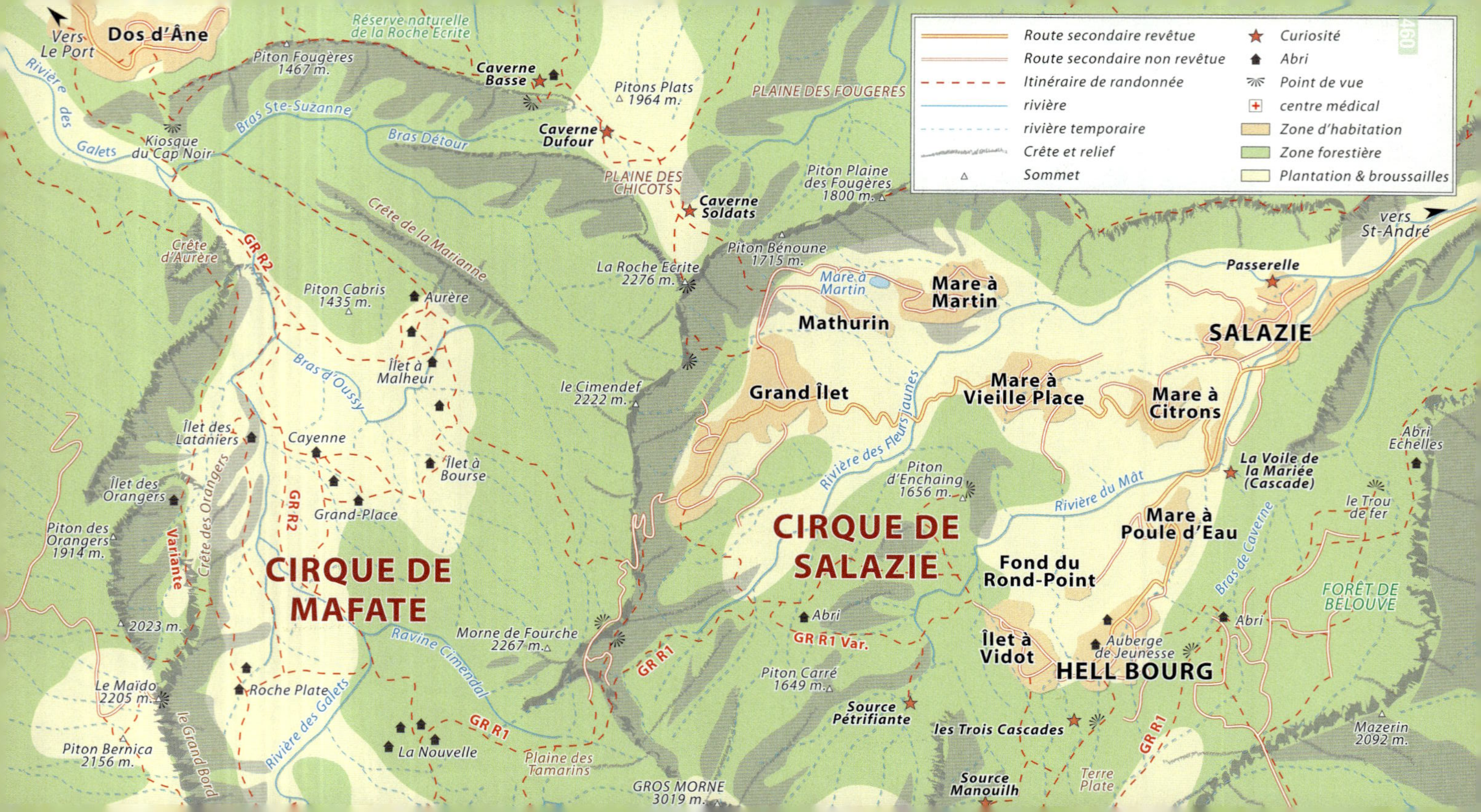

Route secondaire revêtue
Route secondaire non revêtue
Itinéraire de randonnée
rivière
rivière temporaire
Crête et relief
Sommet
Curiosité
Abri
Point de vue
centre médical
Zone d'habitation
Zone forestière
Plantation & broussailles
Vers Le Port
Dos d'Âne
Rivière des Galets
Piton Fougères 1467 m.
Réserve naturelle de la Roche Ecrite
Caverne Basse
Pitons Plats 1964 m.
PLAINE DES FOUGERES
Kiosque du Cap Noir
Bras Ste-Suzanne
Bras Détour
Caverne Dufour
PLAINE DES CHICOTS
Piton Plaine des Fougères 1800 m.
Caverne Soldats
vers St-André
Crête d'Aurère
GR R2
Crête de la Marianne
Piton Bénoune 1715 m.
La Roche Ecrite 2276 m.
Passerelle
Mare à Martin
Mare à Martin
Mathurin
SALAZIE
Piton Cabris 1435 m.
Aurère
Îlet à Malheur
Bras d'Oussy
le Cimendef 2222 m.
Grand Îlet
Mare à Vieille Place
Mare à Citrons
Îlet des Lataniers
Cayenne
Îlet à Bourse
Rivière des Fleurs Jaunes
Piton d'Enchaing 1656 m.
Abri Echelles
La Voile de la Mariée (Cascade)
Îlet des Orangers
Grand-Place
Rivière du Mât
le Trou de fer
Piton des Orangers 1914 m.
Crête des Orangers
Variante
CIRQUE DE MAFATE
CIRQUE DE SALAZIE
Mare à Poule d'Eau
Fond du Rond-Point
Bras de Caverne
FORÊT DE BELOUVE
2023 m.
Ravine Cimendal
Morne de Fourche 2267 m.
Abri
GR R1 Var.
Abri
Îlet à Vidot
Auberge de Jeunesse
HELL BOURG
Le Maïdo 2205 m.
Roche Plate
Rivière des Galets
GR R1
Piton Carré 1649 m.
Source Pétrifiante
les Trois Cascades
GR R1
Mazerin 2092 m.
Piton Bernica 2156 m.
le Grand Bord
La Nouvelle
GR R1
Plaine des Tamarins
GROS MORNE 3019 m.
Source Manouilh
Terre Plate

CIRQUE DE CILAOS
CILAOS
Thermes
Mare à Joncs
Centre médical
Bras Sec
Le Palmiste Rouge
Obélisque
Îlet à Cordes
La Chapelle
Cascade
Cascade Pissa
Bassin des Salazes
GR R1
GR R2
GR R2 Var.
GR2
Les Trois Roches
Abri
Marla
Les Trois Salazes 2132 m.
Col du Taïbit
LE GRAND BENARE 2898 m.
LES SALAZES
PITON DES NEIGES 3071 m.
Caverne de la Glacière
Caverne du Piton Rouge
Le Petit Bénare 2600 m.
Forêt du Tapcal
Caverne Tabac
FORÊT DOMANIALE DES MAKES
La fenêtre
Piton cabris 1504 m.
vers St-Pierre
1631 m.
Bras de St-Paul
Bras Rouge
Bras de Benjoin
Petit Bras de Cilaos
LES CALUMETS
LE DIMITILE
1815 m.
2203 m.
Caverne Dufour
2478 m.
Caverne Mussard
Piton des Trois Mares 1531 m.
FORÊT DE BEBOUR
Forêt de la Mare à Joseph
Coteau Kervéguen
Caverne du Bras Chansons
Piton Tortue 1807 m.
Sommet de l'Entre-deux 2352 m.
Rond des Chevrons
Coteau de Cendres
Bras des Roches noires
Bras de Ste-Suzanne
Bras de la Paine
La Voile de la Mariée (Cascade)
Grand Bassin
Bois Court
vers Le Tampon
0
2000 m
N

Cirques

Vertigineuses cuvettes nées de l'affaissement du cône du Piton des Neiges, le premier volcan de l'île éteint depuis 10 000 ans, les cirques sont fermés et isolés du littoral par d'immenses remparts de près de 1000 m de hauteur.
De la côte, impossible d'apercevoir ces mondes cachés, blottis au cœur de l'île. Mais leur présence se devine en fouillant du regard les failles creusées par les rivières. Véritable poumon vert au cœur d'une île qui comptera bientôt un million d'habitants, les trois cirques ont été inscrits le 1er août 2010 au patrimoine mondial de l'Unesco, sous l'appellation « Pitons, Cirques et Remparts » et constituent le cœur du parc national créé en 2007.
Le Piton des Neiges, plus haut sommet de l'océan Indien (3 070,50 m), se trouve au point de jonction des trois cirques, Mafate, Salazie et Cilaos, dont le fond chaotique et raviné est sillonné de torrents et de cascades. Les habitants des villages ou des îlets, ces petits hameaux de quelques cases, sont installés sur des plateaux cultivables et bordés de profondes vallées. Les cirques sont longtemps restés coupés du monde par leur difficulté d'accès.
Les premiers habitants furent les esclaves marrons qui, maltraités, fuyaient les exploitations de la côte. Réfugiés dans des lieux reculés et encore inexplorés, ils formèrent des communautés prêtes à se défendre en cas d'attaque des milices chargées de les poursuivre. Avec la crise sucrière et l'abolition de l'esclavage, au XIXe siècle, les Petits Blancs (les enfants ruinés des anciens maîtres) vinrent s'installer dans les cirques, où des concessions furent délivrées. Puis les Gros Blancs bourgeois s'y firent construire des demeures cossues appelées « changements d'air », où l'on venait pour s'échapper de la promiscuité et de la chaleur des Bas, et profiter des thermes et du grand air.
Aujourd'hui, les cirques conservent encore une bonne partie de l'âme créole de La Réunion. Dans un environnement magique, préservé et verdoyant, on trouve une hospitalité sans pareille et un art de vivre attaché à la nature et aux valeurs créoles traditionnelles. On parcourt les centaines de kilomètres de sentiers de randonnées, et, au coin de chaque virage ou presque, des surprises nous attendent : cascades, îlets perdus, passerelles de bois, points de vue extraordinaires...
Les cirques sont équipés en moyens de communication depuis peu. Certains îlets ont l'électricité depuis quelques années, d'autres sont quasi inaccessibles. Les années 1990 ont cependant permis aux habitants de se connecter, GSM et Internet par wifi portent aujourd'hui jusqu'au fond des cirques, tout comme la télévision arrivée massivement grâce au satellite. Mais les habitants conservent des plaisirs simples. La population, qui diminuait avec l'exode rural, se redresse aujourd'hui. Déçues par la ville, les nouvelles générations aiment revenir aux sources. Reste que les plus anciens habitants des cirques ont souvent des conditions de vie difficiles. Les écoles sont insuffisantes et l'on voit encore beaucoup de « cases la misère ». Cilaos et Salazie sont accessibles par des routes à flanc de rocher qui tournicotent inlassablement autour de reliefs tranchants et accidentés. Mafate, le paradis des randonneurs, tient son mystère et son authenticité du fait qu'il n'est accessible qu'à pied ou en hélicoptère. S'y rendre signifie donc y consacrer au moins 2 jours, et impose de dormir au fond du cirque, dans un gîte de montagne.

CIRQUE DE SALAZIE

Le cirque de Salazie est le poumon vert de l'île. Situé à l'Est, à une vingtaine de kilomètres de Saint-André, il reçoit de plein fouet les alizés de la côte au vent. En témoignent ses paysages fertiles, infiniment luxuriants, gorgés de cascades, de fleurs et de forêts. L'agriculture y a d'ailleurs toujours occupé une place de choix : Salazie demeure notamment le paradis du chouchou, ce légume vert importé du Mexique par Sully Brunet en 1840. Vous pourrez vous en régaler dans les gîtes, restaurants et tables d'hôtes du cirque. En provenance de Saint-André, il suffit de se lancer dans les bras des remparts qui embrassent la rivière du Mât pour pénétrer au cœur de ces terres vertes et humides. La route longe un interminable couloir de pitons qui enflent, s'aiguisent et se multiplient à une allure onirique, au fur et à mesure que l'on s'éloigne de la côte. Des pitons verts, touffus, à peine corrodés, aux allures de Pain à Sucre, le long desquels coule un fabuleux tulle de cascades : c'est le Voile de la Mariée, l'un des plus beaux spectacles du cirque, surtout en saison des pluies. L'encaissement de cette route bordée de parois vertigineuses et de forêts denses, sur laquelle trône au nord-ouest la Roche-Écrite et qui mène au village de Salazie, évoque ce temps lointain où les esclaves fugitifs venaient se réfugier au cœur de cette région enclavée. L'étymologie du cirque provient d'ailleurs sans doute du malgache « *saolozy* », qui signifie « bon campement », tandis que le piton d'Anchaing, le Cimandef, le plateau Sisahaye et le piton Lélesse portent les noms de chefs marrons. Aux Noirs en quête de liberté, installés dès le XVIIe siècle dans les recoins les plus improbables de la région, succèdent de Petits Blancs ruinés, parias de la société coloniale du littoral venus chercher une vie meilleure au beau milieu de ces reliefs accidentés. Il faudra attendre le début du XIXe siècle pour que le destin du cirque, habité par de pauvres agriculteurs, marginalisés et isolés, prenne un tournant radical : on découvre en 1831, à Bé-Mahot, des eaux thermales d'une qualité comparable à celles de Vichy. Salazie connaît dès lors un essor fulgurant. Les ponts de l'Escalier et de la Savane sont érigés en 1836 pour désenclaver le cirque, la route est construite dans la foulée, et toute la « haute » dionysienne peut désormais se retrouver autour du village de Hell-Bourg pour goûter aux joies de la nouvelle station thermale et se reposer dans de superbes cases de « changement d'air », dont la plus célèbre, la Maison Folio, peut encore être visitée. Mais, victime d'éboulements fréquents, et souvent catastrophiques, le cirque perd ses thermes au milieu du XXe siècle sous le poids des cyclones et des éboulis. Hell-Bourg n'en demeure pas moins, aujourd'hui encore, l'un des plus beaux villages de France, à l'attrait touristique inestimable, du fait de son riche patrimoine historique et de son cadre sublime. Le cirque le plus vert de l'île (qui est aussi le plus peuplé, avec ses quelque 8 000 habitants), fort des précieux vestiges de son Histoire, constitue par ailleurs aujourd'hui un haut lieu de randonnée et de canyoning. On peut accéder au cirque de Mafate par le col des Bœufs, s'aventurer sur les sentiers ardus qui mènent au sommet de la Roche-Écrite, se plonger au cœur de la forêt de Terre-Plate ou glisser le long des toboggans de Trou-Blanc avec un professionnel du canyoning. De quoi prendre le pouls de l'île et s'offrir une bouffée d'air infiniment frais.

▶ **De la gare routière de Saint-André,** de nombreux bus desservent le cirque, jusqu'au village de Salazie (ligne J, de 5h30 à 17h45, environ). Ensuite, la correspondance pour Hell-Bourg ou Grand-Ilet est très bien assurée par un minibus. Une solution idéale pour les randonneurs qui ne souhaitent pas forcément faire une boucle, mais plutôt sortir par le cirque de Mafate. Horaires et renseignements au 0262 46 80 00.

S'y rendre à pied

▶ **Depuis le cirque de Mafate.** De La Nouvelle par le col de Fourche. D'Aurère par Bord Martin.

▶ **Depuis le cirque de Cilaos.** Par le coteau Kerveguen, sur la route du piton des Neiges, jusqu'à Hell-Bourg ou par Mafate, via le col du Taïbit.

▶ **Depuis Dos-d'Ane ou Saint-Denis.** Par la Roche-Ecrite, un sentier descend jusqu'à Grand-Ilet, mais c'est un sacré rempart ! Randonneurs expérimentés uniquement.

▶ **Depuis Bébour.** Par la forêt de Bélouve, un sentier descend au niveau d'Hell-Bourg.

En voiture

Une seule route mène à Salazie depuis Saint-André : la D48. Elle grimpe par les somptueuses gorges de la rivière du Mât, où dévalent des cascades sur les parois verticales. Quelques kilomètres avant le village, on passe sous un impressionnant jet d'eau, dit « pisse en l'air ». Compter une demi-heure depuis Saint-André. Une station-service au village de Salazie.

En bus

▶ **Depuis Saint-Denis** lignes F ou G, **depuis Saint-Pierre** ligne H jusqu'à Saint-Benoît, puis la F ou G.

▶ **Depuis Saint-André**, seule la ligne J (7 départs par jour en semaine, entre 6h10 et 17h45, 3 le dimanche et jours fériés) monte jusqu'à Salazie, il faut compter une demi-heure et 1,50 €.

▶ **Depuis le village de Salazie,** des bus (les cars Alizés) gagnent Hell-Bourg puis Ilet-à-Vidot, d'autres Grand-Ilet puis le Bélier. Renseignements réseau Alizé ✆ 02 62 92 53 40.

Caverne Basse
Pitons Plats 1964 m.
Caverne Dufour
Rivière des Pluies
PLAINE DES FOUGERES
PLAINE DES CHICOTS
Caverne Soldats
Piton Plaine des Fougères 1800 m.
Piton Bé Massoune 1614 m.
Piton Bénoune 1715 m.
La Roche Ecrite 2276 m.
Bé Cabot
Mare à Martin
Îlet Roche à Jacquet
Mathurin
Mare à Martin
Mare à Vieille Place
Grand Îlet
Eglise Saint-Martin
le Cimendef 2222 m.
Le Plateau
Casabois
Roche Plate
Piton Maillot
Rivière des Fleurs jaunes
Le Bélier
Piton d'Enchaing 1656 m.
CIRQUE DE SALAZIE
Rivière du Mât
Camp Pierrot
Fond du Rond-Point
Piton Lélesse 1336 m.
Piton Marmite 1877 m.
Abri
Morne de Fourche 2267 m.
GR R1
GR R1 Var.
Îlet à Vidot
Auberge de Jeunesse
1181 m.
Piton Carré 1649 m.
Source Pétrifiante
1944 m. Col de Fourche
les Trois Cascades
Plaine des Tamarins
Source Manouilh
GROS MORNE 3019 m.
LES SALAZES
Caverne Mussard
PITON DES NEIGES 3071 m.
Bras Rouge
Les Trois Salazes 2132 m.
Caverne Dufour
2478 m.

Gorges
Petit Trou
L'Escalier
vers St-André
le Grand Plate
Cap Picard 1166 m.
Îlet Morin
Cascade Blanche
Bois de Pomme
Passerelle
Ravine Grosse Roche
SALAZIE
1341 m.
Bras de la Caverne
Abri
Passerelle
1423 m.
PLAINE DES LIANES
Mare à Citrons
Le Petit Sable
La Voile de la Mariée (Cascade)
Abri
Echelles
le Trou de fer
Mare à Poule d'Eau
FORÊT DE BELOUVE
FORÊT DE LA PLAINE DES LIANES
Bras de Caverne
1407 m.
Maison du tourisme de Salazie
Abri
PLATEAU DE BELOUVE
Cirque de Salazie
HELL BOURG
Bé Mahot
Mazerin 2092 m.
GR R1
TERRE PLATE
FORÊT DE BEBOUR
Bras Patience
Route secondaire revêtue
Route secondaire non revêtue
Itinéraire de randonnée
rivière
rivière temporaire
Crête et relief
Sommet
Curiosité
Abri
Point de vue
Eglise et chapelle
Zone d'habitation
Zone forestière
Plantation & broussailles
0
1500 m
N

Entre Salazie et Ilet-à-Vidot. Ligne 83. Temps moyen 25 min pour Hell-Bourg, 35 min pour Ilet-à-Vidot. Tarifs : 1,10 € pour Hell-Bourg, 0,50 € de plus pour Ilet-à-Vidot. Du lundi au samedi, 8 départs de Salazie entre 6h45 et 18h20 ; 4 départs le dimanche et les jours fériés : 9h55, 11h, 14h05, 18h45.

Entre Salazie et Le Bélier. Ligne 82. Temps moyen 45 min pour Grand-Ilet, 10 min de plus pour Le Bélier (12 départs par jour, en semaine, entre 6h45 et 18h20 ; 5 départs le dimanche et les jours fériés entre 9h15 et 18h20).

SALAZIE

Le village de Salazie (600 m) se trouve à 18 km de Saint-André, soit environ 20 minutes de route peu sinueuse, mais quand même impressionnante, entre les remparts vertigineux de la Rivière-du-Mât. La D48 passe sous le fameux « pisse en l'air », une cascade qui tombe sur la chaussée et qui évite le lavage en station-service ! Puis la route franchit le pont de l'Escalier et arrive après quelques lacets à Salazie, un bourg encaissé au fond de la vallée, à l'entrée du cirque. De là partent deux routes bien plus sinueuses : l'une pour Hell-Bourg, l'autre pour Grand-Ilet. Ce bourg possède une atmosphère particulière, comme dans une Suisse tropicale, tellement l'air y est pur et les lumières alpines. La paroisse, au centre du village, a été bâtie en 1840, et le village s'est développé autour en une commune fleurie et accueillante. Cependant, les activités touristiques, randonnées et visites, sont plutôt concentrées à Hell-Bourg ou Grand-Ilet. Salazie ne reste donc souvent qu'une halte charmante, où l'on découvre le village et on admire la cascade du Voile de la Mariée. Par sa situation, le village de Salazie permet pourtant à la fois de rayonner dans le cirque et de gagner facilement la côte urbanisée, et offre plusieurs balades dans les îlets alentour, hors des sentiers battus : Ravine-Grosse-Roche, Bois-de-Pomme…

Se loger

LE FAHAM**

134 rue Georges-Pompidou
✆ 02 62 88 47 47 / 06 92 78 24 18
gladys.pause@gmail.com
Chambre simple : 40 €, chambre double 60 €, petit déjeuner 5 €. Plat du jour 11 €. Plats de 12 à 19 €.

Seul hôtel du centre de Salazie (anciennement Le Salazien), classé 2 étoiles, sur la place de l'église et au départ des sentiers de randonnées, le Faham est une jolie bâtisse de 12 chambres confortables aux couleurs vives, toutes dotées d'une salle de bains privée et de la télévision. Au premier étage, vue sur les cascades. Le restaurant, situé au rez-de-chaussée, propose dans une salle agréable une cuisine créole traditionnelle, avec une carte assez large, et quelques plats métro et chinois. Parking surveillé, piscine en projet.

LE GITE DE LA COLLINE

60 chemin Plateau
Mare-à-Vieille-Place
✆ 02 62 47 59 08 / 06 92 66 13 08
gdc.run@gmail.com
Compter 371 € la semaine, électricité en sus. A 3 km de Salazie sur la route de Grand-Ilet, à 1 000 m d'altitude.

Gîte rural (labellisé Gîte de France) de Madame Karine Pause, dans un jardin clos, avec une belle maison créole tout confort, disposant de deux chambres dont l'une avec lit double et l'autre avec deux lits simples, et d'une cuisine équipée. Possibilité d'ajouter deux personnes (canapé-lit).

Se restaurer

BOUTIK LE 73

73 rue Michel Debré
Mare à citron
✆ 06 93 91 31 41
isabelle.cadivel@orange.fr
Ouvert tous les jours de 5h30 à 20h. Comptez une dizaine d'euros le repas.

C'est la pause idéale lors de votre découverte du cirque de Salazie. Cette boutique d'alimentation générale fait aussi restaurant. La devanture ne paye pas de mine, mais la patronne, Isabelle, propose de succulents caris créoles. Sans oublier une multitude de choix de rhums arrangés, pour finir le repas. Un endroit typique pour s'immerger dans la culture culinaire de l'île.

LE P'TIT BAMBOU

166, rue Georges-Pompidou
✆ 02 62 47 51 51
le-petit-bambou@wanadoo.fr
Ouvert tous les midis sauf le mercredi ; le soir sur réservation. Face à l'église. Plats autour de 15 €.

Une petite case jaune réputée pour son accueil charmant et ses caris charmeurs, concoctés à partir de produits du terroir. Cuisine créole, chinoise et métropolitaine. Des expositions de peinture ont lieu régulièrement.

Les immanquables de Salazie

Vert, vert, vert… c'est le cirque le plus arrosé des trois.

- **Se rafraîchir aux nombreuses cascades** qui jalonnent la route.
- **La cascade du Voile de la Mariée :** sur la route d'Hell-Bourg, très beau point de vue à la sortie du village de Salazie pour les moins courageux, ou petite promenade d'une heure jusqu'à la cascade, au milieu de champs de cresson.
- **Hell-Bourg,** classé parmi les plus beaux villages de France en 1998, avec ses cases créoles rénovées, témoins de la prospérité du village au début du XXe siècle.
- **La maison Folio** et son jardin exotique.
- **Le cimetière.**
- **Les vestiges des thermes** accessibles par le sentier qui démarre à proximité de l'ex-hôtel des Salazes (près de la gendarmerie, au bout du village de Hell-Bourg).
- **La forêt de Terre-Plate** et la source Manouilh.
- **La route forestière du Bélier** qui mène au col des Bœufs, porte d'entrée du cirque de Mafate.
- **Le piton d'Anchaing,** une randonnée sportive et chargée d'histoire.
- **La randonnée d'Ilet-à-Vidot** jusqu'au Bélier via Grand Sable.
- **La montée au gîte de Bélouve** et les nombreux sentiers traversant la magnifique forêt de Bélouve ou… le Trou de Fer.
- **Pour les sportifs,** le piton des Neiges par le cap Anglais en 5h.
- **Réservation obligatoire** des gîtes avant tout départ !

À voir – À faire

CASCADE DU VOILE DE LA MARIÉE

On peut la photographier de la route principale, mais il vaut mieux pousser jusqu'à Mare-à-Citrons pour avoir une vue encore plus spectaculaire, surtout pendant la saison des pluies. Cela dit, la meilleure façon d'apprécier la puissance de cette magnifique cascade, dentelée de plusieurs immenses chutes d'eau qui dévalent les remparts, est d'y tremper les pieds (avec grande prudence bien entendu) !

Pour cela, garez-vous au niveau de l'arrêt de bus Château d'eau, et descendez à pied vers l'Ilet-aux-Bananiers, en traversant de vastes élevages de poulets péi et une très belle passerelle suspendue. Après avoir longé des champs de cresson, vous y voilà, une trentaine de minutes plus tard... Un spectacle époustouflant.

MARE-A-POULE-D'EAU

Plus un étang qu'une mare, ce point d'eau niché dans la forêt offre une halte dépaysante. Au village du même nom, à 3 km de Salazie, sur la route de Hell-Bourg ; c'est fléché.

HELL-BOURG

Ne vous fiez pas à son nom. Hell-Bourg, charmante bourgade perchée à 930 m d'altitude, est tout sauf « Le village de l'Enfer » ! C'est même plutot un petit paradis qui prit le nom du gouverneur de Hell à l'époque où celui-ci régnait sur « Madagascar et ses Dépendances » (1838-1841). Grâce à ses sources, découvertes en 1832 et d'une qualité digne des eaux de Vichy, Hell-Bourg devint au XIXe siècle une station thermale de choix, dotée de très belles villas et fréquentée par la haute société créole mais aussi par des colons sud-africains, princes malgaches et nababs indiens. Baudelaire y aurait séjourné lors de son périple aux Mascareignes, au bras d'une charmante Malabaraise dont il vante la beauté dans *Les Fleurs du Mal*.

Mais en 1948, un cyclone fit disparaître la source chaude de cette bourgade où un hôpital militaire en 1860 avait été érigé pour soigner les soldats des guerres de colonisation blessés dans la région. Dès lors, la ville connut un sévère déclin, jusqu'à ce que des efforts soient accomplis, à partir des années 1980, en vue de la préservation de son patrimoine culturel et architectural.

Grâce à ces initiatives, aujourd'hui, les anciennes cases qui bordent la rue principale sont superbes, en excellent état et magnifiées par des jardins aux fleurs multicolores. On les appelait autrefois les « cases de changement d'air » puisque la plupart servaient de résidences secondaires aux familles riches des Bas, en mal de fraîcheur.
L'une des plus remarquables : la maison Folio, classée aux Monuments historiques. Ne la manquez sous aucun prétexte, son propriétaire se fera un plaisir de vous raconter son histoire... Et de trouver les mots et les images pour vous convaincre, s'il le fallait, qu'Hell-Bourg fait bel et bien partie des plus beaux villages de France, c'est même le seul village d'outre-mer à être ainsi labellisé.
Hell-Bourg est environné de plusieurs îlets (Mare à Poule d'Eau, Ilet à Vidot) et est le point de départ de randonnées le plus important du cirque : une randonnée assez facile vers le Piton d'Anchaing, qui offre un panorama sur l'ensemble du cirque, et d'autres randonnées longues et difficiles vers le Piton des Neiges, la forêt de Bélouve et Mafate.

Pratique

■ MAISON DU TOURISME

47 rue du Général-de-Gaulle
✆ 02 62 47 89 89
pat.salazie@wanadoo.fr
Ouvert du lundi au samedi de 8h30 à 12h et de 13h à 17h30, le dimanche de 9h à 12h.
Renseignements sur les activités du cirque et les sentiers de randonnées. Réservation de gîtes de montagne.

Se loger

Locations

■ MON TI CAZE CREOL

1 rue de la Cayenne
✆ 06 92 61 44 60
monticazecreol@live.fr
250 € la nuit pour 7 à 10 personnes. Tarif dégressif à partir de la 2e nuit.
Voilà une maison qui porte bien son nom ! C'est une case typiquement créole, aux fenêtres et portes blanches, avec tout ce qu'il y a de plus pratique ! 6 places et 4 couchages en dortoir. Une cuisine située dans un autre bâtiment. Linges fournis. Terrasse avec vue sur les montagnes pour profiter pleinement du petit-déjeuner ! Une escale vraiment pas chère pour profiter du village d'Hell-Bourg en famille.

Bien et pas cher

■ AUBERGE DU PASSANT

22 impasse Técher-Appolidor
Chemin du Stade, Bellevue
✆ 02 62 47 86 28
Compter 40 € la chambre double avec petit déjeuner, repas à 17 €.
Quatre chambres dont deux dans la maison du propriétaire, avec salle de bains privée. N'hésitez pas à demander le bungalow qui donne sur le jardin, s'il est disponible. Josiane et ses enfants reçoivent leurs visiteurs comme des amis et les régalent d'anecdotes savoureuses sur le cirque. Quelquefois, selon l'humeur des hôtes, on joue même de la musique. Côté table d'hôtes, cuisine traditionnelle créole.

■ CHEZ ALICE

1 rue des Sangliers
✆ 02 62 47 86 24 / 06 92 68 37 17
alice.chambre-restaurant@wanadoo.fr
Chambre double 35 €, triple 45 €, quadruple 60 €.Menu à 18 € par personne avec entrée, plat chaud et dessert (20 € le dimanche midi). Ouvert tous les jours sauf le vendredi soir, le dimanche soir et le lundi.
Le restaurant le plus populaire de Salazie (et donc, revers de la médaille, le plus fréquenté des cars de touristes), avec une grande salle de restaurant de 150 couverts. Beaucoup de plats à base de chouchou, la spécialité de Salazie, plusieurs caris au choix et les incontournables rougail saucisses et truite sauce gingembre. Mais un conseil, si vous ne voulez pas vous faire refouler, n'arrivez pas après 20h ! Des chambres aussi à louer, avec salle de bains et WC privés.

■ GITE D'ÉTAPE DE MME PARISOT

31 rue du Général-de-Gaulle
✆ 02 62 47 83 48
www.gitemadoparisot.sitew.com
Nuitée 16 € par personne, petit déjeuner 5 €. Repas 18 € (sur commande, punch et vin compris).
Très bonne adresse, à condition de réserver à l'avance. La dynamique Madeleine Parisot, aidée de ses enfants, reçoit dans sa superbe case créole et accueille également ses hôtes dans des cases indépendantes situées dans la rue principale. Possibilité de prendre le repas sur place, on aurait tort de s'en priver, car Madame est aussi une excellente cuisinière ! Une maison intime et chaleureuse que l'on a bien du mal à quitter...

■ **L'ORCHIDÉE ROSE**
26 rue Olivier-Mânes
✆ 02 62 47 87 22 / 06 92 82 06 77
www.orchideerose.net
dekeyzer@orchideerose.re
59,50 € la nuit en chambre standard, supérieure 67,50 €, de luxe 79,50 €, lit supplémentaire 27,50 €, petit déjeuner inclus et servi dès 6h. Repas 20 € (réservation avant 14 h pour le soir).
A deux pas de la rue principale, 6 chambres d'hôtes dans une maison de style créole, ornée d'innombrables plantes. C'est charmant, la vue porte sur le Piton des Neiges. Les chambres, chacune avec salle de bains, TV, wifi et chauffage, ont pour certaines un balcon, d'autres n'ont pas de vue, les tarifs sont en fonction. La plus grande loge 4 personnes et jouit d'une belle salle de bains avec baignoire d'angle. Une est accessible aux handicapés. Le petit déjeuner en buffet est consistant et à volonté : fruits, charcuterie, oeufs... Servi dès 6h, vous pourrez ainsi commencer tôt vos randonnées. Parking privé et fermé.

■ **LA MANDOZE**
14 rue des Ecoles
Hell-Bourg
✆ 02 62 47 89 65 / 06 92 65 65 28
lamandoze@hotmail.fr
Chambre double à partir de 36 €. Possibilité d'ajouter un lit enfant pour 46 € au total. Nuit en dortoir 16 € par adulte, 10 € par enfant. Petit déjeuner 5 €, repas 19 €.
M. Patrick Manoro a 3 chambres doubles, 2 dortoirs (6 lits) et 2 autres (7 lits). Sanitaires et douches en commun. Jardin très agréable. De bons conseils de randos ! Animation tous les soirs. Repas sur réservation.

Confort ou charme

■ **LE KAN DEZART**
40 impasse Plateau Sisahaye
✆ 06 92 53 40 65
ecolodge-kan-des-arts.com
100 € la nuit. 100 € le week end (petit déjeuner inclus).
Mêler art et hébergement... C'est le principe de cet écolodge situé quelques kilomètres avant le village d'Hell-Bourg. Une petite case au fond du jardin qui regorge d'originalité. Les peintures colorées et chaleureuses d'Alicia, la propriétaire, décorent les murs du salon à la cuisine en passant par la chambre. Vous pouvez même changer la déco au gré de vos envies ! Une seule chambre où 5 personnes peuvent dormir (2 lits doubles + 1 lit simple). Un salon et une cuisine avec l'essentiel pour se faire un petit quelque chose à grignoter. L'extérieur n'est pas en reste... le petit salon situé sous une tonnelle paraît tout petit au sein des 5 hectares de terrain riche en végétation que possèdent Alicia et son mari. Sans oublier la plancha pour passer une sympathique soirée au cœur des montagnes de Salazie.

■ **LE RELAIS DES CIMES**
67 rue du Général-de-Gaulle
✆ 02 62 47 81 58 – www.relaisdescimes.com
info@relaisdescimes.com
Chambre simple 66 €, double 76 €, lit supplémentaire 16 € adulte, petit déjeuner compris. Demi-pension 19 €.
Sans conteste l'adresse la plus chic de Hell-Bourg, tant pour l'hôtel que le restaurant. Avec 29 chambres tout confort réparties sur deux bâtiments (dont une vieille case créole rénovée), cette adresse admirablement tenue par la famille Javel a même pensé aux jeunes mariés en leur réservant deux chambres nuptiales (proposées au même prix que les autres chambres !). Les gourmands ne seront pas non plus en reste au très bon restaurant métro-créole de l'hôtel, doté d'une carte originale et variée.

■ **LE RELAIS DES GOUVERNEURS**
2 bis rue Amiral-Lacaze
✆ 02 62 47 76 21 – calouboyer@wanadoo.fr
Chambre double de 52 à 77 €, petit déjeuner inclus. Dîner à partir de 23 €.
Un gîte de France que l'on aime pour son charme et sa simplicité. Aujourd'hui, près de deux cents ans après les gouverneurs de l'île qui venaient prendre l'air à Salazie, on dîne dans la maison des propriétaires, Yvette et François Boyer, avec qui l'on trinque allègrement. Monsieur, maçon, a tout construit lui-même ; c'est superbement authentique et réalisé dans le souci du détail. Madame, fine cuisinière, prépare chaque jour des plats créoles raffinés : la spécialité étant la dinde flambée du Gouverneur ou la mousse au goyavier. C'est copieux et délicieux, même les vins sont bien choisis. Dans deux autres cases, aux abords du jardin, se situent les chambres aménagées avec goût, dans le style d'un hôtel de charme. Quatre chambres doubles, deux très belles suites avec lit à baldaquin, et six chambres familiales pour 4 personnes avec deux lits simples et deux superposés, et toujours un mobilier élégant, car tout ici est fait maison ! wi-fi dans les espaces communs. Bon accueil et bon rapport qualité-prix.

Se restaurer

Pour se restaurer, il faut manger tôt, avant 19h30, pour être certain de trouver quelque chose d'ouvert, ou sinon réserver, mais le service s'arrête vers 21h. Eh oui, on se couche tôt à Hell-Bourg, c'est peut-être pour mieux profiter des magnifiques journées...

■ PTI KOIN KREOL

35 rue du Général de Gaulle
✆ 06 92 61 03 41
Comptez une dizaine d'euros le cari.
Situé à l'angle de la place principale d'Hell-Bourg, venez déguster de délicieux caris ou gratin chouchou au P'ti Koin Kréol. Profitez-en pour repartir avec les confitures maison au chouchou notamment, la spécialité du cirque de Salazie !

■ LE RELAIS DES CIMES

67 rue du Général-de-Gaulle
✆ 02 62 47 81 58
www.relaisdescimes.com
info@relaisdescimes.com
Ouvert tous les jours le midi de 12h à 14h et le soir de 19h à 21h. Plats à partir de 11 €. Terrasse.
Chaleureux, un peu « terroir », ce restaurant propose une carte originale et variée, avec plusieurs caris, un coin métro et un menu dégustation fort complet. Achards chouchou, thon fumé, truite à la vanille... Le menu change au gré des saisons et des humeurs, sans jamais décevoir... Et c'est aussi pour cela qu'on y revient.

■ TI CHOUCHOU

42 rue de General De Gaulle
✆ 02 62 47 80 93 / 06 92 04 51 43
Fermé le jeudi soir et le vendredi pendant la basse saison.
Ce sympathique restaurant, coloré par sa décoration et par la gentillesse de son propriétaire, vous propose une cuisine évidemment créole et de bonne qualité, ainsi qu'une cuisine métropolitaine. Vous allez pouvoir découvrir, entre autres, l'inévitable et délicieux *chouchou* (la fierté locale).

La CimasaRun, la petite sœur du Grand Raid

Moins célèbre que Le Grand Raid, la CimasaRun (ancienne Cimasalazienne) n'en est pas moins une course tout aussi folle ! Elle compte 55 km à travers les trois cirques, 8 500 m de dénivelé et tout cela en 6h30 pour le plus rapide ! Un exploit qui force le respect quand on connaît le parcours.
Pour les moins sportifs qui se contentent d'encourager les coureurs, c'est aussi un chouette moment à vivre. Un rendez-vous qui se déroule chaque année, depuis plus de 15 ans, au mois d'août. Pour ceux qui auraient du mal à retenir le nom de cette course, rappelez-vous que CimasaRun reprend les premières syllabes des trois cirques !

À voir – À faire

■ **MAISON FOLIO**
5 rue Amiral-Lacaze
✆ 02 62 47 80 98 / 06 92 26 24 83
Ouvert tous les jours de 9h à 11h30 et de 14h à 17h. Visite guidée 5 € par personne, gratuit pour les moins de 10 ans. Compter entre 1h et 1h30 de visite.
Témoin historique de la vie du XIXe siècle, la maison et son luxuriant jardin, édifiés au cœur de l'ancienne station thermale, sont inscrits aux Monuments historiques. Entretenue avec amour par son propriétaire, la demeure offre à ses milliers de visiteurs une délicieuse évocation de la vie à Hell-Bourg au temps des gouverneurs. On sort du domaine la tête emplie d'anecdotes savoureuses et d'expressions créoles amusantes.

Sports – Détente – Loisirs

Randonnées. Au départ d'Hell-Bourg, il existe des randonnées courtes, bien fléchées et relativement faciles comme **les anciens thermes** (1h aller-retour), ou des randonnées un peu plus longues comme **Terre-Plate** (boucle de Hell-Bourg à Ilet-à-Vidot : 3h) ou encore la **forêt de Bélouve** (6h aller-retour), etc. Renseignez-vous auprès de la Maison du tourisme ou du gîte qui vous accueille (demandez aussi les chemins fermés). Reportez-vous au cahier rando.

Balade avec Guid A Nou. Répartis sur l'ensemble de l'île, les guides du réseau *Guid A Nou* font découvrir aux touristes les traditions créoles au travers des témoignages vivants recueillis le plus souvent dans les îlets. Tels des conteurs modernes, ils donnent à voir la richesse du patrimoine réunionnais, aussi bien architectural que végétal ou géologique. Chacun a sa spécialité. A Hell-Bourg, Patrick Manoro vous présentera un circuit sur le café, les cases créoles ou les croyances et traditions créoles d'hier et d'aujourd'hui, les lundi, mardi et vendredi, en collaboration avec les Villages Créoles à 17 € la demi-journée par personne – 0692 65 65 28 ou 0692 86 32 88 – www.guid-a-nou.com – Au minimum 4 personnes. Possibilité d'excursion à la journée « Kaf & la Grègue » à la découverte d'une caféière « Bourbon Pointu » (120 € pour 1 personne, 65 € pour 2 à 4 personnes, 55 € pour plus de 5 personnes), avec déjeuner champêtre au bord de la Rivière du Mât. Renseignements à la Maison du tourisme et réservations 48h à l'avance.

CIRQUES

Canyoning

Hell-Bourg est le point de départ du fameux itinéraire de canyoning Trou Blanc. Idéal pour les débutants et les amateurs de glisse aquatique, ce parcours compte en effet une bonne dizaine de toboggans plus impressionnants les uns que les autres, quelques petits sauts, une poignée de rappels et une descente en tyrolienne... Autre avantage : la marche pour regagner le point de départ est courte et sans difficulté. Mais attention, la mort de quatre canyoneurs autonomes en début 2010 sur ce parcours a douloureusement rappelé, une fois de plus, que ce sport nécessite une très bonne connaissance du terrain et des conditions météo. Il est donc essentiel de se rapprocher des structures professionnelles agréées avant de s'y aventurer. Si nous ne référençons ici que la structure implantée dans le cirque de Salazie, sachez que (presque) tous les clubs de l'île proposent des sorties à Salazie.

■ **AUSTRAL AVENTURE**
16 rue Amiral Lacaze
✆ 02 62 32 40 29 / 06 92 87 55 50
www.australaventure.fr
canyon@australaventure.fr
De 50 € à 70 € le canyon (demi-journée).
Un prestataire spécialisé dans les loisirs de montagne qui organise des sorties canyoning (notamment à Hell Bourg, sur le site de Trou Blanc, à partir de 65 € par personne la journée, tubing, rando aquatique (sur les rivières de l'Est), VTT, escalade, courses d'arêtes, parapente sur toute l'île. Austral Aventure propose aussi des treks de plusieurs jours accompagnés d'un guide (à partir de 130 € par personne) ou des randonnées à la journée (à partir de 50 € par personne). Par sécurité, cette structure propose peu d'activités en saison cyclonique. Une équipe très sympa qui rassurera les moins téméraires...

GRAND-ÎLET

Ce très beau village perché à 1 100 m d'altitude, où l'électricité n'a été installée qu'en 1978, fleure bon la campagne. Les élevages de poulets et de cochons côtoient les chambres d'hôtes dans une joyeuse ambiance rurale, signalée dès l'entrée du village par un panneau : « Attention, odeurs fortes, les éleveurs s'en excusent ! ».
Et pourtant, on se plaît à revenir dans ce miniscule bout du monde, blotti au pied d'un rempart dominé par la Roche Ecrite. Au cœur du village, l'église (régulièrement dévastée par les cyclones) affiche aujourd'hui fièrement son classement aux Monuments historiques, tandis que Paul Maillot sonne l'angélus à 6h, 12h et 18h, selon un tempo bien personnel.

Se loger

Bien et pas cher

■ **LA CAMPIERELLE**
14 chemin du Camp-Pierrot
✆ 02 62 47 70 87
Chambre double 40 €, petit déjeuner inclus. Repas à partir de 22 €.
Si vous avez réservé chez elle, vous dormirez peut-être chez quelqu'un d'autre, peu importe… pourvu que l'on ait un lit : ça reste dans la famille. Pour l'anecdote, le gîte en-dessous appartient à la maman. Avec son large chapeau vissé sur les cheveux, Christine Boyer fait son café cuit à la grègue en surveillant le porc qui cuit lentement sur les braises. Quatre chambres en tout, avec salle de bains privée, dans une jolie case vert et blanc, installée sur les hauteurs du village.

■ **CHEZ LILIANE BONALD**
17 chemin du Camp-Pierrot
✆ 02 62 47 71 62 / 06 92 82 84 83
liliane.bonald@wanadoo.fr
Chambre double 40 €, petit déjeuner inclus. Repas à partir de 22 €.
Une adresse sympathique, bien qu'un peu froide de prime abord. La maison, blottie au pied du rempart où se dresse la Roche Ecrite, est neuve mais très bien équipée. Et si vous êtes 4 ou 5 couples (avec ou sans enfants), alors cette adresse est pour vous ! Mais sachez aussi que vous pouvez tout à fait louer une seule des 5 chambres de la propriétaire, et partager la cuisine et le salon avec d'autres clients.
Ce gîte de France, classé trois épis, propose également de très bons repas (coup de cœur pour la salade brède chouchou et les rhums arrangés qui coulent abondamment), sous l'œil amusé de Liliane Bonald, qui ne se fait pas prier pour s'asseoir et discuter avec ses hôtes. Seul hic, le repas servi à 18h45... Tant pis pour l'apéro !

■ **LE CIMENDEF**
Route du Bélier
✆ 02 62 47 73 59 / 06 92 69 71 60
www.chambresdhotecimendef.com
campton.cimendef@wanadoo.fr
Chambre double standard à 50 €, petit déjeuner compris. Chambre Cimendef à 85 €. Repas à partir de 22 €.
Au-dessus de la maison des propriétaires, une grande et belle bâtisse blanche aux volets jaunes : le Cimendef, du nom d'un esclave marron légendaire, accueille 4 chambres pour 2 personnes, douillettes, lambrissées, chauffées en hiver, avec salle de bains privée. Construit par Daniel Campton dans les hauts du village, à 2 km du bourg, ce gîte de France classé 3 épis, aux allures de chalet, est impeccable et très chaleureux.

■ **LA TOURTE DORÉE**
Rue du Père-Jouanno
✆ 02 62 47 70 51 – www.latourtedoree.com
latourtedoree974@wanadoo.fr
Chambre double à partir de 50 €, petit déjeuner inclus.Repas 20 € ; table d'hôtes fermée le mercredi midi et le dimanche soir.
Après la mairie annexe de Grand-Ilet, face au cabinet médical, les jolies chambres et table d'hôtes de Madame Jeanne-Marie Grondin. C'est une ferme-auberge de 6 chambres

avec salle de bains privée, dont 3 en rez-de-chaussée (classées 2 épis), et 3 autres à l'étage, plus confortables (3 épis). Les enfants seront ravis de s'ébrouer sur la belle pelouse du jardin, tandis que les parents partageront un bon cari poulet avec leurs hôtes, fiers de cuisiner les légumes du jardin et les volailles de la cour. A ne pas manquer, la célèbre tourte aux brèdes chouchous.

Confort ou charme

LE PAPANGUE
6 chemin Camp Pierrot
© 06 92 60 30 67 / 02 62 47 96 38
nelson.boyer@wanadoo.fr
Ouvert toute l'année. Tarif : chambre double, 70 € la nuit avec petit déjeuner compris. Chambre triple : 90 € la nuit, petit déjeuner compris. Lit supplémentaire : 20 €. Salon. Sanitaires et salle de bain privés. Possibilité de repas en table d'hôte : 23 € par personne. Parking privé. Accès internet.
Situé dans le cirque de Salazie à Grand-Ilet, Le Papangue dispose de 3 chambres, toutes décorées de boiseries, et labellisées Gîtes de France. Une adresse sympathique, et entourée de... chouchous bien sûr !

Se restaurer

LE GRAND ILET
Route du Bélier – Salazie
48 rue du Père Mancel
© 02 62 47 71 19
Sur la route de Mare à Martin, à la sortie du village.
Ouvert tous les jours midi et soir. Compter 5,80 € le plat à emporter et 11 € sur place.
Une petite adresse sympa, qui propose notamment de bons plats créoles à emporter à des tarifs imbattables, ce qui est plutôt rare dans le coin.

À voir – À faire

Randonnées. Grand-Ilet (1 100 m) est une voie d'accès idéale pour Mafate. Il marque aussi le départ d'une célèbre randonnée : l'ascension de la Roche-Ecrite. Réservé aux très bons marcheurs, non sujets au vertige, le sentier suit une paroi vertigineuse (1 300 m de dénivelé positif). A plusieurs endroits, les randonneurs sont invités à s'aider d'une main courante. Le sommet offre une magnifique vue sur les cirques de Mafate et Salazie ainsi que sur les plus hauts points de l'île (4h de marche).

Vers le cirque de Mafate. Au-dessus de Grand-Ilet, le col des Bœufs (1 988 m) est une porte d'accès pratique pour Mafate. Si vous venez en voiture, laissez-la au parking surveillé (à 15 min à pied du col) – 06 92 11 97 37. Compter 2 € la journée, 10 € la nuit. Sur le parking, également un snack où l'on peut boire et manger. Sinon le Ti'car monte jusqu'au point de stationnement.
La randonnée la plus classique, et la moins difficile, permet de rejoindre La Nouvelle en 2h de marche (essentiellement de la descente depuis le col), avant de poursuivre sur Marla (à deux petites heures de marche de La Nouvelle). Une balade un peu trop fréquentée, mais néanmoins jolie, à travers une zone où poussent les fanjans, ces magnifiques fougères arborescentes montées sur un tronc qui peuvent atteindre plus de 10 m de hauteur. L'autre départ pour le cirque de Mafate se situe sur la route forestière qui monte jusqu'au col des Bœufs, au lieu-dit Bord-Martin. Ce sentier scout offre un très beau panorama sur le cirque, tout au long des 2h de descente vertigineuse. A noter enfin que la superbe canalisation Augustave, qui emprunte le même départ que le sentier scout, a rouvert après dix ans de fermeture et permet aux randonneurs les plus avertis de rejoindre Aurère en 4h.

CIRQUES

CIRQUE DE CILAOS

A 30 km de l'océan à vol d'oiseau, à 1h de route de Saint-Louis, Cilaos est le cirque le plus encaissé. Dominée par les trois plus hauts sommets de l'île, le piton des Neiges (3 070 m), le Gros-Morne (3 019 m) et le Grand-Bénare (2 896 m), la ville de Cilaos, la plus grande des cirques, est lovée dans un décor grandiose. Une sorte d'îlot de paix au cœur de l'île. Cilaos est encerclé par le rempart du Matarum, le coteau Kerveguen, le sommet de l'Entre-Deux et le Dimitile. Quatre ravines le parcourent et se rejoignent pour former le bras de Cilaos : il s'agit du bras de Saint-Paul, du bras de Benjoin, du Petit-Bras et du Bras-Rouge. Canyons et encaissements séparent les îlets (villages) du cirque, comme l'Ilet-à-Cordes et l'Ilet-du-Bras-Sec, l'Ilet-du-Palmiste-Rouge et l'Ilet-du-Plateau-des-Mares. Certains îlets ne sont accessibles qu'à pied, comme à Mafate : le Parc-à-Dennemont ou l'îlet des Salazes.

Les immanquables de Cilaos

- **Déguster** les lentilles et le vin de Cilaos.
- **Faire une cure de remise en forme** aux thermes.
- **S'initier au canyoning**, et notamment le célèbre et corsé Fleurs Jaunes.
- **L'Ilet-à-Cordes :** cadre grandiose au bout du monde, en voiture ou à pied (plus difficile).
- **Le col du Taïbit :** pour découvrir le cirque de Mafate.
- **La Roche Merveilleuse** (route de Bras-Sec, 15 min en voiture et 1h30 à pied), pour découvrir une vue imprenable sur le cirque et son sentier botanique.
- **Le sentier de la Cascade du Bras-Rouge :** balade rafraîchissante de 2h aller-retour (pas de baignade).
- **Le parcours de santé** sur le plateau des Chênes (à 20 min à pied, départ du sentier derrière les thermes).
- **Le chai et la Fête de la vigne** et du terroir en janvier, date du début des vendanges !
- **Son « lac » (Mare-à-Joncs),** entouré de nombreux restaurants, snacks, tables d'hôtes et petits hôtels-restaurants, autour duquel il fait bon « flâner ».
- **L'église Notre-Dame-des-Neiges,** son superbe carillon et sa croix qui illumine la nuit du cirque de son bleu phosphorescent !
- **Pour les sportifs,** l'ascension au piton des Neiges par le Bloc ou par Kervéguen…

Malgré son nom malgache « tsilaosa » qui signifie « que l'on ne quitte pas », le cirque a perdu 10 % de sa population ces 15 dernières années et compte aujourd'hui environ 5 800 habitants, dont un peu plus de la moitié en ville de Cilaos. La faute, peut-être, à la route, impressionnante, avec ses 400 virages surplombant des à-pics profonds, qui est régulièrement coupée à la suite d'éboulis en saison cyclonique. Le renforcement de cette départementale, superbe, est d'ailleurs l'un des grands chantiers du président de Région, Didier Robert.

Le plus peuplé, le plus encaissé, Cilaos est également le cirque le plus sec de l'île. Il est protégé des pluies par des remparts immenses : les nuages ne font ici que passer furtivement, et cela s'en ressent bien sûr dans la végétation et les cultures. Les plantations de lentilles, utilisées comme grains pour le rougail, sont vieilles de plus d'un siècle. Toutes les tables d'hôtes vous en serviront, c'est l'un des meilleurs produits péi, authentique et goûteux.

Les broderies sont également réputées, notamment pour la technique des « jours de Cilaos », qui se perpétue de génération en génération depuis 1900. Une visite de la Maison de la broderie s'impose pour les passionnés.

La Réunion est aujourd'hui la seule île de l'océan Indien à avoir un établissement thermal. Révélées au monde en 1815, les sources d'eaux minérales gazeuses étaient connues dès l'arrivée des Marrons dans le cirque. Elles amenèrent à l'exploitation des eaux chaudes en 1896, tandis que des thermes furent construits dès 1939, offrant à la ville de Cilaos un premier essor touristique. Détruit par un cyclone en 1948, l'établissement thermal restera fermé pendant 23 ans. Rouvert en 1971, il fut transféré à son emplacement actuel en 1987. Les thermes sont toujours ouverts aujourd'hui, et on leur a adjoint un centre de remise en forme.

Enfin, le vin de Cilaos, produit depuis le milieu du XIXe siècle, a gagné ses lettres de noblesse en 1998 : un chai moderne a été mis en place, avec l'introduction de cépages nobles. Début 2004, il a obtenu l'appellation « vin de pays ».

Point de départ des excursions les plus intéressantes de l'île, comme le piton des Neiges et Mafate, Cilaos attire aussi bien les touristes que les locaux en week-end : c'est la plaque tournante des randonneurs. Depuis le cirque, on peut rejoindre Mafate par le col du Taïbit, et Salazie par Mafate ou par le coteau Kerveguen, une randonnée longue et difficile. Par contre, il n'y a aucune issue vers la côte.

S'y rendre à pied. On ne peut arriver à pied que depuis le cirque de Mafate, en passant par le col du Taïbit (descente raide de 2h jusqu'à la route), et le cirque de Salazie, par le coteau Kerveguen (très raide aussi, par le sentier du piton des Neiges). Impossible de descendre par le Dimitile ou par l'ouest.

En bus. Depuis Saint-Louis, 10 bus « alternéo » par jour rallient Cilaos (8 le dimanche et les jours fériés). Tarif : 1,50 €. Compter 1h15 de voyage en toute sécurité et sans frayeur ! Un voyage inoubliable, car il offre une vue inouïe sur le cirque. Ces bus (lignes 60 à 63) desservent aussi les îlets Gueule-Rouge, Bras-Sec, Ilet-à-Cordes. Renseignements à la gare routière de Saint-Pierre – 0262 35 67 28 – ou à l'office de tourisme de Cilaos.

En voiture. Le Cirque de Cilaos est situé à 120 km de Saint-Denis et à 35 km de Saint-Louis par la N5. Il faut passer par la Rivière-Saint-Louis. En venant du nord, c'est indiqué ; du sud, on peut arriver par le Ouaki, par la route de l'Entre-Deux, et traverser la rivière (en hiver seulement). Puis, au détour d'un virage, on découvre la vallée encaissée de la rivière Saint-Etienne, au confluent du bras de la Plaine et du Bras de Cilaos, par lequel s'écoule toute l'eau du cirque. Coincée entre le précipice et la falaise verticale, et même sous la falaise, la route s'accroche comme elle peut aux parois du défilé, pendant plusieurs kilomètres. On arrive rapidement au niveau de l'îlet Furcy, situé de l'autre côté de la rive et accessible par une passerelle très étroite et vertigineuse, mais suffisante pour faire passer les voitures (une seule à la fois !). Peu après, la route traverse le village du Petit-Serré, franchit quelques lacets où des arrêts sont aménagés pour les points de vue puis, au niveau du Pavillon, la route commence à escalader les premiers chaos de roches.

Un téléphérique pour Cilaos

Un projet un peu fou fait parler de lui depuis quelques années et pourrait se concrétiser : un téléphérique reliant Saint-Leu à Cilaos via le Grand Bénare !
Un peu fou pour plusieurs raisons, mais pas si fou pour de nombreuses autres. Très ambitieux, ce téléphérique battrait deux records du monde avec une longueur de 22 kilomètres et la plus longue portée de câble avec 5 kilomètres entre le Grand Bénare et Cilaos. Il franchirait le Parc National et le Patrimoine Mondial de l'Unesco, ce qui soulève quelques polémiques. Enfin, il est défendu par Thierry Robert, turbulent maire (sans étiquette) de Saint-Leu, connu pour ses coups d'éclat. Mais pas que ! Après quelques doutes premiers, la plupart des entités concernées semblent vouloir porter le projet, dont notamment la municipalité de Cilaos et les investisseurs privés, pour une ouverture prévue en 2018. Le téléphérique est un moyen de transport extrêmement sûr, peu polluant et économique, qui a de plus en plus de succès dans les métropoles embouteillées et dont les Français maîtrisent parfaitement la technique, grâce à nos fabricants de remontées mécaniques. Ne posant aucune difficulté de construction particulière, son coût est peu élevé, 200 millions d'euros soit l'équivalent d'un kilométre de Nouvelle Route du Littoral ! Reliant Saint-Leu à Cilaos en 40 minutes, il permettrait non seulement un gain de temps, désenclavant ainsi mieux Cilaos, mais aussi une économie de carburant, chaque passager transporté représentant un véhicule de moins sur la route. Ses arrêts et son parcours auraient de nombreux atouts et le téléphérique pourrait devenir en soi une attraction touristique majeure. Desservant les Hauts de Saint-Leu, il jouerait le meme role de désenclavement et permettrait en plus de remonter les parapentistes. Traversant la forêt, il permettrait d'apporter les moyens de lutte contre les incendies et d'éviter ainsi la répétition des gigantesques incendies de 2010 et 2011. Au sommet du Grand Bénare, à 2 898 mètres, une plate-forme d'observation serait installée. A l'image de l'Observatoire du Pic du Midi, elle permettrait à tout un chacun de bénéficier – quelle que soit sa forme physique – d'un des panoramas les plus incroyables de l'hémisphère sud tout en admirant les étoiles dans un ciel extrêmement pur. La suite du parcours jusqu'à Cilaos sera à couper le souffle, avec un survol du cirque au-dessus d'un kilomètre de vide. Pour l'instant, le projet semble sur les rails, avec des bureaux d'études mandatés en 2015 et devant fournir leurs premiers résultats et propositions en 2016. On a hâte d'embarquer !

Les quelque 400 virages en épingle à cheveux se suivent et ne se ressemblent pas, dominant les à-pics, les canyons, les gorges. Pour qui ne s'est pas encore essayé à la conduite en montagne réunionnaise, voilà un excellent exercice de style. A pratiquer avec beaucoup de prudence, sans omettre de jouer du klaxon dans les passages à une voie sans visibilité. Plus ça grimpe, plus la route s'encastre entre gorges et falaises, donnant l'impression d'être pris dans une spirale ; le cirque s'ouvre petit à petit. Spectacle sublime.

On surplombe alors des à-pics vertigineux, entourés de monts rocailleux aux formes étonnantes. On croirait voir surgir des cathédrales. On atteint bientôt l'Ilet-de-Peter-Both, puis quelques kilomètres plus loin, en bas, se devine le village du Palmiste-Rouge (une route y mène sur la droite).

Deux kilomètres après le plus grand tunnel, un chemin en terre mène vers Bras-Sec, qu'on peut aussi rejoindre par une départementale revêtue, qui part de la ville de Cilaos. On traverse rapidement Mare-Sèche et enfin vient la ville de Cilaos. Quel bonheur d'arriver, surtout le matin, quand s'offre un horizon dégagé à 360 degrés sans nuages, sur tout le cirque somptueux ! Attention, il arrive que la route soit coupée en période de pluie, par les avalanches ou les chutes de rochers.

Cilaos est alors coupée du monde, jusqu'à la réouverture de la route. Le reste du temps, les pierres sur la chaussée sont malgré tout fréquentes, ainsi que de fourbes gravillons et d'imposants rochers ! C'est pour limiter ces aléas, désenclaver le cirque et développer le tourisme, qu'un ambitieux projet de nouvelle route est en discussion. Avec un budget de 300 millions (le tiers du coût de la route des Tamarins) et 15 ans de travaux, elle comprendra ponts et tunnels (dont un de 2 km devenant le plus long de l'île) ainsi que de nouvelles portions dont une contournant le centre de Saint-Louis et la suppression de quelques dizaines de virages de cet axe ouvert depuis les années 1930. La route de Cilaos est fréquentée par plus de 500 000 touristes par an.

▶ **En téléphérique.** Projet de liaison avec Saint-Leu via le Grand Bénare (voir encadré).

CILAOS

La ville de Cilaos (1 230 m) est la plaque tournante des randonneurs. Sac au dos et mollets en béton, les promeneurs amoureux de la nature se précipitent sur ses sentiers tandis que les curistes de tous les âges viennent y soigner leurs rhumatismes et se remettre en forme dans l'établissement thermal Irénée Accot, sans compter les habitants de la côte qui ont décidé de fuir Saint-Denis le temps d'un week-end. Bien que les hôtels affichent « complet », en particulier pendant le week-end, on ne se rend absolument pas compte de cette affluence car chacun emprunte un chemin différent.

Coquette, proprette, charmante, la petite ville de 3 300 habitants fait l'effet d'un havre de paix et de fraîcheur. Il y fait frisquet en hiver (juillet et août), étant donné son altitude.

Cernée par les plus hauts sommets de La Réunion, la ville n'a cependant rien d'oppressant, au contraire. On y respire à pleins poumons et l'on s'y sent particulièrement bien. Ses maisons aux jardins et aux haies remplis de fleurs lui confèrent une allure de petite station de sports d'hiver. Ses habitants sont accueillants ; ici, tout le monde connaît tout le monde et les ladilafé (« ragots » en créole) vont bon train.

Transports

■ SOCIÉTÉ CILAOSIENNE DE TRANSPORT

3 rue des Fleurs-Jaunes

✆ 02 62 31 85 87 / 06 92 66 13 30

Cette compagnie propose des transferts vers les départs des sentiers de randonnées, des navettes vers la côte (de Saint-Louis à Saint-Denis) et des visites guidées en minibus. Assez chers (compter 25 € pour 1 à 4 personnes, 30 € pour 5 à 6 personnes et 40 € pour 7 à 8 personnes, le trajet Cilaos ville vers le sentier de l'Ilet-à-Cordes), mais disponibles selon la demande. Ils ne s'alignent pas sur les horaires des bus locaux.

Pratique

■ ENIS ROCKEL

✆ 02 62 57 50 36 / 06 92 87 06 93 / 06 92 99 98 88 – enis.rockel@gmail.com

Association Argat.

Guide-interprète régional, il a aussi publié un petit guide très bien fait (*Suivez le Guide*, Editions Orphie) qui fourmille de détails sur les croyances locales, l'histoire, les hommes célèbres... Les guides péi seront également très utiles pour vous faire découvrir l'histoire et la culture réunionnaises.

Parenthèse historique

Les Marrons en fuite occupèrent le cirque de Cilaos les premiers. Ils en furent délogés vers 1750 par François Mussard et sa bande (50 F pour une main de Marron coupée était la récompense octroyée aux chasseurs...). Lorsque l'on entreprit la colonisation du cirque, les petits Blancs des Hauts vinrent y établir des plantations. Depuis, on les reconnaît à leur physique bien différent de celui des côtiers : cheveux roux et peaux blanches. Quelques treilles de vigne, la culture de lentilles dans l'îlet d'à côté, le tourisme et aussi la broderie sont les moyens de subsistance du village. Il commença à prendre son essor lorsqu'un chasseur de cabris, un certain Paulin Técher, découvrit en 1815 ses eaux thermales. L'entreprise a été poursuivie par Irénée Accot, ex-représentant dynamique de la mairie, qui a donné son nom au nouvel établissement thermal. Trois sources sont dégagées. La première est trop faible pour être exploitée. La seconde, la source Irénée, soigne les rhumatismes. Et la troisième, la source Véronique, est quant à elle bonne pour le système digestif, et son eau est mise en bouteilles : c'est la célèbre eau de Cilaos.

Jusqu'au XIXe siècle, Cilaos n'était qu'un satellite de Saint-Louis, elle ne devint d'ailleurs commune indépendante qu'en 1965. Avant la construction de la route en 1932, on la gagnait en chaise à porteurs, un trajet qui prenait toute la journée et qui nécessitait 6 à 8 hommes par personne transportée. Les gens se portaient les uns les autres, par solidarité : on aidait notamment, les enfants, les vieillards, les malades et les femmes enceintes. Puis vinrent la percée des tunnels, le polissage des surfaces, le tracé de la route aux 400 virages : Cilaos était enfin reliée au monde et allait rentrer dans son temps.

OFFICE DE TOURISME INTERCOMMUNAL DU SUD – ANTENNE DE CILAOS
2 rue Mac-Auliffe
✆ 0820 20 32 20
accueil.cilaos@gmail.com
Ouvert du lundi au samedi de 8h30 à 12h30 et de 13h30 à 17h, dimanche et jours fériés de 9h à 12h. La boutique artisanale ferme à 16h45.
L'antenne de Cilaos de l'office de tourisme Destination Sud Réunion assure la promotion et l'animation du territoire Sud et la commercialisation de produits touristiques. Au centre du village, on la reconnaît aisément à son architecture moderne et à ses croisillons bleus. C'est ici que vous pourrez vous informer sur les sentiers de randonnées et la météo. Il faut toujours se renseigner avant d'entreprendre une randonnée car les sentiers peuvent être coupés d'un jour à l'autre. Non pas qu'ils soient mal entretenus, mais un éboulement, une tempête ou un cyclone peuvent les rendre difficiles voire impraticables. Possibilité de faire vos réservations en gîtes et refuges de montagne.

POSTE
76 rue du Père-Boiteau
✆ 36 31 – www.laposte.fr
A côté de la gendarmerie.
Cet établissement est équipé d'un distributeur de billets. Un second distributeur (d'une autre banque) se trouve à côté du petit marché. Ce sont les deux seuls du cirque.

Se loger

Cilaos regorge d'adresses sympathiques où chacun saura trouver son bonheur, que ce soit sur le plan du confort, des anecdotes péi, de la cuisine… Pensez à réserver le week-end car Cilaos est souvent plein, notamment lors de manifestations sportives. En semaine et hors saison en revanche, les prix sont souvent moins élevés.

Locations

LA CASE BLEUE
15 rue Alsace-Corré
✆ 06 92 65 74 96
www.gitecasebleue.com
manureva97413@hotmail.fr
16 € par personne et par nuit en dortoir (8 places). Chambre double à 40 € par personne. Petit déjeuner 6 €.
Dans le centre du village, à deux pas de la rue principale, un gîte d'étape authentique et économique. Il comprend une chambre double, un dortoir de 8 places avec des lits superposés, une salle de bains commune et une cuisine équipée avec une grande table pour les repas et une télévision. C'est simple, très propre et très central, que demander de plus ?

CHEZ NOÉ
40 rue du Père-Boiteau
✆ 02 62 31 79 93 / 06 92 87 36 10
restaurant-cheznoe.fr/gite-cilaos
jboyer413@orange.fr
A partir de 54 € la nuit pour deux personnes. Tarifs dégressifs au-delà d'une semaine.
Au-dessus du restaurant bien connu, en plein centre du village, deux appartements charmants, avec meubles et décoration, belles couleurs pastel, l'un vert et l'autre orange. Leur agencement est différent, mais l'équipement est similaire et plutôt de bon confort. Chacun comprend une chambre avec lit double, un vaste salon, avec un lit simple et un petit canapé-lit, ainsi qu'une cuisine neuve et équipée (four, lave-linge). On profite surtout d'une grande terrasse avec vue panoramique, à 360° sur l'ensemble du cirque. Accueil sympa.

AU CŒUR DU CIRQUE
3A route du Bras-des-Etangs
✆ 06 92 44 68 94 / 02 62 24 34 14
www.aucoeurducirque.com
aucoeurducirque@hotmail.fr
Comptez 20 € la nuit par adulte, 15 € par enfant de 3 à 12 ans, suivant la période et la fourniture du linge de maison. Les week-ends et vacances scolaires, base minimum 5 adultes (soit 100 € la nuit) ; en semaine à partir de 2 personnes. Forfait ménage 50 €.
A 5 minutes à pied de la rue principale, une maison créole aux couleurs pastel en location saisonnière. Elle accueille jusqu'à 10 personnes avec ses 3 grandes chambres, chacune avec un grand lit, et deux d'entre elles avec deux lits superposés. Le séjour est confortable et chaleureux, avec sa cheminée et ses canapés en cuir, tandis que l'équipement est bien fourni : TV satellite, wi-fi, salle de bains avec machine à laver et à sécher, cuisine complète avec même le gaufrier et l'appareil à raclette ! Parfaitement équipée pour les rigueurs hivernales (toutes relatives sous ces latitudes…), la maison profite aussi d'un agréable jardin avec vue sur les montagnes, terrasse, barbecue, ping-pong et pétanque.

100 m
N
Parcours botanique
vers Bras Sec
Piste de V.T.T Plateau des Chênes
La Roche-Merveilleuse Belvédère
Route du Matarum
Etablissement thermal
Hôpital
Rue des Fleurs Jaunes
Route du Bras-Sec
vers Ilet-à-Cordes
Route de la Source
Cilaos
Musée
Eglise
Anciens thermes
La Mare à Joncs
Office de tourisme
Poste
Ecole
Rue Alsace Corre
Gendarmerie
V. Rivière
Rue Mc Auliffe
Piscine
Stade
L. Maillot
Bus
Rue des 3 mares
Mairie
Rue du Stade
Ecole
Chemin de la Chapelle
Rue du Père Boiteau
vers St-Louis
Eglise
Musée
Belvédère
Curiosité
Etablissement scolaire
Poste
Gendarmerie
Piscine
Hôpital

CHEZ PÉPÉ
11 rue Saint-Louis
✆ 02 62 31 72 21 / 06 92 85 35 66
chezpepe-cilaos.com
chezpepe_cilaos@yahoo.fr
18 € par personne et par nuit, 13 € pour les moins de 12 ans.
En centre-ville de Cilaos, à 200 m de la rue principale, deux charmantes villas créoles, aux murs orange et aux toits rouges, en location touristique dans un grand jardin fleuri. La première possède 5 chambres doubles et une triple, 3 WC et 2 salles de bains ; la seconde une chambre triple, une double et une salle de bains. Chacune est pourvue d'un grand séjour avec télévision, d'une cuisine complète à l'intérieur et d'une cuisine extérieure au feu de bois pour l'une, d'un coin à barbecue pour l'autre. Parking privé. Bon rapport qualité-prix.

RESIDENCE EGLANTINE
2-4 rue Alsace-Corré
✆ 06 92 82 64 64
www.residence-eglantine.re
residence.eglantine@wanadoo.fr
Studio 55 € la nuit pour deux personnes, 85 € pour 4 personnes, 5 € par personne supplémentaire, gratuit pour les moins de 10 ans. Forfait curiste (1 personne) : 550 € la semaine, et 680 € la semaine (pour 2 personnes).
A quelques mètres de la rue principale, une petite résidence fleurie et bien entretenue, avec 7 appartements en location sur deux niveaux. Chacun jouit du panorama sur les montagnes et d'une terrasse pour en profiter. Ils logent deux ou quatre personnes confortablement, avec une décoration au goût du jour, lumineuse et aux couleurs acidulées, et un équipement complet et neuf : cuisine avec plaques vitrocéramiques, belle salle de bains, grande TV, wi-fi. Dans le jardin, on profite du barbecue. Laverie et parking. Une adresse en place depuis plusieurs années, bon rapport qualité-prix.

Bien et pas cher

CLAIR DE LUNE
10 rue Winceslas-Rivière
✆ 02 62 31 88 03 / 06 92 82 47 13
www.giteclairdelune.com
18 € la nuit par personne, petit déjeuner compris. Repas sur réservation 18 €.
Une grande maison près du centre-ville de Cilaos, d'une capacité de 20 personnes, avec trois chambres doubles dont une avec deux lits simples, une autre avec un lit simple en plus d'un lit double. Elles partagent deux salles de bains et un grand salon chaleureux. L'accueil est sympathique. Alex, le patron, a toujours une bonne anecdote à raconter. Les repas sont préparés sur réservation, à partir de 6 personnes, avec entrée, plat chaud, vins et rhum arrangé. Prendre sa serviette de toilette.

GITE DE M. AURELIEN NASSIBOU
19 route de Bras-Sec
✆ 06 92 69 02 01 / 02 62 31 28 98
Dans le meublé tout neuf, compter 20 € par personne. Compter 17 € par personne dans le bâtiment avec dortoir. Petit déjeuner 5 €, dîner 17 € (sur réservation), il est aussi possible de déjeuner.
Dans une grande maison, à un quart d'heure à pied du centre, en allant vers Bras-Sec, une dixaine de lits dans plusieurs chambres pour 2, 3 et 4 personnes. Les repas sont copieux, on déguste du coq massalé, du rôti de canard au feu de bois… On peut aussi se faire soi-même à manger grâce à une cuisine indépendante. Madame Nassibou prépare des sandwiches aux randonneurs qui le désirent. Très bon accueil. Egalement un meublé de l'autre côté de la route pour 10 personnes : il y a trois chambres tout équipées de salle de bain et WC, et la chambre triple comprend également un berceau. L'accueil est très sympathique.

LE NID DU PAILLE EN QUEUE
1 passage du tourneur
✆ 06 92 62 41 56
leniddupailleenqueue@yahoo.fr
15 € la nuit. 5 € le petit-déjeuner. 20 € le repas.
Un gîte de randonnée idéal entre deux étapes, avec une vue époustouflante sur le Grand Bénard et les 3 Salazes. 6 places en dortoir. Possibilité de dîner sur place le soir, le propriétaire vous fera découvrir ses caris au feu de bois. Une bonne adresse pour les randonneurs !

LA PAVIERE
91 bis route nationale 5
Bas de village
✆ 02 62 56 26 77 / 06 93 44 00 70
lapaviere.com – lapaviere974@orange.fr
30 € la nuit par personne (petit-déjeuner compris). Ouverts en octobre 2013, ces trois charmants chalets neufs possèdent un confort parfois difficile à trouver sur Cilaos. Très chaleureux à l'intérieur comme en terrasse, ils peuvent accueillir jusqu'à 4 personnes chacun. Des petits-déjeuners copieux sont servis chez les propriétaires, très sympathiques. Un réveil agréable avec vue sur le Piton des Neiges ! En revanche, il n'y a pas de cuisine, une escale de deux ou trois nuits est donc idéale... en famille ou à deux.

LES PORTEURS

63 rue du Père-Boiteau
✆ 02 62 31 71 54 / 06 92 69 65 83
www.les-sentiers.com
les.sentiers@wanadoo.fr
40 € la nuit pour deux personnes, petit déjeuner 3 €.
Au cœur du village, cinq jolies chambres meublées à des tarifs très abordables. Elégamment décorées, elles sont équipées d'une salle de bains avec baignoire ou douche, d'une cuisine indépendante avec salon et de la télévision.

LA ROCHE MERVEILLEUSE

1, rue des Platanes
✆ 02 62 31 82 42 / 06 92 16 64 45
Chambre double 40 € avec salle de bain commune et 42 € avec salle de bain privée. En dortoir, 16 € par personne, 5 € le petit déjeuner, 18 € le repas.
Un beau gîte de groupe, tout en bois de palissandre, surplombant la ville et offrant ainsi une vue panoramique sur le cirque. Il est situé au-dessus du centre thermal, dans un jardin d'un hectare, et peut accueillir jusqu'à 22 personnes dans un cadre chaleureux, avec cheminée. Lits en dortoir, salles de bains, et également table d'hôtes.

LE VILLAGE DES SOURCES

Rue des Fleurs Jaunes
✆ 02 62 31 71 39
25 € par personne avec petit déjeuner en bungalow familial, 22 € en collectif, 5 € de plus en haute saison, 5 € de plus en demi-pension, 5 € de plus en pension complète (réservation à l'avance pour les repas). Fermé en février. Réductions enfants, groupes, scolaires, associatifs, fonctionnaires...
Ce centre de vacances géré par un organisme public est réservé aux allocataires de la CAF en période de vacances scolaires réunionnaises. Le reste du temps, il est ouvert à tous et sera surtout pratique pour les groupes à la recherche d'hébergements bon marché. A 1 km du centre-ville, cet ensemble de bungalows aux couleurs flashy, disséminés dans un grand parc de 6 hectares, propose des studios, des bungalows familiaux et collectifs, ainsi que des dortoirs jusqu'à 33 personnes. Datant des années 1980, ils le sont restés du point de vue du style et de l'équipement (kitchenette et salle d'eau modestes, mais propres... mais offriront repos et contact avec la nature à leurs résidents. Ces derniers sont principalement des équipes sportives, des jeunes en centre de vacances ou des curistes. La structure dispose aussi d'un bar, ouvert aux heures des repas, et de salles polyvalentes pour organiser des évènements.

Confort ou charme

LE BOIS ROUGE

2 route des Sources
✆ 02 62 47 57 57 / 06 92 69 94 30
www.hotelboisrouge.com
leboisrouge@ilereunion.com
Chambre simple à 90 €. La nuit en chambre double à 104 €. Petit déjeuner inclus. Lit supplémentaire 25 €, enfant de moins de 15 ans 20 €, moins de 5 ans 5 €.
Faisant face à l'église de Cilaos, cette maison d'hôtes de charme est tenue depuis 2008 par Frédéric Mantion, aux petits soins pour ses hôtes. Cinq chambres seulement, élégantes et aménagées dans le plus pur raffinement créole. Chacune utilise un bois différent, noble et endémique de l'île : tamarin des Hauts, ti'natte, bois noir, bois d'olive, eucalyptus. Frisettes, plafonds à caissons, consoles créoles... Les parquets sont ornés de rosaces ayant exigé des trésors de minutie. Les chambres s'ouvrent sur une terrasse privative où l'on apprécie un petit déjeuner traditionnel et copieux. Elles sont dotées de tout le confort moderne, bonne literie, salle de bains élégante, TV avec choix de DVD et 45 chaînes. Egalement une bibliothèque, une vidéothèque et le wi-fi. Frédéric vous dépose aussi gratuitement aux départs des sentiers de randonnées et vous réserve mille petites attentions.

LA CABANE DU RAIDEUR

32 impasse Ethève
✆ 06 92 02 90 34
lacabaneduraideur.com
168 € par chalet (pour 6 personnes) la nuit. 280 € le week-end.
Mafate, Salazie, Cilaos... Ce sont les noms de ces trois chalets de standing situés tout près de Mare à Joncs. Ils possèdent à la fois le charme des gîtes de montagne avec des lits en dortoir et le confort d'une cuisine et d'une salle de bain privée. Pour se relaxer après une journée de marche, deux chalets sur les trois possèdent un Spa en terrasse, avec en prime, une vue incroyable sur les montagnes ! Une bonne adresse pour une escale à Cilaos entre amis ou en famille. En effet, le prix n'est pas dégressif que l'on soit deux... ou six ! Au total, les trois chalets peuvent accueillir jusqu'à 22 personnes.

LA CASE NYALA
8 ruelle des Lianes
✆ 06 92 87 70 14 – www.case-nyala.com
Chambre simple à 65 €. Chambre double 80 €, triple 95 €. Bungalow pour 2 à 90 €, pour 3 à 105 €, petit déjeuner inclus.
Une très bonne adresse, dans une case jaune et blanche, charmante et typiquement créole. Cinq chambres (trois doubles, une triple et une quadruple) avec entrées indépendantes partagent un salon-cuisine très bien équipé. Elles ont été soigneusement réalisées par des artisans locaux, et les propriétaires ont décoré la maison avec des rideaux en broderies de Cilaos et des tableaux réalisés par le graveur sur cuivre du village. Literie de qualité, télévision, wifi, chauffage à bain d'huile, grande salle de bains avec douche et WC dans chaque chambre. Petit déjeuner délicieux avec pain, croissant, miel, yaourt et boissons chaudes… Etablissement non-fumeur.

HÔTEL DES NEIGES***
1 rue de la Mare-à-Joncs
✆ 02 62 31 72 33
www.hotel-des-neiges.com
Chambres doubles à 79 € ou 89 € la nuit, triple à partir de 104 €, quadruple à partir de 119 €. Petit déjeuner 8,50 €, repas 25 €. Remise spéciale pour les petits futés.
Cet hôtel de 29 chambres est devenu récemment 3 étoiles tout en conservant des tarifs raisonnables. A 5 minutes à pied de la rue principale et à deux pas de la Mare-à-Joncs, l'hôtel des Neiges est bien situé et s'organise autour de deux piscines, chauffées en hiver, idéales pour le repos, la bronzette et le défoulement de la marmaille. Les chambres sont chaleureuses et équipées de TV, wi-fi, téléphone et chacune jouit d'une petite terrasse, le plus souvent orientée vers le panorama sur Cilaos. Si le bar propose un punch maison, préférez les quelques rhums arrangés qui ornent le comptoir. Enfin, sans supplément : babyfoot et billard, mais dans une salle qui gagnerait à être plus chaleureuse. Une adresse correcte.

Luxe

HOTEL LE CILAOS****
40E chemin des Trois-Mares
✆ 02 62 31 85 85
www.leschenets-lecilaos.re
contact@leschenets-lecilaos.re
Chambre simple à partir de 91 €, double à partir de 109 €, suite double à partir de 129 €. Petit déjeuner 12 € adulte, 7 € enfant de moins de 12 ans.
A 1 km de la rue principale, près de la mare à Joncs, un joli hôtel (ex-Les Chenêts) d'architecture créole aux couleurs pastel, un des plus grands du cirque avec 47 chambres dont 7 suites. Le lieu possède un réel charme, très romantique, un joli métissage des styles provençal et créole ! Rebaptisé en 2013, il a aussi obtenu une 4e étoile et s'est adjoint un véritable spa, avec jacuzzis, hammam, sauna et salons pour les modelages. Les chambres, spacieuses et confortables, sont dotées de tout le confort de la catégorie : grande literie, TV satellite, téléphone, minibar, wifi. Les suites, meublées de teck, ont un beau lit à baldaquin. Certaines chambres ont une vue, d'autres donnent sur la piscine (chauffée), idéale pour se détendre après une journée de randonnée ; à moins de lui le centre de bien-être, le bar ou le home cinéma, ou simplement au coin du feu de cheminée (en hiver) ! Avec supplément : billard, ping-pong. Le petit déjeuner, sous forme de buffet, est servi dans le cadre panoramique du restaurant Le Cilaos. Bon accueil, personnalisé et serviable. Parking fermé.

HÔTEL LE VIEUX CEP***
44 rue Saint-Louis
✆ 02 62 31 71 89
www.levieuxcep-reunion.com
le.vieux.cep@wanadoo.fr
105 € la chambre double, 121 € en chambre supérieure, 148 € en suite, 27 € par personne supplémentaire, petit déjeuner inclus. Rajouter 10 à 14 € par nuit en haute saison. Demi-pension 25 €, moitié prix pour les moins de 12 ans.
A deux pas de la rue principale, Le Vieux Cep est un grand hôtel de 45 chambres, avec une allure de chalet de montagne créole avec ses auvents, ses bardeaux et ses lambrequins. Premier hôtel à avoir ouvert à Cilaos dans les années 1980, il a obtenu 3 étoiles en 2013. Il se compose de plusieurs pavillons dans un charmant jardin planté de fleurs cilaosiennes. Une bonne adresse qui rappelle, par sa quiétude et son architecture, le Cilaos lontan. Ces dernières, de plusieurs catégories, sont au goût du jour tout en gardant la part belle au bois, qui les rend très chaleureuses. Elles profitent d'une grande salle de bains avec baignoire ou douche à l'italienne, de la TV, du wifi et d'une terrasse avec vue sur la montagne, le jardin ou la piscine, chauffée toute l'année. Avec ou sans supplément : salle TV, sauna, bain à remous en extérieur, ping-pong. Le petit déjeuner, servi en buffet, et les repas sont pris dans une grande salle chaleureuse avec ses poutres apparentes. C'est aussi une des bonnes tables de la ville.

Enfin, un institut de beauté propose des soins dans l'hôtel. Salle de séminaires. Une adresse classique à redécouvrir.

■ HÔTEL TSILAOSA****

21 rue du Père-Boiteau
✆ 02 62 37 39 39 – www.tsilaosa.com
En semaine, chambre simple 97 €, double 108 €. Lit supplémentaire 20 €, petit déjeuner 13 € adulte, moins de 12 ans 7 €. Demi-pension 20 €, moins de 12 ans 10 € (hors de l'hôtel, en partenariat avec des restaurants).
Sur la rue principale, en plein centre, c'est non seulement l'hôtel de charme de Cilaos, classé 4 étoiles depuis 2013, mais aussi l'un des plus charmants de l'île. Les époux Dijoux, une ancestrale famille du cirque, ont décoré l'hôtel en s'inspirant des anciennes maisons créoles. Dans le salon, parquets en natte d'Afrique, rideaux et carrelages assortis selon une harmonie mêlant l'Inde et la Provence, exposition d'artistes locaux et une cheminée formée de deux cuves hémisphériques issues d'une ancienne sucrerie. Dans les chambres, parquet en natte et ciel de lit avec frisettes créoles. L'ensemble est de très bon goût et réalisé avec le souci du détail. Spacieuses, chacune des 15 chambres s'ouvre sur une terrasse en enfilade avec vue sur le Piton des Neiges, et est dotée d'un lit en 180 cm, grande TV satellite, téléphone, minibar, wifi et d'une belle salle de bains moderne, avec une baignoire d'angle à bulles... Le petit déjeuner est un vrai moment de plaisir, avec ses gâteaux de maïs, ses fruits et jus de fruits frais, ses confitures maison et ses thés raffinés. Vous pourrez goûter les vins de M. Dijoux, qui est viticulteur, ou acheter confitures et artisanat. Avec son accueil et son confort incomparable à Cilaos, le Tsilaosa est une très bonne adresse, d'une régularité exemplaire depuis son ouverture. Parking fermé.

Se restaurer

Au menu des tables de Cilaos se trouveront les incontournables lentilles ainsi que des civets au vin de Cilaos. Les randonneurs trouveront quelques snacks au bord de la mare à Joncs pour couper leur faim. Avertissement : les restaurants ferment tôt à Cilaos, il est recommandé de réserver et d'arriver avant 20h30. Sans réservation, en semaine après 20h, vous avez toutes les chances de dormir le ventre vide, le moindre sandwich se trouvant à une heure de route ! Enfin, les restaurants de la rue principale exagèrent parfois leurs tarifs…

Sur le pouce

■ CASS-DALLE

Au bord de la Mare-à-Joncs
Un sympathique snack au bord de la Mare-à-Joncs, sur la pelouse, avec une vue magnifique et panoramique. Rien de particulier au niveau cuisine, si ce n'est un choix assez large, mais le spot fait la bonne adresse !

Bien et pas cher

■ CHEZ LUCAY

12, rue du père Boiteau
✆ 02 62 58 70 84 / 06 92 09 18 70
Ouvert tous les jours sauf le lundi. Plats à la carte de 13 à 20 €. Plat du jour à 13 €. Repas sur place et à emporter.
C'est typiquement le genre d'établissement qui doit être visité ! Un service très agréable, aux petits soins, dans ce restaurant familial qui propose des plats sur place ou à emporter. En hiver, s'il y a encore de la place, choisissez la terrasse : à midi le soleil y est particulièrement agréable. Les plats, variés (rougail morue, bringelles boucané, bol renversé...), vous donneront un bel aperçu de ce qu'est la cuisine créole. Vous y reviendrez !

LE COTTAGE
2 chemin des Saules
✆ 02 62 31 04 61
Ouvert tous les jours de 12h à 13h45 et de 19h à 20h45, sauf le dimanche soir. De 13 à 19 € le plat, menu à 22 €, menu enfant 12 €.
Posé sur la Mare-à-Joncs, c'est le seul restaurant véritablement au-dessus de l'eau de toute l'île ! Depuis cette superbe rotonde à l'architecture impressionnante entièrement en bois de cryptomeria, la vue sur le plan d'eau est idyllique, avec en arrière-plan l'immense Piton des Neiges. Et d'autant plus la nuit, même si on ne voit plus les montagnes, la Mare-à-Joncs scintille de ses fontaines colorées. Construit il y a 40 ans autour d'un arbre poussant là et formant toujours le poteau central du bâtiment, ce restaurant emblématique de Cilaos a rouvert en 2013 après plusieurs années de fermeture. A la carte, une cuisine créole de bonne facture, aux produits locaux : canard aux lentilles de Cilaos, cari camaron, salades de palmistes. On digère en appréciant un rhum arrangé à côté de la cheminée. Service efficace et chaleureux (ce qui change de la rue principale), une adresse recommandée.

L'INSTANT PLAISIR
28 rue du père Boiteau
✆ 06 92 70 54 21
Comptez entre 5 et 10 € la galette. Ouvert uniquement du vendredi au dimanche, de 11h30 à 21h30.
Les propriétaires, mère et fille, Renée et Virginie ont suivi un stage jusqu'en... Bretagne (évidemment !), pour proposer des galettes au sarrasin dignes de leurs origines. Pari gagné ! Elles sont succulentes et méritent qu'on les goûte. La formation ne s'est pas arrêtée là : avec du caramel au beurre salé maison coulé sur la crêpe et du cidre artisanal en bolée... L'Instant Plaisir rend hommage à la Bretagne. Ambiance conviviale et chaleureuse à ne pas manquer !

LE MARLA
1 rue de la Mare-à-Joncs
✆ 02 62 31 72 33
Buffet créole 20 €. Ouvert tous les soirs.
Restaurant de l'Hôtel des Neiges, Le Marla propose un buffet de cuisine créole traditionnelle. Mais cela reste un buffet, sans cachet particulier. Dommage que la cheminée, fort appréciable les soirs d'hiver dans cette grande salle, ait été remplacée par un chauffage électrique décoré de flammes virtuelles... Peut mieux faire.

LES SENTIERS
63 rue du Père-Boiteau
✆ 02 62 31 71 54 / 06 92 69 65 83
www.les-sentiers.com/le_restaurant.php
les.sentiers@wanadoo.fr
Tout au bout de la rue, juste avant l'Eglise.
De 11 à 22 € le plat.
Une adresse que l'on aime pour la chaleur de l'accueil et la qualité de l'assiette. Cuisine créole et métro, généreuse et originale.

Bonnes tables

CHEZ NOÉ
40 rue du Père-Boiteau
✆ 02 62 31 79 93 / 06 92 87 36 10
restaurant-cheznoe.fr/gite-cilaos
jboyer413@orange.fr
Ouvert tous les jours, sauf le lundi et le dimanche soir. Comptez environ 20 € le plat.
Ouvert depuis près de vingt ans, dans une vieille case créole rose et blanche de la rue principale, ce bar-restaurant est un des rendez-vous incontournables du coin. La cuisine, traditionnelle créole, est simple et savoureuse : cari poisson, civet zourite, boucané palmiste, boucané aux lentilles, saucisses aux lentilles, gratin chouchou… Sept plats sont proposés chaque jour. La spécialité est le poulet à la vanille. Menu enfant. Ambiance chaleureuse. En revanche, les prix sont exagérés, et le service pas toujours à la hauteur.

LA LENTILLE DES GOURMETS
Hôtel Le Cilaos
40E Chemin des Trois-Mares
✆ 02 62 31 85 85
contact@lecilaos.re
Ouvert tous les jours midi et soir sur réservation. Compter de 14 à 24 € le plat. Menus à partir de 30 €.
Le restaurant de l'hôtel Le Cilaos, sous une belle varangue déployant un panorama sur Cilaos et le piton des Neiges, propose une cuisine traditionnelle et métro sur une carte assez variée. En entrée : carpaccio d'espadon, gratin de citrouille au piment, foie gras poêlé… Spécialité du chef, le cassoulet aux lentilles, et un choix de viandes et de poissons, de la très classique sole meunière au magret de canard à l'ananas Victoria. Les menus sont entrecoupés d'un « trou créole » (sorbet coco et rhum blanc) qui aident à faire passer la suite. Egalement des formules intéressantes entrée + plat + dessert ou deux sur trois. Cartes de vins et de desserts. Service professionnel et efficace.

L'ISABELLE

Hôtel Le Vieux Cep
2 chemin des Trois-Mares
✆ 02 62 31 71 89
Ouvert tous les jours. Comptez 13 € à 30 € le plat.
Une belle et grande salle style maison de montagne avec poutres apparentes, cheminée et grand bar qui décorent le restaurant de l'hôtel Le Vieux Cep. Quand il fait beau, des tables sont disposées au bord de la piscine. Une cuisine métropolitaine gourmande et créole traditionnelle, avec comme spécialités notamment le cari de canard au maïs et le gratin au bois de songe. Le menu propose habituellement une entrée créole et un plat métro ou inversement. Des assiettes pays et de la charcuterie maison. Service professionnel et attentif.

Sortir

Passé 18h, les rues se vident. Cilaos s'est dotée d'une salle de cinéma haute technologie (à côté de l'église). On y voit des films bien sûr mais aussi, de temps en temps, des spectacles.

À voir – À faire

MAISON DE LA BRODERIE

4 rue des Ecoles
✆ 02 62 31 77 48
maison.broderie@ville-cilaos.fr
Ouvert du lundi au samedi de 9h30 à 12h et de 14h à 17h ; dimanche et jour férié de 9h30 à 12h. Entrée 1 € pour les 8-15 ans, 2 € par adulte.
Mademoiselle Angèle Mac-Auliffe, fille de l'ancien médecin des thermes en 1900, n'a pas perdu son temps lorsqu'elle initia les jeunes filles de Cilaos à la broderie. Grâce à elle, la tradition des fameux « jours de Cilaos » s'est transmise de génération en génération. Las, depuis 1996, faute de volontaires, le CAP de broderie a fermé ses portes. Heureusement, quelques travailleuses, comme Suzanne Maillot (l'une des 5 meilleures ouvrières de France présentes dans la Maison), perpétuent la tradition. Réhabilitée et inaugurée en juin 2015, la nouvelle maison de la broderie est tout simplement splendide. Les ouvrages sont exposés à la manière des grandes galeries. Vous trouverez ici des produits finis, des nappes, dessus de lit, napperons, sous-verres… La visite permet de comprendre comment la technique s'est transmise au fil des générations, et surtout combien de temps il faut pour réaliser les créations : pour un jet de table d'un mètre environ, il faut trois mois de travail ! Vous pourrez aussi questionner les brodeuses qui officient à l'étage : l'accueil y est très chaleureux !

MARE À JONCS

La mare à Joncs, depuis qu'elle a été réaménagée en 2011, est devenue un nouveau pôle d'attraction de la ville. Cette mare autour de laquelle on flâne volontiers, entre snacks et restaurants, donne l'impression de se retrouver en Suisse. Des loueurs de pédalo vous offriront l'occasion d'une balade aussi reposante qu'incongrue sous ces latitudes.

MUSÉE-GALERIE ZAFER LONTAN

30 rue Saint-Louis
✆ 02 62 31 94 21 / 06 92 44 99 87
techerj@wanadoo.fr
Ouvert tous les jours de 10h à 12h et de 13h30 à 17h30 sauf le mardi et le dimanche. Entrée 5 € adulte, gratuit pour les moins de 6 ans. Salle vidéo les jours d'ouverture, sur réservation (minimum de 6 personnes), 3 € adulte, 2 € enfant.
A la fois musée et galerie d'art, Zafer Lontan a ouvert en 2011. Sur le devant, la galerie expose et vend des gravures sur cuivre, sculptures et peintures de Jean-Luc Técher ainsi que des broderies encadrées. Sur l'arrière, le seul musée de la ville présente une collection de 500 objets anciens, dans ce qui apparaît a priori comme un capharnaüm. Des objets du siècle dernier, d'usage courant à Cilaos mais aussi à la Réunion et en métropole, des années 1900 à 1980, que le guide-artiste a rassemblé et vous présente le long d'un parcours organisé. Notamment une ancienne case créole entièrement reconstituée, avec sa marmite au feu de bois et ses ustensiles de cuisine d'époque, une vieille Dauphine, une chaise à porteurs, mais aussi des gramophones, des jouets… La visite se termine par le visionnage de quelques films d'époque, l'artiste organise aussi des conférences et des ateliers. Très bon accueil.

NOTRE-DAME-DES-NEIGES

L'église de Cilaos est un des fleurons de l'architecture sacrée de l'île. Sa façade en demi-lune présente un soupçon d'Art déco qui la rend originale. La nef et le chœur ont été réalisés par des artisans ébénistes du coin. Avant d'entrer, on s'arrête devant la tombe du père Boiteau.

Sports – Détente – Loisirs

Il y a de très nombreuses randonnées à faire à Cilaos ; la ville est au départ de promenades faciles et courtes, qui permettent de faire des boucles et donc d'éviter de revenir sur ses pas. Elles sont plus intéressantes avec un guide qui commente la végétation, les sites, et qui émaille la marche d'anecdotes et d'informations sur le pays.

▶ **On peut rejoindre en quelques heures les îlets de Bras-Sec et Ilet-à-Cordes.** De ces derniers, on peut rejoindre également le Palmiste-Rouge et le Pavillon. Mais de Cilaos partent surtout deux randonnées majeures de l'île : le piton des Neiges et Mafate par le col du Taïbit. Ce sont d'ailleurs les deux seules randonnées qui permettent de s'échapper du cirque. A noter qu'il n'existe qu'un gîte au piton des Neiges, gîte de la Caverne dufour (réservation indispensable à la Maison de la montage ✆ 02 62 90 78 90.

▶ **Des navettes,** gérées par la Société cilaosienne de transport, peuvent acheminer les promeneurs depuis le village jusqu'au départ des principales randonnées (piton des Neiges, Taïbit, Ilet-à-Cordes). La SCT ramène également les randonneurs jusqu'à Saint-Louis, Saint-Leu, Saint-Gilles et Saint-Denis. Enfin, des visites guidées en minibus de Bras-Sec et d'Ilet-à-Cordes sont proposées. Renseignements ✆ 02 62 31 85 87 – 06 92 66 13 30.

Sports – Loisirs

La Réunion n'est pas que le paradis des randonneurs, c'est aussi l'un des fleurons mondiaux du canyoning. Il se pratique notamment à partir de Cilaos, et offre des sensations et des panoramas exceptionnels. Accroché à une corde, on descend des cascades en rappel, on glisse le long de toboggans naturels, on saute dans des bassins, bref on s'amuse et on frissonne. Sensations garanties !

■ CILAOS AVENTURE

12, chemin de la Chapelle
✆ 06 92 66 73 42
www.cilaosaventure.com
team@cilaosaventure.com
Compter 50 € l'activité, gratuit le jour de votre anniversaire (minimum 4 participants). Photos offertes.
Passionnés de sports de montagne et d'aventures nouvelles, plusieurs moniteurs se sont regroupés au sein de cette structure, qui propose escalade, canyoning, courses d'arête, VTT, tunnels de lave, randonnées (sur un ou plusieurs jours) et forfaits multi-activités à travers les reliefs cilaosiens mais aussi sur d'autres sites. Petites équipées, moniteurs sérieux et ambiance conviviale, l'esprit « léo lé bien là ». Pour tout profil : du sportif amateur au sportif ayant le goût de l'extrême ! Le plus : possibilité d'obtenir des photos de la sortie !

■ PASCAL COLAS

✆ 06 92 60 58 66
pascalcolas.com
colas.pascal.ar@wanadoo.fr
C'est l'inventeur du canyoning à La Réunion. Il a ouvert la plupart des voies (notamment le Trou de Fer en 1989) et écrit *Le paradis du canyoning, Ile de la Réunion* (Broché).

■ RUN ÉVASION

23 rue du Père-Boiteau
✆ 02 62 31 83 57
canyon-reunion.fr
runevasioncilaos@gmail.com

L'incroyable ascension du Piton des Neiges

On a beau penser que c'est une rando trop pratiquée, revue et corrigée, où tout le monde se suit à la queue leu leu depuis l'inévitable gîte de la Caverne Dufour : force est de constater que c'est l'une des plus belles de l'île. Pour ne pas dire la plus belle ! Le toit de l'océan Indien, avec sa situation au milieu des trois cirques, déploie à 360° l'un des panoramas les plus incroyables du monde : toute l'île est sous vos pieds, les côtes, le volcan, les remparts des cirques.
Que vous choisissiez de partir de Salazie, (départ d'Hell-Bourg, via Cap Anglais/difficile : 6h pour atteindre le gîte), de la plaine des Cafres (départ au 28e km, 5h) ou de Cilaos (départ du Bloc, sur la route de Bras Sec, moins long mais bien plus pentu, 3h), la récompense est la même : un rendez-vous privilégié avec le soleil et l'immensité, à apprécier au lever du soleil. Une expérience unique qui vous fera oublier le froid et l'effort. Plus de détails dans le dossier spécial Randonnée.

Ouvert tous les jours de 8h à 12h et de 14h à 18h. Adhérent Villages Créoles. De 45 à 65 € par personne. Dégressif en fonction du nombre de personnes.
Un des premiers organisateurs de sorties canyoning et escalade de la place. On trouve dans la boutique du matériel d'escalade, de randonnée, de canyoning, de camping et des vêtements sportswear. Egalement un petit bar sympa à l'intérieur du magasin. Pas mal pour prendre un café avant de partir en excursion ou pour se détendre au retour !

Détente – Bien-être

■ ÉTABLISSEMENT THERMAL IRÉNÉE ACCOT

Route de Bras-Sec
✆ 02 62 31 72 27 – www.cg974.fr/thermes
thermes-cilaos@cg974.fr
Prestations à partir de 10 €, formules de 38 à 60 €, forfaits de plusieurs jours, prestations de groupe. Ouvert aux touristes de 13 h à 18 h, le dimanche toute la journée, fermé le mercredi. Le matin, la priorité est donnée aux curistes mais l'accès est possible si disponibilité : ils sont moins nombreux de mars à fin août.
Cet établissement thermal, le seul de l'île et même de l'océan Indien, perpétue une des mamelles essentielles du tourisme cilaosien depuis le milieu du XIXe siècle, où les gouverneurs venaient en chaises à porteurs se refaire une santé. Toute une gamme de soins sont accessibles tant aux curistes, qui suivent un programme, qu'aux touristes, qui peuvent bénéficier de nombreux équipements et prestations de remise en forme à la carte : bains hydromassants, douches rotatives, à colonne, à jet, sauna, hammam, solarium, enveloppement d'algues, relaxation manuelle, shiatsu…

Visites guidées

■ FABRICE BOUISSET

✆ 06 92 66 22 73 / 06 92 66 73 42
A partir de 50 € la 1/2 journée ; 65 € à 70 € la journée.
Riche d'une dizaine de parcours dans le cirque de Cilaos où il réside, Fabrice adapte ses sorties canyoning ou rando en fonction du niveau et des envies des clients. Ce prof de sports (BE Spéléo), très pédagogue, vous emmènera notamment à Fleurs Jaunes (7 rappels dont la célèbre descente de 50 m) ou à Bras Rouge (moins connu et davantage ludique avec ses toboggans et ses sauts ; mais soyez prévenu, l'eau y est plus froide !). Il veille à bien vous fournir en équipement et vous encadre parfaitement du début à la fin. En vingt ans, Fabrice a contribué à ouvrir et à entretenir de nombreuses voies sur l'île. Il est intarissable sur les quelque 180 parcours possibles.
A noter, parce que peu commun chez les concurrents : Fabrice sort, même pour un seul client !

■ ROBY SORIANO

✆ 06 92 16 20 90 / 06 92 66 73 42
Accompagnateur en montagne et organisateur de randonnée, Roby Soriano est un vrai personnage du cirque de Cilaos. Un passionné, ancien militaire jovial et truculent, qui tient l'hôtel Les Aloès et se démène pour le tourisme local à travers plusieurs associations. Côté randonnées, des parcours sont possibles, du circuit d'une demi-journée au trekking de deux semaines, organisé de bout en bout (transferts, repas, hébergement, guides, etc), pour 4 personnes au minimum. Roby couvre toute l'île, mais son circuit phare se déroule sous le volcan : « 20 000 lieues sous les laves », une improbable et inattendue exploration des tunnels de lave (50 € par personne). Outre les randonnées classiques, Roby organise enfin des circuits plus thématiques, des chasses au trésor ou encore le sentier du « bien-être », à la découverte de la faune, la flore, la géologie, la préparation de tisanes avec un repas au feu de bois dans la nature (compter 45 € par personne avec le repas). En cas d'éruption, Roby peut organiser une sortie festive et musicale, maloya et champagne avec vue sur les flots de lave.

Shopping

De Cilaos, on ramène généralement trois choses : des lentilles (on en trouve à la Maison du tourisme, de 10 à 12 € le kg), du vin (à acheter exclusivement au chai de Cilaos ou chez les viticulteurs mais en aucun cas au bord de la route) et des broderies. Vous pouvez aussi trouver plein de choses au marché forain, qui a lieu le dimanche matin. Si vous voulez faire de simples courses, il y a un supermarché Shopi et un OKE.

■ ATELIER DE PHILIPPE TURPIN

2 route des Sources
✆ 06 92 28 03 03
✆ 02 62 31 73 64
turpin2@wanadoo.fr
Ouvert surtout le week-end. En semaine, il vaut mieux appeler en amont pour réserver une visite. Visite gratuite.

Amoureux des estampes et des livres, dessinateur, autodidacte, Philippe Turpin est aujourd'hui l'artiste le plus connu de Cilaos. C'est depuis 1977 qu'il expose dans le monde entier ! Outre la gravure sur cuivre, sa plus grande spécialité est la technique de l'eau-forte, grace à laquelle il a créé plusieurs livres d'artistes, tirés à très peu d'exemplaires (quelques centaines) dont les plus connus de Philippe Turpin sont *Les Voiles des Mascareignes* ou *L'Abécédaire*, un « alfabé kréol ».

A noter enfin que les créations de Monsieur Turpin sont en exposition-vente dans son atelier, derrière l'hôtel Le Bois Rouge, qu'il a d'ailleurs construit de ses mains. Sa plus grande œuvre d'art !

■ BRODERIES DE CILAOS (ARTISANAT DE MME TECHER)

51 rue du Père-Boiteau
✆ 02 62 31 81 30
Ouvert tous les jours sauf le dimanche après-midi, de 9h30 à 12h et de 14h à 18h.

Un magasin de broderies où vous pourrez voir une brodeuse à l'œuvre, qui y travaille toute la journée. Broderies encadrées, en dessous-de-verre, horloges, verres à rhum arrangé… Mme Técher vous fera découvrir toutes les techniques de la broderie actuelle.

■ CHAI DE CILAOS

34 rue des Glycines
✆ 02 62 31 79 69
http://chaidecilaos.reunion.fr
contact@lechaidecilaos.com
Juste en face de la gare routière.
Ouvert du lundi au samedi de 9h à 12h et de 14h à 17h. Entrée libre.

La Réunion dispose depuis plusieurs années d'une production de vins tout à fait honorable, récoltée exclusivement dans le cirque de Cilaos. Bien abrité des vents et disposant d'un bon ensoleillement, sans trop de chaleur grâce à l'altitude, le vin réunionnais a gagné ses lettres de noblesse récemment, grâce à la mise en place d'un chai et de méthodes de vinification modernes.

Un petit film retrace l'histoire vinicole de Cilaos en 11 minutes. Une dégustation gratuite des différents vins est proposée à la boutique, où l'on retrouvera toute la gamme, blancs, rouges et rosés… suivant la saison ! Elles sont vites épuisées. Le Chai écoule 30 000 bouteilles par an, contre près de 100 000 estimées pour le vin traditionnel. Les vins de Cilaos sont disponibles chez peu de cavistes dans les bas, encore plus rares en métropole. Accueil très sympa.

■ SUPÉRETTE

Rue principale
Ouvert du lundi au samedi et le dimanche matin.

Idéal pour acheter de quoi survivre avant une randonnée de plusieurs jours.

BRAS-SEC

A 5 minutes de voiture de la ville de Cilaos, Bras-Sec se trouve de l'autre côté de la vallée, au pied du sommet de L'Entre-Deux. Le village n'a que peu d'intérêt comparé à Cilaos, une vraie ville, et l'Ilet-à-Cordes, perché en équilibre au bout du monde, si ce n'est sa situation, au départ du sentier du piton des Neiges et avec une vue plus dégagée sur le cirque, dominé par le Bonnet de Prêtre. Avec ses dizaines de gîtes, Bras-Sec est une bonne alternative quand Cilaos affiche complet !

Sur la route de Bras-Sec, dans la grande ligne droite, la route traverse une forêt de cryptomérias du Japon, ces grands conifères d'une vingtaine de mètres de hauteur, au tronc fin et droit, avec un feuillage ne couvrant que les derniers mètres. Quelques tables de pique-nique, d'où l'on peut apprécier le paysage fabuleux.

Après Bras-Sec, l'Ilet de Gueule-Rouge et ses quelques âmes sont accessibles en voiture, puis le goudron devient chemin, praticable seulement en 4x4, et rejoint ensuite la RN5 en contrebas de Cilaos.

La cosmétique, le dernier-né du cirque

CILAOS COSMETICS
✆ 06 92 01 63 39
www.cilaos-cosmetics.com
Gamme disponible dans quelques pharmacies de l'île. A Cilaos les produits sont proposés à la pharmacie des Thermes ainsi qu'au centre thermal. Possibilité de commander sur le site Internet.
Depuis 2007 sont apparus de nouveaux soins péi, les Essentielles de Cilaos. Une gamme bio, sans paraben, originale et variée, qui associe l'eau des sources thermales à des extraits de plantes tropicales comme le café vert, l'aloe vera ou l'ylan-ylang. Une idée originale qui ne prend pas beaucoup de place dans la valise...

Transports

Bras-Sec se trouve à 6 km de la ville de Cilaos, environ 2 km à vol d'oiseau. Une jolie promenade par le Bras de Benjoin (le sentier debute sur la route du Matarum) permet de faire le chemin à pied en 1h30.

Voiture. Il suffit de prendre la D241 sur 6 km à partir de la ville de Cilaos. Si vous avez un véhicule tout-terrain, vous pouvez aussi utiliser un chemin de terre qui part de la RN5, 2 km après le tunnel, après la route du Palmiste-Rouge.

Bus. Des bus (ligne 63 des bus Alternéo) relient la ville de Cilaos à Bras-Sec, tous les jours de la semaine. Les premiers partent de Bras-Sec à 5h29 et mettent environ 20 minutes pour faire le trajet. Depuis Cilaos, c'est le bus de 6h (7h05 le dimanche) qui ouvre le bal. Le soir, le dernier bus quitte Bras-Sec à 19h05 (16h59 le dimanche) ; depuis Cilaos, dernier départ à 19h05, 16h le dimanche. Renseignez-vous sur le site Internet du réseau Alternéo (www.alterneo.re) et à l'office de tourisme.

Se loger

Locations

LES BÉGONIAS
9 bis chemin de la Ravine
✆ 06 92 20 81 80
dijoux.camilleph@gmail.com
Comptez 25 € par personne et par nuit.
Une belle maison orange et blanche en location, mitoyenne de celle du propriétaire. Elle déploie, sur deux niveaux, plusieurs terrasses et balcons panoramiques face au Bonnet de Prêtre et au jardin en pente devant la maison. Quel paysage ! On se voit déjà apprécier le petit déjeuner avec ce décor en toile de fond. Et quel jardin ! Sur ces 3 000 m², le propriétaire a carrément aménagé un sentier de randonnée, frayant à travers un mini-jardin botanique, avec goyaviers, tisanes, vignes... où chacun peut cueillir librement. Et aussi un barbecue au feu de bois et un boulodrome. Bref, tout le nécessaire pour occuper une grande famille car la maison loge jusqu'à 12 personnes dans ses 4 chambres. Elle est disponible dès 4 occupants. Spacieuse et chaleureuse, elle offre un bon confort, un équipement complet et moderne, et une décoration aux tonalités actuelles. Seul bémol, elle ne compte qu'une salle de bains. Internet par 3G. Bon accueil.

Bien et pas cher

AUBERGE DU PARC
8 bis chemin de la vigne
✆ 06 92 31 38 46
aubergeduparc@hotmail.fr
22 € la nuit en chambre double par personne, 20 € par personne supplémentaire, 10 € pour les moins de 12 ans, petit déjeuner inclus. Repas 22 € adulte, 10 € enfant, vin inclus.
Dans un ancien bâtiment agricole entièrement rénové, 6 chambres aménagées, une cuisine au feu de bois et une salle à manger accueillant 20 convives. Les chambres sont grandes et permettent de loger un ou deux couples et des enfants dans des lits simples, doubles et superposés. Lambrissées, elles offrent un confort simple et se partagent 5 salles de bains. Sans oublier la vue sur le coteau Kerveguen et le Bonnet de Prêtre, majestueuse au lever du soleil. Côté repas enfin, c'est une cuisine créole classique qui vous attend, faisant la part belle aux produits de Cilaos.

CHAMBRES D'HÔTES DORIS

3 C chemin de la Ravine
✆ 06 92 61 35 39
www.chambres-dhotes-doris.com
contact@chambres-dhotes-doris.com
55 € la nuit pour 1 ou 2 personnes, 20 € par personne supplémentaire, 15 € pour les moins de 11 ans, petit déjeuner inclus. Repas 22 € adulte, 15 € enfant.
Une très belle maison créole blanche d'architecture traditionnelle et pourtant de construction neuve, qui déploie un panorama à 360° sur le cirque dont profitent 4 chambres d'hôtes avec terrasse. Confortables, chaleureuses et spacieuses, elles sont élégamment décorées et pourvues d'un équipement moderne, digne d'un hôtel 3 étoiles : belle salle de bains, TV, literie en 160 cm de large, et peuvent communiquer entre elles, idéal pour les familles. Gabrielle est aux fourneaux et prépare des plats créoles traditionnels, servis dans la belle salle à manger en cryptomeria du village, construite par William. Nous avons hésité à le placer en catégorie supérieure car en plus d'être confortable, l'établissement présente un excellent rapport qualité-prix ! Très bon accueil, à découvrir !

LE GÎTE DES CASCADES

✆ 02 62 35 30 63 / 02 62 30 60 66 / 06 92 61 88 29
www.gite-cilaos.re
reunionlocation@gmail.com
A l'entrée du village, à côté du stade.
Comptez 42 € la nuit en chambre double, 10 € le lit supplémentaire, 17 € en dortoir. Petit déjeuner 8 €, diner 20 €.
A Bras-Sec, en bordure du village, 3 maisons dont une belle maison créole typique, sur un grand terrain de 5 000 m². La première comprend 5 chambres doubles avec salle de bains privative, les deux autres 2 dortoirs de 8 couchages et 4 de 3 couchages, sanitaires collectifs. L'ensemble est entièrement lambrissé, pour une atmosphère chaleureuse. On partage un salon TV, un espace détente et une grande table pour les repas.

LES MIMOSAS

29 chemin Saül
✆ 02 62 96 72 73 / 06 92 69 84 93
lesmimosas.fr
Compter 40 € la chambre double, 50 € la triple, 17 € par personne en chambre familiale pour 6, petit déjeuner inclus. Repas 25 €.
Deux chambres doubles et deux triples avec salle de bains privative, ainsi qu'une chambre familiale de 6 personnes avec salle de bains commune, chez Jean-Paul et Mimose Dijoux.

LE VIEUX PRESSOIR

40 chemin Saül
✆ 02 62 25 56 64 / 06 93 91 87 21
Chambre double 45 €, petit déjeuner compris. Repas 25 €.
Dans la maison de M. Christian Dijoux, viticulteur exploitant un cépage issu du midi (que vous goûterez certainement), 5 chambres identiques, sous toit avec carrelage et lambris. Relativement grandes et chaleureuses, elles possèdent toutes leur salle de bains individuelle. Les spécialités de M. Dijoux sont les lentilles de Cilaos et le boucané d'épaule. Accueil sympathique et chaleureux, bonne adresse.

LA VILLA DES ROSES

3 chemin Vigneron
✆ 06 92 20 33 04
Environ 15 € par personne et par nuit, 10 € pour les moins de 10 ans. Petit déjeuner 5 €.
Au village de Bras-Sec, une grande villa divisée en deux logements, l'un en rez-de-jardin, l'autre à l'étage, avec comme souvent à Bras-Sec la vue sur un superbe panorama. Idéale pour les groupes voire les (grandes) familles, elle compte 3 chambres doubles et un dortoir de 9 places dans le premier logement, et 2 chambres doubles et un dortoir de 6 places dans le second, et est entièrement équipée à l'intérieur (grande cuisine avec cheminée, plusieurs salles de bains) comme à l'extérieur (barbecue et tables de jardin). Le petit déjeuner est proposé, et un restaurant est en prévision : renseignez-vous.

Confort ou charme

LE TADJOURAH

Bras Sec
10 chemin des Cryptomérias
✆ 06 92 91 09 05
chambresdhotes-letadjourah.re
xamtolliam@gmail.com
De 65 à 70 € la nuit pour 2 personnes selon la période (petit-déjeuner inclus).
Trois chambres d'hôtes tout confort : Faham, Jasmin et Héliotrope situées au cœur du village de Bras-Sec. Spacieuses, elles ont chacune un univers bien à elles et une terrasse privative. L'escale idéale pour une soirée en amoureux. Le restaurant propose quant à lui des menus avec les spécialités créoles cuisinées au feu de bois pour une vingtaine d'euros.

La lentille de Cilaos

La lentille est cultivée à Cilaos depuis les années 1850. Elle ne pousse que dans ce cirque, et plus particulièrement à l'Ilet-à-Cordes. Semée en avril, elle est récoltée en septembre. La production totale sur l'île est estimée à plus de 50 tonnes par an (il en pousse également dans le bras de Saint-Paul). Les dernières études menées en 2004 ont recensé environ 70 hectares et quelque 150 planteurs, à raison de 700 kg/ha avec un prix moyen de 10 € à 12 € le kg.
Depuis 1984, année de la mécanisation, M. Dijoux du Tsilaosa a amené la première batteuse mécanique, mettant fin au battage au fléau. Si la production est devenue plus rentable, la lentille de Cilaos est destinée à rester un produit local, incapable de concurrencer les marchés internationaux. Très nourrissante, elles est également galactogène, c'est-à-dire aidant à la création de lait, et donc idéale pour les femmes enceintes.
A noter enfin qu'une fête lui est consacrée chaque année en octobre, sur plusieurs jours.

Recette des lentilles aux oignons

Pour 4 personnes. Trier et laver 250 g de lentilles de Cilaos. Hacher deux oignons, les faire revenir avec deux cuillères à soupe d'huile dans une marmite. Ajouter éventuellement de l'ail et du curcuma. Verser un litre d'eau froide. Ajouter les lentilles et une branche de thym. Laisser mijoter 30 minutes à feu moyen. Saler en fin de cuisson.

ÎLET-À-CORDES

Au pied du Grand-Bénare, cet îlet d'environ 500 âmes fut découvert à l'origine par des Noirs marrons qui y avaient trouvé refuge. Flottant en équilibre entre nuages et remparts vertigineux, à 1 100 mètres d'altitude, Ilet-à-Cordes a un air de bout monde dont l'isolement est la raison d'être historique. Mussard, le célèbre chasseur de Marrons, aurait ensuite redécouvert l'îlet en 1751. Il fut par la suite attribué à un esclave nommé Figaro, en 1811, en récompense de sa délation des instigateurs de la révolte des esclaves à Saint-Leu, mais ne fut habité que bien plus tard. Le village tire son nom du fait qu'il fallait le rejoindre en utilisant des échelles de cordes en lianes de fourche. C'est aujourd'hui le paradis de la lentille et du vin. Les champs de lentilles, épousant les reliefs du sol, s'étendent tout autour du village et représentent une grande part de la production du cirque, qui a triplé en 10 ans. L'Ilet-à-Cordes est le village le plus tardivement relié à la civilisation : la route n'est arrivée qu'en 1975. C'est le point de l'île le plus éloigné par la route de Saint-Denis, avec près de 3 heures pour gagner le chef-lieu (140 km de route, 35 km à vol d'oiseau). La route a remplacé les chaises à porteurs, utilisées jusqu'alors, et a permis d'apporter des matériaux pour la construction de cases modernes. Tout est relatif, il s'agissait de parpaings et de tôles, mais cela permit de remplacer les maisons faites de terre battue et de roche, et au toit couvert de paille de vétiver. L'électricité est arrivée en 1978, le téléphone peu après. Le GSM et Internet ont débarqué peu avant 2000, et le haut débit par clé 3G en 2010 ! L'Ilot à Cordes est environné d'autres îlets beaucoup plus petits : Ilet-du-Bras-de-Saint-Paul, des Sources et de Grand-Coude. La population additionnée de ces derniers îlets... se compte sur les doigts d'une seule main !

Transports

L'Ilet-à-Cordes se trouve à 11 km de route du village de Cilaos, soit 4 km à vol d'oiseau.

- **À pied.** On peut accéder à l'Ilet-à-Cordes par deux sentiers : le premier part de la ville de Cilaos (2h aller simple) et le second du Pavillon (3h aller simple, montées raides !). Nous vous conseillons vivement d'emprunter ces chemins, car ils sont magnifiques et très variés. Et surtout parce que le cirque de Cilaos est beaucoup plus beau à pied qu'en voiture ! Enfin, on peut venir de Mafate, où le sentier termine sur la route qu'il faut suivre sur 7 km pour rejoindre l'Ilet-à-Cordes. C'est moins sympa de marcher sur le goudron, par contre le stop est possible.

Voiture. Il suffit de prendre la D242 sur 11 km à partir de la ville de Cilaos. Les rampes à la sortie du village sont très escarpées et le reste de la route est assez spectaculaire, encore plus étroit et vertigineux que la route de Cilaos. Compter 20 minutes.

Bus. Des bus (ligne 62 des Bus Alternéo) relient la ville de Cilaos à l'Ilet-à-Cordes pour 1 €, tous les jours de la semaine. Au départ de l'îlet, Les premiers partent à 5h17 (6h35 le dimanche) et mettent environ 30 minutes pour faire le trajet. Le soir, le dernier bus quitte l'Ilet-à-Cordes à 18h02 (16h40 le dimanche). Renseignements sur le site Internet du réseau Alternéo (www.alterneo.re).

Se loger

GITE DE L'ILET

27 chemin Terre-Fine
✆ 02 62 25 38 57 / 06 92 64 74 48
53 € la chambre pour 2 ; en dortoir 22 € la nuit par personne. Petit déjeuner inclus. Repas du midi et du soir à partir de 23 €, sur réservation.
Au milieu de l'Ilet-à-Cordes et en face du seul snack, le gîte de M. Jean-Marie Grondin propose une chambre d'hôtes pour deux personnes, trois chambres quadruples et deux chambres triples. Elles sont grandes et assez chaleureuses, avec carrelage et lambris. Elles comprennent une salle de bains individuelle et des lits doubles ou superposés. Le repas, cuisiné au feu de bois, se compose de cari canard, cari baba-figues, brèdes, lentilles... Piscine chauffée et terrain de pétanque (boules à disposition).

AU PETIT COIN CHARMANT

Payet Hélène
13 chemin Terre Fine
✆ 02 62 35 18 13 / 06 92 68 49 68
44 € en chambre double. 60 € en chambre triple. Petit déjeuner inclus. Repas au feu de bois à 25 €.
4 chambres pour une capacité de 10 personnes dans la maison du propriétaire. Télévision dans la salle commune. Possibilité de repas sur place.

AU P'TIT BOUT DU MONDE

✆ 02 62 25 74 57 / 06 92 86 17 70
En haut du village, 200 m après le snack. C'est fléché.
Chambre double à 40 €, petit déjeuner inclus.
Dans une adorable petite maison, face au Dimitile, Carole Maillot propose deux chambres chaleureuses et propres, classées 2 épis. Contrairement aux deux autres gîtes de l'îlet, celui-ci ne sert pas le repas du soir (mais vous pourrez dîner chez Mme Payet, à côté), cependant une cuisine très bien équipée est mise à disposition au rez-de-chaussée. Si vous êtes 6, un clic-clac en bas peut dépanner. Vous aurez alors la maison pour vous seuls ! Une excellente adresse, que l'on recommande tant pour le confort des lieux, que l'accueil de la propriétaire, également productrice de lentilles.

LE TAPACALA

2C Chemin des Orangers
✆ 06 92 84 55 67 / 06 92 69 57 50
gonthier.mickael@orange.fr
A partir de 94 € par personne, petit déjeuner inclus. Repas sur réservation à 25 € tout compris.
Notre coup de cœur ! Les plus belles chambres d'hôtes de Cilaos, si ce n'est des 3 cirques. Cette adresse de charme posée dans un cadre de bout du monde, propose 3 superbes et immenses chambres (72 m² !), et un accueil aux petits soins. Jouissant d'un confort digne des plus grands hôtels, elles sont équipées d'un lit king size, d'un salon avec grande TV, Internet par 3G, une terrasse avec vue sur le cirque, et d'une superbe salle de bains en pierres naturelles, elle-même plus vaste que certaines chambres d'hôtel ! Le Tapacala vous conviera à sa table pour les repas préparés par Madame, dans une belle salle semi-ouverte en pierre de taille, avec ses bouteilles de rhums arrangés. Tandis que Monsieur organise les visites guidées et vous narrera l'histoire de l'îlet, la vigne, la culture de la lentille. Comptez 30 € la visite de 2h avec le déjeuner. Une adresse d'exception à découvrir d'urgence !

Se restaurer

SNACK LE REPOSOIR

Ouvert tous les jours de 7h30 à 19h30 environ (horaires particulièrement variables le dimanche). Si le patron n'est pas là, allez voir en face, au Gîte de l'îlet, c'est le même propriétaire !
Le seul snack à des kilomètres à la ronde ; on peut faire un baby-foot en mangeant un pain bouchon !

À voir – À faire

Sentier du Reposoir. ***Environ 3h, assez facile.*** Depuis l'Ilet-à-Cordes, une descente tranquille vers le Pavillon, depuis les champs de lentilles et de tomates, jusqu'à la route, via une agréable rivière et une forêt de pins. A Pavillon, on peut reprendre le bus jusqu'à Cilaos (40 min) ou redescendre sur St-Louis (40 min). Dans l'autre sens, c'est plus difficile car ça monte sévèrement. Compter alors 3h30.

▶ **Sentier d'îlet-à-Cordes. *Environ 3h, assez difficile.*** Depuis l'îlet-à-Cordes, une petite descente puis une montée non stop jusqu'à Cilaos. Superbe et très peu fréquenté, mais parfois fermé. Renseignez-vous auprès de l'ONF. Si vous avez 2 jours, n'hésitez pas à faire une boucle, entre Cilaos et Pavillon, via l'Ilet-à-Cordes.
Départ de Cilaos (au niveau du sentier de la Chapelle, à l'entrée de Cilaos), arrivée à l'Ilet-à-Cordes en 3 petites heures (une grosse descente, et une courte montée assez raide). Et retour par le Pavillon, en 3h de descente, jusqu'à l'arrêt de bus.

PALMISTE-ROUGE

Du nom du palmier qui y poussait en abondance et dont on consomme le cœur, cet îlet est relativement à l'écart des itinéraires touristiques. On y accède par une route qui commence 10 km avant l'entrée de la ville de Cilaos, et c'est sans doute pourquoi les touristes s'y arrêtent finalement peu, happés par la « capitale » du cirque, toute proche. L'îlet est situé au sud-ouest du cirque, en contrebas du Dimitile, et compte quelque 1 500 âmes.

Transports

▶ **À pied.** On peut accéder au Palmiste-Rouge par un seul sentier : celui qui part de Bras-Sec. Le sentier qui joignait l'îlet au Pavillon a été fermé.

▶ **Voiture.** Sur la route nationale 5, une dizaine de kilomètres avant d'arriver à Cilaos ville (c'est indiqué), emprunter la D240. Au bout de 1,5 km, vous y êtes.

▶ **Bus.** La ligne 60 qui va de Saint-Louis à Cilaos vous dépose au début de la départementale (arrêt RN Palmiste-Rouge). D'autres bus (ligne 61 des Bus Alternéo) vous emmènent de Cilaos jusqu'au village même de Palmiste-Rouge. Compter 40 min de trajet. Renseignements à la Maison du tourisme de Cilaos ou sur le site du réseau Alternéo (www.alterneo.re).

Se loger

■ **DOMAINE PAPANGUE**
3, sentier du Brûlé
✆ 02 62 31 45 54 / 06 92 03 05 35
www.domainepapangue.com
reservation@domainepapangue.com
Chambres doubles à 55 € avec petit déjeuner. Repas du soir sur réservation à 20 €.
Des chambres doubles dans des maisons à l'architecture créole traditionnelle. Chaque chambre possède une salle de bain. Un petit bijou dans cet îlet très largement délaissé par les touristes, à deux pas du Bonnet de Prêtre.

CIRQUE DE MAFATE

C'est le cirque le plus sauvage, le plus authentique, le plus secret et le plus inaccessible. Aller à Mafate se mérite, il faut compter plusieurs heures de marche pour y pénétrer, quel que soit l'itinéraire que vous choisissez. Sa situation géographique et son relief tourmenté en firent un précieux refuge pour les Marrons, les esclaves en fuite. Le nombre de ces fuyards devenant de plus en plus considérable, des détachements d'esclaves partirent à la chasse aux Marrons . en 1735, il fut précisé que tout Noir qui prendrait un Marron serait libéré. Le chef le plus célèbre de ces détachements fut François Mussard qui, en septembre 1755, attaqua avec une dizaine d'hommes un camp à la Rivière-des-Galets et tua le fugitif Mafate. Il donna son nom, qui signifie « qui pue » ou « qui tue » en malgache, à l'ensemble du cirque. Un autre esclave connu, Guichard, affronta, en 1828, une quarantaine de Marrons qu'il extermina dans l'îlet appelé depuis Ilet-à-Malheur.

Cette chasse aux esclaves révoltés permit de découvrir des sites agréables et giboyeux. Ainsi, Nicolas Lemarchand (natif de Saint-Malo) trouva en 1780 un îlet appelé Orera (« bonne terre » en dialecte africain) et obtint la concession de l'endroit, qui devint Aurère. Aussi, à l'abolition de l'esclavage en 1848, un certain nombre de familles blanches, qui n'avaient pas la possibilité d'obtenir une concession sur le littoral ou qui vivotaient, cherchèrent à s'installer dans les Hauts. En 1883, on y comptait 190 foyers.
Situé à l'ouest, Mafate est le second cirque en superficie (après Cilaos) avec 103,50 km². Rive droite, la ravine Cimendef, au pied du Bronchard ; rive gauche, les ravines de Maxime, de Marla, de Roche-Plate, des Orangers, et Grand-Mère coulent en toute saison.
Ces deux dernières, captées en contrebas de l'Ilet-des-Orangers, fournissent toute la région de Saint-Paul en eau potable.

Mafate en pratique

Argent

Les commerçants ne sont pas équipés pour recevoir les paiements en carte bancaire et tous n'acceptent pas les chèques. Prévoyez de l'argent liquide en quantité suffisante. Faut-il rappeler qu'il n'y pas de distributeur à Mafate ?

Sécurité / Santé

Eau. N'hésitez pas à boire jusqu'à trois litres d'eau dans la journée. Ne remplissez pas votre gourde dans la rivière mais aux divers points d'eau aménagés dans les îlets. Il y a également des bars dans certains îlets.

Prudence : établissez votre parcours à l'avance. Renseignez-vous sur la météo ✆ 0892 68 08 08 – et l'état des sentiers avant de partir : sur le site Internet de l'ONF (www.onf.fr/la-reunion). N'empruntez jamais les itinéraires fermés et ne sortez pas des chemins balisés.

Partez tôt le matin de manière à profiter du soleil et à ne jamais vous faire surprendre par la nuit qui tombe à 17h30 l'hiver et 19h30 l'été. Munissez-vous de bonnes chaussures de randonnée.

Il n'y a pas de médecin, de pharmacie, ni d'hôpital à Mafate. Prévoir une trousse de secours (avec pansements, antiseptique, anti-inflammatoire, aspirine, crème solaire, bande élastique aérée autocollante, genouillère...). Deux infirmières sont installées à Cayenne et à Roche-Plate. En cas de grave pépin, le SAMU ✆ 15 ou 112 – et l'hélicoptère de la gendarmerie de haute montagne ✆ 02 62 930 930 – interviennent.

Poste et télécommunications

Poste. Il existe plusieurs boîtes aux lettres (et un bureau de poste à Grand-Place) dans le cirque, à La Nouvelle, à Roche-Plate, Grand-Place et Ilet-à-Malheur. En postant votre courrier dans le cirque (ou depuis le Maïdo), votre correspondant recevra une lettre marquée du tampon de Mafate ! Pour l'anecdote, celui-ci a été dessiné par les enfants de Roche-Plate.

Téléphone. Pratiquement tout le cirque est couvert par le réseau GSM, pensez à l'emporter, c'est utile en cas de pépin. Sinon il y a quelques cabines solaires notamment à La Nouvelle.

Matériel et équipement

Les gîteurs n'assurent que rarement le repas de midi. Prévoir de la nourriture dans votre sac si vous partez peu de temps. Mais ne vous chargez pas inutilement si vous allez marcher pendant plus de deux jours

Hélicoptère survolant une case créole du cirque de Mafate.

Les boutiques du cirque proposent des victuailles même si le choix est limité et les prix élevés (4 € la boîte de Vache qui Rit ou 9 € le paquet de cigarettes !). Tous les îlets ont une épicerie sauf Ilet-à-Bourse. Vous trouverez du pain frais à La Nouvelle et à Grand-Place-les-Hauts.

Vêtements. N'oubliez pas d'emporter des vêtements chauds pour le soir, un K-way, des chaussures vous permettant de marcher dans l'eau (pour franchir les rivières).

Livres de chevet. Outre un topoguide, amenez avec vous l'excellent guide réactualisé et réédité récemment par l'ONF, *Sur les sentiers de Mafate*. C'est à la fois un guide et un beau livre d'histoire, plein de conseils et d'anecdotes drôles et utiles. Il est disponible à la Maison de la montagne.

Et aussi... lampe de poche, chapeau, couteau suisse, serviette, carte détaillée du cirque (carte IGN : 4402 RT), téléphone portable (on capte depuis de nombreux endroits).

Hébergement

Le bivouac est possible et des aires existent dans la plupart des îlets (Cayenne, Aurère, Roche-Plate, Grand-Place-les-Hauts, La Nouvelle). On peut s'y installer pour une nuit au maximum. A La Plaque, le propriétaire du gîte a aménagé une aire de camping équipée (douches, sanitaires) mais payante.Il existe une vingtaine de gîtes : pour ceux qui sont gérés par la Maison de la montagne, une dizaine, il faut réserver et payer par avance la nuitée à la Maison même ou dans les offices du tourisme (un bon d'échange vous sera remis). Seul le repas et le petit déjeuner devront être réglés directement au propriétaire du gîte. En revanche, les gîtes privés sont entièrement payables sur place.Attention ! Quelle que soit la période à laquelle vous partez (vacances scolaires ou pas, semaine ou week-end), réservez avant de commencer les randonnées. Prévenez également vos hôtes si vous souhaitez dîner chez eux (au moins 48 heures à l'avance). La majorité des randonneurs prennent leurs repas dans les gîtes, où ils passent des soirées sympathiques à se raconter des récits de voyages et à écouter les anecdotes des gîteurs.

La plupart des structures d'accueil sont modernes, propres et confortables. Il y a des lavabos, des douches et des toilettes.

© ATAMU RAHI – ICONOTEC

Survol du cirque de Mafate.

Les couchages ont lieu en dortoir ou en chambres (à La Nouvelle, à Roche-Plate, à La Plaine-aux-Sables...). On peut néanmoins regretter que l'accueil soit de plus en plus expéditif dans certains gîtes... Aux Lataniers, perdus parmi 35 clients, nous n'avons même pas vu notre gîteur ! Début 2010, le *Journal de l'Ile* a consacré deux pages à « l'usine à touristes » qu'est devenu Mafate et ses 100 000 visiteurs annuels ! C'est évidemment exagéré. Les mauvaises adresses sont rares. Nous ne les mentionnons donc pas volontairement. Pour une nuit dans un gîte, compter entre 15 € et 18 €. Pour le dîner entre 15 € et 20 €. Le petit déjeuner tourne autour de 5 € à 7 €.

Randonnées

On peut passer facilement une semaine à marcher dans Mafate tant les possibilités sont nombreuses. Si passer par des prestataires n'est pas indispensable, ils peuvent se révéler pratiques pour ne pas gérer la logistique. Surtout si vous partez pendant quelques jours et êtes à plusieurs : repas, hébergement, transferts, circuits. Vous trouverez des prestataires à Cilaos et d'autres dans le cahier spécial randonnée.

Les immanquables de Mafate

- **Parcourir les centaines de kilomètres de sentiers** de randonnée.
- **Se sentir enfin au bout du monde.**
- **Jouir du calme absolu** – plus un bruit de voiture.
- **Relire** l'histoire du marronnage et du peuplement de l'île.
- **Dormir chez l'habitant** et découvrir les histoires des Mafatais.

Mafate surprend par ses formes étranges, ses fenêtres, ses clochetons, ses remparts façonnés par l'érosion torrentielle que le déboisement intempestif a largement accélérée.
De la grande forêt primitive, il ne reste rien. On traverse, entre autres, des forêts de bois de couleur – appelés ainsi à cause des nuances variées de leur feuillage : grand-natte (bois rouge apprécié en ébénisterie), benjoin, bois d'olive noir, bois de rempart – ainsi que des forêts de tamarins des Hauts.
Le service des eaux et forêts tente depuis 1874, date de son institution, de reboiser le cirque qui, contrairement aux autres, a vu ses bois abusivement exploités par les colons, ou Petits Blancs des Hauts, venus s'y installer après avoir été ruinés par l'abolition de l'esclavage. Au début, le service, intraitable, voulait exproprier le cirque de tous ses habitants. Il arrêta toutes les concessions et chercha à récupérer les terres illégalement occupées. Il était interdit de ramasser tout bois, même mort. Beaucoup d'habitants quittèrent le cirque à cause de cette pression, mais aussi parce qu'en 1913 la source thermale de Mafate disparut. Mais ce sont les forestiers, constitués en groupes armés, qui finirent par être chassés par les Mafatais, et ce jusqu'en 1956. Rachetant les terres, et se rachetant lui-même, l'ONF a mené ensuite une politique plus coopérative. Il a favorisé l'irrigation, entrepris le reboisement et organisé le regroupement des habitants en îlets. Des territoires agricoles ont été définis afin de leur permettre d'assurer leur alimentation, et d'améliorer leurs conditions de vie. Aurère, La Nouvelle et Roche-Plate constituent les trois groupes d'îlets dont les habitants se sont associés en coopératives pour faciliter les achats et la commercialisation de leurs produits. Des écoles ont été construites : les professeurs y enseignent quatre jours de suite pour rentrer chez eux le week-end. En 1985, le Conseil général a installé des dispensaires ; les infirmières y habitent pendant la semaine. Depuis 1987, l'électricité solaire s'est répandue et a supplanté la bougie. Mafate appartient à deux communes, La Possession sur la rive droite de la rivière des Galets, et Saint-Paul sur la gauche. On vote à Roche-Plate ou à la Rivière-des-Galets.
Cependant, à Mafate, entre le maïs, les lentilles et les petits pois, la production reste maigre. Quant à l'élevage, il se limite souvent à une ou deux poules, un cochon et un cabri pour nourrir la famille… C'est La Réunion *lontan*. Coupés du monde extérieur, les habitants reçoivent peu de visites en dehors des « sacs à dos » ou celles de l'hélicoptère qui assure le ravitaillement et qui vient se poser parfois pour signaler l'arrivée du médecin ou évacuer un blessé. Lorsque l'on est instituteur à Mafate, c'est à pied qu'on fait le trajet hebdomadaire pour rentrer chez soi. Quand on est facteur (il n'y en a que deux), on parcourt des dizaines de kilomètres par jour à pied. Cependant, aucun d'entre eux ne troquerait cette vie contre un poste sur la côte. Ceux qui habitent Mafate souhaitent avant tout conserver le contact avec la nature qui fait défaut dans les Bas. La côte Ouest, en bas de la rivière, est perçue comme une folle Babylone qui n'a plus rien à voir avec la vie créole traditionnelle. Les Mafatais s'y rendent cependant au moins deux fois dans le mois, par nécessité, pour y faire les courses au supermarché. Mafate est aussi connue pour ses cultures de zamal, réputé comme étant le meilleur de l'île, et qui fournissent un complément de revenus à ses habitants. Mais qui est parallèlement traqué par les autorités, déployant avec force des moyens technologiques et coûteux pour les éradiquer : hélicoptères, caméras infrarouges...

Transports

Le moyen de transport des Mafatais ? Leurs guiboles !
Le plus inaccessible et le plus retiré des cirques, puisque la route franchit tout juste un col, Mafate s'atteint et se parcourt à pied. Un pur délice pour randonneurs.

On peut y consacrer une semaine de marche sans jamais passer deux fois par le même endroit, et en découvrant des paysages extrêmement divers : il y a environ 141 km de sentiers. Mais Mafate se mérite, bien que certains aient vite fait d'aller à La Nouvelle et d'en revenir dans la même journée. Ceux-là n'auront pas vraiment « vécu » Mafate. C'est un lieu magique, dont on s'imprègne à chaque point de vue ; les rencontres sur le bord d'un sentier ou dans un gîte d'étape ne s'inventent pas, elles se vivent.

▶ **A partir du cirque de Salazie.** Deux départs :
Au niveau du Bélier, à 15 min à pied du col des Bœufs, un parking gardé et payant est tenu par M. Rivière, 06 92 11 97 37. Un petit snack, pas toujours ouvert, est également à la disposition des marcheurs.
Col des Bœufs (ou Col de Fourche) : départ pour La Nouvelle ou Marla (2h de marche), deux îlets facilement accessibles, notamment pour les familles peu enclines à crapahuter. Ces randonnées sont décrites dans la partie « La Nouvelle ».
De Bord Martin, 3 km avant le parking de M. Rivière, on peut descendre sur Aurère (environ 4h de marche) par la canalisation Augustave, très belle, mais très physique, avec des échelles et des ponts impressionnants. De ce même Bord-Martin, il est aussi possible, en 2h30, d'atteindre Ilet à Bourse par le sentier Scout. Une balade sympa et relativement facile.

▶ **A partir du cirque de Cilaos.** Par le col du Taïbit, au-dessus de la ville de Cilaos, on prend le GR R2 pour redescendre sur Marla, que l'on atteint en 3h. C'est le seul passage. La randonnée est décrite dans le cahier randonnée.

▶ **A partir du Maïdo.** Descente à pied, environ 1 000 m de dénivelé (très difficile car très raide, surtout pour les genoux et les chevilles). Si vous n'y descendez pas, la vue du belvédère sur le piton Maïdo (2 200 m), par la voie la plus connue et la plus facile d'accès, sera un flash rapide et néanmoins panoramique, révélateur du cirque chaotique. Compter environ 2h, mais au moins 3h pour remonter ! Sans doute la porte d'accès la plus difficile.

▶ **A partir du village de Sans-Souci.** A La Plaine-Saint-Paul, monter dans les Hauts jusqu'au village de Sans-Souci-les-Hauts. Le GR R2 conduit sur la canalisation des Orangers. Son avantage : un des seuls sentiers de La Réunion qui ne monte ni ne descend. Il est plat, demande peu d'effort et offre une vue splendide sur le cirque tout au long des 11 km jusqu'au captage des Orangers, en seulement 3h.

▶ **En passant par la Rivière-des-Galets.** Deux solutions pour cette entrée :
Soit vous marchez dans le lit de la rivière sur plus de 13 km (3h) jusqu'à Deux-Bras, avant d'attaquer la montée vers les îlets, Cayenne (2h), Grand-Place (2h30) ou Aurère (4h), soit vous réservez un 4x4 (7 €/personne) qui vous dépose à en 1/2h à Deux-Bras, d'où vous récupérez la montée vers les îlets cités au-dessus. Une option moins écolo, mais qui évite la marche pas forcément agréable dans le lit de la rivière en plein soleil...

▶ **Depuis Dos-d'Ane.** A Rivière-des-Galets, suivre la direction Dos-d'Ane (RD1), selon la direction « cap Noir-Roche – Vert-Bouteille ». Prendre ensuite la direction de l'église de Dos-d'Ane. La rue qui y mène débute environ 600 m après le panneau d'entrée du village. Poursuivre 200 m après l'église. Le sentier GR R2 menant à Deux-Bras part sur la gauche. Un sacré rempart à descendre... Compter minimum 2h pour rejoindre Deux-Bras et récupérer les itinéraires cités plus haut.

▶ **En hélicoptère.** Utilisé principalement par les Mafatais, notamment malades, enseignants, personnel médical mais aussi tout un chacun, l'hélicoptère est accessible aux touristes, notamment dans le cadre de combinés hélico-randonnée. Il conviendra aux personnes dont la condition physique ne permet pas la randonnée... ou qui n'ont pas le courage de marcher, mais qui ont le portefeuille ! Evidemment, ça a moins de charme et de mérite, mais c'est quand même une expérience spectaculaire !

LA NOUVELLE

A 1 400 m d'altitude, c'est l'îlet principal du cirque de Mafate, du moins le plus traversé par les randonneurs. Il se situe au milieu de la partie sud du cirque, non loin du col du Bélier et de Marla. Le village se compose de quelques épiceries, plusieurs gîtes, tables pour déjeuner, une table d'orientation et une cabine téléphonique solaire, ainsi qu'une pelouse qui vous tend les bras.
Au début du XXe siècle, l'îlet connaît une certaine prospérité avec l'élevage des bœufs et des moutons qui sont ensuite vendus à Hell-Bourg. En 1948, une maison de bardeaux jouant le rôle de poste forestier et d'école est construite. C'est la Maison forestière. La vaste varangue abrite la boîte aux lettres de l'îlet.

Le bois, omniprésent, donne une austère solennité à l'édifice. Le téléphone est installé depuis 1974, date de la découverte des sentiers mafatais par les randonneurs. Des gîtes sont construits, l'îlet se développe, on agrandit l'école. Tout est fait pour inciter les jeunes à rester dans le village qui vit du tourisme, de l'agriculture et du reboisement. Pour l'instant La Nouvelle est encore un îlet authentique de Mafate, mais de plus en plus fréquenté : pour preuve, le tourisme est devenu la première source de revenus du bourg. Ceux qui veulent encore plus d'authenticité et de dépaysement devront s'éloigner vers le nord ou l'est du cirque. Il faut dire que La Nouvelle compte maintenant près de 150 habitants.

■ GITE DE MAXIMIN OREO

✆ 02 62 43 58 57 / 06 92 04 32 28

12 places (dortoir) avec une chambre de 4 et une de 8 personnes, plus une chambre double. Compter 17 € la nuit en dortoir et 34 € la chambre double, 16 € le dîner (sur réservation), 6 € le petit déjeuner. Réservation auprès de la Maison de la montagne.

■ GITE DE M. GRAVINA MARTIAL

La Plaine-aux-Sables

✆ 02 62 43 01 73 / 06 92 53 06 42

Une vingtaine de places. A 45 min à pied de La Nouvelle, en direction de Trois-Roches, au milieu de la forêt. Compter 14 € la nuit, 34 € la chambre double, 16 € le dîner, 6 € le petit déjeuner.

Dans un joli corps de ferme, chez Martial, quatre chambres doubles et plusieurs bungalows de 4 places. Repas dans la cour quand il fait chaud. Simple et sympa.

■ GITE DE M. GRAVINA YVON

✆ 02 62 43 38 72

Six chambres doubles à 38 €, petit déjeuner 5 €. Ne sert pas de repas le soir, mais possibilité de dîner chez la tante, Mme Gravina Marie-France (15 €, ✆ 02 62 43 31 12).

■ LE RELAIS DE MAFATE

Chez Mme Hélène Bègue

✆ 02 62 43 61 77 / 06 92 26 08 53

Réservation auprès de la Maison de la montagne. Dortoir 17 €, chambre double 40 €, bungalow pour 2 personnes 60 €, 4 personnes 100 €, petit déjeuner 7 €, dîner 25 € adulte, enfants 17 €.

Dans une belle case créole et dans des petits chalets en bois disséminés alentour, 2 chambres pour 6 personnes, 5 chambres doubles, dont une en rez-de-jardin, un bungalow 4 personnes. C'est le plus coquet et le plus confortable des gîtes. Il est d'ailleurs classé Gîte de France. Les chambres sont belles, la literie est de qualité et le linge de toilette immaculé. Un petit peu plus cher que les autres. Le propriétaire, André Bègue, est le héros d'une véritable success story. Né à Mafate, il a appris la boulangerie et l'hôtellerie en métropole avant de revenir afin de reprendre l'épicerie de son oncle, de créer un bar et d'ouvrir son gîte. Il a ensuite passé son brevet de pilote d'hélicoptère et fondé Mafate Hélicoptère, une société de transports. Aujourd'hui, il possède deux appareils et travaille essentiellement avec l'ONF.

ROCHE-PLATE

Roche-Plate (1 100 m) est un petit îlet situé à l'ombre du rempart du Maïdo, de l'autre côté de la rivière des Galets par rapport à La Nouvelle. Une école en ciment y fut bâtie en 1953 pour une quarantaine d'enfants : tous les matériaux ont été apportés à dos d'homme. Aujourd'hui, il y a plusieurs autres écoles dans Mafate : Ilet-à-Bourse (une dizaine d'élèves), Ilet-à-Malheur, Grand-Place (30 élèves chacun, répartis en deux classes), Ilet-aux-Orangers... Hélas, l'îlet de Roche-Plate se dépeuple et son école compte beaucoup moins d'élèves : 70 familles au début du XXe siècle, une quinzaine aujourd'hui.

■ L'AUBERGE DU BRONCHARD

✆ 02 62 43 83 66 / 06 92 28 47 17

Compter 15 € la nuit, 35 € la chambre, 15 € le dîner, 5 € le petit déjeuner.

Gîte de France de M. Gérard Bègue avec trois chambres doubles, et 12 lits en dortoir, bien équipés : 3 toilettes et 3 salles de bains. Pour ceux qui ne veulent pas goûter aux spécialités du chef (gratin chouchou, civet de canard), possibilité d'apporter ses victuailles. Une cuisine est mise à disposition. Boutique et bar à proximité.

■ CHEZ JULIETTE

✆ 02 62 42 28 79 / 06 92 34 01 49

16 € la nuit, 16 € le dîner, 5 € le petit déjeuner.

24 lits en dortoirs chez Juliette Thomas. Une adresse sympathique, avec Juliette qui se fera un plaisir d'expliquer ce que vous allez déguster. Le gîte dispose d'une belle terrasse sur laquelle il est agréable de boire une bonne Dodo après une bonne journée de rando et évidemment une douche !

■ **MAHAFATY-BE**
✆ 06 92 32 80 95
www.mahafaty-be.com
gitemahafaty@hotmail.fr
Dortoir 15 €, chambre double 35 €, table d'hôte 18 €, petit déjeuner 5 €.
Un gîte très agréable au cœur de l'îlet de Roche-Plate. Accueil sympathique et table savoureuse. Une excellente adresse dans Mafate.

■ **TI KAZ BLEU**
Chez Axel
✆ 06 92 29 37 58
www.ti-kaz-bleu.com
tikazbleu@yahoo.fr
A la sortie de l'îlet, à côté de l'école.
Dortoir : 15 € par personne. Repas : 15 € par personne, petit déjeuner : 5 €. Chambre simple : 35 € (nuit + repas + petit déjeuner), chambre double : 45 € (nuit + repas + petit déjeuner). 350 € la location à la semaine pour 4 personnes.
Deux adorables petites maisons, disposant chacune de 12 lits en dortoir. La cuisine est équipée, le jardin peut accueillir des tentes, et on peut même y faire un feu. Une adresse intéressante, tant pour la beauté du site que l'accueil d'Axel. Possibilité de prendre le repas sur place. Axel, qui habite un peu plus haut, le livre tout chaud vers 19h.

TROIS-ROCHES

À 1 200 m d'altitude, en contrebas du rempart du Maïdo et du Grand-Bénare, entre Marla et Roche-Plate, il faut aller voir ce très impressionnant gouffre que la rivière a creusé dans le basalte, poli pendant des milliers d'années (plus de 12 000 ans !).
Trois énormes pierres posées devant l'échancrure d'une profonde faille qui déchire la dalle et dans laquelle s'engouffre la rivière en une cascade fracassante. Ne pas s'approcher, c'est très glissant et dangereux. Le trajet, lui, est assez difficile, que vous arriviez de Roche-Plate (3h), de Marla (1h30), ou de La Nouvelle (1h30). C'est aussi un endroit fabuleux pour bivouaquer.

MARLA

Marla (1 645 m), l'îlet le plus haut de Mafate, est aussi le plus au sud du cirque. Autrefois peuplé d'une centaine d'habitants (le nom « Marla » signifierait « beaucoup de gens » en malgache), il accueille aujourd'hui une dizaine de familles, qui vivent principalement de l'élevage bovin, de la culture de lentilles et du tourisme.
Idéalement situé, au carrefour de plusieurs randonnées, Marla est accessible en 3h depuis Cilaos via le col du Taïbit, ou en 3h30 depuis Salazie via le col des Bœufs. Il est également possible d'y accéder depuis Roche-Plate en 4h30. Un kabar (grande fête créole) est régulièrement organisé au gîte de Jimmy, aux alentours du 1er mai.

Pratique

Deux épiceries sympathiques, dont celle de Jimmy qui organise chaque année un kabar (un mini-festival) le week-end du 1er mai.

Vue aérienne du cirque de Mafate.

Association Les Trois Salazes

Les Trois Salazes désignent une curiosité géologique : ces trois pics rocheux qui dominent le col du Taïbit et Marla. C'est également le nom de l'association qui gère depuis les années 1990 l'îlet des Salazes, connue pour son expérience en matière de tourisme participatif.

■ **ASSOCIATION TROIS SALAZES**
28 rue du Père-Boiteau, CILAOS
✆ 06 92 58 63 42
Située dans un milieu à la fois fragile et touristique, l'association s'est engagée dans le développement durable pour des raisons environnementales et sociales, mais aussi pédagogiques. Utilisation des énergies renouvelables, recyclage, arrachage et valorisation des plantes envahissantes (comme le choka), replantage des endémiques, organisation d'événements, Eco-Village ou Eko-Marathon, etc. Ian Winkless et sa famille « manche longue » n'ont que faire des fastes de Gerri ou du gotha du GIEC ! Ici, la porte est ouverte aux bras solides et aux idées nouvelles. Il arrive même parfois qu'un écolo curieux décide de s'y installer pour une nuit ou trois mois ! Les randonneurs, eux, s'y arrêtent pour boire une des fameuses tisanes « ascenceur » ou « descente », suivant leur sens de marche ! Vous pourrez aussi acheter des produits artisanaux, ou prendre un package incluant tisane, repas, et visite de l'îlet (environ 20 €, réservation 3 jours à l'avance).

Se loger

Bien et pas cher

■ **GÎTE DE LA MAISON LACLOS**
✆ 06 92 07 86 54
Entre Marla et La Nouvelle
Comptez 40 € la nuit en chambre double, 15 € en dortoir, 18 € le repas, 6 € le petit déjeuner.
A 20 minutes de l'îlet de Marla, le gîte de Maison Laclos est un des plus agréables et confortables de Mafate, propice à la détente avec ses bungalows disséminés dans la forêt et sa vue imprenable sur le cirque. Les bungalows sont meublés et possèdent chacun une terrasse et un salon. L'un d'eux compte deux chambres doubles avec terrasse et salon, un autre avec une chambre double et une quadruple. Vous pouvez aussi dîner sur place et découvrir une des nombreuses spécialités de la cuisine traditionnelle créole.

■ **GITE DES TROIS ROCHES**
✆ 02 62 32 50 90 / 06 92 23 38 37
Une douzaine de places. 18 € la nuit en chambre collective, 38 € ou 40 € la chambre double (2 chambres ont des sanitaires privés), 18 € le dîner (ou menu cerf à 23 €), 6 € le petit déjeuner. Réservation auprès de la Maison de la montagne.
Ce gîte de M. Sylvio Bègue et Mme Annick Hoareau se compose de petits chalets en bois vernis avec terrasse et mobilier en teck. Cuisine au feu de bois dans un boucan reconstitué à l'ancienne.

■ **GITE EXPEDIT HOAREAU**
✆ 02 62 43 78 31 / 06 92 35 44 00
Réservation auprès de la Maison de la montagne. 14 € la nuit, 36 € la chambre double, 16 € le dîner, 6 € le petit déjeuner.
2 dortoirs de 8 et 2 chambres doubles. Sanitaires communs. Bon accueil.

■ **GITE FANÉLIE CESAR**
✆ 02 62 90 78 78 / 06 92 03 26 15
Réservation auprès de la Maison de la montagne. Chambres pour 4 (lits superposés) et chambres doubles. 2 chambres pour 1 salle de douche commune. 17 € la nuit par personne en dortoir, 34 € la chambre double, 17 € le dîner, 7 € le petit déjeuner.
Sans doute l'un des meilleurs gîtes de Marla. On apprécie notamment les couettes bien chaudes et la quiétude des chambres doubles. Dommage que l'accueil y ait été froid à chacune de nos venues.

■ **GITE GIRODAY**
✆ 02 62 43 83 13 / 06 92 09 16 80
32 lits, 12 € la nuit, 15 € le dîner (sur réservation), 5 € le petit déjeuner.
Notre coup de cœur à Marla.
Deux cases avec dortoir (dont l'un assez sommaire, composé d'un immense sommier en bois, et agrémenté de grosses couettes bien chaudes). Le restaurant, excellent, est situé à 400 m, dans la case de l'incontournable Mme Giroday, au pied du rempart des Salazes. Prévoir la lampe de poche pour le retour.

Confort ou charme

MAFATE A PAT'
Sur le chemin qui mène à Trois-Roches
✆ 06 92 38 64 73 / 06 92 38 94 54
50 € la chambre double. 20 € la nuit en dortoir. 7 € le petit-déjeuner.
A la sortie du village de Marla direction Trois-Roches, ces petits chalets neufs sont des perles rares dans le cirque de Mafate pour une nuit tranquille. Une véritable impression de solitude face à la nature qui vous entoure. Idéal pour un week-end randonnée en amoureux. Vincent, le propriétaire, possède deux chalets avec lit double pour 2 personnes et un dortoir pouvant accueillir jusqu'à 4 personnes. Ils possèdent chacun leur propre salle de bain et des WC privés. Ce qui est assez inhabituel pour un gîte à Mafate. A l'extérieur, la terrasse offre une vue entièrement dégagée sur les montagnes, très appréciable au moment du petit-déjeuner. A noter que Vincent ne propose pas encore de repas le soir sur place, mais vous avez la possibilité de manger des plats typiquement créoles, quelques mètres plus haut dans un gîte voisin. Vincent prend en charge la réservation du repas pour vous.

MIELLERIE DE MARLA
Ladrange Sébastien
✆ 06 92 03 20 99
http://mielleriedemarla.com
marla974@hotmail.fr
18 € par personne et par nuit.
La Miellerie de Marla dispose de 2 dortoirs de 4 places avec varangue et sanitaires communs (2 douches, 2 vasques et 2 WC). Le linge de maison est fourni, sauf les serviettes de toilette. Le repas du soir est cuisiné traditionnellement au feu de bois. Le petit déjeuner est composé de café pays torréfié au feu de bois ou thé à la vanille ou thé vert en fonction des récoltes ou chocolat chaud, pain maison, beurre, miel, confiture pays si possible et jus de fruit. Fruits et légumes du potager biodynamique. Sur place, une boutique propose des produits à base de miel, de la cire, des plantes, des fruits et quelques souvenirs du cirque.

À voir – À faire

Depuis Marla, trois chemins vous emmènent sur quatre destinations possibles.

Les GR R1 et GR R2 se rejoignent à Marla et passent par le col du Taïbit pour atteindre Cilaos en 3h.

De Marla, le GR R1 mène à La Nouvelle en 2h, et au **col des Bœufs** en 3h. C'est incontestablement l'accès le plus facile. Voir le dossier spécial randonnées.

Le GR R2 va à Roche-Plate, en 4h30. C'est une randonnée magnifique mais plus difficile. Voir le dossier spécial randonnées.

GRAND-PLACE

Au milieu du cirque, le long de la rivière des Galets, les trois îlets de Grand-Place (550 m) sont traversés par le GR R2. Environ 36 familles (soit 130 personnes) y sont dispersées sur plusieurs kilomètres carrés. C'est la capitale historique du cirque. Elle se compose d'abord de Grand-Place-les-Bas, aussi appelé Cayenne, un village accroché à la falaise et dominé par une petite église. C'est ici que fut installée la première école, en 1923. Inutilisés à présent, les bâtiments sont encore là. Puis il y a Grand-Place-Boutique, car pendant longtemps, c'est ici que se trouvait la seule boutique de l'île. C'est Angelo, l'ancien facteur, qui la tient. Après avoir déposé des lettres aux quatre coins du cirque, à raison de 20 km par jour pendant 25 ans, il en a des histoires à raconter ! Grand-Place-Boutique possède d'ailleurs toujours le seul bureau de poste du cirque ; ce sont deux jeunes qui remplacent Angelo aujourd'hui. Enfin, Grand-Place-les-Hauts est isolé sur la crête des Calumets.

Pratique

Deux épiceries, l'une à Grand-Place-les-Hauts, l'autre à Grand-Place-Boutique.

Se loger

Bien et pas cher

LES BOUGAINVILLIERS
Grand-Place-Boutique
✆ 02 62 43 40 08
Environ 16 places en dortoir, 4 chambres de 4. Compter 35 €/personne : nuit, repas, petit déjeuner.
Situé en face de l'école, ce gîte est tenu par l'un des rares anciens facteurs de Mafate, M. Ivrin Pause qui aura bien des histoires à vous raconter. Boutique sur place.

CAMPING DE CAYENNE
✆ 02 62 42 15 91 / 06 92 34 39 09
Juste derrière l'Eglise,
Environ 15 tentes de 2 places (équipées d'un confortable matelas et d'une grosse couette !). Compter 40 € par personne la tente équipée + le petit déjeuner et le repas. Possibilité de poser sa propre tente et de dîner sur place (20 € le repas).

Perché à 500 m d'altitude, ce petit camping familial permet aux randonneurs de s'imprégner rapidement de la vie mafataise. Blotti dans des tentes aux énormes couettes (il fait frais là-haut !), vous serez au chaud sous un ciel magnifiquement étoilé. Dès votre arrivée, vos hôtes sauront vous redonner des forces après la marche, en partageant avec vous une bouteille de rhum dont eux seuls ont le secret... Il ne vous restera plus qu'à profiter du feu qui crépite devant votre tente pendant le repas.

■ LE CŒUR DE MAFATE
Grand-Place-les-Hauts
✆ 02 62 55 01 68
Environ 19 places (2 dortoir de 4, un dortoir de 11 personnes), 15 € la nuit, 15 € le dîner, 5 € le petit déjeuner.
Gîte composé de petites cases aux toits verts nichées au pied du piton des Calumets, chez M. Nicolas Bulin.

■ GITE DE GRAND PLACE – CAYENNE
Grand Place Cayenne, Mafate
✆ 02 62 43 85 42 / 06 92 67 67 73
Réservation auprès de la Maison de la montagne. Propose 16 places en dortoirs de 4 (16 € la nuit) et 2 chambres indépendantes (36 €). 16 € le dîner, 5 € le petit déjeuner.
Petites cases en bardeaux de couleurs vives, terrasse avec vue imprenable sur la rivière des Galets et l'Ilet-aux-Lataniers, juste en face.

■ GÎTE ELOÏSE THOMAS
✆ 02 62 43 31 05
Sur le sentier qui relie Grand Place à Ilet à Bourse.
Comptez 14 € la nuit par personne, 14 € le repas, 4 € le petit déjeuner pour les adultes et 3 € pour les enfants.
A proximité de l'îlet de Grand-Place-les-Hauts, un bel endroit, tranquille, à l'écart des autres habitations et avec vue panoramique. Des dortoirs en lits superposés, avec une capacité de 16 personnes, répartis en 2 chambres. Les repas, cuisine traditionnelle au feu de bois, se prennent chez Mme Eloïse (prévoir des lampes de poche ou frontale). Terrain de foot à proximité.

■ LE PAVILLON
Grand-Place-les-Hauts
✆ 02 62 43 66 76 / 06 92 66 60 83
A quelques pas de l'école.
Comptez 40 € la nuit par personne avec repas et petit déjeuner en dortoir, 86 € pour 2 en chambre double. Repas 17 €, petit déjeuner 6 €, possibilité de camper si repas et petit déjeuner pris au gîte.
Un gîte que nous apprécions particulièrement. Au cœur de l'îlet de Grand-Place, un gîte calme et confortable, qui fait aussi épicerie et boulangerie, avec son pain frais maison et des croissants au petit déjeuner. Les bungalows de style créole, neufs et modernes, font face à une belle esplanade gazonnée où sont disposées les tables, avec vue panoramique sur le cirque. L'endroit est idéal pour prendre un apéro après une bonne journée de rando. Ils se composent de deux dortoirs pour 9 personnes, un pour 6 et deux chambres doubles. Cuisine traditionnelle au feu de bois. Très certainement un des meilleurs gîtes du coin où il fait bon de s'y arrêter.

ÎLET-DES-ORANGERS

Au bout de la canalisation des Orangers, l'Ilet-des-Orangers (1 000 m) dort tranquillement à l'ombre du rempart du Maïdo. Il doit son nom à la quantité d'oranges sauvages qui y poussent. Caché par la crête des Orangers, il fut l'un des derniers à se rendre à l'administration. On s'y rendait en effet très difficilement avant la construction du sentier qui longe la canalisation. Il possède son école et une épicerie, et se trouve à l'entrée de deux sentiers qui permettent d'accéder à l'Ouest : le premier, très éprouvant, permet de grimper au Maïdo, situé un kilomètre plus haut ; le second permet de sortir du cirque par la canalisation des Orangers, au niveau de Sans-Souci, ou au Port par la rivière des Galets.

■ CHAMBRE D'HÔTES DES ORANGERS
Chez M. Hoareau Stéphane
✆ 06 92 07 79 24
A côté du dispensaire et de l'école.
Nuit + repas + petit déjeuner : 35 € par personne : 17,50 € par enfant de moins de 12 ans.
Une récente adresse aux Orangers. Stéphane est le frère de Christelle qui, elle aussi, a ouvert son gîte. 1 dortoir de 10 places et 1 chambre double.

■ CHEZ CHRISTELLE
✆ 06 92 03 83 93
www.gite-chez-christelle.com
gitechezchristelle@gmail.com
2 dortoirs de 6 places et 2 chambres doubles. 16 € la nuit en dortoir, 40 € la chambre double, 6 € le petit déjeuner, et 16 € le dîner.
Christelle vous accueille dans sa maison d'hôtes au cœur de Mafate. Les repas sont préparés dans la tradition réunionnaise, au feu de bois, avec des produits locaux de saison.

■ **CHEZ LOUISE YOLAND**
✆ 02 62 43 50 90 / 06 92 25 31 78
A côté de l'épicerie.
18 lits en dortoir. 16 € la nuit, 16 € le dîner, 6 € le petit déjeuner. Attention prévoir 2 € pour payer la douche ! ! !
Un joli gîte, aux ouvertures quelque peu aléatoires. Téléphoner avant... Attention le dortoir est à 10 minutes de marche du gîte.

ÎLET-DES-LATANIERS

A 40 minutes de marche de l'Ilet-des-Orangers, en s'approchant des premiers à-pics de la rivière des Galets, on arrive à l'Ilet-des-Lataniers (700 m), peuplé d'une dizaine de familles.
Les enfants vont à l'Ilet-des-Orangers tous les matins pour l'école.

■ **LES BAMBOUS**
Chez André Timon
✆ 06 92 30 39 98 / 06 92 21 73 43
1 dortoir de 6 places et une chambre double. 15 € par personne la nuit uniquement. Environ 35 € tout compris : nuit, dîner, petit déjeuner et 30 € pour les enfants.
André Timon, propriétaire de ce gîte, vous accueillera pour faire découvrir les magnifiques points de vue qu'offre l'îlet des Lataniers sur Mafate. Ce gîte, entouré d'une végétation agréable, charmera les amoureux de nature.

■ **CHEZ TIMON**
✆ 02 62 43 17 56 / 06 92 05 02 13
Deux chambres doubles et 1 dortoir de 10 lits. 32 € la nuit avec le dîner et le petit déjeuner.
Une chouette adresse en face du bar Chez Mireille.

■ **LES LATANIERS**
✆ 06 92 29 41 24 / 02 62 43 82 41
35 lits en dortoirs. Compter 15 € la nuit, 15 € le dîner, 5 € le petit déjeuner.
L'endroit est joli, et les fresques murales colorées donnent un air de fête à ce gîte qui semble néanmoins victime de son succès. Avec plusieurs dortoirs (et seulement deux douches), l'établissement de Jean-Paul Cernot est parfois impersonnel...

AURÈRE

Au milieu de la partie nord du cirque, l'îlet d'Aurère (900 m), le plus ancien de Mafate (il aurait été cédé en 1760 à un chasseur de cabris nommé Lenormand), s'est surtout peuplé à la fin du XIXe siècle. Les gens venaient de Grand-Ilet, à Salazie, pour y cultiver grains, géraniums et arbres fruitiers. La maison forestière et une coopérative y sont installées depuis 1956, ainsi que plusieurs gîtes.

Se loger

Bien et pas cher

■ **LES AGAPANTHES**
Chez Alina Timon
✆ 02 62 42 19 27 / 06 93 94 51 02
A côté du bar de l'Escale
40 €/personne avec dîner et petit déjeuner (+ 20 € le petit lit supplémentaire, lit bébé gratuit). 40 € la chambre sans dîner et petit déjeuner.
9 places dans ce gîte (3 chambres doubles et 1 chambre triple). Les plus de ce gîte monté par la propriétaire du Bar de l'Escale : le lit bébé, et les sandwichs préparés sur commande !

■ **AUBERGE PITON CABRIS**
✆ 02 62 43 36 83 / 06 92 26 33 59
Compter 16 € la nuit, 16 € le dîner, 6 € le petit déjeuner.
4 chambres de 4 personnes et 3 salles de bains. Un peu à l'écart de l'îlet, le gîte de Charlemagne Libelle est une étape très agréable.

■ **CAMPING LA BONNE TERRE**
À 400 mètres de l'îlet
✆ 02 62 55 98 20 / 06 92 39 32 93
5 € l'emplacement. 12 € par personne la location de la tente équipée. 6 € le petit-déjeuner. 16 € le repas.
C'est là l'un des meilleurs endroits pour planter sa tente dans le cirque de Mafate ! Et pour ceux qui ne veulent pas s'encombrer pendant la marche, des tentes sont à louer. Vous dormirez alors sur de confortables matelas et sous une couette bien au chaud. Le soir, Monsieur Thomas, le propriétaire vous ouvre sa table d'hôtes et cuisine les produits de son exploitation : coq, canard, chouchou, betteraves... Un régal !

■ **GITE LIBELLE FRANCOIS**
✆ 02 62 42 31 36
16 € la nuit, 16 € le dîner, 6 € le petit déjeuner.
Au cœur de l'îlet, un très bon endroit pour ceux qui souhaitent parler rando avec François Libelle, qui est aussi musicien. Des dortoirs en lits superposés (20 places au total, dortoirs de 4 ou 6 personnes) dans plusieurs bâtiments, avec des terrasses pour apprécier le panorama. Cuisine traditionnelle au feu de bois. Possibilité de planter sa tente si l'on prend le dîner au gîte.

CIRQUES

LE POINSETTIA

Chez M. Boyer Georget
✆ 02 62 55 02 33 / 06 92 08 92 20
A côté de la maison forestière.
16 € la nuit en dortoir, 40 € la chambre double (par personne), 16 € le dîner, 6 € le petit déjeuner.
Au cœur de l'îlet d'Aurère à côté de la maison forestière, un très bon gîte qui fait aussi office d'épicerie, idéal donc pour parfaire vos pique-niques avant de prendre la route. La capacité d'accueil est d'environ 25 places : 1 dortoir de 11, 1 dortoir de 5, 1 dortoir de 6 et 3 chambres doubles. Accueil sympathique.

ÎLET-À-MALHEUR

Pour aller à l'Ilet-à-Malheur (800 m), à une demi-heure de marche d'Aurère, il faut franchir un petit pont sur la ravine du Bémale. L'îlet porte ce nom sinistre en mémoire des quelque quarante esclaves en fuite qui furent exterminés en 1829 par un détachement de Blancs commandé par Guichard. Aujourd'hui, ce charmant village, qui symbolise encore la tragédie du marronnage, offre à ses visiteurs le bonheur paisible de sa quiétude, molletonnée d'herbe soyeuse. L'ambiance est accueillante et sympathique autour de sa petite église, son école et son gîte.
Peu avant l'arrivée au village, les habitants ont aménagé un parcours de santé qui permet de rejoindre leur îlet en faisant une boucle.

CAMPING FILAOS

✆ 06 92 53 15 21 / 06 92 48 11 51 / 06 92 48 11 51
Comptez 36 € la nuit en tente avec le repas du soir et le petit déjeuner. 13 € le repas seul. 5 € l'emplacement lorsque vous disposez de votre tente.
Au cœur de l'îlet, un très bon endroit pour ceux qui souhaitent dormir au grand air dans l'un des 20 emplacements. Le camping est agréable et bien tenu, et possède des sanitaires propres et une aire de pique-nique et des tables pour vos repas. Possibilité de dîner sur place, cuisine traditionnelle au feu de bois.

L'ARBRE DU VOYAGEUR

La Plaque
A côté d'Ilet-à-Malheur
✆ 02 62 43 50 60 / 06 92 09 10 10
arbreduvoyageur.mafate@wanadoo.fr
45 € : repas + nuit + petit déjeuner pour les adultes, 40 € pour les enfants (3 à 12 ans). Capacité de 12 lits.Soirée musicale : 75 € par personne : demi-pension + prestations (vins non compris).
Alain Hoareau, ancien ermite, et ancien adjoint au maire de La Possession, est un ardent défenseur du cirque mais également un philosophe et un théologien. Il connaît toutes les religions du monde. Il a beaucoup voyagé avant de se retirer dans le cirque, il y a une vingtaine d'années. Il vous fera découvrir son jardin botanique qu'il a su aménager avec l'aide des habitants et vous régalera d'anecdotes sur le cirque. Son gîte, situé en plein centre de la partie nord du cirque, est à 3 heures de Bord Martin (Salazie) ou à 4 heures de Deux-Bras (Rivière des galets). C'est un bon point de départ de randonnées dans Mafate. Il fait aussi table d'hôtes mais n'accepte malheureusement plus les campeurs !

ÎLET-À-BOURSE

À une petite heure de marche de l'Ilet-à-Malheur et environ 4h du Bélier, l'Ilet-à-Bourse (850 m) est un lieu surprenant. Surprenant, car seules quelques familles vivent ici, autour d'une modeste école (une dizaine d'élèves), un gîte et... un studio de radio : Radio Zantak, la radio de Mafate !

GÎTE D'ÎLET-À-BOURSE

✆ 02 62 43 43 93
Réservation auprès de la Maison de la montagne. 16 € la nuit, 40 € la chambre double (par personne), 16 € le dîner, 6 € le petit déjeuner.
De jolis bungalows (2 chambres doubles avec sanitaires privés ou 4 dortoirs de 4 personnes) éparpillés dans un jardin sympa, face au majestueux piton Cabri. Christophe étant le seul à proposer le gîte dans l'îlet, il est fortement conseillé de réserver à l'avance.

PENSE FUTÉ

Plage de Boucan-Canot.

Pense futé

ARGENT

Monnaie

Vous n'avez pas à vous soucier de vous procurer des devises avant de partir. La monnaie en vigueur est l'euro, qui a remplacé le franc français le 1er janvier 2002, lui-même ayant supplanté le franc CFA en 1975. Cela vaut, bien sûr, si vous venez de la zone euro. Sinon, c'est plus compliqué car les bureaux de change sont plus que rares : il n'en existe plus qu'un dans l'île, l'ICEF à l'aéroport Roland Garros.

INTERNATIONAL CURRENCY EXCHANGE FRANCE
74 avenue Roland Garros
SAINTE-MARIE
✆ 02 62 31 28 73

Coût de la vie

En additionnant le prix du billet et les frais du séjour sur place (environ les prix de la Côte d'Azur en été), La Réunion apparaît comme une destination relativement coûteuse. Mais il s'agit d'une cherté toute relative. Le niveau de vie est sensiblement le même qu'en métropole mais il faut ajouter, pour de nombreux produits, l'octroi de mer : tout ce qui n'est pas fabriqué sur l'île mais importé de métropole est taxé. Même si les tarifs des prestataires touristiques (hôtels, locations...) sont honnêtes, les nombreux gîtes et chambres d'hôtes que compte l'île représentent une bonne solution pour les budgets modestes. Un séjour « sac à dos » est même parfaitement envisageable (les extras, comme le survol de l'île en hélicoptère, le canyoning, le parapente ou autre, sont en revanche assez onéreux.) Pour se faire un ordre d'idée, la comparaison avec l'île sœur est essentielle : le niveau de vie mauricien est certes plus bas, mais les tarifs de l'hôtellerie y sont aussi beaucoup plus élevés. Bien sûr, en parcourant la même distance en avion on peut aller ailleurs et dépenser beaucoup moins : Madagascar, les Comores, l'Afrique sont bien moins chers. Mais comparons le comparable, le niveau de vie africain, santé et sécurité comprises, étant sans rapport avec celui des DOM-TOM : cela se paye de partir à l'autre bout du monde tout en restant dans son pays, avec tous les conforts que cela implique ! Prix indicatifs :

- **Prix de vente maximal du litre d'essence** (du 1er mai 2015) : 1,44 € (1,08 € en gazole).
- **Un studio à Saint-Denis** : de 400 € à 600 € par mois.
- **Une villa deux-pièces dans l'Ouest** : de 800 € à 1 500 € par mois.
- **Une nuit en pension ou gîte** : de 25 à 50 €.
- **Une nuit d'hôtel 1-étoile ou chambre d'hôtes** : de 40 € à 60 €.
- **Une nuit d'hôtel 2-étoiles** : de 60 € à 90 €.

Le passeport gourmand

Pour profiter pleinement de vos loisirs, le Passeport Gourmand Réunion est le guide indispensable pour vous accompagner tout au long de votre séjour. Il offre sur toute l'île des réductions allant jusqu'à - 50 % sur les dizaines de restaurants et hébergements minutieusement sélectionnés et des gratuités ou remises importantes sur les activités loisirs et culture.
Avant de partir, nous vous suggérons de consulter le site et de le commander en ligne – www.passeportgourmand.re. D'un montant de 58 € et d'une validité d'un an, il devrait être amorti dès la première ou la seconde sortie, selon l'établissement choisi. Pour les futés de dernière minute, vous le trouverez en vente dans les offices de tourisme. Le conseil futé : appelez le responsable local pour bénéficier des promotions en cours au 06 92 48 98 63.

Visa Premier, la carte à privilégier pour vos voyages !

- **La carte Visa Premier est indispensable pour vos séjours à l'étranger** puisqu'à de nombreuses occasions elle facilitera votre voyage et vous permettra de faire des économies.
- **Lors de la planification de votre séjour par exemple,** payer vos billets avec une carte Visa Premier vous permet de bénéficier automatiquement d'une garantie modification/annulation de voyage. De même, pour votre location de voiture, inutile de prendre l'assurance vol et dommages proposée par le loueur. Si vous avez utilisé une carte Visa Premier, vous êtes couverts.
- **Sur place, c'est la carte qui vous rendra service.** En cas de perte ou de vol par exemple le Service Premier vous permettra de disposer d'une carte de secours ou d'argent de dépannage en moins de 48h à l'étranger. Pour cela, pensez à noter avant de partir le numéro de téléphone qui se trouve au dos de la carte. Pour vos dépenses sur place, vous bénéficierez de plafonds de paiement plus élevés qu'avec une carte Visa Classic.
- **Enfin, en cas de problème de santé,** votre carte pourra prendre en charge vos frais médicaux jusqu'à 155 000 €, en plus du service de rapatriement proposé par toutes les cartes Visa pour vous et votre famille.

Toutes les conditions ainsi que l'intégralité des services proposés sont bien sûr disponibles dans les notices assurances-assistance qui vous sont remises avec votre carte Visa ou disponibles dans votre agence bancaire.

- **Une nuit d'hôtel 3-étoiles** : de 90 € à 160 €.
- **Un soda dans un snack, au restaurant, en discothèque** : 1,50 €, 3 €, 5 €.
- **Un sandwich au jambon** : 2,50 €.
- **Un bouchon gratiné** : 3,50 €.
- **Un plat à emporter** : de 5 € à 8 €.
- **Un plat dans un restaurant** : de 12 € à 24 €.
- **Un repas avec vin** : de 20 € à 60 €.
- **Une journée de location de voiture** : de 20 € à 40 €.
- **Un mois de location de voiture** : de 500 € à 1 300 €.

Budget

- **Petit budget** : 40 € par jour et par personne : nuit en gîte à 15 € et en dortoir, utilisation des bus, repas dans les snacks.
- **Budget moyen** : 90 € par jour et par personne pour un voyage dans de bonnes conditions de confort, nuit en hôtel 2-étoiles ou en chambre d'hôtes de charme, location de voiture, petits restos classiques.
- **Gros budget** : 180 € par jour et par personne : beaux hôtels, tables de haut standing, location de voiture, activités quotidennes (vol en ULM, sortie en mer, plongée...).

Banques et change

Les plus grandes banques françaises ont des agences à La Réunion. Il y a aussi des banques locales d'importance. Les banques sont ouvertes du lundi au vendredi de 8h à 16h, le samedi de 8h à 12h. Vous trouverez une liste des enseignes principales dans la partie « Pratique » de Saint-Denis, où elles ont leur siège social.

Carte bancaire

Département et Région d'Outre-Mer français (DROM), La Réunion fait partie de la zone euro. Vous pouvez donc y effectuer vos retraits et paiements par carte bancaire (Visa, MasterCard, etc.) comme vous le feriez en France. Inutile d'emporter des sommes importantes en liquide. Tous vos paiements par carte sont gratuits et vos retraits sont soumis aux mêmes conditions tarifaires que ceux effectués en France (Ils sont donc gratuits pour la plupart des cartes bancaires). De plus, les distributeurs et terminaux de paiement sont aussi sécurisés que dans l'Hexagone et les paiements sont majoritairement validés par code PIN.

En cas de perte ou de vol de votre carte, votre banque vous proposera des solutions adéquates pour que vous poursuiviez votre séjour en toute quiétude. Pour cela, pensez à noter avant de partir le numéro d'assistance indiqué au dos de votre carte bancaire ou disponible sur Internet.

Ce service est accessible 7j/7 et 24h/24. En cas d'opposition, celle-ci est immédiate et confirmée dès lors que vous pouvez fournir votre numéro de carte bancaire. Sinon, l'opposition est enregistrée mais vous devez confirmer l'annulation à votre banque par fax ou lettre recommandée.

Conseils avant le départ. Pensez à prévenir votre conseiller bancaire de votre voyage. Il pourra vérifier avec vous la limitation de votre plafond de paiement et de retrait. Si besoin, demandez une autorisation exceptionnelle de relèvement de ce plafond.

Retrait

Prévoyez du liquide si vous sortez des sentiers battus, si vous montez vers les cirques et les plaines, et surtout si vous souhaitez faire un tour à Mafate.

Trouver un distributeur. Les banques sont toutes (ou presque) équipées de quelques distributeurs, appelés « gabiers ». Certains d'entre eux ferment la nuit. Pour connaître le plus proche, des outils de géolocalisation de distributeurs sont à votre disposition sur visa.fr/services-en-ligne/trouver-un-distributeur ou mastercard.com/fr/particuliers/trouver-distributeur-banque.html.

Utilisation d'un distributeur anglophone. De manière générale, le mode d'utilisation des distributeurs automatiques de billets (« ATM » en anglais) est identique à la France. Si la langue française n'est pas disponible, ce qui est relativement assez rare, sélectionnez l'anglais. « Retrait » se dit alors « withdrawal ». Si l'on vous demande de choisir entre retirer d'un « checking account » (compte courant), d'un « credit account » (compte crédit) ou d'un « saving account » (compte épargne), optez pour « checking account ». Entre une opération de débit ou de crédit, sélectionnez « débit ». ». Si toutefois vous vous trompez dans ces différentes options, pas d'inquiétude, le seul risque est que la transaction soit refusée. Indiquez le montant (« amount ») souhaité et validez (« enter »). A la question « Would you like a receipt ? », répondez « Yes » et conservez soigneusement votre reçu.

Cash advance. Si vous avez atteint votre plafond de retrait ou que votre carte connaît un disfonctionnement, vous pouvez bénéficier d'un *cash advance.* Proposé dans la plupart des grandes banques, ce service permet de retirer du liquide sur simple présentation de votre carte bancaire au guichet d'un établissement bancaire, que ce soit le vôtre ou non. On vous demandera souvent une pièce d'identité. En général, le plafond du *cash advance* est identique à celui des retraits, et les deux se cumulent (si votre plafond est fixé à 500 €, vous pouvez retirer 1 000 € : 500 € au distributeur, 500 € en *cash advance*). Quant au coût de l'opération, c'est celui d'un retrait à l'étranger.

Paiement par carte

De façon générale, évitez d'avoir trop d'espèces sur vous. Celles-ci pourraient être perdues ou volées sans recours possible. Préférez payer avec votre carte bancaire quand cela est possible.

Acceptation de la carte bancaire. La plupart des commerçants sont équipés pour le paiement par carte, mais moins souvent les tables d'hôtes et presque jamais les snacks. Vous pourrez toutefois aisément retirer des espèces à l'un des distributeurs à proximité. Si vous partez vers les plaines, les cirques ou Matafe, pensez à avoir du liquide sur vous avant de vous y rendre.

Info chèques

Suite à des incidents répétés de chèques sans provision, il arrive que des commerçants et restaurateurs refusent les paiements par chèque de métropole. Néanmoins, le chéquier est utile notamment pour la caution des voitures de location chez les loueurs qui n'ont pas de machine à CB.

Pourboires, marchandage et taxes

Pourboire. La pratique du pourboire est aussi répandue qu'en métropole. C'est-à-dire jamais indispensable, mais tout de même assez répandue au café et au restaurant selon l'addition, vos habitudes, votre humeur...
Personne ne sera choqué en tout cas par une absence de pourboire car il ne fait pas partie, comme dans beaucoup de pays, du salaire du serveur.
Enfin, dans les stations-service, nombre de touristes se demandent s'il faut donner un petit quelque chose au pompiste qui fait le plein. Sachez que ce petit quelque chose n'est pas du tout obligatoire, le prix de l'essence incluant ce service.

Marchandage. Mis à part sur les marchés, où le touriste se prête souvent au jeu du « si je t'en prends trois, tu me fais un prix ? », le marchandage est extrêmement rare à La Réunion.

Taxes. Tout est plus cher sur l'île, vous le constaterez vite. La faute notamment à l'octroi de mer, qui taxe jusqu'à 51 % les produits importés, ceci afin de protéger la production locale de la concurrence extérieure.

L'assurance futée !

Leader en matière d'assurance voyage, Mondial Assistance vous propose une offre complète pour vous assurer et vous assister partout dans le monde pendant vos vacances, vos déplacements professionnels et vos loisirs. Son objectif est de faire que chacun puisse bouger l'esprit tranquille.

Duty Free

Puisque votre destination finale est un DOM, vous pouvez bénéficier du Duty Free (achats exonérés de taxes). Attention, si vous faites escale au sein de l'Union européenne, vous en profiterez dans tous les aéroports à l'aller, mais pas au retour. Par exemple, pour un vol aller avec une escale, vous pourrez faire du shopping en Duty Free dans les trois aéroports, mais seulement dans celui de votre lieu de séjour au retour.

ASSURANCES

Touristes, étudiants, expatriés ou professionnels, chacun peut s'assurer selon ses besoins et pour une durée correspondant à son séjour. De la simple couverture temporaire s'adressant aux baroudeurs occasionnels à la garantie annuelle, très avantageuse pour les grands voyageurs, chacun pourra trouver le bon compromis. À condition toutefois de savoir lire entre les lignes.

Choisir son assureur

Voyagistes, assureurs, secteur bancaire et même employeurs : les prestataires sont aujourd'hui très nombreux et la qualité des produits proposés varie considérablement d'une enseigne à une autre. Pour bénéficier de la meilleure protection au prix le plus attractif, demandez des devis et faites jouer la concurrence.

Quelques sites Internet peuvent être utiles dans ces démarches comme celui de la Fédération française des sociétés d'assurances (www.ffsa.fr), qui saura vous aiguiller selon vos besoins, ou le portail de l'Administration française (www.service-public.fr) pour toute question relative aux démarches à entreprendre.

Etes-vous couvert avec votre carte bancaire ? Avant d'entamer toute démarche de souscription à une assurance complémentaire pour votre voyage, vérifiez que vous n'êtes pas déjà couvert par les assurances-assistance incluses avec votre carte bancaire. Visa®, MasterCard®, American Express®, toutes incluent une couverture spécifique qui varie selon le modèle de carte possédé. Responsabilité civile à l'étranger, aide juridique, avance des fonds, remboursement des frais médicaux : les prestations couvrent aussi bien les volets assurance (garanties contractuelles) qu'assistance (médicale, aide technique, juridique, etc.). Les cartes bancaires haut de gamme de type Gold® ou Visa Premier® permettent aisément de se passer d'assurance complémentaire (Voir encadré plus haut détaillant les prestations incluses avec la carte Visa Premier). Ces services attachés à la carte peuvent donc se révéler d'un grand secours, l'étendue des prestations ne dépendant que de l'abonnement choisi. Il est néanmoins impératif de vérifier la liste des pays couverts, tous ne donnant pas droit aux mêmes prestations. De plus, certaines cartes bancaires assurent non seulement leurs titulaires mais aussi leurs proches parents lorsqu'ils voyagent ensemble, voire séparément. Pensez cependant à vérifier la date de validité de votre carte car l'expiration de celle-ci vous laisserait sans recours.

Voyagistes. Ils ont développé leurs propres gammes d'assurances et ne manqueront pas de vous les proposer. Le premier avantage est celui de la simplicité. Pas besoin de courir après une police d'assurance. L'offre est faite pour s'adapter à la destination choisie et prend normalement en compte toutes les spécificités de celle-ci. Mais ces formules sont habituellement plus onéreuses que les prestations équivalentes proposées par des assureurs privés. C'est pourquoi il est plus judicieux de faire appel à son apériteur habituel si l'on dispose de temps et que l'on recherche le meilleur prix.

Assureurs. Les contrats souscrits à l'année comme l'assurance responsabilité civile couvrent parfois les risques liés au voyage. Il est important de connaître la portée de cette protection qui vous évitera peut-être d'avoir à souscrire un nouvel engagement. Dans le cas contraire, des produits spécifiques pourront vous être proposés à un coût généralement moindre. Les mutuelles couvrent également quelques risques liés au voyage. Il en est ainsi de certaines couvertures maladie qui incluent une protection concernant par exemple tout ce qui touche à des prestations médicales.

Employeurs. C'est une piste largement méconnue mais qui peut s'avérer payante. Les plus généreux accordent en effet à leurs employés quelques garanties applicables à l'étranger. Pensez à vérifier votre contrat de travail ou la convention collective en vigueur dans votre entreprise. Certains avantages non négligeables peuvent s'y cacher.

Précision utile : beaucoup pensent qu'il est nécessaire de régler son billet d'avion à l'aide de sa carte bancaire pour bénéficier de l'ensemble de ces avantages. Cette règle s'applique à toutes les assurances voyage (garantie annulation du billet de transport, retard du transport, retard des bagages) – si elles sont prévues au contrat – et ne concerne en aucun cas l'assistance sur place. Cette règle s'applique également à la location de voiture, vous ne pourrez bénéficier de l'assurance que si vous payez la prestation avec votre carte bancaire.

© ITZAK NEWMANN - ICONOTEC

Survol de Saint-Paul.

Choisir ses prestations

Garantie annulation. Elle reste l'une des prestations les plus utiles et offre la possibilité à un voyageur défaillant d'annuler tout ou partie de son voyage pour l'une des raisons mentionnées au contrat. Ce type de garantie peut couvrir toute sorte d'annulation : billet d'avion, séjour, location... Cela évite ainsi d'avoir à pâtir d'un événement imprévu en devant régler des pénalités bien souvent exorbitantes.

Le remboursement est la plupart du temps conditionné à la survenance d'une maladie ou d'un accident grave, au décès du voyageur ayant contracté l'assurance ou à celui d'un membre de sa famille. L'attestation d'un médecin assermenté doit alors être fournie. Elle s'étend également à d'autres cas comme un licenciement économique, des dommages graves à son habitation ou son véhicule, ou encore à un refus de visa des autorités locales. Moyennant une surtaxe, il est également possible d'élargir sa couverture à d'autres motifs comme la modification de ses congés ou des examens de rattrapage. Les prix pouvant atteindre 5 % du montant global du séjour, il est donc important de bien vérifier les conditions de mise en œuvre qui peuvent réserver quelques surprises. Dernier conseil : s'assurer que l'indemnité prévue en cas d'annulation couvre bien l'intégralité du coût du voyage.

Autres services. Les prestataires proposent la plupart du temps des formules dites « complètes » et y intègrent des services tels que des assurances contre le vol ou une assistance juridique et technique. Mais il est parfois recommandé de souscrire à des offres plus spécifiques afin d'être paré contre toute éventualité. L'assurance contre le vol en est un bon exemple.

Les plafonds pour ce type d'incident se révèlent généralement trop faibles pour couvrir les biens perdus et les franchises peuvent finir par vous décourager. Pour tout ce qui est matériel photo ou vidéo, il peut donc être intéressant de choisir une couverture spécifique garantissant un remboursement à hauteur des frais engagés.

BAGAGES

Que mettre dans ses bagages ?

Vous partez dans une île tropicale, mais n'oubliez pas votre blouson ! Eh oui, La Réunion, c'est aussi ses Hauts, et il peut y faire (très) froid. Alors prévoyez coupe-vent, pulls, vêtements de pluie, un bon duvet et éventuellement une couverture de survie ainsi qu'une lampe de poche qui peuvent être utiles dans les Cirques. Ces conseils prévalent surtout si vous séjournez à La Réunion pendant l'hiver austral et si vous prévoyez de marcher plusieurs jours. Vous n'êtes pas obligé de faire une randonnée de haute montagne, et vous passerez sans doute une bonne partie de votre temps sur le littoral, où le climat et l'ambiance tropicaux prennent le dessus. La règle de base pour l'habillement est donc de se mettre à l'aise : pantalons légers et larges, tee-shirts, shorts, paréos, maillots de bain, tennis, sandales... Pendant l'été austral, privilégiez les vêtements en coton, en lin ou en soie. Pour le soleil, prévoir une casquette, des produits solaires et crèmes anti-UV. Pour la randonnée, un bon sac à dos, de solides chaussures de marche (indispensables pour le volcan, et bien utiles pour les autres randonnées), et des cartes topographiques.De manière générale, emportez tout ce que vous pourrez, en fonction de vos besoins et de la taille de votre valise, car tout est plus cher ici : livres, cartes routières, shampooings, piles, appareil photo, palmes et masque. Cela dit, en cas d'oubli, ou de manque de place, pas de panique : nous sommes en France, vous trouverez tout ce qu'il faut sur l'île.

DÉCALAGE HORAIRE

L'heure de La Réunion est réglée à GMT + 4 heures tout au long de l'année. En sachant que la métropole est à GMT + 1 en hiver et GMT + 2 en été, le décalage horaire par rapport à la métropole est donc de deux heures (de plus) en hiver, et de trois heures en été. Quand il est 12h à Paris, il est 14h à La Réunion en été, 15h en hiver. Maurice et les Seychelles affichent la même heure que La Réunion. Madagascar, Mayotte et les Comores, une heure de moins, été comme hiver.

ÉLECTRICITÉ, POIDS ET MESURES

Comme en métropole, l'électricité est à 220 V (50 Hz) et les prises également identiques. De même, on mesure en mètres, on pèse en grammes, et on boit en litres !

FORMALITÉS, VISA ET DOUANES

Toute personne de nationalité française peut entrer et sortir de La Réunion à sa guise, et y rester autant de temps qu'elle le souhaite, à condition de présenter sa carte d'identité. Les ressortissants de l'Union européenne doivent quant à eux présenter leur passeport et bénéficient d'un droit de séjour limité à trois mois. Les ressortissants de pays hors de l'Union sont limités à un mois.Si les voyageurs de loisirs peuvent amener toutes leurs petites affaires sans problème, les importateurs ont, en revanche, fort à faire avec les douaniers. En effet, l'octroi de mer, qui taxe de 30 % à 50 % de sa valeur toute importation, de métropole ou d'ailleurs, érige en soi une barrière douanière, anachronique à notre époque, mais vitale pour les finances locales. Heureusement, il y a toujours une franchise pour les passagers touristiques. Ils ne sont pas imposables sur leurs bagages, mais il n'en est pas de même en faisant venir un simple colis par la poste. Il y a bien sûr, comme partout une limitation quantitative. Le contrôle est plus strict sur l'importation de plantes et d'animaux, qui pourraient menacer les écosystèmes naturels de l'île. Vérifiez avant que l'on ne détruise vos plantes. Quant aux animaux, ils risquent, eux, la quarantaine.

Obtention du passeport

Les passeports délivrés en France sont désormais biométriques. Ils comportent votre photo, vos empreintes digitales et une puce sécurisée. Pour l'obtenir, rendez-vous en mairie muni d'un timbre fiscal, d'un justificatif de domicile, d'une pièce d'identité et de deux photos d'identité. Le passeport est délivré sous trois semaines environ. Il est valable dix ans. Les enfants doivent disposer d'un passeport personnel (valable cinq ans).

▸ **Conseil futé.** Avant de partir, pensez à photocopier tous les documents que vous emportez avec vous. Vous emporterez un exemplaire de chaque document et laisserez l'autre à quelqu'un en France. En cas de perte ou de vol, les démarches de renouvellement seront ainsi beaucoup plus simples auprès des autorités consulaires. Vous pouvez également conserver des copies sur le site Internet officiel mon.service-public.fr – Il vous suffit de créer un compte et de scanner toutes vos pièces d'identité et autres documents importants dans l'espace confidentiel.

Douanes

Les DOM ont une fiscalité particulière : l'octroi de mer et l'octroi de mer régional constituent un impôt spécifique sur les produits arrivant sur leur territoire. Ces taxes représentent un véritable complément de ressource. Leurs taux, fixés par les conseils régionaux, varient en général de 7 à 15 % pour l'octroi de mer, et ils s'élèvent à 1,5 ou 2,5 % pour l'octroi de mer régional.

A son arrivée, chaque voyageur doit déclarer toute marchandise d'une valeur de plus de 880 € importée même si l'achat a été effectué en métropole (TVA comprise) ou s'il s'agit d'un cadeau. L'octroi de mer représente un véritable complément de ressources pour l'archipel.

Les marchandises ne dépassant pas les franchises suivantes (à l'arrivée comme au départ d'ailleurs) : 200 cigarettes ou 100 cigarillos ou 50 cigares ou 250 gr de tabac à fumer, 1 litre d'alcool titrant plus de 22° ou 2 litres d'alcool titrant moins de 22°, 4 litres de vin et 16 litres de bières ne sont pas soumises à des taxes. Les jeunes âgés de moins de 17 ans ne peuvent importer ni tabac ni alcool.

■ **DOUANES FRANÇAISES – INFO DOUANE SERVICE**
✆ 0 811 20 44 44 / +33 1 72 40 78 50
www.douane.gouv.fr
Le service de renseignement des douanes françaises à la disposition des particuliers est ouvert du lundi au vendredi de 8h30 à 18h. Les téléconseillers sont des douaniers qui répondent aux questions générales, qu'il s'agisse des formalités à accomplir à l'occasion d'un voyage, des marchandises que vous pouvez ramener dans vos bagages ou des informations utiles pour monter votre société d'import-export. A noter qu'une application mobile est également disponible sur le site de la douane.

HORAIRES D'OUVERTURE

▸ **Les commerces** (magasins, épiceries, snacks, boulangeries) ouvrent tôt et ferment relativement tôt : parfois même à partir de 6h du matin, jusqu'à 17h ou 18h, y compris le samedi (rarement le dimanche). Beaucoup de petites boutiques non-alimentaires ferment entre 12h et 14h.

▸ **Les administrations et entreprises** sont soumises aux 35 heures . Horaires d'ouverture les plus répandues : du lundi au vendredi de 8h à 12h et de 14h à 17h, fermeture à 16h ou 15h le vendredi.

INTERNET

Les Réunionnais sont un peu moins connectés que les Métropolitains, mais le réseau se développe rapidement, même dans les Hauts : vous pouvez désormais vous connecter en ADSL depuis Cilaos et Salazie, équipés du système wi-fi. Si l'on trouve peu de cybercafés sur l'île (attention, ils sont souvent très chers), les zones wi-fi gratuites se font de plus en plus nombreuses dans les hôtels, les bars, les restaurants et les chambres d'hôtes – un peu moins en gîte. Vous pouvez aussi vous connecter depuis des *hotspots* financés par les organismes publics, comme l'espace multimédia de Saint-Pierre, la bibliothèque départementale de la Réunion à Saint-Denis ou encore la mairie de Saint-Joseph.

JOURS FÉRIÉS

Tous les jours fériés de La Réunion correspondent à ceux de la métropole, avec un en plus : la fête de l'abolition de l'esclavage, le 20 décembre.
Aussi appelée *Fet Kaf,* c'est la fête la plus importante de l'année. Elle marque également le début de la période des fêtes de fin d'année, le début des grandes vacances scolaires d'été (austral) et le début de la très haute saison pour les vols, avec des billets à 1 600 € ! D'autres fêtes religieuses sont célébrées dans l'île, sans être forcément des jours fériés, même si beaucoup d'élèves obtiennent des dérogations :

- **Mi-février** : Nouvel An chinois.
- **Première semaine d'août** : Guan Di.
- **Avril** : Nouvel An tamoul.
- **Avril /Mai** : Cavadee.
- **Mars/Avril** : Pâques.
- **Mai** : Ascension.
- **Octobre** : Dipavali.
- **Le Ramadan, l'Aïd el-Fitr et l'Aïd el-Kébir** variant selon le calendrier musulman.

LANGUES PARLÉES

On parle créole (kréol) à La Réunion. Statistiquement, c'est d'ailleurs la langue maternelle de près de 85 % de la population ! La seconde langue utilisée est le tamoul : près de 20 % des Réunionnais l'emploient. Mais pas d'inquiétude, tout le monde maîtrise la langue officielle, le français ! Vous n'aurez donc aucun mal à vous faire comprendre, et vous intégrerez sans doute très vite quelques mots et expressions créoles. Toutefois, rien ne vaut l'apprentissage de quelques bases avant votre départ, histoire de *coz' kréol* (parler créole) dès votre arrivée à La Réunion. Il existe différents moyens de vous y initier : lexiques et méthodes de créole, cahiers d'exercices, forums, cours sur Internet...

PENSE FUTÉ

Les cartes postales futées !

Pour les amoureux de carte postale, en envoyer peut être parfois compliqué voire mission impossible. Trouver la bonne carte, un timbre, mais aussi une boite aux lettres pour éviter de traverser tout l'aéroport en fin de séjour, relève parfois de la gageure. L'astuce c'est d'utiliser l'Application OKIWI depuis votre smartphone. Vous sélectionnez l'une de vos photos sur votre téléphone, vous écrivez votre message puis l'adresse de votre destinataire, seule une connexion wifi est nécessaire. L'avantage, OKIWI imprime votre carte et s'occupe de l'envoyer directement par la Poste à votre correspondant. Voilà au moins vous êtes sur d'envoyer une photo qui vous plaît, et puis surtout qu'elle n'arrive pas deux mois après votre retour. Sur internet www.okiwi-app.com et disponible sur *Appstore* et *Android Market*.

ASSIMIL
11, rue des Pyramides (1er)
Paris
✆ 01 42 60 40 66
✆ 01 45 76 87 37
www.assimil.com
marketing@assimil.com
Métro Pyramides (lignes 7 et 14).
Précurseur des méthodes d'auto-apprentissage des langues en France, Assimil reste la référence lorsqu'il s'agit d'apprendre à parler ou écrire une langue étrangère avec une méthodologie qui a fait ses preuves : l'assimilation intuitive.

POLYGLOT
www.polyglot-learn-language.com
Gratuit. Ce site propose à des personnes désireuses d'apprendre une langue d'entrer en contact avec d'autres dont c'est la langue maternelle. Une manière conviviale de s'initier à la langue et d'échanger.

POSTE

Comme en métropole, notre bonne vieille poste nationale est présente partout sur l'île. Mêmes services, mêmes tarifs, mêmes files d'attente, surtout en début de mois quand les allocataires du RSA sont payés. Meilleur accueil, en revanche, la plupart du temps ! Le tarif d'affranchissement en vigueur est donc le même qu'en métropole pour les envois nationaux : 0,66 € pour un courrier de 20 g. Pour l'étranger, par contre, de la Suisse au Canada, le tarif passe à 1,38 € (pour les pays proches, comme Madagascar ou Maurice, c'est moins cher).

Attention, il faut veiller à affranchir les courriers pour l'étranger avec des timbres chiffrés. En effet, les timbres sans chiffre, que l'on connaît en France, ne sont pas acceptés dans les autres pays.

QUAND PARTIR ?

Climat

Le climat est tropical et adouci par les alizés, avec de fortes variations suivant les régions : chaud et sec dans l'Ouest, chaud et humide dans l'Est, de montagne dans le Centre et tempéré à mi-hauteur ! Température moyenne sur la côte : 24 °C l'hiver, 29 °C l'été, 20 °C la nuit. Environ 15 °C à Cilaos, 5 °C la nuit, en hiver. Records de 36,9 °C au Port en 2004 en et -5 °C au Pas de Bellecombe en 1975 (-2,7 °C et 5 cm de poudreuse en 2013).

N'oubliez pas que, dans l'hémisphère sud, les saisons sont inversées. Il fait chaud et humide pendant la saison pluvieuse de novembre à mars, plus doux et moins arrosé le reste de l'année, voire frais de juin à août et carrément glacial dans les Hauts. Si vous supportez mal la chaleur, il suffit de moduler l'altitude de son hébergement, à savoir que l'on perd en moyenne 8 °C tous les 1 000 m. Au-delà de 400 mètres, la clim' est inutile et au-delà de 800 m le chauffage devient indispensable.

ENVOYEZ UNE VRAIE CARTE POSTALE
DEPUIS VOTRE SMARTPHONE
OKIWI
SHOOT & PRINT
1ère carte offerte
avec le code
MAFATE
2,49 €
Timbre compris
BISES DE LA RÉUNION
Sélectionnez votre photo puis personnalisez-la.
OKIWI l'imprime puis l'envoie pour vous.
Elle sera livrée par La Poste sous 3 jours.
Hello les Zoreils !
Voilà une semaine que nous sommes arrivés et il fait toujours aussi beau ! Demain on part pour Mafate, on enchaîne avec la plaine des Sables, puis après c'est plage, surf et mojitos ! Allez on pense quand même un peu à vous à Bordeaux, et on attend surtout votre carte de Colombie le mois prochain !
On vous embrasse,
Léo & Romain,
Marie & Nicolas Potier
55 Rue Courteline
33000 Bordeaux
FRANCE
Share your pictures for real - www.okiwi-app.com - Available on Appstore and Google Play
FUN
EASY
FAST
SHOOT
SELECT
RECEIVE
Download on the
App Store
ANDROID APP ON
Google play
SHARE YOUR PICTURES FOR REAL
www.okiwi-app.com

Les meilleures périodes pour partir, en termes de climat, sont les intersaisons soit de septembre à novembre ou de mars à juin, pour éviter les grosses chaleurs et les coups de frais de l'hiver austral. Côté randonnée, la meilleure période se situe de mai à octobre. Les pluies ne sont pas forcément plus fréquentes en saison « des pluies », mais surtout beaucoup plus intenses. Quant aux cyclones, on en compte plusieurs dans la zone à chaque saison cyclonique (de novembre à mars), mais en moyenne seulement un par an impacte La Réunion. Il y a eu très peu de dégâts depuis 2007. Le climat à La Réunion reste agréable toute l'année.

MÉTÉO CONSULT
www.meteoconsult.fr
Sur ce site français, vous trouverez les prévisions météorologiques pour le monde entier.

Haute et basse saisons touristiques

La haute saison touristique s'étend d'octobre à avril, du moins pour les métropolitains qui viennent à La Réunion pour le soleil quand chez eux il fait froid. Mais il faut compter avec les vacances scolaires des Réunionnais, qui remplissent avions et hôtels et font augmenter les prix, notamment du 20 décembre à fin janvier et de mi-juillet à mi-août. Ces deux effets cumulés font de début novembre à fin janvier la période où la réservation est la plus impérative pour tout hébergement, voiture ou avion, car sinon il ne reste que le plus cher... De même les week-ends presque toute l'année, dans les zones balnéaires de l'Ouest au Sud ainsi qu'à Cilaos.

Manifestations spéciales

L'année réunionnaise est ponctuée par de nombreux événements de tout type :

- **Religieux, tout d'abord.** Avec les incontournables marches sur le feu des Malbars, organisées tout au long de l'année à des dates différentes selon les temples. Ainsi, le 2 janvier, ce sont les communautés de Saint-André, Sainte-Marie et Saint-Benoît qui ouvrent le bal, suivies de Saint-Paul et de Saint-Pierre dont le cavadee se tient plutôt en mai, puis de Saint-Louis, où l'on marche sur les braises en juillet.
Les autres religions sont elles aussi présentes dans l'espace public, avec par exemple le Nouvel An chinois et Guan Di, ou encore la messe de l'Ascension sur le magnifique sommet du Maïdo.
- **Culturel, ensuite.** Avec plusieurs grands concerts, notamment de reggae à La Ravine Saint-Leu tout au long de l'année. A noter surtout mi-mai, le festival Leu Tempo à Saint-Leu, le rendez-vous incontournable des artistes de rue de toute la zone océan Indien et même au-delà, et le festival de musique Sakifo à Saint-Pierre, qui accueille une cinquantaine de groupes internationaux sur trois jours au mois de juin.
- **Sportif, enfin.** Avec de nombreuses épreuves qui attirent les meilleurs sportifs du monde entier, dans des disciplines aussi variées que le parapente (championnat du monde en septembre à Saint-Leu), la course de montagne (Le Grand Raid, le dernier week-end d'octobre).

SANTÉ

Le niveau de soins est équivalent à celui de la métropole, fiable et fonctionnarisé à l'extrême. Ah, c'est pratique les DOM ! Votre ordonnance métropolitaine est valable dans les pharmacies d'ici. Tous les produits et les taux de remboursement sont identiques à ceux de métropole, et ce malgré le tarif plus élevé des médecins libéraux (26,40 € la consultation chez le généraliste). Tout fonctionne avec les mêmes procédures et la même qualité de service que dans l'Hexagone.

Si vous avez le temps, faites-vous faire un certificat médical avant de partir : la plupart des clubs de plongée et autres structures sportives le réclament.En ce qui concerne le chikungunya, virus transmis par les moustiques et qui a fortement touché l'île en 2006, sachez qu'aucun cas n'a été recensé depuis 2007.

Si vous avez peur de l'attraper, n'hésitez donc pas à venir à La Réunion car il touche aujourd'hui... la métropole ! Et vous serez d'autant plus protégé que la majorité des Réunionnais ayant été contaminés, ils sont désormais immunisés ! En ce qui concerne l'eau, aucun souci, vous pouvez la boire au robinet, même si elle peut parfois être troublée par des épisodes cycloniques ou orageux (dans les Hauts).

Conseils

GLOBE-DOCTEUR

www.globe-docteur.com
Globe-Docteur est un service qui permet d'entrer en contact avec un médecin, afin d'obtenir des conseils et avis dans le domaine de la santé. En se connectant au site, chacun pourra lancer une conversation par messagerie avec un docteur afin de lui poser les questions de son choix. Les membres pourront également prendre rendez-vous avec le médecin de leur choix.
Le RDV se déroule soit par téléphone, soit par visio-conférence sécurisée. Globe-Docteur permet ainsi d'obtenir rapidement des réponses précises issues de professionnels de la santé, qui ont tous une expérience de plusieurs dizaines d'années.

Assistance rapatriement – Assistance médicale

Si vous possédez une carte bancaire Visa® et MasterCard®, vous bénéficiez automatiquement d'une assurance médicale et d'une assistance rapatriement sanitaire valables pour tout déplacement à l'étranger de moins de 90 jours (le paiement de votre voyage avec la carte n'est pas nécessaire pour être couvert, la simple détention d'une carte valide vous assure une couverture). Renseignez-vous auprès de votre banque et vérifiez attentivement le montant global de la couverture et des franchises ainsi que les conditions de prise en charge et les clauses d'exclusion. Si vous n'êtes pas couvert par l'une de ces cartes, n'oubliez surtout pas de souscrire une assistance médicale avant de partir.

Trousse à pharmacie

La Réunion est une île tropicale saine, sans grands dangers naturels ou maladies, et dotée d'autant de pharmacies qu'en métropole. Votre trousse à pharmacie comprendra donc seulement de quoi parer aux petits désagréments propres au climat tropical, à savoir soit le soleil, soit les moustiques. Et encore, c'est vraiment pour éviter de les acheter à La Réunion, où ils sont un peu plus chers. Crème solaire et après-solaire, répulsifs anti-moustiques... les plus prévoyants emmèneront des anti-diarrhéiques, en cas de cari trop pimenté, et du paracétamol parce que ça sert à tout, mais les plus sereins n'emporteront rien !

SÉCURITÉ ET ACCESSIBILITÉ

Dangers potentiels et conseils

- **En ville**, l'insécurité due à la délinquance existe, comme partout en France, mais les nerfs sont moins à vif que dans les grandes cités de la métropole. Certains quartiers sont à éviter, notamment pour une femme seule, comme le centre des grandes villes la nuit. De même, l'auto-stop ne pose pas de problème, mais évitez d'utiliser ce moyen de transport la nuit.
- **En montagne**, en ce qui concerne les marches de plusieurs jours, il est préférable de signaler son départ et sa destination, de partir accompagné et surtout d'éviter de camper dans des coins à l'écart de tout village. Il vaut mieux dormir dans un gîte. Renseignez-vous avant de partir sur les sentiers fermés auprès de l'ONF sur son site Internet www.onf.fr/la-reunion. En cas de problème, accident ou cheville foulée, la sécurité est assurée pour votre rapatriement dans les Bas, grâce aux secours en montagne (02 62 93 09 30). C'est une bonne idée d'emporter son portable. Pendant la période cyclonique, il est prudent de téléphoner à Météo France pour connaître le temps dans les Hauts, car une ravine se remplit vite.
- **En mer**, la prudence s'impose et il vaut mieux toujours connaître la météo avant de partir au large, surtout en période cyclonique (secours en mer : 02 62 43 43 43). Certaines plages ont des vagues très puissantes et des courants très dangereux. Depuis la multiplication des attaques de requins, les activités nautiques comme le surf sont interdites. Baigneurs, n'allez pas à l'eau hors des zones autorisées, même pour y tremper les pieds : des attaques ont eu lieu très près de la côte.

Femme seule en voyage

La Réunion est une destination très commode pour une femme seule : aucun problème particulier n'est à signaler, si ce n'est de faire preuve de bon sens, comme partout. Évitez notamment de traîner dans les rues désertes des centres-villes la nuit, de faire de l'auto-stop seule, ou d'entreprendre une randonnée non-accompagnée (ce dernier point étant valable, également, pour les hommes voyageant seuls).

Voyager avec des enfants

La Réunion est une destination idéale pour les voyages en famille, de par son climat sain, sa convivialité, son traditionnel attachement au noyau familial, et la multitude d'activités en plein air et de structures de loisirs qu'elle offre aux enfants. Par ailleurs, la grande majorité des restaurants propose des menus marmailles. Les hébergements prévoient quant à eux des tarifs spéciaux pour vos enfants !

Voyageur handicapé

Tout est encore loin d'être parfait, mais les structures pouvant accueillir des personnes souffrant de handicap existent… grâce aux normes européennes ! Mais tout comme en France, La Réunion est très en retard dans leur application. Côté aménagements publics, ce qui est nouveau est aux normes, mais ce qui ne l'est pas… n'est parfois même pas convenable pour les valides, comme l'absence de trottoirs. Si vous présentez un handicap physique ou mental ou que vous partez en vacances avec une personne dans cette situation, différents organismes et associations peuvent vous soutenir et vous conseiller.

Voyageur gay ou lesbien

La Réunion est le premier département d'outre-mer à avoir mis en place une charte Gay Friendly afin de certifier un accueil et des services de qualité aux visiteurs gay et lesbiens. En quelques années, le logo arc-en-ciel a séduit une trentaine d'établissements. Toutefois, rien n'est encore parfait et la discrimination est malheureusement encore assez répandue : le sempiternel poids de la tradition et des religions reste lourd...

TÉLÉPHONE

Comment téléphoner ?

Le réseau téléphonique de La Réunion est géré par Orange, avec une qualité identique à celle de la métropole.Pour joindre la France, composez directement le numéro à 10 chiffres.

Téléphone mobile

Tout fonctionne pratiquement pareil qu'en métropole : téléphone, textos, présentation du numéro, les MMS, 3G, mais pas encore la 4G. Vous ne serez pas dépaysé, les principaux opérateurs étant SFR et Orange. La Réunion est couverte presque partout, de bas en haut, dans les plaines comme dans les cirques, la réception étant plus mauvaise à Mafate et sur le volcan. Mais même si à La Réunion vous êtes toujours en France, vérifiez bien les coûts avec votre opérateur, quoique cela ait récemment baissé grâce à certaines directives européennes.

▶ **Garder son forfait**. La solution la plus simple est de ne rien changer à son abonnement, mais c'est aussi la plus chère. Vous êtes, en théorie, en mesure de recevoir comme d'émettre des appels. Mais les appels locaux coûtent plus chers, sont comptés hors forfait, et chaque appel reçu, depuis La Réunion comme de la métropole, est facturé.

▶ **L'autre solution : acheter une carte SIM locale.** Pour être joignable comme pour émettre des appels, vous pouvez donc prendre une carte à recharge chez un des nombreux opérateurs présents sur place, il y a des boutiques de téléphonie partout, comme en métropole.

▶ **A noter que les numéros à 10 chiffres** depuis et vers la métropole ou La Réunion n'ont pas le même code international que la métropole : +262 et non +33. Inutile de le composer dans un sens comme dans l'autre, en revanche il faudra le mettre devant votre numéro (et supprimer le 0) en appelant depuis l'international.

Cabines et cartes prépayées

Avec l'essor du téléphone portable, les cabines téléphoniques ont pratiquement toutes disparu. On en trouve néanmoins à l'aéroport, ainsi que des cabines solaires à Mafate !

S'informer

À VOIR – À LIRE

Cartographie et bibliographie

Une sélection de romans, beaux livres et récits historiques, pour préparer votre séjour ou le prolonger…

Général, histoire et culture

- ***La Réunion, du battant des lames au sommet des montagnes***, Catherine Lavaux, éditions du Pacifique.
- ***L'Ile de La Réunion aujourd'hui***, éditions J.A.
- ***Guide des plages***, éditions du Boucan.
- ***Cases cachées à La Réunion***, éditions du Pacifique. Photos de Christian Vaisse.
- ***Cases créoles de La Réunion,*** Cécile Tréal et Jean-Michel Ruiz, éditions Plume. Un très bon ouvrage sur le patrimoine architectural de l'île.
- ***Le Grand Livre de l'histoire de La Réunion,*** Daniel Vaxelaire, éditions Orphie. Un ouvrage de référence incontournable, tout aussi agréable à lire de bout en bout qu'à feuilleter au gré de vos envies.
- ***Chasseur de Noirs***, Daniel Vaxelaire, éditions Lieu Commun. La confession d'un chasseur de Noirs et la restitution de toute une epoque.
- ***La Réunion***, Daniel Vaxelaire, éditions Orphie. Un encycloguide très bien ficelé.
- ***Contes et légendes de l'île de La Réunion***, Isabelle Hoarau, éditions Orphie et Azalées.
- ***Le P'tit Train longtemps***, Eric Boulogne, La Vie du rail.
- ***Sitarane***, Jules Bénard, éditions Azalées. Une trame romanesque sur l'affaire des « buveurs de sang de Saint-Pierre ». L'auteur analyse ici l'un des plus puissants mythes réunionnais.
- ***Madame Desbassyns,*** Jean-François Sam-Long, éditions Jacaranda. Un roman historique qui retrace la vie d'une des personnalités les plus controversées de La Réunion.
- ***La Réunion,*** André Scherer, collection « Que sais-je ? », éditions PUF.

Randonnée

- ***Topoguide L'île de La Réunion***, FFRP, Ufolep. L'incontournable.
- ***Les plus beaux paysages de La Réunion en 80 randonnées***, Orphie. A la fois un beau livre (sublimes photos) et un fascicule à glisser dans le sac à dos.
- ***Sentiers marmailles, guide des petites balades***, éditions ONF, Bat'kare. Pour les marmailles, les gramounes et pour tous les grands qui veulent faire des randonnées courtes (de 3 à 4 heures).
- ***52 balades et randonnées faciles à La Réunion***, Orphie. Des randonnées de 5 à 7 heures. Pas si faciles…
- ***62 randonnées réunionnaises en fiches individuelles***, Orphie. Le plus malin et le plus récent : les randonnées phares de La Réunion en mini-fiches.
- ***Itinéraires réunionnais***, ONF. Il propose des fiches techniques et des descriptions d'itinéraires de marche, en précisant leur niveau de difficulté.
- ***Sur les sentiers de Mafate***, ONF. Enfin réédité, ce guide vous apprend tout de Mafate et des Mafatais. Il comporte des cartes, des photos, des aquarelles, des témoignages. Toutes les randonnées y sont présentées de même que les îlets, les gîtes et les boutiques.
- ***Le Paradis du canyoning***, de Pascal Colas, éditions de la Maison de la montagne.
- ***Sentiers botaniques à l'île de La Réunion,*** Yves Buscail, éditions Orphie.

Le volcan

- ***Au cœur de la Fournaise***, de Maurice Krafft et Roland Bénard, édition J.-C. Nourault et R. Bénard. Les époux Krafft, spécialistes de la volcanologie unanimement reconnus, décédés en 1991, connaissaient particulièrement bien la Fournaise. Une référence.
- ***Fournaise***, de Serge Gélabert. Un grand livre de photographies édité par le célèbre Serge Gélabert, photographe sur l'île depuis 30 ans.

- ***Piton de la Fournaise à l'aube d'un nouveau millénaire***, de Jean-Luc Allègre. Ce photographe installé depuis 18 ans à La Réunion, qui travaille parfois avec Nicolas Hulot, a édité lui-même ce petit livre très bien ficelé.
- ***La Fournaise***, de H. Douris et J. Philippe, éditions Azalées. Un livre édité avec l'aide de la Maison du volcan. Instructif et bien mené.
- ***Le Guide du piton de la Fournaise***, de Jean-Luc Allègre. Un guide de randonnées très complet, ouvrant aussi sur la géologie, la faune et la flore.
- ***Volcans rouges***, de Paul-Edouard Bernard de Lajartre et G. Brad Lewis. Ce bel ouvrage met en parallèle les deux volcans les plus actifs du monde, le piton de la Fournaise à La Réunion et le Kilauea à Hawaï, à travers des images superbes. Les scientifiques des deux îles se sont associés pour raconter la vie de ces volcans frères.

Faune et flore

- ***Oiseaux de La Réunion,*** Nicolas Barré et Armand Barau, Imprimerie des Arts graphiques modernes.
- ***Merveilles sous-marines, La Vie récifale à La Réunion***, Sonia Ribes-Beaudemartin (conservateur du muséum d'Histoire naturelle de Saint-Denis), James Caratini.
- ***Poissons de l'île de La Réunion,*** James Caratini, éditions Orphie.

Religions

- ***Magie et sorcellerie à La Réunion,*** Robert Chaudenson.
- ***Religions à La Réunion – Le Renouveau***, Alain Foulon, éditions Médias-Créations-Gérard.

AVANT SON DÉPART

La Réunion en métropole

MINISTÈRE DE L'OUTRE-MER
27, rue Oudinot Paris (7e)
✆ 01 53 69 20 00
www.outre-mer.gouv.fr
De nombreuses informations sur les administrations, la population, le climat, la géographie, l'histoire…

SERVICE ARIANE
www.diplomatie.gouv.fr
Ariane est un portail, proposé sur le site du Ministère des Affaires étrangères, qui permet, lors d'un voyage de moins de 6 mois, de s'identifier gratuitement auprès du Ministère. Une fois les données saisies, le voyageur pourra recevoir des recommandations liées (par SMS ou mail) à la sécurité dans le pays. En outre, la personne désignée par le voyageur comme « contact » en France sera prévenue en cas de danger. De nombreux conseils et avertissements sont également fournis grâce à ce service !

Office du tourisme

ILE DE LA RÉUNION TOURISME (IRT)
90 rue La Boétie Paris (8e)
✆ 01 40 75 02 79 – www.reunion.fr
L'IRT est le bébé de Paul Vergès, cette structure est le Comité régional de tourisme de l'île. Elle vous permet d'avoir des informations sur les sites touristiques, hébergements, bons plans, visites de l'île. Un site incontournable pour préparer au mieux son séjour.

Associations et institutions culturelles

Il existe de nombreuses associations réunionnaises en métropole. Le site du département de La Réunion les recense département par département sur son site Internet (www.cg974.fr).

- **A noter enfin l'excellent site** Réunionnais du Monde (www.reunionnaisdumonde.com) qui grouille d'infos, d'offres d'emploi et de bons plans.

SUR PLACE

CONSEIL RÉGIONAL
Hôtel de Région Pierre Lagourgue
Avenue René-Cassin, Moufia
SAINT-DENIS
✆ 02 62 48 70 00
Voir page 167.

PRÉFECTURE
Place du Barachois
2, rue des Messageries-Maritimes
SAINT-DENIS
✆ 02 62 40 77 77
Voir page 167.

MAGAZINES ET ÉMISSIONS

Presse

AMINA

11, rue de Téhéran Paris (8e)
✆ 01 45 62 74 76 – www.amina-mag.com
amina9@wanadoo.fr
Abonnement annuel : 27 € (Europe) ; 40 € (International).
« Le magazine de la femme », le magazine mensuel de référence qui présente l'actualité des femmes depuis 1972 : voici comment se présente lui-même le magazine *Amina*. Et en effet, créé à l'origine pour les femmes noires, *Amina* continue à parler d'elles et pour elles, mais ce qui s'impose comme une évidence, c'est qu'il s'agit d'un journal passionnant, bourré d'informations utiles ou divertissantes, mis en page et illustré avec élégance et esthétisme et qui pourrait inspirer plus d'une femme blanche, foi de Futé(e) !
La gamme des rubriques que l'on y trouve est d'une grande richesse : Mode, Beauté, Société, Lifestyle, People, Culture, Femmes d'Amina, Agenda, Amina TV... *Amina* est aujourd'hui diffusé aux Antilles, en Amérique, mais également auprès de toute la communauté afro-antillaise européenne.

COURRIER INTERNATIONAL

6-8, rue Jean-Antoine de Baïf Paris (12e)
✆ 01 40 40 16 00
www.courrierinternational.com
abo@courrierinternational.com
Hebdomadaire regroupant les meilleurs articles de la presse internationale en version française.

GÉO

✆ 08 11 23 22 21
www.geo.fr
Le mensuel accorde une large place aux reportages photographiques. Il propose aussi des articles et actualités, l'ensemble étant désormais imprimé sur du papier provenant de forêts gérées durablement.

PETIT FUTÉ MAG

www.petitfute.com
Notre journal vous offre une foule de conseils pratiques pour vos voyages, des interviews, un agenda, le courrier des lecteurs... Le complément parfait à votre guide !

RANDOS-BALADES

www.randosbalades.fr
Magazine mensuel sur les randonnées en France et à l'étranger. L'approche est thématique (sentiers du littoral, itinéraires sauvages, thèmes culturels...) et la publication est riche en actualités, trucs et astuces, tests matériels, fiches topographiques et, bien sûr, en guides de randonnée.

TERRE SAUVAGE

www.terre-sauvage.com
courrier@terre-sauvage.com
Ce mensuel est spécialisé dans la faune et la flore sauvages. Au sommaire : des aventures dans le sillage des expéditions scientifiques, la découverte des écosystèmes, des enquêtes sur la protection de l'environnement ou encore des rubriques plus pratiques avec, par exemple, des conseils photo.

Quelques documentaires

Parmi les nombreux documentaires diffusés chaque semaine ou chaque mois dans certains magazines de Réunion 1ère (émissions *Archipels*, *Par les 0, par les Ba* ou encore *On dirait le Sud*), citons un réalisateur réunionnais, Alexandre Boutié, pour le regard discret et intime qu'il porte sur son île. « Il était temps que les Réunionnais parlent », s'est exclamé fort justement un spectateur, après avoir visionné le très beau 52 minutes tourné avec les pêcheurs de bichiques de Bras-Panon, *Le Grand petit monde de la rivière des roches*, produit par Les Films 1,2,3. Enfin, en 2009, est sorti un autre 52 minutes, *La Boutique des Temps modernes*, produit par Les Films 1,2,3 et édité par Gop Evolution Sarl. Ces deux documentaires sont présents dans les points de vente habituels de l'île. En 2011, un documentaire sur l'institutrice du cirque de Mafate est sorti, *L'école des Hauts*. Réalisé par Danielle Jay, on suit le parcours d'Anne-Christine Gimenez durant 52 minutes. Tous les lundis matins, elle marche plus de 3 heures pour rejoindre son école de l'Ilet à Bourse, en plein cœur du Cirque de Mafate, à 850 m d'altitude. Et ce, depuis plus de 10 ans !

Radio

■ 92.6 – TROPIQUES FM

4, boulevard des Iles
Issy-les-Moulineaux
✆ 01 46 48 92 60
www.tropiquesfm.net
contact@tropiquesfm.com
La nature ayant horreur du vide, Tropiques FM naît le 7 septembre 2007 pour combler le silence ultramarin au cœur de l'Hexagone. Tropiques FM est une radio généraliste à dominante musicale tropicale, diffusée 24h/24 à Paris et région parisienne, et où se côtoient les musiques du monde, l'information nationale, internationale et ultramarine.
Tropiques FM est le média de référence des Français d'outre-mer, il contribue au développement culturel et économique des ultramarins demeurant à Paris, aux Antilles et à l'étranger (via également l'Internet).
Tropiques FM : un média de proximité, des émissions spécifiques, et un rendez-vous quotidien d'information en collaboration avec Radio Outre-Mer Première.

■ RADIO FRANCE INTERNATIONALE

www.rfi.fr
89 FM à Paris. Pour vous tenir au courant de l'actualité du monde partout sur la planète.

Télévision

■ ESCALES

✆ 01 49 22 20 01
www.escalestv.fr
contact@abweb.com
Chaîne thématique. Depuis avril 1996, Escales est une des chaînes dédiées à l'évasion et de la découverte par le voyage. Rattachée au groupe AB, la programmation est constituée de séries documentaires et de rediffusions d'émissions axées aussi bien sur le national et ses régions, que des destinations lointaines à travers de nombreux thèmes (agenda, bons plans, art de vivre, bien-être, aventure, croisière mais aussi gastronomie, loisirs, nature, patrimoine, culture, etc.). Escales s'est entre autres donné pour objectif de servir de guide aux touristes voyageurs ; objectif largement atteint.

■ FRANCE 24

www.france24.com
Chaîne d'information en continu, France 24 apporte 24h/24 et 7j/7, un regard nouveau à l'actualité internationale. Diffusée en 3 langues (français, anglais, arabe) dans plus de 160 pays, la chaîne est également disponible sur internet (www.france24.com) et les mobiles, pour vous accompagner tout au long de vos voyages.

■ RMC DECOUVERTE

12, rue d'Oradour-sur-Glane Paris (15e)
✆ 01 71 19 11 91
www.rmc-decouverte.fr
RMC Découverte s'est imposée comme une chaîne originale, novatrice et incontournable dans l'univers du documentaire. Avec des programmes d'un genre nouveau, axés sur le divertissement et la connaissance et incarnés par des personnalités expertes, RMC Découverte est la seule chaîne de la TNT qui réunit sciences et histoire, aventure et investigation, technologie, voyage, exploration du monde animal jusqu'aux métiers de l'extrême... RMC Découverte, plus fort que la fiction ! Sur le canal 24 de la TNT.

■ PLANÈTE PLUS

www.planeteplus.com
Depuis plus de 20 ans, Planète propose de découvrir le monde, ses origines, son fonctionnement et son probable devenir avec une grille de programmation documentaire éclectique : civilisation, histoire, société, investigation, reportages animaliers, faits divers, etc.

■ TV5 MONDE

www.tv5.org
La chaîne de télévision internationale francophone diffuse des émissions de ses partenaires nationaux (France Télévisions, RTBF, TSR et CTQC) et ses propres programmes.

■ USHUAÏA TV

✆ 01 41 41 12 34
www.ushuaiatv.fr
La chaîne découlant du magazine éponyme a un slogan clair : « Mieux comprendre la nature pour mieux la respecter ». Elle se veut télévision du développement durable et de la protection de la planète et propose nombre de documentaires, reportages et enquêtes.

■ VOYAGE

www.voyage.fr
info@voyage.fr
Terres méconnues ou inconnues, grands espaces et mégapoles, lieux incontournables ou insolites, cultures et nouvelles tendances : Voyage TV vous propose d'explorer le monde dans toute sa richesse à l'aide de documentaires ou en compagnie de guides éclairés.

Être solidaire

■ **ACTION CONTRE LA FAIM**
14/16, Boulevard Douaumont (17e)
Paris (France)
✆ 01 70 84 70 84 / 01 43 35 88 88
www.actioncontrelafaim.org
srd@actioncontrelafaim.org
Action contre la Faim est une ONG internationale spécialisée dans la lutte contre la faim dans le monde. Elle est présente dans une quarantaine de pays, dans les domaines de la nutrition, de la santé, de la sécurité alimentaire, de l'eau et de l'assainissement.

▸ **Que proposent-ils ?** Action contre la Faim intervient avant tout dans des situations de crise. Le but étant de rendre les populations autonomes d'un point de vue alimentaire. Pour cela, il est impératif, après être venu en aide d'une manière concrète à la population, de former les infrastructures locales adéquates qui prendront bientôt le relais.

▸ **Où ?** Action contre la Faim propose des missions de volontariat de trois mois à un an en Afrique, Asie, Amérique, Europe centrale, dans le Caucase, au Moyen-Orient et dans les Caraïbes.

▸ **Autre adresse :** Service Gestion Relations Donateurs : 14/16 Boulevard Douaumont – CS 80060, 75854 PARIS CEDEX 17

Étudier

Pour étudier ou poursuivre vos études supérieures à La Réunion, il vous faut prendre contact avec le service d'échanges interuniversitaires de votre université. Préparez-vous alors à des démarches longues. Mais le résultat d'un semestre ou d'une année outre-mer vous fera oublier ces désagréments, tant l'expérience est enrichissante au niveau personnel et intellectuel. C'est aussi un atout précieux à mentionner sur votre CV.

S'installer

▸ **Déménager**. Suivant votre situation, votre déménagement consistera à transporter un sac à dos ou un conteneur. Sachez qu'il faut obtenir auprès de la mairie de votre domicile d'origine un « certificat de changement de domicile » pour pouvoir importer toutes vos affaires personnelles libres de droits de douane. Idem pour les voitures. Il est ensuite interdit de vendre vos affaires avant 12 mois. Le déménagement prend de 3 à 5 semaines, et l'idéal est bien sûr d'emménager le jour de l'arrivée de vos affaires. Sinon, vous vous retrouvez soit avec vos affaires à stocker, soit avec une maison vide.

▸ **Trouver une voiture.** C'est le préalable à toute chose à La Réunion. Quasiment indispensable pour trouver un logement, un emploi et avoir une vie sociale, la voiture est aussi fort utile pour trouver... une voiture ! Commencez avec une voiture de location pour acheter une voiture d'occasion, à partir de 1 500 €. A moins que vous ne soyez très prévoyant et que vous décidiez d'importer directement votre véhicule de métropole, ce qui peut être financièrement très intéressant.

▸ **Trouver un logement**. La véritable installation requiert de trouver un logement. Les prix sont comparables à ceux de métropole, dans toute leur diversité. Une bonne idée, quand on est jeune et prêt à partager certaines tâches ménagères, est de louer une grande case à plusieurs. Un mois de caution et un mois de frais d'agence sont la règle. La pénurie de logements guette à La Réunion et la situation est chaque année plus tendue. Comptez quand même au moins 500 € pour un studio digne de ce nom dans les Bas, et de 700 à 1 400 € pour une villa F4. Les prix diminuent avec l'altitude et l'éloignement des grandes villes. Ce n'est pas tout : entre le moment où vous débarquez sur l'île et le moment où vous emménagez, il se passe un certain temps, celui de la recherche de l'appartement idéal. En effet, ne comptez pas réserver un logement à distance (compliqué, car risqué pour le locataire comme le propriétaire). Vous aurez un premier aperçu en consultant les annonces logement sur les sites d'annonces ou d'agences.

▸ **Pour ceux qui souhaitent investir,** sachez que les prix sont comparables à ceux de métropole, dans toute leur diversité. Comptez à partir de 100 € le m² constructible dans les Hauts, 250 € en péri-urbain, 1 000 € en centre-ville, 1 500 à 2 500 € le m² bâti et jusqu'à 10 000 € le m² dans les quartiers

Quelques pistes de recherche

- **Le journal.** *Le Quotidien*, le *Journal de l'île*, ou encore le magazine économique *Mémento*.
- **Le net.** Parmi les nombreux sites locaux référencés dans la rubrique « La Réunion sur Internet » et qui actualisent tous les jours leurs offres d'emploi, citons notamment clicanoo.com (le site du *Journal de l'île*), ainsi que l'excellent réunionnaisdumonde.com
- **Le bouche à oreille.** Dans les DOM-TOM, et particulièrement à La Réunion, il existe un gros turn-over professionnel et les plans boulots se refilent souvent, comme les cases ou les meubles ! Ceci est valable dans le secteur de la santé (réseau infirmiers, kiné, et médecins remplaçants très développé, se renseigner auprès des internes), autant que dans la presse, l'hôtellerie et l'animation. N'hésitez donc pas à dire autour de vous que vous cherchez du travail...
- **Le culot.** N'hésitez pas à vous présenter spontanément dans les entreprises qui vous intéressent. On ne sait jamais, le poste que vous recherchez vient peut-être tout juste d'être libéré...

les plus cossus. En moyenne, La Réunion se classe tout de même 3e région la plus chère de France, après l'Ile-de-France et la Côte d'Azur.

Travailler – Trouver un stage

Trouver un emploi ou créer son emploi est bien sûr la première chose à laquelle devrait se consacrer celui qui veut s'installer sur l'île. Certains secteurs sont toujours demandeurs, ici comme en métropole : en particulier les métiers de bouche (hôtellerie et restauration), mais aussi l'informatique et la santé. Les offres du Pôle Emploi se consultent sur Internet depuis la métropole. Quant à créer son emploi, il s'agit aussi de s'organiser, même si les démarches pour monter son entreprise sont allégées depuis 2009 (www.lautoentrepreneur.fr), et particulièrement dans les DOM (pas de TVA pendant 2 ans, et charges salariales plus faibles qu'en métropole). Les possibilités de défiscalisation sont intéressantes et permettent de se lancer dans le tourisme, mais attention car il y a beaucoup de concurrence. On ne compte plus les restaurants qui ne tiennent qu'une année, et les entreprises ferment souvent au bout de 2, 3 ou 5 ans, c'est-à-dire à la fin des aides à la création d'entreprise ou de la défiscalisation. Souvent, elles ferment pour rouvrir très peu de temps plus tard sous un autre nom et bénéficient ainsi de nouvelles aides... Par contre, trouver un petit job comme moyen de subsistance est relativement facile, l'intérim marche bien ici. C'est un bon moyen pour financer son séjour pendant quelques mois, pour ceux qui ne sont pas sûrs de rester définitivement. Vous croiserez de nombreux jeunes qui gravitent dans les îles de l'océan Indien, en revenant de temps en temps à La Réunion pour se refaire un peu d'argent. Il est vrai que le SMIC français permet de vivre royalement à Madagascar ou à Maurice.

Volontaire dans l'océan Indien

Chaque mois ou presque, la région La Réunion et l'Association française des volontaires du progrès recherchent des candidats au volontariat pour des missions de 24 mois dans l'océan Indien
Animateur radio aux Seychelles, prof de français aux Comores, appui à un institut du secteur de la pêche au Mozambique, appui à l'Institut national de développement touristique en Tanzanie... Les offres concernent de multiples secteurs et s'adressent aux jeunes de moins de 30 ans.
Attention, « volontaire » ne signifie pas « bénévole », il s'agit bien d'offres d'emploi !
Infos sur www.france-volontaires.org ou www.reunionnaisdumonde.com

Index

P

R

S

T

V